le Robert & Collins

anglais

français-anglais
anglais-français

HarperCollins Publishers
Westerhill Road
Bishopbriggs
Glasgow
G64 2QT
Great Britain

Douzième édition/Twelfth edition
2018

www.collins.co.uk
www.collinsdictionary.com

A catalogue record for this book is
available from the British Library

Dictionnaires Le Robert
25, avenue Pierre-de-Coubertin,
75211 Paris cedex 13, France

www.lerobert.fr

ISBN Mini+ 978-2-32101-142-2
ISBN Mini 978-2-32101-138-5

Dépôt légal janvier 2018
Achevé d'imprimer en janvier 2019
N éditeur 10251126/10251128
Photocomposition/Typeset by
Davidson Publishing Solutions,
Glasgow

Imprimé en Italie par/
Printed in Italy by
La Tipografica Varese

DIRECTION ÉDITORIALE/
PUBLISHING DIRECTOR
Helen Newstead

CHEF DE PROJET/EDITORIAL
MANAGEMENT
Teresa Álvarez
Janice McNeillie

COLLABORATEURS/CONTRIBUTORS
Lola Busuttil
Laurence Larroche
Persephone Lock
Christian Salzédo

POUR LA MAISON D'ÉDITION/FOR THE
PUBLISHER
Gerry Breslin
Kerry Ferguson

Based on the 'rst edition of the
Collins Gem French Dictionary under
the direction of Pierre-Henri Cousin.

INFINITIF	PRÉTÉRIT	PARTICIPE PASSÉ
dream	dreamed *or* dreamt	dreamed *or* dreamt
drink	drank	drunk
drive	drove	driven
eat	ate	eaten
fall	fell	fallen
feel	felt	felt
fight	fought	fought
find	found	found
fly	flew	flown
forbid	forbad(e)	forbidden
forget	forgot	forgotten
freeze	froze	frozen
get	got	got, *(US)* gotten
give	gave	given
go	went	gone
grind	ground	ground
grow	grew	grown
hang	hung, *(Jur)* hanged	hung, *(Jur)* hanged
have	had	had
hear	heard	heard
hide	hid	hidden
hit	hit	hit
hold	held	held
hurt	hurt	hurt
keep	kept	kept

TABLE DES MATIÈRES

CONTENTS

INTRODUCTION

Nous sommes très heureux que vous ayez choisi ce dictionnaire. Nous espérons que vous aimerez l'utiliser et que vous en tirerez profit au lycée, à la maison, en vacances ou au travail.

Nous vous donnons dans cette introduction quelques conseils sur la façon d'utiliser au mieux votre dictionnaire, en vous référant non seulement à son importante nomenclature mais aussi aux informations contenues dans chaque entrée. Vous aurez ainsi plus de facilité à lire et à comprendre, mais aussi à communiquer et vous exprimer en anglais contemporain.

Au début du dictionnaire, vous trouverez la liste des abréviations utilisées dans le texte et celle de la transcription des sons par des symboles phonétiques.

COMMENT UTILISER VOTRE DICTIONNAIRE

Ce dictionnaire contient une foule d'informations représentées par diverses formes et tailles de caractères, symboles, abréviations, parenthèses et crochets. Les conventions et symboles utilisés sont expliqués ci-dessous.

ENTRÉES

Les mots que vous cherchez dans le dictionnaire – les entrées – sont classés par ordre alphabétique. Ils sont imprimés en couleur pour pouvoir être repérés rapidement. Les entrées figurant en haut de page correspondent au premier (sur la page de gauche) ou au dernier mot (sur la page de droite) de chaque page.

Des informations sur l'usage ou sur la forme de certaines entrées sont données entre parenthèses, après la transcription phonétique. Ces indications apparaissent sous forme abrégée et en italique, par exemple (*fam*), (*Comm*).

Pour plus de facilité, les mots de la même famille sont regroupés sous la même entrée (**ronger**, **rongeur** ; **accept**, **acceptance**) et apparaissent également en couleur.

Les expressions courantes dans lesquelles figure l'entrée sont indiquées par des caractères romains gras (par exemple **retard** [...] **avoir du ~**).

TRANSCRIPTION PHONÉTIQUE

La transcription phonétique de chaque entrée (indiquant sa prononciation) est présentée entre crochets immédiatement après l'entrée (par ex. **fumer** [fyme] ; **knee** [ni:]). La liste des symboles phonétiques figure aux pages xi et xii.

TRADUCTIONS

Vous trouverez avant les traductions, en italique et entre parenthèses, des synonymes de l'entrée (par ex. **poser** (*déposer, installer* : *moquette, carrelage*) to lay) ou des mots suggérant le contexte dans lequel l'entrée est susceptible d'intervenir (par ex. **poser** (*question*) to ask).

MOTS-CLÉS

Une importance particulière est accordée à certains mots français et anglais qui sont considérés comme des « mots-clés » dans chacune des langues parce qu'ils sont employés très fréquemment ou de façons très diverses (par ex. **vouloir**, **plus** ; **get**, **that**). Des petits triangles et des chiffres aident à distinguer les différentes catégories grammaticales et les différents sens. D'autres renseignements utiles apparaissent en italique et entre parenthèses dans la langue de l'utilisateur.

INFORMATIONS GRAMMATICALES

Les catégories grammaticales sont données sous forme abrégée et en italique après la transcription phonétique (par ex. *vt*, *adv*, *conj*). Le genre des noms français est indiqué de la manière suivante : *nm* pour un nom masculin et *nf* pour un nom féminin. Le féminin et le pluriel de certains noms sont également indiqués lorsqu'ils présentent une irrégularité (par ex. **directeur, -trice** ; **cheval, -aux**).

Le masculin et le féminin des adjectifs sont donnés s'ils sont différents (par ex. **noir, e**). Lorsque l'adjectif a un féminin ou un pluriel irrégulier, ceux-ci sont clairement indiqués (par ex. **net, nette**). Les pluriels irréguliers des noms et les formes irrégulières des verbes anglais apparaissent entre parenthèses, avant la catégorie grammaticale (par ex. **man** (*pl* **men**) *n* ; **give** (*pt* **gave**; *pp* **given**) *vt*).

INTRODUCTION

We are delighted that you have chosen this dictionary and hope you will enjoy and benefit from using it at school, at home, on holiday or at work.

This introduction gives you a few tips on how to get the most out of your dictionary – not simply from its comprehensive wordlist but also from the information provided in each entry. This will help you to read and understand modern French, as well as communicate and express yourself in the language.

This dictionary begins by listing the abbreviations used in the text and illustrating the sounds shown by the phonetic symbols.

USING YOUR DICTIONARY

A wealth of information is presented in the dictionary, using various typefaces, sizes of type, symbols, abbreviations and brackets. The various conventions and symbols used are explained in the following sections.

HEADWORDS

The words you look up in a dictionary – 'headwords' – are listed alphabetically. They are printed in **colour** for rapid identification. The headwords appearing at the top of each page indicate the first (if it appears on a left-hand page) and last word (if it appears on a right-hand page) dealt with on the page in question.

Information about the usage or form of certain headwords is given in brackets after the phonetic spelling. This usually appears in abbreviated form and in italics (e.g. (*inf*), (*Comm*)).

Where appropriate, words related to headwords are grouped in the same entry (**ronger**, **rongeur**; **accept**, **acceptance**) and are also in colour.

Common expressions in which the headword appears are shown in a bold roman type (e.g. **inquire** [...] **to ~ about**).

PHONETIC SPELLINGS

The phonetic spelling of each headword (indicating its pronunciation) is given in square brackets immediately after the headword (e.g. **fumer** [fyme]; **knee** [niː]). A list of these symbols is given on pages xi and xii.

TRANSLATIONS

Headword translations are given in ordinary type and, where more than one meaning or usage exists, these are separated by a semi-colon. You will often find other words in italics in brackets before the translations. These offer suggested contexts in which the headword might appear (e.g. **rough** (*voice*) [...] (*plan*)) or provide synonyms (e.g. **rough** (*manner: coarse*)). The gender of the translation also appears in italics immediately following the key element of the translation.

KEYWORDS

Special status is given to certain French and English words which are considered as 'keywords' in each language. They may, for example, occur very frequently or have several types of usage (e.g. **vouloir**, **plus**; **get**, **that**). A combination of triangles and numbers helps you to distinguish different parts of speech and different meanings. Further helpful information is provided in brackets and italics.

GRAMMATICAL INFORMATION

Parts of speech are given in abbreviated form in italics after the phonetic spellings of headwords (e.g. *vt*, *adv*, *conj*). Genders of French nouns are indicated as follows: *nm* for a masculine noun and *nf* for a feminine noun. Feminine and irregular plural forms of nouns are also shown (**directeur, -trice**; **cheval, -aux**).

Adjectives are given in both masculine and feminine forms where these forms are different (e.g. **noir, e**). Clear information is provided where adjectives have an irregular feminine or plural form (e.g. **net, nette**).

ABRÉVIATIONS		ABBREVIATIONS
abréviation	*ab(b)r*	abbreviation
adjectif, locution adjectivale	*adj*	adjective, adjectival phrase
administration	*Admin*	administration
adverbe, locution adverbiale	*adv*	adverb, adverbial phrase
agriculture	*Agr*	agriculture
anatomie	*Anat*	anatomy
architecture	*Archit*	architecture
article défini	*art déf*	definite article
article indéfini	*art indéf*	indefinite article
automobile	*Aut(o)*	automobiles
aviation, voyages aériens	*Aviat*	flying, air travel
biologie	*Bio(l)*	biology
botanique	*Bot*	botany
anglais britannique	*BRIT*	British English
chimie	*Chem*	chemistry
commerce, finance, banque	*Comm*	commerce, finance, banking
informatique	*Comput*	computing
conjonction	*conj*	conjunction
construction	*Constr*	building
nom utilisé comme adjectif	*cpd*	compound element
cuisine	*Culin*	cookery
article défini	*def art*	definite article
économie	*Écon, Econ*	economics
électricité, électronique	*Élec, Elec*	electricity, electronics
en particulier	*esp*	especially
exclamation, interjection	*excl*	exclamation, interjection
féminin	*f*	feminine
langue familière (! emploi vulgaire)	*fam(!)*	colloquial usage (! particularly offensive)
emploi figuré	*fig*	figurative use
(verbe anglais) dont la particule est inséparable	*fus*	(phrasal verb) where the particle is inseparable
généralement	*gén, gen*	generally
géographie, géologie	*Géo, Geo*	geography, geology
géométrie	*Géom, Geom*	geometry
article indéfini	*indef art*	indefinite article
langue familière (! emploi vulgaire)	*inf(!)*	colloquial usage (! particularly offensive)
infinitif	*infin*	infinitive
informatique	*Inform*	computing
invariable	*inv*	invariable
irrégulier	*irreg*	irregular
domaine juridique	*Jur*	law

ABRÉVIATIONS		ABBREVIATIONS
grammaire, linguistique	*Ling*	grammar, linguistics
masculin	*m*	masculine
mathématiques, algèbre	*Math*	mathematics, calculus
médecine	*Méd, Med*	medical term, medicine
masculin ou féminin	*m/f*	masculine or feminine
domaine militaire, armée	*Mil*	military matters
musique	*Mus*	music
nom	*n*	noun
navigation, nautisme	*Navig, Naut*	sailing, navigation
nom ou adjectif numéral	*num*	numeral noun or adjective
	o.s.	oneself
péjoratif	*péj, pej*	derogatory, pejorative
photographie	*Phot(o)*	photography
physiologie	*Physiol*	physiology
pluriel	*pl*	plural
politique	*Pol*	politics
participe passé	*pp*	past participle
préposition	*prép, prep*	preposition
pronom	*pron*	pronoun
psychologie, psychiatrie	*Psych*	psychology, psychiatry
temps du passé	*pt*	past tense
quelque chose	*qch*	
quelqu'un	*qn*	
religion	*Rel*	religion
	sb	somebody
enseignement, système scolaire et universitaire	*Scol*	schooling, schools and universities
singulier	*sg*	singular
	sth	something
subjonctif	*sub*	subjunctive
sujet (grammatical)	*subj*	(grammatical) subject
techniques, technologie	*Tech*	technical term, technology
télécommunications	*Tél, Tel*	telecommunications
télévision	*TV*	television
typographie	*Typ(o)*	typography, printing
anglais des États-Unis	*US*	American English
verbe (auxiliaire)	*vb (aux)*	(auxiliary) verb
verbe intransitif	*vi*	intransitive verb
verbe transitif	*vt*	transitive verb
zoologie	*Zool*	zoology
marque déposée	®	registered trademark
vulgar ou injurieux	(!)	offensive
indique une équivalence culturelle	≈	indicates a cultural equivalent

TRANSCRIPTION PHONÉTIQUE

CONSONNES		CONSONANTS
NB. les sons **p, b, t, d, k, g** sont 'soufflés' en anglais.		NB. **p, b, t, d, k, g** are not aspirated in French.
pou**p**ée	p	**p**u**pp**y
bom**b**e	b	**b**a**b**y
ten**t**e **th**ermal	t	**t**en**t**
din**d**e	d	**d**a**dd**y
co**q** **qu**i **k**épi	k	**c**or**k** **k**iss **ch**ord
gage ba**gu**e	g	**g**a**g** **gu**ess
sale **c**e na**t**ion	s	**s**o ri**c**e ki**ss**
zéro ro**s**e	z	cou**s**in bu**zz**
ta**ch**e **ch**at	ʃ	**sh**eep **s**ugar
gilet **j**uge	ʒ	plea**s**ure bei**g**e
	tʃ	**ch**ur**ch**
	dʒ	**j**u**dg**e **g**eneral
fer **ph**are	f	**f**arm ra**ff**le
ver**v**eine	v	**v**ery re**v**el
	θ	**th**in ma**th**s
	ð	**th**at o**th**er
lent sa**ll**e	l	**l**itt**l**e ba**ll**
rare **r**ent**r**er	ʀ	
	r	**r**at **r**are
ma**m**an fe**mm**e	m	**m**u**mm**y co**mb**
non bo**nn**e	n	**n**o ra**n**
a**gn**eau vi**gn**e	ɲ	
	ŋ	si**ng**i**ng** ba**n**k
hop !	h	**h**at re**h**earse
yeux pa**ill**e p**i**ed	j	**y**et
n**ou**er **ou**i	w	**w**all **w**ail
h**u**ile l**u**i	ɥ	
	x	lo**ch**
DIVERS		**MISCELLANEOUS**
pour l'anglais : le **r** final se prononce en liaison devant une voyelle	r	in English transcription: final **r** can be pronounced before a vowel
pour l'anglais : précède la syllabe accentuée	ˈ	in French wordlist: no liaison before aspirate **h** and **y**

En règle générale, la prononciation est donnée entre crochets après chaque entrée. Toutefois, du côté anglais-français, dans le cas des expressions composées de deux ou plusieurs mots non réunis par un trait d'union et faisant l'objet d'une entrée séparée, la prononciation doit être cherchée sous chacun des mots constitutifs de l'expression en question.

PHONETIC TRANSCRIPTION

VOYELLES		VOWELS
NB. Dans certains cas, la mise en équivalence de deux sons n'indique qu'une ressemblance approximative.		NB. The pairing of some vowel sounds only indicates approximate equivalence.
ici vie lyrique	i iː	heel bead
	ɪ	hit pity
jouer été	e	
lait jouet merci	ɛ	set tent
plat amour	a æ	bat apple
bas pâte	ɑ ɑː	after car calm
	ʌ	fun cousin
le premier	ə	over above
beurre peur	œ	
peu deux	ø əː	urgent fern work
or homme	ɔ	wash pot
mot eau gauche	o ɔː	born cork
genou roue	u	full hook
	uː	boom shoe
rue urne	y	
DIPHTONGUES		**DIPHTHONGS**
	ɪə	beer tier
	ɛə	tear fair there
	eɪ	date plaice day
	aɪ	life buy cry
	au	owl foul now
	əu	low no
	ɔɪ	boil boy oily
	uə	poor tour
NASALES		**NASAL VOWELS**
matin plein	ɛ̃	
brun	œ̃	
sang an dans	ɑ̃	
non pont	ɔ̃	

In general, we give the pronunciation of each entry in square brackets after the word in question. However, on the English-French side, where the entry is composed of two or more unhyphenated words, each of which is given elsewhere in this dictionary, you will find the pronunciation of each word in its alphabetical position.

a

a [a] *vb voir* **avoir**

à [a]

(*à* + *le* = **au**, *à* + *les* = **aux**) *prép*
1 (*endroit, situation*) at, in; **être à Paris/au Portugal** to be in Paris/Portugal; **être à la maison/à l'école** to be at home/at school; **à la campagne** in the country; **c'est à 10 m/km/à 20 minutes (d'ici)** it's 10 m/km/20 minutes away
2 (*direction*) to; **aller à Paris/au Portugal** to go to Paris/Portugal; **aller à la maison/à l'école** to go home/to school; **à la campagne** to the country
3 (*temps*): **à 3 heures/minuit** at 3 o'clock/midnight; **au printemps** in the spring; **au mois de juin** in June; **à Noël/Pâques** at Christmas/Easter; **à demain/la semaine prochaine!** see you tomorrow/next week!
4 (*attribution, appartenance*) to; **le livre est à Paul/à lui/à nous** this book is Paul's/his/ours; **donner qch à qn** to give sth to sb; **un ami à moi** a friend of mine
5 (*moyen*) with; **se chauffer au gaz** to have gas heating; **à bicyclette** on a *ou* by bicycle; **à pied** on foot; **à la main/machine** by hand/machine
6 (*provenance*) from; **boire à la bouteille** to drink from the bottle
7 (*caractérisation, manière*): **l'homme aux yeux bleus** the man with the blue eyes; **à la russe** the Russian way
8 (*but, destination*): **tasse à café** coffee cup; **maison à vendre** house for sale; **je n'ai rien à lire** I don't have anything to read; **à bien réfléchir ...** thinking about it ..., on reflection ...
9 (*rapport, évaluation, distribution*): **100 km/unités à l'heure** 100 km/units per *ou* an hour; **payé à l'heure** paid by the hour; **cinq à six** five to six
10 (*conséquence, résultat*): **à ce qu'il prétend** according to him; **à leur grande surprise** much to their surprise; **à nous trois nous n'avons pas su le faire** we couldn't do it even between the three of us; **ils sont arrivés à quatre** four of them arrived (together)

abaisser [abese] /1/ *vt* to lower, bring down; (*manette*) to pull down; **s'abaisser** *vi* to go down; (*fig*) to demean o.s.

abandon [abɑ̃dɔ̃] *nm* abandoning; giving up; withdrawal; **être à l'~** to be in a state of neglect; **laisser à l'~** to abandon

abandonner [abɑ̃dɔne] /1/ *vt* (*personne*) to leave, abandon, desert; (*projet, activité*) to abandon, give up; (*Sport*) to retire *ou* withdraw from; (*céder*) to surrender; **s'~ à** (*paresse, plaisirs*) to give o.s. up to
abat-jour [abaʒuʀ] *nm inv* lampshade
abats [aba] *nmpl* (*de bœuf, porc*) offal *sg*; (*de volaille*) giblets
abattement [abatmɑ̃] *nm*: **~ fiscal** ≈ tax allowance
abattoir [abatwaʀ] *nm* slaughterhouse
abattre [abatʀ] /41/ *vt* (*arbre*) to cut down, fell; (*mur, maison*) to pull down; (*avion, personne*) to shoot down; (*animal*) to shoot, kill; (*fig*) to wear out, tire out; to demoralize; **s'abattre** *vi* to crash down; **ne pas se laisser ~** to keep one's spirits up, not to let things get one down; **s'~ sur** to beat down on; (*coups, injures*) to rain down on; **~ du travail** *ou* **de la besogne** to get through a lot of work
abbaye [abei] *nf* abbey
abbé [abe] *nm* priest; (*d'abbaye*) abbot
abcès [apsɛ] *nm* abscess
abdiquer [abdike] /1/ *vi* to abdicate
abdominal, e, -aux [abdɔminal, -o] *adj* abdominal; **abdominaux** *nmpl*: **faire des abdominaux** to do sit-ups
abeille [abɛj] *nf* bee
aberrant, e [abeʀɑ̃, -ɑ̃t] *adj* absurd
aberration [abeʀasjɔ̃] *nf* aberration
abîme [abim] *nm* abyss, gulf
abîmer [abime] /1/ *vt* to spoil, damage; **s'abîmer** *vi* to get spoilt *ou* damaged
aboiement [abwamɑ̃] *nm* bark, barking *no pl*
abolir [abɔliʀ] /2/ *vt* to abolish
abominable [abɔminabl] *adj* abominable
abondance [abɔ̃dɑ̃s] *nf* abundance
abondant, e [abɔ̃dɑ̃, -ɑ̃t] *adj* plentiful, abundant, copious • **abonder** /1/ *vi* to abound, be plentiful; **abonder dans le sens de qn** to concur with sb
abonné, e [abɔne] *nm/f* subscriber; season ticket holder
abonnement [abɔnmɑ̃] *nm* subscription; (*pour transports en commun, concerts*) season ticket
abonner [abɔne] /1/ *vt*: **s'abonner à** to subscribe to, take out a subscription to; **s'~ aux tweets de qn sur Twitter** to follow sb on Twitter
abord [abɔʀ] *nm*: **abords** *nmpl* (*environs*) surroundings; **d'~** first; **au premier ~** at first sight, initially
abordable [abɔʀdabl] *adj* (*personne*) approachable; (*prix*) reasonable
aborder [abɔʀde] /1/ *vi* to land ▸ *vt* (*sujet, difficulté*) to tackle; (*personne*) to approach; (*rivage etc*) to reach
aboutir [abutiʀ] /2/ *vi* (*négociations etc*) to succeed; **~ à/dans/sur** to end up at/in/on; **n'~ à rien** to come to nothing
aboyer [abwaje] /8/ *vi* to bark
abréger [abʀeʒe] /3, 6/ *vt* to shorten

breuver [abʀœve] /1/: **s'abreuver** *vi* to drink • **abreuvoir** *nm* watering place

bréviation [abʀevjasjɔ̃] *nf* abbreviation

bri [abʀi] *nm* shelter; **être à l'~** to be under cover; **se mettre à l'~** to shelter; **à l'~ de** sheltered from; (*danger*) safe from

bricot [abʀiko] *nm* apricot

briter [abʀite] /1/ *vt* to shelter; **s'abriter** *vi* to shelter, take cover

brupt, e [abʀypt] *adj* sheer, steep; (*ton*) abrupt

bruti, e [abʀyti] *adj* stunned, dazed ▶ *nm/f* (*fam*) idiot; **~ de travail** overworked

bsence [apsɑ̃s] *nf* absence; (*Méd*) blackout; **en l'~ de** in the absence of; **avoir des ~s** to have mental blanks

bsent, e [apsɑ̃, -ɑ̃t] *adj* absent ▶ *nm/f* absentee • **absenter** /1/: **s'absenter** *vi* to take time off work; (*sortir*) to leave, go out

bsolu, e [apsɔly] *adj* absolute • **absolument** *adv* absolutely

bsorbant, e [apsɔʀbɑ̃, -ɑ̃t] *adj* absorbent

bsorber [apsɔʀbe] /1/ *vt* to absorb; (*gén, Méd: manger, boire*) to take

bstenir [apstəniʀ] /22/: **s'abstenir** *vi*: **s'~ de qch/de faire** to refrain from sth/from doing

bstrait, e [apstʀɛ, -ɛt] *adj* abstract

bsurde [apsyʀd] *adj* absurd

bus [aby] *nm* abuse; **~ de confiance** breach of trust; **~ de pouvoir** abuse of power; **~ sexuels** sexual abuse *no pl*; • **abuser** /1/ *vi* to go too far, overstep the mark; **s'abuser** *vi* (*se méprendre*) to be mistaken; **abuser de** (*violer, duper*) to take advantage of • **abusif, -ive** *adj* exorbitant; (*punition*) excessive

académie [akademi] *nf* academy; (*Scol: circonscription*) ≈ regional education authority; *see note* **"Académie française"**

> The **Académie française** was founded by Cardinal Richelieu in 1635, during the reign of Louis XIII. It is made up of forty elected scholars and writers who are known as 'les Quarante' or 'les Immortels'. One of the *Académie's* functions is to keep an eye on the development of the French language, and its recommendations are frequently the subject of lively public debate. It has produced several editions of its famous dictionary and also awards various literary prizes.

acajou [akaʒu] *nm* mahogany

acariâtre [akaʀjɑtʀ] *adj* cantankerous

accablant, e [akɑblɑ̃, -ɑ̃t] *adj* (*chaleur*) oppressive; (*témoignage, preuve*) overwhelming

accabler [akɑble] /1/ *vt* to overwhelm, overcome; **~ qn d'injures** to heap *ou* shower abuse on sb; **~ qn de travail** to overwork sb

accalmie [akalmi] *nf* lull

accaparer [akapaʀe] /1/ *vt* to monopolize; (*travail etc*) to take up (all) the time *ou* attention of

accéder [aksede] /6/: **~ à** *vt* (*lieu*) to reach; (*accorder: requête*) to grant, accede to

accélérateur [akseleʀatœʀ] *nm* accelerator

accélérer [akseleʀe] /6/ *vt* to speed up ▶ *vi* to accelerate
accent [aksɑ̃] *nm* accent; (*Phonétique, fig*) stress; **mettre l'~ sur** (*fig*) to stress; **~ aigu/grave/circonflexe** acute/grave/circumflex accent • **accentuer** /1/ *vt* (*Ling*) to accent; (*fig*) to accentuate, emphasize; **s'accentuer** *vi* to become more marked *ou* pronounced
acceptation [aksɛptasjɔ̃] *nf* acceptance
accepter [aksɛpte] /1/ *vt* to accept; **~ de faire** to agree to do
accès [aksɛ] *nm* (*à un lieu*) access; (*Méd: de toux*) fit; (*: de fièvre*) bout; **d'~ facile/malaisé** easily/not easily accessible; **facile d'~** easy to get to; **~ de colère** fit of anger • **accessible** *adj* accessible; (*livre, sujet*): **accessible à qn** within the reach of sb
accessoire [akseswaʀ] *adj* secondary; (*frais*) incidental ▶ *nm* accessory; (*Théât*) prop
accident [aksidɑ̃] *nm* accident; **par ~** by chance; **~ de la route** road accident • **accidenté, e** *adj* damaged *ou* injured (in an accident); (*relief, terrain*) uneven; hilly • **accidentel, le** *adj* accidental
acclamer [aklame] /1/ *vt* to cheer, acclaim
acclimater [aklimate] /1/: **s'acclimater** *vi* to become acclimatized
accolade [akɔlad] *nf* (*amicale*) embrace; (*signe*) brace
accommoder [akɔmɔde] /1/ *vt* (*Culin*) to prepare; **s'accommoder de** to put up with; (*se contenter de*) to make do with
accompagnateur, -trice [akɔ̃paɲatœʀ, -tʀis] *nm/f* (*Mus*) accompanist; (*de voyage*) guide; (*de voyage organisé*) courier
accompagner [akɔ̃paɲe] /1/ *vt* to accompany, be *ou* go *ou* come with; (*Mus*) to accompany
accompli, e [akɔ̃pli] *adj* accomplished
accomplir [akɔ̃pliʀ] /2/ *vt* (*tâch projet*) to carry out; (*souhait*) to fulfil; **s'accomplir** *vi* to be fulfille
accord [akɔʀ] *nm* agreement; (*entre des styles, tons etc*) harmony (*Mus*) chord; **se mettre d'~** to come to an agreement (with eac other); **être d'~** to agree; **d'~!** OK
accordéon [akɔʀdeɔ̃] *nm* (*Mus*) accordion
accorder [akɔʀde] /1/ *vt* (*faveur, délai*) to grant; **~ de l'importance/de la valeur à qc** to attach importance/value to sth (*harmoniser*) to match; (*Mus*) to tun
accoster [akɔste] /1/ *vt* (*Navig*) t draw alongside ▶ *vi* to berth
accouchement [akuʃmɑ̃] *nm* delivery, (child)birth; labour
accoucher [akuʃe] /1/ *vi* to give birth, have a baby; **~ d'un garço** to give birth to a boy
accouder [akude] /1/: **s'accouder** *vi*: **s'~ à/contre/sur** to rest one's elbows on/against/on • **accoudoir** *nm* armrest
accoupler [akuple] /1/ *vt* to couple; (*pour la reproduction*) to mate; **s'accoupler** *vi* to mate
accourir [akuʀiʀ] /11/ *vi* to rush *ou* run up
accoutumance [akutymɑ̃s] *nf* (*gén*) adaptation; (*Méd*) addiction
accoutumé, e [akutyme] *adj* (*habituel*) customary, usual

accoutumer [akutyme] /1/ *vt*: **s'accoutumer à** to get accustomed *ou* used to

accroc [akʀo] *nm* (*déchirure*) tear; (*fig*) hitch, snag

accrochage [akʀɔʃaʒ] *nm* (*Auto*) (minor) collision; (*dispute*) clash, brush

accrocher [akʀɔʃe] /1/ *vt* (*suspendre*) to hang; (*fig*) to catch, attract; **s'accrocher** (*se disputer*) to have a clash *ou* brush; **~ qch à** (*suspendre*) to hang sth (up) on; (*attacher: remorque*) to hitch sth (up) to; (*déchirer*) to catch sth (on); **il a accroché ma voiture** he bumped into my car; **s'~ à** (*rester pris à*) to catch on; (*agripper, fig*) to hang on *ou* cling to

accroissement [akʀwasmɑ̃] *nm* increase

accroître [akʀwatʀ] /55/ *vt*: **s'accroître** *vi* to increase

accroupir [akʀupiʀ] /2/: **s'accroupir** *vi* to squat, crouch (down)

accru, e [akʀy] *pp de* **accroître**

accueil [akœj] *nm* welcome; **comité/centre d'~** reception committee/centre • **accueillir** /12/ *vt* to welcome; (*aller chercher*) to meet, collect

accumuler [akymyle] /1/ *vt* to accumulate, amass; **s'accumuler** *vi* to accumulate; to pile up

accusation [akyzasjɔ̃] *nf* (*gén*) accusation; (*Jur*) charge; (*partie*): **l'~** the prosecution

accusé, e [akyze] *nm/f* accused; (*prévenu(e)*) defendant ▸ *nm*: **~ de réception** acknowledgement of receipt

accuser [akyze] /1/ *vt* to accuse; (*fig*) to emphasize, bring out; (*: montrer*) to show; **~ qn de** to accuse sb of; (*Jur*) to charge sb with; **~ réception de** to acknowledge receipt of

acéré, e [aseʀe] *adj* sharp

acharné, e [aʃaʀne] *adj* (*lutte, adversaire*) fierce, bitter; (*travail*) relentless

acharner [aʃaʀne] /1/: **s'acharner** *vi*: **s'~ sur** to go at fiercely; **s'~ contre** to set o.s. against; (*malchance*) to hound; **s'~ à faire** to try doggedly to do; to persist in doing

achat [aʃa] *nm* purchase; **faire l'~ de** to buy; **faire des ~s** to do some shopping

acheter [aʃte] /5/ *vt* to buy, purchase; (*soudoyer*) to buy; **~ qch à** (*marchand*) to buy *ou* purchase sth from; (*ami etc: offrir*) to buy sth for • **acheteur, -euse** *nm/f* buyer; shopper; (*Comm*) buyer

achever [aʃ(ə)ve] /5/ *vt* to complete, finish; (*blessé*) to finish off; **s'achever** *vi* to end

acide [asid] *adj* sour, sharp; (*Chimie*) acid(ic) ▸ *nm* acid • **acidulé, e** *adj* slightly acid; **bonbons acidulés** acid drops

acier [asje] *nm* steel • **aciérie** *nf* steelworks *sg*

acné [akne] *nf* acne

acompte [akɔ̃t] *nm* deposit

à-côté [akote] *nm* side-issue; (*argent*) extra

à-coup [aku] *nm*: **par ~s** by fits and starts

acoustique [akustik] *nf* (*d'une salle*) acoustics *pl*

acquéreur [akeʀœʀ] *nm* buyer, purchaser

acquérir [akeʀiʀ] /21/ *vt* to acquire

acquis, e [aki, -iz] *pp de* **acquérir** ▸*nm* (accumulated) experience; **son aide nous est ~e** we can count on *ou* be sure of his help
acquitter [akite] /1/ *vt* (*Jur*) to acquit; (*facture*) to pay, settle; **s'~ de** to discharge; (*promesse, tâche*) to fulfil
âcre [ɑkʀ] *adj* acrid, pungent
acrobate [akʀɔbat] *nm/f* acrobat • **acrobatie** *nf* acrobatics *sg*
acte [akt] *nm* act, action; (*Théât*) act; **prendre ~ de** to note, take note of; **faire ~ de présence** to put in an appearance; **faire ~ de candidature** to submit an application; **~ de mariage/naissance** marriage/birth certificate
acteur [aktœʀ] *nm* actor
actif, -ive [aktif, -iv] *adj* active ▸*nm* (*Comm*) assets *pl*; (*fig*): **avoir à son ~** to have to one's credit; **population active** working population
action [aksjɔ̃] *nf* (*gén*) action; (*Comm*) share; **une bonne/mauvaise ~** a good/an unkind deed • **actionnaire** *nm/f* shareholder • **actionner** /1/ *vt* (*mécanisme*) to activate; (*machine*) to operate
activer [aktive] /1/ *vt* to speed up; **s'activer** *vi* to bustle about; (*se hâter*) to hurry up
activité [aktivite] *nf* activity; **en ~** (*volcan*) active; (*fonctionnaire*) in active life
actrice [aktʀis] *nf* actress
actualité [aktɥalite] *nf* (*d'un problème*) topicality; (*événements*): **l'~** current events; **les ~s** (*Ciné, TV*) the news; **d'~** topical
actuel, le [aktɥɛl] *adj* (*présent*) present; (*d'actualité*) topical; **à l'heure ~le** at this moment in time • **actuellement** [aktɥɛlmɑ̃] *adv* at present, at the present time

⚠ Attention à ne pas traduire *actuellement* par *actually*.

acuponcture [akypɔ̃ktyʀ] *nf* acupuncture
adaptateur, -trice [adaptatœʀ, -tʀis] *nm/f* adapter
adapter [adapte] /1/ *vt* to adapt; **s'~ (à)** (*personne*) to adapt (to); **~ qch à** (*approprier*) to adapt sth to (fit); **~ qch sur/dans/à** (*fixer*) to fit sth on/into/to
addition [adisjɔ̃] *nf* addition; (*au café*) bill • **additionner** /1/ *vt* to add (up)
adepte [adɛpt] *nm/f* follower
adéquat, e [adekwa(t), -at] *adj* appropriate, suitable
adhérent, e [adeʀɑ̃, -ɑ̃t] *nm/f* member
adhérer [adeʀe] /6/: **~ à** (*coller*) to adhere *ou* stick to; (*se rallier à: parti, club*) to join • **adhésif, -ive** *adj* adhesive, sticky; **ruban adhésif** sticky *ou* adhesive tape
adieu, x [adjø] *excl* goodbye ▸*nm* farewell
adjectif [adʒɛktif] *nm* adjective
adjoint, e [adʒwɛ̃, -wɛ̃t] *nm/f* assistant; **~ au maire** deputy mayor; **directeur ~** assistant manager
admettre [admɛtʀ] /56/ *vt* (*visiteur*) to admit; (*candidat: Scol*) to pass; (*tolérer*) to allow, accept; (*reconnaître*) to admit, acknowledge
administrateur, -trice [administʀatœʀ, -tʀis] *nm/f* (*Comm*) director; (*Admin*) administrator

dministration [administʀasjɔ̃] *nf* administration; **l'A~** ≈ the Civil Service
dministrer [administʀe] /1/ *vt* (*firme*) to manage, run; (*biens, remède, sacrement etc*) to administer
dmirable [admiʀabl] *adj* admirable, wonderful
dmirateur, -trice [admiʀatœʀ, -tʀis] *nm/f* admirer
dmiration [admiʀasjɔ̃] *nf* admiration
dmirer [admiʀe] /1/ *vt* to admire
dmis, e [admi, -iz] *pp de* **admettre**
dmissible [admisibl] *adj* (*candidat*) eligible; (*comportement*) admissible, acceptable
DN *sigle m* (= *acide désoxyribonucléique*) DNA
do [ado] (*fam*) *nm/f* teen
dolescence [adɔlesɑ̃s] *nf* adolescence
dolescent, e [adɔlesɑ̃, -ɑ̃t] *nm/f* adolescent, teenager
dopter [adɔpte] /1/ *vt* to adopt • **adoptif, -ive** *adj* (*parents*) adoptive; (*fils, patrie*) adopted
dorable [adɔʀabl] *adj* adorable
dorer [adɔʀe] /1/ *vt* to adore; (*Rel*) to worship
dosser [adose] /1/ *vt*: **~ qch à** *ou* **contre** to stand sth against; **s'~ à** *ou* **contre** to lean with one's back against
doucir [adusiʀ] /2/ *vt* (*goût, température*) to make milder; (*avec du sucre*) to sweeten; (*peau, voix, eau*) to soften; **s'adoucir** *vi* (*caractère*) to mellow
dresse [adʀɛs] *nf* skill, dexterity; (*domicile*) address; **~ électronique** email address
adresser [adʀese] /1/ *vt* (*lettre: expédier*) to send; (: *écrire l'adresse sur*) to address; (*injure, compliments*) to address; **s'adresser à** (*parler à*) to speak to, address; (*s'informer auprès de*) to go and see; (: *bureau*) to enquire at; (*livre, conseil*) to be aimed at; **~ la parole à qn** to speak to *ou* address sb
adroit, e [adʀwa, -wat] *adj* skilled
ADSL *sigle m* (= *asymmetrical digital subscriber line*) ADSL, broadband
adulte [adylt] *nm/f* adult, grown-up ▸ *adj* (*personne, attitude*) adult, grown-up; (*chien, arbre*) fully-grown, mature
adverbe [advɛʀb] *nm* adverb
adversaire [advɛʀsɛʀ] *nm/f* (*Sport, gén*) opponent, adversary
aération [aeʀasjɔ̃] *nf* airing; (*circulation de l'air*) ventilation
aérer [aeʀe] /6/ *vt* to air; (*fig*) to lighten
aérien, ne [aeʀjɛ̃, -ɛn] *adj* (*Aviat*) air *cpd*, aerial; (*câble, métro*) overhead; (*fig*) light; **compagnie ~ne** airline (company)
aéro: • **aérobic** *nf* aerobics *sg* • **aérogare** *nf* airport (buildings); (*en ville*) air terminal • **aéroglisseur** *nm* hovercraft • **aérophagie** *nf* (*Méd*) wind, aerophagia (*Méd*) • **aéroport** *nm* airport • **aérosol** *nm* aerosol
affaiblir [afebliʀ] /2/: **s'affaiblir** *vi* to weaken
affaire [afɛʀ] *nf* (*problème, question*) matter; (*criminelle, judiciaire*) case; (*scandaleuse etc*) affair; (*entreprise*) business; (*marché, transaction*) (business) deal, (piece of) business *no pl*;

(*occasion intéressante*) good deal; **affaires** *nfpl* affairs; (*activité commerciale*) business *sg*; (*effets personnels*) things, belongings; **~s de sport** sports gear; **tirer qn/se tirer d'~** to get sb/o.s. out of trouble; **ceci fera l'~** this will do (nicely); **avoir ~ à** (*en contact*) to be dealing with; **ce sont mes ~s** (*cela me concerne*) that's my business; **occupe-toi de tes ~s!** mind your own business!; **les ~s étrangères** (*Pol*) foreign affairs • **affairer** /1/: **s'affairer** *vi* to busy o.s., bustle about

affamé, e [afame] *adj* starving

affecter [afɛkte] /1/ *vt* to affect; **~ qch à** to allocate *ou* allot sth to; **~ qn à** to appoint sb to; (*diplomate*) to post sb to

affectif, -ive [afɛktif, -iv] *adj* emotional

affection [afɛksjɔ̃] *nf* affection; (*mal*) ailment • **affectionner** /1/ *vt* to be fond of • **affectueux, -euse** *adj* affectionate

affichage [afiʃaʒ] *nm* billposting; (*électronique*) display; **"~ interdit"** "stick no bills"; **~ à cristaux liquides** liquid crystal display, LCD

affiche [afiʃ] *nf* poster; (*officielle*) (public) notice; (*Théât*) bill; **être à l'~** to be on

afficher [afiʃe] /1/ *vt* (*affiche*) to put up; (*réunion*) to put up a notice about; (*électroniquement*) to display; (*fig*) to exhibit, display; **s'afficher** *vi* (*péj*) to flaunt o.s.; (*électroniquement*) to be displayed; **"défense d'~"** "no bill posters"

affilée [afile]: **d'~** *adv* at a stretch

affirmatif, -ive [afiʀmatif, -iv] *adj* affirmative

affirmer [afiʀme] /1/ *vt* to assert

affligé, e [afliʒe] *adj* distressed, grieved; **~ de** (*maladie, tare*) afflicted with

affliger [afliʒe] /3/ *vt* (*peiner*) to distress, grieve

affluence [aflyɑ̃s] *nf* crowds *pl*; **heures d'~** rush hour *sg*; **jours d'~** busiest days

affluent [aflyɑ̃] *nm* tributary

affolement [afɔlmɑ̃] *nm* panic

affoler [afɔle] /1/ *vt* to throw into a panic; **s'affoler** *vi* to panic

affranchir [afʀɑ̃ʃiʀ] /2/ *vt* to put a stamp *ou* stamps on; (*à la machine*) to frank (BRIT), meter (US); (*fig*) to free, liberate • **affranchissement** *nm* postage

affreux, -euse [afʀø, -øz] *adj* dreadful, awful

affront [afʀɔ̃] *nm* affront • **affrontement** *nm* clash, confrontation

affronter [afʀɔ̃te] /1/ *vt* to confront, face

affût [afy] *nm*: **à l'~ (de)** (*gibier*) lying in wait (for); (*fig*) on the look-out (for)

Afghanistan [afganistɑ̃] *nm*: **l'** Afghanistan

afin [afɛ̃]: **~ que** *conj* so that, in order that; **~ de faire** in order to do, so as to do

africain, e [afʀikɛ̃, -ɛn] *adj* African ▸ *nm/f*: **A~, e** African

Afrique [afʀik] *nf*: **l'~** Africa; **l'~ australe/du Nord/du Sud** southern/North/South Africa

agacer [agase] /3/ *vt* to irritate

âge [ɑʒ] *nm* age; **quel ~ as-tu?** how old are you?; **prendre de l'~** to be getting on (in years); **le troisième ~** (*personnes âgées*) senior citizens; (*période*) retirement • **âgé, e** *adj* old, elderly; **âgé de 10 ans** 10 years old

agence [aʒɑ̃s] *nf* agency, office; (*succursale*) branch; **~ immobilière** estate agent's (office) (BRIT), real estate office (US); **~ de voyages** travel agency

agenda [aʒɛ̃da] *nm* diary; **~ électronique** PDA

⚠ Attention à ne pas traduire le mot français *agenda* par le mot anglais *agenda*.

agenouiller [aʒ(ə)nuje] /1/: **s'agenouiller** *vi* to kneel (down)

agent, e [aʒɑ̃, -ɑ̃t] *nm/f* (*aussi*: **~(e) de police**) policeman (policewoman); (*Admin*) official, officer; **~ immobilier** estate agent (BRIT), realtor (US)

agglomération [aglɔmeʀasjɔ̃] *nf* town; (*Auto*) built-up area; **l'~ parisienne** the urban area of Paris

aggraver [agʀave] /1/: **s'aggraver** *vi* to worsen

agile [aʒil] *adj* agile, nimble

agir [aʒiʀ] /2/ *vi* to act; **il s'agit de** it's a matter *ou* question of; (*ça traite de*) it is about; **il s'agit de faire** we (*ou* you *etc*) must do; **de quoi s'agit-il?** what is it about?

agitation [aʒitasjɔ̃] *nf* (hustle and) bustle; (*trouble*) agitation, excitement; (*politique*) unrest, agitation

agité, e [aʒite] *adj* fidgety, restless; (*troublé*) agitated, perturbed; (*mer*) rough

agiter [aʒite] /1/ *vt* (*bouteille, chiffon*) to shake; (*bras, mains*) to wave; (*préoccuper, exciter*) to trouble

agneau, x [aɲo] *nm* lamb

agonie [agɔni] *nf* mortal agony, death pangs *pl*; (*fig*) death throes *pl*

agrafe [agʀaf] *nf* (*de vêtement*) hook, fastener; (*de bureau*) staple • **agrafer** /1/ *vt* to fasten; to staple • **agrafeuse** [agʀaføz] *nf* stapler

agrandir [agʀɑ̃diʀ] /2/ *vt* to extend; **s'agrandir** *vi* (*ville, famille*) to grow, expand; (*trou, écart*) to get bigger • **agrandissement** *nm* (*photographie*) enlargement

agréable [agʀeabl] *adj* pleasant, nice

agréé, e [agʀee] *adj*: **concessionnaire ~** registered dealer

agréer [agʀee] /1/ *vt* (*requête*) to accept; **~ à** to please, suit; **veuillez ~, Monsieur/Madame, mes salutations distinguées** (*personne nommée*) yours sincerely; (*personne non nommée*) yours faithfully

agrégation [agʀegasjɔ̃] *nf* *highest teaching diploma in France*; • **agrégé, e** *nm/f* holder of the *agrégation*

agrément [agʀemɑ̃] *nm* (*accord*) consent, approval; (*attraits*) charm, attractiveness; (*plaisir*) pleasure

agresser [agʀese] /1/ *vt* to attack • **agresseur** *nm* aggressor, attacker; (*Pol, Mil*) aggressor • **agressif, -ive** *adj* aggressive

agricole [agʀikɔl] *adj* agricultural • **agriculteur, -trice** *nm/f* farmer • **agriculture** *nf* agriculture; farming

agripper [agʀipe] /1/ *vt* to grab, clutch; **s'~ à** to cling (on) to, clutch, grip

agroalimentaire [agʀɔalimɑ̃tɛʀ] *nm* farm-produce industry
agrumes [agʀym] *nmpl* citrus fruit(s)
aguets [agɛ]: **aux ~** *adv*; **être aux ~** to be on the look-out
ai [ɛ] *vb voir* **avoir**
aide [ɛd] *nm/f* assistant ▸ *nf* assistance, help; (*secours financier*) aid; **à l'~ de** with the help *ou* aid of; **appeler (qn) à l'~** to call for help (from sb); **à l'~!** help!; **~ judiciaire** legal aid; **~ ménagère** *nf* ≈ home help (BRIT) *ou* helper (US) • **aide-mémoire** *nm inv* memoranda pages *pl*; (key facts) handbook
aider [ede] /1/ *vt* to help; **~ à qch** to help (towards) sth; **~ qn à faire qch** to help sb to do sth; **s'~ de** (*se servir de*) to use, make use of
aide-soignant, e [ɛdswanjɑ̃, -ɑ̃t] *nm/f* auxiliary nurse
aie *etc* [ɛ] *vb voir* **avoir**
aïe [aj] *excl* ouch!
aigle [ɛgl] *nm* eagle
aigre [ɛgʀ] *adj* sour, sharp; (*fig*) sharp, cutting • **aigre-doux, -douce** *adj* (*sauce*) sweet and sour • **aigreur** *nf* sourness; sharpness
aigu, ë [egy] *adj* (*objet, arête*) sharp; (*son, voix*) high-pitched, shrill; (*note*) high(-pitched)
aiguille [egɥij] *nf* needle; (*de montre*) hand; **~ à tricoter** knitting needle
aiguiser [egize] /1/ *vt* to sharpen; (*fig*) to stimulate; (*: sens*) to excite
ail [aj] *nm* garlic
aile [ɛl] *nf* wing • **aileron** *nm* (*de requin*) fin • **ailier** *nm* winger
aille *etc* [aj] *vb voir* **aller**
ailleurs [ajœʀ] *adv* elsewhere, somewhere else; **partout/nulle part ~** everywhere/nowhere else; **d'~** (*du reste*) moreover, besides; **par ~** (*d'autre part*) moreover, furthermore
aimable [ɛmabl] *adj* kind, nice
aimant [ɛmɑ̃] *nm* magnet
aimer [eme] /1/ *vt* to love; (*d'amitié, affection, par goût*) to like; **j'aimerais ...** (*souhait*) I would like ...; **j'aime faire du ski** I like skiing; **je t'aime** I love you; **bien ~ qn/qch** to like sb/sth; **j'aime mieux Paul (que Pierre)** I prefer Paul (to Pierre); **j'aimerais autant** *ou* **mieux y aller maintenant** I'd sooner *ou* rather go now
aine [ɛn] *nf* groin
aîné, e [ene] *adj* elder, older; (*le plus âgé*) eldest, oldest ▸ *nm/f* oldest child *ou* one, oldest boy *ou* son/girl *ou* daughter
ainsi [ɛ̃si] *adv* (*de cette façon*) like this, in this way, thus; (*ce faisant*) thus ▸ *conj* thus, so; **~ que** (*comme*) (just) as; (*et aussi*) as well as; **pour ~ dire** so to speak; **et ~ de suite** and so on (and so forth)
air [ɛʀ] *nm* air; (*mélodie*) tune; (*expression*) look, air; **paroles/menaces en l'~** empty words/threats; **prendre l'~** to get some (fresh) air; **avoir l'~** (*sembler*) to look, appear; **avoir l'~ triste** to look *ou* seem sad; **avoir l'~ de qch** to look like sth; **avoir l'~ de faire** to look as though one is doing
airbag [ɛʀbag] *nm* airbag
aisance [ɛzɑ̃s] *nf* ease; (*richesse*) affluence
aise [ɛz] *nf* comfort; **être à l'~** *ou* **à son ~** to be comfortable; (*pas embarrassé*) to be at ease; (*financièrement*) to be comfortably

off; **se mettre à l'~** to make o.s. comfortable; **être mal à l'~** *ou* **à son ~** to be uncomfortable; (*gêné*) to be ill at ease; **en faire à son ~** to do as one likes • **aisé, e** *adj* easy; (*assez riche*) well-to-do, well-off
isselle [ɛsɛl] *nf* armpit
t [ɛ] *vb voir* **avoir**
onc [aʒɔ̃] *nm* gorse *no pl*
ourner [aʒuʀne] /1/ *vt* (*réunion*) to adjourn; (*décision*) to defer, postpone
outer [aʒute] /1/ *vt* to add
arme [alaʀm] *nf* alarm; **donner l'~** to give *ou* raise the alarm • **alarmer** /1/ *vt* to alarm; **s'alarmer** *vi* to become alarmed
lbanie [albani] *nf*: **l'~** Albania
lbum [albɔm] *nm* album
lcool [alkɔl] *nm*: **l'~** alcohol; **un ~** a spirit, a brandy; **bière sans ~** non-alcoholic *ou* alcohol-free beer; **~ à brûler** methylated spirits (BRIT), wood alcohol (US); **~ à 90°** surgical spirit
• **alcoolique** *adj, nm/f* alcoholic
• **alcoolisé, e** *adj* alcoholic; **une boisson non alcoolisée** a soft drink • **alcoolisme** *nm* alcoholism
• **alco(o)test®** *nm* Breathalyser®; (*test*) breath-test
léatoire [aleatwaʀ] *adj* uncertain; (*Inform, Statistique*) random
lentour [alɑ̃tuʀ] *adv* around (about); **alentours** *nmpl* surroundings; **aux ~s de** in the vicinity *ou* neighbourhood of, around about; (*temps*) around about
lerte [alɛʀt] *adj* agile, nimble; (*style*) brisk, lively ▸ *nf* alert; warning; **~ à la bombe** bomb scare • **alerter** /1/ *vt* to alert
algèbre [alʒɛbʀ] *nf* algebra
Alger [alʒe] *n* Algiers
Algérie [alʒeʀi] *nf*: **l'~** Algeria
• **algérien, ne** *adj* Algerian ▸ *nm/f*: **Algérien, ne** Algerian
algue [alg] *nf* seaweed *no pl*; (*Bot*) alga
alibi [alibi] *nm* alibi
aligner [aliɲe] /1/ *vt* to align, line up; (*idées, chiffres*) to string together; (*adapter*): **~ qch sur** to bring sth into alignment with; **s'aligner** (*soldats etc*) to line up; **s'~ sur** (*Pol*) to align o.s. with
aliment [alimɑ̃] *nm* food
• **alimentation** *nf* (*en eau etc, de moteur*) supplying; (*commerce*) food trade; (*régime*) diet; (*Inform*) feed; **alimentation (générale)** (general) grocer's • **alimenter** /1/ *vt* to feed; (*Tech*): **alimenter (en)** to supply (with), feed (with); (*fig*) to sustain, keep going
allaiter [alete] /1/ *vt* to (breast-)feed, nurse; (*animal*) to suckle
allécher [aleʃe] /6/ *vt*: **~ qn** to make sb's mouth water; to tempt sb, entice sb
allée [ale] *nf* (*de jardin*) path; (*en ville*) avenue, drive; **~s et venues** comings and goings
allégé, e [aleʒe] *adj* (*yaourt etc*) low-fat
alléger [aleʒe] /6, 3/ *vt* (*voiture*) to make lighter; (*chargement*) to lighten; (*souffrance*) to alleviate, soothe
Allemagne [almaɲ] *nf*: **l'~** Germany • **allemand, e** *adj* German ▸ *nm* (*Ling*) German ▸ *nm/f*: **Allemand, e** German
aller [ale] /9/ *nm* (*trajet*) outward journey; (*billet*) single (BRIT) *ou*

one-way ticket (US) ▸ vi (*gén*) to go; **~ simple** (*billet*) single (BRIT) *ou* one-way ticket; **~ (et) retour (AR)** return trip *ou* journey (BRIT), round trip (US); (*billet*) return (BRIT) *ou* round-trip (US) ticket; **~ à** (*convenir*) to suit; (*forme, pointure etc*) to fit; **~ avec** (*couleurs, style etc*) to go (well) with; **je vais le faire/me fâcher** I'm going to do it/to get angry; **~ voir/chercher qn** to go and see/look for sb; **comment allez-vous?** how are you?; **comment ça va?** how are you?; (*affaires etc*) how are things?; **il va bien/mal** he's well/ not well, he's fine/ill; **ça va bien/mal** (*affaires etc*) it's going well/not going well; **~ mieux** to be better; **allez!** come on!; **allons!** come now!

allergie [alɛʀʒi] *nf* allergy

allergique [alɛʀʒik] *adj*: **~ à** allergic to

alliance [aljɑ̃s] *nf* (*Mil, Pol*) alliance; (*bague*) wedding ring

allier [alje] /7/ *vt* (*Pol, gén*) to ally; (*fig*) to combine; **s'allier** to become allies; (*éléments, caractéristiques*) to combine

allô [alo] *excl* hullo, hallo

allocation [alɔkasjɔ̃] *nf* allowance; **~ (de) chômage** unemployment benefit; **~s familiales** ≈ child benefit

allonger [alɔ̃ʒe] /3/ *vt* to lengthen, make longer; (*étendre: bras, jambe*) to stretch (out); **s'allonger** *vi* to get longer; (*se coucher*) to lie down, stretch out; **~ le pas** to hasten one's step(s)

allumage [alymaʒ] *nm* (*Auto*) ignition

allume-cigare [alymsigaʀ] *nm inv* cigar lighter

allumer [alyme] /1/ *vt* (*lampe, phare, radio*) to put *ou* switch on; (*pièce*) to put *ou* switch the light(on in; (*feu, bougie, cigare, pipe, gaz* to light; **s'allumer** *vi* (*lumière, lampe*) to come *ou* go on

allumette [alymɛt] *nf* match

allure [alyʀ] *nf* (*vitesse*) speed; (: *pied*) pace; (*démarche*) walk; (*aspect, air*) look; **avoir de l'~** to have style; **à toute ~** at full spee

allusion [a(l)lyzjɔ̃] *nf* allusion; (*sous-entendu*) hint; **faire ~ à** to allude *ou* refer to; to hint at

alors [alɔʀ]

▸ *adv* **1** (*à ce moment-là*) then, at that time; **il habitait alors à Paris** he lived in Paris at that time

2 (*par conséquent*) then; **tu as fini? alors je m'en vais** have you finished? I'm going then

3: **et alors?** so (what)?

▸ *conj*: **alors que** (*au moment où*) when, as; **il est arrivé alors que je partais** he arrived as I was leaving; (*tandis que*) whereas, while; **alors que son frère travaillait dur, lui se reposait** while his brother was working hard, HE would rest; (*bien que*) even though; **il a été puni alors qu'il n'a rien fait** he was punished, even though he had done nothing

alourdir [aluʀdiʀ] /2/ *vt* to weig down, make heavy

Alpes [alp] *nfpl*: **les ~** the Alps

alphabet [alfabɛ] *nm* alphabet; (*livre*) ABC (book)

alpinisme [alpinism] *nm* mountaineering, climbing

Alsace [alzas] *nf* Alsace • **alsacien, ne** *adj* Alsatian ▶ *nm/f*: **Alsacien, ne** Alsatian
altermondialisme [altɛʀmɔ̃djalism] *nm* anti-globalism • **altermondialiste** *adj, nm/f* anti-globalist
alternatif, -ive [altɛʀnatif, -iv] *adj* alternating ▶ *nf* alternative • **alternative** *nf* (*choix*) alternative • **alterner** /1/ *vt* to alternate
altitude [altityd] *nf* altitude, height
alto [alto] *nm* (*instrument*) viola
aluminium [alyminjɔm] *nm* aluminium (BRIT), aluminum (US)
amabilité [amabilite] *nf* kindness
amaigrissant, e [amegʀisɑ̃, -ɑ̃t] *adj*: **régime ~** slimming (BRIT) *ou* weight-reduction (US) diet
amande [amɑ̃d] *nf* (*de l'amandier*) almond • **amandier** *nm* almond (tree)
amant [amɑ̃] *nm* lover
amas [amɑ] *nm* heap, pile • **amasser** /1/ *vt* to amass
amateur [amatœʀ] *nm* amateur; **en ~** (*péj*) amateurishly; **~ de musique/sport** *etc* music/sport *etc* lover
ambassade [ɑ̃basad] *nf* embassy; **l'~ de France** the French Embassy • **ambassadeur, -drice** *nm/f* ambassador/ambassadress
ambiance [ɑ̃bjɑ̃s] *nf* atmosphere; **il y a de l'~** everyone's having a good time
ambigu, ë [ɑ̃bigy] *adj* ambiguous
ambitieux, -euse [ɑ̃bisjø, -jøz] *adj* ambitious
ambition [ɑ̃bisjɔ̃] *nf* ambition
ambulance [ɑ̃bylɑ̃s] *nf* ambulance • **ambulancier, -ière** *nm/f* ambulanceman/woman (BRIT), paramedic (US)
âme [ɑm] *nf* soul; **~ sœur** kindred spirit
amélioration [ameljɔʀasjɔ̃] *nf* improvement
améliorer [ameljɔʀe] /1/ *vt* to improve; **s'améliorer** *vi* to improve, get better
aménager [amenaʒe] /3/ *vt* (*agencer*) to fit out; (*: terrain*) to lay out; (*: quartier, territoire*) to develop; (*installer*) to fix up, put in; **ferme aménagée** converted farmhouse
amende [amɑ̃d] *nf* fine; **faire ~ honorable** to make amends
amener [am(ə)ne] /5/ *vt* to bring; (*causer*) to bring about; **s'amener** *vi* (*fam*) to show up, turn up; **~ qn à qch/à faire** to lead sb to sth/to do
amer, amère [amɛʀ] *adj* bitter
américain, e [ameʀikɛ̃, -ɛn] *adj* American ▶ *nm/f*: **A~, e** American
Amérique [ameʀik] *nf* America; **l'~ centrale** Central America; **l'~ latine** Latin America; **l'~ du Nord** North America; **l'~ du Sud** South America
amertume [amɛʀtym] *nf* bitterness
ameublement [amœbləmɑ̃] *nm* furnishing; (*meubles*) furniture
ami, e [ami] *nm/f* friend; (*amant/maîtresse*) boyfriend/girlfriend; **petit ~/petite ~e** boyfriend/girlfriend; **ajouter qn à sa liste d'~s** (*réseaux sociaux*) to friend sb; **supprimer qn de sa liste d'~s** (*réseaux sociaux*) to unfriend sb ▶ *adj*: **pays/groupe ~** friendly country/group

amiable [amjabl]: **à l'~** *adv* (*Jur*) out of court; (*gén*) amicably
amiante [amjɑ̃t] *nm* asbestos
amical, e, -aux [amikal, -o] *adj* friendly • **amicalement** *adv* in a friendly way; (*formule épistolaire*) regards
amincir [amɛ̃siʀ] /2/ *vt*: **~ qn** to make sb thinner *ou* slimmer; (*vêtement*) to make sb look slimmer
amincissant, e [amɛ̃sisɑ̃, -ɑ̃t] *adj* slimming; **régime ~** diet; **crème ~e** slimming cream
amiral, -aux [amiʀal, -o] *nm* admiral
amitié [amitje] *nf* friendship; **prendre en ~** to take a liking to; **faire** *ou* **présenter ses ~s à qn** to send sb one's best wishes; **~s** (*formule épistolaire*) (with) best wishes
amonceler [amɔ̃s(ə)le] /4/ *vt* to pile *ou* heap up; **s'amonceler** to pile *ou* heap up; (*fig*) to accumulate
amont [amɔ̃]: **en ~** *adv* upstream
amorce [amɔʀs] *nf* (*sur un hameçon*) bait; (*explosif*) cap; (*tube*) primer; (*: contenu*) priming; (*fig: début*) beginning(s), start
amortir [amɔʀtiʀ] /2/ *vt* (*atténuer: choc*) to absorb, cushion; (*: bruit, douleur*) to deaden; (*Comm: dette*) to pay off; **~ un abonnement** to make a season ticket pay (for itself) • **amortisseur** *nm* shock absorber
amour [amuʀ] *nm* love; **faire l'~** to make love • **amoureux, -euse** *adj* (*regard, tempérament*) amorous; (*vie, problèmes*) love *cpd*; (*personne*): **être amoureux (de qn)** to be in love (with sb) ▸ *nmpl* courting couple(s) • **amour-propre** *nm* self-esteem, pride
ampère [ɑ̃pɛʀ] *nm* amp(ere)
amphithéâtre [ɑ̃fiteɑtʀ] *nm* amphitheatre; (*d'université*) lecture hall *ou* theatre
ample [ɑ̃pl] *adj* (*vêtement*) roomy, ample; (*gestes, mouvement*) broad; (*ressources*) ample • **amplement** *adv*: **amplement suffisant** more than enough • **ampleur** *nf* (*de dégâts, problème*) extent
amplificateur [ɑ̃plifikatœʀ] *nm* amplifier
amplifier [ɑ̃plifje] /7/ *vt* (*fig*) to expand, increase
ampoule [ɑ̃pul] *nf* (*électrique*) bulb; (*de médicament*) phial; (*aux mains, pieds*) blister
amusant, e [amyzɑ̃, -ɑ̃t] *adj* (*divertissant, spirituel*) entertaining, amusing; (*comique*) funny, amusing
amuse-gueule [amyzgœl] *nm inv* appetizer, snack
amusement [amyzmɑ̃] *nm* (*voir amusé*) amusement; (*jeu etc*) pastime, diversion
amuser [amyze] /1/ *vt* (*divertir*) to entertain, amuse; (*égayer, faire rire*) to amuse; **s'amuser** *vi* (*jouer*) to amuse o.s.; (*se divertir*) to enjoy o.s., have fun; (*fig*) to mess around
amygdale [amidal] *nf* tonsil
an [ɑ̃] *nm* year; **être âgé de** *ou* **avoir 3 ans** to be 3 (years old); **le jour de l'an, le premier de l'an, le nouvel an** New Year's Day
analphabète [analfabɛt] *nm/f* illiterate
analyse [analiz] *nf* analysis; (*Méd*) test • **analyser** /1/ *vt* to analyse; (*Méd*) to test

nanas [anana(s)] *nm* pineapple
natomie [anatɔmi] *nf* anatomy
ncêtre [ɑ̃sɛtʀ] *nm/f* ancestor
nchois [ɑ̃ʃwa] *nm* anchovy
ncien, ne [ɑ̃sjɛ̃, -jɛn] *adj* old; (*de jadis, de l'antiquité*) ancient; (*précédent, ex-*) former, old; (*par l'expérience*) senior ▶ *nm/f* (*dans une tribu etc*) elder • **ancienneté** *nf* (*Admin*) (length of) service; (*privilèges obtenus*) seniority
ncre [ɑ̃kʀ] *nf* anchor; **jeter/ lever l'~** to cast/weigh anchor • **ancrer** /1/ *vt* (*Constr: câble etc*) to anchor; (*fig*) to fix firmly
Andorre [ɑ̃dɔʀ] *nf* Andorra
ndouille [ɑ̃duj] *nf* (*Culin*) *sausage made of chitterlings*; (*fam*) clot, nit
âne [ɑn] *nm* donkey, ass; (*péj*) dunce
anéantir [aneɑ̃tiʀ] /2/ *vt* to annihilate, wipe out; (*fig*) to obliterate, destroy
anémie [anemi] *nf* anaemia • **anémique** *adj* anaemic
anesthésie [anɛstezi] *nf* anaesthesia; **~ générale/locale** general/local anaesthetic; **faire une ~ locale à qn** to give sb a local anaesthetic
ange [ɑ̃ʒ] *nm* angel; **être aux ~s** to be over the moon
angine [ɑ̃ʒin] *nf* throat infection; **~ de poitrine** angina (pectoris)
anglais, e [ɑ̃glɛ, -ɛz] *adj* English ▶ *nm* (*Ling*) English ▶ *nm/f*: **A~, e** Englishman/woman; **les A~** the English; **filer à l'~e** to take French leave
angle [ɑ̃gl] *nm* angle; (*coin*) corner
Angleterre [ɑ̃glətɛʀ] *nf*: **l'~** England
anglo... [ɑ̃glɔ] *préfixe* Anglo-, anglo(-) • **anglophone** *adj* English-speaking
angoisse [ɑ̃gwas] *nf*: **l'~** anguish *no pl* • **angoissé, e** *adj* (*personne*) distressed
anguille [ɑ̃gij] *nf* eel
animal, e, -aux [animal, -o] *adj, nm* animal
animateur, -trice [animatœʀ, -tʀis] *nm/f* (*de télévision*) host; (*de groupe*) leader, organizer
animation [animasjɔ̃] *nf* (*voir animé*) busyness; liveliness; (*Ciné: technique*) animation
animé, e [anime] *adj* (*rue, lieu*) busy, lively; (*conversation, réunion*) lively, animated
animer [anime] /1/ *vt* (*ville, soirée*) to liven up; (*mettre en mouvement*) to drive
anis [ani(s)] *nm* (*Culin*) aniseed; (*Bot*) anise
ankyloser [ɑ̃kiloze] /1/: **s'ankyloser** *vi* to get stiff
anneau, x [ano] *nm* (*de rideau, bague*) ring; (*de chaîne*) link
année [ane] *nf* year
annexe [anɛks] *adj* (*problème*) related; (*document*) appended; (*salle*) adjoining ▶ *nf* (*bâtiment*) annex(e); (*jointe à une lettre, un dossier*) enclosure
anniversaire [anivɛʀsɛʀ] *nm* birthday; (*d'un événement, bâtiment*) anniversary
annonce [anɔ̃s] *nf* announcement; (*signe, indice*) sign; (*aussi*: **~ publicitaire**) advertisement; **les petites ~s** the small *ou* classified ads
annoncer [anɔ̃se] /3/ *vt* to announce; (*être le signe de*) to herald; **s'annoncer bien/difficile** to look promising/difficult

annuaire [anɥɛʀ] *nm* yearbook, annual; **~ téléphonique** (telephone) directory, phone book
annuel, le [anɥɛl] *adj* annual, yearly
annulation [anylasjɔ̃] *nf* cancellation
annuler [anyle] /1/ *vt* (*rendez-vous, voyage*) to cancel, call off; (*jugement*) to quash (BRIT), repeal (US); (*Math, Physique*) to cancel out
anonymat [anɔnima] *nm* anonymity; **garder l'~** to remain anonymous
anonyme [anɔnim] *adj* anonymous; (*fig*) impersonal
anorak [anɔʀak] *nm* anorak
anorexie [anɔʀɛksi] *nf* anorexia
anormal, e, -aux [anɔʀmal, -o] *adj* abnormal
ANPE *sigle f* (= *Agence nationale pour l'emploi*) *national employment agency (functions include job creation)*
antarctique [ɑ̃taʀktik] *adj* Antarctic ▶ *nm*: **l'A~** the Antarctic
antenne [ɑ̃tɛn] *nf* (*de radio, télévision*) aerial; (*d'insecte*) antenna, feeler; (*poste avancé*) outpost; (*petite succursale*) sub-branch; **passer à/avoir l'~** to go/be on the air; **~ parabolique** satellite dish
antérieur, e [ɑ̃teʀjœʀ] *adj* (*d'avant*) previous, earlier; (*de devant*) front
anti... [ɑ̃ti] *préfixe* anti... • **antialcoolique** *adj* anti-alcohol • **antibiotique** *nm* antibiotic • **antibrouillard** *adj*: **phare antibrouillard** fog lamp
anticipation [ɑ̃tisipasjɔ̃] *nf*: **livre/film d'~** science fiction book/film
anticipé, e [ɑ̃tisipe] *adj*: **avec mes remerciements ~s** thanking you in advance *ou* anticipation
anticiper [ɑ̃tisipe] /1/ *vt* (*événement, coup*) to anticipate, foresee
anti: • **anticorps** *nm* antibody • **antidote** *nm* antidote • **antigel** *nm* antifreeze • **antihistaminique** *nm* antihistamine
antillais, e [ɑ̃tijɛ, -ɛz] *adj* West Indian, Caribbean ▶ *nm/f*: **A~, e** West Indian, Caribbean
Antilles [ɑ̃tij] *nfpl*: **les ~** the West Indies; **les Grandes/Petites ~** the Greater/Lesser Antilles
antilope [ɑ̃tilɔp] *nf* antelope
anti: • **antimite(s)** *adj, nm*: **(produit) antimite(s)** mothproofer, moth repellent • **antimondialisation** *nf* anti-globalization • **antipathique** *adj* unpleasant, disagreeable • **antipelliculaire** *adj* anti-dandruff
antiquaire [ɑ̃tikɛʀ] *nm/f* antique dealer
antique [ɑ̃tik] *adj* antique; (*très vieux*) ancient, antiquated • **antiquité** *nf* (*objet*) antique; **l'Antiquité** Antiquity; **magasin/marchand d'antiquités** antique shop/dealer
anti: • **antirabique** *adj* rabies *cpd* • **antirouille** *adj inv* anti-rust *cpd* • **antisémite** *adj* anti-Semitic • **antiseptique** *adj, nm* antiseptic • **antivirus** *nm* (*Inform*) antivirus (program) • **antivol** *adj, nm*: **(dispositif) antivol** antitheft device
anxieux, -euse [ɑ̃ksjø, -jøz] *adj* anxious, worried

AOC *sigle f* (= *Appellation d'origine contrôlée*) *guarantee of quality of wine*
août [u(t)] *nm* August
apaiser [apeze] /1/ *vt* (*colère*) to calm; (*douleur*) to soothe; (*personne*) to calm (down), pacify; **s'apaiser** *vi* (*tempête, bruit*) to die down, subside; (*personne*) to calm down
apercevoir [apɛʀsəvwaʀ] /28/ *vt* to see; **s'apercevoir de** *vt* to notice; **s'~ que** to notice that
aperçu [apɛʀsy] *nm* (*vue d'ensemble*) general survey
apéritif, -ive [apeʀitif, -iv] *adj* which stimulates the appetite ▸ *nm* (*boisson*) aperitif; (*réunion*) (pre-lunch *ou* -dinner) drinks *pl*
à-peu-près [apøpʀɛ] *nm inv* (*péj*) vague approximation
apeuré, e [apœʀe] *adj* frightened, scared
aphte [aft] *nm* mouth ulcer
apitoyer [apitwaje] /8/ *vt* to move to pity; **s'~ (sur qn/qch)** to feel pity *ou* compassion (for sb/ over sth)
aplatir [aplatiʀ] /2/ *vt* to flatten; **s'aplatir** *vi* to become flatter; (*écrasé*) to be flattened
aplomb [aplɔ̃] *nm* (*équilibre*) balance, equilibrium; (*fig*) self-assurance nerve; **d'~** steady
apostrophe [apɔstʀɔf] *nf* (*signe*) apostrophe
apparaître [apaʀɛtʀ] /57/ *vi* to appear
appareil [apaʀɛj] *nm* (*outil, machine*) piece of apparatus, device; (*électrique etc*) appliance; (*avion*) (aero)plane, aircraft *inv*; (*téléphonique*) telephone; (*dentier*) brace (BRIT), braces (US); **qui est à l'~?** who's speaking?; **dans le plus simple ~** in one's birthday suit; **~ (photo)** camera; **~ numérique** digital camera
• **appareiller** /1/ *vi* (*Navig*) to cast off, get under way ▸ *vt* (*assortir*) to match up
apparemment [apaʀamɑ̃] *adv* apparently
apparence [apaʀɑ̃s] *nf* appearance; **en ~** apparently
apparent, e [apaʀɑ̃, -ɑ̃t] *adj* visible; (*évident*) obvious; (*superficiel*) apparent
apparenté, e [apaʀɑ̃te] *adj*: **~ à** related to; (*fig*) similar to
apparition [apaʀisjɔ̃] *nf* appearance; (*surnaturelle*) apparition
appartement [apaʀtəmɑ̃] *nm* flat (BRIT), apartment (US)
appartenir [apaʀtəniʀ] /22/: **~ à** *vt* to belong to; **il lui appartient de** it is up to him to
apparu, e [apaʀy] *pp de* **apparaître**
appât [apɑ] *nm* (*Pêche*) bait; (*fig*) lure, bait
appel [apɛl] *nm* call; (*nominal*) roll call; (: *Scol*) register; (*Mil*: *recrutement*) call-up; **faire ~ à** (*invoquer*) to appeal to; (*avoir recours à*) to call on; (*nécessiter*) to call for, require; **faire** *ou* **interjeter ~** (*Jur*) to appeal; **faire l'~** to call the roll; (*Scol*) to call the register; **sans ~** (*fig*) final, irrevocable; **~ d'offres** (*Comm*) invitation to tender; **faire un ~ de phares** to flash one's headlights; **~ (téléphonique)** (tele)phone call
appelé [ap(ə)le] *nm* (*Mil*) conscript
appeler [ap(ə)le] /4/ *vt* to call; (*faire venir*: *médecin etc*) to call, send for; **s'appeler** *vi*: **elle s'appelle**

Gabrielle her name is Gabrielle, she's called Gabrielle; **comment vous appelez-vous?** what's your name?; **comment ça s'appelle?** what is it *ou* that called?

appendicite [apɑ̃disit] *nf* appendicitis

appesantir [apəzɑ̃tiʀ] /2/: **s'appesantir** *vi* to grow heavier; **s'~ sur** (*fig*) to dwell at length on

appétissant, e [apetisɑ̃, -ɑ̃t] *adj* appetizing, mouth-watering

appétit [apeti] *nm* appetite; **bon ~!** enjoy your meal!

applaudir [aplodiʀ] /2/ *vt* to applaud ▸ *vi* to applaud, clap • **applaudissements** *nmpl* applause *sg*, clapping *sg*

appli [apli] *nf* app

application [aplikasjɔ̃] *nf* application

appliquer [aplike] /1/ *vt* to apply; (*loi*) to enforce; **s'appliquer** *vi* (*élève etc*) to apply o.s.; **s'~ à** to apply to

appoint [apwɛ̃] *nm* (extra) contribution *ou* help; **avoir/faire l'~** to have/give the right change *ou* money; **chauffage d'~** extra heating

apporter [apɔʀte] /1/ *vt* to bring

appréciable [apʀesjabl] *adj* appreciable

apprécier [apʀesje] /7/ *vt* to appreciate; (*évaluer*) to estimate, assess

appréhender [apʀeɑ̃de] /1/ *vt* (*craindre*) to dread; (*arrêter*) to apprehend

apprendre [apʀɑ̃dʀ] /58/ *vt* to learn; (*événement, résultats*) to learn of, hear of; **~ qch à qn** (*informer*) to tell sb (of) sth; (*enseigner*) to teach sb sth; **~ à faire qch** to learn to do sth; **~ à qn à faire qch** to teach sb to do sth • **apprenti, e** *nm/f* apprentice • **apprentissage** *nm* learning; (*Comm, Scol: période*) apprenticeship

apprêter [apʀete] /1/: **s'apprêter** *vi*: **s'~ à qch/à faire qch** to prepare for sth/for doing sth

appris, e [apʀi, -iz] *pp de* **apprendre**

apprivoiser [apʀivwaze] /1/ *vt* to tame

approbation [apʀɔbasjɔ̃] *nf* approval

approcher [apʀɔʃe] /1/ *vi* to approach, come near ▸ *vt* to approach; (*rapprocher*): **~ qch (de qch)** to bring *ou* put *ou* move sth near (to sth); **s'approcher de** to approach, go *ou* come *ou* move near to; **~ de** (*lieu, but*) to draw near to; (*quantité, moment*) to approach

approfondir [apʀɔfɔ̃diʀ] /2/ *vt* to deepen; (*question*) to go further into

approprié, e [apʀɔpʀije] *adj*: **~ (à)** appropriate (to), suited (to)

approprier [apʀɔpʀije] /7/: **s'approprier** *vt* to appropriate, take over; **s'~ en** to stock up with

approuver [apʀuve] /1/ *vt* to agree with; (*trouver louable*) to approve of

approvisionner [apʀɔvizjɔne] /1/ *vt* to supply; (*compte bancaire*) to pay funds into; **s'~ en** to stock up with

approximatif, -ive [apʀɔksimatif, -iv] *adj* approximate, rough; (*imprécis*) vague

appt *abr* = **appartement**

appui [apɥi] *nm* support; **prendre ~ sur** to lean on; (*objet*) to rest on; **l'~ de la fenêtre** the windowsill, the window ledge
appuyer [apɥije] /8/ *vt* (*poser, soutenir: personne, demande*) to support, back (up) ▶ *vi*: **~ sur** (*bouton*) to press, push; (*mot, détail*) to stress, emphasize; **s'appuyer sur** *vt* to lean on; (*compter sur*) to rely on; **~ qch sur/contre/à** to lean *ou* rest sth on/against/on; **~ sur le frein** to brake, to apply the brakes
après [apʀɛ] *prép* after ▶ *adv* afterwards; **deux heures ~** two hours later; **~ qu'il est parti/avoir fait** after he left/having done; **courir ~ qn** to run after sb; **crier ~ qn** to shout at sb; **être toujours ~ qn** (*critiquer etc*) to be always on at sb; **~ quoi** after which; **d'~** (*selon*) according to; **~ coup** after the event, afterwards; **~ tout** (*au fond*) after all; **et (puis) ~?** so what? • **après-demain** *adv* the day after tomorrow • **après-midi** [apʀɛmidi] *nm ou f inv* afternoon • **après-rasage** *nm inv* after-shave • **après-shampooing** *nm inv* conditioner • **après-ski** *nm inv* snow boot
après-soleil [apʀɛsɔlɛj] *adj inv* after-sun *cpd* ▶ *nm* after-sun cream *ou* lotion
apte [apt] *adj*: **~ à qch/faire qch** capable of sth/doing sth; **~ (au service)** (*Mil*) fit (for service)
aquarelle [akwaʀɛl] *nf* watercolour
aquarium [akwaʀjɔm] *nm* aquarium
arabe [aʀab] *adj* Arabic; (*désert, cheval*) Arabian; (*nation, peuple*) Arab ▶ *nm* (*Ling*) Arabic ▶ *nm/f*: **A~** Arab
Arabie [aʀabi] *nf*: **l'~ Saoudite** *ou* **Séoudite** Saudi Arabia
arachide [aʀaʃid] *nf* groundnut (plant); (*graine*) peanut, groundnut
araignée [aʀeɲe] *nf* spider
arbitraire [aʀbitʀɛʀ] *adj* arbitrary
arbitre [aʀbitʀ] *nm* (*Sport*) referee; (: *Tennis, Cricket*) umpire; (*fig*) arbiter, judge; (*Jur*) arbitrator • **arbitrer** /1/ *vt* to referee; to umpire; to arbitrate
arbre [aʀbʀ] *nm* tree; (*Tech*) shaft
arbuste [aʀbyst] *nm* small shrub
arc [aʀk] *nm* (*arme*) bow; (*Géom*) arc; (*Archit*) arch; **en ~ de cercle** semi-circular
arcade [aʀkad] *nf* arch(way); **~s** arcade *sg*, arches
arc-en-ciel [aʀkɑ̃sjɛl] *nm* rainbow
arche [aʀʃ] *nf* arch; **~ de Noé** Noah's Ark
archéologie [aʀkeɔlɔʒi] *nf* arch(a)eology • **archéologue** *nm/f* arch(a)eologist
archet [aʀʃɛ] *nm* bow
archipel [aʀʃipɛl] *nm* archipelago
architecte [aʀʃitɛkt] *nm* architect
architecture [aʀʃitɛktyʀ] *nf* architecture
archives [aʀʃiv] *nfpl* (*collection*) archives
arctique [aʀktik] *adj* Arctic ▶ *nm*: **l'A~** the Arctic
ardent, e [aʀdɑ̃, -ɑ̃t] *adj* (*soleil*) blazing; (*amour*) ardent, passionate; (*prière*) fervent
ardoise [aʀdwaz] *nf* slate

ardu, e [aʀdy] *adj* (*travail*) arduous; (*problème*) difficult
arène [aʀɛn] *nf* arena; **arènes** *nfpl* bull-ring *sg*
arête [aʀɛt] *nf* (*de poisson*) bone; (*d'une montagne*) ridge
argent [aʀʒɑ̃] *nm* (*métal*) silver; (*monnaie*) money; **~ de poche** pocket money; **~ liquide** ready money, (ready) cash • **argenterie** *nf* silverware
argentin, e [aʀʒɑ̃tɛ̃, -in] *adj* Argentinian ▸ *nm/f*: **A~, e** Argentinian
Argentine [aʀʒɑ̃tin] *nf*: **l'~** Argentina
argentique [aʀʒɑ̃tik] *adj* (*appareil photo*) film *cpd*
argile [aʀʒil] *nf* clay
argot [aʀgo] *nm* slang • **argotique** *adj* slang *cpd*; (*très familier*) slangy
argument [aʀgymɑ̃] *nm* argument
argumenter [aʀgymɑ̃te] /1/ *vi* to argue
aride [aʀid] *adj* arid
aristocratie [aʀistɔkʀasi] *nf* aristocracy • **aristocratique** *adj* aristocratic
arithmétique [aʀitmetik] *adj* arithmetic(al) ▸ *nf* arithmetic
arme [aʀm] *nf* weapon; **armes** *nfpl* weapons, arms; (*blason*) (coat of) arms; **~ à feu** firearm; **~s de destruction massive** weapons of mass destruction
armée [aʀme] *nf* army; **~ de l'air** Air Force; **~ de terre** Army
armer [aʀme] /1/ *vt* to arm; (*arme à feu*) to cock; (*appareil photo*) to wind on; **s'armer** *vi*: **s'~ de** to arm o.s. with; **~ qch de** to reinforce sth with
armistice [aʀmistis] *nm* armistice; **l'A~** ≈ Remembrance (BRIT) *ou* Veterans (US) Day
armoire [aʀmwaʀ] *nf* (tall) cupboard; (*penderie*) wardrobe (BRIT), closet (US)
armure [aʀmyʀ] *nf* armour *no pl*, suit of armour • **armurier** *nm* gunsmith
arnaque [aʀnak] (*fam*) *nf* swindling; **c'est de l'~** it's daylight robbery • **arnaquer** /1/ (*fam*) *vt* to do (*fam*)
arobase [aʀobaz] *nf* (*Inform*) 'at' symbol; **"paul ~ société point fr"** "paul at société dot fr"
aromates [aʀɔmat] *nmpl* seasoning *sg*, herbs (and spices)
aromathérapie [aʀɔmateʀapi] *nf* aromatherapy
aromatisé, e [aʀɔmatize] *adj* flavoured
arôme [aʀom] *nm* aroma
arracher [aʀaʃe] /1/ *vt* to pull out; (*page etc*) to tear off, tear out; (*légume, herbe, souche*) to pull up; (*bras etc*) to tear off; **s'arracher** *vt* (*article très recherché*) to fight over; **~ qch à qn** to snatch sth from sb; (*fig*) to wring sth out of sb
arrangement [aʀɑ̃ʒmɑ̃] *nm* arrangement
arranger [aʀɑ̃ʒe] /3/ *vt* to arrange; (*réparer*) to fix, put right; (*régler*) to settle, sort out; (*convenir à*) to suit, be convenient for; **cela m'arrange** that suits me (fine); **s'arranger** *vi* (*se mettre d'accord*) to come to an agreement *ou* arrangement; **je vais m'~** I'll manage; **ça va s'~** it'll sort itself out
arrestation [aʀɛstasjɔ̃] *nf* arrest

arrêt [aʀɛ] *nm* stopping; (*de bus etc*) stop; (*Jur*) judgment, decision; **être à l'~** to be stopped; **rester** *ou* **tomber en ~ devant** to stop short in front of; **sans ~** non-stop; (*fréquemment*) continually; **~ de travail** stoppage (of work)

arrêter [aʀete] /1/ *vt* to stop; (*chauffage etc*) to turn off, switch off; (*fixer*: *date etc*) to appoint, decide on; (*criminel, suspect*) to arrest; **s'arrêter** *vi* to stop; **~ de faire** to stop doing

arrhes [aʀ] *nfpl* deposit *sg*

arrière [aʀjɛʀ] *nm* back; (*Sport*) fullback ▶ *adj inv*: **siège/roue ~** back *ou* rear seat/wheel; **à l'~** behind, at the back; **en ~** behind; (*regarder*) back, behind; (*tomber, aller*) backwards • **arrière-goût** *nm* aftertaste • **arrière-grand-mère** *nf* great-grandmother • **arrière-grand-père** *nm* great-grandfather • **arrière-pays** *nm inv* hinterland • **arrière-pensée** *nf* ulterior motive; (*doute*) mental reservation • **arrière-plan** *nm* background; **à l'arrière-plan** in the background • **arrière-saison** *nf* late autumn

arrimer [aʀime] /1/ *vt* (*cargaison*) to stow; (*fixer*) to secure

arrivage [aʀivaʒ] *nm* consignment

arrivée [aʀive] *nf* arrival; (*ligne d'arrivée*) finish

arriver [aʀive] /1/ *vi* to arrive; (*survenir*) to happen, occur; **il arrive à Paris à 8 h** he gets to *ou* arrives in Paris at 8; **~ à** (*atteindre*) to reach; **~ à (faire) qch** to manage (to do) sth; **en ~ à faire ...** to end up doing ...; **il arrive que ...** it happens that ...; **il lui arrive de faire ...** he sometimes does ...

arrobase [aʀɔbaz] *nf* (*Inform*) 'at' symbol

arrogance [aʀɔgɑ̃s] *nf* arrogance

arrogant, e [aʀɔgɑ̃, -ɑ̃t] *adj* arrogant

arrondissement [aʀɔ̃dismɑ̃] *nm* (*Admin*) ≈ district

arroser [aʀoze] /1/ *vt* to water; (*victoire etc*) to celebrate (over a drink); (*Culin*) to baste • **arrosoir** *nm* watering can

arsenal, -aux [aʀsənal, -o] *nm* (*Navig*) naval dockyard; (*Mil*) arsenal; (*fig*) gear, paraphernalia

art [aʀ] *nm* art

artère [aʀtɛʀ] *nf* (*Anat*) artery; (*rue*) main road

arthrite [aʀtʀit] *nf* arthritis

artichaut [aʀtiʃo] *nm* artichoke

article [aʀtikl] *nm* article; (*Comm*) item, article; **à l'~ de la mort** at the point of death

articulation [aʀtikylasjɔ̃] *nf* articulation; (*Anat*) joint

articuler [aʀtikyle] /1/ *vt* to articulate

artificiel, le [aʀtifisjɛl] *adj* artificial

artisan [aʀtizɑ̃] *nm* artisan, (self-employed) craftsman • **artisanal, e, -aux** [aʀtizanal, -o] *adj* of *ou* made by craftsmen; (*péj*) cottage industry *cpd*; **de fabrication artisanale** home-made • **artisanat** [aʀtizana] *nm* arts and crafts *pl*

artiste [aʀtist] *nm/f* artist; (*Théât, Mus*) performer; (*de variétés*) entertainer • **artistique** *adj* artistic

as *vb* [a]; *voir* **avoir** ▶ *nm* [ɑs] ace

ascenseur [asɑ̃sœʀ] *nm* lift (BRIT), elevator (US)
ascension [asɑ̃sjɔ̃] *nf* ascent; (*de montagne*) climb; **l'A~** (*Rel*) the Ascension

The **fête de l'Ascension** is a public holiday in France. It always falls on a Thursday, usually in May. Many French people take the following Friday off work too and enjoy a long weekend, a practice known as 'faire le pont'.

asiatique [azjatik] *adj* Asian, Asiatic ▸ *nm/f*: **A~** Asian
Asie [azi] *nf*: **l'~** Asia
asile [azil] *nm* (*refuge*) refuge, sanctuary; **droit d'~** (*Pol*) (political) asylum
aspect [aspɛ] *nm* appearance, look; (*fig*) aspect, side; **à l'~ de** at the sight of
asperge [aspɛʀʒ] *nf* asparagus *no pl*
asperger [aspɛʀʒe] /3/ *vt* to spray, sprinkle
asphalte [asfalt] *nm* asphalt
asphyxier [asfiksje] /7/ *vt* to suffocate, asphyxiate; (*fig*) to stifle
aspirateur [aspiʀatœʀ] *nm* vacuum cleaner; **passer l'~** to vacuum
aspirer [aspiʀe] /1/ *vt* (*air*) to inhale; (*liquide*) to suck (up); (*appareil*) to suck *ou* draw up; **~ à** to aspire to
aspirine [aspiʀin] *nf* aspirin
assagir [asaʒiʀ] /2/ *vt*, **s'assagir** *vi* to quieten down, settle down
assaillir [asajiʀ] /13/ *vt* to assail, attack
assaisonnement [asɛzɔnmɑ̃] *nm* seasoning
assaisonner [asɛzɔne] /1/ *vt* to season
assassin [asasɛ̃] *nm* murderer; assassin • **assassiner** /1/ *vt* to murder; (*Pol*) to assassinate
assaut [aso] *nm* assault, attack; **prendre d'~** to (take by) storm, assault; **donner l'~ (à)** to attack
assécher [aseʃe] /6/ *vt* to drain
assemblage [asɑ̃blaʒ] *nm* (*action*) assembling; **un ~ de** (*fig*) a collection of
assemblée [asɑ̃ble] *nf* (*réunion*) meeting; (*public, assistance*) gathering; (*Pol*) assembly; **l'A~ nationale (AN)** the (French) National Assembly
assembler [asɑ̃ble] /1/ *vt* (*joindre, monter*) to assemble, put together; (*amasser*) to gather (together), collect (together); **s'assembler** *vi* to gather
asseoir [aswaʀ] /26/ *vt* (*malade, bébé*) to sit up; (*personne debout*) to sit down; (*autorité, réputation*) to establish; **s'asseoir** *vi* to sit (o.s.) down
assez [ase] *adv* (*suffisamment*) enough, sufficiently; (*passablement*) rather, quite, fairly; **~ de pain/livres** enough *ou* sufficient bread/books; **vous en avez ~?** have you got enough?; **j'en ai ~!** I've had enough!
assidu, e [asidy] *adj* assiduous, painstaking; (*régulier*) regular
assied *etc* [asje] *vb voir* **asseoir**
assiérai *etc* [asjeʀe] *vb voir* **asseoir**
assiette [asjɛt] *nf* plate; (*contenu*) plate(ful); **il n'est pas dans son ~** he's not feeling quite himself; **~ à dessert** dessert *ou* side plate; **~ anglaise** assorted cold meats;

~ **creuse** (soup) dish, soup plate; ~ **plate** (dinner) plate
ssimiler [asimile] /1/ *vt* to assimilate, absorb; (*comparer*): ~ **qch/qn à** to liken *ou* compare sth/sb to; **s'assimiler** *vi* (*s'intégrer*) to be assimilated *ou* absorbed
ssis, e [asi, -iz] *pp de* **asseoir** ▸ *adj* sitting (down), seated
ssistance [asistɑ̃s] *nf* (*public*) audience; (*aide*) assistance; **enfant de l'A~ (publique)** child in care
ssistant, e [asistɑ̃, -ɑ̃t] *nm/f* assistant; (*d'université*) probationary lecturer; **~e sociale** social worker
ssisté, e [asiste] *adj* (*Auto*) power-assisted; ~ **par ordinateur** computer-assisted; **direction ~e** power steering
ssister [asiste] /1/ *vt* to assist; ~ **à** (*scène, événement*) to witness; (*conférence*) to attend, be (present) at; (*spectacle, match*) to be at, see
ssociation [asɔsjasjɔ̃] *nf* association
ssocié, e [asɔsje] *nm/f* associate; (*Comm*) partner
ssocier [asɔsje] /7/ *vt* to associate; ~ **qn à** (*profits*) to give sb a share of; (*affaire*) to make sb a partner in; (*joie, triomphe*) to include sb in; ~ **qch à** (*joindre, allier*) to combine sth with; **s'associer** *vi* to join together; **s'~ à** (*couleurs, qualités*) to be combined with; (*opinions, joie de qn*) to share in; **s'~ à** *ou* **avec qn pour faire** to join (forces) *ou* join together with sb to do
assoiffé, e [aswafe] *adj* thirsty
assommer [asɔme] /1/ *vt* (*étourdir, abrutir*) to knock out, stun

Assomption [asɔ̃psjɔ̃] *nf*: **l'~** the Assumption

The **fête de l'Assomption**, more commonly known as 'le 15 août' is a national holiday in France. Traditionally, large numbers of people either set off on or return from their holidays on 15 August, frequently causing chaos on the roads.

assorti, e [asɔʀti] *adj* matched, matching; **fromages/légumes ~s** assorted cheeses/vegetables; **~ à** matching • **assortiment** *nm* assortment, selection
assortir [asɔʀtiʀ] /2/ *vt* to match; ~ **qch à** to match sth with; ~ **qch de** to accompany sth with
assouplir [asupliʀ] /2/ *vt* to make supple; (*fig*) to relax • **assouplissant** *nm* (fabric) softener
assumer [asyme] /1/ *vt* (*fonction, emploi*) to assume, take on
assurance [asyʀɑ̃s] *nf* (*certitude*) assurance; (*confiance en soi*) (self-)confidence; (*contrat*) insurance (policy); (*secteur commercial*) insurance; **~ au tiers** third party insurance; **~ maladie (AM)** health insurance; **~ tous risques** (*Auto*) comprehensive insurance; **~s sociales (AS)** ≈ National Insurance (BRIT), ≈ Social Security (US) • **assurance-vie** *nf* life assurance *ou* insurance
assuré, e [asyʀe] *adj* (*réussite, échec, victoire etc*) certain, sure; (*démarche, voix*) assured; (*pas*) steady ▸ *nm/f* insured (person) • **assurément** *adv* assuredly, most certainly

assurer [asyʀe] /1/ *vt* (*Comm*) to insure; (*victoire etc*) to ensure; (*frontières, pouvoir*) to make secure; (*service, garde*) to provide, operate; **s'assurer (contre)** (*Comm*) to insure o.s. (against); **~ à qn que** to assure sb that; **~ qn de** to assure sb of; **s'~ de/que** (*vérifier*) to make sure of/that; **s'~ (de)** (*aide de qn*) to secure
asthmatique [asmatik] *adj, nm/f* asthmatic
asthme [asm] *nm* asthma
asticot [astiko] *nm* maggot
astre [astʀ] *nm* star
astrologie [astʀɔlɔʒi] *nf* astrology
astronaute [astʀonot] *nm/f* astronaut
astronomie [astʀɔnɔmi] *nf* astronomy
astuce [astys] *nf* shrewdness, astuteness; (*truc*) trick, clever way • **astucieux, -euse** *adj* clever
atelier [atəlje] *nm* workshop; (*de peintre*) studio
athée [ate] *adj* atheistic ▸ *nm/f* atheist
Athènes [atɛn] *n* Athens
athlète [atlɛt] *nm/f* (*Sport*) athlete • **athlétisme** *nm* athletics *sg*
atlantique [atlɑ̃tik] *adj* Atlantic ▸ *nm*: **l'(océan) A~** the Atlantic (Ocean)
atlas [atlɑs] *nm* atlas
atmosphère [atmɔsfɛʀ] *nf* atmosphere
atome [atom] *nm* atom • **atomique** *adj* atomic; nuclear
atomiseur [atɔmizœʀ] *nm* atomizer
atout [atu] *nm* trump; (*fig*) asset
atroce [atʀɔs] *adj* atrocious
attachant, e [ataʃɑ̃, -ɑ̃t] *adj* engaging, likeable
attache [ataʃ] *nf* clip, fastener; (*fig*) tie
attacher [ataʃe] /1/ *vt* to tie up; (*étiquette*) to attach, tie on; (*ceinture*) to fasten; (*souliers*) to do up ▸ *vi* (*poêle, riz*) to stick; **s'~ à** (*par affection*) to become attached to; **~ qch à** to tie *ou* fasten *ou* attach sth to
attaque [atak] *nf* attack; (*cérébrale*) stroke; (*d'épilepsie*) fit
attaquer [atake] /1/ *vt* to attack; (*en justice*) to sue ▸ *vi* to attack; **s'attaquer à** *vt* (*personne*) to attack; (*épidémie, misère*) to tackle
attarder [ataʀde] /1/: **s'attarder** *vi* to linger
atteindre [atɛ̃dʀ] /49/ *vt* to reach; (*blesser*) to hit; (*émouvoir*) to affect • **atteint, e** *adj* (*Méd*): **être atteint de** to be suffering from ▸ *nf* attack; **hors d'atteinte** out of reach; **porter atteinte à** to strike a blow at
attendant [atɑ̃dɑ̃]: **en ~** *adv* meanwhile, in the meantime
attendre [atɑ̃dʀ] /41/ *vt* to wait for; (*être destiné ou réservé à*) to await, be in store for ▸ *vi* to wait; **s'~ à (ce que)** to expect (that); **attendez-moi, s'il vous plaît** wait for me, please; **~ un enfant** to be expecting a baby; **~ de faire/d'être** to wait until one does/is; **attendez qu'il vienne** wait until he comes; **~ qch de** to expect sth of;

> ⚠ Attention à ne pas traduire *attendre* par *to attend*.

attendrir [atɑ̃dʀiʀ] /2/ *vt* to move (to pity); (*viande*) to tenderize

a

ttendu, e [atɑ̃dy] *adj* (*événement*) long-awaited; (*prévu*) expected; **~ que** considering that, since
ttentat [atɑ̃ta] *nm* assassination attempt; **~ à la pudeur** indecent assault *no pl*; **~ suicide** suicide bombing
ttente [atɑ̃t] *nf* wait; (*espérance*) expectation
ttenter [atɑ̃te] /1/: **~ à** *vt* (*liberté*) to violate; **~ à la vie de qn** to make an attempt on sb's life
ttentif, -ive [atɑ̃tif, -iv] *adj* (*auditeur*) attentive; (*travail*) careful; **~ à** paying attention to
ttention [atɑ̃sjɔ̃] *nf* attention; (*prévenance*) attention, thoughtfulness *no pl*; **à l'~ de** for the attention of; **faire ~ (à)** to be careful (of); **faire ~ (à ce) que** to be *ou* make sure that; **~!** careful!, watch out!; **~ à la voiture!** watch out for that car! • **attentionné, e** [atɑ̃sjɔne] *adj* thoughtful, considerate
atténuer [atenɥe] /1/ *vt* (*douleur*) to alleviate, ease; (*couleurs*) to soften; **s'atténuer** *vi* to ease; (*violence etc*) to abate
atterrir [ateʀiʀ] /2/ *vi* to land • **atterrissage** *nm* landing
attestation *nf* certificate
attirant, e [atiʀɑ̃, -ɑ̃t] *adj* attractive, appealing
attirer [atiʀe] /1/ *vt* to attract; (*appâter*) to lure, entice; **~ qn dans un coin/vers soi** to draw sb into a corner/towards one; **~ l'attention de qn** to attract sb's attention; **~ l'attention de qn sur qch** to draw sb's attention to sth; **s'~ des ennuis** to bring trouble upon o.s., get into trouble
attitude [atityd] *nf* attitude; (*position du corps*) bearing
attraction [atʀaksjɔ̃] *nf* attraction; (*de cabaret, cirque*) number
attrait [atʀɛ] *nm* appeal, attraction
attraper [atʀape] /1/ *vt* to catch; (*habitude, amende*) to get, pick up; (*fam: duper*) to con; **se faire ~** (*fam*) to be told off
attrayant, e [atʀɛjɑ̃, -ɑ̃t] *adj* attractive
attribuer [atʀibɥe] /1/ *vt* (*prix*) to award; (*rôle, tâche*) to allocate, assign; (*imputer*): **~ qch à** to attribute sth to; **s'attribuer** *vt* (*s'approprier*) to claim for o.s.
attrister [atʀiste] /1/ *vt* to sadden
attroupement [atʀupmɑ̃] *nm* crowd
attrouper [atʀupe] /1/: **s'attrouper** *vi* to gather
au [o] *prép voir* **à**
aubaine [obɛn] *nf* godsend
aube [ob] *nf* dawn, daybreak; **à l'~** at dawn *ou* daybreak
aubépine [obepin] *nf* hawthorn
auberge [obɛʀʒ] *nf* inn; **~ de jeunesse** youth hostel
aubergine [obɛʀʒin] *nf* aubergine
aucun, e [okœ̃, -yn] *adj, pron* no; (*positif*) any ▸ *pron* none; (*positif*) any(one); **sans ~ doute** without any doubt; **plus qu'~ autre** more than any other; **il le fera mieux qu'~ de nous** he'll do it better than any of us; **~ des deux** neither of the two; **~ d'entre eux** none of them
audace [odas] *nf* daring, boldness; (*péj*) audacity • **audacieux, -euse** *adj* daring, bold

au-delà [od(ə)la] *adv* beyond ▸*nm*: **l'~** the hereafter; **~ de** beyond
au-dessous [odsu] *adv* underneath; below; **~ de** under(neath), below; (*limite, somme etc*) below, under; (*dignité, condition*) below
au-dessus [odsy] *adv* above; **~ de** above
au-devant [od(ə)vɑ̃]: **~ de** *prép*: **aller ~ de** (*personne, danger*) to go (out) and meet; (*souhaits de qn*) to anticipate
audience [odjɑ̃s] *nf* audience; (*Jur: séance*) hearing
audio-visuel, le [odjɔvizɥɛl] *adj* audio-visual
audition [odisjɔ̃] *nf* (*ouïe, écoute*) hearing; (*Jur: de témoins*) examination; (*Mus, Théât: épreuve*) audition
auditoire [oditwaʀ] *nm* audience
augmentation [ɔgmɑ̃tasjɔ̃] *nf* increase; **~ (de salaire)** rise (in salary) (BRIT), (pay) raise (US)
augmenter [ɔgmɑ̃te] /1/ *vt* to increase; (*salaire, prix*) to increase, raise, put up; (*employé*) to increase the salary of ▸*vi* to increase
augure [ogyʀ] *nm*: **de bon/mauvais ~** of good/ill omen
aujourd'hui [oʒuʀdɥi] *adv* today
aumône [omon] *nf* alms *sg* (*pl inv*) • **aumônier** *nm* chaplain
auparavant [opaʀavɑ̃] *adv* before(hand)
auprès [opʀɛ]: **~ de** *prép* next to, close to; (*recourir, s'adresser*) to; (*en comparaison de*) compared with
auquel [okɛl] *pron voir* **lequel**
aurai *etc* [ɔʀe] *vb voir* **avoir**
aurons *etc* [ɔʀɔ̃] *vb voir* **avoir**
aurore [ɔʀɔʀ] *nf* dawn, daybreak
ausculter [ɔskylte] /1/ *vt* to sound
aussi [osi] *adv* (*également*) also, too; (*de comparaison*) as ▸*conj* therefore, consequently; **~ fort que** as strong as; **moi ~** me too
aussitôt [osito] *adv* straight away, immediately; **~ que** as soon as
austère [ɔstɛʀ] *adj* austere
austral, e [ɔstʀal] *adj* southern
Australie [ɔstʀali] *nf*: **l'~** Australia • **australien, ne** *adj* Australian ▸*nm/f*: **Australien, ne** Australian
autant [otɑ̃] *adv* so much; **je ne savais pas que tu la détestais ~** I didn't know you hated her so much; (*comparatif*) : **~ (que)** as much (as); (*nombre*) as many (as); **~ (de)** so much (*ou* many); as much (*ou* many); **~ partir** we (*ou* you *etc*) may as well leave; **~ dire que ...** one might as well say that ...; **pour ~** for all that; **d'~ plus/mieux (que)** all the more/the better (since)
autel [otɛl] *nm* altar
auteur [otœʀ] *nm* author
authentique [otɑ̃tik] *adj* authentic, genuine
auto [oto] *nf* car • **autobiographie** *nf* autobiography • **autobronzant** *nm* self-tanning cream (*or* lotion *etc*) • **autobus** *nm* bus • **autocar** *nm* coach
autochtone [ɔtɔktɔn] *nm/f* native
auto: • **autocollant, e** *adj* self-adhesive; (*enveloppe*) self-seal ▸*nm* sticker • **autocuiseur** *nm* pressure cooker • **autodéfense** *nf* self-defence • **autodidacte** *nm/f* self-taught person

- **auto-école** *nf* driving school
- **autographe** *nm* autograph

automate [ɔtɔmat] *nm* (*machine*) (automatic) machine
automatique [ɔtɔmatik] *adj* automatic ▶ *nm*: **l'~** ≈ direct dialling
automne [ɔtɔn] *nm* autumn (BRIT), fall (US)
automobile [ɔtɔmɔbil] *adj* motor *cpd* ▶ *nf* (motor) car
- **automobiliste** *nm/f* motorist

automutiler [otomytile] /1/:
- **s'automutiler** *vi* to self-harm

autonome [ɔtɔnɔm] *adj* autonomous • **autonomie** *nf* autonomy; (*Pol*) self-government
autopsie [ɔtɔpsi] *nf* post-mortem (examination), autopsy
autoradio [otoʀadjo] *nf* car radio
autorisation [ɔtɔʀizasjɔ̃] *nf* authorization; (*papiers*) permit
autorisé, e [ɔtɔʀize] *adj* (*opinion, sources*) authoritative
autoriser [ɔtɔʀize] /1/ *vt* to give permission for, authorize; (*fig*) to allow (of)
autoritaire [ɔtɔʀitɛʀ] *adj* authoritarian
autorité [ɔtɔʀite] *nf* authority; **faire ~** to be authoritative
autoroute [otoʀut] *nf* motorway (BRIT), expressway (US); **~ de l'information** (*Inform*) information superhighway

French **autoroutes**, indicated by blue road signs with the letter A followed by a number, are toll roads. The speed limit is 130 km/h (110 km/h when it is raining). At the tollgate, the lanes marked 'réservé' and with an orange 't' are reserved for people who subscribe to 'télépéage', an electronic payment system.

auto-stop [otostɔp] *nm*: **faire de l'~** to hitch-hike; **prendre qn en ~** to give sb a lift • **auto-stoppeur, -euse** *nm/f* hitch-hiker
autour [otuʀ] *adv* around; **~ de** around; **tout ~** all around

autre [otʀ]

▶ *adj* **1** (*différent*) other, different; **je préférerais un autre verre** I'd prefer another *ou* a different glass
2 (*supplémentaire*) other; **je voudrais un autre verre d'eau** I'd like another glass of water
3: **autre chose** something else; **autre part** somewhere else; **d'autre part** on the other hand
▶ *pron*: **un autre** another (one); **nous/vous autres** us/you; **d'autres** others; **l'autre** the other (one); **les autres** the others; (*autrui*) others; **l'un et l'autre** both of them; **se détester l'un l'autre/les uns les autres** to hate each other *ou* one another; **d'une semaine/ minute à l'autre** from one week/minute *ou* moment to the next; (*incessamment*) any week/ minute *ou* moment now; **entre autres** (*personnes*) among others; (*choses*) among other things

autrefois [otʀəfwa] *adv* in the past
autrement [otʀəmɑ̃] *adv* differently; (*d'une manière différente*) in another way; (*sinon*) otherwise; **~ dit** in other words

Autriche [otʀiʃ] *nf*: **l'~** Austria • **autrichien, ne** *adj* Austrian ▸ *nm/f*: **Autrichien, ne** Austrian
autruche [otʀyʃ] *nf* ostrich
aux [o] *prép voir* **à**
auxiliaire [ɔksiljɛʀ] *adj, nm/f* auxiliary
auxquels, auxquelles [okɛl] *pron voir* **lequel**
avalanche [avalɑ̃ʃ] *nf* avalanche
avaler [avale] /1/ *vt* to swallow
avance [avɑ̃s] *nf* (*de troupes etc*) advance; (*progrès*) progress; (*d'argent*) advance; (*opposé à retard*) lead; **avances** *nfpl* (*amoureuses*) advances; **(être) en ~** (to be) early; (*sur un programme*) (to be) ahead of schedule; **d'~, à l'~** in advance
avancé, e [avɑ̃se] *adj* advanced; (*travail etc*) well on, well under way
avancement [avɑ̃smɑ̃] *nm* (*professionnel*) promotion
avancer [avɑ̃se] /3/ *vi* to move forward, advance; (*projet, travail*) to make progress; (*montre, réveil*) to be fast to gain ▸ *vt* to move forward, advance; (*argent*) to advance; (*montre, pendule*) to put forward; **s'avancer** *vi* to move forward, advance; (*fig*) to commit o.s.
avant [avɑ̃] *prép* before ▸ *adj inv*: **siège/roue ~** front seat/wheel ▸ *nm* (*d'un véhicule, bâtiment*) front; (*Sport: joueur*) forward; **~ qu'il parte/de partir** before he leaves/leaving; **~ tout** (*surtout*) above all; **à l'~** (*dans un véhicule*) in (the) front; **en ~** (*se pencher, tomber*) forward(s); **partir en ~** to go on ahead; **en ~ de** in front of
avantage [avɑ̃taʒ] *nm* advantage; **~s sociaux** fringe benefits • **avantager** /3/ *vt* (*favoriser*) to favour; (*embellir*) to flatter • **avantageux, -euse** *adj* (*prix*) attractive
avant: • **avant-bras** *nm inv* forearm • **avant-coureur** *adj inv*: **signe avant-coureur** advance indication *ou* sign • **avant-dernier, -ière** *adj, nm/f* next to last, last but one • **avant-goût** *nm* foretaste • **avant-hier** *adv* the day before yesterday • **avant-première** *nf* (*de film*) preview • **avant-veille** *nf*: **l'avant-veille** two days before
avare [avaʀ] *adj* miserly, avaricious ▸ *nm/f* miser; **~ de compliments** stingy *ou* sparing with one's compliments
avec [avɛk] *prép* with; (*à l'égard de*) to(wards), with; **et ~ ceci?** (*dans un magasin*) anything *ou* something else?
avenir [avniʀ] *nm*: **l'~** the future; **à l'~** in future; **carrière/politicien d'~** career/politician with prospects *ou* a future
aventure [avɑ̃tyʀ] *nf*: **l'~** adventure; **une ~** (*amoureuse*) an affair • **aventureux, -euse** *adj* adventurous, venturesome; (*projet*) risky, chancy
avenue [avny] *nf* avenue
avérer [aveʀe] /6/: **s'avérer** *vi*: **s'~ faux/coûteux** to prove (to be) wrong/expensive
averse [avɛʀs] *nf* shower
averti, e [avɛʀti] *adj* (well-)informed
avertir [avɛʀtiʀ] /2/ *vt*: **~ qn (de qch/que)** to warn sb (of sth/that); (*renseigner*) to inform sb (of sth/that) • **avertissement** *nm* warning • **avertisseur** *nm* horn, siren

veu, x [avø] *nm* confession
veugle [avœgl] *adj* blind ▶ *nm/f* blind person
viation [avjasjɔ̃] *nf* aviation; (*sport, métier de pilote*) flying; (*Mil*) air force
vide [avid] *adj* eager; (*péj*) greedy, grasping
vion [avjɔ̃] *nm* (aero)plane (BRIT), (air)plane (US); **aller (quelque part) en ~** to go (somewhere) by plane, fly (somewhere); **par ~** by airmail; **~ à réaction** jet (plane)
viron [aviʀɔ̃] *nm* oar; (*sport*): **l'~** rowing
vis [avi] *nm* opinion; (*notification*) notice; **à mon ~** in my opinion; **changer d'~** to change one's mind; **jusqu'à nouvel ~** until further notice
aviser [avize] /1/ *vt* (*informer*): **~ qn de/que** to advise *ou* inform *ou* notify sb of/that ▶ *vi* to think about things, assess the situation; **nous aviserons sur place** we'll work something out once we're there; **s'~ de qch/que** to become suddenly aware of sth/that; **s'~ de faire** to take it into one's head to do
avocat, e [avɔka, -at] *nm/f* (*Jur*) ≈ barrister (BRIT), lawyer ▶ *nm* (*Culin*) avocado (pear); **l'~ de la défense/partie civile** the counsel for the defence/plaintiff; **~ général** assistant public prosecutor
avoine [avwan] *nf* oats *pl*

avoir [avwaʀ] /34/

▶ *vt* **1** (*posséder*) to have; **elle a deux enfants/une belle maison** she has (got) two children/a lovely house; **il a les yeux bleus** he has (got) blue eyes; **vous avez du sel?** do you have any salt?; **avoir du courage/de la patience** to be brave/patient
2 (*éprouver*): **avoir de la peine** to be *ou* feel sad; *voir aussi* **faim, peur**
3 (*âge, dimensions*) to be; **il a 3 ans** he is 3 (years old); **le mur a 3 mètres de haut** the wall is 3 metres high
4 (*fam: duper*) to do, have; **on vous a eu!** you've been done *ou* had!; (*fait une plaisanterie*) we *ou* they had you there
5: **en avoir contre qn** to have a grudge against sb; **en avoir assez** to be fed up; **j'en ai pour une demi-heure** it'll take me half an hour
6 (*obtenir, attraper*) to get; **j'ai réussi à avoir mon train** I managed to get *ou* catch my train; **j'ai réussi à avoir le renseignement qu'il me fallait** I managed to get (hold of) the information I needed
▶ *vb aux* **1** to have; **avoir mangé/dormi** to have eaten/slept
2 (*avoir + à + infinitif*): **avoir à faire qch** to have to do sth; **vous n'avez qu'à lui demander** you only have to ask him
▶ *vb impers* **1**: **il y a** (+ *singulier*) there is; (+ *pluriel*) there are; **il y avait du café/des gâteaux** there was coffee/there were cakes; **qu'y a-t-il?, qu'est-ce qu'il y a?** what's the matter?, what is it?; **il doit y avoir une explication** there must be an explanation; **il n'y a qu'à ...**

we (*ou* you *etc*) will just have to ...; **il ne peut y en avoir qu'un** there can only be one
2: **il y a** (*temporel*): **il y a 10 ans** 10 years ago; **il y a 10 ans/ longtemps que je le connais** I've known him for 10 years/a long time; **il y a 10 ans qu'il est arrivé** it's 10 years since he arrived
▸ *nm* assets *pl*, resources *pl*; (*Comm*) credit

avortement [avɔʀtəmɑ̃] *nm* abortion

avouer [avwe] /1/ *vt* (*crime, défaut*) to confess (to); **~ avoir fait/que** to admit *ou* confess to having done/that

avril [avʀil] *nm* April

axe [aks] *nm* axis (*pl* axes); (*de roue etc*) axle; (*fig*) main line; **~ routier** trunk road (BRIT), main road, highway (US)

ayons *etc* [ɛjɔ̃] *vb voir* **avoir**

b

bâbord [bɑbɔʀ] *nm*: **à** *ou* **par ~** to port, on the port side

baby-foot [babifut] *nm inv* table football

baby-sitting [babisitiŋ] *nm* baby-sitting; **faire du ~** to baby-sit

bac [bak] *nm* (*Scol*) = **baccalauréat**; (*récipient*) tub

baccalauréat [bakalɔʀea] *nm* ≈ high school diploma

bâcler [bɑkle] /1/ *vt* to botch (up)

baffe [baf] *nf* (*fam*) slap, clout

bafouiller [bafuje] /1/ *vi, vt* to stammer

bagage [bagaʒ] *nm*: **~s** luggage *sg*; (*connaissances*) background, knowledge; **~s à main** hand-luggage

bagarre [bagaʀ] *nf* fight, brawl
• **bagarrer** /1/: **se bagarrer** *vi* to (have a) fight

bagnole [baɲɔl] *nf* (*fam*) car

bague [bag] *nf* ring; **~ de fiançailles** engagement ring

baguette [bagɛt] *nf* stick; (*cuisine chinoise*) chopstick; (*de chef d'orchestre*) baton; (*pain*) stick of (French) bread; **~ magique** magic wand

aie [bɛ] *nf* (*Géo*) bay; (*fruit*) berry; **~ (vitrée)** picture window
aignade [bɛɲad] *nf* bathing; **"~ interdite"** "no bathing"
aigner [beɲe] /1/ *vt* (*bébé*) to bath; **se baigner** *vi* to go swimming *ou* bathing • **baignoire** *nf* bath(tub)
ail (*pl* **baux**) [baj, bo] *nm* lease
âiller [bɑje] /1/ *vi* to yawn; (*être ouvert*) to gape
ain [bɛ̃] *nm* bath; **prendre un ~** to have a bath; **se mettre dans le ~** (*fig*) to get into (the way of) it *ou* things; **~ de bouche** mouthwash; **~ moussant** bubble bath; **~ de soleil**; **prendre un ~ de soleil** to sunbathe • **bain-marie** *nm*: **faire chauffer au bain-marie** (*boîte etc*) to immerse in boiling water
aiser [beze] /1/ *nm* kiss ▸ *vt* (*main, front*) to kiss; (*fam!*) to screw (*!*)
aisse [bɛs] *nf* fall, drop; **en ~** falling
aisser [bese] /1/ *vt* to lower; (*radio, chauffage*) to turn down ▸ *vi* to fall, drop, go down; (*vue, santé*) to fail, dwindle; **se baisser** *vi* to bend down
al [bal] *nm* dance; (*grande soirée*) ball; **~ costumé/masqué** fancy-dress/masked ball
alade [balad] (*fam*) *nf* (*à pied*) walk, stroll; (*en voiture*) drive • **balader** /1/ (*fam*): **se balader** *vi* to go for a walk *ou* stroll; to go for a drive • **baladeur** [baladœʀ] *nm* personal stereo, Walkman®
alai [balɛ] *nm* broom, brush
balance [balɑ̃s] *nf* scales *pl*; (*signe*): **la B~** Libra; **~ commerciale** balance of trade
balancer [balɑ̃se] /3/ *vt* to swing; (*lancer*) to fling, chuck; (*renvoyer, jeter*) to chuck out; **se balancer** *vi* to swing; to rock; **se ~ de qch** (*fam*) not to give a toss about sth • **balançoire** *nf* swing; (*sur pivot*) seesaw
balayer [baleje] /8/ *vt* (*feuilles etc*) to sweep up, brush up; (*pièce, cour*) to sweep; (*chasser*) to sweep away *ou* aside; (*radar*) to scan • **balayeur, -euse** [balɛjœʀ, -øz] *nm/f* road sweeper ▸ *nf* (*engin*) road sweeper
balbutier [balbysje] /7/ *vi, vt* to stammer
balcon [balkɔ̃] *nm* balcony; (*Théât*) dress circle
Bâle [bɑl] *n* Basle *ou* Basel
Baléares [baleaʀ] *nfpl*: **les ~** the Balearic Islands, the Balearics
baleine [balɛn] *nf* whale
balise [baliz] *nf* (*Navig*) beacon, (marker) buoy; (*Aviat*) runway light, beacon; (*Auto, Ski*) sign, marker • **baliser** /1/ *vt* to mark out (with beacons *ou* lights *etc*)
balle [bal] *nf* (*de fusil*) bullet; (*de sport*) ball; (*fam: franc*) franc
ballerine [bal(ə)ʀin] *nf* (*danseuse*) ballet dancer; (*chaussure*) pump, ballet shoe
ballet [balɛ] *nm* ballet
ballon [balɔ̃] *nm* (*de sport*) ball; (*jouet, Aviat*) balloon; **~ de football** football; **~ d'oxygène** oxygen bottle
balnéaire [balneɛʀ] *adj* seaside *cpd*; **station ~** seaside resort
balustrade [balystʀad] *nf* railings *pl*, handrail
bambin [bɑ̃bɛ̃] *nm* little child
bambou [bɑ̃bu] *nm* bamboo

banal, e [banal] *adj* banal, commonplace; (*péj*) trite • **banalité** *nf* banality
banane [banan] *nf* banana; (*sac*) waist-bag, bum-bag
banc [bɑ̃] *nm* seat, bench; (*de poissons*) shoal; **~ d'essai** (*fig*) testing ground
bancaire [bɑ̃kɛʀ] *adj* banking; (*chèque, carte*) bank *cpd*
bancal, e [bɑ̃kal] *adj* wobbly
bandage [bɑ̃daʒ] *nm* bandage
bande [bɑ̃d] *nf* (*de tissu etc*) strip; (*Méd*) bandage; (*motif, dessin*) stripe; (*groupe*) band; (*péj*): **une ~ de** a bunch *ou* crowd of; **faire ~ à part** to keep to o.s.; **~ dessinée (BD)** comic strip; **~ magnétique** magnetic tape; **~ sonore** sound track
bande-annonce [bɑ̃danɔ̃s] *nf* trailer
bandeau, x [bɑ̃do] *nm* headband; (*sur les yeux*) blindfold
bander [bɑ̃de] /1/ *vt* (*blessure*) to bandage; **~ les yeux à qn** to blindfold sb
bandit [bɑ̃di] *nm* bandit
bandoulière [bɑ̃duljɛʀ] *nf*: **en ~** (slung *ou* worn) across the shoulder
Bangladesh [bɑ̃gladɛʃ] *nm*: **le ~** Bangladesh
banlieue [bɑ̃ljø] *nf* suburbs *pl*; **quartiers de ~** suburban areas; **trains de ~** commuter trains
bannir [baniʀ] /2/ *vt* to banish
banque [bɑ̃k] *nf* bank; (*activités*) banking; **~ de données** data bank
banquet [bɑ̃kɛ] *nm* dinner; (*d'apparat*) banquet
banquette [bɑ̃kɛt] *nf* seat
banquier [bɑ̃kje] *nm* banker
banquise [bɑ̃kiz] *nf* ice field
baptême [batɛm] *nm* christening; baptism; **~ de l'air** first flight
baptiser [batize] /1/ *vt* to christen; to baptize
bar [baʀ] *nm* bar
baraque [baʀak] *nf* shed; (*fam*) house; **~ foraine** fairground stand • **baraqué, e** (*fam*) *adj* well-built, hefty
barbant, e [baʀbɑ̃, -ɑ̃t] *adj* (*fam*) deadly (boring)
barbare [baʀbaʀ] *adj* barbaric
barbe [baʀb] *nf* beard; **(au nez et) à la ~ de qn** (*fig*) under sb's very nose; **la ~!** (*fam*) damn it!; **quelle ~!** (*fam*) what a drag *ou* bore!; **~ à papa** candy-floss (BRIT), cotton candy (US)
barbelé [baʀbəle] *adj, nm*: **(fil de fer) ~** barbed wire *no pl*
barbiturique [baʀbityʀik] *nm* barbiturate
barbouiller [baʀbuje] /1/ *vt* to daub; **avoir l'estomac barbouillé** to feel queasy *ou* sick
barbu, e [baʀby] *adj* bearded
barder [baʀde] /1/ *vi* (*fam*): **ça va ~** sparks will fly
barème [baʀɛm] *nm* (*Scol*) scale; (*liste*) table
baril [baʀi(l)] *nm* barrel; (*de poudre*) keg
bariolé, e [baʀjɔle] *adj* many-coloured, rainbow-coloured
baromètre [baʀɔmɛtʀ] *nm* barometer
baron [baʀɔ̃] *nm* baron
baronne [baʀɔn] *nf* baroness
baroque [baʀɔk] *adj* (*Art*) baroque; (*fig*) weird

arque [baʀk] *nf* small boat
arquette [baʀkɛt] *nf* small boat-shaped tart; (*récipient: en aluminium*) tub; (*: en bois*) basket; (*pour repas*) tray; (*pour fruits*) punnet
arrage [baʀaʒ] *nm* dam; (*sur route*) roadblock, barricade
arre [baʀ] *nf* (*de fer etc*) rod; (*Navig*) helm; (*écrite*) line, stroke
arreau, x [baʀo] *nm* bar; (*Jur*): **le ~** the Bar
arrer [baʀe] /1/ *vt* (*route etc*) to block; (*mot*) to cross out; (*chèque*) to cross (BRIT); (*Navig*) to steer; **se barrer** *vi* (*fam*) to clear off
arrette [baʀɛt] *nf* (*pour cheveux*) (hair) slide (BRIT) *ou* clip (US)
arricader [baʀikade] /1/: **se barricader** *vi*: **se ~ chez soi** to lock o.s. in
barrière [baʀjɛʀ] *nf* fence; (*obstacle*) barrier; (*porte*) gate
barrique [baʀik] *nf* barrel, cask
bar-tabac [baʀtaba] *nm* bar (*which sells tobacco and stamps*)
bas, basse [bɑ, bɑs] *adj* low ▸ *nm* (*vêtement*) stocking; (*partie inférieure*): **le ~ de** the lower part *ou* foot *ou* bottom of ▸ *adv* low; (*parler*) softly; **au ~ mot** at the lowest estimate; **enfant en ~ âge** young child; **en ~** down below; (*d'une liste, d'un mur etc*) at (*ou* to) the bottom; (*dans une maison*) downstairs; **en ~ de** at the bottom of; **à ~ la dictature!** down with dictatorship!
bas-côté [bakote] *nm* (*de route*) verge (BRIT), shoulder (US)
basculer [baskyle] /1/ *vi* to fall over, topple (over); (*benne*) to tip up ▸ *vt* (*contenu*) to tip out; (*benne*) tip up
base [bɑz] *nf* base; (*fondement, principe*) basis (*pl* bases); **la ~** (*Pol*) the rank and file; **de ~** basic; **à ~ de café** *etc* coffee *etc* -based; **~ de données** database • **baser** /1/ *vt*: **baser qch sur** to base sth on; **se baser sur** (*données, preuves*) to base one's argument on
bas-fond [bafɔ̃] *nm* (*Navig*) shallow; **bas-fonds** *nmpl* (*fig*) dregs
basilic [bazilik] *nm* (*Culin*) basil
basket [baskɛt] *nm* basketball
baskets [baskɛt] *nfpl* trainers (BRIT), sneakers (US)
basque [bask] *adj* Basque ▸ *nm/f*: **B~** Basque; **le Pays ~** the Basque country
basse [bɑs] *adj voir* **bas** ▸ *nf* (*Mus*) bass • **basse-cour** *nf* farmyard
bassin [basɛ̃] *nm* (*pièce d'eau*) pond, pool; (*de fontaine, Géo*) basin; (*Anat*) pelvis; (*portuaire*) dock
bassine [basin] *nf* basin; (*contenu*) bowl, bowlful
basson [bɑsɔ̃] *nm* bassoon
bat [ba] *vb voir* **battre**
bataille [bataj] *nf* battle; (*rixe*) fight; **elle avait les cheveux en ~** her hair was a mess
bateau, x [bato] *nm* boat; ship • **bateau-mouche** *nm* (passenger) pleasure boat (*on the Seine*)
bâti, e [bati] *adj* (*terrain*) developed; **bien ~** well-built
bâtiment [batimɑ̃] *nm* building; (*Navig*) ship, vessel; (*industrie*): **le ~** the building trade
bâtir [batiʀ] /2/ *vt* to build
bâtisse [batis] *nf* building
bâton [batɔ̃] *nm* stick; **parler à ~s rompus** to chat about this and that

bats [ba] *vb voir* **battre**
battement [batmɑ̃] *nm* (*de cœur*) beat; (*intervalle*) interval (*between classes, trains etc*); **10 minutes de ~** 10 minutes to spare
batterie [batʀi] *nf* (*Mil, Élec*) battery; (*Mus*) drums *pl*, drum kit; **~ de cuisine** kitchen utensils *pl*; (*casseroles etc*) pots and pans *pl*
batteur [batœʀ] *nm* (*Mus*) drummer; (*appareil*) whisk
battre [batʀ] /41/ *vt* to beat; (*blé*) to thresh; (*cartes*) to shuffle; (*passer au peigne fin*) to scour ▶ *vi* (*cœur*) to beat; (*volets etc*) to bang, rattle; **se battre** *vi* to fight; **~ la mesure** to beat time; **~ son plein** to be at its height, be going full swing; **~ des mains** to clap one's hands
baume [bom] *nm* balm
bavard, e [bavaʀ, -aʀd] *adj* (very) talkative; gossipy • **bavarder** /1/ *vi* to chatter; (*indiscrètement*) to gossip (*révéler un secret*) to blab
baver [bave] /1/ *vi* to dribble; (*chien*) to slobber, slaver; **en ~** (*fam*) to have a hard time (of it)
bavoir [bavwaʀ] *nm* bib
bavure [bavyʀ] *nf* smudge; (*fig*) hitch; (*policière etc*) blunder
bazar [bazaʀ] *nm* general store; (*fam*) jumble • **bazarder** /1/ *vt* (*fam*) to chuck out
BCBG *sigle adj* (= *bon chic bon genre*) smart and trendy, ≈ preppy
BD *sigle f* = **bande dessinée**
bd *abr* = **boulevard**
béant, e [beɑ̃, -ɑ̃t] *adj* gaping
beau (bel), belle, beaux [bo, bɛl] *adj* beautiful, lovely; (*homme*) handsome ▶ *adv*: **il fait ~** the weather's fine ▶ *nm*: **un ~ jour** one (fine) day; **de plus belle** more than ever, even more; **bel et bien** well and truly; **le plus ~, c'est que …** the best of it is that …; **on a ~ essayer** however hard *ou* no matter how hard we try; **faire le ~** (*chien*) to sit up and beg

beaucoup [boku]

adv **1** a lot; **il boit beaucoup** he drinks a lot; **il ne boit pas beaucoup** he doesn't drink much *ou* a lot
2 (*suivi de plus, trop etc*) much, a lot; **il est beaucoup plus grand** he is much *ou* a lot *ou* far taller; **c'est beaucoup plus cher** it's a lot *ou* much more expensive; **il a beaucoup plus de temps que moi** he has much *ou* a lot more time than me; **il y a beaucoup plus de touristes ici** there are a lot *ou* many more tourists here; **beaucoup trop vite** much too fast; **il fume beaucoup trop** he smokes far too much
3: **beaucoup de** (*nombre*) many, a lot of; (*quantité*) a lot of; **beaucoup d'étudiants/de touristes** a lot of *ou* many students/tourists; **beaucoup de courage** a lot of courage; **il n'a pas beaucoup d'argent** he hasn't got much *ou* a lot of money
4: **de beaucoup** by far

beau: • **beau-fils** *nm* son-in-law; (*remariage*) stepson • **beau-frère** *nm* brother-in-law • **beau-père** *nm* father-in-law; (*remariage*) stepfather
beauté [bote] *nf* beauty; **de toute ~** beautiful; **finir qch en ~** to complete sth brilliantly

eaux-arts [bozaʀ] *nmpl* fine arts

eaux-parents [bopaʀɑ̃] *nmpl* wife's/husband's family, in-laws

ébé [bebe] *nm* baby

ec [bɛk] *nm* beak, bill; (*de cafetière etc*) spout; (*de casserole etc*) lip; (*fam*) mouth; **~ de gaz** (street) gaslamp

êche [bɛʃ] *nf* spade • **bêcher** /1/ *vt* to dig

edaine [bədɛn] *nf* paunch

edonnant, e [bədɔnɑ̃, -ɑ̃t] *adj* potbellied

ée [be] *adj*: **bouche ~** gaping

égayer [begeje] /8/ *vt, vi* to stammer

eige [bɛʒ] *adj* beige

eignet [bɛɲɛ] *nm* fritter

el [bɛl] *adj m voir* **beau**

êler [bele] /1/ *vi* to bleat

elette [bəlɛt] *nf* weasel

elge [bɛlʒ] *adj* Belgian ▶ *nm/f*: **B~** Belgian

Belgique [bɛlʒik] *nf*: **la ~** Belgium

bélier [belje] *nm* ram; (*signe*): **le B~** Aries

belle [bɛl] *adj voir* **beau** ▶ *nf* (*Sport*): **la ~** the decider • **belle-fille** *nf* daughter-in-law; (*remariage*) stepdaughter • **belle-mère** *nf* mother-in-law; (*remariage*) stepmother • **belle-sœur** *nf* sister-in-law

belvédère [bɛlvedɛʀ] *nm* panoramic viewpoint (*or small building there*)

bémol [bemɔl] *nm* (*Mus*) flat

bénédiction [benediksjɔ̃] *nf* blessing

bénéfice [benefis] *nm* (*Comm*) profit; (*avantage*) benefit • **bénéficier** /7/ *vi*: **bénéficier de** to enjoy; (*profiter*) to benefit by *ou* from • **bénéfique** *adj* beneficial

Benelux [benelyks] *nm*: **le ~** Benelux, the Benelux countries

bénévole [benevɔl] *adj* voluntary, unpaid

bénin, -igne [benɛ̃, -iɲ] *adj* minor, mild; (*tumeur*) benign

bénir [beniʀ] /2/ *vt* to bless • **bénit, e** *adj* consecrated; **eau bénite** holy water

benne [bɛn] *nf* skip; (*de téléphérique*) (cable) car; **~ à ordures** (*amovible*) skip

béquille [bekij] *nf* crutch; (*de bicyclette*) stand

berceau, x [bɛʀso] *nm* cradle, crib

bercer [bɛʀse] /3/ *vt* to rock, cradle; (*musique etc*) to lull; **~ qn de** (*promesses etc*) to delude sb with • **berceuse** *nf* lullaby

béret [beʀɛ] *nm* (*aussi*: **~ basque**) beret

berge [bɛʀʒ] *nf* bank

berger, -ère [bɛʀʒe, -ɛʀ] *nm/f* shepherd/shepherdess; **~ allemand** alsatian (dog) (BRIT), German shepherd (dog) (US)

Berlin [bɛʀlɛ̃] *n* Berlin

Bermudes [bɛʀmyd] *nfpl*: **les (îles) ~** Bermuda

Berne [bɛʀn] *n* Bern

berner [bɛʀne] /1/ *vt* to fool

besogne [bəzɔɲ] *nf* work *no pl*, job

besoin [bəzwɛ̃] *nm* need; (*pauvreté*): **le ~** need, want; **faire ses ~s** to relieve o.s.; **avoir ~ de qch/faire qch** to need sth/to do sth; **au ~** if need be; **être dans le ~** to be in need *ou* want

bestiole [bɛstjɔl] *nf* (tiny) creature
bétail [betaj] *nm* livestock, cattle *pl*
bête [bɛt] *nf* animal; (*bestiole*) insect, creature ▸ *adj* stupid, silly; **chercher la petite ~** to nit-pick; **~ noire** pet hate; **~ sauvage** wild beast
bêtise [betiz] *nf* stupidity; (*action, remarque*) stupid thing (to say *ou* do)
béton [betɔ̃] *nm* concrete; **(en) ~** (*fig: alibi, argument*) cast iron; **~ armé** reinforced concrete
betterave [bɛtʀav] *nf* beetroot (BRIT), beet (US); **~ sucrière** sugar beet
Beur [bœʀ] *nm/f see note* **"Beur"**

> **Beur** is a term used to refer to a person born in France of North African immigrant parents. It is not racist and is often used by the media, anti-racist groups and second-generation North Africans themselves. The word itself comes from back slang or 'verlan'.

beurre [bœʀ] *nm* butter
• **beurrer** /1/ *vt* to butter
• **beurrier** *nm* butter dish
biais [bjɛ] *nm* (*moyen*) device, expedient; (*aspect*) angle; **en ~, de ~** (*obliquement*) at an angle; **par le ~ de** by means of
bibelot [biblo] *nm* trinket, curio
biberon [bibʀɔ̃] *nm* (feeding) bottle; **nourrir au ~** to bottle-feed
bible [bibl] *nf* bible
bibliobus *nm* mobile library van
bibliothécaire *nm/f* librarian
bibliothèque *nf* library; (*meuble*) bookcase

bic® [bik] *nm* Biro®
bicarbonate [bikaʀbɔnat] *nm*: **~ (de soude)** bicarbonate of soda
biceps [bisɛps] *nm* biceps
biche [biʃ] *nf* doe
bicolore [bikɔlɔʀ] *adj* two-coloured
bicoque [bikɔk] *nf* (*péj*) shack
bicyclette [bisiklɛt] *nf* bicycle
bidet [bidɛ] *nm* bidet
bidon [bidɔ̃] *nm* can ▸ *adj inv* (*fam*) phoney
bidonville [bidɔ̃vil] *nm* shanty town
bidule [bidyl] *nm* (*fam*) thingamajig

bien [bjɛ̃]

▸ *nm* **1** (*avantage, profit*): **faire du bien à qn** to do sb good; **dire du bien de** to speak well of; **c'est pour son bien** it's for his own good
2 (*possession, patrimoine*) possession, property; **son bien le plus précieux** his most treasured possession; **avoir du bien** to have property; **biens (de consommation** *etc*) (consumer *etc*) goods
3 (*moral*): **le bien** good; **distinguer le bien du mal** to tell good from evil
▸ *adv* **1** (*de façon satisfaisante*) well; **elle travaille/mange bien** she works/eats well; **croyant bien faire, je/il ...** thinking I/he was doing the right thing, I/he ...; **tiens-toi bien!** (*assieds-toi correctement*) sit up straight!; (*debout*) stand up straight!; (*sois sage*) behave yourself!; (*prépare-toi*) wait for it!

(*valeur intensive*) quite; **bien** **eune** quite young; **bien assez** uite enough; **bien mieux** very) much better; **bien du** **emps/des gens** quite a time/ number of people; **j'espère** **ien y aller** I do hope to go; **e veux bien le faire** *concession*) I'm quite willing to o it; **il faut bien le faire** it has o be done; **cela fait bien deux** **ns que je ne l'ai pas vu** I aven't seen him for at least *ou* a ood two years; **Paul est bien** **enu, n'est-ce pas?** Paul HAS ome, hasn't he?; **où peut-il** **ien être passé?** where on arth can he have got to?
· *excl* right!, OK!, fine!; **(c'est)** **ien fait!** it serves you (*ou* him tc) right!; **bien sûr!** certainly!
· *adj inv* 1 (*en bonne forme, à* *aise*): **je me sens bien** I feel fine; **e ne me sens pas bien** I don't eel well; **on est bien dans ce** **auteuil** this chair is very omfortable
: (*joli, beau*) good-looking; **tu es** **ien dans cette robe** you look ood in that dress
(*satisfaisant*) good; **elle est** **ien, cette maison/secrétaire** t's a good house/she's a good ecretary; **c'est très bien** **comme ça)** it's fine (like that); **'est bien?** is that all right?
(*moralement*) right; (*: personne*) ood, nice; (*respectable*) espectable; **ce n'est pas bien** **le ...** it's not right to ...; **elle est** **ien, cette femme** she's a nice voman, she's a good sort; **des** **ens bien** respectable people
; (*en bons termes*): **être bien** **vec qn** to be on good terms with sb
• **bien-aimé, e** *adj, nm/f* beloved
• **bien-être** *nm* well-being
• **bienfaisance** *nf* charity
• **bienfait** *nm* act of generosity, benefaction; (*de la science etc*) benefit • **bienfaiteur, -trice** *nm/f* benefactor/benefactress
• **bien-fondé** *nm* soundness
• **bien que** *conj* although

bientôt [bjɛ̃to] *adv* soon; **à ~** see you soon

bienveillant, e [bjɛ̃vɛjɑ̃, -ɑ̃t] *adj* kindly

bienvenu, e [bjɛ̃vny] *adj* welcome ▸ *nf*: **souhaiter la ~e à** to welcome; **~e à** welcome to

bière [bjɛʀ] *nf* (*boisson*) beer; (*cercueil*) bier; **~ blonde** lager; **~ brune** brown ale (BRIT), dark beer (US); **~ (à la) pression** draught beer

bifteck [biftɛk] *nm* steak

bigoudi [bigudi] *nm* curler

bijou, x [biʒu] *nm* jewel
• **bijouterie** *nf* jeweller's (shop)
• **bijoutier, -ière** *nm/f* jeweller

bikini [bikini] *nm* bikini

bilan [bilɑ̃] *nm* (*Comm*) balance sheet(s); (*fig*) (net) outcome; (*: de victimes*) toll; **faire le ~ de** to assess; to review; **déposer son ~** to file a bankruptcy statement; **~ de santé** check-up

bile [bil] *nf* bile; **se faire de la ~** (*fam*) to worry o.s. sick

bilieux, -euse [biljø, -øz] *adj* bilious; (*fig: colérique*) testy

bilingue [bilɛ̃g] *adj* bilingual

billard [bijaʀ] *nm* billiards *sg*; (*table*) billiard table

bille [bij] *nf* ball; (*du jeu de billes*) marble

billet [bijɛ] *nm* (*aussi*: **~ de banque**) (bank)note; (*de cinéma, de bus etc*) ticket; (*courte lettre*) note; **~ électronique** e-ticket • **billetterie** *nf* ticket office; (*distributeur*) ticket dispenser; (*Banque*) cash dispenser
billion [biljɔ̃] *nm* billion (BRIT), trillion (US)
bimensuel, le [bimɑ̃sɥɛl] *adj* bimonthly
bio [bjo] *adj* organic
bio... [bjɔ] *préfixe* bio... • **biocarburant** [bjokaʀbyʀɑ̃] *nm* biofuel • **biochimie** *nf* biochemistry • **biographie** *nf* biography • **biologie** *nf* biology • **biologique** *adj* biological • **biométrie** *nf* biometrics • **biotechnologie** *nf* biotechnology • **bioterrorisme** *nm* bioterrorism
bipolaire [bipɔlɛʀ] *adj* bipolar
Birmanie [biʀmani] *nf* Burma
bis^1, e [bi, biz] *adj* (*couleur*) greyish brown ▸ *nf* (*baiser*) kiss; (*vent*) North wind; **faire une** *ou* **la ~e à qn** to kiss sb; **grosses ~es (de)** (*sur lettre*) love and kisses (from)
bis^2 [bis] *adv*: **12 ~** 12a *ou* A ▸ *excl, nm* encore
biscotte [biskɔt] *nf* toasted bread (*sold in packets*)
biscuit [biskɥi] *nm* biscuit (BRIT), cookie (US)
bise [biz] *nf voir* **bis^2**
bisexuel, le [bisɛksɥɛl] *adj* bisexual
bisou [bizu] *nm* (*fam*) kiss
bissextile [bisɛkstil] *adj*: **année ~** leap year
bistro(t) [bistʀo] *nm* bistro, café
bitume [bitym] *nm* asphalt
bizarre [bizaʀ] *adj* strange, odd

blague [blag] *nf* (*propos*) joke; (*farce*) trick; **sans ~!** no kidding! • **blaguer** /1/ *vi* to joke
blaireau, x [blɛʀo] *nm* (*Zool*) badger; (*brosse*) shaving brush
blâme [blɑm] *nm* blame; (*sanction*) reprimand • **blâmer** / *vt* to blame
blanc, blanche [blɑ̃, blɑ̃ʃ] *adj* white; (*non imprimé*) blank ▸ *nm/f* white, white man/wom ▸ *nm* (*couleur*) white; (*espace non écrit*) blank; (*aussi*: **~ d'œuf**) (egg-)white; (*aussi*: **~ de poulet** breast, white meat; (*aussi*: **vin ~** white wine ▸ *nf* (*Mus*) minim (BRIT), half-note (US); **chèque e ~** blank cheque; **à ~** (*chauffer*) white-hot; (*tirer, charger*) with blanks; **~ cassé** off-white • **blancheur** *nf* whiteness
blanchiment [blɑ̃ʃimɑ̃] *nm*: **le d'argent sale/de capitaux** money laundering
blanchir [blɑ̃ʃiʀ] /2/ *vt* (*gén*) to whiten; (*linge*) to launder; (*Culin* to blanch; (*fig: disculper*) to clear ▸ *vi* (*cheveux*) to go white • **blanchisserie** *nf* laundry
blason [blazɔ̃] *nm* coat of arms
blasphème [blasfɛm] *nm* blasphemy
blazer [blazɛʀ] *nm* blazer
blé [ble] *nm* wheat
bled [blɛd] *nm* (*péj*) hole
blême [blɛm] *adj* pale
blessé, e [blese] *adj* injured ▸ *nm/f* injured person, casualty
blesser [blese] /1/ *vt* to injure; (*délibérément*) to wound; (*offense* to hurt; **se blesser** to injure o.s.; **se ~ au pied** *etc* to injure one's foot *etc* • **blessure** *nf* (*accidentel* injury; (*intentionnelle*) wound

u, e [blø] *adj* blue; (*bifteck*) ery rare ▶ *nm* (*couleur*) blue; *ontusion*) bruise; (*vêtement*: *ussi*: **~s**) overalls *pl*; **fromage ~** lue cheese; **~ marine/nuit/roi** avy/midnight/royal blue
bleuet *nm* cornflower
oc [blɔk] *nm* (*de pierre etc*) lock; (*de papier à lettres*) pad; *ensemble*) group, block; **serré** . **~** tightened right down; **en ~** s a whole; **~ opératoire** perating *ou* theatre block
blocage *nm* (*des prix*) freezing; *Psych*) hang-up • **bloc-notes** *nm* ote pad
og [blɔg] *nm* blog
blogosphère *nf* blogosphere
bloguer /1/ *vi* to blog
ond, e [blɔ̃, -ɔ̃d] *adj* fair; blond; *sable, blés*) golden
oquer [blɔke] /1/ *vt* (*passage*) to lock; (*pièce mobile*) to jam; *crédits, compte*) to freeze
ottir [blɔtiʀ] /2/: **se blottir** *vi* o huddle up
ouse [bluz] *nf* overall
ouson [bluzɔ̃] *nm* blouson jacket); **~ noir** (*fig*) ≈ rocker
uff [blœf] *nm* bluff
bine [bɔbin] *nf* reel; (*Élec*) coil
bo [bobo] *sigle m/f* (= *bourgeois ohème*) boho • **boboïser** /1/: **e boboïser** *vi* (*quartier, ville*) to ecome more boho
cal, -aux [bɔkal, -o] *nm* jar
ck [bɔk] *nm* glass of beer
euf (*pl* **bœufs**) [bœf, bø] *nm* ox; *Culin*) beef
f [bɔf] *excl* (*fam*: *indifférence*) don't care!; (*pas terrible*) nothing pecial
hémien, ne [bɔemjɛ̃, -ɛn] *nm/f* gipsy

boire [bwaʀ] /53/ *vt* to drink; (*s'imprégner de*) to soak up; **~ un coup** to have a drink
bois [bwɑ] *nm* wood; **de ~, en ~** wooden • **boisé, e** *adj* woody, wooded
boisson [bwasɔ̃] *nf* drink
boîte [bwat] *nf* box; (*fam*: *entreprise*) firm; **aliments en ~** canned *ou* tinned (BRIT) foods; **~ à gants** glove compartment; **~ à ordures** dustbin (BRIT), trash can (US); **~ aux lettres** letter box; **~ d'allumettes** box of matches; (*vide*) matchbox; **~ de conserves** can *ou* tin (BRIT) (of food); **~ de nuit** night club; **~ de vitesses** gear box; **~ postale (BP)** PO box; **~ vocale** voice mail
boiter [bwate] /1/ *vi* to limp; (*fig*: *raisonnement*) to be shaky
boîtier [bwatje] *nm* case
boive *etc* [bwav] *vb voir* **boire**
bol [bɔl] *nm* bowl; **un ~ d'air** a breath of fresh air; **en avoir ras le ~** (*fam*) to have had a bellyful; **avoir du ~** (*fam*) to be lucky
bolos, bolosse, bolos [bɔlɔs] (*péj, fam*) *adj* lame ▶ *nm/f* loser
bombarder [bɔ̃baʀde] /1/ *vt* to bomb; **~ qn de** (*cailloux, lettres*) to bombard sb with
bombe [bɔ̃b] *nf* bomb; (*atomiseur*) (aerosol) spray

bon, bonne [bɔ̃, bɔn]

▶ *adj* **1** (*agréable, satisfaisant*) good; **un bon repas/restaurant** a good meal/restaurant; **être bon en maths** to be good at maths
2 (*charitable*): **être bon (envers)** to be good (to)
3 (*correct*) right; **le bon**

numéro/moment the right number/moment
4 (*souhaits*): **bon anniversaire!** happy birthday!; **bon courage!** good luck!; **bon séjour!** enjoy your stay!; **bon voyage!** have a good trip!; **bonne année!** happy New Year!; **bonne chance!** good luck!; **bonne fête!** happy holiday!; **bonne nuit!** good night!
5 (*approprié*): **bon à/pour** fit to/ for; **à quoi bon (...)?** what's the point *ou* use (of ...)?
6: **bon enfant** *adj inv* accommodating, easy-going; **bon marché** cheap; **bon mot** witticism; **bon sens** common sense; **bon vivant** jovial chap; **bonne femme** (*péj*) woman; **de bonne heure** early; **bonnes œuvres** charitable works, charities
▸ *nm* 1 (*billet*) voucher; (*aussi*: **bon cadeau**) gift voucher; **bon d'essence** petrol coupon; **bon du Trésor** Treasury bond
2: **avoir du bon** to have its good points; **pour de bon** for good
▸ *adv*: **il fait bon** it's *ou* the weather is fine; **sentir bon** to smell good; **tenir bon** to stand firm
▸ *excl* good!; **ah bon?** really?; **bon, je reste** right, I'll stay; *voir aussi* **bonne**

bonbon [bɔ̃bɔ̃] *nm* (boiled) sweet

bond [bɔ̃] *nm* leap; **faire un ~** to leap in the air

bondé, e [bɔ̃de] *adj* packed (full)

bondir [bɔ̃diʀ] /2/ *vi* to leap

bonheur [bɔnœʀ] *nm* happiness; **porter ~ (à qn)** to bring (sb) luck; **au petit ~** haphazardly; **par ~** fortunately

bonhomme [bɔnɔm] (*pl* **bonshommes**) *nm* fellow; **~ de neige** snowman

bonjour [bɔ̃ʒuʀ] *excl, nm* hello; (*selon l'heure*) good morning (*ou* afternoon); **c'est simple comme ~!** it's easy as pie!

bonne [bɔn] *adj f voir* **bon** ▸ *nf* (*domestique*) maid

bonnet [bɔnɛ] *nm* hat; (*de soutien-gorge*) cup; **~ de bain** bathing cap

bonsoir [bɔ̃swaʀ] *excl* good evening

bonté [bɔ̃te] *nf* kindness *no pl*

bonus [bɔnys] *nm* (*Assurances*) no-claims bonus; (*de DVD*) extras *pl*

bord [bɔʀ] *nm* (*de table, verre, falaise*) edge; (*de rivière, lac*) bank (*de route*) side; **(monter) à ~** (to go) on board; **jeter par-dessus ~** to throw overboard; **le commandant de ~/les homm[es] du ~** the ship's master/crew; **au ~ de la mer/route** at the seasid[e]/ roadside; **être au ~ des larmes** to be on the verge of tears

bordeaux [bɔʀdo] *nm* Bordeau[x] ▸ *adj inv* maroon

bordel [bɔʀdɛl] *nm* brothel; (*fam*) bloody (BRIT) *ou* goddamn (US) mess (!)

border [bɔʀde] /1/ *vt* (*être le long de*) to line, border; (*qn dans son lit*) to tuck up; **~ qch de** (*garnir*) to trim sth with

bordure [bɔʀdyʀ] *nf* border; **en ~ de** on the edge of

borne [bɔʀn] *nf* boundary stone (*aussi*: **~ kilométrique**) kilometr[e] marker, ≈ milestone; **bornes** *nfp[l]*

fig) limits; **dépasser les ~s** to go :oo far
ɔrné, e [bɔʀne] *adj* (*personne*) narrow-minded
ɔrner [bɔʀne] /1/ *vt*: **se ~ à faire** *se contenter de*) to content o.s. with doing; (*se limiter à*) to limit o.s. to doing
ɔsniaque [bɔznjak] *adj* Bosniak ▶ *nm/f*: **B~** Bosniak
osnie-Herzégovine [bɔsniɛʀzegɔvin] *nf* Bosnia-Herzegovina
ɔsquet [bɔskɛ] *nm* grove
ɔsse [bɔs] *nf* (*de terrain etc*) bump; (*enflure*) lump; (*du bossu, du chameau*) hump; **avoir la ~ des maths** *etc* (*fam*) to have a gift for maths *etc*; **il a roulé sa ~** (*fam*) he's been around
ɔsser [bɔse] /1/ *vi* (*fam*) to work; (*: dur*) to slave (away)
ɔssu, e [bɔsy] *nm/f* hunchback
otanique [bɔtanik] *nf* botany ▶ *adj* botanic(al)
otte [bɔt] *nf* (*soulier*) (high) boot; (*gerbe*): **~ de paille** bundle of straw; **~ de radis/d'asperges** bunch of radishes/asparagus; **~s de caoutchouc** wellington boots
ottine [bɔtin] *nf* ankle boot
ouc [buk] *nm* goat; (*barbe*) goatee; **~ émissaire** scapegoat
oucan [bukɑ̃] *nm* din, racket
ouche [buʃ] *nf* mouth; **faire du ~ à ~ à qn** to give sb the kiss of life (BRIT), give sb mouth-to-mouth resuscitation; **rester ~ bée** to stand open-mouthed; **~ d'égout** manhole; **~ d'incendie** fire hydrant; **~ de métro** métro entrance
ouché, e [buʃe] *adj* (*flacon etc*) stoppered; (*temps, ciel*) overcast; (*péj: personne*) thick; **avoir le nez ~** to have a blocked(-up) nose; **c'est un secteur ~** there's no future in that area; **l'évier est ~** the sink's blocked
bouchée [buʃe] *nf* mouthful; **~s à la reine** chicken vol-au-vents
boucher [buʃe] /1/ *nm* butcher ▶ *vt* (*pour colmater*) to stop up; (*trou*) to fill up; (*obstruer*) to block (up); **se boucher** *vi* (*tuyau etc*) to block up, get blocked up; **j'ai le nez bouché** my nose is blocked; **se ~ le nez** to hold one's nose
bouchère [buʃɛʀ] *nf* butcher
boucherie *nf* butcher's (shop); (*fig*) slaughter
bouchon [buʃɔ̃] *nm* (*en liège*) cork; (*autre matière*) stopper; (*de tube*) top; (*fig: embouteillage*) holdup; (*Pêche*) float
boucle [bukl] *nf* (*forme, figure*) loop; (*objet*) buckle; **~ (de cheveux)** curl; **~ d'oreille** earring
bouclé, e [bukle] *adj* (*cheveux*) curly
boucler [bukle] /1/ *vt* (*fermer: ceinture etc*) to fasten; (*terminer*) to finish off; (*enfermer*) to shut away; (*quartier*) to seal off ▶ *vi* to curl
bouder [bude] /1/ *vi* to sulk ▶ *vt* (*personne*) to refuse to have anything to do with
boudin [budɛ̃] *nm*: **~ (noir)** black pudding; **~ blanc** white pudding
boue [bu] *nf* mud
bouée [bwe] *nf* buoy; **~ (de sauvetage)** lifebuoy
boueux, -euse [bwø, -øz] *adj* muddy
bouffe [buf] *nf* (*fam*) grub, food
bouffée [bufe] *nf* (*de cigarette*) puff; **une ~ d'air pur** a breath of fresh air; **~ de chaleur** hot flush (BRIT) *ou* flash (US)

bouffer [bufe] /1/ *vi (fam)* to eat
bouffi, e [bufi] *adj* swollen
bouger [buʒe] /3/ *vi* to move; *(dent etc)* to be loose; *(s'activer)* to get moving ▶ *vt* to move; **les prix/les couleurs n'ont pas bougé** prices/colours haven't changed
bougie [buʒi] *nf* candle; *(Auto)* spark(ing) plug
bouillabaisse [bujabɛs] *nf type of fish soup*
bouillant, e [bujɑ̃, -ɑ̃t] *adj (qui bout)* boiling; *(très chaud)* boiling (hot)
bouillie [buji] *nf (de bébé)* cereal; **en ~** *(fig)* crushed
bouillir [bujiʀ] /15/ *vi* to boil ▶ *vt* to boil; **~ de colère** *etc* to seethe with anger *etc*
bouilloire [bujwaʀ] *nf* kettle
bouillon [bujɔ̃] *nm (Culin)* stock *no pl* • **bouillonner** /1/ *vi* to bubble; *(fig: idées)* to bubble up
bouillotte [bujɔt] *nf* hot-water bottle
boulanger, -ère [bulɑ̃ʒe, -ɛʀ] *nm/f* baker • **boulangerie** *nf* bakery
boule [bul] *nf (gén)* ball; *(de pétanque)* bowl; **~ de neige** snowball
boulette [bulɛt] *nf (de viande)* meatball
boulevard [bulvaʀ] *nm* boulevard
bouleversement [bulvɛʀsəmɑ̃] *nm* upheaval
bouleverser [bulvɛʀse] /1/ *vt (émouvoir)* to overwhelm; *(causer du chagrin à)* to distress; *(pays, vie)* to disrupt; *(papiers, objets)* to turn upside down
boulimie [bulimi] *nf* bulimia
boulimique [bulimik] *adj* bulimic
boulon [bulɔ̃] *nm* bolt
boulot¹ [bulo] *nm (fam: travail)* work
boulot², te [bulo, -ɔt] *adj* plump, tubby
boum [bum] *nm* bang ▶ *nf (fam)* party
bouquet [bukɛ] *nm (de fleurs)* bunch (of flowers), bouquet; *(de persil etc)* bunch; **c'est le ~!** that's the last straw!
bouquin [bukɛ̃] *nm (fam)* book • **bouquiner** /1/ *vi (fam)* to read
bourdon [buʀdɔ̃] *nm* bumblebee
bourg [buʀ] *nm* small market town *(ou* village)
bourgeois, e [buʀʒwa, -waz] *a* ≈ (upper) middle class • **bourgeoisie** *nf* ≈ upper middle classes *pl*
bourgeon [buʀʒɔ̃] *nm* bud
Bourgogne [buʀgɔɲ] *nf*: **la ~** Burgundy ▶ *nm*: **b~** Burgundy (wine)
bourguignon, ne [buʀgiɲɔ̃, -ɔn] *adj* of *ou* from Burgundy, Burgundian
bourrasque [buʀask] *nf* squall
bourratif, -ive [buʀatif, -iv] *(fam) adj* filling, stodgy
bourré, e [buʀe] *adj (rempli)*: **~ de** crammed full of; *(fam: ivre)* pickled, plastered
bourrer [buʀe] /1/ *vt (pipe)* to fill; *(poêle)* to pack; *(valise)* to cram (full)
bourru, e [buʀy] *adj* surly, gruff
bourse [buʀs] *nf (subvention)* grant; *(porte-monnaie)* purse; **la B~** the Stock Exchange

us [bu] *vb voir* **bouillir**
usculade [buskylad] *nf* (*hâte*) ɹsh; (*poussée*) crush • **bousculer** ɹ/ *vt* (*heurter*) to knock into; (*fig*) ɔ push, rush
ussole [busɔl] *nf* compass
ut [bu] *vb voir* **bouillir** ▶ *nm* bit; *d'un bâton etc*) tip; (*d'une ficelle, able, rue, période*) end; **au ~ de** at he end of, after; **pousser qn à ~** ɔ push sb to the limit (of his atience); **venir à ~ de** to ɹanage to finish (off) *ou* vercome; **à ~ portant** at oint-blank range
uteille [butɛj] *nf* bottle; (*de gaz utane*) cylinder
utique [butik] *nf* shop
uton [butɔ̃] *nm* button; (*Bot*) ud; (*sur la peau*) spot
boutonner /1/ *vt* to button up
boutonnière *nf* buttonhole
bouton-pression *nm* press tud
vin, e [bɔvɛ̃, -in] *adj* bovine ▸ *nm*: **~s** cattle *pl*
wling [bɔliŋ] *nm* (tenpin) owling; (*salle*) bowling alley
xe [bɔks] *nf* boxing
▸ *sigle f* = **boîte postale**
acelet [bʀaslɛ] *nm* bracelet
aconnier [bʀakɔnje] *nm* oacher
ader [bʀade] /1/ *vt* to sell off
braderie *nf* cut-price (BRIT) *ou* ut-rate (US) stall
aguette [bʀagɛt] *nf* fly, flies *pl* BRIT), zipper (US)
aise [bʀɛz] *nf* embers *pl*
ancard [bʀɑ̃kaʀ] *nm* (*civière*) tretcher • **brancardier** *nm* tretcher-bearer
anche [bʀɑ̃ʃ] *nf* branch
anché, e [bʀɑ̃ʃe] *adj* (*fam*) trendy
brancher [bʀɑ̃ʃe] /1/ *vt* to connect (up); (*en mettant la prise*) to plug in
brandir [bʀɑ̃diʀ] /2/ *vt* to brandish
braquer [bʀake] /1/ *vi* (*Auto*) to turn (the wheel) ▶ *vt* (*revolver etc*): **~ qch sur** to aim sth at, point sth at; (*mettre en colère*): **~ qn** to antagonize sb
bras [bʀa] *nm* arm; **~ dessus ~ dessous** arm in arm; **se retrouver avec qch sur les ~** (*fam*) to be landed with sth; **~ droit** (*fig*) right hand man
brassard [bʀasaʀ] *nm* armband
brasse [bʀas] *nf* (*nage*) breast-stroke; **~ papillon** butterfly(-stroke)
brassée [bʀase] *nf* armful
brasser [bʀase] /1/ *vt* to mix; **~ l'argent/les affaires** to handle a lot of money/business
brasserie [bʀasʀi] *nf* (*restaurant*) bar (*selling food*); (*usine*) brewery
brave [bʀav] *adj* (*courageux*) brave; (*bon, gentil*) good, kind
braver [bʀave] /1/ *vt* to defy
bravo [bʀavo] *excl* bravo! ▶ *nm* cheer
bravoure [bʀavuʀ] *nf* bravery
break [bʀɛk] *nm* (*Auto*) estate car
brebis [bʀəbi] *nf* ewe; **~ galeuse** black sheep
bredouiller [bʀəduje] /1/ *vi, vt* to mumble, stammer
bref, brève [bʀɛf, bʀɛv] *adj* short, brief ▶ *adv* in short; **d'un ton ~** sharply, curtly; **en ~** in short, in brief
Brésil [bʀezil] *nm*: **le ~** Brazil
Bretagne [bʀətaɲ] *nf*: **la ~** Brittany

bretelle [bʀətɛl] *nf* (*de vêtement*) strap; (*d'autoroute*) slip road (BRIT), entrance *ou* exit ramp (US); **bretelles** *nfpl* (*pour pantalon*) braces (BRIT), suspenders (US)
breton, ne [bʀətɔ̃, -ɔn] *adj* Breton ▸ *nm/f*: **B~, ne** Breton
brève [bʀɛv] *adj f voir* **bref**
brevet [bʀəvɛ] *nm* diploma, certificate; **~ (des collèges)** *school certificate, taken at approx. 16 years*; **~ (d'invention)** patent • **breveté, e** *adj* patented
bricolage [bʀikɔlaʒ] *nm*: **le ~** do-it-yourself (jobs)
bricoler [bʀikɔle] /1/ *vi* (*en amateur*) to do DIY jobs; (*passe-temps*) to potter about ▸ *vt* (*réparer*) to fix up • **bricoleur, -euse** *nm/f* handyman/woman, DIY enthusiast
bridge [bʀidʒ] *nm* (*Cartes*) bridge
brièvement [bʀijɛvmɑ̃] *adv* briefly
brigade [bʀigad] *nf* (*Police*) squad; (*Mil*) brigade • **brigadier** *nm* ≈ sergeant
brillamment [bʀijamɑ̃] *adv* brilliantly
brillant, e [bʀijɑ̃, -ɑ̃t] *adj* (*remarquable*) bright; (*luisant*) shiny, shining
briller [bʀije] /1/ *vi* to shine
brin [bʀɛ̃] *nm* (*de laine, ficelle etc*) strand; (*fig*): **un ~ de** a bit of
brindille [bʀɛ̃dij] *nf* twig
brioche [bʀijɔʃ] *nf* brioche (bun); (*fam*: *ventre*) paunch
brique [bʀik] *nf* brick; (*de lait*) carton
briquet [bʀikɛ] *nm* (cigarette) lighter
brise [bʀiz] *nf* breeze
briser [bʀize] /1/ *vt* to break; **se briser** *vi* to break
britannique [bʀitanik] *adj* British ▸ *nm/f*: **B~** Briton, British person; **les B~s** the British
brocante [bʀɔkɑ̃t] *nf* (*objets*) secondhand goods *pl*, junk • **brocanteur, -euse** *nm/f* junk shop owner; junk dealer
broche [bʀɔʃ] *nf* brooch; (*Culin*) spit; (*Méd*) pin; **à la ~** spit-roast
broché, e [bʀɔʃe] *adj* (*livre*) paper-backed
brochet [bʀɔʃɛ] *nm* pike *inv*
brochette [bʀɔʃɛt] *nf* (*ustensile*) skewer; (*plat*) kebab
brochure [bʀɔʃyʀ] *nf* pamphlet, brochure, booklet
broder [bʀɔde] /1/ *vt* to embroider ▸ *vi*: **~ (sur des faits** *ou* **une histoire)** to embroider the facts • **broderie** *nf* embroidery
bronches [bʀɔ̃ʃ] *nfpl* bronchial tubes • **bronchite** *nf* bronchitis
bronze [bʀɔ̃z] *nm* bronze
bronzer [bʀɔ̃ze] /1/ *vi* to get a tan; **se bronzer** to sunbathe
brosse [bʀɔs] *nf* brush; **coiffé en ~** with a crewcut; **~ à cheveux** hairbrush; **~ à dents** toothbrush; **~ à habits** clothesbrush • **brosser** /1/ *vt* (*nettoyer*) to brush; (*fig*: *tableau etc*) to paint; **se brosser les dents** to brush one's teeth
brouette [bʀuɛt] *nf* wheelbarrow
brouillard [bʀujaʀ] *nm* fog
brouiller [bʀuje] /1/ *vt* (*œufs, message*) to scramble; (*idées*) to mix up; (*rendre trouble*) to cloud; (*désunir*: *amis*) to set at odds; **se brouiller** *vi* (*ciel, vue*) to cloud over; **se ~ (avec)** to fall out (with)

ouillon, ne [bʀujɔ̃, -ɔn] *adj* *sans soin)* untidy; *(qui manque 'organisation)* disorganized ▸*nm* 'irst) draft; **(papier) ~** rough aper

oussailles [bʀusaj] *nfpl* ndergrowth *sg* • **broussailleux, euse** *adj* bushy

ousse [bʀus] *nf*: **la ~** the bush

outer [bʀute] /1/ *vi* to graze

ugnon [bʀyɲɔ̃] *nm* nectarine

uiner [bʀɥine] /1/ *vb impers*: **bruine** it's drizzling, there's a rizzle

uit [bʀɥi] *nm*: **un ~** a noise, a ound; *(fig: rumeur)* a rumour; **e ~** noise; **sans ~** without a ound, noiselessly; **~ de fond** ackground noise

ûlant, e [bʀylɑ̃, -ɑ̃t] *adj* urning (hot); *(liquide)* boiling hot)

ûlé, e [bʀyle] *adj (fig: démasqué)* lown ▸*nm*: **odeur de ~** smell of urning

ûler [bʀyle] /1/ *vt* to burn; *(eau ouillante)* to scald; *(consommer: lectricité, essence)* to use; *(: feu ouge, signal)* to go through without stopping) ▸*vi* to burn; **se brûler** to burn o.s.; *s'ébouillanter)* to scald o.s.; **tu rûles** *(jeu)* you're getting warm *u* hot

ûlure [bʀylyʀ] *nf (lésion)* burn; **s d'estomac** heartburn *sg*

rume [bʀym] *nf* mist

rumeux, -euse [bʀymø, -øz] *adj* misty

run, e [bʀœ̃, -yn] *adj (gén, bière)* rown; *(cheveux, personne, tabac)* dark; **elle est ~e** she's got dark air

runch [brœntʃ] *nm* brunch

brushing [bʀœʃiŋ] *nm* blow-dry

brusque [bʀysk] *adj* abrupt

brut, e [bʀyt] *adj (diamant)* uncut; *(soie, minéral)* raw; *(Comm)* gross; **(pétrole) ~** crude (oil)

brutal, e, -aux [bʀytal, -o] *adj* brutal

Bruxelles [bʀysɛl] *n* Brussels

bruyamment [bʀɥijamɑ̃] *adv* noisily

bruyant, e [bʀɥijɑ̃, -ɑ̃t] *adj* noisy

bruyère [bʀyjɛʀ] *nf* heather

BTS *sigle m (= Brevet de technicien supérieur) vocational training certificate taken at end of two-year higher education course*

bu, e [by] *pp de* **boire**

buccal, e, -aux [bykal, -o] *adj*: **par voie ~e** orally

bûche [byʃ] *nf* log; **prendre une ~** *(fig)* to come a cropper (BRIT), fall flat on one's face; **~ de Noël** Yule log

bûcher [byʃe] /1/ *nm (funéraire)* pyre; *(supplice)* stake ▸*vi (fam)* to swot, slave (away) ▸*vt* to swot up , slave away at

budget [bydʒɛ] *nm* budget

buée [bɥe] *nf (sur une vitre)* mist

buffet [byfɛ] *nm (meuble)* sideboard; *(de réception)* buffet; **~ (de gare)** (station) buffet, snack bar

buis [bɥi] *nm* box tree; *(bois)* box(wood)

buisson [bɥisɔ̃] *nm* bush

bulbe [bylb] *nm (Bot, Anat)* bulb

Bulgarie [bylgaʀi] *nf*: **la ~** Bulgaria

bulle [byl] *nf* bubble

bulletin [byltɛ̃] *nm (communiqué, journal)* bulletin; *(Scol)* report; **~ d'informations** news bulletin;

~ (de vote) ballot paper; **~ météorologique** weather report

bureau, x [byʀo] *nm* (*meuble*) desk; (*pièce, service*) office; **~ de change** (foreign) exchange office *ou* bureau; **~ de poste** post office; **~ de tabac** tobacconist's (shop)
• bureaucratie [byʀokʀasi] *nf* bureaucracy

bus[1] *vb* [by] *voir* **boire**

bus[2] *nm* [bys] (*véhicule*) bus

buste [byst] *nm* (*Anat*) chest; (: *de femme*) bust

but [by] *vb voir* **boire** ▸ *nm* (*cible*) target; (*fig*) goal, aim; (*Football etc*) goal; **de ~ en blanc** point-blank; **avoir pour ~ de faire** to aim to do; **dans le ~ de** with the intention of

butane [bytan] *nm* butane; (*domestique*) calor gas® (BRIT), butane

butiner [bytine] /1/ *vi* (*abeilles*) to gather nectar

buvais *etc* [byvɛ] *vb voir* **boire**

buvard [byvaʀ] *nm* blotter

buvette [byvɛt] *nf* bar

C

c' [s] *pron voir* **ce**

ça [sa] *pron* (*pour désigner*) this; (: *plus loin*) that; (*comme sujet indéfini*) it; **ça m'étonne que** it surprises me that; **ça va?** how are you?; how are things?; (*d'accord?*) OK?, all right?; **où ça?** where's that?; **pourquoi ça?** why's that?; **qui ça?** who's that?; **ça alors!** (*désapprobation*) well!, really!; **c'est ça** that's right; **ça y est** that's it

cabane [kaban] *nf* hut, cabin

cabaret [kabaʀɛ] *nm* night club

cabillaud [kabijo] *nm* cod *inv*

cabine [kabin] *nf* (*de bateau*) cabin; (*de piscine etc*) cubicle; (*de camion, train*) cab; (*d'avion*) cockpit; **~ d'essayage** fitting room; **~ (téléphonique)** call *ou* (tele)phone box

cabinet [kabinɛ] *nm* (*petite pièce*) closet; (*de médecin*) surgery (BRIT) office (US); (*de notaire etc*) office; (: *clientèle*) practice; (*Pol*) cabinet
cabinets *nmpl* (*w.-c.*) toilet *sg*; **~ de toilette** toilet

câble [kɑbl] *nm* cable; **le ~** (*TV*) cable television, cablevision (US)

cahuète [kakaɥɛt] *nf* peanut
cao [kakao] *nm* cocoa
che [kaʃ] *nm* mask, card (*for asking*)
che-cache [kaʃkaʃ] *nm*: **jouer ~** to play hide-and-seek
chemire [kaʃmiʀ] *nm* ashmere
cher [kaʃe] /1/ *vt* to hide, onceal; **~ qch à qn** to hide *ou* onceal sth from sb; **se cacher** *vi volontairement*) to hide; (*être aché*) to be hidden *ou* concealed
chet [kaʃɛ] *nm* (*comprimé*) ablet; (*de la poste*) postmark; *étribution*) fee; (*fig*) style, haracter
chette [kaʃɛt] *nf* hiding place; **n ~** on the sly, secretly
ctus [kaktys] *nm* cactus
davre [kadɑvʀ] *nm* corpse, dead) body
ddie® [kadi] *nm* supermarket) trolley (BRIT), grocery) cart (US)
deau, x [kado] *nm* present, ift; **faire un ~ à qn** to give sb a resent *ou* gift; **faire ~ de qch à n** to make a present of sth to sb, ive sb sth as a present
denas [kadnɑ] *nm* padlock
det, te [kadɛ, -ɛt] *adj* younger; *e plus jeune*) youngest ▸ *nm/f* oungest child *ou* one
dran [kadʀɑ̃] *nm* dial; **~ solaire** undial
dre [kadʀ] *nm* frame; *environnement*) surroundings *pl* ▸ *nm/f* (*Admin*) managerial mployee, executive; **dans le ~ de** (*fig*) within the framework *ou* context of
fard [kafaʀ] *nm* cockroach; **avoir le ~** to be down in the dumps

café [kafe] *nm* coffee; (*bistro*) café ▸ *adj inv* coffee *cpd*; **~ au lait** white coffee; **~ noir** black coffee • **café-tabac** *nm tobacconist's or newsagent's also serving coffee and spirits* • **cafétéria** [kafeteʀja] *nf* cafeteria • **cafetière** *nf* (*pot*) coffee-pot
cage [kaʒ] *nf* cage; **~ d'escalier** (stair)well; **~ thoracique** rib cage
cageot [kaʒo] *nm* crate
cagoule [kagul] *nf* (*passe-montagne*) balaclava
cahier [kaje] *nm* notebook; **~ de brouillons** rough book, jotter; **~ d'exercices** exercise book
caille [kaj] *nf* quail
caillou, x [kaju] *nm* (little) stone • **caillouteux, -euse** *adj* stony
Caire [kɛʀ] *nm*: **le ~** Cairo
caisse [kɛs] *nf* box; (*où l'on met la recette*) till; (*où l'on paye*) cash desk (BRIT), checkout counter; (: *au supermarché*) checkout; (*de banque*) cashier's desk; **~ enregistreuse** cash register; **~ d'épargne (CE)** savings bank; **~ de retraite** pension fund • **caissier, -ière** *nm/f* cashier
cake [kɛk] *nm* fruit cake
calandre [kalɑ̃dʀ] *nf* radiator grill
calcaire [kalkɛʀ] *nm* limestone ▸ *adj* (*eau*) hard; (*Géo*) limestone *cpd*
calcul [kalkyl] *nm* calculation; **le ~** (*Scol*) arithmetic; **~ (biliaire)** (gall)stone • **calculateur** *nm* • **calculatrice** *nf* calculator • **calculer** /1/ *vt* to calculate, work out • **calculette** *nf* (pocket) calculator
cale [kal] *nf* (*de bateau*) hold; (*en bois*) wedge

C

calé, e [kale] *adj* (*fam*) clever, bright
caleçon [kalsɔ̃] *nm* (*d'homme*) boxer shorts; (*de femme*) leggings
calendrier [kalɑ̃dʀije] *nm* calendar; (*fig*) timetable
calepin [kalpɛ̃] *nm* notebook
caler [kale] /1/ *vt* to wedge ▸ *vi* (*moteur, véhicule*) to stall
calibre [kalibʀ] *nm* calibre
câlin, e [kɑlɛ̃, -in] *adj* cuddly, cuddlesome; (*regard, voix*) tender
calmant [kalmɑ̃] *nm* tranquillizer, sedative; (*contre la douleur*) painkiller
calme [kalm] *adj* calm, quiet ▸ *nm* calm(ness), quietness; **sans perdre son ~** without losing one's cool *ou* calmness • **calmer** /1/ *vt* to calm (down); (*douleur, inquiétude*) to ease, soothe; **se calmer** *vi* to calm down
calorie [kalɔʀi] *nf* calorie
camarade [kamaʀad] *nm/f* friend, pal; (*Pol*) comrade
Cambodge [kɑ̃bɔdʒ] *nm*: **le ~** Cambodia
cambriolage [kɑ̃bʀijɔlaʒ] *nm* burglary • **cambrioler** /1/ *vt* to burgle (BRIT), burglarize (US) • **cambrioleur, -euse** *nm/f* burglar
camelote [kamlɔt] (*fam*) *nf* rubbish, trash, junk
caméra [kameʀa] *nf* (*Ciné, TV*) camera; (*d'amateur*) cine-camera
Cameroun [kamʀun] *nm*: **le ~** Cameroon
caméscope® [kameskɔp] *nm* camcorder
camion [kamjɔ̃] *nm* lorry (BRIT), truck; **~ de dépannage** breakdown (BRIT) *ou* tow (US) truck • **camionnette** *nf* (small) van • **camionneur** *nm* (*entrepreneur*) haulage contract[or] (BRIT), trucker (US); (*chauffeur*) lorry (BRIT) *ou* truck driver
camomille [kamɔmij] *nf* camomile; (*boisson*) camomile t[ea]
camp [kɑ̃] *nm* camp; (*fig*) side
campagnard, e [kɑ̃paɲaʀ, -aʀd] *adj* country *cpd*
campagne [kɑ̃paɲ] *nf* country[,] countryside; (*Mil, Pol, Comm*) campaign; **à la ~** in/to the country
camper [kɑ̃pe] /1/ *vi* to camp ▸ [*vt*] to sketch; **se ~ devant** to plant o.s. in front of • **campeur, -eus[e]** *nm/f* camper
camping [kɑ̃piŋ] *nm* camping; **(terrain de) ~** campsite, campi[ng] site; **faire du ~** to go camping • **camping-car** *nm* camper, motorhome (US) • **camping-gaz®** *nm inv* camp(ing) stove
Canada [kanada] *nm*: **le ~** Canada • **canadien, ne** *adj* Canadian ▸ *nm/f*: **Canadien, n[e]** Canadian ▸ *nf* (*veste*) fur-lined jacket
canal, -aux [kanal, -o] *nm* can[al]; (*naturel, TV*) channel • **canalisation** *nf* (*tuyau*) pipe
canapé [kanape] *nm* settee, so[fa]
canard [kanaʀ] *nm* duck; (*fam: journal*) rag
cancer [kɑ̃sɛʀ] *nm* cancer; (*signe*): **le C~** Cancer
cancre [kɑ̃kʀ] *nm* dunce
candidat, e [kɑ̃dida, -at] *nm/f* candidate; (*à un poste*) applicant candidate • **candidature** *nf* (*Po[l]*) candidature; (*à poste*) applicatio[n]; **poser sa candidature à un poste** to apply for a job
cane [kan] *nf* (female) duck

anette [kanɛt] *nf* (*de bière*) (flip-top) bottle
anevas [kanva] *nm* (*Couture*) canvas (for tapestry work)
aniche [kaniʃ] *nm* poodle
anicule [kanikyl] *nf* scorching heat
anif [kanif] *nm* penknife, pocket knife
anne [kan] *nf* (walking) stick; **~ à pêche** fishing rod; **~ à sucre** sugar cane
annelle [kanɛl] *nf* cinnamon
anoë [kanɔe] *nm* canoe; (*sport*) canoeing; **~ (kayak)** kayak
anot [kano] *nm* ding(h)y; **~ pneumatique** rubber *ou* inflatable ding(h)y; **~ de sauvetage** lifeboat
antatrice [kɑ̃tatʀis] *nf* (opera) singer
antine [kɑ̃tin] *nf* canteen
anton [kɑ̃tɔ̃] *nm* district (*consisting of several communes*); (*en Suisse*) canton
aoutchouc [kautʃu] *nm* rubber; **~ mousse** foam rubber; **en ~** rubber *cpd*
AP *sigle m* (= *Certificat d'aptitude professionnelle*) *vocational training certificate taken at secondary school*
ap [kap] *nm* (*Géo*) cape; (*promontoire*) headland; (*fig: tournant*) watershed; (*Navig*): **changer de ~** to change course; **mettre le ~ sur** to head for
apable [kapabl] *adj* able, capable; **~ de qch/faire** capable of sth/doing
apacité [kapasite] *nf* ability; (*Jur, Inform, d'un récipient*) capacity
ape [kap] *nf* cape, cloak; **rire sous ~** to laugh up one's sleeve
CAPES *sigle m* (= *Certificat d'aptitude au professorat de l'enseignement du second degré*) *secondary teaching diploma*
capitaine [kapitɛn] *nm* captain
capital, e, -aux [kapital, -o] *adj* (*œuvre*) major; (*question, rôle*) fundamental ▶ *nm* capital; (*fig*) stock ▶ *nf* (*ville*) capital; (*lettre*) capital (letter); **d'une importance ~e** of capital importance; **capitaux** *nmpl* (*fonds*) capital *sg*; **~ (social)** authorized capital; **~ d'exploitation** working capital • **capitalisme** *nm* capitalism • **capitaliste** *adj, nm/f* capitalist
caporal, -aux [kapɔʀal, -o] *nm* lance corporal
capot [kapo] *nm* (*Auto*) bonnet (BRIT), hood (US)
câpre [kɑpʀ] *nf* caper
caprice [kapʀis] *nm* whim, caprice; **faire des ~s** to be temperamental • **capricieux, -euse** *adj* (*fantasque*) capricious; whimsical; (*enfant*) temperamental
Capricorne [kapʀikɔʀn] *nm*: **le ~** Capricorn
capsule [kapsyl] *nf* (*de bouteille*) cap; cap; (*Bot etc, spatiale*) capsule
capter [kapte] /1/ *vt* (*ondes radio*) to pick up; (*fig*) to win, capture
captivant, e [kaptivɑ̃, -ɑ̃t] *adj* captivating
capture [kaptyʀ] *nf* (*action*) capture; **~ d'écran** (*Inform*) screenshot
capturer [kaptyʀe] /1/ *vt* to capture
capuche [kapyʃ] *nf* hood
capuchon [kapyʃɔ̃] *nm* hood; (*de stylo*) cap, top
car [kaʀ] *nm* coach (BRIT), bus ▶ *conj* because, for

carabine [kaʀabin] *nf* rifle
caractère [kaʀaktɛʀ] *nm* (*gén*) character; **en ~s gras** in bold type; **en petits ~s** in small print; **en ~s d'imprimerie** in block capitals; **avoir bon/mauvais ~** to be good-/ill-natured *ou* tempered
caractériser [kaʀakteʀize] /1/ *vt* to characterize; **se ~ par** to be characterized *ou* distinguished by
caractéristique [kaʀakteʀistik] *adj, nf* characteristic
carafe [kaʀaf] *nf* decanter; (*pour eau, vin ordinaire*) carafe
caraïbe [kaʀaib] *adj* Caribbean; **les Caraïbes** *nfpl* the Caribbean (Islands)
carambolage [kaʀɑ̃bɔlaʒ] *nm* multiple crash, pileup
caramel [kaʀamɛl] *nm* (*bonbon*) caramel, toffee; (*substance*) caramel
caravane [kaʀavan] *nf* caravan • **caravaning** *nm* caravanning
carbone [kaʀbɔn] *nm* carbon; (*double*) carbon (copy)
carbonique [kaʀbɔnik] *adj*: **gaz ~** carbon dioxide; **neige ~** dry ice
carbonisé, e [kaʀbɔnize] *adj* charred
carburant [kaʀbyʀɑ̃] *nm* (motor) fuel
carburateur [kaʀbyʀatœʀ] *nm* carburettor
cardiaque [kaʀdjak] *adj* cardiac, heart *cpd* ▶ *nm/f* heart patient; **être ~** to have a heart condition
cardigan [kaʀdigɑ̃] *nm* cardigan
cardiologue [kaʀdjɔlɔg] *nm/f* cardiologist, heart specialist
Carême [kaʀɛm] *nm*: **le ~** Lent
carence [kaʀɑ̃s] *nf* (*manque*) deficiency
caresse [kaʀɛs] *nf* caress
caresser [kaʀese] /1/ *vt* to cares (*animal*) to stroke
cargaison [kaʀgɛzɔ̃] *nf* cargo, freight
cargo [kaʀgo] *nm* freighter
caricature [kaʀikatyʀ] *nf* caricature
carie [kaʀi] *nf*: **la ~ (dentaire)** tooth decay; **une ~** a bad tooth
carnaval [kaʀnaval] *nm* carniva
carnet [kaʀnɛ] *nm* (*calepin*) notebook; (*de tickets, timbres etc*) book; **~ de chèques** cheque boo
carotte [kaʀɔt] *nf* carrot
carré, e [kaʀe] *adj* square; (*fig: franc*) straightforward ▶ *nm* (*Math*) square; **kilomètre ~** square kilometre
carreau, x [kaʀo] *nm* (*en faïence etc*) (floor) tile; (*au mur*) (wall) tile (*de fenêtre*) (window) pane; (*moti* check, square; (*Cartes: couleur*) diamonds *pl*; **tissu à ~x** checked fabric
carrefour [kaʀfuʀ] *nm* crossroads *sg*
carrelage [kaʀlaʒ] *nm* (*sol*) (tile floor
carrelet [kaʀlɛ] *nm* (*poisson*) plaice
carrément [kaʀemɑ̃] *adv* (*franchement*) straight out, bluntly; (*sans détours, sans hésiter*) straight; (*intensif*) completely; **c'est ~ impossible** it's complete impossible
carrière [kaʀjɛʀ] *nf* (*de roches*) quarry; (*métier*) career; **militaire de ~** professional soldier
carrosserie [kaʀɔsʀi] *nf* body, bodywork *no pl* (BRIT)
carrure [kaʀyʀ] *nf* build; (*fig*) calibre

rtable [kaʀtabl] *nm* satchel, school)bag
rte [kaʀt] *nf* (*de géographie*) map; *marine, du ciel*) chart; (*de fichier, 'abonnement etc, à jouer*) card; (*au estaurant*) menu; (*aussi*: **~ postale**) post)card; (*aussi*: **~ de visite**) visiting) card; **avoir/donner blanche** to have/give carte lanche *ou* a free hand; **à la ~** (*au estaurant*) à la carte; (*télévision*) n demand; **~ à puce** smartcard; **bancaire** cash card; **C~ Bleue®** ebit card; **~ de crédit** credit card; **de fidélité** loyalty card; **d'identité** identity card; **la grise** (*Auto*) ≈ the (car) registration ocument; **~ mémoire** (*d'appareil hoto numérique*) memory card; **routière** road map; **~ de séjour** esidence permit; **~ SIM** SIM card; **téléphonique** phonecard
rter [kaʀtɛʀ] *nm* sump
rton [kaʀtɔ̃] *nm* (*matériau*) ardboard; (*boîte*) (cardboard) ox; **faire un ~** to score a hit; **~ (à essin)** portfolio
rtouche [kaʀtuʃ] *nf* cartridge; *de cigarettes*) carton
s [kɑ] *nm* case; **ne faire aucun de** to take no notice of; **en ucun ~** on no account; **au ~ où** n case; **en ~ de** in case of, in the vent of; **en ~ de besoin** if need e; **en tout ~** in any case, at any ate
scade [kaskad] *nf* waterfall, ascade
se [kɑz] *nf* (*hutte*) hut; *compartiment*) compartment; (*sur n formulaire, de mots croisés*) box
ser [kaze] /1/ (*fam*) *vt* (*mettre*) to ut; (*loger*) to put up; **se caser** *vi se marier*) to settle down; (*trouver n emploi*) to find a (steady) job

caserne [kazɛʀn] *nf* barracks
casier [kɑzje] *nm* (*case*) compartment; (*pour courrier*) pigeonhole; (*: à clef*) locker; **~ judiciaire** police record
casino [kazino] *nm* casino
casque [kask] *nm* helmet; (*chez le coiffeur*) (hair-)dryer; (*pour audition*) (head-)phones *pl*, headset
casquette [kaskɛt] *nf* cap
casse-croûte *nm inv* snack
casse-noisettes, casse-noix *nm inv* nutcrackers *pl*
casse-pieds *nm/f inv* (*fam*): **il est ~, c'est un ~** he's a pain (in the neck)
casser [kɑse] /1/ *vt* to break; (*Jur*) to quash; **se casser** *vi*, *vt* to break; **~ les pieds à qn** (*fam*: *irriter*) to get on sb's nerves; **se ~ la tête** (*fam*) to go to a lot of trouble
casserole [kasʀɔl] *nf* saucepan
casse-tête [kɑstɛt] *nm inv* (*difficultés*) headache (*fig*)
cassette [kasɛt] *nf* (*bande magnétique*) cassette; (*coffret*) casket
cassis [kasis] *nm* blackcurrant
cassoulet [kasulɛ] *nm sausage and bean hotpot*
catalogue [katalɔg] *nm* catalogue
catalytique [katalitik] *adj*: **pot ~** catalytic converter
catastrophe [katastʀɔf] *nf* catastrophe, disaster
catéchisme [kateʃism] *nm* catechism
catégorie [kategɔʀi] *nf* category **• catégorique** *adj* categorical
cathédrale [katedʀal] *nf* cathedral

catholique [katɔlik] *adj, nm/f* (Roman) Catholic; **pas très ~** a bit shady *ou* fishy
cauchemar [koʃmaʀ] *nm* nightmare
cause [koz] *nf* cause; (*Jur*) lawsuit, case; **à ~ de** because of, owing to; **pour ~ de** on account of; **(et) pour ~** and for (a very) good reason; **être en ~** (*intérêts*) to be at stake; **remettre en ~** to challenge • **causer** /1/ *vt* to cause ▶ *vi* to chat, talk
caution [kosjɔ̃] *nf* guarantee, security; (*Jur*) bail (bond); (*fig*) backing, support; **libéré sous ~** released on bail
cavalier, -ière [kavalje, -jɛʀ] *adj* (*désinvolte*) offhand ▶ *nm/f* rider; (*au bal*) partner ▶ *nm* (*Échecs*) knight
cave [kav] *nf* cellar • **caviste** *nm/f* wine merchant; (*dans un restaurant*) sommelier
caverne [kavɛʀn] *nf* cave
CD *sigle m* (= *compact disc*) CD
CDD *sigle m* (= *contrat à durée déterminée*) fixed-term contract
CDI *sigle m* (= *centre de documentation et d'information*) school library; (= *contrat à durée indéterminée*) permanent *ou* open-ended contract
CD-ROM [sedeʀɔm] *nm inv* CD-Rom

ce, cette [sə, sɛt]

(*devant nm* **cet** + *voyelle ou h aspiré*; *pl* **ces**)
▶ *adj dém* (*proximité*) this; these *pl*; (*non-proximité*) that; those *pl*; **cette maison(-ci/là)** this/that house; **cette nuit** (*qui vient*) tonight; (*passée*) last night
▶ *pron* 1: **c'est** it's, it is; **c'est un peintre** he's *ou* he is a painter; **ce sont des peintres** they're *ou* they are painters; **c'est le facteur** *etc* (*à la porte*) it's the postman *etc*; **qui est-ce?** who is it?; (*en désignant*) who is he/she?; **qu'est-ce?** what is it?; **c'est toi qui lui as parlé** it was you who spoke to him
2: **c'est ça** (*correct*) that's right
3: **ce qui, ce que** what; **ce qui me plaît, c'est sa franchise** what I like about him *ou* her is his *ou* her frankness; **il est bête, ce qui me chagrine** he's stupid, which saddens me; **tout ce qui bouge** everything that *ou* which moves; **tout ce que je sais** all I know; **ce dont j'ai parlé** what I talked about; **ce que c'est grand!** it's so big!; *voir aussi* **c'est-à-dire**; **-ci**; **est-ce que**; **n'est-ce pas**

ceci [səsi] *pron* this
céder [sede] /6/ *vt* to give up ▶ *vi* (*pont, barrage*) to give way; (*personne*) to give in; **~ à** to yield to, give in to
cédérom [sedeʀɔm] *nm* CD-ROM
CEDEX *sigle m* (= *courrier d'entreprise à distribution exceptionnelle*) accelerated postal service for bulk users
cédille [sedij] *nf* cedilla
ceinture [sɛ̃tyʀ] *nf* belt; (*taille*) waist; **~ de sécurité** safety *ou* seat belt
cela [s(ə)la] *pron* that; (*comme sujet indéfini*) it; **~ m'étonne que** it surprises me that; **quand/où** when/where (was that)?
célèbre [selɛbʀ] *adj* famous • **célébrer** /6/ *vt* to celebrate

leri [sɛlʀi] *nm*: **~(-rave)** eleriac; **~ (en branche)** celery
libataire [selibatɛʀ] *adj* single, nmarried ▸*nm/f* bachelor/ nmarried *ou* single woman; **nère ~** single *ou* unmarried nother
lle, celles [sɛl] *pron voir* **celui**
llule [selyl] *nf* (*gén*) cell; **souche** stem cell
llulite [selylit] *nf* cellulite

celui, celle [səlɥi, sɛl]

npl **ceux**, *fpl* **celles**) *pron* **1** : **elui-ci/là, celle-ci/là** this ne/that one; **ceux-ci, elles-ci** these (ones); **ceux-là, elles-là** those (ones); **celui de non frère** my brother's; **celui lu salon/du dessous** the one n (*ou* from) the lounge/below : (+ *relatif*) : **celui qui bouge** the ne which *ou* that moves; *personne*) the one who moves; **elui que je vois** the one (which *u* that) I see; (*personne*) the one whom) I see; **celui dont je arle** the one I'm talking about ; (*valeur indéfinie*): **celui qui eut** whoever wants

ndre [sɑ̃dʀ] *nf* ash; **~s** (*d'un éfunt*) ashes; **sous la ~** (*Culin*) in the) embers • **cendrier** *nm* shtray
nsé, e [sɑ̃se] *adj*: **être ~ faire** to e supposed to do
nseur [sɑ̃sœʀ] *nm* (*Scol*) deputy ead (BRIT), vice-principal (US)
nsure [sɑ̃syʀ] *nf* censorship • **censurer** /1/ *vt* (*Ciné, Presse*) to ensor; (*Pol*) to censure
nt [sɑ̃] *num* a hundred, one undred ▸*nm* (*US, Canada, partie de l'euro etc*) cent • **centaine** *nf*: **une centaine (de)** about a hundred, a hundred or so; **des centaines (de)** hundreds (of) • **centenaire** *adj* hundred-year-old ▸*nm* (*anniversaire*) centenary; (*monnaie*) cent • **centième** *num* hundredth • **centigrade** *nm* centigrade • **centilitre** *nm* centilitre • **centime** *nm* centime; **centime d'euro** euro cent • **centimètre** *nm* centimetre; (*ruban*) tape measure, measuring tape
central, e, -aux [sɑ̃tʀal, -o] *adj* central ▸*nm*: **~ (téléphonique)** (telephone) exchange ▸*nf* power station; **~e électrique/nucléaire** electric/nuclear power station
centre [sɑ̃tʀ] *nm* centre; **~ commercial/sportif/culturel** shopping/sports/arts centre; **~ d'appels** call centre • **centre-ville** *nm* town centre (BRIT) *ou* center (US)
cèpe [sɛp] *nm* (edible) boletus
cependant [s(ə)pɑ̃dɑ̃] *adv* however, nevertheless
céramique [seʀamik] *nf* ceramics *sg*
cercle [sɛʀkl] *nm* circle; **~ vicieux** vicious circle
cercueil [sɛʀkœj] *nm* coffin
céréale [seʀeal] *nf* cereal
cérémonie [seʀemɔni] *nf* ceremony; **sans ~** (*inviter, manger*) informally
cerf [sɛʀ] *nm* stag
cerf-volant [sɛʀvɔlɑ̃] *nm* kite
cerise [s(ə)ʀiz] *nf* cherry • **cerisier** *nm* cherry (tree)
cerner [sɛʀne] /1/ *vt* (*Mil etc*) to surround; (*fig: problème*) to delimit, define

certain, e [sɛʀtɛ̃, -ɛn] *adj* certain; **~ (de/que)** certain *ou* sure (of/ that); **d'un ~ âge** past one's prime, not so young; **un ~ temps** (quite) some time; **sûr et ~** absolutely certain; **un ~ Georges** someone called Georges; **~s** *pron* some • **certainement** *adv* (*probablement*) most probably *ou* likely; (*bien sûr*) certainly, of course

certes [sɛʀt] *adv* (*sans doute*) admittedly; (*bien sûr*) of course; indeed (yes)

certificat [sɛʀtifika] *nm* certificate

certifier [sɛʀtifje] /7/ *vt*: **~ qch à qn** to guarantee sth to sb

certitude [sɛʀtityd] *nf* certainty

cerveau, x [sɛʀvo] *nm* brain

cervelas [sɛʀvəla] *nm* saveloy

cervelle [sɛʀvɛl] *nf* (*Anat*) brain; (*Culin*) brain(s)

CES *sigle m* (= *Collège d'enseignement secondaire*) ≈ (junior) secondary school

ces [se] *adj dém voir* **ce**

cesse [sɛs]: **sans ~** *adv* (*tout le temps*) continually, constantly; (*sans interruption*) continuously; **il n'avait de ~ que** he would not rest until • **cesser** /1/ *vt* to stop ▶ *vi* to stop, cease; **cesser de faire** to stop doing • **cessez-le-feu** *nm inv* ceasefire

c'est-à-dire [sɛtadiʀ] *adv* that is (to say)

cet [sɛt] *adj dém voir* **ce**

ceux [sø] *pron voir* **celui**

chacun, e [ʃakœ̃, -yn] *pron* each; (*indéfini*) everyone, everybody

chagrin, e [ʃagʀɛ̃, -in] *adj* morose ▶ *nm* grief, sorrow; **avoir du ~** to be grieved *ou* sorrowful

chahut [ʃay] *nm* uproar • **chahuter** /1/ *vt* to rag, bait ▶ to make an uproar

chaîne [ʃɛn] *nf* chain; (*Radio, TV stations*) channel; **travail à la ~** production line work; **réaction en ~** chain reactions; **~ (haute-fidélité** *ou* **hi-fi)** hi-fi system; **~ (de montagnes)** (mountain) range

chair [ʃɛʀ] *nf* flesh; **avoir la ~ de poule** to have goose pimples *ou* goose flesh; **bien en ~** plump, well-padded; **en ~ et en os** in th flesh; **~ à saucisse** sausage mea

chaise [ʃɛz] *nf* chair; **~ longue** deckchair

châle [ʃal] *nm* shawl

chaleur [ʃalœʀ] *nf* heat; (*fig: d'accueil*) warmth • **chaleureux -euse** *adj* warm

chamailler [ʃamaje] /1/: **se chamailler** *vi* to squabble, bicke

chambre [ʃɑ̃bʀ] *nf* bedroom; (*P* chamber; (*Comm*) chamber; **fai ~ à part** to sleep in separate rooms; **~ à un lit/deux lits** single/twin-bedded room; **~ à a** (*de pneu*) (inner) tube; **~ d'amis** spare *ou* guest room; **~ à couch** bedroom; **~ d'hôte** ≈ bed and breakfast (*in private home*); **~ meublée** bedsit(ter) (BRIT), furnished room; **~ noire** (*Photo*) dark room

chameau, x [ʃamo] *nm* camel

chamois [ʃamwa] *nm* chamois

champ [ʃɑ̃] *nm* field; **~ de batai** battlefield; **~ de courses** racecourse

champagne [ʃɑ̃paɲ] *nm* champagne

champignon [ʃɑ̃piɲɔ̃] *nm* mushroom; (*terme générique*)

ıngus; **~ de couche** *ou* **de Paris**
ıutton mushroom
ampion, ne [ʃɑ̃pjɔ̃, -ɔn] *adj*,
m/f champion • **championnat**
m championship
ance [ʃɑ̃s] *nf*: **la ~** luck;
hances *nfpl* (*probabilités*)
hances; **avoir de la ~** to be
ıcky; **il a des ~s de gagner** he
as a chance of winning; **bonne**
! good luck!
ange [ʃɑ̃ʒ] *nm* (*Comm*)
xchange
angement [ʃɑ̃ʒmɑ̃] *nm*
hange; **~ climatique** climate
hange; **~ de vitesse** gears *pl*;
ıction) gear change
anger [ʃɑ̃ʒe] /3/ *vt* (*modifier*) to
hange, alter; (*remplacer, Comm*)
o change ▸ *vi* to change, alter; **se**
hanger *vi* to change (o.s.); **~ de**
emplacer: adresse, nom, voiture etc)
o change one's; **~ de train** to
hange trains; **~ d'avis, ~ d'idée**
o change one's mind; **~ de**
itesse to change gear; **~ qn/**
ch de place to move sb/sth to
nother place
anson [ʃɑ̃sɔ̃] *nf* song
ant [ʃɑ̃] *nm* song; (*art vocal*)
inging; (*d'église*) hymn
antage [ʃɑ̃taʒ] *nm* blackmail;
aire du ~ to use blackmail
anter [ʃɑ̃te] /1/ *vt, vi* to sing; **si**
ela lui chante (*fam*) if he feels
ke it *ou* fancies it • **chanteur,**
euse *nm/f* singer
antier [ʃɑ̃tje] *nm* (building)
ite; (*sur une route*) roadworks *pl*;
nettre en ~ to start work on;
naval shipyard
antilly [ʃɑ̃tiji] *nf voir* **crème**
antonner [ʃɑ̃tɔne] /1/ *vi, vt* to
ing to oneself, hum

chapeau, x [ʃapo] *nm* hat; **~!** well
done!
chapelle [ʃapɛl] *nf* chapel
chapitre [ʃapitʀ] *nm* chapter
chaque [ʃak] *adj* each, every;
(*indéfini*) every
char [ʃaʀ] *nm*: **~ (d'assaut)** tank;
~ à voile sand yacht
charbon [ʃaʀbɔ̃] *nm* coal; **~ de**
bois charcoal
charcuterie [ʃaʀkytʀi] *nf*
(*magasin*) pork butcher's shop and
delicatessen; (*produits*) cooked
pork meats *pl* • **charcutier, -ière**
nm/f pork butcher
chardon [ʃaʀdɔ̃] *nm* thistle
charge [ʃaʀʒ] *nf* (*fardeau*) load;
(*Élec, Mil, Jur*) charge; (*rôle, mission*)
responsibility; **charges** *nfpl* (*du*
loyer) service charges; **à la ~ de**
(*dépendant de*) dependent upon;
(*aux frais de*) chargeable to;
prendre en ~ to take charge of;
(*véhicule*) to take on; (*dépenses*) to
take care of; **~s sociales** social
security contributions
chargement [ʃaʀʒəmɑ̃] *nm*
(*objets*) load
charger [ʃaʀʒe] /3/ *vt* (*voiture,*
fusil, caméra) to load; (*batterie*) to
charge ▸ *vi* (*Mil etc*) to charge; **se**
~ de to see to, take care of
chargeur [ʃaʀʒœʀ] *nm* (*de*
batterie) charger
chariot [ʃaʀjo] *nm* trolley;
(*charrette*) waggon
charité [ʃaʀite] *nf* charity; **faire**
la ~ à to give (something) to
charmant, e [ʃaʀmɑ̃, -ɑ̃t] *adj*
charming
charme [ʃaʀm] *nm* charm
• **charmer** /1/ *vt* to charm
charpente [ʃaʀpɑ̃t] *nf* frame(work)
• **charpentier** *nm* carpenter

charrette [ʃaʀɛt] *nf* cart
charter [tʃaʀtœʀ] *nm* (*vol*) charter flight
chasse [ʃas] *nf* hunting; (*au fusil*) shooting; (*poursuite*) chase; (*aussi*: **~ d'eau**) flush; **prendre en ~** to give chase to; **tirer la ~ (d'eau)** to flush the toilet, pull the chain; **~ à courre** hunting • **chasse-neige** *nm inv* snowplough (BRIT), snowplow (US) • **chasser** /1/ *vt* to hunt; (*expulser*) to chase away *ou* out, drive away *ou* out • **chasseur, -euse** *nm/f* hunter ▶ *nm* (*avion*) fighter
chat[1] [ʃa] *nm* cat
chat[2] [tʃat] *nm* (*Internet*: *salon*) chat room; (: *conversation*) chat
châtaigne [ʃɑtɛɲ] *nf* chestnut
châtain [ʃɑtɛ̃] *adj inv* chestnut (brown); (*personne*) chestnut-haired
château, x [ʃɑto] *nm* (*forteresse*) castle; (*résidence royale*) palace; (*manoir*) mansion; **~ d'eau** water tower; **~ fort** stronghold, fortified castle
châtiment [ʃatimɑ̃] *nm* punishment
chaton [ʃatɔ̃] *nm* (*Zool*) kitten
chatouiller [ʃatuje] /1/ *vt* to tickle • **chatouilleux, -euse** [ʃatujø, -øz] *adj* ticklish; (*fig*) touchy, over-sensitive
chatte [ʃat] *nf* (she-)cat
chatter [tʃate] /1/ *vi* (*Internet*) to chat
chaud, e [ʃo, -od] *adj* (*gén*) warm; (*très chaud*) hot ▶ *nm*: **il fait ~** it's warm; it's hot; **avoir ~** to be warm; to be hot; **ça me tient ~** it keeps me warm; **rester au ~** to stay in the warm
chaudière [ʃodjɛʀ] *nf* boiler
chauffage [ʃofaʒ] *nm* heating; **~ central** central heating
chauffe-eau [ʃofo] *nm inv* wat heater
chauffer [ʃofe] /1/ *vt* to heat ▶ to heat up, warm up; (*trop chauffer*: *moteur*) to overheat; **se chauffer** *vi* (*au soleil*) to warm o
chauffeur [ʃofœʀ] *nm* driver; (*privé*) chauffeur
chaumière [ʃomjɛʀ] *nf* (thatched) cottage
chaussée [ʃose] *nf* road(way)
chausser [ʃose] /1/ *vt* (*bottes, sk* to put on; (*enfant*) to put shoes c **~ du 38/42** to take size 38/42
chaussette [ʃosɛt] *nf* sock
chausson [ʃosɔ̃] *nm* slipper; (*de bébé*) bootee; **~ (aux pommes)** (apple) turnover
chaussure [ʃosyʀ] *nf* shoe; **~s basses** flat shoes; **~s montant** ankle boots; **~s de ski** ski boots
chauve [ʃov] *adj* bald • **chauve-souris** *nf* bat
chauvin, e [ʃovɛ̃, -in] *adj* chauvinistic
chaux [ʃo] *nf* lime; **blanchi à la** whitewashed
chef [ʃɛf] *nm* head, leader; (*de cuisine*) chef; **général/commandant en ~** general-/commander-in-chief; **~ d'accusation** charge; **~ d'entreprise** company head; **~ d'état** head of state; **~ de famille** head of the family; **~ de file** (*de parti etc*) leader; **~ de ga** station master; **~ d'orchestre** conductor • **chef-d'œuvre** *nm* masterpiece • **chef-lieu** *nm* county town
chelou, e [ʃəlu] (*fam*) *adj* sketchy, dodgy

emin [ʃəmɛ̃] *nm* path; *(itinéraire, direction, trajet)* way; **en ~** on the way; **~ de fer** railway (BRIT), railroad (US)
eminée [ʃəmine] *nf* chimney; *(à l'intérieur)* chimney piece, ireplace; *(de bateau)* funnel
emise [ʃəmiz] *nf* shirt; *(dossier)* older; **~ de nuit** nightdress
emisier [ʃəmizje] *nm* blouse
ène [ʃɛn] *nm* oak (tree); *(bois)* oak
enil [ʃənil] *nm* kennels *pl*
enille [ʃənij] *nf (Zool)* caterpillar
èque [ʃɛk] *nm* cheque (BRIT), check (US); **faire/toucher un ~** to write/cash a cheque; **par ~** by cheque; **~ barré/sans provision** crossed (BRIT) /bad cheque; **~ de voyage** traveller's cheque
• **chéquier** [ʃekje] *nm* cheque ook
er, -ère [ʃɛʀ] *adj (aimé)* dear; *(coûteux)* expensive, dear ▸ *adv*: **cela coûte ~** it's expensive
ercher [ʃɛʀʃe] /1/ *vt* to look for; *(gloire etc)* to seek; **aller ~** to go for, go and fetch; **~ à faire** to try to do • **chercheur, -euse** *nm/f* researcher
éri, e [ʃeʀi] *adj* beloved, dear; **(mon) ~** darling
eval, -aux [ʃəval, -o] *nm* horse; *(Auto)*: **~ (vapeur)** horsepower *no pl*; **faire du ~** to ride; **à ~** on horseback; **à ~ sur** astride; *(fig)* overlapping; **~ de course** race horse
evalier [ʃəvalje] *nm* knight
evaux [ʃəvo] *nmpl voir* **cheval**
evet [ʃəvɛ] *nm*: **au ~ de qn** at sb's bedside; **lampe de ~** edside lamp

cheveu, x [ʃəvø] *nm* hair ▸ *nmpl (chevelure)* hair *sg*; **avoir les ~x courts/en brosse** to have short hair/a crew cut
cheville [ʃəvij] *nf (Anat)* ankle; *(de bois)* peg; *(pour enfoncer une vis)* plug
chèvre [ʃɛvʀ] *nf* (she-)goat
chèvrefeuille [ʃɛvʀəfœj] *nm* honeysuckle
chevreuil [ʃəvʀœj] *nm* roe deer *inv*; *(Culin)* venison

chez [ʃe]

prép **1** *(à la demeure de)* at; (: *direction*) to; **chez qn** at/to sb's house *ou* place; **je suis chez moi** I'm at home; **je rentre chez moi** I'm going home; **allons chez Nathalie** let's go to Nathalie's
2 (*+profession*) at; (: *direction*) to; **chez le boulanger/dentiste** at *ou* to the baker's/dentist's
3 *(dans le caractère, l'œuvre de)* in; **chez ce poète** in this poet's work; **c'est ce que je préfère chez lui** that's what I like best about him

chic [ʃik] *adj inv* chic, smart; *(généreux)* nice, decent ▸ *nm* stylishness; **avoir le ~ de** *ou* **pour** to have the knack of *ou* for; **~!** great!
chicorée [ʃikɔʀe] *nf (café)* chicory; *(salade)* endive
chien [ʃjɛ̃] *nm* dog; *(de pistolet)* hammer; **~ d'aveugle** guide dog; **~ de garde** guard dog
chienne [ʃjɛn] *nf* (she-)dog, bitch
chiffon [ʃifɔ̃] *nm* (piece of) rag
• **chiffonner** /1/ *vt* to crumple; *(tracasser)* to concern

C

chiffre [ʃifʀ] nm (*représentant un nombre*) figure; numeral; (*montant, total*) total, sum; **en ~s ronds** in round figures; **~ d'affaires (CA)** turnover • **chiffrer** /1/ vt (*dépense*) to put a figure to, assess; (*message*) to (en)code, cipher ▸vi: **chiffrer à, se chiffrer à** to add up to

chignon [ʃiɲɔ̃] nm chignon, bun

Chili [ʃili] nm: **le ~** Chile • **chilien, ne** adj Chilean ▸nm/f: **Chilien, ne** Chilean

chimie [ʃimi] nf chemistry • **chimiothérapie** [ʃimjɔteʀapi] nf chemotherapy • **chimique** adj chemical; **produits chimiques** chemicals

chimpanzé [ʃɛ̃pɑ̃ze] nm chimpanzee

Chine [ʃin] nf: **la ~** China • **chinois, e** adj Chinese ▸nm (*Ling*) Chinese ▸nm/f: **Chinois, e** Chinese

chiot [ʃjo] nm pup(py)

chips [ʃips] nfpl crisps (BRIT), (potato) chips (US)

chirurgie [ʃiʀyʀʒi] nf surgery; **~ esthétique** cosmetic *ou* plastic surgery • **chirurgien, ne** nm/f surgeon

chlore [klɔʀ] nm chlorine

choc [ʃɔk] nm (*heurt*) impact; shock; (*collision*) crash; (*moral*) shock; (*affrontement*) clash

chocolat [ʃɔkɔla] nm chocolate; **~ au lait** milk chocolate

chœur [kœʀ] nm (*chorale*) choir; (*Opéra, Théât*) chorus; **en ~** in chorus

choisir [ʃwaziʀ] /2/ vt to choose, select

choix [ʃwa] nm choice; selection; **avoir le ~** to have the choice; **de premier ~** (*Comm*) class *ou* grade one; **de ~** choice cpd, selected; **au ~** as you wish *ou* prefer

chômage [ʃomaʒ] nm unemployment; **mettre au ~** to make redundant, put out of wor **être au ~** to be unemployed *ou* out of work • **chômeur, -euse** nm/f unemployed person

chope [ʃɔp] nf tankard

choquer [ʃɔke] /1/ vt (*offenser*) tc shock; (*commotionner*) to shake (u

chorale [kɔʀal] nf choir

chose [ʃoz] nf thing; **c'est peu d ~** it's nothing much

chou, x [ʃu] nm cabbage; **mon petit ~** (my) sweetheart; **~ à la crème** cream bun (*made of choux pastry*); **~ de Bruxelles** Brussels sprout • **choucroute** nf sauerkraut

chouette [ʃwɛt] nf owl ▸adj (far great, smashing

chou-fleur [ʃuflœʀ] nm cauliflow

chrétien, ne [kʀetjɛ̃, -ɛn] adj, nm/f Christian

Christ [kʀist] nm: **le ~** Christ • **christianisme** nm Christianity

chronique [kʀɔnik] adj chronic ▸nf (*de journal*) column, page; (*historique*) chronicle; (*Radio, TV*) **la ~ sportive/théâtrale** the sports/theatre review

chronologique [kʀɔnɔlɔʒik] a chronological

chronomètre [kʀɔnɔmɛtʀ] nm stopwatch • **chronométrer** /6/ vt to time

chrysanthème [kʀizɑ̃tɛm] nm chrysanthemum

> Chrysanthemums (les **chrysanthèmes**) are strongly associated with funerals in France, and therefore should not be given as gifts.

uchotement [ʃyʃɔtmɑ̃] *nm* whisper
uchoter [ʃyʃɔte] /1/ *vt, vi* to whisper
ut *excl* [ʃyt] sh!
ute [ʃyt] *nf* fall; (*déchet*) scrap; **aire une ~ (de 10 m)** to fall (10 n); **~s de pluie/neige** rain/ nowfalls; **~ (d'eau)** waterfall; **libre** free fall
ypre [ʃipʀ] *nm/f* Cyprus
[si] *adv voir* **par** ▸ *adj dém*: **ce arçon~/-là** this/that boy; **ces emmes~/-là** these/those vomen
ble [sibl] *nf* target
atrice [sikatʀis] *nf* scar
cicatriser /1/ *vt* to heal
contre [sikɔ̃tʀ] *adv* opposite
dessous [sidəsu] *adv* below
dessus [sidəsy] *adv* above
dre [sidʀ] *nm* cider
e *abr* (= *compagnie*) Co
el [sjɛl] *nm* sky; (*Rel*) heaven
eux [sjø] *nmpl voir* **ciel**
gale [sigal] *nf* cicada
gare [sigaʀ] *nm* cigar
garette [sigaʀɛt] *nf* cigarette; **électronique** e-cigarette
-inclus, e [siɛ̃kly, -yz] *adj, adv* nclosed
joint, e [siʒwɛ̃, -ɛ̃t] *adj, adv* nclosed
[sil] *nm* (eye)lash
me [sim] *nf* top; (*montagne*) peak
ment [simɑ̃] *nm* cement
metière [simtjɛʀ] *nm* emetery; (*d'église*) churchyard
néaste [sineast] *nm/f* ilm-maker
néma [sinema] *nm* cinema
nq [sɛ̃k] *num* five • **cinquantaine** *f*: **une cinquantaine (de)** about fifty; **avoir la cinquantaine** (*âge*) to be around fifty • **cinquante** *num* fifty • **cinquantenaire** *adj, nm/f* fifty-year-old • **cinquième** *num* fifth ▸ *nf* (*Scol*) year 8 (BRIT), seventh grade (US)
cintre [sɛ̃tʀ] *nm* coat-hanger
cintré, e [sɛ̃tʀe] *adj* (*chemise*) fitted
cirage [siʀaʒ] *nm* (shoe) polish
circonflexe [siʀkɔ̃flɛks] *adj*: **accent ~** circumflex accent
circonstance [siʀkɔ̃stɑ̃s] *nf* circumstance; (*occasion*) occasion; **~s atténuantes** mitigating circumstances
circuit [siʀkɥi] *nm* (*trajet*) tour, (round) trip; (*Élec, Tech*) circuit
circulaire [siʀkylɛʀ] *adj, nf* circular
circulation [siʀkylasjɔ̃] *nf* circulation; (*Auto*): **la ~** (the) traffic
circuler [siʀkyle] /1/ *vi* (*véhicules*) to drive (along); (*passants*) to walk along; (*train etc*) to run; (*sang, devises*) to circulate; **faire ~** (*nouvelle*) to spread (about), circulate; (*badauds*) to move on
cire [siʀ] *nf* wax • **ciré** *nm* oilskin • **cirer** [siʀe] /1/ *vt* to wax, polish
cirque [siʀk] *nm* circus; (*fig*) chaos, bedlam; **quel ~!** what a carry-on!
ciseau, x [sizo] *nm*: **~ (à bois)** chisel ▸ *nmpl* (*paire de ciseaux*) (pair of) scissors
citadin, e [sitadɛ̃, -in] *nm/f* city dweller
citation [sitasjɔ̃] *nf* (*d'auteur*) quotation; (*Jur*) summons *sg*
cité [site] *nf* town; (*plus grande*) city; **~ universitaire** students' residences *pl*

citer [site] /1/ *vt* (*un auteur*) to quote (from); (*nommer*) to name; (*Jur*) to summon

citoyen, ne [sitwajɛ̃, -ɛn] *nm/f* citizen ▶ *adj* (*mouvement, rencontre, projet*) citizen *adj* • **citoyenneté** *nf* citizenship

citron [sitʀɔ̃] *nm* lemon; **~ pressé** (fresh) lemon juice; **~ vert** lime • **citronnade** *nf* still lemonade

citrouille [sitʀuj] *nf* pumpkin

civet [sivɛ] *nm*: **~ de lapin** rabbit stew

civière [sivjɛʀ] *nf* stretcher

civil, e [sivil] *adj* (*Jur, Admin, poli*) civil; (*non militaire*) civilian; **en ~** in civilian clothes; **dans le ~** in civilian life

civilisation [sivilizasjɔ̃] *nf* civilization

clair, e [klɛʀ] *adj* light; (*chambre*) light, bright; (*eau, son, fig*) clear ▶ *adv*: **voir ~** to see clearly ▶ *nm*: **mettre au ~** (*notes etc*) to tidy up; **tirer qch au ~** to clear sth up, clarify sth; **~ de lune** moonlight • **clairement** *adv* clearly

clairière [klɛʀjɛʀ] *nf* clearing

clandestin, e [klɑ̃dɛstɛ̃, -in] *adj* clandestine, covert; (*Pol*) underground, clandestine; (*travailleur, immigration*) illegal; **passager ~** stowaway

claque [klak] *nf* (*gifle*) slap • **claquer** /1/ *vi* (*porte*) to bang, slam; (*fam: mourir*) to snuff it ▶ *vt* (*porte*) to slam, bang; (*doigts*) to snap; (*fam: dépenser*) to blow; **elle claquait des dents** her teeth were chattering; **être claqué** (*fam*) to be dead tired; **se claquer un muscle** to pull *ou* strain a muscle • **claquettes** *nfpl* tap-dancing *sg*; (*chaussures*) flip-flops

clarinette [klaʀinɛt] *nf* clarine[t]

classe [klɑs] *nf* class; (*Scol: local*) class(room); (*: leçon*) class; (*: élèves*) class; **aller en ~** to go t[o] school • **classement** *nm* (*rang: Scol*) place; (*: Sport*) placing; (*list[e]: Scol*) class list (in order of merit); (*: Sport*) placings *pl*

classer [klɑse] /1/ *vt* (*idées, livre[s]*) to classify; (*papiers*) to file; (*candidat, concurrent*) to grade; (*Jur: affaire*) to close; **se ~ premier/dernier** to come firs[t]/last; (*Sport*) to finish first/last • **classeur** *nm* (*cahier*) file

classique [klasik] *adj* (*sobre, coupe etc*) classic(al), classical; (*habituel*) standard, classic

clavicule [klavikyl] *nf* collarbo[ne]

clavier [klavje] *nm* keyboard

clé [kle] *nf* key; (*Mus*) clef; (*de mécanicien*) spanner (BRIT), wrench (US); **prix ~s en main** (*d'une voiture*) on-the-road price; **~ de contact** ignition key; **~ USB** USB key

clergé [klɛʀʒe] *nm* clergy

clic [klik] *nm* (*Inform*) click

cliché [kliʃe] *nm* (*fig*) cliché; (*Photo*) negative; print; (*Typo*) (printing) plate; (*Ling*) cliché

client, e [klijɑ̃, -ɑ̃t] *nm/f* (*acheteur*) customer, client; (*d'hôtel*) guest, patron; (*du docte[ur]*) patient; (*de l'avocat*) client • **clientèle** *nf* (*du magasin*) customers *pl*, clientèle; (*du docteur, de l'avocat*) practice

cligner [kliɲe] /1/ *vi*: **~ des yeu[x]** to blink (one's eyes); **~ de l'œil** t[o] wink • **clignotant** *nm* (*Auto*) indicator • **clignoter** /1/ *vi* (*étoil[e] etc*) to twinkle; (*lumière*) to flicke[r]

climat [klima] *nm* climate

limatisation [klimatizasjɔ̃] *nf* air conditioning • **climatisé, e** *adj* air-conditioned
lin d'œil [klɛ̃dœj] *nm* wink; **en un ~** in a flash
linique [klinik] *nf* (private) clinic
lip [klip] *nm* (*pince*) clip; (*boucle d'oreille*) clip-on; **(vidéo) ~** pop (*ou* promotional) video
liquer [klikɛ] /1/ *vi* (*Inform*) to click; **~ deux fois** to double-click ▸ *vt* to click; **~ sur** to click on
lochard, e [klɔʃaʀ, -aʀd] *nm/f* tramp
loche [klɔʃ] *nf* (*d'église*) bell; (*fam*) clot • **clocher** /1/ *nm* church tower; (*en pointe*) steeple ▸ *vi* (*fam*) to be *ou* go wrong; **de clocher** (*péj*) parochial
loison [klwazɔ̃] *nf* partition (wall)
lonage [klɔnaʒ] *nm* cloning
loner [klɔne] /1/ *vt* to clone
loque [klɔk] *nf* blister
lore [klɔʀ] /45/ *vt* to close
lôture [klotyʀ] *nf* closure; (*barrière*) enclosure
lou [klu] *nm* nail; **clous** *nmpl* = **passage clouté**; **pneus à ~s** studded tyres; **le ~ du spectacle** the highlight of the show; **~ de girofle** clove
lown [klun] *nm* clown
lub [klœb] *nm* club
NRS *sigle m* (= *Centre national de la recherche scientifique*) ≈ SERC (BRIT), ≈ NSF (US)
oaguler [kɔagyle] /1/ *vi, vt*, **se coaguler** *vi* (*sang*) to coagulate
obaye [kɔbaj] *nm* guinea-pig
oca® [kɔka] *nm* Coke®
ocaïne [kɔkain] *nf* cocaine

coccinelle [kɔksinɛl] *nf* ladybird (BRIT), ladybug (US)
cocher [kɔʃe] /1/ *vt* to tick off
cochon, ne [kɔʃɔ̃, -ɔn] *nm* pig ▸ *adj* (*fam*) dirty, smutty; **~ d'Inde** guinea-pig • **cochonnerie** *nf* (*fam: saleté*) filth; (*marchandises*) rubbish, trash
cocktail [kɔktɛl] *nm* cocktail; (*réception*) cocktail party
cocorico [kɔkɔʀiko] *excl, nm* cock-a-doodle-do
cocotte [kɔkɔt] *nf* (*en fonte*) casserole; **ma ~** (*fam*) sweetie (pie); **~ (minute)®** pressure cooker
code [kɔd] *nm* code ▸ *adj*: **phares ~s** dipped lights; **se mettre en ~(s)** to dip (BRIT) *ou* dim (US) one's (head)lights; **~ à barres** bar code; **~ civil** Common Law; **~ pénal** penal code; **~ postal** (*numéro*) postcode (BRIT), zip code (US); **~ de la route** highway code; **~ secret** cipher
cœur [kœʀ] *nm* heart; (*Cartes: couleur*) hearts *pl*; (*: carte*) heart; **avoir bon ~** to be kind-hearted; **avoir mal au ~** to feel sick; **par ~** by heart; **de bon ~** willingly; **cela lui tient à ~** that's (very) close to his heart
coffre [kɔfʀ] *nm* (*meuble*) chest; (*d'auto*) boot (BRIT), trunk (US) • **coffre-fort** *nm* safe • **coffret** *nm* casket
cognac [kɔɲak] *nm* brandy, cognac
cogner [kɔɲe] /1/ *vi* to knock; **se ~ contre** to knock *ou* bump into; **se ~ la tête** to bang one's head
cohérent, e [kɔeʀɑ̃, -ɑ̃t] *adj* coherent, consistent
coiffé, e [kwafe] *adj*: **bien/mal ~** with tidy/untidy hair; **~ d'un béret** wearing a beret

C

coiffer [kwafe] /1/ *vt* (*fig: surmonter*) to cover, top; **~ qn** to do sb's hair; **se coiffer** *vi* to do one's hair • **coiffeur, -euse** *nm/f* hairdresser ▸ *nf* (*table*) dressing table • **coiffure** *nf* (*cheveux*) hairstyle, hairdo; (*art*): **la coiffure** hairdressing

coin [kwɛ̃] *nm* corner; (*pour coincer*) wedge; **l'épicerie du ~** the local grocer; **dans le ~** (*aux alentours*) in the area, around about; (*habiter*) locally; **je ne suis pas du ~** I'm not from here; **au ~ du feu** by the fireside; **regard en ~** side(ways) glance

coincé, e [kwɛ̃se] *adj* stuck, jammed; (*fig: inhibé*) inhibited, with hang-ups

coïncidence [kɔɛ̃sidɑ̃s] *nf* coincidence

coing [kwɛ̃] *nm* quince

col [kɔl] *nm* (*de chemise*) collar; (*encolure, cou*) neck; (*de montagne*) pass; **~ roulé** polo-neck; **~ de l'utérus** cervix

colère [kɔlɛʀ] *nf* anger; **une ~** a fit of anger; **être en ~ (contre qn)** to be angry (with sb); **mettre qn en ~** to make sb angry; **se mettre en ~ contre qn** to get angry with sb; **se mettre en ~** to get angry • **coléreux, -euse, colérique** *adj* quick-tempered, irascible

colin [kɔlɛ̃] *nm* hake

colique [kɔlik] *nf* diarrhoea

colis [kɔli] *nm* parcel

collaborer [kɔ(l)labɔʀe] /1/ *vi* to collaborate; **~ à** to collaborate on; (*revue*) to contribute to

collant, e [kɔlɑ̃, -ɑ̃t] *adj* sticky; (*robe etc*) clinging, skintight; (*péj*) clinging ▸ *nm* (*bas*) tights *pl*; (*de danseur*) leotard

colle [kɔl] *nf* glue; (*à papiers peints*) (wallpaper) paste; (*devinette*) teaser, riddle; (*Scol: fam*) detentio

collecte [kɔlɛkt] *nf* collection • **collectif, -ive** *adj* collective; (*visite, billet etc*) group *cpd*

collection [kɔlɛksjɔ̃] *nf* collection; (*Édition*) series • **collectionner** /1/ *vt* (*tableaux, timbres*) to collect • **collectionneur, -euse** [kɔlɛksjɔnœʀ, -øz] *nm/f* collecto

collectivité [kɔlɛktivite] *nf* grou, **les ~s locales** local authorities

collège [kɔlɛʒ] *nm* (*école*) (secondary) school; (*assemblée*) body • **collégien, ne** *nm/f* secondary school pupil (BRIT), high school student (US)

collègue [kɔ(l)lɛg] *nm/f* colleague

coller [kɔle] /1/ *vt* (*papier, timbre*) to stick (on); (*affiche*) to stick up; (*enveloppe*) to stick down; (*morceaux*) to stick *ou* glue together; (*Inform*) to paste; (*fam: mettre, fourrer*) to stick, shove; (*Scol: fam*) to keep in ▸ *vi* (*être collant*) to be sticky; (*adhérer*) to stick; **~ à** to stick to; **être collé à un examen** (*fam*) to fail an exam

collier [kɔlje] *nm* (*bijou*) necklace (*de chien, Tech*) collar

colline [kɔlin] *nf* hill

collision [kɔlizjɔ̃] *nf* collision, crash; **entrer en ~ (avec)** to collide (with)

collyre [kɔliʀ] *nm* eye lotion

colombe [kɔlɔ̃b] *nf* dove

Colombie [kɔlɔ̃bi] *nf*: **la ~** Colombia

colonie [kɔlɔni] *nf* colony; **~ (de vacances)** holiday camp (*for children*)

olonne [kɔlɔn] *nf* column; **se mettre en ~ par deux/quatre** to get into twos/fours; **~ (vertébrale)** spine, spinal column
olorant [kɔlɔʀɑ̃] *nm* colouring
olorer [kɔlɔʀe] /1/ *vt* to colour
olorier [kɔlɔʀje] /7/ *vt* to colour in)
oloris [kɔlɔʀi] *nm* colour, shade
olza [kɔlza] *nm* rape(seed)
oma [kɔma] *nm* coma; **être dans le ~** to be in a coma
ombat [kɔ̃ba] *nm* fight; fighting *no pl*; **~ de boxe** boxing match
• **combattant** *nm*: **ancien combattant** war veteran
• **combattre** /41/ *vt* to fight; *(épidémie, ignorance)* to combat, fight against
ombien [kɔ̃bjɛ̃] *adv* *(quantité)* how much; *(nombre)* how many; **~ de** how much; *(nombre)* how many; **~ de temps** how long; **~ coûte/pèse ceci?** how much does this cost/weigh?; **on est le ~ aujourd'hui?** *(fam)* what's the date today?
ombinaison [kɔ̃binɛzɔ̃] *nf* combination; *(astuce)* scheme; *(de femme)* slip; *(de plongée)* wetsuit; *(bleu de travail)* boilersuit (BRIT), coveralls *pl* (US)
ombiné [kɔ̃bine] *nm* *(aussi:* **~ téléphonique***)* receiver
omble [kɔ̃bl] *adj* *(salle)* packed (full) ▸ *nm* *(du bonheur, plaisir)* height; **combles** *nmpl* *(Constr)* attic *sg*, loft *sg*; **c'est le ~!** that beats everything!
ombler [kɔ̃ble] /1/ *vt* *(trou)* to fill in; *(besoin, lacune)* to fill; *(déficit)* to make good; *(satisfaire)* fulfil
omédie [kɔmedi] *nf* comedy; *(fig)* playacting *no pl*; **faire une ~** *(fig)* to make a fuss; **~ musicale** musical • **comédien, ne** *nm/f* actor/actress
comestible [kɔmɛstibl] *adj* edible
comique [kɔmik] *adj* *(drôle)* comical; *(Théât)* comic ▸ *nm* *(artiste)* comic, comedian
commandant [kɔmɑ̃dɑ̃] *nm* *(gén)* commander, commandant; *(Navig)* captain
commande [kɔmɑ̃d] *nf* *(Comm)* order; **commandes** *nfpl* *(Aviat etc)* controls; **sur ~** to order
• **commander** /1/ *vt* *(Comm)* to order; *(diriger, ordonner)* to command; **commander à qn de faire** to command *ou* order sb to do

comme [kɔm]

▸ *prép* **1** *(comparaison)* like; **tout comme son père** just like his father; **fort comme un bœuf** as strong as an ox; **joli comme tout** ever so pretty
2 *(manière)* like; **faites-le comme ça** do it like this, do it this way; **comme ci, comme ça** so-so, middling
3 *(en tant que)* as a; **donner comme prix** to give as a prize; **travailler comme secrétaire** to work as a secretary
4: **comme il faut** *adv* properly
▸ *conj* **1** *(ainsi que)* as; **elle écrit comme elle parle** she writes as she talks; **comme si** as if
2 *(au moment où, alors que)* as; **il est parti comme j'arrivais** he left as I arrived
3 *(parce que, puisque)* as; **comme il était en retard, il ...** as he was late, he ...
▸ *adv*: **comme il est fort/c'est bon!** he's so strong/it's so good!

commencement [kɔmɑ̃smɑ̃] *nm* beginning, start

commencer [kɔmɑ̃se] /3/ *vt, vi* to begin, start; **~ à** *ou* **de faire** to begin *ou* start doing

comment [kɔmɑ̃] *adv* how; **~?** (*que dites-vous*) (I beg your) pardon?; **et ~!** and how!

commentaire [kɔmɑ̃tɛʀ] *nm* comment; remark; **~ (de texte)** commentary

commerçant, e [kɔmɛʀsɑ̃, -ɑ̃t] *nm/f* shopkeeper, trader

commerce [kɔmɛʀs] *nm* (*activité*) trade, commerce; (*boutique*) business; **~ électronique** e-commerce; **~ équitable** fair trade; **~s de proximité** neighbourhood shops • **commercial, e, -aux** *adj* commercial, trading; (*péj*) commercial • **commercialiser** /1/ *vt* to market

commettre [kɔmɛtʀ] /56/ *vt* to commit

commissaire [kɔmisɛʀ] *nm* (*de police*) ≈ (police) superintendent; **~ aux comptes** (*Admin*) auditor • **commissariat** *nm* police station

commission [kɔmisjɔ̃] *nf* (*comité, pourcentage*) commission; (*message*) message; (*course*) errand; **commissions** *nfpl* (*achats*) shopping *sg*

commode [kɔmɔd] *adj* (*pratique*) convenient, handy; (*facile*) easy; (*personne*): **pas ~** awkward (to deal with) ▸ *nf* chest of drawers

commun, e [kɔmœ̃, -yn] *adj* common; (*pièce*) communal, shared; (*réunion, effort*) joint ▸ *nf* (*Admin*) commune, ≈ district; (: *urbaine*) ≈ borough; **communs** *nmpl* (*bâtiments*) outbuildings; **cela sort du ~** it's out of the ordinary; **le ~ des mortels** the common run of people; **en ~** (*faire*) jointly; **mettre en ~** to pool, share; **d'un ~ accord** of or accord

communauté [kɔmynote] *nf* community

commune [kɔmyn] *adj f, nf voir* **commun**

communication [kɔmynikasj *nf* communication

communier [kɔmynje] /7/ *vi* (*Rel*) to receive communion

communion [kɔmynjɔ̃] *nf* communion

communiquer [kɔmynike] /1/ *vt* (*nouvelle, dossier*) to pass on, convey; (*peur etc*) to communica ▸ *vi* to communicate; **se ~ à** (*se propager*) to spread to

communisme [kɔmynism] *nn* communism • **communiste** *adj nm/f* communist

commutateur [kɔmytatœʀ] *nm* (*Élec*) (change-over) switch, commutator

compact, e [kɔ̃pakt] *adj* (*dense*) dense; (*appareil*) compact

compagne [kɔ̃paɲ] *nf* companio

compagnie [kɔ̃paɲi] *nf* (*firme, Mil*) company; **tenir ~ à qn** to keep sb company; **fausser ~ à q** to give sb the slip, slip *ou* sneak away from sb; **~ aérienne** airline (company)

compagnon [kɔ̃paɲɔ̃] *nm* companion

comparable [kɔ̃paʀabl] *adj*: **~ (à)** comparable (to)

comparaison [kɔ̃paʀɛzɔ̃] *nf* comparison

comparer [kɔ̃paʀe] /1/ *vt* to compare; **~ qch/qn à** *ou* **et** (*pou*

choisir) to compare sth/sb with *ou* and; (*pour établir une similitude*) to compare sth/sb to *ou* and
ompartiment [kɔ̃paʀtimɑ̃] *nm* compartment
ompas [kɔ̃pa] *nm* (*Géom*) (pair of) compasses *pl*; (*Navig*) compass
ompatible [kɔ̃patibl] *adj* compatible
ompatriote [kɔ̃patʀijɔt] *nm/f* compatriot
ompensation [kɔ̃pɑ̃sasjɔ̃] *nf* compensation
ompenser [kɔ̃pɑ̃se] /1/ *vt* to compensate for, make up for
ompétence [kɔ̃petɑ̃s] *nf* competence
ompétent, e [kɔ̃petɑ̃, -ɑ̃t] *adj* (*apte*) competent, capable
ompétition [kɔ̃petisjɔ̃] *nf* (*gén*) competition; (*Sport: épreuve*) event; **la ~ automobile** motor racing
omplément [kɔ̃plemɑ̃] *nm* complement; (*reste*) remainder; **~ d'information** (*Admin*) supplementary *ou* further information • **complémentaire** *adj* complementary; (*additionnel*) supplementary
omplet, -ète [kɔ̃plɛ, -ɛt] *adj* complete; (*plein: hôtel etc*) full ▸ *nm* (*aussi*: **~-veston**) suit; **pain ~** wholemeal bread
• **complètement** *adv* completely
• **compléter** /6/ *vt* (*porter à la quantité voulue*) to complete; (*augmenter: connaissances, études*) to complement, supplement; (*: garde-robe*) to add to
omplexe [kɔ̃plɛks] *adj* complex ▸ *nm*: **~ hospitalier/industriel** hospital/industrial complex
• **complexé, e** *adj* mixed-up, hung-up
complication [kɔ̃plikasjɔ̃] *nf* complexity, intricacy; (*difficulté, ennui*) complication; **complications** *nfpl* (*Méd*) complications
complice [kɔ̃plis] *nm* accomplice
compliment [kɔ̃plimɑ̃] *nm* (*louange*) compliment; **compliments** *nmpl* (*félicitations*) congratulations
compliqué, e [kɔ̃plike] *adj* complicated, complex; (*personne*) complicated
comportement [kɔ̃pɔʀtəmɑ̃] *nm* behaviour
comporter [kɔ̃pɔʀte] /1/ *vt* (*consister en*) to consist of, comprise; (*être équipé de*) to have; **se comporter** *vi* to behave
composer [kɔ̃poze] /1/ *vt* (*musique, texte*) to compose; (*mélange, équipe*) to make up; (*faire partie de*) to make up, form ▸ *vi* (*transiger*) to come to terms; **se ~ de** to be composed of, be made up of; **~ un numéro** (*au téléphone*) to dial a number • **compositeur, -trice** *nm/f* (*Mus*) composer • **composition** *nf* composition; (*Scol*) test
composter [kɔ̃pɔste] /1/ *vt* (*billet*) to punch

In France you have to punch (**composter**) your ticket on the platform to validate it before getting onto the train. Travellers who fail to do so may be asked to pay a supplementary fare once on board, although tickets bought online and printed out at home are not subject to this rule.

compote [kɔ̃pɔt] *nf* stewed fruit *no pl*; **~ de pommes** stewed apples

compréhensible [kɔ̃pʀeɑ̃sibl] *adj* comprehensible; (*attitude*) understandable

compréhensif, -ive [kɔ̃pʀeɑ̃sif, -iv] *adj* understanding

⚠ Attention à ne pas traduire *compréhensif* par *comprehensive*.

comprendre [kɔ̃pʀɑ̃dʀ] /58/ *vt* to understand; (*se composer de*) to comprise, consist of

compresse [kɔ̃pʀɛs] *nf* compress

comprimé [kɔ̃pʀime] *nm* tablet

compris, e [kɔ̃pʀi, -iz] *pp de* **comprendre** ▸ *adj* (*inclus*) included; **~ entre** (*situé*) contained between; **la maison ~e/non ~e, y/non ~ la maison** including/excluding the house; **100 euros tout ~** 100 euros all inclusive *ou* all-in

comptabilité [kɔ̃tabilite] *nf* (*activité, technique*) accounting, accountancy; accounts *pl*, books *pl*; (*service*) accounts office *ou* department

comptable [kɔ̃tabl] *nm/f* accountant

comptant [kɔ̃tɑ̃] *adv*: **payer ~** to pay cash; **acheter ~** to buy for cash

compte [kɔ̃t] *nm* count; (*total, montant*) count, (right) number; (*bancaire, facture*) account; **comptes** *nmpl* accounts, books; (*fig*) explanation *sg*; **en fin de ~** all things considered; **s'en tirer à bon ~** to get off lightly; **pour le ~ de** on behalf of; **pour son propre ~** for one's own benefit; **travailler à son ~** to work for oneself; **régler un ~** (*s'acquitter de qch*) to settle an account; (*se venger*) to get one's own back; **rendre des ~s à qn** (*fig*) to be answerable to sb; **tenir ~ de qch** to take sth into account; **~ courant (CC)** current account; **~ à rebours** countdown; **~ rendu** account, report; (*de film, livre*) review; *voir aussi* **rendre**
• **compte-gouttes** *nm inv* dropper

compter [kɔ̃te] /1/ *vt* to count; (*facturer*) to charge for; (*avoir à son actif, comporter*) to have; (*prévoir*) to allow, reckon; (*penser, espérer*): **~ réussir/revenir** to expect to succeed/return ▸ *vi* to count; (*être économe*) to economize; (*figurer*): **~ parmi** to be *ou* rank among; **~ sur** to count (up)on; **~ avec qch/qn** to reckon with *ou* take account of sth/sb; **sans ~ que** besides which

compteur [kɔ̃tœʀ] *nm* meter; **~ de vitesse** speedometer

comptine [kɔ̃tin] *nf* nursery rhyme

comptoir [kɔ̃twaʀ] *nm* (*de magasin*) counter; (*de café*) counter, bar

con, ne [kɔ̃, kɔn] *adj* (*fam!*) bloody (BRIT!) *ou* damned stupid

concentrer [kɔ̃sɑ̃tʀe] /1/ *vt* to concentrate; **se concentrer** *vi* to concentrate

concerner [kɔ̃sɛʀne] /1/ *vt* to concern; **en ce qui me concerne** as far as I am concerned

concert [kɔ̃sɛʀ] *nm* concert; **de ~** (*décider*) unanimously

concessionnaire [kɔ̃sesjɔnɛʀ] *nm/f* agent, dealer

concevoir [kɔ̃s(ə)vwaʀ] /28/ *vt* (*idée, projet*) to conceive (of); (*comprendre*) to understand; (*enfant*) to conceive; **maison bien/mal**

conçue well-/badly-designed *ou* -planned house
oncierge [kɔ̃sjɛʀʒ] *nm/f* caretaker
oncis, e [kɔ̃si, -iz] *adj* concise
onclure [kɔ̃klyʀ] /35/ *vt* to conclude • **conclusion** *nf* conclusion
onçois [kɔ̃swa] *vb voir* **concevoir**
oncombre [kɔ̃kɔ̃bʀ] *nm* cucumber
oncours [kɔ̃kuʀ] *nm* competition; (*Scol*) competitive examination; (*assistance*) aid, help; **~ de circonstances** combination of circumstances; **~ hippique** horse show; *voir* **'hors-concours**
oncret, -ète [kɔ̃kʀɛ, -ɛt] *adj* concrete
onçu, e [kɔ̃sy] *pp de* **concevoir**
oncubinage [kɔ̃kybinaʒ] *nm* (*Jur*) cohabitation
oncurrence [kɔ̃kyʀɑ̃s] *nf* competition; **jusqu'à ~ de** up to; **faire ~ à** to be in competition with
oncurrent, e [kɔ̃kyʀɑ̃, -ɑ̃t] *nm/f* (*Sport, Écon etc*) competitor; (*Scol*) candidate
ondamner [kɔ̃dane] /1/ *vt* (*blâmer*) to condemn; (*Jur*) to sentence; (*porte, ouverture*) to fill in, block up; **~ qn à deux ans de prison** to sentence sb to two years' imprisonment
ondensation [kɔ̃dɑ̃sasjɔ̃] *nf* condensation
ondition [kɔ̃disjɔ̃] *nf* condition; **conditions** *nfpl* (*tarif, prix*) terms; (*circonstances*) conditions; **sans ~** unconditionally; **à ~ de** *ou* **que** provided that • **conditionnel, le** *nm* conditional (tense)
conditionnement [kɔ̃disjɔnmɑ̃] *nm* (*emballage*) packaging
condoléances [kɔ̃dɔleɑ̃s] *nfpl* condolences
conducteur, -trice [kɔ̃dyktœʀ, -tʀis] *nm/f* driver ▸ *nm* (*Élec etc*) conductor
conduire [kɔ̃dɥiʀ] /38/ *vt* to drive; (*délégation, troupeau*) to lead; **se conduire** *vi* to behave; **~ vers/à** to lead towards/to; **~ qn quelque part** to take sb somewhere; to drive sb somewhere
conduite [kɔ̃dɥit] *nf* (*comportement*) behaviour; (*d'eau, de gaz*) pipe; **sous la ~ de** led by
confection [kɔ̃fɛksjɔ̃] *nf* (*fabrication*) making; (*Couture*): **la ~** the clothing industry
conférence [kɔ̃feʀɑ̃s] *nf* (*exposé*) lecture; (*pourparlers*) conference; **~ de presse** press conference
confesser [kɔ̃fese] /1/ *vt* to confess • **confession** *nf* confession; (*culte: catholique etc*) denomination
confetti [kɔ̃feti] *nm* confetti *no pl*
confiance [kɔ̃fjɑ̃s] *nf* (*en l'honnêteté de qn*) confidence, trust; (*en la valeur de qch*) faith; **avoir ~ en** to have confidence *ou* faith in, trust; **faire ~ à** to trust; **mettre qn en ~** to win sb's trust; **~ en soi** self-confidence; *voir* **question**
confiant, e [kɔ̃fjɑ̃, -ɑ̃t] *adj* confident; trusting
confidence [kɔ̃fidɑ̃s] *nf* confidence • **confidentiel, le** *adj* confidential
confier [kɔ̃fje] /7/ *vt*: **~ à qn** (*objet en dépôt, travail etc*) to entrust to sb;

(*secret, pensée*) to confide to sb; **se ~ à qn** to confide in sb

confirmation [kɔ̃fiʀmasjɔ̃] *nf* confirmation

confirmé, e [kɔ̃fiʀme] *adj* (*travailleur*) experienced

confirmer [kɔ̃fiʀme] /1/ *vt* to confirm

confiserie [kɔ̃fizʀi] *nf* (*magasin*) confectioner's *ou* sweet shop; **confiseries** *nfpl* (*bonbons*) confectionery *sg*

confisquer [kɔ̃fiske] /1/ *vt* to confiscate

confit, e [kɔ̃fi, -it] *adj*: **fruits ~s** crystallized fruits ▸ *nm*: **~ d'oie** potted goose

confiture [kɔ̃fityʀ] *nf* jam

conflit [kɔ̃fli] *nm* conflict; **~ d'intérêts** conflict of interests

confondre [kɔ̃fɔ̃dʀ] /41/ *vt* (*jumeaux, faits*) to confuse, mix up; (*témoin, menteur*) to confound; **se confondre** *vi* to merge; **se ~ en excuses** to offer profuse apologies

conforme [kɔ̃fɔʀm] *adj*: **~ à** (*en accord avec: loi, règle*) in accordance with • **conformément** *adv*: **conformément à** in accordance with • **conformer** /1/ *vt*: **se conformer à** to conform to

confort [kɔ̃fɔʀ] *nm* comfort; **tout ~** (*Comm*) with all mod cons (BRIT) *ou* modern conveniences • **confortable** *adj* comfortable

confronter [kɔ̃fʀɔ̃te] /1/ *vt* to confront

confus, e [kɔ̃fy, -yz] *adj* (*vague*) confused; (*embarrassé*) embarrassed • **confusion** *nf* (*voir confus*) confusion; embarrassment; (*voir confondre*) confusion; mixing up

congé [kɔ̃ʒe] *nm* (*vacances*) holiday; **en ~** on holiday; **semaine/jour de ~** week/day off; **prendre ~ de qn** to take one's leave of sb; **donner son ~ à** to hand *ou* give in one's notice to; **~ de maladie** sick leave; **~ de maternité** maternity leave; **~s payés** paid holiday *ou* leave

congédier [kɔ̃ʒedje] /7/ *vt* to dismiss

congélateur [kɔ̃ʒelatœʀ] *nm* freezer

congeler [kɔ̃ʒ(ə)le] /5/ *vt* to freeze; **les produits congelés** frozen foods; **se congeler** *vi* to freeze

congestion [kɔ̃ʒɛstjɔ̃] *nf* congestion

Congo [kɔ̃o] *nm*: **le ~** the Congo

congrès [kɔ̃gʀɛ] *nm* congress

conifère [kɔnifɛʀ] *nm* conifer

conjoint, e [kɔ̃ʒwɛ̃, -wɛ̃t] *adj* joint ▸ *nm/f* spouse

conjonctivite [kɔ̃ʒɔ̃ktivit] *nf* conjunctivitis

conjoncture [kɔ̃ʒɔ̃ktyʀ] *nf* circumstances *pl*; **la ~ (économique)** the economic climate *ou* situation

conjugaison [kɔ̃ʒygɛzɔ̃] *nf* (*Ling*) conjugation

connaissance [kɔnɛsɑ̃s] *nf* (*savoir*) knowledge *no pl*; (*personne connue*) acquaintance; **être sans ~** to be unconscious; **perdre/reprendre ~** to lose/regain consciousness; **à ma/sa ~** to (the best of) my/his knowledge; **faire ~ avec qn** *ou* **la ~ de qn** to meet s

connaisseur, -euse [kɔnɛsœʀ, -øz] *nm/f* connoisseur

connaître [kɔnɛtʀ] /57/ *vt* to know; (*éprouver*) to experience;

(*avoir: succès*) to have; to enjoy; **~ de nom/vue** to know by name/ sight; **ils se sont connus à Genève** they (first) met in Geneva; **s'y ~ en qch** to know about sth

onnecté, e [kɔnɛkte] *adj* (*Inform*) online

onnecter [kɔnɛkte] /1/ *vt* to connect; **se ~ à Internet** to log onto the Internet

onnerie [kɔnʀi] *nf* (*fam*) (bloody) stupid (BRIT) *ou* damn-fool (US) thing to do *ou* say

onnexion [kɔnɛksjɔ̃] *nf* connection

onnu, e [kɔny] *adj* (*célèbre*) well-known

onquérir [kɔ̃keʀiʀ] /21/ *vt* to conquer • **conquête** *nf* conquest

onsacrer [kɔ̃sakʀe] /1/ *vt* (*Rel*) to consecrate; **~ qch à** (*employer*) to devote *ou* dedicate sth to; **se ~ à qch/faire** to dedicate *ou* devote o.s. to sth/to doing

onscience [kɔ̃sjɑ̃s] *nf* conscience; **avoir/prendre ~ de** to be/become aware of; **perdre/ reprendre ~** to lose/regain consciousness; **avoir bonne/ mauvaise ~** to have a clear/guilty conscience • **consciencieux, -euse** *adj* conscientious • **conscient, e** *adj* conscious

onsécutif, -ive [kɔ̃sekytif, -iv] *adj* consecutive; **~ à** following upon

onseil [kɔ̃sɛj] *nm* (*avis*) piece of advice; (*assemblée*) council; **donner un ~** *ou* **des ~s à qn** to give sb (a piece of) advice; **prendre ~ (auprès de qn)** to take advice (from sb); **~ d'administration (CA)** board (of directors); **~ général** regional council; **le ~ des ministres** ≈ the Cabinet; **~ municipal (CM)** town council

conseiller¹ [kɔ̃seje] *vt* (*personne*) to advise; (*méthode, action*) to recommend, advise; **~ à qn de faire qch** to advise sb to do sth

conseiller², -ière [kɔ̃seje, -ɛʀ] *nm/f* adviser; **~ d'orientation** (*Scol*) careers adviser (BRIT), (school) counselor (US)

consentement [kɔ̃sɑ̃tmɑ̃] *nm* consent

consentir [kɔ̃sɑ̃tiʀ] /16/ *vt*: **~ (à qch/faire)** to agree *ou* consent (to sth/to doing)

conséquence [kɔ̃sekɑ̃s] *nf* consequence; **en ~** (*donc*) consequently; (*de façon appropriée*) accordingly • **conséquent, e** *adj* logical, rational; (*fam: important*) substantial; **par conséquent** consequently

conservateur, -trice [kɔ̃sɛʀvatœʀ, -tʀis] *nm/f* (*Pol*) conservative; (*de musée*) curator ▸ *nm* (*pour aliments*) preservative

conservatoire [kɔ̃sɛʀvatwaʀ] *nm* academy

conserve [kɔ̃sɛʀv] *nf* (*gén pl*) canned *ou* tinned (BRIT) food; **en ~** canned, tinned (BRIT)

conserver [kɔ̃sɛʀve] /1/ *vt* (*faculté*) to retain, keep; (*amis, livres*) to keep; (*préserver, Culin*) to preserve

considérable [kɔ̃sideʀabl] *adj* considerable, significant, extensive

considération [kɔ̃sideʀasjɔ̃] *nf* consideration; (*estime*) esteem

considérer [kɔ̃sideʀe] /6/ *vt* to consider; **~ qch comme** to regard sth as

consigne [kɔ̃siɲ] *nf* (*de gare*) left luggage (office) (BRIT), checkroom (US); (*ordre, instruction*) instructions *pl*; **~ automatique** left-luggage locker
consister [kɔ̃siste] /1/ *vi*: **~ en/ dans/à faire** to consist of/in/in doing
consoler [kɔ̃sɔle] /1/ *vt* to console
consommateur, -trice [kɔ̃sɔmatœʀ, -tʀis] *nm/f* (*Écon*) consumer; (*dans un café*) customer
consommation [kɔ̃sɔmasjɔ̃] *nf* (*Écon*) consumption; (*boisson*) drink; **de ~** (*biens, société*) consumer *cpd*
consommer [kɔ̃sɔme] /1/ *vt* (*personne*) to eat *ou* drink, consume; (*voiture, usine, poêle*) to use, consume; (*Jur: mariage*) to consummate ▶ *vi* (*dans un café*) to (have a) drink
consonne [kɔ̃sɔn] *nf* consonant
constamment [kɔ̃stamɑ̃] *adv* constantly
constant, e [kɔ̃stɑ̃, -ɑ̃t] *adj* constant; (*personne*) steadfast
constat [kɔ̃sta] *nm* (*de police*) report; **~ (à l'amiable)** (*jointly agreed*) *statement for insurance purposes*; **~ d'échec** acknowledgement of failure
constatation [kɔ̃statasjɔ̃] *nf* (*remarque*) observation
constater [kɔ̃state] /1/ *vt* (*remarquer*) to note; (*Admin, Jur: attester*) to certify
consterner [kɔ̃stɛʀne] /1/ *vt* to dismay
constipé, e [kɔ̃stipe] *adj* constipated
constitué, e [kɔ̃stitɥe] *adj*: **~ de** made up *ou* composed of
constituer [kɔ̃stitɥe] /1/ *vt* (*comité, équipe*) to set up; (*dossier, collection*) to put together; (*éléments, parties: composer*) to make up, constitute; (*: représente être*) to constitute; **se ~ prisonnier** to give o.s. up
constructeur [kɔ̃stʀyktœʀ] *nm/f* manufacturer, builder
constructif, -ive [kɔ̃stʀyktif, -iv] *adj* constructive
construction [kɔ̃stʀyksjɔ̃] *nf* construction, building
construire [kɔ̃stʀɥiʀ] /38/ *vt* to build, construct
consul [kɔ̃syl] *nm* consul • **consulat** *nm* consulate
consultant, e *adj, nm* consultant
consultation [kɔ̃syltasjɔ̃] *nf* consultation; **heures de ~** (*Méd*) surgery (BRIT) *ou* office (US) hours
consulter [kɔ̃sylte] /1/ *vt* to consult ▶ *vi* (*médecin*) to hold surgery (BRIT), be in (the office) (US)
contact [kɔ̃takt] *nm* contact; **au ~ de** (*air, peau*) on contact with; (*gens*) through contact with; **mettre/couper le ~** (*Auto*) to switch on/off the ignition; **entre en ~** to come into contact; **prendre ~ avec** to get in touch or contact with • **contacter** /1/ *vt* t contact, get in touch with
contagieux, -euse [kɔ̃taʒjø, -øz] *adj* infectious; (*par le contact*) contagious
contaminer [kɔ̃tamine] /1/ *vt* t contaminate
conte [kɔ̃t] *nm* tale; **~ de fées** fairy tale
contempler [kɔ̃tɑ̃ple] /1/ *vt* to contemplate, gaze at

ntemporain, e [kɔ̃tɑ̃pɔʀɛ̃, -ɛn] *adj, nm/f* contemporary
ntenir [kɔ̃t(ə)niʀ] /22/ *vt* to contain; (*avoir une capacité de*) to hold
ntent, e [kɔ̃tɑ̃, -ɑ̃t] *adj* pleased, glad; **~ de** pleased with • **contenter** /1/ *vt* to satisfy, please; **se contenter de** to content o.s. with
ntenu, e [kɔ̃t(ə)ny] *nm* (*d'un bol*) contents *pl*; (*d'un texte*) content
nter [kɔ̃te] /1/ *vt* to recount, relate
nteste [kɔ̃tɛst]: **sans ~** *adv* unquestionably, indisputably • **contester** /1/ *vt* to question ▶ *vi* (*Pol, gén*) to rebel (against established authority)
ntexte [kɔ̃tɛkst] *nm* context
ntinent [kɔ̃tinɑ̃] *nm* continent
ntinu, e [kɔ̃tiny] *adj* continuous; **faire la journée ~e** to work without taking a full lunch break; **(courant) ~** direct current, DC
ntinuel, le [kɔ̃tinɥɛl] *adj* (*qui se répète*) constant, continual; (*continu*) continuous
ntinuer [kɔ̃tinɥe] /1/ *vt* (*travail, voyage etc*) to continue (with), carry on (with), go on with; (*prolonger: alignement, rue*) to continue ▶ *vi* (*pluie, vie, bruit*) to continue, go on; **~ à** *ou* **de faire** to go on *ou* continue doing
ntourner [kɔ̃tuʀne] /1/ *vt* to bypass, walk *ou* drive round; (*difficulté*) to get round
ntraceptif, -ive [kɔ̃tʀasɛptif, -iv] *adj, nm* contraceptive • **contraception** *nf* contraception
contracté, e [kɔ̃tʀakte] *adj* tense
contracter [kɔ̃tʀakte] /1/ *vt* (*muscle etc*) to tense, contract; (*maladie, dette, obligation*) to contract; (*assurance*) to take out; **se contracter** *vi* (*métal, muscles*) to contract
contractuel, le [kɔ̃tʀaktɥɛl] *nm/f* (*agent*) traffic warden
contradiction [kɔ̃tʀadiksjɔ̃] *nf* contradiction • **contradictoire** *adj* contradictory, conflicting
contraignant, e [kɔ̃tʀɛɲɑ̃, -ɑ̃t] *adj* restricting
contraindre [kɔ̃tʀɛ̃dʀ] /52/ *vt*: **~ qn à faire** to force *ou* compel sb to do
contraint, e *pp de* **contraindre** ▶ *nf* constraint
contraire [kɔ̃tʀɛʀ] *adj, nm* opposite; **~ à** contrary to; **au ~** on the contrary
contrarier [kɔ̃tʀaʀje] /7/ *vt* (*personne*) to annoy; (*projets*) to thwart, frustrate • **contrariété** [kɔ̃tʀaʀjete] *nf* annoyance
contraste [kɔ̃tʀast] *nm* contrast
contrat [kɔ̃tʀa] *nm* contract
contravention [kɔ̃tʀavɑ̃sjɔ̃] *nf* parking ticket
contre [kɔ̃tʀ] *prép* against; (*en échange*) (in exchange) for; **par ~** on the other hand
contrebande [kɔ̃tʀəbɑ̃d] *nf* (*trafic*) contraband, smuggling; (*marchandise*) contraband, smuggled goods *pl*; **faire la ~ de** to smuggle
contrebas [kɔ̃tʀəba]: **en ~** *adv* (down) below
contrebasse [kɔ̃tʀəbas] *nf* (double) bass

contrecoup *nm* repercussions *pl*
contredire /37/ *vt* (*personne*) to contradict; (*témoignage, assertion, faits*) to refute
contrefaçon [kɔ̃tʀəfasɔ̃] *nf* forgery
contre-indication (*pl* **contre-indications**) *nf* (*Méd*) contra-indication; **"contre-indication en cas d'eczéma"** "should not be used by people with eczema" • **contre-indiqué, e** *adj* (*Méd*) contraindicated; (*déconseillé*) unadvisable, ill-advised
contremaître [kɔ̃tʀəmɛtʀ] *nm* foreman
contre-plaqué [kɔ̃tʀəplake] *nm* plywood
contresens [kɔ̃tʀəsɑ̃s] *nm* (*erreur*) misinterpretation; (*mauvaise traduction*) mistranslation; **à ~** the wrong way
contretemps [kɔ̃tʀətɑ̃] *nm* hitch; **à ~** (*fig*) at an inopportune moment
contribuer [kɔ̃tʀibɥe] /1/: **~ à** *vt* to contribute towards • **contribution** *nf* contribution; **mettre à contribution** to call upon; **contributions directes/ indirectes** direct/indirect taxation
contrôle [kɔ̃tʀol] *nm* checking *no pl*, check; monitoring; (*test*) test, examination; **perdre le ~ de son véhicule** to lose control of one's vehicle; **~ continu** (*Scol*) continuous assessment; **~ d'identité** identity check
contrôler [kɔ̃tʀole] /1/ *vt* (*vérifier*) to check; (*surveiller: opérations*) to supervise; (*: prix*) to monitor, control; (*maîtriser, Comm: firme*) to contro • **contrôleur, -euse** *nm/f* (*de train*) (ticket) inspector; (*de bus*) (bus) conductor/tress
controversé, e [kɔ̃tʀɔvɛʀse] *adj* (*personnage, question*) controversial
contusion [kɔ̃tyzjɔ̃] *nf* bruise, contusion
convaincre [kɔ̃vɛ̃kʀ] /42/ *vt*: **~ qn (de qch)** to convince sb (of sth); **~ qn (de faire)** to persuade sb (to do)
convalescence [kɔ̃valesɑ̃s] *nf* convalescence
convenable [kɔ̃vnabl] *adj* suitable; (*assez bon*) decent
convenir [kɔ̃vniʀ] /22/ *vi* to be suitable; **~ à** to suit; **~ de** (*bien-fondé de qch*) to admit (to), acknowledge; (*date, somme etc*) to agree upon; **~ que** (*admettre*) to admit that; **~ de faire qch** to agree to do sth
convention [kɔ̃vɑ̃sjɔ̃] *nf* convention; **conventions** *nfpl* (*convenances*) convention *sg*; **~ collective** (*Écon*) collective agreement • **conventionné, e** *adj* (*Admin*) *applying charges laid down by the state*
convenu, e [kɔ̃vny] *pp de* **convenir** ▸ *adj* agreed
conversation [kɔ̃vɛʀsasjɔ̃] *nf* conversation
convertir [kɔ̃vɛʀtiʀ] /2/ *vt*: **~ qn (à)** to convert sb (to); **~ qch en** to convert sth into; **se ~ (à)** to be converted (to)
conviction [kɔ̃viksjɔ̃] *nf* conviction
convienne *etc* [kɔ̃vjɛn] *vb voir* **convenir**

onvivial, e [kɔ̃vivjal] *adj* (*Inform*) user-friendly
onvocation [kɔ̃vɔkasjɔ̃] *nf* (*document*) notification to attend; (*Jur*) summons *sg*
onvoquer [kɔ̃vɔke] /1/ *vt* (*assemblée*) to convene; (*subordonné, témoin*) to summon; (*candidat*) to ask to attend
oopération [kɔɔpeʀasjɔ̃] *nf* co-operation; (*Admin*): **la C~** ≈ Voluntary Service Overseas (BRIT) *ou* the Peace Corps (US: *done as alternative to military service*)
oopérer [kɔɔpeʀe] /6/ *vi*: **~ (à)** to co-operate (in)
oordonné, e [kɔɔʀdɔne] *adj* coordinated; **coordonnées** *nfpl* (*détails personnels*) address, phone number, schedule *etc*
oordonner [kɔɔʀdɔne] /1/ *vt* to coordinate
opain, copine *nm/f* pal; (*petit ami*) boyfriend; (*petite amie*) girlfriend
opie [kɔpi] *nf* copy; (*Scol*) script, paper • **copier** /7/ *vt, vi* to copy; **copier coller** (*Inform*) copy and paste; **copier sur** to copy from • **copieur** *nm* (photo)copier
opieux, -euse [kɔpjø, -øz] *adj* copious
opine [kɔpin] *nf voir* **copain**
oq [kɔk] *nm* cockerel
oque [kɔk] *nf* (*de noix, mollusque*) shell; (*de bateau*) hull; **à la ~** (*Culin*) (soft-)boiled
oquelicot [kɔkliko] *nm* poppy
oqueluche [kɔklyʃ] *nf* whooping-cough
oquet, te [kɔkɛ, -ɛt] *adj* appearance-conscious; (*logement*) smart, charming
oquetier [kɔk(ə)tje] *nm* eggcup
coquillage [kɔkijaʒ] *nm* (*mollusque*) shellfish *inv*; (*coquille*) shell
coquille [kɔkij] *nf* shell; (*Typo*) misprint; **~ St Jacques** scallop
coquin, e [kɔkɛ̃, -in] *adj* mischievous, roguish; (*polisson*) naughty
cor [kɔʀ] *nm* (*Mus*) horn; (*Méd*): **~ (au pied)** corn
corail, -aux [kɔʀaj, -o] *nm* coral *no pl*
Coran [kɔʀɑ̃] *nm*: **le ~** the Koran
corbeau, x [kɔʀbo] *nm* crow
corbeille [kɔʀbɛj] *nf* basket; (*Inform*) recycle bin; **~ à papier** waste paper basket *ou* bin
corde [kɔʀd] *nf* rope; (*de violon, raquette, d'arc*) string; **usé jusqu'à la ~** threadbare; **~ à linge** washing *ou* clothes line; **~ à sauter** skipping rope; **~s vocales** vocal cords
cordée [kɔʀde] *nf* (*d'alpinistes*) rope, roped party
cordialement [kɔʀdjalmɑ̃] *adv* (*formule épistolaire*) (kind) regards
cordon [kɔʀdɔ̃] *nm* cord, string; **~ sanitaire/de police** sanitary/police cordon; **~ ombilical** umbilical cord
cordonnerie [kɔʀdɔnʀi] *nf* shoe repairer's *ou* mender's (shop) • **cordonnier** *nm* shoe repairer *ou* mender
Corée [kɔʀe] *nf*: **la ~ du Sud/du Nord** South/North Korea
coriace [kɔʀjas] *adj* tough
corne [kɔʀn] *nf* horn; (*de cerf*) antler
cornée [kɔʀne] *nf* cornea
corneille [kɔʀnɛj] *nf* crow
cornemuse [kɔʀnəmyz] *nf* bagpipes *pl*

cornet [kɔʀnɛ] *nm* (paper) cone; (*de glace*) cornet, cone
corniche [kɔʀniʃ] *nf* (*route*) coast road
cornichon [kɔʀniʃɔ̃] *nm* gherkin
Cornouailles [kɔʀnwaj] *fpl* Cornwall
corporel, le [kɔʀpɔʀɛl] *adj* bodily; (*punition*) corporal
corps [kɔʀ] *nm* body; **à ~ perdu** headlong; **prendre ~** to take shape; **le ~ électoral** the electorate; **le ~ enseignant** the teaching profession
correct, e [kɔʀɛkt] *adj* correct • **correcteur, -trice** *nm/f* (*Scol*) examiner • **correction** *nf* (*voir corriger*) correction; (*voir correct*) correctness; (*coups*) thrashing
correspondance [kɔʀɛspɔ̃dɑ̃s] *nf* correspondence; (*de train, d'avion*) connection; **cours par ~** correspondence course; **vente par ~** mail-order business
correspondant, e [kɔʀɛspɔ̃dɑ̃, -ɑ̃t] *nm/f* correspondent; (*Tél*) person phoning (*ou* being phoned)
correspondre [kɔʀɛspɔ̃dʀ] /41/ *vi* to correspond, tally; **~ à** to correspond to; **~ avec qn** to correspond with sb
corrida [kɔʀida] *nf* bullfight
corridor [kɔʀidɔʀ] *nm* corridor
corrigé [kɔʀiʒe] *nm* (*Scol: d'exercice*) correct version
corriger [kɔʀiʒe] /3/ *vt* (*devoir*) to correct; (*punir*) to thrash; **~ qn de** (*défaut*) to cure sb of
corrompre [kɔʀɔ̃pʀ] /41/ *vt* to corrupt; (*acheter: témoin etc*) to bribe
corruption [kɔʀypsjɔ̃] *nf* corruption; (*de témoins*) bribery
corse [kɔʀs] *adj* Corsican ▸ *nm/f*: **C~** Corsican ▸ *nf*: **la C~** Corsica
corsé, e [kɔʀse] *adj* (*café etc*) full-flavoured (BRIT) *ou* -flavored (US); (*sauce*) spicy; (*problème*) tough
cortège [kɔʀtɛʒ] *nm* procession
cortisone [kɔʀtizɔn] *nf* cortisone
corvée [kɔʀve] *nf* chore, drudger *no pl*
cosmétique [kɔsmetik] *nm* beauty care product
cosmopolite [kɔsmɔpɔlit] *adj* cosmopolitan
costaud, e [kɔsto, -od] *adj* strong, sturdy
costume [kɔstym] *nm* (*d'homme*) suit; (*de théâtre*) costume • **costumé, e** *adj* dressed up
cote [kɔt] *nf* (*en Bourse etc*) quotation; **~ d'alerte** danger *ou* flood level; **~ de popularité** popularity rating
côte [kot] *nf* (*rivage*) coast(line); (*pente*) hill; (*Anat*) rib; (*d'un tricot, tissu*) rib, ribbing *no pl*; **~ à ~** side by side; **la C~ (d'Azur)** the (French) Riviera
côté [kote] *nm* (*gén*) side; (*direction*) way, direction; **de chaque ~ (de)** on each side of; **de tous les ~s** from all directions; **de quel ~ est-il parti?** which way *ou* in which direction did he go?; **de ce/de l'autre ~** this/the other way; **du ~ de** (*provenance*) from; (*direction*) towards; **du ~ de Lyon** (*proximité*) near Lyons; **de ~** (*regarder*) sideways; **mettre de ~** to put aside, put on one side; **mettre de l'argent de ~** to save some money; **à ~** (right) nearby; (*voisins*) next door; **à ~ de** beside;

next to; *(fig)* in comparison to; **être aux ~s de** to be by the side of
ôte d'Ivoire [kotdivwaʀ] *nf*: **la ~** Côte d'Ivoire, the Ivory Coast
ôtelette [kotlɛt] *nf* chop
ôtier, -ière [kotje, -jɛʀ] *adj* coastal
otisation [kɔtizasjɔ̃] *nf* subscription, dues *pl*; *(pour une pension)* contributions *pl*
otiser [kɔtize] /1/ *vi*: **~ (à)** to pay contributions (to); **se cotiser** *vi* to club together
oton [kɔtɔ̃] *nm* cotton; **~ hydrophile** cotton wool (BRIT), absorbent cotton (US)
oton-Tige® *nm* cotton bud
ou [ku] *nm* neck
ouchant [kuʃɑ̃] *adj*: **soleil ~** setting sun
ouche [kuʃ] *nf* layer; *(de peinture, vernis)* coat; *(de bébé)* nappy (BRIT), diaper (US); **~s sociales** social levels *ou* strata
ouché, e [kuʃe] *adj* lying down; *(au lit)* in bed
oucher [kuʃe] /1/ *vt* *(personne)* to put to bed; *(: loger)* to put up; *(objet)* to lay on its side ▸ *vi* to sleep; **~ avec qn** to sleep with sb; **se coucher** *vi* *(pour dormir)* to go to bed; *(pour se reposer)* to lie down; *(soleil)* to set; **~ de soleil** sunset
ouchette [kuʃɛt] *nf* couchette; *(pour voyageur, sur bateau)* berth
oucou [kuku] *nm* cuckoo
oude [kud] *nm* *(Anat)* elbow; *(de tuyau, de la route)* bend; **~ à ~** shoulder to shoulder, side by side
oudre [kudʀ] /48/ *vt* *(bouton)* to sew on ▸ *vi* to sew
ouette [kwɛt] *nf* duvet; **couettes** *nfpl* *(cheveux)* bunches

couffin [kufɛ̃] *nm* Moses basket
couler [kule] /1/ *vi* to flow, run; *(fuir: stylo, récipient)* to leak; *(: nez)* to run; *(sombrer: bateau)* to sink ▸ *vt* *(cloche, sculpture)* to cast; *(bateau)* to sink; *(faire échouer: personne)* to bring down, ruin
couleur [kulœʀ] *nf* colour (BRIT), color (US); *(Cartes)* suit; **en ~s** *(film)* in colo(u)r; **télévision en ~s** colo(u)r television; **de ~** *(homme, femme: vieilli)* colo(u)red
couleuvre [kulœvʀ] *nf* grass snake
coulisse [kulis] *nf* *(Tech)* runner; **coulisses** *nfpl* *(Théât)* wings; *(fig)*: **dans les ~s** behind the scenes
couloir [kulwaʀ] *nm* corridor, passage; *(d'avion)* aisle; *(de bus)* gangway; **~ aérien** air corridor *ou* lane; **~ de navigation** shipping lane
coup [ku] *nm* *(heurt, choc)* knock; *(affectif)* blow, shock; *(agressif)* blow; *(avec arme à feu)* shot; *(de l'horloge)* stroke; *(Sport: golf)* stroke; *(: tennis)* shot; *(fam: fois)* time; **~ de coude/genou** nudge (with the elbow)/with the knee; **donner un ~ de balai** to give the floor a sweep; **être dans le/hors du ~** to be/not to be in on it; *(à la page)* to be hip *ou* trendy; **du ~** as a result; **d'un seul ~** *(subitement)* suddenly; *(à la fois)* at one go; **du premier ~** first time *ou* go; **du même ~** at the same time; **à ~ sûr** definitely, without fail; **après ~** afterwards; **~ sur ~** in quick succession; **sur le ~** outright; **sous le ~ de** *(surprise etc)* under the influence of; **à tous les ~s** every time; **tenir le ~** to hold out; **~ de chance** stroke of luck; **~ de couteau** stab (of a knife); **~ d'envoi** kick-off; **~ d'essai** first

attempt; **~ d'état** coup d'état; **~ de feu** shot; **~ de filet** (*Police*) haul; **~ de foudre** (*fig*) love at first sight; **~ franc** free kick; **~ de frein** (sharp) braking *no pl*; **~ de grâce** coup de grâce; **~ de main: donner un ~ de main à qn** to give sb a (helping) hand; **~ d'œil** glance; **~ de pied** kick; **~ de poing** punch; **~ de soleil** sunburn *no pl*; **~ de sonnette** ring of the bell; **~ de téléphone** phone call; **~ de tête** (*fig*) (sudden) impulse; **~ de théâtre** (*fig*) dramatic turn of events; **~ de tonnerre** clap of thunder; **~ de vent** gust of wind; **en ~ de vent** (*rapidement*) in a tearing hurry

coupable [kupabl] *adj* guilty ▶ *nm/f* (*gén*) culprit; (*Jur*) guilty party

coupe [kup] *nf* (*verre*) goblet; (*à fruits*) dish; (*Sport*) cup; (*de cheveux, de vêtement*) cut; (*graphique, plan*) (cross) section

couper [kupe] /1/ *vt* to cut; (*retrancher*) to cut (out); (*route, courant*) to cut off; (*appétit*) to take away; (*vin, cidre: à table*) to dilute (with water) ▶ *vi* to cut; (*prendre un raccourci*) to take a short-cut; **se couper** *vi* (*se blesser*) to cut o.s.; **~ la parole à qn** to cut sb short; **nous avons été coupés** we've been cut off

couple [kupl] *nm* couple

couplet [kuplɛ] *nm* verse

coupole [kupɔl] *nf* dome

coupon [kupɔ̃] *nm* (*ticket*) coupon; (*de tissu*) remnant

coupure [kupyʀ] *nf* cut; (*billet de banque*) note; (*de journal*) cutting; **~ de courant** power cut

cour [kuʀ] *nf* (*de ferme, jardin*) (court)yard; (*d'immeuble*) back yard; (*Jur, royale*) court; **faire la ~ à qn** to court sb; **~ d'assises** court of assizes; **~ de récréation** playground

courage [kuʀaʒ] *nm* courage, bravery • **courageux, -euse** *adj* brave, courageous

couramment [kuʀamɑ̃] *adv* commonly; (*parler*) fluently

courant, e [kuʀɑ̃, -ɑ̃t] *adj* (*fréquent*) common; (*Comm, gén: normal*) standard; (*en cours*) current ▶ *nm* current; (*fig*) movement; (*: d'opinion*) trend; **être au ~ (de)** (*fait, nouvelle*) to know (about); **mettre qn au ~ (de)** to tell sb (about); (*nouveau travail etc*) to teach sb the basics (of); **se tenir au ~ (de)** (*technique etc*) to keep o.s. up-to-date (on); **dans le ~ de** (*pendant*) in the course of; **le 10 ~** (*Comm*) the 10th inst.; **~ d'air** draught; **~ électrique** (electric) current, power

courbature [kuʀbatyʀ] *nf* ache

courbe [kuʀb] *adj* curved ▶ *nf* curve

coureur, -euse [kuʀœʀ, -øz] *nm/f* (*Sport*) runner (*ou* driver); (*péj*) womanizer/manhunter

courge [kuʀʒ] *nf* (*Culin*) marrow • **courgette** *nf* courgette (BRIT), zucchini (US)

courir [kuʀiʀ] /11/ *vi* to run ▶ *vt* (*Sport: épreuve*) to compete in; (*: risque*) to run; (*: danger*) to face; **~ les cafés/bals** to do the rounds of the cafés/dances; **le bruit court que** the rumour is going round that

couronne [kuʀɔn] *nf* crown; (*de fleurs*) wreath, circlet

courons [kuʀɔ̃] *vb voir* **courir**

ourriel [kuʀjɛl] *nm* email
ourrier [kuʀje] *nm* mail, post; (*lettres à écrire*) letters *pl*; **est-ce que j'ai du ~?** are there any letters for me?; **~ électronique** email

⚠ Attention à ne pas traduire *courrier* par le mot anglais *courier*.

ourroie [kuʀwa] *nf* strap; (*Tech*) belt
ourrons *etc* [kuʀɔ̃] *vb voir* **courir**
ours [kuʀ] *nm* (*leçon*) class; (*: particulier*) lesson; (*série de leçons*) course; (*écoulement*) flow; (*Comm: de devises*) rate; (*: de denrées*) price; **donner libre ~ à** to give free expression to; **avoir ~** (*Scol*) to have a class *ou* lecture; **en ~** (*année*) current; (*travaux*) in progress; **en ~ de route** on the way; **au ~ de** in the course of, during; **le ~ du change** the exchange rate; **~ d'eau** waterway; **~ du soir** night school
ourse [kuʀs] *nf* running; (*Sport: épreuve*) race; (*d'un taxi, autocar*) journey, trip; (*petite mission*) errand; **courses** *nfpl* (*achats*) shopping *sg*; **faire les** *ou* **ses ~s** to go shopping
ourt, e [kuʀ, kuʀt] *adj* short ▸ *adv* short ▸ *nm*: **~ (de tennis)** (tennis) court; **à ~ de** short of; **prendre qn de ~** to catch sb unawares • **court-circuit** *nm* short-circuit
ourtoisie [kuʀtwazi] *nf* courtesy
ouru, e [kuʀy] *pp de* **courir**
ousais *etc* [kuzɛ] *vb voir* **coudre**
ouscous [kuskus] *nm* couscous
ousin, e [kuzɛ̃, -in] *nm/f* cousin
oussin [kusɛ̃] *nm* cushion
cousu, e [kuzy] *pp de* **coudre**
coût [ku] *nm* cost; **le ~ de la vie** the cost of living
couteau, x [kuto] *nm* knife
coûter [kute] /1/ *vt* to cost ▸ *vi* to cost; **~ cher** to be expensive; **combien ça coûte?** how much is it?, what does it cost?; **coûte que coûte** at all costs • **coûteux, -euse** *adj* costly, expensive
coutume [kutym] *nf* custom
couture [kutyʀ] *nf* sewing; (*profession*) dress-making; (*points*) seam • **couturier** *nm* fashion designer • **couturière** *nf* dressmaker
couvent [kuvɑ̃] *nm* (*de sœurs*) convent; (*de frères*) monastery
couver [kuve] /1/ *vt* to hatch; (*maladie*) to be sickening for ▸ *vi* (*feu*) to smoulder; (*révolte*) to be brewing
couvercle [kuvɛʀkl] *nm* lid; (*de bombe aérosol etc, qui se visse*) cap, top
couvert, e [kuvɛʀ, -ɛʀt] *pp de* **couvrir** ▸ *adj* (*ciel*) overcast ▸ *nm* place setting; (*place à table*) place; **couverts** *nmpl* (*ustensiles*) cutlery *sg*; **~ de** covered with *ou* in; **mettre le ~** to lay the table
couverture [kuvɛʀtyʀ] *nf* blanket; (*de livre, fig, Assurances*) cover; (*Presse*) coverage
couvre-lit [kuvʀəli] *nm* bedspread
couvrir [kuvʀiʀ] /18/ *vt* to cover; **se couvrir** *vi* (*ciel*) to cloud over; (*s'habiller*) to cover up; (*se coiffer*) to put on one's hat
covoiturage [kovwatyʀaʒ] *nm* car sharing
cow-boy [kobɔj] *nm* cowboy
crabe [kʀɑb] *nm* crab

cracher [kʀaʃe] /1/ *vi* to spit ▸ *vt* to spit out
crachin [kʀaʃɛ̃] *nm* drizzle
craie [kʀɛ] *nf* chalk
craindre [kʀɛ̃dʀ] /52/ *vt* to fear, be afraid of; (*être sensible à: chaleur, froid*) to be easily damaged by
crainte [kʀɛ̃t] *nf* fear; **de ~ de/que** for fear of/that • **craintif, -ive** *adj* timid
crampe [kʀɑ̃p] *nf* cramp; **j'ai une ~ à la jambe** I've got cramp in my leg
cramponner [kʀɑ̃pɔne] /1/: **se cramponner** *vi*: **se ~ (à)** to hang *ou* cling on (to)
cran [kʀɑ̃] *nm* (*entaille*) notch; (*de courroie*) hole; (*courage*) guts *pl*
crâne [kʀɑn] *nm* skull
crapaud [kʀapo] *nm* toad
craquement [kʀakmɑ̃] *nm* crack, snap; (*du plancher*) creak, creaking *no pl*
craquer [kʀake] /1/ *vi* (*bois, plancher*) to creak; (*fil, branche*) to snap; (*couture*) to come apart; (*fig: accusé*) to break down, fall apart ▸ *vt*: **~ une allumette** to strike a match; **j'ai craqué** (*fam*) I couldn't resist it
crasse [kʀas] *nf* grime, filth • **crasseux, -euse** *adj* filthy
cravache [kʀavaʃ] *nf* (riding) crop
cravate [kʀavat] *nf* tie
crawl [kʀol] *nm* crawl; **dos ~é** backstroke
crayon [kʀɛjɔ̃] *nm* pencil; **~ à bille** ball-point pen; **~ de couleur** crayon • **crayon-feutre** (*pl* **crayons-feutres**) *nm* felt(-tip) pen
création [kʀeasjɔ̃] *nf* creation
crèche [kʀɛʃ] *nf* (*de Noël*) crib; (*garderie*) crèche, day nursery
crédit [kʀedi] *nm* (*gén*) credit; **crédits** *nmpl* funds; **acheter à ~** to buy on credit *ou* on easy terms **faire ~ à qn** to give sb credit • **créditer** /1/ *vt*: **créditer un compte (de)** to credit an accoun (with)
créer [kʀee] /1/ *vt* to create
crémaillère [kʀemajɛʀ] *nf*: **pendre la ~** to have a house-warming party
crème [kʀɛm] *nf* cream; (*entremets*) cream dessert ▸ *adj* in cream; **un (café) ~** ≈ a white coffee; **~ anglaise** (egg) custard; **~ chantilly** whipped cream; **~ à raser** shaving cream; **~ solaire** sun cream
créneau, x [kʀeno] *nm* (*de fortification*) crenel(le); (*fig, aussi Comm*) gap, slot; (*Auto*): **faire un** to reverse into a parking space (*between cars alongside the kerb*)
crêpe [kʀɛp] *nf* (*galette*) pancake ▸ *nm* (*tissu*) crêpe • **crêperie** *nf* pancake shop *ou* restaurant
crépuscule [kʀepyskyl] *nm* twilight, dusk
cresson [kʀesɔ̃] *nm* watercress
creuser [kʀøze] /1/ *vt* (*trou, tunnel*) to dig; (*sol*) to dig a hole in; (*fig*) to go (deeply) into; **ça creuse** that gives you a real appetite; **se ~ (la cervelle)** to rack one's brains
creux, -euse [kʀø, -øz] *adj* hollow ▸ *nm* hollow; **heures creuses** slack periods; (*électricité, téléphone*) off-peak periods; **avoir un ~** (*fam*) to be hungry
crevaison [kʀəvɛzɔ̃] *nf* puncture
crevé, e [kʀəve] *adj* (*fam: fatigué*) shattered (BRIT), exhausted

ever [kʀəve] /5/ vt (*tambour, *allon*) to burst ▶ *vi* (*pneu*) to burst; *automobiliste*) to have a puncture BRIT) *ou* a flat (tire) (US); (*fam*) to die

evette [kʀəvɛt] *nf*: **~ (rose)** prawn; **~ grise** shrimp

i [kʀi] *nm* cry, shout; (*d'animal: spécifique*) cry, call; **c'est le dernier ~** (*fig*) it's the latest fashion

iard, e [kʀijaʀ, -aʀd] *adj* *couleur*) garish, loud; (*voix*) yelling

ic [kʀik] *nm* (*Auto*) jack

ier [kʀije] /7/ *vi* (*pour appeler*) to shout, cry (out); (*de peur, de douleur etc*) to scream, yell ▶ *vt* (*ordre, njure*) to shout (out), yell (out)

ime [kʀim] *nm* crime; (*meurtre*) murder • **criminel, le** *nm/f* criminal; murderer

in [kʀɛ̃] *nm* (*de cheval*) hair *no pl*

inière [kʀinjɛʀ] *nf* mane

ique [kʀik] *nf* creek, inlet

iquet [kʀikɛ] *nm* grasshopper

ise [kʀiz] *nf* crisis (*pl* crises); *Méd*) attack; (*: d'épilepsie*) fit; **~ cardiaque** heart attack; **avoir une ~ de foie** to have really bad indigestion; **piquer une ~ de nerfs** to go hysterical

istal, -aux [kʀistal, -o] *nm* crystal

itère [kʀitɛʀ] *nm* criterion (*pl* criteria)

itiquable [kʀitikabl] *adj* open to criticism

itique [kʀitik] *adj* critical ▶ *nm/f* (*de théâtre, musique*) critic ▶ *nf* criticism; (*Théât etc article*) review

itiquer [kʀitike] /1/ *vt* (*dénigrer*) to criticize; (*évaluer, juger*) to assess, examine (critically)

croate [kʀɔat] *adj* Croatian ▶ *nm* (*Ling*) Croat, Croatian ▶ *nm/f*: **C~** Croat, Croatian

Croatie [kʀɔasi] *nf*: **la ~** Croatia

crochet [kʀɔʃɛ] *nm* hook; (*détour*) detour; (*Tricot: aiguille*) crochet hook; (*: technique*) crochet; **vivre aux ~s de qn** to live *ou* sponge off sb

crocodile [kʀɔkɔdil] *nm* crocodile

croire [kʀwaʀ] /44/ *vt* to believe; **se ~ fort** to think one is strong; **~ que** to believe *ou* think that; **~ à, ~ en** to believe in

croisade [kʀwazad] *nf* crusade

croisement [kʀwazmɑ̃] *nm* (*carrefour*) crossroads *sg*; (*Bio*) crossing; (*: résultat*) crossbreed

croiser [kʀwaze] /1/ *vt* (*personne, voiture*) to pass; (*route*) to cross, cut across; (*Bio*) to cross; **se croiser** *vi* (*personnes, véhicules*) to pass each other; (*routes*) to cross; (*regards*) to meet; **se ~ les bras** (*fig*) to fold one's arms, to twiddle one's thumbs

croisière [kʀwazjɛʀ] *nf* cruise

croissance [kʀwasɑ̃s] *nf* growth

croissant, e [kʀwasɑ̃, -ɑ̃t] *adj* growing ▶ *nm* (*à manger*) croissant; (*motif*) crescent

croître [kʀwatʀ] /55/ *vi* to grow

croix [kʀwa] *nf* cross; **la C~ Rouge** the Red Cross

croque-madame [kʀɔkmadam] *nm inv* toasted cheese sandwich with a fried egg on top

croque-monsieur [kʀɔkməsjø] *nm inv* toasted ham and cheese sandwich

croquer [kʀɔke] /1/ *vt* (*manger*) to crunch; (*: fruit*) to munch; (*dessiner*) to sketch; **chocolat à ~** plain dessert chocolate

croquis [kRɔki] *nm* sketch
crotte [kRɔt] *nf* droppings *pl* • **crottin** [kRɔtɛ̃] *nm* dung, manure; (*fromage*) (small round) cheese (*made of goat's milk*)
croustillant, e [kRustijɑ̃, -ɑ̃t] *adj* crisp
croûte [kRut] *nf* crust; (*du fromage*) rind; (*Méd*) scab; **en ~** (*Culin*) in pastry
croûton [kRutɔ̃] *nm* (*Culin*) crouton; (*bout du pain*) crust, heel
croyant, e [kRwajɑ̃, -ɑ̃t] *nm/f* believer
CRS *sigle fpl* (*= Compagnies républicaines de sécurité*) state security police force ▸ *sigle m* member of the CRS
cru, e [kRy] *pp de* **croire** ▸ *adj* (*non cuit*) raw; (*lumière, couleur*) harsh; (*paroles, langage*) crude ▸ *nm* (*vignoble*) vineyard; (*vin*) wine; **un grand ~** a great vintage; **jambon ~** cured ham
crû [kRy] *pp de* **croître**
cruauté [kRyote] *nf* cruelty
cruche [kRyʃ] *nf* pitcher, (earthenware) jug
crucifix [kRysifi] *nm* crucifix
crudité [kRydite] *nf* crudeness *no pl*; **crudités** *nfpl* (*Culin*) selection of raw vegetables
crue [kRy] *nf* (*inondation*) flood; *voir aussi* **cru**
cruel, le [kRyɛl] *adj* cruel
crus, crûs *etc* [kRy] *vb voir* **croire**; **croître**
crustacés [kRystase] *nmpl* shellfish
Cuba [kyba] *nm* Cuba • **cubain, e** *adj* Cuban ▸ *nm/f*: **Cubain, e** Cuban
cube [kyb] *nm* cube; (*jouet*) brick; **mètre ~** cubic metre; **2 au ~ = 8** 2 cubed is 8

cueillette [kœjɛt] *nf* picking; (*quantité*) crop, harvest
cueillir [kœjiR] /12/ *vt* (*fruits, fleurs*) to pick, gather; (*fig*) to catch
cuiller, cuillère [kɥijɛR] *nf* spoon; **~ à café** coffee spoon; (*Culin*) ≈ teaspoonful; **~ à soupe** soup spoon; (*Culin*) ≈ tablespoonful • **cuillerée** *nf* spoonful
cuir [kɥiR] *nm* leather; (*avant tannage*) hide; **~ chevelu** scalp
cuire [kɥiR] /38/ *vt*: (*aliments*) to cook; (*au four*) to bake ▸ *vi* to coo[k]; **bien cuit** (*viande*) well done; **tro[p] cuit** overdone
cuisine [kɥizin] *nf* (*pièce*) kitche[n]; (*art culinaire*) cookery, cooking; (*nourriture*) cooking, food; **faire [la] ~** to cook • **cuisiné, e** *adj*: **plat cuisiné** ready-made meal *ou* dis[h] • **cuisiner** /1/ *vt* to cook; (*fam*) to grill ▸ *vi* to cook • **cuisinier, -ièr[e]** *nm/f* cook ▸ *nf* (*poêle*) cooker
cuisse [kɥis] *nf* thigh; (*Culin*) leg
cuisson [kɥisɔ̃] *nf* cooking
cuit, e [kɥi, -it] *pp de* **cuire**
cuivre [kɥivR] *nm* copper; **les ~[s]** (*Mus*) the brass
cul [ky] *nm* (*fam!*) arse (*!*)
culminant, e [kylminɑ̃, -ɑ̃t] *ad[j]*: **point ~** highest point
culot [kylo] (*fam*) *nm* (*effronterie*) cheek
culotte [kylɔt] *nf* (*de femme*) panties *pl*, knickers *pl* (BRIT)
culte [kylt] *nm* (*religion*) religion; (*hommage, vénération*) worship; (*protestant*) service
cultivateur, -trice [kyltivatœ[R], -tRis] *nm/f* farmer
cultivé, e [kyltive] *adj* (*personne*) cultured, cultivated

ultiver [kyltive] /1/ *vt* to cultivate; (*légumes*) to grow, cultivate
ulture [kyltyʀ] *nf* cultivation; (*connaissances etc*) culture; **les ~s intensives** intensive farming; **~ OGM** GM crop; **~ physique** physical training • **culturel, le** *adj* cultural
umin [kymɛ̃] *nm* cumin
ure [kyʀ] *nf* (*Méd*) course of treatment; **~ d'amaigrissement** slimming course; **~ de repos** rest cure
uré [kyʀe] *nm* parish priest
ure-dent [kyʀdɑ̃] *nm* toothpick
urieux, -euse [kyʀjø, -øz] *adj* (*étrange*) strange, curious; (*indiscret*) curious, inquisitive ▸ *nmpl* (*badauds*) onlookers • **curiosité** *nf* curiosity; (*site*) unusual feature *ou* sight
urriculum vitae [kyʀikylɔmvite] *nm inv* curriculum vitae
urseur [kyʀsœʀ] *nm* (*Inform*) cursor; (*de règle*) slide; (*de fermeture-éclair*) slider
utané, e [kytane] *adj* skin *cpd*
uve [kyv] *nf* vat; (*à mazout etc*) tank
uvée [kyve] *nf* vintage
uvette [kyvɛt] *nf* (*récipient*) bowl, basin; (*Géo*) basin
CV *sigle m* (*Auto*); = **cheval (vapeur)**; (*Admin*) = **curriculum vitae**
yberattaque [sibɛʀatak] *nf* cyberattack
ybercafé [sibɛʀkafe] *nm* Internet café
yberespace [sibɛʀɛspas] *nm* cyberspace
yberfraude [sibɛʀfʀod] *nf* cyber fraud
cyberharcèlement [sibɛʀaʀsɛlmɑ̃] *nm* cyberbullying, cyberstalking
cybernaute [sibɛʀnot] *nm/f* Internet user
cybersécurité [sibɛʀsekyʀite] *nf* cybersecurity
cyclable [siklabl] *adj*: **piste ~** cycle track
cycle [sikl] *nm* cycle • **cyclisme** [siklism] *nm* cycling • **cycliste** [siklist] *nm/f* cyclist ▸ *adj* cycle *cpd*; **coureur cycliste** racing cyclist
cyclomoteur [siklomɔtœʀ] *nm* moped
cyclone [siklon] *nm* hurricane
cygne [siɲ] *nm* swan
cylindre [silɛ̃dʀ] *nm* cylinder • **cylindrée** *nf* (*Auto*) (cubic) capacity; **une (voiture de) grosse cylindrée** a big-engined car
cymbale [sɛ̃bal] *nf* cymbal
cynique [sinik] *adj* cynical
cystite [sistit] *nf* cystitis

d

d' *prép, art voir* **de**

dactylo [daktilo] *nf (aussi:* **~graphe**) typist; (*aussi:* **~graphie**) typing

dada [dada] *nm* hobby-horse

daim [dɛ̃] *nm* (fallow) deer *inv*; (*cuir suédé*) suede

daltonien, ne [daltɔnjɛ̃, -ɛn] *adj* colour-blind

dame [dam] *nf* lady; (*Cartes, Échecs*) queen; **dames** *nfpl* (*jeu*) draughts *sg* (BRIT), checkers *sg* (US)

Danemark [danmaʀk] *nm*: **le ~** Denmark

danger [dɑ̃ʒe] *nm* danger; **mettre en ~** (*personne*) to put in danger; (*projet, carrière*) to jeopardize; **être en ~** (*personne*) to be in danger; **être en ~ de mort** to be in peril of one's life; **être hors de ~** to be out of danger • **dangereux, -euse** *adj* dangerous

danois, e [danwa, -waz] *adj* Danish ▸ *nm* (*Ling*) Danish ▸ *nm/f*: **D~, e** Dane

dans [dɑ̃]

prép **1** (*position*) in; (: *à l'intérieur de*) inside; **c'est dans le tiroir/le salon** it's in the drawer/lounge; **dans la boîte** in *ou* inside the box; **marcher dans la ville/la rue** to walk about the town/along the street; **je l'ai lu dans le journal** I read it in the newspaper

2 (*direction*) into; **elle a couru dans le salon** she ran into the lounge; **monter dans une voiture/le bus** to get into a car/on to the bus

3 (*provenance*) out of, from; **je l'ai pris dans le tiroir/salon** I took it out of *ou* from the drawer/lounge; **boire dans un verre** to drink out of *ou* from a glass

4 (*temps*) in; **dans deux mois** in two months, in two months' time

5 (*approximation*) about; **dans les 20 euros** about 20 euros

danse [dɑ̃s] *nf*: **la ~** dancing; (*classique*) (ballet) dancing; **une ~** a dance • **danser** /1/ *vi, vt* to dance • **danseur, -euse** *nm/f* ballet dancer; (*au bal etc*) dancer; (: *cavalier*) partner

date [dat] *nf* date; **de longue ~** longstanding; **~ de naissance** date of birth; **~ limite** deadline • **dater** /1/ *vt, vi* to date; **dater d** to date from; **à dater de** (as) fro

datte [dat] *nf* date

dauphin [dofɛ̃] *nm* (*Zool*) dolphin

davantage [davɑ̃taʒ] *adv* more; (*plus longtemps*) longer; **~ de** more

de, d' [də, d]

(*de* + *le* = **du**, *de* + *les* = **des**)

▸ *prép* **1** (*appartenance*) of; **le toit de la maison** the roof of the

house; **la voiture d'Elisabeth/ de mes parents** Elizabeth's/my parents' car
2 (*provenance*) from; **il vient de Londres** he comes from London; **elle est sortie du cinéma** she came out of the cinema
3 (*moyen*) with; **je l'ai fait de mes propres mains** I did it with my own two hands
4 (*caractérisation, mesure*): **un mur de brique/bureau d'acajou** a brick wall/ mahogany desk; **un billet de 10 euros** a 10 euro note; **une pièce de 2 m de large** *ou* **large de 2 m** a room 2 m wide, a 2m-wide room; **un bébé de 10 mois** a 10-month-old baby; **12 mois de crédit/travail** 12 months' credit/work; **elle est payée 20 euros de l'heure** she's paid 20 euros an hour *ou* per hour; **augmenter de 10 euros** to increase by 10 euros
5 (*rapport*) from; **de quatre à six** from four to six
6 (*cause*): **mourir de faim** to die of hunger; **rouge de colère** red with fury
7 (*vb+de+infin*) to; **il m'a dit de rester** he told me to stay
▸ *art* 1 (*phrases affirmatives*) some (*souvent omis*); **du vin, de l'eau, des pommes** (some) wine, (some) water, (some) apples; **des enfants sont venus** some children came; **pendant des mois** for months
2 (*phrases interrogatives et négatives*) any; **a-t-il du vin?** has he got any wine?; **il n'a pas de pommes/d'enfants** he hasn't (got) any apples/children, he has no apples/children

dé [de] *nm* (*à jouer*) die *ou* dice; (*aussi*: **dé à coudre**) thimble

déballer [debale] /1/ *vt* to unpack

débarcadère [debaʀkadɛʀ] *nm* wharf

débardeur [debaʀdœʀ] *nm* (*pour femme*) vest top; (*pour homme*) sleeveless top

débarquer [debaʀke] /1/ *vt* to unload, land ▸ *vi* to disembark; (*fig*) to turn up

débarras [debaʀɑ] *nm* (*pièce*) lumber room; (*placard*) junk cupboard; **bon ~!** good riddance! • **débarrasser** /1/ *vt* to clear ▸ *vi* (*enlever le couvert*) to clear away; **se débarrasser de** *vt* to get rid of; **débarrasser qn de** (*vêtements, paquets*) to relieve sb of

débat [deba] *nm* discussion, debate • **débattre** /41/ *vt* to discuss, debate; **se débattre** *vi* to struggle

débit [debi] *nm* (*d'un liquide, fleuve*) (rate of) flow; (*d'un magasin*) turnover (of goods); (*élocution*) delivery; (*bancaire*) debit; **~ de boissons** drinking establishment; **~ de tabac** tobacconist's (shop)

déblayer [debleje] /8/ *vt* to clear

débloquer [deblɔke] /1/ *vt* (*frein, fonds*) to release; (*prix, crédits*) to free ▸ *vi* (*fam*) to talk rubbish

déboîter [debwate] /1/ *vt* (*Auto*) to pull out; **se ~ le genou** *etc* to dislocate one's knee *etc*

débordé, e [debɔʀde] *adj*: **être ~ de** (*travail, demandes*) to be snowed under with

déborder [debɔʀde] /1/ *vi* to overflow; (*lait etc*) to boil over; **~ (de) qch** (*dépasser*) to extend beyond sth; **~ de** (*joie, zèle*) to be brimming over with *ou* bursting with

débouché [debuʃe] *nm* (*pour vendre*) outlet; (*perspective d'emploi*) opening

déboucher [debuʃe] /1/ *vt* (*évier, tuyau etc*) to unblock; (*bouteille*) to uncork ▶ *vi*: **~ de** to emerge from; **~ sur** (*études*) to lead on to

debout [dəbu] *adv*: **être ~** (*personne*) to be standing, stand; (*levé, éveillé*) to be up (and about); **se mettre ~** to get up (on one's feet); **se tenir ~** to stand; **~!** stand up!; (*du lit*) get up!; **cette histoire ne tient pas ~** this story doesn't hold water

déboutonner [debutɔne] /1/ *vt* to undo, unbutton

débraillé, e [debʀaje] *adj* slovenly, untidy

débrancher [debʀɑ̃ʃe] /1/ *vt* (*appareil électrique*) to unplug; (*téléphone, courant électrique*) to disconnect

débrayage [debʀɛjaʒ] *nm* (*Auto*) clutch • **débrayer** /8/ *vi* (*Auto*) to declutch; (*cesser le travail*) to stop work

débris [debʀi] *nm* fragment ▶ *nmpl*: **des ~ de verre** bits of glass

débrouillard, e [debʀujaʀ, -aʀd] *adj* smart, resourceful

débrouiller [debʀuje] /1/ *vt* to disentangle, untangle; **se débrouiller** *vi* to manage; **débrouillez-vous** you'll have to sort things out yourself

début [deby] *nm* beginning, start; **débuts** *nmpl* (*de carrière*) début *sg*; **~ juin** in early June

• **débutant, e** *nm/f* beginner, novice • **débuter** /1/ *vi* to begin, start; (*faire ses débuts*) to start out

décaféiné, e [dekafeine] *adj* decaffeinated

décalage [dekalaʒ] *nm* gap; **~ horaire** time difference (between time zones), time-lag

décaler [dekale] /1/ *vt* to shift forward *ou* back

décapotable [dekapɔtabl] *adj* convertible

décapsuleur [dekapsylœʀ] *nm* bottle-opener

décédé, e [desede] *adj* deceased

décéder [desede] /6/ *vi* to die

décembre [desɑ̃bʀ] *nm* December

décennie [deseni] *nf* decade

décent, e [desɑ̃, -ɑ̃t] *adj* decent

déception [desɛpsjɔ̃] *nf* disappointment

décès [desɛ] *nm* death

décevoir [des(ə)vwaʀ] /28/ *vt* to disappoint

décharge [deʃaʀʒ] *nf* (*dépôt d'ordures*) rubbish tip *ou* dump; (*électrique*) electrical discharge • **décharger** /3/ *vt* (*marchandise, véhicule*) to unload; (*faire feu*) to discharge, fire; **décharger qn de** (*responsabilité*) to relieve sb of, release sb from

déchausser [deʃose] /1/ *vt* (*skis*) to take off; **se déchausser** *vi* to take off one's shoes; (*dent*) to come *ou* work loose

déchet [deʃɛ] *nm* (*de bois, tissu etc*) scrap; **déchets** *nmpl* (*ordures*) refuse *sg*, rubbish *sg*; **~s nucléaires** nuclear waste

déchiffrer [deʃifʀe] /1/ *vt* to decipher

chirant, e [deʃiʀɑ̃, -ɑ̃t] *adj* eart-rending

chirement [deʃiʀmɑ̃] *nm* *hagrin)* wrench, heartbreak; *én pl: conflit)* rift, split

chirer [deʃiʀe] /1/ *vt* to tear; *nettre en morceaux)* to tear up; *rracher)* to tear out; *(fig)* to tear part; **se déchirer** *vi* to tear, rip; **e ~ un muscle/tendon** to tear muscle/tendon

chirure [deʃiʀyʀ] *nf (accroc)* ear, rip; **~ musculaire** torn nuscle

cidé, e [deside] *adj (personne, r)* determined; **c'est ~** it's ecided • **décidément** *adv* really

cider [deside] /1/ *vt*: **~ qch** to ecide on sth; **~ de faire/que** to ecide to do/that; **~ qn (à faire ch)** to persuade *ou* induce sb (to o sth); **se ~ à faire** to decide *ou* nake up one's mind to do; **se pour qch** to decide on *ou* in avour of sth

cimal, e, -aux [desimal, -o] *dj* decimal

cimètre [desimɛtʀ] *nm* ecimetre

cisif, -ive [desizif, -iv] *adj* ecisive

cision [desizjɔ̃] *nf* decision

claration [deklaʀasjɔ̃] *nf* eclaration; *(discours: Pol etc)* tatement; **~ (d'impôts)** ≈ tax eturn; **~ de revenus** statement f income; **faire une ~ de vol** to eport a theft

clarer [deklaʀe] /1/ *vt* to eclare; *(décès, naissance)* to egister; **se déclarer** *vi (feu, naladie)* to break out

clencher [deklɑ̃ʃe] /1/ *vt* *nécanisme etc)* to release; *(sonnerie)* to set off; *(attaque, grève)* to launch; *(provoquer)* to trigger off; **se déclencher** *vi (sonnerie)* to go off

décliner [dekline] /1/ *vi* to decline ▸ *vt (invitation)* to decline; *(nom, adresse)* to state

décoiffer [dekwafe] /1/ *vt*: **~ qn** to mess up sb's hair; **je suis toute décoiffée** my hair is in a real mess

déçois *etc* [deswa] *vb voir* **décevoir**

décollage [dekɔlaʒ] *nm (Aviat, Écon)* takeoff

décoller [dekɔle] /1/ *vt* to unstick ▸ *vi (avion)* to take off; **se décoller** *vi* to come unstuck

décolleté, e [dekɔlte] *adj* low-cut ▸ *nm* low neck(line); *(plongeant)* cleavage

décolorer [dekɔlɔʀe] /1/: **se décolorer** *vi* to fade; **se faire ~ les cheveux** to have one's hair bleached

décommander [dekɔmɑ̃de] /1/ *vt* to cancel; **se décommander** *vi* to cancel

décomplexé, e [dekɔ̃plɛkse] *adj* self-assured

déconcerter [dekɔ̃sɛʀte] /1/ *vt* to disconcert, confound

décongeler [dekɔ̃ʒ(ə)le] /5/ *vt* to thaw (out)

déconner [dekɔne] /1/ *vi (fam!)* to talk (a load of) rubbish (BRIT) *ou* garbage (US)

déconnexion [dekɔnɛksjɔ̃] *nf* disconnection; **droit à la ~** *law which gives employees the right to avoid work emails outside working hours*

déconseiller [dekɔ̃seje] /1/ *vt*: **~ qch (à qn)** to advise (sb) against

d

sth; **c'est déconseillé** it's not advised *ou* advisable
décontracté, e [dekɔ̃tʀakte] *adj* relaxed, laid-back (*fam*)
décontracter [dekɔ̃tʀakte] /1/: **se décontracter** *vi* to relax
décor [dekɔʀ] *nm* décor; (*paysage*) scenery • **décorateur, -trice** *nm/f* (interior) decorator • **décoration** *nf* decoration • **décorer** /1/ *vt* to decorate
décortiquer [dekɔʀtike] /1/ *vt* to shell; (*fig*: *texte*) to dissect
découdre /48/: **se découdre** *vi* to come unstitched
découper [dekupe] /1/ *vt* (*papier, tissu etc*) to cut up; (*volaille, viande*) to carve; (*manche, article*) to cut out
décourager [dekuʀaʒe] /3/ *vt* to discourage; **se décourager** *vi* to lose heart, become discouraged
décousu, e [dekuzy] *adj* unstitched; (*fig*) disjointed, disconnected
découvert, e [dekuvɛʀ, -ɛʀt] *adj* (*tête*) bare, uncovered; (*lieu*) open, exposed ▸ *nm* (*bancaire*) overdraft ▸ *nf* discovery; **faire la ~e de** to discover
découvrir [dekuvʀiʀ] /18/ *vt* to discover; (*enlever ce qui couvre ou protège*) to uncover; (*montrer, dévoiler*) to reveal; **se découvrir** *vi* (*chapeau*) to take off one's hat; (*se déshabiller*) to take something off; (*ciel*) to clear
décrire [dekʀiʀ] /39/ *vt* to describe
décrocher [dekʀɔʃe] /1/ *vt* (*dépendre*) to take down; (*téléphone*) to take off the hook; (: *pour répondre*): **~ (le téléphone)** to pick up *ou* lift the receiver; (*fig*: *contrat etc*) to get, land ▸ *vi* (*fam*: *abandonner*) to drop out; (: *cesser d'écouter*) to switch off
décroissance [dekʀwasɑ̃s] *nf* (*diminution*) decline, decrease; (*Écon*) degrowth
déçu, e [desy] *pp de* **décevoir**
dédaigner [dedeɲe] /1/ *vt* to despise, scorn; (*négliger*) to disregard, spurn • **dédaigneux, -euse** *adj* scornful, disdainful • **dédain** *nm* scorn, disdain
dedans [dədɑ̃] *adv* inside; (*pas en plein air*) indoors, inside ▸ *nm* inside; **au ~** inside
dédicacer [dedikase] /3/ *vt*: **~ (à qn)** to sign (for sb), autograph (for sb)
dédier [dedje] /7/ *vt*: **~ à** to dedicate to
dédommagement [dedɔmaʒmɑ̃] *nm* compensation
dédommager [dedɔmaʒe] /3/ *vt*: **~ qn (de)** to compensate sb (for)
dédouaner [dedwane] /1/ *vt* to clear through customs
déduire [dedɥiʀ] /38/ *vt*: **~ qch (de)** (*ôter*) to deduct sth (from); (*conclure*) to deduce *ou* infer sth (from)
défaillance [defajɑ̃s] *nf* (*syncope*) blackout; (*fatigue*) (sudden) weakness *no pl*; (*technique*) fault, failure; **~ cardiaque** heart failure
défaire [defɛʀ] /60/ *vt* (*installation, échafaudage*) to take down, dismantle; (*paquet etc, nœud, vêtement*) to undo; **se défaire** *vi* to come undone; **se ~ de** to get rid of
défait, e [defɛ, -ɛt] *adj* (*visage*) haggard, ravaged ▸ *nf* defeat

faut [defo] *nm* (*moral*) fault, failing, defect; (*d'étoffe, métal*) fault, flaw; (*manque, carence*): **~ de** shortage of; **prendre qn en ~** to catch sb out; **faire ~** (*manquer*) to be lacking; **à ~ de** for lack *ou* want of

défavorable [defavɔʀabl] *adj* unfavourable (BRIT), unfavorable (US)

défavoriser [defavɔʀize] /1/ *vt* to put at a disadvantage

défectueux, -euse [defɛktɥø, -øz] *adj* faulty, defective

défendre [defɑ̃dʀ] /41/ *vt* to defend; (*interdire*) to forbid; **se défendre** *vi* to defend o.s.; **~ à qn qch/de faire** to forbid sb sth/to do; **il se défend** (*fig*) he can hold his own; **se ~ de/contre** (*se protéger*) to protect o.s. from/against; **se ~ de** (*se garder de*) to refrain from

défense [defɑ̃s] *nf* defence; (*d'éléphant etc*) tusk; **ministre de la ~** Minister of Defence (BRIT), Defence Secretary; **"~ de fumer/cracher"** "no smoking/spitting"

défi [defi] *nm* challenge; **lancer un ~ à qn** to challenge sb; **sur un ton de ~** defiantly

déficit [defisit] *nm* (*Comm*) deficit

défier [defje] /7/ *vt* (*provoquer*) to challenge; (*fig*) to defy; **~ qn de faire** to challenge *ou* defy sb to do

défigurer [defigyʀe] /1/ *vt* to disfigure

défilé [defile] *nm* (*Géo*) (narrow) gorge *ou* pass; (*soldats*) parade; (*manifestants*) procession, march

défiler [defile] /1/ *vi* (*troupes*) to march past; (*sportifs*) to parade; (*manifestants*) to march; (*visiteurs*) to pour, stream; **faire ~ un document** (*Inform*) to scroll a document; **se défiler** *vi*: **il s'est défilé** (*fam*) he wriggled out of it

définir [definiʀ] /2/ *vt* to define

définitif, -ive [definitif, -iv] *adj* (*final*) final, definitive; (*pour longtemps*) permanent, definitive; (*sans appel*) definite ▸ *nf*: **en définitive** eventually; (*somme toute*) when all is said and done • **définitivement** *adv* permanently

déforestation [defɔʀɛstasjɔ̃] *nf* deforestation

déformer [defɔʀme] /1/ *vt* to put out of shape; (*pensée, fait*) to distort; **se déformer** *vi* to lose its shape

défouler [defule] /1/: **se défouler** *vi* to unwind, let off steam

défunt, e [defœ̃, -œ̃t] *adj*: **son ~ père** his late father ▸ *nm/f* deceased

dégagé, e [degaʒe] *adj* (*route, ciel*) clear; **sur un ton ~** casually

dégager [degaʒe] /3/ *vt* (*exhaler*) to give off; (*délivrer*) to free, extricate; (*désencombrer*) to clear; (*isoler, mettre en valeur*) to bring out; **se dégager** *vi* (*passage, ciel*) to clear; **~ qn de** (*engagement, parole etc*) to release *ou* free sb from

dégâts [degɑ] *nmpl* damage *sg*; **faire des ~** to damage

dégel [deʒɛl] *nm* thaw • **dégeler** /5/ *vt* to thaw (out)

dégivrer [deʒivʀe] /1/ *vt* (*frigo*) to defrost; (*vitres*) to de-ice

dégonflé, e [degɔ̃fle] *adj* (*pneu*) flat

dégonfler [degɔ̃fle] /1/ *vt* (*pneu, ballon*) to let down, deflate; **se dégonfler** *vi* (*fam*) to chicken out

dégouliner [deguline] /1/ *vi* to trickle, drip

dégourdi, e [deguʀdi] *adj* smart, resourceful

dégourdir [deguʀdiʀ] /2/ *vt*: **se ~ (les jambes)** to stretch one's legs

dégoût [degu] *nm* disgust, distaste • **dégoûtant, e** *adj* disgusting • **dégoûté, e** *adj* disgusted; **dégoûté de** sick of • **dégoûter** /1/ *vt* to disgust; **dégoûter qn de qch** to put sb off sth

dégrader [degʀade] /1/ *vt* (*Mil*: *officier*) to degrade; (*abîmer*) to damage, deface; **se dégrader** *vi* (*relations, situation*) to deteriorate

degré [dəgʀe] *nm* degree

dégressif, -ive [degʀesif, -iv] *adj* on a decreasing scale

dégringoler [degʀɛ̃gɔle] /1/ *vi* to tumble (down)

déguisement [degizmɑ̃] *nm* (*pour s'amuser*) fancy dress

déguiser [degize] /1/: **se déguiser (en)** *vi* (*se costumer*) to dress up (as); (*pour tromper*) to disguise o.s. (as)

dégustation [degystasjɔ̃] *nf* (*de fromages etc*) sampling; **~ de vin(s)** wine-tasting

déguster [degyste] /1/ *vt* (*vins*) to taste; (*fromages etc*) to sample; (*savourer*) to enjoy

dehors [dəɔʀ] *adv* outside; (*en plein air*) outdoors ▸ *nm* outside ▸ *nmpl* (*apparences*) appearances; **mettre** *ou* **jeter ~** to throw out; **au ~** outside; **au ~ de** outside; **en ~ de** apart from

déjà [deʒa] *adv* already; (*auparavant*) before, already

déjeuner [deʒœne] /1/ *vi* to (have) lunch; (*le matin*) to have breakfast ▸ *nm* lunch

delà [dəla] *adv*: **en ~ (de), au ~ (de)** beyond

délacer [delase] /3/ *vt* (*chaussures*) to undo, unlace

délai [delɛ] *nm* (*attente*) waitin[g] period; (*sursis*) extension (of time); (*temps accordé*) time limit; **sans ~** without delay; **dans les** within the time limit

délaisser [delese] /1/ *vt* to abandon, desert

délasser [delɑse] /1/ *vt* to relax; **se délasser** *vi* to relax

délavé, e [delave] *adj* faded

délayer [deleje] /8/ *vt* (*Culin*) to mix (with water *etc*); (*peinture*) to thin down

delco® [dɛlko] *nm* (*Auto*) distributor

délégué, e [delege] *nm/f* representative

déléguer [delege] /6/ *vt* to delegate

délibéré, e [delibeʀe] *adj* (*conscient*) deliberate

délicat, e [delika, -at] *adj* delicate; (*plein de tact*) tactful; (*attentionné*) thoughtful • **délicatement** *adv* delicately; (*avec douceur*) gently

délice [delis] *nm* delight

délicieux, -euse [delisjø, -øz] *adj* (*au goût*) delicious; (*sensation, impression*) delightful

délimiter [delimite] /1/ *vt* (*terrain*) to delimit, demarcate

délinquant, e [delɛ̃kɑ̃, -ɑ̃t] *adj, nm/f* delinquent

délirer [deliʀe] /1/ *vi* to be delirious; **tu délires!** (*fam*) you're crazy!

élit [deli] *nm* (criminal) offence
élivrer [delivʀe] /1/ *vt*
prisonnier) to (set) free, release;
passeport, certificat) to issue
eltaplane® [dɛltaplan] *nm*
hang-glider
éluge [delyʒ] *nm* (*biblique*)
flood; (*grosse pluie*) downpour
emain [d(ə)mɛ̃] *adv* tomorrow;
matin/soir tomorrow
morning/evening
emande [d(ə)mɑ̃d] *nf* (*requête*)
request; (*revendication*) demand;
formulaire) application; (*Écon*): **la**
demand; **"~s d'emploi"**
situations wanted"
emandé, e [d(ə)mɑ̃de] *adj*
article etc): **très ~** (very) much in
demand
emander [d(ə)mɑ̃de] /1/ *vt* to
ask for; (*date, heure, chemin*) to ask;
requérir, nécessiter) to require,
demand; **~ qch à qn** to ask sb for
sth; **~ à qn de faire** to ask sb to
do; **se ~ si/pourquoi** *etc* to
wonder if/why *etc*; **je ne**
demande pas mieux I'm asking
nothing more • **demandeur,**
euse *nm/f*: **demandeur d'asile**
asylum-seeker; **demandeur**
d'emploi job-seeker
émangeaison [demɑ̃ʒɛzɔ̃] *nf*
itching; **avoir des ~s** to be itching
émanger [demɑ̃ʒe] /3/ *vi* to
itch
émaquillant [demakijɑ̃] *nm*
make-up remover
émaquiller [demakije] /1/ *vt*:
se démaquiller to remove one's
make-up
émarche [demaʀʃ] *nf* (*allure*)
gait, walk; (*intervention*) step; (*fig:*
intellectuelle) thought processes
pl; **faire les ~s nécessaires**
(pour obtenir qch) to take the
necessary steps (to obtain sth)
démarrage [demaʀaʒ] *nm* start
démarrer [demaʀe] /1/ *vi*
(*conducteur*) to start (up); (*véhicule*)
to move off; (*travaux, affaire*) to get
moving • **démarreur** *nm* (*Auto*)
starter
démêlant, e [demelɑ̃, -ɑ̃t] *adj*:
crème ~e (hair) conditioner ▶ *nm*
conditioner
démêler [demele] /1/ *vt* to
untangle • **démêlés** *nmpl*
problems
déménagement [demenaʒmɑ̃]
nm move; **entreprise/camion**
de ~ removal (BRIT) *ou* moving
(US) company/van
déménager [demenaʒe] /3/ *vt*
(*meubles*) to (re)move ▶ *vi* to move
(house) • **déménageur** *nm*
removal man
démerder [demɛʀde] /1/: **se**
démerder *vi* (*fam!*) to bloody well
manage for o.s.
démettre [demɛtʀ] /56/ *vt*: **~ qn**
de (*fonction, poste*) to dismiss sb
from; **se ~ l'épaule** *etc* to
dislocate one's shoulder *etc*
demeurer [d(ə)mœʀe] /1/ *vi*
(*habiter*) to live; (*rester*) to remain
demi, e [dəmi] *adj* half; **et ~:**
trois heures/bouteilles et ~es
three and a half hours/bottles
▶ *nm* (*bière*: = 0.25 litre) ≈ half-pint;
il est 2 heures et ~e it's half past
2; **il est midi et ~** it's half past 12;
à ~ half-; **à la ~e** (*heure*) on the
half-hour • **demi-douzaine** *nf*
half-dozen, half a dozen
• **demi-finale** *nf* semifinal
• **demi-frère** *nm* half-brother
• **demi-heure** *nf*: **une**
demi-heure a half-hour, half an

hour • **demi-journée** *nf* half-day, half a day • **demi-litre** *nm* half-litre (BRIT), half-liter (US), half a litre *ou* liter • **demi-livre** *nf* half-pound, half a pound • **demi-pension** *nf* half-board • **demi-pensionnaire** *nm/f*: **être demi-pensionnaire** to take school lunches • **demi-sœur** *nf* half-sister

démis, e *adj* (*épaule etc*) dislocated

démission [demisjɔ̃] *nf* resignation; **donner sa ~** to give *ou* hand in one's notice • **démissionner** /1/ *vi* to resign

demi-tarif [dəmitaʀif] *nm* half-price; (*Transports*) half-fare; **voyager à ~** to travel half-fare

demi-tour [dəmituʀ] *nm* about-turn; **faire ~** to turn (and go) back

démocratie [demɔkʀasi] *nf* democracy • **démocratique** *adj* democratic

démodé, e [demɔde] *adj* old-fashioned

demoiselle [d(ə)mwazɛl] *nf* (*jeune fille*) young lady; (*célibataire*) single lady, maiden lady; **~ d'honneur** bridesmaid

démolir [demɔliʀ] /2/ *vt* to demolish

démon [demɔ̃] *nm* (*enfant turbulent*) devil, demon; **le D~** the Devil

démonstration [demɔ̃stʀasjɔ̃] *nf* demonstration

démonter [demɔ̃te] /1/ *vt* (*machine etc*) to take down, dismantle; **se démonter** *vi* (*meuble*) to be dismantled, be taken to pieces; (*personne*) to lose countenance

démontrer [demɔ̃tʀe] /1/ *vt* to demonstrate

démouler [demule] /1/ *vt* to turn out

démuni, e [demyni] *adj* (*sans argent*) impoverished; **~ de** without

dénicher [deniʃe] /1/ *vt* (*fam: objet*) to unearth; (*: restaurant etc*) to discover

dénier [denje] /7/ *vt* to deny

dénivellation [denivelasjɔ̃] *nf* (*pente*) ramp

dénombrer [denɔ̃bʀe] /1/ *vt* to count

dénomination [denɔminasjɔ̃] *nf* designation, appellation

dénoncer [denɔ̃se] /3/ *vt* to denounce; **se dénoncer** to give o.s. up, come forward

dénouement [denumɑ̃] *nm* outcome

dénouer [denwe] /1/ *vt* to unknot, undo

denrée [dɑ̃ʀe] *nf* (*aussi*: **~ alimentaire**) food(stuff)

dense [dɑ̃s] *adj* dense • **densité** *nf* density

dent [dɑ̃] *nf* tooth; **~ de lait/sagesse** milk/wisdom tooth • **dentaire** *adj* dental; **cabinet dentaire** dental surgery

dentelle [dɑ̃tɛl] *nf* lace *no pl*

dentier [dɑ̃tje] *nm* denture

dentifrice [dɑ̃tifʀis] *nm*: **(pâte)** toothpaste

dentiste *nm/f* dentist

dentition [dɑ̃tisjɔ̃] *nf* teeth *pl*

dénué, e [denɥe] *adj*: **~ de** devoid of

déodorant [deɔdɔʀɑ̃] *nm* deodorant

ɔntologie [deɔ̃tɔlɔʒi] *nf* ɪrofessional) code of practice
ɔannage [depanaʒ] *nm*: **ɛrvice/camion de ~** (*Auto*) 'eakdown service/truck
ɔanner [depane] /1/ *vt* ɔiture, télévision) to fix, repair; g) to bail out, help out
lépanneuse *nf* breakdown ɾry (BRIT), tow truck (US)
ɔareillé, e [depaʀeje] *adj* ollection, service) incomplete; ant, volume, objet) odd
ɔart [depaʀ] *nm* departure; ɒort) start; **au ~** at the start; **veille de son ~** the day before ɜ leaves/left
ɔartement [depaʀtəmɑ̃] *nm* ɜpartment

'ance is divided into ɖministrative units called **ɛpartements**. There are 96 of ɪese in metropolitan France ıd a further five overseas. ıese local government visions are headed by a ate-appointed 'préfet', and ɖministered by an elected ɔnseil départemental'. *ɛpartements* are usually named 'ter prominent geographical atures such as rivers or ıountain ranges.

passé, e [depase] *adj* ɪperseded, outmoded; (*fig*) out ' one's depth
passer [depase] /1/ *vt* *ɛhicule, concurrent*) to overtake; *ndroit*) to pass, go past; (*somme, nite*) to exceed; (*fig: en beauté etc*) ı surpass, outshine ▶ *vi* (*jupon*) to ıow; **se dépasser** to excel o.s.
paysé, e [depeize] *adj* soriented
dépaysement [depeizmɑ̃] *nm* change of scenery
dépêcher [depeʃe] /1/: **se dépêcher** *vi* to hurry
dépendance [depɑ̃dɑ̃s] *nf* dependence *no pl*; (*bâtiment*) outbuilding
dépendre [depɑ̃dʀ] /41/ *vt*: **~ de** *vt* to depend on, to be dependent on; **ça dépend** it depends
dépens [depɑ̃] *nmpl*: **aux ~ de** at the expense of
dépense [depɑ̃s] *nf* spending *no pl*, expense, expenditure *no pl* • **dépenser** /1/ *vt* to spend; (*fig*) to expend, use up; **se dépenser** *vi* to exert o.s.
dépeupler [depœple] /1/: **se dépeupler** *vi* to become depopulated
dépilatoire [depilatwaʀ] *adj*: **crème ~** hair-removing *ou* depilatory cream
dépister [depiste] /1/ *vt* to detect; (*voleur*) to track down
dépit [depi] *nm* vexation, frustration; **en ~ de** in spite of; **en ~ du bon sens** contrary to all good sense • **dépité, e** *adj* vexed, frustrated
déplacé, e [deplase] *adj* (*propos*) out of place, uncalled-for
déplacement [deplasmɑ̃] *nm* (*voyage*) trip, travelling *no pl*; **en ~** away (on a trip)
déplacer [deplase] /3/ *vt* (*table, voiture*) to move, shift; **se déplacer** *vi* to move; (*voyager*) to travel; **se ~ une vertèbre** to slip a disc
déplaire [deplɛʀ] /54/ *vi*: **ceci me déplaît** I don't like this, I dislike this; **se ~ quelque part** to dislike

it *ou* be unhappy somewhere
• **déplaisant, e** *adj* disagreeable
dépliant [deplijɑ̃] *nm* leaflet
déplier [deplije] /7/ *vt* to unfold
déposer [depoze] /1/ *vt* (*gén: mettre, poser*) to lay down, put down; (*à la banque, à la consigne*) to deposit; (*passager*) to drop (off), set down; (*roi*) to depose; (*marque*) to register; (*plainte*) to lodge; **se déposer** *vi* to settle • **dépositaire** *nm/f* (*Comm*) agent • **déposition** *nf* statement
dépôt [depo] *nm* (*à la banque, sédiment*) deposit; (*entrepôt, réserve*) warehouse, store
dépourvu, e [depuʀvy] *adj*: **~ de** lacking in, without; **prendre qn au ~** to catch sb unawares
dépression *nf* depression; **~ (nerveuse)** (nervous) breakdown
déprimant, e [depʀimɑ̃, -ɑ̃t] *adj* depressing
déprimer [depʀime] /1/ *vt* to depress

depuis [dəpɥi]

▸ *prép* **1** (*point de départ dans le temps*) since; **il habite Paris depuis 1983/l'an dernier** he has been living in Paris since 1983/last year; **depuis quand?** since when?; **depuis quand le connaissez-vous?** how long have you known him?
2 (*temps écoulé*) for; **il habite Paris depuis cinq ans** he has been living in Paris for five years; **je le connais depuis trois ans** I've known him for three years
3 (*lieu*): **il a plu depuis Metz** it's been raining since Metz; **elle a téléphoné depuis Valence** sh[e] rang from Valence
4 (*quantité, rang*) from; **depuis les plus petits jusqu'aux plus grands** from the youngest to the oldest
▸ *adv* (*temps*) since (then); **je ne lui ai pas parlé depuis** I haven['t] spoken to him since (then); **depuis que** *conj* (ever) since; **depuis qu'il m'a dit ça** (ever) since he said that to me

député, e [depyte] *nm/f* (*Pol*) ≈ Member of Parliament (BRIT) ≈ Congressman/woman (US)
dérangement [deʀɑ̃ʒmɑ̃] *nm* (*gêne, déplacement*) trouble; (*gastrique etc*) disorder; **en ~** (*téléphone*) out of order
déranger [deʀɑ̃ʒe] /3/ *vt* (*personne*) to trouble, bother; (*projets*) to disrupt, upset; (*obje[ts], vêtements*) to disarrange; **se déranger**; *vi*: **surtout ne vous dérangez pas pour moi** pleas[e] don't put yourself out on my account; **est-ce que cela vous dérange si ...?** do you mind if ...
déraper [deʀape] /1/ *vi* (*voiture*) to skid; (*personne, semelles, couteau*) to slip
dérégler [deʀegle] /6/ *vt* (*mécanisme*) to put out of order; (*estomac*) to upset
dérisoire [deʀizwaʀ] *adj* deris[ory]
dérive [deʀiv] *nf*: **aller à la ~** (*Navig, fig*) to drift
dérivé, e [deʀive] *nm* (*Tech*) by-product
dermatologue [dɛʀmatɔlɔg] *nm/f* dermatologist
dernier, -ière [dɛʀnje, -jɛʀ] *a[dj]* last; (*le plus récent: gén avant n*)

test, last; **lundi/le mois ~** last
ıonday/month; **le ~ cri** the last
ʼord (in fashion); **en ~** last; **ce ~,**
ette dernière the latter
dernièrement *adv* recently
rogation [derɔgasjɔ̃] *nf*
pecial) dispensation
rouiller [deruje] /1/ *vt*: **se**
les jambes to stretch one's
gs (*fig*)
roulement [derulmɑ̃] *nm*
ʼune opération etc) progress
rouler [derule] /1/ *vt* (*ficelle*) to
nwind; **se dérouler** *vi* (*avoir lieu*)
take place; (*se passer*) to go;
out s'est déroulé comme
révu everything went as
anned
router [derute] /1/ *vt* (*avion,*
ain) to reroute, divert; (*étonner*)
ɔ disconcert, throw (out)
rrière [dɛrjɛr] *adv, prép* behind
nm (*d'une maison*) back;
ostérieur) behind, bottom; **les**
attes de ~ the back legs, the
ind legs; **par ~** from behind; (*fig*)
ehind one's back
s [de] *art voir* **de**
s [dɛ] *prép* from; **~ que** as soon
s; **~ son retour** as soon as he
ʼas (*ou* is) back
saccord [dezakɔr] *nm*
isagreement
sagréable [dezagreabl] *adj*
npleasant
sagrément [dezagremɑ̃] *nm*
nnoyance, trouble *no pl*
saltérer [dezaltere] /6/ *vt*: **se**
ésaltérer to quench: one's thirst
sapprobateur, -trice
lezaprɔbatœr, -tris] *adj*
isapproving
sapprouver [dezapruve] /1/
: to disapprove of

désarmant, e [dezarmɑ̃, -ɑ̃t]
adj disarming
désastre [dezastr] *nm* disaster
• désastreux, -euse *adj*
disastrous
désavantage [dezavɑ̃taʒ] *nm*
disadvantage **• désavantager** /3/
vt to put at a disadvantage
descendre [desɑ̃dr] /41/ *vt*
(*escalier, montagne*) to go (*ou*
come) down; (*valise, paquet*) to
take *ou* get down; (*étagère etc*) to
lower; (*fam: abattre*) to shoot
down ▸ *vi* to go (*ou* come) down;
(*passager: s'arrêter*) to get out,
alight; **~ à pied/en voiture** to
walk/drive down; **~ de** (*famille*)
to be descended from; **~ du train**
to get out of *ou* off the train;
~ d'un arbre to climb down
from a tree; **~ de cheval** to
dismount; **~ à l'hôtel** to stay at
a hotel
descente [desɑ̃t] *nf* descent,
going down; (*chemin*) way down;
(*Ski*) downhill (race); **au milieu de**
la ~ halfway down; **~ de lit**
bedside rug; **~ (de police)** (police)
raid
description [dɛskripsjɔ̃] *nf*
description
déséquilibre [dezekilibr] *nm*
(*position*): **être en ~** to be
unsteady; (*fig: des forces, du budget*)
imbalance
désert, e [dezɛr, -ɛrt] *adj*
deserted ▸ *nm* desert
• désertique *adj* desert *cpd*
désespéré, e [dezɛspere] *adj*
desperate
désespérer [dezɛspere] /6/ *vi*:
~ de to despair of **• désespoir** *nm*
despair; **en désespoir de cause**
in desperation

déshabiller [dezabije] /1/ *vt* to undress; **se déshabiller** *vi* to undress (o.s.)
déshydraté, e [dezidʀate] *adj* dehydrated
désigner [deziɲe] /1/ *vt* (*montrer*) to point out, indicate; (*dénommer*) to denote; (*candidat etc*) to name
désinfectant, e [dezɛ̃fɛktɑ̃, -ɑ̃t] *adj, nm* disinfectant
désinfecter [dezɛ̃fɛkte] /1/ *vt* to disinfect
désinscrire [dezɛskʀiʀ] /39/ *vt*, **se désinscrire** *vi* to unsubscribe
désinstaller [dezɛstale] /1/ *vt* to uninstall
désintéressé, e [dezɛ̃teʀese] *adj* disinterested, unselfish
désintéresser [dezɛ̃teʀese] /1/ *vt*: **se désintéresser (de)** to lose interest (in)
désintoxication [dezɛ̃tɔksikasjɔ̃] *nf*: **faire une cure de ~** to have *ou* undergo treatment for alcoholism (*ou* drug addiction)
désinvolte [dezɛ̃vɔlt] *adj* casual, off-hand
désir [deziʀ] *nm* wish; (*fort, sensuel*) desire • **désirer** /1/ *vt* to want, wish for; (*sexuellement*) to desire; **je désire ...** (*formule de politesse*) I would like ...
désister [deziste] /1/: **se désister** *vi* to stand down, withdraw
désobéir [dezɔbeiʀ] /2/ *vi*: **~ (à qn/qch)** to disobey (sb/sth) • **désobéissant, e** *adj* disobedient
désodorisant [dezɔdɔʀizɑ̃] *nm* air freshener, deodorizer
désolé, e [dezɔle] *adj* (*paysage*) desolate; **je suis ~** I'm sorry

désordonné, e [dezɔʀdɔne] *a*
untidy
désordre [dezɔʀdʀ] *nm* disorder(liness), untidiness; (*anarchie*) disorder; **en ~** in a me
untidy
désormais [dezɔʀmɛ] *adv* fror
now on
desquels, desquelles [dekɛ
voir **lequel**
dessécher [deseʃe] /6/: **se dessécher** *vi* to dry out
desserrer [deseʀe] /1/ *vt* to loosen; (*frein*) to release
dessert [desɛʀ] *nm* dessert, pudding
desservir [desɛʀviʀ] /14/ *vt* (*ville, quartier*) to serve; (*débarrasser*): **~ (la table)** to cle
the table
dessin [desɛ̃] *nm* (*œuvre, art*) drawing; (*motif*) pattern, desig
~ animé cartoon (film); **~ humoristique** cartoon • **dessinateur, -trice** *nm/f* drawer; (*de bandes dessinées*) cartoonist; (*industriel*) draughtsman (BRIT), draftsma
(US) • **dessiner** /1/ *vt* to draw; (*concevoir*) to design; **se dessine**
vi (*forme*) to be outlined; (*fig: solution*) to emerge
dessous [d(ə)su] *adv* underne
beneath ▸ *nm* underside; **les voisins du ~** the downstairs neighbours ▸ *nmpl* (*sous-vêtements*) underwear *sg*; **en ~** underneath; below; **par ~** underneath; below; **avoir le ~**
get the worst of it • **dessous-d**
plat *nm inv* tablemat
dessus [d(ə)sy] *adv* on top; (*coll*
écrit) on it ▸ *nm* top; **les voisins/l'appartement du ~**

e upstairs neighbours/flat;
ı **~** above; **par ~** *adv* over it; *prép*
ver; **au-~** above; **avoir/prendre**
~ to have/get the upper hand;
ens ~ dessous upside down
lessus-de-lit *nm inv* bedspread
stin [dɛstɛ̃] *nm* fate; (*avenir*)
estiny
stinataire [dɛstinatɛʀ] *nm/f*
ostes) addressee; (*d'un colis*)
onsignee
stination [dɛstinasjɔ̃] *nf* (*lieu*)
estination; (*usage*) purpose;
~ de bound for; travelling to
stiner [dɛstine] /1/ *vt*: **~ qch à**
ı (*envisager de donner*) to intend
to have sth; (*adresser*) to intend
h for sb; **se ~ à l'enseignement**
intend to become a teacher;
re destiné à (*usage*) to be
tended *ou* meant for
achant [detaʃɑ̃] *nm* stain
mover
acher [detaʃe] /1/ *vt* (*enlever*)
detach, remove; (*délier*) to
ntie; (*Admin*): **~ qn (auprès de**
à) to post sb (to); **se détacher**
(*se séparer*) to come off; (*page*) to
ome out; (*se défaire*) to come
ndone; **se ~ sur** to stand out
gainst; **se ~ de** (*se désintéresser*)
grow away from
tail [detaj] *nm* detail; (*Comm*):
~ retail; **au ~** (*Comm*) retail;
ı **~** in detail • **détaillant, e** *nm/f*
tailer • **détaillé, e** *adj* (*récit,*
an, explications) detailed;
cture) itemized • **détailler** /1/
(*expliquer*) to explain in detail
tecter [detɛkte] /1/ *vt* to
etect
tective [detɛktiv] *nm*
etective; **~ (privé)** private
etective *ou* investigator

déteindre [detɛ̃dʀ] /52/ *vi* to fade; (*au lavage*) to run; **~ sur** (*vêtement*) to run into; (*fig*) to rub off on

détendre [detɑ̃dʀ] /41/ *vt* (*personne, atmosphère, corps, esprit*) to relax; **se détendre** *vi* (*ressort*) to lose its tension; (*personne*) to relax

détenir [det(ə)niʀ] /22/ *vt* (*fortune, objet, secret*) to be in possession of; (*prisonnier*) to detain; (*record*) to hold; **~ le pouvoir** to be in power

détente [detɑ̃t] *nf* relaxation

détention [detɑ̃sjɔ̃] *nf* (*de fortune, objet, secret*) possession; (*captivité*) detention; **~ préventive** (pre-trial) custody

détenu, e [det(ə)ny] *pp de* **détenir** ▸ *nm/f* prisoner

détergent [detɛʀʒɑ̃] *nm* detergent

détériorer [deteʀjɔʀe] /1/ *vt* to damage; **se détériorer** *vi* to deteriorate

déterminé, e [detɛʀmine] *adj* (*résolu*) determined; (*précis*) specific, definite

déterminer [detɛʀmine] /1/ *vt* (*fixer*) to determine; **~ qn à faire** to decide sb to do; **se ~ à faire** to make up one's mind to do

détester [detɛste] /1/ *vt* to hate, detest

détour [detuʀ] *nm* detour; (*tournant*) bend, curve; **ça vaut le ~** it's worth the trip; **sans ~** (*fig*) plainly

détourné, e [detuʀne] *adj* (*sentier, chemin, moyen*) roundabout

détourner [detuʀne] /1/ *vt* to divert; (*par la force*) to hijack;

d

(*yeux, tête*) to turn away; (*de l'argent*) to embezzle; **se détourner** *vi* to turn away
détraquer [detʀake] /1/ *vt* to put out of order; (*estomac*) to upset; **se détraquer** *vi* to go wrong
détriment [detʀimɑ̃] *nm*: **au ~ de** to the detriment of
détroit [detʀwa] *nm* strait
détruire [detʀɥiʀ] /38/ *vt* to destroy
dette [dɛt] *nf* debt
DEUG *sigle m* = **Diplôme d'études universitaires générales**

French students sit their **DEUG** ('diplôme d'études universitaires générales') after two years at university. They can then choose to leave university altogether, or go on to study for their 'licence'. The certificate specifies the student's major subject and may be awarded with distinction.

deuil [dœj] *nm* (*perte*) bereavement; (*période*) mourning; **prendre le/être en ~** to go into/be in mourning
deux [dø] *num* two; **les ~** both; **ses ~ mains** both his hands, his two hands; **~ fois** twice
• **deuxième** *num* second
• **deuxièmement** *adv* secondly
• **deux-pièces** *nm inv* (*tailleur*) two-piece (suit); (*de bain*) two-piece (swimsuit); (*appartement*) two-roomed flat (BRIT) *ou* apartment (US)
• **deux-points** *nm inv* colon *sg*
• **deux-roues** *nm inv* two-wheeled vehicle
devais *etc* [dəvɛ] *vb voir* **devoir**
dévaluation [devalɥasjɔ̃] *nf* devaluation
devancer [d(ə)vɑ̃se] /3/ *vt* to get ahead of; (*arriver avant*) to arrive before; (*prévenir*) to anticipate
devant [d(ə)vɑ̃] *adv* in front; (*à distance: en avant*) ahead ▸ *prép* front of; (*en avant*) ahead of; (*av mouvement: passer*) past; (*fig*) before, in front of; (*: vu*) in view ▸ *nm* front; **prendre les ~s** to make the first move; **les patte de ~** the front legs, the forelegs **par ~** (*boutonner*) at the front; (*entrer*) the front way; **aller au-~ de qn** to go out to meet sl **aller au-~ de** (*désirs de qn*) to anticipate
devanture [d(ə)vɑ̃tyʀ] *nf* (*étalage*) display; (*vitrine*) (shop) window
développement [dev(ə)lɔpm *nm* development; **pays en voi de ~** developing countries; **~ durable** sustainable development
développer [dev(ə)lɔpe] /1/ *v* to develop; **se développer** *vi* to develop
devenir [dəv(ə)niʀ] /22/ *vi* to become; **que sont-ils devenu** what has become of them?
devez [dəve] *vb voir* **devoir**
déviation [devjasjɔ̃] *nf* (*Auto*) diversion (BRIT), detour (US)
devienne *etc* [dəvjɛn] *vb voir* **devenir**
deviner [d(ə)vine] /1/ *vt* to gue (*apercevoir*) to distinguish
• **devinette** *nf* riddle
devis [d(ə)vi] *nm* estimate, quotation
devise [dəviz] *nf* (*formule*) mot watchword; **devises** *nfpl* (*arger* currency *sg*

visser [devise] /1/ *vt* to nscrew, undo; **se dévisser** *vi* to ome unscrewed
voir [d(ə)vwaʀ] /28/ *nm* duty; *Scol*) homework *no pl*; (: *en classe*) xercise ▶ *vt* (*argent, respect*): **qch (à qn)** to owe (sb) sth; **ombien est-ce que je vous ois?** how much do I owe you?; **doit le faire** (*obligation*) he has o do it, he must do it; **cela evait arriver un jour** it was ound to happen; **il doit partir emain** (*intention*) he is due to eave tomorrow; **il doit être tard** *probabilité*) it must be late
vorer [devɔʀe] /1/ *vt* to evour; (*feu, soucis*) to consume; **qn/qch des yeux** *ou* **du egard** (*convoitise*) to eye sb/sth reedily
voué, e [devwe] *adj* devoted
vouer [devwe] /1/: **e dévouer** *vi* (*se sacrifier*): **e ~ (pour)** to sacrifice o.s. (for); *se consacrer*): **se ~ à** to devote *ou* edicate o.s. to
vrai *etc* [dəvʀe] *vb voir* **devoir**
zipper [dezipe] /1/ *vt* to unzip
abète [djabɛt] *nm* diabetes *sg* **diabétique** *nm/f* diabetic
able [djɑbl] *nm* devil
abolo [djabɔlo] *nm* (*boisson*) emonade and fruit cordial
agnostic [djagnɔstik] *nm* iagnosis *sg* • **diagnostiquer** /1/ t to diagnose
agonal, e, -aux [djagɔnal, -o] *dj, nf* diagonal; **en ~e** diagonally
agramme [djagʀam] *nm* hart, graph
alecte [djalɛkt] *nm* dialect
alogue [djalɔg] *nm* dialogue
amant [djamɑ̃] *nm* diamond

diamètre [djamɛtʀ] *nm* diameter
diapo [djapo], **diapositive** [djapozitiv] *nf* transparency, slide
diarrhée [djaʀe] *nf* diarrhoea
dictateur [diktatœʀ] *nm* dictator • **dictature** [diktatyʀ] *nf* dictatorship
dictée [dikte] *nf* dictation
dicter [dikte] /1/ *vt* to dictate
dictionnaire [diksjɔnɛʀ] *nm* dictionary
dièse [djɛz] *nm* sharp
diesel [djezɛl] *nm, adj inv* diesel
diète [djɛt] *nf* (*jeûne*) starvation diet; (*régime*) diet • **diététique** *adj*: **magasin diététique** health food shop (BRIT) *ou* store (US)
dieu, x [djø] *nm* god; **D~** God; **mon D~!** good heavens!
différemment [diferamɑ̃] *adv* differently
différence [diferɑ̃s] *nf* difference; **à la ~ de** unlike • **différencier** /7/ *vt* to differentiate
différent, e [diferɑ̃, -ɑ̃t] *adj* (*dissemblable*) different; **~ de** different from; **~s objets** different *ou* various objects
différer [difere] /6/ *vt* to postpone, put off ▶ *vi*: **~ (de)** to differ (from)
difficile [difisil] *adj* difficult; (*exigeant*) hard to please • **difficilement** *adv* with difficulty
difficulté [difikylte] *nf* difficulty; **en ~** (*bateau, alpiniste*) in trouble *ou* difficulties
diffuser [difyze] /1/ *vt* (*chaleur, bruit, lumière*) to diffuse; (*émission, musique*) to broadcast; (*nouvelle, idée*) to circulate; (*Comm*) to distribute

d

digérer [diʒeʀe] /6/ *vt* to digest; (*fig*: *accepter*) to stomach, put up with • **digestif, -ive** *nm* (after-dinner) liqueur • **digestion** *nf* digestion
digne [diɲ] *adj* dignified; **~ de** worthy of; **~ de foi** trustworthy • **dignité** *nf* dignity
digue [dig] *nf* dike, dyke
dilemme [dilɛm] *nm* dilemma
diligence [diliʒɑ̃s] *nf* stagecoach
diluer [dilɥe] /1/ *vt* to dilute
dimanche [dimɑ̃ʃ] *nm* Sunday
dimension [dimɑ̃sjɔ̃] *nf* (*grandeur*) size; (*dimensions*) dimensions
diminuer [diminɥe] /1/ *vt* to reduce, decrease; (*ardeur etc*) to lessen; (*dénigrer*) to belittle ▶ *vi* to decrease, diminish • **diminutif** *nm* (*surnom*) pet name
dinde [dɛ̃d] *nf* turkey
dindon [dɛ̃dɔ̃] *nm* turkey
dîner [dine] /1/ *nm* dinner ▶ *vi* to have dinner
dingue [dɛ̃g] *adj* (*fam*) crazy
dinosaure [dinɔzɔʀ] *nm* dinosaur
diplomate [diplɔmat] *adj* diplomatic ▶ *nm* diplomat; (*fig*) diplomatist • **diplomatie** *nf* diplomacy
diplôme [diplom] *nm* diploma certificate; **avoir des ~s** to have qualifications • **diplômé, e** *adj* qualified
dire [diʀ] /37/ *vt* to say; (*secret, mensonge*) to tell; **se dire** (*à soi-même*) to say to oneself ▶ *nm*: **au ~ de** according to; **~ qch à qn** to tell sb sth; **~ à qn qu'il fasse** *ou* **de faire** to tell sb to do; **on dit que** they say that; **on dirait que** it looks (*ou* sounds *etc*) as though; **que dites-vous de** (*penser*) what do you think of; **si cela lui dit** if he fancies it; **dis donc!, dites donc!** (*pour attirer l'attention*) hey!; (*au fait*) by the way; **ceci** *ou* **cela dit** that being said; **ça ne se dit pas** (*impoli*) yo shouldn't say that; (*pas en usage*) you don't say that
direct, e [diʀɛkt] *adj* direct ▶ *nm* **en ~** (*émission*) live • **directeme** *adv* directly
directeur, -trice [diʀɛktœʀ, -tʀis] *nm/f* (*d'entreprise*) directo (*de service*) manager/eress; (*d'école*) head(teacher) (BRIT), principal (US)
direction [diʀɛksjɔ̃] *nf* (*d'entreprise*) management; (*Aut*) steering; (*sens*) direction; **"tout ~s"** "all routes"
dirent [diʀ] *vb voir* **dire**
dirigeant, e [diʀiʒɑ̃, -ɑ̃t] *adj* (*classes*) ruling ▶ *nm/f* (*d'un parti etc*) leader
diriger [diʀiʒe] /3/ *vt* (*entreprise*) to manage, run; (*véhicule*) to ste (*orchestre*) to conduct; (*recherche travaux*) to supervise; (*arme*): **~ s** to point *ou* level *ou* aim at; **se diriger** *vi* (*s'orienter*) to find one's way; **~ son regard sur** to look i the direction of; **se ~ vers** *ou* **su** to make *ou* head for
dis [di] *vb voir* **dire**
discerner [disɛʀne] /1/ *vt* to discern, make out
discipline [disiplin] *nf* disciplir • **discipliner** /1/ *vt* to discipline
discontinu, e [diskɔ̃tiny] *adj* intermittent
discontinuer [diskɔ̃tinɥe] /1/ *vi*: **sans ~** without stopping, without a break

cothèque [diskɔtɛk] *nf*
oîte de nuit) disco(thèque)
cours [diskuʀ] *nm* speech
cret, -ète [diskʀɛ, -ɛt] *adj*
screet; (*fig*: *musique, style,*
aquillage) unobtrusive
discrétion *nf* discretion;
discrétion as much as one
'ants
crimination *nf*
scrimination; **sans ~**
discriminately
cussion [diskysjɔ̃] *nf*
scussion
cutable [diskytabl] *adj*
ebatable
cuter [diskyte] /1/ *vt*
ontester) to question, dispute;
'ébattre: *prix*) to discuss
vi to talk; (*protester*) to argue;
de to discuss
e *etc* [diz] *vb voir* **dire**
joncteur [disʒɔ̃ktœʀ] *nm*
lec) circuit breaker
loquer [dislɔke] /1/: **se**
sloquer *vi* (*parti, empire*) to
'eak up; (*meuble*) to come apart;
~ l'épaule to dislocate one's
houlder
ons *etc* [dizɔ̃] *vb voir* **dire**
paraître [dispaʀɛtʀ] /57/ *vi*
disappear; (*se perdre*: *traditions*
c) to die out; (*personne*: *mourir*)
die; **faire ~** (*objet, tache, trace*)
remove; (*personne, douleur*) to
et rid of
parition [dispaʀisjɔ̃] *nf*
sappearance; **espèce en voie**
e ~ endangered species
paru, e [dispaʀy] *nm/f*
issing person; **être porté ~**
be reported missing
pensaire [dispɑ̃sɛʀ] *nm*
ommunity clinic

dispenser [dispɑ̃se] /1/ *vt*: **~ qn de** to exempt sb from
disperser [dispɛʀse] /1/ *vt* to scatter; **se disperser** *vi* to scatter
disponible [dispɔnibl] *adj* available
disposé, e [dispoze] *adj*: **bien/mal ~** (*humeur*) in a good/bad mood; **~ à** (*prêt à*) willing *ou* prepared to
disposer [dispoze] /1/ *vt* to arrange ▸*vi*: **vous pouvez ~** you may leave; **~ de** to have (at one's disposal); **se ~ à faire** to prepare to do, be about to do
dispositif [dispozitif] *nm* device; (*fig*) system, plan of action
disposition [dispozisjɔ̃] *nf* (*arrangement*) arrangement, layout; (*humeur*) mood; **prendre ses ~s** to make arrangements; **avoir des ~s pour la musique** *etc* to have a special aptitude for music *etc*; **à la ~ de qn** at sb's disposal; **je suis à votre ~** I am at your service
disproportionné, e [dispʀɔpɔʀsjɔne] *adj* disproportionate, out of all proportion
dispute [dispyt] *nf* quarrel, argument • **disputer** /1/ *vt* (*match*) to play; (*combat*) to fight; **se disputer** *vi* to quarrel
disqualifier [diskalifje] /7/ *vt* to disqualify
disque [disk] *nm* (*Mus*) record; (*forme, pièce*) disc; (*Sport*) discus; **~ compact** compact disc; **~ dur** hard disk • **disquette** *nf* floppy (disk), diskette
dissertation [disɛʀtasjɔ̃] *nf* (*Scol*) essay

d

dissimuler [disimyle] /1/ *vt* to conceal
dissipé, e [disipe] *adj* (*indiscipliné*) unruly
dissolvant [disɔlvɑ̃] *nm* nail polish remover
dissuader [disɥade] /1/ *vt*: **~ qn de faire/de qch** to dissuade sb from doing/from sth
distance [distɑ̃s] *nf* distance; (*fig*: *écart*) gap; **à ~** at *ou* from a distance • **distancer** /3/ *vt* to outdistance
distant, e [distɑ̃, -ɑ̃t] *adj* (*réservé*) distant; **~ de** (*lieu*) far away *ou* a long way from
distillerie [distilʀi] *nf* distillery
distinct, e [distɛ̃(kt), distɛ̃kt] *adj* distinct • **distinctement** [distɛ̃ktəmɑ̃] *adv* distinctly • **distinctif, -ive** *adj* distinctive
distingué, e [distɛ̃ge] *adj* distinguished
distinguer [distɛ̃ge] /1/ *vt* to distinguish; **se distinguer** *vi*: **se ~ (de)** to distinguish o.s. *ou* be distinguished (from)
distraction [distʀaksjɔ̃] *nf* (*manque d'attention*) absent-mindedness; (*passe-temps*) distraction, entertainment
distraire [distʀɛʀ] /50/ *vt* (*déranger*) to distract; (*divertir*) to entertain, divert; **se distraire** *vi* to amuse *ou* enjoy o.s. • **distrait, e** [distʀɛ, -ɛt] *pp de* **distraire** ▸ *adj* absent-minded
distrayant, e [distʀɛjɑ̃, -ɑ̃t] *adj* entertaining
distribuer [distʀibɥe] /1/ *vt* to distribute; to hand out; (*Cartes*) to deal (out); (*courrier*) to deliver • **distributeur** *nm* (*Auto, Comm*) distributor; (*automatique*) (vending) machine; **distributeur de billets** cash dispenser
dit, e [di, dit] *pp de* **dire** ▸ *adj* (*fi*... **le jour ~** the arranged day; (*surnommé*): **X, ~ Pierrot** X, kno... as *ou* called Pierrot
dites [dit] *vb voir* **dire**
divan [divɑ̃] *nm* divan
divers, e [divɛʀ, -ɛʀs] *adj* (*varié*...) diverse, varied; (*différent*) different, various; **~es person**... various *ou* several people
diversité [divɛʀsite] *nf* diversi... variety
divertir [divɛʀtiʀ] /2/: **se divertir** *vi* to amuse *ou* enjoy o... • **divertissement** *nm* entertainment
diviser [divize] /1/ *vt* to divide • **division** *nf* division
divorce [divɔʀs] *nm* divorce • **divorcé, e** *nm/f* divorcee • **divorcer** /3/ *vi* to get a divor... get divorced; **divorcer de** *ou* **d'avec qn** to divorce sb
divulguer [divylge] /1/ *vt* to disclose
dix [di, dis, diz] *num* ten • **dix-h**... *num* eighteen • **dix-huitième** *num* eighteenth • **dixième** *num* tenth • **dix-neuf** *num* nineteen • **dix-neuvième** *num* nineteen... • **dix-sept** *num* seventeen • **dix-septième** *num* seventee...
dizaine [dizɛn] *nf*: **une ~ (de)** about ten, ten or so
do [do] *nm* (*note*) C; (*en chantant gamme*) do(h)
docile [dɔsil] *adj* docile
dock [dɔk] *nm* dock • **docker** *n*... docker
docteur, e [dɔktœʀ] *nm/f* doc... • **doctorat** *nm*: **doctorat (d'Université)** ≈ doctorate

ctrine [dɔktʀin] *nf* doctrine
cument [dɔkymɑ̃] *nm*
ɔcument • **documentaire** *adj, nm*
ɔcumentary • **documentation**
documentation, literature
documenter /1/ *vt*: **se**
ocumenter (sur) to gather
formation *ou* material (on *ou*
ɔout)
do [dɔdo] *nm*: **aller faire ~** to
ɔ to beddy-byes
gue [dɔg] *nm* mastiff
igt [dwa] *nm* finger; **à deux ~s**
e within an ace (BRIT) *ou* an inch
; **un ~ de lait/whisky** a drop of
ilk/whisky; **~ de pied** toe
t *etc* [dwa] *vb voir* **devoir**
llar [dɔlaʀ] *nm* dollar
maine [dɔmɛn] *nm* estate,
operty; (*fig*) domain, field
mestique [dɔmɛstik] *adj*
ɔmestic ▶ *nm/f* servant,
ɔmestic
micile [dɔmisil] *nm* home,
ace of residence; **à ~** at home;
vrer à ~ to deliver • **domicilié, e**
lj: **être domicilié à** to have one's
ɔme in *ou* at
minant, e [dɔminɑ̃, -ɑ̃t] *adj*
pinion) predominant
miner [dɔmine] /1/ *vt* to
ɔminate; (*sujet*) to master;
urpasser) to outclass, surpass;
urplomber) to tower above,
ɔminate ▶ *vi* to be in the
ɔminant position; **se dominer** *vi*
control o.s.
mino [dɔmino] *nm* domino;
ominos *nmpl* (*jeu*) dominoes *sg*
mmage [dɔmaʒ] *nm*: **~s**
égâts, pertes) damage *no pl*;
est ~ de faire/que it's a shame
pity to do/that; **quel ~!, c'est ~!**
hat a pity *ou* shame!

dompter [dɔ̃(p)te] /1/ *vt* to tame
• **dompteur, -euse** *nm/f* trainer
DOM-ROM *sigle m(pl)*
(= *Département(s) et Régions/ Territoire(s) d'outre-mer*) French
overseas departments and regions
don [dɔ̃] *nm* gift; (*charité*)
donation; **avoir des ~s pour** to
have a gift *ou* talent for; **elle a le**
~ de m'énerver she's got a knack
of getting on my nerves
donc [dɔ̃k] *conj* therefore, so;
(*après une digression*) so, then
dongle [dɔ̃gl] *nm* dongle
donné, e [dɔne] *adj* (*convenu: lieu, heure*) given; (*pas cher*) very cheap;
données *nfpl* data; **c'est ~** it's a
gift; **étant ~ que ...** given that ...
donner [dɔne] /1/ *vt* to give; (*vieux habits etc*) to give away; (*spectacle*)
to put on; **~ qch à qn** to give sb
sth, give sth to sb; **~ sur** (*fenêtre, chambre*) to look (out) onto; **ça**
donne soif/faim it makes you
(feel) thirsty/hungry; **se ~ à fond**
(à son travail) to give one's all
(to one's work); **se ~ du mal** *ou*
de la peine (pour faire qch) to
go to a lot of trouble (to do sth);
s'en ~ à cœur joie (*fam*) to have a
great time (of it)

dont [dɔ̃]

pron relatif **1** (*appartenance: objets*) whose, of which; (: *êtres animés*) whose; **la maison dont le toit est rouge** the house the roof of which is red, the house whose roof is red; **l'homme dont je connais la sœur** the man whose sister I know
2 (*parmi lesquel(le)s*): **deux livres, dont l'un est ...** two books, one of which is ...; **il y**

d

avait plusieurs personnes, dont Gabrielle there were several people, among them Gabrielle; **10 blessés, dont 2 grièvement** 10 injured, 2 of them seriously
3 (*complément d'adjectif, de verbe*): **le fils dont il est si fier** the son he's so proud of; **le pays dont il est originaire** the country he's from; **ce dont je parle** what I'm talking about; **la façon dont il l'a fait** the way (in which) he did it

dopage [dɔpaʒ] *nm* (*Sport*) drug use; (*de cheval*) doping
doré, e [dɔʀe] *adj* golden; (*avec dorure*) gilt, gilded
dorénavant [dɔʀenavɑ̃] *adv* henceforth
dorer [dɔʀe] /1/ *vt* to gild; **(faire) ~** (*Culin*) to brown
dorloter [dɔʀlɔte] /1/ *vt* to pamper
dormir [dɔʀmiʀ] /16/ *vi* to sleep; (*être endormi*) to be asleep
dortoir [dɔʀtwaʀ] *nm* dormitory
dos [do] *nm* back; (*de livre*) spine; **"voir au ~"** "see over"; **de ~** from the back
dosage [dozaʒ] *nm* mixture
dose [doz] *nf* dose • **doser** /1/ *vt* to measure out; **il faut savoir doser ses efforts** you have to be able to pace yourself
dossier [dosje] *nm* (*renseignements, fichier*) file; (*de chaise*) back; (*Presse*) feature; (*Inform*) folder; **un ~ scolaire** a school report
douane [dwan] *nf* customs *pl* • **douanier, -ière** *adj* customs *cpd* ▸ *nm* customs officer
double [dubl] *adj, adv* double ▸ *nm* (*autre exemplaire*) duplicat[e], copy; (*sosie*) double; (*Tennis*) doubles *sg*; (*2 fois plus*): **le ~ (de)** twice as much (*ou* many) (as); **[e]n ~ (exemplaire)** in duplicate; **faire ~ emploi** to be redundan[t] • **double-clic** (*pl* **doubles-clic[s]**) *nm* double-click • **double-cliq[uer]** /1/ *vi* (*Inform*) to double-click
doubler [duble] /1/ *vt* (*multipli[er] par 2*) to double; (*vêtement*) to li[ne]; (*dépasser*) to overtake, pass; (*fil[m]*) to dub; (*acteur*) to stand in for ▸ [*vi*] to double
doublure [dublyʀ] *nf* lining; (*Ciné*) stand-in
douce [dus] *adj f voir* **doux** • **douceâtre** *adj* sickly sweet • **doucement** *adv* gently; (*lentement*) slowly • **douceur** *n[f]* softness; (*de climat*) mildness; (*de quelqu'un*) gentleness
douche [duʃ] *nf* shower; **pren[dre] une ~** to have *ou* take a shower • **doucher** /1/: **se doucher** *vi* t[o] have *ou* take a shower
doudou [dudu] (*fam*) *nm* (*morc[eau] de tissu*) comfort blanket; (*peluc[he]*) cuddly toy
doué, e [dwe] *adj* gifted, talen[ted]; **être ~ pour** to have a gift for
douille [duj] *nf* (*Élec*) socket
douillet, te [dujɛ, -ɛt] *adj* cos[y]; (*péj: à la douleur*) soft
douleur [dulœʀ] *nf* pain; (*chag[rin]*) grief, distress • **douloureux, -euse** *adj* painful
doute [dut] *nm* doubt; **sans ~** [no] doubt; (*probablement*) probabl[y]; **sans nul** *ou* **aucun ~** without ([a]) doubt • **douter** /1/ *vt* to doubt; **douter de** (*allié, sincérité de qn*) [to] have (one's) doubts about, dou[bt]

ésultat, réussite) to be doubtful
; **douter que** to doubt whether
if; **se douter de qch/que** to
spect sth/that; **je m'en**
outais I suspected as much
louteux, -euse *adj* (*incertain*)
oubtful; (*péj*) dubious-looking
uvres [duvʀ] *n* Dover
ux, douce [du, dus] *adj* soft;
ucré, agréable) sweet; (*peu fort:*
outarde etc, clément: climat) mild;
as brusque) gentle
uzaine [duzɛn] *nf* (12) dozen;
nviron 12): **une ~ (de)** a dozen
so
uze [duz] *num* twelve
louzième *num* twelfth
gée [dʀaʒe] *nf* sugared
mond
guer [dʀage] /1/ *vt* (*rivière*) to
edge; (*fam*) to try and pick up
matique [dʀamatik] *adj*
amatic; (*tragique*) tragic ▸ *nf*
V) (television) drama
me [dʀam] *nm* drama
p [dʀa] *nm* (*de lit*) sheet; (*tissu*)
oollen fabric
peau, x [dʀapo] *nm* flag
p-housse [dʀaus] *nm* fitted
eet
sser [dʀese] /1/ *vt* (*mettre*
rtical, monter) to put up, erect;
ste, bilan, contrat) to draw up;
nimal) to train; **se dresser** *vi*
laise, obstacle) to stand; (*personne*)
draw o.s. up; **~ l'oreille** to prick
one's ears; **~ qn contre qn**
autre to set sb against sb else
gue [dʀɔg] *nf* drug; **la ~** drugs
• **drogué, e** *nm/f* drug addict
droguer /1/ *vt* (*victime*) to drug;
droguer *vi* (*aux stupéfiants*) to
ke drugs; (*péj: de médicaments*) to
se o.s. up • **droguerie** *nf* ≈
hardware shop (BRIT) *ou* store
(US) • **droguiste** *nm* ≈ keeper
(*ou* owner) of a hardware shop
ou store

droit, e [dʀwa, dʀwat] *adj* (*non courbe*) straight; (*vertical*) upright, straight; (*fig: loyal, franc*) upright, straight(forward); (*opposé à gauche*) right, right-hand ▸ *adv* straight ▸ *nm* (*prérogative*) right; (*taxe*) duty, tax; (*: d'inscription*) fee; (*lois, branche*): **le ~** law ▸ *nf* (*Pol*) right (wing); **avoir le ~ de** to be allowed to; **avoir ~ à** to be entitled to; **être dans son ~** to be within one's rights; **à ~e** on the right; (*direction*) (to the) right; **~s d'auteur** royalties; **~s d'inscription** enrolment *ou* registration fees • **droitier, -ière** *adj* right-handed

drôle [dʀol] *adj* (*amusant*) funny, amusing; (*bizarre*) funny, peculiar; **un ~ de ...** (*bizarre*) a strange *ou* funny ...; (*intensif*) an incredible ..., a terrific ...

dromadaire [dʀɔmadɛʀ] *nm* dromedary

du [dy] *art voir* **de**

dû, due [dy] *pp de* **devoir** ▸ *adj* (*somme*) owing, owed; (*causé par*): **dû à** due to ▸ *nm* due

dune [dyn] *nf* dune

duplex [dyplɛks] *nm* (*appartement*) split-level apartment, duplex

duquel [dykɛl] *voir* **lequel**

dur, e [dyʀ] *adj* (*pierre, siège, travail, problème*) hard; (*lumière, voix, climat*) harsh; (*sévère*) hard, harsh; (*cruel*) hard(-hearted); (*porte, col*) stiff; (*viande*) tough ▸ *adv* hard ▸ *nm* (*fam: meneur*) tough nut; **~ d'oreille** hard of hearing

durant [dyʀɑ̃] *prép (au cours de)* during; *(pendant)* for; **des mois ~** for months

durcir [dyʀsiʀ] /2/ *vt, vi* to harden; **se durcir** *vi* to harden

durée [dyʀe] *nf* length; *(d'une pile etc)* life; **de courte ~** *(séjour, répit)* brief

durement [dyʀmɑ̃] *adv* harshly

durer [dyʀe] /1/ *vi* to last

dureté [dyʀte] *nf* hardness; harshness; stiffness; toughness

durit® [dyʀit] *nf (car radiator)* hose

duvet [dyvɛ] *nm* down

DVD *sigle m (= digital versatile disc)* DVD

dynamique [dinamik] *adj* dynamic • **dynamisme** *nm* dynamism

dynamo [dinamo] *nf* dynamo

dysfonctionnement [disfɔ̃ksjɔnmɑ̃] *nm* malfunctioning

dyslexie [dislɛksi] *nf* dyslexia, word blindness

e

eau, x [o] *nf* water ▸ *nfpl (Méd)* waters; **prendre l'~** to leak, let water; **tomber à l'~** *(fig)* to fall through; **~ de Cologne** eau de Cologne; **~ courante** running water; **~ douce** fresh water; **~ gazeuse** sparkling (mineral) water; **~ de Javel** bleach; **~ minérale** mineral water; **~ plate** still water; **~ salée** salt water; **~ de toilette** toilet wat • **eau-de-vie** *nf* brandy

ébène [ebɛn] *nf* ebony • **ébéni** [ebenist] *nm* cabinetmaker

éblouir [ebluiʀ] /2/ *vt* to dazzl

éboueur [ebwœʀ] *nm* dustma (BRIT), garbage man (US)

ébouillanter [ebujɑ̃te] /1/ *vt* scald; *(Culin)* to blanch

éboulement [ebulmɑ̃] *nm* rock

ébranler [ebʀɑ̃le] /1/ *vt* to sha *(rendre instable)* to weaken; **s'ébranler** *vi (partir)* to move o

ébullition [ebylisjɔ̃] *nf* boiling point; **en ~** boiling

écaille [ekaj] *nf (de poisson)* sca *(matière)* tortoiseshell • **écaille** /1/ *vt (poisson)* to scale; **s'écail** *vi* to flake *ou* peel (off)

art [ekaʀ] *nm* gap; **à l'~** out of
ıe way; **à l'~ de** away from;
ıire un ~ (*voiture*) to swerve
arté, e [ekaʀte] *adj* (*lieu*)
ut-of-the-way, remote; (*ouvert*):
es jambes ~es legs apart; **les**
ras ~s arms outstretched
arter [ekaʀte] /1/ *vt* (*séparer*)
o move apart, separate; (*éloigner*)
o push back, move away; (*ouvrir*:
'as, jambes) to spread, open;
rideau) to draw (back); (*éliminer*:
ındidat, possibilité) to dismiss;
'écarter *vi* to part; (*personne*) to
ıove away; **s'~ de** to wander from
hafaudage [eʃafodaʒ] *nm*
:affolding
halote [eʃalɔt] *nf* shallot
hange [eʃɑ̃ʒ] *nm* exchange; **en**
de in exchange *ou* return for
échanger /3/ *vt*: **échanger qch**
:ontre) to exchange sth (for)
hantillon [eʃɑ̃tijɔ̃] *nm* sample
happer [eʃape] /1/: **~ à** *vt*
ıardien) to escape (from);
unition, péril) to escape; **~ à qn**
létail, sens) to escape sb; (*objet*
ı'on tient) to slip out of sb's
ands; **laisser ~** (*cri etc*) to let out;
~ belle to have a narrow escape;
'échapper *vi* to escape
harde [eʃaʀd] *nf* splinter (of
ıood)
harpe [eʃaʀp] *nf* scarf; **avoir le**
ras en ~ to have one's arm in a
ing
hauffer [eʃofe] /1/ *vt* (*métal,*
ıoteur) to overheat; **s'échauffer**
(*Sport*) to warm up; (*discussion*)
o become heated
héance [eʃeɑ̃s] *nf* (*d'un*
aiement: *date*) settlement date;
ig) deadline; **à brève/longue ~**
ı the short/long term

échéant [eʃeɑ̃]: **le cas ~** *adv* if the case arises
échec [eʃɛk] *nm* failure; (*Échecs*): **~ et mat/au roi** checkmate/check; **échecs** *nmpl* (*jeu*) chess *sg*; **tenir en ~** to hold in check
échelle [eʃɛl] *nf* ladder; (*fig, d'une carte*) scale
échelon [eʃ(ə)lɔ̃] *nm* (*d'échelle*) rung; (*Admin*) grade • **échelonner** /1/ *vt* to space out, spread out
échiquier [eʃikje] *nm* chessboard
écho [eko] *nm* echo • **échographie** *nf*: **passer une échographie** to have a scan
échouer [eʃwe] /1/ *vi* to fail; **s'échouer** *vi* to run aground
éclabousser [eklabuse] /1/ *vt* to splash
éclair [eklɛʀ] *nm* (*d'orage*) flash of lightning, lightning *no pl*; (*gâteau*) éclair
éclairage [eklɛʀaʒ] *nm* lighting
éclaircie [eklɛʀsi] *nf* bright *ou* sunny interval
éclaircir [eklɛʀsiʀ] /2/ *vt* to lighten; (*fig*: *mystère*) to clear up; (*point*) to clarify; **s'éclaircir** *vi* (*ciel*) to brighten up; **s'~ la voix** to clear one's throat • **éclaircissement** *nm* clarification
éclairer [ekleʀe] /1/ *vt* (*lieu*) to light (up); (*personne*: *avec une lampe de poche etc*) to light the way for; (*fig*: *rendre compréhensible*) to shed light on ▸ *vi*: **~ mal/bien** to give a poor/good light; **s'~ à la bougie/l'électricité** to use candlelight/have electric lighting
éclat [ekla] *nm* (*de bombe, de verre*) fragment; (*du soleil, d'une couleur etc*) brightness, brilliance; (*d'une cérémonie*) splendour; (*scandale*):

faire un ~ to cause a commotion; **~ de rire** burst *ou* roar of laughter; **~ de voix** shout
éclatant, e [eklatɑ̃, -ɑ̃t] *adj* brilliant
éclater [eklate] /1/ *vi* (*pneu*) to burst; (*bombe*) to explode; (*guerre, épidémie*) to break out; (*groupe, parti*) to break up; **~ de rire/en sanglots** to burst out laughing/sobbing
écluse [eklyz] *nf* lock
écœurant, e [ekœʀɑ̃, -ɑ̃t] *adj* sickening; (*gâteau etc*) sickly
écœurer [ekœʀe] *vt*: **~ qn** (*nourriture*) to make sb feel sick; (*fig: conduite, personne*) to disgust sb
école [ekɔl] *nf* school; **aller à l'~** to go to school; **~ maternelle** nursery school; **~ primaire** primary (BRIT) *ou* grade (US) school; **~ secondaire** secondary (BRIT) *ou* high (US) school • **écolier, -ière** *nm/f* schoolboy/girl
écologie [ekɔlɔʒi] *nf* ecology • **écologique** *adj* environment-friendly • **écologiste** *nm/f* ecologist
économe [ekɔnɔm] *adj* thrifty ▸ *nm/f* (*de lycée etc*) bursar (BRIT), treasurer (US)
économie [ekɔnɔmi] *nf* economy; (*gain: d'argent, de temps etc*) saving; (*science*) economics *sg*; **~ collaborative** sharing economy; **économies** *nfpl* (*pécule*) savings • **économique** *adj* (*avantageux*) economical; (*Écon*) economic • **économiser** /1/ *vt, vi* to save
écorce [ekɔʀs] *nf* bark; (*de fruit*) peel
écorcher [ekɔʀʃe] /1/ *vt*: **s'~ le genou** *etc* to scrape *ou* graze one's knee *etc* • **écorchure** *nf* graze
écossais, e [ekɔsɛ, -ɛz] *adj* Scottish ▸ *nm/f*: **É~, e** Scot
Écosse [ekɔs] *nf*: **l'~** Scotland
écotaxe [ekɔtaks] *nf* green tax
écouter [ekute] /1/ *vt* to listen to; **s'écouter** *vi* (*malade*) to be a bit of a hypochondriac; **si je m'écoutais** if I followed my instincts • **écouteur** *nm* (*Tél*) receiver; **écouteurs** *nmpl* (*casque*) headphones, headset *sg*
écran [ekʀɑ̃] *nm* screen; **le petit ~** television; **~ tactile** touchscreen; **~ total** sunblock
écrasant, e [ekʀazɑ̃, -ɑ̃t] *adj* overwhelming
écraser [ekʀaze] /1/ *vt* to crush; (*piéton*) to run over; **s'~ (au sol)** to crash; **s'~ contre** to crash into
écrémé, e [ekʀeme] *adj* (*lait*) skimmed
écrevisse [ekʀəvis] *nf* crayfish *inv*
écrire [ekʀiʀ] /39/ *vt, vi* to write; **s'écrire** *vi* to write to one another; **ça s'écrit comment?** how is it spelt? • **écrit** *nm* (*examen*) written paper; **par écrit** in writing
écriteau, x [ekʀito] *nm* notice, sign
écriture [ekʀityʀ] *nf* writing; **écritures** *nfpl* (*Comm*) accounts, books; **l'É~ (sainte), les É~s** the Scriptures
écrivain [ekʀivɛ̃] *nm* writer
écrou [ekʀu] *nm* nut
écrouler [ekʀule] /1/: **s'écrouler** *vi* to collapse
écru, e [ekʀy] *adj* off-white, écru
écume [ekym] *nf* foam
écureuil [ekyʀœj] *nm* squirrel

urie [ekyʀi] *nf* stable
zéma [ɛgzema] *nm* eczema
F *sigle f* (= *Électricité de France*)
ational electricity company
imbourg [edɛ̃buʀ] *n*
dinburgh
iter [edite] /1/ *vt* (*publier*) to
ublish; (*annoter*) to edit
éditeur, -trice *nm/f* publisher
édition *nf* edition; **l'édition**
ublishing
redon [edʀədɔ̃] *nm* eiderdown
ucateur, -trice [edykatœʀ,
ʀis] *nm/f* teacher; (*en école*
écialisée) instructor
ucatif, -ive [edykatif, -iv] *adj*
ducational
ucation [edykasjɔ̃] *nf*
ducation; (*familiale*) upbringing;
nanières) (good) manners *pl*
ulcorant [edylkɔʀɑ̃] *nm*
weetener
uquer [edyke] /1/ *vt* to
ducate; (*élever*) to bring up
acer [efase] /3/ *vt* to erase, rub
ut; **s'effacer** *vi* (*inscription etc*) to
ear off; (*pour laisser passer*) to
ep aside
arant, e [efaʀɑ̃, -ɑ̃t] *adj*
arming
ectif, -ive [efɛktif, -iv] *adj* real
nm (*Scol*) total number of pupils;
omm) manpower *sg*
effectivement *adv* (*réellement*)
ctually, really; (*en effet*) indeed
ectuer [efɛktɥe] /1/ *vt*
pération, mission) to carry out;
éplacement, trajet) to make
ervescent, e [efɛʀvesɑ̃, -ɑ̃t]
lj effervescent
et [efɛ] *nm* effect; (*impression*)
npression; **effets** *nmpl* (*vêtements*
c) things; **faire ~** (*médicament*)
take effect; **faire de l'~** (*impressionner*) to make an impression; **faire bon/mauvais ~ sur qn** to make a good/bad impression on sb; **en ~** indeed; **~ de serre** greenhouse effect
efficace [efikas] *adj* (*personne*) efficient; (*action, médicament*) effective • **efficacité** *nf* efficiency; effectiveness
effondrer [efɔ̃dʀe] /1/: **s'effondrer** *vi* to collapse
efforcer [efɔʀse] /3/: **s'efforcer de** *vt*: **s'~ de faire** to try hard to do
effort [efɔʀ] *nm* effort
effrayant, e [efʀɛjɑ̃, -ɑ̃t] *adj* frightening
effrayer [efʀeje] /8/ *vt* to frighten, scare; **s'effrayer (de)** to be frightened *ou* scared (by)
effréné, e [efʀene] *adj* wild
effronté, e [efʀɔ̃te] *adj* insolent
effroyable [efʀwajabl] *adj* horrifying, appalling
égal, e, -aux [egal, -o] *adj* equal; (*constant: vitesse*) steady ▸ *nm/f* equal; **être ~ à** (*prix, nombre*) to be equal to; **ça m'est ~** it's all the same to me, I don't mind; **sans ~** matchless, unequalled; **d'~ à ~** as equals • **également** *adv* equally; (*aussi*) too, as well • **égaler** /1/ *vt* to equal • **égaliser** /1/ *vt* (*sol, salaires*) to level (out); (*chances*) to equalize ▸ *vi* (*Sport*) to equalize • **égalité** *nf* equality; **être à égalité (de points)** to be level
égard [egaʀ] *nm*: **égards** *nmpl* consideration *sg*; **à cet ~** in this respect; **par ~ pour** out of consideration for; **à l'~ de** towards
égarer [egaʀe] /1/ *vt* to mislay; **s'égarer** *vi* to get lost, lose one's way; (*objet*) to go astray

églefin [egləfɛ̃] *nm* haddock
église [egliz] *nf* church; **aller à l'~** to go to church
égoïsme [egɔism] *nm* selfishness • **égoïste** *adj* selfish
égout [egu] *nm* sewer
égoutter [egute] /1/ *vi* to drip; **s'égoutter** *vi* to drip • **égouttoir** *nm* draining board; (*mobile*) draining rack
égratignure [egʀatiɲyʀ] *nf* scratch
Égypte [eʒipt] *nf*: **l'~** Egypt • **égyptien, ne** *adj* Egyptian ▸*nm/f*: **Égyptien, ne** Egyptian
eh [e] *excl* hey!; **eh bien** well
élaborer [elabɔʀe] /1/ *vt* to elaborate; (*projet, stratégie*) to work out; (*rapport*) to draft
élan [elɑ̃] *nm* (*Zool*) elk, moose; (*Sport*) run up; (*fig: de tendresse etc*) surge; **prendre son ~/de l'~** to take a run up/gather speed
élancer [elɑ̃se] /3/: **s'élancer** *vi* to dash, hurl o.s.
élargir [elaʀʒiʀ] /2/ *vt* to widen; **s'élargir** *vi* to widen; (*vêtement*) to stretch
élastique [elastik] *adj* elastic ▸*nm* (*de bureau*) rubber band; (*pour la couture*) elastic *no pl*
élection [elɛksjɔ̃] *nf* election
électricien, ne [elɛktʀisjɛ̃, -ɛn] *nm/f* electrician
électricité [elɛktʀisite] *nf* electricity; **allumer/éteindre l'~** to put on/off the light
électrique [elɛktʀik] *adj* electric(al)
électrocuter [elɛktʀɔkyte] /1/ *vt* to electrocute
électroménager [elɛktʀomenaʒe] *adj*: **appareils ~s** domestic (electrical) appliances ▸*nm*: **l'~** household appliances
électronique [elɛktʀɔnik] *adj* electronic ▸*nf* electronics *sg*
élégance [elegɑ̃s] *nf* elegance
élégant, e [elegɑ̃, -ɑ̃t] *adj* elegant
élément [elemɑ̃] *nm* element; (*pièce*) component, part • **élémentaire** *adj* elementary
éléphant [elefɑ̃] *nm* elephant
élevage [el(ə)vaʒ] *nm* breeding; (*de bovins*) cattle breeding *ou* rearing; **truite d'~** farmed trout
élevé, e [el(ə)ve] *adj* high; **bien/mal ~** well-/ill-mannered
élève [elɛv] *nm/f* pupil
élever [el(ə)ve] /5/ *vt* (*enfant*) to bring up, raise; (*bétail, volaille*) to breed; (*hausser: taux, niveau*) to raise; (*édifier: monument*) to put up, erect; **s'élever** *vi* (*avion, alpiniste*) to go up; (*niveau, température, aussi*) to rise; **s'~ à** (*frais, dégâts*) to amount to, add up to; **s'~ contre** to rise up against; **~ la voix** to raise one's voice • **éleveur, -euse** *nm/f* stock breeder
éliminatoire [eliminatwaʀ] *nf* (*Sport*) heat
éliminer [elimine] /1/ *vt* to eliminate
élire [eliʀ] /43/ *vt* to elect
elle [ɛl] *pron* (*sujet*) she; (: *chose*) it; (*complément*) her; it; **~s** (*sujet*) they; (*complément*) them; **~-même** herself; itself; **~s-mêmes** themselves; *voir* **il**
éloigné, e [elwaɲe] *adj* distant, far-off; (*parent*) distant
éloigner [elwaɲe] /1/ *vt* (*échéance*) to put off, postpone; (*soupçons, danger*) to ward off; **~ qch (de)** to move *ou* take sth

away (from); **s'éloigner (de)** (*personne*) to go away (from); (*véhicule*) to move away (from); (*affectivement*) to become estranged (from); **~ qn (de)** to take sb away *ou* remove sb (from)

lu, e [ely] *pp de* **élire** ▸ *nm/f* (*Pol*) elected representative

lysée [elize] *nm*: **(le palais de) l'~** the Élysée palace

mail, -aux [emaj, -o] *nm* enamel

-mail [imɛl] *nm* email; **envoyer qch par ~** to email sth

manciper [emɑ̃sipe] /1/: **s'émanciper** *vi* (*fig*) to become emancipated *ou* liberated

mballage [ɑ̃balaʒ] *nm* (*papier*) wrapping; (*carton*) packaging

mballer [ɑ̃bale] /1/ *vt* to wrap (up); (*dans un carton*) to pack (up); (*fig: fam*) to thrill (to bits); **s'emballer** *vi* (*moteur*) to race; (*cheval*) to bolt; (*fig: personne*) to get carried away

mbarcadère [ɑ̃baʀkadɛʀ] *nm* landing stage (BRIT), pier

mbarquement [ɑ̃baʀkəmɑ̃] *nm* embarkation; (*de marchandises*) loading; (*de passagers*) boarding

mbarquer [ɑ̃baʀke] /1/ *vt* (*personne*) to embark; (*marchandise*) to load; (*fam*) to cart off ▸ *vi* (*passager*) to board; **s'embarquer** *vi* to board; **s'~ dans** (*affaire, aventure*) to embark upon

mbarras [ɑ̃baʀa] *nm* (*confusion*) embarrassment; **être dans l'~** to be in a predicament *ou* an awkward position; **vous n'avez que l'~ du choix** the only problem is choosing

embarrassant, e [ɑ̃baʀasɑ̃, -ɑ̃t] *adj* embarrassing

embarrasser [ɑ̃baʀase] /1/ *vt* (*encombrer*) to clutter (up); (*gêner*) to hinder, hamper; to put in an awkward position; **s'embarrasser de** to burden o.s. with

embaucher [ɑ̃boʃe] /1/ *vt* to take on, hire

embêtant, e [ɑ̃bɛtɑ̃, -ɑ̃t] *adj* annoying

embêter [ɑ̃bete] /1/ *vt* to bother; **s'embêter** *vi* (*s'ennuyer*) to be bored

emblée [ɑ̃ble]: **d'~** *adv* straightaway

embouchure [ɑ̃buʃyʀ] *nf* (*Géo*) mouth

embourber [ɑ̃buʀbe] /1/: **s'embourber** *vi* to get stuck in the mud

embouteillage [ɑ̃butɛjaʒ] *nm* traffic jam, (traffic) holdup (BRIT)

embranchement [ɑ̃bʀɑ̃ʃmɑ̃] *nm* (*routier*) junction

embrasser [ɑ̃bʀase] /1/ *vt* to kiss; (*sujet, période*) to embrace, encompass

embrayage [ɑ̃bʀɛjaʒ] *nm* clutch

embrouiller [ɑ̃bʀuje] /1/ *vt* (*fils*) to tangle (up); (*fiches, idées, personne*) to muddle up; **s'embrouiller** *vi* to get in a muddle

embruns [ɑ̃bʀœ̃] *nmpl* sea spray *sg*

embué, e [ɑ̃bɥe] *adj* misted up

émeraude [em(ə)ʀod] *nf* emerald

émerger [emɛʀʒe] /3/ *vi* to emerge; (*faire saillie, aussi fig*) to stand out

émeri [em(ə)ʀi] *nm*: **toile** *ou* **papier ~** emery paper
émerveiller [emɛʀveje] /1/ *vt* to fill with wonder; **s'émerveiller de** to marvel at
émettre [emɛtʀ] /56/ *vt* (*son, lumière*) to give out, emit; (*message etc*: *Radio*) to transmit; (*billet, timbre, emprunt, chèque*) to issue; (*hypothèse, avis*) to voice, put forward ▸ *vi* to broadcast
émeus *etc* [emø] *vb voir* **émouvoir**
émeute [emøt] *nf* riot
émigrer [emigʀe] /1/ *vi* to emigrate
émincer [emɛ̃se] /3/ *vt* to slice thinly
émission [emisjɔ̃] *nf* (*voir émettre*) emission; (*d'un message*) transmission; (*de billet, timbre, emprunt, chèque*) issue; (*Radio, TV*) programme, broadcast
emmêler [ɑ̃mele] /1/ *vt* to tangle (up); (*fig*) to muddle up; **s'emmêler** *vi* to get into a tangle
emménager [ɑ̃menaʒe] /3/ *vi* to move in; **~ dans** to move into
emmener [ɑ̃m(ə)ne] /5/ *vt* to take (with one); (*comme otage, capture*) to take away; **~ qn au cinéma** to take sb to the cinema
emmerder [ɑ̃mɛʀde] /1/ (*fam !*) *vt* to bug, bother; **s'emmerder** *vi* to be bored stiff
émoticone [emɔticon] *nm* smiley
émotif, -ive [emɔtif, -iv] *adj* emotional
émotion [emosjɔ̃] *nf* emotion
émouvoir [emuvwaʀ] /27/ *vt* to move; **s'émouvoir** *vi* to be moved; to be roused
empaqueter [ɑ̃pakte] /4/ *vt* to pack up
emparer [ɑ̃paʀe] /1/: **s'empare de** *vt* (*objet*) to seize, grab; (*comm otage, Mil*) to seize; (*peur etc*) to take hold of
empêchement [ɑ̃pɛʃmɑ̃] *nm* (unexpected) obstacle, hitch
empêcher [ɑ̃peʃe] /1/ *vt* to preven **~ qn de faire** to prevent *ou* stop s (from) doing; **il n'empêche que** nevertheless; **il n'a pas pu s'~ d rire** he couldn't help laughing
empereur [ɑ̃pʀœʀ] *nm* empero
empiffrer [ɑ̃pifʀe] /1/: **s'empiffrer** *vi* (*péj*) to stuff o.s.
empiler [ɑ̃pile] /1/ *vt* to pile (up)
empire [ɑ̃piʀ] *nm* empire; (*fig*) influence
empirer [ɑ̃piʀe] /1/ *vi* to worsen deteriorate
emplacement [ɑ̃plasmɑ̃] *nm* site
emploi [ɑ̃plwa] *nm* use; (*poste*) job, situation; (*Comm, Écon*) employment; **mode d'~** directions for use; **~ du temps** timetable, schedule
employé, e [ɑ̃plwaje] *nm/f* employee; **~ de bureau/banqu** office/bank employee *ou* clerk
employer [ɑ̃plwaje] /8/ *vt* to use; (*ouvrier, main-d'œuvre*) to employ; **s'~ à qch/à faire** to apply *ou* devote o.s. to sth/to doing • **employeur, -euse** *nm/f* employer
empoigner [ɑ̃pwaɲe] /1/ *vt* to grab
empoisonner [ɑ̃pwazɔne] /1/ • to poison; (*empester*: *air, pièce*) to stink out; (*fam*): **~ qn** to drive sb mad
emporter [ɑ̃pɔʀte] /1/ *vt* to tak (with one); (*en dérobant ou enlevant, emmener*: *blessés,*

ɪoyageurs) to take away; (*entraîner*) :o carry away *ou* along; (*rivière*, ɪent) to carry away; **s'emporter** *vi* (*de colère*) to fly into a rage; **'~ (sur)** to get the upper hand 'of); **plats à ~** take-away meals

npreint, e [ɑ̃pʀɛ̃, -ɛ̃t] *adj*: **~ de** marked with ▸ *nf* (*de pied, main*) print; **~e (digitale)** fingerprint; **~e écologique** carbon footprint

npressé, e [ɑ̃pʀese] *adj* attentive

npresser [ɑ̃pʀese] /1/: **s'empresser** *vi*: **s'~ auprès de qn** :o surround sb with attentions; **s'~ de faire** to hasten to do

nprisonner [ɑ̃pʀizɔne] /1/ *vt* :o imprison

nprunt [ɑ̃pʀœ̃] *nm* loan (*from debtor's point of view*)

nprunter [ɑ̃pʀœ̃te] /1/ *vt* to borrow; (*itinéraire*) to take, follow

nu, e [emy] *pp de* **émouvoir** ▸ *adj* (*gratitude*) touched; (*compassion*) moved

en [ɑ̃]

▸ *prép* **1** (*endroit, pays*) in; (*direction*) to; **habiter en France/ville** to live in France/ town; **aller en France/ville** to go to France/town
2 (*moment, temps*) in; **en été/juin** in summer/June; **en 3 jours/ 20 ans** in 3 days/20 years
3 (*moyen*) by; **en avion/taxi** by plane/taxi
4 (*composition*) made of; **c'est en verre/coton/laine** it's (made of) glass/cotton/wool; **un collier en argent** a silver necklace
5 (*description, état*): **une femme (habillée) en rouge** a woman (dressed) in red; **peindre qch en rouge** to paint sth red; **en T/ étoile** T-/star-shaped; **en chemise/chaussettes** in one's shirt sleeves/socks; **en soldat** as a soldier; **cassé en plusieurs morceaux** broken into several pieces; **en réparation** being repaired, under repair; **en vacances** on holiday; **en deuil** in mourning; **le même en plus grand** the same but *ou* only bigger
6 (*avec gérondif*) while; on; **en dormant** while sleeping, as one sleeps; **en sortant** on going out, as he *etc* went out; **sortir en courant** to run out
7: **en tant que** as; **je te parle en ami** I'm talking to you as a friend
▸ *pron* **1** (*indéfini*): **j'en ai/veux** I have/want some; **en as-tu?** have you got any?; **je n'en veux pas** I don't want any; **j'en ai deux** I've got two; **combien y en a-t-il?** how many (of them) are there?; **j'en ai assez** I've got enough (of it *ou* them); (*j'en ai marre*) I've had enough
2 (*provenance*) from there; **j'en viens** I've come from there
3 (*cause*): **il en est malade/ perd le sommeil** he is ill/can't sleep because of it
4 (*complément de nom, d'adjectif, de verbe*): **j'en connais les dangers** I know its *ou* the dangers; **j'en suis fier/ai besoin** I am proud of it/need it

encadrer [ɑ̃kadʀe] /1/ *vt* (*tableau, image*) to frame; (*fig: entourer*) to surround; (*personnel, soldats etc*) to train

encaisser [ɑ̃kese] /1/ *vt* (*chèque*) to cash; (*argent*) to collect; (*fig*: *coup, défaite*) to take

en-cas [ɑ̃kɑ] *nm inv* snack

enceinte [ɑ̃sɛ̃t] *adj f*: **~ (de six mois)** (six months) pregnant ▸ *nf* (*mur*) wall; (*espace*) enclosure; **~ (acoustique)** speaker

encens [ɑ̃sɑ̃] *nm* incense

encercler [ɑ̃sɛʀkle] /1/ *vt* to surround

enchaîner [ɑ̃ʃene] /1/ *vt* to chain up; (*mouvements, séquences*) to link (together) ▸ *vi* to carry on

enchanté, e [ɑ̃ʃɑ̃te] *adj* (*ravi*) delighted; (*ensorcelé*) enchanted; **~ (de faire votre connaissance)** pleased to meet you

enchère [ɑ̃ʃɛʀ] *nf* bid; **mettre/ vendre aux ~s** to put up for (sale by)/sell by auction

enclencher [ɑ̃klɑ̃ʃe] /1/ *vt* (*mécanisme*) to engage; **s'enclencher** *vi* to engage

encombrant, e [ɑ̃kɔ̃bʀɑ̃, -ɑ̃t] *adj* cumbersome, bulky

encombrement [ɑ̃kɔ̃bʀəmɑ̃] *nm*: **être pris dans un ~** to be stuck in a traffic jam

encombrer [ɑ̃kɔ̃bʀe] /1/ *vt* to clutter (up); (*gêner*) to hamper; **s'encombrer de** (*bagages etc*) to load *ou* burden o.s. with

encore [ɑ̃kɔʀ]

adv **1** (*continuation*) still; **il y travaille encore** he's still working on it; **pas encore** not yet

2 (*de nouveau*) again; **j'irai encore demain** I'll go again tomorrow; **encore une fois** (once) again

3 (*en plus*) more; **encore un peu de viande?** a little more meat?; **encore deux jours** two more days

4 (*intensif*) even, still; **encore plus fort/mieux** even louder/ better, louder/better still; **quoi encore?** what now?

5 (*restriction*) even so *ou* then, only; **encore pourrais-je le faire si ...** even so, I might be able to do it if ...; **si encore** if only

encourager [ɑ̃kuʀaʒe] /3/ *vt* to encourage; **~ qn à faire qch** to encourage sb to do sth

encourir [ɑ̃kuʀiʀ] /11/ *vt* to incur

encre [ɑ̃kʀ] *nf* ink; **~ de Chine** Indian ink

encyclopédie [ɑ̃siklɔpedi] *nf* encyclopaedia

endetter [ɑ̃dete] /1/: **s'endetter** *vi* to get into debt

endive [ɑ̃div] *nf* chicory *no pl*

endormi, e [ɑ̃dɔʀmi] *adj* asleep

endormir [ɑ̃dɔʀmiʀ] /16/ *vt* to put to sleep; (*chaleur etc*) to send to sleep; (*Méd*: *dent, nerf*) to anaesthetize; (*fig*: *soupçons*) to allay; **s'endormir** *vi* to fall asleep, go to sleep

endroit [ɑ̃dʀwa] *nm* place; (*opposé à l'envers*) right side; **à l'~** (*vêtement*) the right way out; (*objet posé*) the right way round

endurance [ɑ̃dyʀɑ̃s] *nf* endurance

endurant, e [ɑ̃dyʀɑ̃, -ɑ̃t] *adj* tough, hardy

endurcir [ɑ̃dyʀsiʀ] /2/: **s'endurcir** *vi* (*physiquement*) to become tougher; (*moralement*) to become hardened

ndurer [ɑ̃dyʀe] /1/ *vt* to endure, bear
nergétique [enɛʀʒetik] *adj* (*aliment*) energizing
nergie [enɛʀʒi] *nf* (*Physique*) energy; (*Tech*) power; (*morale*) vigour, spirit • **énergique** *adj* energetic; vigorous; (*mesures*) drastic, stringent
nervant, e [enɛʀvɑ̃, -ɑ̃t] *adj* irritating, annoying
nerver [enɛʀve] /1/ *vt* to irritate, annoy; **s'énerver** *vi* to get excited, get worked up
nfance [ɑ̃fɑ̃s] *nf* childhood
nfant [ɑ̃fɑ̃] *nm/f* child • **enfantin, e** *adj* childlike; (*langage*) children's *cpd*
nfer [ɑ̃fɛʀ] *nm* hell
nfermer [ɑ̃fɛʀme] /1/ *vt* to shut up; (*à clef, interner*) to lock up; **s'enfermer** to shut o.s. away
nfiler [ɑ̃file] /1/ *vt* (*vêtement*) to slip on; (*perles*) to string; (*aiguille*) to thread; **~ un tee-shirt** to slip into a T-shirt
nfin [ɑ̃fɛ̃] *adv* at last; (*en énumérant*) lastly; (*de restriction, résignation*) still; (*pour conclure*) in a word; (*somme toute*) after all
nflammer [ɑ̃flame] /1/: **s'enflammer** *vi* to catch fire; (*Méd*) to become inflamed
nflé, e [ɑ̃fle] *adj* swollen
nfler [ɑ̃fle] /1/ *vi* to swell (up)
nfoncer [ɑ̃fɔ̃se] /3/ *vt* (*clou*) to drive in; (*faire pénétrer*): **~ qch dans** to push (*ou* drive) sth into; (*forcer: porte*) to break open; **s'enfoncer** *vi* to sink; **s'~ dans** to sink into; (*forêt, ville*) to disappear into
nfouir [ɑ̃fwiʀ] /2/ *vt* (*dans le sol*) to bury; (*dans un tiroir etc*) to tuck away
enfuir [ɑ̃fɥiʀ] /17/: **s'enfuir** *vi* to run away *ou* off
engagement [ɑ̃gaʒmɑ̃] *nm* commitment; **sans ~** without obligation
engager [ɑ̃gaʒe] /3/ *vt* (*embaucher*) to take on; (*: artiste*) to engage; (*commencer*) to start; (*lier*) to bind, commit; (*impliquer, entraîner*) to involve; (*investir*) to invest, lay out; (*introduire, clé*) to insert; (*inciter*): **~ qn à faire** to urge sb to do; **s'engager** *vi* (*Mil*) to enlist; (*promettre*) to commit o.s.; (*débuter: conversation etc*) to start (up); **s'~ à faire** to undertake to do; **s'~ dans** (*rue, passage*) to turn into; (*fig: affaire, discussion*) to enter into, embark on
engelures [ɑ̃ʒlyʀ] *nfpl* chilblains
engin [ɑ̃ʒɛ̃] *nm* machine; (*outil*) instrument; (*Auto*) vehicle; (*Aviat*) aircraft *inv*

> ⚠ Attention à ne pas traduire *engin* par le mot anglais *engine*.

engloutir [ɑ̃glutiʀ] /2/ *vt* to swallow up
engouement [ɑ̃gumɑ̃] *nm* (sudden) passion
engouffrer [ɑ̃gufʀe] /1/ *vt* to swallow up, devour; **s'engouffrer dans** to rush into
engourdir [ɑ̃guʀdiʀ] /2/ *vt* to numb; (*fig*) to dull, blunt; **s'engourdir** *vi* to go numb
engrais [ɑ̃gʀɛ] *nm* manure; **~ (chimique)** (chemical) fertilizer
engraisser [ɑ̃gʀese] /1/ *vt* to fatten (up)
engrenage [ɑ̃gʀənaʒ] *nm* gears *pl*, gearing; (*fig*) chain
engueuler [ɑ̃gœle] /1/ *vt* (*fam*) to bawl at *ou* out

e

enhardir [ɑ̃aʀdiʀ] /2/: **s'enhardir** *vi* to grow bolder
énigme [enigm] *nf* riddle
enivrer [ɑ̃nivʀe] /1/ *vt*: **s'enivrer** to get drunk
enjamber [ɑ̃ʒɑ̃be] /1/ *vt* to stride over
enjeu, x [ɑ̃ʒø] *nm* stakes *pl*
enjoué, e [ɑ̃ʒwe] *adj* playful
enlaidir [ɑ̃lediʀ] /2/ *vt* to make ugly ▸ *vi* to become ugly
enlèvement [ɑ̃lɛvmɑ̃] *nm* (*rapt*) abduction, kidnapping
enlever [ɑ̃l(ə)ve] /5/ *vt* (*ôter: gén*) to remove; (*: vêtement, lunettes*) to take off; (*emporter: ordures etc*) to collect; (*kidnapper*) to abduct, kidnap; (*obtenir: prix, contrat*) to win; (*prendre*): **~ qch à qn** to take sth (away) from sb
enliser [ɑ̃lize] /1/: **s'enliser** *vi* to sink, get stuck
enneigé, e [ɑ̃neʒe] *adj* snowy
ennemi, e [ɛnmi] *adj* hostile; (*Mil*) enemy *cpd* ▸ *nm/f* enemy
ennui [ɑ̃nɥi] *nm* (*lassitude*) boredom; (*difficulté*) trouble *no pl*; **avoir des ~s** to have problems • **ennuyer** /8/ *vt* to bother; (*lasser*) to bore; **s'ennuyer** *vi* to be bored; **si cela ne vous ennuie pas** if it's no trouble to you • **ennuyeux, -euse** *adj* boring, tedious; (*agaçant*) annoying
énorme [enɔʀm] *adj* enormous, huge • **énormément** *adv* enormously; **énormément de neige/gens** an enormous amount of snow/number of people
enquête [ɑ̃kɛt] *nf* (*de journaliste, de police*) investigation; (*judiciaire, administrative*) inquiry; (*sondage d'opinion*) survey • **enquêter** /1/ *vi*: **enquêter (sur)** to investigate look into
enragé, e [ɑ̃ʀaʒe] *adj* (*Méd*) rabic with rabies; (*fig*) fanatical
enrageant, e [ɑ̃ʀaʒɑ̃, -ɑ̃t] *adj* infuriating
enrager [ɑ̃ʀaʒe] /3/ *vi* to be furious
enregistrement [ɑ̃ʀ(ə)ʒistʀəmɑ̃] *nm* recording; **~ des bagages** baggage check-ir
enregistrer [ɑ̃ʀ(ə)ʒistʀe] /1/ *vt* (*Mus*) to record; (*fig: mémoriser*) to make a mental note of; (*bagages: l'aéroport*) to check in
enrhumer [ɑ̃ʀyme] /1/: **s'enrhumer** *vi* to catch a cold
enrichir [ɑ̃ʀiʃiʀ] /2/ *vt* to make rich(er); (*fig*) to enrich; **s'enrichir** *vi* to get rich(er)
enrouer [ɑ̃ʀwe] /1/: **s'enrouer** *v* to go hoarse
enrouler [ɑ̃ʀule] /1/ *vt* (*fil, corde*) to wind (up); **s'enrouler** to coil up; **~ qch autour de** to wind sth (a)round
enseignant, e [ɑ̃sɛɲɑ̃, -ɑ̃t] *nm/* teacher
enseignement [ɑ̃sɛɲ(ə)mɑ̃] *nn* teaching; (*Admin*) education
enseigner [ɑ̃seɲe] /1/ *vt, vi* to teach; **~ qch à qn/à qn que** to teach sb sth/sb that
ensemble [ɑ̃sɑ̃bl] *adv* together ▸ *nm* (*assemblage*) set; (*vêtements*) outfit; (*unité, harmonie*) unity; **l'~ du/de la** (*totalité*) the whole o entire; **impression/idée d'~** overall *ou* general impression/ idea; **dans l'~** (*en gros*) on the whole
ensoleillé, e [ɑ̃sɔleje] *adj* sunny
ensuite [ɑ̃sɥit] *adv* then, next; (*plus tard*) afterwards, later

NT *sigle m (Scol, Université: = espace numérique de travail)* VLE (= *virtual learning environment*)

ntamer [ɑ̃tame] /1/ *vt (pain, bouteille)* to start; *(hostilités, pourparlers)* to open

ntasser [ɑ̃tɑse] /1/ *vt (empiler)* to pile up, heap up; **s'entasser** *vi (s'amonceler)* to pile up; **s'~ dans** to cram into

ntendre [ɑ̃tɑ̃dʀ] /41/ *vt* to hear; *(comprendre)* to understand; *(vouloir dire)* to mean; **s'entendre** *vi (sympathiser)* to get on; *(se mettre d'accord)* to agree; **j'ai entendu dire que** I've heard (it said) that; **~ parler de** to hear of

ntendu, e [ɑ̃tɑ̃dy] *adj (réglé)* agreed; *(au courant: air)* knowing; **(c'est) ~** all right, agreed; **bien ~** of course

ntente [ɑ̃tɑ̃t] *nf* understanding; *(accord, traité)* agreement; **à double ~** *(sens)* with a double meaning

nterrement [ɑ̃tɛʀmɑ̃] *nm (cérémonie)* funeral, burial

nterrer [ɑ̃teʀe] /1/ *vt* to bury

ntêtant, e [ɑ̃tɛtɑ̃, -ɑ̃t] *adj* heady

n-tête [ɑ̃tɛt] *nm* heading; **papier à ~** headed notepaper

ntêté, e [ɑ̃tete] *adj* stubborn

ntêter [ɑ̃tete] /1/: **s'entêter** *vi*: **s'~ (à faire)** to persist (in doing)

nthousiasme [ɑ̃tuzjasm] *nm* enthusiasm • **enthousiasmer** /1/ *vt* to fill with enthusiasm; **s'enthousiasmer (pour qch)** to get enthusiastic (about sth) • **enthousiaste** *adj* enthusiastic

ntier, -ière [ɑ̃tje, -jɛʀ] *adj* whole; *(total, complet: satisfaction etc)* complete; *(fig: caractère)* unbending ▸ *nm (Math)* whole; **en ~** totally; **lait ~** full-cream milk • **entièrement** *adv* entirely, wholly

entonnoir [ɑ̃tɔnwaʀ] *nm* funnel

entorse [ɑ̃tɔʀs] *nf (Méd)* sprain; *(fig)*: **~ à la loi/au règlement** infringement of the law/rule

entourage [ɑ̃tuʀaʒ] *nm* circle; *(famille)* family (circle); *(ce qui enclôt)* surround

entourer [ɑ̃tuʀe] /1/ *vt* to surround; *(apporter son soutien à)* to rally round; **~ de** to surround with; **s'entourer de** *vt* to surround o.s. with

entracte [ɑ̃tʀakt] *nm* interval

entraide [ɑ̃tʀɛd] *nf* mutual aid *ou* assistance

entrain [ɑ̃tʀɛ̃] *nm* spirit; **avec ~** energetically; **faire qch sans ~** to do sth half-heartedly *ou* without enthusiasm

entraînement [ɑ̃tʀɛnmɑ̃] *nm* training

entraîner [ɑ̃tʀene] /1/ *vt (charrier)* to carry *ou* drag along; *(Tech)* to drive; *(emmener: personne)* to take (off); *(mener à l'assaut, influencer)* to lead; *(Sport)* to train; *(impliquer)* to entail; **~ qn à faire** *(inciter)* to lead sb to do; **s'entraîner** *vi (Sport)* to train; **s'~ à qch/à faire** to train o.s. for sth/to do • **entraîneur, -euse** *nm/f (Sport)* coach, trainer ▸ *nm (Hippisme)* trainer

entre [ɑ̃tʀ] *prép* between; *(parmi)* among(st); **l'un d'~ eux/nous** one of them/us; **~ autres (choses)** among other things; **ils se battent ~ eux** they are fighting among(st) themselves • **entrecôte** *nf* entrecôte *ou* rib steak

e

entrée [ɑ̃tʀe] *nf* entrance; (*accès: au cinéma etc*) admission; (*billet*) (admission) ticket; (*Culin*) first course

entre: • **entrefilet** *nm* (*article*) paragraph, short report • **entremets** *nm* (cream) dessert

entrepôt [ɑ̃tʀəpo] *nm* warehouse

entreprendre [ɑ̃tʀəpʀɑ̃dʀ] /58/ *vt* (*se lancer dans*) to undertake; (*commencer*) to begin *ou* start (upon)

entrepreneur, -euse [ɑ̃tʀəpʀənœʀ, -øz] *nm/f*: **~ (en bâtiment)** (building) contractor

entrepris, e [ɑ̃tʀəpʀi, -iz] *pp de* **entreprendre** ▸ *nf* (*société*) company, business; (*action*) undertaking, venture

entrer [ɑ̃tʀe] /1/ *vi* to go (*ou* come) in, enter ▸ *vt* (*Inform*) to input, enter; **~ dans** (*gén*) to enter; (*pièce*) to go (*ou* come) into, enter; (*club*) to join; (*heurter*) to run into; **(faire) ~ qch dans** to get sth into; **~ à l'hôpital** to go into hospital; **faire ~** (*visiteur*) to show in

entre-temps [ɑ̃tʀətɑ̃] *adv* meanwhile

entretenir [ɑ̃tʀət(ə)niʀ] /22/ *vt* to maintain; (*famille, maîtresse*) to support, keep; **~ qn (de)** to speak to sb (about)

entretien [ɑ̃tʀətjɛ̃] *nm* maintenance; (*discussion*) discussion, talk; (*pour un emploi*) interview

entrevoir [ɑ̃tʀəvwaʀ] /30/ *vt* (*à peine*) to make out; (*brièvement*) to catch a glimpse of

entrevu, e [ɑ̃tʀəvy] *pp de* **entrevoir** ▸ *nf* (*audience*) interview

entrouvert, e [ɑ̃tʀuvɛʀ, -ɛʀt] *adj* half-open

énumérer [enymeʀe] /6/ *vt* to li[st]

envahir [ɑ̃vaiʀ] /2/ *vt* to invade; (*inquiétude, peur*) to come over • **envahissant, e** *adj* (*péj: personne*) intrusive

enveloppe [ɑ̃v(ə)lɔp] *nf* (*de lettre*) envelope; (*crédits*) budget • **envelopper** /1/ *vt* to wrap; (*fig*) to envelop, shroud

enverrai *etc* [ɑ̃vɛʀɛ] *vb voir* **envoyer**

envers [ɑ̃vɛʀ] *prép* towards, to ▸ *nm* other side; (*d'une étoffe*) wrong side; **à l'~** (*verticalement*) upside down; (*pull*) back to front; (*vêtement*) inside out

envie [ɑ̃vi] *nf* (*sentiment*) envy; (*souhait*) desire, wish; **avoir ~ de** to feel like; (*désir plus fort*) to wan[t]; **avoir ~ de faire** to feel like doing; to want to do; **avoir ~ que** to wish that; **cette glace me fait ~** I fancy some of that ice cream • **envier** /7/ *vt* to envy • **envieux, -euse** *adj* envious

environ [ɑ̃viʀɔ̃] *adv*: **~ 3 h/2 km** (around) about 3 o'clock/2 km; *voir aussi* **environs**

environnant, e [ɑ̃viʀɔnɑ̃, -ɑ̃t] *adj* surrounding

environnement [ɑ̃viʀɔnmɑ̃] *nm* environment

environs [ɑ̃viʀɔ̃] *nmpl* surroundings; **aux ~ de** around

envisager [ɑ̃vizaʒe] /3/ *vt* to contemplate; (*avoir en vue*) to envisage; **~ de faire** to consider doing

envoler [ɑ̃vɔle] /1/: **s'envoler** *vi* (*oiseau*) to fly away *ou* off; (*avion*) to take off; (*papier, feuille*) to blow away; (*fig*) to vanish (into thin air)

nvoyé, e [ɑ̃vwaje] *nm/f* (*Pol*) envoy; (*Presse*) correspondent; **~ spécial** special correspondent
nvoyer [ɑ̃vwaje] /8/ *vt* to send; (*lancer*) to hurl, throw; **~ chercher** to send for; **~ promener qn** (*fam*) to send sb packing
olien, ne [eɔljɛ̃, -ɛn] *adj* wind ▶ *nf* wind turbine
pagneul, e [epaɲœl] *nm/f* spaniel
pais, se [epɛ, -ɛs] *adj* thick • **épaisseur** *nf* thickness
panouir [epanwiʀ] /2/: **s'épanouir** *vi* (*fleur*) to bloom, open out; (*visage*) to light up; (*se développer*) to blossom (out)
pargne [epaʀɲ] *nf* saving
pargner [epaʀɲe] /1/ *vt* to save; (*ne pas tuer ou endommager*) to spare ▶ *vi* to save; **~ qch à qn** to spare sb sth
parpiller [epaʀpije] /1/ *vt* to scatter; **s'éparpiller** *vi* to scatter; (*fig*) to dissipate one's efforts
patant, e [epatɑ̃, -ɑ̃t] *adj* (*fam*) super
pater [epate] /1/ *vt* (*fam*) to amaze; (: *impressionner*) to impress
paule [epol] *nf* shoulder
pave [epav] *nf* wreck
pée [epe] *nf* sword
peler [ep(ə)le] /4/ *vt* to spell
peron [epʀɔ̃] *nm* spur
pervier [epɛʀvje] *nm* sparrowhawk
pi [epi] *nm* (*de blé, d'orge*) ear; (*de maïs*) cob
pice [epis] *nf* spice
picé, e [epise] *adj* spicy
picer [epise] /3/ *vt* to spice
picerie [episʀi] *nf* grocer's shop; (*denrées*) groceries *pl*; **~ fine** delicatessen (shop) • **épicier, -ière** *nm/f* grocer
épidémie [epidemi] *nf* epidemic
épiderme [epidɛʀm] *nm* skin
épier [epje] /7/ *vt* to spy on, watch closely
épilepsie [epilɛpsi] *nf* epilepsy
épiler [epile] /1/ *vt* (*jambes*) to remove the hair from; (*sourcils*) to pluck
épinards [epinaʀ] *nmpl* spinach *sg*
épine [epin] *nf* thorn, prickle; (*d'oursin etc*) spine
épingle [epɛ̃gl] *nf* pin; **~ de nourrice** *ou* **de sûreté** *ou* **double** safety pin
épisode [epizɔd] *nm* episode; **film/roman à ~s** serial • **épisodique** *adj* occasional
épluche-légumes [eplyʃlegym] *nm inv* potato peeler
éplucher [eplyʃe] /1/ *vt* (*fruit, légumes*) to peel; (*comptes, dossier*) to go over with a fine-tooth comb • **épluchures** *nfpl* peelings
éponge [epɔ̃ʒ] *nf* sponge • **éponger** /3/ *vt* (*liquide*) to mop *ou* sponge up; (*surface*) to sponge; (*fig: déficit*) to soak up
époque [epɔk] *nf* (*de l'histoire*) age, era; (*de l'année, la vie*) time; **d'~** (*meuble*) period *cpd*
épouse [epuz] *nf* wife • **épouser** /1/ *vt* to marry
épousseter [epuste] /4/ *vt* to dust
épouvantable [epuvɑ̃tabl] *adj* appalling, dreadful
épouvantail [epuvɑ̃taj] *nm* scarecrow
épouvante [epuvɑ̃t] *nf* terror; **film d'~** horror film • **épouvanter** /1/ *vt* to terrify

e

époux [epu] *nm* husband ▸ *nmpl*: **les ~** the (married) couple
épreuve [eprœv] *nf* (*d'examen*) test; (*malheur, difficulté*) trial, ordeal; (*Photo*) print; (*Typo*) proof; (*Sport*) event; **à toute ~** unfailing; **mettre à l'~** to put to the test
éprouver [epruve] /1/ *vt* (*tester*) to test; to afflict, distress; (*ressentir*) to experience
EPS *sigle f* (= *Éducation physique et sportive*) ≈ PE
épuisé, e [epɥize] *adj* exhausted; (*livre*) out of print • **épuisement** *nm* exhaustion
épuiser [epɥize] /1/ *vt* (*fatiguer*) to exhaust, wear *ou* tire out; (*stock, sujet*) to exhaust; **s'épuiser** *vi* to wear *ou* tire o.s. out, exhaust o.s.
épuisette [epɥizɛt] *nf* shrimping net
équateur [ekwatœr] *nm* equator; **(la république de) l'É~** Ecuador
équation [ekwasjɔ̃] *nf* equation
équerre [ekɛr] *nf* (*à dessin*) (set) square
équilibre [ekilibr] *nm* balance; **garder/perdre l'~** to keep/lose one's balance; **être en ~** to be balanced • **équilibré, e** *adj* well-balanced • **équilibrer** /1/ *vt* to balance; **s'équilibrer** *vi* to balance
équipage [ekipaʒ] *nm* crew
équipe [ekip] *nf* team; **travailler en ~** to work as a team
équipé, e [ekipe] *adj*: **bien/mal ~** well-/poorly-equipped
équipement [ekipmɑ̃] *nm* equipment
équiper [ekipe] /1/ *vt* to equip; **~ qn/qch de** to equip sb/sth with
équipier, -ière [ekipje, -jɛr] *nm/f* team member
équitation [ekitasjɔ̃] *nf* (horse-)riding; **faire de l'~** to go (horse-)riding
équivalent, e [ekivalɑ̃, -ɑ̃t] *adj, nm* equivalent
équivaloir [ekivalwar] /29/: **~** *vt* to be equivalent to
érable [erabl] *nm* maple
érafler [erɑfle] /1/ *vt* to scratch • **éraflure** *nf* scratch
ère [ɛr] *nf* era; **en l'an 1050 de notre ~** in the year 1050 A.D.
érection [erɛksjɔ̃] *nf* erection
éroder [erɔde] /1/ *vt* to erode
érotique [erɔtik] *adj* erotic
errer [ere] /1/ *vi* to wander
erreur [erœr] *nf* mistake, error; **par ~** by mistake; **faire ~** to be mistaken
éruption [erypsjɔ̃] *nf* eruption; (*boutons*) rash
es [ɛ] *vb voir* **être**
ès [ɛs] *prép*: **licencié ès lettres/sciences** ≈ Bachelor of Arts/Science
ESB *sigle f* (= *encéphalopathie spongiforme bovine*) BSE
escabeau, x [ɛskabo] *nm* (*tabouret*) stool; (*échelle*) stepladder
escalade [ɛskalad] *nf* climbing *pl*; (*Pol etc*) escalation • **escalader** /1/ *vt* to climb
escale [ɛskal] *nf* (*Navig: durée*) call; (*: port*) port of call; (*Aviat*) stop(over); **faire ~ à** (*Navig*) to put in at; (*Aviat*) to stop over at; **vol sans ~** nonstop flight
escalier [ɛskalje] *nm* stairs *pl*; **dans l'~** *ou* **les ~s** on the stairs; **~ mécanique** *ou* **roulant** escalator

capade [ɛskapad] *nf*: **faire** **ıne ~** to go on a jaunt; (*s'enfuir*) to un away *ou* off
cargot [ɛskaʀgo] *nm* snail
carpé, e [ɛskaʀpe] *adj* steep
clavage [ɛsklavaʒ] *nm* slavery
clave [ɛsklav] *nm/f* slave
compte [ɛskɔ̃t] *nm* discount
crime [ɛskʀim] *nf* fencing
croc [ɛskʀo] *nm* swindler, on-man • **escroquer** /1/ *vt*: **scroquer qn (de qch)/qch à qn** o swindle sb (out of sth)/sth out f sb • **escroquerie** [ɛskʀɔkʀi] *nf* windle
pace [ɛspas] *nm* space
espacer /3/ *vt* to space out; **'espacer** *vi* (*visites etc*) to become ess frequent
padon [ɛspadɔ̃] *nm* swordfish nv
padrille [ɛspadʀij] *nf* ope-soled sandal
pagne [ɛspaɲ] *nf*: **l'~** Spain
espagnol, e *adj* Spanish ▶ *nm* Ling) Spanish ▶ *nm/f*: **spagnol, e** Spaniard
pèce [ɛspɛs] *nf* (*Bio, Bot, Zool*) pecies *inv*; (*gén*: *sorte*) sort, kind, ype; (*péj*): **~ de maladroit/de rute!** you clumsy oaf/you brute!; **spèces** *nfpl* (*Comm*) cash *sg*; **ayer en ~s** to pay (in) cash
pérance [ɛspeʀɑ̃s] *nf* hope; **· de vie** life expectancy
pérer [ɛspeʀe] /6/ *vt* to hope or; **j'espère (bien)** I hope so; **· que/faire** to hope that/to do
piègle [ɛspjɛgl] *adj* nischievous
pion, ne [ɛspjɔ̃, -ɔn] *nm/f* spy
espionnage *nm* espionage, pying • **espionner** /1/ *vt* o spy (up)on

espoir [ɛspwaʀ] *nm* hope; **dans l'~ de/que** in the hope of/that; **reprendre ~** not to lose hope
esprit [ɛspʀi] *nm* (*pensée, intellect*) mind; (*humour, ironie*) wit; (*mentalité, d'une loi etc, fantôme etc*) spirit; **faire de l'~** to try to be witty; **reprendre ses ~s** to come to; **perdre l'~** to lose one's mind
esquimau, de, x [ɛskimo, -od] *adj* Eskimo (*souvent !*) ▶ *nm*: **E~®** ice lolly (BRIT), popsicle (US) ▶ *nm/f*: **E~, de** Eskimo (*souvent !*)
essai [esɛ] *nm* (*tentative*) attempt, try; (*de produit*) testing; (*Rugby*) try; (*Littérature*) essay; **à l'~** on a trial basis; **mettre à l'~** to put to the test
essaim [esɛ̃] *nm* swarm
essayer [eseje] /8/ *vt* to try; (*vêtement, chaussures*) to try (on); (*restaurant, méthode, voiture*) to try (out) ▶ *vi* to try; **~ de faire** to try *ou* attempt to do
essence [esɑ̃s] *nf* (*de voiture*) petrol (BRIT), gas(oline) (US); (*extrait de plante*) essence; (*espèce*: *d'arbre*) species *inv*
essentiel, le [esɑ̃sjɛl] *adj* essential; **c'est l'~** (*ce qui importe*) that's the main thing; **l'~ de** the main part of
essieu, x [esjø] *nm* axle
essor [esɔʀ] *nm* (*de l'économie etc*) rapid expansion
essorer [esɔʀe] /1/ *vt* (*en tordant*) to wring (out); (*par la force centrifuge*) to spin-dry • **essoreuse** *nf* spin-dryer
essouffler [esufle] /1/: **s'essouffler** *vi* to get out of breath
essuie-glace [esɥiglas] *nm* windscreen (BRIT) *ou* windshield (US) wiper

essuyer [esɥije] /8/ *vt* to wipe; (*fig*: *subir*) to suffer; **s'essuyer** *vi* (*après le bain*) to dry o.s.; **~ la vaisselle** to dry up
est *vb* [ɛ] *voir* **être** ▶ *nm* [ɛst]: **l'~** the east ▶ *adj inv* [ɛst] east; (*région*) east(ern); **à l'~** in the east; (*direction*) to the east, east(wards); **à l'~ de** (to the) east of
est-ce que [ɛskə] *adv*: **~ c'est cher/c'était bon?** is it expensive/ was it good?; **quand est-ce qu'il part?** when does he leave?, when is he leaving?; *voir aussi* **que**
esthéticienne [ɛstetisjɛn] *nf* beautician
esthétique [ɛstetik] *adj* attractive
estimation [ɛstimasjɔ̃] *nf* valuation; (*chiffre*) estimate
estime [ɛstim] *nf* esteem, regard • **estimer** /1/ *vt* (*respecter*) to esteem; (*expertiser*: *bijou*) to value; (*évaluer*: *coût etc*) to assess, estimate; (*penser*): **estimer que/ être** to consider that/o.s. to be
estival, e, -aux [ɛstival, -o] *adj* summer *cpd*
estivant, e [ɛstivɑ̃, -ɑ̃t] *nm/f* (summer) holiday-maker
estomac [ɛstɔma] *nm* stomach
estragon [ɛstʀagɔ̃] *nm* tarragon
estuaire [ɛstɥɛʀ] *nm* estuary
et [e] *conj* and; **et lui?** what about him?; **et alors?** so what?
étable [etabl] *nf* cowshed
établi, e [etabli] *nm* (work)bench
établir [etabliʀ] /2/ *vt* (*papiers d'identité, facture*) to make out; (*liste, programme*) to draw up; (*gouvernement, artisan etc*) to set up; (*réputation, usage, fait, culpabilité, relations*) to establish; **s'établir** *vi* to be established; **s'~ (à son compte)** to set up in business; **s'~ à/près de** to settl in/near
établissement [etablismɑ̃] *nr* (*entreprise, institution*) establishment; **~ scolaire** scho educational establishment
étage [etaʒ] *nm* (*d'immeuble*) storey, floor; **au 2ème ~** on the 2nd (BRIT) *ou* 3rd (US) floor; **à l'~** upstairs; **c'est à quel ~?** what floor is it on?
étagère [etaʒɛʀ] *nf* (*rayon*) shelf (*meuble*) shelves *pl*
étai [etɛ] *nm* stay, prop
étain [etɛ̃] *nm* pewter *no pl*
étais *etc* [etɛ] *vb voir* **être**
étaler [etale] /1/ *vt* (*carte, nappe*) to spread (out); (*peinture, liquide*) to spread; (*échelonner*: *paiements dates, vacances*) to spread, stagg (*marchandises*) to display; (*richesses, connaissances*) to parade; **s'étaler** *vi* (*liquide*) to spread out; (*fam*) to fall flat on one's face; **s'~ sur** (*paiements etc*) to be spread over
étalon [etalɔ̃] *nm* (*cheval*) stallion
étanche [etɑ̃ʃ] *adj* (*récipient*) watertight; (*montre, vêtement*) waterproof
étang [etɑ̃] *nm* pond
étant [etɑ̃] *vb voir* **être**; **donné**
étape [etap] *nf* stage; (*lieu d'arrivée*) stopping place; (*: Cyclisme*) staging point
état [eta] *nm* (*Pol, condition*) stat **en bon/mauvais ~** in good/po condition; **en ~ (de marche)** in (working) order; **remettre en ~** to repair; **hors d'~** out of order; **être en ~/hors d'~ de faire** to b

in a state/in no fit state to do; **être dans tous ses ~s** to be in a state; **faire ~ de** (*alléguer*) to put forward; **l'É~** the State; **~ civil** civil status; **~ des lieux** inventory of fixtures • **États-Unis** *nmpl*: **les États-Unis (d'Amérique)** the United States (of America)

t cætera, et cetera, etc. [ɛtseteʀa] *adv* etc

té [ete] *pp de* **être** ▸ *nm* summer

teindre [etɛ̃dʀ] /52/ *vt* (*lampe, lumière, radio, chauffage*) to turn *ou* switch off; (*cigarette, incendie, bougie*) to put out, extinguish; **s'éteindre** *vi* (*feu, lumière*) to go out; (*mourir*) to pass away • **éteint, e** *adj* (*fig*) lacklustre, dull; (*volcan*) extinct

tendre [etɑ̃dʀ] /41/ *vt* (*pâte, liquide*) to spread; (*carte etc*) to spread out; (*lessive, linge*) to hang up *ou* out; (*bras, jambes*) to stretch out; (*fig: agrandir*) to extend; **s'étendre** *vi* (*augmenter, se propager*) to spread; (*terrain, forêt etc*): **s'~ jusqu'à/de … à** to stretch as far as/from … to; **s'~ sur** (*se coucher*) to lie down (on); (*fig: expliquer*) to elaborate *ou* enlarge (upon)

tendu, e [etɑ̃dy] *adj* extensive

ternel, le [etɛʀnɛl] *adj* eternal

ternité [etɛʀnite] *nf* eternity; **ça a duré une ~** it lasted for ages

ternuement [etɛʀnymɑ̃] *nm* sneeze

ternuer [etɛʀnɥe] /1/ *vi* to sneeze

tes [ɛt(z)] *vb voir* **être**

thiopie [etjɔpi] *nf*: **l'~** Ethiopia

tiez [etjɛ] *vb voir* **être**

tinceler [etɛ̃s(ə)le] /4/ *vi* to sparkle

étincelle [etɛ̃sɛl] *nf* spark

étiquette [etikɛt] *nf* label; (*protocole*): **l'~** etiquette

étirer [etiʀe] /1/ *vt* to stretch out; **s'étirer** *vi* (*personne*) to stretch; (*convoi, route*): **s'~ sur** to stretch out over

étoile [etwal] *nf* star; **à la belle ~** (out) in the open; **~ filante** shooting star; **~ de mer** starfish • **étoilé, e** *adj* starry

étonnant, e [etɔnɑ̃, -ɑ̃t] *adj* surprising

étonnement [etɔnmɑ̃] *nm* surprise, amazing

étonner [etɔne] /1/ *vt* to surprise, amaze; **s'étonner que/de** *vt* to be surprised that/at; **cela m'~ait (que)** (*j'en doute*) I'd be (very) surprised (if)

étouffer [etufe] /1/ *vt* to suffocate; (*bruit*) to muffle; (*scandale*) to hush up ▸ *vi* to suffocate; **s'étouffer** *vi* (*en mangeant etc*) to choke; **on étouffe** it's stifling

étourderie [etuʀdəʀi] *nf* (*caractère*) absent-mindedness *no pl*; (*faute*) thoughtless blunder

étourdi, e [etuʀdi] *adj* (*distrait*) scatterbrained, heedless

étourdir [etuʀdiʀ] /2/ *vt* (*assommer*) to stun, daze; (*griser*) to make dizzy *ou* giddy • **étourdissement** *nm* dizzy spell

étrange [etʀɑ̃ʒ] *adj* strange

étranger, -ère [etʀɑ̃ʒe, -ɛʀ] *adj* foreign; (*pas de la famille, non familier*) strange ▸ *nm/f* foreigner; stranger ▸ *nm*: **à l'~** abroad

étrangler [etʀɑ̃gle] /1/ *vt* to strangle; **s'étrangler** *vi* (*en mangeant etc*) to choke

e

être [ɛtʀ] /61/

▸*nm* being; **être humain** human being

▸*vb copule* 1 (*état, description*) to be; **il est instituteur** he is *ou* he's a teacher; **vous êtes grand/intelligent/fatigué** you are *ou* you're tall/clever/tired
2 (*+à: appartenir*) to be; **le livre est à Paul** the book is Paul's *ou* belongs to Paul; **c'est à moi/eux** it is *ou* it's mine/theirs
3 (*+de: provenance*): **il est de Paris** he is from Paris; (*: appartenance*): **il est des nôtres** he is one of us
4 (*date*): **nous sommes le 10 janvier** it's the 10th of January (today)

▸*vi* to be; **je ne serai pas ici demain** I won't be here tomorrow

▸*vb aux* 1 to have; to be; **être arrivé/allé** to have arrived/gone; **il est parti** he has left, he has gone
2 (*forme passive*) to be; **être fait par** to be made by; **il a été promu** he has been promoted
3 (*+à +inf, obligation, but*): **c'est à réparer** it needs repairing; **c'est à essayer** it should be tried; **il est à espérer que ...** it is *ou* it's to be hoped that ...

▸*vb impers* 1: **il est** (*+ adj*) it is; **il est impossible de le faire** it's impossible to do it
2: **il est** (*heure, date*): **il est 10 heures** it is *ou* it's 10 o'clock
3 (*emphatique*): **c'est moi** it's me; **c'est à lui de le faire** it's up to him to do it

étrennes [etʀɛn] *nfpl* ≈ Christmas box *sg*

étrier [etʀije] *nm* stirrup

étroit, e [etʀwa, -wat] *adj* narrow; (*vêtement*) tight; (*fig: lien collaboration*) close; **à l'~** crampe[d]; **~ d'esprit** narrow-minded

étude [etyd] *nf* studying; (*ouvrag[e] rapport*) study; (*Scol: salle de travai[l]*) study room; **études** *nfpl* (*Scol*) studies; **être à l'~** (*projet etc*) to b[e] under consideration; **faire des ~ (de droit/médecine)** to study (law/medicine)

étudiant, e [etydjɑ̃, -ɑ̃t] *nm/f* student

étudier [etydje] /7/ *vt, vi* to stud[y]

étui [etɥi] *nm* case

eu, eue [y] *pp de* **avoir**

euh [ø] *excl* er

euro [øʀo] *nm* euro

Europe [øʀɔp] *nf*: **l'~** Europe
• **européen, ne** *adj* European
▸*nm/f*: **Européen, ne** European

eus *etc* [y] *vb voir* **avoir**

eux [ø] *pron* (*sujet*) they; (*objet*) them

évacuer [evakɥe] /1/ *vt* to evacuate

évader [evade] /1/: **s'évader** *vi* t[o] escape

évaluer [evalɥe] /1/ *vt* (*expertise[r]*) to assess, evaluate; (*juger approximativement*) to estimate

évangile [evɑ̃ʒil] *nm* gospel; **É~** Gospel

évanouir [evanwiʀ] /2/: **s'évanouir** *vi* to faint; (*disparaîtr[e]*) to vanish, disappear
• **évanouissement** *nm* (*syncope*) fainting fit

évaporer [evapɔʀe] /1/: **s'évaporer** *vi* to evaporate

évasion [evazjɔ̃] *nf* escape

éveillé, e [eveje] *adj* awake; (*vif*) alert, sharp • **éveiller** /1/ *vt* to (a)waken; (*soupçons etc*) to arouse; **s'éveiller** *vi* to (a)waken; (*fig*) to be aroused

vénement [evɛnmɑ̃] *nm* event • **événementiel, le** *adj* factual ▶ *nm* (*spectacles, grandes manifestations*) events

ventail [evɑ̃taj] *nm* fan; (*choix*) range

ventualité [evɑ̃tɥalite] *nf* eventuality; possibility; **dans l'~ de** in the event of

ventuel, le [evɑ̃tɥɛl] *adj* possible

⚠ Attention à ne pas traduire *éventuel* par *eventual*.

ventuellement [evɑ̃tɥɛlmɑ̃] *adv* possibly

⚠ Attention à ne pas traduire *éventuellement* par *eventually*.

vêque [evɛk] *nm* bishop

videmment [evidamɑ̃] *adv* (*bien sûr*) of course; (*certainement*) obviously

vidence [evidɑ̃s] *nf* obviousness; (*fait*) obvious fact; **de toute ~** quite obviously *ou* evidently; **être en ~** to be clearly visible; **mettre en ~** (*fait*) to highlight • **évident, e** *adj* obvious, evident; **ce n'est pas évident** it's not as simple as all that

vier [evje] *nm* (kitchen) sink

viter [evite] /1/ *vt* to avoid; **~ de faire/que qch ne se passe** to avoid doing/sth happening; **~ qch à qn** to spare sb sth

voluer [evɔlɥe] /1/ *vi* (*enfant, maladie*) to develop; (*situation, moralement*) to evolve, develop; (*aller et venir*) to move about • **évolution** *nf* development; evolution

évoquer [evɔke] /1/ *vt* to call to mind, evoke; (*mentionner*) to mention

ex- [ɛks] *préfixe* ex-; **son ~mari** her ex-husband; **son ~femme** his ex-wife

exact, e [ɛgza(kt), ɛgzakt] *adj* exact; (*correct*) correct; (*ponctuel*) punctual; **l'heure ~e** the right *ou* exact time • **exactement** *adv* exactly

ex aequo [ɛgzeko] *adj* equally placed; **arriver ~** to finish neck and neck

exagéré, e [ɛgzaʒeʀe] *adj* (*prix etc*) excessive

exagérer [ɛgzaʒeʀe] /6/ *vt* to exaggerate ▶ *vi* (*abuser*) to go too far; (*déformer les faits*) to exaggerate

examen [ɛgzamɛ̃] *nm* examination; (*Scol*) exam, examination; **à l'~** under consideration; **~ médical** (medical) examination; (*analyse*) test

examinateur, -trice [ɛgzaminatœʀ, -tʀis] *nm/f* examiner

examiner [ɛgzamine] /1/ *vt* to examine

exaspérant, e [ɛgzaspeʀɑ̃, -ɑ̃t] *adj* exasperating

exaspérer [ɛgzaspeʀe] /6/ *vt* to exasperate

exaucer [ɛgzose] /3/ *vt* (*vœu*) to grant

excéder [ɛksede] /6/ *vt* (*dépasser*) to exceed; (*agacer*) to exasperate

excellent, e [ɛkselɑ̃, -ɑ̃t] *adj* excellent

e

excentrique [ɛksɑ̃tʀik] *adj* eccentric

excepté, e [ɛksɛpte] *adj, prép*: **les élèves ~s, ~ les élèves** except for *ou* apart from the pupils

exception [ɛksɛpsjɔ̃] *nf* exception; **à l'~ de** except for, with the exception of; **d'~** (*mesure, loi*) special, exceptional • **exceptionnel, le** *adj* exceptional • **exceptionnellement** *adv* exceptionally

excès [ɛksɛ] *nm* surplus ▸ *nmpl* excesses; **faire des ~** to overindulge; **~ de vitesse** speeding *no pl* • **excessif, -ive** *adj* excessive

excitant, e [ɛksitɑ̃, -ɑ̃t] *adj* exciting ▸ *nm* stimulant • **excitation** *nf* (*état*) excitement

exciter [ɛksite] /1/ *vt* to excite; (*café etc*) to stimulate; **s'exciter** *vi* to get excited

exclamer [ɛksklame] /1/: **s'exclamer** *vi* to exclaim

exclu, e [ɛkskly] *adj*: **il est/n'est pas ~ que ...** it's out of the question/not impossible that ...

exclure [ɛksklyʀ] /35/ *vt* (*faire sortir*) to expel; (*ne pas compter*) to exclude, leave out; (*rendre impossible*) to exclude, rule out • **exclusif, -ive** *adj* exclusive • **exclusion** *nf* expulsion; **à l'exclusion de** with the exclusion *ou* exception of • **exclusivité** *nf* (*Comm*) exclusive rights *pl*; **film passant en exclusivité à** film showing only at

excursion [ɛkskyʀsjɔ̃] *nf* (*en autocar*) excursion, trip; (*à pied*) walk, hike

excuse [ɛkskyz] *nf* excuse; **excuses** *nfpl* (*regret*) apology *sg*, apologies • **excuser** /1/ *vt* to excuse; **s'excuser (de)** to apologize (for); **"excusez-moi"** "I'm sorry"; (*pour attirer l'attention*) "excuse me"

exécuter [ɛgzekyte] /1/ *vt* (*prisonnier*) to execute; (*tâche etc*) to execute, carry out; (*Mus: jouer*) to perform, execute; **s'exécuter** *vi* to comply

exemplaire [ɛgzɑ̃plɛʀ] *nm* copy

exemple [ɛgzɑ̃pl] *nm* example; **par ~** for instance, for example; **donner l'~** to set an example

exercer [ɛgzɛʀse] /3/ *vt* (*pratiquer*) to exercise, practise; (*influence, contrôle, pression*) to exert; (*former*) to exercise, train; **s'exercer** *vi* (*médecin*) to be in practice; (*sportif, musicien*) to practise

exercice [ɛgzɛʀsis] *nm* exercise

exhiber [ɛgzibe] /1/ *vt* (*montrer: papiers, certificat*) to present, produce; (*péj*) to display, flaunt; **s'exhiber** *vi* to parade; (*exhibitionniste*) to expose o.s. • **exhibitionniste** *nm/f* exhibitionist

exigeant, e [ɛgziʒɑ̃, -ɑ̃t] *adj* demanding; (*péj*) hard to please

exiger [ɛgziʒe] /3/ *vt* to demand, require

exil [ɛgzil] *nm* exile • **exiler** /1/ *vt* to exile; **s'exiler** *vi* to go into exile

existence [ɛgzistɑ̃s] *nf* existence

exister [ɛgziste] /1/ *vi* to exist; **il existe un/des** there is a/are (some)

exorbitant, e [ɛgzɔʀbitɑ̃, -ɑ̃t] *adj* exorbitant

exotique [ɛgzɔtik] *adj* exotic; **yaourt aux fruits ~s** tropical fruit yoghurt

xpédier [ɛkspedje] /7/ *vt* (*lettre, paquet*) to send; (*troupes, renfort*) to dispatch; (*péj: travail etc*) to dispose of, dispatch • **expéditeur, -trice** *nm/f* sender • **expédition** *nf* sending; (*scientifique, sportive, Mil*) expedition
xpérience [ɛkspeʀjɑ̃s] *nf* (*de la vie, des choses*) experience; (*scientifique*) experiment
xpérimenté, e [ɛkspeʀimɑ̃te] *adj* experienced
xpérimenter [ɛkspeʀimɑ̃te] /1/ *vt* to test out, experiment with
xpert, e [ɛkspɛʀ, -ɛʀt] *adj* ▸ *nm* expert; **~ en assurances** insurance valuer • **expert-comptable** *nm* ≈ chartered (BRIT) ou certified public (US) accountant
xpirer [ɛkspiʀe] /1/ *vi* (*prendre fin, lit: mourir*) to expire; (*respirer*) to breathe out
xplication [ɛksplikasjɔ̃] *nf* explanation; (*discussion*) discussion; (*dispute*) argument
xplicite [ɛksplisit] *adj* explicit
xpliquer [ɛksplike] /1/ *vt* to explain; **s'expliquer** *vi* to explain o.s.; **s'~ avec qn** (*discuter*) to explain o.s. to sb
xploit [ɛksplwa] *nm* exploit, feat • **exploitant** *nm/f*: **exploitant (agricole)** farmer • **exploitation** *nf* exploitation; (*d'une entreprise*) running; **exploitation agricole** farming concern • **exploiter** /1/ *vt* (*personne, don*) to exploit; (*entreprise, ferme*) to run, operate; (*mine*) to exploit, work
xplorer [ɛksplɔʀe] /1/ *vt* to explore

exploser [ɛksploze] /1/ *vi* to explode, blow up; (*engin explosif*) to go off; (*personne: de colère*) to explode • **explosif, -ive** *adj, nm* explosive • **explosion** *nf* explosion; **explosion de joie/colère** outburst of joy/rage
exportateur, -trice [ɛkspɔʀtatœʀ, -tʀis] *adj* export *cpd*, exporting ▸ *nm* exporter
exportation [ɛkspɔʀtasjɔ̃] *nf* (*action*) exportation; (*produit*) export
exporter [ɛkspɔʀte] /1/ *vt* to export
exposant [ɛkspozɑ̃] *nm* exhibitor
exposé, e [ɛkspoze] *nm* talk ▸ *adj*: **~ au sud** facing south
exposer [ɛkspoze] /1/ *vt* (*marchandise*) to display; (*peinture*) to exhibit, show; (*parler de*) to explain, set out; (*mettre en danger, orienter, Photo*) to expose; **s'exposer à** *vt* (*soleil, danger*) to expose o.s. to • **exposition** *nf* (*manifestation*) exhibition; (*Photo*) exposure
exprès¹ [ɛkspʀɛ] *adv* (*délibérément*) on purpose; (*spécialement*) specially; **faire ~ de faire qch** to do sth on purpose
exprès², -esse [ɛkspʀɛs] *adj inv* (*Postes: lettre, colis*) express
express [ɛkspʀɛs] *adj, nm*: **(café) ~** espresso; **(train) ~** fast train
expressif, -ive [ɛkspʀesif, -iv] *adj* expressive
expression [ɛkspʀesjɔ̃] *nf* expression
exprimer [ɛkspʀime] /1/ *vt* (*sentiment, idée*) to express; (*jus, liquide*) to press out; **s'exprimer** *vi* (*personne*) to express o.s.

e

expulser [ɛkspylse] /1/ *vt* to expel; (*locataire*) to evict; (*Football*) to send off
exquis, e [ɛkski, -iz] *adj* exquisite
extasier [ɛkstɑzje] /7/: **s'extasier** *vi*: **s'~ sur** to go into raptures over
exténuer [ɛkstenɥe] /1/ *vt* to exhaust
extérieur, e [ɛksterjœr] *adj* (*porte, mur etc*) outer, outside; (*commerce, politique*) foreign; (*influences, pressions*) external; (*apparent: calme, gaieté etc*) outer ▸ *nm* (*d'une maison, d'un récipient etc*) outside, exterior; (*apparence*) exterior; **à l'~** outside; (*à l'étranger*) abroad
externat [ɛkstɛrna] *nm* day school
externe [ɛkstɛrn] *adj* external, outer ▸ *nm/f* (*Méd*) non-resident medical student, extern (*US*); (*Scol*) day pupil
extincteur [ɛkstɛ̃ktœr] *nm* (fire) extinguisher
extinction [ɛkstɛ̃ksjɔ̃] *nf*: **~ de voix** loss of voice
extra [ɛkstra] *adj inv* first-rate; (*fam*) fantastic ▸ *nm inv* extra help
extraire [ɛkstrɛr] /50/ *vt* to extract; **~ qch de** to extract sth from • **extrait** *nm* extract; **extrait de naissance** birth certificate
extraordinaire [ɛkstraɔrdinɛr] *adj* extraordinary; (*Pol, Admin: mesures etc*) special
extravagant, e [ɛkstravagɑ̃, -ɑ̃t] *adj* extravagant
extraverti, e [ɛkstravɛrti] *adj* extrovert
extrême [ɛkstrɛm] *adj, nm* extreme; **d'un ~ à l'autre** from one extreme to another
• **extrêmement** *adv* extremely
• **Extrême-Orient** *nm*: **l'Extrême-Orient** the Far East
extrémité [ɛkstremite] *nf* end; (*situation*) straits *pl*, plight; (*geste désespéré*) extreme action; **extrémités** *nfpl* (*pieds et mains*) extremities
exubérant, e [ɛgzyberɑ̃, -ɑ̃t] *a* exuberant

f

ıbr (= *franc*) fr.; (*appartement*): **ın F2/F3** a 2-/3-roomed flat
BRIT) *ou* apartment (US)
[fa] *nm inv* (*Mus*) F; (*en chantant* *ı gamme*) fa
ɔricant, e [fabʀikɑ̃, -ɑ̃t] *nm/f* ıanufacturer
ɔrication [fabʀikasjɔ̃] *nf* ıanufacture
ɔrique [fabʀik] *nf* factory
fabriquer [fabʀike] /1/ *vt* to ıake; (*industriellement*) to ıanufacture; (*fam*): **qu'est-ce ıu'il fabrique?** what is he up to?
c [fak] *nf* (*fam*: *Scol*) (= *faculté*) ıni (BRIT *fam*), ≈ college (US)
çade [fasad] *nf* front, façade
ce [fas] *nf* face; (*fig*: *aspect*) side ·*adj*: **le côté ~** heads; **en ~ de** ·pposite; (*fig*) in front of; **de ~** ace on; **~ à** facing; (*fig*) faced vith, in the face of; **faire ~ à** o face; **~ à ~** *adv* face to face
face-à-face *nm inv* encounter
ché, e [faʃe] *adj* angry; (*désolé*) orry
cher [faʃe] /1/ *vt* to anger; **se âcher** *vi* to get angry; **se ~ avec** *se brouiller*) to fall out with

facile [fasil] *adj* easy; (*caractère*) easy-going • **facilement** *adv* easily • **facilité** *nf* easiness; (*disposition, don*) aptitude; **facilités** *nfpl* (*possibilités*) facilities; (*Comm*) terms • **faciliter** /1/ *vt* to make easier
façon [fasɔ̃] *nf* (*manière*) way; (*d'une robe etc*) making-up; cut; **façons** *nfpl* (*péj*) fuss *sg*; **sans ~** *adv* without fuss; **non merci, sans ~** no thanks, honestly; **de ~ à** so as to; **de ~ à ce que** so that; **de toute ~** anyway, in any case
facteur, -trice [faktœʀ, -tʀis] *nm/f* postman/woman (BRIT), mailman/woman (US) ▶ *nm* (*Math, gén*: *élément*) factor
facture [faktyʀ] *nf* (*à payer*: *gén*) bill; (: *Comm*) invoice
facultatif, -ive [fakyltatif, -iv] *adj* optional
faculté [fakylte] *nf* (*intellectuelle, d'université*) faculty; (*pouvoir, possibilité*) power
fade [fad] *adj* insipid
FAI *sigle m* (= *fournisseur d'accès à Internet*) ISP (= *Internet service provider*)
faible [fɛbl] *adj* weak; (*voix, lumière, vent*) faint; (*rendement, intensité, revenu etc*) low ▶ *nm* (*pour quelqu'un*) weakness, soft spot • **faiblesse** *nf* weakness • **faiblir** [febliʀ] /2/ *vi* to weaken; (*lumière*) to dim; (*vent*) to drop
faïence [fajɑ̃s] *nf* earthenware *no pl*
faillir [fajiʀ] /2/ *vi*: **j'ai failli tomber/lui dire** I almost *ou* nearly fell/told him
faillite [fajit] *nf* bankruptcy; **faire ~** to go bankrupt

faim [fɛ̃] *nf* hunger; **avoir ~** to be hungry; **rester sur sa ~** (*aussi fig*) to be left wanting more

fainéant, e [fɛneɑ̃, -ɑ̃t] *nm/f* idler, loafer

faire [fɛʀ] /60/

▸ *vt* **1** (*fabriquer, être l'auteur de*) to make; **faire du vin/une offre/un film** to make wine/an offer/a film; **faire du bruit** to make a noise
2 (*effectuer: travail, opération*) to do; **que faites-vous?** (*quel métier etc*) what do you do?; (*quelle activité: au moment de la question*) what are you doing?; **faire la lessive/le ménage** to do the washing/the housework
3 (*études*) to do; (*sport, musique*) to play; **faire du droit/du français** to do law/French; **faire du rugby/piano** to play rugby/the piano
4 (*visiter*): **faire les magasins** to go shopping; **faire l'Europe** to tour *ou* do Europe
5 (*distance*): **faire du 50 (à l'heure)** to do 50 (km an hour); **nous avons fait 1000 km en 2 jours** we did *ou* covered 1000 km in 2 days
6 (*simuler*): **faire le malade/l'ignorant** to act the invalid/the fool
7 (*transformer, avoir un effet sur*): **faire de qn un frustré/avocat** to make sb frustrated/a lawyer; **ça ne me fait rien** (*m'est égal*) I don't care *ou* mind; (*me laisse froid*) it has no effect on me; **ça ne fait rien** it doesn't matter; **faire que** (*impliquer*) to mean that
8 (*calculs, prix, mesures*): **deux et deux font quatre** two and two are *ou* make four; **ça fait 10 m/15 euros** it's 10 m/15 euros; **je vous le fais 10 euros** I'll let you have it for 10 euros; **je fais du 40** I take a size 40
9: **qu'a-t-il fait de sa valise/de sa sœur?** what has he done with his case/his sister?
10: **ne faire que: il ne fait que critiquer** (*sans cesse*) all he (ever) does is criticize; (*seulement*) he's only criticizing
11 (*dire*) to say; **vraiment? fit-il** really? he said
12 (*maladie*) to have; **faire du diabète/de la tension** to have diabetes *sg*/high blood pressure

▸ *vi* **1** (*agir, s'y prendre*) to act, do; **il faut faire vite** we (*ou* you *etc*) must act quickly; **comment a-t-il fait pour?** how did he manage to?; **faites comme chez vous** make yourself at home
2 (*paraître*) to look; **faire vieux/démodé** to look old/old-fashioned; **ça fait bien** it looks good
3 (*remplaçant un autre verbe*) to do; **ne le casse pas comme je l'ai fait** don't break it as I did; **je peux le voir? — faites!** can I see it? — please do!

▸ *vb impers* **1**: **il fait beau** *etc* the weather is fine *etc*; *voir aussi* **froid; jour** *etc*
2 (*temps écoulé, durée*): **ça fait deux ans qu'il est parti** it's two years since he left; **ça fait deux ans qu'il y est** he's been there for two years

▸ *vb aux* **1**: **faire** (*+infinitif: action directe*) to make; **faire tomber/bouger qch** to make sth fall/

move; **faire démarrer un moteur/chauffer de l'eau** to start up an engine/heat some water; **cela fait dormir** it makes you sleep; **faire travailler les enfants** to make the children work *ou* get the children to work; **il m'a fait traverser la rue** he helped me to cross the road
2: **faire** (*+infinitif: indirectement, par un intermédiaire*): **faire réparer qch** to get *ou* have sth repaired; **faire punir les enfants** to have the children punished
se faire *vr* 1 (*vin, fromage*) to mature
2 (*être convenable*): **cela se fait beaucoup/ne se fait pas** it's done a lot/not done
3 (*+nom ou pron*): **se faire une jupe** to make o.s. a skirt; **se faire des amis** to make friends; **se faire du souci** to worry; **il ne s'en fait pas** he doesn't worry
4 (*+adj: devenir*): **se faire vieux** to be getting old; (*: délibérément*): **se faire beau** to do o.s. up
5: **se faire à** (*s'habituer*) to get used to; **je n'arrive pas à me faire à la nourriture/au climat** I can't get used to the food/climate
6 (*: +infinitif*) : **se faire examiner la vue/opérer** to have one's eyes tested/have an operation; **se faire couper les cheveux** to get one's hair cut; **il va se faire tuer/punir** he's going to get himself killed/get (himself) punished; **il s'est fait aider** he got somebody to help him; **il s'est fait aider par Simon** he got Simon to help him; **se faire faire un vêtement** to get a garment made for o.s.
7 (*impersonnel*): **comment se fait-il/faisait-il que?** how is it/was it that?

faire-part [fɛʀpaʀ] *nm inv* announcement (*of birth, marriage etc*)
faisan, e [fəzɑ̃, -an] *nm/f* pheasant
faisons *etc* [fəzɔ̃] *vb voir* **faire**
fait[1] [fɛ] *nm* (*événement*) event, occurrence; (*réalité, donnée*) fact; **être au ~ (de)** to be informed (of); **au ~** (*à propos*) by the way; **en venir au ~** to get to the point; **du ~ de ceci/qu'il a menti** because of *ou* on account of this/his having lied; **de ce ~** for this reason; **en ~** in fact; **prendre qn sur le ~** to catch sb in the act; **~ divers** (short) news item
fait[2]**, e** [fɛ, fɛt] *adj* (*mûr: fromage, melon*) ripe; **c'est bien ~ (pour lui ou eux etc)** it serves him (*ou* them *etc*) right
faites [fɛt] *vb voir* **faire**
falaise [falɛz] *nf* cliff
falloir [falwaʀ] /29/ *vb impers*: **il faut faire les lits** we (*ou* you *etc*) have to *ou* must make the beds; **il faut que je fasse les lits** I have to *ou* must make the beds; **il a fallu qu'il parte** he had to leave; **il faudrait qu'elle rentre** she should come *ou* go back, she ought to come *ou* go back; **il faut faire attention** you have to be careful; **il me faudrait 100 euros** I would need 100 euros; **il vous faut tourner à gauche après l'église** you have to turn left past the church; **nous avons ce qu'il (nous) faut** we have what we

need; **il ne fallait pas** you shouldn't have (done); **s'en falloir** *vi*: **il s'en faut de beaucoup qu'il soit ...** he is far from being ...; **il s'en est fallu de peu que cela n'arrive** it very nearly happened; **comme il faut** *adj* proper; *adv* properly

famé, e [fame] *adj*: **mal ~** disreputable, of ill repute

fameux, -euse [famø, -øz] *adj* (*illustre*) famous; (*bon: repas, plat etc*) first-rate, first-class; (*intensif*): **un ~ problème** *etc* a real problem *etc*

familial, e, -aux [familjal, -o] *adj* family *cpd*

familiarité [familjaʀite] *nf* familiarity

familier, -ière [familje, -jɛʀ] *adj* (*connu, impertinent*) familiar; (*atmosphère*) informal, friendly; (*Ling*) informal, colloquial ▶ *nm* regular (visitor)

famille [famij] *nf* family; **il a de la ~ à Paris** he has relatives in Paris

famine [famin] *nf* famine

fana [fana] *adj, nm/f* (*fam*) = **fanatique**

fanatique [fanatik] *adj*: **~ (de)** fanatical (about) ▶ *nm/f* fanatic

faner [fane] /1/: **se faner** *vi* to fade

fanfare [fɑ̃faʀ] *nf* (*orchestre*) brass band; (*musique*) fanfare

fantaisie [fɑ̃tezi] *nf* (*spontanéité*) fancy, imagination; (*caprice*) whim ▶ *adj*: **bijou (de) ~** (piece of) costume jewellery (BRIT) *ou* jewelry (US)

fantasme [fɑ̃tasm] *nm* fantasy

fantastique [fɑ̃tastik] *adj* fantastic

fantôme [fɑ̃tom] *nm* ghost, phantom

faon [fɑ̃] *nm* fawn (*deer*)

FAQ *sigle f* (= *foire aux questions*) FAQ *pl*

farce [faʀs] *nf* (*viande*) stuffing; (*blague*) (practical) joke; (*Théât*) farce • **farcir** /2/ *vt* (*viande*) to stuff

farder [faʀde] /1/: **se farder** *vi* to make o.s. up

farine [faʀin] *nf* flour

farouche [faʀuʃ] *adj* shy, timid

fart [faʀt] *nm* (ski) wax

fascination [fasinasjɔ̃] *nf* fascination

fasciner [fasine] /1/ *vt* to fascinate

fascisme [faʃism] *nm* fascism

fasse *etc* [fas] *vb voir* **faire**

fastidieux, -euse [fastidjø, -øz] *adj* tedious, tiresome

fatal, e [fatal] *adj* fatal; (*inévitable*) inevitable • **fatalité** *nf* (*destin*) fate; (*coïncidence*) fateful coincidence

fatidique [fatidik] *adj* fateful

fatigant, e [fatigɑ̃, -ɑ̃t] *adj* tiring; (*agaçant*) tiresome

fatigue [fatig] *nf* tiredness, fatigue • **fatigué, e** *adj* tired • **fatiguer** /1/ *vt* to tire, make tired; (*fig: agacer*) to annoy ▶ *vi* (*moteur*) to labour, strain; **se fatiguer** *vi* to get tired

fauché, e [foʃe] *adj* (*fam*) broke

faucher [foʃe] /1/ *vt* (*herbe*) to cut; (*champs, blés*) to reap; (*véhicule*) to mow down; (*fam: voler*) to pinch

faucon [fokɔ̃] *nm* falcon, hawk

faudra *etc* [fodʀa] *vb voir* **falloir**

ufiler [fofile] /1/: **se faufiler** *vi*: **se ~ dans** to edge one's way into; **se ~ parmi/entre** to thread one's way among/between
une [fon] *nf* (*Zool*) wildlife, auna
usse [fos] *adj f voir* **faux²**
faussement *adv* (*accuser*) wrongly, wrongfully; (*croire*) alsely
usser [fose] /1/ *vt* (*objet*) to bend, buckle; (*fig*) to distort; **~ compagnie à qn** to give sb the slip
ut [fo] *vb voir* **falloir**
ute [fot] *nf* (*erreur*) mistake, error; (*péché, manquement*) misdemeanour; (*Football etc*) offence; (*Tennis*) fault; **c'est de sa/ma ~** it's his/my fault; **être en ~** to be in the wrong; **~ de** (*temps, argent*) for *ou* through lack of; **sans ~** without fail; **~ de frappe** typing error; **~ professionnelle** professional misconduct *no pl*
uteuil [fotœj] *nm* armchair; **~ d'orchestre** seat in the front stalls (BRIT) *ou* the orchestra (US); **~ roulant** wheelchair
utif, -ive [fotif, -iv] *adj* (*incorrect*) incorrect, inaccurate; (*responsable*) at fault, in the wrong; **il se sentait ~** he felt he was at fault
uve [fov] *nm* wildcat ▶ *adj* (*couleur*) fawn
ux¹ [fo] *nf* scythe
ux², fausse [fo, fos] *adj* (*inexact*) wrong; (*piano, voix*) out of tune; (*billet*) fake, forged; (*sournois, postiche*) false ▶ *adv* (*Mus*) out of tune ▶ *nm* (*copie*) fake, forgery; **faire ~ bond à qn** to let sb down; **~ frais** *nm pl* extras, incidental expenses; **~ mouvement** awkward movement; **faire un ~ pas** to trip; (*fig*) to make a faux pas; **~ témoignage** (*délit*) perjury; **fausse alerte** false alarm; **fausse couche** miscarriage; **fausse note** wrong note
• **faux-filet** *nm* sirloin
faveur [favœʀ] *nf* favour; **traitement de ~** preferential treatment; **en ~ de** in favo(u)r of
favorable [favɔʀabl] *adj* favo(u)rable
favori, te [favɔʀi, -it] *adj, nm/f* favo(u)rite
favoriser [favɔʀize] /1/ *vt* to favour
fax [faks] *nm* fax
fécond, e [fekɔ̃, -ɔ̃d] *adj* fertile
• **féconder** /1/ *vt* to fertilize
féculent [fekylɑ̃] *nm* starchy food
fédéral, e, -aux [fedeʀal, -o] *adj* federal
fée [fe] *nf* fairy
feignant, e [fɛɲɑ̃, -ɑ̃t] *nm/f* = **fainéant**
feindre [fɛ̃dʀ] /52/ *vt* to feign; **~ de faire** to pretend to do
fêler [fele] /1/ *vt* to crack
félicitations [felisitasjɔ̃] *nfpl* congratulations
féliciter [felisite] /1/ *vt*: **~ qn (de)** to congratulate sb (on)
félin, e [felɛ̃, -in] *nm* (big) cat
femelle [fəmɛl] *adj, nf* female
féminin, e [feminɛ̃, -in] *adj* feminine; (*sexe*) female; (*équipe, vêtements etc*) women's ▶ *nm* (*Ling*) feminine • **féministe** *adj* feminist
femme [fam] *nf* woman; (*épouse*) wife; **~ de chambre** chambermaid; **~ au foyer**

f

housewife; **~ de ménage** cleaning lady

fémur [femyʀ] *nm* femur, thighbone

fendre [fɑ̃dʀ] /41/ *vt* (*couper en deux*) to split; (*fissurer*) to crack; (*traverser*) to cut through; **se fendre** *vr* to crack

fenêtre [f(ə)nɛtʀ] *nf* window

fenouil [fənuj] *nm* fennel

fente [fɑ̃t] *nf* (*fissure*) crack; (*de boîte à lettres etc*) slit

fer [fɛʀ] *nm* iron; **~ à cheval** horseshoe; **~ forgé** wrought iron; **~ à friser** curling tongs; **~ (à repasser)** iron

ferai *etc* [fəʀe] *vb voir* **faire**

fer-blanc [fɛʀblɑ̃] *nm* tin(plate)

férié, e [ferje] *adj*: **jour ~** public holiday

ferions *etc* [fəʀjɔ̃] *vb voir* **faire**

ferme [fɛʀm] *adj* firm ▸ *adv* (*travailler etc*) hard ▸ *nf* (*exploitation*) farm; (*maison*) farmhouse

fermé, e [fɛʀme] *adj* closed, shut; (*gaz, eau etc*) off; (*fig: milieu*) exclusive

fermenter [fɛʀmɑ̃te] /1/ *vi* to ferment

fermer [fɛʀme] /1/ *vt* to close, shut; (*cesser l'exploitation de*) to close down, shut down; (*eau, lumière, électricité, robinet*) to turn off; (*aéroport, route*) to close ▸ *vi* to close, shut; (*magasin: définitivement*) to close down, shut down; **se fermer** *vi* to close, shut; **~ à clef** to lock

fermeté [fɛʀməte] *nf* firmness

fermeture [fɛʀmətyʀ] *nf* closing; (*dispositif*) catch; **heure de ~** closing time; **~ éclair®** *ou* **à glissière** zip (fastener) (BRIT), zipper (US)

fermier, -ière [fɛʀmje, -jɛʀ] *nm/f* farmer

féroce [feʀɔs] *adj* ferocious, fier

ferons *etc* [fəʀɔ̃] *vb voir* **faire**

ferrer [feʀe] /1/ *vt* (*cheval*) to sho

ferroviaire [fɛʀɔvjɛʀ] *adj* rail *cp* railway *cpd* (BRIT), railroad *cpd* (U

ferry(-boat) [fɛʀe(bot)] *nm* fer

fertile [fɛʀtil] *adj* fertile; **~ en incidents** eventful, packed with incidents

fervent, e [fɛʀvɑ̃, -ɑ̃t] *adj* ferver

fesse [fɛs] *nf* buttock • **fessée** *n* spanking

festin [fɛstɛ̃] *nm* feast

festival [fɛstival] *nm* festival

festivités [fɛstivite] *nfpl* festivities

fêtard, e [fɛtaʀ, -aʀd] (*fam*) *nm/* (*péj*) high liver, merrymaker

fête [fɛt] *nf* (*religieuse*) feast; (*publique*) holiday; (*réception*) party; (*kermesse*) fête, fair; (*du nom*) feast day, name day; **faire la ~** to live it up; **faire ~ à qn** to give sb a warm welcome; **les ~s (de fin d'année)** the festive season; **la salle/le comité des ~s** the village hall/festival committee; **la ~ des Mères/Pères** Mother's/Father's Day; **~ foraine** (fun)fair; **la F~ de la Musique**; *see note* **"Fête de la Musique"** • **fêter** /1/ *vt* to celebrate; (*personne*) to have a celebration for

The **Fête de la Musique** is a music festival which has taken place every year since 1981. On 21 June throughout France thousands of musicians, both amateur and professional, perform free of charge in parks, streets and squares.

u, x [fø] *nm (gén)* fire; *(signal* *mineux)* light; *(de cuisinière)* ring; **ux** *nmpl (Auto)* (traffic) lights; **u ~!** *(incendie)* fire!; **à ~ doux/vif** ver a slow/brisk heat; **à petit ~** *ulin)* over a gentle heat; *(fig)* owly; **faire ~** to fire; **ne pas** **ire long ~** not to last long; **rendre ~** to catch fire; **mettre** **~ à** to set fire to; **faire du ~** make a fire; **avez-vous du ~?** *our cigarette)* have you (got) a ght?; **~ rouge/vert/orange** d/green/amber (BRIT) *ou* yellow s) light; **~ arrière** rear light; **d'artifice** firework; *(spectacle)* eworks *pl*; **~ de joie** bonfire; **~x** **e brouillard** fog lights *ou* lamps; **x de croisement** dipped (BRIT) dimmed (US) headlights; **~x de** **osition** sidelights; **~x de route** *uto)* headlights (on full (BRIT) *ou* gh (US) beam)

uillage [fœjaʒ] *nm* foliage, aves *pl*

uille [fœj] *nf (d'arbre)* leaf; **~ (de** **apier)** sheet (of paper); **~ de** **alcul** spreadsheet; **~ d'impôts** ax form; **~ de maladie** medical xpenses claim form; **~ de paye** ay slip

uillet [fœjɛ] *nm* leaf

uilleté, e [fœjte] *adj*: **pâte ~e** aky pastry

uilleter [fœjte] /4/ *vt (livre)* to af through

uilleton [fœjtɔ̃] *nm* serial

utre [føtʀ] *nm* felt; *(chapeau)* felt at; *(stylo)* felt-tip(ped pen)

feutré, e *adj (pas, voix,* *tmosphère)* muffled

ve [fɛv] *nf* broad bean

vrier [fevʀije] *nm* February

ble [fjabl] *adj* reliable

fiançailles [fjɑ̃saj] *nfpl* engagement *sg*

fiancé, e [fjɑ̃se] *nm/f* fiancé (fiancée) ▸ *adj*: **être ~ (à)** to be engaged (to)

fibre [fibʀ] *nf* fibre; **~ de verre** fibreglass

ficeler [fis(ə)le] /4/ *vt* to tie up

ficelle [fisɛl] *nf* string *no pl*; *(morceau)* piece *ou* length of string

fiche [fiʃ] *nf (carte)* (index) card; *(formulaire)* form; *(Élec)* plug; **~ de paye** pay slip

ficher [fiʃe] /1/ *vt (dans un fichier)* to file; *(: Police)* to put on file; *(fam: faire)* to do; *(: donner)* to give; *(: mettre)* to stick *ou* shove; **fiche(-moi) le camp** *(fam)* clear off; **fiche-moi la paix** *(fam)* leave me alone; **se ~ de** *(fam: rire de)* to make fun of; *(: être indifférent à)* not to care about

fichier [fiʃje] *nm* file; **~ joint** *(Inform)* attachment

fichu, e [fiʃy] *pp de* **ficher** ▸ *adj* *(fam: fini, inutilisable)* bust, done for; *(: intensif)* wretched, darned ▸ *nm (foulard)* (head)scarf; **mal ~** feeling lousy

fictif, -ive [fiktif, -iv] *adj* fictitious

fiction [fiksjɔ̃] *nf* fiction; *(fait imaginé)* invention

fidèle [fidɛl] *adj*: **~ (à)** faithful (to) ▸ *nm/f (Rel)*: **les ~s** *(à l'église)* the congregation • **fidéliser** /1/ *vt* *(clientèle)* to gain the loyalty of • **fidélité** *nf (d'un conjoint)* fidelity, faithfulness; *(d'un ami, client)* loyalty

fier¹ [fje]: **se ~ à** *vt* to trust

fier², fière [fjɛʀ] *adj* proud; **~ de** proud of • **fierté** *nf* pride

fièvre [fjɛvʀ] *nf* fever; **avoir de la ~/39 de ~** to have a high temperature/a temperature of 39° C • **fiévreux, -euse** *adj* feverish

figer [fiʒe] /3/: **se figer** *vi* to congeal; (*personne*) to freeze

fignoler [fiɲɔle] /1/ *vt* to put the finishing touches to

figue [fig] *nf* fig • **figuier** *nm* fig tree

figurant, e [figyʀɑ̃, -ɑ̃t] *nm/f* (*Théât*) walk-on; (*Ciné*) extra

figure [figyʀ] *nf* (*visage*) face; (*image, tracé, forme, personnage*) figure; (*illustration*) picture, diagram

figuré, e [figyʀe] *adj* (*sens*) figurative

figurer [figyʀe] /1/ *vi* to appear ▸ *vt* to represent; **se ~ que** to imagine that

fil [fil] *nm* (*brin, fig: d'une histoire*) thread; (*d'un couteau*) edge; **au ~ des années** with the passing of the years; **au ~ de l'eau** with the stream *ou* current; **coup de ~** (*fam*) phone call; **donner/recevoir un coup de ~** to make/get a phone call; **~ électrique** electric wire; **~ de fer** wire; **~ de fer barbelé** barbed wire

file [fil] *nf* line; (*Auto*) lane; **~ (d'attente)** queue (BRIT), line (US); **à la ~** (*d'affilée*) in succession; **à la** *ou* **en ~ indienne** in single file

filer [file] /1/ *vt* (*tissu, toile, verre*) to spin; (*prendre en filature*) to shadow, tail; (*fam: donner*): **~ qch à qn** to slip sb sth ▸ *vi* (*bas, maille, liquide, pâte*) to run; (*aller vite*) to fly past *ou* by; (*fam: partir*) to make off; **~ doux** to behave o.s.

filet [filɛ] *nm* net; (*Culin*) fillet; (*d'eau, de sang*) trickle; **~ (à provisions)** string bag

filial, e, -aux [filjal, -o] *adj* fili
▸ *nf* (*Comm*) subsidiary

filière [filjɛʀ] *nf* (*carrière*) path; **suivre la ~** to work one's way u (through the hierarchy)

fille [fij] *nf* girl; (*opposé à fils*) daughter; **vieille ~** old maid • **fillette** *nf* (little) girl

filleul, e [fijœl] *nm/f* godchild, godson (goddaughter)

film [film] *nm* (*pour photo*) (roll of) film; (*œuvre*) film, picture, movie

fils [fis] *nm* son; **~ à papa** (*péj*) daddy's boy

filtre [filtʀ] *nm* filter • **filtrer** /1 *vt* to filter; (*fig: candidats, visiteu* to screen

fin[1] [fɛ̃] *nf* end; **fins** *nfpl* (*but*) en **~ mai** at the end of May; **prendre ~** to come to an end; **mettre ~ à** to put an end to; **à l** in the end, eventually; **en ~ de compte** in the end; **sans ~** endless

fin[2]**, e** [fɛ̃, fin] *adj* (*papier, couch fil*) thin; (*cheveux, poudre, pointe, visage*) fine; (*taille*) neat, slim; (*esprit, remarque*) subtle ▸ *adv* (*moudre, couper*) finely; **~ prêt/soûl** quite ready/drunk; **avoir l vue/l'ouïe ~e** to have keen eyesight/hearing; **or/linge/vi** fine gold/linen/wine; **~es herb** mixed herbs

final, e [final] *adj, nf* final ▸ *nm* (*Mus*) finale; **quarts de ~e** quarter finals • **finalement** *ad* finally, in the end; (*après tout*) after all

ance [finɑ̃s] *nf* finance;
ıances *nfpl* (*situation financière*)
ıances; (*activités financières*)
ıance *sg*; **moyennant ~** for a fee
ı consideration • **financer** /3/ *vt*
ı finance • **financier, -ière** *adj*
ıancial
esse [finɛs] *nf* thinness;
affinement) fineness; (*subtilité*)
ıbtlety
i, e [fini] *adj* finished; (*Math*)
ıite ▸ *nm* (*d'un objet manufacturé*)
ıish
ir [finiʀ] /2/ *vt* to finish ▸ *vi* to
ıish, end; **~ de faire** to finish
ɔing; (*cesser*) to stop doing;
par faire to end *ou* finish up
ɔing; **il finit par m'agacer** he's
ɛginning to get on my nerves;
n ~ avec to be *ou* have done
ith; **il va mal ~** he will come to
bad end
ition [finisjɔ̃] *nf* (*résultat*)
ıish
landais, e [fɛ̃lɑ̃dɛ, -ɛz] *adj*
nnish ▸ *nm/f*: **F~, e** Finn
lande [fɛ̃lɑ̃d] *nf*: **la ~**
nland
nois, e [finwa, -waz] *adj*
nnish ▸ *nm* (*Ling*) Finnish
ul [fjul] *nm* fuel oil
me [fiʀm] *nf* firm
[fi] *vb voir* **faire**
c [fisk] *nm* tax authorities *pl*
fiscal, e, -aux *adj* tax *cpd*, fiscal
fiscalité *nf* tax system
sure [fisyʀ] *nf* crack • **fissurer**
/ *vt* to crack; **se fissurer** *vi* to
rack
[fi] *vb voir* **faire**
ation [fiksasjɔ̃] *nf* (*attache*)
ıstening; (*Psych*) fixation
e [fiks] *adj* fixed; (*emploi*) steady,
ɛgular ▸ *nm* (*salaire*) basic salary;
(*téléphone*) landline; **à heure ~** at a set time; **menu à prix ~** set menu

fixé, e [fikse] *adj*: **être ~ (sur)** (*savoir à quoi s'en tenir*) to have made up one's mind (about)

fixer [fikse] /1/ *vt* (*attacher*): **~ qch (à/sur)** to fix *ou* fasten sth (to/onto); (*déterminer*) to fix, set; (*poser son regard sur*) to stare at; **se fixer** *vi* (*s'établir*) to settle down; **se ~ sur** (*attention*) to focus on

flacon [flakɔ̃] *nm* bottle

flageolet [flaʒɔlɛ] *nm* (*Culin*) dwarf kidney bean

flagrant, e [flagʀɑ̃, -ɑ̃t] *adj* flagrant, blatant; **en ~ délit** in the act

flair [flɛʀ] *nm* sense of smell; (*fig*) intuition • **flairer** /1/ *vt* (*humer*) to sniff (at); (*détecter*) to scent

flamand, e [flamɑ̃, -ɑ̃d] *adj* Flemish ▸ *nm* (*Ling*) Flemish ▸ *nm/f*: **F~, e** Fleming

flamant [flamɑ̃] *nm* flamingo

flambant [flɑ̃bɑ̃] *adv*: **~ neuf** brand new

flambé, e [flɑ̃be] *adj* (*Culin*) flambé

flambée [flɑ̃be] *nf* blaze; **~ des prix** (sudden) shooting up of prices

flamber [flɑ̃be] /1/ *vi* to blaze (up)

flamboyer [flɑ̃bwaje] /8/ *vi* to blaze (up)

flamme [flɑm] *nf* flame; (*fig*) fire, fervour; **en ~s** on fire, ablaze

flan [flɑ̃] *nm* (*Culin*) custard tart *ou* pie

flanc [flɑ̃] *nm* side; (*Mil*) flank

flancher [flɑ̃ʃe] /1/ *vi* to fail, pack up

flanelle [flanɛl] *nf* flannel

flâner [flɑne] /1/ *vi* to stroll

flanquer [flɑ̃ke] /1/ *vt* to flank; (*fam: mettre*) to chuck, shove; **~ par terre/à la porte** (*jeter*) to fling to the ground/chuck out

flaque [flak] *nf* (*d'eau*) puddle; (*d'huile, de sang etc*) pool

flash [flaʃ] (*pl* **flashes**) *nm* (*Photo*) flash; **~ (d'information)** newsflash

flatter [flate] /1/ *vt* to flatter; **se ~ de qch** to pride o.s. on sth • **flatteur, -euse** *adj* flattering

flèche [flɛʃ] *nf* arrow; (*de clocher*) spire; **monter en ~** (*fig*) to soar, rocket; **partir en ~** to be off like a shot • **fléchette** *nf* dart

flétrir [fletʀiʀ] /2/: **se flétrir** *vi* to wither

fleur [flœʀ] *nf* flower; (*d'un arbre*) blossom; **être en ~** (*arbre*) to be in blossom; **tissu à ~s** flowered *ou* flowery fabric

fleuri, e [flœʀi] *adj* (*jardin*) in flower *ou* bloom; (*style, tissu, papier*) flowery; (*teint*) glowing

fleurir [flœʀiʀ] /2/ *vi* (*rose*) to flower; (*arbre*) to blossom; (*fig*) to flourish ▸ *vt* (*tombe*) to put flowers on; (*chambre*) to decorate with flowers

fleuriste [flœʀist] *nm/f* florist

fleuve [flœv] *nm* river

flexible [flɛksibl] *adj* flexible

flic [flik] *nm* (*fam: péj*) cop

flipper [flipœʀ] *nm* pinball (machine)

flirter [flœʀte] /1/ *vi* to flirt

flocon [flɔkɔ̃] *nm* flake

flore [flɔʀ] *nf* flora

florissant, e [flɔʀisɑ̃, -ɑ̃t] *adj* (*économie*) flourishing

flot [flo] *nm* flood, stream; **flots** *nmpl* (*de la mer*) waves; **être à ~** (*Navig*) to be afloat; **entrer à ~s** to stream *ou* pour in

flottant, e [flɔtɑ̃, -ɑ̃t] *adj* (*vêtement*) loose(-fitting)

flotte [flɔt] *nf* (*Navig*) fleet; (*fam: eau*) water; (*: pluie*) rain

flotter [flɔte] /1/ *vi* to float; (*nuage, odeur*) to drift; (*drapeau*) to fly; (*vêtements*) to hang loose ▸ *vb impers* (*fam: pleuvoir*): **il flotte** it's raining; **faire ~** to float • **flotteur** *nm* float

flou, e [flu] *adj* fuzzy, blurred; (*fig*) woolly (BRIT), vague

fluide [flyid] *adj* fluid; (*circulation etc*) flowing freely ▸ *nm* fluid

fluor [flyɔʀ] *nm*: **dentifrice au ~** fluoride toothpaste

fluorescent, e [flyɔʀesɑ̃, -ɑ̃t] fluorescent

flûte [flyt] *nf* (*aussi:* **~ traversière**) flute; (*verre*) flute glass; (*pain*) (thin) baguette; **~!** drat it!; **~ (à bec)** recorder

flux [fly] *nm* incoming tide; (*écoulement*) flow; **le ~ et le reflux** the ebb and flow

foc [fɔk] *nm* jib

foi [fwa] *nf* faith; **digne de ~** reliable; **être de bonne/mauvaise ~** to be in good faith/not to be in good faith

foie [fwa] *nm* liver; **crise de ~** stomach upset

foin [fwɛ̃] *nm* hay; **faire du ~** (*fam*) to kick up a row

foire [fwaʀ] *nf* fair; (*fête foraine*) (fun)fair; **~ aux questions** (*Internet*) frequently asked questions; **faire la ~** to whoop it up; **~ (exposition)** trade fair

fois [fwa] *nf* time; **une/deux ~** once/twice; **deux ~ deux** twice two; **une ~** (*passé*) once; (*futur*) ɔmetime; **une (bonne) ~ pour** **ɔutes** once and for all; **une** **que c'est fait** once it's done; **es ~** (*parfois*) sometimes; **à la ~** *ɴsemble*) (all) at once

[fɔl] *adj m voir* **fou**

ie [fɔli] *nf* (*d'une décision, d'un* ꞇ*te*) madness, folly; (*état*) ıadness, insanity; **la ~ des** **randeurs** delusions of grandeur; **ıire des ~s** (*en dépenses*) to be ɛxtravagant

klorique [fɔlklɔʀik] *adj* folk ɔd; (*fam*) weird

le [fɔl] *adj f, nf voir* **fou**

follement *adv* (*très*) madly, ɪildly

ncé, e [fɔ̃se] *adj* dark

ncer [fɔ̃se] /3/ *vi* to go darker; *am: aller vite*) to tear *ou* belt ꞁong; **~ sur** to charge at

nction [fɔ̃ksjɔ̃] *nf* function; *mploi, poste*) post, position; **ɔnctions** *nfpl* (*professionnelles*) ɹuties; **voiture de ~** company ar; **en ~ de** (*par rapport à*) ccording to; **faire ~ de** to serve s; **la ~ publique** the state *ou* civil ʙRIT) service • **fonctionnaire** *m/f* state employee *ou* official; *lans l'administration*) ≈ civil ɛrvant • **fonctionner** /1/ *vi* to ʋork, function

nd [fɔ̃] *nm voir aussi* **fonds**; *l'un récipient, trou*) bottom; (*d'une* ɪ*lle, scène*) back; (*d'un tableau,* *écor*) background; (*opposé à la* *ɪrme*) content; (*Sport*): **le ~** long istance (running); **au ~ de** at the ottom of; at the back of; **à ~** *connaître, soutenir*) thoroughly; *ıppuyer, visser*) right down *ou* ome; **à ~ (de train)** (*fam*) full lt; **dans le ~, au ~** (*en somme*) asically, really; **de ~ en comble** from top to bottom; **~ de teint** foundation

fondamental, e, -aux [fɔ̃damɑ̃tal, -o] *adj* fundamental

fondant, e [fɔ̃dɑ̃, -ɑ̃t] *adj* (*neige*) melting; (*poire*) that melts in the mouth

fondation [fɔ̃dasjɔ̃] *nf* founding; (*établissement*) foundation; **fondations** *nfpl* (*d'une maison*) foundations

fondé, e [fɔ̃de] *adj* (*accusation etc*) well-founded; **être ~ à croire** to have grounds for believing *ou* good reason to believe

fondement [fɔ̃dmɑ̃] *nm*: **sans ~** (*rumeur etc*) groundless, unfounded

fonder [fɔ̃de] /1/ *vt* to found; (*fig*): **~ qch sur** to base sth on; **se ~ sur** (*personne*) to base o.s. on

fonderie [fɔ̃dʀi] *nf* smelting works *sg*

fondre [fɔ̃dʀ] /41/ *vt* (*aussi*: **faire ~**) to melt; (*dans l'eau*) to dissolve; (*fig: mélanger*) to merge, blend ▸ *vi* (*à la chaleur*) to melt; to dissolve; (*fig*) to melt away; (*se précipiter*): **~ sur** to swoop down on; **~ en larmes** to dissolve into tears

fonds [fɔ̃] *nm* (*Comm*): **~ (de commerce)** business ▸ *nmpl* (*argent*) funds

fondu, e [fɔ̃dy] *adj* (*beurre, neige*) melted; (*métal*) molten ▸ *nf* (*Culin*) fondue

font [fɔ̃] *vb voir* **faire**

fontaine [fɔ̃tɛn] *nf* fountain; (*source*) spring

fonte [fɔ̃t] *nf* melting; (*métal*) cast iron; **la ~ des neiges** the (spring) thaw

foot [fut], **football** [futbol] *nm* football, soccer • **footballeur,**

-euse *nm/f* footballer (BRIT), football *ou* soccer player

footing [futiŋ] *nm* jogging; **faire du ~** to go jogging

forain, e [fɔʀɛ̃, -ɛn] *adj* fairground *cpd* ▶ *nm* (*marchand*) stallholder; (*acteur etc*) fairground entertainer

forçat [fɔʀsa] *nm* convict

force [fɔʀs] *nf* strength; (*Physique, Mécanique*) force; **forces** *nfpl* (*physiques*) strength *sg*; (*Mil*) forces; **à ~ de faire** by dint of doing; **de ~** forcibly, by force; **dans la ~ de l'âge** in the prime of life; **les ~s de l'ordre** the police

forcé, e [fɔʀse] *adj* forced; **c'est ~!** it's inevitable! • **forcément** *adv* inevitably; **pas forcément** not necessarily

forcer [fɔʀse] /3/ *vt* to force; (*moteur, voix*) to strain ▶ *vi* (*Sport*) to overtax o.s.; **se ~ à faire qch** to force o.s. to do sth; **~ la dose/l'allure** to overdo it/ increase the pace

forestier, -ière [fɔʀɛstje, -jɛʀ] *adj* forest *cpd*

forêt [fɔʀɛ] *nf* forest

forfait [fɔʀfɛ] *nm* (*Comm*) all-in deal *ou* price; **~ de (téléphone) portable** phone plan, cell plan; **déclarer ~** to withdraw • **forfaitaire** *adj* inclusive

forge [fɔʀʒ] *nf* forge, smithy • **forgeron** *nm* (black)smith

formaliser [fɔʀmalize] /1/: **se formaliser** *vi*: **se ~ (de)** to take offence (at)

formalité [fɔʀmalite] *nf* formality; **simple ~** mere formality

format [fɔʀma] *nm* size • **formater** /1/ *vt* (*disque*) to format

formation [fɔʀmasjɔ̃] *nf* formi training; **la ~ permanente** *ou* **continue** continuing educatio **la ~ professionnelle** vocationa training

forme [fɔʀm] *nf* (*gén*) form; (*d'u objet*) shape, form; **formes** *nfpl* (*bonnes manières*) proprieties; (*d'une femme*) figure *sg*; **en ~ de poire** pear-shaped, in the shap of a pear; **être en (bonne** *ou* **pleine) ~** (*Sport etc*) to be on for **en bonne et due ~** in due form

formel, le [fɔʀmɛl] *adj* (*preuve, décision*) definite, positive • **formellement** *adv* (*interdit*) strictly; (*absolument*) positively

former [fɔʀme] /1/ *vt* to form; (*éduquer*) to train; **se former** *vi* t form

formidable [fɔʀmidabl] *adj* tremendous

formulaire [fɔʀmylɛʀ] *nm* for

formule [fɔʀmyl] *nf* (*gén*) formula; (*expression*) phrase; **~ politesse** polite phrase; (*en fin lettre*) letter ending

fort, e [fɔʀ, fɔʀt] *adj* strong; (*intensité, rendement*) high, grea (*corpulent*) large; (*doué*): **être ~ (en)** to be good (at) ▶ *adv* (*ser frapper*) hard; (*sonner*) loud(ly); (*beaucoup*) greatly, very much; (*très*) very ▶ *nm* (*édifice*) fort; (*po fort*) strong point, forte; **~e têt** rebel • **forteresse** *nf* fortress

fortifiant [fɔʀtifjɑ̃] *nm* tonic

fortune [fɔʀtyn] *nf* fortune; **faire ~** to make one's fortune; **de ~** makeshift • **fortuné, e** *ad* wealthy

forum [fɔʀɔm] *nm* forum; **~ de discussion** (*Internet*) message board

se [fos] *nf* (*grand trou*) pit;
mbe) grave
sé [fose] *nm* ditch; (*fig*) gulf,
p
sette [fosɛt] *nf* dimple
sile [fosil] *nm* fossil ▸ *adj*
ssilized, fossil *cpd*
(fol), folle [fu, fɔl] *adj* mad;
éréglé etc) wild, erratic; (*fam*:
trême, très grand) terrific,
emendous ▸ *nm/f* madman/
oman ▸ *nm* (*du roi*) jester; **être**
de to be mad *ou* crazy about;
oir le ~ rire to have the giggles
dre [fudʀ] *nf*: **la ~** lightning
droyant, e [fudʀwajɑ̃, -ɑ̃t]
j (*progrès*) lightning *cpd*; (*succès*)
unning; (*maladie, poison*)
olent
et [fwɛ] *nm* whip; (*Culin*)
nisk; **de plein ~** *adv* (*se heurter*)
ad on • **fouetter** /1/ *vt* to whip;
ème) to whisk
gère [fuʒɛʀ] *nf* fern
gue [fug] *nf* ardour, spirit
ougueux, -euse *adj* fiery
ille [fuj] *nf* search; **fouilles**
ol (*archéologiques*) excavations
ouiller /1/ *vt* to search; (*creuser*)
dig ▸ *vi*: **fouiller dans/parmi**
rummage in/among • **fouillis**
n jumble, muddle
lard [fulaʀ] *nm* scarf
le [ful] *nf* crowd; **la ~** crowds
; **une ~ de** masses of
lée [fule] *nf* stride
ler [fule] /1/ *vt* to press; (*sol*) to
ead upon; **se ~ la cheville** to
rain one's ankle; **ne pas se ~**
ot to overexert o.s.; **il ne se**
ule pas he doesn't put himself
ut • **foulure** *nf* sprain
r [fuʀ] *nm* oven; (*de potier*) kiln;
héât: échec) flop

fourche [fuʀʃ] *nf* pitchfork
fourchette [fuʀʃɛt] *nf* fork;
(*Statistique*) bracket, margin
fourgon [fuʀgɔ̃] *nm* van; (*Rail*)
wag(g)on • **fourgonnette** *nf*
(delivery) van
fourmi [fuʀmi] *nf* ant; **avoir des**
~s dans les jambes/mains to
have pins and needles in one's
legs/hands • **fourmilière** *nf*
ant-hill • **fourmiller** /1/ *vi* to
swarm
fourneau, x [fuʀno] *nm* stove
fourni, e [fuʀni] *adj* (*barbe*,
cheveux) thick; (*magasin*): **bien**
~ (en) well stocked (with)
fournir [fuʀniʀ] /2/ *vt* to supply;
(*preuve, exemple*) to provide,
supply; (*effort*) to put in; **~ qch à**
qn to supply sth to sb, supply *ou*
provide sb with sth • **fournisseur,**
-euse *nm/f* supplier; **fournisseur**
d'accès à Internet (Internet)
service provider, ISP • **fourniture**
nf supply(ing); **fournitures**
scolaires school stationery
fourrage [fuʀaʒ] *nm* fodder
fourré, e [fuʀe] *adj* (*bonbon*,
chocolat) filled; (*manteau, botte*)
fur-lined ▸ *nm* thicket
fourrer [fuʀe] /1/ *vt* (*fam*) to stick,
shove; **se ~ dans/sous** to get
into/under
fourrière [fuʀjɛʀ] *nf* pound
fourrure [fuʀyʀ] *nf* fur; (*pelage*)
coat
foutre [futʀ] *vt* (*fam!*) = **ficher**
• **foutu, e** *adj* (*fam!*) = **fichu**
foyer [fwaje] *nm* (*de cheminée*)
hearth; (*famille*) family; (*domicile*)
home; (*local de réunion*) (social)
club; (*résidence*) hostel; (*salon*)
foyer; **lunettes à double ~**
bi-focal glasses

f

fracassant, e [fʀakasɑ̃, -ɑ̃t] *adj* (*succès*) staggering
fraction [fʀaksjɔ̃] *nf* fraction
fracturation [fʀaktyʀasjɔ̃] *nf*: **~ hydraulique** fracking
fracture [fʀaktyʀ] *nf* fracture; **~ du crâne** fractured skull; **~ numérique** digital gap; **~ sociale** social chasm • **fracturer** /1/ *vt* (*coffre, serrure*) to break open; (*os, membre*) to fracture; **se fracturer le crâne** to fracture one's skull
fragile [fʀaʒil] *adj* fragile, delicate; (*fig*) frail • **fragilité** *nf* fragility
fragment [fʀagmɑ̃] *nm* (*d'un objet*) fragment, piece
fraîche [fʀɛʃ] *adj f voir* **frais** • **fraîcheur** *nf* coolness; (*d'un aliment*) freshness; *voir* **frais** • **fraîchir** /2/ *vi* to get cooler; (*vent*) to freshen
frais, fraîche [fʀɛ, fʀɛʃ] *adj* (*air, eau, accueil*) cool; (*petit pois, œufs, nouvelles, couleur, troupes*) fresh ▸ *adv* (*récemment*) newly, fresh(ly) ▸ *nm*: **mettre au ~** to put in a cool place; **prendre le ~** to take a breath of cool air ▸ *nmpl* (*débours*) expenses; (*Comm*) costs; **il fait ~** it's cool; **servir ~** serve chilled; **faire des ~** to go to a lot of expense; **~ généraux** overheads; **~ de scolarité** school fees (BRIT), tuition (US)
fraise [fʀɛz] *nf* strawberry; **~ des bois** wild strawberry
framboise [fʀɑ̃bwaz] *nf* raspberry
franc, franche [fʀɑ̃, fʀɑ̃ʃ] *adj* (*personne*) frank, straightforward; (*visage*) open; (*net: refus, couleur*) clear; (*: coupure*) clean; (*intensif*) downright ▸ *nm* franc
français, e [fʀɑ̃sɛ, -ɛz] *adj* French ▸ *nm* (*Ling*) French ▸ *nm/f*: **F~, e** Frenchman/woman
France [fʀɑ̃s] *nf*: **la ~** France; **~ 3** *public-sector television channel*

France 2 and **France 3** are public-sector television channels. *France 2* is a national general interest and entertainment channel; *France 3* provides regional news and information as well as programmes for the national network.

franche [fʀɑ̃ʃ] *adj f voir* **franc** • **franchement** *adv* frankly; clearly; (*nettement*) definitely; (*tout à fait*) downright
franchir [fʀɑ̃ʃiʀ] /2/ *vt* (*obstacle*) to clear, get over; (*seuil, ligne, rivière*) to cross; (*distance*) to cover
franchise [fʀɑ̃ʃiz] *nf* frankness; (*douanière*) exemption; (*Assurances*) excess
franc-maçon [fʀɑ̃masɔ̃] *nm* Freemason
franco [fʀɑ̃ko] *adv* (*Comm*): **~ (de port)** postage paid
francophone [fʀɑ̃kɔfɔn] *adj* French-speaking
franc-parler [fʀɑ̃paʀle] *nm inv* outspokenness; **avoir son ~** to speak one's mind
frange [fʀɑ̃ʒ] *nf* fringe
frangipane [fʀɑ̃ʒipan] *nf* almond paste
frappant, e [fʀapɑ̃, -ɑ̃t] *adj* striking
frappé, e [fʀape] *adj* iced
frapper [fʀape] /1/ *vt* to hit, strike; (*étonner*) to strike; **~ dans**

·s mains to clap one's hands;
appé de stupeur dumbfounded
ternel, le [fʀatɛʀnɛl] *adj*
otherly, fraternal • **fraternité**
brotherhood
ude [fʀod] *nf* fraud; (*Scol*)
eating; **passer qch en ~** to
nuggle sth in (*ou* out); **~ fiscale**
x evasion
yeur [fʀɛjœʀ] *nf* fright
ezer [fʀizœʀ] *nm* freezing
mpartment
in [fʀɛ̃] *nm* brake; **mettre un**
à (*fig*) to put a brake on, check;
à main handbrake • **freiner** /1/
to brake ▶ *vt* (*progrès etc*) to
eck
le [fʀɛl] *adj* frail, fragile
lon [fʀəlɔ̃] *nm* hornet
mir [fʀemiʀ] /2/ *vi* (*de froid*,
peur) to shudder; (*de colère*) to
ake; (*de joie, feuillage*) to quiver
ne [fʀɛn] *nm* ash (tree)
quemment [fʀekamɑ̃] *adv*
equently
quent, e [fʀekɑ̃, -ɑ̃t] *adj*
equent
quentation [fʀekɑ̃tasjɔ̃] *nf*
equenting; **fréquentations** *nfpl*
elations) company *sg*; **avoir**
e mauvaises ~s to be in with
e wrong crowd, keep bad
mpany
quenté, e [fʀekɑ̃te] *adj*:
ès ~ (very) busy; **mal ~**
atronized by disreputable
ements
quenter [fʀekɑ̃te] /1/ *vt* (*lieu*)
frequent; (*personne*) to see;
e fréquenter *vi* to see a lot of
ach other
re [fʀɛʀ] *nm* brother
sque [fʀɛsk] *nf* (*Art*) fresco
t [fʀɛ(t)] *nm* freight

friand, e [fʀijɑ̃, -ɑ̃d] *adj*: **~ de** very fond of ▶ *nm*: **~ au fromage** cheese puff
friandise [fʀijɑ̃diz] *nf* sweet
fric [fʀik] *nm* (*fam*) cash, bread
friche [fʀiʃ]: **en ~** *adj, adv* (lying) fallow
friction [fʀiksjɔ̃] *nf* (*massage*) rub, rub-down; (*Tech, fig*) friction
frigidaire® [fʀiʒidɛʀ] *nm* refrigerator
frigo [fʀigo] *nm* fridge
frigorifique [fʀigɔʀifik] *adj* refrigerating
frileux, -euse [fʀilø, -øz] *adj* sensitive to (the) cold
frimer [fʀime] /1/ *vi* (*fam*) to show off
fringale [fʀɛ̃gal] *nf* (*fam*): **avoir la ~** to be ravenous
fringues [fʀɛ̃g] *nfpl* (*fam*) clothes
fripé, e [fʀipe] *adj* crumpled
frire [fʀiʀ] *vt* to fry ▶ *vi* to fry
frisé, e [fʀize] *adj* (*cheveux*) curly; (*personne*) curly-haired
frisson [fʀisɔ̃] *nm* (*de froid*) shiver; (*de peur*) shudder • **frissonner** /1/ *vi* (*de fièvre, froid*) to shiver; (*d'horreur*) to shudder
frit, e [fʀi, fʀit] *pp de* **frire** ▶ *nf*: **(pommes) ~es** chips (BRIT), French fries • **friteuse** *nf* deep fryer, chip pan (BRIT) • **friture** *nf* (*huile*) (deep) fat; (*plat*): **friture (de poissons)** fried fish
froid, e [fʀwa, fʀwad] *adj* ▶ *nm* cold; **il fait ~** it's cold; **avoir ~** to be cold; **prendre ~** to catch a chill *ou* cold; **être en ~ avec** to be on bad terms with • **froidement** *adv* (*accueillir*) coldly; (*décider*) coolly
froisser [fʀwase] /1/ *vt* to crumple (up), crease; (*fig*) to hurt, offend; **se froisser** *vi* to crumple,

crease; (*personne*) to take offence (BRIT) *ou* offense (US); **se ~ un muscle** to strain a muscle
frôler [fʀole] /1/ *vt* to brush against; (*projectile*) to skim past; (*fig*) to come very close to, come within a hair's breadth of
fromage [fʀɔmaʒ] *nm* cheese; **~ blanc** soft white cheese
froment [fʀɔmɑ̃] *nm* wheat
froncer [fʀɔ̃se] /3/ *vt* to gather; **~ les sourcils** to frown
front [fʀɔ̃] *nm* forehead, brow; (*Mil, Météorologie, Pol*) front; **de ~** (*se heurter*) head-on; (*rouler*) together (*2 or 3 abreast*); (*simultanément*) at once; **faire ~ à** to face up to
frontalier, -ière [fʀɔ̃talje, -jɛʀ] *adj* border *cpd*, frontier *cpd* ▸ **(travailleurs) ~s** commuters from across the border
frontière [fʀɔ̃tjɛʀ] *nf* frontier, border
frotter [fʀɔte] /1/ *vi* to rub, scrape ▸ *vt* to rub; (*pommes de terre, plancher*) to scrub; **~ une allumette** to strike a match
fruit [fʀɥi] *nm* fruit *no pl*; **~s de mer** seafood(s); **~s secs** dried fruit *sg* • **fruité, e** [fʀɥite] *adj* fruity • **fruitier, -ière** *adj*: **arbre fruitier** fruit tree
frustrer [fʀystʀe] /1/ *vt* to frustrate
fuel(-oil) [fjul(ɔjl)] *nm* fuel oil; (*pour chauffer*) heating oil
fugace [fygas] *adj* fleeting
fugitif, -ive [fyʒitif, -iv] *adj* (*lueur, amour*) fleeting ▸ *nm/f* fugitive
fugue [fyg] *nf*: **faire une ~** to run away, abscond
fuir [fɥiʀ] /17/ *vt* to flee from; (*éviter*) to shun ▸ *vi* to run away; (*gaz, robinet*) to leak
fuite [fɥit] *nf* flight; (*divulgation*) leak; **être en ~** to be on the run; **mettre en ~** to put to flight
fulgurant, e [fylgyʀɑ̃, -ɑ̃t] *adj* lightning *cpd*, dazzling
fumé, e [fyme] *adj* (*Culin*) smoked; (*verre*) tinted ▸ *nf* smoke
fumer [fyme] /1/ *vi* to smoke; (*liquide*) to steam ▸ *vt* to smoke
fûmes [fym] *vb voir* **être**
fumeur, -euse [fymœʀ, -øz] *nm/f* smoker
fumier [fymje] *nm* manure
funérailles [fyneʀɑj] *nfpl* funeral *sg*
fur [fyʀ]: **au ~ et à mesure** *adv* as one goes along; **au ~ et à mesure que** as
furet [fyʀɛ] *nm* ferret
fureter [fyʀ(ə)te] /5/ *vi* (*péj*) to nose about
fureur [fyʀœʀ] *nf* fury; **être en ~** to be infuriated; **faire ~** to be all the rage
furie [fyʀi] *nf* fury; (*femme*) shrew, vixen; **en ~** (*mer*) raging • **furieux, -euse** *adj* furious
furoncle [fyʀɔ̃kl] *nm* boil
furtif, -ive [fyʀtif, -iv] *adj* furtive
fus [fy] *vb voir* **être**
fusain [fyzɛ̃] *nm* (*Art*) charcoal
fuseau, x [fyzo] *nm* (*pantalon*) (ski-)pants *pl*; (*pour filer*) spindle; **~ horaire** time zone
fusée [fyze] *nf* rocket
fusible [fyzibl] *nm* (*Élec: fil*) fuse wire; (*: fiche*) fuse
fusil [fyzi] *nm* (*de guerre, à canon rayé*) rifle, gun; (*de chasse, à canon lisse*) shotgun, gun • **fusillade**

ınfire *no pl*, shooting *no pl*
fusiller /1/ *vt* to shoot; **fusiller**
ı du regard to look daggers at sb
·ionner [fyzjɔne] /1/ *vi* to
ıerge
[fy] *vb voir* **être** ▶ *nm* (*tonneau*)
ırrel, cask
é, e [fyte] *adj* crafty; **Bison ~®**
/ and radio traffic monitoring
rvice
ile [fytil] *adj* futile; (*frivole*)
ıvolous
ur, e [fytyʀ] *adj, nm* future
'ard, e [fɥijaʀ, -aʀd] *nm/f*
ınaway

g

Gabon [gabɔ̃] *nm*: **le ~** Gabon
gâcher [gɑʃe] /1/ *vt* (*gâter*) to spoil; (*gaspiller*) to waste • **gâchis** *nm* waste *no pl*
gaffe [gaf] *nf* blunder; **faire ~** (*fam*) to watch out
gage [gaʒ] *nm* (*dans un jeu*) forfeit; (*fig: de fidélité*) token; **gages** *nmpl* (*salaire*) wages; **mettre en ~** to pawn
gagnant, e [gaɲɑ̃, -ɑ̃t] *adj*: **billet/numéro ~** winning ticket/number ▶ *nm/f* winner
gagne-pain [gaɲpɛ̃] *nm inv* job
gagner [gaɲe] /1/ *vt* to win; (*somme d'argent, revenu*) to earn; (*aller vers, atteindre*) to reach; (*s'emparer de*) to overcome; (*envahir*) to spread to ▶ *vi* to win; (*fig*) to gain; **~ du temps/de la place** to gain time/save space; **~ sa vie** to earn one's living
gai, e [ge] *adj* cheerful; (*un peu ivre*) merry • **gaiement** *adv* cheerfully • **gaieté** *nf* cheerfulness; **de gaieté de cœur** with a light heart
gain [gɛ̃] *nm* (*revenu*) earnings *pl*; (*bénéfice: gén pl*) profits *pl*

gala [gala] *nm* official reception; **soirée de ~** gala evening
galant, e [galɑ̃, -ɑ̃t] *adj* (*courtois*) courteous, gentlemanly; (*entreprenant*) flirtatious, gallant; (*scène, rendez-vous*) romantic
galerie [galʀi] *nf* gallery; (*Théât*) circle; (*de voiture*) roof rack; (*fig: spectateurs*) audience; **~ marchande** shopping mall; **~ de peinture** (private) art gallery
galet [galɛ] *nm* pebble
galette [galɛt] *nf* flat pastry cake; **la ~ des Rois** *cake traditionally eaten on Twelfth Night*

A **galette des Rois** is a cake eaten on Twelfth Night containing a figurine. The person who finds it is the king (or queen) and gets a paper crown. They then choose someone else to be their queen (or king).

galipette [galipɛt] *nf* somersault
Galles [gal] *nfpl*: **le pays de ~** Wales • **gallois, e** *adj* Welsh ▸ *nm* (*Ling*) Welsh ▸ *nm/f*: **Gallois, e** Welshman(-woman)
galocher [galɔʃe] (*fam*) *vt* to French kiss
galon [galɔ̃] *nm* (*Mil*) stripe; (*décoratif*) piece of braid
galop [galo] *nm* gallop • **galoper** /1/ *vi* to gallop
gambader [gɑ̃bade] /1/ *vi* (*animal, enfant*) to leap about
gamin, e [gamɛ̃, -in] *nm/f* kid ▸ *adj* mischievous
gamme [gam] *nf* (*Mus*) scale; (*fig*) range
gang [gɑ̃g] *nm* (*de criminels*) gang
gant [gɑ̃] *nm* glove; **~ de toilette** (face) flannel (BRIT), face cloth

garage [gaʀaʒ] *nm* garage • **garagiste** *nm/f* garage owne (*mécanicien*) garage mechanic
garantie [gaʀɑ̃ti] *nf* guarante **(bon de) ~** guarantee *ou* warranty slip
garantir [gaʀɑ̃tiʀ] /2/ *vt* to guarantee; **je vous garantis c** I can assure you that
garçon [gaʀsɔ̃] *nm* boy; (*aussi*: **~ de café**) waiter; **vieux ~** (*célibataire*) bachelor; **~ de courses** messenger
garde [gaʀd] *nm* (*de prisonnier*) guard; (*de domaine etc*) warden; (*soldat, sentinelle*) guardsman ▸ *nf* (*soldats*) guard; **de ~** on dut **monter la ~** to stand guard; **mettre en ~** to warn; **prendre ~ (à)** to be careful (of); **~ champêtre** *nm* rural policeman; **~ du corps** *nm* bodyguard; **~ à vue** *nf* (*Jur*) ≈ police custody • **garde-boue** *nm inv* mudguard • **garde-cha** *nm* gamekeeper
garder [gaʀde] /1/ *vt* (*conserver* to keep; (*surveiller*: *enfants*) to lo after; (: *immeuble, lieu, prisonnie* to guard; **se garder** *vi* (*aliment*: *conserver*) to keep; **se ~ de faire** be careful not to do; **~ le lit/la chambre** to stay in bed/indoor **pêche/chasse gardée** private fishing/hunting (ground)
garderie [gaʀdəʀi] *nf* day nursery, crèche
garde-robe [gaʀdəʀɔb] *nf* wardrobe
gardien, ne [gaʀdjɛ̃, -ɛn] *nm/* (*garde*) guard; (*de prison*) warde (*de domaine, réserve*) warden; (*de musée etc*) attendant; (*de phare, cimetière*) keeper; (*d'immeuble*) caretaker; (*fig*) guardian; **~ de**

ɔalkeeper; **~ de nuit** night
atchman; **~ de la paix**
ɔliceman
'e [gaʀ] *nf* (railway) station
excl: **~ à ...** mind ...!; **~ à toi!**
atch out!; **~ routière** bus
ation
'er [gaʀe] /1/ *vt* to park; **se**
ırer *vi* to park
'ni, e [gaʀni] *adj* (*plat*) served
ith vegetables (*and chips, pasta*
rice)
'niture [gaʀnityʀ] *nf* (*Culin*)
getables *pl*; **~ de frein** brake
ing
's [ga] *nm* guy
scogne [gaskɔɲ] *nf*: **la ~**
ascony; **le golfe de ~** the Bay of
scay
s-oil [gazɔjl] *nm* diesel oil
spiller [gaspije] /1/ *vt* to waste
stronome [gastʀɔnɔm] *nm/f*
ɔurmet • **gastronomique** *adj*
astronomic
teau, x [gato] *nm* cake; **~ sec**
scuit
ter [gate] /1/ *vt* to spoil; **se**
âter *vi* (*dent, fruit*) to go bad;
emps, situation) to change for the
orse
teux, -euse [gatø, -øz] *adj*
nile
uche [goʃ] *adj* left, left-hand;
naladroit) awkward, clumsy ▸ *nf*
ol) left (wing); **le bras ~** the left
m; **le côté ~** the left-hand side;
~ on the left; (*direction*) (to the)
ft • **gaucher, -ère** *adj*
ft-handed • **gauchiste** *nm/f*
ftist
ufre [gofʀ] *nf* waffle
ufrette [gofʀɛt] *nf* wafer
ulois, e [golwa, -waz] *adj*
allic ▸ *nm/f*: **G~, e** Gaul

gaz [gɑz] *nm inv* gas; **ça sent le ~** I can smell gas, there's a smell of gas
gaze [gɑz] *nf* gauze
gazette [gazɛt] *nf* news sheet
gazeux, -euse [gɑzø, -øz] *adj* (*eau*) sparkling; (*boisson*) fizzy
gazoduc [gɑzodyk] *nm* gas pipeline
gazon [gɑzɔ̃] *nm* (*herbe*) grass; (*pelouse*) lawn
géant, e [ʒeɑ̃, -ɑ̃t] *adj* gigantic; (*Comm*) giant-size ▸ *nm/f* giant
geindre [ʒɛ̃dʀ] /52/ *vi* to groan, moan
gel [ʒɛl] *nm* frost; **~ douche** shower gel
gélatine [ʒelatin] *nf* gelatine
gelé, e [ʒəle] *adj* frozen ▸ *nf* jelly; (*gel*) frost
geler [ʒ(ə)le] /5/ *vt, vi* to freeze; **il gèle** it's freezing
gélule [ʒelyl] *nf* (*Méd*) capsule
Gémeaux [ʒemo] *nmpl*: **les ~** Gemini
gémir [ʒemiʀ] /2/ *vi* to groan, moan
gênant, e [ʒɛnɑ̃, -ɑ̃t] *adj* (*objet*) in the way; (*histoire, personne*) embarrassing
gencive [ʒɑ̃siv] *nf* gum
gendarme [ʒɑ̃daʀm] *nm* gendarme • **gendarmerie** *nf* *military police force in countryside and small towns; their police station or barracks*
gendre [ʒɑ̃dʀ] *nm* son-in-law
gêné, e [ʒene] *adj* embarrassed
gêner [ʒene] /1/ *vt* (*incommoder*) to bother; (*encombrer*) to be in the way of; (*embarrasser*): **~ qn** to make sb feel ill-at-ease;

g

se gêner *vi* to put o.s. out; **ne vous gênez pas!** don't mind me!
général, e, -aux [ʒeneʀal, -o] *adj, nm* general; **en ~** usually, in general • **généralement** *adv* generally • **généraliser** /1/ *vt, vi* to generalize; **se généraliser** *vi* to become widespread • **généraliste** *nm/f* general practitioner, GP
génération [ʒeneʀasjɔ̃] *nf* generation
généreux, -euse [ʒeneʀø, -øz] *adj* generous
générique [ʒeneʀik] *nm* (*Ciné, TV*) credits *pl*
générosité [ʒeneʀozite] *nf* generosity
genêt [ʒ(ə)nɛ] *nm* (*Bot*) broom *no pl*
génétique [ʒenetik] *adj* genetic
Genève [ʒ(ə)nɛv] *n* Geneva
génial, e, -aux [ʒenjal, -o] *adj* of genius; (*fam: formidable*) fantastic, brilliant
génie [ʒeni] *nm* genius; (*Mil*): **le ~** ≈ the Engineers *pl*; **~ civil** civil engineering
genièvre [ʒənjɛvʀ] *nm* juniper (tree)
génisse [ʒenis] *nf* heifer
génital, e, -aux [ʒenital, -o] *adj* genital; **les parties ~es** the genitals
génois, e [ʒenwa, -waz] *adj* Genoese ▶ *nf* (*gâteau*) ≈ sponge cake
génome [ʒenom] *nm* genome
genou, x [ʒ(ə)nu] *nm* knee; **à ~x** on one's knees; **se mettre à ~x** to kneel down
genre [ʒɑ̃ʀ] *nm* kind, type, sort; (*Ling*) gender; **avoir bon ~** to look a nice sort; **avoir mauvais ~** t be coarse-looking; **ce n'est pa son ~** it's not like him
gens [ʒɑ̃] *nmpl* (*f in some phrases* people *pl*
gentil, le [ʒɑ̃ti, -ij] *adj* kind; (*enfant: sage*) good; (*sympathiqu endroit etc*) nice • **gentillesse** *n* kindness • **gentiment** *adv* kindly
géographie [ʒeɔgʀafi] *nf* geography
géolocalisation [ʒeolɔkalizasjɔ̃] *nf* geolocatior
géolocaliser [ʒeolɔkalize] /1/ to geolocate
géologie [ʒeɔlɔʒi] *nf* geology
géomètre [ʒeɔmɛtʀ] *nm*: **(arpenteur-)~** (land) surveyor
géométrie [ʒeɔmetʀi] *nf* geometry • **géométrique** *adj* geometric
géranium [ʒeʀanjɔm] *nm* geranium
gérant, e [ʒeʀɑ̃, -ɑ̃t] *nm/f* manager/manageress; **~ d'immeuble** managing ager
gerbe [ʒɛʀb] *nf* (*de fleurs, d'eau*) spray; (*de blé*) sheaf
gercé, e [ʒɛʀse] *adj* chapped
gerçure [ʒɛʀsyʀ] *nf* crack
gérer [ʒeʀe] /6/ *vt* to manage
germain, e [ʒɛʀmɛ̃, -ɛn] *adj*: **cousin ~** first cousin
germe [ʒɛʀm] *nm* germ • **gern** /1/ *vi* to sprout; (*semence*) to germinate
GES *sigle m* (= *gaz à effet de serre*) GHG (= *greenhouse gas*)
geste [ʒɛst] *nm* gesture
gestion [ʒɛstjɔ̃] *nf* manageme
Ghana [gana] *nm*: **le ~** Ghana
gibier [ʒibje] *nm* (*animaux*) gar

'er [ʒikle] /1/ *vi* to spurt, squirt
e [ʒifl] *nf* slap (in the face)
ifler /1/ *vt* to slap (in the face)
antesque [ʒigɑ̃tɛsk] *adj* ʒantic
ot [ʒigo] *nm* leg (of mutton *ou* nb)
oter [ʒigɔte] /1/ *vi* to wriggle ɔout)
t [ʒilɛ] *nm* waistcoat; (*pull*) rdigan; **~ de sauvetage** life :ket
[dʒin] *nm* gin; **~-tonic** gin and nic
gembre [ʒɛ̃ʒɑ̃bʀ] *nm* ginger
afe [ʒiʀaf] *nf* giraffe
atoire [ʒiʀatwaʀ] *adj*: **sens ~** undabout
ofle [ʒiʀɔfl] *nm*: **clou de ~** ɔve
ouette [ʒiʀwɛt] *nf* weather ne *ou* cock
an, e [ʒitɑ̃, -an] *nm/f* gipsy
e [ʒit] *nm* (*maison*) home; (*abri*) elter; **~ (rural)** (country) liday cottage *ou* apartment, te (*self-catering accommodation the country*)
re [ʒivʀ] *nm* (hoar) frost
ivré, e *adj* covered in frost; *m: fou*) nuts; **citron givré/ ange givrée** lemon/orange rbet (*served in fruit skin*)
ce [glas] *nf* ice; (*crème glacée*) e cream; (*miroir*) mirror; (*de iture*) window
cé, e [glase] *adj* (*mains, vent, uie*) freezing; (*lac*) frozen; ɔisson) iced
cer [glase] /3/ *vt* to freeze; âteau) to ice; **~ qn** (*intimider*) to ill sb; (*fig*) to make sb's blood n cold
cial, e [glasjal] *adj* icy

glacier [glasje] *nm* (*Géo*) glacier; (*marchand*) ice-cream maker
glacière [glasjɛʀ] *nf* icebox
glaçon [glasɔ̃] *nm* icicle; (*pour boisson*) ice cube
glaïeul [glajœl] *nm* gladiola
glaise [glɛz] *nf* clay
gland [glɑ̃] *nm* acorn; (*décoration*) tassel
glande [glɑ̃d] *nf* gland
glissade [glisad] *nf* (*par jeu*) slide; (*chute*) slip; **faire des ~s** to slide
glissant, e [glisɑ̃, -ɑ̃t] *adj* slippery
glissement [glismɑ̃] *nm*: **~ de terrain** landslide
glisser [glise] /1/ *vi* (*avancer*) to glide *ou* slide along; (*coulisser, tomber*) to slide; (*déraper*) to slip; (*être glissant*) to be slippery ▶ *vt* to slip; **se ~ dans/entre** to slip into/ between
global, e, -aux [glɔbal, -o] *adj* overall
globe [glɔb] *nm* globe
globule [glɔbyl] *nm* (*du sang*): **~ blanc/rouge** white/red corpuscle
gloire [glwaʀ] *nf* glory
glousser [gluse] /1/ *vi* to cluck; (*rire*) to chuckle
glouton, ne [glutɔ̃, -ɔn] *adj* gluttonous
gluant, e [glyɑ̃, -ɑ̃t] *adj* sticky, gummy
glucose [glykoz] *nm* glucose
glycine [glisin] *nf* wisteria
GO *sigle fpl* (= *grandes ondes*) LW
goal [gol] *nm* goalkeeper
gobelet [gɔblɛ] *nm* (*en métal*) tumbler; (*en plastique*) beaker; (*à dés*) cup
goéland [gɔelɑ̃] *nm* (sea)gull

goélette [gɔelɛt] *nf* schooner
goinfre [gwɛ̃fʀ] *nm* glutton
golf [gɔlf] *nm* golf; (*terrain*) golf course; **~ miniature** crazy *ou* miniature golf
golfe [gɔlf] *nm* gulf; (*petit*) bay
gomme [gɔm] *nf* (*à effacer*) rubber (BRIT), eraser • **gommer** /1/ *vt* to rub out (BRIT), erase
gonflé, e [gɔ̃fle] *adj* swollen; **il est ~** (*fam*: *courageux*) he's got some nerve; (: *impertinent*) he's got a nerve
gonfler [gɔ̃fle] /1/ *vt* (*pneu, ballon*) to inflate, blow up; (*nombre, importance*) to inflate ▸ *vi* to swell (up); (*Culin*: *pâte*) to rise
gonzesse [gɔ̃zɛs] *nf* (*fam*) chick, bird (BRIT)
googler [gugle] /1/ *vt* to google
gorge [gɔʀʒ] *nf* (*Anat*) throat; (*Géo*) gorge
gorgé, e [gɔʀʒe] *adj*: **~ de** filled with ▸ *nf* (*petite*) sip; (*grande*) gulp
gorille [gɔʀij] *nm* gorilla; (*fam*) bodyguard
gosse [gɔs] *nm/f* kid
goudron [gudʀɔ̃] *nm* tar • **goudronner** /1/ *vt* to tar(mac) (BRIT), asphalt (US)
gouffre [gufʀ] *nm* abyss, gulf
goulot [gulo] *nm* neck; **boire au ~** to drink from the bottle
goulu, e [guly] *adj* greedy
gourde [guʀd] *nf* (*récipient*) flask; (*fam*) (clumsy) clot *ou* oaf ▸ *adj* oafish
gourdin [guʀdɛ̃] *nm* club, bludgeon
gourmand, e [guʀmɑ̃, -ɑ̃d] *adj* greedy • **gourmandise** *nf* greed; (*bonbon*) sweet

gousse [gus] *nf*: **~ d'ail** clove c garlic
goût [gu] *nm* taste; **de bon ~** tasteful; **de mauvais ~** tastele **avoir bon/mauvais ~** to taste nice/ nasty; **prendre ~ à** to develop a taste *ou* a liking for
goûter [gute] /1/ *vt* (*essayer*) tc taste; (*apprécier*) to enjoy ▸ *vi* t have (afternoon) tea ▸ *nm* (afternoon) tea; **je peux ~?** ca have a taste?
goutte [gut] *nf* drop; (*Méd*) go (*alcool*) nip (BRIT), drop (US); **tomber ~ à ~** to drip • **goutte-à-goutte** *nm inv* (*Mé* drip
gouttière [gutjɛʀ] *nf* gutter
gouvernail [guvɛʀnaj] *nm* rudder; (*barre*) helm, tiller
gouvernement [guvɛʀnəm *nm* government
gouverner [guvɛʀne] /1/ *vt* t govern
GPA *sigle f* (= *gestation pour autru* gestational surrogacy
grâce [gʀɑs] *nf* (*charme, Rel*) grace; (*faveur*) favour; (*Jur*) parc **faire ~ à qn de qch** to spare sb sth; **demander ~** to beg for mercy; **~ à** thanks to • **gracieu -euse** *adj* graceful
grade [gʀad] *nm* rank; **monte en ~** to be promoted
gradin [gʀadɛ̃] *nm* tier; (*de stac* step; **gradins** *nmpl* (*de stade*) terracing *no pl*
gradué, e [gʀadɥe] *adj*: **verre** measuring jug
graduel, le [gʀadɥɛl] *adj* grac
graduer [gʀadɥe] /1/ *vt* (*effort etc*) to increase gradually; (*règl verre*) to graduate
graffiti [gʀafiti] *nm* graffiti

ain [gʀɛ̃] *nm* (*gén*) grain; (*Navig*) uall; **~ de beauté** beauty spot; **de café** coffee bean; **~ de ɔivre** peppercorn
ine [gʀɛn] *nf* seed
issage [gʀɛsaʒ] *nm* ɔrication, greasing
isse [gʀɛs] *nf* fat; (*lubrifiant*) ease • **graisser** /1/ *vt* to ɔricate, grease; (*tacher*) to make easy • **graisseux, -euse** *adj* easy
mmaire [gʀamɛʀ] *nf* ammar
mme [gʀam] *nm* gramme
nd, e [gʀɑ̃, gʀɑ̃d] *adj* (*haut*) tall; *ros, vaste, large*) big, large; (*long*) ng; (*plus âgé*) big; (*adulte*) grown-; (*important, brillant*) great ▶ *adv*: **ouvert** wide open; **au ~ air** in e open (air); **les ~s blessés/ ûlés** the severely injured/ ɪrned; **~ ensemble** housing heme; **~ magasin** department ore; **~e personne** grown-up; **surface** hypermarket; **~es oles** *prestige university-level lleges with competitive entrance aminations*; **~es lignes** (*Rail*) ain lines; **~es vacances** ımmer holidays (BRIT) *ou* ɪcation (US) • **grand-chose** *n/f inv*: **pas grand-chose** not uch • **Grande-Bretagne** *nf*: **Grande-Bretagne** (Great) itain • **grandeur** *nf* (*dimension*) ze; **grandeur nature** life-size
grandiose *adj* imposing
grandir /2/ *vi* to grow; grow *vt*: **grandir qn** (*vêtement, aussure*) to make sb look taller
grand-mère *nf* grandmother
grand-peine: **à grand-peine** *v* with (great) difficulty
grand-père *nm* grandfather
• **grands-parents** *nmpl* grandparents
grange [gʀɑ̃ʒ] *nf* barn
granit [gʀanit] *nm* granite
graphique [gʀafik] *adj* graphic ▶ *nm* graph
grappe [gʀap] *nf* cluster; **~ de raisin** bunch of grapes
gras, se [gʀɑ, gʀɑs] *adj* (*viande, soupe*) fatty; (*personne*) fat; (*surface, main, cheveux*) greasy; (*plaisanterie*) coarse; (*Typo*) bold ▶ *nm* (*Culin*) fat; **faire la ~se matinée** to have a lie-in (BRIT), sleep late • **grassement** *adv*: **grassement payé** handsomely paid
gratifiant, e [gʀatifjɑ̃, -ɑ̃t] *adj* gratifying, rewarding
gratin [gʀatɛ̃] *nm* (*Culin*) cheese- (*ou* crumb-)topped dish; (*: croûte*) topping; **tout le ~ parisien** all the best people of Paris • **gratiné, e** *adj* (*Culin*) au gratin
gratis [gʀatis] *adv* free
gratitude [gʀatityd] *nf* gratitude
gratte-ciel [gʀatsjɛl] *nm inv* skyscraper
gratter [gʀate] /1/ *vt* (*frotter*) to scrape; (*avec un ongle*) to scratch; (*enlever: avec un outil*) to scrape off; (*: avec un ongle*) to scratch off ▶ *vi* (*irriter*) to be scratchy; (*démanger*) to itch; **se gratter** *vi* to scratch o.s.
gratuit, e [gʀatɥi, -ɥit] *adj* (*entrée*) free; (*fig*) gratuitous
grave [gʀav] *adj* (*maladie, accident*) serious, bad; (*sujet, problème*) serious, grave; (*personne, air*) grave, solemn; (*voix, son*) deep, low-pitched • **gravement** *adv* seriously; (*parler, regarder*) gravely
graver [gʀave] /1/ *vt* (*plaque, nom*) to engrave; (*CD, DVD*) to burn

graveur [gʀavœʀ] *nm* engraver; **~ de CD/DVD** CD/DVD burner *or* writer
gravier [gʀavje] *nm* (loose) gravel *no pl* • **gravillons** *nmpl* gravel *sg*
gravir [gʀaviʀ] /2/ *vt* to climb (up)
gravité [gʀavite] *nf* (*de maladie, d'accident*) seriousness; (*de sujet, problème*) gravity
graviter [gʀavite] /1/ *vi* to revolve
gravure [gʀavyʀ] *nf* engraving; (*reproduction*) print
gré [gʀe] *nm*: **à son ~** to his liking; **contre le ~ de qn** against sb's will; **de son (plein) ~** of one's own free will; **de ~ ou de force** whether one likes it or not; **de bon ~** willingly; **bon ~ mal ~** like it or not; **savoir (bien) ~ à qn de qch** to be (most) grateful to sb for sth
grec, grecque [gʀɛk] *adj* Greek; (*classique: vase etc*) Grecian ▸ *nm* (*Ling*) Greek ▸ *nm/f*: **Grec, Grecque** Greek
Grèce [gʀɛs] *nf*: **la ~** Greece
greffe [gʀɛf] *nf* (*Bot, Méd: de tissu*) graft; (*Méd: d'organe*) transplant • **greffer** /1/ *vt* (*Bot, Méd: tissu*) to graft; (*Méd: organe*) to transplant
grêle [gʀɛl] *adj* (very) thin ▸ *nf* hail • **grêler** /1/ *vb impers*: **il grêle** it's hailing • **grêlon** *nm* hailstone
grelot [gʀəlo] *nm* little bell
grelotter [gʀəlɔte] /1/ *vi* to shiver
grenade [gʀənad] *nf* (*explosive*) grenade; (*Bot*) pomegranate • **grenadine** *nf* grenadine
grenier [gʀənje] *nm* attic; (*de ferme*) loft
grenouille [gʀənuj] *nf* frog
grès [gʀɛ] *nm* sandstone; (*pote*
stoneware
grève [gʀɛv] *nf* (*d'ouvriers*) strik
(*plage*) shore; **se mettre en/ faire ~** to go on/be on strike; **~ la faim** hunger strike; **~ sauva** wildcat strike
gréviste [gʀevist] *nm/f* strike
grièvement [gʀijɛvmɑ̃] *adv* seriously
griffe [gʀif] *nf* claw; (*d'un coutu parfumeur*) label • **griffer** /1/ *vt* scratch
grignoter [gʀiɲɔte] /1/ *vt* (*personne*) to nibble at; (*souris*) t gnaw at ▸ *vi* to nibble
gril [gʀil] *nm* steak *ou* grill pan • **grillade** *nf* grill
grillage [gʀijaʒ] *nm* (*treillis*) w netting; (*clôture*) wire fencing
grille [gʀij] *nf* (*portail*) (metal) gate; (*clôture*) railings *pl*; (*d'égou* (metal) grate; grid
grille-pain [gʀijpɛ̃] *nm inv* toaster
griller [gʀije] /1/ *vt* (*aussi*: **faire** (*pain*) to toast; (*viande*) to grill; (*châtaignes*) to roast; (*fig: ampou etc*) to burn out; **~ un feu roug** to jump the lights
grillon [gʀijɔ̃] *nm* cricket
grimace [gʀimas] *nf* grimace; (*pour faire rire*): **faire des ~s** to p *ou* make faces
grimper [gʀɛ̃pe] /1/ *vi, vt* to cli
grincer [gʀɛ̃se] /3/ *vi* (*porte, ro* to grate; (*plancher*) to creak; **~ d dents** to grind one's teeth
grincheux, -euse [gʀɛ̃ʃø, -øz *adj* grumpy
grippe [gʀip] *nf* flu, influenza; **~ A** swine flu; **~ aviaire** bird flu • **grippé, e** *adj*: **être grippé** to have (the) flu

s, e [gʀi, gʀiz] *adj* grey; (*ivre*)
ɔsy
saille [gʀizaj] *nf* greyness,
ıllness
ser [gʀize] /1/ *vt* to intoxicate
ve [gʀiv] *nf* thrush
ɔenland [gʀɔɛnlɑ̃d] *nm*: **le ~**
ʳeenland
ɔgner [gʀɔɲe] /1/ *vi* to growl;
g) to grumble • **grognon, ne** *adj*
ʳumpy
ɔmmeler [gʀɔmle] /4/ *vi* to
ıutter to o.s.
ɔnder [gʀɔ̃de] /1/ *vi* to rumble;
g: révolte) to be brewing ▶ *vt* to
:old; **se faire ~** to get a telling-off
ɔs, se [gʀo, gʀos] *adj* big, large;
bèse) fat; (*travaux, dégâts*)
ĸtensive; (*large*) thick; (*rhume,*
ʳerse) heavy ▶ *adv*: **risquer/**
agner ~ to risk/win a lot ▶ *nm/f*
t man/woman ▶ *nm* (*Comm*):
ı ~ the wholesale business; **prix**
e ~ wholesale price; **par**
temps/~se mer in rough
ʳeather/heavy seas; **le ~ de** the
ılk of; **en ~** roughly; (*Comm*)
ʰholesale; **~ lot** jackpot; **~ mot**
ʷearword; **~ plan** (*Photo*)
ose-up; **~ sel** cooking salt;
titre headline; **~se caisse** big
ʳum
ɔseille [gʀozɛj] *nf*: **~ (rouge)/**
ɔlanche) red/white currant; **~ à**
ıaquereau gooseberry
ɔsse [gʀos] *adj f voir* **gros**
grossesse *nf* pregnancy
grosseur *nf* size; (*tumeur*) lump
ɔssier, -ière [gʀosje, -jɛʀ] *adj*
ɔarse; (*insolent*) rude; (*dessin*)
ıugh; (*travail*) roughly done;
ʳmitation, instrument) crude;
vident: erreur) gross
grossièrement *adv* (*vulgairement*)
coarsely; (*sommairement*) roughly;
crudely; (*en gros*) roughly
• **grossièreté** *nf* rudeness; (*mot*):
dire des grossièretés to use
coarse language
grossir [gʀosiʀ] /2/ *vi* (*personne*)
to put on weight ▶ *vt* (*exagérer*) to
exaggerate; (*au microscope*) to
magnify; (*vêtement*): **~ qn** to make
sb look fatter
grossiste [gʀosist] *nm/f*
wholesaler
grotesque [gʀɔtɛsk] *adj*
(*extravagant*) grotesque; (*ridicule*)
ludicrous
grotte [gʀɔt] *nf* cave
groupe [gʀup] *nm* group; **~ de**
parole support group; **~ sanguin**
blood group; **~ scolaire** school
complex • **grouper** /1/ *vt* to
group; **se grouper** *vi* to get
together
grue [gʀy] *nf* crane
GSM [ʒeɛsɛm] *nm, adj* GSM
guenon [gənɔ̃] *nf* female monkey
guépard [gepaʀ] *nm* cheetah
guêpe [gɛp] *nf* wasp
guère [gɛʀ] *adv* (*avec adjectif,*
adverbe): **ne ... ~** hardly; (*avec*
verbe: pas beaucoup): **ne ... ~**
(*tournure négative*) much; (*pas*
souvent) hardly ever; (*tournure*
négative) (very) long; **il n'y a**
~ que/de there's hardly anybody
(*ou* anything) but/hardly any; **ce**
n'est ~ difficile it's hardly
difficult; **nous n'avons ~ de**
temps we have hardly any time
guérilla [geʀija] *nf* guerrilla
warfare
guérillero [geʀijeʀo] *nm* guerrilla
guérir [geʀiʀ] /2/ *vt* (*personne,*
maladie) to cure; (*membre, plaie*)
to heal ▶ *vi* (*personne, malade*)

to recover, be cured; (*maladie*) to be cured; (*plaie, chagrin, blessure*) to heal • **guérison** *nf* (*de maladie*) curing; (*de membre, plaie*) healing; (*de malade*) recovery • **guérisseur, -euse** *nm/f* healer

guerre [gɛʀ] *nf* war; **en ~** at war; **faire la ~ à** to wage war against; **~ civile/mondiale** civil/world war • **guerrier, -ière** *adj* warlike ▸ *nm/f* warrior

guet [gɛ] *nm*: **faire le ~** to be on the watch *ou* look-out • **guet-apens** [gɛtapɑ̃] *nm* ambush • **guetter** /1/ *vt* (*épier*) to watch (intently); (*attendre*) to watch (out) for; (*: pour surprendre*) to be lying in wait for

gueule [gœl] *nf* (*d'animal*) mouth; (*fam: visage*) mug; (*: bouche*) gob (*!*), mouth; **ta ~!** (*fam*) shut up!; **avoir la ~ de bois** (*fam*) to have a hangover, be hung over • **gueuler** /1/ *vi* to bawl

gui [gi] *nm* mistletoe

guichet [giʃɛ] *nm* (*de bureau, banque*) counter; **les ~s** (*à la gare, au théâtre*) the ticket office

guide [gid] *nm* (*personne*) guide; (*livre*) guide(book) ▸ *nf* (*fille scout*) (girl) guide • **guider** /1/ *vt* to guide

guidon [gidɔ̃] *nm* handlebars *pl*

guignol [giɲɔl] *nm* ≈ Punch and Judy show; (*fig*) clown

guillemets [gijmɛ] *nmpl*: **entre ~** in inverted commas *ou* quotation marks

guindé, e [gɛ̃de] *adj* (*personne, air*) stiff, starchy; (*style*) stilted

Guinée [gine] *nf*: **la (République de) ~** (the Republic of) Guinea

guirlande [giʀlɑ̃d] *nf* (*fleurs*) garland; **~ de Noël** tinsel *no pl*

guise [giz] *nf*: **à votre ~** as you wish *ou* please; **en ~ de** by way

guitare [gitaʀ] *nf* guitar

Guyane [gɥijan] *nf*: **la ~ (française)** (French) Guiana

gym [ʒim] *nf* (*exercices*) gym • **gymnase** *nm* gym(nasium) • **gymnaste** *nm/f* gymnast • **gymnastique** *nf* gymnastics (*au réveil etc*) keep-fit exercises *p*

gynécologie [ʒinekɔlɔʒi] *nf* gynaecology • **gynécologiqu** *adj* gynaecological • **gynécologue** *nm/f* gynaecologist

h

bile [abil] *adj* skilful; (*malin*) ever • **habileté** [abilte] *nf* skill, :ilfulness; cleverness
billé, e [abije] *adj* dressed; *hic*) dressy
biller [abije] /1/ *vt* to dress; *urnir en vêtements*) to clothe; *ouvrir*) to cover; **s'habiller** *vi* to ess (o.s.); (*se déguiser, mettre des tements chic*) to dress up
bit [abi] *nm* outfit; **habits** *npl* (*vêtements*) clothes; **~ (de irée)** evening dress; (*pour mme*) tails *pl*
bitant, e [abitɑ̃, -ɑ̃t] *nm/f* habitant; (*d'une maison*) :cupant; **loger chez l'~** to stay ith the locals
bitation [abitasjɔ̃] *nf* house; **à loyer modéré (HLM)** ≈ ouncil flats
biter [abite] /1/ *vt* to live in *vi*: **~ à/dans** to live in *ou* at/in
bitude [abityd] *nf* habit; **avoir de faire** to be in the habit of oing; (*expérience*) to be used to oing; **avoir l'~ des enfants** to used to children; **d'~** usually; **omme d'~** as usual
habitué, e [abitɥe] *nm/f* (*de maison*) regular visitor; (*client*) regular (customer)
habituel, le [abitɥɛl] *adj* usual
habituer [abitɥe] /1/ *vt*: **~ qn à** to get sb used to; **s'habituer à** to get used to
'hache ['aʃ] *nf* axe
'hacher ['aʃe] /1/ *vt* (*viande*) to mince; (*persil*) to chop • **'hachis** *nm* mince *no pl*; **hachis Parmentier** ≈ shepherd's pie
'haie ['ɛ] *nf* hedge; (*Sport*) hurdle
'haillons ['ɑjɔ̃] *nmpl* rags
'haine ['ɛn] *nf* hatred
'haïr ['aiʀ] /10/ *vt* to detest, hate
'hâlé, e ['ɑle] *adj* (sun)tanned, sunburnt
haleine [alɛn] *nf* breath; **hors d'~** out of breath; **tenir en ~** (*attention*) to hold spellbound; (*en attente*) to keep in suspense; **de longue ~** long-term
'haleter ['alte] /5/ *vi* to pant
'hall ['ol] *nm* hall
'halle ['al] *nf* (covered) market • **'halles** *nfpl* (*d'une grande ville*) central food market *sg*
hallucination [alysinasjɔ̃] *nf* hallucination
'halte ['alt] *nf* stop, break; (*escale*) stopping place ▸ *excl* stop!; **faire ~** to stop
haltère [altɛʀ] *nm* dumbbell, barbell; **(poids et) ~s** (*activité*) weightlifting *sg* • **haltérophilie** *nf* weightlifting
'hamac ['amak] *nm* hammock
'hamburger ['ɑ̃buʀgœʀ] *nm* hamburger
'hameau, x ['amo] *nm* hamlet
hameçon [amsɔ̃] *nm* (fish) hook

hameçonnage [amsɔnaʒ] *nm* (*Internet*) phishing
'hamster ['amstɛʀ] *nm* hamster
'hanche ['ɑ̃ʃ] *nf* hip
'hand-ball ['ɑ̃dbal] *nm* handball
'handicapé, e ['ɑ̃dikape] *adj* disabled ▶*nm/f* person with a disability; **~ mental/physique** person with learning difficulties/ a disability; **~ moteur** person with a motor disability
'hangar ['ɑ̃gaʀ] *nm* shed; (*Aviat*) hangar
'hanneton ['antɔ̃] *nm* cockchafer
'hanter ['ɑ̃te] /1/ *vt* to haunt
'hantise ['ɑ̃tiz] *nf* obsessive fear
'harceler ['aʀsəle] /5/ *vt* to harass; **~ qn de questions** to plague sb with questions
'hardi, e ['aʀdi] *adj* bold, daring
'hareng ['aʀɑ̃] *nm* herring; **~ saur** kipper, smoked herring
'hargne ['aʀɲ] *nf* aggressivity, aggressiveness • **'hargneux, -euse** *adj* aggressive
'haricot ['aʀiko] *nm* bean; **~ blanc/rouge** haricot/kidney bean; **~ vert** French (BRIT) *ou* green bean
harmonica [aʀmɔnika] *nm* mouth organ
harmonie [aʀmɔni] *nf* harmony • **harmonieux, -euse** *adj* harmonious; (*couleurs, couple*) well-matched
'harpe ['aʀp] *nf* harp
'hasard ['azaʀ] *nm*: **le ~** chance, fate; **un ~** a coincidence; **au ~** (*sans but*) aimlessly; (*à l'aveuglette*) at random; **par ~** by chance; **à tout ~** (*en espérant trouver ce qu'on cherche*) on the off chance; (*en cas de besoin*) just in case
'hâte ['ɑt] *nf* haste; **à la ~** hurriedly, hastily; **en ~** posthas[te] with all possible speed; **avoir ~** to be eager *ou* anxious to • **'hât[er]** /1/ *vt* to hasten; **se • 'hâter** to hurry • **'hâtif, -ive** *adj* (*travail*) hurried; (*décision*) hasty
'hausse ['os] *nf* rise, increase; **être en ~** to be going up • **'hausser** /1/ *vt* to raise; **hausser les épaules** to shrug (one's shoulders)
'haut, e ['o, 'ot] *adj* high; (*grand*) tall ▶*adv* high ▶*nm* top (part); **de 3 m de ~** 3 m high, 3 m in height; **en ~ lieu** in high places; **à ~e voix, (tout) ~** aloud, out loud; **des ~s et des bas** ups an[d] downs; **du ~ de** from the top o[f]; **de ~ en bas** from top to botton[m]; **plus ~** higher up, further up; (*dans un texte*) above; (*parler*) louder; **en ~** (*être/aller*) at (*ou* t[o]) the top; (*dans une maison*) upstairs; **en ~ de** at the top of; **~ débit** broadband
'hautain, e ['otɛ̃, -ɛn] *adj* haughty
'hautbois ['obwɑ] *nm* oboe
'hauteur ['otœʀ] *nf* height; **à l[a] ~ de** (*sur la même ligne*) level wit[h]; (*fig: tâche, situation*) equal to; **à l[a hauteur]** (*fig*) up to it
'haut-parleur ['opaʀlœʀ] *nm* (loud)speaker
Hawaï [awai] *n* Hawaii; **les île[s]** the Hawaiian Islands
'Haye ['ɛ] *n*: **la ~** the Hague
hebdomadaire [ɛbdɔmadɛʀ] *adj, nm* weekly
hébergement [ebɛʀʒəmɑ̃] *nm* accommodation
héberger [ebɛʀʒe] /3/ *vt* (*touristes*) to accommodate,

ıge; (*amis*) to put up; (*réfugiés*) take in
ergeur [ebɛʀʒœʀ] *nm* *ternet*) host
reu, x [ebʀø] *adj m, nm* ebrew
rides [ebʀid] *nf*: **les ~** the ebrides
tare [ɛktaʀ] *nm* hectare
n ['ɛ̃] *excl* eh?
as ['elɑs] *excl* alas! ▶ *adv* fortunately
er ['ele] /6/ *vt* to hail
ice [elis] *nf* propeller
coptère [elikɔptɛʀ] *nm* licopter
vétique [ɛlvetik] *adj* Swiss
natome [ematom] *nm* ematoma
nisphère [emisfɛʀ] *nm*: **nord/sud** northern/southern misphere
norragie [emɔʀaʒi] *nf* eeding *no pl*, haemorrhage
norroïdes [emɔʀɔid] *nfpl* es, haemorrhoids
nnir ['eniʀ] /2/ *vi* to neigh, ninny
atite [epatit] *nf* hepatitis
be [ɛʀb] *nf* grass; (*Culin, Méd*) rb; **~s de Provence** mixed rbs; **en ~** unripe; (*fig*) budding
erbicide *nm* weed-killer
erboriste *nm/f* herbalist
éditaire [eʀeditɛʀ] *adj* reditary
risson ['eʀisɔ̃] *nm* hedgehog
itage [eʀitaʒ] *nm* inheritance; *utumes, système*) heritage; gacy
iter [eʀite] /1/ *vi*: **~ de qch** **e qn)** to inherit sth (from sb)
éritier, -ière *nm/f* heir/heiress

hermétique [ɛʀmetik] *adj* airtight; (*à l'eau*) watertight; (*fig: écrivain, style*) abstruse; (*: visage*) impenetrable
hermine [ɛʀmin] *nf* ermine
'hernie ['ɛʀni] *nf* hernia
héroïne [eʀɔin] *nf* heroine; (*drogue*) heroin
héroïque [eʀɔik] *adj* heroic
'héron ['eʀɔ̃] *nm* heron
'héros ['eʀo] *nm* hero
hésitant, e [ezitɑ̃, -ɑ̃t] *adj* hesitant
hésitation [ezitasjɔ̃] *nf* hesitation
hésiter [ezite] /1/ *vi*: **~ (à faire)** to hesitate (to do)
hétérosexuel, le [eteʀɔsɛksɥɛl] *adj* heterosexual
'hêtre ['ɛtʀ] *nm* beech
heure [œʀ] *nf* hour; (*Scol*) period; (*moment, moment fixé*) time; **c'est l'~** it's time; **quelle ~ est-il?** what time is it?; **2 ~s (du matin)** 2 o'clock (in the morning); **être à l'~** to be on time; (*montre*) to be right; **mettre à l'~** to set right; **à toute ~** at any time; **24 ~s sur 24** round the clock, 24 hours a day; **à l'~ qu'il est** at this time (of day); (*fig*) now; **à l'~ actuelle** at the present time; **sur l'~** at once; **à une ~ avancée (de la nuit)** at a late hour (of the night); **de bonne ~** early; **~ de pointe** rush hour; (*téléphone*) peak period; **~s de bureau** office hours; **~s supplémentaires** overtime *sg*
heureusement [œʀøzmɑ̃] *adv* (*par bonheur*) fortunately, luckily
heureux, -euse [œʀø, -øz] *adj* happy; (*chanceux*) lucky, fortunate
'heurt ['œʀ] *nm* (*choc*) collision

h

'heurter ['œʀte] /1/ *vt* (*mur*) to strike, hit; (*personne*) to collide with

hexagone [ɛgzagɔn] *nm* hexagon; **l'H~** (*la France*) France (*because of its roughly hexagonal shape*)

hiberner [ibɛʀne] /1/ *vi* to hibernate

'hibou, x ['ibu] *nm* owl

'hideux, -euse ['idø, -øz] *adj* hideous

hier [jɛʀ] *adv* yesterday; **~ matin/soir/midi** yesterday morning/evening/lunchtime; **toute la journée d'~** all day yesterday; **toute la matinée d'~** all yesterday morning

'hiérarchie ['jeʀaʀʃi] *nf* hierarchy

hindou, e [ɛ̃du] *adj* Hindu ▸*nm/f*: **H~, e** Hindu; (*Indien*) Indian

hippique [ipik] *adj* equestrian, horse *cpd*; **un club ~** a riding centre; **un concours ~** a horse show • **hippisme** [ipism] *nm* (horse-)riding

hippodrome [ipɔdʀom] *nm* racecourse

hippopotame [ipɔpɔtam] *nm* hippopotamus

hirondelle [iʀɔ̃dɛl] *nf* swallow

'hisser ['ise] /1/ *vt* to hoist, haul up

histoire [istwaʀ] *nf* (*science, événements*) history; (*anecdote, récit, mensonge*) story; (*affaire*) business *no pl*; (*chichis: gén pl*) fuss *no pl*; **histoires** *nfpl* (*ennuis*) trouble *sg*; **~ géo** humanities *pl* • **historique** *adj* historical; (*important*) historic ▸*nm*: **faire l'historique de** to give the background to

'hit-parade ['itpaʀad] *nm*: **le ~** the charts

hiver [ivɛʀ] *nm* winter • **hivernal, e, -aux** *adj* winter *cpd*; (*comme l'hiver*) wintry • **hiverner** /1/ *vi* to winter

HLM *sigle m ou f* (= *habitations à loyer modéré*) low-rent, state-owned housing; **un(e) ~** ≈ a council flat (*ou* house)

'hobby ['ɔbi] *nm* hobby

'hocher ['ɔʃe] /1/ *vt*: **~ la tête** to nod; (*signe négatif ou dubitatif*) shake one's head

'hockey ['ɔkɛ] *nm*: **~ (sur glace/gazon)** (ice/field) hockey

'hold-up ['ɔldœp] *nm inv* hold-up

'hollandais, e ['ɔlɑ̃dɛ, -ɛz] *adj* Dutch ▸*nm* (*Ling*) Dutch ▸*nm/f*: **H~, e** Dutchman/woman

'Hollande ['ɔlɑ̃d] *nf*: **la ~** Holland

'homard ['ɔmaʀ] *nm* lobster

homéopathique [ɔmeɔpatik] *adj* homoeopathic

homicide [ɔmisid] *nm* murder; **~ involontaire** manslaughter

hommage [ɔmaʒ] *nm* tribute; **rendre ~ à** to pay tribute to

homme [ɔm] *nm* man; **~ d'affaires** businessman; **~ d'État** statesman; **~ de main** hired man; **~ de paille** stooge; **~ politique** politician; **l'~ de la rue** the man in the street

homogène *adj* homogeneous

homologue *nm/f* counterpart

homologué, e *adj* (*Sport*) ratified; (*tarif*) authorized

homonyme *nm* (*Ling*) homonym; (*d'une personne*) namesake

homoparental, e, -aux [ɔmɔpaʀɑ̃tal, o] *adj* (*famille*) same-sex

homosexuel, le *adj* homosexual

ong-Kong ['ɔ̃gkɔ̃g] *n* Hong
‹ong
ongrie ['ɔ̃gʀi] *nf*: **la ~** Hungary
· **'hongrois, e** *adj* Hungarian
▸ *nm* (*Ling*) Hungarian ▸ *nm/f*:
Hongrois, e Hungarian
onnête [ɔnɛt] *adj* (*intègre*)
ıonest; (*juste, satisfaisant*) fair
· **honnêtement** *adv* honestly
· **honnêteté** *nf* honesty
onneur [ɔnœʀ] *nm* honour;
mérite): **l'~ lui revient** the credit
; his; **en l'~ de** (*personne*) in
ıonour of; (*événement*) on the
ɔccasion of; **faire ~ à**
engagements) to honour; (*famille,*
rofesseur) to be a credit to; (*fig:*
epas etc) to do justice to
onorable [ɔnɔʀabl] *adj* worthy,
ıonourable; (*suffisant*) decent
onoraire [ɔnɔʀɛʀ] *adj*
ıonorary; **honoraires** *nmpl* fees;
professeur ~ professor emeritus
onorer [ɔnɔʀe] /1/ *vt* to honour;
estimer) to hold in high regard;
faire honneur à) to do credit to
onte ['ɔ̃t] *nf* shame; **avoir ~ de**
o be ashamed of; **faire ~ à qn** to
nake sb (feel) ashamed
· **'honteux, -euse** *adj* ashamed;
conduite, acte) shameful,
lisgraceful
ôpital, -aux [ɔpital, -o] *nm*
ıospital; **où est l'~ le plus**
proche? where is the nearest
ıospital?
oquet ['ɔkɛ] *nm*: **avoir le ~** to
ıave (the) hiccups
oraire [ɔʀɛʀ] *adj* hourly ▸ *nm*
imetable, schedule; **horaires**
mpl (*heures de travail*) hours;
· **flexible** *ou* **mobile** *ou* **à la carte**
u **souple** flex(i)time
orizon [ɔʀizɔ̃] *nm* horizon

horizontal, e, -aux *adj*
horizontal
horloge [ɔʀlɔʒ] *nf* clock;
l'~ parlante the speaking clock
• **horloger, -ère** *nm/f*
watchmaker; clockmaker
'hormis ['ɔʀmi] *prép* save
horoscope [ɔʀɔskɔp] *nm*
horoscope
horreur [ɔʀœʀ] *nf* horror; **quelle**
~! how awful!; **avoir ~ de** to
loathe *ou* detest • **horrible** *adj*
horrible • **horrifier** /7/ *vt* to
horrify
'hors ['ɔʀ] *prép*: **~ de** out of; **~ pair**
outstanding; **~ de propos**
inopportune; **~ service (HS),**
~ d'usage out of service; **être**
~ de soi to be beside o.s.
• **'hors-bord** *nm inv* speedboat
(with outboard motor)
• **'hors-d'œuvre** *nm inv* hors
d'œuvre • **'hors-la-loi** *nm inv*
outlaw • **'hors-taxe** *adj* duty-free
hortensia [ɔʀtɑ̃sja] *nm*
hydrangea
hospice [ɔspis] *nm* (*de vieillards*)
home
hospitalier, -ière [ɔspitalje, -jɛʀ]
adj (*accueillant*) hospitable; (*Méd:*
service, centre) hospital *cpd*
hospitaliser [ɔspitalize] /1/ *vt* to
take (*ou* send) to hospital,
hospitalize
hospitalité [ɔspitalite] *nf*
hospitality
hostie [ɔsti] *nf* host
hostile [ɔstil] *adj* hostile
• **hostilité** *nf* hostility
hôte [ot] *nm* (*maître de maison*)
host ▸ *nm/f* (*invité*) guest
hôtel [otɛl] *nm* hotel; **aller à l'~**
to stay in a hotel; **~ (particulier)**
(private) mansion; **~ de ville**

town hall; *see note* **"hôtels"**; • **hôtellerie** [otɛlʀi] *nf* hotel business

There are five categories of **hôtel** in France, from 1 star to 5 stars. Prices quoted include VAT but not breakfast. In some towns, guests pay a small additional tourist tax, the 'taxe de séjour', used to offset tourism-related costs incurred by the town.

hôtesse [otɛs] *nf* hostess; **~ de l'air** flight attendant
'houblon ['ublɔ̃] *nm* (*Bot*) hop; (*pour la bière*) hops *pl*
'houille ['uj] *nf* coal; **~ blanche** hydroelectric power
'houle ['ul] *nf* swell • **'houleux, -euse** *adj* stormy
'hourra ['uʀa] *excl* hurrah!
'housse ['us] *nf* cover
'houx ['u] *nm* holly
hovercraft [ɔvœʀkʀaft] *nm* hovercraft
'hublot ['yblo] *nm* porthole
'huche ['yʃ] *nf*: **huche à pain** bread bin
'huer ['ɥe] /1/ *vt* to boo
huile [ɥil] *nf* oil
huissier [ɥisje] *nm* usher; (*Jur*) ≈ bailiff
'huit ['ɥi(t)] *num* eight; **samedi en ~** a week on Saturday; **dans ~ jours** in a week('s time) • **'huitaine** ['ɥitɛn] *nf*: **une huitaine de jours** a week or so • **'huitième** *num* eighth
huître [ɥitʀ] *nf* oyster
humain, e [ymɛ̃, -ɛn] *adj* human; (*compatissant*) humane ▶ *nm* human (being) • **humanitaire** *adj* humanitarian • **humanité** *nf* humanity
humble [œ̃bl] *adj* humble
'humer ['yme] /1/ *vt* (*parfum*) to inhale; (*pour sentir*) to smell
humeur [ymœʀ] *nf* mood; **de bonne/mauvaise ~** in a good/bad mood
humide [ymid] *adj* damp; (*main, yeux*) moist; (*climat, chaleur*) humid; (*saison, route*) wet
humilier [ymilje] /7/ *vt* to humiliate
humilité [ymilite] *nf* humility, humbleness
humoristique [ymɔʀistik] *adj* humorous
humour [ymuʀ] *nm* humour; **avoir de l'~** to have a sense of humour; **~ noir** dark *ou* black humour
'huppé, e ['ype] *adj* (*fam*) posh
'hurlement ['yʀləmɑ̃] *nm* howling *no pl*, howl; yelling *no pl*, yell
'hurler ['yʀle] /1/ *vi* to howl, yell
'hutte ['yt] *nf* hut
hydratant, e [idʀatɑ̃, -ɑ̃t] *adj* (*crème*) moisturizing
hydraulique [idʀolik] *adj* hydraulic
hydravion [idʀavjɔ̃] *nm* seaplane
hydrogène [idʀɔʒɛn] *nm* hydrogen
hydroglisseur [idʀɔglisœʀ] *nm* hydroplane
hyène [jɛn] *nf* hyena
hygiène [iʒjɛn] *nf* hygiene
hygiénique [iʒenik] *adj* hygienic
hymne [imn] *nm* hymn
hyperlien [ipɛʀljɛ̃] *nm* hyperlink
hypermarché [ipɛʀmaʀʃe] *nm* hypermarket

permétrope [ipɛʀmetʀɔp]
dj long-sighted
pertension [ipɛʀtɑ̃sjɔ̃] *nf*
igh blood pressure
pertexte [ipɛʀtɛkst] *nm*
ypertext
pnose [ipnoz] *nf* hypnosis
hypnotiser /1/ *vt* to hypnotize
pocrisie [ipɔkʀizi] *nf*
ypocrisy • **hypocrite** *adj*
ypocritical
pothèque [ipɔtɛk] *nf*
ıortgage
pothèse [ipɔtɛz] *nf*
ypothesis
stérique [isteʀik] *adj*
ysterical

i

iceberg [isbɛʀg] *nm* iceberg
ici [isi] *adv* here; **jusqu'~** as far as this; (*temporel*) until now; **d'~ là** by then; **d'~ demain** by tomorrow; in the meantime; **d'~ peu** before long
icône [ikon] *nf* icon
idéal, e, -aux [ideal, -o] *adj* ideal ▸ *nm* ideal • **idéaliste** *adj* idealistic ▸ *nm/f* idealist
idée [ide] *nf* idea; **se faire des ~s** to imagine things, get ideas into one's head; **avoir dans l'~ que** to have an idea that; **~s noires** black *ou* dark thoughts; **~s reçues** accepted ideas *ou* wisdom
identifier [idɑ̃tifje] /7/ *vt* to identify; **s'identifier** *vi*: **s'~ avec** *ou* **à qn/qch** (*héros etc*) to identify with sb/sth
identique [idɑ̃tik] *adj*: **~ (à)** identical (to)
identité [idɑ̃tite] *nf* identity
idiot, e [idjo, idjɔt] *adj* idiotic ▸ *nm/f* idiot
idole [idɔl] *nf* idol
if [if] *nm* yew
ignoble [iɲɔbl] *adj* vile

ignorant, e [iɲɔʀɑ̃, -ɑ̃t] *adj* ignorant; **~ de** ignorant of, not aware of
ignorer [iɲɔʀe] /1/ *vt* not to know; (*personne*) to ignore
il [il] *pron* he; (*animal, chose, en tournure impersonnelle*) it; **il neige** it's snowing; **Pierre est-il arrivé?** has Pierre arrived?; **il a gagné** he won; *voir aussi* **avoir**
île [il] *nf* island; **l'~ Maurice** Mauritius; **les ~s anglo-normandes** the Channel Islands; **les ~s Britanniques** the British Isles
illégal, e, -aux [ilegal, -o] *adj* illegal
illettrisme [iletʀism] *nm* illiteracy
illimité, e [ilimite] *adj* unlimited
illisible [ilizibl] *adj* illegible; (*roman*) unreadable
illogique [ilɔʒik] *adj* illogical
illuminer [ilymine] /1/ *vt* to light up; (*monument, rue: pour une fête*) to illuminate; (*: au moyen de projecteurs*) floodlight
illusion [ilyzjɔ̃] *nf* illusion; **se faire des ~s** to delude o.s.; **faire ~** to delude *ou* fool people
illustration [ilystʀasjɔ̃] *nf* illustration
illustré, e [ilystʀe] *adj* illustrated ▸ *nm* comic
illustrer [ilystʀe] /1/ *vt* to illustrate; **s'illustrer** to become famous, win fame
ils [il] *pron* they
image [imaʒ] *nf* (*gén*) picture; (*comparaison, ressemblance*) image; **~ de marque** brand image; (*d'une personne*) (public) image • **imagé, e** *adj* (*texte*) full of imagery; (*langage*) colourful
imaginaire [imaʒinɛʀ] *adj* imaginary
imagination [imaʒinasjɔ̃] *nf* imagination; **avoir de l'~** to be imaginative
imaginer [imaʒine] /1/ *vt* to imagine; (*inventer: expédient, mesure*) to devise, think up; **s'imaginer** *vt* (*se figurer: scène etc*) to imagine, picture; **s'~ que** to imagine that
imam [imam] *nm* imam
imbécile [ɛ̃besil] *adj* idiotic ▸ *nm/f* idiot
imbu, e [ɛ̃by] *adj*: **~ de** full of
imitateur, -trice [imitatœʀ, -tʀis] *nm/f* (*gén*) imitator; (*Music-Hall*) impersonator
imitation [imitasjɔ̃] *nf* imitatio[n]; (*de personalité*) impersonation
imiter [imite] /1/ *vt* to imitate; (*contrefaire*) to forge; (*ressembler*) to look like
immangeable [ɛ̃mɑ̃ʒabl] *adj* inedible
immatriculation [imatʀikylasjɔ̃] *nf* registration

> French **plaques d'immatriculation** (licence plates) can bear the number of the 'département' the vehicle is registered in, if the owner of the vehicle so wishes. For example, a car registered in Paris can display the number 75 on its licence plate.

immatriculer [imatʀikyle] /1/ *vt* to register; **faire/se faire ~** to register
immédiat, e [imedja, -at] *adj* immediate ▸ *nm*: **dans l'~** for the time being • **immédiatement** *adv* immediately

mense [imɑ̃s] *adj* immense
merger [imɛʀʒe] /3/ *vt* to
nmerse, submerge
meuble [imœbl] *nm* building;
locatif block of rented flats
migration [imigʀasjɔ̃] *nf*
nmigration
migré, e [imigʀe] *nm/f*
nmigrant
minent, e [iminɑ̃, -ɑ̃t] *adj*
nminent
mobile [imɔbil] *adj* still,
ıotionless
mobilier, -ière [imɔbilje,
ɛʀ] *adj* property *cpd* ▸ *nm*: **l'~**
ıe property *ou* the real estate
usiness
mobiliser [imɔbilize] /1/ *vt*
ʝén) to immobilize; (*circulation,*
éhicule, affaires) to bring to a
tandstill; **s'immobiliser** *vi*
ersonne) to stand still; (*machine,*
éhicule) to come to a halt *ou* a
tandstill
moral, e, -aux [imɔʀal, -o]
dj immoral
mortel, le [imɔʀtɛl] *adj*
nmortal
munisé, e [im(m)ynize] *adj*:
contre immune to
munité [imynite] *nf*
nmunity
pact [ɛ̃pakt] *nm* impact
impacter /1/ *vi*: **impacter sur**
ésultats, situation) to impact on,
ɔ have an impact on
pair, e [ɛ̃pɛʀ] *adj* odd ▸ *nm*
ıux pas, blunder
pardonnable [ɛ̃paʀdɔnabl]
dj unpardonable, unforgivable
parfait, e [ɛ̃paʀfɛ, -ɛt] *adj*
nperfect
partial, e, -aux [ɛ̃paʀsjal, -o]
dj impartial, unbiased

impasse [ɛ̃pɑs] *nf* dead-end,
cul-de-sac; (*fig*) deadlock
impassible [ɛ̃pasibl] *adj*
impassive
impatience [ɛ̃pasjɑ̃s] *nf*
impatience
impatient, e [ɛ̃pasjɑ̃, -ɑ̃t] *adj*
impatient • **impatienter** /1/:
s'impatienter *vi* to get impatient
impeccable [ɛ̃pekabl] *adj*
faultless; (*propre*) spotlessly clean;
(*fam*) smashing
impensable [ɛ̃pɑ̃sabl] *adj*
(*événement hypothétique*)
unthinkable; (*événement qui a eu*
lieu) unbelievable
impératif, -ive [ɛ̃peʀatif, -iv]
adj imperative ▸ *nm* (*Ling*)
imperative; **impératifs** *nmpl*
(*exigences: d'une fonction, d'une*
charge) requirements; (: *de la mode*)
demands
impératrice [ɛ̃peʀatʀis] *nf*
empress
imperceptible [ɛ̃pɛʀsɛptibl] *adj*
imperceptible
impérial, e, -aux [ɛ̃peʀjal, -o]
adj imperial
impérieux, -euse [ɛ̃peʀjø, -øz]
adj (*caractère, ton*) imperious;
(*obligation, besoin*) pressing,
urgent
impérissable [ɛ̃peʀisabl] *adj*
undying
imperméable [ɛ̃pɛʀmeabl] *adj*
waterproof; (*fig*): **~ à** impervious
to ▸ *nm* raincoat
impertinent, e [ɛ̃pɛʀtinɑ̃, -ɑ̃t]
adj impertinent
impitoyable [ɛ̃pitwajabl] *adj*
pitiless, merciless
implanter [ɛ̃plɑ̃te] /1/:
s'implanter dans *vt* to be
established in

impliquer [ɛ̃plike] /1/ *vt* to imply; **~ qn (dans)** to implicate sb (in)
impoli, e [ɛ̃pɔli] *adj* impolite, rude
impopulaire [ɛ̃pɔpylɛʀ] *adj* unpopular
importance [ɛ̃pɔʀtɑ̃s] *nf* importance; (*de somme*) size; **sans ~** unimportant
important, e [ɛ̃pɔʀtɑ̃, -ɑ̃t] *adj* important; (*en quantité: somme, retard*) considerable, sizeable; (*: gamme, dégâts*) extensive; (*péj: airs, ton*) self-important ▶ *nm*: **l'~** the important thing
importateur, -trice [ɛ̃pɔʀtatœʀ, -tʀis] *nm/f* importer
importation [ɛ̃pɔʀtasjɔ̃] *nf* (*produit*) import
importer [ɛ̃pɔʀte] /1/ *vt* (*Comm*) to import; (*maladies, plantes*) to introduce ▶ *vi* (*être important*) to matter; **il importe qu'il fasse** it is important that he should do; **peu m'importe** (*je n'ai pas de préférence*) I don't mind; (*je m'en moque*) I don't care; **peu importe (que)** it doesn't matter (if); *voir aussi* **n'importe**
importun, e [ɛ̃pɔʀtœ̃, -yn] *adj* irksome, importunate; (*arrivée, visite*) inopportune, ill-timed ▶ *nm* intruder • **importuner** /1/ *vt* to bother
imposant, e [ɛ̃pozɑ̃, -ɑ̃t] *adj* imposing
imposer [ɛ̃poze] /1/ *vt* (*taxer*) to tax; **~ qch à qn** to impose sth on sb; **s'imposer** *vi* (*être nécessaire*) to be imperative; **en ~ à** to impress; **s'~ comme** to emerge as; **s'~ par** to win recognition through
impossible [ɛ̃pɔsibl] *adj* impossible; **il m'est ~ de le fai**re it is impossible for me to do it, I can't possibly do it; **faire l'~ (pour que)** to do one's utmost (so that)
imposteur [ɛ̃pɔstœʀ] *nm* impostor
impôt [ɛ̃po] *nm* tax; **~ sur le chiffre d'affaires** corporation (BRIT) *ou* corporate (US) tax; **~ foncier** land tax; **~ sur le revenu** income tax; **~s locaux** rates, local taxes (US), ≈ council tax (BRIT)
impotent, e [ɛ̃pɔtɑ̃, -ɑ̃t] *adj* disabled
impraticable [ɛ̃pʀatikabl] *ad*j (*projet*) impracticable, unworkable; (*piste*) impassable
imprécis, e [ɛ̃pʀesi, -iz] *adj* imprecise
imprégner [ɛ̃pʀeɲe] /6/ *vt*: **~ (de)** (*tissu, tampon*) to soak *ou* impregnate (with); (*lieu, air*) to f (with); **s'imprégner de** (*fig*) to absorb
imprenable [ɛ̃pʀənabl] *adj* (*forteresse*) impregnable; **vue ~** unimpeded outlook
impression [ɛ̃pʀesjɔ̃] *nf* impression; (*d'un ouvrage, tissu*) printing; **faire bonne/mauvaise ~** to make a good/ba impression • **impressionnant,** *adj* (*imposant*) impressive; (*bouleversant*) upsetting • **impressionner** /1/ *vt* (*frapper*) to impress; (*troubler*) to upset
imprévisible [ɛ̃pʀevizibl] *adj* unforeseeable
imprévu, e [ɛ̃pʀevy] *adj* unforeseen, unexpected ▶ *nm* (*incident*) unexpected incident;

les vacances pleines d'~ holidays full of surprises; **en cas d'~** if anything unexpected happens; **sauf ~** unless anything unexpected crops up
primante [ɛ̃pʀimɑ̃t] *nf* printer; **~ à laser** laser printer
primé [ɛ̃pʀime] *nm* (*formulaire*) printed form; (*Postes*) printed matter *no pl*; (*tissu*) printed fabric; **un ~ à fleurs/pois** (*tissu*) a floral/polka-dot print
primer [ɛ̃pʀime] /1/ *vt* to print; (*publier*) to publish
imprimerie *nf* printing; (*établissement*) printing works *sg*
imprimeur *nm* printer
propre [ɛ̃pʀɔpʀ] *adj* inappropriate; **~ à** unsuitable for
proviser [ɛ̃pʀɔvize] /1/ *vt, vi* to improvize
proviste [ɛ̃pʀɔvist]: **à l'~** *adv* unexpectedly, without warning
prudence [ɛ̃pʀydɑ̃s] *nf* (*d'une personne, d'une action*) carelessness *no pl*; (*d'une remarque*) imprudence *no pl*; **commettre une ~** to do something foolish
prudent, e [ɛ̃pʀydɑ̃, -ɑ̃t] *adj* (*conducteur, geste, action*) careless; (*remarque*) unwise, imprudent; (*projet*) foolhardy
puissant, e [ɛ̃pɥisɑ̃, -ɑ̃t] *adj* helpless; (*sans effet*) ineffectual; (*sexuellement*) impotent
pulsif, -ive [ɛ̃pylsif, -iv] *adj* impulsive
pulsion [ɛ̃pylsjɔ̃] *nf* (*Élec, instinct*) impulse; (*élan, influence*) impetus
abordable [inabɔʀdabl] *adj* (*cher*) prohibitive
acceptable [inaksɛptabl] *adj* unacceptable

inaccessible [inaksesibl] *adj* inaccessible; **~ à** impervious to
inachevé, e [inaʃve] *adj* unfinished
inactif, -ive [inaktif, -iv] *adj* inactive; (*remède*) ineffective; (*Bourse: marché*) slack
inadapté, e [inadapte] *adj* (*Psych*) maladjusted; **~ à** not adapted to, unsuited to
inadéquat, e [inadekwa, -wat] *adj* inadequate
inadmissible [inadmisibl] *adj* inadmissible
inadvertance [inadvɛʀtɑ̃s]: **par ~** *adv* inadvertently
inanimé, e [inanime] *adj* (*matière*) inanimate; (*évanoui*) unconscious; (*sans vie*) lifeless
inanition [inanisjɔ̃] *nf*: **tomber d'~** to faint with hunger (and exhaustion)
inaperçu, e [inapɛʀsy] *adj*: **passer ~** to go unnoticed
inapte [inapt] *adj*: **~ à** incapable of; (*Mil*) unfit for
inattendu, e [inatɑ̃dy] *adj* unexpected
inattentif, -ive [inatɑ̃tif, -iv] *adj* inattentive; **~ à** (*dangers, détails*) heedless of • **inattention** *nf* inattention; **faute d'inattention** careless mistake
inaugurer [inɔgyʀe] /1/ *vt* (*monument*) to unveil; (*exposition, usine*) to open; (*fig*) to inaugurate
inavouable [inavwabl] *adj* (*bénéfices*) undisclosable; (*honteux*) shameful
incalculable [ɛ̃kalkylabl] *adj* incalculable
incapable [ɛ̃kapabl] *adj* incapable; **~ de faire** incapable of doing; (*empêché*) unable to do

incapacité [ɛ̃kapasite] *nf* (*incompétence*) incapability; (*impossibilité*) incapacity; **être dans l'~ de faire** to be unable to do
incarcérer [ɛ̃kaʀseʀe] /6/ *vt* to incarcerate, imprison
incassable [ɛ̃kɑsabl] *adj* unbreakable
incendie [ɛ̃sɑ̃di] *nm* fire; **~ criminel** arson *no pl*; **~ de forêt** forest fire • **incendier** /7/ *vt* (*mettre le feu à*) to set fire to, set alight; (*brûler complètement*) to burn down
incertain, e [ɛ̃sɛʀtɛ̃, -ɛn] *adj* uncertain; (*temps*) unsettled; (*imprécis: contours*) indistinct, blurred • **incertitude** *nf* uncertainty
incessamment [ɛ̃sesamɑ̃] *adv* very shortly
incident [ɛ̃sidɑ̃] *nm* incident; **~ de parcours** minor hitch *ou* setback; **~ technique** technical difficulties *pl*
incinérer [ɛ̃sineʀe] /6/ *vt* (*ordures*) to incinerate; (*mort*) to cremate
incisif, -ive [ɛ̃sizif, -iv] *adj* incisive ▶ *nf* incisor
incitatif, -ive [ɛ̃sitatif, -iv] *adj*: **mesures incitatives** incentives; **mesures fiscales incitatives** tax incentives
inciter [ɛ̃site] /1/ *vt*: **~ qn à (faire) qch** to prompt *ou* encourage sb to do sth; (*à la révolte etc*) to incite sb to do sth
incivilité [ɛ̃sivilite] *nf* (*grossièreté*) incivility; **incivilités** *nfpl* antisocial behaviour *sg*
inclinable [ɛ̃klinabl] *adj*: **siège à dossier ~** reclining seat
inclination [ɛ̃klinasjɔ̃] *nf* (*penchant*) inclination
incliner [ɛ̃kline] /1/ *vt* (*bouteille*) to tilt ▶ *vi*: **~ à qch/à faire** to incline towards sth/doing; **s'incliner** *vi* (*route*) to slope; **s'~ (devant)** to bow (before)
inclure [ɛ̃klyʀ] /35/ *vt* to includ(e); (*joindre à un envoi*) to enclose
inclus, e [ɛ̃kly, -yz] *pp de* **inclur**(e) ▶ *adj* included; (*joint à un envoi*) enclosed; (*compris: frais, dépense*) included; **jusqu'au 10 mars ~** until 10th March inclusive
incognito [ɛ̃kɔɲito] *adv* incognito ▶ *nm*: **garder l'~** to remain incognito
incohérent, e [ɛ̃kɔeʀɑ̃, -ɑ̃t] *ad*(*j*) (*comportement*) inconsistent; (*geste, langage, texte*) incoherent
incollable [ɛ̃kɔlabl] *adj* (*riz*) tha(t) does not stick; (*fam*): **il est ~** he'(s) got all the answers
incolore [ɛ̃kɔlɔʀ] *adj* colourless
incommoder [ɛ̃kɔmɔde] /1/ *vt*: **~ qn** (*chaleur, odeur*) to bother *ou* inconvenience sb
incomparable [ɛ̃kɔ̃paʀabl] *ad*(*j*) incomparable
incompatible [ɛ̃kɔ̃patibl] *adj* incompatible
incompétent, e [ɛ̃kɔ̃petɑ̃, -ɑ̃t] *adj* incompetent
incomplet, -ète [ɛ̃kɔ̃plɛ, -ɛt] *(adj)* incomplete
incompréhensible [ɛ̃kɔ̃pʀeɑ̃sibl] *adj* incomprehensible
incompris, e [ɛ̃kɔ̃pʀi, -iz] *adj* misunderstood
inconcevable [ɛ̃kɔ̃svabl] *adj* inconceivable
inconfortable [ɛ̃kɔ̃fɔʀtabl] *ad*(*j*) uncomfortable

congru, e [ɛ̃kɔ̃gʀy] *adj*
nseemly
connu, e [ɛ̃kɔny] *adj*
nknown ▶ *nm/f* stranger ▶ *nm*:
~ the unknown ▶ *nf* unknown
actor
consciemment [ɛ̃kɔ̃sjamɑ̃]
dv unconsciously
conscient, e [ɛ̃kɔ̃sjɑ̃, -ɑ̃t] *adj*
nconscious; (*irréfléchi*)
houghtless, reckless; (*sentiment*)
ubconscious ▶ *nm* (*Psych*): **l'~** the
nconscious; **~ de** unaware of
considéré, e [ɛ̃kɔ̃sideʀe] *adj*
l-considered
consistant, e [ɛ̃kɔ̃sistɑ̃, -ɑ̃t]
dj flimsy, weak
consolable [ɛ̃kɔ̃sɔlabl] *adj*
nconsolable
contestable [ɛ̃kɔ̃tɛstabl] *adj*
ndisputable
continent, e [ɛ̃kɔ̃tinɑ̃, -ɑ̃t] *adj*
ncontinent
contournable [ɛ̃kɔ̃tuʀnabl]
dj unavoidable
contrôlable [ɛ̃kɔ̃tʀolabl] *adj*
nverifiable; (*irrépressible*)
ncontrollable
convénient [ɛ̃kɔ̃venjɑ̃] *nm*
isadvantage, drawback; **si vous**
'y voyez pas d'~ if you have no
bjections
corporer [ɛ̃kɔʀpɔʀe] /1/ *vt*:
(à) to mix in (with); **~ (dans)**
paragraphe etc) to incorporate
n); (*Mil*: *appeler*) to recruit (into);
a très bien su s'~ à notre
roupe he was very easily
ncorporated into our group
correct, e [ɛ̃kɔʀɛkt] *adj*
mpropre, inconvenant) improper;
défectueux) faulty; (*inexact*)
ncorrect; (*impoli*) impolite;
déloyal) underhand

incorrigible [ɛ̃kɔʀiʒibl] *adj*
incorrigible
incrédule [ɛ̃kʀedyl] *adj*
incredulous; (*Rel*) unbelieving
incroyable [ɛ̃kʀwajabl] *adj*
incredible
incruster [ɛ̃kʀyste] /1/ *vt*;
s'incruster *vi* (*invité*) to take root;
~ qch dans/qch de (*Art*) to inlay
sth into/sth with
inculpé, e [ɛ̃kylpe] *nm/f* accused
inculper [ɛ̃kylpe] /1/ *vt*: **~ (de)** to
charge (with)
inculquer [ɛ̃kylke] /1/ *vt*: **~ qch à**
to inculcate sth in, instil sth into
Inde [ɛ̃d] *nf*: **l'~** India
indécent, e [ɛ̃desɑ̃, -ɑ̃t] *adj*
indecent
indécis, e [ɛ̃desi, -iz] *adj* (*par*
nature) indecisive; (*perplexe*)
undecided
indéfendable [ɛ̃defɑ̃dabl] *adj*
indefensible
indéfini, e [ɛ̃defini] *adj* (*imprécis,*
incertain) undefined; (*illimité, Ling*)
indefinite • **indéfiniment** *adv*
indefinitely • **indéfinissable** *adj*
indefinable
indélébile [ɛ̃delebil] *adj* indelible
indélicat, e [ɛ̃delika, -at] *adj*
tactless
indemne [ɛ̃dɛmn] *adj* unharmed
• **indemniser** /1/ *vt*: **indemniser**
qn (de) to compensate sb (for)
indemnité [ɛ̃dɛmnite] *nf*
(*dédommagement*) compensation
no pl; (*allocation*) allowance; **~ de**
licenciement redundancy
payment
indépendamment
[ɛ̃depɑ̃damɑ̃] *adv* independently;
~ de (*abstraction faite de*)
irrespective of; (*en plus de*) over
and above

i

indépendance [ɛ̃depɑ̃dɑ̃s] *nf* independence
indépendant, e [ɛ̃depɑ̃dɑ̃, -ɑ̃t] *adj* independent; **~ de** independent of; **travailleur ~** self-employed worker
indescriptible [ɛ̃dɛskʀiptibl] *adj* indescribable
indésirable [ɛ̃deziʀabl] *adj* undesirable
indestructible [ɛ̃dɛstʀyktibl] *adj* indestructible
indéterminé, e [ɛ̃detɛʀmine] *adj* (*date, cause, nature*) unspecified; (*forme, longueur, quantité*) indeterminate
index [ɛ̃dɛks] *nm* (*doigt*) index finger; (*d'un livre etc*) index; **mettre à l'~** to blacklist
indicateur [ɛ̃dikatœʀ] *nm* (*Police*) informer; (*Tech*) gauge; indicator ▶ *adj*: **poteau ~** signpost; **~ des chemins de fer** railway timetable; **~ de rues** street directory
indicatif, -ive [ɛ̃dikatif, -iv] *adj*: **à titre ~** for (your) information ▶ *nm* (*Ling*) indicative; (*d'une émission*) theme *ou* signature tune; (*Tél*) dialling code (BRIT), area code (US); **quel est l'~ de ...** what's the code for ...?
indication [ɛ̃dikasjɔ̃] *nf* indication; (*renseignement*) information *no pl*; **indications** *nfpl* (*directives*) instructions
indice [ɛ̃dis] *nm* (*marque, signe*) indication, sign; (*Police*: *lors d'une enquête*) clue; (*Jur*: *présomption*) piece of evidence; (*Science, Écon, Tech*) index; **~ de protection** (sun protection) factor
indicible [ɛ̃disibl] *adj* inexpressible

indien, ne [ɛ̃djɛ̃, -ɛn] *adj* Indian ▶ *nm/f*: **I~, ne** Indian
indifféremment [ɛ̃difeʀamɑ̃] *adv* (*sans distinction*) equally
indifférence [ɛ̃difeʀɑ̃s] *nf* indifference
indifférent, e [ɛ̃difeʀɑ̃, -ɑ̃t] *a*[...] (*peu intéressé*) indifferent; **ça m'est ~ (que ...)** it doesn't mat[ter] to me (whether ...); **elle m'est ~** I am indifferent to her
indigène [ɛ̃diʒɛn] *adj* native, indigenous; (*de la région*) local ▶ *nm/f* native (*!*)
indigeste [ɛ̃diʒɛst] *adj* indigestible
indigestion [ɛ̃diʒɛstjɔ̃] *nf* indigestion *no pl*; **avoir une ~** t[o] have indigestion
indigne [ɛ̃diɲ] *adj*: **~ (de)** unworthy (of)
indigner [ɛ̃diɲe] /1/ *vt*; **s'indigner (de/contre)** to be (*ou* become) indignant (at)
indiqué, e [ɛ̃dike] *adj* (*date, lieu*) given; (*adéquat*) appropriate; (*conseillé*) advisable
indiquer [ɛ̃dike] /1/ *vt*: **~ qch/[qn] à qn** to point sth/sb out to sb; (*faire connaître*: *médecin, lieu, restaurant*) to tell sb of sth/sb; (*pendule, aiguille*) to show; (*étiquette, plan*) to show, indicat[e]; (*renseigner sur*) to point out, tell; (*déterminer*: *date, lieu*) to give, state; (*dénoter*) to indicate, poin[t] to; **pourriez-vous m'~ les toilettes/l'heure?** could you direct me to the toilets/tell me the time?
indiscipliné, e [ɛ̃disipline] *ad*[j] undisciplined
indiscret, -ète [ɛ̃diskʀɛ, -ɛt] [*adj*] indiscreet

iscutable [ɛ̃diskytabl] *adj*
disputable
ispensable [ɛ̃dispɑ̃sabl] *adj*
dispensable, essential
isposé, e [ɛ̃dispoze] *adj*
disposed
istinct, e [ɛ̃distɛ̃, -ɛ̃kt] *adj*
distinct • **indistinctement** *adv*
oir, prononcer) indistinctly; (*sans*
stinction) indiscriminately
ividu [ɛ̃dividy] *nm* individual
individuel, le *adj* (*gén*)
dividual; (*opinion, livret, contrôle,*
vantages) personal; **chambre**
dividuelle single room;
aison individuelle detached
ouse; **propriété individuelle**
ersonal *ou* private property
lolore [ɛ̃dɔlɔʀ] *adj* painless
lonésie [ɛ̃dɔnezi] *nf*: **l'~**
donesia
lu, e [ɛ̃dy] *adj*: **à une heure ~e**
: some ungodly hour
lulgent, e [ɛ̃dylʒɑ̃, -ɑ̃t] *adj*
arent, regard) indulgent; (*juge,*
aminateur) lenient
lustrialisé, e [ɛ̃dystʀijalize]
dj industrialized
lustrie [ɛ̃dystʀi] *nf* industry
industriel, le *adj* industrial
nm industrialist
ébranlable [inebʀɑ̃labl] *adj*
nasse, colonne) solid; (*personne,*
ertitude, foi) unwavering
édit, e [inedi, -it] *adj*
orrespondance etc) (hitherto)
npublished; (*spectacle, moyen*)
ovel, original; (*film*) unreleased
efficace [inefikas] *adj* (*remède,*
oyen) ineffective; (*machine,*
nployé) inefficient
égal, e, -aux [inegal, -o] *adj*
nequal; (*irrégulier*) uneven

• **inégalable** *adj* matchless
• **inégalé, e** *adj* (*record*) unequalled; (*beauté*) unrivalled
• **inégalité** *nf* inequality
inépuisable [inepɥizabl] *adj* inexhaustible
inerte [inɛʀt] *adj* (*immobile*) lifeless; (*apathique*) passive
inespéré, e [inɛspeʀe] *adj* unhoped-for, unexpected
inestimable [inɛstimabl] *adj* priceless; (*fig: bienfait*) invaluable
inévitable [inevitabl] *adj* unavoidable; (*fatal, habituel*) inevitable
inexact, e [inɛgzakt] *adj* inaccurate
inexcusable [inɛkskyzabl] *adj* unforgivable
inexplicable [inɛksplikabl] *adj* inexplicable
in extremis [inɛkstʀemis] *adv* at the last minute ▸ *adj* last-minute
infaillible [ɛ̃fajibl] *adj* infallible
infarctus [ɛ̃faʀktys] *nm*: **~ (du myocarde)** coronary (thrombosis)
infatigable [ɛ̃fatigabl] *adj* tireless
infect, e [ɛ̃fɛkt] *adj* revolting; (*repas, vin*) revolting, foul; (*personne*) obnoxious; (*temps*) foul
infecter [ɛ̃fɛkte] /1/ *vt* (*atmosphère, eau*) to contaminate; (*Méd*) to infect; **s'infecter** to become infected *ou* septic
• **infection** *nf* infection; (*puanteur*) stench
inférieur, e [ɛ̃feʀjœʀ] *adj* lower; (*en qualité, intelligence*) inferior ▸ *nm/f* inferior; **~ à** (*somme, quantité*) less *ou* smaller than; (*moins bon que*) inferior to

infernal, e, -aux [ɛ̃fɛʀnal, -o] *adj* (*insupportable*: *chaleur, rythme*) infernal; (: *enfant*) horrid; (*méchanceté, complot*) diabolical
infidèle [ɛ̃fidɛl] *adj* unfaithful
infiltrer [ɛ̃filtʀe] /1/: **s'infiltrer** *vi*: **s'~ dans** to penetrate into; (*liquide*) to seep into; (*fig*: *noyauter*) to infiltrate
infime [ɛ̃fim] *adj* minute, tiny
infini, e [ɛ̃fini] *adj* infinite ▸ *nm* infinity; **à l'~** endlessly
• **infiniment** *adv* infinitely
• **infinité** *nf*: **une infinité de** an infinite number of
infinitif, -ive [ɛ̃finitif, -iv] *nm* infinitive
infirme [ɛ̃fiʀm] *adj* disabled ▸ *nm/f* disabled person
infirmerie [ɛ̃fiʀməʀi] *nf* sick bay
infirmier, -ière [ɛ̃fiʀmje, -jɛʀ] *nm/f* nurse; **infirmière chef** sister
infirmité [ɛ̃fiʀmite] *nf* disability
inflammable [ɛ̃flamabl] *adj* (in)flammable
inflation [ɛ̃flasjɔ̃] *nf* inflation
influençable [ɛ̃flyɑ̃sabl] *adj* easily influenced
influence [ɛ̃flyɑ̃s] *nf* influence
• **influencer** /3/ *vt* to influence
• **influent, e** *adj* influential
informaticien, ne [ɛ̃fɔʀmatisjɛ̃, -ɛn] *nm/f* computer scientist
information [ɛ̃fɔʀmasjɔ̃] *nf* (*renseignement*) piece of information; (*Presse, TV*: *nouvelle*) item of news; (*diffusion de renseignements, Inform*) information; (*Jur*) inquiry, investigation; **informations** *nfpl* (*TV*) news *sg*
informatique [ɛ̃fɔʀmatik] *nf* (*technique*) data processing; (*science*) computer science ▸ *ad*[…] computer *cpd* • **informatiser** /[…] *vt* to computerize
informer [ɛ̃fɔʀme] /1/ *vt*: **~ qn** […] **(de)** to inform sb (of); **s'inform**[…] **(sur)** to inform o.s. (about); **s'~ (de qch/si)** to inquire *ou* fin[…] out (about sth/whether *ou* if)
infos [ɛ̃fo] *nfpl* (= *informations*) news
infraction [ɛ̃fʀaksjɔ̃] *nf* offenc[…] **~ à** violation *ou* breach of; **être en ~** to be in breach of the law
infranchissable [ɛ̃fʀɑ̃ʃisabl] […] impassable; (*fig*) insuperable
infrarouge [ɛ̃fʀaʀuʒ] *adj* infrared
infrastructure [ɛ̃fʀastʀyktyʀ] *nf* (*Aviat, Mil*) ground installatio[…] *pl*; (*Écon*: *touristique etc*) facilitie[…]
infuser [ɛ̃fyze] /1/ *vt* (*thé*) to brew; (*tisane*) to infuse ▸ *vi* to brew; to infuse • **infusion** *nf* (*tisane*) herb tea
ingénier [ɛ̃ʒenje] /7/: **s'ingénier** *vi*: **s'~ à faire** to striv[…] to do
ingénierie [ɛ̃ʒeniʀi] *nf* engineering
ingénieur [ɛ̃ʒenjœʀ] *nm* engineer; **~ du son** sound engineer
ingénieux, -euse [ɛ̃ʒenjø, -øz] *adj* ingenious, clever
ingrat, e [ɛ̃gʀa, -at] *adj* (*person*[…]) ungrateful; (*travail, sujet*) thankless; (*visage*) unprepossessing
ingrédient [ɛ̃gʀedjɑ̃] *nm* ingredient
inhabité, e [inabite] *adj* uninhabited

ıabituel, le [inabitɥɛl] *adj*
ınusual
ıibition [inibisjɔ̃] *nf* inhibition
ıumain, e [inymɛ̃, -ɛn] *adj*
ıhuman
maginable [inimaʒinabl] *adj*
ıimaginable
nterrompu, e [inɛ̃teʀɔ̃py]
ıj (*file, série*) unbroken; (*flot,*
ıcarme) uninterrupted,
on-stop; (*effort*) unremitting,
ɔntinuous; (*suite, ligne*)
nbroken
tial, e, -aux [inisjal, -o] *adj*
ıitial; **initiales** *nfpl* initials
tiation [inisjasjɔ̃] *nf*: **~ à**
ıtroduction to
tiative [inisjativ] *nf* initiative
tier [inisje] /7/ *vt*: **~ qn à** to
ıitiate sb into; (*faire découvrir: art,*
u) to introduce sb to
ecter [ɛ̃ʒɛkte] /1/ *vt* to inject
injection *nf* injection; **à**
ıjection (*Auto*) fuel injection *cpd*
ure [ɛ̃ʒyʀ] *nf* insult, abuse *no pl*
injurier /7/ *vt* to insult, abuse
injurieux, -euse *adj* abusive,
ısulting
uste [ɛ̃ʒyst] *adj* unjust, unfair
injustice [ɛ̃ʒystis] *nf* injustice
assable [ɛ̃lɑsabl] *adj* tireless
ıé, e [ine] *adj* innate, inborn
ıocent, e [inɔsɑ̃, -ɑ̃t] *adj*
ınocent • **innocenter** /1/ *vt* to
ear, prove innocent
ıombrable [inɔ̃bʀabl] *adj*
ınumerable
ıover [inɔve] /1/ *vi*: **~ en**
ıatière d'art to break new
round in the field of art
ɔccupé, e [inɔkype] *adj*
noccupied
ɔdore [inɔdɔʀ] *adj* (*gaz*)
dourless; (*fleur*) scentless

inoffensif, -ive [inɔfɑ̃sif, -iv] *adj*
harmless, innocuous
inondation [inɔ̃dasjɔ̃] *nf* flood
inonder [inɔ̃de] /1/ *vt* to flood;
~ de to flood *ou* swamp with
inopportun, e [inɔpɔʀtœ̃, -yn]
adj ill-timed, untimely
inoubliable [inublijabl] *adj*
unforgettable
inouï, e [inwi] *adj* unheard-of,
extraordinary
inox [inɔks] *nm* stainless (steel)
inquiet, -ète [ɛ̃kjɛ, -ɛt] *adj*
anxious • **inquiétant, e** *adj*
worrying, disturbing • **inquiéter**
/6/ *vt* to worry; **s'inquiéter** *vi* to
worry; **s'inquiéter de** to worry
about; (*s'enquérir de*) to inquire
about • **inquiétude** *nf* anxiety
insaisissable [ɛ̃sezisabl] *adj*
(*fugitif, ennemi*) elusive; (*différence,*
nuance) imperceptible
insalubre [ɛ̃salybʀ] *adj*
insalubrious
insatisfait, e [ɛ̃satisfɛ, -ɛt] *adj*
(*non comblé*) unsatisfied;
(*mécontent*) dissatisfied
inscription [ɛ̃skʀipsjɔ̃] *nf*
inscription; (*à une institution*)
enrolment
inscrire [ɛ̃skʀiʀ] /39/ *vt* (*marquer:*
sur son calepin etc) to note *ou* write
down; (*: sur un mur, une affiche etc*)
to write; (*: dans la pierre, le métal*)
to inscribe; (*mettre: sur une liste, un*
budget etc) to put down; **~ qn à**
(*club, école etc*) to enrol sb at;
s'inscrire (*pour une excursion etc*)
to put one's name down; **s'~ (à)**
(*club, parti*) to join; (*université*) to
register *ou* enrol (at); (*examen,*
concours) to register *ou* enter (for)
insecte [ɛ̃sɛkt] *nm* insect
• **insecticide** *nm* insecticide

insensé, e [ɛ̃sɑ̃se] *adj* mad
insensible [ɛ̃sɑ̃sibl] *adj* (*nerf, membre*) numb; (*dur, indifférent*) insensitive
inséparable [ɛ̃separabl] *adj*: **~ (de)** inseparable (from) ▶ *nmpl*: **~s** (*oiseaux*) lovebirds
insigne [ɛ̃siɲ] *nm* (*d'un parti, club*) badge ▶ *adj* distinguished; **insignes** *nmpl* (*d'une fonction*) insignia *pl*
insignifiant, e [ɛ̃siɲifjɑ̃, -ɑ̃t] *adj* insignificant; trivial
insinuer [ɛ̃sinɥe] /1/ *vt* to insinuate; **s'insinuer dans** (*fig*) to worm one's way into
insipide [ɛ̃sipid] *adj* insipid
insister [ɛ̃siste] /1/ *vi* to insist; (*s'obstiner*) to keep on; **~ sur** (*détail, note*) to stress
insolation [ɛ̃sɔlasjɔ̃] *nf* (*Méd*) sunstroke *no pl*
insolent, e [ɛ̃sɔlɑ̃, -ɑ̃t] *adj* insolent
insolite [ɛ̃sɔlit] *adj* strange, unusual
insomnie [ɛ̃sɔmni] *nf* insomnia *no pl*; **avoir des ~s** to sleep badly
insouciant, e [ɛ̃susjɑ̃, -ɑ̃t] *adj* carefree; **~ du danger** heedless of (the) danger
insoupçonnable [ɛ̃supsɔnabl] *adj* unsuspected; (*personne*) above suspicion
insoupçonné, e [ɛ̃supsɔne] *adj* unsuspected
insoutenable [ɛ̃sutnabl] *adj* (*argument*) untenable; (*chaleur*) unbearable
inspecter [ɛ̃spɛkte] /1/ *vt* to inspect • **inspecteur, -trice** *nm/f* inspector; **inspecteur d'Académie** (regional) director of education; **inspecteur des finances** ≈ tax inspector (BRIT) ≈ Internal Revenue Service age (US); **inspecteur (de police)** (police) inspector • **inspection** inspection
inspirer [ɛ̃spire] /1/ *vt* (*gén*) to inspire ▶ *vi* (*aspirer*) to breathe i **s'inspirer de** to be inspired by
instable [ɛ̃stabl] *adj* (*meuble, équilibre*) unsteady; (*population, temps*) unsettled; (*paix, régime, caractère*) unstable
installation [ɛ̃stalasjɔ̃] *nf* (*mis en place*) installation; **installations** *nfpl* installations (*industrielles*) plant *sg*; (*de sport, dans un camping*) facilities; **l'~ électrique** wiring
installer [ɛ̃stale] /1/ *vt* to put; (*meuble*) to put in; (*rideau, étagèr tente*) to put up; (*appartement*) t fit out; **s'installer** *vi* (*s'établir: artisan, dentiste etc*) to set o.s. u (*emménager*) to settle in; (*sur un siège, à un emplacement*) to settl (down); (*fig: maladie, grève*) to ta a firm hold *ou* grip; **s'~ à l'hôte chez qn** to move into a hotel/ir with sb
instance [ɛ̃stɑ̃s] *nf* (*Admin: autorité*) authority; **affaire en ~** matter pending; **être en ~ de divorce** to be awaiting a divorc
instant [ɛ̃stɑ̃] *nm* moment, instant; **dans un ~** in a momen **à l'~** this instant; **je l'ai vu à l'~** I've just this minute seen him, I saw him a moment ago; **pour l** for the moment, for the time being
instantané, e [ɛ̃stɑ̃tane] *adj* (*lait, café*) instant; (*explosion, mo* instantaneous ▶ *nm* snapshot
instar [ɛ̃star]: **à l'~ de** *prép* following the example of, like

staurer [ɛ̃stɔʀe] /1/ *vt* to
nstitute; (*couvre-feu*) to impose;
'instaurer *vi* (*collaboration, paix*
tc) to be established; (*doute*) to
et in
stinct [ɛ̃stɛ̃] *nm* instinct
instinctivement *adv*
nstinctively
stituer [ɛ̃stitɥe] /1/ *vt* to
stablish
stitut [ɛ̃stity] *nm* institute;
de beauté beauty salon;
~ universitaire de
echnologie (IUT) ≈ Institute of
echnology
stituteur, -trice [ɛ̃stitytœʀ,
ʀis] *nm/f* (primary (BRIT) *ou*
rade (US) school) teacher
stitution [ɛ̃stitysjɔ̃] *nf*
nstitution; (*collège*) private
chool; **institutions** *nfpl*
structures politiques et sociales)
nstitutions
structif, -ive [ɛ̃stʀyktif, -iv]
dj instructive
struction [ɛ̃stʀyksjɔ̃] *nf*
enseignement, savoir) education;
ur) (preliminary) investigation
nd hearing; **instructions** *nfpl*
mode d'emploi) instructions;
civique civics *sg*
struire [ɛ̃stʀɥiʀ] /38/ *vt* (*élèves*)
o teach; (*recrues*) to train; (*Jur*:
ffaire) to conduct the
nvestigation for; **s'instruire** to
ducate o.s. • **instruit, e** *adj*
ducated
strument [ɛ̃stʀymɑ̃] *nm*
nstrument; **~ à cordes/vent**
tringed/wind instrument; **~ de**
mesure measuring instrument;
de musique musical
nstrument; **~ de travail**
working) tool

insu [ɛ̃sy] *nm*: **à l'~ de qn** without sb knowing
insuffisant, e [ɛ̃syfizɑ̃, -ɑ̃t] *adj* (*en quantité*) insufficient; (*en qualité*) inadequate; (*sur une copie*) poor
insulaire [ɛ̃sylɛʀ] *adj* island *cpd*; (*attitude*) insular
insuline [ɛ̃sylin] *nf* insulin
insulte [ɛ̃sylt] *nf* insult • **insulter** /1/ *vt* to insult
insupportable [ɛ̃sypɔʀtabl] *adj* unbearable
insurmontable [ɛ̃syʀmɔ̃tabl] *adj* (*difficulté*) insuperable; (*aversion*) unconquerable
intact, e [ɛ̃takt] *adj* intact
intarissable [ɛ̃taʀisabl] *adj* inexhaustible
intégral, e, -aux [ɛ̃tegʀal, -o] *adj* complete; **texte ~** unabridged version; **bronzage ~** all-over suntan • **intégralement** *adv* in full • **intégralité** *nf* whole (*ou* full) amount; **dans son intégralité** in its entirety • **intégrant, e** *adj*: **faire partie intégrante de** to be an integral part of
intègre [ɛ̃tɛgʀ] *adj* upright
intégrer [ɛ̃tegʀe] /6/: **s'intégrer** *vr*: **s'~ à** *ou* **dans** to become integrated into; **bien s'~** to fit in
intégrisme [ɛ̃tegʀism] *nm* fundamentalism
intellectuel, le [ɛ̃telɛktɥɛl] *adj, nm/f* intellectual; (*péj*) highbrow
intelligence [ɛ̃teliʒɑ̃s] *nf* intelligence; (*compréhension*): **l'~ de** the understanding of; (*complicité*): **regard d'~** glance of complicity; (*accord*): **vivre en bonne ~ avec qn** to be on good terms with sb

i

intelligent, e [ɛ̃teliʒɑ̃, -ɑ̃t] *adj* intelligent
intelligible [ɛ̃teliʒibl] *adj* intelligible
intempéries [ɛ̃tɑ̃peʀi] *nfpl* bad weather *sg*
intenable [ɛ̃tnabl] *adj* unbearable
intendant, e [ɛ̃tɑ̃dɑ̃, -ɑ̃t] *nm/f* (*Mil*) quartermaster; (*Scol*) bursar
intense [ɛ̃tɑ̃s] *adj* intense • **intensif, -ive** *adj* intensive; **cours intensif** crash course
intenter [ɛ̃tɑ̃te] /1/ *vt*: **~ un procès contre** *ou* **à qn** to start proceedings against sb
intention [ɛ̃tɑ̃sjɔ̃] *nf* intention; (*Jur*) intent; **avoir l'~ de faire** to intend to do; **à l'~ de** for; (*renseignement*) for the benefit *ou* information of; (*film, ouvrage*) aimed at; **à cette ~** with this aim in view • **intentionné, e** *adj*: **bien intentionné** well-meaning *ou* -intentioned; **mal intentionné** ill-intentioned
interactif, -ive [ɛ̃tɛʀaktif, -iv] *adj* (*aussi Inform*) interactive
intercepter [ɛ̃tɛʀsɛpte] /1/ *vt* to intercept; (*lumière, chaleur*) to cut off
interchangeable [ɛ̃tɛʀʃɑ̃ʒabl] *adj* interchangeable
interdiction [ɛ̃tɛʀdiksjɔ̃] *nf* ban; **~ de fumer** no smoking
interdire [ɛ̃tɛʀdiʀ] /37/ *vt* to forbid; (*Admin*) to ban, prohibit; (*: journal, livre*) to ban; **~ à qn de faire** to forbid sb to do; (*empêchement*) to prevent *ou* preclude sb from doing
interdit, e [ɛ̃tɛʀdi, -it] *pp de* **interdire** ▸ *adj* (*stupéfait*) taken aback; **film ~ aux moins de 18/12 ans** ≈ 18-/12A-rated film; **stationnement ~** no parking
intéressant, e [ɛ̃teʀesɑ̃, -ɑ̃t] *a* interesting; (*avantageux*) attractive
intéressé, e [ɛ̃teʀese] *adj* (*parties*) involved, concerned; (*amitié, motifs*) self-interested
intéresser [ɛ̃teʀese] /1/ *vt* (*captiver*) to interest; (*toucher*) to be of interest *ou* concern to; (*Admin: concerner*) to affect, concern; **s'intéresser à** *vi* to tal an interest in
intérêt [ɛ̃teʀɛ] *nm* interest; (*égoïsme*) self-interest; **tu as ~ à accepter** it's in your interest to accept; **tu as ~ à te dépêcher** you'd better hurry
intérieur, e [ɛ̃teʀjœʀ] *adj* (*mur, escalier, poche*) inside; (*commerce, politique*) domestic; (*cour, calme, vie*) inner; (*navigation*) inland ▸ *n* (*d'une maison, d'un récipient etc*) inside; (*d'un pays, aussi décor, mobilier*) interior; **l'I~** (the Department of) the Interior, ≈ t Home Office (BRIT); **à l'~ (de)** inside • **intérieurement** *adv* inwardly
intérim [ɛ̃teʀim] *nm* interim period; **assurer l'~ (de)** to deputize (for); **président par ~** interim president; **faire de l'~** t temp
intérimaire [ɛ̃teʀimɛʀ] *adj* (*directeur, ministre*) acting; (*secrétaire, personnel*) temporary ▸ *nm/f* (*secrétaire etc*) temporary temp (BRIT)
interlocuteur, -trice [ɛ̃tɛʀlɔkytœʀ, -tʀis] *nm/f* speaker; **son ~** the person he *ou* she was speaking to

termédiaire [ɛ̃tɛʀmedjɛʀ] *adj* ıtermediate; (*solution*) emporary ▸*nm/f* intermediary; *Comm*) middleman; **sans ~** irectly; **par l'~ de** through
terminable [ɛ̃tɛʀminabl] *adj* ever-ending
termittence [ɛ̃tɛʀmitɑ̃s] *nf*: **ar ~** intermittently, sporadically
ternat [ɛ̃tɛʀna] *nm* boarding chool
ternational, e, -aux ɛ̃tɛʀnasjɔnal, -o] *adj*, *nm/f* ıternational
ternaute [ɛ̃tɛʀnot] *nm/f* ıternet user
terne [ɛ̃tɛʀn] *adj* internal ▸*nm/f* (*Scol*) boarder; (*Méd*) ıouseman
ternet [ɛ̃tɛʀnɛt] *nm*: **l'~** the ıternet
terpeller [ɛ̃tɛʀpele] /1/ *vt* ɪppeler) to call out to; ɪpostropher) to shout at; (*Police*) o take in for questioning; (*Pol*) to uestion; (*concerner*) to concern
terphone [ɛ̃tɛʀfɔn] *nm* ıtercom; (*d'immeuble*) entry ·hone
terposer [ɛ̃tɛʀpoze] /1/ *vt*; **'interposer** to intervene; **par ·ersonnes interposées** through third party
terprète [ɛ̃tɛʀpʀɛt] *nm/f* ıterpreter; (*porte-parole*) pokesman
terpréter [ɛ̃tɛʀpʀete] /6/ *vt* to ıterpret; (*jouer*) to play; (*chanter*) o sing
terrogatif, -ive [ɛ̃teʀɔgatif, -iv] *dj* (*Ling*) interrogative
terrogation [ɛ̃teʀɔgasjɔ̃] *nf* uestion; (*Scol*) (written *ou* oral) test
terrogatoire [ɛ̃teʀɔgatwaʀ] *nm* (*Police*) questioning *no pl*; (*Jur*, *aussi fig*) cross-examination
interroger [ɛ̃teʀɔʒe] /3/ *vt* to question; (*Inform*) to search; (*Scol*) to test
interrompre [ɛ̃teʀɔ̃pʀ] /41/ *vt* (*gén*) to interrupt; (*négociations*) to break off; (*match*) to stop; **s'interrompre** to break off
• **interrupteur** *nm* switch
• **interruption** *nf* interruption; (*pause*) break; **sans interruption** without a break; **interruption volontaire de grossesse** abortion
intersection [ɛ̃tɛʀsɛksjɔ̃] *nf* intersection
intervalle [ɛ̃tɛʀval] *nm* (*espace*) space; (*de temps*) interval; **dans l'~** in the meantime; **à deux jours d'~** two days apart
intervenir [ɛ̃tɛʀvəniʀ] /22/ *vi* (*gén*) to intervene; **~ auprès de/en faveur de qn** to intervene with/on behalf of sb
• **intervention** *nf* intervention; (*discours*) speech; **intervention (chirurgicale)** operation
interview [ɛ̃tɛʀvju] *nf* interview
intestin, e [ɛ̃tɛstɛ̃, -in] *adj* internal ▸*nm* intestine
intime [ɛ̃tim] *adj* intimate; (*vie*, *journal*) private; (*hygiène*, *confidences*) personal; (*convictions*) inmost; (*dîner*, *cérémonie*) quiet ▸*nm/f* close friend; **un journal ~** a private diary *ou* journal
intimider [ɛ̃timide] /1/ *vt* to intimidate
intimité [ɛ̃timite] *nf*: **dans l'~** in private; (*sans formalités*) with only a few friends, quietly
intolérable [ɛ̃tɔleʀabl] *adj* intolerable

intox [ɛ̃tɔks] (*fam*) *nf* brainwashing
intoxication [ɛ̃tɔksikasjɔ̃] *nf*: **~ alimentaire** food poisoning
intoxiquer [ɛ̃tɔksike] /1/ *vt* to poison; (*fig*) to brainwash
intraitable [ɛ̃tʀɛtabl] *adj* inflexible, uncompromising
intransigeant, e [ɛ̃tʀɑ̃ziʒɑ̃, -ɑ̃t] *adj* intransigent
intrépide [ɛ̃tʀepid] *adj* dauntless
intrigue [ɛ̃tʀig] *nf* (*scénario*) plot • **intriguer** /1/ *vt* to puzzle, intrigue
introduction [ɛ̃tʀɔdyksjɔ̃] *nf* introduction
introduire [ɛ̃tʀɔdɥiʀ] /38/ *vt* to introduce; (*visiteur*) to show in; (*aiguille, clef*): **~ qch dans** to insert *ou* introduce sth into; **s'introduire** *vi* (*techniques, usages*) to be introduced; **s'~ dans** to gain entry into; (*dans un groupe*) to get o.s. accepted into
introuvable [ɛ̃tʀuvabl] *adj* which cannot be found; (*Comm*) unobtainable
intrus, e [ɛ̃tʀy, -yz] *nm/f* intruder
intuition [ɛ̃tɥisjɔ̃] *nf* intuition
inusable [inyzabl] *adj* hard-wearing
inutile [inytil] *adj* useless; (*superflu*) unnecessary • **inutilement** *adv* needlessly • **inutilisable** *adj* unusable
invalide [ɛ̃valid] *adj* disabled ▸ *nm/f*: **~ de guerre** disabled ex-serviceman
invariable [ɛ̃vaʀjabl] *adj* invariable
invasion [ɛ̃vazjɔ̃] *nf* invasion
inventaire [ɛ̃vɑ̃tɛʀ] *nm* inventory; (*Comm: liste*) stocklist; (*: opération*) stocktaking *no pl*
inventer [ɛ̃vɑ̃te] /1/ *vt* to inven (*subterfuge*) to devise, invent; (*histoire, excuse*) to make up, invent • **inventeur, -trice** *nm/f* inventor • **inventif, -ive** *adj* inventive • **invention** *nf* invention
inverse [ɛ̃vɛʀs] *adj* opposite ▸ *n* inverse; **l'~** the opposite; **dans l'ordre ~** in the reverse order; **dans le sens ~ des aiguilles d'une montre** anti-clockwise; **en sens ~** in (*ou* from) the opposi direction • **inversement** *adv* conversely • **inverser** /1/ *vt* to reverse, invert; (*Élec*) to reverse
investir [ɛ̃vɛstiʀ] /2/ *vt* to inve **~ qn de** (*d'une fonction, d'un pouvoir*) to vest *ou* invest sb with **s'investir** *vi* (*Psych*) to involve o. **s'~ dans** to put a lot into • **investissement** *nm* investment
invisible [ɛ̃vizibl] *adj* invisible
invitation [ɛ̃vitasjɔ̃] *nf* invitation
invité, e [ɛ̃vite] *nm/f* guest
inviter [ɛ̃vite] /1/ *vt* to invite; **~ qn à faire qch** to invite sb to d sth
invivable [ɛ̃vivabl] *adj* unbearable
involontaire [ɛ̃vɔlɔ̃tɛʀ] *adj* (*mouvement*) involuntary; (*insult* unintentional; (*complice*) unwitting
invoquer [ɛ̃vɔke] /1/ *vt* (*Dieu, muse*) to call upon, invoke; (*prétexte*) to put forward (as an excuse); (*loi, texte*) to refer to
invraisemblable [ɛ̃vʀɛsɑ̃blab *adj* (*fait, nouvelle*) unlikely, improbable; (*bizarre*) incredible
iode [jɔd] *nm* iodine

i *etc* [iʀe] *vb voir* **aller**
k [iʀak] *nm*: **l'~** Iraq *ou* Irak
irakien, ne *adj* Iraqi ▸ *nm/f*:
akien, ne Iraqi
n [iʀɑ̃] *nm*: **l'~** Iran • **iranien,**
e *adj* Iranian ▸ *nm/f*: **Iranien, ne**
anian
ons *etc* [iʀjɔ̃] *vb voir* **aller**
; [iʀis] *nm* iris
andais, e [iʀlɑ̃dɛ, -ɛz] *adj* Irish
nm/f: **I~, e** Irishman/woman
ande [iʀlɑ̃d] *nf*: **l'~** Ireland; **la**
épublique d'~ the Irish
epublic; **~ du Nord** Northern
eland; **la mer d'~** the Irish Sea
M [iɛʀɛm] *nf* (= *imagerie par*
sonance magnétique) MRI scan
nie [iʀɔni] *nf* irony • **ironique**
dj ironical • **ironiser** /1/ *vi* to be
onical
ns *etc* [iʀɔ̃] *vb voir* **aller**
adier [iʀadje] /7/ *vt* to irradiate
aisonné, e [iʀɛzɔne] *adj*
rational
ationnel, le [iʀasjɔnɛl] *adj*
rational
éalisable [iʀealizabl] *adj*
nrealizable; (*projet*)
npracticable
écupérable [iʀekypeʀabl] *adj*
eyond repair; (*personne*) beyond
edemption *ou* recall
éel, le [iʀeɛl] *adj* unreal
éfléchi, e [iʀefleʃi] *adj*
houghtless
égularité [iʀegylaʀite] *nf*
regularity; (*de travail, d'effort, de*
ualité) unevenness *no pl*
égulier, -ière [iʀegylje, -jɛʀ]
dj irregular; (*travail, effort, qualité*)
neven; (*élève, athlète*) erratic
émédiable [iʀemedjabl] *adj*
reparable

irremplaçable [iʀɑ̃plasabl] *adj*
irreplaceable
irréparable [iʀepaʀabl] *adj*
beyond repair; (*fig*) irreparable
irréprochable [iʀepʀɔʃabl] *adj*
irreproachable, beyond reproach;
(*tenue, toilette*) impeccable
irrésistible [iʀezistibl] *adj*
irresistible; (*preuve, logique*)
compelling; (*amusant*) hilarious
irrésolu, e [iʀezɔly] *adj* irresolute
irrespectueux, -euse
[iʀɛspɛktɥø, -øz] *adj*
disrespectful
irresponsable [iʀɛspɔ̃sabl] *adj*
irresponsible
irriguer [iʀige] /1/ *vt* to irrigate
irritable [iʀitabl] *adj* irritable
irriter [iʀite] /1/ *vt* to irritate
irruption [iʀypsjɔ̃] *nf*: **faire**
~ chez qn to burst in on sb
Islam [islam] *nm*: **l'~** Islam
• **islamique** *adj* Islamic
• **islamophobie** *nf* Islamophobia
Islande [islɑ̃d] *nf*: **l'~** Iceland
isolant, e [izɔlɑ̃, -ɑ̃t] *adj*
insulating; (*insonorisant*)
soundproofing
isolation [izɔlasjɔ̃] *nf* insulation;
~ acoustique soundproofing
isolé, e [izɔle] *adj* isolated; (*contre*
le froid) insulated
isoler [izɔle] /1/ *vt* to isolate;
(*prisonnier*) to put in solitary
confinement; (*ville*) to cut off,
isolate; (*contre le froid*) to insulate;
s'isoler *vi* to isolate o.s.
Israël [isʀaɛl] *nm* Israel
• **israélien, ne** *adj* Israeli ▸ *nm/f*:
Israélien, ne Israeli • **israélite**
adj Jewish ▸ *nm/f*: **Israélite** Jew;
(*dans l'Ancien Testament*) Israelite
issu, e [isy] *adj*: **~ de** (*né de*)
descended from; (*résultant de*)

stemming from ▸ *nf* (*ouverture, sortie*) exit; (*solution*) way out, solution; (*dénouement*) outcome; **à l'~e de** at the conclusion *ou* close of; **voie sans ~e** dead end; **~e de secours** emergency exit

Italie [itali] *nf*: **l'~** Italy • **italien, ne** *adj* Italian ▸ *nm* (*Ling*) Italian ▸ *nm/f*: **Italien, ne** Italian

italique [italik] *nm*: **en ~(s)** in italics

itinéraire [itineʀɛʀ] *nm* itinerary, route; **~ bis** alternative route

itinérance [itineʀɑ̃s] *nf* (*Tél*) roaming

IUT *sigle m* = **Institut universitaire de technologie**

IVG *sigle f* (= *interruption volontaire de grossesse*) abortion

ivoire [ivwaʀ] *nm* ivory

ivre [ivʀ] *adj* drunk; **~ de** (*colère*) wild with • **ivrogne** *nm/f* drunkard

J

j' [ʒ] *pron voir* **je**

jacinthe [ʒasɛ̃t] *nf* hyacinth

jadis [ʒadis] *adv* formerly

jaillir [ʒajiʀ] /2/ *vi* (*liquide*) to sp out; (*cris, réponses*) to burst out

jais [ʒɛ] *nm* jet; **(d'un noir) de ~** jet-black

jalousie [ʒaluzi] *nf* jealousy; (*store*) (venetian) blind

jaloux, -ouse [ʒalu, -uz] *adj* jealous; **être ~ de qn/qch** to b jealous of sb/sth

jamaïquain, e [ʒamaikɛ̃, -ɛn] *adj* Jamaican ▸ *nm/f*: **J~, e** Jamaican

Jamaïque [ʒamaik] *nf*: **la ~** Jamaica

jamais [ʒamɛ] *adv* never; (*sans négation*) ever; **ne ... ~** never; **si ~ ...** if ever ...; **je ne suis ~ allé Espagne** I've never been to Spa

jambe [ʒɑ̃b] *nf* leg

jambon [ʒɑ̃bɔ̃] *nm* ham

jante [ʒɑ̃t] *nf* (wheel) rim

janvier [ʒɑ̃vje] *nm* January

Japon [ʒapɔ̃] *nm*: **le ~** Japan • **japonais, e** *adj* Japanese ▸ *nr* (*Ling*) Japanese ▸ *nm/f*: **Japonais** Japanese

'din [ʒaʀdɛ̃] *nm* garden; **d'enfants** nursery school
jardinage *nm* gardening
jardiner /1/ *vi* to garden
jardinier, -ière *nm/f* gardener *nf* (*de fenêtre*) window box
'gon [ʒaʀgɔ̃] *nm* (*charabia*) ibberish; (*publicitaire, scientifique* :c) jargon
'ret [ʒaʀɛ] *nm* back of knee; *Culin*) knuckle, shin
ıge [ʒoʒ] *nf* (*instrument*) gauge; **(de niveau) d'huile** (*Auto*) ipstick
ıne [ʒon] *adj, nm* yellow ▶ *adv am*): **rire ~** to laugh on the other de of one's face; **~ d'œuf** (egg) olk • **jaunir** /2/ *vi, vt* to turn ellow • **jaunisse** *nf* jaundice
'vel [ʒavɛl] *nf voir* **eau**
'velot [ʒavlo] *nm* javelin
C. *sigle m* = **Jésus-Christ**
C *sigle f* = **journée défense et itoyenneté**
j' [ʒə, ʒ] *pron* I
an [dʒin] *nm* jeans *pl*
sus-Christ [ʒezykʀi(st)] *n* esus Christ; **600 avant/après ~** 00 B.C./A.D.
: [ʒɛ] *nm* (*lancer: action*) throwing *o pl*; (*: résultat*) throw; *aillissement: d'eaux*) jet; (*: de sang*) ourt; **~ d'eau** spray
table [ʒətabl] *adj* disposable
tée [ʒəte] *nf* jetty; (*grande*) pier
ter [ʒəte] /4/ *vt* (*gén*) to throw; *e défaire de*) to throw away *ou* ut; **~ qch à qn** to throw sth to ɔ; (*de façon agressive*) to throw sth t sb; **~ un coup d'œil (à)** to take look (at); **~ un sort à qn** to cast spell on sb; **se ~ sur** to throw .s. onto; **se ~ dans** (*fleuve*) to ow into

jeton [ʒətɔ̃] *nm* (*au jeu*) counter
jette *etc* [ʒɛt] *vb voir* **jeter**
jeu, x [ʒø] *nm* (*divertissement, Tech: d'une pièce*) play; (*Tennis: partie, Football etc: façon de jouer*) game; (*Théât etc*) acting; (*série d'objets, jouet*) set; (*Cartes*) hand; (*au casino*): **le ~** gambling; **en ~** at stake; **remettre en ~** to throw in; **entrer/mettre en ~** to come/ bring into play; **~ de cartes** pack of cards; **~ d'échecs** chess set; **~ de hasard** game of chance; **~ de mots** pun; **~ de société** board game; **~ télévisé** television quiz; **~ vidéo** video game
jeudi [ʒødi] *nm* Thursday
jeun [ʒœ̃]: **à ~** *adv* on an empty stomach; **être à ~** to have eaten nothing; **rester à ~** not to eat anything
jeune [ʒœn] *adj* young; **les ~s** young people; **~ fille** girl; **~ homme** young man; **~s gens** young people
jeûne [ʒøn] *nm* fast
jeunesse [ʒœnɛs] *nf* youth; (*aspect*) youthfulness
joaillier, -ière [ʒɔaje, -jɛʀ] *nm/f* jeweller
jogging [dʒɔgiŋ] *nm* jogging; (*survêtement*) tracksuit; **faire du ~** to go jogging
joie [ʒwa] *nf* joy
joindre [ʒwɛ̃dʀ] /49/ *vt* to join; (*contacter*) to contact, get in touch with; **~ qch à** (*à une lettre*) to enclose sth with; **~ un fichier à un mail** (*Inform*) to attach a file to an email; **se ~ à qn** to join sb; **se ~ à qch** to join in sth
joint, e [ʒwɛ̃, -ɛ̃t] *adj*: **~ (à)** (*lettre, paquet*) attached (to), enclosed (with) ▶ *nm* joint; (*ligne*) join;

pièce ~e (*de lettre*) enclosure; (*de mail*) attachment; **~ de culasse** cylinder head gasket

joli, e [ʒɔli] *adj* pretty, attractive; **une ~e somme/situation** a nice little sum/situation; **c'est du ~!** (*ironique*) that's very nice!; **tout ça, c'est bien ~ mais ...** that's all very well but ...

jonc [ʒɔ̃] *nm* (bul)rush

jonction [ʒɔ̃ksjɔ̃] *nf* junction

jongleur, -euse [ʒɔ̃glœʀ, -øz] *nm/f* juggler

jonquille [ʒɔ̃kij] *nf* daffodil

Jordanie [ʒɔʀdani] *nf*: **la ~** Jordan

joue [ʒu] *nf* cheek

jouer [ʒwe] /1/ *vt* to play; (*somme d'argent, réputation*) to stake, wager; (*simuler: sentiment*) to affect, feign ▶ *vi* to play; (*Théât, Ciné*) to act; (*au casino*) to gamble; (*bois, porte: se voiler*) to warp; (*clef, pièce: avoir du jeu*) to be loose; **~ sur** (*miser*) to gamble on; **~ de** (*Mus*) to play; **~ à** (*jeu, sport, roulette*) to play; **~ un tour à qn** to play a trick on sb; **~ la comédie** to put on an act; **~ serré** to play a close game; **à toi/nous de ~** it's your/our go *ou* turn; **bien joué!** well done!; **on joue Hamlet au théâtre X** Hamlet is on at the X theatre

jouet [ʒwɛ] *nm* toy; **être le ~ de** (*illusion etc*) to be the victim of

joueur, -euse [ʒwœʀ, -øz] *nm/f* player; **être beau/mauvais ~** to be a good/bad loser

jouir [ʒwiʀ] /2/ *vi* (*sexe: fam*) to come ▶ *vt*: **~ de** to enjoy

jour [ʒuʀ] *nm* day; (*opposé à la nuit*) day, daytime; (*clarté*) daylight; (*fig: aspect, ouverture*) opening; **sous un ~ favorable/nouveau** in a favourable/new light; **de ~** (*crème, service*) day *cpd*; **travaill[er] de ~** to work during the day; **voyager de ~** to travel by day; **[au] ~ le ~** from day to day; **de nos ~[s]** these days; **du ~ au lendemai[n]** overnight; **il fait ~** it's daylight; **au grand ~** (*fig*) in the open; **mettre au ~** to disclose; **mettr[e] à ~** to bring up to date; **donner [le] ~ à** to give birth to; **voir le ~** to [be] born; **~ férié** public holiday; **le ~** D-day; **~ ouvrable** working da[y]

journal, -aux [ʒuʀnal, -o] *nm* (news)paper; (*personnel*) journa[l]; (*intime*) diary; **~ de bord** log; **~ parlé/télévisé** radio/televisi[on] news *sg*

journalier, -ière [ʒuʀnalje, -j[ɛʀ]] *adj* daily; (*banal*) everyday

journalisme [ʒuʀnalism] *nm* journalism • **journaliste** *nm/f* journalist

journée [ʒuʀne] *nf* day; **la ~ continue** the 9 to 5 working da[y] (*with short lunch break*)

joyau, x [ʒwajo] *nm* gem, jewe[l]

joyeux, -euse [ʒwajø, -øz] *adj* joyful, merry; **~ Noël!** Merry *ou* Happy Christmas!; **~ anniversaire!** many happy returns!

jubiler [ʒybile] /1/ *vi* to be jubilant, exult

judas [ʒyda] *nm* (*trou*) spy-hole

judiciaire [ʒydisjɛʀ] *adj* judicia[l]

judicieux, -euse [ʒydisjø, -øz] *adj* judicious

judo [ʒydo] *nm* judo

juge [ʒyʒ] *nm* judge; **~ d'instruction** examining (BR[IT]) *ou* committing (US) magistrate; **~ de paix** justice of the peace

jugé [ʒyʒe]: **au ~** *adv* by guessw[ork]

jement [ʒyʒmɑ̃] *nm*
dgment; (*Jur: au pénal*) sentence;
au civil) decision
jer [ʒyʒe] /3/ *vt* to judge;
stimer) to consider; **~ qn/qch**
atisfaisant to consider sb/sth
o be) satisfactory; **~ bon de**
aire to consider it a good idea to
o
f, -ive [ʒɥif, -iv] *adj* Jewish
nm/f: **J~, -ive** Jew/Jewish
voman
llet [ʒɥijɛ] *nm* July

e 14 juillet is a national holiday
France and commemorates
he storming of the Bastille
uring the French Revolution.
hroughout the country there
re celebrations, which feature
arades, music, dancing and
rework displays. In Paris a
iilitary parade along the
hamps-Élysées is attended
y the President.

n [ʒɥɛ̃] *nm* June
meau, -elle, x [ʒymo, -ɛl] *adj*,
m/f twin
meler [ʒymle] /4/ *vt* to twin
melle [ʒymɛl] *adj f*, *nf voir*
umeau
ment [ʒymɑ̃] *nf* mare
ngle [ʒɔ̃gl] *nf* jungle
pe [ʒyp] *nf* skirt
pon [ʒypɔ̃] *nm* waist slip *ou*
etticoat
ré, e [ʒyʀe] *nm/f* juror ▸ *adj*:
nnemi ~ sworn *ou* avowed
nemy
rer [ʒyʀe] /1/ *vt* (*obéissance etc*)
o swear, vow ▸ *vi* (*dire des jurons*)
o swear, curse; (*dissoner*):
(avec) to clash (with); **~ de**
aire/que to swear *ou* vow to do/
that; **~ de qch** (*s'en porter garant*)
to swear to sth
juridique [ʒyʀidik] *adj* legal
juron [ʒyʀɔ̃] *nm* curse, swearword
jury [ʒyʀi] *nm* jury; (*Art, Sport*)
panel of judges; (*Scol*) board (of
examiners), jury
jus [ʒy] *nm* juice; (*de viande*) gravy,
(meat) juice; **~ de fruits** fruit juice
jusque [ʒysk]: **jusqu'à** *prép*
(*endroit*) as far as, (up) to; (*moment*)
until, till; (*limite*) up to; **~ sur/
dans** up to; (*y compris*) even on/in;
jusqu'à ce que until; **jusqu'à
présent** *ou* **maintenant** so far;
jusqu'où? how far?
justaucorps [ʒystokɔʀ] *nm inv*
leotard
juste [ʒyst] *adj* (*équitable*) just,
fair; (*légitime*) just; (*exact, vrai*)
right; (*pertinent*) apt; (*étroit*) tight;
(*insuffisant*) on the short side ▸ *adv*
right; (*chanter*) in tune; (*seulement*)
just; **~ assez/au-dessus** just
enough/above; **pouvoir tout
~ faire** to be only just able to do;
au ~ exactly; **le ~ milieu** the
happy medium; **c'était ~** it was a
close thing • **justement** *adv*
justly; (*précisément*) just, precisely
• **justesse** *nf* (*précision*) accuracy;
(*d'une remarque*) aptness; (*d'une
opinion*) soundness; **de justesse**
only just
justice [ʒystis] *nf* (*équité*) fairness,
justice; (*Admin*) justice; **rendre
~ à qn** to do sb justice
justificatif, -ive [ʒystifikatif,
-iv] *adj* (*document etc*) supporting;
pièce justificative written proof
justifier [ʒystifje] /7/ *vt* to justify;
~ de to prove
juteux, -euse [ʒytø, -øz] *adj* juicy
juvénile [ʒyvenil] *adj* youthful

K

K [ka] *nm inv* K
kaki [kaki] *adj inv* khaki
kangourou [kãguʀu] *nm* kangaroo
karaté [kaʀate] *nm* karate
kascher [kaʃɛʀ] *adj inv* kosher
kayak [kajak] *nm* kayak; **faire du ~** to go kayaking
képi [kepi] *nm* kepi
kermesse [kɛʀmɛs] *nf* bazaar, (charity) fête; village fair
kidnapper [kidnape] /1/ *vt* to kidnap
kiffer [kife] /1/ *vt* (*fam*) to like, to be into ▸ *vi*: **ça me fait ~** I like it
kilo [kilo] *nm* kilo • **kilogramme** *nm* kilogramme • **kilométrage** *nm* number of kilometres travelled, ≈ mileage • **kilomètre** *nm* kilometre • **kilométrique** *adj* (*distance*) in kilometres
kinésithérapeute [kineziteʀapøt] *nm/f* physiotherapist
kiosque [kjɔsk] *nm* kiosk, stall
kir [kiʀ] *nm* kir (*white wine with blackcurrant liqueur*)
kit [kit] *nm* kit; **~ piéton** *ou* **mains libres** hands-free kit; **en ~** in kit form
kiwi [kiwi] *nm* kiwi
klaxon [klaksɔn] *nm* horn • **klaxonner** /1/ *vi, vt* to hoot (BRIT), honk (one's horn) (US)
km *abr* (= *kilomètre*) km
km/h *abr* (= *kilomètres/heure*) km/h, kph
K.-O. *adj inv* shattered, knackered
Kosovo [kɔsɔvo] *nm*: **le ~** Kosovo
Koweït, Kuweit [kɔwɛt] *nm*: **le ~** Kuwait
k-way® [kawɛ] *nm* (lightweight nylon) cagoule
kyste [kist] *nm* cyst

l

] *art déf voir* **le**
la] *art déf voir* **le** ▸ *nm* (*Mus*) A;
n chantant la gamme) la
la] *adv* there; (*ici*) here; (*dans le*
mps) then; **elle n'est pas là** she
n't here; **c'est là que** this is
here; **là où** where; **de là** (*fig*)
ence; **par là** (*fig*) by that; *voir*
ıssi **-ci; celui • là-bas** *adv* there
o [labo] *nm* (= *laboratoire*) lab
oratoire [labɔʀatwaʀ] *nm*
boratory; **~ de**
ngues/d'analyses language/
nedical) analysis laboratory
orieux, -euse [labɔʀjø, -øz]
lj (*tâche*) laborious
ourer /1/ *vt* to plough
yrinthe [labiʀɛ̃t] *nm*
byrinth, maze
: [lak] *nm* lake
et [lasɛ] *nm* (*de chaussure*) lace;
e route) sharp bend; (*piège*) snare
he [laʃ] *adj* (*poltron*) cowardly;
esserré) loose, slack ▸ *nm/f*
ward
her [laʃe] /1/ *vt* to let go of; (*ce*
ıi tombe, abandonner) to drop;
iseau, animal: *libérer*) to release,
t free; (*fig*: *mot, remarque*) to let
slip, come out with ▸ *vi* (*freins*) to
fail; **~ les amarres** (*Navig*) to cast
off (the moorings); **~ prise** to let go
lacrymogène [lakʀimɔʒɛn] *adj*:
grenade/gaz ~ tear gas grenade/
tear gas
lacune [lakyn] *nf* gap
là-dedans [ladədɑ̃] *adv* inside
(there), in it; (*fig*) in that
là-dessous [ladsu] *adv*
underneath, under there; (*fig*)
behind that
là-dessus [ladsy] *adv* on there;
(*fig*: *sur ces mots*) at that point;
(: *à ce sujet*) about that
ladite [ladit] *adj f voir* **ledit**
lagune [lagyn] *nf* lagoon
là-haut [lao] *adv* up there
laïcité [laisite] *nf* secularity,
secularism
laid, e [lɛ, lɛd] *adj* ugly **• laideur**
nf ugliness *no pl*
lainage [lɛnaʒ] *nm* (*vêtement*)
woollen garment; (*étoffe*) woollen
material
laine [lɛn] *nf* wool
laïque [laik] *adj* lay, civil; (*Scol*)
state *cpd* (*as opposed to private and*
Roman Catholic) ▸ *nm/f*
layman(-woman)
laisse [lɛs] *nf* (*de chien*) lead, leash;
tenir en ~ to keep on a lead *ou*
leash
laisser [lese] /1/ *vt* to leave ▸ *vb*
aux: **~ qn faire** to let sb do; **se**
~ aller to let o.s. go; **laisse-toi**
faire let me (*ou* him) do it
• laisser-aller *nm* carelessness,
slovenliness **• laissez-passer** *nm*
inv pass
lait [lɛ] *nm* milk; **frère/sœur de ~**
foster brother/sister; **~ écrémé/**
entier/concentré/condensé
skimmed/full-fat/condensed/

evaporated milk • **laitage** *nm* dairy product • **laiterie** *nf* dairy • **laitier, -ière** *adj* dairy *cpd* ▶ *nm/f* milkman (dairywoman)

laiton [lɛtɔ̃] *nm* brass

laitue [lety] *nf* lettuce

lambeau, x [lɑ̃bo] *nm* scrap; **en ~x** in tatters, tattered

lame [lam] *nf* blade; (*vague*) wave; (*lamelle*) strip; **~ de fond** ground swell *no pl*; **~ de rasoir** razor blade • **lamelle** *nf* small blade

lamentable [lamɑ̃tabl] *adj* appalling

lamenter [lamɑ̃te] /1/: **se lamenter** *vi*: **se ~ (sur)** to moan (over)

lampadaire [lɑ̃padɛʀ] *nm* (*de salon*) standard lamp; (*dans la rue*) street lamp

lampe [lɑ̃p] *nf* lamp; (*Tech*) valve; **~ à pétrole** oil lamp; **~ à bronzer** sunlamp; **~ de poche** torch (BRIT), flashlight (US); **~ halogène** halogen lamp

lance [lɑ̃s] *nf* spear; **~ d'incendie** fire hose

lancée [lɑ̃se] *nf*: **être/continuer sur sa ~** to be under way/keep going

lancement [lɑ̃smɑ̃] *nm* launching *no pl*

lance-pierres [lɑ̃spjɛʀ] *nm inv* catapult

lancer [lɑ̃se] /3/ *nm* (*Sport*) throwing *no pl*, throw ▶ *vt* to throw; (*émettre, projeter*) to throw out, send out; (*produit, fusée, bateau, artiste*) to launch; (*injure*) to hurl, fling; **se lancer** *vi* (*prendre de l'élan*) to build up speed; (*se précipiter*): **se ~ sur** *ou* **contre** to rush at; **se ~ dans** (*discussion*) to launch into; (*aventure*) to embark on; **~ du poids** putting the sho **~ qch à qn** to throw sth to sb; (*(façon agressive*) to throw sth at s **~ un cri** *ou* **un appel** to shout o. call out

lanceur, -euse [lɑ̃sœʀ, -øz] *nm/f* (*de poids, de disque*) bowler (*Baseball*) pitcher; **~ d'alerte** whistleblower ▶ *nm* (*Espace*) launcher

landau [lɑ̃do] *nm* pram (BRIT), baby carriage (US)

lande [lɑ̃d] *nf* moor

langage [lɑ̃gaʒ] *nm* language

langouste [lɑ̃gust] *nf* crayfish • **langoustine** *nf* Dublin Bay pra

langue [lɑ̃g] *nf* (*Anat, Culin*) tongue; (*Ling*) language; **tirer l ~ (à)** to stick out one's tongue (at); **de ~ française** French-speaking; **~ maternell** native language, mother tongu **~s vivantes** modern language

langueur [lɑ̃gœʀ] *nf* languidn

languir [lɑ̃giʀ] /2/ *vi* to languis (*conversation*) to flag; **faire ~ qn** keep sb waiting

lanière [lanjɛʀ] *nf* (*de fouet*) las (*de valise, bretelle*) strap

lanterne [lɑ̃tɛʀn] *nf* (*portable*) lantern; (*électrique*) light, lamp; *voiture*) (side)light

laper [lape] /1/ *vt* to lap up

lapidaire [lapidɛʀ] *adj* (*fig*) ter

lapin [lapɛ̃] *nm* rabbit; (*peau*) rabbitskin; (*fourrure*) cony; **pos un ~ à qn** to stand sb up

Laponie [lapɔni] *nf*: **la ~** Lapla

laps [laps] *nm*: **~ de temps** spa of time, time *no pl*

laque [lak] *nf* (*vernis*) lacquer; (*pour cheveux*) hair spray

laquelle [lakɛl] *pron voir* **leque**

larcin [laʀsɛ̃] *nm* theft

d [laʀ] nm (graisse) fat; (bacon)
:reaky) bacon
don [laʀdɔ̃] nm piece of
opped bacon
ge [laʀʒ] adj wide; broad; (fig)
nerous ▸adv: **calculer/voir ~**
allow extra/think big ▸nm
rgeur): **5 m de ~** 5 m wide ou in
dth; (mer): **le ~** the open sea;
~ de off; **~ d'esprit**
oad-minded • **largement** adv
idely; (de loin) greatly;
mplement, au minimum) easily;
onner etc) generously; **c'est**
rgement suffisant that's
nple • **largesse** nf generosity;
rgesses nfpl (dons) liberalities
argeur nf (qu'on mesure) width;
npression visuelle) wideness,
idth; (d'esprit) broadness
guer [laʀge] /1/ vt to drop;
es amarres to cast off (the
oorings)
me [laʀm] nf tear; (fig): **une**
de a drop of; **en ~s** in tears
armoyer /8/ vi (yeux) to water;
e plaindre) to whimper
vé, e [laʀve] adj (fig) latent
yngite [laʀɛ̃ʒit] nf laryngitis
, lasse [lɑ, lɑs] adj weary
er [lazɛʀ] nm: **(rayon) ~** laser
eam); **chaîne** ou **platine ~**
mpact disc (player); **disque ~**
mpact disc
se [lɑs] adj f voir **las**
ser [lɑse] /1/ vt to weary, tire
éral, e, -aux [lateʀal, -o] adj
de cpd, lateral
in, e [latɛ̃, -in] adj Latin ▸nm
ng) Latin ▸nm/f: **L~, e** Latin
itude [latityd] nf latitude
réat, e [lɔʀea, -at] nm/f winner
rier [lɔʀje] nm (Bot) laurel;
ulin) bay leaves pl

lavable [lavabl] adj washable
lavabo [lavabo] nm washbasin;
lavabos nmpl toilet sg
lavage [lavaʒ] nm washing no pl,
wash; **~ de cerveau**
brainwashing no pl
lavande [lavɑ̃d] nf lavender
lave [lav] nf lava no pl
lave-linge [lavlɛ̃ʒ] nm inv
washing machine
laver [lave] /1/ vt to wash; (tache)
to wash off; **se laver** vi to have a
wash, wash; **se ~ les mains/**
dents to wash one's hands/clean
one's teeth; **~ la vaisselle/le**
linge to wash the dishes/clothes;
~ qn de (accusation) to clear sb of
• **laverie** nf: **laverie**
(automatique) Launderette®
(BRIT), Laundromat® (US)
• **lavette** nf dish cloth; (fam) drip
• **laveur, -euse** nm/f cleaner
• **lave-vaisselle** nm inv
dishwasher • **lavoir** nm wash
house; (évier) sink
laxatif, -ive [laksatif, -iv] adj,
nm laxative
layette [lɛjɛt] nf layette

le, la, l' [lə, la, l]

(pl **les**)
▸art déf **1** the; **le livre/la**
pomme/l'arbre the book/the
apple/the tree; **les étudiants**
the students
2 (noms abstraits): **le**
courage/l'amour/la jeunesse
courage/love/youth
3 (indiquant la possession): **se**
casser la jambe etc to break
one's leg etc; **levez la main** put
your hand up; **avoir les yeux**
gris/le nez rouge to have grey
eyes/a red nose

4 (*temps*): **le matin/soir** in the morning/evening; mornings/evenings; **le jeudi** *etc* (*d'habitude*) on Thursdays *etc*; (*ce jeudi-là etc*) on (the) Thursday
5 (*distribution, évaluation*) a, an; **trois euros le mètre/kilo** three euros a *ou* per metre/kilo; **le tiers/quart de** a third/quarter of
▶ *pron* 1 (*personne: mâle*) him; (*: femelle*) her; (*: pluriel*) them; **je le/la/les vois** I can see him/her/them
2 (*animal, chose: singulier*) it; (*: pluriel*) them; **je le (ou la) vois** I can see it; **je les vois** I can see them
3 (*remplaçant une phrase*): **je ne le savais pas** I didn't know (about it); **il était riche et ne l'est plus** he was once rich but no longer is

lécher [leʃe] /6/ *vt* to lick; (*laper: lait, eau*) to lick *ou* lap up; **se ~ les doigts/lèvres** to lick one's fingers/lips • **lèche-vitrines** *nm inv*: **faire du lèche-vitrines** to go window-shopping

leçon [ləsɔ̃] *nf* lesson; **faire la ~ à** (*fig*) to give a lecture to; **~s de conduite** driving lessons; **~s particulières** private lessons *ou* tuition *sg* (BRIT)

lecteur, -trice [lɛktœʀ, -tʀis] *nm/f* reader; (*d'université*) (foreign language) assistant ▶ *nm* (*Tech*): **~ de cassettes** cassette player; **~ de disquette(s)** disk drive; **~ de CD/DVD** CD/DVD player; **~ MP3** MP3 player

lecture [lɛktyʀ] *nf* reading

⚠ Attention à ne pas traduire *lecture* par le mot anglais *lecture*.

ledit, ladite [lədit, ladit] (*mp* **lesdits**, *fpl* **lesdites**) *adj* the aforesaid

légal, e, -aux [legal, -o] *adj* le[gal] • **légaliser** /1/ *vt* to legalize • **légalité** *nf* legality

légendaire [leʒɑ̃dɛʀ] *adj* legend[ary]

légende [leʒɑ̃d] *nf* (*mythe*) legend; (*de carte, plan*) key; (*de dessin*) caption

léger, -ère [leʒe, -ɛʀ] *adj* light; (*bruit, retard*) slight; (*superficiel*) thoughtless; (*volage*) free and easy; **à la légère** (*parler, agir*) rashly, thoughtlessly • **légèrement** *adv* (*s'habiller, bouger*) lightly; **légèrement pl[us] grand** slightly bigger; **mange[r] légèrement** to eat a light mea[l] • **légèreté** *nf* lightness; (*d'une remarque*) flippancy

législatif, -ive [leʒislatif, -iv] legislative; **législatives** *nfpl* general election *sg*

légitime [leʒitim] *adj* (*Jur*) law[ful,] legitimate; (*fig*) rightful, legitimate; **en état de ~ défen[se]** in self-defence

legs [lɛg] *nm* legacy

léguer [lege] /6/ *vt*: **~ qch à qu[n]** (*Jur*) to bequeath sth to sb

légume [legym] *nm* vegetable **~s verts** green vegetables; **~s secs** pulses

lendemain [lɑ̃dmɛ̃] *nm*: **le ~** t[he] next *ou* following day; **le ~ mat[in/] soir** the next *ou* following mornin[g/] evening; **le ~ de** the day after

lent, e [lɑ̃, lɑ̃t] *adj* slow • **lentement** *adv* slowly • **lent[eur]** *nf* slowness *no pl*

lentille [lɑ̃tij] *nf* (*Optique*) lens (*Bot*) lentil; **~s de contact** contact lenses

ɔpard [leɔpaʀ] *nm* leopard
ɔre [lɛpʀ] *nf* leprosy

lequel, laquelle
[ləkɛl, lakɛl]

npl **lesquels**, *fpl* **lesquelles**)
+ lequel = **auquel**, *de + lequel =*
uquel *etc*)
pron **1** (*interrogatif*) which,
hich one; **lequel des deux?**
hich one?
(*relatif*: *personne*: *sujet*) who;
objet, après préposition) whom;
chose) which
adj: **auquel cas** in which case

▸ *pron* **1** (*objet indirect*) (to) them;
je leur ai dit la vérité I told
them the truth; **je le leur ai**
donné I gave it to them, I gave
them it
2 (*possessif*) : **le (la) leur, les**
leurs theirs

levain [ləvɛ̃] *nm* leaven
levé, e [ləve] *adj*: **être ~** to be up
• **levée** *nf* (*Postes*) collection
lever [ləve] /5/ *vt* (*vitre, bras etc*) to raise; (*soulever de terre, supprimer: interdiction, siège*) to lift; (*impôts, armée*) to levy ▸ *vi* to rise ▸ *nm*: **au ~** on getting up; **se lever** *vi* to get up; (*soleil*) to rise; (*jour*) to break; (*brouillard*) to lift; **ça va se ~** (*temps*) it's going to clear up; **~ du jour** daybreak; **~ de soleil** sunrise
levier [ləvje] *nm* lever
lèvre [lɛvʀ] *nf* lip
lévrier [levʀije] *nm* greyhound
levure [ləvyʀ] *nf* yeast; **~ chimique** baking powder
lexique [lɛksik] *nm* vocabulary, lexicon; (*glossaire*) vocabulary
lézard [lezaʀ] *nm* lizard
lézarde [lezaʀd] *nf* crack
liaison [ljɛzɔ̃] *nf* (*rapport*) connection; (*Rail, Aviat etc*) link; (*amoureuse*) affair; (*Culin, Phonétique*) liaison; **entrer/être en ~ avec** to get/be in contact with
liane [ljan] *nf* creeper
liasse [ljas] *nf* wad, bundle
Liban [libɑ̃] *nm*: **le ~** (the) Lebanon
libeller [libele] /1/ *vt* (*chèque, mandat*): **~ (au nom de)** to make out (to); (*lettre*) to word
libellule [libelyl] *nf* dragonfly

s [le] *art déf, pron voir* **le**
ɛbienne [lɛsbjɛn] *nf* lesbian
ɛdits, lesdites [ledi, ledit] *adj*
voir **ledit**
ɛer [leze] /6/ *vt* to wrong
ɛiner [lezine] /1/ *vi*: **ne pas**
sur les moyens (*pour mariage*
:c) to push the boat out
ɛion [lezjɔ̃] *nf* lesion, damage *no*

ɛsive [lesiv] *nf* (*poudre*) washing
owder; (*linge*) washing *no pl*,
ash • **lessiver** /1/ *vt* to wash;
am: *fatiguer*) to tire out, exhaust
ɛt [lɛst] *nm* ballast
ɛte [lɛst] *adj* sprightly, nimble
ɛtre [lɛtʀ] *nf* letter; **lettres** *nfpl*
étude, culture) literature *sg*; (*Scol*)
rts (subjects); **à la ~** literally; **en**
outes ~s in full; **~ piégée** letter
omb
ɛcémie [løsemi] *nf* leukaemia

leur [lœʀ]

adj poss their; **leur maison**
heir house; **leurs amis** their
iends

libéral, e, -aux [liberal, -o] *adj, nm/f* liberal; **les professions ~es** liberal professions
libérer [libere] /6/ *vt* (*délivrer*) to free, liberate (*Psych*) to liberate; (*relâcher: prisonnier*) to discharge, release; (*gaz, cran d'arrêt*) to release; **se libérer** *vi* (*de rendez-vous*) to get out of previous engagements
liberté [liberte] *nf* freedom; (*loisir*) free time; **libertés** *nfpl* (*privautés*) liberties; **mettre/être en ~** to set/be free; **en ~ provisoire/surveillée/conditionnelle** on bail/probation/parole
libraire [librer] *nm/f* bookseller
librairie [libreri] *nf* bookshop

> ⚠ Attention à ne pas traduire *librairie* par *library*.

libre [libr] *adj* free; (*route*) clear; (*place etc*) free; (*ligne*) not engaged; (*Scol*) non-state; **~ de qch/de faire** free from sth/to do; **~ arbitre** free will • **libre-échange** *nm* free trade • **libre-service** *nm inv* self-service store
Libye [libi] *nf*: **la ~** Libya
licence [lisɑ̃s] *nf* (*permis*) permit; (*diplôme*) (first) degree; (*liberté*) liberty • **licencié, e** *nm/f* (*Scol*): **licencié ès lettres/en droit** ≈ Bachelor of Arts/Law
licenciement [lisɑ̃simɑ̃] *nm* redundancy
licencier [lisɑ̃sje] /7/ *vt* (*renvoyer*) to dismiss; (*débaucher*) to make redundant
licite [lisit] *adj* lawful
lie [li] *nf* dregs *pl*, sediment
lié, e [lje] *adj*: **très ~ avec** very friendly with *ou* close to
Liechtenstein [liʃtɛnʃtajn] *nm*: **le ~** Liechtenstein
liège [ljɛʒ] *nm* cork
lien [ljɛ̃] *nm* (*corde, fig: affectif, culturel*) bond; (*rapport*) link, connection; **~ de parenté** family tie; **~ hypertexte** hyperlink
lier [lje] /7/ *vt* (*attacher*) to tie up; (*joindre*) to link up; (*fig: unir, engager*) to bind; **~ conversation (avec)** to strike up a conversation (with); **~ connaissance avec** to get to know
lierre [ljɛr] *nm* ivy
lieu, x [ljø] *nm* place; **lieux** *nmpl* (*locaux*) premises; (*endroit: d'un accident etc*) scene *sg*; **arriver/être sur les ~x** to arrive/be on the scene; **en premier ~** in the first place; **en dernier ~** lastly; **avoir ~** to take place; **tenir ~ de** to serve as; **donner ~ à** to give rise to; **au ~ de** instead of; **~ commun** commonplace • **lieu-dit** (*pl* **lieux-dits**) *nm* locality
lieutenant [ljøtnɑ̃] *nm* lieutenant
lièvre [ljɛvr] *nm* hare
ligament [ligamɑ̃] *nm* ligament
ligne [liɲ] *nf* (*gén*) line; (*Transports: liaison*) service; (*: trajet*) route; (*silhouette*) figure; **garder la ~** to keep one's figure; **en ~** (*Inform*) online; **entrer en ~ de compte** to be taken into account; **~ fixe** (*Tél*) landline
ligné, e [liɲe] *adj*: **papier ~** ruled paper ▶ *nf* line, lineage
ligoter [ligɔte] /1/ *vt* to tie up
ligue [lig] *nf* league
lilas [lila] *nm* lilac
limace [limas] *nf* slug
limande [limɑ̃d] *nf* dab

e [lim] *nf* file; **~ à ongles** nail
: • limer /1/ *vt* to file
itation [limitasjɔ̃] *nf*: **~ de**
:esse speed limit
ite [limit] *nf* (*de terrain*)
undary; (*partie ou point extrême*)
nit; **à la ~** (*au pire*) if the worst
mes (*ou* came) to the worst;
:esse/charge ~ maximum
eed/load; **cas ~** borderline
se; **date ~** deadline; **date ~ de**
nte/consommation sell-by/
st-before date **• limiter** /1/ *vt*
streindre) to limit, restrict;
:limiter) to border **• limitrophe**
i border *cpd*
oger [limɔʒe] /3/ *vt* to dismiss
on [limɔ̃] *nm* silt
onade [limɔnad] *nf* lemonade
[lɛ̃] *nm* (*tissu, toile*) linen
:eul [lɛ̃sœl] *nm* shroud
je [lɛ̃ʒ] *nm* (*serviettes etc*) linen;
ıssi: **~ de corps**) underwear;
ssive) washing **• lingerie** *nf*
gerie, underwear
jot [lɛ̃go] *nm* ingot
juistique [lɛ̃gɥistik] *adj*
guistic ▸ *nf* linguistics *sg*
ı, ne [ljɔ̃, ljɔn] *nm/f* lion
ɔness); (*signe*): **le L~** Leo
ionceau, x *nm* lion cub
ıeur [likœʀ] *nf* liqueur
ıidation [likidasjɔ̃] *nf* (*vente*)
le, liquidation; (*Comm*)
:arance (sale)
ıide [likid] *adj* liquid ▸ *nm*
uid; (*Comm*): **en ~** in ready
ɔney *ou* cash; **je n'ai pas de ~**
aven't got any cash **• liquider**
' vt to liquidate; (*Comm*: *articles*)
clear, sell off
[liʀ] /43/ *nf* (*monnaie*) lira ▸ *vt*,
:o read
'b [li] *voir* **lire** ▸ *nm* [lis] = **lys**

Lisbonne [lizbɔn] *n* Lisbon
liseuse [lizøz] *nf* e-reader
lisible [lizibl] *adj* legible
lisière [lizjɛʀ] *nf* (*de forêt*) edge
lisons [lizɔ̃] *vb voir* **lire**
lisse [lis] *adj* smooth
lisseur [li:søʀ] *nm* straighteners
liste [list] *nf* list; **faire la ~ de** to list; **~ électorale** electoral roll; **~ de mariage** wedding (present) list **• listing** *nm* (*Inform*) printout
lit [li] *nm* bed; **petit ~, ~ à une place** single bed; **grand ~, ~ à deux places** double bed; **faire son ~** to make one's bed; **aller/se mettre au ~** to go to/get into bed; **~ de camp** camp bed; **~ d'enfant** cot (BRIT), crib (US)
literie [litʀi] *nf* bedding, bedclothes *pl*
litige [litiʒ] *nm* dispute
litre [litʀ] *nm* litre
littéraire [liteʀɛʀ] *adj* literary ▸ *nm/f* arts student; **elle est très ~** she's very literary
littéral, e, -aux [liteʀal, -o] *adj* literal
littérature [liteʀatyʀ] *nf* literature
littoral, e, -aux [litɔʀal, -o] *nm* coast
livide [livid] *adj* livid, pallid
livraison [livʀɛzɔ̃] *nf* delivery
livre [livʀ] *nm* book ▸ *nf* (*poids, monnaie*) pound; **~ numérique** e-book; **~ de poche** paperback
livré, e [livʀe] *adj*: **~ à soi-même** left to oneself *ou* one's own devices
livrer [livʀe] /1/ *vt* (*Comm*) to deliver; (*otage, coupable*) to hand over; (*secret, information*) to give away; **se ~ à** (*se rendre*) to give o.s.

up to; (*faire*: *pratiques, actes*) to indulge in; (*enquête*) to carry out

livret [livʀɛ] *nm* booklet; (*d'opéra*) libretto; **~ de caisse d'épargne** (savings) bank-book; **~ de famille** (official) family record book; **~ scolaire** (school) report book

livreur, -euse [livʀœʀ, -øz] *nm/f* delivery boy *ou* man/girl *ou* woman

local, e, -aux [lɔkal, -o] *adj* local ▶ *nm* (*salle*) premises *pl* ▶ *nmpl* premises • **localité** *nf* locality

locataire [lɔkatɛʀ] *nm/f* tenant; (*de chambre*) lodger

location [lɔkasjɔ̃] *nf* (*par le locataire*) renting; (*par le propriétaire*) renting out, letting; (*bureau*) booking office; **"~ de voitures"** "car hire (BRIT) *ou* rental (US)"; **habiter en ~** to live in rented accommodation; **prendre une ~ (pour les vacances)** to rent a house *etc* (for the holidays)

⚠ Attention à ne pas traduire *location* par le mot anglais *location*.

locomotive [lɔkɔmɔtiv] *nf* locomotive, engine

locution [lɔkysjɔ̃] *nf* phrase

loge [lɔʒ] *nf* (*Théât*: *d'artiste*) dressing room; (: *de spectateurs*) box; (*de concierge, franc-maçon*) lodge

logement [lɔʒmɑ̃] *nm* flat (BRIT), apartment (US); accommodation *no pl* (BRIT), accommodations *pl* (US); (*Pol, Admin*): **le ~** housing

loger [lɔʒe] /3/ *vt* to accommodate ▶ *vi* to live; **se loger** *vr*: **trouver à se ~** to find accommodation; **se ~ dans** (*balle, flèche*) to lodge itself in; **être logé, nourri** to have board and lodging • **logeur, -euse** *nm/f* landlord (landlady)

logiciel [lɔʒisjɛl] *nm* piece of software

logique [lɔʒik] *adj* logical ▶ *nf* lo

logo [lɔgo] *nm* logo

loi [lwa] *nf* law; **faire la ~** to lay down the law

loin [lwɛ̃] *adv* far; (*dans le temps*: *futur*) a long way off; (: *passé*) a long time ago; **plus ~** further; **~ de** far from; **~ d'ici** a long wa from here; **au ~** far off; **de ~** fro a distance; (*fig*: *de beaucoup*) by

lointain, e [lwɛ̃tɛ̃, -ɛn] *adj* faraway, distant; (*dans le futur, passé*) distant; (*cause, parent*) remote, distant ▶ *nm*: **dans le** the distance

loir [lwaʀ] *nm* dormouse

Loire [lwaʀ] *nf*: **la ~** the Loire

loisir [lwaziʀ] *nm*: **heures de** spare time; **loisirs** *nmpl* (*temps libre*) leisure *sg*; (*activités*) leisur activities; **avoir le ~ de faire** t have the time *ou* opportunity t do; **(tout) à ~** at leisure

londonien, ne [lɔ̃dɔnjɛ̃, -ɛn] London *cpd*, of London ▶ *nm/f*: **L~, ne** Londoner

Londres [lɔ̃dʀ] *n* London

long, longue [lɔ̃, lɔ̃g] *adj* long ▶ *adv*: **en savoir ~** to know a g deal ▶ *nm*: **de 3 m de ~** 3 m lon m in length; **ne pas faire ~ feu** not to last long; **(tout) le ~ de** (all) along; **tout au ~ de** (*anné vie*) throughout; **de ~ en large** (*marcher*) to and fro, up and do

longer [lɔ̃ʒe] /3/ *vt* to go (*ou* w *ou* drive) along(side); (*mur, rout* to border

longiligne [lɔ̃ʒiliɲ] *adj* long-lim

longitude [lɔ̃ʒityd] *nf* longitu

longtemps [lɔ̃tɑ̃] *adv* (for) a lo time, (for) long; **avant ~** befor

ng; **pour/pendant ~** for a long
ne; **mettre ~ à faire** to take a
ng time to do; **il en a pour ~**
'll be a long time
gue [lɔ̃g] *adj f voir* **long** ▶ *nf*:
a ~ in the end • **longuement**
v (*longtemps*) for a long time;
ı détail) at length
gueur [lɔ̃gœʀ] *nf* length;
ngueurs *nfpl* (*fig: d'un film etc*)
dious parts; **en ~** lengthwise;
er en ~ to drag on; **à ~ de**
urnée all day long
uet [lɔkɛ] *nm* latch
gner [lɔʀɲe] /1/ *vt* to eye; (*fig*)
have one's eye on
s [lɔʀ]: **~ de** *prép* (*au moment de*)
the time of; (*pendant*) during;
nême que even though
sque [lɔʀsk] *conj* when, as
ange [lɔzɑ̃ʒ] *nm* diamond
[lo] *nm* (*part*) share; (*de loterie*)
ze; (*fig: destin*) fate, lot; (*Comm*,
orm) batch; **le gros ~** the
ckpot
erie [lɔtʀi] *nf* lottery
ion [losjɔ̃] *nf* lotion; **~ après**
sage after-shave (lotion)
issement [lɔtismɑ̃] *nm*
using development; (*parcelle*)
uilding) plot, lot
o [lɔto] *nm* lotto
te [lɔt] *nf* monkfish
ange [lwɑ̃ʒ] *nf*: **à la ~ de** in
aise of; **louanges** *nfpl* praise *sg*
bar(d) [lubaʀ] *nm* (*fam*) lout
che [luʃ] *adj* shady, fishy,
bious ▶ *nf* ladle • **loucher** /1/ *vi*
squint
er [lwe] /1/ *vt* (*maison*:
opriétaire) to let, rent (out);
ocataire) to rent; (*voiture etc*:
treprise) to hire out (BRIT), rent
ut); (: *locataire*) to hire (BRIT),
rent; (*réserver*) to book; (*faire l'éloge*
de) to praise; **"à ~"** "to let" (BRIT),
"for rent" (US)
loup [lu] *nm* wolf; **jeune ~** young
go-getter
loupe [lup] *nf* magnifying glass;
à la ~ in minute detail
louper [lupe] /1/ *vt* (*fam: manquer*)
to miss; (*examen*) to flunk
lourd, e [luʀ, luʀd] *adj* heavy;
(*chaleur, temps*) sultry; **~ de**
(*menaces*) charged with;
(*conséquences*) fraught with
• **lourdaud, e** *adj* clumsy
• **lourdement** *adv* heavily
loutre [lutʀ] *nf* otter
louveteau, x [luvto] *nm*
wolf-cub; (*scout*) cub (scout)
louvoyer [luvwaje] /8/ *vi* (*fig*) to
hedge, evade the issue
loyal, e, -aux [lwajal, -o] *adj*
(*fidèle*) loyal, faithful; (*fair-play*) fair
• **loyauté** *nf* loyalty, faithfulness;
fairness
loyer [lwaje] *nm* rent
lu, e [ly] *pp de* **lire**
lubie [lybi] *nf* whim, craze
lubrifiant [lybʀifjɑ̃] *nm* lubricant
lubrifier [lybʀifje] /7/ *vt* to
lubricate
lubrique [lybʀik] *adj* lecherous
lucarne [lykaʀn] *nf* skylight
lucide [lysid] *adj* lucid; (*accidenté*)
conscious
lucratif, -ive [lykʀatif, -iv] *adj*
lucrative; profitable; **à but non ~**
non profit-making
lueur [lɥœʀ] *nf* (*chatoyante*)
glimmer *no pl*; (*pâle*) (faint) light;
(*fig*) glimmer, gleam
luge [lyʒ] *nf* sledge (BRIT), sled
(US)
lugubre [lygybʀ] *adj* gloomy;
dismal

lui [lɥi]

pron **1** (*objet indirect: mâle*) (to) him; (: *femelle*) (to) her; (: *chose, animal*) (to) it; **je lui ai parlé** I have spoken to him (*ou* to her); **il lui a offert un cadeau** he gave him (*ou* her) a present
2 (*après préposition, comparatif: personne*) him; (: *chose, animal*) it; **elle est contente de lui** she is pleased with him; **je la connais mieux que lui** I know her better than he does; I know her better than him; **cette voiture est à lui** this car belongs to him, this is HIS car; **c'est à lui de jouer** it's his turn *ou* go
3 (*sujet, forme emphatique*) he; **lui, il est à Paris** HE is in Paris; **c'est lui qui l'a fait** HE did it
4 (*objet, forme emphatique*) him; **c'est lui que j'attends** I'm waiting for HIM
5: **lui-même** himself; itself

luire [lɥiʀ] /38/ *vi* to shine; (*reflets chauds, cuivrés*) to glow
lumière [lymjɛʀ] *nf* light; **mettre en ~** (*fig*) to highlight; **~ du jour/soleil** day/sunlight
luminaire [lyminɛʀ] *nm* lamp, light
lumineux, -euse [lyminø, -øz] *adj* luminous; (*éclairé*) illuminated; (*ciel, journée, couleur*) bright; (*rayon etc*) of light, light *cpd*; (*fig: regard*) radiant
lunatique [lynatik] *adj* whimsical, temperamental
lundi [lœ̃di] *nm* Monday; **on est ~** it's Monday; **le(s) ~(s)** on Mondays; **à ~!** see you (on) Monday!; **~ de Pâques** Easter Monday
lune [lyn] *nf* moon; **~ de miel** honeymoon
lunette [lynɛt] *nf*: **~s** glasses, spectacles; (*protectrices*) goggl
~ arrière (*Auto*) rear window;
noires dark glasses; **~s de sol** sunglasses
lustre [lystʀ] *nm* (*de plafond*) chandelier; (*fig: éclat*) lustre
• **lustrer** /1/ *vt*: **lustrer qch** to make sth shine
luth [lyt] *nm* lute
lutin [lytɛ̃] *nm* imp, goblin
lutte [lyt] *nf* (*conflit*) struggle; (*Sport*): **la ~** wrestling • **lutter** *vi* to fight, struggle
luxe [lyks] *nm* luxury; **de ~** lux *cpd*
Luxembourg [lyksɑ̃buʀ] *nm*: **le ~** Luxembourg
luxer [lykse] /1/ *vt*: **se ~ l'épau** to dislocate one's shoulder
luxueux, -euse [lyksɥø, -øz] luxurious
lycée [lise] *nm* (state) seconda (BRIT) *ou* high (US) school
• **lycéen, ne** *nm/f* secondary school pupil
Lyon [ljɔ̃] *n* Lyons
lyophilisé, e [ljɔfilize] *adj* (*ca* freeze-dried
lyrique [liʀik] *adj* lyrical; (*Opé* lyric; **artiste ~** opera singer
lys [lis] *nm* lily

br = **Monsieur**
[m] *pron voir* **me**
[ma] *adj poss voir* **mon**
caron [makaʀɔ̃] *nm*
îteau) macaroon; (*insigne*)
und) badge
caroni(s) [makaʀɔni] *nm* (*pl*)
acaroni *sg*; **~ au gratin**
acaroni cheese (BRIT), macaroni
d cheese (US)
cédoine [masedwan] *nf*
acedonia
cédoine [masedwan] *nf*:
le fruits fruit salad; **~ de**
gumes mixed vegetables *pl*
cérer [maseʀe] /6/ *vi, vt* to
acerate; (*dans du vinaigre*) to pickle
cher [maʃe] /1/ *vt* to chew;
pas ~ ses mots not to mince
e's words
chin [maʃɛ̃] *nm* (*fam*)
ingamajig; (*personne*): **M~(e)**
hat's-his(*ou* her)-name

m

machinal, e, -aux [maʃinal, -o] *adj* mechanical, automatic
machination [maʃinasjɔ̃] *nf* frame-up
machine [maʃin] *nf* machine; (*locomotive*) engine; **~ à laver/coudre/tricoter** washing/sewing/knitting machine; **~ à sous** fruit machine
mâchoire [mɑʃwaʀ] *nf* jaw
mâchonner [mɑʃɔne] /1/ *vt* to chew (at)
maçon [masɔ̃] *nm* bricklayer; (*constructeur*) builder
• maçonnerie *nf* (*murs*) brickwork; (: *de pierre*) masonry, stonework
Madagascar [madagaskaʀ] *nf* Madagascar
Madame [madam] (*pl* **Mesdames**) *nf*: **~ X** Mrs X; **occupez-vous de ~/Monsieur/Mademoiselle** please serve this lady/gentleman/(young) lady; **bonjour ~/Monsieur/Mademoiselle** good morning; (*ton déférent*) good morning Madam/Sir/Madam; (*le nom est connu*) good morning Mrs X/Mr X/Miss X; **~/Monsieur/Mademoiselle!** (*pour appeler*) excuse me!; **~/Monsieur/Mademoiselle** (*sur lettre*) Dear Madam/Sir/Madam; **chère ~/cher Monsieur/chère Mademoiselle** Dear Mrs X/Mr X/Miss X; **Mesdames** Ladies; **mesdames, mesdemoiselles, messieurs** ladies and gentlemen
madeleine [madlɛn] *nf* madeleine, ≈ sponge finger cake
Mademoiselle [madmwazɛl] (*pl* **Mesdemoiselles**) *nf* Miss; *voir aussi* **Madame**

Madère [madɛʀ] *nf* Madeira
▸ *nm*: **madère** Madeira (wine)

Madrid [madʀid] *n* Madrid

magasin [magazɛ̃] *nm* (*boutique*) shop; (*entrepôt*) warehouse; **en ~** (*Comm*) in stock

> In France, **magasins** are usually open all day in bigger towns and shopping centres. In smaller towns, they tend to close for lunch, normally between noon and 2pm. Throughout France, most shops are closed on Sundays, with some in smaller towns also closing on Mondays.

magazine [magazin] *nm* magazine

Maghreb [magʀɛb] *nm*: **le ~** North(-West) Africa
• **maghrébin, e** *adj* North African
▸ *nm/f*: **Maghrébin, e** North African

magicien, ne [maʒisjɛ̃, -ɛn] *nm/f* magician

magie [maʒi] *nf* magic
• **magique** *adj* magic; (*fig*) magical

magistral, e, -aux [maʒistʀal, -o] *adj* (*œuvre, adresse*) masterly; (*ton*) authoritative; **cours ~** lecture

magistrat [maʒistʀa] *nm* magistrate

magnétique [maɲetik] *adj* magnetic

magnétophone [maɲetɔfɔn] *nm* tape recorder; **~ à cassettes** cassette recorder

magnétoscope [maɲetɔskɔp] *nm*: **~ (à cassette)** video (recorder)

magnifique [maɲifik] *adj* magnificent

magret [magʀɛ] *nm*: **~ de canard** duck breast

mai [mɛ] *nm* May; *voir aussi* **jui**

> **Le premier mai** is a public holiday in France and marks th achievements of workers and the labour movement. Sprigs of lily of the valley are traditionally exchanged. *Le 8 mai* is also a public holiday and commemorates the surrender of the German army to Eisenhower on 7 May, 1945. It is marked by parades of ex-servicemen and ex-servicewomen in most towns. The social upheavals of May and June 1968, with their student demonstrations, workers' strikes and general rioting, are usually referred to as 'les événements de mai 68'. De Gaulle's Government survived, but reforms in education and a move toward decentralization ensued.

maigre [mɛgʀ] *adj* (very) thin, skinny; (*viande*) lean; (*fromage*) low-fat; (*végétation*) thin, spars (*fig*) poor; **jours ~s** days of abstinence, fish days • **maigre** *nf* thinness • **maigrir** /2/ *vi* to thinner, lose weight; **maigrir 2 kilos** to lose 2 kilos

mail [mɛl] *nm* email

maille [maj] *nf* stitch; **~ à l'endroit/à l'envers** plain/pu stitch

maillet [majɛ] *nm* mallet

maillon [majɔ̃] *nm* link

maillot [majo] *nm* (*aussi*: **~ de corps**) vest; (*de sportif*) jersey; **~ de bain** swimming *ou* bathin (BRIT) costume, swimsuit; (*d'homme*) (swimming *ou* bathi (BRIT)) trunks *pl*

ain [mɛ̃] *nf* hand; **à la ~** (*tenir,* *voir*) in one's hand; (*faire, tricoter* *c*) by hand; **se donner la ~** to old hands; **donner** *ou* **tendre la** **à qn** to hold out one's hand to); **se serrer la ~** to shake hands; **errer la ~ à qn** to shake hands ith sb; **sous la ~** to *ou* at hand; **aut les ~s!** hands up!; **attaque** **~ armée** armed attack; **à** **emettre en ~s propres** to be elivered personally; **mettre la** **ernière ~ à** to put the finishing ouches to; **se faire/perdre la ~**) get one's hand in/lose one's uch; **avoir qch bien en ~** to ave got the hang of sth

main-d'œuvre *nf* manpower, bour • **mainmise** *nf* (*fig*): **avoir** **mainmise sur** to have a grip *ou* tranglehold on

ains-libres [mɛ̃libʀ] *adj inv* *éléphone, kit*) hands-free

aint, e [mɛ̃, mɛ̃t] *adj* many a; **s** many; **à ~es reprises** time and me) again

aintenant [mɛ̃tnɑ̃] *adv* now; *ctuellement*) nowadays

aintenir [mɛ̃tniʀ] /22/ *vt* *etenir, soutenir*) to support; *ontenir: foule etc*) to keep in ieck; (*conserver*) to maintain; **e maintenir** *vi* (*prix*) to keep eady; (*préjugé*) to persist

aintien [mɛ̃tjɛ̃] *nm* aintaining; (*attitude*) bearing

aire [mɛʀ] *nm* mayor • **mairie** (*bâtiment*) town hall; *dministration*) town council

ais [mɛ] *conj* but; **~ non!** of ourse not!; **~ enfin** but after all; *ndignation*) look here!

aïs [mais] *nm* maize (BRIT), orn (US)

maison [mɛzɔ̃] *nf* house; (*chez-soi*) home; (*Comm*) firm ▶ *adj inv* (*Culin*) home-made; (*Comm*) in-house, own; **à la ~** at home; (*direction*) home; **~ close** brothel; **~ des jeunes** ≈ youth club; **~ mère** parent company; **~ de passe** = **maison close**; **~ de repos** convalescent home; **~ de retraite** old people's home; **~ de santé** mental home

maître, -esse [mɛtʀ, mɛtʀɛs] *nm/f* master (mistress); (*Scol*) teacher, schoolmaster/-mistress ▶ *nm* (*peintre etc*) master; (*titre*): **M~ (Me)** Maître (*term of address for lawyers etc*) ▶ *adj* (*principal, essentiel*) main; **être ~ de** (*soi-même, situation*) to be in control of; **une maîtresse femme** a forceful woman; **~ chanteur** blackmailer; **~/maîtresse d'école** schoolmaster/-mistress; **~ d'hôtel** (*domestique*) butler; (*d'hôtel*) head waiter; **~ nageur** lifeguard; **maîtresse de maison** hostess; (*ménagère*) housewife

m

maîtrise [metʀiz] *nf* (*aussi:* **~ de soi**) self-control, self-possession; (*habileté*) skill, mastery; (*suprématie*) mastery, command; (*Hist: diplôme*) ≈ degree • **maîtriser** /1/ *vt* (*cheval, incendie*) to (bring under) control; (*sujet*) to master; (*émotion*) to control, master; **se maîtriser** to control o.s.

majestueux, -euse [maʒɛstɥø, -øz] *adj* majestic

majeur, e [maʒœʀ] *adj* (*important*) major; (*Jur*) of age ▶ *nm* (*doigt*) middle finger; **en ~e partie** for the most part; **la ~e partie de** most of

majorer [maʒɔʀe] /1/ *vt* to increase

majoritaire [maʒɔʀitɛʀ] *adj* majority *cpd*
majorité [maʒɔʀite] *nf* (*gén*) majority; (*parti*) party in power; **en ~** (*composé etc*) mainly; **avoir la ~** to have the majority
majuscule [maʒyskyl] *adj*, *nf*: **(lettre) ~** capital (letter)
mal (*pl* **maux**) [mal, mo] *nm* (*opposé au bien*) evil; (*tort, dommage*) harm; (*douleur physique*) pain, ache; (*maladie*) illness, sickness *no pl* ▶ *adv* badly ▶ *adj*: **être ~ (à l'aise)** to be uncomfortable; **être ~ avec qn** to be on bad terms with sb; **il a ~ compris** he misunderstood; **se sentir** *ou* **se trouver ~** to feel ill *ou* unwell; **dire/penser du ~ de** to speak/think ill of; **avoir du ~ à faire qch** to have trouble doing sth; **se donner du ~ pour faire qch** to go to a lot of trouble to do sth; **ne voir aucun ~ à** to see no harm in, see nothing wrong in; **faire du ~ à qn** to hurt sb; **se faire ~** to hurt o.s.; **ça fait ~** it hurts; **j'ai ~ au dos** my back aches; **avoir ~ à la tête/à la gorge** to have a headache/a sore throat; **avoir ~ aux dents/à l'oreille** to have toothache/earache; **avoir le ~ du pays** to be homesick; **~ de mer** seasickness; **~ en point** in a bad state; *voir aussi* **cœur**
malade [malad] *adj* ill, sick; (*poitrine, jambe*) bad; (*plante*) diseased ▶ *nm/f* invalid, sick person; (*à l'hôpital etc*) patient; **tomber ~** to fall ill; **être ~ du cœur** to have heart trouble *ou* a bad heart; **~ mental** mentally sick *ou* ill person • **maladie** *nf* (*spécifique*) disease, illness; (*mauvaise santé*) illness, sickness • **maladif, -ive** *adj* sickly; (*curiosité, besoin*) pathological
maladresse [maladʀɛs] *nf* clumsiness *no pl*; (*gaffe*) blunder
maladroit, e [maladʀwa, -wat] *adj* clumsy
malaise [malɛz] *nm* (*Méd*) feeling of faintness; (*fig*) uneasiness, malaise; **avoir un ~** to feel faint *ou* dizzy
Malaisie [malɛzi] *nf*: **la ~** Malaysia
malaria [malaʀja] *nf* malaria
malaxer [malakse] /1/ *vt* (*pétrir*) to knead; (*mêler*) to mix
malbouffe [malbuf] *nf* (*fam*): **la ~** junk food
malchance [malʃɑ̃s] *nf* misfortune, ill luck *no pl*; **par ~** unfortunately • **malchanceux -euse** *adj* unlucky
mâle [mɑl] *adj* (*Élec, Tech*) male; (*viril: voix, traits*) manly ▶ *nm* male
malédiction [malediksjɔ̃] *nf* curse
mal: • **malentendant, e** *nm/f*: **malentendants** the hard of hearing • **malentendu** *nm* misunderstanding; **il y a eu un malentendu** there's been a misunderstanding • **malfaçon** fault • **malfaisant, e** *adj* evil, harmful • **malfaiteur** *nm* lawbreaker, criminal; (*voleur*) burglar, thief • **malfamé, e** *adj* disreputable
malgache [malgaʃ] *adj* Malagasy, Madagascan ▶ *nm* (*Ling*) Malagasy ▶ *nm/f*: **M~** Malagasy, Madagascan
malgré [malgʀe] *prép* in spite of, despite; **~ tout** in spite of everything

lheur [malœʀ] *nm* (*situation*) versity, misfortune; (*événement*) sfortune; (*: plus fort*) disaster, agedy; **faire un ~** to be a smash : • **malheureusement** *adv* fortunately • **malheureux, use** *adj* (*triste*) unhappy, serable; (*infortuné, regrettable*) fortunate; (*malchanceux*) lucky; (*insignifiant*) wretched *m/f* poor soul
lhonnête [malɔnɛt] *adj* honest • **malhonnêteté** *nf* honesty
lice [malis] *nf* schievousness; (*méchanceté*): **r ~** out of malice *ou* spite; **ns ~** guileless • **malicieux, use** *adj* mischievous

⚠ Attention à ne pas traduire *malicieux* par *malicious*.

lin, -igne [malɛ̃, -iɲ] *adj* (*futé*) *én* **maline**) smart, shrewd; *éd*) malignant
lingre [malɛ̃gʀ] *adj* puny
lle [mal] *nf* trunk • **mallette** small) suitcase; (*pour* cuments) attaché case
lmener [malməne] /5/ *vt* to nhandle; (*fig*) to give a rough e to
lodorant, e [malɔdɔʀɑ̃, -ɑ̃t] foul-smelling
lpoli, e [malpɔli] *adj* impolite
lsain, e [malsɛ̃, -ɛn] *adj* healthy
lt [malt] *nm* malt
lte [malt] *nf* Malta
ltraiter [maltʀete] /1/ *vt* to nhandle, ill-treat
lveillance [malvɛjɑ̃s] *nf* *imosité*) ill will; (*intention de re*) malevolence

malversation [malvɛʀsasjɔ̃] *nf* embezzlement
maman [mamɑ̃] *nf* mum(my)
mamelle [mamɛl] *nf* teat
mamelon [mamlɔ̃] *nm* (*Anat*) nipple
mamie [mami] *nf* (*fam*) granny
mammifère [mamifɛʀ] *nm* mammal
mammouth [mamut] *nm* mammoth
manche [mɑ̃ʃ] *nf* (*de vêtement*) sleeve; (*d'un jeu, tournoi*) round; (*Géo*): **la M~** the (English) Channel ▶ *nm* (*d'outil, casserole*) handle; (*de pelle, pioche etc*) shaft; **à ~s courtes/longues** short-/long-sleeved; **~ à balai** broomstick; (*Aviat, Inform*) joystick *nm inv*
manchette [mɑ̃ʃɛt] *nf* (*de chemise*) cuff; (*coup*) forearm blow; (*titre*) headline
manchot [mɑ̃ʃo] *nm* one-armed man; armless man; (*Zool*) penguin
mandarine [mɑ̃daʀin] *nf* mandarin (orange), tangerine
mandat [mɑ̃da] *nm* (*postal*) postal *ou* money order; (*d'un député etc*) mandate; (*procuration*) power of attorney, proxy; (*Police*) warrant; **~ d'arrêt** warrant for arrest; **~ de perquisition** search warrant • **mandataire** *nm/f* (*représentant, délégué*) representative; (*Jur*) proxy
manège [manɛʒ] *nm* riding school; (*à la foire*) roundabout (BRIT), merry-go-round; (*fig*) game, ploy
manette [manɛt] *nf* lever, tap; **~ de jeu** joystick
mangeable [mɑ̃ʒabl] *adj* edible, eatable

m

mangeoire [mɑ̃ʒwaʀ] *nf* trough, manger

manger [mɑ̃ʒe] /3/ *vt* to eat; (*ronger: rouille etc*) to eat into *ou* away ▸ *vi* to eat; **donner à ~ à** (*enfant*) to feed

mangue [mɑ̃g] *nf* mango

maniable [manjabl] *adj* (*outil*) handy; (*voiture, voilier*) easy to handle

maniaque [manjak] *adj* finicky, fussy ▸ *nm/f* (*méticuleux*) fusspot; (*fou*) maniac

manie [mani] *nf* mania; (*tic*) odd habit; **avoir la ~ de** to be obsessive about

manier [manje] /7/ *vt* to handle

maniéré, e [manjeʀe] *adj* affected

manière [manjɛʀ] *nf* (*façon*) way, manner; **manières** *nfpl* (*attitude*) manners; (*chichis*) fuss *sg*; **de ~ à** so as to; **de cette ~** in this way *ou* manner; **d'une ~ générale** generally speaking, as a general rule; **de toute ~** in any case; **d'une certaine ~** in a (certain) way

manifestant, e [manifɛstɑ̃, -ɑ̃t] *nm/f* demonstrator

manifestation [manifɛstasjɔ̃] *nf* (*de joie, mécontentement*) expression, demonstration; (*symptôme*) outward sign; (*fête etc*) event; (*Pol*) demonstration

manifeste [manifɛst] *adj* obvious, evident ▸ *nm* manifesto • **manifester** /1/ *vt* (*volonté, intentions*) to show, indicate; (*joie, peur*) to express, show ▸ *vi* to demonstrate; **se manifester** *vi* (*émotion*) to show *ou* express itself; (*difficultés*) to arise; (*symptômes*) to appear

manigancer [manigɑ̃se] /3/ to plot

manipulation [manipylasjɔ̃] handling; (*Pol, génétique*) manipulation

manipuler [manipyle] /1/ *vt* handle; (*fig*) to manipulate

manivelle [manivɛl] *nf* crank

mannequin [mankɛ̃] *nm* (*Couture*) dummy; (*Mode*) mod

manœuvre [manœvʀ] *nf* (*gé* manoeuvre (BRIT), maneuver ▸ *nm* labourer • **manœuvrer** *vt* to manoeuvre (BRIT), mane (US); (*levier, machine*) to operat ▸ *vi* to manoeuvre *ou* maneuve

manoir [manwaʀ] *nm* manor country house

manque [mɑ̃k] *nm* (*insuffisan vide*) emptiness, gap; (*Méd*) withdrawal; **~ de** lack of; **être état de ~** to suffer withdrawa symptoms

manqué [mɑ̃ke] *adj* failed; **garçon ~** tomboy

manquer [mɑ̃ke] /1/ *vi* (*faire déf* to be lacking; (*être absent*) to b missing; (*échouer*) to fail ▸ *vt* t miss ▸ *vb impers*: **il (nous) manque encore 10 euros** we still 10 euros short; **il manque des pages (au livre)** there ar some pages missing *ou* some pa are missing (from the book); **~ à** (*absent etc*): **il/cela me manq** I miss him/that; **~ à** (*règles etc* be in breach of, fail to observe; **~ de** to lack; **ne pas ~ de faire ne manquerai pas de le lui d** I'll be sure to tell him; **il a man (de) se tuer** he very nearly got k

mansarde [mɑ̃saʀd] *nf* attic • **mansardé, e** *adj*: **chambre mansardée** attic room

nteau, x [mãto] *nm* coat
nucure [manykyʀ] *nf*
anicurist
nuel, le [manɥɛl] *adj*
anual ▶ *nm* (*ouvrage*) manual,
ndbook
nufacture [manyfaktyʀ] *nf*
ctory • **manufacturé, e** *adj*
anufactured
nuscrit, e [manyskʀi, -it] *adj*
ndwritten ▶ *nm* manuscript
nutention [manytɑ̃sjɔ̃] *nf*
omm) handling
ppemonde [mapmɔ̃d] *nf*
ane) map of the world; (*sphère*)
obe
quereau, x [makʀo] *nm*
ool) mackerel *inv*; (*fam*) pimp
quette [makɛt] *nf* (*d'un décor,*
timent, véhicule) (scale) model
quillage [makijaʒ] *nm*
aking up; (*produits*) make-up
quiller [makije] /1/ *vt*
ersonne, visage) to make up;
uquer: passeport, statistique) to
ke; (: *voiture volée*) to do over
spray etc); **se maquiller** *vi* to
ake o.s. up
quis [maki] *nm* (*Géo*) scrub;
il) maquis, underground
hting *no pl*
raîcher, -ère [maʀeʃe,
aʀɛʃɛʀ] *adj*: **cultures**
araîchères market gardening
▶ *nm/f* market gardener
rais [maʀɛ] *nm* marsh,
amp
rasme [maʀasm] *nm*
agnation, sluggishness
rathon [maʀatɔ̃] *nm*
arathon
rbre [maʀbʀ] *nm* marble
rc [maʀ] *nm* (*de raisin,*
mmes) marc

marchand, e [maʀʃɑ̃, -ɑ̃d] *nm/f* shopkeeper, tradesman/-woman; (*au marché*) stallholder; **~ de charbon/vins** coal/wine merchant ▶ *adj*: **prix/valeur ~(e)** market price/value; **~/e de fruits** fruiterer (BRIT), fruit seller (US); **~/e de journaux** newsagent; **~/e de légumes** greengrocer (BRIT), produce dealer (US); **~/e de poisson** fishmonger (BRIT), fish seller (US) • **marchander** /1/ *vi* to bargain, haggle • **marchandise** *nf* goods *pl*, merchandise *no pl*
marche [maʀʃ] *nf* (*d'escalier*) step; (*activité*) walking; (*promenade, trajet, allure*) walk; (*démarche*) walk, gait; (*Mil, Mus*) march; (*fonctionnement*) running; (*des événements*) course; **dans le sens de la ~** (*Rail*) facing the engine; **en ~** (*monter etc*) while the vehicle is moving *ou* in motion; **mettre en ~** to start; **se mettre en ~** (*personne*) to get moving; (*machine*) to start; **être en état de ~** to be in working order; **~ arrière** reverse (gear); **faire ~ arrière** to reverse; (*fig*) to backtrack, back-pedal; **~ à suivre** (correct) procedure
marché [maʀʃe] *nm* market; (*transaction*) bargain, deal; **faire du ~ noir** to buy and sell on the black market; **~ aux puces** flea market
marcher [maʀʃe] /1/ *vi* to walk; (*Mil*) to march; (*aller: voiture, train, affaires*) to go; (*prospérer*) to go well; (*fonctionner*) to work, run; (*fam: consentir*) to go along, agree; (: *croire naïvement*) to be taken in; **faire ~ qn** (*pour rire*) to pull sb's leg; (*pour tromper*) to lead sb up the

m

garden path • **marcheur, -euse** *nm/f* walker
mardi [maʀdi] *nm* Tuesday; **M~ gras** Shrove Tuesday
mare [maʀ] *nf* pond; (*flaque*) pool
marécage [maʀekaʒ] *nm* marsh, swamp • **marécageux, -euse** *adj* marshy
maréchal, -aux [maʀeʃal, -o] *nm* marshal
marée [maʀe] *nf* tide; (*poissons*) fresh (sea) fish; **~ haute/basse** high/low tide; **~ noire** oil slick
marelle [maʀɛl] *nf*: **(jouer à) la ~** (to play) hopscotch
margarine [maʀgaʀin] *nf* margarine
marge [maʀʒ] *nf* margin; **en ~ de** (*fig*) on the fringe of; **~ bénéficiaire** profit margin
marginal, e, -aux [maʀʒinal, -o] *nm/f* (*original*) eccentric; (*déshérité*) dropout
marguerite [maʀgəʀit] *nf* marguerite, (oxeye) daisy; (*d'imprimante*) daisy-wheel
mari [maʀi] *nm* husband
mariage [maʀjaʒ] *nm* marriage; (*noce*) wedding; **~ civil/religieux** registry office (BRIT) *ou* civil/church wedding
marié, e [maʀje] *adj* married ▸ *nm/f* (bride)groom/bride; **les ~s** the bride and groom; **les (jeunes) ~s** the newly-weds
marier [maʀje] /7/ *vt* to marry; (*fig*) to blend; **se ~ (avec)** to marry, get married (to)
marin, e [maʀɛ̃, -in] *adj* sea *cpd*, marine ▸ *nm* sailor ▸ *nf* navy; **~e marchande** merchant navy
marine [maʀin] *adj f voir* **marin** ▸ *adj inv* navy (blue) ▸ *nm* (*Mil*) marine
mariner [maʀine] /1/ *vt* to marinate
marionnette [maʀjɔnɛt] *nf* puppet
maritalement [maʀitalmɑ̃] *adv*: **vivre ~** to live together (as husband and wife)
maritime [maʀitim] *adj* sea c[...] maritime
mark [maʀk] *nm* mark
marmelade [maʀməlad] *nf* stewed fruit, compote; **~ d'oranges** (orange) marmala[...]
marmite [maʀmit] *nf* (cooking-)pot
marmonner [maʀmɔne] /1/ *vi* to mumble, mutter
marmotter [maʀmɔte] /1/ *v*[...] mumble
Maroc [maʀɔk] *nm*: **le ~** Moro[...] • **marocain, e** [maʀɔkɛ̃, -ɛn] Moroccan ▸ *nm/f*: **Marocain,** Moroccan
maroquinerie [maʀɔkinʀi] [...] (*commerce*) leather shop; (*artic*[...] fine leather goods *pl*
marquant, e [maʀkɑ̃, -ɑ̃t] *ad*[...] outstanding
marque [maʀk] *nf* mark; (*Com*[...] *de nourriture*) brand; (: *de voiture*[...] *produits manufacturés*) make; (: *disques*) label; **de ~** high-class; (*personnage, hôte*) distinguishe[...] **~ déposée** registered tradema[...] **~ de fabrique** trademark; **une grande ~ de vin** a well-known brand of wine
marquer [maʀke] /1/ *vt* to ma[...] (*inscrire*) to write down; (*bétail*) brand; (*Sport*: *but etc*) to score; (: *joueur*) to mark; (*accentuer*: *ta*[...] *etc*) to emphasize; (*manifester*: *refus, intérêt*) to show ▸ *vi* (*événement, personnalité*) to sta[...]

t, be outstanding; (*Sport*) to
ɔre; **~ les points** to keep the
ɔre
rqueterie [markɛtri] *nf*
aid work, marquetry
rquis, e [marki, -iz] *nm/f*
ırquis *ou* marquess
ıarchioness)
rraine [marɛn] *nf* godmother
rrant, e [marɑ̃, -ɑ̃t] *adj* (*fam*)
ıny
rre [mar] *adv* (*fam*): **en avoir**
le to be fed up with
rrer [mare] /1/: **se marrer** *vi*
m) to have a (good) laugh
rron, ne [marɔ̃, -ɔn] *nm*
uit) chestnut ▸ *adj inv* brown
dj (*péj*) crooked; **~s glacés**
ırrons glacés • **marronnier** *nm*
estnut (tree)
rs [mars] *nm* March
rseille [marsɛj] *n* Marseilles
rteau, x [marto] *nm*
ımmer; **être ~** (*fam*) to be nuts
ıarteau-piqueur *nm*
eumatic drill
rteler [martəle] /5/ *vt* to
ımmer
rtien, ne [marsjɛ̃, -ɛn] *adj*
ırtian, of *ou* from Mars
rtyr, e [martir] *nm/f* martyr
dj martyred; **enfants ~s**
ıttered children • **martyre** *nm*
ırtyrdom; (*fig*: *sens affaibli*)
ony, torture • **martyriser** /1/
Rel) to martyr; (*fig*) to bully;
nfant) to batter
rxiste [marksist] *adj*, *nm/f*
ırxist
scara [maskara] *nm* mascara
sculin, e [maskylɛ̃, -in] *adj*
ısculine; (*sexe, population*) male;
uipe, vêtements) men's; (*viril*)
ınly ▸ *nm* masculine

masochiste [mazɔʃist] *adj*
masochistic
masque [mask] *nm* mask; **~ de beauté** face pack; **~ de plongée** diving mask • **masquer** /1/ *vt* (*cacher*: *porte, goût*) to hide, conceal; (*dissimuler*: *vérité, projet*) to mask, obscure
massacre [masakr] *nm* massacre, slaughter • **massacrer** /1/ *vt* to massacre, slaughter; (*texte etc*) to murder
massage [masaʒ] *nm* massage
masse [mas] *nf* mass; (*Élec*) earth; (*maillet*) sledgehammer; **une ~ de** (*fam*) masses *ou* loads of; **la ~** (*péj*) the masses *pl*; **en ~** (*adv*: *en bloc*) in bulk; (*en foule*) en masse; (*adj*: *exécutions, production*) mass *cpd*
masser [mase] /1/ *vt* (*assembler*: *gens*) to gather; (*pétrir*) to massage; **se masser** *vi* (*foule*) to gather • **masseur, -euse** *nm/f* masseur(-euse)
massif, -ive [masif, -iv] *adj* (*porte*) solid, massive; (*visage*) heavy, large; (*bois, or*) solid; (*dose*) massive; (*déportations etc*) mass *cpd* ▸ *nm* (*montagneux*) massif; (*de fleurs*) clump, bank; **le M~ Central** the Massif Central
massue [masy] *nf* club, bludgeon
master [mastɛr] *nm* (*Univ*) Master's (degree)
mastic [mastik] *nm* (*pour vitres*) putty; (*pour fentes*) filler
mastiquer [mastike] /1/ *vt* (*aliment*) to chew, masticate
mat, e [mat] *adj* (*couleur, métal*) mat(t); (*bruit, son*) dull ▸ *adj inv* (*Échecs*): **être ~** to be checkmate
mât [mɑ] *nm* (*Navig*) mast; (*poteau*) pole, post

match [matʃ] *nm* match; **faire ~ nul** to draw; **~ aller** first leg; **~ retour** second leg, return match
matelas [matla] *nm* mattress; **~ pneumatique** air bed *ou* mattress
matelot [matlo] *nm* sailor, seaman
mater [mate] /1/ *vt* (*personne*) to bring to heel, subdue; (*révolte*) to put down
matérialiser [mateʀjalize] /1/: **se matérialiser** *vi* to materialize
matérialiste [mateʀjalist] *adj* materialistic
matériau, x [mateʀjo] *nm* material; **matériaux** *nmpl* material(s)
matériel, le [mateʀjɛl] *adj* material ▶ *nm* equipment *no pl*; (*de camping etc*) gear *no pl*; (*Inform*) hardware
maternel, le [matɛʀnɛl] *adj* (*amour, geste*) motherly, maternal; (*grand-père, oncle*) maternal ▶ *nf* (*aussi*: **école maternelle**) (state) nursery school
maternité [matɛʀnite] *nf* (*établissement*) maternity hospital; (*état de mère*) motherhood, maternity; (*grossesse*) pregnancy; **congé de ~** maternity leave
mathématique [matematik] *adj* mathematical • **mathématiques** *nfpl* mathematics *sg*
maths [mat] *nfpl* maths
matière [matjɛʀ] *nf* matter; (*Comm, Tech*) material; matter *no pl*; (*fig*: *d'un livre etc*) subject matter, material; (*Scol*) subject; **en ~ de** as regards; **~s grasses** fat (content) *sg*; **~s premières** raw materials
Matignon [matiɲɔ̃] *nm*: **(l'hôtel) ~** *the French Prime Minister's residence*
matin [matɛ̃] *nm, adv* morning; **le ~** (*pendant le matin*) in the morning; **demain/hier/dimanche ~** tomorrow/yesterday/Sunday morning; **t[...] les ~s** every morning; **du ~ au soir** from morning till night; **u[...] heure du ~** one o'clock in the morning; **de grand** *ou* **bon ~** e[...] in the morning • **matinal, e, -[...]** [matinal, -o] *adj* (*toilette, gymnastique*) morning *cpd*; **êtr[...] matinal** (*personne*) to be up ea[...] (*habituellement*) to be an early r[...] • **matinée** *nf* morning; (*specta[...]*) matinée
matou [matu] *nm* tom(cat)
matraque [matʀak] *nf* (*de policier*) truncheon (BRIT), billy (US)
matricule [matʀikyl] *nm* (*Mi[...]*) regimental number; (*Admin*) reference number
matrimonial, e, -aux [matʀimɔnjal, -o] *adj* marital[...] marriage *cpd*
maudit, e [modi, -it] *adj* (*fam satané*) blasted, confounded
maugréer [mogʀee] /1/ *vi* to grumble
maussade [mosad] *adj* sulle[...] (*ciel, temps*) gloomy
mauvais, e [movɛ, -ɛz] *adj* ba[...] (*méchant, malveillant*) maliciou[...] spiteful; (*faux*): **le ~ numéro** th[...] wrong number ▶ *adv*: **il fait ~** [...] weather is bad; **sentir ~** to ha[...] nasty smell, smell bad *ou* nasty[...]; **la mer est ~e** the sea is rough; **~e plaisanterie** nasty trick; **~ joueur** bad loser; **~e herbe**

·eed; **~e langue** gossip, :andalmonger (BRIT)
ıuve [mov] *adj* mauve
ıux [mo] *nmpl voir* **mal**
ıximum [maksimɔm] *adj, nm* aximum; **au ~** (*le plus possible*) ; much as one can; (*tout au plus*) : the (very) most *ou* maximum; **ıire le ~** to do one's level best
ıyonnaise [majɔnɛz] *nf* ·ayonnaise
ızout [mazut] *nm* (fuel) oil
:, m' [mə, m] *pron* (*direct*: *léphoner, attendre etc*) me; *ndirect*: *parler, donner etc*) (to) me; *éfléchi*) myself
:c [mɛk] *nm* (*fam*) guy, bloke RIT)
:canicien, ne [mekanisjɛ̃, -ɛn] *n/f* mechanic; (*Rail*) (train *ou* ıgine) driver
:canique [mekanik] *adj* ·echanical ▸ *nf* (*science*) ·echanics *sg*; (*mécanisme*) echanism; **ennui ~** engine ouble *no pl*
:canisme [mekanism] *nm* echanism
:chamment [meʃamɑ̃] *adv* ıstily, maliciously; spitefully
:chanceté [meʃɑ̃ste] *nf* ıstiness, maliciousness; **dire es ~s à qn** to say spiteful things ı sb
:chant, e [meʃɑ̃, -ɑ̃t] *adj* nasty, alicious, spiteful; (*enfant*: *pas ge*) naughty; (*animal*) vicious
:che [mɛʃ] *nf* (*de lampe, bougie*) ick; (*d'un explosif*) fuse; (*de eveux*) lock; **se faire faire des** ; to have highlights put in one's ıir; **de ~ avec** in league with
:choui [meʃwi] *nm whole eep barbecue*

méconnaissable [mekɔnɛsabl] *adj* unrecognizable
méconnaître [mekɔnɛtʀ] /57/ *vt* (*ignorer*) to be unaware of; (*mésestimer*) to misjudge
mécontent, e [mekɔ̃tɑ̃, -ɑ̃t] *adj*: **~ (de)** discontented *ou* dissatisfied *ou* displeased (with); (*contrarié*) annoyed (at) • **mécontentement** *nm* dissatisfaction, discontent, displeasure; (*irritation*) annoyance
Mecque [mɛk] *nf*: **la ~** Mecca
médaille [medaj] *nf* medal
médaillon [medajɔ̃] *nm* (*bijou*) locket
médecin [medsɛ̃] *nm* doctor
médecine [medsin] *nf* medicine
média [medja] *nmpl*: **les ~** the media • **médiatique** *adj* media *cpd* • **médiatisé, e** *adj* reported in the media; **être médiatisé** to get media attention; **ce procès a été très médiatisé** this trial got a great deal of media attention
médical, e, -aux [medikal, -o] *adj* medical; **passer une visite ~e** to have a medical
médicament [medikamɑ̃] *nm* medicine, drug
médiéval, e, -aux [medjeval, -o] *adj* medieval
médiocre [medjɔkʀ] *adj* mediocre, poor
méditer [medite] /1/ *vi* to meditate
Méditerranée [mediteʀane] *nf*: **la (mer) ~** the Mediterranean (Sea) • **méditerranéen, ne** *adj* Mediterranean ▸ *nm/f*: **Méditerranéen, ne** Mediterranean
méduse [medyz] *nf* jellyfish

méfait [mefɛ] *nm* (*faute*) misdemeanour, wrongdoing; **méfaits** *nmpl* (*ravages*) ravages, damage *sg*
méfiance [mefjɑ̃s] *nf* mistrust, distrust
méfiant, e [mefjɑ̃, -ɑ̃t] *adj* mistrustful, distrustful
méfier [mefje] /7/: **se méfier** *vi* to be wary; (*faire attention*) to be careful; **se ~ de** to mistrust, distrust, be wary of
méga-octet [megaɔktɛ] *nm* megabyte
mégarde [megaʀd] *nf*: **par ~** (*accidentellement*) accidentally; (*par erreur*) by mistake
mégère [meʒɛʀ] *nf* shrew
mégot [mego] *nm* cigarette end *ou* butt
meilleur, e [mɛjœʀ] *adj, adv* better ▸ *nm*: **le ~** the best; **le ~ des deux** the better of the two; **il fait ~ qu'hier** it's better weather than yesterday; **~ marché** cheaper
mél [mɛl] *nm* email
mélancolie [melɑ̃kɔli] *nf* melancholy, gloom • **mélancolique** *adj* melancholy
mélange [melɑ̃ʒ] *nm* mixture • **mélanger** /3/ *vt* to mix; (*vins, couleurs*) to blend; (*mettre en désordre, confondre*) to mix up, muddle (up)
mêlée [mele] *nf* mêlée, scramble; (*Rugby*) scrum(mage)
mêler [mele] /1/ *vt* (*substances, odeurs, races*) to mix; (*embrouiller*) to muddle (up), mix up; **se mêler** *vi* to mix; **se ~ à** (*personne*) to join; (*s'associer à*) to mix with; **se ~ de** (*personne*) to meddle with, interfere in; **mêle-toi de tes affaires!** mind your own business!
mélodie [melɔdi] *nf* melody • **mélodieux, -euse** *adj* melodious
melon [məlɔ̃] *nm* (*Bot*) (honeydew) melon; (*aussi*: **chapeau ~**) bowler (hat)
membre [mɑ̃bʀ] *nm* (*Anat*) lim (*personne, pays, élément*) membe ▸ *adj* member *cpd*
mémé [meme] *nf* (*fam*) granny

même [mɛm]

▸ *adj* **1** (*avant le nom*) same; **en même temps** at the same tim **ils ont les mêmes goûts** they have the same *ou* similar tastes
2 (*après le nom, renforcement*): **il est la loyauté même** he is loyalty itself; **ce sont ses paroles/celles-là même** they are his very words/the very one
▸ *pron*: **le (la) même** the same one
▸ *adv* **1** (*renforcement*): **il n'a même pas pleuré** he didn't even cry; **même lui l'a dit** ever HE said it; **ici même** at this ver place; **même si** even if
2: **à même: à même la bouteille** straight from the bottle; **à même la peau** next t the skin; **être à même de fair** to be in a position to do, be able to do
3: **de même** likewise; **faire de même** to do likewise *ou* the same; **lui de même** so does (*ou* did *ou* is) he; **de même que** jus as; **il en va de même pour** the same goes for

mémoire [memwaʀ] *nf* mem ▸ *nm* (*Scol*) dissertation, paper; **à la ~ de** to the *ou* in memory o

~ from memory; **~ morte**
ıd-only memory, ROM; **~ vive**
ıdom access memory, RAM
noires [memwaʀ] *nmpl*
:moirs
norable [memɔʀabl] *adj*
:morable
ıace [mənas] *nf* threat
ıenacer /3/ *vt* to threaten
ıage [menaʒ] *nm* (*travail*)
ısework; (*couple*) (married)
ıple; (*famille, Admin*)
ısehold; **faire le ~** to do the
ısework • **ménagement** *nm*
e and attention
ıager¹ [menaʒe] *vt* (*traiter*
c mesure) to handle with tact;
iliser) to use sparingly;
endre soin de) to take (great)
e of, look after; (*organiser*) to
ange
ıager²• **, -ère** *adj* household
, domestic ▸ *nf* housewife
ıdiant, e [mɑ̃djɑ̃, -ɑ̃t] *nm/f*
ȷgar
ıdier [mɑ̃dje] /7/ *vi* to beg
: to beg (for)
ıer [məne] /5/ *vt* to lead;
quête) to conduct; (*affaires*) to
nage ▸ *vi*: **~ à/dans** (*emmener*)
:ake to/into; **~ qch à bonne**
ɔu **à terme** *ou* **à bien** to see sth
ɔugh (to a successful
ıclusion), complete sth
:cessfully
ıeur, -euse [mənœʀ, -øz]
/f leader; (*péj*) ringleader
ıingite [menɛ̃ʒit] *nf*
ningitis *no pl*
ıopause [menopoz] *nf*
nopause
ıotte [mənɔt] *nf* (*langage*
ıntin) handie; **menottes** *nfpl*
ıdcuffs

mensonge [mɑ̃sɔ̃ʒ] *nm*: **le ~** lying *no pl*; **un ~** a lie • **mensonger, -ère** *adj* false
mensualité [mɑ̃sɥalite] *nf* (*somme payée*) monthly payment
mensuel, le [mɑ̃sɥɛl] *adj* monthly
mensurations [mɑ̃syʀasjɔ̃] *nfpl* measurements
mental, e, -aux [mɑ̃tal, -o] *adj* mental • **mentalité** *nf* mentality
menteur, -euse [mɑ̃tœʀ, -øz] *nm/f* liar
menthe [mɑ̃t] *nf* mint
mention [mɑ̃sjɔ̃] *nf* (*note*) note, comment; (*Scol*): **~ (très) bien/ passable** (*very*) *good/satisfactory pass*; **"rayer la ~ inutile"** "delete as appropriate" • **mentionner** /1/ *vt* to mention
mentir [mɑ̃tiʀ] /16/ *vi* to lie
menton [mɑ̃tɔ̃] *nm* chin
menu, e [məny] *adj* (*mince*) slim, slight; (*frais, difficulté*) minor ▸ *adv* (*couper, hacher*) very fine ▸ *nm* menu; **~ touristique** popular *ou* tourist menu
menuiserie [mənɥizʀi] *nf* (*travail*) joinery, carpentry; (*d'amateur*) woodwork • **menuisier** *nm* joiner, carpenter
méprendre [mepʀɑ̃dʀ] /58/: **se méprendre** *vi*: **se ~ sur** to be mistaken about
mépris, e [mepʀi, -iz] *pp de* **méprendre** ▸ *nm* (*dédain*) contempt, scorn; **au ~ de** regardless of, in defiance of • **méprisable** *adj* contemptible, despicable • **méprisant, e** *adj* scornful • **méprise** *nf* mistake, error • **mépriser** /1/ *vt* to scorn, despise; (*gloire, danger*) to scorn, spurn

mer [mɛʀ] *nf* sea; (*marée*) tide; **en ~** at sea; **en haute** *ou* **pleine ~** off shore, on the open sea; **la ~ Morte** the Dead Sea; **la ~ Noire** the Black Sea; **la ~ du Nord** the North Sea; **la ~ Rouge** the Red Sea

mercenaire [mɛʀsənɛʀ] *nm* mercenary, hired soldier

mercerie [mɛʀsəʀi] *nf* (*boutique*) haberdasher's (shop) (BRIT), notions store (US)

merci [mɛʀsi] *excl* thank you ▸ *nf*: **à la ~ de qn/qch** at sb's mercy/the mercy of sth; **~ beaucoup** thank you very much; **~ de** *ou* **pour** thank you for; **sans ~** merciless; mercilessly

mercredi [mɛʀkʀədi] *nm* Wednesday; **~ des Cendres** Ash Wednesday; *voir aussi* **lundi**

mercure [mɛʀkyʀ] *nm* mercury

merde [mɛʀd] (*fam !*) *nf* shit (*!*) ▸ *excl* (bloody) hell (*!*)

mère [mɛʀ] *nf* mother ▸ *adj inv* mother *cpd*; **~ célibataire** single parent, unmarried mother; **~ de famille** housewife, mother

merguez [mɛʀgɛz] *nf* spicy North African sausage

méridional, e, -aux [meʀidjɔnal, -o] *adj* southern ▸ *nm/f* Southerner

meringue [məʀɛ̃g] *nf* meringue

mérite [meʀit] *nm* merit; **avoir du ~ (à faire qch)** to deserve credit (for doing sth) • **mériter** /1/ *vt* to deserve

merle [mɛʀl] *nm* blackbird

merveille [mɛʀvɛj] *nf* marvel, wonder; **faire ~** *ou* **des ~s** to work wonders; **à ~** perfectly, wonderfully • **merveilleux, -euse** *adj* marvellous, wonderful

mes [me] *adj poss voir* **mon**

mésange [mezɑ̃ʒ] *nf* tit(mou

mésaventure [mezavɑ̃tyʀ] misadventure, misfortune

Mesdames [medam] *nfpl voi* **Madame**

Mesdemoiselles [medmwa *nfpl voir* **Mademoiselle**

mesquin, e [mɛskɛ̃, -in] *adj* mean, petty • **mesquinerie** *n* meanness *no pl*; (*procédé*) mea trick

message [mesaʒ] *nm* messag **~ SMS** text message • **messag -ère** *nm/f* messenger • **messagerie** *nf* (*Internet*): **messagerie électronique** en **messagerie instantanée** ins messenger; **messagerie voc** voice mail

messe [mɛs] *nf* mass; **aller à** to go to mass

Messieurs [mesjø] *nmpl voir* **Monsieur**

mesure [məzyʀ] *nf* (*évaluatio dimension*) measurement; (*éta récipient, contenu*) measure; (*Mus: cadence*) time, tempo; (*: division*) bar; (*retenue*) moderation; (*disposition*) measure, step; **sur ~** (*costume* made-to-measure; **dans la ~** insofar as, inasmuch as; **dans une certaine ~** to some *ou* a certain extent; **à ~ que** as; **êt en ~ de** to be in a position to

mesurer [məzyʀe] /1/ *vt* to measure; (*juger*) to weigh up, assess; (*modérer: ses paroles etc* moderate

métal, -aux [metal, -o] *nm* metal • **métallique** *adj* meta

météo [meteo] *nf* (*bulletin*) (weather) forecast

·étéorologie [meteɔʀɔlɔʒi] *nf* meteorology
·éthode [metɔd] *nf* method; *(livre, ouvrage)* manual, tutor
·éticuleux, -euse [metikylø, -øz] *adj* meticulous
·étier [metje] *nm (profession: gén)* job; *(: manuel)* trade; *(: artisanal)* craft; *(technique, expérience)* (acquired) skill *ou* technique; *(aussi:* **~ à tisser***)* (weaving) loom
·étis, se [metis] *adj* of mixed race
·étrage [metʀaʒ] *nm*: **long/moyen/court ~** feature *ou* full-length/medium-length/short film
·ètre [mɛtʀ] *nm* metre; *(règle)* metre rule; *(ruban)* tape measure
• métrique *adj* metric
·étro [metʀo] *nm* underground (BRIT), subway (US)
·étropole [metʀɔpɔl] *nf* *(capitale)* metropolis; *(pays)* home country
·ets [mɛ] *nm* dish
·etteur [mɛtœʀ] *nm*: **~ en scène** *(Théât)* producer; *(Ciné)* director

mettre [mɛtʀ] /56/

vt **1** *(placer)* to put; **mettre en bouteille/en sac** to bottle/put in bags *ou* sacks
2 *(vêtements: revêtir)* to put on; *(: porter)* to wear; **mets ton gilet** put your cardigan on; **je ne mets plus mon manteau** I no longer wear my coat
3 *(faire fonctionner: chauffage, électricité)* to put on; *(: réveil, minuteur)* to set; *(installer: gaz, eau)* to put in, lay on; **mettre en marche** to start up
4 *(consacrer)*: **mettre du temps/deux heures à faire qch** to take time/two hours to do sth; **y mettre du sien** to pull one's weight
5 *(noter, écrire)* to say, put (down); **qu'est-ce qu'il a mis sur la carte?** what did he say *ou* write on the card?; **mettez au pluriel ...** put ... into the plural
6 *(supposer)*: **mettons que ...** let's suppose *ou* say that ...
se mettre *vr* **1** *(se placer)*: **vous pouvez vous mettre là** you can sit *(ou* stand) there; **où ça se met?** where does it go?; **se mettre au lit** to get into bed; **se mettre au piano** to sit down at the piano; **se mettre de l'encre sur les doigts** to get ink on one's fingers
2 *(s'habiller)*: **se mettre en maillot de bain** to get into *ou* put on a swimsuit; **n'avoir rien à se mettre** to have nothing to wear
3: **se mettre à** to begin, start; **se mettre à faire** to begin *ou* start doing *ou* to do; **se mettre au piano** to start learning the piano; **se mettre au régime** to go on a diet; **se mettre au travail/à l'étude** to get down to work/one's studies

meuble [mœbl] *nm* piece of furniture; *(ameublement)* furniture *no pl* **• meublé** *nm* furnished flat (BRIT) *ou* apartment (US) **• meubler** /1/ *vt* to furnish; **se meubler** to furnish one's house
meuf [mœf] *nf (fam)* woman
meugler [møgle] /1/ *vi* to low, moo

m

meule [møl] *nf* (*à broyer*) millstone; (*de foin, blé*) stack; (*de fromage*) round
meunier, -ière [mønje, -jɛʀ] *nm* miller ▸ *nf* miller's wife
meurs *etc* [mœʀ] *vb voir* **mourir**
meurtre [mœʀtʀ] *nm* murder • **meurtrier, -ière** *adj* (*arme, épidémie, combat*) deadly; (*fureur, instincts*) murderous ▸ *nm/f* murderer(-ess)
meurtrir [mœʀtʀiʀ] /2/ *vt* to bruise; (*fig*) to wound
meus *etc* [mœ] *vb voir* **mouvoir**
meute [møt] *nf* pack
mexicain, e [mɛksikɛ̃, -ɛn] *adj* Mexican ▸ *nm/f*: **M~, e** Mexican
Mexico [mɛksiko] *n* Mexico City
Mexique [mɛksik] *nm*: **le ~** Mexico
mi [mi] *nm* (*Mus*) E; (*en chantant la gamme*) mi
mi... [mi] *préfixe* half(-), mid-; **à la mi-janvier** in mid-January; **à mi-jambes/-corps** (up *ou* down) to the knees/waist; **à mi-hauteur/-pente** halfway up (*ou* down)/up (*ou* down) the hill
miauler [mjole] /1/ *vi* to miaow
miche [miʃ] *nf* round *ou* cob loaf
mi-chemin [miʃmɛ̃]: **à ~** *adv* halfway, midway
mi-clos, e [miklo, -kloz] *adj* half-closed
micro [mikʀo] *nm* mike, microphone; (*Inform*) micro
microbe [mikʀɔb] *nm* germ, microbe
micro: • micro-onde *nf*: **four à micro-ondes** microwave oven • **micro-ordinateur** *nm* microcomputer • **microscope** *nm* microscope • **microscopique** *adj* microscopic
midi [midi] *nm* midday, noon; (*moment du déjeuner*) lunchtime; (*sud*) south; **le M~** the South (of France), the Midi; **à ~** at 12 (o'clock) *ou* midday *ou* noon
mie [mi] *nf* inside (of the loaf)
miel [mjɛl] *nm* honey • **mielleux, -euse** *adj* (*personne*) sugary, syrupy
mien, ne [mjɛ̃, mjɛn] *pron*: **le (la) ~(ne), les ~s** mine; **les ~s** my family
miette [mjɛt] *nf* (*de pain, gâteau*) crumb; (*fig: de la conversation etc*) scrap; **en ~s** in pieces *ou* bits

mieux [mjø]

▸ *adv* **1** (*d'une meilleure façon*): **mieux (que)** better (than); **elle travaille/mange mieux** she works/eats better; **aimer mieux** to prefer; **elle va mieux** she is better; **de mieux en mieux** better and better
2 (*de la meilleure façon*) best; **ce que je sais le mieux** what I know best; **les livres les mieux faits** the best made books
▸ *adj inv* **1** (*plus à l'aise, en meilleure forme*) better; **se sentir mieux** to feel better
2 (*plus satisfaisant*) better; **c'est mieux ainsi** it's better like this; **c'est le mieux des deux** it's the better of the two; **le/la mieux, les mieux** the best; **demandez-lui, c'est le mieux** ask him, it's the best thing
3 (*plus joli*) better-looking; **il est mieux que son frère** (*plus beau*) he's better-looking than his brother; (*plus gentil*) he's nicer than his brother; **il est mieux**

ans moustache he looks
etter without a moustache
: **au mieux** at best; **au mieux**
vec on the best of terms with;
our le mieux for the best
nm **1** (*progrès*) improvement
: **de mon/ton mieux** as best I/
ou can (*ou* could); **faire de son**
ieux to do one's best

gnon, ne [miɲɔ̃, -ɔn] *adj*
weet, cute
graine [migʀɛn] *nf* headache;
Méd) migraine
joter [miʒɔte] /1/ *vt* to
mmer; (*préparer avec soin*) to
ook lovingly; (*affaire, projet*) to
ot, cook up ▶ *vi* to simmer
lieu, x [miljø] *nm* (*centre*)
iddle; (*aussi*: **juste ~**) happy
edium; (*Bio, Géo*) environment;
ntourage social) milieu; (*familial*)
ackground; (*pègre*): **le ~** the
nderworld; **au ~ de** in the
iddle of; **au beau** *ou* **en plein**
(de) right in the middle (of)
litaire [militɛʀ] *adj* military,
rmy *cpd* ▶ *nm* serviceman
litant, e [militɑ̃, -ɑ̃t] *adj, nm/f*
ilitant
liter [milite] /1/ *vi* to be a
ilitant
lle [mil] *num* a *ou* one thousand
nm (*mesure*): **~ (marin)** nautical
ile; **mettre dans le ~** (*fig*) to be
ang on (target) • **millefeuille**
n cream *ou* vanilla slice
millénaire *nm* millennium ▶ *adj*
ousand-year-old; (*fig*) ancient
mille-pattes *nm inv* centipede
llet [mijɛ] *nm* millet
lliard [miljaʀ] *nm* milliard,
ousand million (BRIT), billion
s) • **milliardaire** *nm/f*
multimillionaire (BRIT),
billionaire (US)
millier [milje] *nm* thousand; **un**
~ (de) a thousand or so, about a
thousand; **par ~s** in (their)
thousands, by the thousand
milligramme [miligʀam] *nm*
milligramme
millimètre [milimɛtʀ] *nm*
millimetre
million [miljɔ̃] *nm* million; **deux**
~s de two million • **millionnaire**
nm/f millionaire
mime [mim] *nm/f* (*acteur*)
mime(r) ▶ *nm* (*art*) mime, miming
• **mimer** /1/ *vt* to mime; (*singer*) to
mimic, take off
minable [minabl] *adj* (*personne*)
shabby(-looking); (*travail*)
pathetic
mince [mɛ̃s] *adj* thin; (*personne, taille*) slim, slender; (*fig*: *profit, connaissances*) slight, small;
(: *prétexte*) weak ▶ *excl*: **~ (alors)!**
darn it! • **minceur** *nf* thinness;
(*d'une personne*) slimness,
slenderness • **mincir** /2/ *vi* to get
slimmer *ou* thinner
mine [min] *nf* (*physionomie*)
expression, look; (*extérieur*)
exterior, appearance; (*de crayon*)
lead; (*gisement, exploitation, explosif*) mine; **avoir bonne ~**
(*personne*) to look well; (*ironique*)
to look an utter idiot; **avoir**
mauvaise ~ to look unwell; **faire**
~ de faire to make a pretence of
doing; **~ de rien** although you
wouldn't think so
miner [mine] /1/ *vt* (*saper*) to
undermine, erode; (*Mil*) to mine
minerai [minʀɛ] *nm* ore
minéral, e, -aux [mineʀal, -o]
adj mineral

minéralogique [mineʀalɔʒik] *adj*: **plaque ~** number (BRIT) *ou* license (US) plate; **numéro ~** registration (BRIT) *ou* license (US) number

minet, te [minɛ, -ɛt] *nm/f* (*chat*) pussy-cat; (*péj*) young trendy

mineur, e [minœʀ] *adj* minor ▶ *nm/f* (*Jur*) minor ▶ *nm* (*travailleur*) miner

miniature [minjatyʀ] *adj, nf* miniature

minibus [minibys] *nm* minibus

minier, -ière [minje, -jɛʀ] *adj* mining

mini-jupe [miniʒyp] *nf* mini-skirt

minime [minim] *adj* minor, minimal

minimiser [minimize] /1/ *vt* to minimize; (*fig*) to play down

minimum [minimɔm] *adj, nm* minimum; **au ~** at the very least

ministère [ministɛʀ] *nm* (*cabinet*) government; (*département*) ministry; (*Rel*) ministry

ministre [ministʀ] *nm* minister (BRIT), secretary; (*Rel*) minister; **~ d'État** senior minister *ou* secretary

Minitel® [minitɛl] *nm videotext terminal and service*

minoritaire [minɔʀitɛʀ] *adj* minority *cpd*

minorité [minɔʀite] *nf* minority; **être en ~** to be in the *ou* a minority

minuit [minɥi] *nm* midnight

minuscule [minyskyl] *adj* minute, tiny ▶ *nf*: **(lettre) ~** small letter

minute [minyt] *nf* minute; **à la ~** (just) this instant; (*passé*) there and then • **minuter** /1/ *vt* to tim • **minuterie** *nf* time switch

minutieux, -euse [minysjø, -] *adj* (*personne*) meticulous; (*trava* requiring painstaking attention to detail

mirabelle [miʀabɛl] *nf* (cherry plum

miracle [miʀɑkl] *nm* miracle

mirage [miʀaʒ] *nm* mirage

mire [miʀ] *nf*: **point de ~** (*fig*) focal point

miroir [miʀwaʀ] *nm* mirror

miroiter [miʀwate] /1/ *vi* to sparkle, shimmer; **faire ~ qch à qn** to paint sth in glowing colou for sb, dangle sth in front of sb's eyes

mis, e [mi, miz] *pp de* **mettre** ▶ *adj*: **bien ~** well dressed ▶ *nf* (*argent*: *au jeu*) stake; (*tenue*) clothing; attire; **être de ~e** to b acceptable *ou* in season; **~e de fonds** capital outlay; **~e à jour** update; **~e en plis** set; **~e au point** (*fig*) clarification; **~e en scène** production

miser [mize] /1/ *vt* (*enjeu*) to stake, bet; **~ sur** (*cheval, numéro*) to bet on; (*fig*) to bank *ou* count on

misérable [mizeʀabl] *adj* (*lamentable, malheureux*) pitiful, wretched; (*pauvre*) poverty-stricken; (*insignifiant, mesquin*) miserable ▶ *nm/f* wretch

misère [mizɛʀ] *nf* (extreme) poverty, destitution; **misères** *n* (*malheurs*) woes, miseries; (*ennu* little troubles; **salaire de ~** starvation wage

missile [misil] *nm* missile

mission [misjɔ̃] *nf* mission; **partir en ~** (*Admin, Pol*) to go or

an assignment • **missionnaire** ım/f missionary
ité, e [mite] *adj* moth-eaten
i-temps [mitɑ̃] *nf inv* (*Sport*: ɔériode) half; (: *pause*) half-time; **à ~** part-time
iteux, -euse [mitø, -øz] *adj* seedy
itigé, e [mitiʒe] *adj* (*sentiments*) nixed
itoyen, ne [mitwajɛ̃, -ɛn] *adj* '*mur*) common, party *cpd*; **naisons ~nes** semi-detached ıouses; (*plus de deux*) terraced BRIT) *ou* row (US) houses
itrailler [mitʀɑje] /1/ *vt* to nachine-gun; (*fig*: *photographier*) :o snap away at; **~ qn de** to pelt ɔu bombard sb with
• **mitraillette** *nf* submachine gun
• **mitrailleuse** *nf* machine gun
i-voix [mivwa]: **à ~** *adv* in a low ɔu hushed voice
ixage [miksaʒ] *nm* (*Ciné*) sound) mixing
ixer [miksœʀ] *nm* (food) mixer
ixte [mikst] *adj* (*gén*) mixed; Scol) mixed, coeducational; **:uisinière ~** combined gas and electric cooker
ixture [mikstyʀ] *nf* mixture; *fig*) concoction
lle (*pl* **Mlles**) *abr* = **Mademoiselle**
M *abr* = **Messieurs**
me (*pl* **Mmes**) *abr* = **Madame**
obile [mɔbil] *adj* mobile; (*pièce* '*e machine*) moving ▶ *nm* (*motif*) ıotive; (*œuvre d'art*) mobile; **téléphone) ~** mobile (phone)
obilier, -ière [mɔbilje, -jɛʀ] ım furniture
obiliser [mɔbilize] /1/ *vt* to nobilize
obylette® [mɔbilɛt] *nf* moped

mocassin [mɔkasɛ̃] *nm* moccasin
moche [mɔʃ] *adj* (*fam*: *laid*) ugly; (*mauvais, méprisable*) rotten
modalité [mɔdalite] *nf* form, mode
mode [mɔd] *nf* fashion ▶ *nm* (*manière*) form, mode; (*Ling*) mood; (*Inform*, *Mus*) mode; **à la ~** fashionable, in fashion; **~ d'emploi** directions *pl* (for use); **~ de paiement** method of payment; **~ de vie** way of life
modèle [mɔdɛl] *adj* ▶ *nm* model; (*qui pose*: *de peintre*) sitter; **~ déposé** registered design; **~ réduit** small-scale model • **modeler** /5/ *vt* to model
modem [mɔdɛm] *nm* modem
modéré, e [mɔdeʀe] *adj*, *nm/f* moderate
modérer [mɔdeʀe] /6/ *vt* to moderate; **se modérer** *vi* to restrain o.s
moderne [mɔdɛʀn] *adj* modern ▶ *nm* (*Art*) modern style; (*ameublement*) modern furniture • **moderniser** /1/ *vt* to modernize
modeste [mɔdɛst] *adj* modest • **modestie** *nf* modesty
modifier [mɔdifje] /7/ *vt* to modify, alter; **se modifier** *vi* to alter
modique [mɔdik] *adj* modest
module [mɔdyl] *nm* module
moelle [mwal] *nf* marrow
moelleux, -euse [mwalø, -øz] *adj* soft; (*gâteau*) light and moist
mœurs [mœʀ] *nfpl* (*conduite*) morals; (*manières*) manners; (*pratiques sociales*) habits
moi [mwa] *pron* me; (*emphatique*): **~, je ...** for my part, I ..., I myself ...; **c'est ~ qui l'ai fait** I did it, it

was me who did it; **apporte-le-~** bring it to me; **à ~** mine; (*dans un jeu*) my turn • **moi-même** *pron* myself; (*emphatique*) I myself

moindre [mwɛ̃dʀ] *adj* lesser; lower; **le (la) ~, les ~s** the least; the slightest; **c'est la ~ des choses** it's nothing at all

moine [mwan] *nm* monk, friar

moineau, x [mwano] *nm* sparrow

moins [mwɛ̃]

▸ *adv* 1 (*comparatif*) : **moins (que)** less (than); **moins grand que** less tall than, not as tall as; **il a trois ans de moins que moi** he's three years younger than me; **moins je travaille, mieux je me porte** the less I work, the better I feel

2 (*superlatif*) : **le moins** (the) least; **c'est ce que j'aime le moins** it's what I like (the) least; **le (la) moins doué(e)** the least gifted; **au moins, du moins** at least; **pour le moins** at the very least

3: **moins de** (*quantité*) less (than); (*nombre*) fewer (than); **moins de sable/d'eau** less sand/water; **moins de livres/gens** fewer books/people; **moins de deux ans** less than two years; **moins de midi** not yet midday

4: **de moins, en moins: 100 euros/3 jours de moins** 100 euros/3 days less; **trois livres en moins** three books fewer; three books too few; **de l'argent en moins** less money; **le soleil en moins** but for the sun, minus the sun; **de moins en moins** less and less

5: **à moins de, à moins que** unless; **à moins de faire** unless we do (*ou* he does *etc*); **à moins que tu ne fasses** unless you do; **à moins d'un accident** barring any accident

▸ *prép*: **quatre moins deux** four minus two; **dix heures moins cinq** five to ten; **il fait moins cinq** it's five (degrees) below (freezing), it's minus five; **il est moins cinq** it's five to

mois [mwa] *nm* month

moisi [mwazi] *nm* mould, mildew; **odeur de ~** musty smel • **moisir** /2/ *vi* to go mouldy • **moisissure** *nf* mould *no pl*

moisson [mwasɔ̃] *nf* harvest • **moissonner** /1/ *vt* to harvest, reap • **moissonneuse** *nf* (*machine*) harvester

moite [mwat] *adj* sweaty, sticky

moitié [mwatje] *nf* half; **la ~** ha **la ~ de** half (of); **la ~ du temps/des gens** half the time/the people; **à la ~ de** halfway through; **à ~** half (*avant le verbe*), half- (*avant l'adjectif*); **à ~ prix** (at) half price

molaire [mɔlɛʀ] *nf* molar

molester [mɔlɛste] /1/ *vt* to manhandle, maul (about)

molle [mɔl] *adj f voir* **mou** • **mollement** *adv* (*péj*: *travailler*) sluggishly; (*protester*) feebly

mollet [mɔlɛ] *nm* calf ▸ *adj m*: **œuf ~** soft-boiled egg

molletonné, e [mɔltɔne] *adj* fleece-lined

mollir [mɔliʀ] /2/ *vi* (*personne*) t relent; (*substance*) to go soft

mollusque [mɔlysk] *nm* mollu

môme [mom] *nm/f* (*fam*: *enfant*) br

oment [mɔmɑ̃] *nm* moment; **:e n'est pas le ~** this is not the ight time; **au même ~** at the ;ame time; (*instant*) at the same noment; **pour un bon ~** for a jood while; **pour le ~** for the noment, for the time being; **au · de** at the time of; **au ~ où** as; **à tout ~** at any time *ou* moment; *continuellement*) constantly, :ontinually; **en ce ~** at the noment; (*aujourd'hui*) at present; **sur le ~** at the time; **par ~s** now and then, at times; **d'un ~ à l'autre** any time (now); **du ~ où** *u* **que** seeing that, since
› **momentané, e** *adj* temporary, nomentary • **momentanément** *adv* for a while
omie [mɔmi] *nf* mummy
on, ma (*pl* **mes**) [mɔ̃, ma, me] *adj poss* my
onaco [mɔnako] *nm*: **le ~** Monaco
onarchie [mɔnaʀʃi] *nf* nonarchy
onastère [mɔnastɛʀ] *nm* nonastery
ondain, e [mɔ̃dɛ̃, -ɛn] *adj soirée, vie*) society *cpd*
onde [mɔ̃d] *nm* world; **le ~** *personnes mondaines*) (high) ociety; **il y a du ~** (*beaucoup de gens*) there are a lot of people; *quelques personnes*) there are ome people; **beaucoup/peu de** · many/few people; **mettre au ~** o bring into the world; **pas le noins du ~** not in the least
mondial, e, -aux *adj population*) world *cpd*; (*influence*) vorld-wide • **mondialement** *adv* hroughout the world
mondialisation *nf* globalization

monégasque [mɔnegask] *adj* Monegasque, of *ou* from Monaco ▶ *nm/f*: **M~** Monegasque
monétaire [mɔnetɛʀ] *adj* monetary
moniteur, -trice [mɔnitœʀ, -tʀis] *nm/f* (*Sport*) instructor (instructress); (*de colonie de vacances*) supervisor ▶ *nm* (*écran*) monitor
monnaie [mɔnɛ] *nf* (*Écon*: *moyen d'échange*) currency; (*petites pièces*): **avoir de la ~** to have (some) change; **faire de la ~** to get (some) change; **avoir/faire la ~ de 20 euros** to have change of/ get change for 20 euros; **rendre à qn la ~ (sur 20 euros)** to give sb the change (from *ou* out of 20 euros)
monologue [mɔnɔlɔg] *nm* monologue, soliloquy
• **monologuer** /1/ *vi* to soliloquize
monopole [mɔnɔpɔl] *nm* monopoly
monotone [mɔnɔtɔn] *adj* monotonous
Monsieur (*pl* **Messieurs**) [məsjø, mesjø] *nm* (*titre*) Mr; **un/le monsieur** (*homme quelconque*) a/ the gentleman; **~, ...** (*en tête de lettre*) Dear Sir, ...; *voir aussi* **Madame**
monstre [mɔ̃stʀ] *nm* monster ▶ *adj* (*fam*: *effet, publicité*) massive; **un travail ~** a fantastic amount of work • **monstrueux, -euse** *adj* monstrous
mont [mɔ̃] *nm*: **par ~s et par vaux** up hill and down dale; **le M~ Blanc** Mont Blanc
montage [mɔ̃taʒ] *nm* (*d'une machine etc*) assembly; (*Photo*) photomontage; (*Ciné*) editing

montagnard, e [mɔ̃taɲaʀ, -aʀd] *adj* mountain *cpd* ▸*nm/f* mountain-dweller

montagne [mɔ̃taɲ] *nf* (*cime*) mountain; (*région*): **la ~** the mountains *pl*; **~s russes** big dipper *sg*, switchback *sg* • **montagneux, -euse** *adj* mountainous; (*basse montagne*) hilly

montant, e [mɔ̃tɑ̃, -ɑ̃t] *adj* rising; (*robe, corsage*) high-necked ▸*nm* (*somme, total*) (sum) total, (total) amount; (*de fenêtre*) upright; (*de lit*) post

monte-charge [mɔ̃tʃaʀʒ] *nm inv* goods lift, hoist

montée [mɔ̃te] *nf* rise; (*escalade*) climb; (*côte*) hill; **au milieu de la ~** halfway up

monter [mɔ̃te] /1/ *vt* (*escalier, côte*) to go (*ou* come) up; (*valise, paquet*) to take (*ou* bring) up; (*étagère*) to raise; (*tente, échafaudage*) to put up; (*machine*) to assemble; (*Ciné*) to edit; (*Théât*) to put on, stage; (*société, coup etc*) to set up ▸*vi* to go (*ou* come) up; (*chemin, niveau, température, voix, prix*) to go up, rise; (*passager*) to get on; **~ à cheval** (*faire du cheval*) to ride (a horse); **~ sur** to climb up onto; **~ sur** *ou* **à un arbre/une échelle** to climb (up) a tree/ ladder; **se ~ à** (*frais etc*) to add up to, come to

montgolfière [mɔ̃gɔlfjɛʀ] *nf* hot-air balloon

montre [mɔ̃tʀ] *nf* watch; **contre la ~** (*Sport*) against the clock

Montréal [mɔ̃ʀeal] *n* Montreal

montrer [mɔ̃tʀe] /1/ *vt* to show; **~ qch à qn** to show sb sth

monture [mɔ̃tyʀ] *nf* (*bête*) mount; (*d'une bague*) setting; (*de lunettes*) frame

monument [mɔnymɑ̃] *nm* monument; **~ aux morts** war memorial

moquer [mɔke] /1/: **se ~ de** *vt* t… make fun of, laugh at; (*fam: se désintéresser de*) not to care abou… (*tromper*): **se ~ de qn** to take sb f… a ride

moquette [mɔkɛt] *nf* fitted carpet

moqueur, -euse [mɔkœʀ, -øz] *adj* mocking

moral, e, -aux [mɔʀal, -o] *adj* moral ▸*nm* morale ▸*nf* (*conduite…*) morals *pl* (*règles*); (*valeurs*) moral standards *pl*, morality; (*d'une fab… etc*) moral; **faire la ~e à** to lectu… preach at • **moralité** *nf* morality… (*conclusion, enseignement*) moral

morceau, x [mɔʀso] *nm* piece, bit; (*d'une œuvre*) passage, extrac… (*Mus*) piece; (*Culin: de viande*) cut (*: de sucre*) lump; **mettre en ~x** t… pull to pieces *ou* bits; **manger un ~** to have a bite (to eat)

morceler [mɔʀsəle] /4/ *vt* to break up, divide up

mordant, e [mɔʀdɑ̃, -ɑ̃t] *adj* (*t… remarque*) scathing, cutting; (*froi…*) biting ▸*nm* (*fougue*) bite, punch

mordiller [mɔʀdije] /1/ *vt* to nibble at, chew at

mordre [mɔʀdʀ] /41/ *vt* to bite ▸*vi* (*poisson*) to bite; **~ sur** (*fig*) t… go over into, overlap into; **~ à l'hameçon** to bite, rise to the ba…

mordu, e [mɔʀdy] *nm/f* enthusiast; **un ~ du jazz/de la voile** a jazz/sailing fanatic *ou* bu…

morfondre [mɔʀfɔ̃dʀ] /41/: **se morfondre** *vi* to mope

orgue [mɔʀg] *nf* (*arrogance*) ıaughtiness; (*lieu: de la police*) norgue; (: *à l'hôpital*) mortuary
orne [mɔʀn] *adj* dismal, dreary
orose [mɔʀoz] *adj* sullen, norose
ors [mɔʀ] *nm* bit
orse [mɔʀs] *nm* (*Zool*) walrus; *Tél*) Morse (code)
orsure [mɔʀsyʀ] *nf* bite
ort¹ [mɔʀ] *nf* death
ort², e [mɔʀ, mɔʀt] *pp de* **nourir** ▸ *adj* dead ▸ *nm/f* *léfunt*) dead man/woman; *victime*): **il y a eu plusieurs ~s** ;everal people were killed; **~ de** **eur/fatigue** frightened to leath/dead tired
ortalité [mɔʀtalite] *nf* nortality, death rate
ortel, le [mɔʀtɛl] *adj* (*poison* *tc*) deadly, lethal; (*accident*, *lessure*) fatal; (*silence, ennemi*) leadly; (*danger, frayeur, péché*) nortal; (*ennui, soirée*) deadly boring)
ort-né, e [mɔʀne] *adj* (*enfant*) ;tillborn
ortuaire [mɔʀtɥɛʀ] *adj*: **avis** **~s** death announcements
orue [mɔʀy] *nf* (*Zool*) cod *inv*
osaïque [mɔzaik] *nf* mosaic
oscou [mɔsku] *n* Moscow
osquée [mɔske] *nf* mosque
ot [mo] *nm* word; (*message*) line, ıote; **~ à ~** word for word; **~ de** **asse** password; **~s croisés** :rossword (puzzle) *sg*
otard [mɔtaʀ] *nm* biker; *policier*) motorcycle cop
ot-dièse *nm* (*Inform: Twitter*) ıashtag
otel [mɔtɛl] *nm* motel

moteur, -trice [mɔtœʀ, -tʀis] *adj* (*Anat, Physiol*) motor; (*Tech*) driving; (*Auto*): **à 4 roues motrices** 4-wheel drive ▸ *nm* engine, motor; **à ~** power-driven, motor *cpd*; **~ de recherche** search engine
motif [mɔtif] *nm* (*cause*) motive; (*décoratif*) design, pattern, motif; **sans ~** groundless
motivation [mɔtivasjɔ̃] *nf* motivation
motiver [mɔtive] /1/ *vt* (*justifier*) to justify, account for; (*Admin, Jur, Psych*) to motivate
moto [moto] *nf* (motor)bike
• **motocycliste** *nm/f* motorcyclist
motorisé, e [mɔtɔʀize] *adj* (*personne*) having one's own transport
motrice [mɔtʀis] *adj f voir* **moteur**
motte [mɔt] *nf*: **~ de terre** lump of earth, clod (of earth); **~ de beurre** lump of butter
mou (mol), molle [mu, mɔl] *adj* soft; (*personne*) sluggish; (*résistance, protestations*) feeble ▸ *nm*: **avoir du ~** to be slack
mouche [muʃ] *nf* fly
moucher [muʃe] /1/: **se moucher** *vi* to blow one's nose
moucheron [muʃʀɔ̃] *nm* midge
mouchoir [muʃwaʀ] *nm* handkerchief, hanky; **~ en papier** tissue, paper hanky
moudre [mudʀ] /47/ *vt* to grind
moue [mu] *nf* pout; **faire la ~** to pout; (*fig*) to pull a face
mouette [mwɛt] *nf* (sea)gull
moufle [mufl] *nf* (*gant*) mitt(en)
mouillé, e [muje] *adj* wet
mouiller [muje] /1/ *vt* (*humecter*) to wet, moisten; (*tremper*):

~ **qn/qch** to make sb/sth wet ▶ *vi* (*Navig*) to lie *ou* be at anchor; **se mouiller** to get wet; (*fam: prendre des risques*) to commit o.s

moulant, e [mulɑ̃, -ɑ̃t] *adj* figure-hugging

moule [mul] *nf* mussel ▶ *nm* (*Culin*) mould; **~ à gâteau** *nm* cake tin (BRIT) *ou* pan (US)

mouler [mule] /1/ *vt* (*vêtement*) to hug, fit closely round

moulin [mulɛ̃] *nm* mill; **~ à café** coffee mill; **~ à eau** watermill; **~ à légumes** (vegetable) shredder; **~ à paroles** (*fig*) chatterbox; **~ à poivre** pepper mill; **~ à vent** windmill

moulinet [mulinɛ] *nm* (*de canne à pêche*) reel; (*mouvement*): **faire des ~s avec qch** to whirl sth around

moulinette® [mulinɛt] *nf* (vegetable) shredder

moulu, e [muly] *pp de* **moudre**

mourant, e [muʀɑ̃, -ɑ̃t] *adj* dying

mourir [muʀiʀ] /1/ *vi* to die; (*civilisation*) to die out; **~ de froid/faim/vieillesse** to die of exposure/hunger/old age; **~ de faim/d'ennui** (*fig*) to be starving/be bored to death; **~ d'envie de faire** to be dying to do

mousse [mus] *nf* (*Bot*) moss; (*de savon*) lather; (*écume: sur eau, bière*) froth, foam; (*Culin*) mousse ▶ *nm* (*Navig*) ship's boy; **~ à raser** shaving foam

mousseline [muslin] *nf* muslin; **pommes ~** creamed potatoes

mousser [muse] /1/ *vi* (*bière, détergent*) to foam; (*savon*) to lather • **mousseux, -euse** *adj* frothy ▶ *nm*: **(vin) mousseux** sparkling wine

mousson [musɔ̃] *nf* monsoon

moustache [mustaʃ] *nf* moustache; **moustaches** *nfpl* (*d'animal*) whiskers *pl* • **moustachu, e** *adj* with a moustache

moustiquaire [mustikɛʀ] *nf* mosquito net

moustique [mustik] *nm* mosquito; **~ tigre** tiger mosquit

moutarde [mutaʀd] *nf* mustar

mouton [mutɔ̃] *nm* sheep *inv*; (*peau*) sheepskin; (*Culin*) mutton

mouvement [muvmɑ̃] *nm* movement; (*geste*) gesture; **avo un bon ~** to make a nice gesture **en ~** in motion; on the move • **mouvementé, e** *adj* (*vie, poursuite*) eventful; (*réunion*) turbulent

mouvoir [muvwaʀ] /27/: **se mouvoir** *vi* to move

moyen, ne [mwajɛ̃, -ɛn] *adj* average; (*tailles, prix*) medium; (*c grandeur moyenne*) medium-sizec ▶ *nm* (*façon*) means *sg*, way ▶ *nf* average; (*Statistique*) mean; (*Sco à l'examen*) pass mark; **moyens** *nmpl* (*capacités*) means; **très ~** (*résultats*) pretty poor; **je n'en ai pas les ~s** I can't afford it; **au ~ c** by means of; **par tous les ~s** by every possible means, every possible way; **par ses propres ~** all by oneself; **~ âge** Middle Ages **~ de transport** means of transport; **~ne d'âge** average age; **~ne entreprise** (*Comm*) medium-sized firm

moyennant [mwajɛnɑ̃] *prép* (*somme*) for; (*service, conditions*) i return for; (*travail, effort*) with

Moyen-Orient [mwajɛnɔʀjɑ̃] *nm*: **le ~** the Middle East

·yeu, x [mwajø] *nm* hub
;T *sigle f (= maladie sexuellement* *ansmissible)* STD
ı, mue [my] *pp de* **mouvoir**
ıer [mɥe] /1/ *vi (oiseau,* *ammifère)* to moult; *(serpent)* to ough (its skin); *(jeune garçon)*: **mue** his voice is breaking
ıet, te [mɥɛ, -ɛt] *adj* dumb; *(fig)*: **d'admiration** *etc* speechless ith admiration *etc*; *(Ciné)* silent *nm/f* mute
ıfle [myfl] *nm* muzzle; *(goujat)* oor
ıgir [myʒiʀ] /2/ *vi (bœuf)* bellow; *(vache)* to low; *(fig)* howl
ıguet [mygɛ] *nm* lily of the alley
ıle [myl] *nf (Zool)* (she-)mule
ılet [mylɛ] *nm (Zool)* (he-)mule; *oisson)* mullet
ıltinational, e, -aux ıyltinasjɔnal, -o] *adj, nf* ultinational
ıltiple [myltipl] *adj* multiple, ımerous; *(varié)* many, manifold
multiplication *nf* ultiplication • **multiplier** /7/ *vt* multiply; **se multiplier** *vi* to ultiply
ıltitâche [myltitaʃ] *adj (aussi* *form)* multitasking
ınicipal, e, -aux [mynisipal, -o] *ij (élections, stade)* municipal; *onseil)* town *cpd*; **piscine/** **bliothèque ~e** public vimming pool/library
municipalité *nf (corps* *unicipal)* town council; *ɔmmune)* municipality
ınir [myniʀ] /2/ *vt*: **~ qn/qch** to equip sb/sth with; **se ~ de** provide o.s. with

munitions [mynisjɔ̃] *nfpl* ammunition *sg*
mur [myʀ] *nm* wall; **~ (payant)** *(Inform)* paywall; **~ du son** sound barrier
mûr, e [myʀ] *adj* ripe; *(personne)* mature
muraille [myʀɑj] *nf* (high) wall
mural, e, -aux [myʀal, -o] *adj* wall *cpd* ▸ *nm (Art)* mural
mûre [myʀ] *nf* blackberry
muret [myʀɛ] *nm* low wall
mûrir [myʀiʀ] /2/ *vi (fruit, blé)* to ripen; *(abcès, furoncle)* to come to a head; *(fig: idée, personne)* to mature ▸ *vt (personne)* to (make) mature; *(pensée, projet)* to nurture
murmure [myʀmyʀ] *nm* murmur • **murmurer** /1/ *vi* to murmur
muscade [myskad] *nf (aussi:* **noix (de) ~**) nutmeg
muscat [myska] *nm (raisin)* muscat grape; *(vin)* muscatel (wine)
muscle [myskl] *nm* muscle • **musclé, e** *adj* muscular; *(fig)* strong-arm *cpd*
museau, x [myzo] *nm* muzzle; *(Culin)* brawn
musée [myze] *nm* museum; *(de peinture)* art gallery
museler [myzle] /4/ *vt* to muzzle • **muselière** *nf* muzzle
musette [myzɛt] *nf (sac)* lunch bag
musical, e, -aux [myzikal, -o] *adj* musical
music-hall [myzikol] *nm (salle)* variety theatre; *(genre)* variety
musicien, ne [myzisjɛ̃, -ɛn] *adj* musical ▸ *nm/f* musician
musique [myzik] *nf* music

m

musulman, e [myzylmɑ̃, -an] *adj, nm/f* Moslem, Muslim
mutation [mytasjɔ̃] *nf* (*Admin*) transfer
muter [myte] /1/ *vt* to transfer, move
mutilé, e [mytile] *nm/f* disabled person (*through loss of limbs*)
mutiler [mytile] /1/ *vt* to mutilate, maim
mutin, e [mytɛ̃, -in] *adj* (*enfant, air, ton*) mischievous, impish ▸ *nm/f* (*Mil, Navig*) mutineer • **mutinerie** *nf* mutiny
mutisme [mytism] *nm* silence
mutuel, le [mytɥɛl] *adj* mutual ▸ *nf* mutual benefit society
myope [mjɔp] *adj* short-sighted
myosotis [mjɔzɔtis] *nm* forget-me-not
myrtille [miʀtij] *nf* blueberry
mystère [mistɛʀ] *nm* mystery • **mystérieux, -euse** *adj* mysterious
mystifier [mistifje] /7/ *vt* to fool
mythe [mit] *nm* myth
mythologie [mitɔlɔʒi] *nf* mythology

n

n' [n] *adv voir* **ne**
nacre [nakʀ] *nf* mother-of-pea
nage [naʒ] *nf* swimming; (*mani* style of swimming, stroke; **traverser/s'éloigner à la ~** to swim across/away; **en ~** bathe in sweat • **nageoire** *nf* fin • **nager** /3/ *vi* to swim • **nageu -euse** *nm/f* swimmer
naïf, -ïve [naif, naiv] *adj* naïve
nain, e [nɛ̃, nɛn] *nm/f* dwarf (!)
naissance [nɛsɑ̃s] *nf* birth; **donner ~ à** to give birth to; (*fig* give rise to; **lieu de ~** place of bi
naître [nɛtʀ] /59/ *vi* to be born (*conflit, complications*): **~ de** to arise from, be born out of; **je su né en 1960** I was born in 1960; **faire ~** (*fig*) to give rise to, arous
naïveté [naivte] *nf* naivety
nana [nana] *nf* (*fam: fille*) bird (BRIT), chick
nappe [nap] *nf* tablecloth; (*de pétrole, gaz*) layer • **napperon** *n* table-mat
narguer [naʀge] /1/ *vt* to taun
narine [naʀin] *nf* nostril
natal, e [natal] *adj* native • **natalité** *nf* birth rate

ıtation [natasjɔ̃] *nf* swimming
ıtif, -ive [natif, -iv] *adj* native
ıtion [nasjɔ̃] *nf* nation
national, e, -aux *adj* national
▸ *nf*: **(route) nationale** ≈ A road
3RIT), ≈ state highway (US)
nationaliser /1/ *vt* to nationalize
nationalisme *nm* nationalism
nationalité *nf* nationality
ıtte [nat] *nf* (*tapis*) mat;
:heveux) plait
ıturaliser [natyʀalize] /1/ *vt*
o naturalize
ıture [natyʀ] *nf* nature ▸ *adj*,
dv (*Culin*) plain, without
easoning or sweetening; (*café*,
hé) black; without sugar; (*yaourt*)
ıatural; **payer en ~** to pay in kind;
· **morte** still-life • **naturel, le** *adj*
ıatural ▸ *nm* naturalness;
caractère) disposition, nature
naturellement *adv* naturally;
bien sûr) of course
ufrage [nofʀaʒ] *nm* (ship)wreck;
ıire ~ to be shipwrecked
ıusée [noze] *nf* nausea; **avoir**
a ~ to feel sick
ıutique [notik] *adj* nautical,
vater *cpd*; **sports ~s** water sports
ıval, e [naval] *adj* naval;
ndustrie) shipbuilding
ıvet [navɛ] *nm* turnip; (*péj*: *film*)
hird-rate film
ıvette [navɛt] *nf* shuttle; **faire**
a ~ (entre) to go to and fro
between)
ıvigateur [navigatœʀ] *nm*
Navig) seafarer; (*Inform*) browser
ıvigation [navigasjɔ̃] *nf*
ıavigation, sailing
ıviguer [navige] /1/ *vi* to
avigate, sail; **~ sur Internet** to
rowse the Internet
ıvire [naviʀ] *nm* ship

navrer [navʀe] /1/ *vt* to upset, distress; **je suis navré (de/de faire/que)** I'm so sorry (for/for doing/that)
ne, n' [nə, n] *adv voir* **pas¹**; **plus²**; **jamais** *etc*; (*sans valeur négative, non traduit*): **c'est plus loin que je ne le croyais** it's further than I thought
né, e [ne] *pp de* **naître**; **né en 1960** born in 1960; **née Scott** née Scott
néanmoins [neɑ̃mwɛ̃] *adv* nevertheless
néant [neɑ̃] *nm* nothingness; **réduire à ~** to bring to nought; (*espoir*) to dash
nécessaire [nesesɛʀ] *adj* necessary ▸ *nm* necessary; (*sac*) kit; **faire le ~** to do the necessary; **~ de couture** sewing kit; **~ de toilette** toilet bag • **nécessité** *nf* necessity • **nécessiter** /1/ *vt* to require
nectar [nɛktaʀ] *nm* nectar
néerlandais, e [neɛʀlɑ̃dɛ, -ɛz] *adj* Dutch
nef [nɛf] *nf* (*d'église*) nave
néfaste [nefast] *adj* (*nuisible*) harmful; (*funeste*) ill-fated
négatif, -ive [negatif, -iv] *adj* negative ▸ *nm* (*Photo*) negative
négligé, e [negliʒe] *adj* (*en désordre*) slovenly ▸ *nm* (*tenue*) negligee
négligeable [negliʒabl] *adj* negligible
négligent, e [negliʒɑ̃, -ɑ̃t] *adj* careless; negligent
négliger [negliʒe] /3/ *vt* (*épouse, jardin*) to neglect; (*tenue*) to be careless about; (*avis, précautions*) to disregard; **~ de faire** to fail to do, not bother to do

négociant, e [negɔsjɑ̃, -jɑ̃t] *nm/f* merchant
négociation [negɔsjasjɔ̃] *nf* negotiation
négocier [negɔsje] /7/ *vi, vt* to negotiate
nègre [nɛgʀ] *nm* (*péj*) Negro (!); (*écrivain*) ghost writer
neige [nɛʒ] *nf* snow • **neiger** /3/ *vi* to snow
nénuphar [nenyfaʀ] *nm* water-lily
néon [neɔ̃] *nm* neon
néo-zélandais, e [neɔzelɑ̃dɛ, -ɛz] *adj* New Zealand *cpd* ▸ *nm/f*: **N~, e** New Zealander
Népal [nepal] *nm*: **le ~** Nepal
nerf [nɛʀ] *nm* nerve; **être** *ou* **vivre sur les ~s** to live on one's nerves • **nerveux, -euse** *adj* nervous; (*irritable*) touchy, nervy; (*voiture*) nippy, responsive • **nervosité** *nf* excitability, tenseness
n'est-ce pas [nɛspɑ] *adv* isn't it?, won't you? *etc* (*selon le verbe qui précède*)
net, nette [nɛt] *adj* (*sans équivoque, distinct*) clear; (*amélioration, différence*) marked, distinct; (*propre*) neat, clean; (*Comm: prix, salaire, poids*) net ▸ *adv* (*refuser*) flatly ▸ *nm*: **mettre au ~** to copy out; **s'arrêter ~** to stop dead • **nettement** *adv* clearly; (*incontestablement*) decidedly • **netteté** *nf* clearness
nettoyage [netwajaʒ] *nm* cleaning; **~ à sec** dry cleaning
nettoyer [netwaje] /8/ *vt* to clean
neuf[1] [nœf] *num* nine
neuf[2]**, neuve** [nœf, nœv] *adj* new; **remettre à ~** to do up (as good as new), refurbish; **quoi de ~?** what's new?
neutre [nøtʀ] *adj* (*Ling*) neuter
neuve [nœv] *adj f voir* **neuf**[2]
neuvième [nœvjɛm] *num* nintl
neveu, x [nəvø] *nm* nephew
New York [njujɔʀk] *n* New Yor
nez [ne] *nm* nose; **avoir du ~** to have flair; **~ à ~ avec** face to fac with
ni [ni] *conj*: **ni ... ni** neither ... no **je n'aime ni les lentilles ni les épinards** I like neither lentils no spinach; **il n'a dit ni oui ni non** he didn't say either yes or no; **ell ne sont venues ni l'une ni l'autre** neither of them came; **il n'a rien vu ni entendu** he didn't see or hear anything
niche [niʃ] *nf* (*du chien*) kennel; (*de mur*) recess, niche • **nicher** / *vi* to nest
nid [ni] *nm* nest; **~ de poule** pothole
nièce [njɛs] *nf* niece
nier [nje] /7/ *vt* to deny
Nil [nil] *nm*: **le ~** the Nile
n'importe [nɛ̃pɔʀt] *adv*: **~ qui/ quoi/où** anybody/anything/ anywhere; **~ quand** any time; **~ quel/quelle** any; **~ lequel/ laquelle** any (one); **~ comment** (*sans soin*) carelessly
niveau, x [nivo] *nm* level; (*des élèves, études*) standard; **~ de vie** standard of living
niveler [nivle] /4/ *vt* to level
noble [nɔbl] *adj* noble • **nobless** *nf* nobility; (*d'une action etc*) nobleness
noce [nɔs] *nf* wedding; (*gens*) wedding party (*ou* guests *pl*); **faire la ~** (*fam*) to go on a binge; **~s d'or/d'argent/de diamant** golden/silver/diamond weddin
nocif, -ive [nɔsif, -iv] *adj* harm

octurne [nɔktyʀn] *adj* nocturnal ▸ *nf* late opening
oël [nɔɛl] *nm* Christmas
eud [nø] *nm* knot; (*ruban*) bow; **· papillon** bow tie
oir, e [nwaʀ] *adj* black; (*obscur, ombre*) dark ▸ *nm/f* black man/ woman ▸ *nm*: **dans le ~** in the dark ▸ *nf* (*Mus*) crotchet (BRIT), quarter note (US); **travailler au ~** to work on the side • **noircir** /2/ *vt, vi* to blacken
oisette [nwazɛt] *nf* hazelnut
oix [nwa] *nf* walnut; (*Culin*): **une · de beurre** a knob of butter; **à la · (*fam*)** worthless; **~ de cajou** cashew nut; **~ de coco** coconut; **· muscade** nutmeg
om [nɔ̃] *nm* name; (*Ling*) noun; **· de famille** surname; **~ de jeune fille** maiden name; **· d'utilisateur** username
omade [nɔmad] *nm/f* nomad
ombre [nɔ̃bʀ] *nm* number; **venir en ~** to come in large numbers; **depuis ~ d'années** for many years; **au ~ de mes amis** among my friends • **nombreux, euse** *adj* many, numerous; (*avec nom sg: foule etc*) large; **peu nombreux** few; **de nombreux cas** many cases
ombril [nɔ̃bʀi(l)] *nm* navel
ommer [nɔme] /1/ *vt* to name; (*élire*) to appoint, nominate; **se nommer** *vr*: **il se nomme Pascal** his name's Pascal, he's called Pascal
on [nɔ̃] *adv* (*réponse*) no; (*suivi d'un adjectif, adverbe*) not; **Paul est venu, ~?** Paul came, didn't he?; **· pas que** not that; **moi ~ plus** neither do I, I don't either; **je pense que ~** I don't think so; **· alcoolisé** non-alcoholic
nonchalant, e [nɔ̃ʃalɑ̃, -ɑ̃t] *adj* nonchalant
non-fumeur, -euse [nɔ̃fymœʀ, -øz] *nm/f* non-smoker
non-sens [nɔ̃sɑ̃s] *nm* absurdity
nord [nɔʀ] *nm* North ▸ *adj* northern; north; **au ~** (*situation*) in the north; (*direction*) to the north; **au ~ de** to the north of • **nord-africain, e** *adj* North-African ▸ *nm/f*: **Nord-Africain, e** North African • **nord-est** *nm* North-East • **nord-ouest** *nm* North-West
normal, e, -aux [nɔʀmal, -o] *adj* normal ▸ *nf*: **la ~e** the norm, the average; **c'est tout à fait ~** it's perfectly natural; **vous trouvez ça ~?** does it seem right to you? • **normalement** *adv* (*en général*) normally
normand, e [nɔʀmɑ̃, -ɑ̃d] *adj* Norman ▸ *nm/f*: **N~, e** (*de Normandie*) Norman
Normandie [nɔʀmɑ̃di] *nf*: **la ~** Normandy
norme [nɔʀm] *nf* norm; (*Tech*) standard
Norvège [nɔʀvɛʒ] *nf*: **la ~** Norway • **norvégien, ne** *adj* Norwegian ▸ *nm* (*Ling*) Norwegian ▸ *nm/f*: **Norvégien, ne** Norwegian
nos [no] *adj poss voir* **notre**
nostalgie [nɔstalʒi] *nf* nostalgia • **nostalgique** *adj* nostalgic
notable [nɔtabl] *adj* notable, noteworthy; (*marqué*) noticeable, marked ▸ *nm* prominent citizen
notaire [nɔtɛʀ] *nm* solicitor
notamment [nɔtamɑ̃] *adv* in particular, among others
note [nɔt] *nf* (*écrite, Mus*) note; (*Scol*) mark (BRIT), grade; (*facture*) bill; **~ de service** memorandum

noter [nɔte] /1/ *vt* (*écrire*) to write down; (*remarquer*) to note, notice; (*devoir*) to mark, give a grade to

notice [nɔtis] *nf* summary, short article; (*brochure*): **~ explicative** explanatory leaflet, instruction booklet

notifier [nɔtifje] /7/ *vt*: **~ qch à qn** to notify sb of sth, notify sth to sb

notion [nosjɔ̃] *nf* notion, idea

notoire [nɔtwaʀ] *adj* widely known; (*en mal*) notorious

notre (*pl* **nos**) [nɔtʀ(ə), no] *adj poss* our

nôtre [notʀ] *adj* ours ▸ *pron*: **le/la ~** ours; **les ~s** ours; (*alliés etc*) our own people; **soyez des ~s** join us

nouer [nwe] /1/ *vt* to tie, knot; (*fig: alliance etc*) to strike up

noueux, -euse [nwø, -øz] *adj* gnarled

nourrice [nuʀis] *nf* ≈ child-minder

nourrir [nuʀiʀ] /2/ *vt* to feed; (*fig: espoir*) to harbour, nurse • **nourrissant, e** *adj* nutritious • **nourrisson** *nm* (unweaned) infant • **nourriture** *nf* food

nous [nu] *pron* (*sujet*) we; (*objet*) us • **nous-mêmes** *pron* ourselves

nouveau (nouvel), -elle, x [nuvo, -ɛl] *adj* new ▸ *nm/f* new pupil (*ou* employee) ▸ *nm*: **il y a du ~** there's something new ▸ *nf* (piece of) news *sg*; (*Littérature*) short story; **nouvelles** *nfpl* (*Presse, TV*) news; **de ~ à ~** again; **je suis sans nouvelles de lui** I haven't heard from him; **Nouvel An** New Year; **~ venu, nouvelle venue** newcomer; **~x mariés** newly-weds • **nouveau-né, e** *nm/f* newborn (baby); • **nouveauté** *nf* novelty; (*chose nouvelle*) something new

nouvelle: • Nouvelle-Calédon [nuvɛlkaledɔni] *nf*: **la Nouvelle-Calédonie** New Caledonia • **Nouvelle-Zélande** [nuvɛlzelɑ̃d] *nf*: **la Nouvelle-Zélande** New Zealand

novembre [nɔvɑ̃bʀ] *nm* November; *voir aussi* **juillet**

> **Le 11 novembre** is a public holiday in France and commemorates those who died for France in all wars.

noyade [nwajad] *nf* drowning nc

noyau, x [nwajo] *nm* (*de fruit*) stone; (*Bio, Physique*) nucleus; (*fi centre*) core

noyer [nwaje] /8/ *nm* walnut (tree); (*bois*) walnut ▸ *vt* to drov (*moteur*) to flood; **se noyer** to be drowned, drown; (*suicide*) to drown o.s.

nu, e [ny] *adj* naked; (*membres*) naked, bare; (*chambre, fil, plaine*) bare ▸ *nm* (*Art*) nude; **tout nu** stark naked; **se mettre nu** to strip

nuage [nɥaʒ] *nm* (*aussi Inform*) cloud; **informatique en ~** clouc computing; • **nuageux, -euse** *adj* cloudy

nuance [nɥɑ̃s] *nf* (*de couleur, sen* shade; **il y a une ~ (entre)** there a slight difference (between) • **nuancer** /3/ *vt* (*pensée, opinior* to qualify

nucléaire [nykleɛʀ] *adj* nuclea ▸ *nm*: **le ~** nuclear power

nudiste [nydist] *nm/f* nudist

nuée [nɥe] *nf*: **une ~ de** a cloud host *ou* swarm of

ire [nɥiʀ] /38/ vi to be harmful;
à to harm, do damage to
nuisible [nɥizibl] adj harmful;
animal) nuisible pest
it [nɥi] nf night; il fait ~ it's
ark; cette ~ (hier) last night;
aujourd'hui) tonight; de ~ (vol,
ervice) night cpd; ~ blanche
leepless night
l, nulle [nyl] adj (aucun) no;
minime) nil, non-existent; (non
alable) null; (péj) useless,
opeless ▶ pron none, no one;
ésultat ~, match ~ draw; nulle
art nowhere • nullement adv
y no means
mérique [nymeʀik] adj
umerical; (affichage, son,
élévision) digital
méro [nymeʀo] nm number;
spectacle) act, turn; (Presse) issue,
umber; ~ de téléphone
tele)phone number; ~ vert
Freefone® number (BRIT),
toll-free number (US)
numéroter /1/ vt to number
que [nyk] nf nape of the neck
-tête [nytɛt] adj inv
areheaded
tritif, -ive [nytʀitif, -iv] adj
besoins, valeur) nutritional;
aliment) nutritious, nourishing
lon [nilɔ̃] nm nylon

O

oasis [ɔazis] nm ou f oasis
obéir [ɔbeiʀ] /2/ vi to obey; **~ à** to obey • **obéissance** nf obedience • **obéissant, e** adj obedient
obèse [ɔbɛz] adj obese • **obésité** nf obesity
objecter [ɔbʒɛkte] /1/ vt: **~ (à qn) que** to object (to sb) that • **objecteur** nm: **objecteur de conscience** conscientious objector
objectif, -ive [ɔbʒɛktif, -iv] adj objective ▶ nm (Optique, Photo) lens sg; (Mil, fig) objective
objection [ɔbʒɛksjɔ̃] nf objection
objectivité [ɔbʒɛktivite] nf objectivity
objet [ɔbʒɛ] nm object; (d'une discussion, recherche) subject; **être** ou **faire l'~ de** (discussion) to be the subject of; (soins) to be given ou shown; **sans ~** purposeless; (sans fondement) groundless; **~ d'art** objet d'art; **~s personnels** personal items; **~s trouvés** lost property sg (BRIT), lost-and-found sg (US); **~s de valeur** valuables
obligation [ɔbligasjɔ̃] nf obligation; (Comm) bond,

debenture • **obligatoire** *adj* compulsory, obligatory • **obligatoirement** *adv* necessarily; (*fam: sans aucun doute*) inevitably
obliger [ɔbliʒe] /3/ *vt* (*contraindre*): **~ qn à faire** to force *ou* oblige sb to do; **je suis bien obligé (de le faire)** I have to (do it)
oblique [ɔblik] *adj* oblique; **en ~** diagonally
oblitérer [ɔbliteʀe] /6/ *vt* (*timbre-poste*) to cancel
obnubiler [ɔbnybile] /1/ *vt* to obsess
obscène [ɔpsɛn] *adj* obscene
obscur, e [ɔpskyʀ] *adj* dark; (*raisons*) obscure • **obscurcir** /2/ *vt* to darken; (*fig*) to obscure; **s'obscurcir** *vi* to grow dark • **obscurité** *nf* darkness; **dans l'obscurité** in the dark, in darkness
obsédé, e [ɔpsede] *nm/f* fanatic; **~(e) sexuel(le)** sex maniac
obséder [ɔpsede] /6/ *vt* to obsess, haunt
obsèques [ɔpsɛk] *nfpl* funeral *sg*
observateur, -trice [ɔpsɛʀvatœʀ, -tʀis] *adj* observant, perceptive ▸ *nm/f* observer
observation [ɔpsɛʀvasjɔ̃] *nf* observation; (*d'un règlement etc*) observance; (*reproche*) reproof; **en ~** (*Méd*) under observation
observatoire [ɔpsɛʀvatwaʀ] *nm* observatory
observer [ɔpsɛʀve] /1/ *vt* (*regarder*) to observe, watch; (*scientifiquement, aussi: règlement, jeûne etc*) to observe; (*surveiller*) to watch; (*remarquer*) to observe, notice; **faire ~ qch à qn** (*dire*) to point out sth to sb
obsession [ɔpsesjɔ̃] *nf* obsessic
obstacle [ɔpstakl] *nm* obstacle (*Équitation*) jump, hurdle; **faire ~ à** (*projet*) to hinder, put obstac in the path of
obstiné, e [ɔpstine] *adj* obstinate
obstiner [ɔpstine] /1/: **s'obstiner** *vi* to insist, dig one's heels in; **s'~ à faire** to persist (obstinately) in doing
obstruer [ɔpstʀye] /1/ *vt* to block, obstruct
obtenir [ɔptəniʀ] /22/ *vt* to obtain, get; (*résultat*) to achieve obtain; **~ de pouvoir faire** to obtain permission to do
obturateur [ɔptyʀatœʀ] *nm* (*Photo*) shutter
obus [ɔby] *nm* shell
occasion [ɔkazjɔ̃] *nf* (*aubaine, possibilité*) opportunity; (*circonstance*) occasion; (*Comm: article non neuf*) secondhand bu (*: acquisition avantageuse*) bargai **à plusieurs ~s** on several occasions; **à l'~** sometimes, on occasions; **d'~** secondhand • **occasionnel, le** *adj* occasiona
occasionner [ɔkazjɔne] /1/ *vt* to cause
occident [ɔksidɑ̃] *nm*: **l'O~** the West • **occidental, e, -aux** *adj* western; (*Pol*) Western ▸ *nm/f* Westerner
occupation [ɔkypasjɔ̃] *nf* occupation
occupé, e [ɔkype] *adj* (*Mil, Pol*) occupied; (*personne*) busy; (*place sièges*) taken; (*toilettes*) engaged **la ligne est ~e** the line's engage (BRIT) *ou* busy (US)

:cuper [ɔkype] /1/ *vt* to occupy; *oste, fonction*) to hold; **s'~ (à :h)** to occupy o.s *ou* keep o.s. ısy (with sth); **s'~ de** (*être sponsable de*) to be in charge of; *e charger de: affaire*) to take arge of, deal with; (*: clients etc*) attend to
:currence [ɔkyʀɑ̃s] *nf*: **en l'~** this case
éan [ɔseɑ̃] *nm* ocean
:et [ɔktɛ] *nm* byte
:obre [ɔktɔbʀ] *nm* October
ıliste [ɔkylist] *nm/f* eye ecialist
eur [ɔdœʀ] *nf* smell
ieux, -euse [ɔdjø, -øz] *adj* ateful
orant, e [ɔdɔʀɑ̃, -ɑ̃t] *adj* veet-smelling, fragrant
orat [ɔdɔʀa] *nm* (sense of) smell
[œj] (*pl* **yeux**) *nm* eye; **avoir ı ~ poché** *ou* **au beurre noir** to ıve a black eye; **à l'~** (*fam*) for ee; **à l'~ nu** with the naked eye; **rmer les yeux (sur)** (*fig*) to turn olind eye (to); **les yeux fermés** *ussi fig*) with one's eyes shut; **ıvrir l'~** (*fig*) to keep one's eyes oen *ou* an eye out
llères [œjɛʀ] *nfpl* blinkers *RIT*), blinders (*US*)
llet [œjɛ] *nm* (*Bot*) carnation
:f [œf] *nm* egg; **~ à la coque/ ır/mollet** boiled/hard-boiled/ ıft-boiled egg; **~ au plat/poché** ed/poached egg; **~s brouillés** rambled eggs; **~ de Pâques** ıster egg
ıvre [œvʀ] *nf* (*tâche*) task, ıdertaking; (*ouvrage achevé, livre, bleau etc*) work; (*ensemble de la oduction artistique*) works *pl* *nm* (*Constr*): **le gros ~** the shell; **mettre en ~** (*moyens*) to make use of; **~ d'art** work of art; **~s de bienfaisance** charitable works
offense [ɔfɑ̃s] *nf* insult • **offenser** /1/ *vt* to offend, hurt; **s'offenser de** *vi* to take offence (*BRIT*) *ou* offense (*US*) at
offert, e [ɔfɛʀ, -ɛʀt] *pp de* **offrir**
office [ɔfis] *nm* (*agence*) bureau, agency; (*Rel*) service ▶ *nm ou f* (*pièce*) pantry; **faire ~ de** to act as; **d'~** automatically; **~ du tourisme** tourist office
officiel, le [ɔfisjɛl] *adj, nm/f* official
officier [ɔfisje] /7/ *nm* officer
officieux, -euse [ɔfisjø, -øz] *adj* unofficial
offrande [ɔfʀɑ̃d] *nf* offering
offre [ɔfʀ] *nf* offer; (*aux enchères*) bid; (*Admin: soumission*) tender; (*Écon*): **l'~ et la demande** supply and demand; **~ d'emploi** job advertised; **"~s d'emploi"** "situations vacant"; **~ publique d'achat (OPA)** takeover bid
offrir [ɔfʀiʀ] /18/ *vt*: **~ (à qn)** to offer (to sb); (*faire cadeau*) to give to (sb); **s'offrir**, *vt* (*vacances, voiture*) to treat o.s. to; **~ (à qn) de faire qch** to offer to do sth (for sb); **~ à boire à qn** (*chez soi*) to offer sb a drink; **je vous offre un verre** I'll buy you a drink
OGM *sigle m* (= *organisme génétiquement modifié*) GMO
oie [wa] *nf* (*Zool*) goose
oignon [ɔɲɔ̃] *nm* onion; (*de tulipe etc*) bulb
oiseau, x [wazo] *nm* bird; **~ de proie** bird of prey
oisif, -ive [wazif, -iv] *adj* idle
oléoduc [ɔleɔdyk] *nm* (oil) pipeline

olive [ɔliv] *nf* (*Bot*) olive • **olivier** *nm* olive (tree)
OLP *sigle f* (= *Organisation de libération de la Palestine*) PLO
olympique [ɔlɛ̃pik] *adj* Olympic
ombragé, e [ɔ̃bʀaʒe] *adj* shaded, shady
ombre [ɔ̃bʀ] *nf* (*espace non ensoleillé*) shade; (*ombre portée, tache*) shadow; **à l'~** in the shade; **dans l'~** (*fig*) in the dark; **~ à paupières** eye shadow
omelette [ɔmlɛt] *nf* omelette; **~ norvégienne** baked Alaska
omettre [ɔmɛtʀ] /56/ *vt* to omit, leave out
omoplate [ɔmɔplat] *nf* shoulder blade

on [ɔ̃]

pron **1** (*indéterminé*) you, one; **on peut le faire ainsi** you *ou* one can do it like this, it can be done like this
2 (*quelqu'un*): **on les a attaqués** they were attacked; **on vous demande au téléphone** there's a phone call for you, you're wanted on the phone
3 (*nous*) we; **on va y aller demain** we're going tomorrow
4 (*les gens*) they; **autrefois, on croyait ...** they used to believe ...
5: **on ne peut plus** *adv*: **on ne peut plus stupide** as stupid as can be

oncle [ɔ̃kl] *nm* uncle
onctueux, -euse [ɔ̃ktɥø, -øz] *adj* creamy; smooth
onde [ɔ̃d] *nf* wave; **~s courtes (OC)** short wave *sg*; **~s moyennes (OM)** medium wave *sg*; **grandes ~s (GO), ~s longues (OL)** long wave *sg*
ondée [ɔ̃de] *nf* shower
on-dit [ɔ̃di] *nm inv* rumour
onduler [ɔ̃dyle] /1/ *vi* to undulate; (*cheveux*) to wave
onéreux, -euse [ɔneʀø, -øz] *a* costly
ongle [ɔ̃gl] *nm* nail
ont [ɔ̃] *vb voir* **avoir**
ONU *sigle f* (= *Organisation des Nations unies*) UN(O)
onze ['ɔ̃z] *num* eleven • **onzièm** *num* eleventh
OPA *sigle f* = **offre publique d'achat**
opaque [ɔpak] *adj* opaque
opéra [ɔpeʀa] *nm* opera; (*édific* opera house
opérateur, -trice [ɔpeʀatœʀ -tʀis] *nm/f* operator; **~ (de pris de vues)** cameraman
opération [ɔpeʀasjɔ̃] *nf* operation; (*Comm*) dealing
opératoire [ɔpeʀatwaʀ] *adj* (*choc etc*) post-operative
opérer [ɔpeʀe] /6/ *vt* (*Méd*) to operate on; (*faire, exécuter*) to ca out, make ▶ *vi* (*remède: faire effe* to act, work; (*Méd*) to operate; **s'opérer** *vi* (*avoir lieu*) to occur, take place; **se faire ~** to have a operation
opérette [ɔpeʀɛt] *nf* operetta, light opera
opinion [ɔpinjɔ̃] *nf* opinion; **l'~ (publique)** public opinion
opportun, e [ɔpɔʀtœ̃, -yn] *ad* timely, opportune • **opportuniste** [ɔpɔʀtynist] *nm/f* opportunist
opposant, e [ɔpozɑ̃, -ɑ̃t] *nm/f* opponent
opposé, e [ɔpoze] *adj* (*directior rive*) opposite; (*faction*) opposin (*opinions, intérêts*) conflicting;

:ontre): **~ à** opposed to, against *nm*: **l'~** the other *ou* opposite de (*ou* direction); (*contraire*) the pposite; **à l'~** (*fig*) on the other and; **à l'~ de** (*fig*) contrary to, nlike
poser [ɔpoze] /1/ *vt* (*personnes, rmées, équipes*) to oppose; :*ouleurs, termes, tons*) to contrast; **qch à** (*comme obstacle, défense*) ɔ set sth against; (*comme bjection*) to put sth forward gainst; **s'opposer** *vi* (*équipes*) to onfront each other; (*opinions*) to onflict; (*couleurs, styles*) to ontrast; **s'~ à** (*interdire, empêcher*) ɔ oppose
position [ɔpozisjɔ̃] *nf* pposition; **par ~ à** as opposed ɔ; **entrer en ~ avec** to come into onflict with; **faire ~ à un hèque** to stop a cheque
pressant, e [ɔpʀesɑ̃, -ɑ̃t] *adj* ppressive
presser [ɔpʀese] /1/ *vt* to ppress • **oppression** *nf* ppression
primer [ɔpʀime] /1/ *vt* to ppress
ter [ɔpte] /1/ *vi*: **~ pour** to opt ɔr; **~ entre** to choose between
ticien, ne [ɔptisjɛ̃, -ɛn] *nm/f* ptician
timisme [ɔptimism] *nm* ptimism • **optimiste** [ɔptimist] *dj* optimistic ▸ *nm/f* optimist
tion [ɔpsjɔ̃] *nf* option; **matière ~** (*Scol*) optional subject
tique [ɔptik] *adj* (*nerf*) optic; *verres*) optical ▸ *nf* (*fig*: *manière de oir*) perspective
[ɔʀ] *nm* gold ▸ *conj* now, but; **en r** gold *cpd*; **une affaire en or** a eal bargain; **il croyait gagner or il a perdu** he was sure he would win and yet he lost
orage [ɔʀaʒ] *nm* (thunder)storm • **orageux, -euse** *adj* stormy
oral, e, -aux [ɔʀal, -o] *adj* oral; (*Méd*): **par voie ~e** orally ▸ *nm* oral
orange [ɔʀɑ̃ʒ] *adj inv, nf* orange • **orangé, e** *adj* orangey, orange-coloured • **orangeade** *nf* orangeade • **oranger** *nm* orange tree
orateur [ɔʀatœʀ] *nm* speaker
orbite [ɔʀbit] *nf* (*Anat*) (eye-)socket; (*Physique*) orbit
Orcades [ɔʀkad] *nfpl*: **les ~** the Orkneys, the Orkney Islands
orchestre [ɔʀkɛstʀ] *nm* orchestra; (*de jazz, danse*) band; (*places*) stalls *pl* (BRIT), orchestra (US)
orchidée [ɔʀkide] *nf* orchid
ordinaire [ɔʀdinɛʀ] *adj* ordinary; (*modèle, qualité*) standard; (*péj*: *commun*) common ▸ *nm* ordinary; (*menus*) everyday fare ▸ *nf* (*essence*) ≈ two-star (petrol) (BRIT), ≈ regular (gas) (US); **d'~** usually, normally; **comme à l'~** as usual
ordinateur [ɔʀdinatœʀ] *nm* computer; **~ individuel** *ou* **personnel** personal computer; **~ portable** laptop (computer)
ordonnance [ɔʀdɔnɑ̃s] *nf* (*Méd*) prescription; (*Mil*) orderly, batman (BRIT)
ordonné, e [ɔʀdɔne] *adj* tidy, orderly
ordonner [ɔʀdɔne] /1/ *vt* (*agencer*) to organize, arrange; (*donner un ordre*): **~ à qn de faire** to order sb to do; (*Rel*) to ordain; (*Méd*) to prescribe

O

ordre [ɔʀdʀ] *nm* order; (*propreté et soin*) orderliness, tidiness; **à l'~ de** payable to; (*nature*): **d'~ pratique** of a practical nature; **ordres** *nmpl* (*Rel*) holy orders; **mettre en ~** to tidy (up), put in order; **par ~ alphabétique/d'importance** in alphabetical order/in order of importance; **être aux ~s de qn/sous les ~s de qn** to be at sb's disposal/under sb's command; **jusqu'à nouvel ~** until further notice; **de premier ~** first-rate; **~ du jour** (*d'une réunion*) agenda; **à l'~ du jour** (*fig*) topical; **~ public** law and order

ordure [ɔʀdyʀ] *nf* filth *no pl*; **ordures** *nfpl* (*balayures, déchets*) rubbish *sg*, refuse *sg*; **~s ménagères** household refuse

oreille [ɔʀɛj] *nf* ear; **avoir de l'~** to have a good ear (for music)

oreiller [ɔʀeje] *nm* pillow

oreillons [ɔʀɛjɔ̃] *nmpl* mumps *sg*

ores [ɔʀ]: **d'~ et déjà** *adv* already

orfèvrerie [ɔʀfɛvʀəʀi] *nf* goldsmith's (*ou* silversmith's) trade; (*ouvrage*) (silver *ou* gold) plate

organe [ɔʀgan] *nm* organ; (*porte-parole*) representative, mouthpiece

organigramme [ɔʀganigʀam] *nm* (*hiérarchique, structure*) organization chart; (*des opérations*) flow chart

organique [ɔʀganik] *adj* organic

organisateur, -trice [ɔʀganizatœʀ, -tʀis] *nm/f* organizer

organisation [ɔʀganizasjɔ̃] *nf* organization; **O~ des Nations unies (ONU)** United Nations (Organization) (UN(O))

organiser [ɔʀganize] /1/ *vt* to organize; (*mettre sur pied: service etc*) to set up; **s'organiser** to get organized

organisme [ɔʀganism] *nm* (*Bi*...) organism; (*corps humain*) body; (*Admin, Pol etc*) body

organiste [ɔʀganist] *nm/f* organist

orgasme [ɔʀgasm] *nm* orgasm; climax

orge [ɔʀʒ] *nf* barley

orgue [ɔʀg] *nm* organ

orgueil [ɔʀgœj] *nm* pride • **orgueilleux, -euse** *adj* proud

oriental, e, -aux [ɔʀjɑ̃tal, -o] *adj* (*langue, produit*) oriental; (*frontière*) eastern

orientation [ɔʀjɑ̃tasjɔ̃] *nf* (*de recherches*) orientation; (*d'une maison etc*) aspect; (*d'un journal*) leanings *pl*; **avoir le sens de l'~** have a (good) sense of direction **~ professionnelle** careers advisory service

orienté, e [ɔʀjɑ̃te] *adj* (*fig: artic... journal*) slanted; **bien/mal ~** (*appartement*) well/badly positioned; **~ au sud** facing south, with a southern aspect

orienter [ɔʀjɑ̃te] /1/ *vt* (*tourner: antenne*) to direct, turn; (*: voyageur, touriste, recherches*) to direct; (*fig: élève*) to orientate; **s'orienter** (*se repérer*) to find one's bearings; **s'~ vers** (*fig*) to turn towards

origan [ɔʀigɑ̃] *nm* oregano

originaire [ɔʀiʒinɛʀ] *adj*: **être ~ de** to be a native of

original, e, -aux [ɔʀiʒinal, -o] *adj* original; (*bizarre*) eccentric ▸ *nm/f* eccentric ▸ *nm* (*document etc, Art*) original

igine [ɔʀiʒin] *nf* origin; **rigines** *nfpl* (*d'une personne*) rigins; **d'~** (*pays*) of origin; (*pneus tc*) original; **d'~ française** of rench origin; **à l'~** originally
originel, le *adj* original
me [ɔʀm] *nm* elm
nement [ɔʀnəmɑ̃] *nm* rnament
ner [ɔʀne] /1/ *vt* to decorate, dorn
nière [ɔʀnjɛʀ] *nf* rut
phelin, e [ɔʀfəlɛ̃, -in] *adj* rphan(ed) ▸ *nm/f* orphan; **~ de ère/mère** fatherless/ notherless • **orphelinat** *nm* rphanage
teil [ɔʀtɛj] *nm* toe; **gros ~** big oe
thographe [ɔʀtɔgʀaf] *nf* pelling
tie [ɔʀti] *nf* (stinging) nettle
[ɔs] *nm* bone; **os à moelle** narrowbone
ciller [ɔsile] /1/ *vi* (*au vent etc*) o rock; (*fig*): **~ entre** to waver *ou* uctuate between
é, e [oze] *adj* daring, bold
eille [ozɛj] *nf* sorrel
er [oze] /1/ *vi, vt* to dare; **~ faire** o dare (to) do
ier [ozje] *nm* willow; **d'~, en ~** vicker(work) *cpd*
seux, -euse [ɔsø, -øz] *adj* ony; (*tissu, maladie, greffe*) bone od
age [ɔtaʒ] *nm* hostage; **rendre qn comme ~** to take sb ostage
TAN *sigle f* (= *Organisation du raité de l'Atlantique Nord*) NATO
arie [ɔtaʀi] *nf* sea-lion
er [ote] /1/ *vt* to remove; *soustraire*) to take away; **~ qch à qn** to take sth (away) from sb; **~ qch de** to remove sth from
otite [ɔtit] *nf* ear infection
ou [u] *conj* or; **ou ... ou** either ... or; **ou bien** or (else)

où [u]

▸ *pron relatif* **1** (*position, situation*) where, that (*souvent omis*); **la chambre où il était** the room (that) he was in, the room where he was; **la ville où je l'ai rencontré** the town where I met him; **la pièce d'où il est sorti** the room he came out of; **le village d'où je viens** the village I come from; **les villes par où il est passé** the towns he went through
2 (*temps, état*) that (*souvent omis*); **le jour où il est parti** the day (that) he left; **au prix où c'est** at the price it is
▸ *adv* **1** (*interrogation*) where; **où est-il/va-t-il?** where is he/is he going?; **par où?** which way?; **d'où vient que ...?** how come ...?
2 (*position*) where; **je sais où il est** I know where he is; **où que l'on aille** wherever you go

ouate [wat] *nf* cotton wool (BRIT), cotton (US)
oubli [ubli] *nm* (*acte*): **l'~ de** forgetting; (*trou de mémoire*) lapse of memory; (*négligence*) omission, oversight; **tomber dans l'~** to sink into oblivion; **le droit à l'~** (*Internet, Méd*) the right to be forgotten
oublier [ublije] /7/ *vt* to forget; (*ne pas voir: erreurs etc*) to miss; (*laisser quelque part: chapeau etc*) to leave behind

ouest [wɛst] *nm* west ▸ *adj inv* west; (*région*) western; **à l'~** in the west; (*direction*) (to the) west, westwards; **à l'~ de** (to the) west of
ouf [uf] *excl* phew!
oui [wi] *adv* yes
ouï-dire ['widiʀ]: **par ~** *adv* by hearsay
ouïe [wi] *nf* hearing; **ouïes** *nfpl* (*de poisson*) gills
ouragan [uʀagɑ̃] *nm* hurricane
ourlet [uʀlɛ] *nm* hem
ours [uʀs] *nm* bear; **~ brun/blanc** brown/polar bear; **~ (en peluche)** teddy (bear)
oursin [uʀsɛ̃] *nm* sea urchin
ourson [uʀsɔ̃] *nm* (bear-)cub
ouste [ust] *excl* hop it!
outil [uti] *nm* tool • **outiller** /1/ *vt* to equip
outrage [utʀaʒ] *nm* insult; **~ à la pudeur** indecent behaviour *no pl*
outrance [utʀɑ̃s]: **à ~** *adv* excessively, to excess
outre [utʀ] *prép* besides ▸ *adv*: **passer ~ à** to disregard, take no notice of; **en ~** besides, moreover; **~ mesure** to excess; (*manger, boire*) immoderately • **outre-Atlantique** *adv* across the Atlantic • **outre-mer** *adv* overseas
ouvert, e [uvɛʀ, -ɛʀt] *pp de* **ouvrir** ▸ *adj* open; (*robinet, gaz etc*) on • **ouvertement** *adv* openly • **ouverture** *nf* opening; (*Mus*) overture; **ouverture d'esprit** open-mindedness; **heures d'ouverture** (*Comm*) opening hours
ouvrable [uvʀabl] *adj*: **jour ~** working day, weekday
ouvrage [uvʀaʒ] *nm* (*tâche, de tricot etc*) work *no pl*; (*texte, livre*) work
ouvre-boîte(s) [uvʀəbwat] *n* *inv* tin (BRIT) *ou* can opener
ouvre-bouteille(s) [uvʀəbut *nm inv* bottle-opener
ouvreuse [uvʀøz] *nf* usherette
ouvrier, -ière [uvʀije, -jɛʀ] *nm* worker ▸ *adj* working-class; (*problèmes, conflit*) industrial; (*mouvement*) labour *cpd*; **classe ouvrière** working class
ouvrir [uvʀiʀ] /18/ *vt* (*gén*) to open; (*brèche, passage*) to open u (*commencer l'exploitation de, créer* to open (up); (*eau, électricité, chauffage, robinet*) to turn on; (*Méd: abcès*) to open up, cut ope ▸ *vi* to open; to open up; **s'ouvri** *vi* to open; **s'~ à qn (de qch)** to open one's heart to sb (about st **~ l'appétit à qn** to whet sb's appetite
ovaire [ɔvɛʀ] *nm* ovary
ovale [ɔval] *adj* oval
OVNI *sigle m* (= *objet volant non identifié*) UFO
oxyder [ɔkside] /1/: **s'oxyder** *v* to become oxidized
oxygéné, e [ɔksiʒene] *adj*: **eau ~e** hydrogen peroxide
oxygène [ɔksiʒɛn] *nm* oxygen
ozone [ozon] *nm* ozone; **trou dans la couche d'~** hole in the ozone layer

p

:ifique [pasifik] *adj* peaceful
ım: **le P~, l'océan P~** the Pacific
•cean)
:k [pak] *nm* pack
:otille [pakɔtij] *nf* cheap junk *pl*
:S *sigle m* (= *pacte civil de*
lidarité) ≈ civil partnership
ɔacser /1/: **se pacser** *vi* ≈ to
rm a civil partnership
:te [pakt] *nm* pact, treaty
ʒaille [pagaj] *nf* mess,
ambles *sg*
ʒe [paʒ] *nf* page ▸ *nm* page
oy); **à la ~** (*fig*) up-to-date;
d'accueil (*Inform*) home page;
Neb (*Inform*) web page
'en, ne [pajɛ̃, -ɛn] *adj, nm/f*
ıgan, heathen
llasson [pajasɔ̃] *nm* doormat
lle [paj] *nf* straw
n [pɛ̃] *nm* (*substance*) bread;
nité) loaf (of bread); (*morceau*):
de cire *etc* bar of wax *etc*; **~ bis/**
•mplet brown/wholemeal
RIT) *ou* wholewheat (*US*) bread;
d'épice ≈ gingerbread; **~ grillé**
ast; **~ de mie** sandwich loaf;
au chocolat pain au chocolat;
aux raisins currant pastry

pair, e [pɛʀ] *adj* (*nombre*) even ▸ *nm* peer; **aller de ~ (avec)** to go hand in hand *ou* together (with); **jeune fille au ~** au pair • **paire** *nf* pair
paisible [pezibl] *adj* peaceful, quiet
paix [pɛ] *nf* peace; **faire la ~ avec** to make peace with; **fiche-lui la ~!** (*fam*) leave him alone!
Pakistan [pakistɑ̃] *nm*: **le ~** Pakistan
palais [palɛ] *nm* palace; (*Anat*) palate
pâle [pɑl] *adj* pale; **bleu ~** pale blue
Palestine [palɛstin] *nf*: **la ~** Palestine
palette [palɛt] *nf* (*de peintre*) palette; (*de produits*) range
pâleur [pɑlœʀ] *nf* paleness
palier [palje] *nm* (*d'escalier*) landing; (*fig*) level, plateau; **par ~s** in stages
pâlir [pɑliʀ] /2/ *vi* to turn *ou* go pale; (*couleur*) to fade
pallier [palje] /7/ *vt*: **~ à** to offset, make up for
palme [palm] *nf* (*de plongeur*) flipper • **palmé, e** [palme] *adj* (*pattes*) webbed
palmier [palmje] *nm* palm tree; (*gâteau*) *heart-shaped biscuit made of flaky pastry*
pâlot, te [pɑlo, -ɔt] *adj* pale, peaky
palourde [paluʀd] *nf* clam
palper [palpe] /1/ *vt* to feel, finger
palpitant, e [palpitɑ̃, -ɑ̃t] *adj* thrilling
palpiter [palpite] /1/ *vi* (*cœur, pouls*) to beat; (*: plus fort*) to pound, throb

paludisme [palydism] *nm* malaria
pamphlet [pɑ̃flɛ] *nm* lampoon, satirical tract
pamplemousse [pɑ̃pləmus] *nm* grapefruit
pan [pɑ̃] *nm* section, piece ▶ *excl* bang!
panache [panaʃ] *nm* plume; (*fig*) spirit, panache
panaché, e [panaʃe] *nm* (*bière*) shandy; **glace ~e** mixed ice cream
pancarte [pɑ̃kaʀt] *nf* sign, notice
pancréas [pɑ̃kʀeɑs] *nm* pancreas
pandémie [pɑ̃demi] *nf* pandemic
pané, e [pane] *adj* fried in breadcrumbs
panier [panje] *nm* basket; **mettre au ~** to chuck away; **~ à provisions** shopping basket • **panier-repas** *nm* packed lunch
panique [panik] *adj* panicky ▶ *nf* panic • **paniquer** /1/ *vi* to panic
panne [pan] *nf* breakdown; **être/tomber en ~** to have broken down/break down; **être en ~ d'essence** *ou* **en ~ sèche** to have run out of petrol (BRIT) *ou* gas (US); **~ d'électricité** *ou* **de courant** power *ou* electrical failure
panneau, x [pano] *nm* (*écriteau*) sign, notice; **~ d'affichage** notice (BRIT) *ou* bulletin (US) board; **~ indicateur** signpost; **~ de signalisation** roadsign
panoplie [panɔpli] *nf* (*jouet*) outfit; (*d'armes*) display; (*fig*) array
panorama [panɔʀama] *nm* panorama
panse [pɑ̃s] *nf* paunch
pansement [pɑ̃smɑ̃] *nm* dressing, bandage; **~ adhésif** sticking plaster

pantacourt [pɑ̃takuʀ] *nm* cropped trousers *pl*
pantalon [pɑ̃talɔ̃] *nm* trousers (BRIT), pants *pl* (US), pair of trousers *ou* pants; **~ de ski** ski pants *pl*
panthère [pɑ̃tɛʀ] *nf* panther
pantin [pɑ̃tɛ̃] *nm* puppet
pantoufle [pɑ̃tufl] *nf* slipper
paon [pɑ̃] *nm* peacock
papa [papa] *nm* dad(dy)
pape [pap] *nm* pope
paperasse [papʀas] *nf* (*péj*) bu *no pl*, papers *pl* • **paperasserie** (*péj*) red tape *no pl*; paperwork *n*
papeterie [papɛtʀi] *nf* (*magas* stationer's (shop) (BRIT)
papi [papi] *nm* (*fam*) granddad
papier [papje] *nm* paper; (*artic* article; **papiers** *nmpl* (*aussi*: **~s d'identité**) (identity) papers; **~ (d')aluminium** aluminium (BRIT) *ou* aluminum (US) foil, tinfoil; **~ calque** tracing paper; **~ hygiénique** *ou* **(de) toilette** toilet paper; **~ journal** newspaper; **~ à lettres** writinc paper, notepaper; **~ peint** wallpaper; **~ de verre** sandpar
papillon [papijɔ̃] *nm* butterfly (*fam: contravention*) (parking) ticket; **~ de nuit** moth
papillote [papijɔt] *nf*: **en ~** cooked in tinfoil
papoter [papɔte] /1/ *vi* to chat
paquebot [pakbo] *nm* liner
pâquerette [pɑkʀɛt] *nf* daisy
Pâques [pɑk] *nm, nfpl* Easter

In France, Easter eggs are said t be brought by the Easter bells c **cloches de Pâques** which fly from Rome and drop the eggs i people's gardens.

quet [pakɛ] *nm* packet; (*colis*) ırcel; (*fig: tas*): **~ de** pile *ou* heap **• paquet-cadeau** *nm* ft-wrapped parcel

r [paʀ] *prép* by; **finir** *etc* **~** to end :with; **~ amour** out of love; **asser ~ Lyon/la côte** to go via through Lyons/along by the ɔast; **~ la fenêtre** (*jeter, regarder*) ıt of the window; **trois ~ jour/ ersonne** three a *ou* per day/ ɛad; **deux ~ deux** in twos; **~ ici** is way; (*dans le coin*) round here; **ci, ~-là** here and there; **~ temps pluie** in wet weather

rabolique [paʀabɔlik] *adj*: **ıtenne ~** satellite dish

rachute [paʀaʃyt] *nm* ırachute **• parachutiste** aʀaʃytist] *nm/f* parachutist; *il*) paratrooper

rade [paʀad] *nf* (*spectacle, filé*) parade; (*Escrime, Boxe*) parry

radis [paʀadi] *nm* heaven, ıradise

radoxe [paʀadɔks] *nm* ıradox

raffine [paʀafin] *nf* paraffin

rages [paʀaʒ] *nmpl*: **dans les (de)** in the area *ou* vicinity (of)

ragraphe [paʀagʀaf] *nm* ıragraph

raître [paʀɛtʀ] /57/ *vb copule* seem, look, appear ▶ *vi* to ɔpear; (*être visible*) to show; *resse, Édition*) to be published, me out, appear ▶ *vb impers*: **il araît que** it seems *ou* appears at

allèle [paʀalɛl] *adj* parallel; *ɔlice, marché*) unofficial ▶ *nm ɔmparaison*): **faire un ~ entre** draw a parallel between ▶ *nf* ırallel (line)

paralympique [paʀalɛ̃pik] *adj* Paralympic

paralyser [paʀalize] /1/ *vt* to paralyze

paramédical, e, -aux [paʀamedikal, -o] *adj*: **personnel ~** paramedics *pl*, paramedical workers *pl*

paraphrase [paʀafʀɑz] *nf* paraphrase

parapluie [paʀaplɥi] *nm* umbrella

parasite [paʀazit] *nm* parasite; **parasites** *nmpl* (*Tél*) interference *sg*

parasol [paʀasɔl] *nm* parasol, sunshade

paratonnerre [paʀatɔnɛʀ] *nm* lightning conductor

parc [paʀk] *nm* (public) park, gardens *pl*; (*de château etc*) grounds *pl*; (*d'enfant*) playpen; **~ d'attractions** amusement park; **~ éolien** wind farm; **~ de stationnement** car park; **~ à thème** theme park

parcelle [paʀsɛl] *nf* fragment, scrap; (*de terrain*) plot, parcel

parce que [paʀsk] *conj* because

parchemin [paʀʃəmɛ̃] *nm* parchment

parc(o)mètre [paʀk(ɔ)mɛtʀ] *nm* parking meter

parcourir [paʀkuʀiʀ] /11/ *vt* (*trajet, distance*) to cover; (*article, livre*) to skim *ou* glance through; (*lieu*) to go all over, travel up and down; (*frisson, vibration*) to run through

parcours [paʀkuʀ] *nm* (*trajet*) journey; (*itinéraire*) route

par-dessous [paʀdəsu] *prép, adv* under(neath)

pardessus [paʀdəsy] *nm* overcoat

par-dessus [pardəsy] *prép* over (the top of) ▸ *adv* over (the top); **~ le marché** on top of it all; **~ tout** above all; **en avoir ~ la tête** to have had enough

par-devant [pardəvɑ̃] *adv* (*passer*) round the front

pardon [pardɔ̃] *nm* forgiveness *no pl* ▸ *excl* (I'm) sorry; (*pour interpeller etc*) excuse me; **demander ~ à qn (de)** to apologize to sb (for); **je vous demande ~** I'm sorry; (*pour interpeller*) excuse me • **pardonner** /1/ *vt* to forgive; **pardonner qch à qn** to forgive sb for sth

pare: • pare-brise *nm inv* windscreen (BRIT), windshield (US) • **pare-chocs** *nm inv* bumper • **pare-feu** *nm inv* (*de foyer*) fireguard; (*Inform*) firewall ▸ *adj inv*

pareil, le [parɛj] *adj* (*identique*) the same, alike; (*similaire*) similar; (*tel*): **un courage/livre ~** such courage/a book, courage/a book like this; **de ~s livres** such books; **faire ~** to do the same (thing); **~ à** the same as; similar to; **sans ~** unparalleled, unequalled

parent, e [parɑ̃, -ɑ̃t] *nm/f*: **un/une ~/e** a relative *ou* relation; **parents** *nmpl* (*père et mère*) parents • **parenté** *nf* (*lien*) relationship

parenthèse [parɑ̃tɛz] *nf* (*ponctuation*) bracket, parenthesis; (*digression*) parenthesis, digression; **entre ~s** in brackets; (*fig*) incidentally

paresse [parɛs] *nf* laziness • **paresseux, -euse** *adj* lazy

parfait, e [parfɛ, -ɛt] *adj* perfect ▸ *nm* (*Ling*) perfect (tense) • **parfaitement** *adv* perfectly ▸ *excl* (most) certainly

parfois [parfwa] *adv* sometim

parfum [parfœ̃] *nm* (*produit*) perfume, scent; (*odeur: de fleur*) scent, fragrance; (*goût*) flavour • **parfumé, e** *adj* (*fleur, fruit*) fragrant; (*femme*) perfumed; **parfumé au café** coffee-flavoured (BRIT) *ou* -flavored (U • **parfumer** /1/ *vt* (*odeur, bouqu* to perfume; (*crème, gâteau*) to flavour • **parfumerie** *nf* (*produ* perfumes; (*boutique*) perfume shop (BRIT) *ou* store (US)

pari [pari] *nm* bet • **parier** /7/ to bet

Paris [pari] *n* Paris • **parisien,** *adj* Parisian; (*Géo, Admin*) Paris c ▸ *nm/f*: **Parisien, ne** Parisian

parité [parite] *nf*: **~ hommes-femmes** (*Pol*) balanced representation of men and women

parjure [parʒyr] *nm* perjury

parking [parkiŋ] *nm* (*lieu*) car park (BRIT), parking lot (US)

> ⚠ Attention à ne pas traduir *parking* par le mot anglais *parking*.

parlant, e [parlɑ̃, -ɑ̃t] *adj* (*comparaison, preuve*) eloquent; (*Ciné*) talking

parlement [parləmɑ̃] *nm* parliament • **parlementaire** *a* parliamentary ▸ *nm/f* ≈ Memb of Parliament (BRIT) *ou* Congre (US)

parler [parle] /1/ *vi* to speak, t (*avouer*) to talk; **~ (à qn) de** to t *ou* speak (to sb) about; **~ le/en français** to speak French/in Frer **~ affaires** to talk business;

ans ~ de (*fig*) not to mention, to
ay nothing of; **tu parles!** (*bien*
ûr) you bet!
rloir [paʀlwaʀ] *nm* (*d'une*
rison, d'un hôpital) visiting room
rmi [paʀmi] *prép* among(st)
roi [paʀwa] *nf* wall; (*cloison*)
artition
roisse [paʀwas] *nf* parish
role [paʀɔl] *nf* (*mot, promesse*)
ord; (*faculté*): **la ~** speech;
aroles *nfpl* (*Mus*) words, lyrics;
enir ~ to keep one's word;
rendre la ~ to speak;
emander la ~ to ask for
ermission to speak; **je le crois**
ur ~ I'll take his word for it
rquet [paʀkɛ] *nm* (parquet)
oor; (*Jur*) public prosecutor's
ffice; **le ~ (général)** ≈ the Bench
rrain [paʀɛ̃] *nm* godfather
parrainer /1/ *vt* (*nouvel adhérent*)
 sponsor
rs [paʀ] *vb voir* **partir**
rsemer [paʀsəme] /5/ *vt*
euilles, papiers) to be scattered
ver; **~ qch de** to scatter sth
ith
rt [paʀ] *nf* (*qui revient à qn*)
hare; (*fraction, partie*) part;
rendre ~ à (*débat etc*) to take
art in; (*soucis, douleur de qn*) to
hare in; **faire ~ de qch à qn** to
nnounce sth to sb, inform sb of
h; **pour ma ~** as for me, as far as
n concerned; **à ~ entière** full;
e la ~ de (*au nom de*) on behalf of;
onné par) from; **de toute(s) ~(s)**
om all sides *ou* quarters; **de ~ et**
autre on both sides, on either
de; **d'une ~ ... d'autre ~** on the
ne hand ... on the other hand;
autre ~ (*de plus*) moreover; **à ~**
dv separately; (*de côté*) aside; *prép*
apart from, except for; **faire la**
~ des choses to make allowances
partage [paʀtaʒ] *nm* sharing
(out) *no pl*, share-out; dividing up
partager [paʀtaʒe] /3/ *vt* to
share; (*distribuer, répartir*) to share
(out); (*morceler, diviser*) to divide
(up); **se partager** *vt* (*héritage etc*)
to share between themselves (*ou*
ourselves *etc*)
partenaire [paʀtənɛʀ] *nm/f*
partner
parterre [paʀtɛʀ] *nm* (*de fleurs*)
(flower) bed; (*Théât*) stalls *pl*
parti [paʀti] *nm* (*Pol*) party;
(*décision*) course of action;
(*personne à marier*) match; **tirer**
~ de to take advantage of, turn to
good account; **prendre ~ (pour/**
contre) to take sides *ou* a stand
(for/against); **~ pris** bias
partial, e, -aux [paʀsjal, -o] *adj*
biased, partial
participant, e [paʀtisipɑ̃, -ɑ̃t]
nm/f participant; (*à un concours*)
entrant
participation [paʀtisipasjɔ̃] *nf*
participation; (*financière*)
contribution
participer [paʀtisipe] /1/: **~ à** *vt*
(*course, réunion*) to take part in;
(*frais etc*) to contribute to;
(*chagrin, succès de qn*) to share (in)
particularité [paʀtikylaʀite] *nf*
(*distinctive*) characteristic
particule [paʀtikyl] *nf* particle;
~s fines fine particulate matter
particulier, -ière [paʀtikylje,
-jɛʀ] *adj* (*personnel, privé*) private;
(*étrange*) peculiar, odd; (*spécial*)
special, particular; (*spécifique*)
particular ▸ *nm* (*individu: Admin*)
private individual; **~ à** peculiar to;
en ~ (*surtout*) in particular,

particularly; (*en privé*) in private
• particulièrement *adv* particularly

partie [paʀti] *nf* (*gén*) part; (*Jur etc: protagonistes*) party; (*de cartes, tennis etc*) game; **une ~ de campagne/de pêche** an outing in the country/a fishing party *ou* trip; **en ~** partly, in part; **faire ~ de** (*chose*) to be part of; **prendre qn à ~** to take sb to task; **en grande ~** largely, in the main; **~ civile** (*Jur*) *party claiming damages in a criminal case*

partiel, le [paʀsjɛl] *adj* partial ▶ *nm* (*Scol*) class exam

partir [paʀtiʀ] /16/ *vi* (*gén*) to go; (*quitter*) to go, leave; (*tache*) to go, come out; **~ de** (*lieu*) (*quitter*) to leave; (*commencer à*) to start from; **~ pour/à** (*lieu, pays etc*) to leave for/go off to; **à ~ de** from

partisan, e [paʀtizɑ̃, -an] *nm/f* partisan; **être ~ de qch/faire** to be in favour (BRIT) *ou* favor (US) of sth/doing

partition [paʀtisjɔ̃] *nf* (*Mus*) score

partout [paʀtu] *adv* everywhere; **~ où il allait** everywhere *ou* wherever he went

paru [paʀy] *pp de* **paraître**

parution [paʀysjɔ̃] *nf* publication

parvenir [paʀvəniʀ] /22/: **~ à** *vt* (*atteindre*) to reach; (*réussir*): **~ à faire** to manage to do, succeed in doing; **faire ~ qch à qn** to have sth sent to sb

pas¹ [pɑ]

adv **1** (*en corrélation avec ne, non etc*) not; **il ne pleure pas** (*habituellement*) he does not *ou* doesn't cry; (*maintenant*) he's no[t] *ou* isn't crying; **il n'a pas pleuré/ne pleurera pas** he did not *ou* didn't/will not *ou* won't cry; **ils n'ont pas de voiture/d'enfants** they haven['t] got a car/any children; **il m'a di[t] de ne pas le faire** he told me not to do it; **non pas que ...** no[t] that ..

2 (*employé sans ne etc*): **pas moi** not me, I don't (*ou* can't *etc*); **ell[e] travaille, (mais) lui pas** *ou* **pas lui** she works but he doesn't *ou* does not; **une pomme pas mûre** an apple which isn't ripe; **pas du tout** not at all; **pas de sucre, merci** no sugar, thanks; **ceci est à vous ou pas?** is this yours or not?, is this yours or isn't it?

3: **pas mal** (*joli: personne, maison*) not bad; **pas mal fait** not badly done *ou* made; **comment ça va? — pas mal** how are things? — not bad; **pas mal de** quite a lot of

pas² [pɑ] *nm* (*enjambée, Danse*) step; (*bruit*) (foot)step; (*trace*) footprint; (*allure, mesure*) pace; **~ à ~** step by step; **au ~** at a walking pace; **marcher à gran[ds] ~** to stride along; **à ~ de loup** stealthily; **faire les cent ~** to pa[ce] up and down; **faire les premier[s] ~** to make the first move; **sur le ~ de la porte** on the doorstep

passage [pasaʒ] *nm* (*fait de passer*); *voir* **passer**; (*lieu, prix de traversée, extrait de livre etc*) passage; (*chemin*) way; **de ~** (*touristes*) passing through; **~ clouté** pedestrian crossing; **"~ interdit"** "no entry"; **~ à**

veau level (BRIT) *ou* grade (US)
ossing; **~ souterrain** subway
RIT), underpass
ssager, -ère [pasaʒe, -ɛʀ] *adj*
ıssing ▶ *nm/f* passenger
ssant, e [pasɑ̃, -ɑ̃t] *adj* (*rue,*
droit) busy ▶ *nm/f* passer-by;
marquer qch en ~ to notice sth
passing
se [pɑs] *nf* (*Sport*) pass; (*Navig*)
annel; **être en ~ de faire** to be
the way to doing; **être dans**
ne mauvaise ~ to be going
rough a bad patch
ssé, e [pase] *adj* (*événement,*
mps) past; (*dernier: semaine etc*)
st; (*couleur, tapisserie*) faded
prép after ▶ *nm* past; (*Ling*) past
ense); **~ de mode** out of
shion; **~ composé** perfect
ense); **~ simple** past historic
sse-partout [pɑspaʀtu] *nm*
master *ou* skeleton key ▶ *adj*
all-purpose
sseport [pɑspɔʀ] *nm* passport
sser [pɑse] /1/ *vi* (*se rendre, aller*)
go; (*voiture, piétons: défiler*) to
ss (by), go by; (*facteur, laitier etc*)
come, call; (*pour rendre visite*) to
ll *ou* drop in; (*film, émission*) to be
; (*temps, jours*) to pass, go by;
uleur, papier) to fade; (*mode*) to
e out; (*douleur*) to pass, go away;
col): **~ dans la classe**
périeure to go up (to the next
ass) ▶ *vt* (*frontière, rivière etc*) to
oss; (*douane*) to go through;
amen) to sit, take; (*visite*
édicale etc) to have; (*journée,*
mps) to spend; **~ qch à qn** (*sel*
) to pass sth to sb; (*prêter*) to
nd sb sth; (*lettre, message*) to
ss sth on to sb; (*tolérer*) to let sb
t away with sth; (*enfiler:*
ement) to slip on; (*film, pièce*) to
show, put on; (*disque*) to play, put on; (*commande*) to place; (*marché, accord*) to agree on; **se passer** *vi* (*avoir lieu: scène, action*) to take place; (*se dérouler: entretien etc*) to go; (*arriver*): **que s'est-il passé?** what happened?; (*s'écouler: semaine etc*) to pass, go by; **se ~ de** to go *ou* do without; **~ par** to go through; **~ avant qch/qn** (*fig*) to come before sth/sb; **~ un coup de fil à qn** (*fam*) to give sb a ring; **laisser ~** (*air, lumière, personne*) to let through; (*occasion*) to let slip, miss; (*erreur*) to overlook; **~ à la radio/télévision** to be on the radio/on television; **~ à table** to sit down to eat; **~ au salon** to go through to *ou* into the sitting room; **~ son tour** to miss one's turn; **~ la seconde** (*Auto*) to change into second; **~ le balai/l'aspirateur** to sweep up/hoover; **je vous passe M. Dupont** (*je vous mets en communication avec lui*) I'm putting you through to Mr Dupont; (*je lui passe l'appareil*) here is Mr Dupont, I'll hand you over to Mr Dupont

passerelle [pɑsʀɛl] *nf* footbridge; (*de navire, avion*) gangway

passe-temps [pɑstɑ̃] *nm inv* pastime

passif, -ive [pasif, -iv] *adj* passive

passion [pasjɔ̃] *nf* passion
• **passionnant, e** *adj* fascinating
• **passionné, e** *adj* (*personne, tempérament*) passionate; (*description, récit*) impassioned; **être passionné de** *ou* **pour qch** to have a passion for sth
• **passionner** /1/ *vt* (*personne*) to fascinate, grip

passoire [paswaʀ] *nf* sieve; (*à légumes*) colander; (*à thé*) strainer
pastèque [pastɛk] *nf* watermelon
pasteur [pastœʀ] *nm* (*protestant*) minister, pastor
pastille [pastij] *nf* (*à sucer*) lozenge, pastille
patate [patat] *nf* spud; **~ douce** sweet potato
patauger [patoʒe] /3/ *vi* to splash about
pâte [pɑt] *nf* (*à tarte*) pastry; (*à pain*) dough; (*à frire*) batter; **pâtes** *nfpl* (*macaroni etc*) pasta *sg*; **~ d'amandes** almond paste, marzipan; **~ brisée** shortcrust (BRIT) *ou* pie crust (US) pastry; **~ à choux/feuilletée** choux/puff *ou* flaky (BRIT) pastry; **~ de fruits** crystallized fruit *no pl*; **~ à modeler** modelling clay, Plasticine® (BRIT)
pâté [pɑte] *nm* (*charcuterie*) pâté; (*tache*) ink blot; (*de sable*) sandpie; **~ (en croûte)** ≈ meat pie; **~ de maisons** block (of houses)
pâtée [pɑte] *nf* mash, feed
patente [patɑ̃t] *nf* (*Comm*) trading licence (BRIT) *ou* license (US)
paternel, le [patɛʀnɛl] *adj* (*amour, soins*) fatherly; (*ligne, autorité*) paternal
pâteux, -euse [pɑtø, -øz] *adj* pasty; **avoir la bouche** *ou* **langue pâteuse** to have a furred (BRIT) *ou* coated tongue
pathétique [patetik] *adj* moving
patience [pasjɑ̃s] *nf* patience
patient, e [pasjɑ̃, -ɑ̃t] *adj, nm/f* patient • **patienter** /1/ *vi* to wait
patin [patɛ̃] *nm* skate; (*sport*) skating; **~s (à glace)** (ice) skates; **~s à roulettes** roller skates
patinage [patinaʒ] *nm* skatin
patiner [patine] /1/ *vi* to skate (*roue, voiture*) to spin; **se patine** (*meuble, cuir*) to acquire a sheen • **patineur, -euse** *nm/f* skater • **patinoire** *nf* skating rink, (ice rink
pâtir [pɑtiʀ] /2/: **~ de** *vt* to suff because of
pâtisserie [pɑtisʀi] *nf* (*boutiq* cake shop; (*à la maison*) pastry-cake-making, baking; **pâtisser** *nfpl* (*gâteaux*) pastries, cakes • **pâtissier, -ière** *nm/f* pastrycook
patois [patwa] *nm* dialect, pat
patrie [patʀi] *nf* homeland
patrimoine [patʀimwan] *nm* (*culture*) heritage

> Once a year, important public buildings are open to the publi for a weekend. During these **Journées du Patrimoine**, the are guided visits and talks base on a particular theme.

patriotique [patʀijɔtik] *adj* patriotic
patron, ne [patʀɔ̃, -ɔn] *nm/f* boss; (*Rel*) patron saint ▸ *nm* (*Couture*) pattern • **patronat** *n* employers *pl* • **patronner** /1/ *v* to sponsor, support
patrouille [patʀuj] *nf* patrol
patte [pat] *nf* (*jambe*) leg; (*pied: chien, chat*) paw; (*: d'oiseau*) foot
pâturage [pɑtyʀaʒ] *nm* pastu
paume [pom] *nf* palm
paumé, e [pome] *nm/f* (*fam*) drop-out
paupière [popjɛʀ] *nf* eyelid
pause [poz] *nf* (*arrêt*) break; (*en parlant, Mus*) pause; **~ de midi** lunch break

uvre [povʀ] *adj* poor; **les ~s** ıe poor • **pauvreté** *nf* (*état*) ɔverty

vé, e [pave] *adj* (*cour*) paved; *ue*) cobbled ▸ *nm* (*bloc*) paving :one; cobblestone

villon [pavijɔ̃] *nm* (*de banlieue*) nall (detached) house; pavilion; *Javig*) flag

yant, e [pɛjɑ̃, -ɑ̃t] *adj* *pectateurs etc*) paying; (*fig*: *ıtreprise*) profitable; (*effort*) 'hich pays off; **c'est ~** you have ı pay, there is a charge

ye [pɛj] *nf* pay, wages *pl*

yer [peje] /8/ *vt* (*créancier*, *nployé, loyer*) to pay; (*achat*, *parations, faute*) to pay for ▸ *vi* to ay; (*métier*) to be well-paid; *ffort, tactique etc*) to pay off; **il ıe l'a fait ~ 10 euros** he charged e 10 euros for it; **~ qch à qn** to ıy sth for sb, buy sb sth; **se ~ la ête de qn** to take the mickey out 'sb (BRIT)

ys [pei] *nm* country; (*région*) gion; **du ~** local

ysage [peizaʒ] *nm* landscape

ysan, ne [peizɑ̃, -an] *nm/f* rmer; (*péj*) peasant ▸ *adj* *ural*) country *cpd*; (*agricole*) rming

ys-Bas [peiba] *nmpl*: **les ~** the etherlands

sigle *m* (*Inform*: = *personal ımputer*) PC; = **permis de ɔnstruire**; (= *prêt conventionné*) *pe of loan for house purchase*

A *sigle m* (= *personal digital sistant*) PDA

G *sigle m* = **président directeur énéral**

age [peaʒ] *nm* toll; (*endroit*) ıllgate

peau, x [po] *nf* skin; **gants de ~** leather gloves; **être bien/mal dans sa ~** to be at ease/ ill-at-ease; **~ de chamois** (*chiffon*) chamois leather, shammy

péché [peʃe] *nm* sin

pêche [pɛʃ] *nf* (*sport, activité*) fishing; (*poissons pêchés*) catch; (*fruit*) peach; **~ à la ligne** (*en rivière*) angling

pécher [peʃe] /6/ *vi* (*Rel*) to sin

pêcher [peʃe] /1/ *vi* to go fishing ▸ *vt* (*attraper*) to catch; (*chercher*) to fish for ▸ *nm* peach tree

pécheur, -eresse [peʃœʀ, peʃʀɛs] *nm/f* sinner

pêcheur [pɛʃœʀ] *nm* fisherman; (*à la ligne*) angler

pédagogie [pedagɔʒi] *nf* educational methods *pl*, pedagogy • **pédagogique** *adj* educational

pédale [pedal] *nf* pedal

pédalo [pedalo] *nm* pedal-boat

pédant, e [pedɑ̃, -ɑ̃t] *adj* (*péj*) pedantic ▸ *nm/f* pedant

pédestre [pedɛstʀ] *adj*: **randonnée ~** ramble; **sentier ~** pedestrian footpath

pédiatre [pedjatʀ] *nm/f* paediatrician, child specialist

pédicure [pedikyʀ] *nm/f* chiropodist

pègre [pɛgʀ] *nf* underworld

peigne [pɛɲ] *nm* comb • **peigner** /1/ *vt* to comb (the hair of); **se peigner** *vi* to comb one's hair • **peignoir** *nm* dressing gown; **peignoir de bain** bathrobe

peindre [pɛ̃dʀ] /52/ *vt* to paint; (*fig*) to portray, depict

peine [pɛn] *nf* (*affliction*) sorrow, sadness *no pl*; (*mal, effort*) trouble *no pl*, effort; (*difficulté*) difficulty;

(*Jur*) sentence; **faire de la ~ à qn** to distress *ou* upset sb; **prendre la ~ de faire** to go to the trouble of doing; **se donner de la ~** to make an effort; **ce n'est pas la ~ de faire** there's no point in doing, it's not worth doing; **avoir de la ~** to be sad; **à ~** scarcely, barely; **à ~ ... que** hardly ... than, no sooner ... than; **~ capitale** capital punishment; **~ de mort** death sentence *ou* penalty • **peiner** [pene] /1/ *vi* to work hard; to struggle; (*moteur, voiture*) to labour (BRIT), labor (US) ▸ *vt* to grieve, sadden

peintre [pɛ̃tʀ] *nm* painter; **~ en bâtiment** painter and decorator

peinture [pɛ̃tyʀ] *nf* painting; (*couche de couleur, couleur*) paint; (*surfaces peintes: aussi:* **~s**) paintwork; **"~ fraîche"** "wet paint"

péjoratif, -ive [peʒɔʀatif, -iv] *adj* pejorative, derogatory

Pékin [pekɛ̃] *n* Beijing

pêle-mêle [pɛlmɛl] *adv* higgledy-piggledy

peler [pəle] /5/ *vt, vi* to peel

pèlerin [pɛlʀɛ̃] *nm* pilgrim

pèlerinage [pɛlʀinaʒ] *nm* pilgrimage

pelle [pɛl] *nf* shovel; (*d'enfant, de terrassier*) spade

pellicule [pelikyl] *nf* film; **pellicules** *nfpl* (*Méd*) dandruff *sg*

pelote [p(ə)lɔt] *nf* (*de fil, laine*) ball; **~ basque** pelota

peloton [p(ə)lɔtɔ̃] *nm* group; squad; (*Sport*) pack

pelotonner [p(ə)lɔtɔne] /1/: **se pelotonner** *vi* to curl (o.s.) up

pelouse [p(ə)luz] *nf* lawn

peluche [p(ə)lyʃ] *nf*: **animal en ~** soft toy, fluffy animal; **chien/lapin en ~** fluffy dog/rabbit

pelure [p(ə)lyʀ] *nf* peeling, peel n…

pénal, e, -aux [penal, -o] *adj* penal • **pénalité** *nf* penalty

penchant [pɑ̃ʃɑ̃] *nm*: **un ~ à faire/à qch** a tendency to do/t… sth; **un ~ pour qch** a liking *ou* fondness for sth

pencher [pɑ̃ʃe] /1/ *vi* to tilt, lea… over ▸ *vt* to tilt; **se pencher** *vi* t… lean over; (*se baisser*) to bend down; **se ~ sur** (*fig: problème*) t… look into; **~ pour** to be inclined favour (BRIT) *ou* favor (US)

pendant, e [pɑ̃dɑ̃, -ɑ̃t] *adj* hanging (out) ▸ *prép* (*au cours d…* during; (*indiquant la durée*) for; **~ que** while

pendentif [pɑ̃dɑ̃tif] *nm* penda…

penderie [pɑ̃dʀi] *nf* wardrobe

pendre [pɑ̃dʀ] /41/ *vt, vi* to han… **se ~ (à)** (*se suicider*) to hang o.s. (on); **~ qch à** (*mur*) to hang sth (up) on; (*plafond*) to hang sth (u… from

pendule [pɑ̃dyl] *nf* clock ▸ *nm* pendulum

pénétrer [penetʀe] /6/ *vi* to come *ou* get in ▸ *vt* to penetrat… **~ dans** to enter

pénible [penibl] *adj* (*astreignan…* hard; (*affligeant*) painful; (*perso… caractère*) tiresome • **péniblement** *adv* with difficu…

péniche [peniʃ] *nf* barge

pénicilline [penisilin] *nf* penicillin

péninsule [penɛ̃syl] *nf* penins…

pénis [penis] *nm* penis

pénitence [penitɑ̃s] *nf* (*repentir*) penitence; (*peine*) penance • **pénitencier** *nm* penitentiary (US)

nombre [penɔ̃bʀ] *nf* (*faible* *arté*) half-light; (*obscurité*) *arkness*
nsée [pɑ̃se] *nf* thought; *émarche, doctrine*) thinking *no pl*; *ot*) pansy; **en ~** in one's mind
nser [pɑ̃se] /1/ *vi* to think ▸ *vt* think; **~ à** (*prévoir*) to think of; *mi, vacances*) to think of *ou* bout; **~ faire qch** to be thinking doing sth, intend to do sth; **ire ~ à** to remind one of
pensif, -ive *adj* pensive, houghtful
nsion [pɑ̃sjɔ̃] *nf* (*allocation*) nsion; (*prix du logement*) board d lodging, bed and board; *cole*) boarding school; **alimentaire** (*de divorcée*) aintenance allowance; alimony; **complète** full board; **~ de mille** boarding house, uesthouse • **pensionnaire** *nm/f* *col*) boarder • **pensionnat** *nm* oarding school
nte [pɑ̃t] *nf* slope; **en ~** oping
ntecôte [pɑ̃tkot] *nf*: **la ~** 'hitsun (BRIT), Pentecost
nurie [penyʀi] *nf* shortage
pé [pepe] *nm* (*fam*) grandad
pin [pepɛ̃] *nm* (*Bot*: *graine*) pip; *m*: *ennui*) snag, hitch
pinière [pepinjɛʀ] *nf* nursery
'çant, e [pɛʀsɑ̃, -ɑ̃t] *adj* (*vue*, *gard, yeux*) sharp; (*cri, voix*) ercing, shrill
'ce-neige [pɛʀsənɛʒ] *nm ou f* *v* snowdrop
'cepteur, -trice [pɛʀsɛptœʀ, ʀis] *nm/f* tax collector
'ception [pɛʀsɛpsjɔ̃] *nf* rception; (*bureau*) tax ollector's) office

percer [pɛʀse] /3/ *vt* to pierce; (*ouverture etc*) to make; (*mystère, énigme*) to penetrate ▸ *vi* to break through • **perceuse** *nf* drill
percevoir [pɛʀsəvwaʀ] /28/ *vt* (*distinguer*) to perceive, detect; (*taxe, impôt*) to collect; (*revenu, indemnité*) to receive
perche [pɛʀʃ] *nf* (*bâton*) pole; **~ à selfie** selfie stick
percher [pɛʀʃe] /1/ *vt* to perch; **se percher** *vi* to perch • **perchoir** *nm* perch
perçois *etc* [pɛʀswa] *vb voir* **percevoir**
perçu, e [pɛʀsy] *pp de* **percevoir**
percussion [pɛʀkysjɔ̃] *nf* percussion
percuter [pɛʀkyte] /1/ *vt* to strike; (*véhicule*) to crash into
perdant, e [pɛʀdɑ̃, -ɑ̃t] *nm/f* loser
perdre [pɛʀdʀ] /41/ *vt* to lose; (*gaspiller*: *temps, argent*) to waste; (*personne*: *moralement etc*) to ruin ▸ *vi* to lose; (*sur une vente etc*) to lose out; **se perdre** *vi* (*s'égarer*) to get lost, lose one's way; (*se gâter*) to go to waste; **je me suis perdu** (*et je le suis encore*) I'm lost; (*et je ne le suis plus*) I got lost
perdrix [pɛʀdʀi] *nf* partridge
perdu, e [pɛʀdy] *pp de* **perdre** ▸ *adj* (*isolé*) out-of-the-way; (*Comm*: *emballage*) non-returnable; (*malade*): **il est ~** there's no hope left for him; **à vos moments ~s** in your spare time
père [pɛʀ] *nm* father; **~ de famille** father; **le ~ Noël** Father Christmas
pérenne [peʀɛn] *adj* (*agriculture, emplois*) sustainable

perfection [pɛʀfɛksjɔ̃] *nf* perfection; **à la ~** to perfection • **perfectionné, e** *adj* sophisticated • **perfectionner** /1/ *vt* to improve, perfect; **se perfectionner en anglais** to improve one's English

perforer [pɛʀfɔʀe] /1/ *vt* (*ticket, bande, carte*) to punch

performant, e [pɛʀfɔʀmɑ̃, -ɑ̃t] *adj*: **très ~** high-performance *cpd*

perfusion [pɛʀfyzjɔ̃] *nf*: **faire une ~ à qn** to put sb on a drip

péril [peʀil] *nm* peril

périmé, e [peʀime] *adj* (*Admin*) out-of-date, expired

périmètre [peʀimɛtʀ] *nm* perimeter

période [peʀjɔd] *nf* period • **périodique** *adj* periodic ▸ *nm* periodical; **garniture** *ou* **serviette périodique** sanitary towel (BRIT) *ou* napkin (US)

périphérique [peʀifeʀik] *adj* (*quartiers*) outlying ▸ *nm* (*Auto*): **(boulevard) ~** ring road (BRIT), beltway (US)

périr [peʀiʀ] /2/ *vi* to die, perish

périssable [peʀisabl] *adj* perishable

perle [pɛʀl] *nf* pearl; (*de plastique, métal, sueur*) bead

permanence [pɛʀmanɑ̃s] *nf* permanence; (*local*) (duty) office; **assurer une ~** (*service public, bureaux*) to operate *ou* maintain a basic service; **être de ~** to be on call *ou* duty; **en ~** continuously

permanent, e [pɛʀmanɑ̃, -ɑ̃t] *adj* permanent; (*spectacle*) continuous ▸ *nf* perm

perméable [pɛʀmeabl] *adj* (*terrain*) permeable; **~ à** (*fig*) receptive *ou* open to

permettre [pɛʀmɛtʀ] /56/ *vt* allow, permit; **~ à qn de faire/qch** to allow sb to do/sth; **se ~ de faire qch** to take the liberty of doing sth

permis [pɛʀmi] *nm* permit, licence; **~ (de conduire)** (drivir licence (BRIT), (driver's) license (US); **~ de construire** planning permission (BRIT), building per (US); **~ de séjour** residence permit; **~ de travail** work perm

permission [pɛʀmisjɔ̃] *nf* permission; (*Mil*) leave; **en ~** on leave; **avoir la ~ de faire** to hav permission to do

Pérou [peʀu] *nm*: **le ~** Peru

perpétuel, le [pɛʀpetɥɛl] *adj* perpetual • **perpétuité** *nf*: **à perpétuité** for life; **être condamné à perpétuité** to be sentenced to life imprisonmen

perplexe [pɛʀplɛks] *adj* perplexed, puzzled

perquisitionner [pɛʀkizisjɔ /1/ *vi* to carry out a search

perron [peʀɔ̃] *nm* steps *pl* (*in fro of mansion etc*)

perroquet [peʀɔkɛ] *nm* parrot

perruche [peʀyʃ] *nf* budgeriga (BRIT), budgie (BRIT), parakeet (

perruque [peʀyk] *nf* wig

persécuter [pɛʀsekyte] /1/ *vt* persecute

persévérer [pɛʀseveʀe] /6/ *vi* persevere

persil [pɛʀsi] *nm* parsley

Persique [pɛʀsik] *adj*: **le golfe** the (Persian) Gulf

persistant, e [pɛʀsistɑ̃, -ɑ̃t] *a* persistent

persister [pɛʀsiste] /1/ *vi* to persist; **~ à faire qch** to persist doing sth

rsonnage [pɛʀsɔnaʒ] *nm*
ıotable) personality; (*individu*)
haracter, individual; (*de roman*,
lm) character; (*Peinture*) figure
rsonnalité [pɛʀsɔnalite] *nf*
ersonality; (*personnage*)
rominent figure
rsonne [pɛʀsɔn] *nf* person
pron nobody, no one; (*avec
égation en anglais*) anybody,
nyone; **~ âgée** elderly person
personnel, le *adj* personal;
goïste) selfish ▸ *nm* personnel
personnellement *adv*
ersonally
rspective [pɛʀspɛktiv] *nf*
Art) perspective; (*vue, coup d'œil*)
iew; (*point de vue*) viewpoint,
ngle; (*chose escomptée, envisagée*)
rospect; **en ~** in prospect
rspicace [pɛʀspikas] *adj*
lear-sighted, gifted with (*ou*
nowing) insight • **perspicacité**
f insight
rsuader [pɛʀsɥade] /1/ *vt*:
qn (de/de faire) to persuade sb
of/to do) • **persuasif, -ive** *adj*
ersuasive
rte [pɛʀt] *nf* loss; (*de temps*)
vaste; (*fig: morale*) ruin; **à ~ de
ue** as far as the eye can (*ou* could)
ee; **~s blanches** (vaginal)
ischarge *sg*
rtinent, e [pɛʀtinɑ̃, -ɑ̃t] *adj*
pt, relevant
rturbation [pɛʀtyʀbasjɔ̃] *nf*:
(atmosphérique) atmospheric
isturbance
rturber [pɛʀtyʀbe] /1/ *vt* to
isrupt; (*Psych*) to perturb, disturb
rvers, e [pɛʀvɛʀ, -ɛʀs] *adj*
erverted
rvertir [pɛʀvɛʀtiʀ] /2/ *vt*
o pervert

pesant, e [pəzɑ̃, -ɑ̃t] *adj* heavy; (*fig: présence*) burdensome
pèse-personne [pɛzpɛʀsɔn] *nm* (bathroom) scales *pl*
peser [pəze] /5/ *vt* to weigh ▸ *vi* to be heavy; (*fig: avoir de l'importance*) to carry weight
pessimiste [pesimist] *adj* pessimistic ▸ *nm/f* pessimist
peste [pɛst] *nf* plague
pétale [petal] *nm* petal
pétanque [petɑ̃k] *nf type of bowls*

> **Pétanque** is a version of the game of 'boules', played on a variety of hard surfaces. Standing with their feet together, players throw steel bowls at a wooden jack. *Pétanque* originated in the South of France and is still very much associated with that area.

pétard [petaʀ] *nm* banger (BRIT), firecracker
péter [pete] /6/ *vi* (*fam: casser, sauter*) to bust; (*fam!*) to fart (*!*)
pétillant, e [petijɑ̃, -ɑ̃t] *adj* (*eau*) sparkling
pétiller [petije] /1/ *vi* (*flamme, bois*) to crackle; (*mousse, champagne*) to bubble; (*yeux*) to sparkle
petit, e [pəti, -it] *adj* small; (*avec nuance affective*) little; (*voyage*) short, little; (*bruit etc*) faint, slight ▸ *nm/f* (*petit enfant*) little one, child; **petits** *nmpl* (*d'un animal*) young *pl*; **faire des ~s** to have kittens (*ou* puppies *etc*); **la classe des ~s** the infant class; **les tout-~s** toddlers; **~ à ~** bit by bit, gradually; **~(e) ami(e)** boyfriend/girlfriend; **les ~es annonces** the small ads; **~ déjeuner** breakfast;

~ four petit four; **~ pain** (bread) roll; **~s pois** garden peas
• petite-fille *nf* granddaughter
• petit-fils *nm* grandson

pétition [petisjɔ̃] *nf* petition

petits-enfants [pətizɑ̃fɑ̃] *nmpl* grandchildren

pétrin [petʀɛ̃] *nm* (*fig*): **dans le ~** in a jam *ou* fix

pétrir [petʀiʀ] /2/ *vt* to knead

pétrole [petʀɔl] *nm* oil; (*pour lampe, réchaud etc*) paraffin
• pétrolier, -ière *nm* oil tanker

> ⚠ Attention à ne pas traduire *pétrole* par le mot anglais *petrol*.

peu [pø]

▶ *adv* **1** (*modifiant verbe, adjectif, adverbe*): **il boit peu** he doesn't drink (very) much; **il est peu bavard** he's not very talkative; **peu avant/après** shortly before/afterwards
2 (*modifiant nom*): **peu de: peu de gens/d'arbres** few *ou* not (very) many people/trees; **il a peu d'espoir** he hasn't (got) much hope, he has little hope; **pour peu de temps** for (only) a short while
3: **peu à peu** little by little; **à peu près** just about, more or less; **à peu près 10 kg/10 euros** approximately 10 kg/10 euros
▶ *nm* **1**: **le peu de gens qui** the few people who; **le peu de sable qui** what little sand, the little sand which
2: **un peu** a little; **un petit peu** a little bit; **un peu d'espoir** a little hope; **elle est un peu bavarde** she's rather talkative; **un peu plus de** slightly more than; **un peu moins de** slightly less than; (*avec pluriel*) slightly fewer than
▶ *pron*: **peu le savent** few know (it); **de peu** (only) just

peuple [pœpl] *nm* people **• peupler** /1/ *vt* (*pays, région*) to populate; (*étang*) to stock; (*hommes, poissons*) to inhabit

peuplier [pøplije] *nm* poplar (tree)

peur [pœʀ] *nf* fear; **avoir ~ (de/de faire/que)** to be frightened or afraid (of/of doing/that); **faire ~ à** to frighten; **de ~ de/que** for fear of/that **• peureux, -euse** *a* fearful, timorous

peut [pø] *vb voir* **pouvoir**

peut-être [pøtɛtʀ] *adv* perhaps, maybe; **~ que** perhaps, maybe; **~ bien qu'il fera/est** he may we do/be

phare [faʀ] *nm* (*en mer*) lighthouse; (*de véhicule*) headlig

pharmacie [faʀmasi] *nf* (*magasin*) chemist's (BRIT), pharmacy; (*armoire*) medicine chest *ou* cupboard **• pharmacie ne** *nm/f* pharmacist, chemist (BRIT)

phénomène [fenɔmɛn] *nm* phenomenon

philosophe [filɔzɔf] *nm/f* philosopher ▶ *adj* philosophical

philosophie [filɔzɔfi] *nf* philosophy

phobie [fɔbi] *nf* phobia

phoque [fɔk] *nm* seal

phosphorescent, e [fɔsfɔʀes -ɑ̃t] *adj* luminous

photo [fɔto] *nf* photo; **prendre en ~** to take a photo of; **aimer faire de la ~** to like taking/take

otos; **~ d'identité** passport
oto • **photocopie** *nf*
otocopy • **photocopier** /7/ *vt* photocopy
otocopieur [fɔtɔkɔpjœʀ] *nm*,
otocopieuse [fɔtɔkɔpjøz]
(photo)copier
oto: • photographe *nm/f*
otographer • **photographie** *nf*
océdé, technique) photography;
iché) photograph
hotographier /7/ *vt* to
otograph
ase [fʀaz] *nf* sentence
sicien, ne [fizisjɛ̃, -ɛn] *nm/f*
ysicist
sique [fizik] *adj* physical
nm physique ▶ *nf* physics *sg*; **au**
hysically • **physiquement** *adv*
ysically
niste [pjanist] *nm/f* pianist
no [pjano] *nm* piano
ianoter /1/ *vi* to tinkle away
the piano)
[pik] *nm* (*instrument*) pick(axe);
ontagne) peak; (*Zool*)
oodpecker; **à ~** vertically; (*fig*:
nber, arriver) just at the right
ne
het [piʃɛ] *nm* jug
orer [pikɔʀe] /1/ *vt* to peck
[pi] *nf* magpie
ce [pjɛs] *nf* (*d'un logement*)
om; (*Théât*) play; (*de mécanisme,*
chine) part; (*de monnaie*) coin;
cument) document; (*de drap,*
gment, d'une collection) piece;
ux euros ~ two euros each;
ndre à la ~ to sell separately *ou*
dividually; **travailler/payer à**
~ to do piecework/pay piece
e; **un maillot une ~** a
e-piece swimsuit; **un deux-~s**
isine a two-room(ed) flat
(BRIT) *ou* apartment (US) with
kitchen; **~ à conviction** exhibit;
~ d'eau ornamental lake *ou* pond;
~ d'identité: avez-vous une
~ d'identité? have you got any
(means of) identification?;
~ jointe (*Inform*) attachment;
~ montée tiered cake; **~ de**
rechange spare (part); **~s**
détachées spares, (spare) parts;
~s justificatives supporting
documents

pied [pje] *nm* foot; (*de table*) leg; (*de lampe*) base; **~s nus** barefoot; **à ~** on foot; **au ~ de la lettre** literally; **avoir ~** to be able to touch the bottom, not to be out of one's depth; **avoir le ~ marin** to be a good sailor; **sur ~** (*debout, rétabli*) up and about; **mettre sur ~** (*entreprise*) to set up; **c'est le ~!** (*fam*) it's brilliant!; **mettre les ~s dans le plat** (*fam*) to put one's foot in it; **il se débrouille comme un ~** (*fam*) he's completely useless • **pied-noir** *nm* Algerian-born Frenchman

piège [pjɛʒ] *nm* trap; **prendre au ~** to trap • **piéger** /3, 6/ *vt* (*avec une bombe*) to booby-trap; **lettre/voiture piégée** letter-/car-bomb

piercing [pjɛʀsiŋ] *nm* piercing

pierre [pjɛʀ] *nf* stone; **~ tombale** tombstone • **pierreries** *nfpl* gems, precious stones

piétiner [pjetine] /1/ *vi* (*trépigner*) to stamp (one's foot); (*fig*) to be at a standstill ▶ *vt* to trample on

piéton, ne [pjetɔ̃, -ɔn] *nm/f* pedestrian • **piétonnier, -ière** *adj* pedestrian *cpd*

pieu, x [pjø] *nm* post; (*pointu*) stake

pieuvre [pjœvʀ] *nf* octopus

pieux, -euse [pjø, -øz] *adj* pious

pigeon [piʒɔ̃] *nm* pigeon
piger [piʒe] /3/ *vi* (*fam*) to get it ▸ *vt* (*fam*) to get
pigiste [piʒist] *nm/f* freelance journalist (*paid by the line*)
pignon [piɲɔ̃] *nm* (*de mur*) gable
pile [pil] *nf* (*tas, pilier*) pile; (*Élec*) battery ▸ *adv* (*net, brusquement*) dead; **à deux heures ~** at two on the dot; **jouer à ~ ou face** to toss up (for it); **~ ou face?** heads or tails?
piler [pile] /1/ *vt* to crush, pound
pilier [pilje] *nm* pillar
piller [pije] /1/ *vt* to pillage, plunder, loot
pilote [pilɔt] *nm* pilot; (*de char, voiture*) driver ▸ *adj* pilot *cpd*; **~ de chasse/d'essai/de ligne** fighter/test/airline pilot; **~ de course** racing driver • **piloter** /1/ *vt* (*navire*) to pilot; (*avion*) to fly; (*automobile*) to drive
pilule [pilyl] *nf* pill; **prendre la ~** to be on the pill
piment [pimɑ̃] *nm* (*Bot*) pepper, capsicum; (*fig*) spice, piquancy; **~ rouge** (*Culin*) chilli • **pimenté, e** *adj* (*plat*) hot and spicy
pin [pɛ̃] *nm* pine (tree)
pinard [pinaʀ] *nm* (*fam*) (cheap) wine, plonk (BRIT)
pince [pɛ̃s] *nf* (*outil*) pliers *pl*; (*de homard, crabe*) pincer, claw; (*Couture: pli*) dart; **~ à épiler** tweezers *pl*; **~ à linge** clothes peg (BRIT) *ou* pin (US)
pincé, e [pɛ̃se] *adj* (*air*) stiff
pinceau, x [pɛ̃so] *nm* (paint)brush
pincer [pɛ̃se] /3/ *vt* to pinch; (*fam*) to nab
pinède [pinɛd] *nf* pinewood, pine forest
pingouin [pɛ̃gwɛ̃] *nm* penguin
ping-pong [piŋpɔ̃g] *nm* table tennis
pinson [pɛ̃sɔ̃] *nm* chaffinch
pintade [pɛ̃tad] *nf* guinea-fowl
pion, ne [pjɔ̃, pjɔn] *nm/f* (*Scol: péj*) *student paid to supervise schoolchildren* ▸ *nm* (*Échecs*) pawn; (*Dames*) piece
pionnier [pjɔnje] *nm* pioneer
pipe [pip] *nf* pipe; **fumer la** *ou* **une ~** to smoke a pipe
piquant, e [pikɑ̃, -ɑ̃t] *adj* (*barbe, rosier etc*) prickly; (*saveur, sauce*) hot, pungent; (*fig: détail*) titillating; (*: mordant, caustique*) biting ▸ *nm* (*épine*) thorn, prickle; (*fig*) spiciness, spice
pique [pik] *nf* pike; (*fig*): **envoyer** *ou* **lancer des ~s à qn** to make cutting remarks to sb ▸ *nm* (*Cartes*) spades *pl*
pique-nique [piknik] *nm* picnic • **pique-niquer** /1/ *vi* to (have a) picnic
piquer [pike] /1/ *vt* (*percer*) to prick; (*Méd*) to give an injection to; (*: animal blessé etc*) to put to sleep; (*insecte, fumée, ortie*) to sting; (*moustique*) to bite; (*froid*) to bite; (*intérêt etc*) to arouse; (*fam: voler*) to pinch ▸ *vi* (*oiseau, avion*) to go into a dive
piquet [pikɛ] *nm* (*pieu*) post, stake; (*de tente*) peg
piqûre [pikyʀ] *nf* (*d'épingle*) prick; (*d'ortie*) sting; (*de moustique*) bite; (*Méd*) injection, shot (US); **faire une ~ à qn** to give sb an injection
pirate [piʀat] *adj* ▸ *nm* pirate; **~ de l'air** hijacker
pire [piʀ] *adj* worse; (*superlatif*): **le (la) ~ ...** the worst ... ▸ *nm*:

- **~ (de)** the worst (of); **au ~**
: (the very) worst
; [pi] *nm* (*de vache*) udder ▸ *adj,*
dv worse; **de mal en ~** from bad
› worse
cine [pisin] *nf* (swimming)
ɔol; **~ couverte** indoor
wimming) pool
senlit [pisɑ̃li] *nm* dandelion
tache [pistaʃ] *nf* pistachio
ut)
te [pist] *nf* (*d'un animal, sentier*)
ack, trail; (*indice*) lead; (*de stade,*
magnétophone) track; (*de cirque*)
ng; (*de danse*) floor; (*de patinage*)
nk; (*de ski*) run; (*Aviat*) runway;
cyclable cycle track
tolet [pistɔlɛ] *nm* (*arme*)
stol, gun; (*à peinture*) spray gun
pistolet-mitrailleur *nm*
ıbmachine gun
ton [pistɔ̃] *nm* (*Tech*) piston;
voir du ~ (*fam*) to have friends in
e right places • **pistonner** /1/ *vt*
andidat) to pull strings for
eux, -euse [pitø, -øz] *adj*
tiful, sorry (*avant le nom*); **en**
état in a sorry state
ié [pitje] *nf* pity; **il me fait ~**
eel sorry for him; **avoir ~ de**
ompassion) to pity, feel sorry for;
nerci) to have pity *ou* mercy on
oyable [pitwajabl] *adj* pitiful
toresque [pitɔʀɛsk] *adj*
cturesque
za [pidza] *nf* pizza
sigle f (= *police judiciaire*) ≈ CID
RIT), ≈ FBI (US)
card [plakaʀ] *nm* (*armoire*)
ıpboard; (*affiche*) poster, notice
ce [plas] *nf* (*emplacement,*
uation, classement) place; (*de*
lle, village) square; (*espace libre*)
om, space; (*de parking*) space;
(*siège: de train, cinéma, voiture*)
seat; (*emploi*) job; **en ~** (*mettre*) in
its place; **sur ~** on the spot; **faire**
~ à to give way to; **ça prend de**
la ~ it takes up a lot of room *ou*
space; **à la ~ de** in place of,
instead of; **à votre ~ ...** if I were
you ...; **se mettre à la ~ de qn**
to put o.s. in sb's place *ou* in sb's
shoes

placé, e [plase] *adj*: **haut ~** (*fig*)
high-ranking; **être bien/mal ~** to
be well/badly placed; (*spectateur*)
to have a good/bad seat; **il est**
bien ~ pour le savoir he is in a
position to know

placement [plasmɑ̃] *nm*
(*Finance*) investment; **agence** *ou*
bureau de ~ employment agency

placer [plase] /3/ *vt* to place;
(*convive, spectateur*) to seat;
(*capital, argent*) to place, invest;
se ~ au premier rang to go and
stand (*ou* sit) in the first row

plafond [plafɔ̃] *nm* ceiling

plage [plaʒ] *nf* beach; **~ arrière**
(*Auto*) parcel *ou* back shelf

plaider [plede] /1/ *vi* (*avocat*) to
plead ▸ *vt* to plead; **~ pour** (*fig*)
to speak for • **plaidoyer** *nm* (*Jur*)
speech for the defence (BRIT) *ou*
defense (US); (*fig*) plea

plaie [plɛ] *nf* wound

plaignant, e [plɛɲɑ̃, -ɑ̃t] *nm/f*
plaintiff

plaindre [plɛ̃dʀ] /52/ *vt* to pity,
feel sorry for; **se plaindre** *vi*
(*gémir*) to moan; (*protester,*
rouspéter): **se ~ (à qn) (de)** to
complain (to sb) (about); **se ~ de**
(*souffrir*) to complain of

plaine [plɛn] *nf* plain

plain-pied [plɛ̃pje] *adv*: **de**
~ (avec) on the same level (as)

plaint, e [plɛ̃, -ɛ̃t] *pp de* **plaindre** ▶ *nf* (*gémissement*) moan, groan; (*doléance*) complaint; **porter ~e** to lodge a complaint

plaire [plɛʀ] /54/ *vi* to be a success, be successful; **cela me plaît** I like it; **ça plaît beaucoup aux jeunes** it's very popular with young people; **se ~ quelque part** to like being somewhere; **s'il vous plaît, s'il te plaît** please

plaisance [plɛzɑ̃s] *nf* (*aussi*: **navigation de ~**) (pleasure) sailing, yachting

plaisant, e [plɛzɑ̃, -ɑ̃t] *adj* pleasant; (*histoire, anecdote*) amusing

plaisanter [plɛzɑ̃te] /1/ *vi* to joke • **plaisanterie** *nf* joke

plaisir [pleziʀ] *nm* pleasure; **faire ~ à qn** (*délibérément*) to be nice to sb, please sb; **ça me fait ~** I'm delighted *ou* very pleased with this; **j'espère que ça te fera ~** I hope you'll like it; **pour le** *ou* **pour son** *ou* **par ~** for pleasure

plaît [plɛ] *vb voir* **plaire**

plan, e [plɑ̃, -an] *adj* flat ▶ *nm* plan; (*fig*) level, plane; (*Ciné*) shot; **au premier/second ~** in the foreground/middle distance; **à l'arrière ~** in the background; **~ d'eau** lake

planche [plɑ̃ʃ] *nf* (*pièce de bois*) plank, (wooden) board; (*illustration*) plate; **~ à repasser** ironing board; **~ (à roulettes)** skateboard; **~ à voile** (*sport*) windsurfing

plancher [plɑ̃ʃe] /1/ *nm* floor; (*planches*) floorboards *pl* ▶ *vi* to work hard

planer [plane] /1/ *vi* to glide; (*fam*: *rêveur*) to have one's head in the clouds; **~ sur** (*danger*) to har over

planète [planɛt] *nf* planet

planeur [planœʀ] *nm* glider

planifier [planifje] /7/ *vt* to pla

planning [planiŋ] *nm* programme, schedule; **~ famil** family planning

plant [plɑ̃] *nm* seedling, young plant

plante [plɑ̃t] *nf* plant; **~ d'appartement** house *ou* pot plant; **~ du pied** sole (of the foo **~ verte** house plant

planter [plɑ̃te] /1/ *vt* (*plante*) to plant; (*enfoncer*) to hammer *ou* drive in; (*tente*) to put up, pitch; (*fam*: *mettre*) to dump; **se plant** *vi* (*fam*: *se tromper*) to get it wror (: *ordinateur*) to crash

plaque [plak] *nf* plate; (*de vergl d'eczéma*) patch; (*avec inscription* plaque; **~ chauffante** hotplate **~ de chocolat** bar of chocolate **~ tournante** (*fig*) centre

plaqué, e [plake] *adj*: **~ or/ argent** gold-/silver-plated

plaquer [plake] /1/ *vt* (*Rugby*) t bring down; (*fam*: *laisser tomber* drop

plaquette [plakɛt] *nf* (*de chocolat*) bar; (*de beurre*) packet; **~ de frein** brake pad

plastique [plastik] *adj* ▶ *nm* plastic ▶ *nf* plastic arts *pl*; (*d'une statue*) modelling • **plastiquer** *vt* to blow up

plat, e [pla, -at] *adj* flat; (*style*) flat, dull ▶ *nm* (*récipient, Culin*) dish; (*d'un repas*) course; **à ~ ventre** face down; **à ~** (*pneu, batterie*) flat; (*fam*: *fatigué*) dead beat; **~ cuisiné** pre-cooked me (*ou* dish); **~ du jour** dish of the

ıy; **~ principal** *ou* **de résistance**
ain course
tane [platan] *nm* plane tree
teau, x [plato] *nm* (*support*)
ay; (*Géo*) plateau; (*Ciné*) set; **~ à**
omages cheeseboard
te-bande [platbɑ̃d] *nf* flower
ed
te-forme [platfɔʀm] *nf*
atform; **~ de forage/**
ítrolière drilling/oil rig
tine [platin] *nm* platinum ▸*nf*
'un tourne-disque) turntable;
'aser *ou* **compact-disc**
ımpact disc (player)
tre [platʀ] *nm* (*matériau*)
aster; (*statue*) plaster statue;
ıéd) (plaster) cast; **avoir un**
'as dans le ~ to have an arm in
aster
in, e [plɛ̃, -ɛn] *adj* full ▸*nm*:
ire le ~ (d'essence) to fill up
ıith petrol (BRIT) *ou* gas (US));
~es mains (*ramasser*) in
ındfuls; **à ~ temps** full-time;
ı ~ air in the open air; **en**
soleil in direct sunlight; **en ~e**
ıit/rue in the middle of the
ght/street; **en ~ jour** in broad
ıylight
urer [plœʀe] /1/ *vi* to cry;
ʔux) to water ▸*vt* to mourn (for);
sur to lament (over), bemoan
urnicher [plœʀniʃe] /1/ *vi* to
ivel, whine
urs [plœʀ] *nmpl*: **en ~** in tears
ut [plø] *vb voir* **pleuvoir**
uvoir [pløvwaʀ] /23/ *vb*
pers to rain ▸*vi* (*coups*) to rain
ıwn; (*critiques, invitations*) to
ower down; **il pleut** it's raining;
ɔleut des cordes *ou* **à verse** *ou*
:orrents it's pouring (down),
; raining cats and dogs

pli [pli] *nm* fold; (*de jupe*) pleat; (*de pantalon*) crease
pliant, e [plijɑ̃, -ɑ̃t] *adj* folding
plier [plije] /7/ *vt* to fold; (*pour ranger*) to fold up; (*genou, bras*) to bend ▸*vi* to bend; (*fig*) to yield; **se ~ à** to submit to
plisser [plise] /1/ *vt* (*yeux*) to screw up; (*front*) to furrow; (*jupe*) to put pleats in
plomb [plɔ̃] *nm* (*métal*) lead; (*d'une cartouche*) (lead) shot; (*Pêche*) sinker; (*Élec*) fuse; **sans ~** (*essence*) unleaded
plomber [plɔ̃be] /1/ *vt* (*dent*) to fill (BRIT), stop (US); (*fam: compromettre: finances, comptes, relations*) to compromise; **~ l'ambiance** to spoil the atmosphere
plomberie [plɔ̃bʀi] *nf* plumbing
plombier [plɔ̃bje] *nm* plumber
plonge [plɔ̃ʒ] *nf*: **faire la ~** to be a washer-up (BRIT) *ou* dishwasher (*person*)
plongeant, e [plɔ̃ʒɑ̃, -ɑ̃t] *adj* (*vue*) from above; (*tir, décolleté*) plunging
plongée [plɔ̃ʒe] *nf* (*Sport*) diving *no pl*; (*: sans scaphandre*) skin diving; **~ sous-marine** diving
plongeoir [plɔ̃ʒwaʀ] *nm* diving board
plongeon [plɔ̃ʒɔ̃] *nm* dive
plonger [plɔ̃ʒe] /3/ *vi* to dive ▸*vt*: **~ qch dans** to plunge sth into; **se ~ dans** (*études, lecture*) to bury *ou* immerse o.s. in
• **plongeur, -euse** [plɔ̃ʒœʀ, -øz] *nm/f* diver
plu [ply] *pp de* **plaire**; **pleuvoir**
pluie [plɥi] *nf* rain
plume [plym] *nf* feather; (*pour écrire*) (pen) nib; (*fig*) pen

P

plupart [plypaʀ]: **la ~** *pron* the majority, most (of them); **la ~ des** most, the majority of; **la ~ du temps/d'entre nous** most of the time/of us; **pour la ~** for the most part, mostly
pluriel [plyʀjɛl] *nm* plural
plus¹ [ply] *vb voir* **plaire**

plus² [ply]

▸ *adv* 1 (*forme négative*): **ne ... plus** no more, no longer; **je n'ai plus d'argent** I've got no more money *ou* no money left; **il ne travaille plus** he's no longer working, he doesn't work any more
2 [ply, plyz + *voyelle*] (*comparatif*) more, ...+er; (*superlatif*) : **le plus** the most, the ...+est; **plus grand/intelligent (que)** bigger/more intelligent (than); **le plus grand/intelligent** the biggest/most intelligent; **tout au plus** at the very most
3 [plys, plyz + *voyelle*] (*davantage*) more; **il travaille plus (que)** he works more (than); **plus il travaille, plus il est heureux** the more he works, the happier he is; **plus de 10 personnes/trois heures/quatre kilos** more than *ou* over 10 people/three hours/four kilos; **trois heures de plus que** three hours more than; **de plus** what's more, moreover; **il a trois ans de plus que moi** he's three years older than me; **trois kilos en plus** three kilos more; **en plus de** in addition to; **de plus en plus** more and more; **plus ou moins** more or less; **ni plus ni moins** no more, no less
▸ *prép* [plys]: **quatre plus deu** four plus two

plusieurs [plyzjœʀ] *adj, pron* several; **ils sont ~** there are several of them
plus-value [plyvaly] *nf* (*bénéfi* capital gain
plutôt [plyto] *adv* rather; **je ferais ~ ceci** I'd rather *ou* soo do this; **~ que (de) faire** rather than *ou* instead of doing
pluvieux, -euse [plyvjø, -øz] rainy, wet
PMA *sigle nmpl* (= *pays les moins avancés*) LDCs (= *least developed countries*) ▸ *sigle f* = **procréatio médicalement assistée**
PME *sigle fpl* (= *petites et moyenne entreprises*) small businesses
PMU *sigle m* (= *pari mutuel urbain* (*dans un café*) betting agency
PNB *sigle m* (= *produit national br* GNP
pneu [pnø] *nm* tyre (BRIT), tire (US)
pneumonie [pnømɔni] *nf* pneumonia
poche [pɔʃ] *nf* pocket; (*sous les yeux*) bag, pouch; **argent de ~** pocket money
pochette [pɔʃɛt] *nf* (*d'aiguilles* case; (*de femme*) clutch bag; (*mouchoir*) breast pocket handkerchief; **~ de disque** rec sleeve
podcast [pɔdkast] *nm* podcas • **podcaster** /1/ *vi* to podcast
poêle [pwal] *nm* stove ▸ *nf*: **~ (à frire)** frying pan
poème [pɔɛm] *nm* poem
poésie [pɔezi] *nf* (*poème*) poem (*art*): **la ~** poetry
poète [pɔɛt] *nm* poet

ids [pwa] *nm* weight; (*Sport*) shot; endre au ~ to sell by weight; erdre/prendre du ~ to lose/put n weight; ~ **lourd** (*camion*) (big) rry (BRIT), truck (US)
ignant, e [pwaɲɑ̃, -ɑ̃t] *adj* oignant
ignard [pwaɲaʀ] *nm* dagger
poignarder /1/ *vt* to stab, knife
igne [pwaɲ] *nf* grip; **avoir de** ~ (*fig*) to rule with a firm hand
ignée [pwaɲe] *nf* (*de sel etc, fig*) andful; (*de couvercle, porte*) andle; ~ **de main** handshake
ignet [pwaɲɛ] *nm* (*Anat*) wrist; *le chemise*) cuff
il [pwal] *nm* (*Anat*) hair; (*de nceau, brosse*) bristle; (*de tapis, ssu*) strand; (*pelage*) coat; **à ~** *am*) starkers; **au ~** (*fam*) unky-dory • **poilu, e** *adj* hairy
inçonner [pwɛ̃sɔne] /1/ *vt* *ijou etc*) to hallmark; (*billet, :ket*) to punch
ing [pwɛ̃] *nm* fist; **coup de ~** unch
int [pwɛ̃] *nm* dot; (*de onctuation*) full stop, period (US); *Couture, Tricot*) stitch ▶ *adv* **pas**[1]; **faire le ~** (*fig*) to take stock f the situation); **sur le ~ de aire** (just) about to do; **à tel que** so much so that; **mettre u ~** (*mécanisme, procédé*) to evelop; (*affaire*) to settle; **à ~** *ulin: viande*) medium; **à (nommé)** just at the right time; **eux ~s** colon; **~ (de côté)** stitch *ain*); **~ d'exclamation** clamation mark; **~ faible** weak ot; **~ final** full stop, period (US); **d'interrogation** question ark; **~ mort**; **au ~ mort** (*Auto*) neutral; **~ de repère** landmark; (*dans le temps*) point of reference; **~ de vente** retail outlet; **~ de vue** viewpoint; (*fig: opinion*) point of view; **~s cardinaux** cardinal points; **~s de suspension** suspension points
pointe [pwɛ̃t] *nf* point; (*clou*) tack; **une ~ d'ail/d'accent** a touch *ou* hint of garlic/of an accent; **être à la ~ de** (*fig*) to be in the forefront of; **sur la ~ des pieds** on tiptoe; **en ~** *adj* pointed, tapered; **de ~** (*technique etc*) leading; **heures/jours de ~** peak hours/days
pointer [pwɛ̃te] /1/ *vt* (*diriger: canon, longue-vue, doigt*): **~ vers qch, ~ sur qch** to point at sth ▶ *vi* (*employé*) to clock in *ou* on
pointeur, -euse [pwɛ̃tœʀ, -øz] *nf* timeclock ▶ *nm* (*Inform*) cursor
pointillé [pwɛ̃tije] *nm* (*trait*) dotted line
pointilleux, -euse [pwɛ̃tijø, -øz] *adj* particular, pernickety
pointu, e [pwɛ̃ty] *adj* pointed; (*voix*) shrill; (*analyse*) precise
pointure [pwɛ̃tyʀ] *nf* size
point-virgule [pwɛ̃viʀgyl] *nm* semi-colon
poire [pwaʀ] *nf* pear; (*fam, péj*) mug
poireau, x [pwaʀo] *nm* leek
poirier [pwaʀje] *nm* pear tree
pois [pwa] *nm* (*Bot*) pea; (*sur une étoffe*) dot, spot; **à ~** (*cravate etc*) spotted, polka-dot *cpd*; **~ chiche** chickpea
poison [pwazɔ̃] *nm* poison
poisseux, -euse [pwasø, -øz] *adj* sticky
poisson [pwasɔ̃] *nm* fish *gén inv*; **les P~s** (*Astrologie: signe*) Pisces; **~ d'avril** April fool; (*blague*) April

P

Fool's Day trick; *see note* **"poisson d'avril"**; **~ rouge** goldfish **• poissonnerie** *nf* fishmonger's **• poissonnier, -ière** *nm/f* fishmonger (BRIT), fish merchant (US)

The traditional April Fools' Day prank in France involves attaching a cut-out paper fish, known as a **poisson d'avril**, to the back of one's victim, without being caught.

poitrine [pwatʀin] *nf* chest; (*seins*) bust, bosom; (*Culin*) breast

poivre [pwavʀ] *nm* pepper

poivron [pwavʀɔ̃] *nm* pepper, capsicum

polaire [pɔlɛʀ] *adj* polar

pôle [pol] *nm* (*Géo, Élec*) pole; **le ~ Nord/Sud** the North/South Pole

poli, e [pɔli] *adj* polite; (*lisse*) smooth

police [pɔlis] *nf* police; **~ judiciaire (PJ)** ≈ Criminal Investigation Department (CID) (BRIT), ≈ Federal Bureau of Investigation (FBI) (US); **~ secours** ≈ emergency services *pl* (BRIT), ≈ paramedics *pl* (US) **• policier, -ière** *adj* police *cpd* ▸ *nm* policeman; (*aussi*: **roman policier**) detective novel

polir [pɔliʀ] /2/ *vt* to polish

politesse [pɔlitɛs] *nf* politeness

politicien, ne [pɔlitisjɛ̃, -ɛn] *nm/f* (*péj*) politician

politique [pɔlitik] *adj* political ▸ *nf* politics *sg*; (*principes, tactique*) policies *pl*

politiquement [pɔlitikmɑ̃] *adv* politically; **~ correct** politically correct

pollen [pɔlɛn] *nm* pollen

polluant, e [pɔlɥɑ̃, -ɑ̃t] *adj* polluting ▸ *nm* pollutant; **non ~** non-polluting

polluer [pɔlɥe] /1/ *vt* to pollute **• pollution** *nf* pollution

polo [pɔlo] *nm* (*tricot*) polo shirt

Pologne [pɔlɔɲ] *nf*: **la ~** Poland **• polonais, e** *adj* Polish ▸ *nm* (*Ling*) Polish ▸ *nm/f*: **Polonais, e** Pole

poltron, ne [pɔltʀɔ̃, -ɔn] *adj* cowardly

polycopier [pɔlikɔpje] /7/ *vt* to duplicate

Polynésie [pɔlinezi] *nf*: **la ~** Polynesia; **la ~ française** French Polynesia

polyvalent, e [pɔlivalɑ̃, -ɑ̃t] *adj* (*rôle*) varied; (*salle*) multi-purpose

pommade [pɔmad] *nf* ointment, cream

pomme [pɔm] *nf* apple; **tomber dans les ~s** (*fam*) to pass out; **~ d'Adam** Adam's apple; **~ de pin** pine *ou* fir cone; **~ de terre** potato; **~s vapeur** boiled potatoes

pommette [pɔmɛt] *nf* cheekbone

pommier [pɔmje] *nm* apple tree

pompe [pɔ̃p] *nf* pump; (*faste*) pomp (and ceremony); **~ à eau/essence** water/petrol pump; **~s funèbres** undertaker's *sg*, funeral parlour *sg* **• pomper** /1/ *vt* to pump; (*aspirer*) to pump up; (*absorber*) to soak up

pompeux, -euse [pɔ̃pø, -øz] *adj* pompous

pompier [pɔ̃pje] *nm* fireman

pompiste [pɔ̃pist] *nm/f* petrol (BRIT) *ou* gas (US) pump attendant

ncer [pɔ̃se] /3/ *vt* to sand
own)
nctuation [pɔ̃ktɥasjɔ̃] *nf*
nctuation
nctuel, le [pɔ̃ktɥɛl] *adj*
nctual
ndéré, e [pɔ̃deʀe] *adj*
vel-headed, composed
ndre [pɔ̃dʀ] /41/ *vt* to lay
ney [pɔnɛ] *nm* pony
nt [pɔ̃] *nm* bridge; (*Navig*) deck;
ire le ~ to take the extra day off;
note **"faire le pont"**;
suspendu suspension bridge
pont-levis *nm* drawbridge

e expression **faire le pont**
ers to the practice of taking a
onday or Friday off to make a
ng weekend if a public holiday
ls on a Tuesday or Thursday.
e French commonly take an
tra day off work to give four
nsecutive days' holiday at
scension', 'le 14 juillet' and
15 août'.

p [pɔp] *adj inv* pop
pulaire [pɔpylɛʀ] *adj* popular;
anifestation) mass *cpd*; (*milieux,*
entèle) working-class; (*mot etc*)
ed by the lower classes (of
ciety)
pularité [pɔpylaʀite] *nf*
pularity
pulation [pɔpylasjɔ̃] *nf*
pulation
puleux, -euse [pɔpylø, -øz]
densely populated
c [pɔʀ] *nm* pig; (*Culin*) pork
rcelaine [pɔʀsəlɛn] *nf*
rcelain, china; (*objet*) piece of
na(ware)
rc-épic [pɔʀkepik] *nm*
rcupine

porche [pɔʀʃ] *nm* porch
porcherie [pɔʀʃəʀi] *nf* pigsty
pore [pɔʀ] *nm* pore
porno [pɔʀno] *adj* porno ▸ *nm* porn
port [pɔʀ] *nm* harbour, port; (*ville*) port; (*de l'uniforme etc*) wearing; (*pour lettre*) postage; (*pour colis, aussi: posture*) carriage; **~ d'arme** (*Jur*) carrying of a firearm; **~ payé** postage paid
portable [pɔʀtabl] *adj* (*portatif*) portable; (*téléphone*) mobile ▸ *nm* (*Inform*) laptop (computer); (*téléphone*) mobile (phone)
portail [pɔʀtaj] *nm* gate
portant, e [pɔʀtɑ̃, -ɑ̃t] *adj*: **bien/mal ~** in good/poor health
portatif, -ive [pɔʀtatif, -iv] *adj* portable
porte [pɔʀt] *nf* door; (*de ville, forteresse*) gate; **mettre à la ~** to throw out; **~ d'entrée** front door
porté, e [pɔʀte] *adj*: **être ~ à faire qch** to be apt to do sth; **être ~ sur qch** to be partial to sth
porte: • **porte-avions** *nm inv* aircraft carrier • **porte-bagages** *nm inv* luggage rack (*ou* basket *etc*) • **porte-bonheur** *nm inv* lucky charm • **porte-clefs** *nm inv* key ring • **porte-documents** *nm inv* attaché *ou* document case
portée [pɔʀte] *nf* (*d'une arme*) range; (*fig: importance*) impact, import; (*: capacités*) scope, capability; (*de chatte etc*) litter; (*Mus*) stave, staff; **à/hors de ~ (de)** within/out of reach (of); **à ~ de (la) main** within (arm's) reach; **à la ~ de qn** (*fig*) at sb's level, within sb's capabilities
porte: • **portefeuille** *nm* wallet • **portemanteau, x** *nm* coat rack;

P

(*cintre*) coat hanger • **porte-monnaie** *nm inv* purse
• **porte-parole** *nm inv* spokesperson
porter [pɔʀte] /1/ *vt* to carry; (*sur soi: vêtement, barbe, bague*) to wear; (*fig: responsabilité etc*) to bear, carry; (*inscription, marque, titre, patronyme, fruits, fleurs*) to bear; (*coup*) to deal; (*attention*) to turn; (*apporter*): **~ qch quelque part/à qn** to take sth somewhere/to sb ▶ *vi* to carry; (*coup, argument*) to hit home; **se porter** *vi* (*se sentir*): **se ~ bien/mal** to be well/unwell; **~ sur** (*conférence etc*) to concern; **se faire ~ malade** to report sick
porteur, -euse [pɔʀtœʀ, -øz] *nm/f* ▶ *nm* (*de bagages*) porter; (*de chèque*) bearer
porte-voix [pɔʀtəvwa] *nm inv* megaphone
portier [pɔʀtje] *nm* doorman
portière [pɔʀtjɛʀ] *nf* door
portion [pɔʀsjɔ̃] *nf* (*part*) portion, share; (*partie*) portion, section
porto [pɔʀto] *nm* port (wine)
portrait [pɔʀtʀɛ] *nm* portrait; (*photographie*) photograph
• **portrait-robot** *nm* Identikit® *ou* Photo-fit® (BRIT) picture
portuaire [pɔʀtɥɛʀ] *adj* port *cpd*, harbour *cpd*
portugais, e [pɔʀtygɛ, -ɛz] *adj* Portuguese ▶ *nm* (*Ling*) Portuguese ▶ *nm/f*: **P~, e** Portuguese
Portugal [pɔʀtygal] *nm*: **le ~** Portugal
pose [poz] *nf* (*de moquette*) laying; (*attitude, d'un modèle*) pose; (*Photo*) exposure
posé, e [poze] *adj* calm
poser [poze] /1/ *vt* (*place*) to pu down, to put; (*déposer, installer: moquette, carrelage*) to lay; (*ridea papier peint*) to hang; (*question*) ask; (*principe, conditions*) to lay d set down; (*problème*) to formula (*difficulté*) to pose ▶ *vi* (*modèle*) t pose; **se poser** *vi* (*oiseau, avion*) land; (*question*) to arise; **~ qch (sur)** to put sth down (on); **~ q** to drop sb at; **~ qch sur qch/ quelque part** to put sth on sth somewhere; **~ sa candidature un poste** to apply for a post
positif, -ive [pozitif, -iv] *adj* positive
position [pozisjɔ̃] *nf* position; **prendre ~** (*fig*) to take a stand
posologie [pozɔlɔʒi] *nf* dosag
posséder [pɔsede] /6/ *vt* to ow possess; (*qualité, talent*) to have possess; (*sexuellement*) to posse
• **possession** *nf* ownership no possession; **être en possessio de qch** to be in possession of st **prendre possession de qch** t take possession of sth
possibilité [pɔsibilite] *nf* possibility; **possibilités** *nfpl* potential *sg*
possible [pɔsibl] *adj* possible; (*projet, entreprise*) feasible ▶ *nm* **faire son ~** to do all one can, do one's utmost; **le plus/moins d livres ~** as many/few books as possible; **le plus vite ~** as quic as possible; **dès que ~** as soon possible
postal, e, -aux [pɔstal, -o] *ad* postal
poste¹ [pɔst] *nf* (*service*) post, po service; (*administration, bureau*) post office; **mettre à la ~** to po **~ restante (PR)** poste restant (BRIT), general delivery (US)

oste[2] [pɔst] *nm* (*fonction, Mil*) post; (*Tél*) extension; (*de radio etc*) set; **~ d'essence** filling station; **~ d'incendie** fire point; **~ de pilotage** cockpit, flight deck; **~ (de police)** police station; **~ de secours** first-aid post

oster /1/ *vt* [pɔste] to post ▶ *nm* [pɔstɛʀ] poster

ostérieur, e [pɔsteʀjœʀ] *adj* (*date*) later; (*partie*) back ▶ *nm* (*fam*) behind

ostuler [pɔstyle] /1/ *vi*: **~ à** *ou* **pour un emploi** to apply for a job

ot [po] *nm* (*en verre*) jar; (*en terre*) pot; (*en plastique, carton*) carton; (*en métal*) tin; (*fam: chance*) luck; **avoir du ~** to be lucky; **boire** *ou* **prendre un ~** (*fam*) to have a drink; **petit ~ (pour bébé)** (jar of) baby food; **~ catalytique** catalytic converter; **~ d'échappement** exhaust pipe

otable [pɔtabl] *adj*: **eau (non) ~** (not) drinking water

otage [pɔtaʒ] *nm* soup

• **potager, -ère** *adj*: **(jardin) potager** kitchen *ou* vegetable garden

ot-au-feu [pɔtofø] *nm inv* (beef) stew

ot-de-vin [podvɛ̃] *nm* bribe

ote [pɔt] *nm* (*fam*) pal

oteau, x [pɔto] *nm* post; **~ indicateur** signpost

otelé, e [pɔtle] *adj* plump, chubby

otentiel, le [pɔtɑ̃sjɛl] *adj, nm* potential

oterie [pɔtʀi] *nf* pottery; (*objet*) piece of pottery

otier, -ière [pɔtje, -jɛʀ] *nm/f* potter

otiron [pɔtiʀɔ̃] *nm* pumpkin

pou, x [pu] *nm* louse

poubelle [pubɛl] *nf* (dust)bin

pouce [pus] *nm* thumb

poudre [pudʀ] *nf* powder; (*fard*) (face) powder; (*explosif*) gunpowder; **en ~: café en ~** instant coffee; **lait en ~** dried *ou* powdered milk

poudreux, -euse [pudʀø, -øz] *adj* dusty; (*neige*) powder *cpd*

poudre: • **poudrier** [pudʀije] *nm* (powder) compact

pouffer [pufe] /1/ *vi*: **~ (de rire)** to burst out laughing

poulailler [pulaje] *nm* henhouse

poulain [pulɛ̃] *nm* foal; (*fig*) protégé

poule [pul] *nf* hen; (*Culin*) (boiling) fowl; **~ mouillée** coward

poulet [pulɛ] *nm* chicken; (*fam*) cop

poulie [puli] *nf* pulley

pouls [pu] *nm* pulse; **prendre le ~ de qn** to take sb's pulse

poumon [pumɔ̃] *nm* lung

poupée [pupe] *nf* doll

pour [puʀ] *prép* for ▶ *nm*: **le ~ et le contre** the pros and cons; **~ faire** (so as) to do, in order to do; **~ avoir fait** for having done; **~ que** so that, in order that; **fermé ~ (cause de) travaux** closed for refurbishment *ou* alterations; **c'est ~ ça que ...** that's why ...; **~ quoi faire?** what for?; **~ 20 euros d'essence** 20 euros' worth of petrol; **~ cent** per cent; **~ ce qui est de** as for

pourboire [puʀbwaʀ] *nm* tip

pourcentage [puʀsɑ̃taʒ] *nm* percentage

pourchasser [puʀʃase] /1/ *vt* to pursue

pourparlers [puʀpaʀle] *nmpl* talks, negotiations
pourpre [puʀpʀ] *adj* crimson
pourquoi [puʀkwa] *adv, conj* why ▸ *nm inv*: **le ~ (de)** the reason (for)
pourrai *etc* [puʀe] *vb voir* **pouvoir**
pourri, e [puʀi] *adj* rotten
pourrir [puʀiʀ] /2/ *vi* to rot; (*fruit*) to go rotten *ou* bad ▸ *vt* to rot; (*fig*) to spoil thoroughly • **pourriture** *nf* rot
poursuite [puʀsɥit] *nf* pursuit, chase; **poursuites** *nfpl* (*Jur*) legal proceedings
poursuivre [puʀsɥivʀ] /40/ *vt* to pursue, chase (after); (*obséder*) to haunt; (*Jur*) to bring proceedings against, prosecute; (*: au civil*) to sue; (*but*) to strive towards; (*voyage, études*) to carry on with, continue; **se poursuivre** *vi* to go on, continue
pourtant [puʀtɑ̃] *adv* yet; **c'est ~ facile** (and) yet it's easy
pourtour [puʀtuʀ] *nm* perimeter
pourvoir [puʀvwaʀ] /25/ *vt*: **~ qch/qn de** to equip sth/sb with ▸ *vi*: **~ à** to provide for • **pourvu, e** *adj*: **pourvu de** equipped with; **pourvu que** (*si*) provided that, so long as; (*espérons que*) let's hope (that)
pousse [pus] *nf* growth; (*bourgeon*) shoot
poussée [puse] *nf* thrust; (*d'acné*) eruption; (*fig: prix*) upsurge
pousser [puse] /1/ *vt* to push; (*émettre: cri etc*) to give; (*stimuler: élève*) to urge on; (*poursuivre: études, discussion*) to carry on ▸ *vi* to push; (*croître*) to grow; **se pousser** *vi* to move over; **~ qn à faire qch** (*inciter*) to urge *ou* press sb to do sth; **faire ~** (*plante*) to grow
poussette [pusɛt] *nf* pushchair (BRIT), stroller (US)
poussière [pusjɛʀ] *nf* dust • **poussiéreux, -euse** *adj* dusty
poussin [pusɛ̃] *nm* chick
poutre [putʀ] *nf* beam

pouvoir [puvwaʀ] /33/

▸ *nm* power; (*dirigeants*): **le pouvoir** those in power; **les pouvoirs publics** the authorities; **pouvoir d'achat** purchasing power
▸ *vb aux* **1** (*être en état de*) can, be able to; **je ne peux pas le réparer** I can't *ou* I am not able to repair it; **déçu de ne pas pouvoir le faire** disappointed not to be able to do it
2 (*avoir la permission*) can, may, be allowed to; **vous pouvez aller au cinéma** you can *ou* may go to the pictures
3 (*probabilité, hypothèse*) may, might, could; **il a pu avoir un accident** he may *ou* might *ou* could have had an accident; **il aurait pu le dire!** he might *ou* could have said (so)!
▸ *vb impers* may, might, could; **il peut arriver que** it may *ou* might *ou* could happen that; **il pourrait pleuvoir** it might rain
▸ *vt* can, be able to; **j'ai fait tout ce que j'ai pu** I did all I could; **je n'en peux plus** (*épuisé*) I'm exhausted; (*à bout*) I can't take any more
se pouvoir *vi*: **il se peut que** it may *ou* might be that; **cela se pourrait** that's quite possible

airie [pʀeʀi] *nf* meadow
aline [pʀalin] *nf* sugared lmond
aticable [pʀatikabl] *adj* assable; practicable
atiquant, e [pʀatikɑ̃, -ɑ̃t] *m/f* (regular) churchgoer
atique [pʀatik] *nf* practice ·*adj* practical • **pratiquement** dv (*pour ainsi dire*) practically, irtually • **pratiquer** /1/ *vt* to ractise; (*l'équitation, la pêche*) to o in for; (*le golf, football*) to play; *ntervention, opération*) to carry ut
é [pʀe] *nm* meadow
éalable [pʀealabl] *adj* reliminary; **au ~** beforehand
éambule [pʀeɑ̃byl] *nm* reamble; (*fig*) prelude; **sans ~** traight away
éau, x [pʀeo] *nm* (*d'une cour 'école*) covered playground
éavis [pʀeavi] *nm* notice
écaire [pʀekɛʀ] *adj* (*situation*) recarious; (*Écon: emplois*) acking security • **précarité** *nf de situation*) precariousness; *Écon*): **la ~ (de l'emploi)** job ısecurity, lack of job security
écaution [pʀekosjɔ̃] *nf* recaution; **avec ~** cautiously; **e principe de ~** the precautionary rinciple; **par ~** as a precaution
écédemment [pʀesedamɑ̃] *dv* before, previously
écédent, e [pʀesedɑ̃, -ɑ̃t] *adj* revious ▶ *nm* precedent; **ans ~** unprecedented; **le our ~** the day before, the revious day
écéder [pʀesede] /6/ *vt* to recede
êcher [pʀeʃe] /1/ *vt* to preach
précieux, -euse [pʀesjø, -øz] *adj* precious; (*collaborateur, conseils*) invaluable
précipice [pʀesipis] *nm* drop, chasm
précipitamment [pʀesipitamɑ̃] *adv* hurriedly, hastily
précipitation [pʀesipitasjɔ̃] *nf* (*hâte*) haste
précipité, e [pʀesipite] *adj* hurried; hasty
précipiter [pʀesipite] /1/ *vt* (*hâter: départ*) to hasten; **se précipiter** *vi* to speed up; **~ qn/qch du haut de** (*faire tomber*) to throw *ou* hurl sb/sth off *ou* from; **se ~ sur/vers** to rush at/towards
précis, e [pʀesi, -iz] *adj* precise; (*tir, mesures*) accurate, precise; **à 4 heures ~es** at 4 o'clock sharp • **précisément** *adv* precisely • **préciser** /1/ *vt* (*expliquer*) to be more specific about, clarify; (*spécifier*) to state, specify; **se préciser** *vi* to become clear(er) • **précision** *nf* precision; (*détail*) point *ou* detail (*made clear or to be clarified*)
précoce [pʀekɔs] *adj* early; (*enfant*) precocious
préconçu, e [pʀekɔ̃sy] *adj* preconceived
préconiser [pʀekɔnize] /1/ *vt* to advocate
prédécesseur [pʀedesesœʀ] *nm* predecessor
prédilection [pʀedilɛksjɔ̃] *nf*: **avoir une ~ pour** to be partial to
prédire [pʀediʀ] /37/ *vt* to predict
prédominer [pʀedɔmine] /1/ *vi* to predominate
préface [pʀefas] *nf* preface

préfecture [prefɛktyr] *nf* prefecture; **~ de police** police headquarters
préférable [preferabl] *adj* preferable
préféré, e [prefere] *adj, nm/f* favourite
préférence [preferɑ̃s] *nf* preference; **de ~** preferably
préférer [prefere] /6/ *vt*: **~ qn/ qch (à)** to prefer sb/sth (to), like sb/sth better (than); **~ faire** to prefer to do; **je préférerais du thé** I would rather have tea, I'd prefer tea
préfet [prefɛ] *nm* prefect
préhistorique [preistɔrik] *adj* prehistoric
préjudice [preʒydis] *nm* (*matériel*) loss; (*moral*) harm *no pl*; **porter ~ à** to harm, be detrimental to; **au ~ de** at the expense of
préjugé [preʒyʒe] *nm* prejudice; **avoir un ~ contre** to be prejudiced against
prélasser [prelɑse] /1/: **se prélasser** *vi* to lounge
prélèvement [prelɛvmɑ̃] *nm* (*montant*) deduction; **faire un ~ de sang** to take a blood sample
prélever [prelve] /5/ *vt* (*échantillon*) to take; **~ (sur)** (*argent*) to deduct (from); (*sur son compte*) to withdraw (from)
prématuré, e [prematyre] *adj* premature ▸*nm* premature baby
premier, -ière [prəmje, -jɛr] *adj* first; (*rang*) front; (*fig: fondamental*) basic ▸*nf* (*Rail, Aviat etc*) first class; (*Scol*) year 12 (BRIT), eleventh grade (US); **de ~ ordre** first-rate; **le ~ venu** the first person to com along; **P~ Ministre** Prime Minister • **premièrement** *adv* firstly
prémonition [premɔnisjɔ̃] *nf* premonition
prenant, e [prənɑ̃, -ɑ̃t] *adj* absorbing, engrossing
prénatal, e [prenatal] *adj* (*Méd*) antenatal
prendre [prɑ̃dr] /58/ *vt* to take (*repas*) to have; (*aller chercher*) to get; (*malfaiteur, poisson*) to catch (*passager*) to pick up; (*personnel*) to take on; (*traiter: enfant, problème*) to handle; (*voix, ton*) to put on; (*ôter*): **~ qch à** to take sth from; (*coincer*): **se ~ les doigts dans** to get one's fingers caught in ▸*vi* (*liquide, ciment*) to set; (*greffe, vaccin*) to take; (*feu: foyer*) to go; (*se diriger*): **~ à gauche** to turn (to the) left; **~ froid** to catch cold; **se ~ pour** to think one is; **s'en ~ à** to attack; **se ~ d'amitié/d'affection pour** to befriend/become fond of; **s'y ~** (*procéder*) to set about it
preneur [prənœr] *nm*: **être ~** t be willing to buy; **trouver ~** to find a buyer
prénom [prenɔ̃] *nm* first name
préoccupation [preɔkypasjɔ̃] *nf* (*souci*) concern; (*idée fixe*) preoccupation
préoccuper [preɔkype] /1/ *vt* (*tourmenter, tracasser*) to concern (*absorber, obséder*) to preoccupy; **se ~ de qch** to be concerned about sth
préparatifs [preparatif] *nmpl* preparations
préparation [preparasjɔ̃] *nf* preparation

'éparer [pʀepaʀe] /1/ *vt* to ɔrepare; (*café, repas*) to make; '*examen*) to prepare for; (*voyage,* *ɛntreprise*) to plan; **se préparer** *vi* '*orage, tragédie*) to brew, be in the ɜir; **se ~ (à qch/à faire)** to ɔrepare (o.s.) *ou* get ready (for ;th/to do); **~ qch à qn** (*surprise* *ɛtc*) to have sth in store for sb
'épondérant, e [pʀepɔ̃deʀɑ̃, ·ɑ̃t] *adj* major, dominating
'éposé, e [pʀepoze] *nm/f* ɛmployee; (*facteur*) postman/ voman
'éposition [pʀepozisjɔ̃] *nf* ɔreposition
'ès [pʀɛ] *adv* near, close; **~ de** ɪear (to), close to; (*environ*) nearly, ɜlmost; **de ~** closely; **à cinq kg ~** :o within about five kg; **il n'est ɔas à 10 minutes ~** he can spare o minutes
'ésage [pʀezaʒ] *nm* omen
'esbyte [pʀɛsbit] *adj* ɔng-sighted
'esbytère [pʀɛsbitɛʀ] *nm* ɔresbytery
'escription [pʀɛskʀipsjɔ̃] *nf* ɔrescription
'escrire [pʀɛskʀiʀ] /39/ *vt* to ɔrescribe
'ésence [pʀezɑ̃s] *nf* presence; *au bureau etc*) attendance
'ésent, e [pʀezɑ̃, -ɑ̃t] *adj, nm* ɔresent; **à ~ que** now that
'ésentation [pʀezɑ̃tasjɔ̃] *nf* ɔresentation; (*de nouveau venu*) ntroduction; (*allure*) appearance; **'aire les ~s** to do the ɪtroductions
'ésenter [pʀezɑ̃te] /1/ *vt* to ɔresent; (*invité, candidat*) to ɪtroduce; (*félicitations,* *ondoléances*) to offer; **~ qn à** to introduce sb to ▸ *vi*: **~ mal/bien** to have an unattractive/a pleasing appearance; **se présenter** *vi* (*à une élection*) to stand; (*occasion*) to arise; **se ~ à un examen** to sit an exam; **je vous présente Nadine** this is Nadine
préservatif [pʀezɛʀvatif] *nm* condom, sheath
préserver [pʀezɛʀve] /1/ *vt*: **~ de** (*protéger*) to protect from
président [pʀezidɑ̃] *nm* (*Pol*) president; (*d'une assemblée, Comm*) chairman; **~ directeur général** chairman and managing director
présidentiel, le [pʀezidɑ̃sjɛl] *adj* presidential; **présidentielles** *nfpl* presidential election(s)
présider [pʀezide] /1/ *vt* to preside over; (*dîner*) to be the guest of honour (BRIT) *ou* honor (US) at
presque [pʀɛsk] *adv* almost, nearly; **~ rien** hardly anything; **~ pas** hardly (at all); **~ pas de** hardly any; **personne, ou ~** next to nobody, hardly anyone
presqu'île [pʀɛskil] *nf* peninsula
pressant, e [pʀɛsɑ̃, -ɑ̃t] *adj* urgent
presse [pʀɛs] *nf* press; (*affluence*): **heures de ~** busy times
pressé, e [pʀese] *adj* in a hurry; (*besogne*) urgent; **orange ~e** freshly squeezed orange juice
pressentiment [pʀɛsɑ̃timɑ̃] *nm* foreboding, premonition
pressentir [pʀɛsɑ̃tiʀ] /16/ *vt* to sense
presse-papiers [pʀɛspapje] *nm inv* paperweight
presser [pʀese] /1/ *vt* (*fruit,* *éponge*) to squeeze; (*interrupteur,*

bouton) to press; (*allure, affaire*) to speed up; (*inciter*): **~ qn de faire** to urge *ou* press sb to do ▶ *vi* to be urgent; **se presser** *vi* (*se hâter*) to hurry (up); **rien ne presse** there's no hurry; **se ~ contre qn** to squeeze up against sb; **le temps presse** there's not much time

pressing [presiŋ] *nm* (*magasin*) dry-cleaner's

pression [presjɔ̃] *nf* pressure; (*bouton*) press stud (BRIT), snap fastener (US); (*fam: bière*) draught beer; **faire ~ sur** to put pressure on; **sous ~** pressurized, under pressure; (*fig*) keyed up; **~ artérielle** blood pressure

prestataire [prestatɛr] *nm/f* person receiving benefits; **~ de services** provider of services

prestation [prestasjɔ̃] *nf* (*allocation*) benefit; (*d'une entreprise*) service provided; (*d'un joueur, artiste*) performance

prestidigitateur, -trice [prestidiʒitatœr, -tris] *nm/f* conjurer

prestige [prestiʒ] *nm* prestige • **prestigieux, -euse** *adj* prestigious

présumer [prezyme] /1/ *vt*: **~ que** to presume *ou* assume that

prêt, e [prɛ, prɛt] *adj* ready ▶ *nm* (*somme prêtée*) loan • **prêt-à-porter** *nm* ready-to-wear *ou* off-the-peg (BRIT) clothes *pl*

prétendre [pretɑ̃dr] /41/ *vt* (*affirmer*): **~ que** to claim that; **~ faire qch** (*avoir l'intention de*) to mean *ou* intend to do sth • **prétendu, e** *adj* (*supposé*) so-called

⚠ Attention à ne pas traduire *prétendre* par *to pretend*.

prétentieux, -euse [pretɑ̃sjø, -øz] *adj* pretentious

prétention [pretɑ̃sjɔ̃] *nf* pretentiousness; (*exigence, ambition*) claim

prêter [prete] /1/ *vt*: **~ qch à qn** (*livres, argent*) to lend sth to sb; (*caractère, propos*) to attribute sth to sb

prétexte [pretɛkst] *nm* pretext, excuse; **sous aucun ~** on no account • **prétexter** [pretɛkste] /1/ *vt* to give as a pretext *ou* an excuse

prêtre [prɛtr] *nm* priest

preuve [prœv] *nf* proof; (*indice*) proof, evidence *no pl*; **faire ~ de** to show; **faire ses ~s** to prove o.s. (*ou* itself)

prévaloir [prevalwar] /29/ *vi* to prevail

prévenant, e [prevnɑ̃, -ɑ̃t] *adj* thoughtful, kind

prévenir [prevnir] /22/ *vt* (*éviter catastrophe etc*) to avoid, prevent; (*anticiper: désirs, besoins*) to anticipate; **~ qn (de)** (*avertir*) to warn sb (about); (*informer*) to tell *ou* inform sb (about)

préventif, -ive [prevɑ̃tif, -iv] *adj* preventive

prévention [prevɑ̃sjɔ̃] *nf* prevention; **~ routière** road safety

prévenu, e [prevny] *nm/f* (*Jur*) defendant, accused

prévision [previzjɔ̃] *nf*: **~s** predictions; (*météorologiques, économiques*) forecast *sg*; **en ~ de** in anticipation of; **~s météorologiques** *ou* **du temps** weather forecast *sg*

prévoir [prevwar] /24/ *vt* (*deviner*) to foresee; (*s'attendre à*)

:o expect, reckon on; (*organiser*: *voyage etc*) to plan; (*préparer*, *réserver*) to allow; **comme prévu** as planned • **prévoyant, e** *adj* gifted with (*ou* showing) foresight • **prévu, e** *pp de* **prévoir**
ier [pʀije] /7/ *vi* to pray ▶ *vt* Dieu) to pray to; (*implorer*) to beg; *demander*): **~ qn de faire** to ask sb :o do; **se faire ~** to need coaxing ɔu persuading; **je vous en prie** *allez-y*) please do; (*de rien*) don't nention it • **prière** *nf* prayer; **'prière de faire ...'** "please do ..."
imaire [pʀimɛʀ] *adj* primary ▶ *nm* (*Scol*) primary education
ime [pʀim] *nf* (*bonification*) ɔonus; (*subside*) allowance; *Comm*: *cadeau*) free gift; *Assurances*, *Bourse*) premium ▶ *adj*: **de ~ abord** at first glance • **primer** /1/ *vt* (*récompenser*) to award a prize to ▶ *vi* to dominate
imevère [pʀimvɛʀ] *nf* ɔrimrose
imitif, -ive [pʀimitif, -iv] *adj* ɔrimitive; (*originel*) original
ince [pʀɛ̃s] *nm* prince
princesse *nf* princess
incipal, e, -aux [pʀɛ̃sipal, -o] *adj* principal, main ▶ *nm* (*Scol*) ɪead (teacher) (BRIT), principal US); (*essentiel*) main thing
incipe [pʀɛ̃sip] *nm* principle; **par ~** on principle; **en ~** *habituellement*) as a rule; *théoriquement*) in principle
intemps [pʀɛ̃tɑ̃] *nm* spring
iorité [pʀijɔʀite] *nf* priority; *Auto*) **~ à droite** right of way to vehicles coming from the right
is, e [pʀi, pʀiz] *pp de* **prendre** ▶ *adj* (*place*) taken; (*journée, mains*) ull; (*personne*) busy; **avoir le nez/la gorge ~(e)** to have a stuffy nose/a bad throat; **être ~ de peur/de fatigue/de panique** to be stricken with fear/overcome with fatigue/panic-stricken
prise [pʀiz] *nf* (*d'une ville*) capture; (*Pêche, Chasse*) catch; (*point d'appui ou pour empoigner*) hold; (*Élec: fiche*) plug; (*: femelle*) socket; **être aux ~s avec** to be grappling with; **~ de courant** power point; **~ multiple** adaptor; **~ de sang** blood test
priser [pʀize] /1/ *vt* (*estimer*) to prize, value
prison [pʀizɔ̃] *nf* prison; **aller/être en ~** to go to/be in prison *ou* jail • **prisonnier, -ière** *nm/f* prisoner ▶ *adj* captive
privé, e [pʀive] *adj* private; (*en punition*): **tu es ~ de télé!** no TV for you! ▶ *nm* (*Comm*) private sector; **en ~** in private
priver [pʀive] /1/ *vt*: **~ qn de** to deprive sb of; **se ~ de** to go *ou* do without
privilège [pʀivilɛʒ] *nm* privilege
prix [pʀi] *nm* price; (*récompense, Scol*) prize; **hors de ~** exorbitantly priced; **à aucun ~** not at any price; **à tout ~** at all costs
probable [pʀɔbabl] *adj* likely, probable • **probablement** *adv* probably
problème [pʀɔblɛm] *nm* problem
procédé [pʀɔsede] *nm* (*méthode*) process; (*comportement*) behaviour *no pl*
procéder [pʀɔsede] /6/ *vi* to proceed; (*moralement*) to behave; **~ à** to carry out
procès [pʀɔsɛ] *nm* trial (*poursuites*) proceedings *pl*; **être**

P

en ~ avec to be involved in a lawsuit with

processus [pRɔsesys] *nm* process

procès-verbal, -aux [pRɔsɛvɛRbal, -o] *nm* (*de réunion*) minutes *pl*; (*aussi*: **PV**): **avoir un ~** to get a parking ticket

prochain, e [pRɔʃɛ̃, -ɛn] *adj* next; (*proche*: *départ, arrivée*) impending ▸ *nm* fellow man; **la ~e fois/ semaine ~e** next time/week • **prochainement** *adv* soon, shortly

proche [pRɔʃ] *adj* nearby; (*dans le temps*) imminent; (*parent, ami*) close; **proches** *nmpl* (*parents*) close relatives; **être ~ (de)** to be near, be close (to)

proclamer [pRɔklame] /1/ *vt* to proclaim

procréation [pRɔkReasjɔ̃] *nf* procreation; **~ médicalement assistée**, **assistance médicale à la ~** assisted reproduction

procuration [pRɔkyRasjɔ̃] *nf* proxy

procurer [pRɔkyRe] /1/ *vt* (*fournir*): **~ qch à qn** (*obtenir*) to get *ou* obtain sth for sb; (*plaisir etc*) to bring *ou* give sb sth; **se procurer** *vt* to get • **procureur** *nm* public prosecutor

prodige [pRɔdiʒ] *nm* marvel, wonder; (*personne*) prodigy • **prodiguer** /1/ *vt* (*soins, attentions*): **prodiguer qch à qn** to lavish sth on sb

producteur, -trice [pRɔdyktœR, -tRis] *nm/f* producer

productif, -ive [pRɔdyktif, -iv] *adj* productive

production [pRɔdyksjɔ̃] *nf* production; (*rendement*) output

productivité [pRɔdyktivite] *nf* productivity

produire [pRɔdɥiR] /38/ *vt* to produce; **se produire** *vi* (*acteur*) t perform, appear; (*événement*) to happen, occur

produit, e [pRɔdɥi, -it] *nm* product; **~ chimique** chemical; **~ d'entretien** cleaning product; **~s agricoles** farm produce *sg*; **~s de beauté** beauty products, cosmetics

prof [pRɔf] *nm* (*fam*) teacher

proférer [pRɔfeRe] /6/ *vt* to utte

professeur, e [pRɔfesœR] *nm/f* teacher; (*titulaire d'une chaire*) professor; **~ (de faculté)** (university) lecturer

profession [pRɔfesjɔ̃] *nf* (*libéral* profession; (*gén*) occupation; **"sans ~"** "unemployed" • **professionnel, le** *adj*, *nm/f* professional

profil [pRɔfil] *nm* profile; **de ~** in profile

profit [pRɔfi] *nm* (*avantage*) benefit, advantage; (*Comm, Finance*) profit; **au ~ de** in aid of; **tirer** *ou* **retirer ~ de** to profit fror • **profitable** *adj* (*utile*) beneficial (*lucratif*) profitable • **profiter** /1, *vi*: **profiter de** (*situation, occasio* to take advantage of; (*vacances, jeunesse etc*) to make the most of

profond, e [pRɔfɔ̃, -ɔ̃d] *adj* deep (*méditation, mépris*) profound • **profondément** *adv* deeply; **il dort profondément** he is sounc asleep • **profondeur** *nf* depth; **l'eau a quelle profondeur?** hov deep is the water?

programme [pRɔgRam] *nm* programme; (*Scol*) syllabus, curriculum; (*Inform*) program

• programmer /1/ *vt* (*organiser, prévoir: émission*) to schedule; (*Inform*) to program
• programmeur, -euse *nm/f* (computer) programmer
rogrès [pRɔgRɛ] *nm* progress *no pl*; **faire des/être en ~** to make/be making progress **• progresser** /1/ *vi* to progress **• progressif, -ive** *adj* progressive
roie [pRwa] *nf* prey *no pl*
rojecteur [pRɔʒɛktœR] *nm* projector; (*de théâtre, cirque*) spotlight
rojectile [pRɔʒɛktil] *nm* missile
rojection [pRɔʒɛksjɔ̃] *nf* projection; (*séance*) showing
rojet [pRɔʒɛ] *nm* plan; (*ébauche*) draft; **~ de loi** bill **• projeter** /4/ *vt* (*envisager*) to plan; (*film, photos*) to project; (*ombre, lueur*) to throw, cast; (*jeter*) to throw up (*ou* off *ou* out)
rolétaire [pRɔletɛR] *adj, nm/f* proletarian
rolongement [pRɔlɔ̃ʒmɑ̃] *nm* extension; **dans le ~ de** running on from
rolonger [pRɔlɔ̃ʒe] /3/ *vt* (*débat, séjour*) to prolong; (*délai, billet, rue*) to extend; **se prolonger** *vi* to go on
romenade [pRɔmnad] *nf* walk (*ou* drive *ou* ride); **faire une ~** to go for a walk; **une ~ (à pied)/en voiture/à vélo** a walk/drive/(bicycle) ride
romener [pRɔmne] /5/ *vt* (*personne, chien*) to take out for a walk; (*doigts, regard*): **~ qch sur** to run sth over; **se promener** *vi* to go for (*ou* be out for) a walk
romesse [pRɔmɛs] *nf* promise
promettre [pRɔmɛtR] /56/ *vt* to promise ▸ *vi* to look promising; **~ à qn de faire** to promise sb that one will do
promiscuité [pRɔmiskɥite] *nf* lack of privacy
promontoire [pRɔmɔ̃twaR] *nm* headland
promoteur, -trice [pRɔmɔtœR, -tRis] *nm/f*: **~ (immobilier)** property developer (BRIT), real estate promoter (US)
promotion [pRɔmosjɔ̃] *nf* promotion; **en ~** on (special) offer
promouvoir [pRɔmuvwaR] /27/ *vt* to promote
prompt, e [pRɔ̃, pRɔ̃t] *adj* swift, rapid
prôner [pRone] /1/ *vt* (*préconiser*) to advocate
pronom [pRɔnɔ̃] *nm* pronoun
prononcer [pRɔnɔ̃se] /3/ *vt* to pronounce; (*dire*) to utter; (*discours*) to deliver; **se prononcer** *vi* to be pronounced; **se ~ (sur)** (*se décider*) to reach a decision (on *ou* about), give a verdict (on); **ça se prononce comment?** how do you pronounce this? **• prononciation** *nf* pronunciation
pronostic [pRɔnɔstik] *nm* (*Méd*) prognosis; (*fig: aussi:* **~s**) forecast
propagande [pRɔpagɑ̃d] *nf* propaganda
propager [pRɔpaʒe] /3/ *vt* to spread; **se propager** *vi* to spread
prophète, prophétesse [pRɔfɛt, pRɔfetɛs] *nm/f* prophet(ess)
prophétie [pRɔfesi] *nf* prophecy
propice [pRɔpis] *adj* favourable

proportion [pʀɔpɔʀsjɔ̃] *nf* proportion; **toute(s) ~(s) gardée(s)** making due allowance(s)

propos [pʀɔpo] *nm* (*paroles*) talk *no pl*, remark; (*intention, but*) intention, aim; (*sujet*): **à quel ~?** what about?; **à ~ de** about, regarding; **à tout ~** for no reason at all; **à ~** by the way; (*opportunément*) (just) at the right moment

proposer [pʀɔpoze] /1/ *vt* to propose; **~ qch (à qn)/de faire** (*suggérer*) to suggest sth (to sb)/ doing, propose sth (to sb)/(to) do; (*offrir*) to offer (sb) sth/to do; **se ~ (pour faire)** to offer one's services (to do) • **proposition** *nf* suggestion; proposal; (*Ling*) clause

propre [pʀɔpʀ] *adj* clean; (*net*) neat, tidy; (*possessif*) own; (*sens*) literal; (*particulier*): **~ à** peculiar to; (*approprié*): **~ à** suitable *ou* appropriate for ▸ *nm*: **recopier au ~** to make a fair copy of • **proprement** *adv* (*avec propreté*) cleanly; **à proprement parler** strictly speaking; **le village proprement dit** the village itself • **propreté** *nf* cleanliness

propriétaire [pʀɔpʀijetɛʀ] *nm/f* owner; (*pour le locataire*) landlord(-lady)

propriété [pʀɔpʀijete] *nf* (*droit*) ownership; (*objet, immeuble etc*) property

propulser [pʀɔpylse] /1/ *vt* to propel

prose [pʀoz] *nf* prose (*style*)

prospecter [pʀɔspɛkte] /1/ *vt* to prospect; (*Comm*) to canvass

prospectus [pʀɔspɛktys] *nm* leaflet

prospère [pʀɔspɛʀ] *adj* prosperou • **prospérer** /6/ *vi* to thrive

prosterner [pʀɔstɛʀne] /1/: **se prosterner** *vi* to bow low, prostrate o.s.

prostituée [pʀɔstitɥe] *nf* prostitute

prostitution [pʀɔstitysjɔ̃] *nf* prostitution

protecteur, -trice [pʀɔtɛktœʀ -tʀis] *adj* protective; (*air, ton: péj*) patronizing ▸ *nm/f* protector

protection [pʀɔtɛksjɔ̃] *nf* protection; (*d'un personnage influent: aide*) patronage

protéger [pʀɔteʒe] /6, 3/ *vt* to protect; **se ~ de/contre** to protect o.s. from

protège-slip [pʀɔtɛʒslip] *nm* panty liner

protéine [pʀɔtein] *nf* protein

protestant, e [pʀɔtɛstɑ̃, -ɑ̃t] *adj, nm/f* Protestant

protestation [pʀɔtɛstasjɔ̃] *nf* (*plainte*) protest

protester [pʀɔtɛste] /1/ *vi*: **~ (contre)** to protest (against *ou* about); **~ de** (*son innocence, sa loyauté*) to protest

prothèse [pʀɔtɛz] *nf*: **~ dentair** denture

protocole [pʀɔtɔkɔl] *nm* (*fig*) etiquette

proue [pʀu] *nf* bow(s *pl*), prow

prouesse [pʀuɛs] *nf* feat

prouver [pʀuve] /1/ *vt* to prove

provenance [pʀɔvnɑ̃s] *nf* origi **avion en ~ de** plane (arriving) from

provenir [pʀɔvniʀ] /22/: **~ de** *vt* to come from

proverbe [pʀɔvɛʀb] *nm* proverb

province [pʀɔvɛ̃s] *nf* province

oviseur [pʀɔvizœʀ] *nm* ≈ head
:eacher) (BRIT), ≈ principal (US)
ovision [pʀɔvizjɔ̃] *nf* (*réserve*)
tock, supply; **provisions** *nfpl*
ivres) provisions, food *no pl*
ovisoire [pʀɔvizwaʀ] *adj*
emporary • **provisoirement** *adv*
emporarily
ovocant, e [pʀɔvɔkɑ̃, -ɑ̃t] *adj*
rovocative
ovoquer [pʀɔvɔke] /1/ *vt*
léfier) to provoke; (*causer*) to
ause, bring about; (*inciter*): **~ qn**
to incite sb to
oxénète [pʀɔksenɛt] *nm*
rocurer
oximité [pʀɔksimite] *nf*
earness, closeness; (*dans le*
emps) imminence, closeness; **à ~**
ear *ou* close by; **à ~ de** near (to),
lose to
udemment [pʀydamɑ̃] *adv*
arefully; wisely, sensibly
udence [pʀydɑ̃s] *nf*
arefulness; **avec ~** carefully; **par**
nesure de) ~ as a precaution
udent, e [pʀydɑ̃, -ɑ̃t] *adj* (*pas*
éméraire) careful; (*: en général*)
afety-conscious; (*sage, conseillé*)
*v*ise, sensible; **c'est plus ~** it's
*v*iser
une [pʀyn] *nf* plum
uneau, x [pʀyno] *nm* prune
unier [pʀynje] *nm* plum tree
sigle m = **parti socialiste**;
= *post-scriptum*) PS
eudonyme [psødɔnim] *nm*
gén) fictitious name; (*d'écrivain*)
seudonym, pen name
ychanalyse [psikanaliz] *nf*
sychoanalysis
ychiatre [psikjatʀ] *nm/f*
sychiatrist • **psychiatrique** *adj*
sychiatric

psychique [psiʃik] *adj*
psychological
psychologie [psikɔlɔʒi] *nf*
psychology • **psychologique** *adj*
psychological • **psychologue**
nm/f psychologist
pu [py] *pp de* **pouvoir**
puanteur [pɥɑ̃tœʀ] *nf* stink, stench
pub [pyb] *nf* (*fam*) = **publicité**; **la ~** advertising
public, -ique [pyblik] *adj* public; (*école, instruction*) state *cpd* ▸ *nm* public; (*assistance*) audience; **en ~** in public
publicitaire [pyblisitɛʀ] *adj* advertising *cpd*; (*film, voiture*) publicity *cpd*
publicité [pyblisite] *nf* (*méthode, profession*) advertising; (*annonce*) advertisement; (*révélations*) publicity
publier [pyblije] /7/ *vt* to publish
publipostage [pyblipɔstaʒ] *nm* (mass) mailing
publique [pyblik] *adj f voir* **public**
puce [pys] *nf* flea; (*Inform*) chip; **carte à ~** smart card; **(marché aux) ~s** flea market *sg*
pudeur [pydœʀ] *nf* modesty
• **pudique** *adj* (*chaste*) modest; (*discret*) discreet
puer [pɥe] /1/ (*péj*) *vi* to stink
puéricultrice [pɥeʀikyltʀis] *nf* ≈ paediatric nurse
puéril, e [pɥeʀil] *adj* childish
puis [pɥi] *vb voir* **pouvoir** ▸ *adv* then
puiser [pɥize] /1/ *vt*: **~ (dans)** to draw (from)
puisque [pɥisk] *conj* since
puissance [pɥisɑ̃s] *nf* power; **en ~** *adj* potential

P

puissant, e [pɥisɑ̃, -ɑ̃t] *adj* powerful
puits [pɥi] *nm* well
pull(-over) [pyl(ɔvœʀ)] *nm* sweater
pulluler [pylyle] /1/ *vi* to swarm
pulpe [pylp] *nf* pulp
pulvériser [pylveʀize] /1/ *vt* to pulverize; (*liquide*) to spray
punaise [pynɛz] *nf* (*Zool*) bug; (*clou*) drawing pin (BRIT), thumb tack (US)
punch [pɔ̃ʃ] *nm* (*boisson*) punch
punir [pyniʀ] /2/ *vt* to punish
• **punition** *nf* punishment
pupille [pypij] *nf* (*Anat*) pupil ▸ *nm/f* (*enfant*) ward
pupitre [pypitʀ] *nm* (*Scol*) desk
pur, e [pyʀ] *adj* pure; (*vin*) undiluted; (*whisky*) neat; **en ~e perte** to no avail; **c'est de la folie ~e** it's sheer madness
purée [pyʀe] *nf*: **~ (de pommes de terre)** ≈ mashed potatoes *pl*; **~ de marrons** chestnut purée
purement [pyʀmɑ̃] *adv* purely
purgatoire [pyʀgatwaʀ] *nm* purgatory
purger [pyʀʒe] /3/ *vt* (*Méd, Pol*) to purge; (*Jur: peine*) to serve
pur-sang [pyʀsɑ̃] *nm inv* thoroughbred
pus [py] *nm* pus
putain [pytɛ̃] *nf* (!) whore (!)
puzzle [pœzl] *nm* jigsaw (puzzle)
PV *sigle m* = **procès-verbal**
pyjama [piʒama] *nm* pyjamas *pl* (BRIT), pajamas *pl* (US)
pyramide [piʀamid] *nf* pyramid
Pyrénées [piʀene] *nfpl*: **les ~** the Pyrenees

q

QI *sigle m* (= *quotient intellectuel*) I
quadragénaire [kadʀaʒenɛʀ] *nm/f* man/woman in his/her forties
quadruple [k(w)adʀypl] *nm*: **le ~ de** four times as much as
quai [ke] *nm* (*de port*) quay; (*de gare*) platform; **être à ~** (*navire*) be alongside
qualification [kalifikasjɔ̃] *nf* qualification
qualifier [kalifje] /7/ *vt* to qualify; **~ qch/qn de** to describe sth/sb as; **se qualifier** *vi* to qual
qualité [kalite] *nf* quality
quand [kɑ̃] *conj, adv* when; **~ je serai riche** when I'm rich; **~ même** all the same; **~ même, exagère!** really, he overdoes it!; **~ bien même** even though
quant [kɑ̃]: **~ à** *prép* (*pour ce qui e de*) as for, as to; (*au sujet de*) regarding
quantité [kɑ̃tite] *nf* quantity, amount; **une** *ou* **des ~(s) de** (*grand nombre*) a great deal of

ıarantaine [kaʀɑ̃tɛn] *nf* *isolement*) quarantine; **une ~ (de)** orty or so, about forty; **avoir la ~** *âge*) to be around forty
ıarante [kaʀɑ̃t] *num* forty
ıart [kaʀ] *nm* (*fraction*) quarter; *surveillance*) watch; **un ~ de vin** a ıuarter litre of wine; **le ~ de** a ıuarter of; **~ d'heure** quarter of ın hour; **~s de finale** quarter inals
ıartier [kaʀtje] *nm* (*de ville*) listrict, area; (*de bœuf, de la lune*) ıuarter; (*de fruit, fromage*) piece; **:inéma/salle de ~** local cinema/ ıall; **avoir ~ libre** to be free; **· général (QG)** headquarters HQ)
ıartz [kwaʀts] *nm* quartz
ıasi [kazi] *adv* almost, nearly
· quasiment *adv* almost, (very) ıearly; **quasiment jamais** ıardly ever
ıatorze [katɔʀz] *num* ourteen
ıatorzième [katɔʀzjɛm] *num* ourteenth
ıatre [katʀ] *num* four; **à · pattes** on all fours; **se mettre ·n ~ pour qn** to go out of one's vay for sb; **~ à ~** (*monter, lescendre*) four at a time
· quatre-vingt-dix *num* ninety
· quatre-vingts *num* eighty
· quatrième *num* fourth ▶ *nf* Scol) year 9 (BRIT), eighth ırade (US)
ıatuor [kwatɥɔʀ] *nm* ıuartet(te)

que [kə]

· *conj* **1** (*introduisant une omplétive*) that; **il sait que tu es à** he knows (that) you're here; **je veux que tu acceptes** I want you to accept; **il a dit que oui** he said he would (*ou* it was etc)
2 (*reprise d'autres conjonctions*): **quand il rentrera et qu'il aura mangé** when he gets back and (when) he has eaten; **si vous y allez ou que vous ...** if you go there or if you ...
3 (*en tête de phrase, hypothèse, souhait etc*): **qu'il le veuille ou non** whether he likes it or not; **qu'il fasse ce qu'il voudra!** let him do as he pleases!
4 (*but*): **tenez-le qu'il ne tombe pas** hold it so (that) it doesn't fall
5 (*après comparatif*) than, as; *voir aussi* **plus², aussi, autant** *etc*
6 (*seulement*): **ne ... que** only; **il ne boit que de l'eau** he only drinks water
7 (*temps*): **il y a quatre ans qu'il est parti** it is four years since he left, he left four years ago
▶ *adv* (*exclamation*): **qu'il** *ou* **qu'est-ce qu'il est bête/court vite!** he's so silly!/he runs so fast!; **que de livres!** what a lot of books!
▶ *pron* **1** (*relatif: personne*) whom; (*: chose*) that, which; **l'homme que je vois** the man (whom) I see; **le livre que tu vois** the book (that *ou* which) you see; **un jour que j'étais ...** a day when I was ...
2 (*interrogatif*) what; **que fais-tu?, qu'est-ce que tu fais?** what are you doing?; **qu'est-ce que c'est?** what is it?, what's that?; **que faire?** what can one do?

q

Québec [kebɛk] *nm*: **le ~** Quebec (Province)

québécois, e *adj* Quebec *cpd* ▶ *nm* (*Ling*) Quebec French ▶ *nm/f*: **Q~, e** Quebecois, Quebec(k)er

quel, quelle [kɛl]

adj **1** (*interrogatif*: *personne*) who; (: *chose*) what; **quel est cet homme?** who is this man?; **quel est ce livre?** what is this book?; **quel livre/homme?** what book/man?; (*parmi un certain choix*) which book/man?; **quels acteurs préférez-vous?** which actors do you prefer?; **dans quels pays êtes-vous allé?** which *ou* what countries did you go to?

2 (*exclamatif*) : **quelle surprise/coïncidence!** what a surprise/coincidence!

3: **quel que soit le coupable** whoever is guilty; **quel que soit votre avis** whatever your opinion (may be)

quelconque [kɛlkɔ̃k] *adj* (*médiocre*: *repas*) indifferent, poor; (*sans attrait*) ordinary, plain; (*indéfini*): **un ami/prétexte ~** some friend/pretext or other

quelque [kɛlk]

▶ *adj* **1** (*au singulier*) some; (*au pluriel*) a few, some; (*tournure interrogative*) any; **quelque espoir** some hope; **il a quelques amis** he has a few *ou* some friends; **a-t-il quelques amis?** does he have any friends?; **les quelques livres qui** the few books which; **20 kg et quelque(s)** a bit over 20 kg

2: **quelque ... que: quelque livre qu'il choisisse** whatever (*ou* whichever) book he chooses

3: **quelque chose** something; (*tournure interrogative*) anything; **quelque chose d'autre** something else; anything else; **quelque part** somewhere; anywhere; **en quelque sorte** as it were

▶ *adv* **1** (*environ*): **quelque 100 mètres** some 100 metres

2: **quelque peu** rather, somewhat

quelquefois [kɛlkəfwa] *adv* sometimes

quelques-uns, -unes [kɛlkəzœ̃, -yn] *pron* some, a few

quelqu'un [kɛlkœ̃] *pron* someone, somebody; (+ *tournure interrogative ou négative*) anyone, anybody; **~ d'autre** someone *ou* somebody else; anybody else

qu'en dira-t-on [kɑ̃diʀatɔ̃] *nm inv*: **le ~** gossip, what people say

querelle [kəʀɛl] *nf* quarrel • **quereller** /1/: **se quereller** *vi* to quarrel

qu'est-ce que [kɛskə] *voir* **que**

qu'est-ce qui [kɛski] *voir* **qui**

question [kɛstjɔ̃] *nf* question; (*fig*) matter; issue; **il a été ~ de** w (*ou* they) spoke about; **de quoi est-il ~?** what is it about?; **il n'en est pas ~** there's no question of i **en ~** in question; **hors de ~** out o the question; **(re)mettre en ~** t question • **questionnaire** *nm* questionnaire • **questionner** /1/ *vt* to question

quête [kɛt] *nf* collection; (*recherche*) quest, search; **faire la ~** (*à l'église*) to take the

:ollection; (*artiste*) to pass the hat 'ound
ıetsche [kwɛtʃ] *nf* damson
ıeue [kø] *nf* tail; (*fig*: *du lassement*) bottom; (: *de poêle*) ıandle; (: *de fruit, feuille*) stalk; (: *de rain, colonne, file*) rear; **faire la ~** :o queue (up) (BRIT), line up (US); **· de cheval** ponytail; **~ de ɔoisson: faire une ~ de poisson à qn** (*Auto*) to cut in front of sb

qui [ki]

ıron 1 (*interrogatif*: *personne*) vho; (: *chose*): **qu'est-ce qui est ;ur la table?** what is on the able?; **qui est-ce qui?** who?; **ıui est-ce que?** who?; **à qui est :e sac?** whose bag is this?; **à qui ɔarlais-tu?** who were you :alking to?, to whom were you alking?; **chez qui allez-vous?** vhose house are you going to? : (*relatif*: *personne*) who; (+*prép*) vhom; **l'ami de qui je vous ai ɔarlé** the friend I told you about; **a dame chez qui je suis allé** :he lady whose house I went to , (*sans antécédent*): **amenez qui ous voulez** bring who you like; **ıui que ce soit** whoever it nay be

ıiche [kiʃ] *nf* quiche
ıiconque [kikɔ̃k] *pron* (*celui qui*) vhoever, anyone who; (*n'importe ıui, personne*) anyone, anybody
ıille [kij] *nf*: **(jeu de) ~s** skittles g (BRIT), bowling (US)
ıincaillerie [kɛ̃kajʀi] *nf* :*ıstensiles*) hardware; (*magasin*) ıardware shop *ou* store (US)
ıinquagénaire [kɛ̃kaʒenɛʀ] m/*f* man/woman in his/her fifties

quinquennat [kɛ̃kena] *nm five year term of office (of French President)*
quinte [kɛ̃t] *nf*: **~ (de toux)** coughing fit
quintuple [kɛ̃typl] *nm*: **le ~ de** five times as much as
quinzaine [kɛ̃zɛn] *nf*: **une ~ (de)** about fifteen, fifteen or so; **une ~ (de jours)** a fortnight (BRIT), two weeks
quinze [kɛ̃z] *num* fifteen; **dans ~ jours** in a fortnight('s time) (BRIT), in two weeks(' time)
quinzième [kɛ̃zjɛm] *num* fifteenth
quittance [kitɑ̃s] *nf* (*reçu*) receipt
quitte [kit] *adj*: **être ~ envers qn** to be no longer in sb's debt; (*fig*) to be quits with sb; **~ à faire** even if it means doing
quitter [kite] /1/ *vt* to leave; (*vêtement*) to take off; **se quitter** *vi* (*couples, interlocuteurs*) to part; **ne quittez pas** (*au téléphone*) hold the line
qui-vive [kiviv] *nm inv*: **être sur le ~** to be on the alert

q

quoi [kwa]

▶ *pron interrog* 1 what; **~ de neuf?** what's new?; **~?** (*qu'est-ce que tu dis?*) what?
2 (*avec prép*): **à ~ tu penses?** what are you thinking about?; **de ~ parlez-vous?** what are you talking about?; **à ~ bon?** what's the use?
▶ *pron relatif*: **as-tu de ~ écrire?** do you have anything to write with?; **il n'y a pas de ~** (please) don't mention it; **il n'y a pas de ~ rire** there's nothing to laugh about

▸ *pron* (*locutions*): **~ qu'il arrive** whatever happens; **~ qu'il en soit** be that as it may; **~ que ce soit** anything at all
▸ *excl* what!

quoique [kwak] *conj* (al)though

quotidien, ne [kɔtidjɛ̃, -ɛn] *adj* daily; (*banal*) everyday ▸ *nm* (*journal*) daily (paper) • **quotidiennement** *adv* daily, every day

r

R, r *abr* = **route**; **rue**

rab [ʀab] *nm* (*fam*: *nourriture*) extra; **est-ce qu'il y a du ~?** are there any seconds?

rabâcher [ʀabɑʃe] /1/ *vt* to keep on repeating

rabais [ʀabɛ] *nm* reduction, discount • **rabaisser** /1/ *vt* (*rabattre*: *prix*) to reduce; (*dénigrer*) to belittle

Rabat [ʀaba(t)] *n* Rabat

rabattre [ʀabatʀ] /41/ *vt* (*couvercle, siège*) to pull down; (*déduire*) to reduce; **se rabattre** *vi* (*bords, couvercle*) to fall shut; (*véhicule, coureur*) to cut in; **se ~ sur** to fall back on

rabbin [ʀabɛ̃] *nm* rabbi

rabougri, e [ʀabugʀi] *adj* stunted

raccommoder [ʀakɔmɔde] /1/ *vt* to mend, repair

raccompagner [ʀakɔ̃paɲe] /1/ *vt* to take *ou* see back

raccord [ʀakɔʀ] *nm* link; (*retouche*) touch-up • **raccorder**

ʼ1/ *vt* to join (up), link up; (*pont*
ɛtc) to connect, link
ɩccourci [ʀakuʀsi] *nm* short cut
ɩccourcir [ʀakuʀsiʀ] /2/ *vt* to
;horten ▶ *vi* (*jours*) to grow
;horter, draw in
ɩccrocher [ʀakʀɔʃe] /1/ *vt*
tableau, vêtement) to hang back
ɹp; (*récepteur*) to put down ▶ *vi*
Tél) to hang up, ring off
ɩce [ʀas] *nf* race; (*d'animaux, fig*)
ɔreed; **de ~** purebred, pedigree
ɩchat [ʀaʃa] *nm* buying; (*du*
nême objet) buying back
ɩcheter [ʀaʃte] /5/ *vt* (*article*
ɔerdu) to buy another; (*davantage*)
:o buy more; (*après avoir vendu*) to
ɔuy back; (*d'occasion*) to buy;
Comm: part, firme) to buy up; **se**
ʼacheter (*gén*) to make amends;
~ du lait/trois œufs to buy more
nilk/another three eggs
ɩcial, e, -aux [ʀasjal, -o] *adj*
ʼacial
ɩcine [ʀasin] *nf* root; **~ carrée/**
:ubique square/cube root
ɩcisme [ʀasism] *nm* racism
ɩciste [ʀasist] *adj, nm/f* racist
ɩcket [ʀakɛt] *nm* racketeering
10 pl
ɩclée [ʀɑkle] *nf* (*fam*) hiding,
:hrashing
ɩcler [ʀɑkle] /1/ *vt* (*os, plat*) to
;crape; **se ~ la gorge** to clear
ɔne's throat
ɩcontars [ʀakɔ̃taʀ] *nmpl*
;tories, gossip *sg*
ɩconter [ʀakɔ̃te] /1/ *vt*: **~ (à qn)**
décrire) to relate (to sb), tell (sb)
ɩbout; (*dire*) to tell (sb); **~ une**
ɩistoire to tell a story
ɩdar [ʀadaʀ] *nm* radar;
~ (automatique) (*Auto*)
;peed camera

rade [ʀad] *nf* (natural) harbour; **rester en ~** (*fig*) to be left stranded
radeau, x [ʀado] *nm* raft
radiateur [ʀadjatœʀ] *nm* radiator, heater; (*Auto*) radiator; **~ électrique/à gaz** electric/gas heater *ou* fire
radiation [ʀadjasjɔ̃] *nf* (*Physique*) radiation
radical, e, -aux [ʀadikal, -o] *adj* radical
radieux, -euse [ʀadjø, -øz] *adj* radiant
radin, e [ʀadɛ̃, -in] *adj* (*fam*) stingy
radio [ʀadjo] *nf* radio; (*Méd*) X-ray ▶ *nm* radio operator; **à la ~** on the radio • **radioactif, -ive** *adj* radioactive • **radiocassette** *nf* cassette radio • **radiographie** *nf* radiography; (*photo*) X-ray photograph • **radiophonique** *adj* radio *cpd* • **radio-réveil** (*pl* **radios-réveils**) *nm* radio alarm (clock)
radis [ʀadi] *nm* radish
radoter [ʀadɔte] /1/ *vi* to ramble on
radoucir [ʀadusiʀ] /2/: **se radoucir** *vi* (*se réchauffer*) to become milder; (*se calmer*) to calm down
rafale [ʀafal] *nf* (*vent*) gust (of wind); (*de balles, d'applaudissements*) burst
raffermir [ʀafɛʀmiʀ] /2/ *vt*, **se raffermir** *vi* to firm up
raffiner [ʀafine] /1/ *vt* to refine • **raffinerie** *nf* refinery
raffoler [ʀafɔle] /1/: **~ de** *vt* to be very keen on
rafle [ʀɑfl] *nf* (*de police*) raid • **rafler** /1/ *vt* (*fam*) to swipe, nick

r

rafraîchir [RafReʃiR] /2/ *vt* (*atmosphère, température*) to cool (down); (*boisson*) to chill; (*fig: rénover*) to brighten up; **se rafraîchir** *vi* to grow cooler; (*en se lavant*) to freshen up; (*en buvant etc*) to refresh o.s. • **rafraîchissant, e** *adj* refreshing • **rafraîchissement** *nm* (*boisson*) cool drink; **rafraîchissements** *nmpl* (*boissons, fruits etc*) refreshments

rage [Raʒ] *nf* (*Méd*): **la ~** rabies; (*fureur*) rage, fury; **faire ~** to rage; **~ de dents** (raging) toothache

ragot [Rago] *nm* (*fam*) malicious gossip *no pl*

ragoût [Ragu] *nm* stew

raide [Rɛd] *adj* (*tendu*) taut, tight; (*escarpé*) steep; (*droit: cheveux*) straight; (*ankylosé, dur, guindé*) stiff; (*fam: sans argent*) flat broke; (*osé, licencieux*) daring ▸ *adv* (*en pente*) steeply; **~ mort** stone dead • **raideur** *nf* (*rigidité*) stiffness; **avec raideur** (*répondre*) stiffly, abruptly • **raidir** /2/ *vt* (*muscles*) to stiffen; **se raidir** *vi* to stiffen; (*personne*) to tense up; (*: se préparer moralement*) to brace o.s.; (*fig: devenir intransigeant*) to harden

raie [Rɛ] *nf* (*Zool*) skate, ray; (*rayure*) stripe; (*des cheveux*) parting

raifort [RɛfɔR] *nm* horseradish

rail [Rɑj] *nm* rail; (*chemins de fer*) railways *pl*; **par ~** by rail

railler [Rɑje] /1/ *vt* to scoff at, jeer at

rainure [RenyR] *nf* groove

raisin [Rɛzɛ̃] *nm* (*aussi:* **~s**) grapes *pl*; **~s secs** raisins

raison [Rɛzɔ̃] *nf* reason; **avoir ~** to be right; **donner ~ à qn** to agree with sb; (*fait*) to prove sb right; **se faire une ~** to learn to live with it; **perdre la ~** to become insane; **~ de plus** all the more reason; **à plus forte ~** all the more so; **sans ~** for no reason; **en ~ de** because of; **à ~ de** at the rate of; **~ sociale** corporate name • **raisonnable** *adj* reasonable, sensible

raisonnement [Rɛzɔnmɑ̃] *nm* reasoning; argument

raisonner [Rɛzɔne] /1/ *vi* (*penser*) to reason; (*argumenter, discuter*) to argue ▸ *vt* (*personne*) to reason with

rajeunir [RaʒœniR] /2/ *vt* (*en recrutant*) to inject new blood into ▸ *vi* to become (*ou* look) younger **~ qn** (*coiffure, robe*) to make sb look younger

rajouter [Raʒute] /1/ *vt* to add

rajuster [Raʒyste] /1/ *vt* (*vêtement*) to straighten, tidy; (*salaires*) to adjust

ralenti [Ralɑ̃ti] *nm*: **au ~** (*fig*) at a slower pace; **tourner au ~** (*Auto*) to tick over, idle

ralentir [Ralɑ̃tiR] /2/ *vt, vi*, • **se ralentir** *vi* to slow down

râler [Rɑle] /1/ *vi* to groan; (*fam*) to grouse, moan (and groan)

rallier [Ralje] /7/ *vt* (*rejoindre*) to rejoin; (*gagner à sa cause*) to win over

rallonge [Ralɔ̃ʒ] *nf* (*de table*) (extra) leaf

rallonger [Ralɔ̃ʒe] /3/ *vt* to lengthen

rallye [Rali] *nm* rally; (*Pol*) march

ramassage [Ramɑsaʒ] *nm*: **~ scolaire** school bus service

ramasser [Ramɑse] /1/ *vt* (*objet tombé ou par terre*) to pick up;

ecueillir: *copies, ordures*) to collect; *écolter*) to gather • **ramassis** *nm* *éj: de voyous*) bunch; (*de choses*) ımble
mbarde [Rɑ̃baRd] *nf* guardrail
me [Ram] *nf* (*aviron*) oar; (*de étro*) train; (*de papier*) ream
meau, x [Ramo] *nm* (small) ranch; **les R~x** (*Rel*) Palm unday *sg*
mener [Ramne] /5/ *vt* to ring back; (*reconduire*) to take ack; **~ qch à** (*réduire à*) to reduce th to
mer [Rame] /1/ *vi* to row
mollir [RamɔliR] /2/ *vt* to often; **se ramollir** *vi* to get (*ou o*) soft
mpe [Rɑ̃p] *nf* (*d'escalier*) anister(s *pl*); (*dans un garage, d'un errain*) ramp; **la ~** (*Théât*) the otlights *pl*; **~ de lancement** unching pad
mper [Rɑ̃pe] /1/ *vi* to crawl
ncard [Rɑ̃kaR] *nm* (*fam*) date
ncart [Rɑ̃kaR] *nm*: **mettre au ~** scrap
nce [Rɑ̃s] *adj* rancid
ncœur [Rɑ̃kœR] *nf* rancour
nçon [Rɑ̃sɔ̃] *nf* ransom
ncune [Rɑ̃kyn] *nf* grudge, ancour; **garder ~ à qn (de qch)** bear sb a grudge (for sth); **sans !** no hard feelings! • **rancunier, ère** *adj* vindictive, spiteful
ndonnée [Rɑ̃dɔne] *nf* ride; (*à ed*) walk, ramble; (*en montagne*) ike, hiking *no pl*; **la ~** (*activité*) iking, walking; **une ~ à cheval** a ony trek
ng [Rɑ̃] *nm* (*rangée*) row; (*grade, ndition sociale, classement*) rank; **angs** *nmpl* (*Mil*) ranks; **se mettre n ~s/sur un ~** to get into *ou* form rows/a line; **au premier ~** in the first row; (*fig*) ranking first
rangé, e [Rɑ̃ʒe] *adj* (*vie*) well-ordered; (*sérieux: personne*) steady
rangée [Rɑ̃ʒe] *nf* row
ranger [Rɑ̃ʒe] /3/ *vt* (*classer, grouper*) to order, arrange; (*mettre à sa place*) to put away; (*mettre de l'ordre dans*) to tidy up; (*fig: classer*): **~ qn/qch parmi** to rank sb/sth among; **se ranger** *vi* (*véhicule, conducteur*) to pull over *or* in; (*piéton*) to step aside; (*s'assagir*) to settle down; **se ~ à** (*avis*) to come round to
ranimer [Ranime] /1/ *vt* (*personne évanouie*) to bring round; (*douleur, souvenir*) to revive; (*feu*) to rekindle
rapace [Rapas] *nm* bird of prey
râpe [Rɑp] *nf* (*Culin*) grater • **râper** /1/ *vt* (*Culin*) to grate
rapide [Rapid] *adj* fast; (*prompt: intelligence, coup d'œil, mouvement*) quick ▶ *nm* express (train); (*de cours d'eau*) rapid • **rapidement** *adv* fast; quickly
rapiécer [Rapjese] /3, 6/ *vt* to patch
rappel [Rapɛl] *nm* (*Théât*) curtain call; (*Méd: vaccination*) booster; (*d'une aventure, d'un nom*) reminder • **rappeler** /4/ *vt* to call back; (*ambassadeur, Mil*) to recall; (*faire se souvenir*): **rappeler qch à qn** to remind sb of sth; **se rappeler** *vt* (*se souvenir de*) to remember, recall
rapport [RapɔR] *nm* (*compte rendu*) report; (*profit*) yield, return; (*lien, analogie*) relationship; (*corrélation*) connection; **rapports** *nmpl* (*entre personnes, pays*) relations; **avoir ~ à** to have

r

something to do with; **être/se mettre en ~ avec qn** to be/get in touch with sb; **par ~ à** in relation to; **~s (sexuels)** (sexual) intercourse *sg*; **~ qualité-prix** value (for money)

rapporter [RapɔRte] /1/ *vt* (*rendre, ramener*) to bring back; (*investissement*) to yield; (*relater*) to report ▶ *vi* (*investissement*) to give a good return *ou* yield; (*activité*) to be very profitable; **se ~ à** to relate to

rapprochement [RapRɔʃmɑ̃] *nm* (*de nations, familles*) reconciliation; (*analogie, rapport*) parallel

rapprocher [RapRɔʃe] /1/ *vt* (*deux objets*) to bring closer together; (*ennemis, partis etc*) to bring together; (*comparer*) to establish a parallel between; (*chaise d'une table*): **~ qch (de)** to bring sth closer (to); **se rapprocher** *vi* to draw closer *ou* nearer; **se ~ de** to come closer to; (*présenter une analogie avec*) to be close to

raquette [Rakɛt] *nf* (*de tennis*) racket; (*de ping-pong*) bat

rare [RɑR] *adj* rare; **se faire ~** to become scarce • **rarement** *adv* rarely, seldom

ras, e [Rɑ, Rɑz] *adj* (*tête, cheveux*) close-cropped; (*poil, herbe*) short ▶ *adv* short; **en ~e campagne** in open country; **à ~ bords** to the brim; **en avoir ~ le bol** (*fam*) to be fed up

raser [Rɑze] /1/ *vt* (*barbe, cheveux*) to shave off; (*menton, personne*) to shave; (*fam: ennuyer*) to bore; (*démolir*) to raze (to the ground); (*frôler*) to graze, skim; **se raser** *vi* to shave; (*fam*) to be bored (to tears) • **rasoir** *nm* razor

rassasier [Rasazje] /7/ *vt*: **être rassasié** to be sated

rassemblement [Rasɑ̃bləmɑ̃] *nm* (*groupe*) gathering; (*Pol*) union

rassembler [Rasɑ̃ble] /1/ *vt* (*réunir*) to assemble, gather; (*documents, notes*) to gather together, collect; **se rassembler** *vi* to gather

rassurer [RasyRe] /1/ *vt* to reassure; **se rassurer** *vi* to be reassured; **rassure-toi** don't worry

rat [Ra] *nm* rat

rate [Rat] *nf* spleen

raté, e [Rate] *adj* (*tentative*) unsuccessful, failed ▶ *nm/f* (*fam personne*) failure

râteau, x [Rɑto] *nm* rake

rater [Rate] /1/ *vi* (*affaire, projet etc*) to go wrong, fail ▶ *vt* (*cible, train, occasion*) to miss; (*démonstration, plat*) to spoil; (*examen*) to fail

ration [Rasjɔ̃] *nf* ration

RATP *sigle f* (= *Régie autonome des transports parisiens*) *Paris transport authority*

rattacher [Rataʃe] /1/ *vt* (*animal, cheveux*) to tie up again; **~ qch à** (*relier*) to link sth with

rattraper [RatRape] /1/ *vt* (*fugitif*) to recapture; (*retenir, empêcher de tomber*) to catch (hold of); (*atteindre, rejoindre*) to catch up with; (*réparer: erreur*) to make up for; **se rattraper** *vi* to make up for it; **se ~ (à)** (*se raccrocher*) to stop o.s. falling (by catching hold of)

rature [RatyR] *nf* deletion, erasure

rauque [Rok] *adj* (*voix*) hoarse

vages [ʀavaʒ] *nmpl*: **faire des ~** o wreak havoc
vi, e [ʀavi] *adj*: **être ~ de/que** o be delighted with/that
vin [ʀavɛ̃] *nm* gully, ravine
vir [ʀaviʀ] /2/ *vt* (*enchanter*) to delight; **à ~** *adv* beautifully
viser [ʀavize] /1/: **se raviser** *vi* o change one's mind
vissant, e [ʀavisɑ̃, -ɑ̃t] *adj* delightful
visseur, -euse [ʀavisœʀ, -øz] *nm/f* abductor, kidnapper
vitailler [ʀavitaje] /1/ *vt* (*en vivres, munitions*) to provide with fresh supplies; (*véhicule*) to refuel; **se ravitailler** *vi* to get fresh supplies
viver [ʀavive] /1/ *vt* (*feu*) to rekindle; (*douleur*) to revive; (*couleurs*) to brighten up
yé, e [ʀeje] *adj* (*à rayures*) striped
yer [ʀeje] /8/ *vt* (*érafler*) to scratch; (*barrer*) to cross *ou* score out; (*d'une liste*) to cross *ou* strike off
yon [ʀɛjɔ̃] *nm* (*de soleil etc*) ray; (*Géom*) radius; (*de roue*) spoke; (*étagère*) shelf; (*de grand magasin*) department; **dans un ~ de** within a radius of; **~ de soleil** sunbeam; **~s X** X-rays
yonnement [ʀɛjɔnmɑ̃] *nm* (*d'une culture*) influence
yonner [ʀɛjɔne] /1/ *vi* (*fig*) to shine forth; (: *visage, personne*) to be radiant; (*touriste*) to go touring (*from one base*)
yure [ʀejyʀ] *nf* (*motif*) stripe; (*éraflure*) scratch; **à ~s** striped
z-de-marée [ʀadmaʀe] *nm inv* tidal wave
[ʀe] *nm* (*Mus*) D; (*en chantant la gamme*) re

réaction [ʀeaksjɔ̃] *nf* reaction
réadapter [ʀeadapte] /1/: **se ~ (à)** *vi* to readjust (to)
réagir [ʀeaʒiʀ] /2/ *vi* to react
réalisateur, -trice [ʀealizatœʀ, -tʀis] *nm/f* (*TV, Ciné*) director
réalisation [ʀealizasjɔ̃] *nf* realization; (*Ciné*) production; **en cours de ~** under way
réaliser [ʀealize] /1/ *vt* (*projet, opération*) to carry out, realize; (*rêve, souhait*) to realize, fulfil; (*exploit*) to achieve; (*film*) to produce; (*se rendre compte de*) to realize; **se réaliser** *vi* to be realized
réaliste [ʀealist] *adj* realistic
réalité [ʀealite] *nf* reality; **en ~** in (actual) fact; **dans la ~** in realit; **~ augmentée** augmented reality
réanimation [ʀeanimasjɔ̃] *nf* resuscitation; **service de ~** intensive care unit
rébarbatif, -ive [ʀebaʀbatif, -iv] *adj* forbidding
rebattu, e [ʀəbaty] *adj* hackneyed
rebelle [ʀəbɛl] *nm/f* rebel ▸ *adj* (*troupes*) rebel; (*enfant*) rebellious; (*mèche etc*) unruly
rebeller [ʀəbele] /1/: **se rebeller** *vi* to rebel
rebondir [ʀəbɔ̃diʀ] /2/ *vi* (*ballon: au sol*) to bounce; (: *contre un mur*) to rebound; (*fig*) to get moving again
rebord [ʀəbɔʀ] *nm* edge; **le ~ de la fenêtre** the windowsill
rebours [ʀəbuʀ]: **à ~** *adv* the wrong way
rebrousser [ʀəbʀuse] /1/ *vt*: **~ chemin** to turn back
rebuter [ʀəbyte] /1/ *vt* to put off

récalcitrant, e [ʀekalsitʀɑ̃, -ɑ̃t] *adj* refractory
récapituler [ʀekapityle] /1/ *vt* to recapitulate; to sum up
receler [ʀəsəle] /5/ *vt* (*produit d'un vol*) to receive; (*fig*) to conceal • **receleur, -euse** *nm/f* receiver
récemment [ʀesamɑ̃] *adv* recently
recensement [ʀəsɑ̃smɑ̃] *nm* census
recenser [ʀəsɑ̃se] /1/ *vt* (*population*) to take a census of; (*dénombrer*) to list
récent, e [ʀesɑ̃, -ɑ̃t] *adj* recent
récépissé [ʀesepise] *nm* receipt
récepteur, -trice [ʀesɛptœʀ, -tʀis] *adj* receiving ▸ *nm* receiver
réception [ʀesɛpsjɔ̃] *nf* receiving *no pl*; (*accueil*) reception, welcome; (*bureau*) reception (desk); (*réunion mondaine*) reception, party • **réceptionniste** *nm/f* receptionist
recette [ʀəsɛt] *nf* recipe; (*Comm*) takings *pl*; **recettes** *nfpl* (*Comm: rentrées*) receipts; **faire ~** (*spectacle, exposition*) to be a winner
recevoir [ʀəsvwaʀ] /28/ *vt* to receive; (*client, patient, représentant*) to see; **être reçu** (*à un examen*) to pass
rechange [ʀəʃɑ̃ʒ]: **de ~** *adj* (*pièces, roue*) spare; (*fig: solution*) alternative; **des vêtements de ~** a change of clothes
recharge [ʀəʃaʀʒ] *nf* refill • **rechargeable** *adj* (*stylo etc*) refillable • **recharger** /3/ *vt* (*briquet, stylo*) to refill; (*batterie*) to recharge
réchaud [ʀeʃo] *nm* (portable) stove
réchauffement [ʀeʃofmɑ̃] *nm* warming (up); **le ~ de la planète** global warming
réchauffer [ʀeʃofe] /1/ *vt* (*plat*) to reheat; (*mains, personne*) to warm; **se réchauffer** *vi* (*température*) to get warmer; (*personne*) to warm o.s. (up)
rêche [ʀɛʃ] *adj* rough
recherche [ʀəʃɛʀʃ] *nf* (*action*): **la ~ de** the search for; (*raffinement*) studied elegance; (*scientifique etc*): **la ~** research; **recherches** *nfpl* (*de la police*) investigations; (*scientifiques*) research *sg*; **être/se mettre à la ~ de** to be/go in search of
recherché, e [ʀəʃɛʀʃe] *adj* (*rare, demandé*) much sought-after; (*raffiné*) affected; (*tenue*) elegant
rechercher [ʀəʃɛʀʃe] /1/ *vt* (*objet égaré, personne*) to look for; (*causes d'un phénomène, nouveau procédé*) to try to find; (*bonheur etc, l'amitié de qn*) to seek
rechute [ʀəʃyt] *nf* (*Méd*) relapse
récidiver [ʀesidive] /1/ *vi* to commit a second (*ou* subsequent) offence; (*fig*) to do it again
récif [ʀesif] *nm* reef
récipient [ʀesipjɑ̃] *nm* container
réciproque [ʀesipʀɔk] *adj* reciprocal
récit [ʀesi] *nm* story • **récital** *nm* recital • **réciter** /1/ *vt* to recite
réclamation [ʀeklamasjɔ̃] *nf* complaint; **réclamations** *nfpl* complaints department *sg*
réclame [ʀeklam] *nf*: **une ~** an ad(vertisement), an advert (BRIT); **article en ~** special offer • **réclamer** /1/ *vt* to ask for; (*revendiquer*) to claim, demand ▸ *vi* to complain

clusion [Reklyzjɔ̃] *nf* mprisonment
coin [Rəkwɛ̃] *nm* nook, corner
çois *etc* [Rəswa] *vb voir* **recevoir**
colte [Rekɔlt] *nf* harvesting, ;athering; (*produits*) harvest, crop
récolter /1/ *vt* to harvest, ;ather (in); (*fig*) to get
commandé [Rəkɔmɑ̃de] *nm* *Postes*): **en ~** by registered mail
commander [Rəkɔmɑ̃de] /1/ *t* to recommend; (*Postes*) to egister
commencer [Rəkɔmɑ̃se] /3/ *t* (*reprendre*: *lutte*, *séance*) to esume, start again; (*refaire*: *ravail*, *explications*) to start afresh, tart (over) again ▸*vi* to start again; (*récidiver*) to do it again
compense [Rekɔ̃pɑ̃s] *nf* eward; (*prix*) award
récompenser /1/ *vt*: **écompenser qn (de** *ou* **pour)** to eward sb (for)
concilier [Rekɔ̃silje] /7/ *vt* to econcile; **se réconcilier (avec)** o be reconciled (with)
conduire [Rəkɔ̃dɥiR] /38/ *vt* *raccompagner*) to take *ou* see back; *renouveler*) to renew
confort [Rekɔ̃fɔR] *nm* comfort
réconforter /1/ *vt* (*consoler*) to :omfort
connaissance [Rəkɔnɛsɑ̃s] *nf* *action de reconnaître*) recognition; *gratitude*) gratitude, gratefulness; *Mil*) reconnaissance, recce
reconnaissant, e *adj* grateful; **e vous serais reconnaissant de bien vouloir** I should be most grateful if you would (kindly)
connaître [Rəkɔnɛtʀ] /57/ *vt* o recognize; (*Mil*: *lieu*) to econnoitre; (*Jur*: *enfant*, *dette*, *droit*) to acknowledge; **~ que** to admit *ou* acknowledge that; **~ qn/qch à** (*l'identifier grâce à*) to recognize sb/sth by
• **reconnu, e** *adj* (*indiscuté*, *connu*) recognized
reconstituer [Rəkɔ̃stitɥe] /1/ *vt* (*fresque*, *vase brisé*) to piece together, reconstitute; (*événement*, *accident*) to reconstruct
reconstruire [Rəkɔ̃stRɥiR] /38/ *vt* to rebuild
reconvertir [Rəkɔ̃vɛRtiR] /2/ *vt* to reconvert; **se ~ dans** (*un métier*, *une branche*) to move into
record [Rəkɔʀ] *nm*, *adj* record
recoupement [Rəkupmɑ̃] *nm*: **par ~** by cross-checking
recouper [Rəkupe] /1/: **se recouper** *vi* (*témoignages*) to tie *ou* match up
recourber [Rəkurbe] /1/: **se recourber** *vi* to curve (up), bend (up)
recourir [RəkuRiR] /11/: **~ à** *vt* (*ami*, *agence*) to turn *ou* appeal to; (*force*, *ruse*, *emprunt*) to resort to
recours [RəkuR] *nm*: **avoir ~ à** = **recourir à**; **en dernier ~** as a last resort
recouvrer [RəkuvRe] /1/ *vt* (*vue*, *santé etc*) to recover, regain
recouvrir [RəkuvRiR] /18/ *vt* (*couvrir à nouveau*) to re-cover; (*couvrir entièrement*, *aussi fig*) to cover
récréation [RekReasjɔ̃] *nf* (*Scol*) break
recroqueviller [RəkRɔkvije] /1/: **se recroqueviller** *vi* (*personne*) to huddle up
recrudescence [RəkRydesɑ̃s] *nf* fresh outbreak

recruter [ʀəkʀyte] /1/ *vt* to recruit

rectangle [ʀɛktɑ̃gl] *nm* rectangle • **rectangulaire** *adj* rectangular

rectificatif, -ive [ʀɛktifikatif, -iv] *adj* corrected ▸ *nm* correction

rectifier [ʀɛktifje] /7/ *vt* (*calcul, adresse*) to correct; (*erreur, faute*) to rectify

rectiligne [ʀɛktiliɲ] *adj* straight

recto [ʀɛkto] *nm* front (*of a sheet of paper*); **~ verso** on both sides (of the page)

reçu, e [ʀəsy] *pp de* **recevoir** ▸ *adj* (*candidat*) successful; (*admis, consacré*) accepted ▸ *nm* (*Comm*) receipt

recueil [ʀəkœj] *nm* collection • **recueillir** /12/ *vt* to collect; (*voix, suffrages*) to win; (*accueillir: réfugiés, chat*) to take in; **se recueillir** *vi* to gather one's thoughts; to meditate

recul [ʀəkyl] *nm* (*déclin*) decline; (*éloignement*) distance; **avoir un mouvement de ~** to recoil; **prendre du ~** to stand back; **être en ~** to be on the decline; **avec le ~** in retrospect • **reculé, e** *adj* remote • **reculer** /1/ *vi* to move back, back away; (*Auto*) to reverse, back (up); (*fig*) to (be on the) decline ▸ *vt* to move back; (*véhicule*) to reverse, back (up); (*date, décision*) to postpone; **reculer devant** (*danger, difficulté*) to shrink from • **reculons**: **à reculons** *adv* backwards

récupérer [ʀekypeʀe] /6/ *vt* to recover, get back; (*déchets etc*) to salvage (for reprocessing); (*journée, heures de travail*) to make up ▸ *vi* to recover

récurer [ʀekyʀe] /1/ *vt* to scour; **poudre à ~** scouring powder

reçus *etc* [ʀəsy] *vb voir* **recevoir**

recycler [ʀəsikle] /1/ *vt* (*matéria* to recycle; **se recycler** *vi* to retrain

rédacteur, -trice [ʀedaktœʀ, -tʀis] *nm/f* (*journaliste*) writer; subeditor; (*d'ouvrage de référence*) editor, compiler

rédaction [ʀedaksjɔ̃] *nf* writing (*rédacteurs*) editorial staff; (*Scol: devoir*) essay, composition

redescendre [ʀədesɑ̃dʀ] /41/ *v* to go back down ▸ *vt* (*pente etc*) t go down

rédiger [ʀediʒe] /3/ *vt* to write; (*contrat*) to draw up

redire [ʀədiʀ] /37/ *vt* to repeat; **trouver à ~ à** to find fault with

redoubler [ʀəduble] /1/ *vi* (*tempête, violence*) to intensify; (*Scol*) to repeat a year; **~ de patience/prudence** to be doub patient/careful

redoutable [ʀədutabl] *adj* formidable, fearsome

redouter [ʀədute] /1/ *vt* to drea

redressement [ʀədʀɛsmɑ̃] *nm* (*économique*) recovery

redresser [ʀədʀese] /1/ *vt* (*arbr mât*) to set upright; (*pièce tordue*) to straighten out; (*situation, économie*) to put right; **se redresser** *vi* (*personne*) to sit (*ou* stand) up; (*pays, situation*) to recover

réduction [ʀedyksjɔ̃] *nf* reduction

réduire [ʀedɥiʀ] /38/ *vt* to reduce; (*prix, dépenses*) to cut; reduce • **réduit** *nm* tiny room

rééducation [ʀeedykasjɔ̃] *nf* (*d'un membre*) re-education;

e délinquants, d'un blessé) habilitation
l, le [ʀeɛl] *adj* real
réellement *adv* really
expédier [ʀeɛkspedje] /7/ *vt* *l'envoyeur*) to return, send back; *u destinataire*) to send on, rward
aire [ʀəfɛʀ] /60/ *vt* to do ain; (*sport*) to take up again; *éparer, restaurer*) to do up
ectoire [ʀefɛktwaʀ] *nm* fectory
érence [ʀefeʀɑ̃s] *nf* reference; **férences** *nfpl* (*recommandations*) ference *sg*
érer [ʀefeʀe] /6/: **se ~ à** *vt* to er to
ermer [ʀəfɛʀme] /1/ *vt* to ose again, shut again; **se fermer** *vi* (*porte*) to close *ou* shut gain)
iler [ʀəfile] /1/ *vt* (*fam*): **~ qch qn** to palm (BRIT) *ou* fob sth off sb
échi, e [ʀefleʃi] *adj* (*caractère*) oughtful; (*action*) ell-thought-out; (*Ling*) flexive; **c'est tout ~** my mind's ade up
échir [ʀefleʃiʀ] /2/ *vt* to flect ▸ *vi* to think; **~ à** *ou* **sur** to ink about
et [ʀəflɛ] *nm* reflection; (*sur u etc*) sheen *no pl*, glint
efléter /6/ *vt* to reflect; **se fléter** *vi* to be reflected
exe [ʀeflɛks] *adj*, *nm* reflex
exion [ʀeflɛksjɔ̃] *nf* (*de la nière etc*) reflection; (*fait de nser*) thought; (*remarque*) mark; **~ faite, à la ~** on flection; **délai de ~** cooling-off riod; **groupe de ~** think tank

réflexologie [ʀeflɛksɔlɔʒi] *nf* reflexology
réforme [ʀefɔʀm] *nf* reform; (*Rel*): **la R~** the Reformation • **réformer** /1/ *vt* to reform; (*Mil*) to declare unfit for service
refouler [ʀəfule] /1/ *vt* (*envahisseurs*) to drive back; (*liquide, larmes*) to force back; (*désir, colère*) to repress
refrain [ʀəfʀɛ̃] *nm* refrain, chorus
refréner /6/, **réfréner** [ʀəfʀene, ʀefʀene] *vt* to curb, check
réfrigérateur [ʀefʀiʒeʀatœʀ] *nm* refrigerator
refroidir [ʀəfʀwadiʀ] /2/ *vt* to cool; (*personne*) to put off ▸ *vi* to cool (down); **se refroidir** *vi* (*temps*) to get cooler *ou* colder; (*fig: ardeur*) to cool (off) • **refroidissement** *nm* (*grippe etc*) chill
refuge [ʀəfyʒ] *nm* refuge • **réfugié, e** *adj*, *nm/f* refugee • **réfugier** /7/: **se réfugier** *vi* to take refuge
refus [ʀəfy] *nm* refusal; **ce n'est pas de ~** I won't say no, it's very welcome • **refuser** /1/ *vt* to refuse; (*Scol: candidat*) to fail; **refuser qch à qn/de faire** to refuse sb sth/to do; **refuser du monde** to have to turn people away; **se refuser à qch** *ou* **à faire qch** to refuse to do sth
regagner [ʀəgaɲe] /1/ *vt* (*argent, faveur*) to win back; (*lieu*) to get back to
régal [ʀegal] *nm* treat • **régaler** /1/ *vt*: **régaler qn de** to treat sb to; **se régaler** *vi* to have a delicious meal; (*fig*) to enjoy o.s.
regard [ʀəgaʀ] *nm* (*coup d'œil*) look, glance; (*expression*) look

r

(in one's eye); **au ~ de** (*loi, morale*) from the point of view of; **en ~ de** in comparison with

regardant, e [ʀəgaʀdɑ̃, -ɑ̃t] *adj*: **très/peu ~ (sur)** quite fussy/very free (about); (*économe*) very tight-fisted/quite generous (with)

regarder [ʀəgaʀde] /1/ *vt* to look at; (*film, télévision, match*) to watch; (*concerner*) to concern ▸ *vi* to look; **ne pas ~ à la dépense** to spare no expense; **~ qn/qch comme** to regard sb/sth as

régie [ʀeʒi] *nf* (*Comm, Industrie*) state-owned company; (*Théât, Ciné*) production; (*Radio, TV*) control room

régime [ʀeʒim] *nm* (*Pol*) régime; (*Admin: carcéral, fiscal etc*) system; (*Méd*) diet; (*de bananes, dattes*) bunch; **se mettre au/suivre un ~** to go on/be on a diet

régiment [ʀeʒimɑ̃] *nm* regiment

région [ʀeʒjɔ̃] *nf* region • **régional, e, -aux** *adj* regional

régir [ʀeʒiʀ] /2/ *vt* to govern

régisseur [ʀeʒisœʀ] *nm* (*d'un domaine*) steward; (*Ciné, TV*) assistant director; (*Théât*) stage manager

registre [ʀəʒistʀ] *nm* register

réglage [ʀeglaʒ] *nm* adjustment

réglé, e [ʀegle] *adj* well-ordered; (*arrangé*) settled

règle [ʀɛgl] *nf* (*instrument*) ruler; (*loi, prescription*) rule; **règles** *nfpl* (*Physiol*) period *sg*; **en ~** (*papiers d'identité*) in order; **en ~ générale** as a (general) rule

règlement [ʀɛgləmɑ̃] *nm* (*paiement*) settlement; (*arrêté*) regulation; (*règles, statuts*) regulations *pl*, rules *pl* • **réglementaire** *adj* conforming to the regulations; (*tenue, uniforme*) regulation *cpd* • **réglementation** *nf* (*règlemer* regulations *pl* • **réglementer** */* *vt* to regulate

régler [ʀegle] /6/ *vt* (*mécanism machine*) to regulate, adjust; (*thermostat etc*) to set, adjust; (*question, conflit, facture, dette*) t settle; (*fournisseur*) to settle up with

réglisse [ʀeglis] *nm ou f* liquor

règne [ʀɛɲ] *nm* (*d'un roi etc, fig*) reign; **le ~ végétal/animal** th vegetable/animal kingdom • **régner** /6/ *vi* (*roi*) to rule, reig (*fig*) to reign

regorger [ʀəgɔʀʒe] /3/ *vi*: **~ d** overflow with, be bursting wit

regret [ʀəgʀɛ] *nm* regret; **à ~** with regret; **sans ~** with no regrets • **regrettable** *adj* regrettable • **regretter** /1/ *vt* t regret; (*personne*) to miss; **non regrette** no, I'm sorry

regrouper [ʀəgʀupe] /1/ *vt* (*grouper*) to group together; (*contenir*) to include, comprise **se regrouper** *vi* to gather (together)

régulier, -ière [ʀegylje, -jɛʀ] (*gén*) regular; (*vitesse, qualité*) steady; (*répartition, pression*) ev (*Transports: ligne, service*) scheduled, regular; (*légal, réglementaire*) lawful, in order; (*fam: correct*) straight, on the le • **régulièrement** *adv* regularly evenly

rehausser [ʀəose] /1/ *vt* (*relev* to heighten, raise; (*fig: soulign* to set off, enhance

rein [ʀɛ̃] *nm* kidney; **reins** *nmp* (*dos*) back *sg*

ne [REn] *nf* queen
ne-claude [REnklod] *nf*
'eengage
nscriptible [Reɛ̃skRiptibl] *adj*
'D, DVD) rewritable
nsertion [Reɛ̃sERsjɔ̃] *nf* (*de*
linquant) reintegration,
habilitation
ntégrer [Reɛ̃tegRe] /6/ *vt*
eu) to return to; (*fonctionnaire*) to
instate
aillir [Rəʒajir] /2/ *vi* to splash
); **~ sur** (*fig*) (*scandale*) to rebound
ı; (*gloire*) to be reflected on
et [Rəʒɛ] *nm* rejection • **rejeter**
/ *vt* (*relancer*) to throw back;
omir) to bring *ou* throw up;
carter) to reject; (*déverser*) to
row out, discharge; **rejeter la**
sponsabilité de qch sur qn to
y the responsibility for sth at sb's
oor
oindre [Rəʒwɛ̃dR] /49/ *vt*
amille, régiment) to rejoin, return
; (*lieu*) to get (back) to; (*route etc*)
meet, join; (*rattraper*) to catch
› (with); **se rejoindre** *vi* to meet;
te rejoins au café I'll see *ou*
eet you at the café
ouir [Reʒwir] /2/ *vt* to delight;
~ de qch/de faire to be
elighted about sth/to do
réjouissances *nfpl* (*fête*)
stivities
âche [Rəlaʃ]: **sans ~** *adv*
thout respite *ou* a break
elâché, e *adj* loose, lax
relâcher /1/ *vt* (*ressort*,
isonnier) to release; (*étreinte*,
rdes) to loosen; **se relâcher** *vi*
scipline) to become slack *ou* lax;
ève etc) to slacken off
ais [Rəlɛ] *nm* (*Sport*): **(course**
) ~ relay (race); **prendre le**
~ (de) to take over (from);
~ routier ≈ transport café (BRIT),
≈ truck stop (US)
relancer [Rəlɑ̃se] /3/ *vt* (*balle*) to
throw back (again); (*moteur*) to
restart; (*fig*) to boost, revive;
(*personne*): **~ qn** to pester sb
relatif, -ive [Rəlatif, -iv] *adj*
relative
relation [Rəlasjɔ̃] *nf* (*rapport*)
relation(ship); (*connaissance*)
acquaintance; **relations** *nfpl*
(*rapports*) relations;
(*connaissances*) connections;
être/entrer en ~(s) avec to be in
contact *ou* be dealing/get in
contact with
relaxer [Rəlakse] /1/: **se relaxer**
vi to relax
relayer [Rəleje] /8/ *vt*
(*collaborateur, coureur etc*) to
relieve; **se relayer** *vi* (*dans une*
activité) to take it in turns
reléguer [Rəlege] /6/ *vt* to
relegate
relevé, e [Rəlve] *adj* (*manches*)
rolled-up; (*sauce*) highly-seasoned
▶ *nm* (*lecture*) reading; **~ bancaire**
ou **de compte** bank statement
relève [Rəlɛv] *nf* (*personne*) relief;
prendre la ~ to take over
relever [Rəlve] /5/ *vt* (*statue*,
meuble) to stand up again;
(*personne tombée*) to help up; (*vitre*,
plafond, niveau de vie) to raise; (*col*)
to turn up; (*style, conversation*) to
elevate; (*plat, sauce*) to season;
(*sentinelle, équipe*) to relieve;
(*fautes, points*) to pick out; (*défi*) to
accept, take up; (*noter: adresse etc*)
to take down, note; (: *plan*) to
sketch; (*compteur*) to read;
(*ramasser: cahiers, copies*) to
collect, take in ▶ *vi*: **~ de** (*maladie*)
to be recovering from; (*être du*

ressort de) to be a matter for; (*fig*) to pertain to; **se relever** *vi* (*se remettre debout*) to get up; **~ qn de** (*fonctions*) to relieve sb of; **~ la tête** to look up
relief [ʀəljɛf] *nm* relief; **mettre en ~** (*fig*) to bring out, highlight
relier [ʀəlje] /7/ *vt* to link up; (*livre*) to bind; **~ qch à** to link sth to
religieux, -euse [ʀəliʒjø, -øz] *adj* religious ▶ *nm* monk
religion [ʀəliʒjɔ̃] *nf* religion
relire [ʀəliʀ] /43/ *vt* (*à nouveau*) to reread, read again; (*vérifier*) to read over
reluire [ʀəlɥiʀ] /38/ *vi* to gleam
remanier [ʀəmanje] /7/ *vt* to reshape, recast; (*Pol*) to reshuffle
remarquable [ʀəmaʀkabl] *adj* remarkable
remarque [ʀəmaʀk] *nf* remark; (*écrite*) note
remarquer [ʀəmaʀke] /1/ *vt* (*voir*) to notice; **• se • remarquer** *vi* to be noticeable; **se faire ~** to draw attention to o.s.; **faire ~ (à qn) que** to point out (to sb) that; **faire ~ qch (à qn)** to point sth out (to sb); **remarquez, ...** mind you, ...
rembourrer [ʀɑ̃buʀe] /1/ *vt* to stuff
remboursement [ʀɑ̃buʀsəmɑ̃] *nm* (*de dette, d'emprunt*) repayment; (*de frais*) refund **• rembourser** /1/ *vt* to pay back, repay; (*frais, billet etc*) to refund; **se faire rembourser** to get a refund
remède [ʀəmɛd] *nm* (*médicament*) medicine; (*traitement, fig*) remedy, cure
remémorer [ʀəmemɔʀe] /1/: **se remémorer** *vt* to recall, recollect
remerciements [ʀəmɛʀsim… *nmpl* thanks; **(avec) tous mes…** (with) grateful *ou* many thanks…
remercier [ʀəmɛʀsje] /7/ *vt* t… thank; (*congédier*) to dismiss; **~ … de/d'avoir fait** to thank sb for… for having done
remettre [ʀəmɛtʀ] /56/ *vt* (*vêtement*): **~ qch** to put sth bac… on; (*replacer*): **~ qch quelque p…** to put sth back somewhere; (*ajouter*): **~ du sel/un sucre** to add more salt/another lump o… sugar; (*ajourner*): **~ qch (à)** to postpone sth *ou* put sth off (un… **se remettre** *vi* to get better; **~ qch à qn** (*donner*) to hand ov… sth to sb; (*prix, décoration*) to present sb with sth; **se ~ de** to recover from; **s'en ~ à** to leave (up) to; **se ~ à faire/qch** to sta… doing/sth again
remis, e [ʀəmi, -iz] *pp de* **remettre** ▶ *nf* (*rabais*) discoun… (*local*) shed; **~e en cause/ question** calling into questior… challenging; **~e en jeu** (*Footba…* throw-in; **~e de peine** remissi… of sentence; **~e des prix** prize-giving
remontant [ʀəmɔ̃tɑ̃] *nm* ton… pick-me-up
remonte-pente [ʀəmɔ̃tpɑ̃t]… ski lift
remonter [ʀəmɔ̃te] /1/ *vi* to g… back up; (*prix, température*) to g… up again; (*en voiture*) to get bac… in ▶ *vt* (*pente*) to go up; (*fleuve*)… sail (*ou* swim *etc*) up; (*manches, pantalon*) to roll up; (*fam*) to tu… up; (*niveau, limite*) to raise; (*fig: personne*) to buck up; (*moteur, meuble*) to put back together, reassemble; (*montre, mécanism…* to wind up; **~ le moral à qn** to…

ise sb's spirits; **~ à** (*dater de*) to ate *ou* go back to
nords [ʀəmɔʀ] *nm* remorse *no* ; **avoir des ~** to feel remorse
norque [ʀəmɔʀk] *nf* trailer
remorquer /1/ *vt* to tow
remorqueur *nm* tug(boat)
nous [ʀəmu] *nm* (*d'un navire*) ack)wash *no pl*; (*de rivière*) swirl, ldy *pl*; (*fig*) stir *sg*
nparts [ʀɑ̃paʀ] *nmpl* walls, mparts
nplaçant, e [ʀɑ̃plasɑ̃, -ɑ̃t] n/f replacement, stand-in; (*Scol*) ıpply (BRIT) *ou* substitute (US) acher
nplacement [ʀɑ̃plasmɑ̃] *nm* placement; **faire des ~s** rofesseur) to do supply *ou* ıbstitute teaching; (*secrétaire*) to mp
nplacer [ʀɑ̃plase] /3/ *vt* to place; **~ qch/qn par** to replace h/sb with
npli, e [ʀɑ̃pli] *adj* (*emploi du mps*) full, busy; **~ de** full of, filled ith
nplir [ʀɑ̃pliʀ] /2/ *vt* to fill (up); *uestionnaire*) to fill out *ou* up; *bligations, fonction, condition*) to lfil; **se remplir** *vi* to fill up
nporter [ʀɑ̃pɔʀte] /1/ *vt* *ıarchandise*) to take away; (*fig*) to in, achieve
nuant, e [ʀəmɥɑ̃, -ɑ̃t] *adj* stless
nue-ménage [ʀəmymenaʒ] *n inv* commotion
nuer [ʀəmɥe] /1/ *vt* to move; *ıfé, sauce*) to stir ▶ *vi* to move; **se muer** *vi* to move; (*fam: s'activer*) get a move on
nunérer [ʀemyneʀe] /6/ *vt* remunerate

renard [ʀənaʀ] *nm* fox
renchérir [ʀɑ̃ʃeʀiʀ] /2/ *vi* (*fig*): **~ (sur)** (*en paroles*) to add something (to)
rencontre [ʀɑ̃kɔ̃tʀ] *nf* meeting; (*imprévue*) encounter; **aller à la ~ de qn** to go and meet sb
• **rencontrer** /1/ *vt* to meet; (*mot, expression*) to come across; (*difficultés*) to meet with; **se rencontrer** *vi* to meet
rendement [ʀɑ̃dmɑ̃] *nm* (*d'un travailleur, d'une machine*) output; (*d'une culture, d'un champ*) yield
rendez-vous [ʀɑ̃devu] *nm* appointment; (*d'amoureux*) date; (*lieu*) meeting place; **donner ~ à qn** to arrange to meet sb; **avoir/prendre ~ (avec)** to have/make an appointment (with)
rendre [ʀɑ̃dʀ] /41/ *vt* (*livre, argent etc*) to give back, return; (*otages, visite, politesse, invitation*) to return; (*sang, aliments*) to bring up; (*exprimer, traduire*) to render; (*faire devenir*): **~ qn célèbre/qch possible** to make sb famous/sth possible; **se rendre** *vi* (*capituler*) to surrender, give o.s. up; (*aller*): **se ~ quelque part** to go somewhere; **se ~ compte de qch** to realize sth; **~ la monnaie** to give change
rênes [ʀɛn] *nfpl* reins
renfermé, e [ʀɑ̃fɛʀme] *adj* (*fig*) withdrawn ▶ *nm*: **sentir le ~** to smell stuffy
renfermer [ʀɑ̃fɛʀme] /1/ *vt* to contain
renforcer [ʀɑ̃fɔʀse] /3/ *vt* to reinforce • **renfort** *nm*: **renforts** *nmpl* reinforcements; **à grand renfort de** with a great deal of

renfrogné, e [ʀɑ̃fʀɔɲe] *adj* sullen, scowling
renier [ʀənje] /7/ *vt* (*parents*) to disown, repudiate; (*foi*) to renounce
renifler [ʀ(ə)nifle] /1/ *vi* to sniff ▶ *vt* (*odeur*) to sniff
renne [ʀɛn] *nm* reindeer *inv*
renom [ʀənɔ̃] *nm* reputation; (*célébrité*) renown • **renommé, e** *adj* celebrated, renowned ▶ *nf* fame
renoncer [ʀənɔ̃se] /3/: **~ à** *vt* to give up; **~ à faire** to give up the idea of doing
renouer [ʀənwe] /1/ *vt*: **~ avec** (*habitude*) to take up again
renouvelable [ʀ(ə)nuvlabl] *adj* (*contrat, bail, énergie*) renewable
renouveler [ʀənuvle] /4/ *vt* to renew; (*exploit, méfait*) to repeat; **se renouveler** *vi* (*incident*) to recur, happen again • **renouvellement** *nm* renewal
rénover [ʀenɔve] /1/ *vt* (*immeuble*) to renovate, do up; (*quartier*) to redevelop
renseignement [ʀɑ̃sɛɲmɑ̃] *nm* information *no pl*, piece of information; **(guichet des) ~s** information desk; **(service des) ~s** (*Tél*) directory inquiries (BRIT), information (US)
renseigner [ʀɑ̃seɲe] /1/ *vt*: **~ qn (sur)** to give information to sb (about); **se renseigner** *vi* to ask for information, make inquiries
rentabilité [ʀɑ̃tabilite] *nf* profitability
rentable [ʀɑ̃tabl] *adj* profitable
rente [ʀɑ̃t] *nf* income; (*pension*) pension
rentrée [ʀɑ̃tʀe] *nf*: **~ (d'argen**[t]) cash *no pl* coming in; **la ~ (des classes** *ou* **scolaire)** the start o[f] the new school year
rentrer [ʀɑ̃tʀe] /1/ *vi* (*entrer de nouveau*) to go (*ou* come) back i[n]; (*entrer*) to go (*ou* come) in; (*reve*[*nir*] *chez soi*) to go (*ou* come) (back) home; (*air, clou: pénétrer*) to go i[n]; (*revenu, argent*) to come in ▶ *vt* t[o] bring in; (*véhicule*) to put away; (*chemise dans pantalon etc*) to tu[ck] in; (*griffes*) to draw in; **~ le vent**[re] to pull in one's stomach; **~ dan**[s] (*heurter*) to crash into; **~ dans l'ordre** to get back to normal; **~ dans ses frais** to recover one['s] expenses (*ou* initial outlay)
renverse [ʀɑ̃vɛʀs]: **à la ~** *adv* backwards
renverser [ʀɑ̃vɛʀse] /1/ *vt* (*faire tomber: chaise, verre*) to knock over, overturn; (*: piéton*) to knock down; (*: liquide, contenu*) to spill, upset; (*retourn*[*er*]) to turn upside down; (*: ordre de*[*s*] *mots etc*) to reverse; (*fig: gouvernement etc*) to overthrow; (*stupéfier*) to bowl over; **se renverser** *vi* (*verre, vase*) to fall over; (*contenu*) to spill
renvoi [ʀɑ̃vwa] *nm* (*d'employé*) dismissal; (*d'élève*) expulsion; (*référence*) cross-reference; (*éructation*) belch • **renvoyer** /[8]/ *vt* to send back; (*congédier*) to dismiss; (*élève: définitivement*) t[o] expel; (*lumière*) to reflect; (*ajourner*): **renvoyer qch (à)** to postpone sth (until)
repaire [ʀəpɛʀ] *nm* den
répandre [ʀepɑ̃dʀ] /41/ *vt* (*renverser*) to spill; (*étaler, diffuse*[*r*]) to spread; (*chaleur, odeur*) to giv[e] off; **se répandre** *vi* to spill;

ɔ spread • **répandu, e** *adj*
pinion, usage) widespread
ɔarateur, -trice [ʀepaʀatœʀ,
ʀis] *nm/f* repairer
ɔaration [ʀepaʀasjɔ̃] *nf* repair
ɔarer [ʀepaʀe] /1/ *vt* to repair;
g: offense) to make up for, atone
r; (*: oubli, erreur*) to put right
ɔartie [ʀepaʀti] *nf* retort;
voir de la ~ to be quick at
partee
ɔartir [ʀəpaʀtiʀ] /16/ *vi* to set
f again; (*voyageur*) to leave
jain; (*fig*) to get going again;
à zéro to start from scratch
gain)
ɔartir [ʀepaʀtiʀ] /2/ *vt* (*pour
tribuer*) to share out; (*pour
sperser, disposer*) to divide up;
oids, chaleur) to distribute; **se
partir** *vt* (*travail, rôles*) to share
ıt between themselves
répartition *nf* (*des richesses etc*)
stribution
ɔas [ʀəpa] *nm* meal
ɔassage [ʀəpasaʒ] *nm* ironing
ɔasser [ʀəpase] /1/ *vi* to come
u go) back ▶ *vt* (*vêtement, tissu*)
iron; (*examen*) to retake, resit;
lm) to show again; (*leçon, rôle*:
voir) to go over (again)
ɔentir [ʀəpɑ̃tiʀ] /16/ *nm*
pentance; **se repentir** *vi* to
pent; **se ~ d'avoir fait qch**
gretter) to regret having done
h
ɔercussions [ʀepɛʀkysjɔ̃] *nfpl*
percussions
ɔercuter [ʀepɛʀkyte] /1/: **se
percuter** *vi* (*bruit*) to
verberate; (*fig*): **se ~ sur** to have
percussions on
ɔère [ʀəpɛʀ] *nm* mark;
onument etc) landmark

repérer [ʀəpeʀe] /6/ *vt* (*erreur, connaissance*) to spot; (*abri, ennemi*) to locate; **se repérer** *vi* to get one's bearings

répertoire [ʀepɛʀtwaʀ] *nm* (*liste*) (alphabetical) list; (*carnet*) index notebook; (*Inform*) directory; (*d'un théâtre, artiste*) repertoire

répéter [ʀepete] /6/ *vt* to repeat; (*préparer: leçon*) to learn, go over; (*Théât*) to rehearse; **se répéter** (*redire*) to repeat o.s.; (*se reproduire*) to be repeated, recur

répétition [ʀepetisjɔ̃] *nf* repetition; (*Théât*) rehearsal; **~ générale** final dress rehearsal

répit [ʀepi] *nm* respite; **sans ~** without letting up

replier [ʀəplije] /7/ *vt* (*rabattre*) to fold down *ou* over; **se replier** *vi* (*armée*) to withdraw, fall back; **se ~ sur soi-même** to withdraw into oneself

réplique [ʀeplik] *nf* (*repartie, fig*) reply; (*Théât*) line; (*copie*) replica • **répliquer** /1/ *vi* to reply; (*riposter*) to retaliate

répondeur [ʀepɔ̃dœʀ] *nm*: **~ (automatique)** (*Tél*) answering machine

répondre [ʀepɔ̃dʀ] /41/ *vi* to answer, reply; (*freins, mécanisme*) to respond; **~ à** to reply to, answer; (*affection, salut*) to return; (*provocation*) to respond to; (*correspondre à*) (*besoin*) to answer; (*conditions*) to meet; (*description*) to match; **~ à qn** (*avec impertinence*) to answer sb back; **~ de** to answer for

réponse [ʀepɔ̃s] *nf* answer, reply; **en ~ à** in reply to

reportage [rəpɔrtaʒ] *nm* report
reporter[1] [rəpɔrtɛr] *nm* reporter
reporter[2] [rəpɔrte] *vt* (*ajourner*): **~ qch (à)** to postpone sth (until); (*transférer*): **~ qch sur** to transfer sth to; **se ~ à** (*époque*) to think back to; (*document*) to refer to
repos [rəpo] *nm* rest; (*fig*) peace (and quiet); (*Mil*): **~!** (stand) at ease!; **ce n'est pas de tout ~!** it's no picnic!
reposant, e [r(ə)pozɑ̃, -ɑ̃t] *adj* restful
reposer [rəpoze] /1/ *vt* (*verre, livre*) to put down; (*délasser*) to rest ▸ *vi*: **laisser ~** (*pâte*) to leave to stand; **se reposer** *vi* to rest
repoussant, e [rəpusɑ̃, -ɑ̃t] *adj* repulsive
repousser [rəpuse] /1/ *vi* to grow again ▸ *vt* to repel, repulse; (*offre*) to turn down, reject; (*tiroir, personne*) to push back; (*différer*) to put back
reprendre [rəprɑ̃dr] /58/ *vt* (*prisonnier, ville*) to recapture; (*firme, entreprise*) to take over; (*emprunter*: *argument, idée*) to take up, use; (*refaire*: *article etc*) to go over again; (*jupe etc*) to alter; (*réprimander*) to tell off; (*corriger*) to correct; (*travail, promenade*) to resume; (*chercher*): **je viendrai te ~ à 4 h** I'll come and fetch you *ou* I'll come back for you at 4; (*se resservir de*): **~ du pain/un œuf** to take (*ou* eat) more bread/another egg ▸ *vi* (*classes, pluie*) to start (up) again; (*activités, travaux, combats*) to resume, start (up) again; (*affaires, industrie*) to pick up; (*dire*): **reprit-il** he went on; **~ des forces** to recover one's strength; **~ courage** to take new heart; **~ la route** to resume one's journey, set off again; **~ haleine** *ou* **son souffle** to get one's breath back
représentant, e [rəprezɑ̃tɑ̃, -ɑ̃t] *nm/f* representative
représentation [rəprezɑ̃tas... *nf* representation; (*spectacle*) performance
représenter [rəprezɑ̃te] /1/ ... to represent; (*donner*: *pièce, opé...*) to perform; **se représenter** *vt* (... *figurer*) to imagine
répression [represjɔ̃] *nf* repression
réprimer [reprime] /1/ *vt* (*émotions*) to suppress; (*peuple* ...) repress
repris, e [rəpri, -iz] *pp de* **reprendre** ▸ *nm*: **~ de justice** ex-prisoner, ex-convict
reprise [rəpriz] *nf* (*recommencement*) resumption; (*économique*) recovery; (*TV*) rep...; (*Comm*) trade-in, part exchang...; (*raccommodage*) mend; **à plusieurs ~s** on several occasi...
repriser [rəprize] /1/ *vt* (*chaussette, lainage*) to darn; (*ti*... to mend
reproche [rəprɔʃ] *nm* (*remontrance*) reproach; **faire ... ~s à qn** to reproach sb; **sans ~** beyond *ou* above reproach
• **reprocher** /1/ *vt*: **reprocher qch à qn** to reproach *ou* blame ... for sth; **reprocher qch à** (*machine, théorie*) to have sth against
reproduction [rəprɔdyksjɔ̃] ... reproduction
reproduire [rəprɔdɥir] /38/ ... to reproduce; **se reproduire** *vi* ... (*Bio*) to reproduce; (*recommenc*...) to recur, re-occur

tile [ʀɛptil] *nm* reptile
ublique [ʀepyblik] *nf* public
ugnant, e [ʀepyɲɑ̃, -ɑ̃t] *adj* pulsive
ugner [ʀepyɲe] /1/: **~ à** *vt*: **à qn** to repel *ou* disgust sb; **à faire** to be loath *ou* reluctant do
utation [ʀepytasjɔ̃] *nf* putation • **réputé, e** *adj* nowned
uérir [ʀəkeʀiʀ] /21/ *vt* *écessiter*) to require, call for
uête [ʀəkɛt] *nf* request
uin [ʀəkɛ̃] *nm* shark
uis, e [ʀəki, -iz] *adj* required
R *sigle m* (= *Réseau express gional*) *Greater Paris high-speed in service*
capé, e [ʀɛskape] *nm/f* rvivor
cousse [ʀɛskus] *nf*: **aller à la le qn** to go to sb's aid *ou* rescue
eau, x [ʀezo] *nm* network; **ocial** social network
eautage [ʀezotaʒ] *nm* social tworking
ervation [ʀezɛʀvasjɔ̃] *nf* servation; booking
erve [ʀezɛʀv] *nf* (*retenue*) serve; (*entrepôt*) storeroom; *striction, aussi: d'Indiens*) servation; (*de pêche, chasse*) eserve; **de ~** (*provisions etc*) in serve
ervé, e [ʀezɛʀve] *adj* served; (*chasse, pêche*) private
erver [ʀezɛʀve] /1/ *vt* to serve; (*chambre, billet etc*) to ok, reserve; (*mettre de côté, der*): **~ qch pour** *ou* **à** to keep *ou* ve sth for
ervoir [ʀezɛʀvwaʀ] *nm* tank

résidence [ʀezidɑ̃s] *nf* residence; **~ principale/secondaire** main/ second home; **~ universitaire** hall of residence (BRIT), dormitory (US) • **résidentiel, le** *adj* residential • **résider** /1/ *vi*: **résider à** *ou* **dans** *ou* **en** to reside in; **résider dans** (*fig*) to lie in
résidu [ʀezidy] *nm* residue *no pl*
résigner [ʀeziɲe] /1/: **se résigner** *vi*: **se ~ (à qch/à faire)** to resign o.s. (to sth/to doing)
résilier [ʀezilje] /7/ *vt* to terminate
résistance [ʀezistɑ̃s] *nf* resistance; (*de réchaud, bouilloire: fil*) element
résistant, e [ʀezistɑ̃, -ɑ̃t] *adj* (*personne*) robust, tough; (*matériau*) strong, hard-wearing
résister [ʀeziste] /1/ *vi* to resist; **~ à** (*assaut, tentation*) to resist; (*matériau, plante*) to withstand; (*désobéir à*) to stand up to, oppose
résolu, e [ʀezɔly] *pp de* **résoudre** ▸ *adj*: **être ~ à qch/faire** to be set upon sth/doing
résolution [ʀezɔlysjɔ̃] *nf* (*fermeté, décision*) resolution; (*d'un problème*) solution
résolvais *etc* [ʀezɔlvɛ] *vb voir* **résoudre**
résonner [ʀezɔne] /1/ *vi* (*cloche, pas*) to reverberate, resound; (*salle*) to be resonant
résorber [ʀezɔʀbe] /1/: **se résorber** *vr* (*Méd*) to be resorbed; (*fig*) to be absorbed
résoudre [ʀezudʀ] /51/ *vt* to solve; **se ~ à faire** to bring o.s. to do
respect [ʀɛspɛ] *nm* respect; **tenir en ~** to keep at bay; **présenter ses ~s à qn** to pay

r

one's respects to sb • **respecter** /1/ *vt* to respect • **respectueux, -euse** *adj* respectful
respiration [ʀɛspiʀasjɔ̃] *nf* breathing *no pl*
respirer [ʀɛspiʀe] /1/ *vi* to breathe; (*fig: se reposer*) to get one's breath; (*: être soulagé*) to breathe again ▸*vt* to breathe (in), inhale; (*manifester: santé, calme etc*) to exude
resplendir [ʀɛsplɑ̃diʀ] /2/ *vi* to shine; (*fig*): **~ (de)** to be radiant (with)
responsabilité [ʀɛspɔ̃sabilite] *nf* responsibility; (*légale*) liability
responsable [ʀɛspɔ̃sabl] *adj* responsible ▸*nm/f* (*personne coupable*) person responsible; (*du ravitaillement etc*) person in charge; (*de parti, syndicat*) official; **~ de** responsible for
ressaisir [ʀəseziʀ] /2/: **se ressaisir** *vi* to regain one's self-control
ressasser [ʀəsase] /1/ *vt* to keep turning over
ressemblance [ʀəsɑ̃blɑ̃s] *nf* resemblance, similarity, likeness
ressemblant, e [ʀəsɑ̃blɑ̃, -ɑ̃t] *adj* (*portrait*) lifelike, true to life
ressembler [ʀəsɑ̃ble] /1/: **~ à** *vt* to be like, resemble; (*visuellement*) to look like; **se ressembler** *vi* to be (*ou* look) alike
ressentiment [ʀəsɑ̃timɑ̃] *nm* resentment
ressentir [ʀəsɑ̃tiʀ] /16/ *vt* to feel; **se ~ de** to feel (*ou* show) the effects of
resserrer [ʀəseʀe] /1/ *vt* (*nœud, boulon*) to tighten (up); (*fig: liens*) to strengthen
resservir [ʀəsɛʀviʀ] /14/ *vi* to *ou* serve again; **~ qn (d'un plat** to give sb a second helping (of dish); **se ~ de** (*plat*) to take a second helping of; (*outil etc*) to again
ressort [ʀəsɔʀ] *nm* (*pièce*) spri (*force morale*) spirit; **en dernier** as a last resort; **être du ~ de** t fall within the competence of
ressortir [ʀəsɔʀtiʀ] /16/ *vi* to (*ou* come) out (again); (*contras* to stand out; **~ de: il ressort c ceci que** it emerges from this that; **faire ~** (*fig: souligner*) to bring out
ressortissant, e [ʀəsɔʀtisɑ̃, *nm/f* national
ressources [ʀəsuʀs] *nfpl* resources
ressusciter [ʀesysite] /1/ *vt* (to revive, bring back ▸*vi* to rise (from the dead)
restant, e [ʀɛstɑ̃, -ɑ̃t] *adj* remaining ▸*nm*: **le ~ (de)** the remainder (of); **un ~ de** (*de tro* some leftover
restaurant [ʀɛstɔʀɑ̃] *nm* restaurant
restauration [ʀɛstɔʀasjɔ̃] *n* restoration; (*hôtellerie*) caterin **~ rapide** fast food
restaurer [ʀɛstɔʀe] /1/ *vt* to restore; **se restaurer** *vi* to hav something to eat
reste [ʀɛst] *nm* (*restant*): **le ~ (** the rest (of); (*de trop*): **un ~ (de** some leftover; **restes** *nmpl* leftovers; (*d'une cité etc, dépoui mortelle*) remains; **du ~, au ~** besides, moreover
rester [ʀɛste] /1/ *vi* to stay, remain; (*subsister*) to remain, left; (*durer*) to last, live on ▸*vb*

pers: **il reste du pain/deux ufs** there's some bread/there e two eggs left (over); **il me ste assez de temps** I have ough time left; **il ne me reste us qu'à ...** I've just got to ...; **stons-en là** let's leave it at that
tituer [Rɛstitɥe] /1/ *vt* (*objet, mme*): **~ qch (à qn)** to return *ou* store sth (to sb)
treindre [RɛstRɛ̃dR] /52/ *vt* to strict, limit
triction [Rɛstriksjɔ̃] *nf* striction
ultat [Rezylta] *nm* result; *élection etc*) results *pl*; **résultats** *npl* (*d'une enquête*) findings
ulter [Rezylte] /1/: **~ de** *vt* to sult from, be the result of
umé [Rezyme] *nm* summary, sumé; **en ~** in brief; (*pour nclure*) to sum up
umer [Rezyme] /1/ *vt* (*texte*) summarize; (*récapituler*) to m up

⚠ Attention à ne pas traduire *ésumer* par *to resume*.

urrection [RezyRɛksjɔ̃] *nf* surrection
ablir [Retablir] /2/ *vt* to store, re-establish; **se rétablir** (*guérir*) to recover; (*silence, me*) to return, be restored
établissement *nm* restoring; *érison*) recovery
aper [Rətape] /1/ *vt* (*maison, ture etc*) to do up; (*fam*: *revigorer*) buck up
ard [RətaR] *nm* (*d'une personne endue*) lateness *no pl*; (*sur oraire, un programme, une éance*) delay; (*fig*: *scolaire, ntal etc*) backwardness; **en ~ (de deux heures)** (two hours) late; **désolé d'être en ~** sorry I'm late; **avoir du ~** to be late; (*sur un programme*) to be behind (schedule); **prendre du ~** (*train, avion*) to be delayed; **sans ~** without delay
retardataire [RətaRdatɛR] *nm/f* latecomer
retardement [RətaRdəmɑ̃]: **à ~** *adj* delayed action *cpd*; **bombe à ~** time bomb
retarder [RətaRde] /1/ *vt* to delay; (*horloge*) to put back; **~ qn (d'une heure)** to delay sb (an hour); (*départ, date*): **~ qch (de deux jours)** to put sth back (two days) ▸ *vi* (*montre*) to be slow
retenir [RətniR] /22/ *vt* (*garder, retarder*) to keep, detain; (*maintenir*: *objet qui glisse, colère, larmes, rire*) to hold back; (*se rappeler*) to retain; (*accepter*) to accept; (*fig*: *empêcher d'agir*): **~ qn (de faire)** to hold sb back (from doing); (*prélever*): **~ qch (sur)** to deduct sth (from); **se retenir** *vi* (*se raccrocher*): **se ~ à** to hold onto; (*se contenir*): **se ~ de faire** to restrain o.s. from doing; **~ son souffle** *ou* **haleine** to hold one's breath
retentir [Rətɑ̃tiR] /2/ *vi* to ring out • **retentissant, e** *adj* resounding
retenu, e [Rətny] *adj* (*place*) reserved ▸ *nf* (*prélèvement*) deduction; (*Scol*) detention; (*modération*) (self-)restraint
réticence [Retisɑ̃s] *nf* reticence *no pl*, reluctance *no pl* • **réticent, e** *adj* reticent, reluctant
rétine [Retin] *nf* retina
retiré, e [RətiRe] *adj* (*solitaire*) secluded; (*éloigné*) remote

retirer [ʀətiʀe] /1/ *vt* (*argent, plainte*) to withdraw; (*vêtement*) to take off, remove; (*reprendre: billets*) to collect, pick up; **~ qn/qch de** to take sb away from/sth out of, remove sb/sth from

retomber [ʀətɔ̃be] /1/ *vi* (*à nouveau*) to fall again; (*atterrir: après un saut etc*) to land; (*échoir*): **~ sur qn** to fall on sb

retoquer [ʀətɔke] /1/ *vt* to reject

rétorquer [ʀetɔʀke] /1/ *vt*: **~ (à qn) que** to retort (to sb) that

retouche [ʀətuʃ] *nf* (*sur vêtement*) alteration • **retoucher** /1/ *vt* (*photographie, tableau*) to touch up; (*texte, vêtement*) to alter

retour [ʀətuʀ] *nm* return; **au ~** (*en route*) on the way back; **à mon/ton ~** on my/your return; **être de ~ (de)** to be back (from); **quand serons-nous de ~?** when do we get back?; **par ~ du courrier** by return of post

retourner [ʀətuʀne] /1/ *vt* (*dans l'autre sens: matelas, crêpe*) to turn (over); (*: sac, vêtement*) to turn inside out; (*émouvoir*) to shake; (*renvoyer, restituer*): **~ qch à qn** to return sth to sb ▸ *vi* (*aller, revenir*): **~ quelque part/à** to go back *ou* return somewhere/to; **~ à** (*état, activité*) to return to, go back to; **se retourner** *vi* (*tourner la tête*) to turn round; **se ~ contre** (*fig*) to turn against

retrait [ʀətʀɛ] *nm* (*d'argent*) withdrawal; **en ~** set back; **~ du permis (de conduire)** disqualification from driving (BRIT), revocation of driver's license (US)

retraite [ʀətʀɛt] *nf* (*d'une armée, Rel*) retreat; (*d'un employé*) retirement; (*revenu*) (retirement) pension; **prendre sa ~** to retir[e]; **~ anticipée** early retirement • **retraité, e** *adj* retired ▸ *nm/f* (old age) pensioner

retrancher [ʀətʀɑ̃ʃe] /1/ *vt*: **~ qch de** (*nombre, somme*) to ta[ke] *ou* deduct sth from; **se ~ derrière/dans** to take refuge behind/in

rétrécir [ʀetʀesiʀ] /2/ *vt* (*vêtement*) to take in ▸ *vi* to shr[ink]; **se rétrécir** (*route, vallée*) to narrow

rétro [ʀetʀo] *adj inv*: **la mode** the nostalgia vogue

rétroéclairé, e [ʀetʀoeklɛʀe] *adj* (*clavier, écran*) back-lit

rétrospectif, -ive [ʀetʀɔspɛktif, -iv] *adj* retrospective ▸ *nf* (*Art*) retrospective; (*Ciné*) season, retrospective; • **rétrospectivement** *adv* in retrospect

retrousser [ʀətʀuse] /1/ *vt* to[...] up

retrouvailles [ʀətʀuvaj] *nfp[l]* reunion *sg*

retrouver [ʀətʀuve] /1/ *vt* (*fugitif, objet perdu*) to find; (*cal[me], santé*) to regain; (*revoir*) to see again; (*rejoindre*) to meet (agai[n]), join; **se retrouver** *vi* to meet; (*s'orienter*) to find one's way; **se ~ quelque part** to find o.s. somewhere; **s'y ~** (*y voir clair*) [to] make sense of it; (*rentrer dans s[es] frais*) to break even

rétroviseur [ʀetʀɔvizœʀ] *nm* (rear-view) mirror

retweeter [ʀətwite] /1/ *vt* (*Inform: Twitter*) to retweet

réunion [ʀeynjɔ̃] *nf* (*séance*) meeting

ɹnir [ʀeyniʀ] /2/ *vt* (*rassembler*) ɔ gather together; (*inviter: amis, mille*) to have round, have in; *umuler: qualités etc*) to combine; *ɐpprocher: ennemis*) to bring ɔgether (again), reunite; *ɐttacher: parties*) to join ɔgether); **se réunir** *vi* (*se ncontrer*) to meet
ıssi, e [ʀeysi] *adj* successful
ıssir [ʀeysiʀ] /2/ *vi* to succeed, e successful; (*à un examen*) to ass ▸ *vt* to make a success of; **~ à ire** to succeed in doing; **~ à qn** *tre bénéfique à*) to agree with sb **réussite** *nf* success; (*Cartes*) ɐtience
ˈaloir [ʀəvalwaʀ] /29/ *vt*: **je ɔus revaudrai cela** I'll repay you ɪme day; (*en mal*) I'll pay you back ɾ this
ˈanche [ʀəvɑ̃ʃ] *nf* revenge; *ɔort*) revenge match; **en ~** on e other hand
ˈe [ʀɛv] *nm* dream; **de ~** dream d; **faire un ~** to have a dream
ˈeil [ʀevɛj] *nm* waking up *no pl*; g) awakening; (*pendule*) alarm ɔck); **au ~** on waking (up)
réveiller /1/ *vt* (*personne*) to ake up; (*fig*) to awaken, revive; **réveiller** *vi* to wake up
ˈeillon [ʀevɛjɔ̃] *nm* Christmas ˈe; (*de la Saint-Sylvestre*) New ar's Eve • **réveillonner** /1/ *vi* to lebrate Christmas Eve (*ou* New ar's Eve)
ˈélateur, -trice [ʀevelatœʀ, ʀis] *adj*: **~ (de qch)** revealing :h)
éler [ʀevele] /6/ *vt* to reveal; **révéler** *vi* to be revealed, reveal elf; **se ~ facile/faux** to prove be) easy/false

revenant, e [ʀəvnɑ̃, -ɑ̃t] *nm/f* ghost
revendeur, -euse [ʀəvɑ̃dœʀ, -øz] *nm/f* (*détaillant*) retailer; (*de drogue*) (drug-)dealer
revendication [ʀəvɑ̃dikasjɔ̃] *nf* claim, demand
revendiquer [ʀəvɑ̃dike] /1/ *vt* to claim, demand; (*responsabilité*) to claim
revendre [ʀəvɑ̃dʀ] /41/ *vt* (*d'occasion*) to resell; (*détailler*) to sell; **à ~** (*en abondance*) to spare
revenir [ʀəvniʀ] /22/ *vi* to come back; **faire ~** (*Culin*) to brown; **~ cher/à 100 euros (à qn)** to cost (sb) a lot/100 euros; **~ à** (*reprendre: études, projet*) to return to, go back to; (*équivaloir à*) to amount to; **~ à qn** (*part, honneur*) to go to sb, be sb's; (*souvenir, nom*) to come back to sb; **~ sur** (*question, sujet*) to go back over; (*engagement*) to go back on; **~ à soi** to come round; **je n'en reviens pas** I can't get over it; **~ sur ses pas** to retrace one's steps; **cela revient à dire que/ au même** it amounts to saying that/to the same thing
revenu [ʀəvny] *nm* income; **revenus** *nmpl* income *sg*
rêver [ʀeve] /1/ *vi, vt* to dream; **~ de qch/de faire** to dream of sth/of doing; **~ à** to dream of
réverbère [ʀevɛʀbɛʀ] *nm* street lamp *ou* light • **réverbérer** /6/ *vt* to reflect
revers [ʀəvɛʀ] *nm* (*de feuille, main*) back; (*d'étoffe*) wrong side; (*de pièce, médaille*) back, reverse; (*Tennis, Ping-Pong*) backhand; (*de veston*) lapel; (*fig: échec*) setback
revêtement [ʀəvɛtmɑ̃] *nm* (*des sols*) flooring; (*de chaussée*) surface

revêtir [ʀəvetiʀ] /20/ *vt* (*habit*) to don, put on; (*prendre*: *importance, apparence*) to take on; **~ qch de** to cover sth with
rêveur, -euse [ʀɛvœʀ, -øz] *adj* dreamy ▶ *nm/f* dreamer
revient [ʀəvjɛ̃] *vb voir* **revenir**
revigorer [ʀəvigɔʀe] /1/ *vt* (*air frais*) to invigorate, brace up; (*repas, boisson*) to revive, buck up
revirement [ʀəviʀmɑ̃] *nm* change of mind; (*d'une situation*) reversal
réviser [ʀevize] /1/ *vt* to revise; (*machine, installation, moteur*) to overhaul, service
révision [ʀevizjɔ̃] *nf* revision; (*de voiture*) servicing *no pl*
revivre [ʀəvivʀ] /46/ *vi* (*reprendre des forces*) to come alive again ▶ *vt* (*épreuve, moment*) to relive
revoir [ʀəvwaʀ] /30/ *vt* to see again ▶ *nm*: **au ~** goodbye
révoltant, e [ʀevɔltɑ̃, -ɑ̃t] *adj* revolting, appalling
révolte [ʀevɔlt] *nf* rebellion, revolt
révolter [ʀevɔlte] /1/ *vt* to revolt; **se révolter** *vi*: **se ~ (contre)** to rebel (against)
révolu, e [ʀevɔly] *adj* past; (*Admin*): **âgé de 18 ans ~s** over 18 years of age
révolution [ʀevɔlysjɔ̃] *nf* revolution • **révolutionnaire** *adj, nm/f* revolutionary
revolver [ʀevɔlvɛʀ] *nm* gun; (*à barillet*) revolver
révoquer [ʀevɔke] /1/ *vt* (*fonctionnaire*) to dismiss; (*arrêt, contrat*) to revoke
revu, e [ʀəvy] *pp de* **revoir** ▶ *nf* review; (*périodique*) review, magazine; (*de music-hall*) variety show; **passer en ~** (*mentalemen*) to go through
rez-de-chaussée [ʀedʃose] *n inv* ground floor
RF *sigle f* = **République françai**
Rhin [ʀɛ̃] *nm*: **le ~** the Rhine
rhinocéros [ʀinɔseʀɔs] *nm* rhinoceros
Rhône [ʀon] *nm*: **le ~** the Rhor
rhubarbe [ʀybaʀb] *nf* rhubarb
rhum [ʀɔm] *nm* rum
rhumatisme [ʀymatism] *nm* rheumatism *no pl*
rhume [ʀym] *nm* cold; **~ de cerveau** head cold; **le ~ des fo** hay fever
ricaner [ʀikane] /1/ *vi* (*avec méchanceté*) to snigger; (*bêteme avec gêne*) to giggle
riche [ʀiʃ] *adj* rich; (*personne, pa*) rich, wealthy; **~ en** rich in • **richesse** *nf* wealth; (*fig*: *de so musée etc*) richness; **richesses** (*ressources, argent*) wealth *sg*; (*f trésors*) treasures
ricochet [ʀikɔʃɛ] *nm*: **faire de ~s** to skip stones
ride [ʀid] *nf* wrinkle
rideau, x [ʀido] *nm* curtain; **~ fer** (*lit*) metal shutter
rider [ʀide] /1/ *vt* to wrinkle; **se rider** *vi* to become wrinkled
ridicule [ʀidikyl] *adj* ridiculou ▶ *nm*: **le ~** ridicule • **ridiculiser** *vt* to ridicule; **se ridiculiser** *vi* t make a fool of o.s.

rien [ʀjɛ̃]

▶ *pron* **1** : **(ne) ... rien** nothing (*tournure négative*) anything; **qu'est-ce que vous avez? — rien** what have you got? — nothing; **il n'a rien dit/fait** he

aid/did nothing, he hasn't said/ one anything; **n'avoir peur de en** to be afraid *ou* frightened of othing, not to be afraid *ou* ghtened of anything; **il n'a en** (*n'est pas blessé*) he's all ght; **ça ne fait rien** it doesn't atter
(*quelque chose*): **a-t-il jamais en fait pour nous?** has he ever one anything for us?
rien de: rien d'intéressant othing interesting; **rien autre** nothing else; **rien du out** nothing at all
rien que just, only; nothing ut; **rien que pour lui faire aisir** only *ou* just to please m; **rien que la vérité** nothing ut the truth; **rien que cela** at alone
excl: **de rien!** not at all!
nm: **un petit rien** (*cadeau*) a tle something; **des riens** ivia *pl*; **un rien de** a hint of; **un rien de temps** in no time all

ur, -euse [Rjœʀ, -øz] *adj* eerful
ide [Riʒid] *adj* stiff; (*fig*) rigid; *oralement*) strict
oler [Rigɔle] /1/ *vi* (*rire*) to ugh; (*s'amuser*) to have (some) n; (*plaisanter*) to be joking *ou* dding • **rigolo, rigolote** *adj* nny ▶ *nm/f* comic; (*péj*) fraud, oney
oureusement [RiguRøzmɑ̃] *v* rigorously
oureux, -euse [RiguRø, -øz] *j* rigorous; (*climat, châtiment*) rsh, severe
ueur [Rigœʀ] *nf* rigour; **enue de soirée de ~"** "evening dress (to be worn)"; **à la ~** at a pinch; **tenir ~ à qn de qch** to hold sth against sb
rillettes [Rijɛt] *nfpl* ≈ potted meat *sg* (*made from pork or goose*)
rime [Rim] *nf* rhyme
rinçage [Rɛ̃saʒ] *nm* rinsing (out); (*opération*) rinse
rincer [Rɛ̃se] /3/ *vt* to rinse; (*récipient*) to rinse out
ringard, e [Rɛ̃gaʀ, -aʀd] *adj* old-fashioned
riposter [Ripɔste] /1/ *vi* to retaliate ▶ *vt*: **~ que** to retort that
rire [RiR] /36/ *vi* to laugh; (*se divertir*) to have fun ▶ *nm* laugh; **le ~** laughter; **~ de** to laugh at; **pour ~** (*pas sérieusement*) for a joke *ou* a laugh
risible [Rizibl] *adj* laughable
risque [Risk] *nm* risk; **le ~** danger; **à ses ~s et périls** at his own risk • **risqué, e** *adj* risky; (*plaisanterie*) risqué, daring • **risquer** /1/ *vt* to risk; (*allusion, question*) to venture, hazard; **se risquer** *vi*: **ça ne risque rien** it's quite safe; **il risque de se tuer** he could get *ou* risks getting himself killed; **ce qui risque de se produire** what might *ou* could well happen; **il ne risque pas de recommencer** there's no chance of him doing that again; **se risquer à faire** (*tenter*) to dare to do
rissoler [Risɔle] /1/ *vi, vt*: **(faire) ~** to brown
ristourne [RistuRn] *nf* discount
rite [Rit] *nm* rite; (*fig*) ritual
rivage [Rivaʒ] *nm* shore
rival, e, -aux [Rival, -o] *adj, nm/f* rival • **rivaliser** /1/ *vi*: **rivaliser avec** to rival, vie with • **rivalité** *nf* rivalry

rive [ʀiv] *nf* shore; (*de fleuve*) bank • **riverain, e** *nm/f* riverside (*ou* lakeside) resident; (*d'une route*) local *ou* roadside resident
rivière [ʀivjɛʀ] *nf* river
riz [ʀi] *nm* rice • **rizière** *nf* paddy field
RMI *sigle m* (= *revenu minimum d'insertion*) ≈ income support (BRIT), ≈ welfare (US)
RN *sigle f* = **route nationale**
robe [ʀɔb] *nf* dress; (*de juge, d'ecclésiastique*) robe; (*pelage*) coat; **~ de soirée/de mariée** evening/ wedding dress; **~ de chambre** dressing gown
robinet [ʀɔbinɛ] *nm* tap (BRIT), faucet (US)
robot [ʀɔbo] *nm* robot; **~ de cuisine** food processor
robuste [ʀɔbyst] *adj* robust, sturdy • **robustesse** *nf* robustness, sturdiness
roc [ʀɔk] *nm* rock
rocade [ʀɔkad] *nf* bypass
rocaille [ʀɔkaj] *nf* loose stones *pl*; (*jardin*) rockery, rock garden
roche [ʀɔʃ] *nf* rock
rocher [ʀɔʃe] *nm* rock
rocheux, -euse [ʀɔʃø, -øz] *adj* rocky
rodage [ʀɔdaʒ] *nm*: **en ~** running *ou* breaking in
rôder [ʀode] /1/ *vi* to roam *ou* wander about; (*de façon suspecte*) to lurk (about *ou* around) • **rôdeur, -euse** *nm/f* prowler
rogne [ʀɔɲ] *nf*: **être en ~** to be mad *ou* in a temper
rogner [ʀɔɲe] /1/ *vt* to trim; **~ sur** (*fig*) to cut down *ou* back on
rognons [ʀɔɲɔ̃] *nmpl* kidneys
roi [ʀwa] *nm* king; **le jour** *ou* **la fête des R~s** Twelfth Night
rôle [ʀol] *nm* role; part
rollers [ʀɔlœʀ] *nmpl* Rollerblad
romain, e [ʀɔmɛ̃, -ɛn] *adj* Ror ▸*nm/f*: **R~, e** Roman
roman, e [ʀɔmɑ̃, -an] *adj* (*Arch* Romanesque ▸*nm* novel; **~ policier** detective novel
romancer [ʀɔmɑ̃se] /3/ *vt* to romanticize • **romancier, -ière** *nm/f* novelist • **romanesque** *a* (*amours, aventures*) storybook *c* (*sentimental: personne*) romanti
roman-feuilleton [ʀɔmɑ̃fœ *nm* serialized novel
romanichel, le [ʀɔmaniʃɛl] *nm/f* gipsy
romantique [ʀɔmɑ̃tik] *adj* romantic
romarin [ʀɔmaʀɛ̃] *nm* rosema
Rome [ʀɔm] *n* Rome
rompre [ʀɔ̃pʀ] /41/ *vt* to break (*entretien, fiançailles*) to break o ▸*vi* (*fiancés*) to break it off; **se rompre** *vi* to break • **rompu, e** (*fourbu*) exhausted
ronce [ʀɔ̃s] *nf* bramble branch **ronces** *nfpl* brambles
ronchonner [ʀɔ̃ʃɔne] /1/ *vi* (*fa* to grouse, grouch
rond, e [ʀɔ̃, ʀɔ̃d] *adj* round; (*joues, mollets*) well-rounded; (*f ivre*) tight ▸*nm* (*cercle*) ring; (*fa sou*): **je n'ai plus un ~** I haven't penny left ▸*nf* (*gén: de surveilla* rounds *pl*, patrol; (*danse*) rounc (dance); (*Mus*) semibreve (BRIT whole note (US); **en ~** (*s'asseoi danser*) in a ring; **à la ~e** (*alento* **à 10 km à la ~e** for 10 km roun • **rondelet, te** *adj* plump
rondelle [ʀɔ̃dɛl] *nf* (*Tech*) was (*tranche*) slice, round
rond-point [ʀɔ̃pwɛ̃] *nm* roundabout

ﬂement [Rɔ̃fləmɑ̃] *nm* snore
ﬂer [Rɔ̃fle] /1/ *vi* to snore;
oteur, poêle) to hum
ger [Rɔ̃ʒe] /3/ *vt* to gnaw (at);
rs, rouille) to eat into; **se ~ les**
ngs to worry o.s. sick; **se ~ les**
gles to bite one's nails
ongeur, -euse [Rɔ̃ʒœR, -øz]
/*f* rodent
ronner [Rɔ̃Rɔne] /1/ *vi* to purr
bif [Rɔsbif] *nm*: **du ~** roasting
ef; (*cuit*) roast beef
e [Roz] *nf* rose ▶ *adj* pink;
onbon *adj inv* candy pink
é, e [Roze] *adj* pinkish; **(vin) ~**
é (wine)
eau, x [Rozo] *nm* reed
ée [Roze] *nf* dew
ier [Rozje] *nm* rosebush, rose
e
signol [Rɔsiɲɔl] *nm* (*Zool*)
htingale
ation [Rɔtasjɔ̃] *nf* rotation
er [Rɔte] /1/ *vi* (*fam*) to burp,
ch
[Roti] *nm*: **du ~** roasting
at; (*cuit*) roast meat; **un ~ de**
euf/porc a joint of beef/pork
n [Rɔtɛ̃] *nm* rattan (cane);
uteuil en ~ cane (arm)chair
r [RotiR] /2/ *vt* (*aussi*: **faire ~**)
oast ▶ *vi* to roast • **rôtisserie**
restaurant) steakhouse;
iteur) roast meat shop
ôtissoire *nf* (roasting) spit
le [Rɔtyl] *nf* kneecap
age [Rwaʒ] *nm* cog(wheel),
rwheel; **les ~s de l'État** the
eels of State
e [Ru] *nf* wheel; **~ de secours**
re wheel
er [Rwe] /1/ *vt*: **~ qn de coups**
give sb a thrashing

rouge [Ruʒ] *adj, nm/f* red ▶ *nm* red; **(vin) ~** red wine; **passer au ~** (*signal*) to go red; (*automobiliste*) to go through a red light; **sur la liste ~** ex-directory (BRIT), unlisted (US); **~ à joue** blusher; **~ (à lèvres)** lipstick • **rouge-gorge** *nm* robin (redbreast)
rougeole [Ruʒɔl] *nf* measles *sg*
rougeoyer [Ruʒwaje] /8/ *vi* to glow red
rouget [Ruʒɛ] *nm* mullet
rougeur [Ruʒœr] *nf* redness; **rougeurs** *nfpl* (*Méd*) red blotches
rougir [RuʒiR] /2/ *vi* to turn red; (*de honte, timidité*) to blush, flush; (*de plaisir, colère*) to flush
rouille [Ruj] *nf* rust • **rouillé, e** *adj* rusty • **rouiller** /1/ *vt* to rust ▶ *vi* to rust, go rusty
roulant, e [Rulɑ̃, -ɑ̃t] *adj* (*meuble*) on wheels; (*surface, trottoir, tapis*) moving; **escalier ~** escalator
rouleau, x [Rulo] *nm* roll; (*à mise en plis, à peinture, vague*) roller; **~ à pâtisserie** rolling pin
roulement [Rulmɑ̃] *nm* (*bruit*) rumbling *no pl*, rumble; (*rotation*) rotation; **par ~** on a rota (BRIT) *ou* rotation (US) basis; **~ (à billes)** ball bearings *pl*; **~ de tambour** drum roll
rouler [Rule] /1/ *vt* to roll; (*papier, tapis*) to roll up; (*Culin*: *pâte*) to roll out; (*fam*: *duper*) to do, con ▶ *vi* (*bille, boule*) to roll; (*voiture, train*) to go, run; (*automobiliste*) to drive; (*cycliste*) to ride; (*bateau*) to roll; **se ~ dans** (*boue*) to roll in; (*couverture*) to roll o.s. (up) in
roulette [Rulɛt] *nf* (*de table, fauteuil*) castor; (*de dentiste*) drill; (*jeu*): **la ~** roulette; **à ~s** on castors; **ça a marché comme**

sur des ~s (*fam*) it went off very smoothly
roulotte [Rulɔt] *nf* caravan
roumain, e [Rumɛ̃, -ɛn] *adj* Rumanian ▸ *nm/f*: **R~, e** Rumanian
Roumanie [Rumani] *nf*: **la ~** Rumania
rouquin, e [Rukɛ̃, -in] *nm/f* (*péj*) redhead
rouspéter [Ruspete] /6/ *vi* (*fam*) to moan
rousse [Rus] *adj f voir* **roux**
roussir [RusiR] /2/ *vt* to scorch ▸ *vi* (*Culin*): **faire ~** to brown
route [Rut] *nf* road; (*fig*: *chemin*) way; (*itinéraire, parcours*) route; (*fig*: *voie*) road, path; **il y a trois heures de ~** it's a three-hour ride *ou* journey; **en ~** on the way; **en ~!** let's go!; **mettre en ~** to start up; **se mettre en ~** to set off; **~ nationale** ≈ A-road (BRIT), ≈ state highway (US)
routeur [RutœR] • *nm* (*Inform*) router
routier, -ière [Rutje, -jɛR] *adj* road *cpd* ▸ *nm* (*camionneur*) (long-distance) lorry (BRIT) *ou* truck (US) driver; (*restaurant*) ≈ transport café (BRIT), ≈ truck stop (US)
routine [Rutin] *nf* routine • **routinier, -ière** [Rutinje, -jɛR] *adj* (*péj*: *travail*) humdrum; (: *personne*) addicted to routine
rouvrir [RuvRiR] /18/ *vt, vi* to reopen, open again; **se rouvrir** *vi* to open up again
roux, rousse [Ru, Rus] *adj* red; (*personne*) red-haired ▸ *nm/f* redhead
royal, e, -aux [Rwajal, -o] *adj* royal; (*fig*) fit for a king
royaume [Rwajom] *nm* kingdom; (*fig*) realm
Royaume-Uni [Rwajomyni] *nm*: **le ~** the United Kingdom
royauté [Rwajote] *nf* (*régime*) monarchy
ruban [Rybɑ̃] *nm* ribbon; **~ adhésif** adhesive tape
rubéole [Rybeɔl] *nf* German measles *sg*, rubella
rubis [Rybi] *nm* ruby
rubrique [RybRik] *nf* (*titre, catégorie*) heading; (*Presse*: *arti* column
ruche [Ryʃ] *nf* hive
rude [Ryd] *adj* (*barbe, toile*) rou (*métier, tâche*) hard, tough; (*cli* severe, harsh; (*bourru*) harsh, rough; (*fruste*: *manières*) rugge tough; (*fam*: *fameux*) jolly gooc • **rudement** *adv* (*très*) terribly
rudimentaire [Rydimɑ̃tɛR] rudimentary, basic
rudiments [Rydimɑ̃] *nmpl*: **avoir des ~ d'anglais** to have smattering of English
rue [Ry] *nf* street
ruée [Rɥe] *nf* rush
ruelle [Rɥɛl] *nf* alley(way)
ruer [Rɥe] /1/ *vi* (*cheval*) to kic out; **se ruer** *vi*: **se ~ sur** to pounce on; **se ~ vers/dans/h de** to rush *ou* dash towards/ir out of
rugby [Rygbi] *nm* rugby (foot
rugir [RyʒiR] /2/ *vi* to roar
rugueux, -euse [Rygø, -øz] rough
ruine [Rɥin] *nf* ruin • **ruiner** / to ruin • **ruineux, -euse** *adj* ruinous
ruisseau, x [Rɥiso] *nm* stream, brook

sseler [Rɥisle] /4/ *vi* to stream
neur [RymœR] *nf* (*bruit confus*)
mbling; (*nouvelle*) rumour
niner [Rymine] /1/ *vt* (*herbe*)
ruminate; (*fig*) to ruminate on
over, chew over
ture [RyptyR] *nf* (*de*
gociations etc) breakdown; (*de*
ntrat) breach; (*dans continuité*)
eak; (*séparation, désunion*)
eak-up, split
al, e, -aux [RyRal, -o] *adj*
ral, country *cpd*
e [Ryz] *nf*: **la ~** cunning,
aftiness; (*pour tromper*) trickery;
e ~ a trick, a ruse • **rusé, e** *adj*
nning, crafty
se [Rys] *adj* Russian ▶ *nm* (*Ling*)
ssian ▶ *nm/f*: **R~** Russian
ssie [Rysi] *nf*: **la ~** Russia
tine [Rystin] *nf* repair patch
r bicycle inner tube)
tique [Rystik] *adj* rustic
nme [Ritm] *nm* rhythm;
esse) rate; (: *de la vie*) pace,
mpo • **rythmé, e** *adj*
ythmic(al)

S

s' [s] *pron voir* **se**
sa [sa] *adj poss voir* **son**[1]
sable [sɑbl] *nm* sand
sablé [sɑble] *nm* shortbread biscuit
sabler [sɑble] /1/ *vt* (*contre le verglas*) to grit; **~ le champagne** to drink champagne
sabot [sabo] *nm* clog; (*de cheval, bœuf*) hoof; **~ de frein** brake shoe
saboter [sabɔte] /1/ *vt* (*travail, morceau de musique*) to botch, make a mess of; (*machine, installation, négociation etc*) to sabotage
sac [sak] *nm* bag; (*à charbon etc*) sack; **mettre à ~** to sack; **~ à provisions/de voyage** shopping/travelling bag; **~ de couchage** sleeping bag; **~ à dos** rucksack; **~ à main** handbag
saccadé, e [sakade] *adj* jerky; (*respiration*) spasmodic
saccager [sakaʒe] /3/ *vt* (*piller*) to sack; (*dévaster*) to create havoc in
saccharine [sakaRin] *nf* saccharin(e)
sachet [saʃɛ] *nm* (small) bag; (*de lavande, poudre, shampooing*)

sachet; **~ de thé** tea bag; **du potage en ~** packet soup
sacoche [sakɔʃ] *nf* (*gén*) bag; (*de bicyclette*) saddlebag
sacré, e [sakʀe] *adj* sacred; (*fam: satané*) blasted; (*: fameux*): **un ~ ...** a heck of a ...
sacrement [sakʀəmɑ̃] *nm* sacrament
sacrifice [sakʀifis] *nm* sacrifice • **sacrifier** /7/ *vt* to sacrifice
sacristie [sakʀisti] *nf* sacristy; (*culte protestant*) vestry
sadique [sadik] *adj* sadistic
safran [safʀɑ̃] *nm* saffron
sage [saʒ] *adj* wise; (*enfant*) good
sage-femme [saʒfam] *nf* midwife
sagesse [saʒɛs] *nf* wisdom
Sagittaire [saʒitɛʀ] *nm*: **le ~** Sagittarius
Sahara [saaʀa] *nm*: **le ~** the Sahara (Desert)
saignant, e [sɛɲɑ̃, -ɑ̃t] *adj* (*viande*) rare
saigner [seɲe] /1/ *vi* to bleed ▶ *vt* to bleed; (*animal*) to bleed to death; **~ du nez** to have a nosebleed
saillir [sajiʀ] /13/ *vi* to project, stick out; (*veine, muscle*) to bulge
sain, e [sɛ̃, sɛn] *adj* healthy; **~ et sauf** safe and sound, unharmed; **~ d'esprit** sound in mind, sane
saindoux [sɛ̃du] *nm* lard
saint, e [sɛ̃, sɛ̃t] *adj* holy ▶ *nm/f* saint; **la S~e Vierge** the Blessed Virgin
Saint-Esprit [sɛ̃tɛspʀi] *nm*: **le ~** the Holy Spirit *ou* Ghost
sainteté [sɛ̃təte] *nf* holiness
Saint-Sylvestre [sɛ̃silvɛstʀ] *nf*: **la ~** New Year's Eve
sais *etc* [sɛ] *vb voir* **savoir**
saisie [sezi] *nf* seizure; **~ (de données)** (data) capture
saisir [seziʀ] /2/ *vt* to take hol[d of], grab; (*fig: occasion*) to seize; (*comprendre*) to grasp; (*entendr*[*e*]) to get, catch; (*Inform*) to captu[re]; (*Culin*) to fry quickly; (*Jur: biens,* *publication*) to seize • **saisissa**[**nt,**] **e** *adj* startling, striking
saison [sɛzɔ̃] *nf* season; **haut**[**e/**] **basse/morte ~** high/low/sla[ck] season • **saisonnier, -ière** *adj* seasonal
salade [salad] *nf* (*Bot*) lettuce *etc* (*generic term*); (*Culin*) (green) salad; (*fam: confusion*) tangle, muddle; **~ composée** mixed salad; **~ de fruits** fruit salad; **~ verte** green salad • **saladie**[**r**] (salad) bowl
salaire [salɛʀ] *nm* (*annuel, mensuel*) salary; (*hebdomadaire* [*,*] *journalier*) pay, wages *pl*; **~ minimum interprofession**[**nel**] **de croissance** *index-linked guaranteed minimum wage*
salarié, e [salaʀje] *nm/f* sala[ried] employee; wage-earner
salaud [salo] *nm* (*fam!*) sod (*!*) bastard (*!*)
sale [sal] *adj* dirty, filthy; (*fig: mauvais*) nasty
salé, e [sale] *adj* (*liquide, saveu*[*r,*] *mer, goût*) salty; (*Culin: amande*[*s,*] *beurre etc*) salted; (*: gâteaux*) savoury; (*fig: grivois*) spicy; (*: n*[*ote,*] *facture*) steep
saler [sale] /1/ *vt* to salt
saleté [salte] *nf* (*état*) dirtines[s]; (*crasse*) dirt, filth; (*tache etc*) di[rt no] *pl*; (*fig: tour*) filthy trick; (*: chos*[*e*] *sans valeur*) rubbish *no pl*; (*: obscénité*) filth *no pl*

ière [saljɛʀ] *nf* saltcellar
ir [saliʀ] /2/ *vt* to (make) dirty; *g)* to soil the reputation of; **se** **lir** *vi* to get dirty • **salissant, e** *j (tissu)* which shows the dirt; *iétier)* dirty, messy
le [sal] *nf* room; *(d'hôpital)* ard; *(de restaurant)* dining room; *'un cinéma)* auditorium; *(: public)* ıdience; **~ d'attente** waiting om; **~ de bain(s)** bathroom; **de classe** classroom; **~ de** **ncert** concert hall; **~ d'eau** ıower-room; **d'embarquement** *(à l'aéroport)* ·parture lounge; **~ de jeux** *(pour* *fants)* playroom; **~ à manger** ning room; **~ des professeurs** affroom; **~ de séjour** living om; **~ des ventes** saleroom
on [salɔ̃] *nm* lounge, sitting om; *(mobilier)* lounge suite; *(position)* exhibition, show; **~ de** **iffure** hairdressing salon; **~ de** **é** tearoom
ope [salɔp] *nf (fam!)* bitch *(!)* **aloperie** *nf (fam!: action)* dirty ck; *(: chose sans valeur)* rubbish *pl*
opette [salɔpɛt] *nf* dungarees *(d'ouvrier)* overall(s)
sifis [salsifi] *nm* salsify
ubre [salybʀ] *adj* healthy, lubrious
uer [salɥe] /1/ *vt (pour dire* *njour, fig)* to greet; *(pour dire au* *'oir)* to take one's leave; *(Mil)* to ute
ut [saly] *nm (sauvegarde)* 'ety; *(Rel)* salvation; *(geste)* ıve; *(parole)* greeting; *(Mil)* ute ▶ *excl (fam: pour dire bonjour)* (there); *(: pour dire au revoir)* see ı!, bye!

salutations [salytasjɔ̃] *nfpl* greetings; **recevez mes ~ distinguées** *ou* **respectueuses** yours faithfully
samedi [samdi] *nm* Saturday
SAMU *sigle m (= service d'assistance médicale d'urgence)* ≈ ambulance (service) (BRIT), ≈ paramedics (US)
sanction [sɑ̃ksjɔ̃] *nf* sanction • **sanctionner** /1/ *vt (loi, usage)* to sanction; *(punir)* to punish
sandale [sɑ̃dal] *nf* sandal
sandwich [sɑ̃dwitʃ] *nm* sandwich
sang [sɑ̃] *nm* blood; **en ~** covered in blood; **se faire du mauvais ~** to fret, get in a state • **sang-froid** *nm* calm, sangfroid; **de sang-froid** in cold blood • **sanglant, e** *adj* bloody
sangle [sɑ̃gl] *nf* strap
sanglier [sɑ̃glije] *nm* (wild) boar
sanglot [sɑ̃glo] *nm* sob • **sangloter** /1/ *vi* to sob
sangsue [sɑ̃sy] *nf* leech
sanguin, e [sɑ̃gɛ̃, -in] *adj* blood *cpd*
sanitaire [sanitɛʀ] *adj* health *cpd*; **sanitaires** *nmpl (salle de bain et w.-c.)* bathroom *sg*
sans [sɑ̃] *prép* without; **~ qu'il s'en aperçoive** without him *ou* his noticing; **un pull ~ manches** a sleeveless jumper; **~ faute** without fail; **~ arrêt** without a break; **~ ça** *(fam)* otherwise • **sans-abri** *nmpl* homeless • **sans-emploi** *nm/f inv* unemployed person; **les sans-emploi** the unemployed • **sans-gêne** *adj inv* inconsiderate
santé [sɑ̃te] *nf* health; **être en bonne ~** to be in good health;

boire à la ~ de qn to drink (to) sb's health; **à ta** *ou* **votre ~!** cheers!
saoudien, ne [saudjɛ̃, -ɛn] *adj* Saudi (Arabian) ▶ *nm/f*: **S~, ne** Saudi (Arabian)
saoul, e [su, sul] *adj* = **soûl**
saper [sape] /1/ *vt* to undermine, sap
sapeur-pompier [sapœʀpɔ̃pje] *nm* fireman
saphir [safiʀ] *nm* sapphire
sapin [sapɛ̃] *nm* fir (tree); (*bois*) fir; **~ de Noël** Christmas tree
sarcastique [saʀkastik] *adj* sarcastic
Sardaigne [saʀdɛɲ] *nf*: **la ~** Sardinia
sardine [saʀdin] *nf* sardine
SARL *sigle f* (= *société à responsabilité limitée*) ≈ plc (BRIT), ≈ Inc. (US)
sarrasin [saʀazɛ̃] *nm* buckwheat
satané, e [satane] *adj* (*fam*) confounded
satellite [satelit] *nm* satellite
satin [satɛ̃] *nm* satin
satire [satiʀ] *nf* satire • **satirique** *adj* satirical
satisfaction [satisfaksjɔ̃] *nf* satisfaction
satisfaire [satisfɛʀ] /60/ *vt* to satisfy; **~ à** (*revendications, conditions*) to meet • **satisfaisant, e** *adj* (*acceptable*) satisfactory • **satisfait, e** *adj* satisfied; **satisfait de** happy *ou* satisfied with
saturer [satyʀe] /1/ *vt* to saturate
sauce [sos] *nf* sauce; (*avec un rôti*) gravy; **~ tomate** tomato sauce • **saucière** *nf* sauceboat
saucisse [sosis] *nf* sausage
saucisson [sosisɔ̃] *nm* (slicing) sausage
sauf¹ [sof] *prép* except; **~ si** (*à moins que*) unless; **~ avis contraire** unless you hear to th[e] contrary; **~ erreur** if I'm not mistaken
sauf², sauve [sof, sov] *adj* unharmed, unhurt; (*fig: honneu[r]*) intact, saved; **laisser la vie sauve à qn** to spare sb's life
sauge [soʒ] *nf* sage
saugrenu, e [sogʀəny] *adj* preposterous
saule [sol] *nm* willow (tree)
saumon [somɔ̃] *nm* salmon *in*[v]
saupoudrer [sopudʀe] /1/ *vt*: **~ qch de** to sprinkle sth with
saur [sɔʀ] *adj m*: **hareng ~** smoked *ou* red herring, kipper
saut [so] *nm* jump; (*discipline sportive*) jumping; **faire un ~ c[hez] qn** to pop over to sb's (place); **~ [en] hauteur/longueur** high/long jump; **~ à la perche** pole vault **~ à l'élastique** bungee jumpin[g] **~ périlleux** somersault
sauter [sote] /1/ *vi* to jump, le[ap]; (*exploser*) to blow up, explode; (*: fusibles*) to blow; (*se détacher*) pop out (*ou* off) ▶ *vt* to jump (over), leap (over); (*fig: omettre*) skip, miss (out); **faire ~** to blow up; (*Culin*) to sauté; **~ à la cord[e]** to skip; **~ au cou de qn** to fly i[nto] sb's arms; **~ sur une occasion** jump at an opportunity; **~ aux yeux** to be quite obvious
sauterelle [sotʀɛl] *nf* grasshopper
sautiller [sotije] /1/ *vi* (*oiseau*) hop; (*enfant*) to skip
sauvage [sovaʒ] *adj* (*gén*) wild (*peuplade*) savage; (*farouche*)

ısociable; (*barbare*) wild, savage; *on officiel*) unauthorized, ıofficial; **faire du camping ~** to ımp in the wild ▸*nm/f* savage; *mide*) unsociable type
ıve [sov] *adj f voir* **sauf²**
ıvegarde [sovgaʀd] *nf* feguard; (*Inform*) backup **sauvegarder** /1/ *vt* to feguard; (*Inform: enregistrer*) to ve; (*: copier*) to back up
ıve-qui-peut [sovkipø] *excl* n for your life!
ıver [sove] /1/ *vt* to save; *orter secours à*) to rescue; *cupérer*) to salvage, rescue; **se uver** *vi* (*s'enfuir*) to run away; *m: partir*) to be off • **sauvetage** ı rescue • **sauveteur** *nm* scuer • **sauvette**: **à la uvette** *adv* (*se marier etc*) stily, hurriedly • **sauveur** *nm* viour (BRIT), savior (US)
'ant, e [savɑ̃, -ɑ̃t] *adj* scholarly, ırned ▸*nm* scientist
'eur [savœʀ] *nf* flavour; (*fig*) vour
oir [savwaʀ] /32/ *vt* to know; *re capable de*): **il sait nager** he n swim ▸*nm* knowledge; **se voir** *vi* (*être connu*) to be known; **n'en sais rien** I (really) don't ow; **à ~ (que)** that is, namely; **re ~ qch à qn** to let sb know ı; **pas que je sache** not as far I know
on [savɔ̃] *nm* (*produit*) soap; *orceau*) bar *ou* tablet of soap; *m*): **passer un ~ à qn** to give sb ood dressing-down **avonner** /1/ *vt* to soap **avonnette** *nf* bar of soap
ourer [savuʀe] /1/ *vt* to vour • **savoureux, -euse** *adj* ıty; (*fig: anecdote*) spicy, juicy

saxo(phone) [saksɔ(fɔn)] *nm* sax(ophone)
scabreux, -euse [skabʀø, -øz] *adj* risky; (*indécent*) improper, shocking
scandale [skɑ̃dal] *nm* scandal; **faire un ~** (*scène*) to make a scene; (*Jur*) create a disturbance; **faire ~** to scandalize people • **scandaleux, -euse** *adj* scandalous, outrageous
scandinave [skɑ̃dinav] *adj* Scandinavian ▸*nm/f*: **S~** Scandinavian
Scandinavie [skɑ̃dinavi] *nf*: **la ~** Scandinavia
scarabée [skaʀabe] *nm* beetle
scarlatine [skaʀlatin] *nf* scarlet fever
scarole [skaʀɔl] *nf* endive
sceau, x [so] *nm* seal
sceller [sele] /1/ *vt* to seal
scénario [senaʀjo] *nm* scenario
scène [sɛn] *nf* (*gén*) scene; (*estrade, fig: théâtre*) stage; **entrer en ~** to come on stage; **mettre en ~** (*Théât*) to stage; (*Ciné*) to direct; **faire une ~ (à qn)** to make a scene (with sb); **~ de ménage** domestic fight *ou* scene
sceptique [sɛptik] *adj* sceptical
schéma [ʃema] *nm* (*diagramme*) diagram, sketch • **schématique** *adj* diagrammatic(al), schematic; (*fig*) oversimplified
sciatique [sjatik] *nf* sciatica
scie [si] *nf* saw
sciemment [sjamɑ̃] *adv* knowingly
science [sjɑ̃s] *nf* science; (*savoir*) knowledge; **~s humaines/ sociales** social sciences; **~s naturelles** (*Scol*) natural science *sg*, biology *sg*; **~s po** political science

ou studies *pl* • **science-fiction** *nf* science fiction • **scientifique** *adj* scientific ▶ *nm/f* scientist; (*étudiant*) science student

scier [sje] /7/ *vt* to saw; (*retrancher*) to saw off • **scierie** *nf* sawmill

scintiller [sɛ̃tije] /1/ *vi* to sparkle; (*étoile*) to twinkle

sciure [sjyʀ] *nf*: **~ (de bois)** sawdust

sclérose [skleʀoz] *nf*: **~ en plaques (SEP)** multiple sclerosis (MS)

scolaire [skɔlɛʀ] *adj* school *cpd* • **scolariser** /1/ *vt* to provide with schooling (*ou* schools) • **scolarité** *nf* schooling

scooter [skutœʀ] *nm* (motor) scooter

score [skɔʀ] *nm* score

scorpion [skɔʀpjɔ̃] *nm* (*signe*): **le S~** Scorpio

scotch [skɔtʃ] *nm* (*whisky*) scotch, whisky; **Scotch®** (*adhésif*) Sellotape® (BRIT), Scotch tape® (US) • **scotché, e** *adj* (*fam*): **il reste des heures scotché devant la télévision** he spends hours glued to the television; **je suis resté scotché** (*stupéfait*) I was flabbergasted

scout, e [skut] *adj, nm* scout

script [skʀipt] *nm* (*écriture*) printing; (*Ciné*) (shooting) script

scrupule [skʀypyl] *nm* scruple

scruter [skʀyte] /1/ *vt* to scrutinize; (*l'obscurité*) to peer into

scrutin [skʀytɛ̃] *nm* (*vote*) ballot; (*ensemble des opérations*) poll

sculpter [skylte] /1/ *vt* to sculpt; (*érosion*) to carve • **sculpteur** *nm* sculptor • **sculpture** *nf* sculpture

SDF *sigle m* (= *sans domicile fixe*) homeless person; **les ~** the homeless

se, s' [sə, s]

pron 1 (*emploi réfléchi*) oneself; (*: masc*) himself; (*: fém*) herself; (*: sujet non humain*) itself; (*: pl*) themselves; **se savonner** to soap o.s.

2 (*réciproque*) one another, eac[h] other; **ils s'aiment** they love one another *ou* each other

3 (*passif*) : **cela se répare facilement** it is easily repaired

4 (*possessif*) : **se casser la jambe/se laver les mains** to break one's leg/wash one's hands

séance [seɑ̃s] *nf* (*d'assemblée*) meeting, session; (*de tribunal*) sitting, session; (*musicale, Ciné Théât*) performance

seau, x [so] *nm* bucket, pail

sec, sèche [sɛk, sɛʃ] *adj* dry; (*raisins, figues*) dried; (*insensible cœur, personne*) hard, cold ▶ *nm* **tenir au ~** to keep in a dry plac[e] ▶ *adv* hard; **je le bois ~** I drink i[t] straight *ou* neat; **à ~** (*puits*) dried up

sécateur [sekatœʀ] *nm* secateurs *pl* (BRIT), shears *pl*

sèche [sɛʃ] *adj f voir* **sec** • **sèche-cheveux** *nm inv* hair-drier • **sèche-linge** *nm in[v]* tumble dryer • **sèchement** *a[dv]* (*répliquer etc*) drily

sécher [seʃe] /6/ *vt* to dry; (*dessécher: peau, blé*) to dry (ou[t]); (*: étang*) to dry up; (*fam: classe, cours*) to skip ▶ *vi* to dry; to dry out; to dry up; (*fam: candidat*) t[o] ɔe stumped; **se sécher** *vi* (*après le* ɔ*ain*) to dry o.s. • **sécheresse** *nf* dryness; (*absence de pluie*) drought • **séchoir** *nm* drier

ɛcond, e [səgɔ̃, -ɔ̃d] *adj* second ▸ *nm* (*assistant*) second in command; (*Navig*) first mate ▸ *nf* second; (*Scol*) ≈ year 11 (BRIT), ≈ tenth grade (US); (*Aviat, Rail etc*) second class; **voyager en ~e** to travel second-class • **secondaire** *adj* secondary • **seconder** /1/ *vt* to assist

ɛcouer [səkwe] /1/ *vt* to shake; *passagers*) to rock; (*traumatiser*) to shake (up)

ɛcourir [səkuʀiʀ] /11/ *vt* (*venir en aide à*) to assist, aid • **secourisme** *nm* first aid • **secouriste** *nm/f* first-aid worker

ɛcours *nm* help, aid, assistance ▸ *nmpl* aid *sg*; **au ~!** help!; **appeler au ~** to shout *ou* call for help; **porter ~ à qn** to give sb assistance, help sb; **les premiers ~** first aid *sg*

Emergency phone numbers can be dialled free from public phones. For the police ('la police') dial 17; for medical services ('le SAMU') dial 15; for the fire brigade ('les pompiers') dial 18.

ɛcousse [səkus] *nf* jolt, bump; *électrique*) shock; (*fig: psychologique*) jolt, shock

ɛcret, -ète [səkʀɛ, -ɛt] *adj* secret; (*fig: renfermé*) reticent, reserved ▸ *nm* secret; (*discrétion absolue*): **le ~** secrecy; **en ~** in secret, secretly; **~ professionnel** professional secrecy

ɛcrétaire [səkʀetɛʀ] *nm/f* secretary ▸ *nm* (*meuble*) writing desk; **~ de direction** private *ou* personal secretary; **~ d'État** ≈ junior minister • **secrétariat** *nm* (*profession*) secretarial work; (*bureau*) (secretary's) office; (*: d'organisation internationale*) secretariat

secteur [sɛktœʀ] *nm* sector; (*Admin*) district; (*Élec*): **branché sur le ~** plugged into the mains (supply)

section [sɛksjɔ̃] *nf* section; (*de parcours d'autobus*) fare stage; (*Mil: unité*) platoon • **sectionner** /1/ *vt* to sever

sécu [seky] *nf* = **sécurité sociale**

sécurité [sekyʀite] *nf* (*absence de troubles*) security; (*absence de danger*) safety; **système de ~** security (*ou* safety) system; **être en ~** to be safe; **la ~ routière** road safety; **la ~ sociale** ≈ (the) Social Security (BRIT), ≈ (the) Welfare (US)

sédentaire [sedɑ̃tɛʀ] *adj* sedentary

séduction [sedyksjɔ̃] *nf* seduction; (*charme, attrait*) appeal, charm

séduire [sedɥiʀ] /38/ *vt* to charm; (*femme: abuser de*) to seduce • **séduisant, e** *adj* (*femme*) seductive; (*homme, offre*) very attractive

ségrégation [segʀegasjɔ̃] *nf* segregation

seigle [sɛgl] *nm* rye

seigneur [sɛɲœʀ] *nm* lord

sein [sɛ̃] *nm* breast; (*entrailles*) womb; **au ~ de** (*équipe, institution*) within

séisme [seism] *nm* earthquake

seize [sɛz] *num* sixteen • **seizième** *num* sixteenth

S

séjour [seʒuR] *nm* stay; (*pièce*) living room • **séjourner** /1/ *vi* to stay

sel [sɛl] *nm* salt; (*fig: piquant*) spice

sélection [selɛksjɔ̃] *nf* selection • **sélectionner** /1/ *vt* to select

self [sɛlf] *nm* (*fam*) self-service

self-service [sɛlfsɛRvis] *adj* self-service ▶ *nm* self-service (restaurant)

selle [sɛl] *nf* saddle; **selles** *nfpl* (*Méd*) stools • **seller** /1/ *vt* to saddle

selon [səlɔ̃] *prép* according to; (*en se conformant à*) in accordance with; **~ moi** as I see it; **~ que** according to

semaine [səmɛn] *nf* week; **en ~** during the week, on weekdays

semblable [sɑ̃blabl] *adj* similar; (*de ce genre*): **de ~s mésaventures** such mishaps ▶ *nm* fellow creature *ou* man; **~ à** similar to, like

semblant [sɑ̃blɑ̃] *nm*: **un ~ de vérité** a semblance of truth; **faire ~ (de faire)** to pretend (to do)

sembler [sɑ̃ble] /1/ *vb copule* to seem ▶ *vb impers*: **il semble (bien) que/inutile de** it (really) seems *ou* appears that/useless to; **il me semble (bien) que** it (really) seems to me that; **comme bon lui semble** as he sees fit

semelle [səmɛl] *nf* sole; (*intérieure*) insole, inner sole

semer [səme] /5/ *vt* to sow; (*fig: éparpiller*) to scatter; (: *confusion*) to spread; (*fam: poursuivants*) to lose, shake off; **semé de** (*difficultés*) riddled with

semestre [səmɛstR] *nm* half-year; (*Scol*) semester

séminaire [seminɛR] *nm* seminar; **~ en ligne** webinar

semi-remorque [səmiRəmɔR *nm* articulated lorry (BRIT), semi(trailer) (US)

semoule [səmul] *nf* semolina

sénat [sena] *nm* senate • **sénateur** *nm* senator

Sénégal [senegal] *nm*: **le ~** Senegal

sens [sɑ̃s] *nm* (*Physiol*) sense; (*signification*) meaning, sense; (*direction*) direction; **à mon ~** to my mind; **dans le ~ des aiguille d'une montre** clockwise; **dans ~ contraire des aiguilles d'une montre** anticlockwise; **dans le mauvais ~** (*aller*) the wrong wa in the wrong direction; **bon ~** good sense; **~ dessus dessous** upside down; **~ interdit, ~ unique** one-way street

sensation [sɑ̃sasjɔ̃] *nf* sensatic **faire ~** to cause a sensation, create a stir; **à ~** (*péj*) sensationa • **sensationnel, le** *adj* sensational, fantastic

sensé, e [sɑ̃se] *adj* sensible

sensibiliser [sɑ̃sibilize] /1/ *vt*: **~ qn (à)** to make sb sensitive (to

sensibilité [sɑ̃sibilite] *nf* sensitivity

sensible [sɑ̃sibl] *adj* sensitive; (*aux sens*) perceptible; (*appréciab différence, progrès*) appreciable, noticeable; **~ à** sensitive to • **sensiblement** *adv* (*à peu près*): **ils ont sensiblement le même poids** they weigh approximatel the same • **sensiblerie** *nf* sentimentality

⚠ Attention à ne pas traduire *sensible* par le mot anglais *sensible*.

nsuel, le [sɑ̃sɥɛl] *adj* (*personne*) sensual; (*musique*) sensuous
ntence [sɑ̃tɑ̃s] *nf* (*Jur*) sentence
ntier [sɑ̃tje] *nm* path
ntiment [sɑ̃timɑ̃] *nm* feeling; **recevez mes ~s respectueux** (*personne nommée*) yours sincerely; (*personne non nommée*) yours faithfully • **sentimental, e, -aux** *adj* sentimental; (*vie, aventure*) love *cpd*
ntinelle [sɑ̃tinɛl] *nf* sentry
ntir [sɑ̃tiʀ] /16/ *vt* (*par l'odorat*) to smell; (*par le goût*) to taste; (*au toucher, fig*) to feel; (*répandre une odeur de*) to smell of; (*: ressemblance*) to smell like ▸ *vi* to smell; **~ mauvais** to smell bad; **se ~ bien** to feel good; **se ~ mal** (*être indisposé*) to feel unwell *ou* ill; **se ~ le courage/la force de faire** to feel brave/strong enough to do; **il ne peut pas le ~** (*fam*) he can't stand him; **je ne me sens pas bien** I don't feel well
paration [sepaʀasjɔ̃] *nf* separation; (*cloison*) division, partition
paré, e [sepaʀe] *adj* (*appartements, pouvoirs*) separate; (*époux*) separated • **séparément** *adv* separately
parer [sepaʀe] /1/ *vt* to separate; (*désunir*) to drive apart; (*détacher*): **~ qch de** to pull sth (off) from; **se séparer** *vi* (*époux*) to separate, part; (*prendre congé: amis etc*) to part; (*se diviser: route, tige etc*) to divide; **se ~ de** (*époux*) to separate *ou* part from; (*employé, objet personnel*) to part with
pt [sɛt] *num* seven • **septante** *num* (BELGIQUE, SUISSE) seventy
septembre [sɛptɑ̃bʀ] *nm* September
septicémie [sɛptisemi] *nf* blood poisoning, septicaemia
septième [sɛtjɛm] *num* seventh
séquelles [sekɛl] *nfpl* after-effects; (*fig*) aftermath *sg*
serbe [sɛʀb] *adj* Serbian
Serbie [sɛʀbi] *nf*: **la ~** Serbia
serein, e [səʀɛ̃, -ɛn] *adj* serene
sergent [sɛʀʒɑ̃] *nm* sergeant
série [seʀi] *nf* series *inv*; (*de clés, casseroles, outils*) set; (*catégorie: Sport*) rank; **en ~** in quick succession; (*Comm*) mass *cpd*; **de ~** (*voiture*) standard; **hors ~** (*Comm*) custom-built; **~ noire** (*crime*) thriller
sérieusement [seʀjøzmɑ̃] *adv* seriously
sérieux, -euse [seʀjø, -øz] *adj* serious; (*élève, employé*) reliable, responsible; (*client, maison*) reliable, dependable ▸ *nm* seriousness; (*d'une entreprise etc*) reliability; **garder son ~** to keep a straight face; **prendre qch/qn au ~** to take sth/sb seriously
serin [s(ə)ʀɛ̃] *nm* canary
seringue [s(ə)ʀɛ̃g] *nf* syringe
serment [sɛʀmɑ̃] *nm* (*juré*) oath; (*promesse*) pledge, vow
sermon [sɛʀmɔ̃] *nm* sermon
séropositif, -ive [seʀopozitif, -iv] *adj* HIV positive
serpent [sɛʀpɑ̃] *nm* snake • **serpenter** /1/ *vi* to wind
serpillière [sɛʀpijɛʀ] *nf* floorcloth
serre [sɛʀ] *nf* (*Agr*) greenhouse; **serres** *nfpl* (*griffes*) claws, talons
serré, e [seʀe] *adj* (*réseau*) dense; (*habits*) tight; (*fig: lutte, match*) tight, close-fought; (*passagers etc*)

S

(tightly) packed; **avoir le cœur ~** to have a heavy heart

serrer [sere] /1/ *vt* (*tenir*) to grip *ou* hold tight; (*comprimer, coincer*) to squeeze; (*poings, mâchoires*) to clench; (*vêtement*) to be too tight for; (*ceinture, nœud, frein, vis*) to tighten ▶ *vi*: **~ à droite** to keep to the right

serrure [seryr] *nf* lock
• **serrurier** *nm* locksmith

sers, sert [sɛr] *vb voir* **servir**

servante [sɛrvɑ̃t] *nf* (maid)servant

serveur, -euse [sɛrvœr, -øz] *nm/f* waiter (waitress)

serviable [sɛrvjabl] *adj* obliging, willing to help

service [sɛrvis] *nm* service; (*série de repas*): **premier ~** first sitting; (*assortiment de vaisselle*) set, service; (*bureau: de la vente etc*) department, section; **faire le ~** to serve; **rendre ~ à qn** to help sb; **rendre un ~ à qn** to do sb a favour; **être de ~** to be on duty; **être/mettre en ~** to be in/put into service *ou* operation; **~ compris/non compris** service included/not included; **hors ~** out of order; **~ après-vente** after-sales service; **~ militaire** military service; *see note* **"service militaire"**; **~ d'ordre** police (*ou* stewards) in charge of maintaining order; **~s secrets** secret service *sg*

Until 1997, French men over the age of 18 who were passed as fit, and who were not in full-time higher education, were required to do ten months' **service militaire**. Conscientious objectors were required to do two years' community service. Since 1997, military service has been suspended in France. However, all sixteen-year-olds, both male and female, are required to register for a compulsory one-day training course, the 'JDC' ('journée défense et citoyenneté'), which covers basic information on the principles and organization of defence in France, and also advises on career opportunities in the military and in the voluntary sector. Young people must attend the training day before their eighteenth birthday.

serviette [sɛrvjɛt] *nf* (*de table*) (table) napkin, serviette; (*de toilette*) towel; (*porte-documents*) briefcase; **~ hygiénique** sanita[ry] towel

servir [sɛrvir] /14/ *vt* to serve; (*au restaurant*) to wait on; (*au magasin*) to serve, attend to ▶ *vi* (*Tennis*) to serve; (*Cartes*) to deal **se servir** *vi* (*prendre d'un plat*) to help o.s.; **vous êtes servi?** are you being served?; **sers-toi!** hel[p] yourself!; **se ~ de** (*plat*) to help o[neself] to; (*voiture, outil, relations*) to use **~ à qn** (*diplôme, livre*) to be of use to sb; **~ à qch/à faire** (*outil etc*) [to] be used for sth/for doing; **ça ne sert à rien** it's no use; **~ (à qn) de ...** to serve as ... (for sb)

serviteur [sɛrvitœr] *nm* servant

ses [se] *adj poss voir* **son¹**

seuil [sœj] *nm* doorstep; (*fig*) threshold

seul, e [sœl] *adj* (*sans compagnie*) alone; (*unique*): **un ~ livre** only one book, a single book; **le ~ livre** the only book ▸ *adv* (*vivre*) alone, on one's own; **faire qch (tout) ~** to do sth (all) on one's own *ou* (all) by oneself ▸ *nm/f*: **il en reste un(e) ~(e)** there's only one left; **à lui (tout) ~** single-handed, on his own; **se sentir ~** to feel lonely; **parler tout ~** to talk to oneself • **seulement** *adv* only; **non seulement ... mais aussi** *ou* **encore** not only ... but also

ève [sɛv] *nf* sap

évère [sevɛʀ] *adj* severe

exe [sɛks] *nm* sex; (*organe mâle*) member • **sexuel, le** *adj* sexual

exto [sɛksto] *nm* sext; **envoyer un ~ à qn** to sext sb

hampooing [ʃɑ̃pwɛ̃] *nm* shampoo

hetland [ʃɛtlɑ̃d] *n*: **les îles ~** the Shetland Islands, Shetland

hopping [ʃɔpiŋ] *nm*: **faire du ~** to go shopping

hort [ʃɔʀt] *nm* (pair of) shorts *pl*

si [si]

▸ *adv* 1 (*oui*) yes; **"Paul n'est pas venu" — "si!"** "Paul hasn't come" — "Yes he has!"; **je vous assure que si** I assure you he did/she is *etc*

2 (*tellement*) so; **si gentil/rapidement** so kind/fast; **(tant et) si bien que** so much so that; **si rapide qu'il soit** however fast he may be

▸ *conj* if; **si tu veux** if you want; **je me demande si** I wonder if *ou* whether; **si seulement** if only

▸ *nm* (*Mus*) B; (: *en chantant la gamme*) ti

icile [sisil] *nf*: **la ~** Sicily

sida [sida] *nm* (= *syndrome immuno-déficitaire acquis*) AIDS *sg*

sidéré, e [sideʀe] *adj* staggered

sidérurgie [sideʀyʀʒi] *nf* steel industry

siècle [sjɛkl] *nm* century

siège [sjɛʒ] *nm* seat; (*d'entreprise*) head office; (*d'organisation*) headquarters *pl*; (*Mil*) siege; **~ social** registered office • **siéger** /3, 6/ *vi* to sit

sien, ne [sjɛ̃, sjɛn] *pron*: **le (la) ~(ne), les ~(ne)s** (*d'un homme*) his; (*d'une femme*) hers; (*d'une chose*) its

sieste [sjɛst] *nf* (afternoon) snooze *ou* nap; **faire la ~** to have a snooze *ou* nap

sifflement [sifləmɑ̃] *nm* whistle

siffler [sifle] /1/ *vi* (*gén*) to whistle; (*en respirant*) to wheeze; (*serpent, vapeur*) to hiss ▸ *vt* (*chanson*) to whistle; (*chien etc*) to whistle for; (*fille*) to whistle at; (*pièce, orateur*) to hiss, boo; (*fin du match, départ*) to blow one's whistle for; (*fam: verre, bouteille*) to guzzle

sifflet [siflɛ] *nm* whistle; **coup de ~** whistle

siffloter [siflɔte] /1/ *vi, vt* to whistle

sigle [sigl] *nm* acronym

signal, -aux [siɲal, -o] *nm* signal; (*indice, écriteau*) sign; **donner le ~ de** to give the signal for; **~ d'alarme** alarm signal • **signalement** *nm* description, particulars *pl*

signaler [siɲale] /1/ *vt* to indicate; (*vol, perte*) to report; (*personne, faire un signe*) to signal; **~ qch à qn/à qn que** to point out sth to sb/to sb that

signature [siɲatyʀ] *nf* signature; (*action*) signing

signe [siɲ] *nm* sign; (*Typo*) mark; **faire un ~ de la main/tête** to give a sign with one's hand/shake one's head; **faire ~ à qn** (*fig: contacter*) to get in touch with sb; **faire ~ à qn d'entrer** to motion (to) sb to come in • **signer** /1/ *vt* to sign; **se signer** *vi* to cross o.s.

significatif, -ive [siɲifikatif, -iv] *adj* significant

signification [siɲifikasjɔ̃] *nf* meaning

signifier [siɲifje] /7/ *vt* (*vouloir dire*) to mean; (*faire connaître*): **~ qch (à qn)** to make sth known (to sb)

silence [silɑ̃s] *nm* silence; (*Mus*) rest; **garder le ~ (sur qch)** to keep silent (about sth), say nothing (about sth) • **silencieux, -euse** *adj* quiet, silent ▸ *nm* silencer

silhouette [silwɛt] *nf* outline, silhouette; (*figure*) figure

sillage [sijaʒ] *nm* wake

sillon [sijɔ̃] *nm* furrow; (*de disque*) groove • **sillonner** /1/ *vt* to criss-cross

simagrées [simagʀe] *nfpl* fuss *sg*

similaire [similɛʀ] *adj* similar • **similicuir** *nm* imitation leather • **similitude** *nf* similarity

simple [sɛ̃pl] *adj* simple; (*non multiple*) single; **~ messieurs/dames** *nm* (*Tennis*) men's/ladies' singles *sg*; **~ d'esprit** *nm/f* simpleton; **~ soldat** private

simplicité [sɛ̃plisite] *nf* simplicity; **en toute ~** quite simply

simplifier [sɛ̃plifje] /7/ *vt* to simplify

simuler [simyle] /1/ *vt* to sham, simulate

simultané, e [simyltane] *adj* simultaneous

sincère [sɛ̃sɛʀ] *adj* sincere • **sincèrement** *adv* sincerely; genuinely • **sincérité** *nf* sincerit

Singapour [sɛ̃gapuʀ] *nm*: Singapore

singe [sɛ̃ʒ] *nm* monkey; (*de grand taille*) ape • **singer** /3/ *vt* to ape, mimic • **singeries** *nfpl* antics

singulariser [sɛ̃gylaʀize] /1/: **se singulariser** *vi* to call attentic to o.s.

singularité [sɛ̃gylaʀite] *nf* peculiarity

singulier, -ière [sɛ̃gylje, -jɛʀ] *adj* remarkable, singular ▸ *nm* singular

sinistre [sinistʀ] *adj* sinister ▸ *n* (*incendie*) blaze; (*catastrophe*) disaster; (*Assurances*) damage (*giving rise to a claim*) • **sinistré, e** *adj* disaster-stricken ▸ *nm/f* disaster victim

sinon [sinɔ̃] *conj* (*autrement, sans quoi*) otherwise, or else; (*sauf*) except, other than; (*si ce n'est*) if not

sinueux, -euse [sinɥø, -øz] *ad* winding

sinus [sinys] *nm* (*Anat*) sinus; (*Géom*) sine • **sinusite** *nf* sinusiti

sirène [siʀɛn] *nf* siren; **~ d'alarme** fire alarm; (*pendant la guerre*) air-raid siren

sirop [siʀo] *nm* (*à diluer: de fruit et* syrup; (*pharmaceutique*) syrup, mixture; **~ contre la toux** coug syrup *ou* mixture

siroter [siʀɔte] /1/ *vt* to sip

sismique [sismik] *adj* seismic

site [sit] *nm* (*paysage, environnement*) setting; (*d'une vill etc: emplacement*) site;

~ **(pittoresque)** beauty spot; **~s touristiques** places of interest; **~ web** (*Inform*) website

itôt [sito] *adv*: **~ parti** as soon as he *etc* had left; **pas de ~** not for a long time; **~ (après) que** as soon as

ituation [sitɥasjɔ̃] *nf* situation; (*d'un édifice, d'une ville*) position; location; **~ de famille** marital status

itué, e [sitɥe] *adj*: **bien ~** well situated

ituer [sitɥe] /1/ *vt* to site, situate; (*en pensée*) to set, place; **se situer** *vi*: **se ~ à/près de** to be situated at/near

x [sis] *num* six • **sixième** *num* sixth ▸ *nf* (*Scol*) year 7

kaï® [skaj] *nm* ≈ Leatherette®

kate [sket], **skate-board** [sketbɔʀd] *nm* (*sport*) skateboarding; (*planche*) skateboard

ki [ski] *nm* (*objet*) ski; (*sport*) skiing; **faire du ~** to ski; **~ de fond** cross-country skiing; **~ nautique** water-skiing; **~ de piste** downhill skiing; **~ de randonnée** cross-country skiing • **skier** /7/ *vi* to ski • **skieur, -euse** *nm/f* skier

lip [slip] *nm* (*sous-vêtement*) pants *pl* (BRIT), briefs *pl*; (*de bain*: *d'homme*) trunks *pl*; (: *du bikini*) (bikini) briefs *pl*

logan [slɔgɑ̃] *nm* slogan

lovaquie [slɔvaki] *nf*: **la ~** Slovakia

MIC *sigle m* = **salaire minimum interprofessionnel de croissance**

moking [smɔkiŋ] *nm* dinner *ou* evening suit

SMS *sigle m* (= *short message service*) (*service*) SMS; (*message*) text (message)

SNCF *sigle f* (= *Société nationale des chemins de fer français*) French railways

snob [snɔb] *adj* snobbish ▸ *nm/f* snob • **snobisme** *nm* snobbery, snobbishness

sobre [sɔbʀ] *adj* (*personne*) temperate, abstemious; (*élégance, style*) sober

sobriquet [sɔbʀikɛ] *nm* nickname

social, e, -aux [sɔsjal, -o] *adj* social

socialisme [sɔsjalism] *nm* socialism • **socialiste** *nm/f* socialist

société [sɔsjete] *nf* society; (*sportive*) club; (*Comm*) company; **la ~ d'abondance/de consommation** the affluent/consumer society; **~ anonyme** ≈ limited company (BRIT), ≈ incorporated company (US)

sociologie [sɔsjɔlɔʒi] *nf* sociology

socle [sɔkl] *nm* (*de colonne, statue*) plinth, pedestal; (*de lampe*) base

socquette [sɔkɛt] *nf* ankle sock

sœur [sœʀ] *nf* sister; (*religieuse*) nun, sister

soi [swa] *pron* oneself; **en ~** (*intrinsèquement*) in itself; **cela va de ~** that *ou* it goes without saying • **soi-disant** *adj inv* so-called ▸ *adv* supposedly

soie [swa] *nf* silk • **soierie** *nf* (*tissu*) silk

soif [swaf] *nf* thirst; **avoir ~** to be thirsty; **donner ~ à qn** to make sb thirsty

S

soigné, e [swaɲe] *adj (tenue)* well-groomed, neat; *(travail)* careful, meticulous

soigner [swaɲe] /1/ *vt (malade, maladie: docteur)* to treat; *(: infirmière, mère)* to nurse, look after; *(travail, détails)* to take care over; *(jardin, chevelure, invités)* to look after • **soigneux, -euse** *adj* tidy, neat; *(méticuleux)* painstaking, careful

soi-même [swamɛm] *pron* oneself

soin [swɛ̃] *nm (application)* care; *(propreté, ordre)* tidiness, neatness; **soins** *nmpl (à un malade, blessé)* treatment *sg*, medical attention *sg*; *(hygiène)* care *sg*; **avoir** *ou* **prendre ~ de** to take care of, look after; **avoir** *ou* **prendre ~ de faire** to take care to do; **les premiers ~s** first aid *sg*

soir [swaʀ] *nm* evening; **ce ~** this evening, tonight; **à ce ~!** see you this evening (*ou* tonight)!; **sept/dix heures du ~** seven in the evening/ten at night; **demain ~** tomorrow evening, tomorrow night • **soirée** *nf* evening; *(réception)* party

soit [swa] *vb voir* **être** ▸ *conj (à savoir)* namely; *(ou)*: **~ ... ~** either ... or ▸ *adv* so be it, very well; **~ que ... ~ que** *ou* **ou que** whether ... or whether

soixantaine [swasɑ̃tɛn] *nf*: **une ~ (de)** sixty or so, about sixty; **avoir la ~** *(âge)* to be around sixty

soixante [swasɑ̃t] *num* sixty • **soixante-dix** *num* seventy

soja [sɔʒa] *nm* soya; *(graines)* soya beans *pl*; **germes de ~** beansprouts

sol [sɔl] *nm* ground; *(de logement)* floor; *(Agr, Géo)* soil; *(Mus)* G; *(: en chantant la gamme)* so(h)

solaire [sɔlɛʀ] *adj (énergie etc)* solar; *(crème etc)* sun *cpd*

soldat [sɔlda] *nm* soldier

solde [sɔld] *nf* pay ▸ *nm (Comm)* balance; **soldes** *nmpl ou nfpl (Comm)* sales; **en ~** at sale price • **solder** /1/ *vt (marchandise)* to se at sale price, sell off

sole [sɔl] *nf* sole *inv (fish)*

soleil [sɔlɛj] *nm* sun; *(lumière)* sun(light); *(temps ensoleillé)* sun(shine); **il y a** *ou* **il fait du ~** it sunny; **au ~** in the sun

solennel, le [sɔlanɛl] *adj* solem

solfège [sɔlfɛʒ] *nm* rudiments *pl* of music

solidaire [sɔlidɛʀ] *adj*: **être ~s** *(personnes)* to show solidarity, stand *ou* stick together; **être ~ d** *(collègues)* to stand by • **solidarit** *nf* solidarity; **par solidarité (avec)** in sympathy (with)

solide [sɔlid] *adj* solid; *(mur, maison, meuble)* solid, sturdy; *(connaissances, argument)* sound; *(personne)* robust, sturdy ▸ *nm* solid

soliste [sɔlist] *nm/f* soloist

solitaire [sɔlitɛʀ] *adj (sans compagnie)* solitary, lonely; *(lieu)* lonely ▸ *nm/f (ermite)* recluse; *(fig ours)* loner

solitude [sɔlityd] *nf* loneliness; *(paix)* solitude

solliciter [sɔlisite] /1/ *vt (personne)* to appeal to; *(emploi, faveur)* to seek

sollicitude [sɔlisityd] *nf* concer

soluble [sɔlybl] *adj* soluble

solution [sɔlysjɔ̃] *nf* solution; **~ de facilité** easy way out

lvable [sɔlvabl] *adj* solvent
mbre [sɔ̃bʀ] *adj* dark; (*fig*) oomy • **sombrer** /1/ *vi* (*bateau*)) sink; **sombrer dans** (*misère, ésespoir*) to sink into
mmaire [sɔmɛʀ] *adj* (*simple*) asic; (*expéditif*) summary ▶ *nm* ummary
mme [sɔm] *nf* (*Math*) sum; (*fig*) mount; (*argent*) sum, amount *nm*: **faire un ~** to have a (short) ap; **en ~, ~ toute** all in all
mmeil [sɔmɛj] *nm* sleep; **avoir** to be sleepy • **sommeiller** /1/ *vi*) doze
mmet [sɔmɛ] *nm* top; (*d'une ontagne*) summit, top; (*fig: de la erfection, gloire*) height; **tteindre des ~s** (*élégance*) to each new heights; (*bêtise, goïsme*) to reach new depths
mmier [sɔmje] *nm* bed base
mnambule [sɔmnɑ̃byl] *nm/f* eepwalker
mnifère [sɔmnifɛʀ] *nm* eeping drug; sleeping pill *ou* ablet
mnoler [sɔmnɔle] /1/ *vi* to oze
mptueux, -euse [sɔ̃ptɥø, øz] *adj* sumptuous
n¹, sa (*pl* **ses**) [sɔ̃, sa, se] *adj poss ntécédent humain: mâle*) his; *femelle*) her; (*: valeur indéfinie*) ne's, his (her); (*: non humain*) its
n² [sɔ̃] *nm* sound; (*de blé etc*) ran
ndage [sɔ̃daʒ] *nm*: **(d'opinion)** (opinion) poll
nde [sɔ̃d] *nf* (*Navig*) lead *ou* ounding line; (*Méd*) probe; (*Tech*: *e forage, sondage*) drill
nder [sɔ̃de] /1/ *vt* (*Navig*) to ound; (*Tech*) to bore, drill; (*fig*: *personne*) to sound out; **~ le terrain** (*fig*) to see how the land lies
songe [sɔ̃ʒ] *nm* dream • **songer** /3/ *vi*: **songer à** (*rêver à*) to think over; (*envisager*) to contemplate, think of; **songer que** to think that • **songeur, -euse** *adj* pensive
sonnant, e [sɔnɑ̃, -ɑ̃t] *adj*: **à huit heures ~es** on the stroke of eight
sonné, e [sɔne] *adj* (*fam*) cracked; **il est midi ~** it's gone twelve
sonner [sɔne] /1/ *vi* to ring ▶ *vt* (*cloche*) to ring; (*glas, tocsin*) to sound; (*portier, infirmière*) to ring for; **~ faux** (*instrument*) to sound out of tune; (*rire*) to ring false
sonnerie [sɔnʀi] *nf* (*son*) ringing; (*sonnette*) bell; (*de portable*) ringtone; **~ d'alarme** alarm bell
sonnette [sɔnɛt] *nf* bell; **~ d'alarme** alarm bell
sonore [sɔnɔʀ] *adj* (*voix*) sonorous, ringing; (*salle, métal*) resonant; (*ondes, film, signal*) sound *cpd* • **sonorisation** *nf* (*équipement: de salle de conférences*) public address system, P.A. system; (*: de discothèque*) sound system • **sonorité** *nf* (*de piano, violon*) tone; (*d'une salle*) acoustics *pl*
sophistiqué, e [sɔfistike] *adj* sophisticated
sorbet [sɔʀbɛ] *nm* water ice, sorbet
sorcier, -ière [sɔʀsje, -jɛʀ] *nm/f* sorcerer (witch *ou* sorceress)
sordide [sɔʀdid] *adj* (*lieu*) squalid; (*action*) sordid
sort [sɔʀ] *nm* (*fortune, destinée*) fate; (*condition, situation*) lot; (*magique*): **jeter un ~** to cast a spell; **tirer au ~** to draw lots

sorte [sɔʀt] *nf* sort, kind; **de la ~** in that way; **en quelque ~** in a way; **de (telle) ~ que** so that; **faire en ~ que** to see to it that
sortie [sɔʀti] *nf* (*issue*) way out, exit; (*verbale*) sally; (*promenade*) outing; (*le soir, au restaurant etc*) night out; (*Comm: d'un disque*) release; (*: d'un livre*) publication; (*: d'un modèle*) launching; **~ de bain** (*vêtement*) bathrobe; **~ de secours** emergency exit
sortilège [sɔʀtilɛʒ] *nm* (magic) spell
sortir [sɔʀtiʀ] /16/ *vi* (*gén*) to come out; (*partir, se promener, aller au spectacle etc*) to go out; (*bourgeon, plante, numéro gagnant*) to come up ▸ *vt* (*gén*) to take out; (*produit, ouvrage, modèle*) to bring out; (*fam: dire*) to come out with; **~ avec qn** to be going out with sb; **~ de** (*endroit*) to go (*ou* come) out of, leave; (*cadre, compétence*) to be outside; (*provenir de*) to come from; **s'en ~** (*malade*) to pull through; (*d'une difficulté etc*) to get through
sosie [sɔzi] *nm* double
sot, sotte [so, sɔt] *adj* silly, foolish ▸ *nm/f* fool • **sottise** *nf* silliness *no pl*, foolishness *no pl*; (*propos, acte*) silly *ou* foolish thing (to do *ou* say)
sou [su] *nm*: **près de ses ~s** tight-fisted; **sans le ~** penniless
soubresaut [subʀəso] *nm* start; (*cahot*) jolt
souche [suʃ] *nf* (*d'arbre*) stump; (*de carnet*) counterfoil (BRIT), stub
souci [susi] *nm* (*inquiétude*) worry; (*préoccupation*) concern; (*Bot*) marigold; **se faire du ~** to worry • **soucier** /7/: **se soucier de** *vt* to care about • **soucieux, -eus**[e] *adj* concerned, worried
soucoupe [sukup] *nf* saucer; **~ volante** flying saucer
soudain, e [sudɛ̃, -ɛn] *adj* (*douleur, mort*) sudden ▸ *adv* suddenly, all of a sudden
Soudan [sudɑ̃] *nm*: **le ~** Sudan
soude [sud] *nf* soda
souder [sude] /1/ *vt* (*avec fil à souder*) to solder; (*par soudure autogène*) to weld; (*fig*) to bind o[r] knit together
soudure [sudyʀ] *nf* soldering; welding; (*joint*) soldered joint; weld
souffle [sufl] *nm* (*en expirant*) breath; (*en soufflant*) puff, blow; (*respiration*) breathing; (*d'explos*[ion,] *de ventilateur*) blast; (*du vent*) blowing; **être à bout de ~** to b[e] out of breath; **un ~ d'air** *ou* **de vent** a breath of air
soufflé, e [sufle] *adj* (*fam: ahur*[i,] *stupéfié*) staggered ▸ *nm* (*Culin*) soufflé
souffler [sufle] /1/ *vi* (*gén*) to blow; (*haleter*) to puff (and blow) ▸ *vt* (*feu, bougie*) to blow out; (*chasser: poussière etc*) to blow away; (*Tech: verre*) to blow; (*dire*[:] **~ qch à qn** to whisper sth to sb
souffrance [sufʀɑ̃s] *nf* sufferi[ng]; **en ~** (*affaire*) pending
souffrant, e [sufʀɑ̃, -ɑ̃t] *adj* unwell
souffre-douleur [sufʀədulœ[ʀ]] *nm inv* butt, underdog
souffrir [sufʀiʀ] /18/ *vi* to suff[er]; (*éprouver des douleurs*) to be in pa[in] ▸ *vt* to suffer, endure; (*supporter*) to bear, stand; **~ de** (*maladie, fr*[oid]) to suffer from; **elle ne peut pa**[s] **le ~** she can't stand *ou* bear him

ufre [sufʀ] *nm* sulphur
uhait [swɛ] *nm* wish; **tous nos s pour la nouvelle année** (our) est wishes for the New Year
souhaitable *adj* desirable
uhaiter [swete] /1/ *vt* to wish or; **~ la bonne année à qn** to wish sb a happy New Year; **~ que** o hope that
ûl, e [su, sul] *adj* drunk ▶ *nm*: **out son ~** to one's heart's ontent
ulagement [sulaʒmɑ̃] *nm* elief
ulager [sulaʒe] /3/ *vt* to relieve
ûler [sule] /1/ *vt*: **~ qn** to get sb runk; (*boisson*) to make sb drunk; ig) to make sb's head spin *ou* reel; **e soûler** *vi* to get drunk
ulever [sulve] /5/ *vt* to lift; *agues, poussière*) to send up; *nthousiasme*) to arouse; *uestion, débat, protestations, fficultés*) to raise; **se soulever** *vi* *euple*) to rise up; (*personne ouchée*) to lift o.s. up
ulier [sulje] *nm* shoe
uligner [suliɲe] /1/ *vt* to nderline; (*fig*) to emphasize, tress
umettre [sumɛtʀ] /56/ *vt* *ays*) to subject, subjugate; *ebelles*) to put down, subdue; **qch à qn** (*projet etc*) to submit h to sb; **se ~ (à)** to submit (to)
umis, e [sumi, -iz] *adj* ubmissive • **soumission** *nf* ubmission
upçon [supsɔ̃] *nm* suspicion; *etite quantité*): **un ~ de** a hint *ou* ouch of • **soupçonner** /1/ *vt* to uspect • **soupçonneux, -euse** *dj* suspicious
upe [sup] *nf* soup

souper [supe] /1/ *vi* to have supper ▶ *nm* supper
soupeser [supəze] /5/ *vt* to weigh in one's hand(s); (*fig*) to weigh up
soupière [supjɛʀ] *nf* (soup) tureen
soupir [supiʀ] *nm* sigh; **pousser un ~ de soulagement** to heave a sigh of relief
soupirer [supiʀe] /1/ *vi* to sigh
souple [supl] *adj* supple; (*fig: règlement, caractère*) flexible; (*: démarche, taille*) lithe, supple • **souplesse** *nf* suppleness; (*de caractère*) flexibility
source [suʀs] *nf* (*point d'eau*) spring; (*d'un cours d'eau, fig*) source; **tenir qch de bonne ~/de ~ sûre** to have sth on good authority/from a reliable source
sourcil [suʀsij] *nm* (eye)brow • **sourciller** /1/ *vi*: **sans sourciller** without turning a hair *ou* batting an eyelid
sourd, e [suʀ, suʀd] *adj* deaf; (*bruit, voix*) muffled; (*douleur*) dull ▶ *nm/f* deaf person; **faire la ~e oreille** to turn a deaf ear • **sourdine** *nf* (*Mus*) mute; **en sourdine** softly, quietly • **sourd-muet, sourde-muette** *adj* with a speech and hearing impairment
souriant, e [suʀjɑ̃, -ɑ̃t] *adj* cheerful
sourire [suʀiʀ] /36/ *nm* smile ▶ *vi* to smile; **~ à qn** to smile at sb; (*fig: plaire à*) to appeal to sb; (*chance*) to smile on sb; **garder le ~** to keep smiling
souris [suʀi] *nf* mouse
sournois, e [suʀnwa, -waz] *adj* deceitful, underhand

S

sous [su] *prép* under; **~ la pluie/le soleil** in the rain/sunshine; **~ terre** underground; **~ peu** shortly, before long • **sous-bois** *nm inv* undergrowth

souscrire [suskʀiʀ] /39/: **~ à** *vt* to subscribe to

sous: • sous-directeur, -trice *nm/f* assistant manager/ manageress • **sous-effectif** *nm* understaffing; **être en sous-effectif** to be understaffed • **sous-entendre** /41/ *vt* to imply, infer • **sous-entendu, e** *adj* implied ▶ *nm* innuendo, insinuation • **sous-estimer** /1/ *vt* to underestimate • **sous-jacent, e** *adj* underlying • **sous-louer** /1/ *vt* to sublet • **sous-marin, e** *adj* (*flore, volcan*) submarine; (*navigation, pêche, explosif*) underwater ▶ *nm* submarine • **sous-pull** *nm* thin poloneck sweater • **soussigné, e** *adj*: **je soussigné** I the undersigned • **sous-sol** *nm* basement • **sous-titre** [sutitʀ] *nm* subtitle

soustraction [sustʀaksjɔ̃] *nf* subtraction

soustraire [sustʀɛʀ] /50/ *vt* to subtract, take away; (*dérober*): **~ qch à qn** to remove sth from sb; **se ~ à** (*autorité, obligation, devoir*) to elude, escape from

sous: • sous-traitant *nm* subcontractor • **sous-traiter** /1/ *vt, vi* to subcontract • **sous-vêtement** *nm* item of underwear; **sous-vêtements** *nmpl* underwear *sg*

soutane [sutan] *nf* cassock, soutane

soute [sut] *nf* hold

soutenir [sutniʀ] /22/ *vt* to support; (*assaut, choc, regard*) to stand up to, withstand; (*intérêt, effort*) to keep up; (*assurer*): **~ qu** to maintain that • **soutenu, e** (*efforts*) sustained, unflagging; (*style*) elevated

souterrain, e [sutɛʀɛ̃, -ɛn] *ad* underground ▶ *nm* undergroun passage

soutien [sutjɛ̃] *nm* support • **soutien-gorge** *nm* bra

soutirer [sutiʀe] /1/ *vt*: **~ qch à qn** to squeeze *ou* get sth out of

souvenir [suvniʀ] /22/ *nm* (*réminiscence*) memory; (*cadeau*) souvenir ▶ *vb*: **se ~ de** to remember; **se ~ que** to remem that; **en ~ de** in memory *ou* remembrance of; **avec mes affectueux/meilleurs ~s, ...** with love from, .../regards, ...

souvent [suvɑ̃] *adv* often; **peu ~** seldom, infrequently

souverain, e [suvʀɛ̃, -ɛn] *nm/* sovereign, monarch

soyeux, -euse [swajø, -øz] *ad* silky

spacieux, -euse [spasjø, -øz] *adj* spacious; roomy

spaghettis [spageti] *nmpl* spaghetti *sg*

sparadrap [spaʀadʀa] *nm* adhesive *ou* sticking (BRIT) plas bandaid® (US)

spatial, e, -aux [spasjal, -o] *a* (*Aviat*) space *cpd*

speaker, ine [spikœʀ, -kʀin] *nm/f* announcer

spécial, e, -aux [spesjal, -o] *a* special; (*bizarre*) peculiar • **spécialement** *adv* especially, particularly; (*tout exprès*) specia • **spécialiser** /1/: **se spécialise** *vi* to specialize • **spécialiste** *nn* specialist • **spécialité** *nf* speciality; (*Scol*) special field

écifier [spesifje] /7/ *vt* to pecify, state
écimen [spesimɛn] *nm* pecimen
ectacle [spɛktakl] *nm* (*tableau, cène*) sight; (*représentation*) show; *industrie*) show business
• **spectaculaire** *adj* spectacular
ectateur, -trice [spɛktatœʀ, tʀis] *nm/f* (*Ciné etc*) member of he audience; (*Sport*) spectator; *d'un événement*) onlooker, witness
éculer [spekyle] /1/ *vi* to peculate
éléologie [speleɔlɔʒi] *nf* otholing
erme [spɛʀm] *nm* semen, perm
hère [sfɛʀ] *nf* sphere
irale [spiʀal] *nf* spiral
irituel, le [spiʀitɥɛl] *adj* piritual; (*fin, piquant*) witty
lendide [splɑ̃did] *adj* splendid
ontané, e [spɔ̃tane] *adj* pontaneous • **spontanéité** *nf* pontaneity
ort [spɔʀ] *nm* sport ▶ *adj inv* *vêtement*) casual; **faire du ~** to do port; **~s d'hiver** winter sports
• **sportif, -ive** *adj* (*journal, ssociation, épreuve*) sports *cpd*; *allure, démarche*) athletic; *attitude, esprit*) sporting
ot [spɔt] *nm* (*lampe*) spot(light); *annonce*): **~ (publicitaire)** ommercial (break)
uare [skwaʀ] *nm* public arden(s)
uelette [skəlɛt] *nm* skeleton • **squelettique** *adj* scrawny
RAS *sigle m* (= *syndrome espiratoire aigu sévère*) SARS
i Lanka [sʀilɑ̃ka] *nm*: **le ~** ri Lanka

stabiliser [stabilize] /1/ *vt* to stabilize
stable [stabl] *adj* stable, steady
stade [stad] *nm* (*Sport*) stadium; (*phase, niveau*) stage
stage [staʒ] *nm* (*cours*) training course; **~ de formation (professionnelle)** vocational (training) course; **~ de perfectionnement** advanced training course • **stagiaire** [staʒjɛʀ] *nm/f, adj* trainee

> ⚠ Attention à ne pas traduire *stage* par le mot anglais *stage*.

stagner [stagne] /1/ *vi* to stagnate
stand [stɑ̃d] *nm* (*d'exposition*) stand; (*de foire*) stall; **~ de tir** (*à la foire, Sport*) shooting range
standard [stɑ̃daʀ] *adj inv* standard ▶ *nm* switchboard • **standardiste** *nm/f* switchboard operator
standing [stɑ̃diŋ] *nm* standing; **de grand ~** luxury
starter [staʀtɛʀ] *nm* (*Auto*) choke
station [stasjɔ̃] *nf* station; (*de bus*) stop; (*de villégiature*) resort; **~ de ski** ski resort; **~ de taxis** taxi rank (BRIT) *ou* stand (US)
• **stationnement** *nm* parking
• **stationner** /1/ *vi* to park
• **station-service** *nf* service station
statistique [statistik] *nf* (*science*) statistics *sg*; (*rapport, étude*) statistic ▶ *adj* statistical
statue [staty] *nf* statue
statu quo [statykwo] *nm* status quo
statut [staty] *nm* status; **statuts** *nmpl* (*Jur, Admin*) statutes
• **statutaire** *adj* statutory

Sté *abr (= société)* soc
steak [stɛk] *nm* steak; **~ haché** hamburger
sténo [stenɔ] *nf (aussi:* **~graphie**) shorthand
stérile [steʀil] *adj* sterile
stérilet [steʀilɛ] *nm* coil, loop
stériliser [steʀilize] /1/ *vt* to sterilize
stimulant, e [stimylɑ̃, -ɑ̃t] *adj* stimulating ▸*nm (Méd)* stimulant; *(fig)* stimulus, incentive
stimuler [stimyle] /1/ *vt* to stimulate
stipuler [stipyle] /1/ *vt* to stipulate
stock [stɔk] *nm* stock • **stocker** /1/ *vt* to stock
stop [stɔp] *nm (Auto: écriteau)* stop sign; *(: signal)* brake-light; **faire du ~** *(fam)* to hitch(hike) • **stopper** /1/ *vt* to stop ▸*vi* to stop, halt
store [stɔʀ] *nm* blind; *(de magasin)* shade, awning
strabisme [stʀabism] *nm* squint(ing)
strapontin [stʀapɔ̃tɛ̃] *nm* jump *ou* foldaway seat
stratégie [stʀateʒi] *nf* strategy • **stratégique** *adj* strategic
stress [stʀɛs] *nm inv* stress • **stressant, e** *adj* stressful • **stresser** /1/ *vt* to stress (out)
strict, e [stʀikt] *adj* strict; *(tenue, décor)* severe, plain; **le ~ nécessaire/minimum** the bare essentials/minimum
strident, e [stʀidɑ̃, -ɑ̃t] *adj* shrill, strident
strophe [stʀɔf] *nf* verse, stanza
structure [stʀyktyʀ] *nf* structure; **~s d'accueil/touristiques** reception/tourist facilities
studieux, -euse [stydjø, -øz] *a*… studious
studio [stydjo] *nm (logement)* studio flat (BRIT) *ou* apartment (US); *(d'artiste, TV etc)* studio
stupéfait, e [stypefɛ, -ɛt] *adj* astonished
stupéfiant, e [stypefjɑ̃, -ɑ̃t] *a*… *(étonnant)* stunning, astonishin… ▸*nm (Méd)* drug, narcotic
stupéfier [stypefje] /7/ *vt* *(étonner)* to stun, astonish
stupeur [stypœʀ] *nf* astonishment
stupide [stypid] *adj* stupid • **stupidité** *nf* stupidity *no pl*; *(parole, acte)* stupid thing (to say *ou* do)
style [stil] *nm* style
stylé, e [stile] *adj* well-trained
styliste [stilist] *nm/f* designer
stylo [stilo] *nm*: **~ (à encre)** (fountain) pen; **~ (à) bille** ballpoint pen
su, e [sy] *pp de* **savoir** ▸*nm*: **au … de** with the knowledge of
suave [sɥav] *adj* sweet
subalterne [sybaltɛʀn] *adj* *(employé, officier)* junior; *(rôle)* subordinate, subsidiary ▸*nm/f* subordinate
subconscient [sypkɔ̃sjɑ̃] *nm* subconscious
subir [sybiʀ] /2/ *vt (affront, dég*… *mauvais traitements)* to suffer; *(traitement, opération, châtiment)* undergo
subit, e [sybi, -it] *adj* sudden • **subitement** *adv* suddenly, all a sudden
subjectif, -ive [sybʒɛktif, -iv] *adj* subjective

ubjonctif [sybʒɔ̃ktif] *nm* subjunctive
ubjuguer [sybʒyge] /1/ *vt* to subjugate
ubmerger [sybmɛʀʒe] /3/ *vt* to submerge; (*fig*) to overwhelm
ubordonné, e [sybɔʀdɔne] *adj, nm/f* subordinate
ubrepticement [sybʀɛptismɑ̃] *adv* surreptitiously
ubside [sypsid] *nm* grant
ubsidiaire [sypsidjɛʀ] *adj*: **question ~** deciding question
ubsister [sybziste] /1/ *vi* (*rester*) to remain, subsist; (*survivre*) to live on
ubstance [sypstɑ̃s] *nf* substance
ubstituer [sypstitɥe] /1/ *vt*: **~ qn/qch à** to substitute sb/sth for; **se ~ à qn** (*évincer*) to substitute o.s. for sb
ubstitut [sypstity] *nm* (*succédané*) substitute
ubterfuge [syptɛʀfyʒ] *nm* subterfuge
ubtil, e [syptil] *adj* subtle
ubvenir [sybvəniʀ] /22/: **~ à** *vt* to meet
ubvention [sybvɑ̃sjɔ̃] *nf* subsidy, grant • **subventionner** /1/ *vt* to subsidize
uc [syk] *nm* (*Bot*) sap; (*de viande, fruit*) juice
uccéder [syksede] /6/: **~ à** *vt* to succeed; **se succéder** *vi* (*accidents, années*) to follow one another
uccès [syksɛ] *nm* success; **avoir du ~** to be a success, be successful; **à ~** successful; **~ de librairie** bestseller
uccesseur [syksesœʀ] *nm* successor
successif, -ive [syksesif, -iv] *adj* successive
succession [syksesjɔ̃] *nf* (*série, Pol*) succession; (*Jur: patrimoine*) estate, inheritance
succomber [sykɔ̃be] /1/ *vi* to die, succumb; (*fig*): **~ à** to succumb to
succulent, e [sykylɑ̃, -ɑ̃t] *adj* delicious
succursale [sykyʀsal] *nf* branch
sucer [syse] /3/ *vt* to suck
• **sucette** *nf* (*bonbon*) lollipop; (*de bébé*) dummy (BRIT), pacifier (US)
sucre [sykʀ] *nm* (*substance*) sugar; (*morceau*) lump of sugar, sugar lump *ou* cube; **~ en morceaux/cristallisé/en poudre** lump *ou* cube/granulated/caster sugar; **~ glace** icing sugar (BRIT), confectioner's sugar (US); **~ d'orge** barley sugar • **sucré, e** *adj* (*produit alimentaire*) sweetened; (*au goût*) sweet • **sucrer** /1/ *vt* (*thé, café*) to sweeten, put sugar in • **sucrerie** *nf* sugar refinery; **sucreries** *nfpl* (*bonbons*) sweets, sweet things
• **sucrier** *nm* (*récipient*) sugar bowl *ou* basin
sud [syd] *nm*: **le ~** the south ▶ *adj inv* south; (*côte*) south, southern; **au ~** (*situation*) in the south; (*direction*) to the south; **au ~ de** (to the) south of • **sud-africain, e** *adj* South African ▶ *nm/f*: **Sud-Africain, e** South African
• **sud-américain, e** *adj* South American ▶ *nm/f*: **Sud-Américain, e** South American
• **sud-est** *nm, adj inv* south-east
• **sud-ouest** *nm, adj inv* south-west
Suède [sɥɛd] *nf*: **la ~** Sweden
• **suédois, e** *adj* Swedish ▶ *nm* (*Ling*) Swedish ▶ *nm/f*: **Suédois, e** Swede

S

suer [sɥe] /1/ *vi* to sweat; (*suinter*) to ooze • **sueur** *nf* sweat; **en sueur** sweating, in a sweat; **avoir des sueurs froides** to be in a cold sweat

suffire [syfiʀ] /37/ *vi* (*être assez*): **~ (à qn/pour qch/pour faire)** to be enough *ou* sufficient (for sb/for sth/to do); **il suffit d'une négligence/qu'on oublie pour que ...** it only takes one act of carelessness/one only needs to forget for ...; **ça suffit!** that's enough!

suffisamment [syfizamɑ̃] *adv* sufficiently, enough; **~ de** sufficient, enough

suffisant, e [syfizɑ̃, -ɑ̃t] *adj* sufficient; (*résultats*) satisfactory; (*vaniteux*) self-important, bumptious

suffixe [syfiks] *nm* suffix

suffoquer [syfɔke] /1/ *vt* to choke, suffocate; (*stupéfier*) to stagger, astound ▸ *vi* to choke, suffocate

suffrage [syfʀaʒ] *nm* (*Pol*: *voix*) vote

suggérer [sygʒeʀe] /6/ *vt* to suggest • **suggestion** *nf* suggestion

suicide [sɥisid] *nm* suicide • **suicider** /1/: **se suicider** *vi* to commit suicide

suie [sɥi] *nf* soot

suisse [sɥis] *adj* Swiss ▸ *nm/f*: **S~** Swiss *inv* ▸ *nf*: **la S~** Switzerland; **la S~ romande/allemande** French-speaking/German-speaking Switzerland

suite [sɥit] *nf* (*continuation*: *d'énumération etc*) rest, remainder; (: *de feuilleton*) continuation; (: *second film etc sur le même thème*) sequel; (*série*) series, succession; (*conséquence*) result; (*ordre, liaison logique*) coherence; (*appartement, Mus*) suite; (*escorte*) retinue, suite; **suites** *nfpl* (*d'une maladie etc*) effects; **une ~ de** a series *ou* succession of; **prendre la ~ de** (*directeur etc*) to succeed, take over from; **donner ~ à** (*requête, projet*) to follow up; **faire ~ à** to follow; **(faisant) ~ à votre lettre du** further to your letter of the; **de ~** (*d'affilée*) in succession; (*immédiatement*) at once; **par la ~** afterwards, subsequently; **à la ~** one after the other; **à la ~ de** (*derrière*) behind; (*en conséquence de*) following

suivant, e [sɥivɑ̃, -ɑ̃t] *adj* next, following ▸ *prép* (*selon*) according to; **au ~!** next!

suivi, e [sɥivi] *adj* (*effort, qualité*) consistent; (*cohérent*) coherent; **très/peu ~** (*cours*) well-/poorly-attended

suivre [sɥivʀ] /40/ *vt* (*gén*) to follow; (*Scol*: *cours*) to attend; (: *programme*) to keep up with; (*Comm*: *article*) to continue to stock ▸ *vi* to follow; (*élève*: *assimiler le programme*) to keep up; **se suivre** *vi* (*accidents, personnes, voitures etc*) to follow one after the other; **faire ~** (*lettre*) to forward; **"à ~"** "to be continued"

sujet, te [syʒɛ, -ɛt] *adj*: **être ~ à** (*vertige etc*) to be liable *ou* subject to ▸ *nm/f* (*d'un souverain*) subject ▸ *nm* subject; **au ~ de** about; **~ de conversation** topic *ou* subject of conversation; **~ d'examen** (*Scol*) examination question

super [sypɛʀ] *adj inv* great, fantastic

perbe [sypɛʀb] *adj*
agnificent, superb
perficie [sypɛʀfisi] *nf*
urface) area
perficiel, le [sypɛʀfisjɛl] *adj*
iperficial
perflu, e [sypɛʀfly] *adj*
iperfluous
périeur, e [sypeʀjœʀ] *adj*
èvre, étages, classes) upper; **~ (à)**
lus élevé: température, niveau)
igher (than); (*meilleur: qualité,*
oduit) superior (to); (*excellent,*
iutain) superior ▶ *nm/f* superior
supériorité *nf* superiority
permarché [sypɛʀmaʀʃe] *nm*
ipermarket
perposer [sypɛʀpoze] /1/ *vt*
aire chevaucher) to superimpose;
ts superposés bunk beds
perpuissance [sypɛʀpɥisɑ̃s]
f superpower
perstitieux, -euse
ypɛʀstisjø, -øz] *adj*
iperstitious
perviser [sypɛʀvize] /1/ *vt* to
ipervise
pplanter [syplɑ̃te] /1/ *vt* to
ipplant
ppléant, e [sypleɑ̃, -ɑ̃t] *adj*
ige, fonctionnaire) deputy *cpd*;
rofesseur) supply *cpd* (BRIT),
ibstitute *cpd* (US) ▶ *nm/f*
rofesseur) supply *ou* substitute
eacher
ppléer [syplee] /1/ *vt* (*ajouter:*
ot manquant etc) to supply,
rovide; (*compenser: lacune*) to fill
; **~ à** to make up for
pplément [syplemɑ̃] *nm*
ipplement; **un ~ de travail**
xtra *ou* additional work; **un ~ de**
ites *etc* an extra portion of chips
c; **le vin est en ~** wine is extra;
payer un ~ to pay an additional
charge • **supplémentaire** *adj*
additional, further; (*train, bus*)
relief *cpd*, extra
supplication [syplikasjɔ̃] *nf*
supplication; **supplications** *nfpl*
pleas, entreaties
supplice [syplis] *nm* torture *no pl*
supplier [syplije] /7/ *vt* to
implore, beseech
support [sypɔʀ] *nm* support;
~ audio-visuel audio-visual aid;
~ publicitaire advertising
medium
supportable [sypɔʀtabl] *adj*
(*douleur, température*) bearable
supporter[1] [sypɔʀtɛʀ] *nm*
supporter, fan
supporter[2] [sypɔʀte] *vt*
(*conséquences, épreuve*) to bear,
endure; (*défauts, personne*) to
tolerate, put up with; (*chose,*
chaleur etc) to withstand;
(*personne, chaleur, vin*) to take

> ⚠ Attention à ne pas traduire *supporter* par *to support*.

supposer [sypoze] /1/ *vt* to
suppose; (*impliquer*) to
presuppose; **en supposant** *ou* **à**
~ que supposing (that)
suppositoire [sypozitwaʀ] *nm*
suppository
suppression [sypʀesjɔ̃] *nf* (*voir*
supprimer) removal; deletion;
cancellation
supprimer [sypʀime] /1/ *vt*
(*cloison, cause, anxiété*) to remove;
(*clause, mot*) to delete; (*congés,*
service d'autobus etc) to cancel;
(*emplois, privilèges, témoin gênant*)
to do away with
suprême [sypʀɛm] *adj* supreme

S

sur [syʀ]

prép **1** (*position*) on; (: *par-dessus*) over; (: *au-dessus*) above; **pose-le sur la table** put it on the table; **je n'ai pas d'argent sur moi** I haven't any money on me
2 (*direction*) towards; **en allant sur Paris** going towards Paris; **sur votre droite** on *ou* to your right
3 (*à propos de*) on, about; **un livre/une conférence sur Balzac** a book/lecture on *ou* about Balzac
4 (*proportion, mesures*) out of; **un sur 10** one in 10; (*Scol*) one out of 10; **4 m sur 2** 4 m by 2; **avoir accident sur accident** to have one accident after another

sûr, e [syʀ] *adj* sure, certain; (*digne de confiance*) reliable; (*sans danger*) safe; **~ de soi** self-assured, self-confident; **le plus ~ est de** the safest thing is to
surcharge [syʀʃaʀʒ] *nf* (*de passagers, marchandises*) excess load **• surcharger** /3/ *vt* to overload; (*décoration*) to overdo
surcroît [syʀkʀwa] *nm*: **~ de qch** additional sth; **par** *ou* **de ~** moreover; **en ~** in addition
surdité [syʀdite] *nf* deafness
sûrement [syʀmɑ̃] *adv* (*sans risques*) safely; (*certainement*) certainly
surenchère [syʀɑ̃ʃɛʀ] *nf* (*aux enchères*) higher bid **• surenchérir** /2/ *vi* to bid higher; (*fig*) to try and outbid each other
surestimer [syʀɛstime] /1/ *vt* to overestimate
sûreté [syʀte] *nf* (*exactitude: de renseignements etc*) reliability; (*sécurité*) safety; (*d'un geste*) steadiness; **mettre en ~** to put in a safe place; **pour plus de ~** as an extra precaution; to be on the safe side
surf [sœʀf] *nm* surfing
surface [syʀfas] *nf* surface; (*superficie*) surface area; **une grande ~** a supermarket; **faire ~** to surface; **en ~** near the surface; (*fig*) superficially
surfait, e [syʀfɛ, -ɛt] *adj* overrated
surfer [sœʀfe] /1/ *vi* to surf; **~ sur Internet** to surf *ou* browse the Internet
surgelé, e [syʀʒəle] *adj* (deep-)frozen ▶ *nm*: **les ~s** (deep-)frozen food
surgir [syʀʒiʀ] /2/ *vi* to appear suddenly; (*fig: problème, conflit*) arise
sur: • surhumain, e *adj* superhuman **• sur-le-champ** *adv* immediately **• surlendemain** *nm*: **le surlendemain (soir)** two days later (in the evening); **le surlendemain de** two days after **• surmenage** *nm* overwork **• surmener** /5/: **se surmener** *vi* to overwork
surmonter [syʀmɔ̃te] /1/ *vt* (*vaincre*) to overcome; (*être au-dessus de*) to top
surnaturel, le [syʀnatyʀɛl] *adj, nm* supernatural
surnom [syʀnɔ̃] *nm* nickname
surnombre [syʀnɔ̃bʀ] *nm*: **être en ~** to be too many (*ou* one too many)
surpeuplé, e [syʀpœple] *adj* overpopulated

rplace [syʀplas] *nm*: **faire du ~**
› mark time
rplomber [syʀplɔ̃be] /1/ *vi* to
e overhanging ▶ *vt* to overhang
rplus [syʀply] *nm* (*Comm*)
ırplus; (*reste*): **~ de bois** wood
ft over
rprenant, e [syʀpʀənɑ̃, -ɑ̃t]
dj amazing
rprendre [syʀpʀɑ̃dʀ] /58/ *vt*
tonner, prendre à l'improviste) to
maze; (*tomber sur: intrus etc*) to
ıtch; (*conversation*) to overhear
rpris, e [syʀpʀi, -iz] *adj*:
(de/que) amazed *ou* surprised
ıt/that) • **surprise** *nf* surprise;
ıire une surprise à qn to give sb
surprise • **surprise-partie** *nf*
arty
rsaut [syʀso] *nm* start, jump;
de (*énergie, indignation*) sudden
ou burst of; **en ~** with a start
• **sursauter** /1/ *vi* to (give a) start,
ımp
rsis [syʀsi] *nm* (*Jur: gén*)
ıspended sentence; (*aussi fig*)
eprieve
rtout [syʀtu] *adv* (*avant tout,
abord*) above all; (*spécialement,
articulièrement*) especially; **~, ne
ites rien!** whatever you do, don't
ay anything!; **~ pas!** certainly *ou*
efinitely not!; **~ que ...** especially
s ...
rveillance [syʀvɛjɑ̃s] *nf*
atch; (*Police, Mil*) surveillance;
ous ~ médicale under medical
ıpervision
rveillant, e [syʀvɛjɑ̃, -ɑ̃t]
m/f (*de prison*) warder; (*Scol*)
onitor
rveiller [syʀveje] /1/ *vt* (*enfant,
èves, bagages*) to watch, keep an
ye on; (*prisonnier, suspect*) to keep
(a) watch on; (*territoire, bâtiment*)
to (keep) watch over; (*travaux,
cuisson*) to supervise; (*Scol:
examen*) to invigilate; **~ son
langage/sa ligne** to watch one's
language/figure
survenir [syʀvəniʀ] /22/ *vi*
(*incident, retards*) to occur, arise;
(*événement*) to take place
survêt [syʀvɛt], **survêtement**
[syʀvɛtmɑ̃] *nm* tracksuit
survie [syʀvi] *nf* survival
• **survivant, e** *nm/f* survivor
• **survivre** /46/ *vi* to survive;
survivre à (*accident etc*) to survive
survoler [syʀvɔle] /1/ *vt* to fly
over; (*fig: livre*) to skim through
survolté, e [syʀvɔlte] *adj* (*fig*)
worked up
sus [sy(s)]: **en ~ de** *prép* in addition
to, over and above; **en ~** in addition
susceptible [sysɛptibl] *adj*
touchy, sensitive; **~ de faire**
(*probabilité*) liable to do
susciter [sysite] /1/ *vt*
(*admiration*) to arouse; (*obstacles,
ennuis*): **~ (à qn)** to create (for sb)
suspect, e [syspɛ(kt), -ɛkt] *adj*
suspicious; (*témoignage, opinions,
vin etc*) suspect ▶ *nm/f* suspect
• **suspecter** /1/ *vt* to suspect;
(*honnêteté de qn*) to question, have
one's suspicions about
suspendre [syspɑ̃dʀ] /41/ *vt*
(*interrompre, démettre*) to suspend;
(*accrocher: vêtement*): **~ qch (à)** to
hang sth up (on)
suspendu, e [syspɑ̃dy] *adj*
(*accroché*): **~ à** hanging on (*ou*
from); (*perché*): **~ au-dessus de**
suspended over
suspens [syspɑ̃]: **en ~** *adv* (*affaire*)
in abeyance; **tenir en ~** to keep in
suspense

suspense [syspɑ̃s] *nm* suspense
suspension [syspɑ̃sjɔ̃] *nf* suspension; (*lustre*) pendant light fitting
suture [sytyʀ] *nf*: **point de ~** stitch
svelte [svɛlt] *adj* slender, svelte
SVP *abr* (= *s'il vous plaît*) please
sweat [swit] *nm* (*fam*) sweatshirt
sweat-shirt (*pl* **sweat-shirts**) [switʃœʀt] *nm* sweatshirt
syllabe [silab] *nf* syllable
symbole [sɛ̃bɔl] *nm* symbol • **symbolique** *adj* symbolic; (*geste, offrande*) token *cpd* • **symboliser** /1/ *vt* to symbolize
symétrique [simetʀik] *adj* symmetrical
sympa [sɛ̃pa] *adj inv* (*fam*) nice; **sois ~, prête-le moi** be a pal and lend it to me
sympathie [sɛ̃pati] *nf* (*inclination*) liking; (*affinité*) fellow feeling; (*condoléances*) sympathy; **avoir de la ~ pour qn** to like sb • **sympathique** *adj* nice, friendly

⚠ Attention à ne pas traduire *sympathique* par *sympathetic*.

sympathisant, e [sɛ̃patizɑ̃, -ɑ̃t] *nm/f* sympathizer
sympathiser [sɛ̃patize] /1/ *vi* (*voisins etc: s'entendre*) to get on (BRIT) *ou* along (US) (well)
symphonie [sɛ̃fɔni] *nf* symphony
symptôme [sɛ̃ptom] *nm* symptom
synagogue [sinagɔg] *nf* synagogue
syncope [sɛ̃kɔp] *nf* (*Méd*) blackout; **tomber en ~** to faint, pass out
syndic [sɛ̃dik] *nm* managing agent
syndical, e, -aux [sɛ̃dikal, -o] *adj* (trade-)union *cpd* • **syndicaliste** *nm/f* trade unionist
syndicat [sɛ̃dika] *nm* (*d'ouvrier*, *employés*) (trade(s)) union; **~ d'initiative** tourist office *ou* bureau • **syndiqué, e** *adj* belonging to a (trade) union • **syndiquer** /1/: **se syndiquer** to form a trade union; (*adhérer*) join a trade union
synonyme [sinɔnim] *adj* synonymous ▶ *nm* synonym; **~** synonymous with
syntaxe [sɛ̃taks] *nf* syntax
synthèse [sɛ̃tɛz] *nf* synthesis
synthétique [sɛ̃tetik] *adj* synthetic
Syrie [siʀi] *nf*: **la ~** Syria
systématique [sistematik] *a* systematic
système [sistɛm] *nm* system; **le ~ D** resourcefulness

t

[t] *pron voir* **te**
[ta] *adj poss voir* **ton¹**
bac [taba] *nm* tobacco; (*aussi:* **ébit** *ou* **bureau de ~**)
ɔbacconist's (shop)
bagisme [tabaʒism] *nm:*
passif passive smoking
ble [tabl] *nf* table; **à ~!** dinner
tc is ready!; **se mettre à ~** to sit
own to eat; **mettre** *ou* **dresser/**
esservir la ~ to lay *ou* set/clear
ne table; **~ à repasser** ironing
oard; **~ de cuisson** hob; **~ des**
natières (table of) contents *pl*;
de nuit *ou* **de chevet** bedside
able; **~ d'orientation** viewpoint
ndicator; **~ roulante** (tea) trolley
BRIT), tea wagon (US)
bleau, x [tablo] *nm* (*Art*)
ainting; (*reproduction, fig*)
icture; (*panneau*) board; (*schéma*)
able, chart; **~ d'affichage** notice
oard; **~ de bord** dashboard;
Aviat) instrument panel; **~ noir**
lackboard
blette [tablɛt] *nf* (*planche*)
helf; **~ de chocolat** bar of
hocolate; **~ (tactile)**
nform) tablet

tablier [tablije] *nm* apron
tabou [tabu] *nm* taboo
tabouret [tabuʀɛ] *nm* stool
tac [tak] *nm:* **du ~ au ~** tit for tat
tache [taʃ] *nf* (*saleté*) stain, mark; (*Art, de couleur, lumière*) spot; **~ de rousseur** *ou* **de son** freckle
tâche [tɑʃ] *nf* task
tacher [taʃe] /1/ *vt* to stain, mark
tâcher [tɑʃe] /1/ *vi:* **~ de faire** to try to do, endeavour (BRIT) *ou* endeavor (US) to do
tacheté, e [taʃte] *adj:* **~ de** speckled *ou* spotted with
tact [takt] *nm* tact; **avoir du ~** to be tactful
tactile [taktil] *adj:* **écran ~** (*Inform*) touch-sensitive display
tactique [taktik] *adj* tactical ▸ *nf* (*technique*) tactics *sg*; (*plan*) tactic
taie [tɛ] *nf:* **~ (d'oreiller)** pillowslip, pillowcase
taille [tɑj] *nf* cutting; (*d'arbre*) pruning; (*milieu du corps*) waist; (*hauteur*) height; (*grandeur*) size; **de ~ à faire** capable of doing; **de ~** sizeable
taille-crayon(s) [tɑjkʀɛjɔ̃] *nm inv* pencil sharpener
tailler [tɑje] /1/ *vt* (*pierre, diamant*) to cut; (*arbre, plante*) to prune; (*vêtement*) to cut out; (*crayon*) to sharpen
tailleur [tɑjœʀ] *nm* (*couturier*) tailor; (*vêtement*) suit; **en ~** (*assis*) cross-legged
taillis [taji] *nm* copse
taire [tɛʀ] /54/ *vi:* **faire ~ qn** to make sb be quiet; **se taire** *vi* to be silent *ou* quiet; **taisez-vous!** be quiet!
Taiwan [tajwan] *nf* Taiwan
talc [talk] *nm* talc, talcum powder

talent [talɑ̃] *nm* talent
talkie-walkie [tɔkiwɔki] *nm* walkie-talkie
talon [talɔ̃] *nm* heel; (*de chèque, billet*) stub, counterfoil (BRIT); **~s plats/aiguilles** flat/stiletto heels
talus [taly] *nm* embankment
tambour [tɑ̃buʀ] *nm* (*Mus, Tech*) drum; (*musicien*) drummer; (*porte*) revolving door(s *pl*) • **tambourin** *nm* tambourine
Tamise [tamiz] *nf*: **la ~** the Thames
tamisé, e [tamize] *adj* (*fig*) subdued, soft
tampon [tɑ̃pɔ̃] *nm* (*de coton, d'ouate*) pad; (*aussi*: **~ hygiénique** *ou* **périodique**) tampon; (*amortisseur, Inform*: *aussi*: **mémoire ~**) buffer; (*bouchon*) plug, stopper; (*cachet, timbre*) stamp • **tamponner** /1/ *vt* (*timbres*) to stamp; (*heurter*) to crash *ou* ram into • **tamponneuse** *adj f*: **autos tamponneuses** dodgems
tandem [tɑ̃dɛm] *nm* tandem
tandis [tɑ̃di]: **~ que** *conj* while
tanguer [tɑ̃ge] /1/ *vi* to pitch (and toss)
tant [tɑ̃] *adv* so much; **~ de** (*sable, eau*) so much; (*gens, livres*) so many; **~ que** as long as; **~ que** as much as; **~ mieux** that's great; (*avec une certaine réserve*) so much the better; **~ pis** too bad; (*conciliant*) never mind; **~ bien que mal** as well as can be expected
tante [tɑ̃t] *nf* aunt
tantôt [tɑ̃to] *adv* (*parfois*): **tantôt ... tantôt** now ... now; (*cet après-midi*) this afternoon
taon [tɑ̃] *nm* horsefly
tapage [tapaʒ] *nm* uproar, din
tapageur, -euse [tapaʒœʀ, -ø… *adj* noisy; (*voyant*) loud, flashy
tape [tap] *nf* slap
tape-à-l'œil [tapalœj] *adj inv* flashy, showy
taper [tape] /1/ *vt* (*porte*) to bar… slam; (*enfant*) to slap; (*dactylographier*) to type (out); (*fam*: *emprunter*): **~ qn de 10 eur…** to touch sb for 10 euros ▸ *vi* (*sol…*) to beat down; **se taper** *vt* (*fam*: *travail*) to get landed with; (: *boi… manger*) to down; **~ sur qn** to thump sb; (*fig*) to run sb down; **~ sur qch** (*clou etc*) to hit sth; (*ta… etc*) to bang on sth; **~ à** (*porte et…*) to knock on; **~ dans** (*se servir*) t… dig into; **~ des mains/pieds** to… clap one's hands/stamp one's feet; **~ (à la machine)** to type
tapi, e [tapi] *adj*: **~ dans/derrière** (*caché*) hidden away in… behind
tapis [tapi] *nm* carpet; (*petit*) ru… **~ roulant** (*pour piétons*) moving… walkway; (*pour bagages*) carous… **~ de sol** (*de tente*) groundsheet; **~ de souris** (*Inform*) mouse mat
tapisser [tapise] /1/ *vt* (*avec du papier peint*) to paper; (*recouvrir*) **~ qch (de)** to cover sth (with) • **tapisserie** *nf* (*tenture, broderie*) tapestry; (*papier peint*) wallpape…
tapissier, -ière [tapisje, -jɛʀ] *nm/f*: **~-décorateur** interior decorator
tapoter [tapɔte] /1/ *vt* (*joue, m…*) to pat; (*objet*) to tap
taquiner [takine] /1/ *vt* to teas…
tard [taʀ] *adv* late ▸ *nm*: **sur le …** late in life; **plus ~** later (on); **au plus ~** at the latest; **il est trop …** it's too late

rder [taʀde] /1/ *vi* (*chose*) to be a
ɔng time coming; (*personne*): **~ à**
aire to delay doing; **il me tarde**
l'être I am longing to be; **sans**
plus) ~ without (further) delay
rdif, -ive [taʀdif, -iv] *adj* late
rif [taʀif] *nm*: **~ des**
onsommations price list; **~s**
ostaux/douaniers postal/
ustoms rates; **~ des taxis** taxi
ares; **~ plein/réduit** (*train*) full/
educed fare; (*téléphone*) peak/
ff-peak rate
rir [taʀiʀ] /2/ *vi* to dry up, run
ry
rte [taʀt] *nf* tart; **~ aux**
ommes/à la crème apple/
ustard tart; **~ Tatin** ≈ apple
ıpside-down tart
rtine [taʀtin] *nf* slice of bread
and butter (*ou* jam)); **~ de miel**
lice of bread and honey
tartiner /1/ *vt* to spread;
romage à tartiner cheese
pread
rtre [taʀtʀ] *nm* (*des dents*)
artar; (*de chaudière*) fur, scale
s [tɑ] *nm* heap, pile; **un ~ de** (*fig*)
eaps of, lots of; **en ~** in a heap *ou*
ile; **formé sur le ~** trained on the
ɔb
sse [tɑs] *nf* cup; **~ à café/thé**
offee/teacup
ssé, e [tɑse] *adj*: **bien ~** (*café*
tc) strong
sser [tɑse] /1/ *vt* (*terre, neige*) to
ack down; (*entasser*): **~ qch dans**
o cram sth into; **se tasser** *vi* (*se*
errer) to squeeze up; (*s'affaisser*)
o settle; (*personne*: *avec l'âge*) to
hrink; (*fig*) to sort itself out,
ettle down
ter [tɑte] /1/ *vt* to feel; (*fig*) to
ry out; **~ de** (*prison etc*) to have a
taste of; **se tâter** (*hésiter*) to be in
two minds
tatillon, ne [tatijɔ̃, -ɔn] *adj*
pernickety
tâtonnement [tɑtɔnmɑ̃] *nm*:
par ~s (*fig*) by trial and error
tâtonner [tɑtɔne] /1/ *vi* to grope
one's way along
tâtons [tɑtɔ̃]: **à ~** *adv*: **chercher/**
avancer à ~ to grope around for/
grope one's way forward
tatouage [tatwaʒ] *nm* tattoo
tatouer [tatwe] /1/ *vt* to tattoo
taudis [todi] *nm* hovel, slum
taule [tol] *nf* (*fam*) nick (BRIT), jail
taupe [top] *nf* mole
taureau, x [tɔʀo] *nm* bull; (*signe*):
le T~ Taurus
taux [to] *nm* rate; (*d'alcool*) level;
~ d'intérêt interest rate
taxe [taks] *nf* tax; (*douanière*) duty;
toutes ~s comprises inclusive of
tax; **la boutique hors ~s** the
duty-free shop; **~ de séjour**
tourist tax; **~ à** *ou* **sur la valeur**
ajoutée value added tax
taxer [takse] /1/ *vt* (*personne*) to
tax; (*produit*) to put a tax on, tax
taxi [taksi] *nm* taxi; (*chauffeur*:
fam) taxi driver
Tchécoslovaquie [tʃekɔslɔvaki]
nf: **la ~** Czechoslovakia • **tchèque**
adj Czech ▶ *nm* (*Ling*) Czech ▶ *nm/f*:
Tchèque Czech; **la République**
tchèque the Czech Republic
Tchétchénie [tʃetʃeni] *nf*: **la ~**
Chechnya
te, t' [tə] *pron* you; (*réfléchi*)
yourself
technicien, ne [tɛknisjɛ̃, -ɛn]
nm/f technician
technico-commercial, e, -aux
[tɛknikokɔmɛʀsjal, -o] *adj*:
agent ~ sales technician

technique [tɛknik] *adj* technical ▸ *nf* technique • **techniquement** *adv* technically
techno [tɛkno] *nf*: **la (musique)** ~ techno (music)
technologie [tɛknɔlɔʒi] *nf* technology • **technologique** *adj* technological
teck [tɛk] *nm* teak
tee-shirt [tiʃœʀt] *nm* T-shirt, tee-shirt
teindre [tɛ̃dʀ] /52/ *vt* to dye; **se ~ (les cheveux)** to dye one's hair • **teint, e** *adj* dyed ▸ *nm* (*du visage*) complexion; (: *momentané*) colour ▸ *nf* shade; **grand teint** colourfast
teinté, e [tɛ̃te] *adj*: **~ de** (*fig*) tinged with
teinter [tɛ̃te] /1/ *vt* (*verre*) to tint; (*bois*) to stain
teinture [tɛ̃tyʀ] *nf* dye; **~ d'iode** tincture of iodine • **teinturerie** *nf* dry cleaner's • **teinturier, -ière** *nm/f* dry cleaner
tel, telle [tɛl] *adj* (*pareil*) such; (*comme*): **~ un/des ...** like a/like ...; (*indéfini*) such-and-such a; (*intensif*) : **un ~/de ~s ...** such (a)/ such ...; **venez ~ jour** come on such-and-such a day; **rien de ~** nothing like it; **~ que** like, such as; **~ quel** as it is *ou* stands (*ou* was *etc*)
télé [tele] *nf* (*fam*) TV; **à la ~** on TV *ou* telly • **télécabine** *nf* (*benne*) cable car • **télécarte** *nf* phonecard • **téléchargeable** *adj* downloadable • **téléchargement** *nm* (*action*) downloading; (*fichier*) download • **télécharger** /3/ *vt* (*recevoir*) to download; (*transmettre*) to upload • **télécommande** *nf* remote control • **télécopieur** *nm* fax (machine) • **télédistributio**[n] *nf* cable TV • **télégramme** *nm* telegram • **télégraphier** /7/ *vt* telegraph, cable • **téléguider** /1/ *vt* to operate by remote control • **télématique** *nf* telematics *sg* • **téléobjectif** *nm* telephoto len[s] *sg* • **télépathie** *nf* telepathy • **téléphérique** *nm* cable-car
téléphone [telefɔn] *nm* telephone; **avoir le ~** to be on t[he] (tele)phone; **au ~** on the phone **~ sans fil** cordless (tele)phone • **téléphoner** /1/ *vi* to make a phone call; **téléphoner à** to phone, call up • **téléphonique** *adj* (tele)phone *cpd*
téléréalité [teleʀealite] *nf* reality TV
télescope [telɛskɔp] *nm* telescope
télescoper [telɛskɔpe] /1/ *vt* to smash up; **se télescoper** (*véhicules*) to concertina
télé: • **téléscripteur** *nm* teleprinter • **télésiège** *nm* chairlift • **téléski** *nm* ski-tow • **téléspectateur, -trice** *nm/f* (television) viewer • **télétravai**[l] *nm* telecommuting • **télévente** *nf* telesales • **téléviseur** *nm* television set • **télévision** *nf* television; **à la télévision** on television; **télévision numérique** digital TV; **télévisi**[on] **par câble/satellite** cable/ satellite television
télex [telɛks] *nm* telex
telle [tɛl] *adj f voir* **tel**
tellement [tɛlmɑ̃] *adv* (*tant*) so much; (*si*) so; **~ de** (*sable, eau*) so much; (*gens, livres*) so many; **il s'est endormi ~ il était fatig**[ué] he was so tired (that) he fell asle[ep] **pas ~** not really; **pas ~ fort/**

ntement not (all) that strong/
›wly; **il ne mange pas ~**
› doesn't eat (all that) much
néraire [temeʀɛʀ] *adj*
ckless, rash
noignage [temwaɲaʒ] *nm*
ır: déclaration) testimony *no pl*,
'idence *no pl*; (*rapport, récit*)
count; (*fig: d'affection etc*) token,
ark; (*geste*) expression
noigner [temwaɲe] /1/ *vt*
ıtérêt, gratitude) to show
ʋi (*Jur*) to testify, give evidence;
de to bear witness to, testify to
noin [temwɛ̃] *nm* witness
ɪdj: **appartement-~** show flat;
re ~ de to witness; **~ oculaire**
ewitness
npe [tɑ̃p] *nf* temple
npérament [tɑ̃peʀamɑ̃] *nm*
mperament, disposition; **à ~**
›nte) on deferred (payment)
rms; (*achat*) by instalments,
'e purchase *cpd*
npérature [tɑ̃peʀatyʀ] *nf*
mperature; **avoir** *ou* **faire de**
~ to be running *ou* have a
mperature
npête [tɑ̃pɛt] *nf* storm; **~ de**
ble/neige sand/snowstorm
nple [tɑ̃pl] *nm* temple;
'otestant) church
nporaire [tɑ̃pɔʀɛʀ] *adj*
mporary
nps [tɑ̃] *nm* (*atmosphérique*)
›ather; (*durée*) time; (*époque*)
ne, times *pl*; (*Ling*) tense; (*Mus*)
at; (*Tech*) stroke; **un ~ de chien**
m) rotten weather; **quel**
ait-il? what's the weather like?;
ait beau/mauvais ~ the
›ather is fine/bad; **avoir le ~/**
ut le ~/juste le ~ to have time/
›nty of time/just enough time;
en ~ de paix/guerre in peacetime/wartime; **en ~ utile** *ou* **voulu** in due time *ou* course; **ces derniers ~** lately; **dans quelque ~** in a (little) while; **de ~ en ~, de ~ à autre** from time to time; **à ~** (*partir, arriver*) in time; **à ~ complet, à plein ~** *adv, adj* full-time; **à ~ partiel, à mi-~** *adv, adj* part-time; **dans le ~** at one time; **~ d'arrêt** pause, halt; **~ libre** free *ou* spare time; **~ mort** (*Comm*) slack period
tenable [tənabl] *adj* bearable
tenace [tənas] *adj* persistent
tenant, e [tənɑ̃, -ɑ̃t] *nm/f* (*Sport*): **~ du titre** title-holder
tendance [tɑ̃dɑ̃s] *nf* (*opinions*) leanings *pl*, sympathies *pl*; (*inclination*) tendency; (*évolution*) trend ▸ *adj inv* trendy; **avoir ~ à** to have a tendency to, tend to
tendeur [tɑ̃dœʀ] *nm* (*attache*) elastic strap
tendre [tɑ̃dʀ] /41/ *adj* tender; (*bois, roche, couleur*) soft ▸ *vt* (*élastique, peau*) to stretch; (*corde*) to tighten; (*muscle*) to tense; (*donner*): **~ qch à qn** to hold sth out to sb; (*offrir*) to offer sb sth; (*fig: piège*) to set, lay; **se tendre** *vi* (*corde*) to tighten; (*relations*) to become strained; **~ à qch/à faire** to tend towards sth/to do; **~ l'oreille** to prick up one's ears; **~ la main/le bras** to hold out one's hand/stretch out one's arm • **tendrement** *adv* tenderly • **tendresse** *nf* tenderness
tendu, e [tɑ̃dy] *pp de* **tendre** ▸ *adj* (*corde*) tight; (*muscles*) tensed; (*relations*) strained
ténèbres [tenɛbʀ] *nfpl* darkness *sg*

teneur [tənœʀ] *nf* content; (*d'une lettre*) terms *pl*, content
tenir [təniʀ] /22/ *vt* to hold; (*magasin, hôtel*) to run; (*promesse*) to keep ▶ *vi* to hold; (*neige, gel*) to last; **se tenir** *vi* (*avoir lieu*) to be held, take place; (*être: personne*) to stand; **se ~ droit** to stand up (*ou* sit up) straight; **bien se ~** to behave well; **se ~ à qch** to hold on to sth; **s'en ~ à qch** to confine o.s. to sth; **~ à** (*personne, objet*) to be attached to, care about (*ou* for); (*réputation*) to care about; **~ à faire** to want to do; **~ de** (*ressembler à*) to take after; **ça ne tient qu'à lui** it is entirely up to him; **~ qn pour** to take sb for; **~ qch de qn** (*histoire*) to have heard *ou* learnt sth from sb; (*qualité, défaut*) to have inherited *ou* got sth from sb; **~ dans** to fit into; **~ compte de qch** to take sth into account; **~ les comptes** to keep the books; **~ le coup** to hold out; **~ bon** to stand *ou* hold fast; **~ au chaud/à l'abri** to keep hot/under shelter *ou* cover; **un manteau qui tient chaud** a warm coat; **tiens (*ou* tenez), voilà le stylo** there's the pen!; **tiens, voilà Alain!** look, here's Alain!; **tiens?** (*surprise*) really?
tennis [tenis] *nm* tennis; (*aussi*: **court de ~**) tennis court ▶ *nmpl, nfpl* (*aussi*: **chaussures de ~**) tennis *ou* gym shoes; **~ de table** table tennis • **tennisman** *nm* tennis player
tension [tɑ̃sjɔ̃] *nf* tension; (*Méd*) blood pressure; **faire** *ou* **avoir de la ~** to have high blood pressure
tentation [tɑ̃tasjɔ̃] *nf* temptation
tentative [tɑ̃tativ] *nf* attempt
tente [tɑ̃t] *nf* tent
tenter [tɑ̃te] /1/ *vt* (*éprouver, attirer*) to tempt; (*essayer*): **~ qc[h] de faire** to attempt *ou* try sth/t[o] do; **~ sa chance** to try one's lu[ck]
tenture [tɑ̃tyʀ] *nf* hanging
tenu, e [tәny] *pp de* **tenir** ▶ *adj* **bien ~** (*maison, comptes*) well-kept; **~ de faire** (*obligé*) u[nder] an obligation to do ▶ *nf* (*vêtements*) clothes *pl*; (*comportement*) manners *pl*, behaviour; (*d'une maison*) upkeep; **en petite ~e** scantily dressed *ou* clad
ter [tɛʀ] *adj*: **16 ~** 16b *ou* B
terme [tɛʀm] *nm* term; (*fin*) e[nd]; **être en bons/mauvais ~s av[ec] qn** to be on good/bad terms w[ith] sb; **à court/long ~** *adj* short-/long-term *ou* -range; *adv* in the short/long term; **avant ~** (*Mé[d]*) prematurely; **mettre un ~ à** t[o] put an end *ou* a stop to
terminaison [tɛʀminɛzɔ̃] *nf* (*Ling*) ending
terminal, e, -aux [tɛʀminal] *nm* terminal ▶ *nf* (*Scol*) ≈ year 13 (BRIT), ≈ twelfth grade (US)
terminer [tɛʀmine] /1/ *vt* to finish; **se terminer** *vi* to end
terne [tɛʀn] *adj* dull
ternir [tɛʀniʀ] /2/ *vt* to dull; (*f*[*ig*]) to sully, tarnish; **se ternir** *vi* to become dull
terrain [teʀɛ̃] *nm* (*sol, fig*) grou[nd]; (*Comm: étendue de terre*) land *n*[*o pl*]; (*: parcelle*) plot (of land); (*: à bât*[*ir*]) site; **sur le ~** (*fig*) on the field; **football/rugby** football/rugb[y] pitch (BRIT) *ou* field (US); **~ d'aviation** airfield; **~ de camping** campsite; **~ de golf** [golf] course; **~ de jeu** (*pour les petits*

ayground; (*Sport*) games field;
de sport sports ground;
vague waste ground *no pl*
rasse [tɛʀas] *nf* terrace; **à la ~**
afé) outside • **terrasser** /1/ *vt*
dversaire) to floor; (*maladie etc*) to
y low
re [tɛʀ] *nf* (*gén, aussi Élec*)
arth; (*substance*) soil, earth;
pposé à mer) land *no pl*; (*contrée*)
nd; **terres** *nfpl* (*terrains*) lands,
nd *sg*; **en ~** (*pipe, poterie*) clay
d; **à** *ou* **par ~** (*mettre, être,*
sseoir) on the ground (*ou* floor);
ter, tomber) to the ground,
own; **~ à ~** *adj inv* down-to-
arth; **~ cuite** terracotta; **la**
ferme dry land; **~ glaise** clay
reau [tɛʀo] *nm* compost
re-plein [tɛʀplɛ̃] *nm*
atform; (*sur chaussée*) central
servation
restre [tɛʀɛstʀ] *adj* (*surface*)
rth's, of the earth; (*Bot, Zool,*
il) land *cpd*; (*Rel*) earthly
reur [tɛʀœʀ] *nf* terror *no pl*
rible [tɛʀibl] *adj* terrible,
eadful; (*fam*) terrific; **pas ~**
othing special
rien, ne [tɛʀjɛ̃, -ɛn] *adj*:
opriétaire ~ landowner ▸ *nm/f*
on martien etc) earthling
rier [tɛʀje] *nm* burrow, hole;
hien) terrier
rifier [teʀifje] /7/ *vt* to terrify
rine [teʀin] *nf* (*récipient*)
rrine; (*Culin*) pâté
ritoire [teʀitwaʀ] *nm*
rritory
roriser [teʀɔʀize] /1/ *vt* to
rrorize
rorisme [teʀɔʀism] *nm*
rrorism • **terroriste** [teʀɔʀist]
n/f terrorist

tertiaire [tɛʀsjɛʀ] *adj* tertiary ▸ *nm* (*Écon*) service industries *pl*
tes [te] *adj poss voir* **ton¹**
test [tɛst] *nm* test
testament [tɛstamɑ̃] *nm* (*Jur*) will; (*fig*) legacy; (*Rel*): **T~** Testament
tester [tɛste] /1/ *vt* to test
testicule [tɛstikyl] *nm* testicle
tétanos [tetanos] *nm* tetanus
têtard [tɛtaʀ] *nm* tadpole
tête [tɛt] *nf* head; (*cheveux*) hair *no pl*; (*visage*) face; **de ~** *adj* (*wagon etc*) front *cpd* ▸ *adv* (*calculer*) in one's head, mentally; **perdre la ~** (*fig*) (*s'affoler*) to lose one's head; (*devenir fou*) to go off one's head; **tenir ~ à qn** to stand up to *ou* defy sb; **la ~ en bas** with one's head down; **la ~ la première** (*tomber*) head-first; **faire une ~** (*Football*) to head the ball; **faire la ~** (*fig*) to sulk; **en ~** (*Sport*) in the lead; **à la ~ de** at the head of; **à ~ reposée** in a more leisurely moment; **n'en faire qu'à sa ~** to do as one pleases; **en avoir par-dessus la ~** to be fed up; **en ~ à ~** in private, alone together; **de la ~ aux pieds** from head to toe; **~ de lecture** (playback) head; **~ de liste** (*Pol*) chief candidate; **~ de mort** skull and crossbones; **~ de série** (*Tennis*) seeded player, seed; **~ de Turc** (*fig*) whipping boy (BRIT), butt • **tête-à-queue** *nm inv*: **faire un tête-à-queue** to spin round • **tête-à-tête** *nm inv*: **en tête-à-tête** in private, alone together
téter [tete] /6/ *vt*: **~ (sa mère)** to suck at one's mother's breast, feed
tétine [tetin] *nf* teat; (*sucette*) dummy (BRIT), pacifier (US)

t

têtu, e [tety] *adj* stubborn, pigheaded
texte [tɛkst] *nm* text; (*morceau choisi*) passage
texter [tɛkste] /1/ *vi, vt* to text
textile [tɛkstil] *adj* textile *cpd* ▸ *nm* textile; (*industrie*) textile industry
Texto [tɛksto] *nm* text (message)
textoter [tɛkstɔte] /1/ *vi, vt* to text
texture [tɛkstyʀ] *nf* texture
TGV *sigle m* = **train à grande vitesse**
thaïlandais, e [tailɑ̃dɛ, -ɛz] *adj* Thai ▸ *nm/f*: **T~, e** Thai
Thaïlande [tailɑ̃d] *nf*: **la ~** Thailand
thé [te] *nm* tea; **prendre le ~** to have tea; **~ au lait/citron** tea with milk/lemon; **faire le ~** to make the tea
théâtral, e, -aux [teɑtʀal, -o] *adj* theatrical
théâtre [teɑtʀ] *nm* theatre; (*péj*) playacting; (*fig*: *lieu*): **le ~ de** the scene of; **faire du ~** to act
théière [tejɛʀ] *nf* teapot
thème [tɛm] *nm* theme; (*Scol*: *traduction*) prose (composition)
théologie [teɔlɔʒi] *nf* theology
théorie [teɔʀi] *nf* theory • **théorique** *adj* theoretical
thérapie [teʀapi] *nf* therapy
thermal, e, -aux [tɛʀmal, -o] *adj*: **station ~e** spa; **cure ~e** water cure
thermomètre [tɛʀmɔmɛtʀ] *nm* thermometer
thermos® [tɛʀmos] *nm ou f*: **(bouteille) ~** vacuum *ou* Thermos® flask: BRIT *ou* bottle (US)
thermostat [tɛʀmɔsta] *nm* thermostat
thèse [tɛz] *nf* thesis
thon [tɔ̃] *nm* tuna (fish)
thym [tɛ̃] *nm* thyme
Tibet [tibɛ] *nm*: **le ~** Tibet
tibia [tibja] *nm* shin; shinbone, tibia
TIC *sigle fpl* (= *technologies de l'information et de la communicat*[...]) ICT *sg*
tic [tik] *nm* tic, (nervous) twitc[...]; (*de langage etc*) mannerism
ticket [tikɛ] *nm* ticket; **~ de caisse** till receipt
tiède [tjɛd] *adj* lukewarm; (*ven*[...] *air*) mild, warm • **tiédir** /2/ *vi* ([...] *réchauffer*) to grow warmer; (*refroidir*) to cool
tien, tienne [tjɛ̃, tjɛn] *pron*: **l**[...] **(la) ~(ne)** yours; **les ~(ne)s** yours; **à la ~ne!** cheers!
tiens [tjɛ̃] *vb, excl voir* **tenir**
tiercé [tjɛʀse] *nm system of forecast betting giving first three horses*
tiers, tierce [tjɛʀ, tjɛʀs] *adj* t[...] ▸ *nm* (*Jur*) third party; (*fraction*) third; **le ~ monde** the third wo[...]
tige [tiʒ] *nf* stem; (*baguette*) ro[...]
tignasse [tiɲas] *nf* (*péj*) shock mop of hair
tigre [tigʀ] *nm* tiger • **tigré, e** [...] (*rayé*) striped; (*tacheté*) spotte[...]; (*chat*) tabby • **tigresse** *nf* tigre[...]
tilleul [tijœl] *nm* lime (tree), linden (tree); (*boisson*) lime(-blossom) tea
timbre [tɛ̃bʀ] *nm* (*tampon*) sta[...]; (*aussi*: **~-poste**) (postage) sta[...]; (*Mus*: *de voix, instrument*) timbr[...] tone
timbré, e [tɛ̃bʀe] *adj* (*fam*) cracked
timide [timid] *adj* shy; (*timoré*[...]) timid • **timidement** *adv* shyly

imidly • **timidité** *nf* shyness;
'midity
ıtamarre [tɛ̃tamaʀ] *nm* din,
proar
ıter [tɛ̃te] /1/ *vi* to ring, chime;
ırgent, clés) to jingle
ıue [tik] *nf* tick (*insect*)
' [tiʀ] *nm* (*sport*) shooting; (*fait ou*
ıanière de tirer) firing *no pl*; (*rafale*)
re; (*stand*) shooting gallery; **~ à**
arc archery
'age [tiʀaʒ] *nm* (*action*) printing;
Photo) print; (*de journal*)
irculation; (*de livre*) (print-)run;
dition; (*de loterie*) draw; **~ au**
ort drawing lots
e [tiʀ] *nf*: **vol à la ~**
ickpocketing
é, e [tiʀe] *adj* (*visage, traits*)
rawn; **~ par les cheveux**
ır-fetched
e-bouchon [tiʀbuʃɔ̃] *nm*
orkscrew
elire [tiʀliʀ] *nf* moneybox
er [tiʀe] /1/ *vt* (*gén*) to pull;
igne, trait) to draw; (*rideau*) to
raw; (*carte, conclusion, chèque*) to
raw; (*en faisant feu: balle, coup*) to
re; (*: animal*) to shoot; (*journal,*
vre, photo) to print; (*Football*:
ɔrner etc) to take ▸ *vi* (*faire feu*) to
re; (*faire du tir, Football*) to shoot;
e tirer *vi* (*fam*) to push off; **s'en ~**
'*viter le pire*) to get off; (*survivre*) to
ull through; (*se débrouiller*) to
ıanage; (*extraire*): **~ qch de** to
ıke *ou* pull sth out of; **~ sur**
'orde, poignée) to pull on *ou* at;
'aire feu sur) to shoot *ou* fire at;
ipe) to draw on; (*fig: avoisiner*) to
erge *ou* border on; **~ qn de**
mbarras etc) to help *ou* get sb out
'; **~ à l'arc/la carabine** to shoot
'ith a bow and arrow/with a rifle;
~ à sa fin to be drawing to an end;
~ qch au clair to clear sth up;
~ au sort to draw lots; **~ parti de**
to take advantage of; **~ profit de**
to profit from; **~ les cartes** to
read *ou* tell the cards

tiret [tiʀɛ] *nm* dash

tireur [tiʀœʀ] *nm* gunman;
~ d'élite marksman

tiroir [tiʀwaʀ] *nm* drawer
• **tiroir-caisse** *nm* till

tisane [tizan] *nf* herb tea

tisser [tise] /1/ *vt* to weave

tissu [tisy] *nm* fabric, material,
cloth *no pl*; (*Anat, Bio*) tissue
• **tissu-éponge** *nm* (terry)
towelling *no pl*

titre [titʀ] *nm* (*gén*) title; (*de*
journal) headline; (*diplôme*)
qualification; (*Comm*) security;
en ~ (*champion, responsable*)
official; **à juste ~** rightly; **à quel**
~? on what grounds?; **à aucun ~**
on no account; **au même ~ (que)**
in the same way (as); **à**
~ d'information for (your)
information; **à ~ gracieux** free of
charge; **à ~ d'essai** on a trial
basis; **à ~ privé** in a private
capacity; **~ de propriété** title
deed; **~ de transport** ticket

tituber [titybe] /1/ *vi* to stagger
ou reel (along)

titulaire [titylɛʀ] *adj* (*Admin*)
with tenure ▸ *nm/f* (*de permis*)
holder; **être ~ de** (*diplôme, permis*)
to hold

TMS *sigle mpl* (= *troubles*
musculosquelettiques) MSDs
(= *musculoskeletal disorders*)

toast [tost] *nm* slice *ou* piece of
toast; (*de bienvenue*) (welcoming)
toast; **porter un ~ à qn** to
propose *ou* drink a toast to sb

toboggan [tɔbɔgɑ̃] *nm* slide; (*Auto*) flyover
toc [tɔk] *nm*: **en toc** imitation *cpd* ▸ *excl*: **toc, toc** knock knock
TOC [tɔk] *nm* (= *trouble obsessionnel compulsif*) OCD (= *obsessive compulsive disorder*)
tocsin [tɔksɛ̃] *nm* alarm (bell)
tohu-bohu [tɔybɔy] *nm* commotion
toi [twa] *pron* you
toile [twal] *nf* (*tableau*) canvas; **de** *ou* **en ~** (*pantalon*) cotton; (*sac*) canvas; **~ d'araignée** cobweb; **la T~** (*Internet*) the Web; **~ cirée** oilcloth; **~ de fond** (*fig*) backdrop
toilette [twalɛt] *nf* (*habits*) outfit; **toilettes** *nfpl* toilet *sg*; **faire sa ~** to have a wash, get washed; **articles de ~** toiletries
toi-même [twamɛm] *pron* yourself
toit [twa] *nm* roof; **~ ouvrant** sun roof
toiture [twatyʀ] *nf* roof
Tokyo [tɔkjo] *n* Tokyo
tôle [tol] *nf* (*plaque*) steel (*ou* iron) sheet; **~ ondulée** corrugated iron
tolérable [tɔleʀabl] *adj* tolerable
tolérant, e [tɔleʀɑ̃, -ɑ̃t] *adj* tolerant
tolérer [tɔleʀe] /6/ *vt* to tolerate; (*Admin: hors taxe etc*) to allow
tollé [tɔle] *nm*: **un ~ (de protestations)** a general outcry
tomate [tɔmat] *nf* tomato; **~s farcies** stuffed tomatoes
tombe [tɔ̃b] *nf* (*sépulture*) grave; (*avec monument*) tomb
tombeau, x [tɔ̃bo] *nm* tomb
tombée [tɔ̃be] *nf*: **à la ~ du jour** *ou* **de la nuit** at nightfall
tomber [tɔ̃be] /1/ *vi* to fall; (*fièv vent*) to drop; **laisser ~** (*objet*) to drop; (*personne*) to let down; (*activité*) to give up; **laisse ~!** forget it!; **faire ~** to knock over; **~ sur** (*rencontrer*) to come acros **~ de fatigue/sommeil** to drop from exhaustion/be falling asle on one's feet; **~ à l'eau** (*projet et* to fall through; **~ en panne** to break down; **~ en ruine** to fall into ruins; **ça tombe bien/ma** (*fig*) that's come at the right/wro time; **il est bien/mal tombé** (*f* he's been lucky/unlucky
tombola [tɔ̃bɔla] *nf* raffle
tome [tɔm] *nm* volume
ton¹, ta (*pl* **tes**) [tɔ̃, ta, te] *adj po* your
ton² [tɔ̃] *nm* (*gén*) tone; (*couleur*) shade, tone; **de bon ~** in good taste
tonalité [tɔnalite] *nf* (*au téléphone*) dialling tone
tondeuse [tɔ̃døz] *nf* (*à gazon*) (lawn)mower; (*du coiffeur*) clipp *pl*; (*pour la tonte*) shears *pl*
tondre [tɔ̃dʀ] /41/ *vt* (*pelouse, herbe*) to mow; (*haie*) to cut, clip (*mouton, toison*) to shear; (*cheve* to crop
tongs [tɔ̃g] *nfpl* flip-flops
tonifier [tɔnifje] /7/ *vt* (*peau, organisme*) to tone up
tonique [tɔnik] *adj* fortifying ▸ *nm* tonic
tonne [tɔn] *nf* metric ton, tonn
tonneau, x [tɔno] *nm* (*à vin, cid* barrel; **faire des ~x** (*voiture, avi* to roll over
tonnelle [tɔnɛl] *nf* bower, arbc
tonner [tɔne] /1/ *vi* to thunder **il tonne** it is thundering, there' some thunder

nerre [tɔnɛʀ] *nm* thunder
us [tɔnys] *nm* energy
[tɔp] *nm*: **au troisième ~** at
e third stroke ▶ *adj*: **~ secret**
p secret
inambour [tɔpinɑ̃buʀ] *nm*
rusalem artichoke
che [tɔʀʃ] *nf* torch
chon [tɔʀʃɔ̃] *nm* cloth; (*à*
isselle) tea towel *ou* cloth
dre [tɔʀdʀ] /41/ *vt* (*chiffon*) to
ring; (*barre, fig: visage*) to twist;
tordre *vi*; **se ~ le poignet/la**
eville to twist one's wrist/
kle; **se ~ de douleur/rire** to
ithe in pain/be doubled up with
ughter • **tordu, e** *adj* (*fig*)
visted; (*fig*) crazy
nade [tɔʀnad] *nf* tornado
rent [tɔʀɑ̃] *nm* mountain
eam
sade [tɔʀsad] *nf*: **un pull à ~s**
able sweater
se [tɔʀs] *nm* chest; (*Anat,*
ulpture) torso; **~ nu** stripped to
e waist
t [tɔʀ] *nm* (*défaut*) fault; **torts**
npl (*Jur*) fault *sg*; **avoir ~** to be
ong; **être dans son ~** to be in
e wrong; **donner ~ à qn** to lay
e blame on sb; **causer du ~ à** to
rm; **à ~** wrongly; **à ~ et à**
avers wildly
ticolis [tɔʀtikɔli] *nm* stiff neck
tiller [tɔʀtije] /1/ *vt* to twist;
oustache) to twirl; **se tortiller** *vi*
wriggle; (*en dansant*) to wiggle
tionnaire [tɔʀsjɔnɛʀ] *nm*
rturer
tue [tɔʀty] *nf* tortoise; (*d'eau*
uce) terrapin; (*d'eau de mer*)
rtle
tueux, -euse [tɔʀtɥø, -øz]
(*rue*) twisting; (*fig*) tortuous

torture [tɔʀtyʀ] *nf* torture
• **torturer** /1/ *vt* to torture; (*fig*)
to torment
tôt [to] *adv* early; **~ ou tard**
sooner or later; **si ~** so early; (*déjà*)
so soon; **au plus ~** at the earliest;
plus ~ earlier
total, e, -aux [tɔtal, -o] *adj, nm*
total; **au ~** in total *ou* all; (*fig*) on
the whole; **faire le ~** to work out
the total • **totalement** *adv*
totally • **totaliser** /1/ *vt* to total
(up) • **totalitaire** *adj* totalitarian
• **totalité** *nf*: **la totalité de: la**
totalité des élèves all (of) the
pupils; **la totalité de la**
population/classe the whole
population/class; **en totalité**
entirely
toubib [tubib] *nm* (*fam*) doctor
touchant, e [tuʃɑ̃, -ɑ̃t] *adj*
touching
touche [tuʃ] *nf* (*de piano, de machine*
à écrire) key; (*de téléphone*) button;
(*Peinture etc*) stroke, touch; (*fig: de*
couleur, nostalgie) touch; (*Football*:
aussi: **remise en ~**) throw-in;
(*aussi*: **ligne de ~**) touch-line;
(*Escrime*) hit; **~ dièse** (*de téléphone,*
clavier) hash key
toucher [tuʃe] /1/ *nm* touch ▶ *vt*
to touch; (*palper*) to feel; (*atteindre*:
d'un coup de feu etc) to hit;
(*concerner*) to concern, affect;
(*contacter*) to reach, contact;
(*recevoir: récompense*) to receive,
get; (*: salaire*) to draw, get;
(*chèque*) to cash; (*aborder:*
problème, sujet) to touch on; **au ~**
to the touch; **~ à** to touch; (*traiter*
de, concerner) to have to do with,
concern; **je vais lui en ~ un mot**
I'll have a word with him about it;
~ au but (*fig*) to near one's goal;
~ à sa fin to be drawing to a close

touffe [tuf] *nf* tuft
touffu, e [tufy] *adj* thick, dense
toujours [tuʒuʀ] *adv* always; (*encore*) still; (*constamment*) forever; **essaie ~** (you can) try anyway; **pour ~** forever; **~ est-il que** the fact remains that; **~ plus** more and more
toupie [tupi] *nf* (spinning) top
tour [tuʀ] *nf* tower; (*immeuble*) high-rise block (BRIT) *ou* building (US); (*Échecs*) castle, rook ▶ *nm* (*excursion: à pied*) stroll, walk; (*: en voiture etc*) run, ride; (*: plus long*) trip; (*Sport: aussi:* **~ de piste**) lap; (*d'être servi ou de jouer etc*) turn; (*de roue etc*) revolution; (*Pol: aussi:* **~ de scrutin**) ballot; (*ruse, de prestidigitation, de cartes*) trick; (*de potier*) wheel; (*à bois, métaux*) lathe; (*circonférence*): **de 3 m de ~** 3 m round, with a circumference *ou* girth of 3 m; **faire le ~ de** to go (a)round; (*à pied*) to walk (a)round; **faire un ~** to go for a walk; **c'est au ~ de Renée** it's Renée's turn; **à ~ de rôle, à ~** in turn; **~ de taille/tête** *nm* waist/ head measurement; **~ de chant** *nm* song recital; **~ de contrôle** *nf* control tower; **la ~ Eiffel** the Eiffel Tower; **le T~ de France** the Tour de France; **~ de force** *nm* tour de force; **~ de garde** *nm* spell of duty; **un 33 ~s** an LP; **un 45 ~s** a single; **~ d'horizon** *nm* (*fig*) general survey
tourbe [tuʀb] *nf* peat
tourbillon [tuʀbijɔ̃] *nm* whirlwind; (*d'eau*) whirlpool; (*fig*) whirl, swirl • **tourbillonner** /1/ *vi* to whirl *ou* twirl round
tourelle [tuʀɛl] *nf* turret
tourisme [tuʀism] *nm* tourism; **agence de ~** tourist agency; **faire du ~** to go touring; (*en ville*) to g sightseeing • **touriste** *nm/f* tourist • **touristique** *adj* touri cpd; (*région*) touristic (*péj*)
tourment [tuʀmɑ̃] *nm* torme • **tourmenter** /1/ *vt* to tormen **se tourmenter** to fret, worry c
tournage [tuʀnaʒ] *nm* (*d'un fi* shooting
tournant, e [tuʀnɑ̃, -ɑ̃t] *adj* (*p scène*) revolving ▶ *nm* (*de route*) bend; (*fig*) turning point
tournée [tuʀne] *nf* (*du facteur* round; (*d'artiste, politicien*) tour (*au café*) round (of drinks)
tourner [tuʀne] /1/ *vt* to turn; (*sauce, mélange*) to stir; (*Ciné: fa les prises de vues*) to shoot; (*: produire*) to make ▶ *vi* to turn (*moteur*) to run; (*compteur*) to ti away; (*lait etc*) to turn (sour); **s tourner** *vi* to turn (a)round; **se ~ vers** to turn to; to turn towa **mal ~** to go wrong; **~ autour c** to go (a)round; (*péj*) to hang (a)round; **~ à/en** to turn into; **~ en ridicule** to ridicule; **~ le d à** (*mouvement*) to turn one's ba on; (*position*) to have one's back **se ~ les pouces** to twiddle one thumbs; **~ de l'œil** to pass out
tournesol [tuʀnəsɔl] *nm* sunflower
tournevis [tuʀnəvis] *nm* screwdriver
tournoi [tuʀnwa] *nm* tournament
tournure [tuʀnyʀ] *nf* (*Ling*) t of phrase; **la ~ de qch** (*évolutic* the way sth is developing; **~ d'esprit** turn *ou* cast of mind
tourte [tuʀt] *nf* pie
tourterelle [tuʀtəʀɛl] *nf* turtledove

us [tu, tus] *adj, pron voir* **tout**
ussaint [tusɛ̃] *nf*: **la ~** All
aints' Day

a Toussaint, 1 November, or
ll Saints' Day, is a public holiday
n France. People traditionally
isit the graves of friends and
elatives to lay chrysanthemums
n them.

usser [tuse] /1/ *vi* to cough

tout, e [tu, tut]

npl **tous**, *fpl* **toutes**)
adj **1** (*avec article singulier*) all;
out le lait all the milk; **toute la**
uit all night, the whole night;
out le livre the whole book;
out un pain a whole loaf; **tout**
e temps all the time, the whole
ime; **c'est tout le contraire**
's quite the opposite
(*avec article pluriel*) every; all;
ous les livres all the books;
outes les nuits every night;
outes les fois every time;
outes les trois/deux
emaines every third/other *ou*
econd week, every three/two
veeks; **tous les deux** both *ou*
ach of us (*ou* them *ou* you);
outes les trois all three of us
u them *ou* you)
(*sans article*): **à tout âge** at any
ge; **pour toute nourriture, il**
vait ... his only food was ...
pron everything, all; **il a tout**
ait he's done everything; **je les**
ois tous I can see them all *ou* all
f them; **nous y sommes tous**
llés all of us went, we all went;
'est tout that's all; **en tout** in
ll; **tout ce qu'il sait** all he
nows
nm whole; **le tout** all of it (*ou*
them); **le tout est de ...** the
main thing is to ...; **pas du tout**
not at all
▶ *adv* **1** (*très, complètement*) very;
tout près *ou* **à côté** very near;
le tout premier the very first;
tout seul all alone; **le livre tout**
entier the whole book; **tout en**
haut right at the top; **tout**
droit straight ahead
2: **tout en** while; **tout en**
travaillant while working, as
he *etc* works
3: **tout d'abord** first of all; **tout**
à coup suddenly; **tout à fait**
absolutely; **tout à l'heure** a
short while ago; (*futur*) in a
short while, shortly; **à tout à**
l'heure! see you later!; **tout de**
même all the same; **tout le**
monde everybody; **tout**
simplement quite simply; **tout**
de suite immediately, straight
away

toutefois [tutfwa] *adv* however
toutes [tut] *adj, pron voir* **tout**
tout-terrain [tutɛʀɛ̃] *adj*: **vélo ~**
mountain bike; **véhicule ~**
four-wheel drive
toux [tu] *nf* cough
toxicomane [tɔksikɔman] *nm/f*
drug addict
toxique [tɔksik] *adj* toxic
trac [tʀak] *nm* (*aux examens*)
nerves *pl*; (*Théât*) stage fright;
avoir le ~ (*aux examens*) to get an
attack of nerves; (*Théât*) to have
stage fright
traçabilité [tʀasabilite] *nf*
traceability
tracasser [tʀakase] /1/ *vt* to
worry, bother; **se tracasser** to
worry (o.s.)

trace [tʀas] *nf* (*empreintes*) tracks *pl*; (*marques, fig*) mark; (*restes, vestige*) trace; **~s de pas** footprints
tracer [tʀase] /3/ *vt* to draw; (*piste*) to open up
tract [tʀakt] *nm* tract, pamphlet
tracteur [tʀaktœʀ] *nm* tractor
traction [tʀaksjɔ̃] *nf*: **~ avant/arrière** front-wheel/rear-wheel drive
tradition [tʀadisjɔ̃] *nf* tradition • **traditionnel, le** *adj* traditional
traducteur, -trice [tʀadyktœʀ, -tʀis] *nm/f* translator
traduction [tʀadyksjɔ̃] *nf* translation
traduire [tʀadɥiʀ] /38/ *vt* to translate; (*exprimer*) to convey; **~ en français** to translate into French; **~ en justice** to bring before the courts
trafic [tʀafik] *nm* traffic; **~ d'armes** arms dealing • **trafiquant, e** *nm/f* trafficker; (*d'armes*) dealer • **trafiquer** /1/ *vt* (*péj: vin*) to doctor; (: *moteur, document*) to tamper with
tragédie [tʀaʒedi] *nf* tragedy • **tragique** *adj* tragic
trahir [tʀaiʀ] /2/ *vt* to betray • **trahison** *nf* betrayal; (*Jur*) treason
train [tʀɛ̃] *nm* (*Rail*) train; (*allure*) pace; **être en ~ de faire qch** to be doing sth; **~ à grande vitesse** high-speed train; **~ d'atterrissage** undercarriage; **~ électrique** (*jouet*) (electric) train set; **~ de vie** style of living
traîne [tʀɛn] *nf* (*de robe*) train; **être à la ~** to lag behind
traîneau, x [tʀɛno] *nm* sleigh, sledge
traîner [tʀene] /1/ *vt* (*remorque*) to pull; (*enfant, chien*) to drag *ou* trail along ▸ *vi* (*robe, manteau*) to trail; (*être en désordre*) to lie around; (*marcher lentement*) to dawdle (along); (*vagabonder*) to hang about; (*durer*) to drag on; **se traîner** *vi*: **se ~ par terre** to crawl (on the ground); **~ les pie**[ds] to drag one's feet
train-train [tʀɛ̃tʀɛ̃] *nm* humdrum routine
traire [tʀɛʀ] /50/ *vt* to milk
trait, e [tʀɛ, -ɛt] *nm* (*ligne*) line; (*de dessin*) stroke; (*caractéristique*) feature, trait; **traits** *nmpl* (*du visage*) features; **d'un ~** (*boire*) in one gulp; **de ~** (*animal*) draught; **avoir ~ à** to concern; **~ d'union** hyphen
traitant, e [tʀɛtɑ̃, -ɑ̃t] *adj*: **vot**[re] **médecin ~** your usual *ou* family doctor; **shampooing ~** medicated shampoo
traite [tʀɛt] *nf* (*Comm*) draft; (*Ag*[r]) milking; **d'une (seule) ~** witho[ut] stopping (once)
traité [tʀete] *nm* treaty
traitement [tʀɛtmɑ̃] *nm* treatment; (*salaire*) salary; **~ de données** *ou* **de l'information** data processing; **~ de texte** wo[rd] processing; (*logiciel*) word processing package
traiter [tʀete] /1/ *vt* to treat; (*qualifier*): **~ qn d'idiot** to call sb [a] fool ▸ *vi* to deal; **~ de** to deal wi[th]
traiteur [tʀɛtœʀ] *nm* caterer
traître, -esse [tʀɛtʀ, -tʀɛs] *ad*[j] (*dangereux*) treacherous ▸ *nm/f* traitor (traitress)
trajectoire [tʀaʒɛktwaʀ] *nf* pa[th]
trajet [tʀaʒɛ] *nm* (*parcours, voyage*) journey; (*itinéraire*) route

distance à parcourir) distance; **il y** **une heure de ~** the journey akes one hour

ampoline [tʀɑ̃pɔlin] *nm* rampoline

amway [tʀamwɛ] *nm* ram(way); (*voiture*) tram(car) BRIT), streetcar (US)

anchant, e [tʀɑ̃ʃɑ̃, -ɑ̃t] *adj* harp; (*fig*) peremptory ▶ *nm* (*d'un* outeau) cutting edge; (*de la main*) dge; **à double ~** double-edged

anche [tʀɑ̃ʃ] *nf* (*morceau*) slice; arête) edge; **~ d'âge/de salaires** ge/wage bracket

anché, e [tʀɑ̃ʃe] *adj* (*couleurs*) istinct; (*opinions*) clear-cut

ancher [tʀɑ̃ʃe] /1/ *vt* to cut, ever ▶ *vi* to be decisive; **~ avec** to ontrast sharply with

anquille [tʀɑ̃kil] *adj* quiet; rassuré) easy in one's mind, with ne's mind at rest; **se tenir ~** enfant) to be quiet; **avoir la** **onscience ~** to have an easy onscience; **laisse-moi/** **aisse-ça ~** leave me/it alone **• tranquillisant** *nm* tranquillizer **• tranquillité** *nf* peace (and uiet); **tranquillité d'esprit** eace of mind

ansférer [tʀɑ̃sfeʀe] /6/ *vt* to ransfer **• transfert** *nm* transfer

ansformation tʀɑ̃sfɔʀmasjɔ̃] *nf* change, lteration; (*radicale*) ransformation; (*Rugby*) onversion; **transformations** *fpl* (*travaux*) alterations

ansformer [tʀɑ̃sfɔʀme] /1/ *vt* o change; (*radicalement*) to ransform; (*vêtement*) alter; matière première, appartement, ugby) to convert; **~ en** to turn into

transfusion [tʀɑ̃sfyzjɔ̃] *nf*: **~ sanguine** blood transfusion

transgénique [tʀɑ̃sʒenik] *adj* transgenic

transgresser [tʀɑ̃sgʀese] /1/ *vt* to contravene

transi, e [tʀɑ̃zi] *adj* numb (with cold), chilled to the bone

transiger [tʀɑ̃ziʒe] /3/ *vi* to compromise

transit [tʀɑ̃zit] *nm* transit **• transiter** /1/ *vi* to pass in transit

transition [tʀɑ̃zisjɔ̃] *nf* transition **• transitoire** *adj* transitional

transmettre [tʀɑ̃smɛtʀ] /56/ *vt* (*passer*): **~ qch à qn** to pass sth on to sb; (*Tech, Tél, Méd*) to transmit; (*TV, Radio: retransmettre*) to broadcast **• transmission** *nf* transmission

transparent, e [tʀɑ̃spaʀɑ̃, -ɑ̃t] *adj* transparent

transpercer [tʀɑ̃spɛʀse] /3/ *vt* (*froid, pluie*) to go through, pierce; (*balle*) to go through

transpiration [tʀɑ̃spiʀasjɔ̃] *nf* perspiration

transpirer [tʀɑ̃spiʀe] /1/ *vi* to perspire

transplanter [tʀɑ̃splɑ̃te] /1/ *vt* (*Méd, Bot*) to transplant

transport [tʀɑ̃spɔʀ] *nm* transport; **~s en commun** public transport *sg* **• transporter** /1/ *vt* to carry, move; (*Comm*) to transport, convey **• transporteur** *nm* haulage contractor (BRIT), trucker (US)

transvaser [tʀɑ̃svaze] /1/ *vt* to decant

transversal, e, -aux [tʀɑ̃svɛʀsal, -o] *adj* (*mur, chemin, rue*) running at right angles; **coupe ~e** cross section

trapèze [tʀapɛz] *nm* (*au cirque*) trapeze
trappe [tʀap] *nf* trap door
trapu, e [tʀapy] *adj* squat, stocky
traquenard [tʀaknaʀ] *nm* trap
traquer [tʀake] /1/ *vt* to track down; (*harceler*) to hound
traumatiser [tʀomatize] /1/ *vt* to traumatize
travail, -aux [tʀavaj, -o] *nm* (*gén*) work; (*tâche, métier*) work *no pl*, job; (*Écon, Méd*) labour; **travaux** *nmpl* (*de réparation, agricoles etc*) work *sg*; (*sur route*) roadworks; (*de construction*) building (work) *sg*; **être sans ~** (*employé*) to be out of work; **~ (au) noir** moonlighting; **travaux des champs** farmwork *sg*; **travaux dirigés** (*Scol*) supervised practical work *sg*; **travaux forcés** hard labour *sg*; **travaux manuels** (*Scol*) handicrafts; **travaux ménagers** housework *sg*; **travaux pratiques** (*gén*) practical work *sg*; (*en laboratoire*) lab work *sg*
travailler [tʀavaje] /1/ *vi* to work; (*bois*) to warp ▸ *vt* (*bois, métal*) to work; (*objet d'art, discipline*) to work on; **cela le travaille** it is on his mind
• **travailleur, -euse** *adj* hard-working ▸ *nm/f* worker; **travailleur social** social worker
• **travailliste** *adj* ≈ Labour *cpd*
travaux [tʀavo] *nmpl voir* **travail**
travers [tʀavɛʀ] *nm* fault, failing; **en ~ (de)** across; **au ~ (de)** through; **de ~** (*nez, bouche*) crooked; (*chapeau*) askew; **à ~** through; **regarder de ~** (*fig*) to look askance at; **comprendre de ~** to misunderstand
traverse [tʀavɛʀs] *nf* (*de voie ferrée*) sleeper; **chemin de ~** shortcut
traversée [tʀavɛʀse] *nf* crossir
traverser [tʀavɛʀse] /1/ *vt* (*gén* to cross; (*ville, tunnel, aussi percer fig*) to go through; (*ligne, trait*) to run across
traversin [tʀavɛʀsɛ̃] *nm* bolste
travesti [tʀavɛsti] *nm* transvestite
trébucher [tʀebyʃe] /1/ *vi*: **~ (su** to stumble (over), trip (over)
trèfle [tʀɛfl] *nm* (*Bot*) clover; (*Cartes: couleur*) clubs *pl*; (*: carte*) club; **~ à quatre feuilles** four-le clover
treize [tʀɛz] *num* thirteen
• **treizième** *num* thirteenth
tréma [tʀema] *nm* diaeresis
tremblement [tʀɑ̃bləmɑ̃] *nm*: **~ de terre** earthquake
trembler [tʀɑ̃ble] /1/ *vi* to tremble, shake; **~ de** (*froid, fièvre*) to shiver *ou* tremble with; (*peur*) shake *ou* tremble with; **~ pour c** to fear for sb
trémousser [tʀemuse] /1/: **se trémousser** *vi* to jig about, wriggle about
trempé, e [tʀɑ̃pe] *adj* soaking (wet), drenched; (*Tech*): **acier ~** tempered steel
tremper [tʀɑ̃pe] /1/ *vt* to soak, drench; (*aussi*: **faire ~, mettre à ~**) to soak ▸ *vi* to soak; (*fig*): **~ dans** to be involved *ou* have a hand in; **se tremper** *vi* to have a quick dip
tremplin [tʀɑ̃plɛ̃] *nm* springboard; (*Ski*) ski jump
trentaine [tʀɑ̃tɛn] *nf* (*âge*): **avc la ~** to be around thirty; **une ~ (de)** thirty or so, about thirty

ente [tʀɑ̃t] *num* thirty; **être/se** **nettre sur son ~ et un** to be wearing/put on one's Sunday best **• trentième** *num* thirtieth
épidant, e [tʀepidɑ̃, -ɑ̃t] *adj* *fig: rythme)* pulsating; (: *vie*) hectic
épigner [tʀepiɲe] /1/ *vi* to stamp (one's feet)
ès [tʀɛ] *adv* very; **~ beau/bien** very beautiful/well; **~ critiqué** much criticized; **~ industrialisé** highly industrialized
ésor [tʀezɔʀ] *nm* treasure; **~ (public)** public revenue **• trésorerie** *nf* (*gestion*) accounts *pl*; (*bureaux*) accounts department; **difficultés de trésorerie** cash problems, shortage of cash *ou* funds **• trésorier, -ière** *nm/f* treasurer
essaillir [tʀesajiʀ] /13/ *vi* to shiver, shudder
essauter [tʀesote] /1/ *vi* to start, jump
esse [tʀɛs] *nf* braid, plait **• tresser** /1/ *vt* (*cheveux*) to braid, plait; (*fil, jonc*) to plait; (*corbeille*) to weave; (*corde*) to twist
êve [tʀɛv] *nf* (*Mil, Pol*) truce; (*fig*) respite; **~ de ...** enough of this ...
i [tʀi] *nm*: **faire le ~ (de)** to sort out; **le (bureau de) ~** (*Postes*) the sorting office
iangle [tʀijɑ̃gl] *nm* triangle **• triangulaire** *adj* triangular
ibord [tʀibɔʀ] *nm*: **à ~** to starboard, on the starboard side
ibu [tʀiby] *nf* tribe
ibunal, -aux [tʀibynal, -o] *nm* (*Jur*) court; (*Mil*) tribunal
ibune [tʀibyn] *nf* (*estrade*) platform, rostrum; (*débat*) forum; (*d'église, de tribunal*) gallery; (*de stade*) stand
tribut [tʀiby] *nm* tribute
tributaire [tʀibytɛʀ] *adj*: **être ~ de** to be dependent on
tricher [tʀiʃe] /1/ *vi* to cheat **• tricheur, -euse** *nm/f* cheat
tricolore [tʀikɔlɔʀ] *adj* three-coloured; (*français*) red, white and blue
tricot [tʀiko] *nm* (*technique, ouvrage*) knitting *no pl*; (*vêtement*) jersey, sweater; **~ de corps, ~ de peau** vest **• tricoter** /1/ *vt* to knit
tricycle [tʀisikl] *nm* tricycle
trier [tʀije] /7/ *vt* to sort (out); (*Postes, Inform, fruits*) to sort
trimestre [tʀimɛstʀ] *nm* (*Scol*) term; (*Comm*) quarter **• trimestriel, le** *adj* quarterly; (*Scol*) end-of-term
trinquer [tʀɛ̃ke] /1/ *vi* to clink glasses
triomphe [tʀijɔ̃f] *nm* triumph **• triompher** /1/ *vi* to triumph, win; **triompher de** to triumph over, overcome
tripes [tʀip] *nfpl* (*Culin*) tripe *sg*
triple [tʀipl] *adj* triple ▶ *nm*: **le ~ (de)** (*comparaison*) three times as much (as); **en ~ exemplaire** in triplicate **• tripler** /1/ *vi, vt* to triple, treble
triplés, -ées [tʀiple] *nm/f pl* triplets
tripoter [tʀipɔte] /1/ *vt* to fiddle with
triste [tʀist] *adj* sad; (*couleur, temps, journée*) dreary; (*péj*): **~ personnage/affaire** sorry individual/affair **• tristesse** *nf* sadness
trivial, e, -aux [tʀivjal, -o] *adj* coarse, crude; (*commun*) mundane
troc [tʀɔk] *nm* barter

trognon [tʀɔɲɔ̃] *nm* (*de fruit*) core; (*de légume*) stalk
trois [tʀwa] *num* three • **troisième** *num* third ▸ *nf* (*Scol*) year 10 (BRIT), ninth grade (US); **le troisième âge** (*période de vie*) one's retirement years; (*personnes âgées*) senior citizens *pl*
troll [tʀɔl] *nm*, **trolleur, -euse** [tʀɔlœʀ, -øz] *nm/f* (*Inform*) troll
trombe [tʀɔ̃b] *nf*: **des ~s d'eau** a downpour; **en ~** like a whirlwind
trombone [tʀɔ̃bɔn] *nm* (*Mus*) trombone; (*de bureau*) paper clip
trompe [tʀɔ̃p] *nf* (*d'éléphant*) trunk; (*Mus*) trumpet, horn
tromper [tʀɔ̃pe] /1/ *vt* to deceive; (*vigilance, poursuivants*) to elude; **se tromper** *vi* to make a mistake, be mistaken; **se ~ de voiture/jour** to take the wrong car/get the day wrong; **se ~ de 3 cm/20 euros** to be out by 3 cm/20 euros
trompette [tʀɔ̃pɛt] *nf* trumpet; **en ~** (*nez*) turned-up
trompeur, -euse [tʀɔ̃pœʀ, -øz] *adj* deceptive
tronc [tʀɔ̃] *nm* (*Bot, Anat*) trunk; (*d'église*) collection box
tronçon [tʀɔ̃sɔ̃] *nm* section • **tronçonner** /1/ *vt* to saw up • **tronçonneuse** *nf* chainsaw
trône [tʀon] *nm* throne
trop [tʀo] *adv* too; (*avec verbe*) too much; (*aussi*: **~ nombreux**) too many; (*aussi*: **~ souvent**) too often; **~ peu (nombreux)** too few; **~ longtemps** (for) too long; **~ de** (*nombre*) too many; (*quantité*) too much; **de ~, en ~: des livres en ~** a few books too many; **du lait en ~** too much milk; **trois livres/cinq euros de ~** three books too many/five euros too much; **ça coûte ~ cher** it's too expensive
tropical, e, -aux [tʀɔpikal, -o] *adj* tropical
tropique [tʀɔpik] *nm* tropic
trop-plein [tʀoplɛ̃] *nm* (*tuyau*) overflow *ou* outlet (pipe); (*liquide*) overflow
troquer [tʀɔke] /1/ *vt*: **~ qch contre** to barter *ou* trade sth for (*fig*) to swap sth for
trot [tʀo] *nm* trot • **trotter** /1/ *vi* to trot
trottinette [tʀɔtinɛt] *nf* (child' scooter
trottoir [tʀɔtwaʀ] *nm* pavemer (BRIT), sidewalk (US); **faire le ~** (*péj*) to walk the streets; **~ roulant** moving walkway, travelator
trou [tʀu] *nm* hole; (*fig*) gap; (*Comm*) deficit; **~ d'air** air pocke **~ de mémoire** blank, lapse of memory
troublant, e [tʀublɑ̃, -ɑ̃t] *adj* disturbing
trouble [tʀubl] *adj* (*liquide*) cloudy; (*image, photo*) blurred; (*affaire*) shady, murky ▸ *adv*: **voir** to have blurred vision ▸ *nm* agitation; **troubles** *nmpl* (*Pol*) disturbances, troubles, unrest *sg* (*Méd*) trouble *sg*, disorders • **trouble-fête** *nm/f inv* spoilsport
troubler [tʀuble] /1/ *vt* to disturb; (*liquide*) to make cloudy; (*intriguer*) to bother; **se troubler** (*personne*) to become flustered *o* confused
trouer [tʀue] /1/ *vt* to make a ho (*ou* holes) in
trouille [tʀuj] *nf* (*fam*): **avoir la** to be scared stiff

oupe [tʀup] *nf* troop; **~ (de héâtre)** (theatrical) company
oupeau, x [tʀupo] *nm* (*de noutons*) flock; (*de vaches*) herd
ousse [tʀus] *nf* case, kit; *d'écolier*) pencil case; **aux ~s de** *fig*) on the heels *ou* tail of; **~ à utils** toolkit; **~ de toilette** oilet bag
ousseau, x [tʀuso] *nm* (*de nariée*) trousseau; **~ de clefs** unch of keys
ouvaille [tʀuvaj] *nf* find
ouver [tʀuve] /1/ *vt* to find; *rendre visite*): **aller/venir ~ qn** to o/come and see sb; **se trouver** *vi être*) to be; **je trouve que** I find *ou* hink that; **~ à boire/critiquer** to ind something to drink/criticize; **e ~ mal** to pass out
uand [tʀyɑ̃] *nm* villain
• **truander** /1/ *vt*: **se faire ruander** to be swindled
uc [tʀyk] *nm* (*astuce*) way; (*de inéma, prestidigitateur*) trick ffect; (*chose*) thing; thingumajig; **voir le ~** to have the knack; **c'est as son** (*ou* **mon** *etc*) **~** (*fam*) it's ot really his (*ou* my *etc*) thing
uffe [tʀyf] *nf* truffle; (*nez*) nose
uffé, e [tʀyfe] *adj* (*Culin*) arnished with truffles
uie [tʀɥi] *nf* sow
uite [tʀɥit] *nf* trout *inv*
uquage [tʀykaʒ] *nm* special ffects *pl*
uquer [tʀyke] /1/ *vt* (*élections, errure, dés*) to fix
VP *abr* (= *tournez s'il vous plaît*) TO
C *abr* (= *toutes taxes comprises*) nclusive of tax
[1] [ty] *pron* you ▸ *nm*: **employer e tu** to use the "tu" form

tu², e [ty] *pp de* **taire**
tuba [tyba] *nm* (*Mus*) tuba; (*Sport*) snorkel
tube [tyb] *nm* tube; (*chanson, disque*) hit song *ou* record
tuberculose [tybɛʀkyloz] *nf* tuberculosis
tuer [tɥe] /1/ *vt* to kill; **se tuer** *vi* (*se suicider*) to kill o.s.; (*dans un accident*) to be killed; **se ~ au travail** (*fig*) to work o.s. to death
• **tuerie** *nf* slaughter *no pl*; (*fam: délice*): **c'est une tuerie!** it's a killer!
tue-tête [tytɛt]: **à ~** *adv* at the top of one's voice
tueur [tɥœʀ] *nm* killer; **~ à gages** hired killer
tuile [tɥil] *nf* tile; (*fam*) spot of bad luck, blow
tulipe [tylip] *nf* tulip
tuméfié, e [tymefje] *adj* puffy, swollen
tumeur [tymœʀ] *nf* growth, tumour
tumulte [tymylt] *nm* commotion
• **tumultueux, -euse** *adj* stormy, turbulent
tunique [tynik] *nf* tunic
Tunis [tynis] *n* Tunis
Tunisie [tynizi] *nf*: **la ~** Tunisia
• **tunisien, ne** *adj* Tunisian
▸ *nm/f*: **Tunisien, ne** Tunisian
tunnel [tynɛl] *nm* tunnel; **le ~ sous la Manche** the Channel Tunnel
turbulent, e [tyʀbylɑ̃, -ɑ̃t] *adj* boisterous, unruly
turc, turque [tyʀk] *adj* Turkish
▸ *nm* (*Ling*) Turkish ▸ *nm/f*: **Turc, Turque** Turk/Turkish woman
turf [tyʀf] *nm* racing • **turfiste** *nm/f* racegoer
Turquie [tyʀki] *nf*: **la ~** Turkey

turquoise [tyʀkwaz] *nf, adj inv* turquoise

tutelle [tytɛl] *nf (Jur)* guardianship; *(Pol)* trusteeship; **sous la ~ de** *(fig)* under the supervision of

tuteur, -trice [tytœʀ, -tʀis] *nm/f (Jur)* guardian; *(de plante)* stake, support

tutoyer [tytwaje] /8/ *vt*: **~ qn** to address sb as "tu"

tuyau, x [tɥijo] *nm* pipe; *(flexible)* tube; *(fam)* tip; **~ d'arrosage** hosepipe; **~ d'échappement** exhaust pipe • **tuyauterie** *nf* piping *no pl*

TVA *sigle f (= taxe à ou sur la valeur ajoutée)* VAT

tweet [twit] *nm (Internet: Twitter)* tweet; • **tweeter** /1/ *vi* to tweet • **tweetos** *nm/f inv* = **twittos** • **tweetosphère** *nf* = **twittosphère**

twittos [twitɔs] *nm/f inv* Twitterer • **twittosphère** *nf* Twittersphere

tympan [tɛ̃pɑ̃] *nm (Anat)* eardrum

type [tip] *nm* type; *(fam)* chap, guy ▸ *adj* typical, standard

typé, e [tipe] *adj* ethnic *(euphémisme)*

typique [tipik] *adj* typical

tyran [tiʀɑ̃] *nm* tyrant • **tyrannique** *adj* tyrannical

tzigane [dzigan] *adj* gipsy, tzigane

U

ubériser [ybeʀize] /1/ *vt* to uberize

ulcère [ylsɛʀ] *nm* ulcer

ultérieur, e [ylteʀjœʀ] *adj* later, subsequent; **remis à une date ~e** postponed to a later date • **ultérieurement** *adv* later, subsequently

ultime [yltim] *adj* final

un, une [œ̃, yn]

▸ *art indéf* a; *(devant voyelle)* an; **un garçon/vieillard** a boy/an old man; **une fille** a girl
▸ *pron* one; **l'un des meilleurs** one of the best; **l'un ..., l'autre** (the) one ..., the other; **les uns ..., les autres** some ..., others; **l'un et l'autre** both (of them); **l'un ou l'autre** either (of them); **l'un l'autre, les uns les autres** each other, one another **pas un seul** not a single one; **un par un** one by one
▸ *num* one; **une pomme seulement** one apple only, just one apple
▸ *nf*: **la une** *(Presse)* the front page

anime [ynanim] *adj* nanimous • **unanimité** *nf*: **l'unanimité** unanimously
i, e [yni] *adj* (*ton, tissu*) plain; *surface*) smooth, even; (*famille*) lose(-knit); (*pays*) united
ifier [ynifje] /7/ *vt* to unite, unify
iforme [ynifɔʀm] *adj* uniform; *surface, ton*) even ▶ *nm* uniform
uniformiser /1/ *vt* (*systèmes*) to tandardize
ion [ynjɔ̃] *nf* union; **~ de onsommateurs** consumers' ssociation; **~ libre: vivre en libre** (*en concubinage*) to cohabit; **U~ européenne** the European Jnion; **l'U~ soviétique** the oviet Union
ique [ynik] *adj* (*seul*) only; *exceptionnel*) unique; **un prix/ ystème ~** a single price/system; **ils/fille ~** only son/daughter, nly child; **sens ~** one-way street
uniquement *adv* only, solely; *uste*) only, merely
ir [yniʀ] /2/ *vt* (*nations*) to nite; (*en mariage*) to unite, join ogether; **s'unir** *vi* to unite; (*en nariage*) to be joined together
itaire [ynitɛʀ] *adj*: **prix ~** unit rice
ité [ynite] *nf* (*harmonie, ohésion*) unity; (*Math*) unit
ivers [ynivɛʀ] *nm* universe
universel, le *adj* universal
iversitaire [ynivɛʀsitɛʀ] *adj* niversity *cpd*; (*diplôme, études*) cademic, university *cpd* ▶ *nm/f* cademic
iversité [ynivɛʀsite] *nf* niversity
bain, e [yʀbɛ̃, -ɛn] *adj* urban, ity *cpd*, town *cpd* • **urbanisme** *m* town planning
urgence [yʀʒɑ̃s] *nf* urgency; (*Méd etc*) emergency; **d'~** *adj* emergency *cpd* ▶ *adv* as a matter of urgency; **service des ~s** A&E (BRIT), ER (US)
urgent, e [yʀʒɑ̃, -ɑ̃t] *adj* urgent
urgentiste [yʀʒɑ̃tist] *nm/f* A&E doctor (BRIT), emergency physician (US)
urine [yʀin] *nf* urine • **urinoir** *nm* (public) urinal
urne [yʀn] *nf* (*électorale*) ballot box; (*vase*) urn
urticaire [yʀtikɛʀ] *nf* nettle rash
us [ys] *nmpl*: **us et coutumes** (habits and) customs
usage [yzaʒ] *nm* (*emploi, utilisation*) use; (*coutume*) custom; **à l'~** with use; **à l'~ de** (*pour*) for (use of); **en ~** in use; **hors d'~** out of service; **à ~ interne** (*Méd*) to be taken (internally); **à ~ externe** (*Méd*) for external use only
• **usagé, e** *adj* (*usé*) worn
• **usager, -ère** *nm/f* user
usé, e [yze] *adj* worn (down *ou* out *ou* away); (*banal: argument etc*) hackneyed
user [yze] /1/ *vt* (*outil*) to wear down; (*vêtement*) to wear out; (*matière*) to wear away; (*consommer: charbon etc*) to use; **s'user** *vi* (*tissu, vêtement*) to wear out; **~ de** (*moyen, procédé*) to use, employ; (*droit*) to exercise
usine [yzin] *nf* factory
usité, e [yzite] *adj* common
ustensile [ystɑ̃sil] *nm* implement; **~ de cuisine** kitchen utensil
usuel, le [yzɥɛl] *adj* everyday, common
usure [yzyʀ] *nf* wear
utérus [yteʀys] *nm* uterus, womb
utile [ytil] *adj* useful

utilisation [ytilizasjɔ̃] *nf* use
utiliser [ytilize] /1/ *vt* to use
utilitaire [ytilitɛʀ] *adj* utilitarian
utilité [ytilite] *nf* usefulness *no pl*; **de peu d'~** of little use *ou* help
utopie [ytɔpi] *nf* utopia

V

va [va] *vb voir* **aller**
vacance [vakɑ̃s] *nf* (*Admin*) vacancy; **vacances** *nfpl* holiday(s) *pl* (BRIT), vacation *sg* (US); **les grandes ~s** the summer holidays *ou* vacation; **prendre des/ses ~s** to take a holiday *ou* vacation/one's holiday(s) *ou* vacation; **aller en** to go on holiday *ou* vacation • **vacancier, -ière** *nm/f* holidaymaker
vacant, e [vakɑ̃, -ɑ̃t] *adj* vacant
vacarme [vakaʀm] *nm* row, di
vaccin [vaksɛ̃] *nm* vaccine; (*opération*) vaccination • **vaccination** *nf* vaccination • **vacciner** /1/ *vt* to vaccinate; **être vacciné** (*fig*) to be immune
vache [vaʃ] *nf* (*Zool*) cow; (*cuir*) cowhide ▸ *adj* (*fam*) rotten, mea • **vachement** *adv* (*fam*) really • **vacherie** *nf* (*action*) dirty trick (*propos*) nasty remark
vaciller [vasije] /1/ *vi* to sway, wobble; (*bougie, lumière*) to flick (*fig*) to be failing, falter
VAE *sigle m* (= *vélo (à assistance) électrique*) e-bike

-et-vient [vaevjɛ̃] *nm inv* comings and goings *pl*
gabond, e [vagabɔ̃, -ɔ̃d] *adj* wandering ▸ *nm* (*rôdeur*) tramp, vagrant; (*voyageur*) wanderer
vagabonder /1/ *vi* to roam, wander
gin [vaʒɛ̃] *nm* vagina
gue [vag] *nf* wave ▸ *adj* vague; *regard*) faraway; (*manteau, robe*) loose(-fitting); (*quelconque*): **un bureau/cousin** some office/ cousin or other; **~ de fond** ground swell; **~ de froid** cold spell
illant, e [vajɑ̃, -ɑ̃t] *adj* (*courageux*) gallant; (*robuste*) hale and hearty
in, e [vɛ̃, vɛn] *adj* vain; **en ~** in vain
incre [vɛ̃kʀ] /42/ *vt* to defeat; (*fig*) to conquer, overcome
vaincu, e *nm/f* defeated party
vainqueur *nm* victor; (*Sport*) winner
isseau, x [vɛso] *nm* (*Anat*) vessel; (*Navig*) ship, vessel; **~ spatial** spaceship
isselier [vɛsəlje] *nm* dresser
isselle [vɛsɛl] *nf* (*service*) crockery; (*plats etc à laver*) (dirty) dishes *pl*; **faire la ~** to do the dishes
lable [valabl] *adj* valid; (*acceptable*) decent, worthwhile
let [valɛ] *nm* valet; (*Cartes*) jack
leur [valœʀ] *nf* (*gén*) value; (*mérite*) worth, merit; (*Comm: titre*) security; **valeurs** *nfpl* (*morales*) values; **mettre en ~** (*fig*) to highlight; to show off to advantage; **avoir de la ~** to be valuable; **prendre de la ~** to go up *ou* gain in value; **sans ~** worthless

valide [valid] *adj* (*en bonne santé*) fit; (*valable*) valid • **valider** /1/ *vt* to validate
valise [valiz] *nf* (suit)case; **faire sa ~** to pack one's (suit)case
vallée [vale] *nf* valley
vallon [valɔ̃] *nm* small valley
valoir [valwaʀ] /29/ *vi* (*être valable*) to hold, apply ▸ *vt* (*prix, valeur, effort*) to be worth; (*causer*): **~ qch à qn** to earn sb sth; **se valoir** to be of equal merit; (*péj*) to be two of a kind; **faire ~** (*droits, prérogatives*) to assert; **se faire ~** to make the most of o.s.; **à ~ sur** to be deducted from; **vaille que vaille** somehow or other; **cela ne me dit rien qui vaille** I don't like the look of it at all; **ce climat ne me vaut rien** this climate doesn't suit me; **~ la peine** to be worth the trouble, be worth it; **~ mieux: il vaut mieux se taire** it's better to say nothing; **ça ne vaut rien** it's worthless; **que vaut ce candidat?** how good is this applicant?
valse [vals] *nf* waltz
vandalisme [vɑ̃dalism] *nm* vandalism
vanille [vanij] *nf* vanilla
vanité [vanite] *nf* vanity
• **vaniteux, -euse** *adj* vain, conceited
vanne [van] *nf* gate; (*fam*) dig
vantard, e [vɑ̃taʀ, -aʀd] *adj* boastful
vanter [vɑ̃te] /1/ *vt* to speak highly of, praise; **se vanter** *vi* to boast, brag; **se ~ de** to pride o.s. on; (*péj*) to boast of
vapeur [vapœʀ] *nf* steam; (*émanation*) vapour, fumes *pl*; **vapeurs** *nfpl* (*bouffées*) vapours;

à ~ steam-powered, steam *cpd*; **cuit à la ~** steamed • **vaporeux, -euse** *adj* (*flou*) hazy, misty; (*léger*) filmy • **vaporisateur** *nm* spray • **vaporiser** /1/ *vt* (*parfum etc*) to spray

vapoter [vapɔte] /1/ *vi* to smoke an e-cigarette

varappe [vaʀap] *nf* rock climbing

vareuse [vaʀøz] *nf* (*blouson*) pea jacket; (*d'uniforme*) tunic

variable [vaʀjabl] *adj* variable; (*temps, humeur*) changeable; (*divers: résultats*) varied, various

varice [vaʀis] *nf* varicose vein

varicelle [vaʀisɛl] *nf* chickenpox

varié, e [vaʀje] *adj* varied; (*divers*) various; **hors-d'œuvre ~s** selection of hors d'œuvres

varier [vaʀje] /7/ *vi* to vary; (*temps, humeur*) to change ▶ *vt* to vary • **variété** *nf* variety; **spectacle de variétés** variety show

variole [vaʀjɔl] *nf* smallpox

Varsovie [vaʀsɔvi] *n* Warsaw

vas [va] *vb voir* **aller**; **~-y!** go on!

vase [vɑz] *nm* vase ▶ *nf* silt, mud • **vaseux, -euse** *adj* silty, muddy; (*fig: confus*) woolly, hazy; (*: fatigué*) peaky

vasistas [vazistɑs] *nm* fanlight

vaste [vast] *adj* vast, immense

vautour [votuʀ] *nm* vulture

vautrer [votʀe] /1/: **se vautrer** *vi*: **se ~ dans** to wallow in; **se ~ sur** to sprawl on

va-vite [vavit]: **à la ~** *adv* in a rush

VDQS *sigle m* (= *vin délimité de qualité supérieure*) *label guaranteeing quality of wine*

veau, x [vo] *nm* (*Zool*) calf; (*Culin*) veal; (*peau*) calfskin

vécu, e [veky] *pp de* **vivre**

vedette [vədɛt] *nf* (*artiste etc*) star; (*canot*) patrol boat; (*police*) launch

végétal, e, -aux [veʒetal, -o] *a* vegetable ▶ *nm* vegetable, plant • **végétalien, ne** *adj, nm/f* vega • **végétalisé, e** *adj*: **toit/mur végétalisé** green roof/wall, planted roof/wall

végétarien, ne [veʒetaʀjɛ̃, -ɛʀ *adj, nm/f* vegetarian

végétation [veʒetasjɔ̃] *nf* vegetation; **végétations** *nfpl* (*Méd*) adenoids

véhicule [veikyl] *nm* vehicle; **~ utilitaire** commercial vehicle

veille [vɛj] *nf* (*Psych*) wakefulne (*jour*): **la ~** the day before; **la ~ a soir** the previous evening; **la ~ d** the day before; **la ~ de Noël** Christmas Eve; **la ~ du jour de l'An** New Year's Eve; **à la ~ de** on the eve of

veillée [veje] *nf* (*soirée*) evening; (*réunion*) evening gathering; **~ (funèbre)** wake

veiller [veje] /1/ *vi* to stay *ou* sit up ▶ *vt* (*malade, mort*) to watch over, sit up with; **~ à** to attend to, see to; **~ à ce que** to make sure that; **~ sur** to keep a watch *ou* an eye on • **veilleur** *nr* **veilleur de nuit** night watchma • **veilleuse** *nf* (*lampe*) night ligh (*Auto*) sidelight; (*flamme*) pilot light

veinard, e [vɛnaʀ, -aʀd] *nm/f* lucky devil

veine [vɛn] *nf* (*Anat, du bois etc*) vein; (*filon*) vein, seam; **avoir de la ~** (*fam*) (*chance*) to be lucky

véliplanchiste [veliplɑ̃ʃist] *nm/f* windsurfer

élo [velo] *nm* bike, cycle; **faire du ~** to go cycling • **vélomoteur** *nm* moped
elours [v(ə)luʀ] *nm* velvet; **~ côtelé** corduroy • **velouté, e** *adj* velvety ▸ *nm*: **velouté d'asperges/de tomates** cream of asparagus/tomato soup
elu, e [vəly] *adj* hairy
endange [vɑ̃dɑ̃ʒ] *nf* (*aussi*: **~s**) grape harvest • **vendanger** /3/ *vi* to harvest the grapes
endeur, -euse [vɑ̃dœʀ, -øz] *nm/f* shop *ou* sales assistant ▸ *nm* (*Jur*) vendor, seller
endre [vɑ̃dʀ] /41/ *vt* to sell; **~ qch à qn** to sell sb sth; **"à ~"** "for sale"
endredi [vɑ̃dʀədi] *nm* Friday; **V~ saint** Good Friday
énéneux, -euse [venenø, -øz] *adj* poisonous
énérien, ne [veneʀjɛ̃, -ɛn] *adj* venereal
engeance [vɑ̃ʒɑ̃s] *nf* vengeance *no pl*, revenge *no pl*
enger [vɑ̃ʒe] /3/ *vt* to avenge; **se venger** *vi* to avenge o.s.; **se ~ de qch** to avenge o.s. for sth; to take one's revenge for sth; **se ~ de qn** to take revenge on sb; **se ~ sur** to take revenge on
enimeux, -euse [vənimø, -øz] *adj* poisonous, venomous; (*fig*: *haineux*) venomous, vicious
enin [vənɛ̃] *nm* venom, poison
enir [v(ə)niʀ] /22/ *vi* to come; **~ de** to come from; **~ de faire: je viens d'y aller/de le voir** I've just been there/seen him; **s'il vient à pleuvoir** if it should rain; **où veux-tu en ~?** what are you getting at?; **faire ~** (*docteur, plombier*) to call (out)

vent [vɑ̃] *nm* wind; **il y a du ~** it's windy; **c'est du ~** it's all hot air; **dans le ~** (*fam*) trendy
vente [vɑ̃t] *nf* sale; **la ~** (*activité*) selling; (*secteur*) sales *pl*; **mettre en ~** to put on sale; (*objets personnels*) to put up for sale; **~ aux enchères** auction sale; **~ de charité** jumble (BRIT) *ou* rummage (US) sale
venteux, -euse [vɑ̃tø, -øz] *adj* windy
ventilateur [vɑ̃tilatœʀ] *nm* fan
ventiler [vɑ̃tile] /1/ *vt* to ventilate
ventouse [vɑ̃tuz] *nf* (*de caoutchouc*) suction pad
ventre [vɑ̃tʀ] *nm* (*Anat*) stomach; (*fig*) belly; **avoir mal au ~** to have (a) stomach ache
venu, e [v(ə)ny] *pp de* **venir** ▸ *adj*: **être mal ~ à** *ou* **de faire** to have no grounds for doing, be in no position to do; **mal ~** ill-timed; **bien ~** timely
ver [vɛʀ] *nm* worm; (*des fruits etc*) maggot; (*du bois*) woodworm *no pl*; **~ luisant** glow-worm; **~ à soie** silkworm; **~ solitaire** tapeworm; **~ de terre** earthworm
verbe [vɛʀb] *nm* verb
verdâtre [vɛʀdɑtʀ] *adj* greenish
verdict [vɛʀdik(t)] *nm* verdict
verdir [vɛʀdiʀ] /2/ *vi, vt* to turn green • **verdure** *nf* greenery
véreux, -euse [veʀø, -øz] *adj* worm-eaten; (*malhonnête*) shady, corrupt
verge [vɛʀʒ] *nf* (*Anat*) penis
verger [vɛʀʒe] *nm* orchard
verglacé, e [vɛʀglase] *adj* icy, iced-over
verglas [vɛʀgla] *nm* (black) ice
véridique [veʀidik] *adj* truthful

vérification [verifikasjɔ̃] *nf* checking *no pl*, check
vérifier [verifje] /7/ *vt* to check; (*corroborer*) to confirm, bear out
véritable [veritabl] *adj* real; (*ami, amour*) true; **un ~ désastre** an absolute disaster
vérité [verite] *nf* truth; **en ~** to tell the truth
verlan [vɛrlɑ̃] *nm* (back) slang
vermeil, le [vɛrmɛj] *adj* ruby red
vermine [vɛrmin] *nf* vermin *pl*
vermoulu, e [vɛrmuly] *adj* worm-eaten
verni, e [vɛrni] *adj* (*fam*) lucky; **cuir ~** patent leather
vernir [vɛrnir] /2/ *vt* (*bois, tableau, ongles*) to varnish; (*poterie*) to glaze • **vernis** *nm* (*enduit*) varnish; glaze; (*fig*) veneer; **vernis à ongles** nail varnish (BRIT) *ou* polish • **vernissage** *nm* (*d'une exposition*) preview
vérole [verɔl] *nf* (*variole*) smallpox
verre [vɛr] *nm* glass; (*de lunettes*) lens *sg*; **boire** *ou* **prendre un ~** to have a drink; **~s de contact** contact lenses • **verrière** *nf* (*grand vitrage*) window; (*toit vitré*) glass roof
verrou [veru] *nm* (*targette*) bolt; **mettre qn sous les ~s** to put sb behind bars • **verrouillage** *nm* locking mechanism; **verrouillage central** *ou* **centralisé** central locking • **verrouiller** /1/ *vt* to bolt; to lock
verrue [very] *nf* wart
vers [vɛr] *nm* line ▸ *nmpl* (*poésie*) verse *sg* ▸ *prép* (*en direction de*) toward(s); (*près de*) around (about); (*temporel*) about, around
versant [vɛrsɑ̃] *nm* slopes *pl*, side
versatile [vɛrsatil] *adj* fickle, changeable
verse [vɛrs]: **à ~** *adv*: **il pleut à ~** it's pouring (with rain)
Verseau [vɛrso] *nm*: **le ~** Aquari[us]
versement [vɛrsəmɑ̃] *nm* payment; **en trois ~s** in three instalments
verser [vɛrse] /1/ *vt* (*liquide, grains*) to pour; (*larmes, sang*) to shed; (*argent*) to pay; **~ sur un compte** to pay into an account
version [vɛrsjɔ̃] *nf* version; (*Sco[l]*) translation (*into the mother tongue*); **film en ~ originale** film in the original language
verso [vɛrso] *nm* back; **voir au ~** see over(leaf)
vert, e [vɛr, vɛrt] *adj* (*aussi écologique: croissance, économie*) green; (*vin*) young; (*vigoureux*) sprightly ▸ *nm* green; **les V~s** (*Po[l]*) the Greens
vertèbre [vɛrtɛbr] *nf* vertebra
vertement [vɛrtəmɑ̃] *adv* (*réprimander*) sharply
vertical, e, -aux [vɛrtikal, -o] *adj* vertical; **verticale** *nf* vertical; **à la verticale** vertically • **verticalement** *adv* vertically
vertige [vɛrtiʒ] *nm* (*peur du vide*) vertigo; (*étourdissement*) dizzy spell; (*fig*) fever • **vertigineux, -euse** *adj* breathtaking
vertu [vɛrty] *nf* virtue; **en ~ de i[n]** accordance with • **vertueux, -euse** *adj* virtuous
verve [vɛrv] *nf* witty eloquence; **être en ~** to be in brilliant form
verveine [vɛrvɛn] *nf* (*Bot*) verbena, vervain; (*infusion*) verbena tea
vésicule [vezikyl] *nf* vesicle; **~ biliaire** gall-bladder

ssie [vesi] *nf* bladder
ste [vɛst] *nf* jacket; **~ droite/ roisée** single-/double-breasted acket
stiaire [vɛstjɛʀ] *nm* (*au théâtre tc*) cloakroom; (*de stade etc*) hanging-room (BRIT), ɔcker-room (US)
stibule [vɛstibyl] *nm* hall
stige [vɛstiʒ] *nm* relic; (*fig*) estige; **vestiges** *nmpl* (*d'une ville*) emains
stimentaire [vɛstimɑ̃tɛʀ] *adj létail*) of dress; (*élégance*) artorial; **dépenses ~s** clothing xpenditure
ston [vɛstɔ̃] *nm* jacket
tement [vɛtmɑ̃] *nm* garment, :em of clothing; **vêtements** *nmpl* lothes
térinaire [veteʀinɛʀ] *nm/f* et, veterinary surgeon
tir [vetiʀ] /20/ *vt* to clothe, dress
tu, e [vety] *pp de* **vêtir** ▶ *adj*: **de** dressed in, wearing
tuste [vetyst] *adj* ancient, imeworn
uf, veuve [vœf, vœv] *adj* vidowed ▶ *nm* widower ▶ *nf* vidow
xant, e [vɛksɑ̃, -ɑ̃t] *adj* :*ontrariant*) annoying; (*blessant*) ıpsetting
xation [vɛksasjɔ̃] *nf* ıumiliation
xer [vɛkse] /1/ *vt* to hurt; **se** '**exer** *vi* to be offended
able [vjabl] *adj* viable; *économie, industrie etc*) ustainable
ande [vjɑ̃d] *nf* meat; **je ne** ıange **pas de ~** I don't eat meat
brer [vibʀe] /1/ *vi* to vibrate; *son, voix*) to be vibrant; (*fig*) to be stirred; **faire ~** to (cause to) vibrate; to stir, thrill
vice [vis] *nm* vice; (*défaut*) fault; **~ de forme** legal flaw *ou* irregularity
vicié, e [visje] *adj* (*air*) polluted, tainted; (*Jur*) invalidated
vicieux, -euse [visjø, -øz] *adj* (*pervers*) dirty(-minded); (*méchant*) nasty ▶ *nm/f* lecher
vicinal, e, -aux [visinal, -o] *adj*: **chemin ~** byroad, byway
victime [viktim] *nf* victim; (*d'accident*) casualty
victoire [viktwaʀ] *nf* victory
victuailles [viktɥaj] *nfpl* provisions
vidange [vidɑ̃ʒ] *nf* (*d'un fossé, réservoir*) emptying; (*Auto*) oil change; (*de lavabo: bonde*) waste outlet; **vidanges** *nfpl* (*matières*) sewage *sg* • **vidanger** /3/ *vt* to empty
vide [vid] *adj* empty ▶ *nm* (*Physique*) vacuum; (*espace*) (empty) space, gap; (*futilité, néant*) void; **emballé sous ~** vacuum-packed; **avoir peur du ~** to be afraid of heights; **à ~** (*sans occupants*) empty; (*sans charge*) unladen
vidéo [video] *nf* video; **cassette ~** video cassette • **vidéoclip** *nm* music video • **vidéoconférence** *nf* videoconference
vide-ordures [vidɔʀdyʀ] *nm inv* (rubbish) chute
vider [vide] /1/ *vt* to empty; (*Culin: volaille, poisson*) to gut, clean out; **se vider** *vi* to empty; **~ les lieux** to quit *ou* vacate the premises • **videur** *nm* (*de boîte de nuit*) bouncer

vie [vi] *nf* life; **être en ~** to be alive; **sans ~** lifeless; **à ~** for life; **que faites-vous dans la ~?** what do you do?

vieil [vjɛj] *adj m voir* **vieux** • **vieillard** *nm* old man • **vieille** *adj f, nf voir* **vieux** • **vieilleries** *nfpl* old things *ou* stuff *sg* • **vieillesse** *nf* old age • **vieillir** /2/ *vi* (*prendre de l'âge*) to grow old; (*population, vin*) to age; (*doctrine, auteur*) to become dated ▶ *vt* to age; **se vieillir** to make o.s. older • **vieillissement** *nm* growing old; ageing

Vienne [vjɛn] *n* Vienna

viens [vjɛ̃] *vb voir* **venir**

vierge *adj* virgin; (*page*) clean, blank ▶ *nf* virgin; (*signe*): **la V~** Virgo

Viêtnam, Vietnam [vjɛtnam] *nm*: **le ~** Vietnam • **vietnamien, ne** *adj* Vietnamese ▶ *nm/f*: **Vietnamien, ne** Vietnamese

vieux (vieil), vieille [vjø, vjɛj] *adj* old ▶ *nm/f* old man/woman ▶ *nmpl*: **les ~** the old, old people; **un petit ~** a little old man; **mon ~/ma vieille** (*fam*) old man/girl; **prendre un coup de ~** to put years on; **~ garçon** bachelor; **~ jeu** *adj inv* old-fashioned

vif, vive [vif, viv] *adj* (*animé*) lively; (*alerte*) sharp; (*lumière, couleur*) brilliant; (*air*) crisp; (*vent, émotion*) keen; (*fort: regret, déception*) great, deep; (*vivant*): **brûlé ~** burnt alive; **de vive voix** personally; **avoir l'esprit ~** to be quick-witted; **piquer qn au ~** to cut sb to the quick; **à ~** (*plaie*) open; **avoir les nerfs à ~** to be on edge

vigne [viɲ] *nf* (*plante*) vine; (*plantation*) vineyard • **vigneron** *nm* wine grower

vignette [viɲɛt] *nf* (*pour voiture*) ≈ (road) tax disc (BRIT), ≈ license plate sticker (US); (*sur médicament*) price label (*on medicines for reimbursement by Social Security*)

vignoble [viɲɔbl] *nm* (*plantation*) vineyard; (*vignes d'une région*) vineyards *pl*

vigoureux, -euse [viguʀø, -øz] *adj* vigorous, robust

vigueur [vigœʀ] *nf* vigour; **être/entrer en ~** to be in/come into force; **en ~** current

vilain, e [vilɛ̃, -ɛn] *adj* (*laid*) ugly; (*affaire, blessure*) nasty; (*pas sage: enfant*) naughty; **~ mot** bad word

villa [vila] *nf* (detached) house; **~ en multipropriété** time-share villa

village [vilaʒ] *nm* village • **villageois, e** *adj* village *cpd* ▶ *nm/f* villager

ville [vil] *nf* town; (*importante*) city; (*administration*): **la ~** ≈ the (town) council; **~ d'eaux** spa; **~ nouvelle** new town

vin [vɛ̃] *nm* wine; **avoir le ~ gai/triste** to get happy/miserable after a few drinks; **~ d'honneur** reception (*with wine and snacks*); **~ ordinaire** *ou* **de table** table wine; **~ de pays** local wine

vinaigre [vinɛgʀ] *nm* vinegar • **vinaigrette** *nf* vinaigrette, French dressing

vindicatif, -ive [vɛ̃dikatif, -iv] *adj* vindictive

vingt [vɛ̃, vɛ̃t] (*2nd pron used when followed by a vowel*) *num* twenty; **~-quatre heures sur ~-quatre** twenty-four hours a day, round the clock • **vingtaine** *nf*: **une**

vingtaine (de) around twenty, twenty or so • **vingtième** *num* twentieth
nicole [vinikɔl] *adj* wine *cpd*; wine-growing
nyle [vinil] *nm* vinyl
iol [vjɔl] *nm* (*d'une femme*) rape; (*d'un lieu sacré*) violation
iolacé, e [vjɔlase] *adj* purplish, mauvish
iolemment [vjɔlamɑ̃] *adv* violently
iolence [vjɔlɑ̃s] *nf* violence; **~ conjugale** intimate partner violence
iolent, e [vjɔlɑ̃, -ɑ̃t] *adj* violent; (*remède*) drastic
ioler [vjɔle] /1/ *vt* (*femme*) to rape; (*sépulture*) to desecrate; (*loi, traité*) to violate
iolet, te [vjɔlɛ, -ɛt] *adj, nm* purple, mauve ▸ *nf* (*fleur*) violet
iolon [vjɔlɔ̃] *nm* violin; (*fam: prison*) lock-up; **~ d'Ingres** (artistic) hobby • **violoncelle** *nm* cello • **violoniste** *nm/f* violinist
rage [viʀaʒ] *nm* (*d'un véhicule*) turn; (*d'une route, piste*) bend
ral, e, -aux [viʀal, -o] *adj* (*aussi Inform*) viral
rée [viʀe] *nf* run; (*à pied*) walk; (*longue*) hike
rement [viʀmɑ̃] *nm* (*Comm*) transfer
rer [viʀe] /1/ *vt* (*Comm*) to transfer; (*fam: renvoyer*) to sack ▸ *vi* to turn; (*Chimie*) to change colour (BRIT) *ou* color (US); **~ au bleu** to turn blue; **~ de bord** to tack
revolter [viʀvɔlte] /1/ *vi* to twirl around
rgule [viʀgyl] *nf* comma; (*Math*) point

viril, e [viʀil] *adj* (*propre à l'homme*) masculine; (*énergique, courageux*) manly, virile
virtuel, le [viʀtɥɛl] *adj* potential; (*théorique*) virtual
virtuose [viʀtɥoz] *nm/f* (*Mus*) virtuoso; (*gén*) master
virus [viʀys] *nm* virus
vis *vb* [vi] *voir* **voir, vivre** ▸ *nf* [vis] screw
visa [viza] *nm* (*sceau*) stamp; (*validation de passeport*) visa
visage [vizaʒ] *nm* face
vis-à-vis [vizavi]: **~ de** *prép* towards; **en ~** facing *ou* opposite each other
visée [vize] *nf* aiming; **visées** *nfpl* (*intentions*) designs
viser [vize] /1/ *vi* to aim ▸ *vt* to aim at; (*concerner*) to be aimed *ou* directed at; (*apposer un visa sur*) to stamp, visa; **~ à qch/faire** to aim at sth/at doing *ou* to do
visibilité [vizibilite] *nf* visibility
visible [vizibl] *adj* visible; (*disponible*): **est-il ~?** can he see me?, will he see visitors?
visière [vizjɛʀ] *nf* (*de casquette*) peak; (*qui s'attache*) eyeshade
vision [vizjɔ̃] *nf* vision; (*sens*) (eye)sight, vision; (*fait de voir*): **la ~ de** the sight of • **visionneuse** *nf* viewer
visiophone [vizjɔfɔn] *nm* videophone
visite [vizit] *nf* visit; **~ médicale** medical examination; **~ accompagnée** *ou* **guidée** guided tour; **faire une ~ à qn** to call on sb, pay sb a visit; **rendre ~ à qn** to visit sb, pay sb a visit; **être en ~ (chez qn)** to be visiting (sb); **avoir de la ~** to have visitors;

heures de ~ (*hôpital, prison*) visiting hours
visiter [vizite] /1/ *vt* to visit • **visiteur, -euse** *nm/f* visitor
vison [vizɔ̃] *nm* mink
visser [vise] /1/ *vt*: **~ qch** (*fixer, serrer*) to screw sth on
visuel, le [vizɥɛl] *adj* visual
vital, e, -aux [vital, -o] *adj* vital
vitamine [vitamin] *nf* vitamin
vite [vit] *adv* (*rapidement*) quickly, fast; (*sans délai*) quickly; soon; **~!** quick!; **faire ~** to be quick
vitesse [vitɛs] *nf* speed; (*Auto: dispositif*) gear; **prendre de la ~** to pick up *ou* gather speed; **à toute ~** at full *ou* top speed; **en ~** quickly

The speed limit (**limitation de vitesse**) in France is 50 km/h in built-up areas, 90 km/h on main roads (80 km/h when it is raining), 110 km/h on 4-lane roads with central reservations (100 km/h when it is raining), and 130 km/h on motorways (110 km/h when it is raining).

viticulteur [vitikyltœʀ] *nm* wine grower
vitrage [vitʀaʒ] *nm*: **double ~** double glazing
vitrail, -aux [vitʀaj, -o] *nm* stained-glass window
vitre [vitʀ] *nf* (window) pane; (*de portière, voiture*) window • **vitré, e** *adj* glass *cpd*
vitrine [vitʀin] *nf* (shop) window; (*petite armoire*) display cabinet; **en ~** in the window
vivable [vivabl] *adj* (*personne*) livable-with; (*maison*) fit to live in
vivace [vivas] *adj* (*arbre, plante*) hardy; (*fig*) enduring
vivacité [vivasite] *nf* liveliness, vivacity
vivant, e [vivɑ̃, -ɑ̃t] *adj* (*qui vit*) living, alive; (*animé*) lively; (*preuve exemple*) living ▶ *nm*: **du ~ de qn** sb's lifetime; **les ~s et les morts** the living and the dead
vive [viv] *adj f voir* **vif** ▶ *vb voir* **vivre** ▶ *excl*: **~ le roi!** long live the king! • **vivement** *adv* sharply ▶ *excl*: **vivement les vacances!** roll on the holidays!
vivier [vivje] *nm* (*au restaurant et* fish tank; (*étang*) fishpond
vivifiant, e [vivifjɑ̃, -ɑ̃t] *adj* invigorating
vivoter [vivɔte] /1/ *vi* (*personne*) to scrape a living, get by; (*fig: affaire etc*) to struggle along
vivre [vivʀ] /46/ *vi, vt* to live; **vivres** *nmpl* provisions, food supplies; **il vit encore** he is still alive; **se laisser ~** to take life as i comes; **ne plus ~** (*être anxieux*) to live on one's nerves; **il a vécu** (*eu une vie aventureuse*) he has seen life; **être facile à ~** to be easy to get on with; **faire ~ qn** (*pourvoir sa subsistance*) to provide (a living for sb; **~ de** to live on
vlan [vlɑ̃] *excl* wham!, bang!
VO *sigle f* = **version originale**; **voir un film en VO** to see a film i its original language
vocabulaire [vɔkabylɛʀ] *nm* vocabulary
vocation [vɔkasjɔ̃] *nf* vocation, calling
vœu, x [vø] *nm* wish; (*à Dieu*) vow **faire ~ de** to take a vow of; **avec tous nos ~x** with every good wi *ou* our best wishes
vogue [vɔg] *nf* fashion, vogue; **en ~** in fashion, in vogue

ici [vwasi] *prép (pour introduire, ésigner)* here is (+ *sg*); here are + *pl*); **et ~ que ...** and now it (*ou* e) ...; *voir aussi* **voilà**
ie [vwa] *nf* way; (*Rail*) track, ne; (*Auto*) lane; **par ~ buccale** *ou* **rale** orally; **être en bonne ~** to e shaping *ou* going well; **mettre n sur la ~** to put sb on the right rack; **être en ~ d'achèvement/ le rénovation** to be nearing ompletion/in the process of enovation; **à ~ unique** ingle-track; **route à deux/trois s** two-/three-lane road; **express** expressway; **~ ferrée** rack; railway line (BRIT), railroad US); **~ de garage** (*Rail*) siding; **a ~ lactée** the Milky Way; **a ~ publique** the public highway
ilà [vwala] *prép (en désignant)* here is (+ *sg*); there are (+ *pl*); **es ~** *ou* **voici** here *ou* there they re; **en ~** *ou* **voici un** here's one, here's one; **voici mon frère et ma sœur** this is my brother and hat's my sister; **~** *ou* **voici deux ns** two years ago; **~** *ou* **voici leux ans que** it's two years since; **t ~!** there we are!; **~ tout** that's ll; **"~** *ou* **voici"** (*en offrant etc*) there *ou* here you are"; **tiens! Paul** look! there's Paul
ile [vwal] *nm* veil; (*tissu léger*) et ▸ *nf* sail; (*sport*) sailing • **voiler** 1/ *vt* to veil; (*fausser: roue*) to uckle; (: *bois*) to warp; **se voiler** i (*lune, regard*) to mist over; (*voix*) o become husky; (*roue, disque*) to uckle; (*planche*) to warp • **voilier** m sailing ship; (*de plaisance*) ailing boat • **voilure** *nf* (*de voilier*) ails *pl*
ir [vwaʀ] /30/ *vi, vt* to see; **e voir**: **cela se voit** (*c'est visible*) that's obvious, it shows; **faire ~ qch à qn** to show sb sth; **en faire ~ à qn** (*fig*) to give sb a hard time; **ne pas pouvoir ~ qn** not to be able to stand sb; **voyons!** let's see now; (*indignation etc*) come (along) now!; **ça n'a rien à ~ avec lui** that has nothing to do with him
voire [vwaʀ] *adv* or even
voisin, e [vwazɛ̃, -in] *adj* (*proche*) neighbouring; next; (*ressemblant*) connected ▸ *nm/f* neighbour • **voisinage** *nm* (*proximité*) proximity; (*environs*) vicinity; (*quartier, voisins*) neighbourhood
voiture [vwatyʀ] *nf* car; (*wagon*) coach, carriage; **~ de course** racing car; **~ de sport** sports car
voix [vwa] *nf* voice; (*Pol*) vote; **à haute ~** aloud; **à ~ basse** in a low voice; **à deux/quatre ~** (*Mus*) in two/four parts; **avoir ~ au chapitre** to have a say in the matter
vol [vɔl] *nm* (*trajet, voyage, groupe d'oiseaux*) flight; (*mode d'appropriation*) theft, stealing; (*larcin*) theft; **à ~ d'oiseau** as the crow flies; **au ~: attraper qch au ~** to catch sth as it flies past; **en ~** in flight; **~ libre** hang-gliding; **~ à main armée** armed robbery; **~ régulier** scheduled flight; **~ à voile** gliding
volage [vɔlaʒ] *adj* fickle
volaille [vɔlaj] *nf* (*oiseaux*) poultry *pl*; (*viande*) poultry *no pl*; (*oiseau*) fowl
volant, e [vɔlɑ̃, -ɑ̃t] *adj* flying ▸ *nm* (*d'automobile*) (steering) wheel; (*de commande*) wheel; (*objet lancé*) shuttlecock; (*bande de tissu*) flounce
volcan [vɔlkɑ̃] *nm* volcano

volée [vɔle] *nf* (*Tennis*) volley; **à la ~: rattraper à la ~** to catch in midair; **à toute ~** (*sonner les cloches*) vigorously; (*lancer un projectile*) with full force

voler [vɔle] /1/ *vi* (*avion, oiseau, fig*) to fly; (*voleur*) to steal ▸ *vt* (*objet*) to steal; (*personne*) to rob; **~ qch à qn** to steal sth from sb; **on m'a volé mon portefeuille** my wallet (BRIT) *ou* billfold (US) has been stolen; **il ne l'a pas volé!** he asked for it!

volet [vɔlɛ] *nm* (*de fenêtre*) shutter; (*Aviat*) flap; (*de feuillet, document*) section; (*fig: d'un plan*) facet

voleur, -euse [vɔlœʀ, -øz] *nm/f* thief ▸ *adj* thieving; **"au ~!"** "stop thief!"

volley [vɔlɛ], **volley-ball** [vɔlɛbol] *nm* volleyball

volontaire [vɔlɔ̃tɛʀ] *adj* (*acte, activité*) voluntary; (*délibéré*) deliberate; (*caractère, personne: décidé*) self-willed ▸ *nm/f* volunteer

volonté [vɔlɔ̃te] *nf* (*faculté de vouloir*) will; (*énergie, fermeté*) will(power); (*souhait, désir*) wish; **se servir/boire à ~** to take/drink as much as one likes; **bonne ~** goodwill, willingness; **mauvaise ~** lack of goodwill, unwillingness

volontiers [vɔlɔ̃tje] *adv* (*avec plaisir*) willingly, gladly; (*habituellement, souvent*) readily, willingly; **"~"** "with pleasure"

volt [vɔlt] *nm* volt

volte-face [vɔltəfas] *nf inv*: **faire ~** to do an about-turn

voltige [vɔltiʒ] *nf* (*Équitation*) trick riding; (*au cirque*) acrobatics *sg* • **voltiger** [vɔltiʒe] /3/ *vi* to flutter (about)

volubile [vɔlybil] *adj* voluble

volume [vɔlym] *nm* volume; (*Géom: solide*) solid • **volumineu -euse** *adj* voluminous, bulky

volupté [vɔlypte] *nf* sensual delight *ou* pleasure

vomi [vɔmi] *nm* vomit • **vomir** /2/ *vi* to vomit, be sick ▸ *vt* to vomit, bring up; (*fig*) to belch ou spew out; (*exécrer*) to loathe, abhor

vorace [vɔʀas] *adj* voracious

vos [vo] *adj poss voir* **votre**

VOST *sigle f* (*Ciné: = version origina sous-titrée*) subtitled version

vote [vɔt] *nm* vote; **~ par correspondance/procuration** postal/proxy vote • **voter** [vɔte /1/ *vi* to vote ▸ *vt* (*loi, décision*) to vote for

votre [vɔtʀ] (*pl* **vos**) *adj poss* you

vôtre [votʀ] *pron*: **le ~, la ~, les** yours; **les ~s** (*fig*) your family *ou* folks; **à la ~** (*toast*) your (good) health!

vouer [vwe] /1/ *vt*: **~ sa vie/son temps à** (*étude, cause etc*) to devote one's life/time to; **~ une haine/amitié éternelle à qn** to vow undying hatred/friendship to sb

vouloir [vulwaʀ] /31/

▸ *vt* **1** (*exiger, désirer*) to want; **vouloir faire/que qn fasse** to want to do/sb to do; **voulez-vous du thé?** would you like *ou* do you want some tea?; **que me veut-il?** what does he want with me?; **sans le vouloir** (*involontairement*) without meaning to, unintentionally; **je voudrais ceci/faire** I would *ou* I'd like this/to do; **le hasard a**

voulu que ... as fate would have it, ...; **la tradition veut que ...** tradition demands that ...
2 (*consentir*): **je veux bien** (*bonne volonté*) I'll be happy to; (*concession*) fair enough, that's fine; **oui, si on veut** (*en quelque sorte*) yes, if you like; **veuillez attendre** please wait; **veuillez agréer ...** (*formule épistolaire*) yours faithfully
3: **en vouloir à qn** to bear sb a grudge; **s'en vouloir (de)** to be annoyed with o.s. (for); **il en veut à mon argent** he's after my money
4: **vouloir de: l'entreprise ne veut plus de lui** the firm doesn't want him any more; **elle ne veut pas de son aide** she doesn't want his help
5: **vouloir dire** to mean
▶ *nm*: **le bon vouloir de qn** sb's goodwill; sb's pleasure

voulu, e [vuly] *pp de* **vouloir** ▶ *adj* (*requis*) required, requisite; (*délibéré*) deliberate, intentional

vous [vu] *pron* you; (*objet indirect*) (to) you; (*réfléchi*: *sg*) yourself; (: *pl*) yourselves; (*réciproque*) each other ▶ *nm*: **employer le ~** (*vouvoyer*) to use the "vous" form; **~-même** yourself; **~-mêmes** yourselves

vouvoyer [vuvwaje] /8/ *vt*: **~ qn** to address sb as "vous"

voyage [vwajaʒ] *nm* journey, trip; (*fait de voyager*): **le ~** travel(ling); **partir/être en ~** to go off/be away on a journey *ou* trip; **faire bon ~** to have a good journey; **~ d'agrément/d'affaires** pleasure/business trip; **~ de noces** honeymoon; **~ organisé** package tour

voyager [vwajaʒe] /3/ *vi* to travel • **voyageur, -euse** *nm/f* traveller; (*passager*) passenger; **voyageur (de commerce)** commercial traveller

voyant, e [vwajɑ̃, -ɑ̃t] *adj* (*couleur*) loud, gaudy ▶ *nm* (*signal*) (warning) light

voyelle [vwajɛl] *nf* vowel

voyou [vwaju] *nm* hoodlum

vrac [vʀak]: **en ~** *adv* loose; (*Comm*) in bulk

vrai, e [vʀɛ] *adj* (*véridique*: *récit, faits*) true; (*non factice, authentique*) real; **à ~ dire** to tell the truth • **vraiment** *adv* really • **vraisemblable** *adj* likely; (*excuse*) plausible • **vraisemblablement** *adv* in all likelihood, very likely • **vraisemblance** *nf* likelihood; (*romanesque*) verisimilitude

vrombir [vʀɔ̃biʀ] /2/ *vi* to hum

VRP *sigle m* (= *voyageur, représentant, placier*) (sales) rep (*fam*)

VTT *sigle m* (= *vélo tout-terrain*) mountain bike

vu¹ [vy] *prép* (*en raison de*) in view of; **vu que** in view of the fact that

vu², e [vy] *pp de* **voir** ▶ *adj*: **bien/mal vu** (*personne*) well/poorly thought of

vue [vy] *nf* (*sens, faculté*) (eye)sight; (*panorama, image, photo*) view; **la ~ de** (*spectacle*) the sight of; **vues** *nfpl* (*idées*) views; (*dessein*) designs; **perdre la ~** to lose one's (eye)sight; **perdre de ~** to lose sight of; **hors de ~** out of sight; **à première ~** at first sight; **tirer à ~** to shoot on sight; **à ~ d'œil** visibly; **avoir ~ sur** to have a view of; **en ~** (*visible*) in sight;

(*célèbre*) in the public eye; **en ~ de faire** with a view to doing; **~ d'ensemble** overall view

vulgaire [vylgɛʀ] *adj* (*grossier*) vulgar, coarse; (*trivial*) commonplace, mundane; (*péj*: *quelconque*): **de ~s touristes/ chaises de cuisine** common tourists/kitchen chairs; (*Bot, Zool*: *non latin*) common • **vulgariser** /1/ *vt* to popularize

vulnérable [vylneʀabl] *adj* vulnerable

W

wagon [vagɔ̃] *nm* (*de voyageurs*) carriage; (*de marchandises*) truck, wagon • **wagon-lit** *nm* sleeper, sleeping car • **wagon-restaurant** *nm* restaurant *ou* dining car

wallon, ne [walɔ̃, -ɔn] *adj* Walloon ▸ *nm* (*Ling*) Walloon ▸ *nm/f*: **W~, ne** Walloon

watt [wat] *nm* watt

WC [vese] *nmpl* toilet *sg*

Web [wɛb] *nm inv*: **le ~** the (World Wide) Web • **webcam** *nf* webcam • **webmaster, webmestre** *nm/f* webmaster

week-end [wikɛnd] *nm* weekend

western [wɛstɛʀn] *nm* western

whisky [wiski] (*pl* **whiskies**) *nm* whisky

wifi [wifi] *nm inv* wifi

WWW *sigle m* (= *World Wide Web*) WWW

x

énophobe [gzenɔfɔb] *adj* xenophobic ▸ *nm/f* xenophobe
érès [gzeʀɛs] *nm* sherry
ylophone [gzilɔfɔn] *nm* xylophone

y

y [i] *adv* (*à cet endroit*) there; (*dessus*) on it (*ou* them); (*dedans*) in it (*ou* them) ▸ *pron* (about *ou* on *ou* of) it (*vérifier la syntaxe du verbe employé*); **j'y pense** I'm thinking about it; **ça y est!** that's it!; *voir aussi* **aller, avoir**
yacht [jɔt] *nm* yacht
yaourt [jauʀt] *nm* yogurt; **~ nature/aux fruits** plain/fruit yogurt
yeux [jø] *nmpl de* **œil**
yoga [jɔga] *nm* yoga
yoghourt [jɔguʀt] *nm* = **yaourt**
yougoslave [jugɔslav] *adj* Yugoslav(ian) ▸ *nm/f*: **Y~** Yugoslav(ian)
Yougoslavie [jugɔslavi] *nf*: **la ~** Yugoslavia; **l'ex-~** the former Yugoslavia

Z

zapper [zape] /1/ *vi* to zap
zapping [zapiŋ] *nm*: **faire du ~** to flick through the channels
zèbre [zɛbʀ] *nm* (*Zool*) zebra • **zébré, e** *adj* striped, streaked
zèle [zɛl] *nm* zeal; **faire du ~** (*péj*) to be over-zealous • **zélé, e** *adj* zealous
zéro [zeʀo] *nm* zero, nought (BRIT); **au-dessous de ~** below zero (Centigrade), below freezing; **partir de ~** to start from scratch; **trois (buts) à ~** three (goals to) nil
zeste [zɛst] *nm* peel, zest
zézayer [zezeje] /8/ *vi* to have a lisp
zigzag [zigzag] *nm* zigzag • **zigzaguer** /1/ *vi* to zigzag (along)
Zimbabwe [zimbabwe] *nm*: **le ~** Zimbabwe
zinc [zɛ̃g] *nm* (*Chimie*) zinc
zipper [zipe] /1/ *vt* (*Inform*) to zip
zizi [zizi] *nm* (*fam*) willy
zodiaque [zɔdjak] *nm* zodiac
zona [zona] *nm* shingles *sg*
zone [zon] *nf* zone, area; (*quartiers pauvres*): **la ~** the slums; **~ blanche** (*Tél*) dead zone; **~ bleue** ≈ restricted parking area **~ industrielle (ZI)** industrial estate
zoo [zoo] *nm* zoo
zoologie [zɔɔlɔʒi] *nf* zoology • **zoologique** *adj* zoological
zut [zyt] *excl* dash (it)! (BRIT), nuts! (US)

Grammaire anglaise

1 Les verbes

1.1 Le présent simple

Le présent simple est utilisé :

- pour les vérités générales.

  February is the shortest month.
  Février est le mois le plus court.

- pour parler du présent en général, de quelque chose d'habituel, qui arrive régulièrement.

  I take the bus every morning.
  Je prends le bus tous les matins.

  George lives in Birmingham.
  George vit à Birmingham.

Affirmatives	Négatives	Questions
I work	I don't work	Do I work?
you work	you don't work	Do you work?
he/she/it works	he/she/it doesn't work	Does he/she/it work?
we work	we don't work	Do we work?
you work	you don't work	Do you work
they work	they don't work	Do they work?

Remarques :

- Le verbe garde la même forme à toutes les personnes, sauf à la troisième personne du singulier (**he/she/it**) où il se termine par un **-s**.

- Si le verbe se termine en **-o/-os/-ch/-sh/-ss/-x**, on rajoute **-es** à la troisième personne du singulier : **watch → watches, go → goes**
- Si le verbe se termine par une consonne suivie de **-y**, le **-y** se transforme en **-ies** à la troisième personne du singulier : **study → studies, cry → cries**
- **Have** à la troisième personne devient **has**.

  She has a computer in her room.
  Elle a un ordinateur dans sa chambre.

- On utilise l'auxiliaire **do** (**does** à la troisième personne du singulier) pour les questions et les négations. La forme contractée au négatif (**don't/ doesn't**) est la plus souvent utilisée par rapport à la forme pleine (**do not/does not**).

  Do you know Peter? No, I don't know him.
  Est-ce que tu connais Peter ? Non, je ne le connais pas.

  Does she go to university?
  Est-ce qu'elle va à l'université ?

  He doesn't eat meat.
  Il ne mange pas de viande.

Le verbe *be*

Le verbe **be** est l'équivalent du verbe *être*. Au présent simple, il se conjugue ainsi :

Positives			
Dans les phrases positives		**Français**	**Questions**
Forme Pleine	**Forme Contractée**		
I am late.	**I'm** late.	**Je suis** en retard.	**Am I** late?
You are next.	**You're** next.	**Tu es** le prochain.	**Are you** next?
He is blond.	**He's** blond.	**Il est** blond	**Is he** blond?
She is at home.	**She's** at home.	**Elle est** à la maison.	**Is she** at home?
It is on the table.	**It's** on the table.	**Il/Elle** [*objet*] **est** sur la table.	**Is it** on the table?
We are British.	**We're** British.	**Nous sommes** Britanniques.	**Are we** British?
You are here.	**You're** here.	**Vous êtes** ici.	**Are you** here?
They are happy.	**They're** happy.	**Ils/Elles sont** heureux/ses.	**Are they** happy?

Négatives			
Dans les phrases négatives		**Français**	**Questions**
Forme Pleine	**Forme Contractée**		
I am not late.	**I'm not** late.	**Je ne suis pas** ...	Aren't I late?
You are not next.	**You're not/aren't** next.	**Tu n'es pas** ...	Aren't you next?
He is not blond.	**He's not/isn't** blond.	**Il n'est pas** ...	Isn't he blond?
She is not at home.	**She's not/isn't** at home.	**Elle n'est pas** ...	Isn't she at home?
It is not on the table.	**It's not/isn't** on the table.	**Il/Elle** [*objet*] **n'est pas...**	Isn't it on the table?
We are not British.	**We're not/aren't** British.	**Nous ne sommes pas** ...	Aren't we British?
You are not here.	**You're not/aren't** here.	**Vous n'êtes pas** ...	Aren't you here?
They are not happy.	**They're not/aren't** happy.	**Ils/Elles ne sont pas** ...	Aren't they happy?

1.2 Le présent progressif

Le présent progressif est utilisé :

- pour parler d'une action en cours (« *être en train de* »).

  They're talking to the teacher.
  Ils sont en train de parler au professeur.

- pour parler d'une situation temporaire.

  I'm living with my friends at the moment.
  Je vis avec des amis en ce moment.

Le présent progressif se compose ainsi :

BE au présent + verbe **-ing**

Affirmative	Négative	Questions
I am playing	I'm not playing	Am I playing?
You are playing	You're not playing	Are you playing?
He/She/It is playing	He/She/It's not playing	Is he/she/it playing?
We are playing	We're not playing	Are we playing?
You are playing	You're not playing	Are you playing?
They are playing	They're not playing	Are they playing?

Remarques :

- La forme contractée au négatif (**I'm not ...**) est la plus souvent utilisée par rapport à la forme pleine (**I am not ...**).

1.3 Le « *present perfect* »

Le « *present perfect* » s'emploie :

- pour évoquer les effets présents d'une action ou d'un événement passés.

I'm afraid I have forgotten my book.
Je suis désolé, mais j'ai oublié mon livre.

- pour une action qui vient de se produire (avec **just**).

Karen has just finished her homework.
Karen vient de finir ses devoirs.

- lorsqu'on parle d'une période qui a débuté dans le passé et qui se prolonge dans le présent.

I've lived in London for three years.
Je vis à Londres depuis trois ans.

- pour faire le bilan des expériences passées.

Have you ever been to the US?
Es-tu déjà allé aux États-Unis ?

Le « *present perfect* » se compose ainsi :

Have au présent + participe passé

Le participe passé se forme en ajoutant **-ed** à la fin du verbe, sauf pour les verbes irréguliers. La liste des verbes irréguliers se trouve à la page 377 du dictionnaire.

Affirmations	Négations	Questions
I have visited	I haven't visited	Have I visited?
You have visited	You haven't visited	Have you visited?
He/She/It has visited	He/She/It hasn't visited	Has he/she/it visited?
We have eaten	We haven't eaten	Have we eaten?
You have eaten	You haven't eaten	Have you eaten?
They have eaten	They haven't eaten	Have they eaten?

Remarques :

- La forme contractée au négatif (**haven't/hasn't**) est la plus souvent utilisée par rapport à la forme pleine (**have not/has not**). Dans un language plus familier, on peut également utiliser des formes contractées à l'affirmatif en remplaçant **have** par **'ve** et **has** par **'s**.
- Le « *present perfect* » ne s'utilise pas avec une indication de temps précise.

  I've read that book (before). I read it last week.
  J'ai (déjà) lu ce livre. Je l'ai lu la semaine dernière.

- Le « *present perfect* » est souvent traduit en français par le passé composé, mais ces deux temps ne sont pas toujours équivalents et la traduction par le passé composé ne doit pas être automatique.

  They've known each other for ten years.
  Ils se connaissent depuis dix ans.

  I've been to Canada twice.
  Je suis allée au Canada deux fois.

1.4 Le passé simple ou prétérit

Le passé simple s'emploie pour évoquer une action ou une habitude du passé qui est complétement révolue.

He went home last night.
Il est rentré chez lui hier soir.

I often watched TV when I was a child.
Je regardais souvent la télévision quand j'étais enfant.

Le passé se forme en ajoutant **-ed** à la fin du verbe, sauf pour les verbes irréguliers. La liste des verbes irréguliers se trouve à la page 377 du dictionnaire.

Affirmations	Négations	Questions
I walked	I didn't walk	Did I walk?
You walked	You didn't walk	Did you walk?
He/She/It walked	He/She/It didn't walk	Did he/she/it walk?
We left	We didn't leave	Did we leave?
You left	You didn't leave	Did you leave?
They left	They didn't leave	Did they leave?

Remarques :

- Le verbe garde la même forme à toutes les personnes, sauf pour **be** (**was** à la première et troisième personne du singulier, **were** pour toutes les autres personnes).
- On utilise l'auxiliaire **do** au passé (**did**) pour les questions et les négations. La forme contractée au négatif (**didn't**) est la plus souvent utilisée par rapport à la forme pleine (**did not**).
- Le prétérit peut se traduire en français par le passé simple, l'imparfait ou le passé composé.

  The prince killed the dragon with his sword.
  Le prince tua le dragon avec son épée.

  I was so tired yesterday.
  J'étais super fatiguée hier.

  Where did you go last night?
  Où es-tu allé hier soir ?

1.5 L'expression du futur

En anglais, il n'y a pas de temps verbal propre au futur. Le futur peut être exprimé de différentes manières :

- en utilisant le modal **will**
- en utilisant **be going to**
- en utilisant les temps du présent

Will

Le modal **will** s'emploie :

- pour prédire le futur.

  The weather tomorrow will be warm and sunny.
  Il fera beau et chaud demain.

- pour faire une promesse ou une offre.

  I'll come next week.
  Je viendrai la semaine prochaine.

- pour parler d'un futur lointain.

  In ten years' time, we'll be retired.
  Dans dix ans, nous serons à la retraite.

La construction avec **will** est la suivante :

Will + verbe

Affirmations	Négations	Questions
I will come	I won't come	Will I come?
You will come	You won't come	Will you come?
He/She/It will come	He/She/It won't come	Will he/she/it come?
We will come	We won't come	Will we come?
You will come	You won't come	Will you come?
They will come	They won't come	Will they come?

Remarque : la forme contractée de **will** est **'ll** et celle de **will not** est **won't**.

Be going to

Be going to s'emploie :

- pour le futur proche.

  They're going to sleep.
  Elles vont dormir.

- quand on prédit le futur.

  I think he's going to leave.
  Je pense qu'il va partir.

- quand des éléments du présent laissent penser qu'une action va se produire dans le futur.

  It's cloudy today: it's going to rain.
  Le temps est nuageux aujourd'hui : il va pleuvoir.

La construction avec **be going to** est la suivante :

Be au présent + **going to** + verbe

Affirmations	Négations	Questions
I am going to stay	I am not going to stay	Am I going to stay?
You are going to stay	You are not going to stay	Are you going to stay?
He/She/It is going to stay	He/She/It is not going to stay	Is he/she/it going to stay?
We are going to stay	We are not going to stay	Are we going to stay?
You are going to stay	You are not going to stay	Are you going to stay?
They are going to stay	They are not going to stay	Are they going to stay?

Remarques :

- La forme contractée du verbe be peut être utilisée.

  You aren't going to stay. / You're not going to stay.
  Vous n'allez pas rester.

- **Be going to** est souvent traduit par le futur proche en français (aller + verbe).

  She's going to write you a letter.
  Elle va t'écrire une lettre.

Le présent

Les temps du présent, et en particulier le présent progressif, peuvent servir à exprimer le futur :

- pour un fait planifié ou prévisible dans le futur.

  The train arrives at 9:00 am.
  Le train arrive à 9h.

  We're having a party next week.
  Nous organisons une fête la semaine prochaine.

- pour parler d'un avenir proche.

  What are you doing on Sunday?
  Qu'est-ce que tu fais dimanche ?

.6 *There is / There are*

There + be est l'équivalent de « il y a » en français. La forme verbale employée varie selon que le nom qui suit est singulier ou pluriel. **There** peut être suivi de **be** au présent, au passé ou au futur (avec **will**).

There is a spider in my room.
Il y a une araignée dans ma chambre.

There were many people at this party.
Il y avait beaucoup de monde à cette fête.

There will be a meeting tomorrow.
Il va y avoir une réunion demain.

Pour poser une question, on place **there** après le verbe **be**.

Is there anyone at home?
Il y a quelqu'un à la maison ?

1.7 Les verbes à particule

Les *phrasal verbs* (verbes à particule) sont composés d'un verbe suivi d'un adverbe ou d'une préposition (**in/on/out/up/off/...**). Le sens habituel du verbe seul peut parfois changer radicalement après adjonction de la préposition.

Turn right at the next corner.
Tourne à droite au prochain croisement.

She turned off the radio.
Elle a éteint la radio.

Il y a plusieurs types de structures possibles :

- verbe + particule

We grew up in Dublin.
Nous avons grandi à Dublin.

- verbe + particule + objet

Can you look after the children?
Peux-tu t'occuper des enfants ?

- verbe + objet + particule

She'll call me back later.
Elle me rappellera plus tard.

Avec certains verbes à particule, l'objet peut se placer indifféremment avant ou après la particule.

He took his coat off. / He took off his coat.
Il a enlevé son manteau.

Dans d'autres cas, lorsque l'objet est un pronom, il se place impérativement avant la particule.

He threw it away.
Il l'a jeté (à la poubelle).

1.8 Les modaux

Les modaux n'ont qu'une seule forme et se placent devant le verbe à l'infinitif (sans **to**). Il n'est pas possible d'associer deux modaux ou un modal et un auxiliaire.

Can (présent) et **could** (passé ou conditionnel) peuvent exprimer la capacité, la possibilité ou la permission. Ils se traduisent souvent par « pouvoir ». **Can't** est la forme contractée du négatif **can not** et **couldn't** celle de **could not**.

She can run very fast.
Elle court très vite.

He could be at his grandma's house.
Il se peut qu'il soit chez sa grand-mère.

Can I go out tonight? No, you can't.
Est-ce que je peux sortir ce soir ? Non, tu ne peux pas.

May (présent) et **might** (passé ou conditionnel) expriment la probabilité. Dans un style soutenu, **may** peut également servir à demander ou accorder la permission. **Might** est surtout utilisé quand la probabilité que quelque chose se produise n'est pas très grande. Ces deux modaux n'ont pas de formes contractées au négatif.

He might come.
Il va peut-être venir.

I may go to London next month.
Je vais peut-être aller à Londres le mois prochain.

May I open the window? No, you may not.
Puis-je ouvrir la fenêtre ? Non, vous ne pouvez pas.

Le modal **must** exprime l'obligation. On peut le traduire par « devoir » ou « il faut que » en français. **Mustn't** est la forme contractée du négatif **must not**.

I must see her.
Je dois la voir.

They mustn't leave now.
Il ne faut pas qu'ils partent maintenant.

Should signifie « il faudrait que » ou « devrait ». On l'utilise pour donner un conseil ou parler de ce qui devrait être fait. **Shouldn't** est la forme contractée du négatif **should not**.

We should send her a postcard.
Il faudrait qu'on lui envoie une carte postale.

You shouldn't drink and drive.
Tu ne devrais pas conduire après avoir bu.

Would est la marque du conditionnel. **Wouldn't** est la forme contractée du négatif **would not**.

I would like to come with you.
J'aimerais venir avec toi.

Remarques : le modal **will** est abordé à la page 365.

2 Les noms

2.1 Les noms dénombrables

Certaines choses sont des éléments individuels pouvant être comptés un par un. Les noms qui servent à les décrire sont des **noms dénombrables** qui possèdent une forme au singulier, ainsi qu'une forme au pluriel avec la terminaison **-s**.

book → books, holiday → holidays

Pour mettre au pluriel les noms se terminant en **-ss/-s/-ch/-sh/-x/-o**, on ajoute **-es** à la fin : **boss → bosses, ditch → ditches, domino → dominoes**.

Pour les noms qui se terminent par une consonne suivie de **-y**, on remplace le **-y** final par **-ies** : **baby → babies**.

Certains noms possèdent des pluriels irréguliers :

Singulier	Pluriel	Français
child	children	enfant(s)
foot	feet	pied(s)
mouse	mice	souris
fish	fish	poisson(s)
man	men	homme(s)
woman	women	femme(s)
person	people	personne(s)
tooth	teeth	dent(s)

2.2 Les noms singuliers, pluriels et collectifs

Certains noms sont utilisés uniquement au singulier. Parfois, c'est parce que le nom désigne une chose qui n'existe qu'en un seul exemplaire (**the air** *l'air*, **the sun** *le soleil*, **the past** *le passé*) ; on utilise souvent ce type de nom avec l'article **the**.

Certains noms n'ont pas de forme au singulier (**your clothes** *tes vêtements*). Ils sont utilisés avec **the** ou un possessif, et avec un verbe au pluriel. Certains outils ou vêtements qui possèdent deux parties identiques sont également des noms pluriels (**jeans** *un jean*, **glasses** *des lunettes*, **pyjamas** *un pyjama*, **scissors** *des ciseaux*).

Les noms collectifs sont des noms qui désignent un groupe de personnes ou de choses (**family** *famille*, **team** *équipe*, **army** *armée*). Ils peuvent être utilisés avec un verbe au singulier ou au pluriel, selon que le groupe est considéré comme un seul ensemble ou une série de plusieurs individus.

My family is in Brazil.
Ma famille est au Brésil.

His family are all strange.
Les membres de sa famille sont tous bizarres.

2.3 Les noms indénombrables

Il existe également des choses qui ne peuvent pas se compter une par une ; elles sont désignées par des **noms indénombrables**. Souvent, il s'agit de substances, de qualités humaines, de sentiments, d'activités ou d'abstractions.

Attention, dans certains cas, l'anglais utilise un indénombrable pour désigner une chose qui en français est dénombrable : **advice** (*conseil*), **luggage** (*bagages*), **furniture** (*meubles*).

My luggage is too heavy.
Mes bagages sont trop lourds.

Les noms indénombrables n'ont pas de forme plurielle et s'utilisent avec un verbe au singulier. Ils ne peuvent pas être accompagnés des articles **a/an** mais peuvent l'être de **the/this/that** ou d'un possessif. On peut également les associer à des mots ou expressions comme **some**, **much**, **any**, **a piece of**, etc.

We sold this old piece of furniture.
Nous avons vendu ce vieux meuble.

Les déterminants

.1 Les articles indéfinis et définis

A/an s'utilisent comme leurs équivalents français, les articles indéfinis « un, une » (**a week** *une semaine*, **a book** *un livre*, **a person** *une personne*). **An** s'utilise devant un nom commençant par une voyelle (**an elephant** *un éléphant*, **an aunt** *une tante*, **an apple** *une pomme*).

En anglais, pour parler d'un type de chose, d'animal ou de personne de manière générale, on utilise le pluriel du nom seul, sans déterminant.

Adults often don't listen to children.
Souvent, les adultes n'écoutent pas les enfants.

The s'utilise généralement comme les articles définis français correspondants, « le, la, les » (**the person** *la personne*, **the people** *les gens*, **the chair** *la chaise*, **the chairs** *les chaises*).

.2 Les déterminants possessifs

Anglais	Français
my	mon/ma/mes
your	ton/ta/tes
his	son/sa/ses (*pour un homme*)
her	son/sa/ses (*pour une femme*)
its	son/sa/ses (*pour un objet*)
our	notre/nos
your	votre/vos
their	leur/leurs

En anglais, contrairement au français, les déterminants possessifs s'accordent avec le possesseur et non avec la chose possédée.

She's eating her sandwich.
Elle mange son sandwich.

Pour exprimer la possession, on peut également utiliser la construction suivante :

Possesseur + **'s** + possession

Mark is Jane's brother.
Mark est le frère de Jane.

It's my uncle's birthday next week.
C'est l'anniversaire de mon oncle la semaine prochaine.

Si le possesseur est au pluriel et se termine par **-s**, on ajout juste une apostrophe.

My parents' new car is great.
La nouvelle voiture de mes parents est géniale.

3.3 Les adjectifs démonstratifs

This signifie « ce, cet, cette » et **these** est sa forme plurielle (« ces »). **That** signifie aussi « ce, cet, cette » et s'emploie à la place de **this** dans certains contextes, par exemple lorsqu'on veut indiquer l'éloignement. **Those** est sa forme plurielle.

This book is a present from my mother.
Ce livre est un cadeau de ma mère.

When did you buy that hat?
Quand as-tu acheté ce chapeau ?

Ces déterminants s'utilisent aussi comme pronoms démonstratifs :

This is a list of rules.
Ceci est une liste de règles.

Those are mine.
Celles-là sont les miennes.

Les pronoms

.1 Les pronoms personnels (sujets et objets) et les pronoms possessifs

Pronom sujet	Pronom objet	Pronom possessif
I	me	mine
you	you	yours
he	him	his
she	her	hers
it	it	its
we	us	ours
you	you	yours
they	them	theirs

Remarques :

- Le pronom possessif **its** existe, mais s'emploie très rarement.
- L'emploi des pronoms anglais est comparable au français.

Have you seen him?
Est-ce que tu l'as vu ?

Is that coffee yours or mine?
Ce café est à toi ou à moi ?

Can you help us?
Pouvez-vous nous aider ?

Whose house is this? This is ours.
À qui est cette maison ? C'est la nôtre.

4.2 Les pronoms interrogatifs

Les pronoms interrogatifs sont : **what** (*quoi*, *qu'est-ce que*), **when** (*quand*), **where** (*où*), **why** (*pourquoi*), **who** (*qui*), **how** (*comment*), **how many/how much** (*combien*) et **which** (*lequel*). Ils servent à poser une question ouverte, à laquelle on peut répondre autrement que par oui ou non. Avec les pronoms interrogatifs, l'ordre de l'auxiliaire et du sujet s'inverse comme dans n'importe quelle question.

Which do you like best?
Lequel préfères-tu ?

Where do you live?
Où habites-tu ?

When did she arrive?
Quand est-elle arrivée ?

Why did you do it?
Pourquoi as-tu fait ça ?

La seule exception à cette construction intervient quand le sujet de l'interrogative est aussi celui du verbe. Dans ce cas, l'ordre des mots ne change pas et on utilise une forme verbale simple (sans l'auxiliaire).

Who is this person?
Qui est cette personne ?

What happened?
Qu'est-ce qui s'est passé ?

'erbes irréguliers anglais

ÉSENT	PASSÉ	PARTICIPE
'ise	arose	arisen
vake	awoke	awoken
e m, is, 'e; being)	was, were	been
ear	bore	born(e)
eat	beat	beaten
ecome	became	become
egin	began	begun
end	bent	bent
et	bet, betted	bet, betted
d *t auction*)	bid	bid
d (*say*)	bade	bidden
nd	bound	bound
te	bit	bitten
eed	bled	bled
ow	blew	blown
eak	broke	broken
'eed	bred	bred
ing	brought	brought
ild	built	built
rn	burnt, burned	burnt, burned
rst	burst	burst
y	bought	bought
n	could	(*been able*)
st	cast	cast
tch	caught	caught
oose	chose	chosen
ng	clung	clung

PRÉSENT	PASSÉ	PARTICIPE
come	came	come
cost	cost	cost
cost (*work out price of*)	costed	costed
creep	crept	crept
cut	cut	cut
deal	dealt	dealt
dig	dug	dug
do (does)	did	done
draw	drew	drawn
dream	dreamed, dreamt	dreamed, dreamt
drink	drank	drunk
drive	drove	driven
dwell	dwelt	dwelt
eat	ate	eaten
fall	fell	fallen
feed	fed	fed
feel	felt	felt
fight	fought	fought
find	found	found
flee	fled	fled
fling	flung	flung
fly	flew	flown
forbid	forbad(e)	forbidden
forecast	forecast	forecast
forget	forgot	forgotten
forgive	forgave	forgiven
forsake	forsook	forsaken
freeze	froze	frozen
get	got	got, (*US*) gotten

PRÉSENT	PASSÉ	PARTICIPE
give	gave	given
go(goes)	went	gone
grind	ground	ground
grow	grew	grown
hang	hung	hung
hang *(execute)*	hanged	hanged
have(has)	had	had
hear	heard	heard
hide	hid	hidden
hit	hit	hit
hold	held	held
hurt	hurt	hurt
keep	kept	kept
kneel	knelt, kneeled	knelt, kneeled
know	knew	known
lay	laid	laid
lead	led	led
lean	leant, leaned	leant, leaned
leap	leapt, leaped	leapt, leaped
learn	learnt, learned	learnt, learned
leave	left	left
lend	lent	lent
let	let	let
lie(lying)	lay	lain
light	lit, lighted	lit, lighted
lose	lost	lost
make	made	made
may	might	–

PRÉSENT	PASSÉ	PARTICIPE
mean	meant	meant
meet	met	met
mistake	mistook	mistake
mow	mowed	mown, mowed
must	(had to)	(had to)
pay	paid	paid
put	put	put
quit	quit, quitted	quit, quitted
read	read	read
rid	rid	rid
ride	rode	ridden
ring	rang	rung
rise	rose	risen
run	ran	run
saw	sawed	sawed, sawn
say	said	said
see	saw	seen
seek	sought	sought
sell	sold	sold
send	sent	sent
set	set	set
sew	sewed	sewn
shake	shook	shaken
shear	sheared	shorn, sheared
shed	shed	shed
shine	shone	shone
shoot	shot	shot
show	showed	shown
shrink	shrank	shrunk

RÉSENT	PASSÉ	PARTICIPE
hut	shut	shut
ing	sang	sung
ink	sank	sunk
it	sat	sat
lay	slew	slain
leep	slept	slept
lide	slid	slid
ling	slung	slung
lit	slit	slit
mell	smelt, smelled	smelt, smelled
ow	sowed	sown, sowed
peak	spoke	spoken
peed	sped, speeded	sped, speeded
pell	spelt, spelled	spelt, spelled
pend	spent	spent
pill	spilt, spilled	spilt, spilled
pin	spun	spun
pit	spat	spat
poil	spoiled, spoilt	spoiled, spoilt
pread	spread	spread
pring	sprang	sprung
tand	stood	stood
teal	stole	stolen
tick	stuck	stuck
ting	stung	stung

PRÉSENT	PASSÉ	PARTICIPE
stink	stank	stunk
stride	strode	stridden
strike	struck	struck
strive	strove	striven
swear	swore	sworn
sweep	swept	swept
swell	swelled	swollen, swelled
swim	swam	swum
swing	swung	swung
take	took	taken
teach	taught	taught
tear	tore	torn
tell	told	told
think	thought	thought
throw	threw	thrown
thrust	thrust	thrust
tread	trod	trodden
wake	woke, waked	woken, waked
wear	wore	worn
weave	wove	woven
weave (*wind*)	weaved	weaved
wed	wedded, wed	wedded, wed
weep	wept	wept
win	won	won
wind	wound	wound
wring	wrung	wrung
write	wrote	written

French verb tables

a Present participle **b** Past participle **c** Present **d** Imperfect **e** Future **f** Conditional **g** Present subjunctive **h** Imperative

1 ARRIVER **a** arrivant **b** arrivé **c** arrive, arrives, arrive, arrivons, arrivez, arrivent **d** arrivais **e** arriverai **f** arriverais **g** arrive

2 FINIR **a** finissant **b** fini **c** finis, finis, finit, finissons, finissez, finissent **d** finissais **e** finirai **f** finirais **g** finisse **h** finis, finissons, finissez

3 PLACER **a** plaçant **b** placé **c** place, places, place, plaçons, placez, placent **d** plaçais, plaçais, plaçait, placions, placiez, plaçaient **e** placerai, placeras, placera, placerons, placerez, placeront **f** placerais, placerais, placerait, placerions, placeriez, placeraient **g** place

3 BOUGER **a** bougeant **b** bougé **c** bouge, bougeons **d** bougeais, bougions **e** bougerai **f** bougerais **g** bouge

4 appeler **a** appelant **b** appelé **c** appelle, appelons **d** appelais **e** appellerai **f** appellerais **g** appelle

4 jeter **a** jetant **b** jeté **c** jette, jetons **d** jetais **e** jetterai **f** jetterais **g** jette

5 geler **a** gelant **b** gelé **c** gèle, gelons **d** gelais **e** gèlerai **f** gèlerais **g** gèle

6 CÉDER **a** cédant **b** cédé **c** cède, cèdes, cède, cédons, cédez, cèdent **d** cédais, cédais, cédait, cédions, cédiez, cédaient **e** céderai, céderas, cédera, céderons, céderez, céderont **f** céderais, céderais, céderait, céderions, céderiez, céderaient **g** cède

7 épier **a** épiant **b** épié **c** épie, épions **d** épiais **e** épierai **f** épierais **g** épie

8 noyer **a** noyant **b** noyé **c** noie, noyons **d** noyais **e** noierai **f** noierais **g** noie

9 ALLER **a** allant **b** allé **c** vais, vas, va, allons, allez, vont **d** allais **e** irai **f** irais **g** aille

10 HAÏR **a** haïssant **b** haï **c** hai hais, hait, haïssons, haïssez, haïssent **d** haïssais, haïssais, haïssait, haïssions, haïssiez, haïssaient **e** haïrai, haïras, haïra, haïrons, haïrez, haïront **f** haïrais, haïrais, haïrait, haïrions, haïriez, haïraient **g** haïsse

a Present participle **b** Past participle **c** Present **d** Imperfect **e** Future **f** Conditional **g** Present subjunctive **h** Imperative

1 courir **a** courant **b** couru **c** cours, courons **d** courais **e** courrai **g** coure

2 cueillir **a** cueillant **b** cueilli **c** cueille, cueillons **d** cueillais **e** cueillerai **g** cueille

3 assaillir **a** assaillant **b** assailli **c** assaille, assaillons **d** assaillais **e** assaillirai **g** assaille

4 servir **a** servant **b** servi **c** sers, servons **d** servais **g** serve

5 bouillir **a** bouillant b bouilli c bous, bouillons d bouillais g bouille

6 partir **a** partant **b** parti **c** pars, partons **d** partais **g** parte

7 fuir **a** fuyant **b** fui **c** fuis, fuyons, fuient **d** fuyais **g** fuie

8 couvrir **a** couvrant **b** couvert **c** couvre, couvrons **d** couvrais **g** couvre

9 mourir **a** mourant **b** mort **c** meurs, mourons, meurent **d** mourais **e** mourrai **g** meure

10 vêtir **a** vêtant **b** vêtu **c** vêts, vêtons **d** vêtais **e** vêtirai **g** vête

11 acquérir **a** acquérant **b** acquis **c** acquiers, acquérons, acquièrent **d** acquérais **e** acquerrai **g** acquière

22 venir **a** venant **b** venu **c** viens, venons, viennent **d** venais **e** viendrai **g** vienne

23 pleuvoir **a** pleuvant **b** plu **c** pleut, pleuvent **d** pleuvait **e** pleuvra **g** pleuve

24 prévoir *like* voir **e** prévoirai

25 pourvoir **a** pourvoyant **b** pourvu **c** pourvois, pourvoyons, pourvoient **d** pourvoyais **g** pourvoie

26 asseoir **a** asseyant **b** assis **c** assieds, asseyons, asseyez, asseyent **d** asseyais **e** assiérai **g** asseye

27 MOUVOIR **a** mouvant **b** mû **c** meus, meus, meut, mouvons, mouvez, meuvent **d** mouvais **e** mouvrai **f** mouvrais **g** meuve, meuves, meuve, mouvions, mouviez, meuvent

28 RECEVOIR **a** recevant **b** reçu **c** reçois, reçois, reçoit, recevons, recevez, reçoivent **d** recevais **e** recevrai **f** recevrais **g** reçoive **h** reçois, recevons, recevez

29 valoir **a** valant **b** valu **c** vaux, vaut, valons **d** valais **e** vaudrai **g** vaille

a Present participle **b** Past participle **c** Present **d** Imperfect **e** Future **f** Conditional **g** Present subjunctive **h** Imperative

30 voir **a** voyant **b** vu **c** vois, voyons, voient **d** voyais **e** verrai **g** voie

31 vouloir **a** voulant **b** voulu **c** veux, veut, voulons, veulent **d** voulais **e** voudrai **g** veuille **h** veuillez

32 savoir **a** sachant **b** su **c** sais, savons, savent **d** savais **e** saurai **g** sache **h** sache, sachons, sachez

33 pouvoir **a** pouvant **b** pu **c** peux, peut, pouvons, peuvent **d** pouvais **e** pourrai **g** puisse

34 AVOIR **a** ayant **b** eu **c** ai, as, a, avons, avez, ont **d** avais **e** aurai **f** aurais **g** aie, aies, ait, ayons, ayez, aient

35 conclure **a** concluant **b** conclu **c** conclus, concluons **d** concluais **g** conclue

36 rire **a** riant **b** ri **c** ris, rions **d** riais **g** rie

37 dire **a** disant **b** dit **c** dis, disons, dites, disent **d** disais **g** dise

38 nuire **a** nuisant **b** nui **c** nuis, nuisons **d** nuisais **e** nuirai **f** nuirais **g** nuise

39 écrire **a** écrivant **b** écrit **c** écris, écrivons **d** écrivais **g** écrive

40 suivre **a** suivant **b** suivi **c** suis, suivons **d** suivais **g** suive

41 RENDRE **a** rendant **b** rendu **c** rends, rends, rend, rendons, rendez, rendent **d** rendais **e** rendrai **f** rendrais **g** rende **h** rends, rendons, rendez

42 vaincre **a** vainquant **b** vainc[u] **c** vaincs, vainc, vainquons **d** vainquais **g** vainque

43 lire **a** lisant **b** lu **c** lis, lisons **d** lisais **g** lise

44 croire **a** croyant **b** cru **c** crois, croyons, croient **d** croyais **g** croie

45 CLORE **a** closant **b** clos **c** clos, clos, clôt, closent **e** clorai, cloras, clora, clorons, clorez, cloront **f** clorais, clorais, clorait, clorions, cloriez, cloraient **g** close

46 vivre **a** vivant **b** vécu **c** vis, vivons **d** vivais **g** vive

47 MOUDRE **a** moulant **b** moulu **c** mouds, mouds, moud, moulons, moulez, moulent **d** moulais, moulais, moulait, moulions, mouliez, moulaient **e** moudrai, moudras, moudra, moudrons, moudrez, moudront **f** moudrais, moudrais,

a Present participle **b** Past participle **c** Present **d** Imperfect
e Future **f** Conditional **g** Present subjunctive **h** Imperative

moudrait, moudrions, moudriez, moudraient **g** moule

48 coudre **a** cousant **b** cousu **c** couds, cousons, cousez, cousent **d** cousais **g** couse

49 joindre **a** joignant **b** joint **c** joins, joignons **d** joignais **g** joigne

50 TRAIRE **a** trayant **b** trait **c** trais, trais, trait, trayons, trayez, traient **d** trayais, trayais, trayait, trayions, trayiez, trayaient **e** trairai, trairas, traira, trairons, trairez, trairont **f** trairais, trairais, trairait, trairions, trairiez, trairaient **g** traie

51 ABSOUDRE **a** absolvant **b** absous **c** absous, absous, absout, absolvons, absolvez, absolvent **d** absolvais, absolvais, absolvait, absolvions, absolviez, absolvaient **e** absoudrai, absoudras, absoudra, absoudrons, absoudrez, absoudront **f** absoudrais, absoudrais, absoudrait, absoudrions, absoudriez, absoudraient **g** absolve

52 craindre **a** craignant **b** craint **c** crains, craignons **d** craignais **g** craigne

53 boire **a** buvant **b** bu **c** bois, buvons, boivent **d** buvais **g** boive

54 plaire **a** plaisant **b** plu **c** plais, plaît, plaisons **d** plaisais **g** plaise

55 croître **a** croissant **b** crû **c** croîs, croissons **d** croissais **g** croisse

56 mettre **a** mettant **b** mis **c** mets, mettons **d** mettais **g** mette

57 connaître **a** connaissant **b** connu **c** connais, connaît, connaissons **d** connaissais **g** connaisse

58 prendre **a** prenant **b** pris **c** prends, prenons, prennent **d** prenais **g** prenne

59 naître **a** naissant **b** né **c** nais, naît, naissons **d** naissais **g** naisse

60 FAIRE **a** faisant **b** fait **c** fais, fais, fait, faisons, faites, font **d** faisais **e** ferai **f** ferais **g** fasse

61 ÊTRE **a** étant **b** été **c** suis, es, est, sommes, êtes, sont **d** étais **e** serai **f** serais **g** sois, sois, soit, soyons, soyez, soient

Les nombres

un (une)	1	one
deux	2	two
trois	3	three
quatre	4	four
cinq	5	five
six	6	six
sept	7	seven
huit	8	eight
neuf	9	nine
dix	10	ten
onze	11	eleven
douze	12	twelve
treize	13	thirteen
quatorze	14	fourteen
quinze	15	fifteen
seize	16	sixteen
dix-sept	17	seventeen
dix-huit	18	eighteen
dix-neuf	19	nineteen
vingt	20	twenty
vingt et un (une)	21	twenty-one
vingt-deux	22	twenty-two
trente	30	thirty
quarante	40	forty
cinquante	50	fifty
soixante	60	sixty
soixante-dix	70	seventy
soixante-et-onze	71	seventy-one
soixante-douze	72	seventy-two
quatre-vingts	80	eighty
quatre-vingt-un (-une)	81	eighty-one
quatre-vingt-dix	90	ninety
cent	100	a hundred, one hundre
cent un (une)	101	a hundred and one
deux cents	200	two hundred
deux cent un (une)	201	two hundred and one
quatre cents	400	four hundred
mille	1000	a thousand
cinq mille	5000	five thousand
un million	1000000	a million

remier (première), 1er (1ère)	first, 1st
euxième, 2e *or* 2ème	second, 2nd
oisième, 3e *or* 3ème	third, 3rd
uatrième, 4e *or* 4ème	fourth, 4th
nquième, 5e *or* 5ème	fifth, 5th
xième, 6e *or* 6ème	sixth, 6th
eptième	seventh
uitième	eighth
euvième	ninth
xième	tenth
nzième	eleventh
ouzième	twelfth
eizième	thirteenth
uartorzième	fourteenth
uinzième	fifteenth
izième	sixteenth
x-septième	seventeenth
x-huitième	eighteenth
x-neuvième	nineteenth
ngtième	twentieth
ngt-et-unième	twenty-first
ngt-deuxième	twenty-second
entième	thirtieth
ntième	hundredth
nt-unième	hundred-and-first
illième	thousandth

S FRACTIONS ETC.	**FRACTIONS ETC.**
demi	a half
tiers	a third
quart	a quarter
cinquième	a fifth
ro virgule cinq, 0,5	(nought) point five, 0.5
ois virgule quatre, 3,4	three point four, 3.4
pour cent	ten per cent
nt pour cent	a hundred per cent

EMPLES	**EXAMPLES**
e habite au septième (étage)	she lives on the 7th floor
abite au sept	he lives at number 7
chapitre/à la page sept	chapter/page 7
st arrivé (le) septième	he came in 7th

L'heure

quelle heure est-il ?	*what time is it?*
il est …	*it's ou it is …*
minuit	midnight, twelve p.m.
une heure (du matin)	one o'clock (in the morning), one (a.m.)
une heure cinq	five past one
une heure dix	ten past one
une heure et quart	a quarter past one, one fifteen
une heure vingt-cinq	twenty-five past one, one twenty-five
une heure et demie, une heure trente	half-past one, one thirty
deux heures moins vingt-cinq, une heure trente-cinq	twenty-five to two, one thirty-five
deux heures moins vingt, une heure quarante	twenty to two, one forty
deux heures moins le quart, une heure quarante-cinq	a quarter to two, one forty-five
deux heures moins dix, une heure cinquante	ten to two, one fifty
midi	twelve o'clock, midday, noon
deux heures (de l'après-midi), quatorze heures	two o'clock (in the afternoon), two (p.m.)
sept heures (du soir), dix-neuf heures	seven o'clock (in the evening), seven (p.m.)
à quelle heure ?	*(at) what time?*
à minuit	at midnight
à sept heures	at seven o'clock
dans vingt minutes	in twenty minutes
il y a un quart d'heure	fifteen minutes ago

Phrasefinder

Guide de conversation

TOPICS | THEMES

TOPICS | THÈMES

MEETING PEOPLE | FAIRE CONNAISSANCE

Hello!	Bonjour !
Good evening!	Bonsoir !
Good night!	Bonne nuit !
Goodbye!	Au revoir !
What's your name?	Comment vous appelez-vous ?
My name is ...	Je m'appelle ...
This is ...	Je vous présente ...
my wife.	*ma femme.*
my husband.	*mon mari.*
my partner.	*mon compagnon/ ma compagne.*
Where are you from?	D'où venez-vous ?
I come from ...	Je suis de ...
How are you?	Comment allez-vous ?
Fine, thanks.	Bien, merci.
And you?	Et vous ?
Do you speak French?	Parlez-vous français ?
I don't understand English.	Je ne comprends pas l'anglais.
Thanks very much!	Merci beaucoup !
Pleasure to meet you.	Enchanté(e) !
I'm French.	Je suis français(e).
What do you do for a living?	Que faites-vous dans la vie ?

Asking the Way	Demander son chemin
Where is the nearest ...?	Où est le/la ... le/la plus proche ?
How do I get to ...?	Comment est-ce qu'on va à/au/à la ... ?
Is it far?	Est-ce que c'est loin ?
How far is it from here?	C'est à combien de minutes/de mètres d'ici ?
Is this the right way to ...?	C'est la bonne direction pour aller à/au/à la ... ?
I'm lost.	Je suis perdu(e).
Can you show me on the map?	Pouvez-vous me le montrer sur la carte ?
You have to turn round.	Vous devez faire demi-tour.
Go straight on.	Allez tout droit.
Turn left/right.	Tournez à gauche/à droite.
Take the second street on the left/right.	Prenez la deuxième rue à gauche/à droite.

Car Hire	Location de voitures
I want to hire ...	Je voudrais louer ...
a car.	*une voiture.*
a moped.	*une mobylette.*
a motorbike.	*une moto.*
a (motor) scooter.	*un scooter.*
How much is it for ...?	C'est combien pour ... ?
one day	*une journée*
a week	*une semaine*
What is included in the price?	Qu'est-ce qui est inclus dans le prix ?
I'd like a child seat for a ...-year-old child.	Je voudrais un siège-auto pour un enfant de ... ans.
What do I do if I have an accident/if I break down?	Que dois-je faire en cas d'accident/de panne ?

Breakdowns	Pannes
My car has broken down.	Je suis en panne.
Where is the nearest garage?	Où est le garage le plus proche
The exhaust	*Le pot d'échappement*
The gearbox	*La boîte de vitesses*
The windscreen	*Le pare-brise*
... is broken.	... est cassé(e).
The brakes	*Les freins*
The headlights	*Les phares*
The windscreen wipers	*Les essuie-glaces*
... are not working.	... ne fonctionnent pas.
The battery is flat.	La batterie est à plat.
The car won't start.	Le moteur ne démarre pas.
The engine is overheating.	Le moteur surchauffe.
I have a flat tyre.	J'ai un pneu à plat.
Can you repair it?	Pouvez-vous le réparer ?
When will the car be ready?	Quand est-ce que la voiture sera prête ?

Parking	Stationnement
Can I park here?	Je peux me garer ici ?
Do I need to buy a parking ticket?	Est-ce qu'il faut acheter un ticket de stationnement ?
Where is the ticket machine?	Où est l'horodateur ?
The ticket machine isn't working.	L'horodateur ne fonctionne pas.

Petrol Station	Station-service
Where is the nearest petrol station?	Où est la station-service la plus proche ?
Fill it up, please.	Le plein, s'il vous plaît.

30 euros' worth of...	30 euros de ...
diesel.	*gazole.*
(unleaded) economy petrol.	*sans plomb.*
premium unleaded.	*super.*
Pump number ..., please.	Pompe numéro ..., s'il vous plaît.
Please check ...	Pouvez-vous vérifier ...
the tyre pressure.	*la pression des pneus ?*
the oil.	*le niveau d'huile ?*
the water.	*le niveau d'eau ?*

Accidents | Accidents

Please call ...	Appelez ..., s'il vous plaît.
the police.	*la police*
an ambulance.	*une ambulance*
Here are my insurance details.	Voici les références de mon assurance.
Give me your insurance details, please.	Donnez-moi les références de votre assurance , s'il vous plaît.
Can you be a witness for me?	Pouvez-vous me servir de témoin ?
You were driving too fast.	Vous conduisiez trop vite.
It wasn't your right of way.	Vous n'aviez pas la priorité.

Travelling ... by Car | Voyager ... en voiture

What's the best route to ...?	Quel chemin prendre pour aller à ... ?
I'd like a motorway tax sticker ...	Je voudrais un badge de télépéage ...
for a week.	*pour une semaine.*
for a year.	*pour un an.*
Do you have a road map of this area?	Avez-vous une carte de la région ?

By Bike	À vélo
Where is the cycle path to ...?	Où est la piste cyclable pour aller à ... ?
Can I keep my bike here?	Est-ce que je peux laisser mon vélo ici ?
My bike has been stolen.	On m'a volé mon vélo.
Where is the nearest bike repair shop?	Où se trouve le réparateur de vélos le plus proche ?
The brakes	*Les freins*
The gears	*Les vitesses*
... aren't working.	... ne marchent pas.
The chain is broken.	La chaîne est cassée.
I've got a flat tyre.	J'ai un pneu crevé.
I need a puncture repair kit.	J'ai besoin d'un kit de réparation

By Train	En train
How much is ...?	Combien coûte ... ?
a single	*l'aller simple*
a return	*l'aller-retour*
A single to ..., please.	Un aller simple pour ..., s'il vous plaît.
I would like to travel first/ second class.	Je voudrais voyager en première/seconde classe.
Two returns to ..., please.	Deux allers-retours pour ..., s'il vous plaît.
Is there a reduction ...?	Est-ce qu'il y a un tarif réduit ...
for students	*pour les étudiants*
for pensioners	*pour les seniors*
for children	*pour les enfants*
with this pass	*avec cette carte*
Could I please have a timetable?	Pouvez vous me donner la fiche des horaires ?

I'd like to reserve a seat on the train to ..., please.	Je voudrais faire une réservation pour le train qui va à ..., s'il vous plaît.
Non smoking/Smoking, please.	Non-fumeurs/Fumeurs, s'il vous plaît.
I want to book a sleeper to ...	Je voudrais réserver une couchette pour ...
When is the next train to ...?	À quelle heure part le prochain train pour ... ?
Is there a supplement to pay?	Est-ce qu'il faut payer un supplément ?
Do I need to change?	Est-ce qu'il y a un changement ?
Where do I change?	Où est-ce qu'il faut changer ?
Which platform does the train for ... leave from?	De quel quai part le train pour ... ?
Is this the train for ...?	C'est bien le train pour ... ?
Excuse me, that's my seat.	Excusez-moi, c'est ma place.
I have a reservation.	J'ai réservé.
Is this seat taken/free?	Est-ce que cette place est occupée/libre ?
Please let me know when we get to ...	Pourriez-vous me prévenir lorsqu'on arrivera à ... ?
Where is the buffet car?	Où est le wagon-restaurant ?
Where is coach number ...?	Où est la voiture numéro ... ?

By Ferry	**En ferry**
Is there a ferry to ...?	Est-ce qu'il y a un ferry pour ... ?
When is the next/first/last ferry to ...?	Quand part le prochain/premier/dernier ferry pour ... ?
How much is it for a camper/car with ... people?	Combien coûte la traversée pour un camping-car/une voiture avec ... personnes ?
How long does the crossing take?	Combien de temps dure la traversée ?

Where is ...?	Où est ... ?
the restaurant	*le restaurant*
the bar	*le bar*
the duty-free shop	*le magasin hors taxe*
Where is cabin number ...?	Où est la cabine numéro ... ?
Do you have anything for seasickness?	Avez-vous quelque chose contre le mal de mer ?

By Plane — En avion

Where is ...?	Où est ... ?
the taxi rank	*la station de taxis*
the bus stop	*l'arrêt de bus*
the information office	*le bureau de renseignements*
Where do I check in for the flight to ...?	Où est l'enregistrement pour le vol à destination de ...
Which gate for the flight to ...?	Quelle est la porte d'embarquement pour le vol à destination de ... ?
When is the latest I can check in?	Quelle est l'heure limite d'enregistrement ?
When does boarding begin?	À quelle heure commence l'embarquement ?
Window/Aisle, please.	Hublot/Couloir, s'il vous plaît.
I've lost my boarding pass/ my ticket.	J'ai perdu ma carte d'embarquement/mon billet
My luggage hasn't arrived.	Mes bagages ne sont pas arrivés
Where is the carousel?	Où est le carrousel à bagages ?
Where are the check-in desks?	Où sont les bornes d'enregistrement ?

Public Transport — Transports en commun

How do I get to ...?	Comment est-ce qu'on va à ... ?
Where is the bus station?	Où est la gare routière ?
Where is the nearest ...?	Où est ... le/la plus proche ?

bus stop	*l'arrêt de bus*
underground station	*la station de métro*
A ticket to..., please.	Un ticket pour..., s'il vous plaît.
Is there a reduction ...?	Est-ce qu'il y a un tarif réduit ... ?
for students	*pour les étudiants*
for pensioners	*pour les seniors*
for children	*pour les enfants*
for the unemployed	*pour les chômeurs*
with this pass	*avec cette carte*
How does the (ticket) machine work?	Comment fonctionne le distributeur de tickets ?
Do you have a map of the underground?	Avez-vous un plan du métro ?
Please tell me when to get off.	Pourriez-vous me prévenir quand je dois descendre ?
What is the next stop?	Quel est le prochain arrêt ?
Which line goes to...?	Quelle ligne va à ... ?

Taxi | En taxi

Where can I get a taxi?	Où puis-je trouver un taxi ?
Call me a taxi, please.	Pouvez-vous m'appeler un taxi, s'il vous plaît ?
To the airport/station, please.	À l'aéroport/À la gare, s'il vous plaît.
To this address, please.	À cette adresse, s'il vous plaît.
I'm in a hurry.	Je suis pressé(e).
How much is it?	C'est combien ?
I need a receipt.	Il me faut un reçu.
Keep the change.	Gardez la monnaie.
Stop here, please.	Arrêtez-vous ici, s'il vous plaît.
Would you mind waiting for me?	Pouvez-vous m'attendre ?
Straight ahead/to the left/ to the right.	Tout droit/à gauche/à droite.

Camping	Camping
Is there a campsite here?	Est-ce qu'il y a un camping ici ?
We'd like a site for ...	Nous voudrions un emplacement pour ...
a tent.	*une tente.*
a caravan.	*une caravane.*
We'd like to stay one night/ ... nights.	Nous voudrions rester une nuit/... nuits.
How much is it per night?	C'est combien la nuit ?
Where are ...?	Où sont ... ?
the toilets	*les toilettes*
the showers	*les douches*
Where is ...?	Où est ... ?
the site office	*la réception*
Can we camp/park here overnight?	Est-ce qu'on peut camper/ stationner ici pour la nuit ?

Self-Catering	Location de vacances
Where do we get the key for the apartment/house?	Où est-ce qu'il faut aller chercher la clé de l'appartement/la maison ?
Do we have to pay extra for electricity/gas?	Est-ce que l'électricité/le gaz est à payer en plus ?
How does the heating work?	Comment fonctionne le chauffage ?
Who do I contact if there are any problems?	Qui dois-je contacter en cas de problème ?
We need ...	Il nous faut ...
a second key.	*un double de la clé.*
more sheets.	*des draps supplémentaires.*
The gas has run out.	Il n'y a plus de gaz.

There is no electricity.	Il n'y a pas d'électricité.
Do we have to clean the apartment/the house before we leave?	Est-ce qu'on doit nettoyer l'appartement/la maison avant de partir ?

Hotel | Hôtel

Do you have a ... for tonight?	Avez-vous une ... pour ce soir ?
single room	*chambre pour une personne*
double room	*chambre double*
Do you have a room ...?	Avez-vous une chambre ... ?
with a bath	*avec baignoire*
with a shower	*avec douche*
I want to stay for one night/... nights.	Je voudrais rester une nuit/ ... nuits.
I booked a room under the name ...	J'ai réservé une chambre au nom de ...
I'd like another room.	Je voudrais une autre chambre.
What time is breakfast?	À quelle heure est servi le petit déjeuner ?
Can I have breakfast in my room?	Pouvez-vous me servir le petit déjeuner dans ma chambre ?
Where is ...?	Où est ... ?
the gym	*la salle de sport*
the swimming pool/the spa	*la piscine/le spa*
I'd like an alarm call for tomorrow morning at ...	Je voudrais être réveillé(e) demain matin à ...
I'd like to get these things washed/cleaned.	Pourriez-vous faire nettoyer ceci ?
Please bring me ...	S'il vous plaît, apportez-moi ...
The ... doesn't work.	Le/la ... ne marche pas.
Room number ...	Chambre numéro ...
Are there any messages for me?	Est-ce que j'ai reçu des messages ?

I'd like ...	Je voudrais ...
Do you have ...?	Avez-vous ... ?
Do you have this ...?	Avez-vous ceci ... ?
in another size	*dans une autre taille*
in another colour	*dans une autre couleur*
I take size ...	Je fais du ...
My feet are a size 5½.	Je fais du trente-neuf.
I'll take it.	Je le prends.
Do you have anything else?	Avez-vous autre chose ?
That's too expensive.	C'est trop cher.
I'm just looking.	Je ne fais que regarder.
Do you take credit cards?	Acceptez-vous la carte de crédit ?

Food Shopping | Courses alimentaires

Where is the nearest ...?	Où est ... le/la plus proche ?
supermarket	*le supermarché*
baker's	*la boulangerie*
butcher's	*la boucherie*
Where is the market?	Où est le marché ?
When is the market on?	Quel jour a lieu le marché ?
a kilo/pound of ...	un kilo/une livre de ...
200 grams of ...	deux cents grammes de ...
... slices of ...	... tranches de ...
a litre of ...	un litre de ...
a bottle/packet of ...	une bouteille/un paquet de ...

Post Office | Poste

Where is the nearest post office?	Où est la poste la plus proche ?
When does the post office open?	À quelle heure ouvre la poste ?
Where can I buy stamps?	Où peut-on acheter des timbres ?

I'd like ... stamps for postcards/letters to France/Britain/ the United States.	Je voudrais ... timbres pour des cartes postales/lettres pour la France/la Grande-Bretagne/les États-Unis.
I'd like to send ...	Je voudrais envoyer ...
this letter.	*cette lettre.*
this parcel.	*ce colis.*
by express mail/ by registered mail	en courrier urgent/ en recommandé
Is there any mail for me?	Est-ce que j'ai du courrier ?
Where is the nearest postbox?	Où est la boîte aux lettres la plus proche ?

Photography | Photographie

I need passport photos.	J'ai besoin de photos d'identité.
I'm looking for a cable for a digital camera.	Je cherche un câble pour appareil photo numérique.
Do you sell brand-name chargers?	Est-ce que vous vendez des chargeurs de marque ?
'd like to buy a memory card.	Je voudrais acheter une carte mémoire.
I'd like the photos ...	Je voudrais les photos ...
matt/glossy.	*en mat/en brillant.*
ten by fifteen centimetres.	*en format dix sur quinze.*
Can I print my digital photos here?	Est-ce que je peux imprimer mes photos numériques ici ?
How much do the photos cost?	Combien coûtent les photos ?
Could you take a photo of us, please?	Pourriez-vous nous prendre en photo, s'il vous plaît ?
The photo is blurry.	La photo est floue.

Sightseeing	Visites touristiques
Where is the tourist office?	Où se trouve l'office de tourisme ?
Do you have any leaflets about ...?	Avez-vous des dépliants sur ...
Are there any sightseeing tours of the town?	Est-ce qu'il y a des visites guidées de la ville ?
When is ... open?	À quelle heure ouvre ... ?
the museum	*le musée*
the church	*l'église*
the castle	*le château*
How much does it cost to get in?	Combien coûte l'entrée ?
Are there any reductions ...?	Est-ce qu'il y a un tarif réduit ...
for students	*pour les étudiants*
for children	*pour les enfants*
for pensioners	*pour les seniors*
for the unemployed	*pour les chômeurs*
Is there a guided tour in French?	Est-ce qu'il y a une visite guidée en français ?
Can I take (flash) photos here?	Je peux prendre des photos (avec flash) ici ?
Can I film here?	Je peux filmer ici ?

Entertainment	Divertissements
What is there to do here?	Qu'est-ce qu'il y a à faire ici ?
Where can we ...?	Où est-ce qu'on peut ... ?
go dancing	*danser*
hear live music	*écouter de la musique live*
Where is there ...?	Où est-ce qu'il y a ... ?
a nice bar	*un bon bar*
a good club	*une bonne discothèque*

What's on tonight ...?	Qu'est-ce qu'il y a ce soir ... ?
at the cinema	*au cinéma*
at the theatre	*au théâtre*
at the opera	*à l'opéra*
at the concert hall	*à la salle de concert*
Where can I buy tickets for ...?	Où est-ce que je peux acheter des places ... ?
the theatre	*de théâtre*
the concert	*de concert*
the opera	*d'opéra*
the ballet	*pour le spectacle de danse*
How much is it to get in?	Combien coûte l'entrée ?
I'd like a ticket/... tickets for ...	Je voudrais un billet/... billets pour ...
Are there any reductions ...?	Est-ce qu'il y a un tarif réduit ... ?
for children	*pour les enfants*
for pensioners	*pour les seniors*
for students	*pour les étudiants*
for the unemployed	*pour les chômeurs*

At the Beach | À la plage

Where is the nearest beach?	Où se trouve la plage la plus proche ?
Is it safe to swim here?	Est-ce qu'on peut nager ici sans danger ?
Is the water deep?	L'eau est-elle profonde ?
Is there a lifeguard?	Est-ce qu'il y a un maître-nageur ?
Where can you ...?	Où peut-on ... ?
go surfing	*faire du surf*
go waterskiing	*faire du ski nautique*
go diving	*faire de la plongée*
go paragliding	*faire du parapente*

I'd like to hire ...	Je voudrais louer ...
a deckchair.	*une chaise longue.*
a sunbed.	*un matelas.*
a sunshade.	*un parasol.*
a surfboard.	*une planche de surf.*
a jet-ski.	*un jet-ski.*

Sport | Sport

Where can you ...?	Où peut-on ... ?
play tennis/golf	*jouer au tennis/golf*
go swimming	*aller nager*
go riding	*faire de l'équitation*
go fishing	*aller pêcher*
How much is it per hour?	Combien est-ce que ça coûte de l'heure ?
Where can I book a court?	Où peut-on réserver un court
Where can I hire rackets?	Où peut-on louer des raquettes de tennis ?
Where can I hire a rowing boat/a pedal boat?	Où peut-on louer une barque/un pédalo ?
Do you need a fishing permit?	Est-ce qu'il faut un permis de pêche ?

Skiing | Ski

Where can I hire skiing equipment?	Où peut-on louer un équipement de ski ?
I'd like to hire ...	Je voudrais louer ...
downhill skis.	*des skis alpins.*
cross-country skis.	*des skis de fond.*
ski boots.	*des chaussures de ski.*
ski poles.	*des bâtons de ski.*
Can you tighten my bindings, please?	Pourriez-vous resserrer mes fixations, s'il vous plaît ?

Where can I buy a ski pass?	Où est-ce qu'on peut acheter un forfait ?
I'd like a ski pass ...	Je voudrais un forfait ...
for a day.	*pour une journée.*
for five days.	*pour cinq jours.*
for a week.	*pour une semaine.*
How much is a ski pass?	Combien coûte le forfait ?
When does the first/last chair-lift leave?	À quelle heure part le premier/dernier télésiège ?
Do you have a map of the ski runs?	Avez-vous une carte des pistes ?
Where are the beginners' slopes?	Où sont les pistes pour débutants ?
How difficult is this slope?	Quelle est la difficulté de cette piste ?
Is there a ski school?	Y a-t-il une école de ski ?
What's the weather forecast for today?	Quel temps prévoit-on pour aujourd'hui ?
What is the snow like?	Comment est la neige ?
Is there a danger of avalanches?	Est-ce qu'il y a un risque d'avalanche ?

A table for ... people, please.	Une table pour ... personnes, s'il vous plaît.
The ..., please.	La ..., s'il vous plaît.
menu	*carte*
wine list	*carte des vins*
What do you recommend?	Qu'est-ce que vous me conseillez ?
Do you have ...?	Servez-vous ... ?
any vegetarian dishes	*des plats végétariens*
children's portions	*des menus enfants*
Does that contain ...?	Est-ce que cela contient ... ?
peanuts	*des cacahuètes*
alcohol	*de l'alcool*
Could you bring (more) ..., please?	Vous pourriez m'apporter (plus de) ..., s'il vous plaît ?
I'll have ...	Je vais prendre ...
The bill, please.	L'addition, s'il vous plaît.
All together, please.	Une seule addition, s'il vous plaît.
Separate bills, please.	Séparément, s'il vous plaît.
Keep the change.	Gardez la monnaie.
This isn't what I ordered.	Ce n'est pas ce que j'ai commandé.
There's a mistake in the bill.	Il y a une erreur dans l'additio
It's cold/too salty.	C'est froid/trop salé.
rare/medium/well-done	saignant/à point/bien cuit
A bottle of sparkling/ still water.	Une bouteille d'eau gazeuse/ plate.

Telephone	Téléphone
Where can I make a phone call?	Où est-ce que je peux téléphoner ?
Hello?	Allô ?
Who's speaking, please?	Qui est à l'appareil ?
This is ...	C'est ...
Can I speak to Mr/Ms ..., please?	Puis-je parler à M./ Mme ..., s'il vous plaît ?
I'll phone back later.	Je rappellerai plus tard.
Can you text me your answer?	Pouvez-vous me répondre par SMS ?
Where can I charge my mobile (phone)?	Où est-ce que je peux recharger mon portable ?
Can I borrow your charger?	Est-ce que je peux emprunter votre chargeur ?
I need a new battery.	Il me faut une batterie neuve.
I can't get a network.	Je n'ai pas de réseau.
I'd like to buy a SIM card with/ without a subscription.	Je voudrais acheter une carte SIM avec/sans abonnement.

Internet	Internet
I'd like to send an email.	Je voudrais envoyer un e-mail.
I'd like to print out a document.	Je voudrais imprimer un document.
How do you change the language of the keyboard?	Comment changer la langue du clavier ?
Do you have free Wi-Fi?	Est-ce que vous avez le wifi gratuit ?
What's the Wi-Fi password?	Quel est le mot de passe pour le wifi ?

Passport/Customs | Passeport/Douane

Here is ...	Voici ...
my passport.	*mon passeport.*
my identity card.	*ma carte d'identité.*
my driving licence.	*mon permis de conduire.*
Here are my vehicle documents.	Voici les papiers de mon véhicule.
It's a present.	C'est un cadeau.
It's for my own personal use.	C'est pour mon usage personnel.

At the Bank | À la banque

Where can I change money?	Où puis-je changer de l'argent ?
Is there a bank/bureau de change around here?	Est-ce qu'il y a une banque/un bureau de change par ici ?
When does the bank open?	La banque ouvre à quelle heure ?
I'd like ... euros.	Je voudrais ... euros.
I'd like to cash these traveller's cheques.	Je voudrais encaisser ces chèques de voyage.
What's the commission?	Quel est le montant de la commission ?
Can I use my card to get cash?	Est-ce que je peux me servir de ma carte pour retirer de l'argent ?
Is there a cash machine around here?	Est-ce qu'il y a un distributeur par ici ?
The cash machine swallowed my card.	Le distributeur a avalé ma carte.

Repairs	Réparations
Where can I get this repaired?	Où puis-je faire réparer ceci ?
Can you repair ...?	Pouvez-vous réparer ... ?
these shoes	*ces chaussures*
this watch	*cette montre*
How much will the repairs cost?	Combien coûte la réparation ?

Emergency Services	Urgences
Help!	Au secours !
Fire!	Au feu !
Could you please call ...	Pouvez-vous appeler ...
the emergency doctor?	*le SAMU ?*
the fire brigade?	*les pompiers ?*
the police?	*la police ?*
I need to make an urgent phone call.	Je dois téléphoner d'urgence.
I need an interpreter.	J'ai besoin d'un interprète.
Where is the police station?	Où est le commissariat ?
Where is the hospital?	Où est l'hôpital ?
I want to report a theft.	Je voudrais signaler un vol.
... has been stolen.	On m'a volé(e) ...
There's been an accident.	Il y a eu un accident.
There are ... people injured.	Il y a ... blessés.
I've been ...	On m'a ...
robbed.	*volé(e).*
attacked.	*attaqué(e).*
raped.	*violé(e).*
I'd like to phone my embassy.	Je voudrais appeler mon ambassade.

Pharmacy | Pharmacie

Where is the nearest pharmacy?	Où est la pharmacie la plus proche ?
Which pharmacy provides an emergency service?	Quelle est la pharmacie de garde ?
I'd like something ...	Je voudrais quelque chose ...
for diarrhoea.	*contre la diarrhée.*
for a temperature.	*contre la fièvre.*
for travel sickness.	*contre le mal des transports.*
for a headache.	*contre le mal de tête.*
for a cold.	*contre le rhume.*
I'd like ...	Je voudrais ...
plasters.	*des pansements.*
a bandage.	*un bandage.*
some paracetamol.	*du paracétamol.*
mosquito repellent.	*de la lotion anti-moustique.*
I can't take ...	Je suis allergique à ...
aspirin.	*l'aspirine.*
penicillin.	*la pénicilline.*
Is it safe to give to children?	C'est sans danger pour les enfants ?

At the Doctor's | Chez le médecin

I need a doctor.	J'ai besoin de voir un médecin
Where is casualty?	Où sont les urgences ?
I have a pain here.	J'ai mal ici.
I feel ...	J'ai ...
hot.	*chaud.*
cold.	*froid.*
I feel sick.	J'ai mal au cœur.
I feel dizzy.	J'ai la tête qui tourne.
I have a fever.	J'ai de la fièvre.

I'm ...	Je suis ...
pregnant.	*enceinte.*
diabetic.	*diabétique.*
HIV-positive.	*séropositif(-ive).*
I'm on this medication.	Je prends ces médicaments.
My blood group is ...	Mon groupe sanguin est ...

At the Hospital | À l'hôpital

Which ward is ... in?	Dans quel pavillon se trouve ... ?
When are visiting hours?	Quelles sont les heures de visite ?
I'd like to speak to ...	Je voudrais parler à ...
a doctor.	*un médecin.*
a nurse.	*un infirmier/une infirmière.*
When will I be discharged?	Quand vais-je pouvoir sortir ?

At the Dentist's | Chez le dentiste

I need a dentist.	J'ai besoin de voir un dentiste.
This tooth hurts.	J'ai mal à cette dent.
One of my fillings has fallen out.	J'ai perdu un de mes plombages.
I have an abscess.	J'ai un abcès.
Can you repair my dentures?	Pouvez-vous réparer mon dentier ?
I need a receipt for my insurance.	J'ai besoin d'un reçu pour mon assurance.

Business Travel	Voyages d'affaires
I'd like to arrange a meeting with ...	Je voudrais organiser une réunion avec ...
I have an appointment with Mr/Ms ...	J'ai rendez-vous avec M./Mme ...
Here's my card.	Voici ma carte de visite.
I work for ...	Je travaille pour ...
How do I get to ...?	Comment rejoindre ... ?
your office	*votre bureau*
Mr/Ms ...'s office	*le bureau de M./Mme ...*
May I use ...?	Est-ce que je peux me servir ...
your phone/computer/desk	*de votre téléphone/ordinateur/bureau*
Do you have an Internet connection/Wi-Fi?	Y a-t-il une connexion Internet/wifi ?

Disabled Travellers	Voyageurs handicapés
Is it possible to visit ... with a wheelchair?	Est-ce qu'on peut visiter ... en fauteuil roulant ?
Where is the wheelchair-accessible entrance?	Où est l'entrée pour les fauteuils roulants ?
Is your hotel accessible to wheelchairs?	Votre hôtel est-il accessible au clients en fauteuil roulant ?
I need a room ...	Je voudrais une chambre ...
on the ground floor.	*au rez-de-chaussée.*
with wheelchair access.	*accessible aux fauteuils roulant*
Do you have a lift for wheelchairs?	Y a-t-il un ascenseur pour fauteuils roulants ?
Where is the disabled toilet?	Où sont les toilettes pour handicapés ?
Can you help me get on/off, please?	Pouvez-vous m'aider à monte descendre, s'il vous plaît ?

Travelling with children	Voyager avec des enfants
Is it OK to bring children here?	Est-ce que les enfants sont admis ?
Is there a reduction for children?	Est-ce qu'il y a un tarif réduit pour les enfants ?
Do you have children's portions?	Vous avez un menu pour enfant ?
Do you have ...?	Avez-vous ... ?
a high chair	*une chaise pour bébé*
a cot	*un lit de bébé*
a child's seat	*un siège pour enfant*
Where can I change my baby?	Où est-ce que je peux changer mon bébé ?
Where can I breast-feed my baby?	Où est-ce que je peux allaiter mon bébé ?
Can you warm this up, please?	Vous pouvez me réchauffer ceci, s'il vous plaît ?
What is there for children to do?	Qu'est-ce qu'il y a comme activités pour les enfants ?
Where's the nearest playground?	Où est le parc de jeux le plus proche ?
Is there a child-minding service?	Est-ce qu'il y a un service de garderie ?

COMPLAINTS | RÉCLAMATIONS

I'd like to make a complaint.	Je voudrais faire une réclamation.
Whom should I speak to in order to make a complaint?	À qui dois-je m'adresser pour faire une réclamation
I'd like to speak to the manager, please.	Je voudrais parler au responsable, s'il vous plaît.
The light	*La lumière*
The heating	*Le chauffage*
The shower	*La douche*
... doesn't work.	... ne marche pas.
The room is ...	La chambre est ...
dirty.	*sale.*
too small.	*trop petite.*
The room is too cold.	Il fait trop froid dans la chambre.
Could you clean the room, please?	Pourriez-vous nettoyer ma chambre, s'il vous plaît ?
Could you turn down the TV/the radio, please?	Pourriez-vous baisser le son de votre télé/radio, s'il vous plaît ?
I've been robbed.	On m'a volé quelque chose.
We've been waiting for a very long time.	Nous attendons depuis très longtemps.
The bill is wrong.	Il y a une erreur dans l'additio
I want my money back.	Je veux qu'on me rembourse.
I'd like to exchange this.	Je voudrais échanger ceci.
I'm not satisfied with this.	Je ne suis pas satisfait(e).

ıngers and mash saucisses ›oêlées accompagnées de ›urée de pommes de terre, 'oignons frits et de sauce au ıs de viande
ınoffee pie pâte à tarte arnie d'un mélange de ananes, de caramel au ›eurre et de crème
.T (sandwich) bacon, salade ›erte, tomate et mayonnaise ntre deux tranches de pain
ıtternut squash doubeurre
ıesar salad grande alade composée avec de ı laitue, des légumes, des eufs, du parmesan et une inaigrette ; peut être servie n accompagnement ou omme plat principal
ocolate brownie petit âteau carré au chocolat et ux noix ou noisettes
owder épaisse soupe de uits de mer
icken Kiev blanc de poulet ané garni de beurre, d'ail et e persil et cuit au four
icken nuggets petits ıorceaux de poulet pané, its ou cuits au four
ıb sandwich sandwich ır trois tranches de pain, généralement grillées ; les garnitures les plus courantes sont la viande, le fromage, la salade, les tomates et les oignons
cottage pie viande de bœuf hachée et légumes recouverts de purée de pommes de terre et de fromage et cuits au four
cream tea goûter où l'on sert du thé et des scones accompagnés de crème et de confiture
English breakfast œufs, bacon, saucisses, haricots blancs à la sauce tomate, pain à la poêle et champignons
filo pastry type de pâte feuilletée très fine
ginger ale, ginger beer *(Brit)* boisson gazeuse au gingembre
haggis plat écossais à base de hachis de cœur et de foie de mouton bouilli avec de l'avoine et des aromates dans une poche faite avec la panse de l'animal
hash browns pommes de terre cuites coupées en dés puis mélangées à de l'oignon

haché et dorées à la poêle. On les sert souvent au petit déjeuner
hotpot ragoût de viande et de légumes servi avec des pommes de terre en lamelles
Irish stew ragoût d'agneau, de pommes de terre et d'oignon
monkfish lotte
oatcake biscuit salé à base d'avoine que l'on mange souvent avec du fromage
pavlova grande meringue recouverte de fruits et de crème fouettée
ploughman's lunch en-cas à base de pain, de fromage et de pickles
purée purée épaisse et onctueuse de fruits ou de légumes cuits et passés
Quorn® protéine végétale employée comme substitut à la viande
savoy cabbage chou frisé de Milan
sea bass bar, loup
Scotch broth soupe chaude à la viande avec des petits légumes et de l'orge
Scotch egg œuf dur enrobé d'un mélange à base de chair à saucisse et recouvert de chapelure avant d'être plongé dans l'huile de friture
spare ribs travers de porc
spring roll nem
Stilton fromage bleu au goût intense
sundae crème glacée recouverte d'un coulis, de noix, de Chantilly etc.
Thousand Island dressing sauce à base de ketchup, de mayonnaise, de sauce Worcester et de jus de citron souvent servie avec des crevettes
toad in the hole saucisses recouvertes de pâte et passées au four
Welsh rarebit mélange de fromage et d'œufs passé au grill et servi sur du pain grillé
Yorkshire pudding mélange d'œufs, de lait et de farine cuit au four, servi avec du rôti de bœuf

oli rich garlic mayonnaise
nuse-bouche nibbles
choïade anchovy paste
sually served on grilled
rench bread
siette du pêcheur assorted
sh or seafood
r sea bass
varois moulded cream and
ustard pudding, usually
erved with fruit
sque smooth, rich seafood
oup
nquette white meat stew
usually veal) served with a
eamy white sauce
andade de morue dried salt
od puréed with potatoes
nd olive oil
ochette, (en) cooked like a
ebab (on a skewer)
lot welks
amar/calmar squid
ssoulet white bean stew
ith meat, bacon and
usage
velle de Canut savoury
sh of fromage frais, goat's
eese, herbs and white wine
arlotte custard and fruit in
ing of sponge fingers
foutis cherry flan
q au vin chicken and
mushrooms cooked in red wine
coques cockles
crémant sparkling wine
crème pâtissière thick fresh custard used in tarts and desserts
daube meat casserole with wine, herbs, garlic, tomatoes and olives
daurade sea bream
filet mignon small pork fillet steak
fine de claire high-quality oyster
foie gras goose liver
fond d'artichaut artichoke heart
fougasse type of bread with various fillings (olives, anchovies)
gésier gizzard
gratin dauphinois potatoes cooked in cream, garlic and Swiss cheese
homard thermidor lobster grilled in its shell with cream sauce
île flottante soft meringue served with fresh custard
loup de mer sea bass
noisettes d'agneau small round pieces of lamb
onglet cut of beef (steak)

pan-bagnat bread roll with egg, olives, salad, tuna, anchovies and olive oil
parfait rich ice cream
parmentier with potatoes
pignons pine nuts
piperade tomato, pepper and onion omelette
pissaladière a kind of pizza made mainly in the Nice region, topped with onions, anchovies and black olives
pistou garlic, basil and olive oil sauce from Provence – similar to pesto
pommes mousseline creamy mashed potatoes
pot-au-feu beef stew
quenelles poached balls of fish or meat mousse served in a sauce
rascasse scorpion fish
ratatouille tomatoes, aubergines, courgettes and garlic cooked in olive oil
ris de veau calf sweetbread
romaine cos lettuce
rouille spicy version of garli mayonnaise (aïoli) served with fish stew or soup
salade lyonnaise vegetable salad dressed with eggs, bacon and croutons
salade niçoise many variations on a famous theme: the basic ingredien are green beans, anchovies black olives and green peppers
suprême de volaille chicke breast cooked in a cream sauce
tapenade paste made of black olives, anchovies, capers and garlic in olive oi
tournedos Rossini thick fill steak on fried bread toppec with goose liver and truffle

a

ɪ] n (Mus) la m

a [eɪ, ə]

fore vowel and silent h **an**) indef
1 un(e); **a book** un livre; **an**
ple une pomme; **she's a**
ctor elle est médecin
instead of the number "one")
(e); **a year ago** il y a un an;
undred/thousand etc
unds cent/mille etc livres
n expressing ratios, prices etc):
ree a day/week trois par jour/
naine; **10 km an hour** 10 km
heure; **£5 a person** 5£ par
sonne; **30p a kilo** 30p le kilo

n (BRIT Scol) deuxième partie de
amen équivalent au baccalauréat
. n abbr (BRIT: = Automobile
ociation) ≈ ACF m; (= Alcoholics
onymous) AA
.A. n abbr (= American
omobile Association) ≈ ACF m
ck [ə'bæk] adv: **to be taken ~**
e décontenancé(e)
ndon [ə'bændən] vt
ndonner

abattoir ['æbətwɑːʳ] n (BRIT) abattoir m
abbey ['æbɪ] n abbaye f
abbreviation [əbriːvɪ'eɪʃən] n abréviation f
abdomen ['æbdəmən] n abdomen m
abduct [æb'dʌkt] vt enlever
abide [ə'baɪd] vt souffrir, supporter; **I can't ~ it/him** je ne le supporte pas • **abide by** vt fus observer, respecter
ability [ə'bɪlɪtɪ] n compétence f; capacité f; (skill) talent m
able ['eɪbl] adj compétent(e); **to be ~ to do sth** pouvoir faire qch, être capable de faire qch
abnormal [æb'nɔːməl] adj anormal(e)
aboard [ə'bɔːd] adv à bord ▸ prep à bord de; (train) dans
abolish [ə'bɔlɪʃ] vt abolir
abolition [æbə'lɪʃən] n abolition f
abort [ə'bɔːt] vt (Med) faire avorter; (Comput, fig) abandonner • **abortion** [ə'bɔːʃən] n avortement m; **to have an abortion** se faire avorter

about [ə'baut]

▸ adv **1** (approximately) environ, à peu près; **about a hundred/thousand** etc environ cent/mille etc, une centaine (de)/un millier (de) etc; **it takes about 10 hours** ça prend environ or à peu près 10 heures; **at about 2 o'clock** vers 2 heures; **I've just about finished** j'ai presque fini
2 (referring to place) çà et là, de-ci de-là; **to run about** courir çà et là; **to walk about** se promener, aller et venir; **they left all their things lying about** ils ont laissé

traîner toutes leurs affaires
3: **to be about to do sth** être sur le point de faire qch
▶ *prep* **1** (*relating to*) au sujet de, à propos de; **a book about London** un livre sur Londres; **what is it about?** de quoi s'agit-il?; **we talked about it** nous en avons parlé; **what** *or* **how about doing this?** et si nous faisions ceci?
2 (*referring to place*) dans; **to walk about the town** se promener dans la ville

above [ə'bʌv] *adv* au-dessus ▶ *prep* au-dessus de; (*more than*) plus de; **mentioned ~** mentionné ci-dessus; **~ all** par-dessus tout, surtout
abroad [ə'brɔ:d] *adv* à l'étranger
abrupt [ə'brʌpt] *adj* (*steep, blunt*) abrupt(e); (*sudden, gruff*) brusque
abscess ['æbsɪs] *n* abcès *m*
absence ['æbsəns] *n* absence *f*
absent ['æbsənt] *adj* absent(e) • **absent-minded** *adj* distrait(e)
absolute ['æbsəlu:t] *adj* absolu(e) • **absolutely** [æbsə'lu:tlɪ] *adv* absolument
absorb [əb'zɔ:b] *vt* absorber; **to be ~ed in a book** être plongé(e) dans un livre • **absorbent cotton** *n* (US) coton *m* hydrophile • **absorbing** *adj* absorbant(e); (*book, film etc*) captivant(e)
abstain [əb'steɪn] *vi*: **to ~ (from)** s'abstenir (de)
abstract ['æbstrækt] *adj* abstrait(e)
absurd [əb'sə:d] *adj* absurde
abundance [ə'bʌndəns] *n* abondance *f*
abundant [ə'bʌndənt] *adj* abondant(e)
abuse *n* [ə'bju:s] (*insults*) insul[tes] *fpl*, injures *fpl*; (*ill-treatment*) mauvais traitements *mpl*; (*of power etc*) abus *m* ▶ *vt* [ə'bju:z] (*insult*) insulter; (*ill-treat*) malmener; (*power etc*) abuser d[e] • **abusive** *adj* grossier(-ière), injurieux(-euse)
abysmal [ə'bɪzməl] *adj* exécrable; (*ignorance etc*) sans bornes
academic [ækə'dɛmɪk] *adj* universitaire; (*person: scholarly*) intellectuel(le); (*pej: issue*) oiseux(-euse), purement théorique ▶ *n* universitaire *m/*[*f*] • **academic year** *n* (*University*) année *f* universitaire; (*Scol*) an[née *f*] scolaire
academy [ə'kædəmɪ] *n* (*learn*[*ed*] *body*) académie *f*; (*school*) collè[ge] *m*; **~ of music** conservatoire *m*
accelerate [æk'sɛləreɪt] *vt, v*[*i*] accélérer • **acceleration** [æksɛlə'reɪʃən] *n* accélération • **accelerator** *n* (BRIT) accélérateur *m*
accent ['æksɛnt] *n* accent *m*
accept [ək'sɛpt] *vt* accepter • **acceptable** *adj* acceptable • **acceptance** *n* acceptation *f*
access ['æksɛs] *n* accès *m*; **to have ~ to** (*information, library e*[*tc*]) avoir accès à, pouvoir utiliser [*ou*] consulter; (*person*) avoir accès auprès de • **accessible** [æk'sɛsəbl] *adj* accessible
accessory [æk'sɛsərɪ] *n* accessoire *m*; **~ to** (*Law*) accessoire à
accident ['æksɪdənt] *n* accid[ent] *m*; (*chance*) hasard *m*; **I've had**

an ~ j'ai eu un accident; **by ~** (*by hance*) par hasard; (*not eliberately*) accidentellement
accidental [æksɪ'dɛntl] *adj* ccidentel(le) • **accidentally** æksɪ'dɛntəlɪ] *adv* ccidentellement • **Accident and mergency Department** *n* BRIT) service *m* des urgences
accident insurance *n* ssurance *f* accident
claim [ə'kleɪm] *vt* acclamer ▸ *n* cclamations *fpl*
commodate [ə'kɔmədeɪt] *vt* oger, recevoir; (*oblige, help*) bliger; (*car etc*) contenir
commodation, (US) **ccommodations** əkɔmə'deɪʃən(z)] *n, npl* gement *m*
companiment ə'kʌmpənɪmənt] *n* ccompagnement *m*
company [ə'kʌmpənɪ] *vt* ccompagner
complice [ə'kʌmplɪs] *n* omplice *m/f*
complish [ə'kʌmplɪʃ] *vt* ccomplir • **accomplishment** *n* kill: *gen pl*) talent *m*; (*completion*) ccomplissement *m*; (*achievement*) éussite *f*
cord [ə'kɔ:d] *n* accord *m* ▸ *vt* corder; **of his own ~** de son lein gré • **accordance** *n*: **in ccordance with** conformément • **according: according to** *prep* elon • **accordingly** *adv* ppropriately) en conséquence; s *a result*) par conséquent
count [ə'kaunt] *n* (*Comm*) ompte *m*; (*report*) compte rendu, cit *m*; **accounts** *npl* (*Comm: cords*) comptabilité *f*, comptes; **no ~** sans importance; **on ~** en acompte; **to buy sth on ~** acheter qch à crédit; **on no ~** en aucun cas; **on ~ of** à cause de; **to take into ~, take ~ of** tenir compte de • **account for** *vt fus* (*explain*) expliquer, rendre compte de; (*represent*) représenter
• **accountable** *adj*: **accountable (for/to)** responsable (de/devant)
• **accountant** *n* comptable *m/f*
• **account number** *n* numéro *m* de compte
accumulate [ə'kju:mjuleɪt] *vt* accumuler, amasser ▸ *vi* s'accumuler, s'amasser
accuracy ['ækjurəsɪ] *n* exactitude *f*, précision *f*
accurate ['ækjurɪt] *adj* exact(e), précis(e); (*device*) précis
• **accurately** *adv* avec précision
accusation [ækju'zeɪʃən] *n* accusation *f*
accuse [ə'kju:z] *vt*: **to ~ sb (of sth)** accuser qn (de qch)
• **accused** *n* (*Law*) accusé(e)
accustomed [ə'kʌstəmd] *adj*: **~ to** habitué(e) *or* accoutumé(e) à
ace [eɪs] *n* as *m*
ache [eɪk] *n* mal *m*, douleur *f* ▸ *vi* (*be sore*) faire mal, être douloureux(-euse); **my head ~s** j'ai mal à la tête
achieve [ə'tʃi:v] *vt* (*aim*) atteindre; (*victory, success*) remporter, obtenir
• **achievement** *n* exploit *m*, réussite *f*; (*of aims*) réalisation *f*
acid ['æsɪd] *adj, n* acide (*m*)
acknowledge [ək'nɔlɪdʒ] *vt* (*also*: **~ receipt of**) accuser réception de; (*fact*) reconnaître
• **acknowledgement** *n* (*of letter*) accusé *m* de réception
acne ['æknɪ] *n* acné *m*

acorn ['eɪkɔːn] *n* gland *m*
acoustic [ə'kuːstɪk] *adj* acoustique
acquaintance [ə'kweɪntəns] *n* connaissance *f*
acquire [ə'kwaɪəʳ] *vt* acquérir • **acquisition** [ækwɪ'zɪʃən] *n* acquisition *f*
acquit [ə'kwɪt] *vt* acquitter; **to ~ o.s. well** s'en tirer très honorablement
acre ['eɪkəʳ] *n* acre *f* (= 4047 m^2)
acronym ['ækrənɪm] *n* acronyme *m*
acrosport ['ækrəspɔːt] *n* acrosport *m*
across [ə'krɔs] *prep* (*on the other side*) de l'autre côté de; (*crosswise*) en travers de ▸ *adv* de l'autre côté; en travers; **to run/swim ~** traverser en courant/à la nage; **~ from** en face de
acrylic [ə'krɪlɪk] *adj, n* acrylique (*m*)
act [ækt] *n* acte *m*, action *f*; (*Theat: part of play*) acte; (*: of performer*) numéro *m*; (*Law*) loi *f* ▸ *vi* agir; (*Theat*) jouer; (*pretend*) jouer la comédie ▸ *vt* (*role*) jouer, tenir; **to catch sb in the ~** prendre qn sur le fait *or* en flagrant délit; **to ~ as** servir de • **act up** (*inf*) *vi* (*person*) se conduire mal; (*knee, back, injury*) jouer des tours; (*machine*) être capricieux(-ieuse) • **acting** *adj* suppléant(e), par intérim ▸ *n* (*activity*): **to do some acting** faire du théâtre (*or* du cinéma)
action ['ækʃən] *n* action *f*; (*Mil*) combat(s) *m(pl)*; (*Law*) procès *m*, action en justice; **out of ~** hors de combat; (*machine etc*) hors d'usage; **to take ~** agir, prendre des mesures • **action replay** *n* (BRIT TV) ralenti *m*
activate ['æktɪveɪt] *vt* (*mechanism*) actionner, faire fonctionner
active ['æktɪv] *adj* actif(-ive); (*volcano*) en activité • **actively** *adv* activement; (*discourage*) vivement
activist ['æktɪvɪst] *n* activiste *m*
activity [æk'tɪvɪtɪ] *n* activité *f* • **activity holiday** *n* vacances actives
actor ['æktəʳ] *n* acteur *m*
actress ['æktrɪs] *n* actrice *f*
actual ['æktjuəl] *adj* réel(le), véritable; (*emphatic use*) lui-mêm(e) (elle-même)

> ⚠ Be careful not to translate *actual* by the French word *actuel*.

actually ['æktjuəlɪ] *adv* réelleme(nt), véritablement; (*in fact*) en fait

> ⚠ Be careful not to translate *actually* by the French word *actuellement*.

acupuncture ['ækjupʌŋktʃəʳ] (*n*) acuponcture *f*
acute [ə'kjuːt] *adj* aigu(ë); (*mind, observer*) pénétrant(e)
ad [æd] *n abbr* = **advertisement**
A.D. *adv abbr* (= *Anno Domini*) ap. J.-C.
adamant ['ædəmənt] *adj* inflexible
adapt [ə'dæpt] *vt* adapter ▸ *vi*: **to ~ (to)** s'adapter (à) • **adapte(r)** • **adaptor** *n* (*Elec*) adaptateur *m*; (*for several plugs*) prise *f* multiple
add [æd] *vt* ajouter; (*figures: als(o)* **to ~ up**) additionner; **it doesn('t) ~ up** (*fig*) cela ne rime à rien • **add up to** *vt fus* (*Math*) s'éleve(r) à; (*fig: mean*) signifier

dict ['ædɪkt] *n* toxicomane *m/f*; *ig*) fanatique *m/f* • **addicted** ə'dɪktɪd] *adj*: **to be addicted to** *lrink, drugs*) être adonné(e) à; (*fig*: *ootball etc*) être un(e) fanatique de
addiction [ə'dɪkʃən] *n* (*Med*) épendance *f* • **addictive** ə'dɪktɪv] *adj* qui crée une épendance
dition [ə'dɪʃən] *n* (*adding up*) ddition *f*; (*thing added*) ajout *m*; **in** de plus, de surcroît; **in ~ to** en us de • **additional** *adj* upplémentaire
ditive ['ædɪtɪv] *n* additif *m*
dress [ə'drɛs] *n* adresse *f*; (*talk*) scours *m*, allocution *f* ▸ *vt* dresser; (*speak to*) s'adresser à; **y ~ is ...** mon adresse, c'est ...
address book *n* carnet *m* adresses
equate ['ædɪkwɪt] *adj* (*enough*) ffisant(e); (*satisfactory*) tisfaisant(e)
here [əd'hɪəʳ] *vi*: **to ~ to** lhérer à; (*fig*: *rule, decision*) se nir à
hesive [əd'hiːzɪv] *n* adhésif *m*
adhesive tape *n* (BRIT) ruban *m* lhésif; (US *Med*) sparadrap *m*
jacent [ə'dʒeɪsənt] *adj* ljacent(e), contigu(ë); **~ to** ljacent à
jective ['ædʒɛktɪv] *n* adjectif *m*
joining [ə'dʒɔɪnɪŋ] *adj* isin(e), adjacent(e), attenant(e)
ourn [ə'dʒəːn] *vt* ajourner ▸ *vi* spendre la séance; lever la ance; clore la session
ust [ə'dʒʌst] *vt* (*machine*) uster, régler; (*prices, wages*) uster ▸ *vi*: **to ~ (to)** s'adapter) • **adjustable** *adj* réglable
djustment *n* (*of machine*) ajustage *m*, réglage *m*; (*of prices, wages*) rajustement *m*; (*of person*) adaptation *f*
administer [əd'mɪnɪstəʳ] *vt* administrer • **administration** [ədmɪnɪs'treɪʃən] *n* (*management*) administration *f*; (*government*) gouvernement *m* • **administrative** [əd'mɪnɪstrətɪv] *adj* administratif(-ive)
administrator [əd'mɪnɪstreɪtəʳ] *n* administrateur(-trice)
admiral ['ædmərəl] *n* amiral *m*
admiration [ædmə'reɪʃən] *n* admiration *f*
admire [əd'maɪəʳ] *vt* admirer • **admirer** *n* (*fan*) admirateur(-trice)
admission [əd'mɪʃən] *n* admission *f*; (*to exhibition, night club etc*) entrée *f*; (*confession*) aveu *m*
admit [əd'mɪt] *vt* laisser entrer; admettre; (*agree*) reconnaître, admettre; (*crime*) reconnaître avoir commis; **"children not ~ted"** "entrée interdite aux enfants" • **admit to** *vt fus* reconnaître, avouer • **admittance** *n* admission *f*, (droit *m* d')entrée *f* • **admittedly** *adv* il faut en convenir
adolescent [ædəu'lɛsnt] *adj, n* adolescent(e)
adopt [ə'dɔpt] *vt* adopter • **adopted** *adj* adoptif(-ive), adopté(e) • **adoption** [ə'dɔpʃən] *n* adoption *f*
adore [ə'dɔːʳ] *vt* adorer
adorn [ə'dɔːn] *vt* orner
Adriatic (Sea) [eɪdrɪ'ætɪk-] *n*: **the Adriatic (Sea)** la mer Adriatique, l'Adriatique *f*

adrift [ə'drɪft] *adv* à la dérive
ADSL *n abbr* (= *asymmetric digital subscriber line*) ADSL *m*
adult ['ædʌlt] *n* adulte *m/f* ▶ *adj* (*grown-up*) adulte; (*for adults*) pour adultes • **adult education** *n* éducation *f* des adultes
adultery [ə'dʌltərɪ] *n* adultère *m*
advance [əd'vɑːns] *n* avance *f* ▶ *vt* avancer ▶ *vi* s'avancer; **in ~** en avance, d'avance; **to make ~s to sb** (*amorously*) faire des avances à qn; **~ booking** location *f*; **~ notice, ~ warning** préavis *m*; (*verbal*) avertissement *m*; **do I need to book in ~?** est-ce qu'il faut réserver à l'avance? • **advanced** *adj* avancé(e); (*Scol: studies*) supérieur(e)
advantage [əd'vɑːntɪdʒ] *n* (*also Tennis*) avantage *m*; **to take ~ of** (*person*) exploiter; (*opportunity*) profiter de
advent ['ædvənt] *n* avènement *m*, venue *f*; **A~** (*Rel*) avent *m*
adventure [əd'vɛntʃəʳ] *n* aventure *f* • **adventurous** [əd'vɛntʃərəs] *adj* aventureux(-euse)
adverb ['ædvəːb] *n* adverbe *m*
adversary ['ædvəsərɪ] *n* adversaire *m/f*
adverse ['ædvəːs] *adj* adverse; (*effect*) négatif(-ive); (*weather, publicity*) mauvais(e); (*wind*) contraire
advert ['ædvəːt] *n abbr* (BRIT) = **advertisement**
advertise ['ædvətaɪz] *vi* faire de la publicité *or* de la réclame; (*in classified ads etc*) mettre une annonce ▶ *vt* faire de la publicité *or* de la réclame pour; (*in classified ads etc*) mettre une annonce pour vendre; **to ~ for** (*staff*) recruter par (voie d')annonce • **advertisement** [əd'vəːtɪsmənt] *n* publicité *f*, réclame *f*; (*in classified ads etc*) annonce *f* • **advertiser** *n* annonceur *m* • **advertising** *n* publicité *f*
advice [əd'vaɪs] *n* conseils *mpl*; (*notification*) avis *m*; **a piece of ~** un conseil; **to take legal ~** consulter un avocat
advisable [əd'vaɪzəbl] *adj* recommandable, indiqué(e)
advise [əd'vaɪz] *vt* conseiller; **to ~ sb of sth** aviser *or* informer qn de qch; **to ~ against sth/doing sth** déconseiller qch/conseiller de ne pas faire qch • **adviser** • **advisor** *n* conseiller(-ère) • **advisory** *adj* consultatif(-ive)
advocate *n* ['ædvəkɪt] (*lawyer*) avocat (plaidant); (*upholder*) défenseur *m*, avocat(e) ▶ *vt* ['ædvəkeɪt] recommander, prôner; **to be an ~ of** être partisan(e) de
Aegean [iː'dʒiːən] *n, adj*: **the ~ (Sea)** la mer Égée, l'Égée *f*
aerial ['ɛərɪəl] *n* antenne *f* ▶ *adj* aérien(ne)
aerobics [ɛə'rəubɪks] *n* aérobic *m*
aeroplane ['ɛərəpleɪn] *n* (BRIT) avion *m*
aerosol ['ɛərəsɔl] *n* aérosol *m*
affair [ə'fɛəʳ] *n* affaire *f*; (*also*: **love ~**) liaison *f*; aventure *f*
affect [ə'fɛkt] *vt* affecter; (*subj: disease*) atteindre • **affected** *adj* affecté(e) • **affection** *n* affection *f* • **affectionate** *adj* affectueux(-euse)
afflict [ə'flɪkt] *vt* affliger

fluent ['æfluənt] *adj* aisé(e), che; **the ~ society** la société abondance
ord [ə'fɔ:d] *vt* (*behaviour*) se ermettre; (*provide*) fournir, rocurer; **can we ~ a car?** vons-nous de quoi acheter *or* les 1oyens d'acheter une voiture?
affordable *adj* abordable
ghanistan [æf'gænıstæn] *n* fghanistan *m*
raid [ə'freıd] *adj* effrayé(e); **to e ~ of** *or* **to** avoir peur de; **I am that** je crains que + *sub*; **I'm so/not** oui/non, alheureusement
rica ['æfrıkə] *n* Afrique *f*
African *adj* africain(e) ▸ *n* fricain(e) • **African-American** dj afro-américain(e) ▸ *n* fro-Américain(e)
er ['ɑ:ftəʳ] *prep*, *adv* après *conj* après que; **it's quarter two** (*US*) il est deux heures et uart; **~ having done/~ he left** orès avoir fait/après son épart; **to name sb ~ sb** donner qn le nom de qn; **to ask ~ sb** emander des nouvelles de qn; **hat/who are you ~?** que/qui erchez-vous?; **~ you!** après ous!; **~ all** après tout
after-effects *npl* (*of disaster*, *diation*, *drink etc*) répercussions ; (*of illness*) séquelles *fpl*, suites • **aftermath** *n* conséquences • **afternoon** *n* après-midi *m/f*
after-shave (lotion) *n* lotion *f* rès-rasage • **aftersun ream/lotion)** *n* après-soleil *m* • **afterwards** • (*US*)
terward ['ɑ:ftəwəd(z)] *adv* rès
ain [ə'gɛn] *adv* de nouveau, core (une fois); **to do sth ~** refaire qch; **~ and ~** à plusieurs reprises
against [ə'gɛnst] *prep* contre; (*compared to*) par rapport à
age [eıdʒ] *n* âge *m* ▸ *vt*, *vi* vieillir; **he is 20 years of ~** il a 20 ans; **to come of ~** atteindre sa majorité; **it's been ~s since I saw you** ça fait une éternité que je ne t'ai pas vu
aged *adj* âgé(e); **~ 10** âgé de 10 ans
age: • **age group** *n* tranche *f* d'âge • **age limit** *n* limite *f* d'âge
agency ['eıdʒənsı] *n* agence *f*
agenda [ə'dʒɛndə] *n* ordre *m* du jour

> ⚠ Be careful not to translate *agenda* by the French word *agenda*.

agent ['eıdʒənt] *n* agent *m*; (*firm*) concessionnaire *m*
aggravate ['ægrəveıt] *vt* (*situation*) aggraver; (*annoy*) exaspérer, agacer
aggression [ə'grɛʃən] *n* agression *f*
aggressive [ə'grɛsıv] *adj* agressif(-ive)
agile ['ædʒaıl] *adj* agile
AGM *n abbr* (= *annual general meeting*) AG f
ago [ə'gəu] *adv*: **two days ~** il y a deux jours; **not long ~** il n'y a pas longtemps; **how long ~?** il y a combien de temps (de cela)?
agony ['ægənı] *n* (*pain*) douleur *f* atroce; (*distress*) angoisse *f*; **to be in ~** souffrir le martyre
agree [ə'gri:] *vt* (*price*) convenir de ▸ *vi*: **to ~ with** (*person*) être d'accord avec; (*statements etc*) concorder avec; (*Ling*) s'accorder avec; **to ~ to do** accepter de *or*

consentir à faire; **to ~ to sth** consentir à qch; **to ~ that** (*admit*) convenir *or* reconnaître que; **garlic doesn't ~ with me** je ne supporte pas l'ail • **agreeable** *adj* (*pleasant*) agréable; (*willing*) consentant(e), d'accord • **agreed** *adj* (*time, place*) convenu(e) • **agreement** *n* accord *m*; **in agreement** d'accord

agricultural [ægrɪ'kʌltʃərəl] *adj* agricole

agriculture ['ægrɪkʌltʃəʳ] *n* agriculture *f*

ahead [ə'hɛd] *adv* en avant; devant; **go right** *or* **straight ~** (*direction*) allez tout droit; **go ~!** (*permission*) allez-y!; **~ of** devant; (*fig: schedule etc*) en avance sur; **~ of time** en avance

aid [eɪd] *n* aide *f*; (*device*) appareil *m* ▸ *vt* aider; **in ~ of** en faveur de

aide [eɪd] *n* (*person*) assistant(e)

AIDS [eɪdz] *n abbr* (= *acquired immune (or immuno-)deficiency syndrome*) SIDA *m*

ailing ['eɪlɪŋ] *adj* (*person*) souffreteux(euse); (*economy*) malade

ailment ['eɪlmənt] *n* affection *f*

aim [eɪm] *n* (*objective*) but *m*; (*skill*): **his ~ is bad** il vise mal ▸ *vi* (*also*: **to take ~**) viser ▸ *vt*: **to ~ sth (at)** (*gun, camera*) braquer *or* pointer qch (sur); (*missile*) lancer qch (à *or* contre *or* en direction de); (*remark, blow*) destiner *or* adresser qch (à); **to ~ at** viser; (*fig*) viser (à); **to ~ to do** avoir l'intention de faire

ain't [eɪnt] (*inf*) = **am not; aren't; isn't**

air [ɛəʳ] *n* air *m* ▸ *vt* aérer; (*idea, grievance, views*) mettre sur le tapis ▸ *cpd* (*currents, attack etc*) aérien(ne); **to throw sth into the ~** (*ball etc*) jeter qch en l'air; **by ~** par avion; **to be on the ~** (*Radio, TV: programme*) être diffusé(e); (*: station*) émettre • **airbag** *n* airbag *m* • **airbed** *n* (BRIT) matelas *m* pneumatique • **airborne** *adj* (*plane*) en vol; **as soon as the plane was airbor**[ne] dès que l'avion eut décollé • **air-conditioned** *adj* climatisé(e), à air conditionné • **air conditioning** *n* climatisation *f* • **aircraft** *n inv* avion *m* • **airfield** *n* terrain *m* d'aviation • **Air Force** *n* Armée de l'air • **air hostess** *n* (BRIT) hôtesse *f* de l'air • **airing cupboard** *n* (BRIT) *placard qui contient la chaudière et dans leque*[l] *on met le linge à sécher* • **airlift** *n* pont aérien • **airline** *n* ligne aérienne, compagnie aérienne • **airliner** *n* avion *m* de ligne • **airmail** *n*: **by airmail** par avi[on] • **airplane** *n* (US) avion *m* • **airport** *n* aéroport *m* • **air ra**[id] *n* attaque aérienne • **airsick** *ad*[j]: **to be airsick** avoir le mal de l'ai[r] • **airspace** *n* espace *m* aérien • **airstrip** *n* terrain *m* d'atterrissage • **air terminal** *n* aérogare *f* • **airtight** *adj* hermétique • **air-traffic controller** *n* aiguilleur *m* du cie[l] • **airy** *adj* bien aéré(e); (*manner*) dégagé(e)

aisle [aɪl] *n* (*of church: central*) a[llée] *f* centrale; (*: side*) nef *f* latérale, bas-côté *m*; (*in theatre, supermarket*) allée; (*on plane*) couloir *m* • **aisle seat** *n* place *f* côté couloir

ajar [ə'dʒɑːʳ] *adj* entrouvert(e)

a

a carte [ælæ'kɑːt] *adv* à la carte
rm [ə'lɑːm] *n* alarme *f* ▶ *vt*
armer • **alarm call** *n* coup *m* de
pour réveiller; **could I have an**
larm call at 7 am, please?
ouvez-vous me réveiller à 7
eures, s'il vous plaît? • **alarm**
ock *n* réveille-matin *m inv*, réveil
• **alarmed** *adj* (*frightened*)
armé(e); (*protected by an alarm*)
otégé(e) par un système
alarme • **alarming** *adj*
armant(e)
pania [æl'beɪnɪə] *n* Albanie *f*
eit [ɔːl'biːɪt] *conj* bien que +
b, encore que + *sub*
um ['ælbəm] *n* album *m*
ohol ['ælkəhɔl] *n* alcool *m*
alcohol-free *adj* sans alcool
alcoholic [ælkə'hɔlɪk] *adj*, *n*
coolique (*m*/*f*)
ove ['ælkəuv] *n* alcôve *f*
[eɪl] *n* bière *f*
rt [ə'ləːt] *adj* alerte, vif (vive);
atchful) vigilant(e) ▶ *n* alerte *f*
vt alerter; **on the ~** sur le
ui-vive; (*Mil*) en état d'alerte
ebra ['ældʒɪbrə] *n* algèbre *m*
eria [æl'dʒɪərɪə] *n* Algérie *f*
erian [æl'dʒɪərɪən] *adj*
gérien(ne) ▶ *n* Algérien(ne)
iers [æl'dʒɪəz] *n* Alger
as ['eɪlɪəs] *adv* alias ▶ *n* faux
om, nom d'emprunt
i ['ælɪbaɪ] *n* alibi *m*
en ['eɪlɪən] *n* (*from abroad*)
ranger(-ère); (*from outer space*)
traterrestre ▶ *adj*: **~ (to)**
ranger(-ère) (à) • **alienate** *vt*
éner; (*subj: person*) s'aliéner
ght [ə'laɪt] *adj* en feu ▶ *vi*
ettre pied à terre; (*passenger*)
scendre; (*bird*) se poser
n [ə'laɪn] *vt* aligner

alike [ə'laɪk] *adj* semblable, pareil(le) ▶ *adv* de même; **to look ~** se ressembler
alive [ə'laɪv] *adj* vivant(e); (*active*) plein(e) de vie

all [ɔːl]

▶ *adj* (*singular*) tout(e); (*plural*) tous (toutes); **all day** toute la journée; **all night** toute la nuit; **all men** tous les hommes; **all five** tous les cinq; **all the books** tous les livres; **all his life** toute sa vie

▶ *pron* **1** tout; **I ate it all, I ate all of it** j'ai tout mangé; **all of us went** nous y sommes tous allés; **all of the boys went** tous les garçons y sont allés; **is that all?** c'est tout?; (*in shop*) ce sera tout?
2 (*in phrases*): **above all** surtout, par-dessus tout; **after all** après tout; **at all: not at all** (*in answer to question*) pas du tout; (*in answer to thanks*) je vous en prie!; **I'm not at all tired** je ne suis pas du tout fatigué(e); **anything at all will do** n'importe quoi fera l'affaire; **all in all** tout bien considéré, en fin de compte

▶ *adv*: **all alone** tout(e) seul(e); **it's not as hard as all that** ce n'est pas si difficile que ça; **all the more/the better** d'autant plus/mieux; **all but** presque, pratiquement; **the score is 2 all** le score est de 2 partout

Allah ['ælə] *n* Allah
allegation [ælɪ'geɪʃən] *n* allégation *f*
alleged [ə'lɛdʒd] *adj* prétendu(e) • **allegedly** *adv* à ce que l'on prétend, paraît-il

allegiance [ə'li:dʒəns] *n* fidélité *f*, obéissance *f*
allergic [ə'lə:dʒɪk] *adj*: **~ to** allergique à; **I'm ~ to penicillin** je suis allergique à la pénicilline
allergy ['ælədʒɪ] *n* allergie *f*
alleviate [ə'li:vɪeɪt] *vt* soulager, adoucir
alley ['ælɪ] *n* ruelle *f*
alliance [ə'laɪəns] *n* alliance *f*
allied ['ælaɪd] *adj* allié(e)
alligator ['ælɪgeɪtəʳ] *n* alligator *m*
all-in ['ɔ:lɪn] *adj, adv* (BRIT: *charge*) tout compris
allocate ['æləkeɪt] *vt* (*share out*) répartir, distribuer; **to ~ sth to** (*duties*) assigner *or* attribuer qch à; (*sum, time*) allouer qch à
allot [ə'lɔt] *vt* (*share out*) répartir, distribuer; **to ~ sth to** (*time*) allouer qch à; (*duties*) assigner qch à
all-out ['ɔ:laut] *adj* (*effort etc*) total(e)
allow [ə'lau] *vt* (*practice, behaviour*) permettre, autoriser; (*sum to spend etc*) accorder, allouer; (*sum, time estimated*) compter, prévoir; (*claim, goal*) admettre; (*concede*): **to ~ that** convenir que; **to ~ sb to do** permettre à qn de faire, autoriser qn à faire; **he is ~ed to ...** on lui permet de ... • **allow for** *vt fus* tenir compte de • **allowance** *n* (*money received*) allocation *f*; (: *from parent etc*) subside *m*; (: *for expenses*) indemnité *f*; (US: *pocket money*) argent *m* de poche; (*Tax*) somme *f* déductible du revenu imposable, abattement *m*; **to make allowances for** (*person*) essayer de comprendre; (*thing*) tenir compte de
all right *adv* (*feel, work*) bien; (*as answer*) d'accord
ally ['ælaɪ] *n* allié *m* ▶ *vt* [ə'laɪ]: **to ~ o.s. with** s'allier avec
almighty [ɔ:l'maɪtɪ] *adj* tout(e)-puissant(e); (*tremendou*...) énorme
almond ['ɑ:mənd] *n* amande *f*
almost ['ɔ:lməust] *adv* presqu...
alone [ə'ləun] *adj, adv* seul(e); ... **leave sb ~** laisser qn tranquille; **to leave sth ~** ne pas toucher à qch; **let ~ ...** sans parler de ...; encore moins ...
along [ə'lɔŋ] *prep* le long de ▶ *a*... **is he coming ~ with us?** vient-... avec nous?; **he was hopping/ limping ~** il venait *or* avançait e... sautillant/boitant; **~ with** ave... en plus de; (*person*) en compagn... de; **all ~** (*all the time*) depuis le début • **alongside** *prep* (*along*) long de; (*beside*) à côté de ▶ *adv* bord à bord; côte à côte
aloof [ə'lu:f] *adj* distant(e) ▶ *ad*... **to stand ~** se tenir à l'écart *or* à distance
aloud [ə'laud] *adv* à haute voix
alphabet ['ælfəbɛt] *n* alphabe...
Alps [ælps] *npl*; **the ~** les Alpes
already [ɔ:l'rɛdɪ] *adv* déjà
alright ['ɔ:l'raɪt] *adv* (BRIT) = **al... right**
also ['ɔ:lsəu] *adv* aussi
altar ['ɔltəʳ] *n* autel *m*
alter ['ɔltəʳ] *vt, vi* changer • **alteration** [ɔltə'reɪʃən] *n* changement *m*, modification *f* **alterations** *npl* (*Sewing*) retouches *fpl*; (*Archit*) modifications *fpl*
alternate *adj* [ɔl'tə:nɪt] alterné(e), alternant(e), alternatif(-ive); (US) = **alterna**...

vi ['ɔltə:neɪt] alterner; **to with** alterner avec; **on ~ days** n jour sur deux, tous les deux ›urs
:ernative [ɔl'tə:nətɪv] *adj* ;*olution, plan*) autre, de ɜmplacement; (*lifestyle*) parallèle *n* (*choice*) alternative *f*; (*other ossibility*) autre possibilité *f*; **medicine** médecine alternative, ıédecine douce • **alternatively** *dv*: **alternatively one could ...** ne autre *or* l'autre solution serait e ...
:hough [ɔ:l'ðəu] *conj* bien que *sub*
:itude ['æltɪtju:d] *n* altitude *f*
:ogether [ɔ:ltə'gɛðəʳ] *adv* ntièrement, tout à fait; (*on the 'hole*) tout compte fait; (*in all*) en ›ut
ıminium [ælju'mɪnɪəm], (US) **luminum** [ə'lu:mɪnəm] *n* luminium *m*
vays ['ɔ:lweɪz] *adv* toujours
:heimer's (disease) æltshaɪməz-] *n* maladie *f* Alzheimer
ı [æm] *vb see* **be**
n. *adv abbr* (= *ante meridiem*) du ıatin
ıalgamate [ə'mælgəmeɪt] *vt*, fusionner
ıass [ə'mæs] *vt* amasser
ıateur ['æmətəʳ] *n* amateur *m*
ıaze [ə'meɪz] *vt* stupéfier; **to e ~d (at)** être stupéfait(e) (de) **amazed** *adj* stupéfait(e) **amazement** *n* surprise *f*, :onnement *m* • **amazing** *adj* :onnant(e), incroyable; (*bargain, fer*) exceptionnel(le)
ıazon ['æməzən] *n* (*Geo*) ıazone *f*

ambassador [æm'bæsədəʳ] *n* ambassadeur *m*
amber ['æmbəʳ] *n* ambre *m*; **at ~** (BRIT *Aut*) à l'orange
ambiguous [æm'bɪgjuəs] *adj* ambigu(ë)
ambition [æm'bɪʃən] *n* ambition *f* • **ambitious** [æm'bɪʃəs] *adj* ambitieux(-euse)
ambulance ['æmbjuləns] *n* ambulance *f*; **call an ~!** appelez une ambulance!
ambush ['æmbuʃ] *n* embuscade *f* ▸ *vt* tendre une embuscade à
amen ['ɑ:'mɛn] *excl* amen
amend [ə'mɛnd] *vt* (*law*) amender; (*text*) corriger; **to make ~s** réparer ses torts, faire amende honorable • **amendment** *n* (*to law*) amendement *m*; (*to text*) correction *f*
amenities [ə'mi:nɪtɪz] *npl* aménagements *mpl*, équipements *mpl*
America [ə'mɛrɪkə] *n* Amérique *f* • **American** *adj* américain(e) ▸ *n* Américain(e) • **American football** *n* (BRIT) football *m* américain
amicable ['æmɪkəbl] *adj* amical(e); (*Law*) à l'amiable
amid(st) [ə'mɪd(st)] *prep* parmi, au milieu de
ammunition [æmju'nɪʃən] *n* munitions *fpl*
amnesty ['æmnɪstɪ] *n* amnistie *f*
among(st) [ə'mʌŋ(st)] *prep* parmi, entre
amount [ə'maunt] *n* (*sum of money*) somme *f*; (*total*) montant *m*; (*quantity*) quantité *f*; nombre *m* ▸ *vi*: **to ~ to** (*total*) s'élever à; (*be same as*) équivaloir à, revenir à

amp(ère) ['æmp(ɛəʳ)] *n* ampère *m*
ample ['æmpl] *adj* ample, spacieux(-euse); (*enough*): **this is ~** c'est largement suffisant; **to have ~ time/room** avoir bien assez de temps/place
amplifier ['æmplɪfaɪəʳ] *n* amplificateur *m*
amputate ['æmpjuteɪt] *vt* amputer
Amtrak ['æmtræk] (*US*) *n société mixte de transports ferroviaires interurbains pour voyageurs*
amuse [ə'mju:z] *vt* amuser • **amusement** *n* amusement *m*; (*pastime*) distraction *f* • **amusement arcade** *n* salle *f* de jeu • **amusement park** *n* parc *m* d'attractions
amusing [ə'mju:zɪŋ] *adj* amusant(e), divertissant(e)
an [æn, ən, n] *indef art see* **a**
anaemia, (*US*) **anemia** [ə'ni:mɪə] *n* anémie *f*
anaemic, (*US*) **anemic** [ə'ni:mɪk] *adj* anémique
anaesthetic, (*US*) **anesthetic** [ænɪs'θɛtɪk] *n* anesthésique *m*
analog(ue) ['ænəlɔg] *adj* (*watch, computer*) analogique
analogy [ə'næləd ʒɪ] *n* analogie *f*
analyse, (*US*) **analyze** ['ænəlaɪz] *vt* analyser • **analysis** (*pl* **analyses**) [ə'næləsɪs, -si:z] *n* analyse *f* • **analyst** ['ænəlɪst] *n* (*political analyst etc*) analyste *m/f*; (*US*) psychanalyste *m/f*
analyze ['ænəlaɪz] *vt* (*US*) = **analyse**
anarchy ['ænəkɪ] *n* anarchie *f*
anatomy [ə'nætəmɪ] *n* anatomie *f*
ancestor ['ænsɪstəʳ] *n* ancêtre *m*, aïeul *m*
anchor ['æŋkəʳ] *n* ancre *f* ▸ *vi* (*also*: **to drop ~**) jeter l'ancre, mouiller ▸ *vt* mettre à l'ancre; (*fig*): **to ~ sth to** fixer qch à
anchovy ['æntʃəvɪ] *n* anchois *m*
ancient ['eɪnʃənt] *adj* ancien(ne), antique; (*person*) d'un âge vénérable; (*car*) antédiluvien(ne)
and [ænd] *conj* et; **~ so on** et ainsi de suite; **try ~ come** tâchez de venir; **come ~ sit here** venez vous asseoir ici; **he talked ~ talked** il a parlé pendant des heures; **better ~ better** de mieux en mieux; **more ~ more** de plus en plus
Andorra [æn'dɔ:rə] *n* (principauté *f* d')Andorre *f*
anemia *etc* [ə'ni:mɪə] *n* (*US*) = **anaemia** *etc*
anesthetic [ænɪs'θɛtɪk] *n, adj* (*US*) = **anaesthetic**
angel ['eɪndʒəl] *n* ange *m*
anger ['æŋgəʳ] *n* colère *f*
angina [æn'dʒaɪnə] *n* angine *f* de poitrine
angle ['æŋgl] *n* angle *m*; **from their ~** de leur point de vue
angler ['æŋgləʳ] *n* pêcheur(-euse) à la ligne
Anglican ['æŋglɪkən] *adj, n* anglican(e)
angling ['æŋglɪŋ] *n* pêche *f* à la ligne
angrily ['æŋgrɪlɪ] *adv* avec colère
angry ['æŋgrɪ] *adj* en colère, furieux(-euse); (*wound*) enflammé(e); **to be ~ with sb/sth** être furieux contre qn/de qch; **to get ~** se fâcher, se mettre en colère
anguish ['æŋgwɪʃ] *n* angoisse *f*
animal ['ænɪməl] *n* animal *m* ▸ *adj* animal(e)

imated ['ænımeıtıd] *adj* nimé(e)
imation [ænı'meıʃən] *n* (*of erson*) entrain *m*; (*of street, Cine*) nimation *f*
iseed ['ænısi:d] *n* anis *m*
kle ['æŋkl] *n* cheville *f*
nex ['ænɛks] *n* (BRIT: *also*: **~e**) nnexe *f* ▶ *vt* [ə'nɛks] annexer
niversary [ænı'və:sərı] *n* nniversaire *m*
nounce [ə'nauns] *vt* nnoncer; (*birth, death*) faire part e • **announcement** *n* annonce *f*; *or births etc: in newspaper*) avis *m* e faire-part; (: *letter, card*) ire-part *m* • **announcer** *n* *adio, TV: between programmes*) eaker(ine); (: *in a programme*) résentateur(-trice)
noy [ə'nɔı] *vt* agacer, ennuyer, ontrarier; **don't get ~ed!** ne ous fâchez pas! • **annoying** *adj* gaçant(e), contrariant(e)
nual ['ænjuəl] *adj* annuel(le) *n* (*Bot*) plante annuelle; (*book*) bum *m* • **annually** *adv* nnuellement
num ['ænəm] *n see* **per**
onymous [ə'nɔnıməs] *adj* nonyme
orak ['ænəræk] *n* anorak *m*
orexia [ænə'rɛksıə] *n* (*also*: **nervosa**) anorexie *f*
orexic [ænə'rɛksık] *adj, n* norexique (*m/f*)
other [ə'nʌðə^r] *adj*: **~ book** *ne more*) un autre livre, encore un re, un livre de plus; (*a different e*) un autre livre ▶ *pron* un(e) tre, encore un(e), un(e) de plus; *e also* **one**
swer ['a:nsə^r] *n* réponse *f*; (*to oblem*) solution *f* ▶ *vi* répondre ▶ *vt* (*reply to*) répondre à; (*problem*) résoudre; (*prayer*) exaucer; **in ~ to your letter** suite à *or* en réponse à votre lettre; **to ~ the phone** répondre (au téléphone); **to ~ the bell** *or* **the door** aller *or* venir ouvrir (la porte) • **answer back** *vi* répondre, répliquer • **answerphone** *n* (*esp* BRIT) répondeur *m* (téléphonique)
ant [ænt] *n* fourmi *f*
Antarctic [ænt'a:ktık] *n*: **the ~** l'Antarctique *m*
antelope ['æntıləup] *n* antilope *f*
antenatal ['æntı'neıtl] *adj* prénatal(e)
antenna (*pl* **antennae**) [æn'tɛnə, -ni:] *n* antenne *f*
anthem ['ænθəm] *n*: **national ~** hymne national
anthology [æn'θɔlədʒı] *n* anthologie *f*
anthropology [ænθrə'pɔlədʒı] *n* anthropologie *f*
anti... ['æntı] *prefix* anti- • **anti-allergenic** [æntıælə'dʒɛnık] *adj* anti-allergène • **antibiotic** ['æntıbaı'ɔtık] *n* antibiotique *m* • **antibody** ['æntıbɔdı] *n* anticorps *m*
anticipate [æn'tısıpeıt] *vt* s'attendre à, prévoir; (*wishes, request*) aller au devant de, devancer • **anticipation** [æntısı'peıʃən] *n* attente *f*
anticlimax ['æntı'klaımæks] *n* déception *f*
anticlockwise ['æntı'klɔkwaız] (BRIT) *adv* dans le sens inverse des aiguilles d'une montre
antics ['æntıks] *npl* singeries *fpl*
anti: • **antidote** ['æntıdəut] *n* antidote *m*, contrepoison *m*

• **antifreeze** ['æntɪfri:z] *n* antigel *m* • **anti-globalization** *n* antimondialisation *f*
• **antihistamine** [æntɪ'hɪstəmɪn] *n* antihistaminique *m*
• **antiperspirant** [æntɪ'pə:spɪrənt] *n* déodorant *m*
antique [æn'ti:k] *n* (*ornament*) objet *m* d'art ancien; (*furniture*) meuble ancien ▶ *adj* ancien(ne)
• **antique shop** *n* magasin *m* d'antiquités
antiseptic [æntɪ'sɛptɪk] *adj*, *n* antiseptique (*m*)
antisocial ['æntɪ'səuʃəl] *adj* (*unfriendly*) insociable; (*against society*) antisocial(e)
antivirus [æntɪ'vaɪrəs] *adj* (*Comput*) antivirus *inv*; **~ software** (logiciel *m*) antivirus
antlers ['æntləz] *npl* bois *mpl*, ramure *f*
anxiety [æŋ'zaɪətɪ] *n* anxiété *f*; (*keenness*): **~ to do** grand désir *or* impatience *f* de faire
anxious ['æŋkʃəs] *adj* (très) inquiet(-ète); (*always worried*) anxieux(-euse); (*worrying*) angoissant(e); **~ to do/that** (*keen*) qui tient beaucoup à faire/à ce que + *sub*; impatient(e) de faire/que + *sub*

any ['enɪ]

▶ *adj* **1** (*in questions etc: singular*) du, de l', de la; (*: plural*) des; **do you have any butter/children/ink?** avez-vous du beurre/des enfants/de l'encre?
2 (*with negative*) de, d'; **I don't have any money/books** je n'ai pas d'argent/de livres
3 (*no matter which*) n'importe quel(le); (*each and every*) tout(e), chaque; **choose any book you like** vous pouvez choisir n'importe quel livre; **any teacher you ask will tell you** n'importe quel professeur vous le dira
4 (*in phrases*): **in any case** de toute façon; **any day now** d'un jour à l'autre; **at any moment** à tout moment, d'un instant à l'autre; **at any rate** en tout cas; **any time** n'importe quand; **he might come (at) any time** il pourrait venir n'importe quand; **come (at) any time** venez quand vous voulez
▶ *pron* **1** (*in questions etc*) en; **have you got any?** est-ce que vous en avez?; **can any of you sing?** est-ce que parmi vous il y en a qui savent chanter?
2 (*with negative*) en; **I don't have any (of them)** je n'en ai pas, je n'en ai aucun
3 (*no matter which one(s)*) n'importe lequel (*or* laquelle); (*anybody*) n'importe qui; **take any of those books (you like)** vous pouvez prendre n'importe lequel de ces livres
▶ *adv* **1** (*in questions etc*): **do you want any more soup/sandwiches?** voulez-vous encore de la soupe/des sandwichs?; **are you feeling any better?** est-ce que vous vous sentez mieux?
2 (*with negative*): **I can't hear him any more** je ne l'entends plus; **don't wait any longer** n'attendez pas plus longtemps
• **anybody** *pron* n'importe qui; (*in interrogative sentences*) quelqu'un; (*in negative sentences*) **I don't see anybody** je ne vois personne; **if anybody should**

hone ... si quelqu'un
léphone ... • **anyhow** *adv* quoi
u'il en soit; (*haphazardly*)
importe comment; **do it**
nyhow you like faites-le
omme vous voulez; **she leaves**
ings just anyhow elle laisse
ut traîner; **I shall go anyhow**
rai de toute façon • **anyone**
on = **anybody** • **anything**
on (*no matter what*) n'importe
uoi; (*in questions*) quelque
hose; (*with negative*) ne ... rien;
an you see anything? tu vois
uelque chose?; **if anything**
appens to me ... s'il m'arrive
uoi que ce soit ...; **you can say**
nything you like vous pouvez
re ce que vous voulez;
nything will do n'importe
uoi fera l'affaire; **he'll eat**
nything il mange de tout
anytime *adv* (*at any moment*)
un moment à l'autre;
whenever) n'importe quand
anyway *adv* de toute façon;
nyway, I couldn't come even
I wanted to de toute façon, je
pouvais pas venir même si je
voulais; **I shall go anyway**
rai quand même; **why are you**
honing, anyway? au fait,
ourquoi tu me téléphones?
anywhere *adv* n'importe où;
interrogative sentences)
uelque part; (*in negative*
ntences): **I can't see him**
nywhere je ne le vois nulle
rt; **can you see him**
nywhere? tu le vois quelque
rt?; **put the books down**
nywhere pose les livres
nporte où; **anywhere in the**
orld (*no matter where*)
nporte où dans le monde

apart [ə'pɑːt] *adv* (*to one side*) à part; de côté; à l'écart; (*separately*) séparément; **to take/pull ~** démonter; **10 miles/a long way ~** à 10 miles/très éloignés l'un de l'autre; **~ from** *prep* à part, excepté

apartment [ə'pɑːtmənt] *n* (*US*) appartement *m*, logement *m*; (*room*) chambre *f* • **apartment building** *n* (*US*) immeuble *m*; maison divisée en appartements

apathy ['æpəθɪ] *n* apathie *f*, indifférence *f*

ape [eɪp] *n* (grand) singe ▶ *vt* singer

aperitif [ə'pɛrɪtɪf] *n* apéritif *m*

aperture ['æpətʃjuəʳ] *n* orifice *m*, ouverture *f*; (*Phot*) ouverture (du diaphragme)

APEX ['eɪpɛks] *n abbr* (*Aviat*: = *advance purchase excursion*) APEX *m*

apologize [ə'pɔlədʒaɪz] *vi*: **to ~ (for sth to sb)** s'excuser (de qch auprès de qn), présenter des excuses (à qn pour qch)

apology [ə'pɔlədʒɪ] *n* excuses *fpl*

apostrophe [ə'pɔstrəfɪ] *n* apostrophe *f*

app *n abbr* (*inf*: *Comput*: = *application*) appli *f*

appal, (*US*) **appall** [ə'pɔːl] *vt* consterner, atterrer; horrifier • **appalling** *adj* épouvantable; (*stupidity*) consternant(e)

apparatus [æpə'reɪtəs] *n* appareil *m*, dispositif *m*; (*in gymnasium*) agrès *mpl*

apparent [ə'pærənt] *adj* apparent(e) • **apparently** *adv* apparemment

appeal [ə'piːl] *vi* (*Law*) faire *or* interjeter appel ▶ *n* (*Law*) appel *m*;

(*request*) appel; prière *f*; (*charm*) attrait *m*, charme *m*; **to ~ for** demander (instamment); implorer; **to ~ to** (*beg*) faire appel à; (*be attractive*) plaire à; **it doesn't ~ to me** cela ne m'attire pas • **appealing** *adj* (*attractive*) attrayant(e)

appear [ə'pɪəʳ] *vi* apparaître, se montrer; (*Law*) comparaître; (*publication*) paraître, sortir, être publié(e); (*seem*) paraître, sembler; **it would ~ that** il semble que; **to ~ in Hamlet** jouer dans Hamlet; **to ~ on TV** passer à la télé • **appearance** *n* apparition *f*; parution *f*; (*look, aspect*) apparence *f*, aspect *m*

appendices [ə'pɛndɪsiːz] *npl of* **appendix**

appendicitis [əpɛndɪ'saɪtɪs] *n* appendicite *f*

appendix (*pl* **appendices**) [ə'pɛndɪks, -siːz] *n* appendice *m*

appetite ['æpɪtaɪt] *n* appétit *m*

appetizer ['æpɪtaɪzəʳ] *n* (*food*) amuse-gueule *m*; (*drink*) apéritif *m*

applaud [ə'plɔːd] *vt, vi* applaudir

applause [ə'plɔːz] *n* applaudissements *mpl*

apple ['æpl] *n* pomme *f* • **apple pie** *n* tarte *f* aux pommes

appliance [ə'plaɪəns] *n* appareil *m*

applicable [ə'plɪkəbl] *adj* applicable; **to be ~ to** (*relevant*) valoir pour

applicant ['æplɪkənt] *n*: **~ (for)** candidat(e) (à)

application [æplɪ'keɪʃən] *n* (*also Comput*) application *f*; (*for a job, a grant etc*) demande *f*; candidature *f* • **application form** *n* formulaire *m* de demande

apply [ə'plaɪ] *vt*: **to ~ (to)** (*pain ointment*) appliquer (sur); (*law, e* appliquer (à) ▶ *vi*: **to ~ to** (*ask*) s'adresser à; (*be suitable for, relevant to*) s'appliquer à; **to ~ (for)** (*permit, grant*) faire une demande (en vue d'obtenir); (*jo* poser sa candidature (pour), fa une demande d'emploi (concernant); **to ~ o.s. to** s'appliquer à

appoint [ə'pɔɪnt] *vt* (*to post*) nommer, engager; (*date, place*) fixer, désigner • **appointment** (*to post*) nomination *f*; (*job*) pos *m*; (*arrangement to meet*) rendez-vous *m*; **to have an appointment** avoir un rendez-vous; **to make an appointment (with)** prendre rendez-vous (avec); **I'd like to make an appointment** je voudrais prendre rendez-vous

appraisal [ə'preɪzl] *n* évaluati

appreciate [ə'priːʃɪeɪt] *vt* (*like* apprécier, faire cas de; (*be grate for*) être reconnaissant(e) de; (*b aware of*) comprendre, se rend compte de ▶ *vi* (*Finance*) prend de la valeur • **appreciation** [əpriːʃɪ'eɪʃən] *n* appréciation *f*; (*gratitude*) reconnaissance *f*; (*Finance*) hausse *f*, valorisation

apprehension [æprɪ'hɛnʃən appréhension *f*, inquiétude *f*

apprehensive [æprɪ'hɛnsɪv] inquiet(-ète), appréhensif(-ive

apprentice [ə'prɛntɪs] *n* apprenti *m*

approach [ə'prəutʃ] *vi* approc ▶ *vt* (*come near*) approcher de; (*apply to*) s'adresser à; (*subject, passer-by*) aborder ▶ *n* approch accès *m*, abord *m*; (*intellectual*) démarche *f*

propriate *adj* [ə'prəupriıt]
ool etc) qui convient,
ɔpproprié(e); (*moment, remark*)
ɔpportun(e) ▶ *vt* [ə'prəuprieıt]
ake) s'approprier
proval [ə'pru:vəl] *n*
ɔpprobation *f*; **on ~** (*Comm*) à
ɜxamen
prove [ə'pru:v] *vt* approuver
approve of *vt fus* (*thing*)
ɔpprouver; (*person*): **they don't**
of her ils n'ont pas bonne
ɔinion d'elle
proximate [ə'prɔksımıt] *adj*
ɔpproximatif(-ive)
approximately *adv*
ɔpproximativement
r. *abbr* = **April**
ricot ['eıprıkɔt] *n* abricot *m*
ril ['eıprəl] *n* avril *m* • **April**
ools' Day *n* le premier avril

pril Fools' Day est le 1er avril,
l'occasion duquel on fait des
ırces de toutes sortes. Les
ctimes de ces farces sont les
pril fools'. Traditionnellement,
n n'est censé faire des farces
ue jusqu'à midi.

ron ['eıprən] *n* tablier *m*
t [æpt] *adj* (*suitable*)
ɔpproprié(e); **~ to do** (*likely*)
ısceptible de faire; ayant
ɜndance à faire
uarium [ə'kwɛərıəm] *n*
ɥuarium *m*
uarius [ə'kwɛərıəs] *n* le
ɜrseau
ab ['ærəb] *n* Arabe *m/f* ▶ *adj*
abe
abia [ə'reıbıə] *n* Arabie *f*
Arabian *adj* arabe • **Arabic**
ɛrəbık] *adj, n* arabe (*m*)

arbitrary ['ɑ:bıtrərı] *adj*
arbitraire
arbitration [ɑ:bı'treıʃən] *n*
arbitrage *m*
arc [ɑ:k] *n* arc *m*
arcade [ɑ:'keıd] *n* arcade *f*;
(*passage with shops*) passage *m*,
galerie *f*; (*with games*) salle *f* de jeu
arch [ɑ:tʃ] *n* arche *f*; (*of foot*)
cambrure *f*, voûte *f* plantaire ▶ *vt*
arquer, cambrer
archaeology, (*US*) **archeology**
[ɑ:kı'ɔlədʒı] *n* archéologie *f*
archbishop [ɑ:tʃ'bıʃəp] *n*
archevêque *m*
archeology [ɑ:kı'ɔlədʒı] (*US*) *n*
= **archaeology**
architect ['ɑ:kıtɛkt] *n* architecte
m • **architectural** [ɑ:kı'tɛktʃərəl]
adj architectural(e)
• **architecture** *n* architecture *f*
archive ['ɑ:kaıv] *n* (*often pl*)
archives *fpl*
Arctic ['ɑ:ktık] *adj* arctique ▶ *n*:
the ~ l'Arctique *m*
are [ɑ:ʳ] *vb see* **be**
area ['ɛərıə] *n* (*Geom*)
superficie *f*; (*zone*) région *f*;
(: *smaller*) secteur *m*; (*in room*) coin
m; (*knowledge, research*) domaine
m • **area code** (*US*) *n* (*Tel*) indicatif
m de zone
arena [ə'ri:nə] *n* arène *f*
aren't [ɑ:nt] = **are not**
Argentina [ɑ:dʒən'ti:nə] *n*
Argentine *f* • **Argentinian**
[ɑ:dʒən'tınıən] *adj* argentin(e)
▶ *n* Argentin(e)
arguably ['ɑ:gjuəblı] *adv*: **it is**
~ ... on peut soutenir que c'est ...
argue ['ɑ:gju:] *vi* (*quarrel*) se
disputer; (*reason*) argumenter;
to ~ that objecter *or* alléguer que,
donner comme argument que

argument ['ɑːgjumənt] *n* (*quarrel*) dispute *f*, discussion *f*; (*reasons*) argument *m*
Aries ['ɛərɪz] *n* le Bélier
arise (*pt* **arose**, *pp* **arisen**) [ə'raɪz, ə'rəuz, ə'rɪzn] *vi* survenir, se présenter
arithmetic [ə'rɪθmətɪk] *n* arithmétique *f*
arm [ɑːm] *n* bras *m* ▸ *vt* armer; **arms** *npl* (*weapons, Heraldry*) armes *fpl*; **~ in ~** bras dessus bras dessous • **armchair** ['ɑːmtʃɛəʳ] *n* fauteuil *m*
armed [ɑːmd] *adj* armé(e) • **armed forces** *npl*; **the armed forces** les forces armées • **armed robbery** *n* vol *m* à main armée
armour, (US) **armor** ['ɑːməʳ] *n* armure *f*; (*Mil: tanks*) blindés *mpl*
armpit ['ɑːmpɪt] *n* aisselle *f*
armrest ['ɑːmrɛst] *n* accoudoir *m*
army ['ɑːmɪ] *n* armée *f*
A road *n* (BRIT) ≈ route nationale
aroma [ə'rəumə] *n* arôme *m* • **aromatherapy** *n* aromathérapie *f*
arose [ə'rəuz] *pt of* **arise**
around [ə'raund] *adv* (tout) autour; (*nearby*) dans les parages ▸ *prep* autour de; (*near*) près de; (*fig: about*) environ; (*: date, time*) vers; **is he ~?** est-il dans les parages *or* là?
arouse [ə'rauz] *vt* (*sleeper*) éveiller; (*curiosity, passions*) éveiller, susciter; (*anger*) exciter
arrange [ə'reɪndʒ] *vt* arranger; **to ~ to do sth** prévoir de faire qch • **arrangement** *n* arrangement *m*; **arrangements** *npl* (*plans etc*) arrangements *mpl*, dispositions *fpl*

array [ə'reɪ] *n* (*of objects*) déploiement *m*, étalage *m*
arrears [ə'rɪəz] *npl* arriéré *m*; **to be in ~ with one's rent** devoir un arriéré de loyer
arrest [ə'rɛst] *vt* arrêter; (*sb's attention*) retenir, attirer ▸ *n* arrestation *f*; **under ~** en état d'arrestation
arrival [ə'raɪvl] *n* arrivée *f*; **new ~** nouveau venu/nouvelle venue; (*baby*) nouveau-né(e)
arrive [ə'raɪv] *vi* arriver • **arrive at** *vt fus* (*decision, solution*) parvenir à
arrogance ['ærəgəns] *n* arrogance *f*
arrogant ['ærəgənt] *adj* arrogant(e)
arrow ['ærəu] *n* flèche *f*
arse [ɑːs] *n* (BRIT *inf!*) cul *m* (*!*)
arson ['ɑːsn] *n* incendie criminel
art [ɑːt] *n* art *m*; **Arts** *npl* (*Scol*) les lettres *fpl* • **art college** *n* école des beaux-arts • **art school** *n* ≈ école *f* des beaux-arts
artery ['ɑːtərɪ] *n* artère *f*
art gallery *n* musée *m* d'art; (*saleroom*) galerie *f* de peinture
arthritis [ɑː'θraɪtɪs] *n* arthrite
artichoke ['ɑːtɪtʃəuk] *n* artichaut *m*; **Jerusalem ~** topinambour *m*
article ['ɑːtɪkl] *n* article *m*
articulate *adj* [ɑː'tɪkjulɪt] (*person*) qui s'exprime clairement et aisément; (*speech*) bien articulé(e), prononcé(e) clairement ▸ *vi* [ɑː'tɪkjuleɪt] articuler, parler distinctement ▸ *vt* articuler
artificial [ɑːtɪ'fɪʃəl] *adj* artificiel(le)
artist ['ɑːtɪst] *n* artiste *m/f* • **artistic** [ɑː'tɪstɪk] *adj* artistique

as [æz]

▸ *conj* **1** (*time: moment*) comme,
ılors que; à mesure que; **he**
:ame in as I was leaving il est
ırrivé comme je partais; **as the**
'ears went by à mesure que les
ınnées passaient; **as from**
omorrow à partir de demain
 (*because*) comme, puisque; **he**
eft early as he had to be home
y 10 comme il *or* puisqu'il
ıevait être de retour avant 10h, il
st parti de bonne heure
 (*referring to manner, way*)
omme; **do as you wish** faites
omme vous voudrez; **as she**
aid comme elle disait
▸ *adv* **1** (*in comparisons*): **as big**
ıs aussi grand que; **twice as**
ig as deux fois plus grand que;
ıs much *or* **many as** autant
ue; **as much money/many**
ooks as autant d'argent/de
vres que; **as soon as** dès que
 (*concerning*): **as for** *or* **to that**
uant à cela, pour ce qui est de
ela
: **as if** *or* **though** comme si; **he**
ooked as if he was ill il avait
air d'être malade; *see also* **long;**
uch; well
 prep (*in the capacity of*) en tant
ue, en qualité de; **he works as**
 driver il travaille comme
hauffeur; **as chairman of the**
ompany, he ... en tant que
résident de la société, il ...; **he**
ave me it as a present il me
a offert, il m'en a fait cadeau

s.a.p. *abbr* = **as soon as**
ossible

bestos [æz'bɛstəs] *n* asbeste *m*,
miante *m*

ascent [ə'sɛnt] *n* (*climb*) ascension *f*

ash [æʃ] *n* (*dust*) cendre *f*; (*also*: **~ tree**) frêne *m*

ashamed [ə'ʃeɪmd] *adj* honteux(-euse), confus(e); **to be ~ of** avoir honte de

ashore [ə'ʃɔːʳ] *adv* à terre

ashtray ['æʃtreɪ] *n* cendrier *m*

Ash Wednesday *n* mercredi *m* des Cendres

Asia ['eɪʃə] *n* Asie *f* • **Asian** *n* (*from Asia*) Asiatique *m/f*; (BRIT: *from Indian subcontinent*) Indo-Pakistanais(e) ▸ *adj* asiatique; indo-pakistanais(e)

aside [ə'saɪd] *adv* de côté; à l'écart ▸ *n* aparté *m*

ask [ɑːsk] *vt* demander; (*invite*) inviter; **to ~ sb sth/to do sth** demander à qn qch/de faire qch; **to ~ sb about sth** questionner qn au sujet de qch; se renseigner auprès de qn au sujet de qch; **to ~ (sb) a question** poser une question (à qn); **to ~ sb out to dinner** inviter qn au restaurant • **ask for** *vt fus* demander; **it's just ~ing for trouble** *or* **for it** ce serait chercher des ennuis

asleep [ə'sliːp] *adj* endormi(e); **to fall ~** s'endormir

AS level *n abbr* (= *Advanced Subsidiary level*) *première partie de l'examen équivalent au baccalauréat*

asparagus [əs'pærəgəs] *n* asperges *fpl*

aspect ['æspɛkt] *n* aspect *m*; (*direction in which a building etc faces*) orientation *f*, exposition *f*

aspire [əs'paɪəʳ] *vi*: **to ~ to** aspirer à

aspirin ['æsprɪn] *n* aspirine *f*

ass [æs] *n* âne *m*; (*inf*) imbécile *m/f*; (*US inf!*) cul *m* (*!*)
assassin [ə'sæsɪn] *n* assassin *m* • **assassinate** *vt* assassiner
assault [ə'sɔ:lt] *n* (*Mil*) assaut *m*; (*gen*: *attack*) agression *f* ▶ *vt* attaquer; (*sexually*) violenter
assemble [ə'sɛmbl] *vt* assembler ▶ *vi* s'assembler, se rassembler
assembly [ə'sɛmblɪ] *n* (*meeting*) rassemblement *m*; (*parliament*) assemblée *f*; (*construction*) assemblage *m*
assert [ə'sə:t] *vt* affirmer, déclarer; (*authority*) faire valoir; (*innocence*) protester de • **assertion** [ə'sə:ʃən] *n* assertion *f*, affirmation *f*
assess [ə'sɛs] *vt* évaluer, estimer; (*tax, damages*) établir *or* fixer le montant de; (*person*) juger la valeur de • **assessment** *n* évaluation *f*, estimation *f*; (*of tax*) fixation *f*
asset ['æsɛt] *n* avantage *m*, atout *m*; (*person*) atout; **assets** *npl* (*Comm*) capital *m*; avoir(s) *m*(*pl*); actif *m*
assign [ə'saɪn] *vt* (*date*) fixer, arrêter; **to ~ sth to** (*task*) assigner qch à; (*resources*) affecter qch à • **assignment** *n* (*task*) mission *f*; (*homework*) devoir *m*
assist [ə'sɪst] *vt* aider, assister • **assistance** *n* aide *f*, assistance *f* • **assistant** *n* assistant(e), adjoint(e); (BRIT: *also*: **shop assistant**) vendeur(-euse)
associate *adj*, *n* [ə'səuʃɪɪt] associé(e) ▶ *vt* [ə'səuʃɪeɪt] associer ▶ *vi* [ə'səuʃɪeɪt]: **to ~ with sb** fréquenter qn
association [əsəusɪ'eɪʃən] *n* association *f*
assorted [ə'sɔ:tɪd] *adj* assorti(e)
assortment [ə'sɔ:tmənt] *n* assortiment *m*; (*of people*) mélange *m*
assume [ə'sju:m] *vt* supposer; (*responsibilities etc*) assumer; (*attitude, name*) prendre, adopter
assumption [ə'sʌmpʃən] *n* supposition *f*, hypothèse *f*; (*of power*) assomption *f*, prise *f*
assurance [ə'ʃuərəns] *n* assurance *f*
assure [ə'ʃuə^r] *vt* assurer
asterisk ['æstərɪsk] *n* astérisque *m*
asthma ['æsmə] *n* asthme *m*
astonish [ə'stɔnɪʃ] *vt* étonner, stupéfier • **astonished** *adj* étonné(e); **to be astonished at** être étonné(e) de • **astonishing** *adj* étonnant(e), stupéfiant(e); **I find it astonishing that ...** je trouve incroyable que ... + *sub* • **astonishment** *n* (grand) étonnement, stupéfaction *f*
astound [ə'staund] *vt* stupéfier, sidérer
astray [ə'streɪ] *adv*: **to go ~** s'égarer; (*fig*) quitter le droit chemin; **to lead ~** (*morally*) détourner du droit chemin
astrology [əs'trɔlədʒɪ] *n* astrologie *f*
astronaut ['æstrənɔ:t] *n* astronaute *m/f*
astronomer [əs'trɔnəmə^r] *n* astronome *m*
astronomical [æstrə'nɔmɪkl] *adj* astronomique
astronomy [əs'trɔnəmɪ] *n* astronomie *f*
astute [əs'tju:t] *adj* astucieux(-euse), malin(-igne)

a

ylum [ə'saɪləm] *n* asile *m* • **asylum seeker** [-si:kəʳ] *n* emandeur(-euse) d'asile

at [æt]

prep **1** (*referring to position, irection*) à; **at the top** au ommet; **at home/school** à la naison *or* chez soi/à l'école; **at he baker's** à la boulangerie, hez le boulanger; **to look at th** regarder qch
(*referring to time*): **at 4 o'clock** 4 heures; **at Christmas** à oël; **at night** la nuit; **at times** ar moments, parfois
(*referring to rates, speed etc*) à; **t £1 a kilo** une livre le kilo; **wo at a time** deux à la fois; **t 50 km/h** à 50 km/h
(*referring to manner*): **at a troke** d'un seul coup; **at peace** n paix
(*referring to activity*): **to be at vork** (*in the office etc*) être au ravail; (*working*) travailler; **to lay at cowboys** jouer aux owboys; **to be good at sth** tre bon en qch
(*referring to cause*): **shocked/ urprised/annoyed at sth** hoqué par/étonné de/agacé ar qch; **I went at his uggestion** j'y suis allé sur son onseil
n (*@ symbol*) arobase *f*

e [eɪt] *pt of* **eat**
heist ['eɪθɪɪst] *n* athée *m/f*
hens ['æθɪnz] *n* Athènes
hlete ['æθli:t] *n* athlète *m/f*
hletic [æθ'lɛtɪk] *adj* thlétique • **athletics** *n* thlétisme *m*

Atlantic [ət'læntɪk] *adj* atlantique ▶ *n*: **the ~ (Ocean)** l'(océan *m*) Atlantique *m*
atlas ['ætləs] *n* atlas *m*
A.T.M. *n abbr* (= *Automated Telling Machine*) guichet *m* automatique
atmosphere ['ætməsfɪəʳ] *n* (*air*) atmosphère *f*; (*fig: of place etc*) atmosphère, ambiance *f*
atom ['ætəm] *n* atome *m* • **atomic** [ə'tɔmɪk] *adj* atomique • **atom(ic) bomb** *n* bombe *f* atomique
atrocity [ə'trɔsɪtɪ] *n* atrocité *f*
attach [ə'tætʃ] *vt* (*gen*) attacher; (*document, letter*) joindre; **to be ~ed to sb/sth** (*to like*) être attaché à qn/qch; **to ~ a file to an email** joindre un fichier à un e-mail • **attachment** *n* (*tool*) accessoire *m*; (*Comput*) fichier *m* joint; (*love*): **attachment (to)** affection *f* (pour), attachement *m* (à)
attack [ə'tæk] *vt* attaquer; (*task etc*) s'attaquer à ▶ *n* attaque *f*; **heart ~** crise *f* cardiaque • **attacker** *n* attaquant *m*; agresseur *m*
attain [ə'teɪn] *vt* (*also*: **to ~ to**) parvenir à, atteindre; (*knowledge*) acquérir
attempt [ə'tɛmpt] *n* tentative *f* ▶ *vt* essayer, tenter
attend [ə'tɛnd] *vt* (*course*) suivre; (*meeting, talk*) assister à; (*school, church*) aller à, fréquenter; (*patient*) soigner, s'occuper de • **attend to** *vt fus* (*needs, affairs etc*) s'occuper de; (*customer*) s'occuper de, servir • **attendance** *n* (*being present*) présence *f*; (*people present*) assistance *f* • **attendant** *n* employé(e); gardien(ne) ▶ *adj*

concomitant(e), qui accompagne *or* s'ensuit

⚠ Be careful not to translate *attend* by the French word *attendre*.

attention [ə'tɛnʃən] *n* attention *f* ▶ *excl* (*Mil*) garde-à-vous!; **for the ~ of** (*Admin*) à l'attention de
attic ['ætɪk] *n* grenier *m*, combles *mpl*
attitude ['ætɪtju:d] *n* attitude *f*
attorney [ə'tə:nɪ] *n* (*US*: *lawyer*) avocat *m* • **Attorney General** *n* (BRIT) ≈ procureur général; (US) ≈ garde *m* des Sceaux, ministre *m* de la Justice
attract [ə'trækt] *vt* attirer • **attraction** [ə'trækʃən] *n* (*gen pl*: *pleasant things*) attraction *f*, attrait *m*; (*Physics*) attraction; (*fig*: *towards sb, sth*) attirance *f* • **attractive** *adj* séduisant(e), attrayant(e)
attribute *n* ['ætrɪbju:t] attribut *m* ▶ *vt* [ə'trɪbju:t]: **to ~ sth to** attribuer qch à
aubergine ['əubəʒi:n] *n* aubergine *f*
auburn ['ɔ:bən] *adj* auburn *inv*, châtain roux *inv*
auction ['ɔ:kʃən] *n* (*also*: **sale by ~**) vente *f* aux enchères ▶ *vt* (*also*: **to sell by ~**) vendre aux enchères
audible ['ɔ:dɪbl] *adj* audible
audience ['ɔ:dɪəns] *n* (*people*) assistance *f*, public *m*; (*on radio*) auditeurs *mpl*; (*at theatre*) spectateurs *mpl*; (*interview*) audience *f*
audit ['ɔ:dɪt] *vt* vérifier
audition [ɔ:'dɪʃən] *n* audition *f*
auditor ['ɔ:dɪtə^r] *n* vérificateur *m* des comptes
auditorium [ɔ:dɪ'tɔ:rɪəm] *n* auditorium *m*, salle *f* de concert de spectacle
Aug. *abbr* = **August**
August ['ɔ:gəst] *n* août *m*
aunt [ɑ:nt] *n* tante *f* • **auntie** • **aunty** *n diminutive of* **aunt**
au pair ['əu'pɛə^r] *n* (*also*: **~ girl**) jeune fille *f* au pair
aura ['ɔ:rə] *n* atmosphère *f*; (*of person*) aura *f*
austerity [ɔs'tɛrɪtɪ] *n* austérité
Australia [ɔs'treɪlɪə] *n* Australi • **Australian** *adj* australien(ne) ▶ *n* Australien(ne)
Austria ['ɔstrɪə] *n* Autriche *f* • **Austrian** *adj* autrichien(ne) ▶ Autrichien(ne)
authentic [ɔ:'θɛntɪk] *adj* authentique
author ['ɔ:θə^r] *n* auteur *m*
authority [ɔ:'θɔrɪtɪ] *n* autorité (*permission*) autorisation (formelle); **the authorities** les autorités *fpl*, l'administration *f*
authorize ['ɔ:θəraɪz] *vt* autoris
auto ['ɔ:təu] *n* (US) auto *f*, voiture *f* • **autobiography** [ɔ:təbaɪ'ɔgrəfɪ] *n* autobiograph • **autograph** ['ɔ:təgrɑ:f] *n* autographe *m* ▶ *vt* signer, dédicacer • **automatic** [ɔ:tə'mætɪk] *adj* automatique (*gun*) automatique *m*; (*car*) voitu *f* à transmission automatique • **automatically** *adv* automatiquement • **automob** ['ɔ:təməbi:l] *n* (US) automobile • **autonomous** [ɔ:'tɔnəməs] *a* autonome • **autonomy** [ɔ:'tɔnəmɪ] *n* autonomie *f*
autumn ['ɔ:təm] *n* automne *m*
auxiliary [ɔ:g'zɪlɪərɪ] *adj*, *n* auxiliaire (*m/f*)

ail [ə'veɪl] *vt*: **to ~ o.s. of** user
e; profiter de ▸ *n*: **to no ~** sans
ésultat, en vain, en pure perte
ailability [əveɪlə'bɪlɪtɪ] *n*
sponibilité *f*
ailable [ə'veɪləbl] *adj*
isponible
alanche ['ævəlɑːnʃ] *n*
valanche *f*
atar ['ævətɑːʳ] *n* (*Comput*)
vatar *m*
e. *abbr* = **avenue**
enue ['ævənjuː] *n* avenue *f*;
ig) moyen *m*
erage ['ævərɪdʒ] *n* moyenne *f*
adj moyen(ne) ▸ *vt* (*a certain*
jure) atteindre *or* faire *etc* en
ıoyenne; **on ~** en moyenne
ert [ə'vəːt] *vt* (*danger*) prévenir,
carter; (*one's eyes*) détourner
id ['ævɪd] *adj* avide
ocado [ævə'kɑːdəu] *n* (BRIT:
'so: **~ pear**) avocat *m*
oid [ə'vɔɪd] *vt* éviter
ait [ə'weɪt] *vt* attendre
ake [ə'weɪk] (*pt* **awoke**, *pp*
woken) *adj* éveillé(e) ▸ *vt*
veiller ▸ *vi* s'éveiller; **to be ~** être
éveillé(e)
ard [ə'wɔːd] *n* (*for bravery*)
compense *f*; (*prize*) prix *m*; (*Law*:
mages) dommages-intérêts *mpl*
vt (*prize*) décerner; (*Law*:
images) accorder
are [ə'wɛəʳ] *adj*: **~ of**
onscious) conscient(e) de;
nformed) au courant de; **to**
ecome ~ of/that prendre
onscience de/que; se rendre
ompte de/que • **awareness** *n*
onscience *f*, connaissance *f*
ay [ə'weɪ] *adv* (au) loin;
novement): **she went ~** elle est
artie ▸ *adj* (*not in, not here*)
absent(e); **far ~** (au) loin; **two**
kilometres ~ à (une distance de)
deux kilomètres, à deux
kilomètres de distance; **two**
hours ~ by car à deux heures de
voiture *or* de route; **the holiday**
was two weeks ~ il restait deux
semaines jusqu'aux vacances;
he's ~ for a week il est parti
(pour) une semaine; **to take sth**
~ from sb prendre qch à qn; **to**
take sth ~ from sth (*subtract*)
ôter qch de qch; **to work/pedal ~**
travailler/pédaller à cœur joie; **to**
fade ~ (*colour*) s'estomper; (*sound*)
s'affaiblir

awe [ɔː] *n* respect mêlé de crainte,
effroi mêlé d'admiration
• **awesome** ['ɔːsəm] (US) *adj* (*inf*:
excellent) génial(e)

awful ['ɔːfəl] *adj* affreux(-euse);
an ~ lot of énormément de
• **awfully** *adv* (*very*) terriblement,
vraiment

awkward ['ɔːkwəd] *adj* (*clumsy*)
gauche, maladroit(e);
(*inconvenient*) peu pratique;
(*embarrassing*) gênant

awoke [ə'wəuk] *pt of* **awake**

awoken [ə'wəukən] *pp of* **awake**

axe, (US) **ax** [æks] *n* hache *f* ▸ *vt*
(*project etc*) abandonner; (*jobs*)
supprimer

axle ['æksl] *n* essieu *m*

ay(e) [aɪ] *excl* (*yes*) oui

azalea [ə'zeɪlɪə] *n* azalée *f*

b

B [bi:] *n* (*Mus*) si *m*
B.A. *abbr* (*Scol*) = **Bachelor of Arts**
baby ['beɪbɪ] *n* bébé *m* • **baby carriage** *n* (*US*) voiture *f* d'enfant • **baby-sit** *vi* garder les enfants • **baby-sitter** *n* baby-sitter *m/f* • **baby wipe** *n* lingette *f* (*pour bébé*)
bachelor ['bætʃələʳ] *n* célibataire *m*; **B~ of Arts/Science (BA/BSc)** ≈ licencié(e) ès *or* en lettres/sciences
back [bæk] *n* (*of person, horse*) dos *m*; (*of hand*) dos, revers *m*; (*of house*) derrière *m*; (*of car, train*) arrière *m*; (*of chair*) dossier *m*; (*of page*) verso *m*; (*Football*) arrière *m* ▶ *vt* (*financially*) soutenir (financièrement); (*candidate*: *also*: **~ up**) soutenir, appuyer; (*horse*: *at races*) parier *or* miser sur; (*car*) (faire) reculer ▶ *vi* reculer; (*car etc*) faire marche arrière ▶ *adj* (*in compounds*) de derrière, à l'arrière ▶ *adv* (*not forward*) en arrière; (*returned*): **he's ~** il est rentré, il est de retour; **can the people at the ~ hear me properly?** est-ce que les gens du fond m'entendent?; **~ to front** à l'envers; **~ seat/wheel** (*Aut*) siège *m*/roue *f* arriè[re] *inv*; **~ payments/rent** arriéré *m* de paiements/loyer; **~ garden/room** jardin/pièce sur l'arrière; **he ran ~** il est revenu en couran[t]; **throw the ball ~** renvoie la bal[le]; **can I have it ~?** puis-je le ravoir[?]; peux-tu me le rendre?; **he calle[d back]** (*again*) il a rappelé • **back dow[n]** rabattre de ses prétentions • **back out** *vi* (*of promise*) se déc[ommander] • **back up** *vt* (*person*) soutenir; (*Comput*) faire une copie de sauvegarde de • **backache** *n* m[al] *m* au dos • **backbencher** *n* (*BRI[T]*) *membre du parlement sans portefeuille* • **backbone** *n* colon[ne] vertébrale, épine dorsale • **bac[k] door** *n* porte *f* de derrière • **backfire** *vi* (*Aut*) pétarader; (*plans*) mal tourner • **backgammon** *n* trictrac *m* • **background** *n* arrière-plan *m*; (*of events*) situation *f*, conjonctu[re] *f*; (*basic knowledge*) éléments *mp[l]* de base; (*experience*) formation[;] **family background** milieu familial • **backing** *n* (*fig*) soutie[n] *m*, appui *m* • **backlog** *n*: **backl[og] of work** travail *m* en retard • **backpack** *n* sac *m* à dos • **backpacker** *n* randonneur(-euse) • **backslas[h]** barre oblique inversée • **backstage** *adv* dans les coulisses • **backstroke** *n* dos crawlé • **backup** *adj* (*train, plan[e]*) supplémentaire, de réserve; (*Comput*) de sauvegarde ▶ *n* (*support*) appui *m*, soutien *m*; (*Comput*: *also*: **backup file**) sauvegarde *f* • **backward** *adj* (*movement*) en arrière; (*person,*

ountry) arriéré(e), attardé(e) **backwards** *adv* (*move, go*) en rrière; (*read a list*) à l'envers, à ebours; (*fall*) à la renverse; (*walk*) reculons • **backyard** *n* rrière-cour *f*
con ['beɪkən] *n* bacon *m*, lard *m*
cteria [bæk'tɪərɪə] *npl* actéries *fpl*
d [bæd] *adj* mauvais(e); (*child*) ilain(e); (*mistake, accident*) grave; neat, *food*) gâté(e), avarié(e); **his leg** sa jambe malade; **to go ~** neat, *food*) se gâter; (*milk*) tourner
de [bæd] *pt of* **bid**
dge [bædʒ] *n* insigne *m*; (*of* oliceman) plaque *f*; (*stick-on,* ew-on) badge *m*
dger ['bædʒəʳ] *n* blaireau *m*
dly ['bædlɪ] *adv* (*work, dress etc*) ıal; **to reflect ~ on sb** donner ne mauvaise image de qn; **wounded** grièvement blessé; **e needs it ~** il en a absolument esoin; **~ off** *adj, adv* dans la gêne
d-mannered ['bæd'mænəd] dj mal élevé(e)
dminton ['bædmɪntən] *n* adminton *m*
d-tempered ['bæd'tɛmpəd] dj (*by nature*) ayant mauvais aractère; (*on one occasion*) de ıauvaise humeur
g [bæg] *n* sac *m*; **~s of** (*inf*: *lots*) des tas de • **baggage** *n* agages *mpl* • **baggage llowance** *n* franchise *f* de agages • **baggage reclaim** *n* (*at* rport) livraison *f* des bagages • **baggy** *adj* avachi(e), qui fait des oches • **bagpipes** *npl* ornemuse *f*
il [beɪl] *n* caution *f* ▸ *vt* (*prisoner*: *so*: **grant ~ to**) mettre en liberté sous caution; (*boat*: *also*: **~ out**) écoper; **to be released on ~** être libéré(e) sous caution • **bail out** *vt* (*prisoner*) payer la caution de
bait [beɪt] *n* appât *m* ▸ *vt* appâter; (*fig*: *tease*) tourmenter
bake [beɪk] *vt* (faire) cuire au four ▸ *vi* (*bread etc*) cuire (au four); (*make cakes etc*) faire de la pâtisserie • **baked beans** *npl* haricots blancs à la sauce tomate • **baked potato** *n* pomme *f* de terre en robe des champs • **baker** *n* boulanger *m* • **bakery** *n* boulangerie *f* • **baking** *n* (*process*) cuisson *f* • **baking powder** *n* levure *f* (chimique)
balance ['bæləns] *n* équilibre *m*; (*Comm*: *sum*) solde *m*; (*remainder*) reste *m*; (*scales*) balance *f* ▸ *vt* mettre *or* faire tenir en équilibre; (*pros and cons*) peser; (*budget*) équilibrer; (*account*) balancer; (*compensate*) compenser, contrebalancer; **~ of trade/ payments** balance commerciale/ des comptes *or* paiements • **balanced** *adj* (*personality, diet*) équilibré(e); (*report*) objectif(-ive) • **balance sheet** *n* bilan *m*
balcony ['bælkənɪ] *n* balcon *m*; **do you have a room with a ~?** avez-vous une chambre avec balcon?
bald [bɔ:ld] *adj* chauve; (*tyre*) lisse
ball [bɔ:l] *n* boule *f*; (*football*) ballon *m*; (*for tennis, golf*) balle *f*; (*dance*) bal *m*; **to play ~** jouer au ballon (*or* à la balle); (*fig*) coopérer
ballerina [bælə'ri:nə] *n* ballerine *f*
ballet ['bæleɪ] *n* ballet *m*; (*art*) danse *f* (classique) • **ballet dancer** *n* danseur(-euse) de ballet

balloon [bə'lu:n] *n* ballon *m*
ballot ['bælət] *n* scrutin *m*
ballpoint (pen) ['bɔ:lpɔɪnt-] *n* stylo *m* à bille
ballroom ['bɔ:lrum] *n* salle *f* de bal
Baltic [bɔ:ltɪk] *n*: **the ~ (Sea)** la (mer) Baltique
bamboo [bæm'bu:] *n* bambou *m*
ban [bæn] *n* interdiction *f* ▶ *vt* interdire
banana [bə'nɑ:nə] *n* banane *f*
band [bænd] *n* bande *f*; (*at a dance*) orchestre *m*; (*Mil*) musique *f*, fanfare *f*
bandage ['bændɪdʒ] *n* bandage *m*, pansement *m* ▶ *vt* (*wound, leg*) mettre un pansement *or* un bandage sur
Band-Aid® ['bændeɪd] *n* (US) pansement adhésif
B. & B. *n abbr* = **bed and breakfast**
bandit ['bændɪt] *n* bandit *m*
bang [bæŋ] *n* détonation *f*; (*of door*) claquement *m*; (*blow*) coup (violent) ▶ *vt* frapper (violemment); (*door*) claquer ▶ *vi* détoner; claquer
Bangladesh [bæŋglə'dɛʃ] *n* Bangladesh *m*
Bangladeshi [bæŋglə'dɛʃɪ] *adj* du Bangladesh ▶ *n* habitant(e) du Bangladesh
bangle ['bæŋgl] *n* bracelet *m*
bangs [bæŋz] *npl* (US: *fringe*) frange *f*
banish ['bænɪʃ] *vt* bannir
banister(s) ['bænɪstə(z)] *n(pl)* rampe *f* (d'escalier)
banjo ['bændʒəu] (*pl* **banjoes** *or* **banjos**) *n* banjo *m*
bank [bæŋk] *n* banque *f*; (*of river, lake*) bord *m*, rive *f*; (*of earth*) talus *m*, remblai *m* ▶ *vi* (*Aviat*) virer sur l'a **• bank on** *vt fus* miser *or* tabler s **• bank account** *n* compte *m* en banque **• bank balance** *n* solde bancaire **• bank card** (BRIT) *n* carte *f* d'identité bancaire **• ban charges** *npl* (BRIT) frais *mpl* de banque **• banker** *n* banquier *m* **• bank holiday** *n* (BRIT) jour féri (*où les banques sont fermées*); *voir article* **"bank holiday"** **• bankin** *n* opérations *fpl* bancaires; profession *f* de banquier **• bank manager** *n* directeur *m* d'agenc (bancaire) **• banknote** *n* billet r de banque

> Le terme **bank holiday** s'applique au Royaume-Uni aux jours fériés pendant lesquels les banques (et généralement les petits commerces) sont fermés. Les principaux *bank holidays* à part Noël et Pâques se situent au mois de mai et fin août, et contrairement aux pays de tradition catholique, ne coïncident pas avec des fêtes religieuses.

bankrupt ['bæŋkrʌpt] *adj* en faillite; **to go ~** faire faillite **• bankruptcy** *n* faillite *f*
bank statement *n* relevé *m* de compte
banner ['bænə[r]] *n* bannière *f*
bannister(s) ['bænɪstə(z)] *n(p* = **banister(s)**
banquet ['bæŋkwɪt] *n* banque *m*, festin *m*
baptism ['bæptɪzəm] *n* baptême *m*
baptize [bæp'taɪz] *vt* baptiser
bar [bɑ:[r]] *n* (*pub*) bar *m*; (*counter* comptoir *m*, bar; (*rod: of metal e*

ırre f; (: *of window etc*) barreau *m*; f *chocolate*) tablette *f*, plaque *f*; g: *obstacle*) obstacle *m*; rohibition) mesure *f* d'exclusion; lus) mesure *f* ▸ *vt* (*road*) barrer; erson) exclure; (*activity*) terdire; **~ of soap** savonnette *f*; ehind ~s (*prisoner*) derrière les ırreaux; **the B~** (*Law*) le barreau; **none** sans exception
·baric [bɑ:'bærɪk] *adj* barbare
·becue ['bɑ:bɪkju:] *n* ırbecue *m*
·bed wire ['bɑ:bd-] *n* fil *m* de r barbelé
·ber ['bɑ:bəʳ] *n* coiffeur *m* (pour ommes) • **barber's (shop)** • (*US*) **ırber shop** *n* salon *m* de coiffure our hommes)
· code *n* code *m* à barres, de-barre *m*
·e [bɛəʳ] *adj* nu(e) ▸ *vt* mettre à ı, dénuder; (*teeth*) montrer **barefoot** *adj*, *adv* nu-pieds, (les) eds nus • **barely** *adv* à peine
·gain ['bɑ:gɪn] *n* (*transaction*) arché *m*; (*good buy*) affaire *f*, casion *f* ▸ *vi* (*haggle*) archander; (*negotiate*) négocier, aiter; **into the ~** par-dessus le arché • **bargain for** *vt fus* (*inf*): **got more than he ~ed for!** il a eu pour son argent!
·ge [bɑ:dʒ] *n* péniche *f* • **barge** *vi* (*walk in*) faire irruption; terrupt talk) intervenir mal à opos
·k [bɑ:k] *n* (*of tree*) écorce *f*; (*of* g) aboiement *m* ▸ *vi* aboyer
·ley ['bɑ:lɪ] *n* orge *f*
·maid ['bɑ:meɪd] *n* serveuse *f* e bar), barmaid *f*
·man ['bɑ:mən] (*irreg*) *n* rveur *m* (de bar), barman *m*

barn [bɑ:n] *n* grange *f*
barometer [bə'rɔmɪtəʳ] *n* baromètre *m*
baron ['bærən] *n* baron *m* • **baroness** *n* baronne *f*
barracks ['bærəks] *npl* caserne *f*
barrage ['bærɑ:ʒ] *n* (*Mil*) tir *m* de barrage; (*dam*) barrage *m*; (*of criticism*) feu *m*
barrel ['bærəl] *n* tonneau *m*; (*of gun*) canon *m*
barren ['bærən] *adj* stérile
barrette [bə'rɛt] (*US*) *n* barrette *f*
barricade [bærɪ'keɪd] *n* barricade *f*
barrier ['bærɪəʳ] *n* barrière *f*
barring ['bɑ:rɪŋ] *prep* sauf
barrister ['bærɪstəʳ] *n* (BRIT) avocat (plaidant)
barrow ['bærəu] *n* (*cart*) charrette *f* à bras
bartender ['bɑ:tɛndəʳ] *n* (*US*) serveur *m* (*de bar*), barman *m*
base [beɪs] *n* base *f* ▸ *vt* (*opinion, belief*): **to ~ sth on** baser *or* fonder qch sur ▸ *adj* vil(e), bas(se)
baseball ['beɪsbɔ:l] *n* base-ball *m* • **baseball cap** *n* casquette *f* de base-ball
Basel [bɑ:l] *n* = **Basle**
basement ['beɪsmənt] *n* sous-sol *m*
bases ['beɪsi:z] *npl of* **basis**
bash [bæʃ] *vt* (*inf*) frapper, cogner
basic ['beɪsɪk] *adj* (*precautions, rules*) élémentaire; (*principles, research*) fondamental(e); (*vocabulary, salary*) de base; (*minimal*) réduit(e) au minimum, rudimentaire • **basically** *adv* (*in fact*) en fait; (*essentially*) fondamentalement • **basics** *npl*: **the basics** l'essentiel *m*

basil ['bæzl] *n* basilic *m*
basin ['beɪsn] *n* (*vessel, also Geo*) cuvette *f*, bassin *m*; (BRIT: *for food*) bol *m*; (*also*: **wash~**) lavabo *m*
basis (*pl* **bases**) ['beɪsɪs, -si:z] *n* base *f*; **on a part-time/trial ~** à temps partiel/à l'essai
basket ['bɑ:skɪt] *n* corbeille *f*; (*with handle*) panier *m* • **basketball** *n* basket-ball *m*
Basle [bɑ:l] *n* Bâle
Basque [bæsk] *adj* basque ▸ *n* Basque *m/f*; **the ~ Country** le Pays basque
bass [beɪs] *n* (*Mus*) basse *f*
bastard ['bɑ:stəd] *n* enfant naturel(le), bâtard(e); (*inf!*) salaud *m* (!)
bat [bæt] *n* chauve-souris *f*; (*for baseball etc*) batte *f*; (BRIT: *for table tennis*) raquette *f* ▸ *vt*: **he didn't ~ an eyelid** il n'a pas sourcillé *or* bronché
batch [bætʃ] *n* (*of bread*) fournée *f*; (*of papers*) liasse *f*; (*of applicants, letters*) paquet *m*
bath (*pl* **baths**) [bɑ:θ, bɑ:ðz] *n* bain *m*; (*bathtub*) baignoire *f* ▸ *vt* baigner, donner un bain à; **to have a ~** prendre un bain; *see also* **baths**
bathe [beɪð] *vi* se baigner ▸ *vt* baigner; (*wound etc*) laver
bathing ['beɪðɪŋ] *n* baignade *f* • **bathing costume** • (US) **bathing suit** *n* maillot *m* (de bain)
bath: • **bathrobe** *n* peignoir *m* de bain • **bathroom** *n* salle *f* de bains • **baths** [bɑ:ðz] *npl* (BRIT: *also*: **swimming baths**) piscine *f* • **bath towel** *n* serviette *f* de bain • **bathtub** *n* baignoire *f*
baton ['bætən] *n* bâton *m*; (*Mu*... baguette *f*; (*club*) matraque *f*
batter ['bætəʳ] *vt* battre ▸ *n* pâ... à frire • **battered** *adj* (*hat, pan*) cabossé(e); **battered wife/ch**... épouse/enfant maltraité(e) *or* martyr(e)
battery ['bætərɪ] *n* (*for torch, radio*) pile *f*; (*Aut, Mil*) batterie *f* • **battery farming** *n* élevage *m* en batterie
battle ['bætl] *n* bataille *f*, comb... *m* ▸ *vi* se battre, lutter • **battlefield** *n* champ *m* de bataille
bay [beɪ] *n* (*of sea*) baie *f*; (BRIT: *f*... *parking*) place *f* de stationneme... (: *for loading*) aire *f* de chargeme...; **B~ of Biscay** golfe *m* de Gascog...; **to hold sb at ~** tenir qn à dista... *or* en échec
bay leaf *n* laurier *m*
bazaar [bə'zɑ:ʳ] *n* (*shop, market*...) bazar *m*; (*sale*) vente *f* de charit...
BBC *n abbr* (= *British Broadcastin*... *Corporation*) *office de la radiodiffusion et télévision britannique*
B.C. *adv abbr* (= *before Christ*) av. J.-C.

be [bi:]

(*pt* **was**, **were**, *pp* **been**)
▸ *aux vb* **1** (*with present particip*... *forming continuous tenses*): **wha**... **are you doing?** que faites-vous?; **they're coming tomorrow** ils viennent demai...; **I've been waiting for you for 2 hours** je t'attends depuis 2 heures
2 (*with pp, forming passives*) êtr... **to be killed** être tué(e); **the b**... **had been opened** la boîte ava...

:é ouverte; **he was nowhere**
› be seen on ne le voyait nulle
ırt
(*in tag questions*): **it was fun,**
'asn't it? c'était drôle, n'est-ce
ıs?; **he's good-looking, isn't**
e? il est beau, n'est-ce pas?;
ıe's back, is she? elle est
ntrée, n'est-ce pas *or* alors?
(*+to +infinitive*): **the house is**
› be sold (*necessity*) la maison
ɔit être vendue; (*future*) la
aison va être vendue; **he's not**
› open it il ne doit pas l'ouvrir
vb + complement **1** (*gen*) être;
n English je suis anglais(e);
n tired je suis fatigué(e); **I'm**
ot/cold j'ai chaud/froid; **he's**
doctor il est médecin; **be**
ıreful/good/quiet! faites
:tention/soyez sages/
isez-vous!; **2 and 2 are 4** 2 et 2
nt 4
(*of health*) aller; **how are you?**
›mment allez-vous?; I'm
ɛtter now je vais mieux
aintenant; **he's very ill** il est
ès malade
(*of age*) avoir; **how old are**
ɔu? quel âge avez-vous?; **I'm**
xteen (years old) j'ai seize
ıs
(*cost*) coûter; **how much was**
ıe meal? combien a coûté le
pas?; **that'll be £5, please** ça
'a 5 livres, s'il vous plaît; **this**
ıirt is £17 cette chemise coûte
livres
vi **1** (*exist, occur etc*) être,
ister; **the prettiest girl that**
ɛer was la fille la plus jolie qui
: jamais existé; **is there a**
ɔd? y a-t-il un dieu?; **be that**
it may quoi qu'il en soit;
be it soit

2 (*referring to place*) être, se trouver; **I won't be here tomorrow** je ne serai pas là demain
3 (*referring to movement*) aller; **where have you been?** où êtes-vous allé(s)?
▶ *impers vb* **1** (*referring to time*) être; **it's 5 o'clock** il est 5 heures; **it's the 28th of April** c'est le 28 avril
2 (*referring to distance*): **it's 10 km to the village** le village est à 10 km
3 (*referring to the weather*) faire; **it's too hot/cold** il fait trop chaud/froid; **it's windy today** il y a du vent aujourd'hui
4 (*emphatic*): **it's me/the postman** c'est moi/le facteur; **it was Maria who paid the bill** c'est Maria qui a payé la note

beach [biːtʃ] *n* plage *f* ▶ *vt* échouer
beacon ['biːkən] *n* (*lighthouse*) fanal *m*; (*marker*) balise *f*
bead [biːd] *n* perle *f*; (*of dew, sweat*) goutte *f*; **beads** *npl* (*necklace*) collier *m*
beak [biːk] *n* bec *m*
beam [biːm] *n* (*Archit*) poutre *f*; (*of light*) rayon *m* ▶ *vi* rayonner
bean [biːn] *n* haricot *m*; (*of coffee*) grain *m* • **beansprouts** *npl* pousses *fpl or* germes *mpl* de soja
bear [bɛəʳ] *n* ours *m* ▶ *vt* (*pt* **bore**, *pp* **borne**) porter; (*endure*) supporter; (*interest*) rapporter ▶ *vi*: **to ~ right/left** obliquer à droite/gauche, se diriger vers la droite/gauche
beard [bɪəd] *n* barbe *f*
bearer ['bɛərəʳ] *n* porteur *m*; (*of passport etc*) titulaire *m/f*

b

bearing ['bɛərɪŋ] *n* maintien *m*, allure *f*; (*connection*) rapport *m*; **(ball) bearings** *npl* (*Tech*) roulement *m* (à billes)

beast [bi:st] *n* bête *f*; (*inf: person*) brute *f*

beat [bi:t] *n* battement *m*; (*Mus*) temps *m*, mesure *f*; (*of policeman*) ronde *f* ▸ *vt*, *vi* (*pt* **beat**, *pp* **beaten**) battre; **off the ~en track** hors des chemins *or* sentiers battus; **to ~ it** (*inf*) ficher le camp • **beat up** *vt* (*inf: person*) tabasser • **beating** *n* raclée *f*

beautiful ['bju:tɪful] *adj* beau (belle) • **beautifully** *adv* admirablement

beauty ['bju:tɪ] *n* beauté *f* • **beauty parlour** • (*US*) **beauty parlor** *n* institut *m* de beauté • **beauty salon** *n* institut *m* de beauté • **beauty spot** *n* (*on skin*) grain *m* de beauté; (BRIT *Tourism*) site naturel (d'une grande beauté)

beaver ['bi:vəʳ] *n* castor *m*

became [bɪ'keɪm] *pt of* **become**

because [bɪ'kɔz] *conj* parce que; **~ of** *prep* à cause de

beckon ['bɛkən] *vt* (*also*: **~ to**) faire signe (de venir) à

become [bɪ'kʌm] *vi* devenir; **to ~ fat/thin** grossir/maigrir; **to ~ angry** se mettre en colère

bed [bɛd] *n* lit *m*; (*of flowers*) parterre *m*; (*of coal, clay*) couche *f*; (*of sea, lake*) fond *m*; **to go to ~** aller se coucher • **bed and breakfast** *n* (*terms*) chambre et petit déjeuner; (*place*) ≈ chambre *f* d'hôte; *voir article* **"bed and breakfast"** • **bedclothes** *npl* couvertures *fpl* et draps *mpl* • **bedding** *n* literie *f* • **bed linen** *n* draps *mpl* de lit (et taies *fpl* d'oreillers), literie *f* • **bedroom** chambre *f* (à coucher) • **bedsid** *n*: **at sb's bedside** au chevet de qn • **bedside lamp** *n* lampe *f* d chevet • **bedside table** *n* table de chevet • **bedsit(ter)** *n* (BRIT chambre meublée, studio *m* • **bedspread** *n* couvre-lit *m*, dessus-de-lit *m* • **bedtime** *n*: **i bedtime** c'est l'heure de se coucher

Un **bed and breakfast** est une petite pension dans une maison particulière ou une ferme où l'on peut louer une chambre avec petit déjeuner compris pour un prix inférieur à ce que l'on paierait dans un hôtel. Ces établissements sont communément appelés 'B & B', et sont signalés par une pancarte dans le jardin ou au-dessus de la porte.

bee [bi:] *n* abeille *f*

beech [bi:tʃ] *n* hêtre *m*

beef [bi:f] *n* bœuf *m*; **roast ~** rosbif *m* • **beefburger** *n* hamburger *m*

been [bi:n] *pp of* **be**

beer [bɪəʳ] *n* bière *f* • **beer garden** *n* (BRIT) jardin *m* d'un p (*où l'on peut emmener ses consommations*)

beet [bi:t] *n* (*vegetable*) bettera *f*; (*US: also*: **red ~**) betterave (potagère)

beetle ['bi:tl] *n* scarabée *m*, coléoptère *m*

beetroot ['bi:tru:t] *n* (BRIT) betterave *f*

before [bɪ'fɔ:ʳ] *prep* (*of time*) av (*of space*) devant ▸ *conj* avant q + *sub*; avant de ▸ *adv* avant; **~ going** avant de partir; **~ she**

es avant qu'elle (ne) parte; **the** **eek ~** la semaine précédente *or* ıvant; **I've never seen it ~** c'est première fois que je le vois

eforehand *adv* au préalable, à vance

j [bɛg] *vi* mendier ▶ *vt* mendier; *rgiveness, mercy etc*) demander; *ntreat*) supplier; **to ~ sb to do h** supplier qn de faire qch; *see* *o* **pardon**

jan [bɪ'gæn] *pt of* **begin**

jgar ['bɛgə'] *n* mendiant(e)

jin [bɪ'gɪn] (*pt* **began**, *pp* **gun**) *vt, vi* commencer; **to loing** *or* **to do sth** commencer aire qch • **beginner** *n* butant(e) • **beginning** *n* mmencement *m*, début *m*

jun [bɪ'gʌn] *pp of* **begin**

alf [bɪ'hɑ:f] *n* **on ~ of**, (*US*) **~ of** (*representing*) de la part de; *r benefit of*) pour le compte de; **my/his ~** de ma/sa part

ave [bɪ'heɪv] *vi* se conduire, comporter; (*well: also:* **~ o.s.**) conduire bien *or* comme il faut **ehaviour** • (*US*) **behavior** *n* mportement *m*, conduite *f*

ind [bɪ'haɪnd] *prep* derrière; *me*) en retard sur; (*supporting*): **be ~ sb** soutenir qn ▶ *adv* rrière; en retard ▶ *n* derrière *m*; **he scenes** dans les coulisses; **be ~ (schedule) with sth** être retard dans qch

ge [beɪʒ] *adj* beige

ing ['beɪ'dʒɪŋ] *n* Pékin

ng ['bi:ɪŋ] *n* être *m*; **to come o ~** prendre naissance

ated [bɪ'leɪtɪd] *adj* tardif(-ive)

ch [bɛltʃ] *vi* avoir un renvoi, er ▶ *vt* (*smoke etc: also:* **~ out**) mir, cracher

Belgian ['bɛldʒən] *adj* belge, de Belgique ▶ *n* Belge *m/f*

Belgium ['bɛldʒəm] *n* Belgique *f*

belief [bɪ'li:f] *n* (*opinion*) conviction *f*; (*trust, faith*) foi *f*

believe [bɪ'li:v] *vt, vi* croire, estimer; **to ~ in** (*God*) croire en; (*ghosts, method*) croire à • **believer** *n* (*in idea, activity*) partisan(e); (*Rel*) croyant(e)

bell [bɛl] *n* cloche *f*; (*small*) clochette *f*, grelot *m*; (*on door*) sonnette *f*; (*electric*) sonnerie *f*

bellboy ['bɛlbɔɪ], (*US*) **bellhop** ['bɛlhɔp] *n* groom *m*, chasseur *m*

bellow ['bɛləu] *vi* (*bull*) meugler; (*person*) brailler

bell pepper *n* (*esp US*) poivron *m*

belly ['bɛlɪ] *n* ventre *m* • **belly button** (*inf*) *n* nombril *m*

belong [bɪ'lɔŋ] *vi*: **to ~ to** appartenir à; (*club etc*) faire partie de; **this book ~s here** ce livre va ici, la place de ce livre est ici • **belongings** *npl* affaires *fpl*, possessions *fpl*

beloved [bɪ'lʌvɪd] *adj* (bien-)aimé(e), chéri(e)

below [bɪ'ləu] *prep* sous, au-dessous de ▶ *adv* en dessous; en contre-bas; **see ~** voir plus bas *or* plus loin *or* ci-dessous

belt [bɛlt] *n* ceinture *f*; (*Tech*) courroie *f* ▶ *vt* (*thrash*) donner une raclée à • **beltway** *n* (*US Aut*) route *f* de ceinture; (*: motorway*) périphérique *m*

bemused [bɪ'mju:zd] *adj* médusé(e)

bench [bɛntʃ] *n* banc *m*; (*in workshop*) établi *m*; **the B~** (*Law: judges*) la magistrature, la Cour

benchmark ['bɛntʃmɑ:k] *n* référence *f*

bend [bɛnd] (*pt, pp* **bent**) *vt* courber; (*leg, arm*) plier ▶ *vi* se courber ▶ *n* (*in road*) virage *m*, tournant *m*; (*in pipe, river*) coude *m* • **bend down** *vi* se baisser • **bend over** *vi* se pencher

beneath [bɪ'ni:θ] *prep* sous, au-dessous de; (*unworthy of*) indigne de ▶ *adv* dessous, au-dessous, en bas

beneficial [bɛnɪ'fɪʃəl] *adj*: **~ (to)** salutaire (pour), bénéfique (à)

benefit ['bɛnɪfɪt] *n* avantage *m*, profit *m*; (*allowance of money*) allocation *f* ▶ *vt* faire du bien à, profiter à ▶ *vi*: **he'll ~ from it** cela lui fera du bien, il y gagnera *or* s'en trouvera bien

Benelux ['bɛnɪlʌks] *n* Bénélux *m*

benign [bɪ'naɪn] *adj* (*person, smile*) bienveillant(e), affable; (*Med*) bénin(-igne)

bent [bɛnt] *pt, pp of* **bend** ▶ *n* inclination *f*, penchant *m* ▶ *adj*: **to be ~ on** être résolu(e) à

bereaved [bɪ'ri:vd] *n*: **the ~** la famille du disparu

beret ['bɛreɪ] *n* béret *m*

Berlin [bə:'lɪn] *n* Berlin

Bermuda [bə:'mju:də] *n* Bermudes *fpl*

Bern [bə:n] *n* Berne

berry ['bɛrɪ] *n* baie *f*

berth [bə:θ] *n* (*bed*) couchette *f*; (*for ship*) poste *m* d'amarrage, mouillage *m* ▶ *vi* (*in harbour*) venir à quai; (*at anchor*) mouiller

beside [bɪ'saɪd] *prep* à côté de; (*compared with*) par rapport à; **that's ~ the point** ça n'a rien à voir; **to be ~ o.s. (with anger)** être hors de soi • **besides** *adv* en outre, de plus ▶ *prep* en plus de; (*except*) excepté

best [bɛst] *adj* meilleur(e) ▶ *ad* mieux; **the ~ part of** (*quantity* plus clair de, la plus grande par de; **at ~** au mieux; **to make th ~ of sth** s'accommoder de qch mieux que l'on peut); **to do one** faire de son mieux; **to the ~ of knowledge** pour autant que j sache; **to the ~ of my ability** mieux que je pourrai • **best-be date** *n* date *f* de limite d'utilisa *or* de consommation • **best m** (*irreg*) *n* garçon *m* d'honneur • **bestseller** *n* best-seller *m*, succès *m* de librairie

bet [bɛt] *n* pari *m* ▶ *vt, vi* (*pt* **be betted**) parier; **to ~ sb sth** pa qch à qn

betray [bɪ'treɪ] *vt* trahir

better ['bɛtə^r] *adj* meilleur(e) ▶ *adv* mieux ▶ *vt* améliorer ▶ *n* **to get the ~ of** triompher de, l'emporter sur; **you had ~ do i** vous feriez mieux de le faire; **h thought ~ of it** il s'est ravisé; **get ~** (*Med*) aller mieux; (*impro* s'améliorer

betting ['bɛtɪŋ] *n* paris *mpl* • **betting shop** *n* (BRIT) burea de paris

between [bɪ'twi:n] *prep* entre ▶ *adv* au milieu, dans l'interval

beverage ['bɛvərɪdʒ] *n* boisso (*gén sans alcool*)

beware [bɪ'wɛə^r] *vi*: **to ~ (of)** prendre garde (à); **"~ of the d** "(attention) chien méchant"

bewildered [bɪ'wɪldəd] *adj* dérouté(e), ahuri(e)

beyond [bɪ'jɔnd] *prep* (*in spac time*) au-delà de; (*exceeding*) au-dessus de ▶ *adv* au-delà; **~ doubt** hors de doute; **~ repa** irréparable

s ['baɪəs] *n* (*prejudice*) préjugé
parti pris; (*preference*)
évention *f* • **bias(s)ed** *adj*
ɪrtial(e), montrant un parti pris
[bɪb] *n* bavoir *m*
le ['baɪbl] *n* Bible *f*
arbonate of soda
aɪ'kɑ:bənɪt-] *n* bicarbonate *m*
soude
eps ['baɪsɛps] *n* biceps *m*
ycle ['baɪsɪkl] *n* bicyclette *f*
icycle pump *n* pompe *f* à vélo
[bɪd] *n* offre *f*; (*at auction*)
chère *f*; (*attempt*) tentative *f* ▶ *vi*
, *pp* **bid**) faire une enchère *or*
re ▶ *vt* (*pt* **bade**, *pp* **bidden**)
re une enchère *or* offre de; **to**
b good day souhaiter le
njour à qn • **bidder** *n*: **the**
ghest bidder le plus offrant
et ['bi:deɪ] *n* bidet *m*
[bɪg] *adj* (*in height*: *person*,
ilding, tree) grand(e); (*in bulk*,
ount: *person*, *parcel*, *book*)
ɔs(se) • **Big Apple** *n voir article*
ig Apple" • **bigheaded** *adj*
étentieux(-euse) • **big toe** *n*
ɔs orteil

'on sait que **The Big Apple**
signe la ville de New York
ople' est en réalité un terme
rgot signifiant 'grande ville'),
connaît moins les surnoms
nnés aux autres grandes villes
néricaines. Chicago est
nommée 'Windy City',
ut-être à cause des rafales
ufflant du lac Michigan,
Nouvelle-Orléans doit son
briquet de 'Big Easy' à son
le de vie décontracté, et
dustrie automobile a donné
etroit son surnom de
otown'.

bike [baɪk] *n* vélo *m* • **bike lane** *n* piste *f* cyclable
bikini [bɪ'ki:nɪ] *n* bikini *m*
bilateral [baɪ'lætərl] *adj* bilatéral(e)
bilingual [baɪ'lɪŋgwəl] *adj* bilingue
bill [bɪl] *n* note *f*, facture *f*; (*in restaurant*) addition *f*, note *f*; (*Pol*) projet *m* de loi; (*US*: *banknote*) billet *m* (de banque); (*notice*) affiche *f*; (*of bird*) bec *m*; **put it on my ~** mettez-le sur mon compte; **"post no ~s"** "défense d'afficher"; **to fit** *or* **fill the ~** (*fig*) faire l'affaire • **billboard** *n* (*US*) panneau *m* d'affichage • **billfold** ['bɪlfəuld] *n* (*US*) portefeuille *m*
billiards ['bɪljədz] *n* billard *m*
billion ['bɪljən] *n* (BRIT) billion *m* (*million de millions*); (*US*) milliard *m*
bin [bɪn] *n* boîte *f*; (BRIT: *also*: **dust~, litter ~**) poubelle *f*; (*for coal*) coffre *m*
bind [baɪnd] (*pt*, *pp* **bound**) *vt* attacher; (*book*) relier; (*oblige*) obliger, contraindre ▶ *n* (*inf*: *nuisance*) scie *f*
binge [bɪndʒ] *n* (*inf*): **to go on a ~** faire la bringue
bingo ['bɪŋgəu] *n sorte de jeu de loto pratiqué dans des établissements publics*
binoculars [bɪ'nɔkjuləz] *npl* jumelles *fpl*
bio...: • **biochemistry** ['baɪə'kɛmɪstrɪ] *n* biochimie *f* • **biodegradable** ['baɪəudɪ'greɪdəbl] *adj* biodégradable • **biofuel** ['baɪəufjuəl] *n* biocarburant • **biography** [baɪ'ɔgrəfɪ] *n* biographie *f* • **biological** *adj* biologique • **biology** [baɪ'ɔlədʒɪ] *n*

biologie *f* • **biometric** [baɪə'mɛtrɪk] *adj* biométrique • **biosecurity** ['baɪəʊsɪ'kjʊərɪtɪ] *n* biosécurité *f*
bipolar [baɪ'pəulə^r] *adj* bipolaire
birch [bəːtʃ] *n* bouleau *m*
bird [bəːd] *n* oiseau *m*; (BRIT *inf*: *girl*) nana *f* • **bird flu** *n* grippe *f* aviaire • **bird of prey** *n* oiseau *m* de proie • **birdwatching** *n* ornithologie *f* (*d'amateur*)
Biro® ['baɪərəu] *n* stylo *m* à bille
birth [bəːθ] *n* naissance *f*; **to give ~ to** donner naissance à, mettre au monde; (*animal*) mettre bas • **birth certificate** *n* acte *m* de naissance • **birth control** *n* (*policy*) limitation *f* des naissances; (*methods*) méthode(s) contraceptive(s) • **birthday** *n* anniversaire *m* ▶ *cpd* (*cake, card etc*) d'anniversaire • **birthmark** *n* envie *f*, tache *f* de vin • **birthplace** *n* lieu *m* de naissance
biscuit ['bɪskɪt] *n* (BRIT) biscuit *m*; (US) petit pain au lait
bishop ['bɪʃəp] *n* évêque *m*; (*Chess*) fou *m*
bistro ['biːstrəu] *n* petit restaurant *m*, bistrot *m*
bit [bɪt] *pt of* **bite** ▶ *n* morceau *m*; (*Comput*) bit *m*, élément *m* binaire; (*of tool*) mèche *f*; (*of horse*) mors *m*; **a ~ of** un peu de; **a ~ mad/ dangerous** un peu fou/risqué; **~ by ~** petit à petit
bitch [bɪtʃ] *n* (*dog*) chienne *f*; (!) salope *f* (!), garce *f*
bitcoin ['bɪtkɔɪn] *n* (*Comput*) bitcoin *m*
bite [baɪt] *vt, vi* (*pt* **bit**, *pp* **bitten**) mordre; (*insect*) piquer ▶ *n* morsure *f*; (*insect bite*) piqûre *f*; (*mouthful*) bouchée *f*; **let's have a ~ (to eat)** mangeons un morceau; **to ~ one's nails** se ronger les ongles
bitten ['bɪtn] *pp of* **bite**
bitter ['bɪtə^r] *adj* amer(-ère); (*criticism*) cinglant(e); (*icy: wea wind*) glacial(e) ▶ *n* (BRIT: *beer*) bière *f* (*à forte teneur en houblon*)
bizarre [bɪ'zɑː^r] *adj* bizarre
black [blæk] *adj* noir(e) ▶ *n* (*colour*) noir *m*; (*person*): **B~** Noi ▶ *vt* (BRIT *Industry*) boycotter; **t give sb a ~ eye** pocher l'œil à q faire un œil au beurre noir à qn **to be in the ~** (*in credit*) avoir u compte créditeur; **~ and blue** (*bruised*) couvert(e) de bleus • **black out** *vi* (*faint*) s'évanoui • **blackberry** *n* mûre *f* • **black** *n* merle *m* • **blackboard** *n* tabl noir • **black coffee** *n* café noir • **blackcurrant** *n* cassis *m* • **bl ice** *n* verglas *m* • **blackmail** *n* chantage *m* ▶ *vt* faire chanter, soumettre au chantage • **blac market** *n* marché noir • **black** *n* panne *f* d'électricité; (*in warti* black-out *m*; (*TV*) interruption d'émission; (*fainting*) syncope • **black pepper** *n* poivre noir • **black pudding** *n* boudin (no • **Black Sea** *n*: **the Black Sea** mer Noire
bladder ['blædə^r] *n* vessie *f*
blade [bleɪd] *n* lame *f*; (*of prop* pale *f*; **a ~ of grass** un brin d'h
blame [bleɪm] *n* faute *f*, blâm ▶ *vt*: **to ~ sb/sth for sth** attrib à qn/qch la responsabilité de c reprocher qch à qn/qch; **I'm n to ~** ce n'est pas ma faute
bland [blænd] *adj* (*taste, food*) doux (douce), fade
blank [blæŋk] *adj* blanc (blanche); (*look*) sans expressi

nué(e) d'expression ▶ *n* espace vide, blanc *m*; (*cartridge*) rtouche *f* à blanc; **his mind as a ~** il avait la tête vide
nket ['blæŋkɪt] *n* couverture *f*; *snow, cloud*) couche *f*
st [blɑːst] *n* explosion *f*; (*shock ıve*) souffle *m*; (*of air, steam*) ›uffée *f* ▶ *vt* faire sauter *or* ploser
tant ['bleɪtənt] *adj* flagrant(e), ant(e)
ze [bleɪz] *n* (*fire*) incendie *m*;) flamboiement *m* ▶ *vi* (*fire*) mber; (*fig*) flamboyer, splendir ▶ *vt*: **to ~ a trail** (*fig*) ontrer la voie; **in a ~ of blicity** à grand renfort de blicité
zer ['bleɪzəʳ] *n* blazer *m*
ach [bliːtʃ] *n* (*also*: **usehold ~**) eau *f* de Javel ▶ *vt* ıen) blanchir • **bleachers** *npl* *s Sport*) gradins *mpl* (*en plein soleil*)
ak [bliːk] *adj* morne, désolé(e); *eather*) triste, maussade; (*smile*) ʒubre; (*prospect, future*) morose
d [blɛd] *pt, pp of* **bleed**
ed [bliːd] (*pt, pp* **bled**) *vt* igner; (*brakes, radiator*) purger *vi* saigner; **my nose is ~ing** je gne du nez
mish ['blɛmɪʃ] *n* défaut *m*; (*on utation*) tache *f*
nd [blɛnd] *n* mélange *m* ▶ *vt* élanger ▶ *vi* (*colours etc*: *also*: **n**) se mélanger, se fondre, llier • **blender** *n* (*Culin*) mixeur *m*
ss [blɛs] (*pt, pp* **blessed** *or* **est**) *vt* bénir; **~ you!** (*after eze*) à tes souhaits! • **blessing** énédiction *f*; (*godsend*) nfait *m*
v [bluː] *pt of* **blow**

blight [blaɪt] *vt* (*hopes etc*) anéantir, briser
blind [blaɪnd] *adj* aveugle ▶ *n* (*for window*) store *m* ▶ *vt* aveugler; **the blind** *npl* les aveugles *mpl* • **blind alley** *n* impasse *f* • **blindfold** *n* bandeau *m* ▶ *adj, adv* les yeux bandés ▶ *vt* bander les yeux à
blink [blɪŋk] *vi* cligner des yeux; (*light*) clignoter
bliss [blɪs] *n* félicité *f*, bonheur *m* sans mélange
blister ['blɪstəʳ] *n* (*on skin*) ampoule *f*, cloque *f*; (*on paintwork*) boursouflure *f* ▶ *vi* (*paint*) se boursoufler, se cloquer
blizzard ['blɪzəd] *n* blizzard *m*, tempête *f* de neige
bloated ['bləutɪd] *adj* (*face*) bouffi(e); (*stomach, person*) gonflé(e)
blob [blɔb] *n* (*drop*) goutte *f*; (*stain, spot*) tache *f*
block [blɔk] *n* bloc *m*; (*in pipes*) obstruction *f*; (*toy*) cube *m*; (*of buildings*) pâté *m* (de maisons) ▶ *vt* bloquer; (*fig*) faire obstacle à; **the sink is ~ed** l'évier est bouché; **~ of flats** (BRIT) immeuble (locatif); **mental ~** blocage *m* • **block up** *vt* boucher • **blockade** [blɔ'keɪd] *n* blocus *m* ▶ *vt* faire le blocus de • **blockage** *n* obstruction *f* • **blockbuster** *n* (*film, book*) grand succès • **block capitals** *npl* majuscules *fpl* d'imprimerie • **block letters** *npl* majuscules *fpl*
blog [blɔg] *n* blog *m* ▶ *vi* bloguer
blogger ['blɔgəʳ] *n* blogueur(-euse)
blogosphere ['blɔgəsfɪəʳ] *n* blogosphère *f*
blogpost ['blɔgpəust] *n* post *m* de blog

bloke [bləuk] *n* (*BRIT inf*) type *m*

blond(e) [blɔnd] *adj*, *n* blond(e)

blood [blʌd] *n* sang *m* • **blood donor** *n* donneur(-euse) de sang • **blood group** *n* groupe sanguin • **blood poisoning** *n* empoisonnement *m* du sang • **blood pressure** *n* tension (artérielle) • **bloodshed** *n* effusion *f* de sang, carnage *m* • **bloodshot** *adj*: **bloodshot eyes** yeux injectés de sang • **bloodstream** *n* sang *m*, système sanguin • **blood test** *n* analyse *f* de sang • **blood transfusion** *n* transfusion *f* de sang • **blood type** *n* groupe sanguin • **blood vessel** *n* vaisseau sanguin • **bloody** *adj* sanglant(e); (*BRIT inf!*): **this bloody ...** ce foutu ..., ce putain de ... (!) ▸ *adv*: **bloody strong/good** (*BRIT inf!*) vachement *or* sacrément fort/bon

bloom [blu:m] *n* fleur *f* ▸ *vi* être en fleur

blossom ['blɔsəm] *n* fleur(s) *f(pl)* ▸ *vi* être en fleurs; (*fig*) s'épanouir

blot [blɔt] *n* tache *f* ▸ *vt* tacher; (*ink*) sécher

blouse [blauz] *n* (*feminine garment*) chemisier *m*, corsage *m*

blow [bləu] (*pt* **blew**, *pp* **blown**) *n* coup *m* ▸ *vi* souffler ▸ *vt* (*instrument*) jouer de; (*fuse*) faire sauter; **to ~ one's nose** se moucher • **blow away** *vi* s'envoler ▸ *vt* chasser, faire s'envoler • **blow out** *vi* (*fire, flame*) s'éteindre; (*tyre*) éclater; (*fuse*) sauter • **blow up** *vi* exploser, sauter ▸ *vt* faire sauter; (*tyre*) gonfler; (*Phot*) agrandir • **blow-dry** *n* (*hairstyle*) brushing *m*

blue [blu:] *adj* bleu(e); (*depresse* triste; **~ film/joke** film *m*/hist *f* pornographique; **out of the** (*fig*) à l'improviste, sans qu'on s attende • **bluebell** *n* jacinthe bois • **blueberry** *n* myrtille *f*, airelle *f* • **blue cheese** *n* (fromage) bleu *m* • **blues** *npl*; **blues** (*Mus*) le blues; **to have t blues** (*inf: feeling*) avoir le cafar

bluff [blʌf] *vi* bluffer ▸ *n* bluff *m* **to call sb's ~** mettre qn au défi d'exécuter ses menaces

blunder ['blʌndə^r] *n* gaffe *f*, bé *f* ▸ *vi* faire une gaffe *or* une bév

blunt [blʌnt] *adj* (*knife*) émoussé(e), peu tranchant(e); (*pencil*) mal taillé(e); (*person*) brusque, ne mâchant pas ses mots

blur [blə:^r] *n* (*shape*): **to becom ~** devenir flou ▸ *vt* brouiller, rer flou(e) • **blurred** *adj* flou(e)

blush [blʌʃ] *vi* rougir ▸ *n* rouge • **blusher** *n* rouge *m* à joues

board [bɔ:d] *n* (*wooden*) planch (*on wall*) panneau *m*; (*for chess* plateau *m*; (*cardboard*) carton (*committee*) conseil *m*, comité (*in firm*) conseil d'administratio (*Naut, Aviat*): **on ~** à bord ▸ *vt* (*ship*) monter à bord de; (*train*) monter dans; **full ~** (*BRIT*) pen complète; **half ~** (*BRIT*) demi-pension *f*; **~ and lodgin** chambre *f* avec pension; **to go the ~** (*hopes, principles*) être abandonné(e) • **board game** jeu *m* de société • **boarding ca** *n* (*Aviat, Naut*) carte *f* d'embarquement • **boarding pass** *n* (*BRIT*) = **boarding card** • **boarding school** *n* internat pensionnat *m* • **board room** salle *f* du conseil d'administrat

ast [bəust] *vi*: **to ~ (about** *or*
f) se vanter (de)
at [bəut] *n* bateau *m*; (*small*)
ınot *m*; barque *f*
b [bɔb] *vi* (*boat, cork on water*:
so: **~ up and down**) danser, se
ılancer
bby pin ['bɔbı-] *n* (US) pince *f* à
ıeveux
dy ['bɔdı] *n* corps *m*; (*of car*)
ırrosserie *f*; (*fig*: *society*) organe
, organisme *m* • **body-building**
ɔody-building *m*, culturisme *m*
bodyguard *n* garde *m* du corps
bodywork *n* carrosserie *f*
g [bɔg] *n* tourbière *f* ▸ *vt*: **to get**
ȷed down (in) (*fig*) s'enliser
ans)
gus ['bəugəs] *adj* bidon *inv*;
ntôme
il [bɔıl] *vt* (faire) bouillir ▸ *vi*
ɔuillir ▸ *n* (*Med*) furoncle *m*; **to**
ɔme to the *or* (US) **a ~** bouillir
boil down *vi* (*fig*): **to ~ down to**
réduire *or* ramener à • **boil over**
déborder • **boiled egg** *n* œuf *m*
a coque • **boiler** *n* chaudière *f*
ɔoiling ['bɔılıŋ] *adj*: **I'm**
ɔiling (hot) (*inf*) je crève de
ıaud • **boiling point** *n* point *m*
ébullition
'd [bəuld] *adj* hardi(e),
dacieux(-euse); (*pej*)
fronté(e); (*outline, colour*) franc
'anche), tranché(e), marqué(e)
lard ['bɔləd] *n* (BRIT *Aut*)
ɔrne lumineuse *or* de
ɡnalisation
t [bəult] *n* verrou *m*; (*with nut*)
ıulon *m* ▸ *adv*: **~ upright**
ɔit(e) comme un piquet ▸ *vt*
ɔor) verrouiller; (*food*) engloutir
ʋi se sauver, filer (comme une
che); (*horse*) s'emballer

bomb [bɔm] *n* bombe *f* ▸ *vt* bombarder • **bombard** [bɔm'bɑːd] *vt* bombarder • **bomber** *n* (*Aviat*) bombardier *m*; (*terrorist*) poseur *m* de bombes • **bomb scare** *n* alerte *f* à la bombe

bond [bɔnd] *n* lien *m*; (*binding promise*) engagement *m*, obligation *f*; (*Finance*) obligation; **bonds** *npl* (*chains*) chaînes *fpl*; **in ~** (*of goods*) en entrepôt

bone [bəun] *n* os *m*; (*of fish*) arête *f* ▸ *vt* désosser; ôter les arêtes de

bonfire ['bɔnfaıəʳ] *n* feu *m* (de joie); (*for rubbish*) feu

bonnet ['bɔnıt] *n* bonnet *m*; (BRIT: *of car*) capot *m*

bonus ['bəunəs] *n* (*money*) prime *f*; (*advantage*) avantage *m*

boo [buː] *excl* hou!, peuh! ▸ *vt* huer

book [buk] *n* livre *m*; (*of stamps, tickets etc*) carnet *m* ▸ *vt* (*ticket*) prendre; (*seat, room*) réserver; (*football player*) prendre le nom de, donner un carton à; **books** *npl* (*Comm*) comptes *mpl*, comptabilité *f*; **I ~ed a table in the name of ...** j'ai réservé une table au nom de ... • **book in** *vi* (BRIT: *at hotel*) prendre sa chambre • **book up** *vt* réserver; **the hotel is ~ed up** l'hôtel est complet • **bookcase** *n* bibliothèque *f* (*meuble*) • **booking** *n* (BRIT) réservation *f*; **I confirmed my booking by fax/email** j'ai confirmé ma réservation par fax/e-mail • **booking office** *n* (BRIT) bureau *m* de location • **book-keeping** *n* comptabilité *f* • **booklet** *n* brochure *f* • **bookmaker** *n* bookmaker *m* • **bookmark** *n* (*for book*) marque-page *m*; (*Comput*) signet *m* • **bookseller** *n* libraire *m/f*

• **bookshelf** *n* (*single*) étagère *f* (à livres); (*bookcase*) bibliothèque *f* • **bookshop** • **bookstore** *n* librairie *f*
boom [buːm] *n* (*noise*) grondement *m*; (*in prices, population*) forte augmentation; (*busy period*) boom *m*, vague *f* de prospérité ▸ *vi* gronder; prospérer
boost [buːst] *n* stimulant *m*, remontant *m* ▸ *vt* stimuler
boot [buːt] *n* botte *f*; (*for hiking*) chaussure *f* (de marche); (*ankle boot*) bottine *f*; (BRIT: *of car*) coffre *m* ▸ *vt* (*Comput*) lancer, mettre en route; **to ~** (*in addition*) par-dessus le marché, en plus
booth [buːð] *n* (*at fair*) baraque (foraine); (*of telephone etc*) cabine *f*; (*also*: **voting ~**) isoloir *m*
booze [buːz] (*inf*) *n* boissons *fpl* alcooliques, alcool *m*
border [ˈbɔːdəʳ] *n* bordure *f*; bord *m*; (*of a country*) frontière *f* • **borderline** *n* (*fig*) ligne *f* de démarcation
bore [bɔːʳ] *pt of* **bear** ▸ *vt* (*person*) ennuyer, raser; (*hole*) percer; (*well, tunnel*) creuser ▸ *n* (*person*) raseur(-euse); (*boring thing*) barbe *f*; (*of gun*) calibre *m* • **bored** *adj*: **to be bored** s'ennuyer • **boredom** *n* ennui *m*
boring [ˈbɔːrɪŋ] *adj* ennuyeux(-euse)
born [bɔːn] *adj*: **to be ~** naître; **I was ~ in 1960** je suis né en 1960
borne [bɔːn] *pp of* **bear**
borough [ˈbʌrə] *n* municipalité *f*
borrow [ˈbɔrəu] *vt*: **to ~ sth (from sb)** emprunter qch (à qn)
Bosnian [ˈbɔznɪən] *adj* bosniaque, bosnien(ne) ▸ *n* Bosniaque *m/f*, Bosnien(ne)
bosom [ˈbuzəm] *n* poitrine *f*; (*f*... sein *m*
boss [bɔs] *n* patron(ne) ▸ *vt* (*als*... **~ about, ~ around**) mener à la baguette • **bossy** *adj* autoritai...
both [bəuθ] *adj* les deux, l'un(e) l'autre ▸ *pron*: **~ (of them)** les deux, tous (toutes) (les) deux, l'un(e) et l'autre; **~ of us went, we ~ went** nous y sommes allé... tous les deux ▸ *adv*: **~ A and B** A et B
bother [ˈbɔðəʳ] *vt* (*worry*) tracasser; (*needle, bait*) importuner, ennuyer; (*disturb*) déranger ▸ *vi* (*also*: **~ o.s.**) se tracasser, se faire du souci ▸ *n* (*trouble*) ennuis *mpl*; **to ~ doing** prendre la peine de faire; **don't** ... ce n'est pas la peine; **it's no ~** aucun problème
bottle [ˈbɔtl] *n* bouteille *f*; (*baby*... biberon *m*; (*of perfume, medicine*) flacon *m* ▸ *vt* mettre en bouteille(s) • **bottle bank** *n* conteneur *m* (de bouteilles) • **bottle-opener** *n* ouvre-bouteille *m*
bottom [ˈbɔtəm] *n* (*of containe*... *sea etc*) fond *m*; (*buttocks*) derriè... *m*; (*of page, list*) bas *m*; (*of mountain, tree, hill*) pied *m* ▸ *adj* (*shelf, step*) du bas
bought [bɔːt] *pt, pp of* **buy**
boulder [ˈbəuldəʳ] *n* gros roch... (*gén lisse, arrondi*)
bounce [bauns] *vi* (*ball*) rebon... (*cheque*) être refusé (*étant sans provision*) ▸ *vt* faire rebondir ▸ *n* (*rebound*) rebond *m* • **bouncer** (*inf: at dance, club*) videur *m*
bound [baund] *pt, pp of* **bind** ▸ (*gen pl*) limite *f*; (*leap*) bond *m* ▸ (*leap*) bondir ▸ *vt* (*limit*) borner

adj: **to be ~ to do sth** (*obliged*) re obligé(e) *or* avoir obligation faire qch; **he's ~ to fail** (*likely*) il t sûr d'échouer, son échec est évitable *or* assuré; **~ by** (*law, gulation*) engagé(e) par; **~ for** à estination de; **out of ~s** dont ccès est interdit

undary ['baundrı] *n* frontière *f*

uquet ['bukeı] *n* bouquet *m*

urbon ['buəbən] *n* (*US: also*: **whiskey**) bourbon *m*

ut [baut] *n* période *f*; (*of malaria*) c) accès *m*, crise *f*, attaque *f*; oxing etc) combat *m*, match *m*

utique [bu:'ti:k] *n* boutique *f*

w¹ [bəu] *n* nœud *m*; (*weapon*) c *m*; (*Mus*) archet *m*

w² [bau] *n* (*with body*) révérence nclination *f* (du buste *or* corps); aut: *also*: **~s**) proue *f* ▶ *vi* faire e révérence, s'incliner

wels [bauəlz] *npl* intestins *mpl*; g) entrailles *fpl*

wl [bəul] *n* (*for eating*) bol *m*; r *washing*) cuvette *f*; (*ball*) boule *vi* (*Cricket*) lancer (la balle)

bowler *n* (*Cricket*) lanceur *m* (de balle); (*BRIT*: *also*: **bowler hat**) hapeau *m*) melon *m* • **bowling** *n* ame) jeu *m* de boules, jeu de illes • **bowling alley** *n* bowling • **bowling green** *n* terrain *m* de ules (*gazonné et carré*) • **bowls** *n* u *m* de) boules *fpl*

w tie [bəu-] *n* nœud *m* papillon

x [bɔks] *n* boîte *f*; (*also*: **rdboard ~**) carton *m*; (*Theat*) ge *f* ▶ *vt* mettre en boîte ▶ *vi* xer, faire de la boxe • **boxer** ɔksəʳ] *n* (*person*) boxeur *m*

boxer shorts *npl* caleçon *m*

boxing ['bɔksıŋ] *n* (*sport*) boxe *f*

Boxing Day *n* (*BRIT*) *le lendemain de Noël; voir article* **"Boxing Day"** • **boxing gloves** *npl* gants *mpl* de boxe • **boxing ring** *n* ring *m* • **box office** *n* bureau *m* de location

> **Boxing Day** est le lendemain de Noël, férié en Grande-Bretagne. Ce nom vient d'une coutume du XIXᵉ siècle qui consistait à donner notamment à ses employés des cadeaux de Noël (dans des boîtes) le 26 décembre.

boy [bɔı] *n* garçon *m* • **boy band** *n* boys band *m*

boycott ['bɔıkɔt] *n* boycottage *m* ▶ *vt* boycotter

boyfriend ['bɔıfrɛnd] *n* (petit) ami

bra [brɑ:] *n* soutien-gorge *m*

brace [breıs] *n* (*support*) attache *f*, agrafe *f*; (*BRIT*: *also*: **~s**: *on teeth*) appareil *m* (dentaire); (*tool*) vilebrequin *m* ▶ *vt* (*support*) consolider, soutenir; **braces** *npl* (*BRIT*: *for trousers*) bretelles *fpl*; **to ~ o.s.** (*fig*) se préparer mentalement

bracelet ['breıslıt] *n* bracelet *m*

bracket ['brækıt] *n* (*Tech*) tasseau *m*, support *m*; (*group*) classe *f*, tranche *f*; (*also*: **brace ~**) accolade *f*; (*also*: **round ~**) parenthèse *f*; (*also*: **square ~**) crochet *m* ▶ *vt* mettre entre parenthèses; **in ~s** entre parenthèses *or* crochets

brag [bræg] *vi* se vanter

braid [breıd] *n* (*trimming*) galon *m*; (*of hair*) tresse *f*, natte *f*

brain [breın] *n* cerveau *m*; **brains** *npl* (*intellect, food*) cervelle *f*

braise [breız] *vt* braiser

brake [breık] *n* frein *m* ▶ *vt, vi* freiner • **brake light** *n* feu *m* de stop

bran [bræn] *n* son *m*
branch [brɑːntʃ] *n* branche *f*; (*Comm*) succursale *f*; (: *of bank*) agence *f* • **branch off** *vi* (*road*) bifurquer • **branch out** *vi* diversifier ses activités
brand [brænd] *n* marque (commerciale) ▶ *vt* (*cattle*) marquer (au fer rouge) • **brand name** *n* nom *m* de marque • **brand-new** *adj* tout(e) neuf (neuve), flambant neuf (neuve)
brandy ['brændɪ] *n* cognac *m*
brash [bræʃ] *adj* effronté(e)
brass [brɑːs] *n* cuivre *m* (jaune), laiton *m*; **the ~** (*Mus*) les cuivres • **brass band** *n* fanfare *f*
brat [bræt] *n* (*pej*) mioche *m/f*, môme *m/f*
brave [breɪv] *adj* courageux(-euse), brave ▶ *vt* braver, affronter • **bravery** *n* bravoure *f*, courage *m*
brawl [brɔːl] *n* rixe *f*, bagarre *f*
Brazil [brə'zɪl] *n* Brésil *m* • **Brazilian** *adj* brésilien(ne) ▶ *n* Brésilien(ne)
breach [briːtʃ] *vt* ouvrir une brèche dans ▶ *n* (*gap*) brèche *f*; (*breaking*): **~ of contract** rupture *f* de contrat; **~ of the peace** attentat *m* à l'ordre public
bread [brɛd] *n* pain *m* • **breadbin** *n* (BRIT) boîte *f* or huche *f* à pain • **breadbox** *n* (US) boîte *f* or huche *f* à pain • **breadcrumbs** *npl* miettes *fpl* de pain; (*Culin*) chapelure *f*, panure *f*
breadth [brɛtθ] *n* largeur *f*
break [breɪk] (*pt* **broke**, *pp* **broken**) *vt* casser, briser; (*promise*) rompre; (*law*) violer ▶ *vi* se casser, se briser; (*weather*) tourner; (*storm*) éclater; (*day*) se lever ▶ (*gap*) brèche *f*; (*fracture*) cassure (*rest*) interruption *f*, arrêt *m*; (: *short*) pause *f*; (: *at school*) récréation *f*; (*chance*) chance *f*, occasion *f* favorable; **to ~ one'** **leg** *etc* se casser la jambe *etc*; **t** **~ a record** battre un record; **to** **~ the news to sb** annoncer la nouvelle à qn • **break down** *vt* (*door etc*) enfoncer; (*figures, dat* décomposer, analyser ▶ *vi* s'effondrer; (*Med*) faire une dépression (nerveuse); (*Aut*) tomber en panne; **my car has broken down** ma voiture est e panne • **break in** *vt* (*horse etc*) dresser ▶ *vi* (*burglar*) entrer par effraction; (*interrupt*) interrom • **break into** *vt fus* (*house*) s'introduire *or* pénétrer par effraction dans • **break off** *vi* (*speaker*) s'interrompre; (*branch* rompre ▶ *vt* (*talks, engagement*) rompre • **break out** *vi* éclater, déclarer; (*prisoner*) s'évader; **to** **~ out in spots** se couvrir de boutons • **break up** *vi* (*partnership*) cesser, prendre fin (*marriage*) se briser; (*crowd, meeting*) se séparer; (*ship*) se disloquer; (*Scol*: *pupils*) être en vacances; (*line*) couper ▶ *vt* fracasser, casser; (*fight etc*) interrompre, faire cesser; (*marriage*) désunir; **the line's** **you're ~ing up** ça coupe • **breakdown** *n* (*Aut*) panne *f*; (*in communications, marriage*) rupture *f*; (*Med*: *also*: **nervous breakdown**) dépression (nerveuse); (*of figures*) ventilat *f*, répartition *f* • **breakdown v** • (US) **breakdown truck** *n* dépanneuse *f*

akfast ['brɛkfəst] *n* petit
jeuner *m*; **what time is ~?** le
tit déjeuner est à quelle heure?
ak: • **break-in** *n* cambriolage
• **breakthrough** *n* percée *f*
ast [brɛst] *n* (*of woman*) sein *m*;
est) poitrine *f*; (*of chicken, turkey*)
anc *m* • **breast-feed** *vt, vi* (*irreg:*
e **feed**) allaiter • **breast-stroke**
rasse *f*
ath [brɛθ] *n* haleine *f*, souffle
to take a deep ~ respirer à
nd; **out of ~** à bout de souffle,
soufflé(e)
athalyser® ['brɛθəlaɪzə^r]
RIT) *n* alcootest *m*
athe [bri:ð] *vt, vi* respirer
breathe in *vi* inspirer ▸ *vt*
pirer • **breathe out** *vt, vi*
pirer • **breathing** *n* respiration *f*
ath: • **breathless** *adj*
soufflé(e), haletant(e)
breathtaking *adj* stupéfiant(e),
ous couper le souffle • **breath**
st *n* alcootest *m*
d [brɛd] *pt, pp of* **breed**
ed [bri:d] (*pt, pp* **bred**) *vt*
ver, faire l'élevage de ▸ *vi* se
produire ▸ *n* race *f*, variété *f*
eze [bri:z] *n* brise *f*
ezy ['bri:zɪ] *adj* (*day, weather*)
nteux(-euse); (*manner*)
sinvolte; (*person*) jovial(e)
w [bru:] *vt* (*tea*) faire infuser;
er) brasser ▸ *vi* (*fig*) se préparer,
uver • **brewery** *n* brasserie *f*
brique)
be [braɪb] *n* pot-de-vin *m* ▸ *vt*
neter; soudoyer • **bribery** *n*
ruption *f*
-a-brac ['brɪkəbræk] *n*
c-à-brac *m*
k [brɪk] *n* brique *f* • **bricklayer**
naçon *m*

bride [braɪd] *n* mariée *f*, épouse *f*
• **bridegroom** *n* marié *m*, époux *m*
• **bridesmaid** *n* demoiselle *f*
d'honneur
bridge [brɪdʒ] *n* pont *m*; (*Naut*)
passerelle *f* (de commandement);
(*of nose*) arête *f*; (*Cards, Dentistry*)
bridge *m* ▸ *vt* (*gap*) combler
bridle ['braɪdl] *n* bride *f*
brief [bri:f] *adj* bref (brève) ▸ *n*
(*Law*) dossier *m*, cause *f*; (*gen*)
tâche *f* ▸ *vt* mettre au courant;
briefs *npl* slip *m* • **briefcase** *n*
serviette *f*; porte-documents *m*
inv • **briefing** *n* instructions *fpl*;
(*Press*) briefing *m* • **briefly** *adv*
brièvement
brigadier [brɪgə'dɪə^r] *n* brigadier
général
bright [braɪt] *adj* brillant(e);
(*room, weather*) clair(e); (*person:*
clever) intelligent(e), doué(e);
(*: cheerful*) gai(e); (*idea*) génial(e);
(*colour*) vif (vive)
brilliant ['brɪljənt] *adj* brillant(e);
(*light, sunshine*) éclatant(e); (*inf:*
great) super
brim [brɪm] *n* bord *m*
brine [braɪn] *n* (*Culin*) saumure *f*
bring [brɪŋ] (*pt, pp* **brought**) *vt*
(*thing*) apporter; (*person*) amener
• **bring about** *vt* provoquer,
entraîner • **bring back** *vt*
rapporter; (*person*) ramener
• **bring down** *vt* (*lower*) abaisser;
(*shoot down*) abattre; (*government*)
faire s'effondrer • **bring in** *vt*
(*person*) faire entrer; (*object*)
rentrer; (*Pol: legislation*)
introduire; (*produce: income*)
rapporter • **bring on** *vt* (*illness,*
attack) provoquer; (*player,*
substitute) amener • **bring out** *vt*
sortir; (*meaning*) faire ressortir,

mettre en relief • **bring up** *vt* élever; (*carry up*) monter; (*question*) soulever; (*food: vomit*) vomir, rendre

brink [brɪŋk] *n* bord *m*

brisk [brɪsk] *adj* vif (vive); (*abrupt*) brusque; (*trade etc*) actif(-ive)

bristle ['brɪsl] *n* poil *m* ▸ *vi* se hérisser

Brit [brɪt] *n abbr* (*inf*: = British *person*) Britannique *m/f*

Britain ['brɪtən] *n* (*also*: **Great ~**) la Grande-Bretagne

British ['brɪtɪʃ] *adj* britannique ▸ *npl*; **the ~** les Britanniques *mpl* • **British Isles** *npl*; **the British Isles** les îles *fpl* Britanniques

Briton ['brɪtən] *n* Britannique *m/f*

Brittany ['brɪtənɪ] *n* Bretagne *f*

brittle ['brɪtl] *adj* cassant(e), fragile

broad [brɔːd] *adj* large; (*distinction*) général(e); (*accent*) prononcé(e); **in ~ daylight** en plein jour

B road *n* (BRIT) ≈ route départementale

broad: • **broadband** *n* transmission *f* à haut débit • **broad bean** *n* fève *f* • **broadcast** (*pt, pp* **broadcast**) *n* émission *f* ▸ *vt* (*Radio*) radiodiffuser; (*TV*) téléviser ▸ *vi* émettre • **broaden** *vt* élargir; **to broaden one's mind** élargir ses horizons ▸ *vi* s'élargir • **broadly** *adv* en gros, généralement • **broad-minded** *adj* large d'esprit

broccoli ['brɔkəlɪ] *n* brocoli *m*

brochure ['brəuʃjuəʳ] *n* prospectus *m*, dépliant *m*

broil [brɔɪl] *vt* (US) rôtir

broke [brəuk] *pt of* **break** ▸ *adj* (*inf*) fauché(e)

broken ['brəukn] *pp of* **break** ▸ *adj* (*stick, leg etc*) cassé(e); (*machine: also*: **~ down**) fichu(e); **in ~ French/English** dans un français/anglais approximatif hésitant

broker ['brəukəʳ] *n* courtier *m*

bromance ['brəumæns] *n* (*in*[...]) *amitié forte entre deux hommes hétérosexuels*

bronchitis [brɔŋ'kaɪtɪs] *n* bronchite *f*

bronze [brɔnz] *n* bronze *m*

brooch [brəutʃ] *n* broche *f*

brood [bruːd] *n* couvée *f* ▸ *vi* (*person*) méditer (sombrement), ruminer

broom [brum] *n* balai *m*; (*Bot*) genêt *m*

Bros. *abbr* (*Comm*: = *brothers*) Fr[...]

broth [brɔθ] *n* bouillon *m* de viande et de légumes

brothel ['brɔθl] *n* maison close, bordel *m*

brother ['brʌðəʳ] *n* frère *m* • **brother-in-law** *n* beau-frère

brought [brɔːt] *pt, pp of* **bring**

brow [brau] *n* front *m*; (*eyebrow*) sourcil *m*; (*of hill*) sommet *m*

brown [braun] *adj* brun(e), marron *inv*; (*hair*) châtain *inv*; (*tanned*) bronzé(e) ▸ *n* (*colour*) brun *m*, marron *m* ▸ *vt* brunir; (*Culin*) faire dorer, faire roussir • **brown bread** *n* pain *m* bis

Brownie ['braunɪ] *n* jeannett[e] éclaireuse (cadette)

brown rice *n* riz *m* complet

brown sugar *n* cassonade *f*

browse [brauz] *vi* (*in shop*) regarder (*sans acheter*); **to ~ through a book** feuilleter un livre • **browser** *n* (*Comput*) navigateur *m*

ise [bru:z] *n* bleu *m*, ecchymose
:ontusion *f* ▸ *vt* contusionner,
ɛurtrir
inette [bru:'nɛt] *n* (femme)
une
sh [brʌʃ] *n* brosse *f*; (*for*
inting) pinceau *m*; (*for shaving*)
aireau *m*; (*quarrel*) accrochage
prise *f* de bec ▸ *vt* brosser;
so: **~ past, ~ against**) effleurer,
ıler
ssels ['brʌslz] *n* Bruxelles
ssels sprout *n* chou *m* de
uxelles
tal ['bru:tl] *adj* brutal(e)
c. *n abbr* = **Bachelor of Science**
n abbr (= *bovine spongiform*
:ephalopathy) ESB *f*, BSE *f*
ble ['bʌbl] *n* bulle *f* ▸ *vi*
uillonner, faire des bulles;
arkle, fig) pétiller • **bubble bath**
ain moussant • **bubble gum** *n*
ewing-gum *m* • **bubblejet**
inter ['bʌbldʒɛt-] *n*
primante *f* à bulle d'encre
:k [bʌk] *n* mâle *m* (*d'un lapin,*
vre, daim etc); (*US inf*) dollar *m*
i ruer, lancer une ruade; **to**
ss the ~ (to sb) se décharger de
esponsabilité (sur qn)
ket ['bʌkɪt] *n* seau *m*
kle ['bʌkl] *n* boucle *f* ▸ *vt* (*belt*
) boucler, attacher ▸ *vi* (*warp*)
rdre, gauchir; (: *wheel*) se voiler
[bʌd] *n* bourgeon *m*; (*of flower*)
uton *m* ▸ *vi* bourgeonner;
wer) éclore
dhism ['budɪzəm] *n*
uddhisme *m*
dhist ['budɪst] *adj*
uddhiste ▸ *n* Bouddhiste *m/f*
dy ['bʌdɪ] *n* (*US*) copain *m*
ge [bʌdʒ] *vt* faire bouger
bouger

budgerigar ['bʌdʒərɪgɑ:ʳ] *n*
perruche *f*
budget ['bʌdʒɪt] *n* budget *m*
▸ *vi*: **to ~ for sth** inscrire qch au
budget
budgie ['bʌdʒɪ] *n* = **budgerigar**
buff [bʌf] *adj* (couleur *f*) chamois
m ▸ *n* (*inf*: *enthusiast*) mordu(e)
buffalo ['bʌfələu] (*pl* **buffalo** *or*
buffaloes) *n* (BRIT) buffle *m*; (US)
bison *m*
buffer ['bʌfəʳ] *n* tampon *m*;
(*Comput*) mémoire *f* tampon
buffet *n* ['bufeɪ] (*food*, BRIT: *bar*)
buffet *m* ▸ *vt* ['bʌfɪt] secouer,
ébranler • **buffet car** *n* (BRIT *Rail*)
voiture-bar *f*
bug [bʌg] *n* (*bedbug etc*) punaise *f*;
(*esp US*: *any insect*) insecte *m*,
bestiole *f*; (*fig*: *germ*) virus *m*,
microbe *m*; (*spy device*) dispositif *m*
d'écoute (électronique), micro
clandestin; (*Comput*: *of program*)
erreur *f* ▸ *vt* (*room*) poser des
micros dans; (*inf*: *annoy*) embêter
buggy ['bʌgɪ] *n* poussette *f*
build [bɪld] *n* (*of person*) carrure *f*,
charpente *f* ▸ *vt* (*pt, pp* **built**)
construire, bâtir • **build up** *vt*
accumuler, amasser; (*business*)
développer; (*reputation*) bâtir
• **builder** *n* entrepreneur *m*
• **building** *n* (*trade*) construction
f; (*structure*) bâtiment *m*,
construction; (: *residential, offices*)
immeuble *m* • **building site** *n*
chantier *m* (de construction)
• **building society** *n* (BRIT)
société *f* de crédit immobilier
built [bɪlt] *pt, pp of* **build**
• **built-in** *adj* (*cupboard*)
encastré(e); (*device*) incorporé(e);
intégré(e) • **built-up** *adj*:
built-up area zone urbanisée

b

bulb [bʌlb] *n* (*Bot*) bulbe *m*, oignon *m*; (*Elec*) ampoule *f*

Bulgaria [bʌl'gɛərɪə] *n* Bulgarie *f* • **Bulgarian** *adj* bulgare ▶ *n* Bulgare *m/f*

bulge [bʌldʒ] *n* renflement *m*, gonflement *m* ▶ *vi* faire saillie; présenter un renflement; (*pocket, file*): **to be bulging with** être plein(e) à craquer de

bulimia [bə'lɪmɪə] *n* boulimie *f*

bulimic [bju:'lɪmɪk] *adj*, *n* boulimique *m/f*

bulk [bʌlk] *n* masse *f*, volume *m*; **in ~** (*Comm*) en gros, en vrac; **the ~ of** la plus grande *or* grosse partie de • **bulky** *adj* volumineux(-euse), encombrant(e)

bull [bul] *n* taureau *m*; (*male elephant, whale*) mâle *m*

bulldozer ['buldəuzə^r] *n* bulldozer *m*

bullet ['bulɪt] *n* balle *f* (*de fusil etc*)

bulletin ['bulɪtɪn] *n* bulletin *m*, communiqué *m*; (*also*: **news ~**) (bulletin d')informations *fpl* • **bulletin board** *n* (*Comput*) messagerie *f* (électronique)

bullfight ['bulfaɪt] *n* corrida *f*, course *f* de taureaux • **bullfighter** *n* torero *m* • **bullfighting** *n* tauromachie *f*

bully ['bulɪ] *n* brute *f*, tyran *m* ▶ *vt* tyranniser, rudoyer

bum [bʌm] *n* (*inf*: BRIT: *backside*) derrière *m*; (*esp* US: *tramp*) vagabond(e), traîne-savates *m/f inv*; (*idler*) glandeur *m*

bumblebee ['bʌmblbi:] *n* bourdon *m*

bump [bʌmp] *n* (*blow*) coup *m*, choc *m*; (*jolt*) cahot *m*; (*on road etc, on head*) bosse *f* ▶ *vt* heurter, cogner; (*car*) emboutir • **bump into** *vt fus* rentrer dans, tamponner; (*inf*: *meet*) tomber • **bumper** *n* pare-chocs *m inv* ▶ *adj*: **bumper crop/harvest** récolte/moisson exceptionnel • **bumpy** *adj* (*road*) cahoteux(-euse); **it was a bur flight/ride** on a été secoués da l'avion/la voiture

bun [bʌn] *n* (*cake*) petit gâteau (*bread*) petit pain au lait; (*of hai* chignon *m*

bunch [bʌntʃ] *n* (*of flowers*) bouquet *m*; (*of keys*) trousseau (*of bananas*) régime *m*; (*of peopl* groupe *m*; **bunches** *npl* (*in hair*) couettes *fpl*; **~ of grapes** grap de raisin

bundle ['bʌndl] *n* paquet *m* ▶ (*also*: **~ up**) faire un paquet de; (*put*): **to ~ sth/sb into** fourrer enfourner qch/qn dans

bungalow ['bʌŋgələu] *n* bungalow *m*

bungee jumping ['bʌndʒi:'dʒʌmpɪŋ] *n* saut *m* à l'élastique

bunion ['bʌnjən] *n* oignon *m* (pied)

bunk [bʌŋk] *n* couchette *f* • **bu beds** *npl* lits superposés

bunker ['bʌŋkə^r] *n* (*coal store*) soute *f* à charbon; (*Mil, Golf*) bunker *m*

bunny ['bʌnɪ] *n* (*also*: **~ rabbit**) lapin *m*

buoy [bɔɪ] *n* bouée *f* • **buoyan** *adj* (*ship*) flottable; (*carefree*) ga plein(e) d'entrain; (*Comm*: *mar economy*) actif(-ive)

burden ['bə:dn] *n* fardeau *m*, charge *f* ▶ *vt* charger; (*oppress*) accabler, surcharger

eau (*pl* **bureaux**) ['bjuərəu, -z]
BRIT: writing desk) bureau *m*,
crétaire *m*; (*US: chest of drawers*)
mmode *f*; (*office*) bureau,
fice *m*
eaucracy [bjuə'rɔkrəsɪ] *n*
reaucratie *f*
eaucrat ['bjuərəkræt] *n*
reaucrate *m/f*, rond-de-cuir *m*
eau de change [-də'ʃɑ̃ʒ] (*pl*
reaux de change) *n* bureau *m*
change
eaux ['bjuərəuz] *npl of*
reau
ger ['bəːgə^r] *n* hamburger *m*
glar ['bəːglə^r] *n* cambrioleur *m*
urglar alarm *n* sonnerie *f*
larme • **burglary** *n*
mbriolage *m*
gundy ['bəːgəndɪ] *n*
urgogne *f*
ial ['bɛrɪəl] *n* enterrement *m*
kha ['bɜːkə] *n* = **burqa**
n [bəːn] *vt*, *vi* (*pt* **burned**, *pp*
rnt) brûler ▶ *n* brûlure *f* • **burn**
wn *vt* incendier, détruire par
eu • **burn out** *vt* (*writer etc*):
~ o.s. out s'user (à force de
vailler) • **burning** *adj* (*building*,
est) en flammes; (*issue*, *question*)
ûlant(e); (*ambition*) dévorant(e)
ns' Night [bəːnz-] *n* fête
ssaise à la mémoire du poète
bert Burns

rns' Night est une fête qui a
u le 25 janvier, à la mémoire du
ète écossais Robert Burns
59–1796), à l'occasion de
uelle les Écossais partout
ns le monde organisent un
uper, en général arrosé de
isky. Le plat principal est
jours le haggis, servi avec de
urée de pommes de terre et
de la purée de rutabagas. On
apporte le haggis au son des
cornemuses et au cours du repas
on lit des poèmes de Burns
interprétés par les convives.

burnt [bəːnt] *pt*, *pp of* **burn**
burp [bəːp] (*inf*) *n* rot *m* ▶ *vi* roter
burqa ['bɜːkə] *n* burqa *f*, burka *f*
burrow ['bʌrəu] *n* terrier *m* ▶ *vi*
(*rabbit*) creuser un terrier;
(*rummage*) fouiller
burst [bəːst] (*pt*, *pp* **burst**) *vt* faire
éclater; (*river: banks etc*) rompre
▶ *vi* éclater; (*tyre*) crever ▶ *n*
explosion *f*; (*also:* **~ pipe**) fuite *f*
(*due à une rupture*); **a ~ of**
enthusiasm/energy un accès
d'enthousiasme/d'énergie; **to**
~ into flames s'enflammer
soudainement; **to ~ out**
laughing éclater de rire; **to ~ into**
tears fondre en larmes; **to**
~ open *vi* s'ouvrir violemment *or*
soudainement; **to be ~ing with**
(*container*) être plein(e) (à craquer)
de, regorger de; (*fig*) être
débordant(e) de • **burst into** *vt*
fus (*room etc*) faire irruption dans
bury ['bɛrɪ] *vt* enterrer
bus (*pl* **buses**) [bʌs, 'bʌsɪz] *n*
(auto)bus *m* • **bus conductor** *n*
receveur(-euse) *m/f* de bus
bush [buʃ] *n* buisson *m*; (*scrub*
land) brousse *f*; **to beat about**
the ~ tourner autour du pot
business ['bɪznɪs] *n* (*matter*, *firm*)
affaire *f*; (*trading*) affaires *fpl*; (*job*,
duty) travail *m*; **to be away on ~**
être en déplacement d'affaires;
it's none of my ~ cela ne me
regarde pas, ce ne sont pas mes
affaires; **he means ~** il ne plaisante
pas, il est sérieux • **business class**
n (*on plane*) classe *f* affaires

• **businesslike** *adj* sérieux(-euse), efficace • **businessman** (*irreg*) *n* homme *m* d'affaires • **business trip** *n* voyage *m* d'affaires • **businesswoman** (*irreg*) *n* femme *f* d'affaires

busker ['bʌskəʳ] *n* (BRIT) artiste ambulant(e)

bus: • **bus pass** *n* carte *f* de bus • **bus shelter** *n* abribus *m* • **bus station** *n* gare routière • **bus stop** *n* arrêt *m* d'autobus

bust [bʌst] *n* buste *m*; (*measurement*) tour *m* de poitrine ▸ *adj* (*inf: broken*) fichu(e), fini(e); **to go ~** (*inf*) faire faillite

bustling ['bʌslɪŋ] *adj* (*town*) très animé(e)

busy ['bɪzɪ] *adj* occupé(e); (*shop, street*) très fréquenté(e); (US: *telephone, line*) occupé ▸ *vt*: **to ~ o.s.** s'occuper • **busy signal** *n* (US) tonalité *f* occupé *inv*

but [bʌt]

▸ *conj* mais; **I'd love to come, but I'm busy** j'aimerais venir mais je suis occupé; **he's not English but French** il n'est pas anglais mais français; **but that's far too expensive!** mais c'est bien trop cher!

▸ *prep* (*apart from, except*) sauf, excepté; **nothing but** rien d'autre que; **we've had nothing but trouble** nous n'avons eu que des ennuis; **no-one but him can do it** lui seul peut le faire; **who but a lunatic would do such a thing?** qui sinon un fou ferait une chose pareille?; **but for you/your help** sans toi/ton aide; **anything but that** tout sauf *or* excepté ça, tout mais pas ça

▸ *adv* (*just, only*) ne ... que; **she's but a child** elle n'est qu'une enfant; **had I but known** si seulement j'avais su; **I can but try** je peux toujours essayer; **all but finished** pratiquement terminé

butcher ['butʃəʳ] *n* boucher *m* ▸ *vt* massacrer; (*cattle etc for meat*) tuer • **butcher's (shop)** *n* boucherie *f*

butler ['bʌtləʳ] *n* maître *m* d'hôtel

butt [bʌt] *n* (*cask*) gros tonneau; (*of gun*) crosse *f*; (*of cigarette*) mégot *m*; (BRIT *fig: target*) cible *f* ▸ *vt* donner un coup de tête à

butter ['bʌtəʳ] *n* beurre *m* ▸ *vt* beurrer • **buttercup** *n* bouton *m* d'or

butterfly ['bʌtəflaɪ] *n* papillon *m*; (*Swimming: also:* **~ stroke**) brasse *f* papillon

buttocks ['bʌtəks] *npl* fesses *fpl*

button ['bʌtn] *n* bouton *m*; (US: *badge*) pin *m* ▸ *vt* (*also:* **~ up**) boutonner ▸ *vi* se boutonner

buy [baɪ] (*pt, pp* **bought**) *vt* acheter ▸ *n* achat *m*; **to ~ sb sth** acheter qch à qn; **to ~ sb sth from sb** acheter qch à qn; **to ~ sb a drink** offrir un verre *or* à boire à qn; **can I ~ you a drink?** je vous offre un verre?; **where can I ~ some postcards?** où est-ce que je peux acheter des cartes postales? • **buy out** *vt* (*partner*) désintéresser • **buy up** *vt* acheter en bloc, rafler • **buyer** *n* acheteur(-euse) *m/f*

buzz [bʌz] *n* bourdonnement *m*; (*inf: phone call*): **to give sb a ~** passer un coup de fil à qn ▸ *vi* bourdonner • **buzzer** *n* timbre *m* électrique

by [baɪ]

ɔrep **1** (*referring to cause, agent*) ɪr, de; **killed by lightning** tué ɪr la foudre; **surrounded by a nce** entouré d'une barrière; **a ainting by Picasso** un tableau Picasso
(referring to method, manner, eans): **by bus/car** en autobus/ iture; **by train** par le *or* en ain; **to pay by cheque** payer r chèque; **by moonlight/ ndlelight** à la lueur de la ne/d'une bougie; **by saving ırd, he ...** à force économiser, il ...
via, through) par; **we came by over** nous sommes venus par ɔuvres
close to, past) à côté de; **the use by the school** la maison ôté de l'école; **a holiday by e sea** des vacances au bord de mer; **she went by me** elle est ssée à côté de moi; **I go by e post office every day** je sse devant la poste tous les ırs
with time: not later than) avant; *luring*): **by daylight** à la mière du jour; **by night** la it, de nuit; **by 4 o'clock** avant eures; **by this time morrow** d'ici demain à la ême heure; **by the time I got re it was too late** lorsque je s arrivé il était déjà trop tard
amount) à; **by the kilo/ etre** au kilo/au mètre; **paid the hour** payé à l'heure
Math: measure): **to divide/ ıltiply by 3** diviser/multiplier 3; **a room 3 metres by 4** e pièce de 3 mètres sur 4; **it's broader by a metre** c'est plus large d'un mètre
8 (*according to*) d'après, selon; **it's 3 o'clock by my watch** il est 3 heures à ma montre; **it's all right by me** je n'ai rien contre
9: **(all) by oneself** *etc* tout(e) seul(e)
▸ *adv* **1** *see* **go; pass** *etc*
2: **by and by** un peu plus tard, bientôt; **by and large** dans l'ensemble

bye(-bye) ['baɪ-] *excl* au revoir!, salut!
by-election ['baɪɪlɛkʃən] *n* (BRIT) élection (législative) partielle
bypass ['baɪpɑːs] *n* rocade *f*; (*Med*) pontage *m* ▸ *vt* éviter
byte [baɪt] *n* (*Comput*) octet *m*

C

C [siː] *n* (*Mus*) do *m*
cab [kæb] *n* taxi *m*; (*of train, truck*) cabine *f*
cabaret ['kæbəreɪ] *n* (*show*) spectacle *m* de cabaret
cabbage ['kæbɪdʒ] *n* chou *m*
cabin ['kæbɪn] *n* (*house*) cabane *f*, hutte *f*; (*on ship*) cabine *f*; (*on plane*) compartiment *m* • **cabin crew** *n* (*Aviat*) équipage *m*
cabinet ['kæbɪnɪt] *n* (*Pol*) cabinet *m*; (*furniture*) petit meuble à tiroirs et rayons; (*also*: **display ~**) vitrine *f*, petite armoire vitrée • **cabinet minister** *n* ministre *m* (*membre du cabinet*)
cable ['keɪbl] *n* câble *m* ▶ *vt* câbler, télégraphier • **cable car** *n* téléphérique *m* • **cable television** *n* télévision *f* par câble
cactus (*pl* **cacti**) ['kæktəs, -taɪ] *n* cactus *m*
café ['kæfeɪ] *n* ≈ café(-restaurant) *m*
cafeteria [kæfɪ'tɪərɪə] *n* cafétéria *f*
caffeine ['kæfiːn] *n* caféine *f*
cage [keɪdʒ] *n* cage *f*
cagoule [kə'guːl] *n* K-way® *m*
Cairo ['kaɪərəu] *n* Le Caire
cake [keɪk] *n* gâteau *m*; **~ of sc** savonnette *f*
calcium ['kælsɪəm] *n* calcium
calculate ['kælkjuleɪt] *vt* calculer; (*estimate: chances, effe* évaluer • **calculation** [kælkju'leɪʃən] *n* calcul *m* • **calculator** *n* calculatrice *f*
calendar ['kæləndəʳ] *n* calendrier *m*
calf (*pl* **calves**) [kɑːf, kɑːvz] *n* (*cow*) veau *m*; (*of other animals*) petit *m*; (*also*: **~skin**) veau *m*, vachette *f*; (*Anat*) mollet *m*
calibre, (US) **caliber** ['kælɪbəʳ calibre *m*
call [kɔːl] *vt* appeler; (*meeting*) convoquer ▶ *vi* appeler; (*visit*: *c* **~ in, ~ round**) passer ▶ *n* (*shou* appel *m*, cri *m*; (*also*: **telephon** coup *m* de téléphone; **to be or** être de permanence; **to be ~e** s'appeler; **can I make a ~ fron here?** est-ce que je peux téléphoner d'ici? • **call back** *vi* (*return*) repasser; (*Tel*) rappeler ▶ *vt* (*Tel*) rappeler; **can you ~ back later?** pouvez-vous rappeler plus tard? • **call for** *vt fus* (*demand*) demander; (*fetc* passer prendre • **call in** *vt* (*doc expert, police*) appeler, faire ver • **call off** *vt* annuler • **call on** *fus* (*visit*) rendre visite à, passe voir; (*request*): **to ~ on sb to d** inviter qn à faire • **call out** *vi* pousser un cri *or* des cris • **call up** *vt* (*Mil*) appeler, mobiliser; (*Tel*) appeler • **call box** *n* (BRIT) cabine *f* téléphonique • **call centre** • (US) **call center** *n* centre *m* d'appels • **caller** *n* (*Tel*) person qui appelle; (*visitor*) visiteur *m*

ous ['kæləs] *adj* dur(e),
ensible
n [kɑ:m] *adj* calme ▶ *n* calme *m*
t calmer, apaiser • **calm down**
e calmer, s'apaiser ▶ *vt* calmer,
aiser • **calmly** ['kɑ:mlɪ] *adv*
mement, avec calme
or gas® ['kælər-] *n* (BRIT)
tane *m*, butagaz® *m*
orie ['kælərɪ] *n* calorie *f*
ves [kɑ:vz] *npl of* **calf**
nbodia [kæm'bəudɪə] *n*
mbodge *m*
ncorder ['kæmkɔ:dər] *n*
méscope *m*
ne [keɪm] *pt of* **come**
nel ['kæməl] *n* chameau *m*
nera ['kæmərə] *n* appareil
oto *m*; (*Cine, TV*) caméra *f*; **in ~**
uis clos, en privé
ameraman (*irreg*) *n*
méraman *m* • **camera phone** *n*
éphone *m* avec appareil photo
nouflage ['kæməflɑ:ʒ] *n*
nouflage *m* ▶ *vt* camoufler
np [kæmp] *n* camp *m* ▶ *vi*
nper ▶ *adj* (*man*) efféminé(e)
npaign [kæm'peɪn] *n* (*Mil*,
) campagne *f* ▶ *vi* (*also fig*) faire
npagne • **campaigner** *n*:
npaigner for partisan(e) de;
npaigner against
posant(e) à
np: • **camp bed** *n* (BRIT) lit *m* de
np • **camper** *n*
npeur(-euse); (*vehicle*)
nping-car *m* • **camping** *n*
nping *m*; **to go camping** faire
camping • **campsite** *n* (terrain
e) camping *m*
npus ['kæmpəs] *n* campus *m*
1 [kæn] *n* (*of milk, oil, water*)
on *m*; (*tin*) boîte *f* (de conserve)
mettre en conserve

can² [kæn]

(*negative* **cannot** *or* **can't**, *conditional, pt* **could**) *aux vb* **1** (*be able to*) pouvoir; **you can do it if you try** vous pouvez le faire si vous essayez; **I can't hear you** je ne t'entends pas
2 (*know how to*) savoir; **I can swim/play tennis/drive** je sais nager/jouer au tennis/conduire; **can you speak French?** parlez-vous français?
3 (*may*) pouvoir; **can I use your phone?** puis-je me servir de votre téléphone?
4 (*expressing disbelief, puzzlement etc*): **it can't be true!** ce n'est pas possible!; **what CAN he want?** qu'est-ce qu'il peut bien vouloir?
5 (*expressing possibility, suggestion etc*): **he could be in the library** il est peut-être dans la bibliothèque; **she could have been delayed** il se peut qu'elle ait été retardée

Canada ['kænədə] *n* Canada *m* • **Canadian** [kə'neɪdɪən] *adj* canadien(ne) ▶ *n* Canadien(ne)
canal [kə'næl] *n* canal *m*
canary [kə'nɛərɪ] *n* canari *m*, serin *m*
cancel ['kænsəl] *vt* annuler; (*train*) supprimer; (*party, appointment*) décommander; (*cross out*) barrer, rayer; (*cheque*) faire opposition à; **I would like to ~ my booking** je voudrais annuler ma réservation • **cancellation** [kænsə'leɪʃən] *n* annulation *f*; suppression *f*
Cancer ['kænsər] *n* (*Astrology*) le Cancer

cancer ['kænsəʳ] *n* cancer *m*
candidate ['kændɪdeɪt] *n* candidat(e)
candle ['kændl] *n* bougie *f*; (*in church*) cierge *m* • **candlestick** *n* (*also*: **candle holder**) bougeoir *m*; (*bigger, ornate*) chandelier *m*
candy ['kændɪ] *n* sucre candi; (US) bonbon *m* • **candy bar** (US) *n* barre *f* chocolatée • **candyfloss** *n* (BRIT) barbe *f* à papa
cane [keɪn] *n* canne *f*; (*for baskets, chairs etc*) rotin *m* ▸ *vt* (BRIT *Scol*) administrer des coups de bâton à
canister ['kænɪstəʳ] *n* boîte *f* (*gén en métal*); (*of gas*) bombe *f*
cannabis ['kænəbɪs] *n* (*drug*) cannabis *m*
canned ['kænd] *adj* (*food*) en boîte, en conserve; (*inf*: *music*) enregistré(e); (BRIT *inf*: *drunk*) bourré(e); (US *inf*: *worker*) mis(e) à la porte
cannon ['kænən] (*pl* **cannon** *or* **cannons**) *n* (*gun*) canon *m*
cannot ['kænɔt] = **can not**
canoe [kə'nu:] *n* pirogue *f*; (*Sport*) canoë *m* • **canoeing** *n* (*sport*) canoë *m*
canon ['kænən] *n* (*clergyman*) chanoine *m*; (*standard*) canon *m*
can-opener [-'əupnəʳ] *n* ouvre-boîte *m*
can't [kɑ:nt] = **can not**
canteen [kæn'ti:n] *n* (*eating place*) cantine *f*; (BRIT: *of cutlery*) ménagère *f*
canter ['kæntəʳ] *vi* aller au petit galop
canvas ['kænvəs] *n* toile *f*
canvass ['kænvəs] *vi* (*Pol*): **to ~ for** faire campagne pour ▸ *vt* sonder
canyon ['kænjən] *n* cañon *m*, gorge (profonde)
cap [kæp] *n* casquette *f*; (*for swimming*) bonnet *m* de bain; (*of pen*) capuchon *m*; (*of bottle*) capsule *f*; (BRIT: *contraceptive*: *also*: **Dutch ~**) diaphragme *m* ▸ *vt* (*outdo*) surpasser; (*put limit on*) plafonner
capability [keɪpə'bɪlɪtɪ] *n* aptitude *f*, capacité *f*
capable ['keɪpəbl] *adj* capabl[e]
capacity [kə'pæsɪtɪ] *n* (*of container*) capacité *f*, contenan[ce]; (*ability*) aptitude *f*
cape [keɪp] *n* (*garment*) cape *f*; (*Geo*) cap *m*
caper ['keɪpəʳ] *n* (*Culin*: *gen pl*) câpre *f*; (*prank*) farce *f*
capital ['kæpɪtl] *n* (*also*: **~ city**) capitale *f*; (*money*) capital *m*; (*also*: **~ letter**) majuscule *f* • **capital[ism]** *n* capitalisme *m* • **capitalist** *a[dj]* capitaliste *m/f* • **capital punishment** *n* peine capitale
Capitol ['kæpɪtl] *n*: **the ~** le Capitole
Capricorn ['kæprɪkɔ:n] *n* le Capricorne
capsize [kæp'saɪz] *vt* faire chavirer ▸ *vi* chavirer
capsule ['kæpsju:l] *n* capsule
captain ['kæptɪn] *n* capitaine
caption ['kæpʃən] *n* légende *f*
captivity [kæp'tɪvɪtɪ] *n* captivité *f*
capture ['kæptʃəʳ] *vt* (*prisoner, animal*) capturer; (*town*) pren[dre]; (*attention*) capter; (*Comput*) sa[isir] ▸ *n* capture *f*; (*of data*) saisie *f* [de] données
car [kɑ:ʳ] *n* voiture *f*, auto *f*; (US [*Rail*]) wagon *m*, voiture
caramel ['kærəməl] *n* caram[el]

at ['kærət] *n* carat *m*
avan ['kærəvæn] *n* caravane *f*
aravan site *n* (BRIT) camping ɔour caravanes
ɔohydrate [kɑ:bəu'haɪdreɪt] ydrate *m* de carbone; (*food*) :ulent *m*
ɔon ['kɑ:bən] *n* carbone *m*
arbon dioxide [-daɪ'ɔksaɪd] *n* z *m* carbonique, dioxyde *m* de ·bone • **carbon footprint** *n* ·preinte *f* carbone • **carbon** ·noxide [-mɔ'nɔksaɪd] *n* /de *m* de carbone
arbon-neutral *adj* neutre en ·bone
boot sale *n voir article* **"car ot sale"**

ɔe de brocante très populaire, chacun vide sa cave ou son ·nier. Les articles sont ·sentés dans des coffres de tures et la vente a souvent ı sur un parking ou dans un ımp. Les brocanteurs d'un r doivent s'acquitter d'une :ite contribution pour ·ticiper à la vente.

ɔurettor, (US) **carburetor** :bju'rɛtəʳ] *n* carburateur *m*
ɪ [kɑ:d] *n* carte *f*; (*material*) ton *m* • **cardboard** *n* carton *m*
ırd game *n* jeu *m* de cartes
ligan ['kɑ:dɪgən] *n* digan *m*
linal ['kɑ:dɪnl] *adj* dinal(e); (*importance*) capital(e) cardinal *m*
lphone ['kɑ:dfəun] *n* ːphone *m* à carte (magnétique)
[kɛəʳ] *n* soin *m*, attention *f*; rry) souci *m* ▸ *vi*: **to ~ about** ɪ interest for) se soucier de, s'intéresser à; (*person*: *love*) être attaché(e) à; **in sb's ~** à la garde de qn, confié à qn; **~ of** (*on letter*) chez; **to take ~ (to do)** faire attention (à faire); **to take ~ of** *vt* s'occuper de; **I don't ~** ça m'est bien égal, peu m'importe; **I couldn't ~ less** cela m'est complètement égal, je m'en fiche complètement • **care for** *vt fus* s'occuper de; (*like*) aimer
career [kə'rɪəʳ] *n* carrière *f* ▸ *vi* (*also*: **~ along**) aller à toute allure
care: • **carefree** *adj* sans souci, insouciant(e) • **careful** *adj* soigneux(-euse); (*cautious*) prudent(e); **(be) careful!** (fais) attention! • **carefully** *adv* avec soin, soigneusement; prudemment • **caregiver** *n* (US) (*professional*) travailleur social; (*unpaid*) *personne qui s'occupe d'un proche qui est malade* • **careless** *adj* négligent(e); (*heedless*) insouciant(e) • **carelessness** *n* manque *m* de soin, négligence *f*; insouciance *f* • **carer** ['kɛərəʳ] *n* (*professional*) travailleur social; (*unpaid*) *personne qui s'occupe d'un proche qui est malade* • **caretaker** *n* gardien(ne), concierge *m/f*
car-ferry ['kɑ:fɛrɪ] *n* (*on sea*) ferry(-boat) *m*; (*on river*) bac *m*
cargo ['kɑ:gəu] (*pl* **cargoes**) *n* cargaison *f*, chargement *m*
car hire *n* (BRIT) location *f* de voitures
Caribbean [kærɪ'bi:ən] *adj*, *n*: **the ~ (Sea)** la mer des Antilles *or* des Caraïbes
caring ['kɛərɪŋ] *adj* (*person*) bienveillant(e); (*society, organization*) humanitaire
carnation [kɑ:'neɪʃən] *n* œillet *m*

carnival ['kɑ:nɪvl] *n* (*public celebration*) carnaval *m*; (*US*: *funfair*) fête foraine
carol ['kærəl] *n*: **(Christmas) ~** chant *m* de Noël
carousel [kærə'sɛl] *n* (*for luggage*) carrousel *m*; (*US*) manège *m*
car park (BRIT) *n* parking *m*, parc *m* de stationnement
carpenter ['kɑ:pɪntəʳ] *n* charpentier *m*; (*joiner*) menuisier *m*
carpet ['kɑ:pɪt] *n* tapis *m* ▶ *vt* recouvrir (d'un tapis); **fitted ~** (BRIT) moquette *f*
car rental *n* (US) location *f* de voitures
carriage ['kærɪdʒ] *n* (BRIT *Rail*) wagon *m*; (*horse-drawn*) voiture *f*; (*of goods*) transport *m*; (: *cost*) port *m* • **carriageway** *n* (BRIT: *part of road*) chaussée *f*
carrier ['kærɪəʳ] *n* transporteur *m*, camionneur *m*; (*company*) entreprise *f* de transport; (*Med*) porteur(-euse) • **carrier bag** *n* (BRIT) sac *m* en papier *or* en plastique
carrot ['kærət] *n* carotte *f*
carry ['kærɪ] *vt* (*subj*: *person*) porter; (: *vehicle*) transporter; (*involve*: *responsibilities etc*) comporter, impliquer; (*Med*: *disease*) être porteur de ▶ *vi* (*sound*) porter; **to get carried away** (*fig*) s'emballer, s'enthousiasmer • **carry on** *vi* (*continue*) continuer ▶ *vt* (*conduct*: *business*) diriger; (: *conversation*) entretenir; (*continue*: *business*, *conversation*) continuer; **to ~ on with sth/doing** continuer qch/à faire • **carry out** *vt* (*orders*) exécuter; (*investigation*) effectuer
cart [kɑ:t] *n* charrette *f* ▶ *vt* (*in*[...] transporter
carton ['kɑ:tən] *n* (*box*) carton (*of yogurt*) pot *m* (en carton)
cartoon [kɑ:'tu:n] *n* (*Press*) dessin *m* (humoristique); (*satir*[...] caricature *f*; (*comic strip*) bande dessinée; (*Cine*) dessin animé
cartridge ['kɑ:trɪdʒ] *n* (*for gun*, *pen*) cartouche *f*
carve [kɑ:v] *vt* (*meat*: *also*: **~ up**) découper; (*wood*, *stone*) tailler, sculpter • **carving** *n* (*in wood e*[...] sculpture *f*
car wash *n* station *f* de lavage (de voitures)
case [keɪs] *n* cas *m*; (*Law*) affair[...] procès *m*; (*box*) caisse *f*, boîte *f*; [...] *glasses*) étui *m*; (BRIT: *also*: **suit**[...] valise *f*; **in ~ of** en cas de; **in ~** [...] au cas où il; **just in ~** à tout hasard; **in any ~** en tout cas, d[...] toute façon
cash [kæʃ] *n* argent *m*; (*Comm*) (argent *m*) liquide *m* ▶ *vt* encaisser; **to pay (in) ~** payer (en argent) comptant *or* en espèces; **~ with order/on delivery** (*Comm*) payable *or* paiement à la commande/ livraison; **I haven't got any ~** n'ai pas de liquide • **cashback** (*discount*) remise *f*; (*at superma*[...] *etc*) retrait *m* (*à la caisse*) • **cash card** *n* carte *f* de retrait • **cash desk** *n* (BRIT) caisse *f* • **cash dispenser** *n* distributeur *m* automatique de billets • **cash**[...] *adj* sans cash
cashew [kæ'ʃu:] *n* (*also*: **~ nut**) noix *f* de cajou
cashier [kæ'ʃɪəʳ] *n* caissier(-è[...]
cashmere ['kæʃmɪəʳ] *n* cachemire *m*

h point *n* distributeur *m* tomatique de billets
h register *n* caisse registreuse
ino [kə'si:nəu] *n* casino *m*
ket ['kɑ:skɪt] *n* coffret *m*; s: *coffin*) cercueil *m*
serole ['kæsərəul] *n* (*pot*) cotte *f*; (*food*) ragoût *m* (en cotte)
sette [kæ'sɛt] *n* cassette *f*
assette player *n* lecteur *m* de ssettes
t [kɑ:st] (*vb*: *pt*, *pp* **cast**) *vt* *row*) jeter; (*shadow*: *lit*) projeter; *g*) jeter; (*glance*) jeter ▶ *n* *ieat*) distribution *f*; (*also*: **aster ~**) plâtre *m*; **to ~ sb as** **mlet** attribuer à qn le rôle lamlet; **to ~ one's vote** voter, orimer son suffrage; **to** **loubt on** jeter un doute sur
ast off *vi* (*Naut*) larguer les arres; (*Knitting*) arrêter les ailles
tanets [kæstə'nɛts] *npl* stagnettes *fpl*
ter sugar ['kɑ:stə-] *n* (BRIT) re *m* semoule
t-iron ['kɑ:staɪən] *adj* (*lit*) de n fonte; (*fig*: *will*) de fer; (*alibi*) béton
tle ['kɑ:sl] *n* château *m*; *tress*) château-fort *m*; (*Chess*) r *f*
ual ['kæʒjul] *adj* (*by chance*) de sard, fait(e) au hasard, uit(e); (*irregular*: *work etc*) nporaire; (*unconcerned*) involte; **~ wear** vêtements *mpl* rt *inv*
ualty ['kæʒjultɪ] *n* accidenté(e), ssé(e); (*dead*) victime *f*, mort(e); T *Med*: *department*) urgences *fpl*

cat [kæt] *n* chat *m*
Catalan ['kætəlæn] *adj* catalan(e)
catalogue, (US) **catalog** ['kætəlɔg] *n* catalogue *m* ▶ *vt* cataloguer
catalytic converter [kætə'lɪtɪkkən'və:tə^r] *n* pot *m* catalytique
cataract ['kætərækt] *n* (*also Med*) cataracte *f*
catarrh [kə'tɑ:^r] *n* rhume *m* chronique, catarrhe *f*
catastrophe [kə'tæstrəfɪ] *n* catastrophe *f*
catch [kætʃ] (*pt*, *pp* **caught**) *vt* attraper; (*person*: *by surprise*) prendre, surprendre; (*understand*) saisir; (*get entangled*) accrocher ▶ *vi* (*fire*) prendre; (*get entangled*) s'accrocher ▶ *n* (*fish etc*) prise *f*; (*hidden problem*) attrape *f*; (*Tech*) loquet *m*; cliquet *m*; **to ~ sb's attention** *or* **eye** attirer l'attention de qn; **to ~ fire** prendre feu; **to ~ sight of** apercevoir • **catch up** *vi* (*with work*) se rattraper, combler son retard ▶ *vt* (*also*: **~ up with**) rattraper • **catching** ['kætʃɪŋ] *adj* (*Med*) contagieux(-euse)
category ['kætɪgərɪ] *n* catégorie *f*
cater ['keɪtə^r] *vi*: **to ~ for** (BRIT: *needs*) satisfaire, pourvoir à; (*readers, consumers*) s'adresser à, pourvoir aux besoins de; (*Comm*: *parties etc*) préparer des repas pour
caterpillar ['kætəpɪlə^r] *n* chenille *f*
cathedral [kə'θi:drəl] *n* cathédrale *f*
Catholic ['kæθəlɪk] (*Rel*) *adj* catholique ▶ *n* catholique *m/f*

cattle ['kætl] *npl* bétail *m*, bestiaux *mpl*
catwalk ['kætwɔːk] *n* passerelle *f*; (*for models*) podium *m* (*de défilé de mode*)
caught [kɔːt] *pt, pp of* **catch**
cauliflower ['kɔlɪflauəʳ] *n* chou-fleur *m*
cause [kɔːz] *n* cause *f* ▶ *vt* causer
caution ['kɔːʃən] *n* prudence *f*; (*warning*) avertissement *m* ▶ *vt* avertir, donner un avertissement à • **cautious** *adj* prudent(e)
cave [keɪv] *n* caverne *f*, grotte *f* • **cave in** *vi* (*roof etc*) s'effondrer
caviar(e) ['kævɪɑːʳ] *n* caviar *m*
cavity ['kævɪtɪ] *n* cavité *f*; (*Med*) carie *f*
cc *abbr* (= *cubic centimetre*) cm³; (*on letter etc* = *carbon copy*) cc
CCTV *n abbr* = **closed-circuit television**
CD *n abbr* (= *compact disc*) CD *m* • **CD burner** *n* graveur *m* de CD • **CD player** *n* platine *f* laser • **CD-ROM** [siːdiː'rɔm] *n abbr* (= *compact disc read-only memory*) CD-ROM *m inv* • **CD writer** *n* graveur *m* de CD
cease [siːs] *vt, vi* cesser • **ceasefire** *n* cessez-le-feu *m*
cedar ['siːdəʳ] *n* cèdre *m*
ceilidh ['keɪlɪ] *n* bal *m* folklorique écossais *or* irlandais
ceiling ['siːlɪŋ] *n* (*also fig*) plafond *m*
celebrate ['sɛlɪbreɪt] *vt, vi* célébrer • **celebration** [sɛlɪ'breɪʃən] *n* célébration *f*
celebrity [sɪ'lɛbrɪtɪ] *n* célébrité *f*
celery ['sɛlərɪ] *n* céleri *m* (*en branches*)
cell [sɛl] *n* (*gen*) cellule *f*; (*Elec*) élément *m* (*de pile*)
cellar ['sɛləʳ] *n* cave *f*
cello ['tʃɛləu] *n* violoncelle *m*
Cellophane® ['sɛləfeɪn] *n* cellophane® *f*
cellphone ['sɛlfəun] *n* (téléphone *m*) portable *m*, mobile *m*
Celsius ['sɛlsɪəs] *adj* Celsius *in*
Celtic ['kɛltɪk, 'sɛltɪk] *adj* celte celtique
cement [sə'mɛnt] *n* ciment *m*
cemetery ['sɛmɪtrɪ] *n* cimetière *m*
censor ['sɛnsəʳ] *n* censeur *m* ▶ censurer • **censorship** *n* cens
census ['sɛnsəs] *n* recenseme
cent [sɛnt] *n* (*unit of dollar, euro* cent *m* (= *un centième du dollar, l'euro*); *see also* **per cent**
centenary [sɛn'tiːnərɪ], (*US*) **centennial** [sɛn'tɛnɪəl] *n* centenaire *m*
center ['sɛntəʳ] (*US*) = **centre**
centi... ['sɛntɪ]: • **centigrade** centigrade • **centimetre** • (*US* **centimeter** *n* centimètre *m* • **centipede** ['sɛntɪpiːd] *n* mille-pattes *m inv*
central ['sɛntrəl] *adj* central(e • **Central America** *n* Amériqu centrale • **central heating** *n* chauffage central • **central reservation** *n* (BRIT *Aut*) terre-plein central
centre, (*US*) **center** ['sɛntəʳ] centre *m* ▶ *vt* centrer • **centre-forward** *n* (*Sport*) avant-centre *m* • **centre-half** (*Sport*) demi-centre *m*
century ['sɛntjurɪ] *n* siècle *m* **in the twentieth ~** au vingtiè siècle
CEO *n abbr* (*US*) = **chief executive officer**

amic [sɪ'ræmɪk] *adj*
ramique
eal ['si:rɪəl] *n* céréale *f*
emony ['sɛrɪmənɪ] *n*
émonie *f*; **to stand on ~** faire
s façons
tain ['sə:tən] *adj* certain(e);
make ~ of s'assurer de; **for ~**
tainement, sûrement
ertainly *adv* certainement
ertainty *n* certitude *f*
tificate [sə'tɪfɪkɪt] *n*
tificat *m*
tify ['sə:tɪfaɪ] *vt* certifier;
ard diploma to) conférer un
lôme *etc* à; (*declare insane*)
larer malade mental(e)
bbr (= *compare*) cf., voir
n abbr (= *chlorofluorocarbon*)
C *m*
in [tʃeɪn] *n* (*gen*) chaîne *f* ▶ *vt*
o: **~ up**) enchaîner, attacher
ec une chaîne) • **chain-smoke**
ımer cigarette sur cigarette
r [tʃɛə^r] *n* chaise *f*; (*armchair*)
teuil *m*; (*of university*) chaire *f*;
meeting) présidence *f* ▶ *vt*
eting) présider • **chairlift** *n*
ésiège *m* • **chairman** (*irreg*) *n*
sident *m* • **chairperson** (*irreg*)
ésident(e) • **chairwoman**
g) *n* présidente *f*
et ['ʃæleɪ] *n* chalet *m*
k [tʃɔ:k] *n* craie *f*
lenge ['tʃælɪndʒ] *n* défi *m*
défier; (*statement, right*)
ttre en question, contester;
sb to do mettre qn au défi de
e • **challenging** *adj* (*task*,
er) qui représente un défi *or*
gageure; (*tone, look*) de défi,
vocateur(-trice)
nber ['tʃeɪmbə^r] *n* chambre *f*;
T Law: *gen pl*) cabinet *m*; **~ of commerce** chambre de commerce • **chambermaid** *n* femme *f* de chambre

champagne [ʃæm'peɪn] *n* champagne *m*

champion ['tʃæmpɪən] *n* (*also of cause*) champion(ne) • **championship** *n* championnat *m*

chance [tʃɑ:ns] *n* (*luck*) hasard *m*; (*opportunity*) occasion *f*, possibilité *f*; (*hope, likelihood*) chance *f*; (*risk*) risque *m* ▶ *vt* (*risk*) risquer ▶ *adj* fortuit(e), de hasard; **to take a ~** prendre un risque; **by ~** par hasard; **to ~ it** risquer le coup, essayer

chancellor ['tʃɑ:nsələ^r] *n* chancelier *m* • **Chancellor of the Exchequer** [-ɪks'tʃɛkə^r] (BRIT) *n* chancelier *m* de l'Échiquier

chandelier [ʃændə'lɪə^r] *n* lustre *m*

change [tʃeɪndʒ] *vt* (*alter, replace*: *Comm*: *money*) changer; (*switch, substitute*: *hands, trains, clothes, one's name etc*) changer de ▶ *vi* (*gen*) changer; (*change clothes*) se changer; (*be transformed*): **to ~ into** se changer *or* transformer en ▶ *n* changement *m*; (*money*) monnaie *f*; **to ~ gear** (*Aut*) changer de vitesse; **to ~ one's mind** changer d'avis; **a ~ of clothes** des vêtements de rechange; **for a ~** pour changer; **do you have ~ for £10?** vous avez la monnaie de 10 livres?; **where can I ~ some money?** où est-ce que je peux changer de l'argent?; **keep the ~!** gardez la monnaie! • **change over** *vi* (*swap*) échanger; (*change*: *drivers etc*) changer; (*change sides*: *players etc*) changer de côté; **to ~ over from**

sth to sth passer de qch à qch • **changeable** *adj* (*weather*) variable • **change machine** *n* distributeur *m* de monnaie • **changing room** *n* (BRIT: *in shop*) salon *m* d'essayage; (: *Sport*) vestiaire *m*

channel ['tʃænl] *n* (*TV*) chaîne *f*; (*waveband, groove, fig: medium*) canal *m*; (*of river, sea*) chenal *m* ▶ *vt* canaliser; **the (English) C~** la Manche • **Channel Islands** *npl*; **the Channel Islands** les îles *fpl* Anglo-Normandes • **Channel Tunnel** *n*: **the Channel Tunnel** le tunnel sous la Manche

chant [tʃɑːnt] *n* chant *m*; (*Rel*) psalmodie *f* ▶ *vt* chanter, scander

chaos ['keɪɔs] *n* chaos *m*

chaotic [keɪ'ɔtɪk] *adj* chaotique

chap [tʃæp] *n* (BRIT *inf*: *man*) type *m*

chapel ['tʃæpl] *n* chapelle *f*

chapped [tʃæpt] *adj* (*skin, lips*) gercé(e)

chapter ['tʃæptəʳ] *n* chapitre *m*

character ['kærɪktəʳ] *n* caractère *m*; (*in novel, film*) personnage *m*; (*eccentric person*) numéro *m*, phénomène *m* • **characteristic** ['kærɪktə'rɪstɪk] *adj, n* caractéristique (*f*) • **characterize** ['kærɪktəraɪz] *vt* caractériser

charcoal ['tʃɑːkəul] *n* charbon *m* de bois; (*Art*) charbon

charge [tʃɑːdʒ] *n* (*accusation*) accusation *f*; (*Law*) inculpation *f*; (*cost*) prix (demandé) ▶ *vt* (*gun, battery, Mil: enemy*) charger; (*customer, sum*) faire payer ▶ *vi* foncer; **charges** *npl* (*costs*) frais *mpl*; **to reverse the ~s** (BRIT *Tel*) téléphoner en PCV; **to take ~ of** se charger de; **to be in ~ of** être responsable de, s'occuper de; **~ sb (with)** (*Law*) inculper qn (• **charge card** *n* carte *f* de clie (*émise par un grand magasin*) • **charger** *n* (*also*: **battery charger**) chargeur *m*

charismatic [kærɪz'mætɪk] charismatique

charity ['tʃærɪtɪ] *n* charité *f*; (*organization*) institution *f* charitable *or* de bienfaisance, œuvre *f* (de charité) • **charity shop** *n* (BRIT) *boutique vendant articles d'occasion au profit d'une organisation caritative*

charm [tʃɑːm] *n* charme *m*; (*o bracelet*) breloque *f* ▶ *vt* charm enchanter • **charming** *adj* charmant(e)

chart [tʃɑːt] *n* tableau *m*, diagramme *m*; graphique *m*; (carte marine ▶ *vt* dresser *or* ét la carte de; (*sales, progress*) éta la courbe de; **charts** *npl* (*Mus*) hit-parade *m*; **to be in the ~s** (*record, pop group*) figurer au hit-parade

charter ['tʃɑːtəʳ] *vt* (*plane*) aff ▶ *n* (*document*) charte *f* • **chartered accountant** *n* (expert-comptable *m* • **charte flight** *n* charter *m*

chase [tʃeɪs] *vt* poursuivre, pourchasser; (*also*: **~ away**) chasser ▶ *n* poursuite *f*, chass

chat [tʃæt] *vi* (*also*: **have a ~**) bavarder, causer; (*on Internet*) chatter ▶ *n* conversation *f*; (*o Internet*) chat *m* • **chat up** *vt* (BRIT *inf*: *girl*) baratiner • **chat room** *n* (*Internet*) salon *m* de discussion • **chat show** *n* (BR talk-show *m*

chatter ['tʃætəʳ] *vi* (*person*) bavarder, papoter ▶ *n* bavard

papotage *m*; **my teeth are** **ng** je claque des dents
uffeur ['ʃəufəʳ] *n* chauffeur *m* e maître)
uvinist ['ʃəuvɪnɪst] *n* (*also*: **ale ~**) phallocrate *m*, macho *m*; *ationalist*) chauvin(e)
ap [tʃi:p] *adj* bon marché *inv*, s cher (chère); (*reduced*: *ticket*) à ix réduit; (: *fare*) réduit(e); (*joke*) cile, d'un goût douteux; (*poor* *ality*) à bon marché, de qualité édiocre ▶ *adv* à bon marché, ur pas cher; **can you** **commend a ~ hotel/** **staurant, please?** urriez-vous m'indiquer un tel/restaurant bon marché?
heap day return *n* billet *m* ller et retour réduit (*valable* *ur la journée*) • **cheaply** *adv* à n marché, à bon compte
at [tʃi:t] *vi* tricher; (*in exam*) pier ▶ *vt* tromper, duper; (*rob*): **~ sb out of sth** escroquer qch à ▶ *n* tricheur(-euse) *m/f*; escroc • **cheat on** *vt fus* tromper
chnya [tʃɪtʃnjɑ:] *n* nétchénie *f*
ck [tʃɛk] *vt* vérifier; (*passport*, *ket*) contrôler; (*halt*) enrayer; *strain*) maîtriser ▶ *vi* (*official etc*) renseigner ▶ *n* vérification *f*; ntrôle *m*; (*curb*) frein *m*; (BRIT:) addition *f*; (US) = **cheque**; *ttern*: *gen pl*) carreaux *mpl*; **to** **vith sb** demander à qn
heck in *vi* (*in hotel*) remplir sa ne (d'hôtel); (*at airport*) se senter à l'enregistrement ▶ *vt* *ggage*) (faire) enregistrer
heck off *vt* (*tick off*) cocher
heck out *vi* (*in hotel*) régler sa e ▶ *vt* (*investigate*: *story*) ifier • **check up** *vi*: **to ~ up** **(on sth)** vérifier (qch); **to ~ up** **on sb** se renseigner sur le compte de qn • **checkbook** *n* (US) = **chequebook** • **checked** *adj* (*pattern*, *cloth*) à carreaux • **checkers** *n* (US) jeu *m* de dames • **check-in** *n* (*at airport*: *also*: **check-in desk**) enregistrement *m* • **checking account** *n* (US) compte courant • **checklist** *n* liste *f* de contrôle • **checkmate** *n* échec et mat *m* • **checkout** *n* (*in supermarket*) caisse *f* • **checkpoint** *n* contrôle *m* • **checkroom** (US) *n* consigne *f* • **checkup** *n* (*Med*) examen médical, check-up *m*

cheddar ['tʃɛdəʳ] *n* (*also*: **~ cheese**) cheddar *m*

cheek [tʃi:k] *n* joue *f*; (*impudence*) toupet *m*, culot *m*; **what a ~!** quel toupet! • **cheekbone** *n* pommette *f* • **cheeky** *adj* effronté(e), culotté(e)

cheer [tʃɪəʳ] *vt* acclamer, applaudir; (*gladden*) réjouir, réconforter ▶ *vi* applaudir ▶ *n* (*gen pl*) acclamations *fpl*, applaudissements *mpl*; bravos *mpl*, hourras *mpl*; **~s!** à la vôtre! • **cheer up** *vi* se dérider, reprendre courage ▶ *vt* remonter le moral à *or* de, dérider, égayer • **cheerful** *adj* gai(e), joyeux(-euse)

cheerio [tʃɪərɪ'əu] *excl* (BRIT) salut!, au revoir!

cheerleader ['tʃɪəli:dəʳ] *n* *membre d'un groupe de majorettes qui chantent et dansent pour soutenir leur équipe pendant les matchs de football américain*

cheese [tʃi:z] *n* fromage *m* • **cheeseburger** *n* cheeseburger *m* • **cheesecake** *n* tarte *f* au fromage

chef [ʃɛf] *n* chef (cuisinier)
chemical ['kɛmɪkl] *adj* chimique ▶ *n* produit *m* chimique
chemist ['kɛmɪst] *n* (BRIT: *pharmacist*) pharmacien(ne); (*scientist*) chimiste *m/f* • **chemistry** *n* chimie *f* • **chemist's (shop)** *n* (BRIT) pharmacie *f*
cheque, (US) **check** [tʃɛk] *n* chèque *m* • **chequebook** • (US) **checkbook** *n* chéquier *m*, carnet *m* de chèques • **cheque card** *n* (BRIT) carte *f* (d'identité) bancaire
cherry ['tʃɛrɪ] *n* cerise *f*; (*also*: ~ **tree**) cerisier *m*
chess [tʃɛs] *n* échecs *mpl*
chest [tʃɛst] *n* poitrine *f*; (*box*) coffre *m*, caisse *f*
chestnut ['tʃɛsnʌt] *n* châtaigne *f*; (*also*: ~ **tree**) châtaignier *m*
chest of drawers *n* commode *f*
chew [tʃu:] *vt* mâcher • **chewing gum** *n* chewing-gum *m*
chic [ʃi:k] *adj* chic *inv*, élégant(e)
chick [tʃɪk] *n* poussin *m*; (*inf*) fille *f*
chicken ['tʃɪkɪn] *n* poulet *m*; (*inf*: *coward*) poule mouillée • **chicken out** *vi* (*inf*) se dégonfler • **chickenpox** *n* varicelle *f*
chickpea ['tʃɪkpi:] *n* pois *m* chiche
chief [tʃi:f] *n* chef *m* ▶ *adj* principal(e) • **chief executive** • (US) **chief executive officer** *n* directeur(-trice) général(e) • **chiefly** *adv* principalement, surtout
child (*pl* **children**) [tʃaɪld, 'tʃɪldrən] *n* enfant *m/f* • **child abuse** *n* maltraitance *f* d'enfants; (*sexual*) abus *mpl* sexuels sur des enfants • **child benefit** *n* (BRIT) ≈ allocations familiales • **childbirth** *n* accouchement *m* • **childcare** *n* (*for working parents*) garde *f* des enfants (*pour les parents qui travaillent*) • **childhood** *n* enfance *f* • **childish** *adj* puéril(e), enfantin(e) • **child minder** *n* (BRIT) garde *f* d'enfants • **children** ['tʃɪldrən] *npl of* **chi**
Chile ['tʃɪlɪ] *n* Chili *m*
chill [tʃɪl] *n* (*of water*) froid *m*; (*of air*) fraîcheur *f*; (*Med*) refroidissement *m*, coup *m* de froid ▶ *vt* (*person*) faire frissonn (*Culin*) mettre au frais, rafraîch • **chill out** *vi* (*inf*: *esp* US) se relaxer
chil(l)i ['tʃɪlɪ] *n* piment *m* (roug
chilly ['tʃɪlɪ] *adj* froid(e), glacé((*sensitive to cold*) frileux(-euse)
chimney ['tʃɪmnɪ] *n* cheminé
chimpanzee [tʃɪmpæn'zi:] *n* chimpanzé *m*
chin [tʃɪn] *n* menton *m*
China ['tʃaɪnə] *n* Chine *f*
china ['tʃaɪnə] *n* (*material*) porcelaine *f*; (*crockery*) (vaissell en) porcelaine
Chinese [tʃaɪ'ni:z] *adj* chinois ▶ *n* (*pl inv*) Chinois(e); (*Ling*) chinois *m*
chip [tʃɪp] *n* (*gen pl*: *Culin*: BRIT) frite *f*; (: US: *also*: **potato ~**) chi (*of wood*) copeau *m*; (*of glass*, st éclat *m*; (*also*: **micro~**) puce *f*; (*gambling*) fiche *f* ▶ *vt* (*cup, plate* ébrécher • **chip shop** *n* (BRIT) friterie *f*

Un **chip shop**, que l'on appelle également un 'fish-and-chip shop', est un magasin où l'on vend des plats à emporter. Les *chip shops* sont d'ailleurs à l'origine des 'takeaways'. On y achète en particulier du poisson frit et des frites, mais

ı y trouve également des plats
aditionnels britanniques
teak pies', saucisses, etc.).
ıus les plats étaient à l'origine
nballés dans du papier journal.
ans certains de ces magasins,
ı peut s'asseoir pour
nsommer sur place.

ropodist [kɪ'rɔpədɪst] *n* (BRIT)
dicure *m/f*

sel ['tʃɪzl] *n* ciseau *m*

ves [tʃaɪvz] *npl* ciboulette *f*,
vette *f*

orine ['klɔːriːn] *n* chlore *m*

c-ice ['tʃɔkaɪs] *n* (BRIT)
quimau® *m*

colate ['tʃɔklɪt] *n* chocolat *m*

ice [tʃɔɪs] *n* choix *m* ▸ *adj* de
oix

ir ['kwaɪəʳ] *n* chœur *m*,
orale *f*

ke [tʃəuk] *vi* étouffer ▸ *vt*
rangler; étouffer; (*block*)
ucher, obstruer ▸ *n* (*Aut*)
arter *m*

lesterol [kə'lɛstərɔl] *n*
olestérol *m*

ok [tʃuk] *n* (AUST, NZ *inf*) poule *f*

ose (*pt* **chose**, *pp* **chosen**)
uːz, tʃəuz, 'tʃəuzn] *vt* choisir;
~ to do décider de faire, juger
ı de faire

p [tʃɔp] *vt* (*wood*) couper (à la
che); (*Culin*: *also*: **~ up**) couper
ı), émincer, hacher (en
rceaux) ▸ *n* (*Culin*) côtelette *f*
• chop down *vt* (*tree*) abattre
• chop off *vt* trancher

hopsticks ['tʃɔpstɪks] *npl*
guettes *fpl*

rd [kɔːd] *n* (*Mus*) accord *m*

re [tʃɔːʳ] *n* travail *m* de routine;
usehold ~s travaux *mpl*
ménage

chorus ['kɔːrəs] *n* chœur *m*; (*repeated part of song, also fig*) refrain *m*

chose [tʃəuz] *pt of* **choose**

chosen ['tʃəuzn] *pp of* **choose**

Christ [kraɪst] *n* Christ *m*

christen ['krɪsn] *vt* baptiser
• christening *n* baptême *m*

Christian ['krɪstɪən] *adj, n* chrétien(ne) **• Christianity** [krɪstɪ'ænɪtɪ] *n* christianisme *m*
• Christian name *n* prénom *m*

Christmas ['krɪsməs] *n* Noël *m* or *f*; **happy** or **merry ~!** joyeux Noël! **• Christmas card** *n* carte *f* de Noël **• Christmas carol** *n* chant *m* de Noël **• Christmas Day** *n* le jour de Noël **• Christmas Eve** *n* la veille de Noël; la nuit de Noël
• Christmas pudding *n* (*esp* BRIT) Christmas *m* pudding
• Christmas tree *n* arbre *m* de Noël

chrome [krəum] *n* chrome *m*

chronic ['krɔnɪk] *adj* chronique

chrysanthemum [krɪ'sænθəməm] *n* chrysanthème *m*

chubby ['tʃʌbɪ] *adj* potelé(e), rondelet(te)

chuck [tʃʌk] *vt* (*inf*) lancer, jeter; (*job*) lâcher **• chuck out** *vt* (*inf*: *person*) flanquer dehors *or* à la porte; (: *rubbish etc*) jeter

chuckle ['tʃʌkl] *vi* glousser

chugger ['tʃʌgəʳ] *n* (*inf*) *personne travaillant pour une association caritative, qui aborde les gens dans la rue pour leur demander de faire un don régulier*

chum [tʃʌm] *n* copain (copine)

chunk [tʃʌŋk] *n* gros morceau

church [tʃəːtʃ] *n* église *f*
• churchyard *n* cimetière *m*

churn [tʃə:n] *n* (*for butter*) baratte *f*; (*also*: **milk ~**) (grand) bidon à lait

chute [ʃu:t] *n* goulotte *f*; (*also*: **rubbish ~**) vide-ordures *m inv*; (BRIT: *children's slide*) toboggan *m*

chutney ['tʃʌtnɪ] *n* chutney *m*

CIA *n abbr* (= *Central Intelligence Agency*) CIA *f*

CID *n abbr* (= *Criminal Investigation Department*) ≈ P.J. *f*

cider ['saɪdəʳ] *n* cidre *m*

cigar [sɪ'gɑ:ʳ] *n* cigare *m*

cigarette [sɪgə'rɛt] *n* cigarette *f* • **cigarette lighter** *n* briquet *m*

cinema ['sɪnəmə] *n* cinéma *m*

cinnamon ['sɪnəmən] *n* cannelle *f*

circle ['sə:kl] *n* cercle *m*; (*in cinema*) balcon *m* ▶ *vi* faire *or* décrire des cercles ▶ *vt* (*surround*) entourer, encercler; (*move round*) faire le tour de, tourner autour de

circuit ['sə:kɪt] *n* circuit *m*; (*lap*) tour *m*

circular ['sə:kjuləʳ] *adj* circulaire ▶ *n* circulaire *f*; (*as advertisement*) prospectus *m*

circulate ['sə:kjuleɪt] *vi* circuler ▶ *vt* faire circuler • **circulation** [sə:kju'leɪʃən] *n* circulation *f*; (*of newspaper*) tirage *m*

circumstances ['sə:kəmstənsɪz] *npl* circonstances *fpl*; (*financial condition*) moyens *mpl*, situation financière

circus ['sə:kəs] *n* cirque *m*

cite [saɪt] *vt* citer

citizen ['sɪtɪzn] *n* (*Pol*) citoyen(ne); (*resident*): **the ~s of this town** les habitants de cette ville • **citizenship** *n* citoyenneté *f*; (BRIT *Scol*) ≈ éducation *f* civique

citrus fruits ['sɪtrəs-] *npl* agrumes *mpl*

city ['sɪtɪ] *n* (grande) ville *f*; **the C~** la Cité de Londres (*centre des affaires*) • **city centre** *n* centre ville *m* • **city technology colle**[ge] *n* (BRIT) établissement *m* d'enseignement technologiqu[e] (*situé dans un quartier défavorisé*)

civic ['sɪvɪk] *adj* civique; (*authorities*) municipal(e)

civil ['sɪvɪl] *adj* civil(e); (*polite*) poli(e), civil(e) • **civilian** [sɪ'vɪlɪən] *adj, n* civil(e)

civilization [sɪvɪlaɪ'zeɪʃən] *n* civilisation *f*

civilized ['sɪvɪlaɪzd] *adj* civilisé[(e)]; (*fig*) où règnent les bonnes manières

civil: • **civil law** *n* code civil; (*study*) droit civil • **civil rights** droits *mpl* civiques • **civil serv**[ant] *n* fonctionnaire *m/f* • **Civil Service** *n* fonction publique, administration *f* • **civil war** *n* guerre civile

CJD *n abbr* (= *Creutzfeldt-Jakob disease*) MCJ *f*

claim [kleɪm] *vt* (*rights etc*) revendiquer; (*compensation*) réclamer; (*assert*) déclarer, prétendre ▶ *vi* (*for insurance*) fa[ire] une déclaration de sinistre ▶ *n* revendication *f*; prétention *f*; (*right*) droit *m*; **(insurance) ~** demande *f* d'indemnisation, déclaration *f* de sinistre • **clai**[m] **form** *n* (*gen*) formulaire *m* de demande

clam [klæm] *n* palourde *f*

clamp [klæmp] *n* crampon *m* [(*on*] *workbench*) valet *m*; (*on car*) sab[ot]

de Denver ▶ *vt* attacher; (*car*)
ettre un sabot à • **clamp down**
vt fus sévir contre, prendre des
esures draconiennes à l'égard de
n [klæn] *n* clan *m*
p [klæp] *vi* applaudir
ret ['klærət] *n* (vin *m* de)
rdeaux *m* (rouge)
rify ['klærɪfaɪ] *vt* clarifier
rinet [klærɪ'nɛt] *n* clarinette *f*
rity ['klærɪtɪ] *n* clarté *f*
sh [klæʃ] *n* (*sound*) choc *m*,
cas *m*; (*with police*)
rontement *m*; (*fig*) conflit *m* ▶ *vi*
heurter; être *or* entrer en
nflit; (*colours*) jurer; (*dates*,
ents) tomber en même temps
sp [klɑ:sp] *n* (*of necklace, bag*)
moir *m* ▶ *vt* serrer, étreindre
ss [klɑ:s] *n* (*gen*) classe *f*; (*group*,
egory) catégorie *f* ▶ *vt* classer,
ssifier
ssic ['klæsɪk] *adj* classique ▶ *n*
thor, work) classique *m*
lassical *adj* classique
ssification [klæsɪfɪ'keɪʃən] *n*
ssification *f*
ssify ['klæsɪfaɪ] *vt* classifier,
sser
ssmate ['klɑ:smeɪt] *n*
narade *m/f* de classe
sroom ['klɑ:srum] *n* (salle *f*
classe *f* • **classroom**
sistant *n* assistant(e)
ducation
sy ['klɑ:sɪ] (*inf*) *adj* classe
)
ter ['klætə^{r}] *n* cliquetis *m* ▶ *vi*
queter
se [klɔ:z] *n* clause *f*; (*Ling*)
position *f*
strophobic [klɔ:strə'fəubɪk]
(*person*) claustrophobe; (*place*)
on se sent claustrophobe

claw [klɔ:] *n* griffe *f*; (*of bird of prey*) serre *f*; (*of lobster*) pince *f*

clay [kleɪ] *n* argile *f*

clean [kli:n] *adj* propre; (*clear, smooth*) net(te); (*record, reputation*) sans tache; (*joke, story*) correct(e) ▶ *vt* nettoyer • **clean up** *vt* nettoyer; (*fig*) remettre de l'ordre dans • **cleaner** *n* (*person*) nettoyeur(-euse), femme *f* de ménage; (*product*) détachant *m* • **cleaner's** *n* (*also*: **dry cleaner's**) teinturier *m* • **cleaning** *n* nettoyage *m*

cleanser ['klɛnzə^{r}] *n* (*for face*) démaquillant *m*

clear [klɪə^{r}] *adj* clair(e); (*glass, plastic*) transparent(e); (*road, way*) libre, dégagé(e); (*profit, majority*) net(te); (*conscience*) tranquille; (*skin*) frais (fraîche); (*sky*) dégagé(e) ▶ *vt* (*road*) dégager, déblayer; (*table*) débarrasser; (*room etc: of people*) faire évacuer; (*cheque*) compenser; (*Law: suspect*) innocenter; (*obstacle*) franchir *or* sauter sans heurter ▶ *vi* (*weather*) s'éclaircir; (*fog*) se dissiper ▶ *adv*: **~ of** à distance de, à l'écart de; **to ~ the table** débarrasser la table, desservir • **clear away** *vt* (*things, clothes etc*) enlever, retirer; **to ~ away the dishes** débarrasser la table • **clear up** *vt* ranger, mettre en ordre; (*mystery*) éclaircir, résoudre • **clearance** *n* (*removal*) déblayage *m*; (*permission*) autorisation *f* • **clear-cut** *adj* précis(e), nettement défini(e) • **clearing** *n* (*in forest*) clairière *f* • **clearly** *adv* clairement; (*obviously*) de toute évidence • **clearway** *n* (BRIT) route *f* à stationnement interdit

C

clench [klɛntʃ] *vt* serrer
clergy ['klə:dʒɪ] *n* clergé *m*
clerk [klɑ:k, *US* klə:rk] *n* (*BRIT*) employé(e) de bureau; (*US*: *salesman/woman*) vendeur(-euse)
clever ['klɛvə^r] *adj* (*intelligent*) intelligent(e); (*skilful*) habile, adroit(e); (*device, arrangement*) ingénieux(-euse), astucieux(-euse)
cliché ['kli:ʃeɪ] *n* cliché *m*
click [klɪk] *n* (*Comput*) clic *m* ▸ *vi* (*Comput*) cliquer ▸ *vt*: **to ~ one's tongue** faire claquer sa langue; **to ~ one's heels** claquer des talons; **to ~ on an icon** cliquer sur une icône
client ['klaɪənt] *n* client(e)
cliff [klɪf] *n* falaise *f*
climate ['klaɪmɪt] *n* climat *m* • **climate change** *n* changement *m* climatique
climax ['klaɪmæks] *n* apogée *m*, point culminant; (*sexual*) orgasme *m*
climb [klaɪm] *vi* grimper, monter; (*plane*) prendre de l'altitude ▸ *vt* (*stairs*) monter; (*mountain*) escalader; (*tree*) grimper à ▸ *n* montée *f*, escalade *f*; **to ~ over a wall** passer par dessus un mur • **climb down** *vi* (re)descendre; (*BRIT fig*) rabattre de ses prétentions • **climber** *n* (*also*: **rock climber**) grimpeur(-euse), varappeur(-euse); (*plant*) plante grimpante • **climbing** *n* (*also*: **rock climbing**) escalade *f*, varappe *f*
clinch [klɪntʃ] *vt* (*deal*) conclure, sceller
cling [klɪŋ] (*pt, pp* **clung**) *vi*: **to ~ (to)** se cramponner (à), s'accrocher (à); (*clothes*) coller (à) • **clingfilm** *n* film *m* alimentaire
clinic ['klɪnɪk] *n* clinique *f*; cent[…] médical
clip [klɪp] *n* (*for hair*) barrette *f*; (*also*: **paper ~**) trombone *m*; (T[…] *Cine*) clip *m* ▸ *vt* (*also*: **~ togeth**[…] *papers*) attacher; (*hair, nails*) couper; (*hedge*) tailler • **clippin**[…] (*from newspaper*) coupure *f* de journal
cloak [kləuk] *n* grande cape ▸ *vt* (*fig*) masquer, cacher • **cloakroom** *n* (*for coats etc*) vestiaire *m*; (*BRIT*: *W.C.*) toilette[…] *fpl*
clock [klɔk] *n* (*large*) horloge *f*; (*small*) pendule *f* • **clock in** • **cl**[…] **on** (*BRIT*) *vi* (*with card*) pointer […] arrivant); (*start work*) commen[…] à travailler • **clock off** • **clock** […] (*BRIT*) *vi* (*with card*) pointer (en partant); (*leave work*) quitter le travail • **clockwise** *adv* dans le sens des aiguilles d'une montr[…] • **clockwork** *n* rouages *mpl*, mécanisme *m*; (*of clock*) mouvement *m* (d'horlogerie) ▸ *adj* (*toy, train*) mécanique
clog [klɔg] *n* sabot *m* ▸ *vt* bou[…] encrasser ▸ *vi* (*also*: **~ up**) se boucher, s'encrasser
clone [kləun] *n* clone *m* ▸ *vt* cloner
close[1] [kləus] *adj* (*contact, link*, *watch*) étroit(e); (*examination*) attentif(-ive), minutieux(-eus[…] (*contest*) très serré(e); (*weathe*[…] lourd(e), étouffant(e); (*near*): **~ (to)** près (de), proche (de) ▸ près, à proximité; **~ to** *prep* pr[…] de; **~ by, ~ at hand** *adj, adv* tout(e) près; **a ~ friend** un am[…] intime; **to have a ~ shave** (*fi*[…] l'échapper belle

se² [kləuz] *vt* fermer ▶ *vi* (*shop*
) fermer; (*lid, door etc*) se fermer;
d) se terminer, se conclure ▶ *n*
d) conclusion *f*; **what time do**
u ~? à quelle heure
mez-vous? • **close down** *vi*
mer (*définitivement*) • **closed**
(*shop etc*) fermé(e)
sely ['kləuslɪ] *adv* (*examine,*
tch) de près
set ['klɔzɪt] *n* (*cupboard*)
card *m*, réduit *m*
se-up ['kləusʌp] *n* gros plan
ing time *n* heure *f* de
meture
ure ['kləuʒəʳ] *n* fermeture *f*
[klɔt] *n* (*of blood, milk*) caillot
(*inf: person*) ballot *m* ▶ *vi*
ernal bleeding) se coaguler
h [klɔθ] *n* (*material*) tissu *m*,
offe *f*; (BRIT: *also*: **tea ~**)
chon *m*; lavette *f*; (*also*: **table~**)
ppe *f*
hes [kləuðz] *npl* vêtements
, habits *mpl* • **clothes line** *n*
de *f* (à linge) • **clothes peg**
s) **clothes pin** *n* pince *f* à
ge
hing ['kləuðɪŋ] *n* = **clothes**
d [klaud] *n* (*also Comput*)
age *m*; • **cloud computing** *n*
mput) informatique *f* en nuage;
oud over *vi* se couvrir; (*fig*)
sombrir • **cloudy** *adj*
geux(-euse), couvert(e);
uid) trouble
e [kləuv] *n* clou *m* de girofle;
of garlic une gousse d'ail
vn [klaun] *n* clown *m* ▶ *vi*
o: **~ about, ~ around**) faire le
wn
[klʌb] *n* (*society*) club *m*;
apon) massue *f*, matraque *f*;
): **golf ~**) club ▶ *vt* matraquer
▶ *vi*: **to ~ together** s'associer;
clubs *npl* (*Cards*) trèfle *m* • **club class** *n* (*Aviat*) classe *f* club

clue [klu:] *n* indice *m*; (*in crosswords*) définition *f*; **I haven't a ~** je n'en ai pas la moindre idée

clump [klʌmp] *n*: **~ of trees** bouquet *m* d'arbres

clumsy ['klʌmzɪ] *adj* (*person*) gauche, maladroit(e); (*object*) malcommode, peu maniable

clung [klʌŋ] *pt, pp of* **cling**

cluster ['klʌstəʳ] *n* (petit) groupe; (*of flowers*) grappe *f* ▶ *vi* se rassembler

clutch [klʌtʃ] *n* (*Aut*) embrayage *m*; (*grasp*): **~es** étreinte *f*, prise *f* ▶ *vt* (*grasp*) agripper; (*hold tightly*) serrer fort; (*hold on to*) se cramponner à

cm *abbr* (= *centimetre*) cm

Co. *abbr* = **company, county**

c/o *abbr* (= *care of*) c/o, aux bons soins de

coach [kəutʃ] *n* (*bus*) autocar *m*; (*horse-drawn*) diligence *f*; (*of train*) voiture *f*, wagon *m*; (*Sport: trainer*) entraîneur(-euse); (*school: tutor*) répétiteur(-trice) ▶ *vt* (*Sport*) entraîner; (*student*) donner des leçons particulières à • **coach station** (BRIT) *n* gare routière • **coach trip** *n* excursion *f* en car

coal [kəul] *n* charbon *m*

coalition [kəuə'lɪʃən] *n* coalition *f*

coarse [kɔ:s] *adj* grossier(-ère), rude; (*vulgar*) vulgaire

coast [kəust] *n* côte *f* ▶ *vi* (*car, cycle*) descendre en roue libre • **coastal** *adj* côtier(-ère) • **coastguard** *n* garde-côte *m* • **coastline** *n* côte *f*, littoral *m*

coat [kəut] *n* manteau *m*; (*of animal*) pelage *m*, poil *m*; (*of paint*) couche *f* ▸ *vt* couvrir, enduire
• **coat hanger** *n* cintre *m*
• **coating** *n* couche *f*, enduit *m*

coax [kəuks] *vt* persuader par des cajoleries

cob [kɔb] *n see* **corn**

cobbled ['kɔbld] *adj* pavé(e)

cobweb ['kɔbwɛb] *n* toile *f* d'araignée

cocaine [kə'keɪn] *n* cocaïne *f*

cock [kɔk] *n* (*rooster*) coq *m*; (*male bird*) mâle *m* ▸ *vt* (*gun*) armer
• **cockerel** *n* jeune coq *m*

cockney ['kɔknɪ] *n* cockney *m/f* (*habitant des quartiers populaires de l'East End de Londres*), ≈ faubourien(ne)

cockpit ['kɔkpɪt] *n* (*in aircraft*) poste *m* de pilotage, cockpit *m*

cockroach ['kɔkrəutʃ] *n* cafard *m*, cancrelat *m*

cocktail ['kɔkteɪl] *n* cocktail *m*

cocoa ['kəukəu] *n* cacao *m*

coconut ['kəukənʌt] *n* noix *f* de coco

cod [kɔd] *n* morue fraîche, cabillaud *m*

C.O.D. *abbr* = **cash on delivery**

code [kəud] *n* code *m*; (*Tel: area code*) indicatif *m* ▸ *vt, vi* (*Comput*) coder; **~ of behaviour** règles *fpl* de conduite; **~ of practice** déontologie *f*

coeducational ['kəuɛdju'keɪʃənl] *adj* mixte

coffee ['kɔfɪ] *n* café *m* • **coffee bar** *n* (BRIT) café *m* • **coffee bean** *n* grain *m* de café • **coffee break** *n* pause-café *f* • **coffee maker** *n* cafetière *f* • **coffeepot** *n* cafetière *f* • **coffee shop** *n* café *m* • **coffee table** *n* (petite) table basse

coffin ['kɔfɪn] *n* cercueil *m*

cog [kɔg] *n* (*wheel*) roue dentée; (*tooth*) dent *f* (d'engrenage)

cognac ['kɔnjæk] *n* cognac *m*

coherent [kəu'hɪərənt] *adj* cohérent(e)

coil [kɔɪl] *n* rouleau *m*, bobine *f*; (*contraceptive*) stérilet *m* ▸ *vt* enrouler

coin [kɔɪn] *n* pièce *f* (de monnaie) ▸ *vt* (*word*) inventer

coincide [kəuɪn'saɪd] *vi* coïncider
• **coincidence** [kəu'ɪnsɪdəns] *n* coïncidence *f*

Coke® [kəuk] *n* coca *m*

coke [kəuk] *n* (*coal*) coke *m*

colander ['kɔləndə^r] *n* passoire *f* (à légumes)

cold [kəuld] *adj* froid(e) ▸ *n* froid *m*; (*Med*) rhume *m*; **it's ~** il fait froid; **to be ~** (*person*) avoir froid; **to catch a ~** s'enrhumer, attraper un rhume; **in ~ blood** de sang-froid • **cold sore** *n* bouton *m* de fièvre

coleslaw ['kəulslɔː] *n sorte de salade de chou cru*

colic ['kɔlɪk] *n* colique(s) *f(pl)*

collaborate [kə'læbəreɪt] *vi* collaborer

collapse [kə'læps] *vi* s'effondrer, s'écrouler; (*Med*) avoir un malaise ▸ *n* effondrement *m*, écroulement *m*; (*of government*) chute *f*

collar ['kɔlə^r] *n* (*of coat, shirt*) col *m*; (*for dog*) collier *m* • **collarbone** *n* clavicule *f*

colleague ['kɔliːg] *n* collègue *m/f*

collect [kə'lɛkt] *vt* rassembler; (*pick up*) ramasser; (*as a hobby*) collectionner; (BRIT: *call for*) (passer) prendre; (*mail*) faire la levée de, ramasser; (*money owed*) encaisser; (*donations,*

'bscriptions) recueillir ▶ *vi* (*people*)
: rassembler; (*dust, dirt*)
amasser; **to call ~** (*US Tel*)
léphoner en PCV • **collection**
ə'lɛkʃən] *n* collection *f*; (*of mail*)
vée *f*; (*for money*) collecte *f*,
ıête *f* • **collective** [kə'lɛktɪv]
'j collectif(-ive) • **collector** *n*
llectionneur *m*
lege ['kɔlɪdʒ] *n* collège *m*; (*of
chnology, agriculture etc*)
stitut *m*
lide [kə'laɪd] *vi*: **to ~ (with)**
trer en collision (avec)
lision [kə'lɪʒən] *n* collision *f*,
urt *m*
ogne [kə'ləun] *n* (*also*: **eau
e ~**) eau *f* de cologne
on ['kəulən] *n* (*sign*)
ux-points *mpl*; (*Med*) côlon *m*
onel ['kə:nl] *n* colonel *m*
onial [kə'ləunɪəl] *adj*
lonial(e)
ony ['kɔlənɪ] *n* colonie *f*
our, (*US*) **color** ['kʌlə^r] *n*
uleur *f* ▶ *vt* colorer; (*dye*)
ndre; (*paint*) peindre; (*with
ayons*) colorier; (*news*) fausser,
agérer ▶ *vi* (*blush*) rougir; **I'd
e a different ~** je le voudrais
ns un autre coloris • **colour in**
colorier • **colour-blind** • (*US*)
lor-blind *adj* daltonien(ne)
coloured • (*US*) **colored** *adj*
ass, water) coloré(e); (*!: person*,
e) de couleur • **colour film**
JS) **color film** *n* (*for camera*)
llicule *f* (en) couleur • **colourful**
JS) **colorful** *adj* coloré(e), vif
ve); (*personality*) pittoresque,
ut(e) en couleurs • **colouring**
JS) **coloring** *n* colorant *m*;
mplexion) teint *m* • **colour
evision** • (*US*) **color television**
élévision *f* (en) couleur

column ['kɔləm] *n* colonne *f*; (*fashion column, sports column etc*) rubrique *f*

coma ['kəumə] *n* coma *m*

comb [kəum] *n* peigne *m* ▶ *vt* (*hair*) peigner; (*area*) ratisser, passer au peigne fin

combat ['kɔmbæt] *n* combat *m* ▶ *vt* combattre, lutter contre

combination [kɔmbɪ'neɪʃən] *n* (*gen*) combinaison *f*

combine [kəm'baɪn] *vt* combiner ▶ *vi* s'associer; (*Chem*) se combiner ▶ *n* ['kɔmbaɪn] (*Econ*) trust *m*; (*also*: **~ harvester**) moissonneuse-batteuse(-lieuse) *f*; **to ~ sth with sth** (*one quality with another*) joindre *ou* allier qch à qch

come [kʌm]

(*pt* **came**, *pp* **come**) *vi*

1 (*movement towards*) venir; **to come running** arriver en courant; **he's come here to work** il est venu ici pour travailler; **come with me** suivez-moi

2 (*arrive*) arriver; **to come home** rentrer (chez soi *or* à la maison); **we've just come from Paris** nous arrivons de Paris

3 (*reach*): **to come to** (*decision etc*) parvenir à, arriver à; **the bill came to £40** la note s'est élevée à 40 livres

4 (*occur*): **an idea came to me** il m'est venu une idée

5 (*be, become*): **to come loose/undone** se défaire/desserrer; **I've come to like him** j'ai fini par bien l'aimer

• **come across** *vt fus* rencontrer par hasard, tomber sur

• **come along** *vi* (BRIT: *pupil, work*) faire des progrès, avancer
• **come back** *vi* revenir
• **come down** *vi* descendre; (*prices*) baisser; (*buildings*) s'écrouler; (: *be demolished*) être démoli(e)
• **come from** *vt fus* (*source*) venir de; (*place*) venir de, être originaire de
• **come in** *vi* entrer; (*train*) arriver; (*fashion*) entrer en vogue; (*on deal etc*) participer
• **come off** *vi* (*button*) se détacher; (*attempt*) réussir
• **come on** *vi* (*lights, electricity*) s'allumer; (*central heating*) se mettre en marche; (*pupil, work, project*) faire des progrès, avancer; **come on!** viens!; allons!, allez!
• **come out** *vi* sortir; (*sun*) se montrer; (*book*) paraître; (*stain*) s'enlever; (*strike*) cesser le travail, se mettre en grève
• **come round** *vi* (*after faint, operation*) revenir à soi, reprendre connaissance
• **come to** *vi* revenir à soi
• **come up** *vi* monter; (*sun*) se lever; (*problem*) se poser; (*event*) survenir; (*in conversation*) être soulevé
• **come up with** *vt fus* (*money*) fournir; **he came up with an idea** il a eu une idée, il a proposé quelque chose

comeback ['kʌmbæk] *n* (*Theat*) rentrée *f*
comedian [kə'mi:dɪən] *n* (*comic*) comique *m*; (*Theat*) comédien *m*
comedy ['kɔmɪdɪ] *n* comédie *f*; (*humour*) comique *m*
comet ['kɔmɪt] *n* comète *f*
comfort ['kʌmfət] *n* confort *m*; bien-être *m*; (*solace*) consolation; réconfort *m* ▶ *vt* consoler, réconforter • **comfortable** *adj* confortable; (*person*) à l'aise; (*financially*) aisé(e); (*patient*) dont l'état est stationnaire • **comfort station** *n* (US) toilettes *fpl*
comic ['kɔmɪk] *adj* (*also*: **~al**) comique ▶ *n* (*person*) comique *m*; (BRIT: *magazine: for children*) magazine *m* de bandes dessinées *or* de BD; (: *for adults*) illustré *m* • **comic book** *n* (US: *for children*) magazine *m* de bandes dessinées *or* de BD; (: *for adults*) illustré *m* • **comic strip** *n* bande dessinée
comma ['kɔmə] *n* virgule *f*
command [kə'mɑ:nd] *n* ordre, commandement *m*; (*Mil: authority*) commandement; (*mastery*) maîtrise *f* ▶ *vt* (*troops*) commander; **to ~ sb to do** donner l'ordre *or* commander à qn de faire • **commander** *n* (*Mil*) commandant *m*
commemorate [kə'mɛməre...] *vt* commémorer
commence [kə'mɛns] *vt, vi* commencer
commend [kə'mɛnd] *vt* louer; (*recommend*) recommander
comment ['kɔmɛnt] *n* commentaire *m* ▶ *vi*: **to ~ on** fa... des remarques sur; **"no ~"** "je n'ai rien à déclarer" • **commentar...** ['kɔməntərɪ] *n* commentaire *m*; (*Sport*) reportage *m* (en direct) • **commentator** ['kɔmənteɪt...] *n* commentateur *m*; (*Sport*) reporter *m*
commerce ['kɔmə:s] *n* commerce *m*

mmercial [kə'mə:ʃəl] *adj*
ommercial(e) ▸ *n* (*Radio, TV*)
nnonce *f* publicitaire, spot *m*
ɔublicitaire) • **commercial**
reak *n* (*Radio, TV*) spot *m*
ɔublicitaire)
mmission [kə'mɪʃən] *n*
committee, fee) commission *f* ▸ *vt*
work of art) commander, charger
n artiste de l'exécution de; **out**
f ~ (*machine*) hors service
commissioner *n* (*Police*) préfet
ı (de police)
mmit [kə'mɪt] *vt* (*act*)
ɔmmettre; (*resources*) consacrer;
o sb's care) confier (à); **to ~ o.s.**
o do) s'engager (à faire); **to**
suicide se suicider
commitment *n* engagement *m*;
obligation) responsabilité(s) *f(pl)*
mmittee [kə'mɪtɪ] *n* comité *m*;
ommission *f*
mmodity [kə'mɔdɪtɪ] *n*
roduit *m*, marchandise *f*,
rticle *m*
mmon ['kɔmən] *adj* (*gen*)
ɔmmun(e); (*usual*) courant(e) ▸ *n*
errain communal • **commonly**
dv communément,
énéralement; couramment
commonplace *adj* banal(e),
rdinaire • **Commons** *npl* (BRIT
ol): **the (House of) Commons** la
hambre des Communes
common sense *n* bon sens
Commonwealth *n*: **the**
ommonwealth le
ommonwealth
mmunal ['kɔmju:nl] *adj* (*life*)
ɔmmunautaire; (*for common use*)
ɔmmun(e)
nmune *n* ['kɔmju:n]
roup) communauté *f* ▸ *vi*
ə'mju:n]: **to ~ with** (*nature*)
ɔmmunier avec

communicate [kə'mju:nɪkeɪt] *vt* communiquer, transmettre ▸ *vi*: **to ~ (with)** communiquer (avec)
communication [kəmju:nɪ'keɪʃən] *n* communication *f*
communion [kə'mju:nɪən] *n* (*also*: **Holy C~**) communion *f*
communism ['kɔmjunɪzəm] *n* communisme *m* • **communist** *adj, n* communiste *m/f*
community [kə'mju:nɪtɪ] *n* communauté *f* • **community centre** • (US) **community center** *n* foyer socio-éducatif, centre *m* de loisirs • **community service** *n* ≈ travail *m* d'intérêt général, TIG *m*
commute [kə'mju:t] *vi* faire le trajet journalier (*de son domicile à un lieu de travail assez éloigné*) ▸ *vt* (*Law*) commuer • **commuter** *n* banlieusard(e) (*qui fait un trajet journalier pour se rendre à son travail*)
compact *adj* [kəm'pækt] compact(e) ▸ *n* ['kɔmpækt] (*also*: **powder ~**) poudrier *m* • **compact disc** *n* disque compact • **compact disc player** *n* lecteur *m* de disques compacts
companion [kəm'pænjən] *n* compagnon (compagne)
company ['kʌmpənɪ] *n* compagnie *f*; **to keep sb ~** tenir compagnie à qn • **company car** *n* voiture *f* de fonction • **company director** *n* administrateur(-trice)
comparable ['kɔmpərəbl] *adj* comparable
comparative [kəm'pærətɪv] *adj* (*study*) comparatif(-ive); (*relative*) relatif(-ive) • **comparatively** *adv* (*relatively*) relativement

compare [kəm'pɛəʳ] *vt*: **to ~ sth/sb with** *or* **to** comparer qch/qn avec *or* à ▸ *vi*: **to ~ (with)** se comparer (à); être comparable (à) • **comparison** [kəm'pærɪsn] *n* comparaison *f*

compartment [kəm'pɑ:tmənt] *n* (*also Rail*) compartiment *m*; **a non-smoking ~** un compartiment non-fumeurs

compass ['kʌmpəs] *n* boussole *f*; **compasses** *npl* (*Math*) compas *m*

compassion [kəm'pæʃən] *n* compassion *f*, humanité *f*

compatible [kəm'pætɪbl] *adj* compatible

compel [kəm'pɛl] *vt* contraindre, obliger • **compelling** *adj* (*fig: argument*) irrésistible

compensate ['kɔmpənseɪt] *vt* indemniser, dédommager ▸ *vi*: **to ~ for** compenser • **compensation** [kɔmpən'seɪʃən] *n* compensation *f*; (*money*) dédommagement *m*, indemnité *f*

compete [kəm'pi:t] *vi* (*take part*) concourir; (*vie*): **to ~ (with)** rivaliser (avec), faire concurrence (à)

competent ['kɔmpɪtənt] *adj* compétent(e), capable

competition [kɔmpɪ'tɪʃən] *n* (*contest*) compétition *f*, concours *m*; (*Econ*) concurrence *f*

competitive [kəm'pɛtɪtɪv] *adj* (*Econ*) concurrentiel(le); (*sports*) de compétition; (*person*) qui a l'esprit de compétition

competitor [kəm'pɛtɪtəʳ] *n* concurrent(e)

complacent [kəm'pleɪsnt] *adj* (trop) content(e) de soi

complain [kəm'pleɪn] *vi*: **to ~ (about)** se plaindre (de); (*in shop etc*) réclamer (au sujet de) • **complaint** *n* plainte *f*; (*in shop etc*) réclamation *f*; (*Med*) affection *f*

complement ['kɔmplɪmənt] *n* complément *m*; (*esp of ship's crew etc*) effectif complet ▸ *vt* (*enhance*) compléter • **complementary** [kɔmplɪ'mɛntərɪ] *adj* complémentaire

complete [kəm'pli:t] *adj* complet(-ète); (*finished*) achevé ▸ *vt* achever, parachever; (*set, group*) compléter; (*a form*) remp • **completely** *adv* complèteme • **completion** [kəm'pli:ʃən] *n* achèvement *m*; (*of contract*) exécution *f*

complex ['kɔmplɛks] *adj* complexe ▸ *n* (*Psych, buildings e* complexe *m*

complexion [kəm'plɛkʃən] *n* (*face*) teint *m*

compliance [kəm'plaɪəns] *n* (*submission*) docilité *f*; (*agreeme* **~ with** le fait de se conformer à; **in ~ with** en conformité avec, conformément à

complicate ['kɔmplɪkeɪt] *vt* compliquer • **complicated** *adj* compliqué(e) • **complication** [kɔmplɪ'keɪʃən] *n* complicatio

compliment *n* ['kɔmplɪmənt] compliment *m* ▸ *vt* ['kɔmplɪmɛnt] complimenter • **complimentary** [kɔmplɪ'mɛntərɪ] *adj* flatteur(-euse); (*free*) à titre gracieux

comply [kəm'plaɪ] *vi*: **to ~ wit** se soumettre à, se conformer à

component [kəm'pəunənt] composant(e), constituant(e) composant *m*, élément *m*

mpose [kəmˈpəuz] *vt* ɔmposer; (*form*): **to be ~d of** se ɔmposer de; **to ~ o.s.** se calmer, ɛ maîtriser • **composer** *n* (*Mus*) ɔmpositeur *m* • **composition** ɔmpəˈzɪʃən] *n* composition *f*
mposure [kəmˈpəuʒəʳ] *n* ılme *m*, maîtrise *f* de soi
mpound [ˈkɔmpaund] *n* ʻhem, Ling) composé *m*; nclosure) enclos *m*, enceinte *f* adj composé(e); (*fracture*) ɔmpliqué(e)
mprehension ɔmprɪˈhɛnʃən] *n* ɔmpréhension *f*
mprehensive ɔmprɪˈhɛnsɪv] *adj* (très) ɔmplet(-ète); **~ policy** ısurance) assurance *f* tous ;ques • **comprehensive** ;**chool)** *n* (BRIT) *école secondaire* ɔn *sélective avec libre circulation* ıne *section à l'autre*, ≈ CES *m*

⚠ Be careful not to translate *comprehensive* by the French word *compréhensif*.

mpress *vt* [kəmˈprɛs] ɔmprimer; (*text, information*) ɔndenser ▸ *n* [ˈkɔmprɛs] (*Med*) ɔmpresse *f*
mprise [kəmˈpraɪz] *vt* (*also*: **e ~d of**) comprendre; (*constitute*) ɔnstituer, représenter
mpromise [ˈkɔmprəmaɪz] *n* ɔmpromis *m* ▸ *vt* compromettre *ɪi* transiger, accepter un ɔmpromis
mpulsive [kəmˈpʌlsɪv] *adj* ;ych) compulsif(-ive); (*book, film* ;) captivant(e)
mpulsory [kəmˈpʌlsərɪ] *adj* ligatoire

computer [kəmˈpjuːtəʳ] *n* ordinateur *m* • **computer game** *n* jeu *m* vidéo • **computer-generated** *adj* de synthèse • **computerize** *vt* (*data*) traiter par ordinateur; (*system, office*) informatiser • **computer programmer** *n* programmeur(-euse) • **computer programming** *n* programmation *f* • **computer science** *n* informatique *f* • **computer studies** *npl* informatique *f* • **computing** [kəmˈpjuːtɪŋ] *n* informatique *f*
con [kɔn] *vt* duper; (*cheat*) escroquer ▸ *n* escroquerie *f*
conceal [kənˈsiːl] *vt* cacher, dissimuler
concede [kənˈsiːd] *vt* concéder ▸ *vi* céder
conceited [kənˈsiːtɪd] *adj* vaniteux(-euse), suffisant(e)
conceive [kənˈsiːv] *vt, vi* concevoir
concentrate [ˈkɔnsəntreɪt] *vi* se concentrer ▸ *vt* concentrer
concentration [kɔnsənˈtreɪʃən] *n* concentration *f*
concept [ˈkɔnsɛpt] *n* concept *m*
concern [kənˈsəːn] *n* affaire *f*; (*Comm*) entreprise *f*, firme *f*; (*anxiety*) inquiétude *f*, souci *m* ▸ *vt* (*worry*) inquiéter; (*involve*) concerner; (*relate to*) se rapporter à; **to be ~ed (about)** s'inquiéter (de), être inquiet(-ète) (au sujet de) • **concerning** *prep* en ce qui concerne, à propos de
concert [ˈkɔnsət] *n* concert *m* • **concert hall** *n* salle *f* de concert
concerto [kənˈtʃəːtəu] *n* concerto *m*

concession [kən'sɛʃən] *n* (*compromise*) concession *f*; (*reduced price*) réduction *f*; **tax ~** dégrèvement fiscal; **"~s"** tarif réduit
concise [kən'saɪs] *adj* concis(e)
conclude [kən'klu:d] *vt* conclure • **conclusion** [kən'klu:ʒən] *n* conclusion *f*
concrete ['kɔŋkri:t] *n* béton *m* ▸ *adj* concret(-ète); (*Constr*) en béton
concussion [kən'kʌʃən] *n* (*Med*) commotion (cérébrale)
condemn [kən'dɛm] *vt* condamner
condensation [kɔndɛn'seɪʃən] *n* condensation *f*
condense [kən'dɛns] *vi* se condenser ▸ *vt* condenser
condition [kən'dɪʃən] *n* condition *f*; (*disease*) maladie *f* ▸ *vt* déterminer, conditionner; **on ~ that** à condition que + *sub*, à condition de • **conditional** [kən'dɪʃənl] *adj* conditionnel(le) • **conditioner** *n* (*for hair*) baume démêlant; (*for fabrics*) assouplissant *m*
condo ['kɔndəu] *n* (*US inf*) = **condominium**
condom ['kɔndəm] *n* préservatif *m*
condominium [kɔndə'mɪnɪəm] *n* (*US*: *building*) immeuble *m* (en copropriété); (: *rooms*) appartement *m* (dans un immeuble en copropriété)
condone [kən'dəun] *vt* fermer les yeux sur, approuver (tacitement)
conduct *n* ['kɔndʌkt] conduite *f* ▸ *vt* [kən'dʌkt] conduire; (*manage*) mener, diriger; (*Mus*) diriger; **to ~ o.s.** se conduire, se comporter • **conductor** *n* (*of orchestra*) chef *m* d'orchestre; (*on bus*) receveur *m*; (*US*: *on train*) chef *m* de train; (*Elec*) conducteur *m*
cone [kəun] *n* cône *m*; (*for ice-crea*[m]) cornet *m*; (*Bot*) pomme *f* de pin, cône
confectionery [kən'fɛkʃənrɪ] (*sweets*) confiserie *f*
confer [kən'fə:ʳ] *vt*: **to ~ sth o**[n] conférer qch à ▸ *vi* conférer, s'entretenir
conference ['kɔnfərns] *n* conférence *f*
confess [kən'fɛs] *vt* confesser, avouer ▸ *vi* (*admit sth*) avouer; (*Rel*) se confesser • **confession** [kən'fɛʃən] *n* confession *f*
confide [kən'faɪd] *vi*: **to ~ in** s'ouvrir à, se confier à
confidence ['kɔnfɪdns] *n* confiance *f*; (*also*: **self-~**) assura[nce] *f*, confiance en soi; (*secret*) confidence *f*; **in ~** (*speak, write*) confidence, confidentiellemen[t] • **confident** *adj* (*self-assured*) sû[r] de soi; (*sure*) sûr • **confidentia**[l] [kɔnfɪ'dɛnʃəl] *adj* confidentiel(
confine [kən'faɪn] *vt* limiter, borner; (*shut up*) confiner, enfermer • **confined** *adj* (*space*) restreint(e), réduit(e)
confirm [kən'fə:m] *vt* (*report*, *[...]*) confirmer; (*appointment*) ratifie[r] • **confirmation** [kɔnfə'meɪʃə[n]] *n* confirmation *f*; ratification *f*
confiscate ['kɔnfɪskeɪt] *vt* confisquer
conflict *n* ['kɔnflɪkt] conflit *m*, lutte *f* ▸ *vi* [kən'flɪkt] (*opinions*) s'opposer, se heurter
conform [kən'fɔ:m] *vi*: **to ~ (**[...] se conformer (à)

nfront [kən'frʌnt] *vt* (*two* *eople*) confronter; (*enemy, danger*) ˈfronter, faire face à; (*problem*) ire face à • **confrontation** ːɔnfrən'teɪʃən] *n* ɔnfrontation *f*
nfuse [kən'fju:z] *vt* (*person*) oubler; (*situation*) embrouiller; *ne thing with another*) confondre **confused** *adj* (*person*) ɛrouté(e), désorienté(e); *ituation*) embrouillé(e) **confusing** *adj* peu clair(e), ɛroutant(e) • **confusion** ən'fju:ʒən] *n* confusion *f*
ngestion [kən'dʒɛstʃən] *n* *ed*) congestion *f*; (*fig: traffic*) ncombrement *m*
ngratulate [kən'grætjuleɪt] : **to ~ sb (on)** féliciter qn (de) **congratulations** əngrætju'leɪʃənz] *npl*; **ngratulations (on)** licitations *fpl* (pour) ▸ *excl*: **ngratulations!** (toutes mes) licitations!
ngregation [kɔŋgrɪ'geɪʃən] *n* semblée *f* (des fidèles)
ngress ['kɔŋgrɛs] *n* congrès *m*; *ol*): **C~** Congrès *m* • **congressman** *reg*) *n* membre *m* du Congrès **congresswoman** (*irreg*) *n* embre *m* du Congrès
nifer ['kɔnɪfə^r] *n* conifère *m*
njugate ['kɔndʒugeɪt] *vt* njuguer
njugation [kɔndʒə'geɪʃən] *n* njugaison *f*
njunction [kən'dʒʌŋkʃən] *n* njonction *f*; **in ~ with** ɔnjointement) avec
njure ['kʌndʒə^r] *vi* faire des ɹrs de passe-passe
nnect [kə'nɛkt] *vt* joindre, relier; (*Elec*) connecter; (*Tel*: *caller*) mettre en connexion; (: *subscriber*) brancher; (*fig*) établir un rapport entre, faire un rapprochement entre ▸ *vi* (*train*): **to ~ with** assurer la correspondance avec; **to be ~ed with** avoir un rapport avec; (*have dealings with*) avoir des rapports avec, être en relation avec • **connecting flight** *n* (vol *m* de) correspondance *f* • **connection** [kə'nɛkʃən] *n* relation *f*, lien *m*; (*Elec*) connexion *f*; (*Tel*) communication *f*; (*train etc*) correspondance *f*
conquer ['kɔŋkə^r] *vt* conquérir; (*feelings*) vaincre, surmonter
conquest ['kɔŋkwɛst] *n* conquête *f*
cons [kɔnz] *npl see* **convenience; pro**
conscience ['kɔnʃəns] *n* conscience *f*
conscientious [kɔnʃɪ'ɛnʃəs] *adj* consciencieux(-euse)
conscious ['kɔnʃəs] *adj* conscient(e); (*deliberate: insult, error*) délibéré(e) • **consciousness** *n* conscience *f*; (*Med*) connaissance *f*
consecutive [kən'sɛkjutɪv] *adj* consécutif(-ive); **on three ~ occasions** trois fois de suite
consensus [kən'sɛnsəs] *n* consensus *m*
consent [kən'sɛnt] *n* consentement *m* ▸ *vi*: **to ~ (to)** consentir (à)
consequence ['kɔnsɪkwəns] *n* suites *fpl*, conséquence *f*; (*significance*) importance *f*
consequently ['kɔnsɪkwəntlɪ] *adv* par conséquent, donc

conservation [kɔnsə'veɪʃən] *n* préservation *f*, protection *f*; (*also*: **nature ~**) défense *f* de l'environnement

Conservative [kən'sə:vətɪv] *adj*, *n* (BRIT *Pol*) conservateur(-trice)

conservative *adj* conservateur(-trice); (*cautious*) prudent(e)

conservatory [kən'sə:vətrɪ] *n* (*room*) jardin *m* d'hiver; (*Mus*) conservatoire *m*

consider [kən'sɪdə^r] *vt* (*study*) considérer, réfléchir à; (*take into account*) penser à, prendre en considération; (*regard, judge*) considérer, estimer; **to ~ doing sth** envisager de faire qch • **considerable** *adj* considérable • **considerably** *adv* nettement • **considerate** *adj* prévenant(e), plein(e) d'égards • **consideration** [kənsɪdə'reɪʃən] *n* considération *f*; (*reward*) rétribution *f*, rémunération *f* • **considering** *prep*: **considering (that)** étant donné (que)

consignment [kən'saɪnmənt] *n* arrivage *m*, envoi *m*

consist [kən'sɪst] *vi*: **to ~ of** consister en, se composer de

consistency [kən'sɪstənsɪ] *n* (*thickness*) consistance *f*; (*fig*) cohérence *f*

consistent [kən'sɪstənt] *adj* logique, cohérent(e)

consolation [kɔnsə'leɪʃən] *n* consolation *f*

console[1] [kən'səul] *vt* consoler

console[2] ['kɔnsəul] *n* console *f*

consonant ['kɔnsənənt] *n* consonne *f*

conspicuous [kən'spɪkjuəs] *adj* voyant(e), qui attire l'attention

conspiracy [kən'spɪrəsɪ] *n* conspiration *f*, complot *m*

constable ['kʌnstəbl] *n* (BRIT) ≈ agent *m* de police, gendarme; **chief ~** ≈ préfet *m* de police

constant ['kɔnstənt] *adj* constant(e); incessant(e) • **constantly** *adv* constammen sans cesse

constipated ['kɔnstɪpeɪtɪd] *a* constipé(e) • **constipation** [kɔnstɪ'peɪʃən] *n* constipation

constituency [kən'stɪtjuəns (*Pol*: *area*) circonscription électorale; (: *electors*) électorat

constitute ['kɔnstɪtju:t] *vt* constituer

constitution [kɔnstɪ'tju:ʃən] constitution *f*

constraint [kən'streɪnt] *n* contrainte *f*

construct [kən'strʌkt] *vt* construire • **construction** [kən'strʌkʃən] *n* construction • **constructive** *adj* constructif(-ive)

consul ['kɔnsl] *n* consul *m* • **consulate** ['kɔnsjulɪt] *n* consulat *m*

consult [kən'sʌlt] *vt* consulter • **consultant** *n* (*Med*) médecin consultant; (*other specialist*) consultant *m*, (expert-)conseil • **consultation** [kɔnsəl'teɪʃən consultation *f* • **consulting room** *n* (BRIT) cabinet *m* de consultation

consume [kən'sju:m] *vt* consommer; (*subj*: *flames, hatre desire*) consumer • **consumer** consommateur(-trice)

consumption [kən'sʌmpʃən consommation *f*

cont. *abbr* (= *continued*) suite

ntact ['kɔntækt] *n* contact *m*; *person*) connaissance *f*, relation *f* *vt* se mettre en contact *or* en apport avec; **~ number** numéro de téléphone • **contact lenses** *pl* verres *mpl* de contact
ntactless ['kɔntæktlɪs] *adj* ans contact
ntagious [kən'teɪdʒəs] *adj* ontagieux(-euse)
ntain [kən'teɪn] *vt* contenir; **o ~ o.s.** se contenir, se maîtriser
container *n* récipient *m*; (*for hipping etc*) conteneur *m*
ntaminate [kən'tæmɪneɪt] *vt* ontaminer
nt'd *abbr* (= *continued*) suite
ntemplate ['kɔntəmpleɪt] *vt* ontempler; (*consider*) envisager
ntemporary [kən'tɛmpərərɪ] *dj* contemporain(e); (*design, allpaper*) moderne ▸ *n* ontemporain(e)
ntempt [kən'tɛmpt] *n* mépris , dédain *m*; **~ of court** (*Law*) utrage *m* à l'autorité de la justice
ntend [kən'tɛnd] *vt*: **to ~ that** outenir *or* prétendre que ▸ *vi*: **o ~ with** (*compete*) rivaliser avec; *truggle*) lutter avec
ntent [kən'tɛnt] *adj* ontent(e), satisfait(e) ▸ *vt* ontenter, satisfaire ▸ *n* kɔntɛnt] contenu *m*; (*of fat, oisture*) teneur *f*; **contents** *npl* *f container etc*) contenu *m*; **able of) ~s** table *f* des matières
contented *adj* content(e), atisfait(e)
ntest *n* ['kɔntɛst] combat *m*, tte *f*; (*competition*) concours *m* *vt* [kən'tɛst] contester, scuter; (*compete for*) disputer; *aw*) attaquer • **contestant** [kən'tɛstənt] *n* concurrent(e); (*in fight*) adversaire *m/f*
context ['kɔntɛkst] *n* contexte *m*
continent ['kɔntɪnənt] *n* continent *m*; **the C~** (BRIT) l'Europe continentale
• **continental** [kɔntɪ'nɛntl] *adj* continental(e) • **continental breakfast** *n* café (*or* thé) complet
• **continental quilt** *n* (BRIT) couette *f*
continual [kən'tɪnjuəl] *adj* continuel(le) • **continually** *adv* continuellement, sans cesse
continue [kən'tɪnju:] *vi* continuer ▸ *vt* continuer; (*start again*) reprendre
continuity [kɔntɪ'nju:ɪtɪ] *n* continuité *f*; (*TV*) enchaînement *m*
continuous [kən'tɪnjuəs] *adj* continu(e), permanent(e); (*Ling*) progressif(-ive) • **continuous assessment** (BRIT) *n* contrôle continu • **continuously** *adv* (*repeatedly*) continuellement; (*uninterruptedly*) sans interruption
contour ['kɔntuəʳ] *n* contour *m*, profil *m*; (*also*: **~ line**) courbe *f* de niveau
contraception [kɔntrə'sɛpʃən] *n* contraception *f*
contraceptive [kɔntrə'sɛptɪv] *adj* contraceptif(-ive), anticonceptionnel(le) ▸ *n* contraceptif *m*
contract *n* ['kɔntrækt] contrat *m* ▸ *vi* [kən'trækt] (*become smaller*) se contracter, se resserrer ▸ *vt* contracter; (*Comm*): **to ~ to do sth** s'engager (par contrat) à faire qch • **contractor** *n* entrepreneur *m*
contradict [kɔntrə'dɪkt] *vt* contredire • **contradiction** [kɔntrə'dɪkʃən] *n* contradiction *f*

C

contrary¹ ['kɔntrərɪ] *adj* contraire, opposé(e) ▶ *n* contraire *m*; **on the ~** au contraire; **unless you hear to the ~** sauf avis contraire

contrary² [kən'trɛərɪ] *adj* (*perverse*) contrariant(e), entêté(e)

contrast *n* ['kɔntrɑːst] contraste *m* ▶ *vt* [kən'trɑːst] mettre en contraste, contraster; **in ~ to** *or* **with** contrairement à, par opposition à

contribute [kən'trɪbjuːt] *vi* contribuer ▶ *vt*: **to ~ £10/an article to** donner 10 livres/un article à; **to ~ to** (*gen*) contribuer à; (*newspaper*) collaborer à; (*discussion*) prendre part à • **contribution** [kɔntrɪ'bjuːʃən] *n* contribution *f*; (BRIT: *for social security*) cotisation *f*; (*to publication*) article *m* • **contributor** *n* (*to newspaper*) collaborateur(-trice); (*of money, goods*) donateur(-trice)

control [kən'trəul] *vt* (*process, machinery*) commander; (*temper*) maîtriser; (*disease*) enrayer ▶ *n* maîtrise *f*; (*power*) autorité *f*; **controls** *npl* (*of machine etc*) commandes *fpl*; (*on radio*) boutons *mpl* de réglage; **to be in ~ of** être maître de, maîtriser; (*in charge of*) être responsable de; **everything is under ~** j'ai (*or* il a *etc*) la situation en main; **the car went out of ~** j'ai (*or* il a *etc*) perdu le contrôle du véhicule • **control tower** *n* (*Aviat*) tour *f* de contrôle

controversial [kɔntrə'vəːʃl] *adj* discutable, controversé(e)

controversy ['kɔntrəvəːsɪ] *n* controverse *f*, polémique *f*

convenience [kən'viːnɪəns] *n* commodité *f*; **at your ~** quand *or* comme cela vous convient; **all modern ~s, all mod cons** (BRIT avec tout le confort moderne, tout confort

convenient [kən'viːnɪənt] *adj* commode

convent ['kɔnvənt] *n* couvent

convention [kən'vɛnʃən] *n* convention *f*; (*custom*) usage *m* • **conventional** *adj* conventionnel(le)

conversation [kɔnvə'seɪʃən] conversation *f*

conversely [kɔn'vəːslɪ] *adv* inversement, réciproquement

conversion [kən'vəːʃən] *n* conversion *f*; (BRIT: *of house*) transformation *f*, aménagemer *m*; (*Rugby*) transformation *f*

convert *vt* [kən'vəːt] (*Rel, Comr* convertir; (*alter*) transformer; (*house*) aménager ▶ *n* ['kɔnvəːt converti(e) • **convertible** *adj* convertible ▶ *n* (voiture *f*) décapotable *f*

convey [kən'veɪ] *vt* transporte (*thanks*) transmettre; (*idea*) communiquer • **conveyor belt** convoyeur *m* tapis roulant

convict *vt* [kən'vɪkt] déclarer (*or* reconnaître) coupable ▶ *n* ['kɔnvɪkt] forçat *m*, convict *m* • **conviction** [kən'vɪkʃən] *n* (*Le* condamnation *f*; (*belief*) conviction *f*

convince [kən'vɪns] *vt* convaincre, persuader • **convinced** *adj*: **convinced o that** convaincu(e) de/que • **convincing** *adj* persuasif(-ive convaincant(e)

convoy ['kɔnvɔɪ] *n* convoi *m*

cook [kuk] *vt* (faire) cuire ▶ *vi* cuire; (*person*) faire la cuisin

cuisinier(-ière) • **cookbook** *n*
re *m* de cuisine • **cooker** *n*
isinière *f* • **cookery** *n* cuisine *f*
ookery book *n* (BRIT)
ookbook • **cookie** *n* (US)
cuit *m*, petit gâteau sec
ooking *n* cuisine *f*
l [ku:l] *adj* frais (fraîche); (*not*
aid) calme; (*unfriendly*) froid(e);
f: trendy) cool *inv* (*inf*); (*: great*)
per *inv* (*inf*) ▶ *vt, vi* rafraîchir,
roidir • **cool down** *vi* refroidir;
: person, situation) se calmer
ool off *vi* (*become calmer*) se
mer; (*lose enthusiasm*) perdre
n enthousiasme
[kɔp] *n* (*inf*) flic *m*
parent [kəʊ'pɛərənt] *vt*
ever en coparentalité
o-parenting *n* coparentalité *f*
e [kəup] *vi* s'en sortir, tenir le
up; **to ~ with** (*problem*) faire
e à
per ['kɔpəʳ] *n* cuivre *m*; (BRIT
: policeman) flic *m*
y ['kɔpɪ] *n* copie *f*; (*book etc*)
emplaire *m* ▶ *vt* copier; (*imitate*)
iter • **copyright** *n* droit *m*
uteur, copyright *m*
al ['kɔrəl] *n* corail *m*
d [kɔ:d] *n* corde *f*; (*fabric*)
lours côtelé; (*Elec*) cordon *m*
alimentation), fil *m* (électrique);
rds *npl* (*trousers*) pantalon *m*
velours côtelé • **cordless** *adj*
ns fil
duroy ['kɔ:dərɔɪ] *n* velours
telé
e [kɔ:ʳ] *n* (*of fruit*) trognon *m*,
eur *m*; (*fig: of problem etc*) cœur
t enlever le trognon *or*
cœur de
iander [kɔrɪ'ændəʳ] *n*
riandre *f*

cork [kɔ:k] *n* (*material*) liège *m*; (*of bottle*) bouchon *m* • **corkscrew** *n* tire-bouchon *m*

corn [kɔ:n] *n* (BRIT*: wheat*) blé *m*; (US*: maize*) maïs *m*; (*on foot*) cor *m*; **~ on the cob** (*Culin*) épi *m* de maïs au naturel

corned beef ['kɔ:nd-] *n* corned-beef *m*

corner ['kɔ:nəʳ] *n* coin *m*; (*in road*) tournant *m*, virage *m*; (*Football*) corner *m* ▶ *vt* (*trap: prey*) acculer; (*fig*) coincer; (*Comm: market*) accaparer ▶ *vi* prendre un virage • **corner shop** (BRIT) *n* magasin *m* du coin

cornflakes ['kɔ:nfleɪks] *npl* cornflakes *mpl*

cornflour ['kɔ:nflauəʳ] *n* (BRIT) farine *f* de maïs, maïzena® *f*

cornstarch ['kɔ:nsta:tʃ] *n* (US) farine *f* de maïs, maïzena® *f*

Cornwall ['kɔ:nwəl] *n* Cornouailles *f*

coronary ['kɔrənərɪ] *n*: **~ (thrombosis)** infarctus *m* (du myocarde), thrombose *f* coronaire

coronation [kɔrə'neɪʃən] *n* couronnement *m*

coroner ['kɔrənəʳ] *n* coroner *m*, *officier de police judiciaire chargé de déterminer les causes d'un décès*

corporal ['kɔ:pərl] *n* caporal *m*, brigadier *m* ▶ *adj*: **~ punishment** châtiment corporel

corporate ['kɔ:pərɪt] *adj* (*action, ownership*) en commun; (*Comm*) de la société

corporation [kɔ:pə'reɪʃən] *n* (*of town*) municipalité *f*, conseil municipal; (*Comm*) société *f*

corps (*pl* **corps**) [kɔ:ʳ, kɔ:z] *n* corps *m*; **the diplomatic ~** le corps

C

diplomatique; **the press ~** la presse
corpse [kɔ:ps] *n* cadavre *m*
correct [kə'rɛkt] *adj* (*accurate*) correct(e), exact(e); (*proper*) correct, convenable ▸ *vt* corriger
• **correction** [kə'rɛkʃən] *n* correction *f*
correspond [kɔrɪs'pɔnd] *vi* correspondre; **to ~ to sth** (*be equivalent to*) correspondre à qch
• **correspondence** *n* correspondance *f*
• **correspondent** *n* correspondant(e)
• **corresponding** *adj* correspondant(e)
corridor ['kɔrɪdɔ:ʳ] *n* couloir *m*, corridor *m*
corrode [kə'rəud] *vt* corroder, ronger ▸ *vi* se corroder
corrupt [kə'rʌpt] *adj* corrompu(e); (*Comput*) altéré(e) ▸ *vt* corrompre; (*Comput*) altérer
• **corruption** *n* corruption *f*; (*Comput*) altération *f* (de données)
Corsica ['kɔ:sɪkə] *n* Corse *f*
cosmetic [kɔz'mɛtɪk] *n* produit *m* de beauté, cosmétique *m* ▸ *adj* (*fig: reforms*) symbolique, superficiel(le) • **cosmetic surgery** *n* chirurgie *f* esthétique
cosmopolitan [kɔzmə'pɔlɪtn] *adj* cosmopolite
cost [kɔst] (*pt, pp* **cost**) *n* coût *m* ▸ *vi* coûter ▸ *vt* établir *or* calculer le prix de revient de; **costs** *npl* (*Comm*) frais *mpl*; (*Law*) dépens *mpl*; **how much does it ~?** combien ça coûte?; **to ~ sb time/effort** demander du temps/un effort à qn; **it ~ him his life/job** ça lui a coûté la vie/son emploi; **at all ~s** coûte que co[ûte], à tout prix
co-star ['kəustɑ:ʳ] *n* partenair[e] *m/f*
costly ['kɔstlɪ] *adj* coûteux(-eu[se])
cost of living *n* coût *m* de la vi[e]
costume ['kɔstju:m] *n* costur[me] *m*; (BRIT: *also*: **swimming ~**) maillot *m* (de bain)
cosy, (US) **cozy** ['kəuzɪ] *adj* (*ro[om], bed*) douillet(te); **to be ~** (*perso[n]*) être bien (au chaud)
cot [kɔt] *n* (BRIT: *child's*) lit *m* d'enfant, petit lit; (US: *campbed*) [lit] de camp
cottage ['kɔtɪdʒ] *n* petite mai[son] (à la campagne), cottage *m*
• **cottage cheese** *n* fromage blanc (*maigre*)
cotton ['kɔtn] *n* coton *m*; (*thre[ad]*) fil *m* (de coton) • **cotton on** *vi* (*inf*): **to ~ on (to sth)** piger (qc[h]) • **cotton bud** (BRIT) *n* coton-tige® *m* • **cotton cand[y]** (US) *n* barbe *f* à papa • **cotton wool** *n* (BRIT) ouate *f*, coton *m* hydrophile
couch [kautʃ] *n* canapé *m*; divan *m*
couchsurfing ['kautʃsə:fɪŋ] *n* couchsurfing *m*, *hébergement temporaire gratuit chez un particulier*
cough [kɔf] *vi* tousser ▸ *n* toux; **I've got a ~** j'ai la toux • **cough mixture** • **cough syrup** *n* siro[p] pour la toux
could [kud] *pt of* **can²** • **could[n't]** = **could not**
council ['kaunsl] *n* conseil *m*; **city** *or* **town ~** conseil municip[al]
• **council estate** *n* (BRIT) (quartier *m or* zone *f* de) logements loués à/par la

unicipalité • **council house** *n*
RIT) maison *f* (à loyer modéré)
uée par la municipalité
councillor • (US) **councilor** *n*
onseiller(-ère) • **council tax** *n*
RIT) impôts locaux
unsel ['kaunsl] *n* conseil *m*;
awyer) avocat(e) ▶ *vt*: **to ~ (sb to**
o sth) conseiller (à qn de faire
:h) • **counselling** • (US)
ounseling *n* (*Psych*) aide
sychosociale • **counsellor** • (US)
ounselor *n* conseiller(-ère);
s *Law*) avocat *m*
unt [kaunt] *vt, vi* compter ▶ *n*
ompte *m*; (*nobleman*) comte *m*
count in *vt* (*inf*): **to ~ sb in on**
:h inclure qn dans qch • **count**
n *vt fus* compter sur
countdown *n* compte *m* à
bours
unter ['kauntə^r] *n* comptoir *m*;
n *post office, bank*) guichet *m*; (*in*
me) jeton *m* ▶ *vt* aller à
ncontre de, opposer ▶ *adv*: **~ to**
l'encontre de; contrairement à
counterclockwise (US) *adv* en
ns inverse des aiguilles d'une
ontre
unterfeit ['kauntəfɪt] *n* faux
, contrefaçon *f* ▶ *vt* contrefaire
adj faux (fausse)
unterpart ['kauntəpɑ:t] *n* (*of*
rson) homologue *m/f*
untess ['kauntɪs] *n* comtesse *f*
untless ['kauntlɪs] *adj*
nombrable
untry ['kʌntrɪ] *n* pays *m*;
ative land) patrie *f*; (*as opposed to*
wn) campagne *f*; (*region*) région
pays • **country and western**
nusic) *n* musique *f* country
country house *n* manoir *m*,
etit) château • **countryside** *n*
ampagne *f*

county ['kauntɪ] *n* comté *m*
coup (*pl* **coups**) [ku:, ku:z] *n*
(*achievement*) beau coup; (*also*:
~ d'état) coup *m* d'État
couple ['kʌpl] *n* couple *m*; **a ~ of**
(*two*) deux; (*a few*) deux ou trois
coupon ['ku:pɔn] *n* (*voucher*) bon
m de réduction; (*detachable form*)
coupon *m* détachable,
coupon-réponse *m*
courage ['kʌrɪdʒ] *n* courage *m*
• **courageous** [kə'reɪdʒəs] *adj*
courageux(-euse)
courgette [kuə'ʒɛt] *n* (BRIT)
courgette *f*
courier ['kurɪə^r] *n* messager *m*,
courrier *m*; (*for tourists*)
accompagnateur(-trice)
course [kɔ:s] *n* cours *m*; (*of ship*)
route *f*; (*for golf*) terrain *m*; (*part of*
meal) plat *m*; **of ~** *adv* bien sûr;
(no,) of ~ not! bien sûr que non!,
évidemment que non!; **~ of**
treatment (*Med*) traitement *m*
court [kɔ:t] *n* cour *f*; (*Law*) cour,
tribunal *m*; (*Tennis*) court *m* ▶ *vt*
(*woman*) courtiser, faire la cour à;
to take to ~ actionner *or*
poursuivre en justice
courtesy ['kə:təsɪ] *n* courtoisie *f*,
politesse *f*; **(by) ~ of** avec
l'aimable autorisation de
• **courtesy bus** • **courtesy**
coach *n* navette gratuite
court: • **court-house** ['kɔ:thaus]
n (US) palais *m* de justice
• **courtroom** ['kɔ:trum] *n* salle *f*
de tribunal • **courtyard**
['kɔ:tjɑ:d] *n* cour *f*
cousin ['kʌzn] *n* cousin(e); **first ~**
cousin(e) germain(e)
cover ['kʌvə^r] *vt* couvrir; (*Press*:
report on) faire un reportage sur;
(*feelings, mistake*) cacher; (*include*)

C

englober; (*discuss*) traiter ▸ *n* (*of book, Comm*) couverture *f*; (*of pan*) couvercle *m*; (*over furniture*) housse *f*; (*shelter*) abri *m*; **covers** *npl* (*on bed*) couvertures; **to take ~** se mettre à l'abri; **under ~** à l'abri; **under ~ of darkness** à la faveur de la nuit; **under separate ~** (*Comm*) sous pli séparé • **cover up** *vi*: **to ~ up for sb** (*fig*) couvrir qn • **coverage** *n* (*in media*) reportage *m* • **cover charge** *n* couvert *m* (*supplément à payer*) • **cover-up** *n* tentative *f* pour étouffer une affaire

cow [kau] *n* vache *f* ▸ *vt* effrayer, intimider

coward ['kauəd] *n* lâche *m/f* • **cowardly** *adj* lâche

cowboy ['kaubɔɪ] *n* cow-boy *m*

cozy ['kəuzɪ] *adj* (US) = **cosy**

crab [kræb] *n* crabe *m*

crack [kræk] *n* (*split*) fente *f*, fissure *f*; (*in cup, bone*) fêlure *f*; (*in wall*) lézarde *f*; (*noise*) craquement *m*, coup (sec); (*Drugs*) crack *m* ▸ *vt* fendre, fissurer; fêler; lézarder; (*whip*) faire claquer; (*nut*) casser; (*problem*) résoudre; (*code*) déchiffrer ▸ *cpd* (*athlete*) de première classe, d'élite • **crack down on** *vt fus* (*crime*) sévir contre, réprimer • **cracked** *adj* (*cup, bone*) fêlé(e); (*broken*) cassé(e); (*wall*) lézardé(e); (*surface*) craquelé(e); (*inf*) toqué(e), timbré(e) • **cracker** *n* (*also*: **Christmas cracker**) pétard *m*; (*biscuit*) biscuit (salé), craquelin *m*

crackle ['krækl] *vi* crépiter, grésiller

cradle ['kreɪdl] *n* berceau *m*

craft [krɑːft] *n* métier (artisanal); (*cunning*) ruse *f*, astuce *f*; (*boat*: *pl inv*) embarcation *f*, barque *f*; (*plane*: *pl inv*) appareil *m* • **craftsman** (*irreg*) *n* artisan *m* ouvrier (qualifié) • **craftsmanship** *n* métier *m*, habileté *f*

cram [kræm] *vt*: **to ~ sth with** (*fill*) bourrer qch de; **to ~ sth in** (*put*) fourrer qch dans ▸ *vi* (*for exams*) bachoter

cramp [kræmp] *n* crampe *f*; **I'v got ~ in my leg** j'ai une crampe la jambe • **cramped** *adj* à l'étro très serré(e)

cranberry ['krænbərɪ] *n* canneberge *f*

crane [kreɪn] *n* grue *f*

crap [kræp] *n* (*inf!*: *nonsense*) conneries *fpl* (!); (: *excrement*) merde *f* (!)

crash [kræʃ] *n* (*noise*) fracas *m*; (*of car, plane*) collision *f*; (*of business*) faillite *f* ▸ *vt* (*plane*) écraser ▸ *vi* (*plane*) s'écraser; (*tw cars*) se percuter, s'emboutir; (*business*) s'effondrer; **to ~ into** jeter *or* se fracasser contre • **cra course** *n* cours intensif • **crash helmet** *n* casque (protecteur)

crate [kreɪt] *n* cageot *m*; (*for bottles*) caisse *f*

crave [kreɪv] *vt, vi*: **to ~ (for)** avoir une envie irrésistible de

crawl [krɔːl] *vi* ramper; (*vehicle*) avancer au pas ▸ *n* (*Swimming*) crawl *m*

crayfish ['kreɪfɪʃ] *n* (*pl inv*: *freshwater*) écrevisse *f*; (: *saltwat*) langoustine *f*

crayon ['kreɪən] *n* crayon *m* (de couleur)

craze [kreɪz] *n* engouement *m*

crazy ['kreɪzɪ] *adj* fou (folle); **to be ~ about sb/sth** (*inf*) être fou de qn/qch

ak [kri:k] *vi* (*hinge*) grincer; *oor, shoes*) craquer

am [kri:m] *n* crème *f* ▶ *adj* *olour*) crème *inv* • **cream cheese** romage *m* à la crème, fromage anc • **creamy** *adj* émeux(-euse)

ase [kri:s] *n* pli *m* ▶ *vt* froisser, iffonner ▶ *vi* se froisser, se iffonner

ate [kri:'eɪt] *vt* créer • **creation** ri:'eɪʃən] *n* création *f* • **creative** *j* créatif(-ive) • **creator** *n* éateur(-trice)

ature ['kri:tʃəʳ] *n* créature *f*

che [krɛʃ] *n* garderie *f*, crèche *f*

dentials [krɪ'dɛnʃlz] *npl* *éférences*) références *fpl*; (*identity* *pers*) pièce *f* d'identité

dibility [krɛdɪ'bɪlɪtɪ] *n* édibilité *f*

dible ['krɛdɪbl] *adj* digne de i, crédible

dit ['krɛdɪt] *n* crédit *m*; *ecognition*) honneur *m*; (*Scol*) ité *f* de valeur ▶ *vt* (*Comm*) éditer; (*believe*: *also*: **give ~ to**) outer foi à, croire; **credits** *npl* *ine*) générique *m*; **to be in ~** *erson, bank account*) être éditeur(-trice); **to ~ sb with** *g*) prêter *or* attribuer à qn **credit card** *n* carte *f* de crédit; **o you take credit cards?** cceptez-vous les cartes de édit? • **credit crunch** *n* crise *f* du édit • **credit rating** *n* indice *m* e solvabilité

ek [kri:k] *n* (*inlet*) crique *f*, anse (*US*: *stream*) ruisseau *m*, petit urs d'eau

ep [kri:p] (*pt, pp* **crept**) *vi* mper

mate [krɪ'meɪt] *vt* incinérer

crematorium (*pl* **crematoria**) [krɛmə'tɔ:rɪəm, -'tɔ:rɪə] *n* four *m* crématoire

crept [krɛpt] *pt, pp of* **creep**

crescent ['krɛsnt] *n* croissant *m*; (*street*) rue *f* (*en arc de cercle*)

cress [krɛs] *n* cresson *m*

crest [krɛst] *n* crête *f*; (*of coat of arms*) timbre *m*

crew [kru:] *n* équipage *m*; (*Cine*) équipe *f* (de tournage) • **crew-neck** *n* col ras

crib [krɪb] *n* lit *m* d'enfant; (*for baby*) berceau *m* ▶ *vt* (*inf*) copier

cricket ['krɪkɪt] *n* (*insect*) grillon *m*, cri-cri *m inv*; (*game*) cricket *m* • **cricketer** *n* joueur *m* de cricket

crime [kraɪm] *n* crime *m* • **criminal** ['krɪmɪnl] *adj*, *n* criminel(le)

crimson ['krɪmzn] *adj* cramoisi(e)

cringe [krɪndʒ] *vi* avoir un mouvement de recul

cripple ['krɪpl] *n* (!) boiteux(-euse), infirme *m/f* ▶ *vt* (*person*) estropier, paralyser; (*ship, plane*) immobiliser; (*production, exports*) paralyser

crisis (*pl* **crises**) ['kraɪsɪs, -si:z] *n* crise *f*

crisp [krɪsp] *adj* croquant(e); (*weather*) vif (vive); (*manner etc*) brusque • **crisps** (BRIT) *npl* (pommes *fpl*) chips *fpl* • **crispy** *adj* croustillant(e)

criterion (*pl* **criteria**) [kraɪ'tɪərɪən, -'tɪərɪə] *n* critère *m*

critic ['krɪtɪk] *n* critique *m/f* • **critical** *adj* critique • **criticism** ['krɪtɪsɪzəm] *n* critique *f* • **criticize** ['krɪtɪsaɪz] *vt* critiquer

Croat ['krəuæt] *adj*, *n* = **Croatian**

Croatia [krəu'eɪʃə] *n* Croatie *f* • **Croatian** *adj* croate ▶ *n* Croate *m/f*; (*Ling*) croate *m*
crockery ['krɔkərɪ] *n* vaisselle *f*
crocodile ['krɔkədaɪl] *n* crocodile *m*
crocus ['krəukəs] *n* crocus *m*
croissant ['krwasɑ̃] *n* croissant *m*
crook [kruk] *n* (*inf*) escroc *m*; (*of shepherd*) houlette *f* • **crooked** ['krukɪd] *adj* courbé(e), tordu(e); (*action*) malhonnête
crop [krɔp] *n* (*produce*) culture *f*; (*amount produced*) récolte *f*; (*riding crop*) cravache *f* ▶ *vt* (*hair*) tondre • **crop up** *vi* surgir, se présenter, survenir
cross [krɔs] *n* croix *f*; (*Biol*) croisement *m* ▶ *vt* (*street etc*) traverser; (*arms, legs, Biol*) croiser; (*cheque*) barrer ▶ *adj* en colère, fâché(e) • **cross off** • **cross out** *vt* barrer, rayer • **cross over** *vi* traverser • **cross-Channel ferry** ['krɔs'tʃænl-] *n* ferry *m* qui fait la traversée de la Manche • **cross-country (race)** *n* cross(-country) *m* • **crossing** *n* (*sea passage*) traversée *f*; (*also*: **pedestrian crossing**) passage clouté; **how long does the crossing take?** combien de temps dure la traversée? • **crossing guard** *n* (US) *contractuel qui fait traverser la rue aux enfants* • **crossroads** *n* carrefour *m* • **crosswalk** *n* (US) passage clouté • **crossword** *n* mots *mpl* croisés
crotch [krɔtʃ] *n* (*of garment*) entrejambe *m*; (*Anat*) entrecuisse *m*
crouch [krautʃ] *vi* s'accroupir; (*hide*) se tapir; (*before springing*) se ramasser
crouton ['kru:tɔn] *n* croûton *m*
crow [krəu] *n* (*bird*) corneille *f*; (*of cock*) chant *m* du coq, cocorico *m* ▶ *vi* (*cock*) chanter
crowd [kraud] *n* foule *f* ▶ *vt* bourrer, remplir ▶ *vi* affluer, s'attrouper, s'entasser • **crowded** *adj* bondé(e)
crowdfunding ['kraudfʌndɪŋ] *n* crowdfunding *m*, financement participatif
crown [kraun] *n* couronne *f*; (*of head*) sommet *m* de la tête; (*of hill*) sommet *m* ▶ *vt* (*also tooth*) couronner • **crown jewels** *npl* joyaux *mpl* de la Couronne
crucial ['kru:ʃl] *adj* crucial(e), décisif(-ive)
crucifix ['kru:sɪfɪks] *n* crucifix *m*
crude [kru:d] *adj* (*materials*) brut(e); non raffiné(e); (*basic*) rudimentaire, sommaire; (*vulgar*) cru(e), grossier(-ière) ▶ *n* (*also*: **~ oil**) (pétrole *m*) brut *m*
cruel ['kruəl] *adj* cruel(le) • **cruelty** *n* cruauté *f*
cruise [kru:z] *n* croisière *f* ▶ *vi* (*ship*) croiser; (*car*) rouler; (*aircraft*) voler
crumb [krʌm] *n* miette *f*
crumble ['krʌmbl] *vt* émietter ▶ *vi* (*plaster etc*) s'effriter; (*land, earth*) s'ébouler; (*building*) s'écrouler, crouler; (*fig*) s'effondrer
crumpet ['krʌmpɪt] *n* petite crêpe (épaisse)
crumple ['krʌmpl] *vt* froisser, friper
crunch [krʌntʃ] *vt* croquer; (*underfoot*) faire craquer, écraser; faire crisser ▶ *n* (*fig*) instant *m* or moment *m* critique, moment de vérité • **crunchy** *adj* croquant(e), croustillant(e)

sh [krʌʃ] *n (crowd)* foule *f*, hue *f*; *(love)*: **to have a ~ on sb** oir le béguin pour qn; *(drink)*: **mon ~** citron pressé ▸ *vt* raser; *(crumple)* froisser; *(grind, eak up: garlic, ice)* piler; *(: grapes)* esser; *(hopes)* anéantir
'st [krʌst] *n* croûte *f* • **crusty** *j (bread)* croustillant(e); *(inf: rson)* revêche, bourru(e)
tch [krʌtʃ] *n* béquille *f*; *(of rment)* entrejambe *m*; *(Anat)* trecuisse *m*
' [kraɪ] *vi* pleurer; *(shout: also: out)* crier ▸ *n* cri *m* • **cry out** *vi* ıll out, shout)* pousser un cri ▸ *vt* 'er
stal ['krɪstl] *n* cristal *m*
ɔ [kʌb] *n* petit *m (d'un animal)*; *'so*: **~ scout**) louveteau *m*
ba ['kju:bə] *n* Cuba *m*
ɔe [kju:b] *n* cube *m* ▸ *vt (Math)* ever au cube
ɔicle ['kju:bɪkl] *n (in hospital)* ›x *m*; *(at pool)* cabine *f*
:koo ['kuku:] *n* coucou *m*
:umber ['kju:kʌmbəʳ] *n* ncombre *m*
ldle ['kʌdl] *vt* câliner, caresser *vi* se blottir l'un contre l'autre
: [kju:] *n* queue *f* de billard; *heat etc)* signal *m*
ff [kʌf] *n* (BRIT: *of shirt, coat etc*) ›ignet *m*, manchette *f*; *(US: on* ›users)* revers *m*; *(blow)* gifle *f*; **f the ~** *adv* à l'improviste
:ufflinks *n* boutons *m* de anchette
sine [kwɪ'zi:n] *n* cuisine *f*
-de-sac ['kʌldəsæk] *n* l-de-sac *m*, impasse *f*
l [kʌl] *vt* sélectionner ▸ *n* *animals)* abattage sélectif

culminate ['kʌlmɪneɪt] *vi*: **to ~ in** finir *or* se terminer par; *(lead to)* mener à
culprit ['kʌlprɪt] *n* coupable *m/f*
cult [kʌlt] *n* culte *m*
cultivate ['kʌltɪveɪt] *vt* cultiver
cultural ['kʌltʃərəl] *adj* culturel(le)
culture ['kʌltʃəʳ] *n* culture *f*
cumin ['kʌmɪn] *n (spice)* cumin *m*
cunning ['kʌnɪŋ] *n* ruse *f*, astuce *f* ▸ *adj* rusé(e), malin(-igne); *(clever: device, idea)* astucieux(-euse)
cup [kʌp] *n* tasse *f*; *(prize, event)* coupe *f*; *(of bra)* bonnet *m*
cupboard ['kʌbəd] *n* placard *m*
cup final *n* (BRIT *Football*) finale *f* de la coupe
curator [kjuə'reɪtəʳ] *n* conservateur *m (d'un musée etc)*
curb [kə:b] *vt* refréner, mettre un frein à ▸ *n (fig)* frein *m*; (US) bord *m* du trottoir
curdle ['kə:dl] *vi* (se) cailler
cure [kjuəʳ] *vt* guérir; *(Culin: salt)* saler; *(: smoke)* fumer; *(: dry)* sécher ▸ *n* remède *m*
curfew ['kə:fju:] *n* couvre-feu *m*
curiosity [kjuərɪ'ɔsɪtɪ] *n* curiosité *f*
curious ['kjuərɪəs] *adj* curieux(-euse); **I'm ~ about him** il m'intrigue
curl [kə:l] *n* boucle *f* (de cheveux) ▸ *vt, vi* boucler; *(tightly)* friser • **curl up** *vi* s'enrouler; *(person)* se pelotonner • **curler** *n* bigoudi *m*, rouleau *m* • **curly** *adj* bouclé(e); *(tightly curled)* frisé(e)
currant ['kʌrnt] *n* raisin *m* de Corinthe, raisin sec; *(fruit)* groseille *f*

C

currency ['kʌrnsɪ] *n* monnaie *f*; **to gain ~** (*fig*) s'accréditer
current ['kʌrnt] *n* courant *m* ▸ *adj* (*common*) courant(e); (*tendency, price, event*) actuel(le) • **current account** *n* (BRIT) compte courant • **current affairs** *npl* (questions *fpl* d')actualité *f* • **currently** *adv* actuellement
curriculum (*pl* **curriculums** *or* **curricula**) [kə'rɪkjuləm, -lə] *n* programme *m* d'études • **curriculum vitae** [-'vi:taɪ] *n* curriculum vitae (CV) *m*
curry ['kʌrɪ] *n* curry *m* ▸ *vt*: **to ~ favour with** chercher à gagner la faveur *or* à s'attirer les bonnes grâces de • **curry powder** *n* poudre *f* de curry
curse [kə:s] *vi* jurer, blasphémer ▸ *vt* maudire ▸ *n* (*spell*) malédiction *f*; (*problem, scourge*) fléau *m*; (*swearword*) juron *m*
cursor ['kə:səʳ] *n* (*Comput*) curseur *m*
curt [kə:t] *adj* brusque, sec (sèche)
curtain ['kə:tn] *n* rideau *m*
curve [kə:v] *n* courbe *f*; (*in the road*) tournant *m*, virage *m* ▸ *vi* se courber; (*road*) faire une courbe • **curved** *adj* courbe
cushion ['kuʃən] *n* coussin *m* ▸ *vt* (*fall, shock*) amortir
custard ['kʌstəd] *n* (*for pouring*) crème anglaise
custody ['kʌstədɪ] *n* (*of child*) garde *f*; (*for offenders*): **to take sb into ~** placer qn en détention préventive
custom ['kʌstəm] *n* coutume *f*, usage *m*; (*Comm*) clientèle *f*
customer ['kʌstəməʳ] *n* client(e)
customized ['kʌstəmaɪzd] *adj* personnalisé(e); (*car etc*) construit(e) sur commande
customs ['kʌstəmz] *npl* doua[ne] • **customs officer** *n* douanier
cut [kʌt] (*pt, pp* **cut**) *vt* couper; (*meat*) découper; (*reduce*) rédui[re] ▸ *vi* couper ▸ *n* (*gen*) coupure *f*; [(*of* *clothes*) coupe *f*; (*in salary etc*) réduction *f*; (*of meat*) morceau [*m*]; **to ~ a tooth** percer une dent; [**to** **~ one's finger** se couper le doi[gt]; **to get one's hair ~** se faire cou[per] les cheveux; **I've ~ myself** je m[e] suis coupé • **cut back** *vt* (*plant*[*s*]) tailler; (*production, expenditure*) réduire • **cut down** *vt* (*tree*) abattre; (*reduce*) réduire • **cut o**[**ff**] *vt* couper; (*fig*) isoler • **cut out** (*picture etc*) découper; (*remove*) supprimer • **cut up** *vt* découpe[r] • **cutback** *n* réduction *f*
cute [kju:t] *adj* mignon(ne), adorable
cutlery ['kʌtlərɪ] *n* couverts *m*[*pl*]
cutlet ['kʌtlɪt] *n* côtelette *f*
cut-price ['kʌt'praɪs], (US) **cut-rate** ['kʌt'reɪt] *adj* au rabais, à prix réduit
cutting ['kʌtɪŋ] *adj* (*fig*) cinglant(e) ▸ *n* (BRIT: *from newspaper*) coupure *f* (de journa[l]) (*from plant*) bouture *f*
CV *n abbr* = **curriculum vitae**
cyberbully ['saɪbəbʊlɪ] *n* personne coupable de cyberharcèlement • **cyberbullyi**[**ng**] *n* cyberharcèlement *m*
cyberspace ['saɪbəspeɪs] *n* cyberespace *m*
cycle ['saɪkl] *n* cycle *m*; (*bicycle*) bicyclette *f*, vélo *m* ▸ *vi* faire de [la] bicyclette • **cycle hire** *n* locati[on] de vélos • **cycle lane** • **cycle pa**[**th**] *n* piste *f* cyclable • **cycling** *n* cyclisme *m* • **cyclist** *n* cycliste
cyclone ['saɪkləun] *n* cyclone

nder ['sɪlɪndəʳ] *n* cylindre *m*
bals ['sɪmblz] *npl* cymbales *fpl*
ical ['sɪnɪkl] *adj* cynique
riot ['sɪprɪət] *adj* cypriote, ypriote ▶ *n* Cypriote *m/f*, ypriote *m/f*
rus ['saɪprəs] *n* Chypre *f*
t [sɪst] *n* kyste *m* • **cystitis** s'taɪtɪs] *n* cystite *f*
r [zɑːʳ] *n* tsar *m*
ch [tʃɛk] *adj* tchèque ▶ *n* ièque *m/f*; (*Ling*) tchèque *m*
zech Republic *n*: **the Czech public** la République tchèque

d

D [diː] *n* (*Mus*) ré *m*
dab [dæb] *vt* (*eyes, wound*) tamponner; (*paint, cream*) appliquer (par petites touches *or* rapidement)
dad, daddy [dæd, 'dædɪ] *n* papa *m*
daffodil ['dæfədɪl] *n* jonquille *f*
daft [dɑːft] *adj* (*inf*) idiot(e), stupide
dagger ['dægəʳ] *n* poignard *m*
daily ['deɪlɪ] *adj* quotidien(ne), journalier(-ière) ▶ *adv* tous les jours
dairy ['dɛərɪ] *n* (*shop*) crémerie *f*, laiterie *f*; (*on farm*) laiterie • **dairy produce** *n* produits laitiers
daisy ['deɪzɪ] *n* pâquerette *f*
dam [dæm] *n* (*wall*) barrage *m*; (*water*) réservoir *m*, lac *m* de retenue ▶ *vt* endiguer
damage ['dæmɪdʒ] *n* dégâts *mpl*, dommages *mpl*; (*fig*) tort *m* ▶ *vt* endommager, abîmer; (*fig*) faire du tort à; **damages** *npl* (*Law*) dommages-intérêts *mpl*

damn [dæm] *vt* condamner; (*curse*) maudire ▶ *n* (*inf*): **I don't give a ~** je m'en fous ▶ *adj* (*inf*: *also*: **~ed**): **this ~ …** ce sacré *or* foutu …; **~ (it)!** zut!

damp [dæmp] *adj* humide ▶ *n* humidité *f* ▶ *vt* (*also*: **~en**: *cloth, rag*) humecter; (: *enthusiasm etc*) refroidir

dance [dɑːns] *n* danse *f*; (*ball*) bal *m* ▶ *vi* danser • **dance floor** *n* piste *f* de danse • **dancer** *n* danseur(-euse) • **dancing** *n* danse *f*

dandelion ['dændɪlaɪən] *n* pissenlit *m*

dandruff ['dændrəf] *n* pellicules *fpl*

D & T *n abbr* (BRIT *Scol*) = **design and technology**

Dane [deɪn] *n* Danois(e)

danger ['deɪndʒəʳ] *n* danger *m*; **~!** (*on sign*) danger!; **in ~** en danger; **he was in ~ of falling** il risquait de tomber • **dangerous** *adj* dangereux(-euse)

dangle ['dæŋgl] *vt* balancer ▶ *vi* pendre, se balancer

Danish ['deɪnɪʃ] *adj* danois(e) ▶ *n* (*Ling*) danois *m*

dare [dɛəʳ] *vt*: **to ~ sb to do** défier qn *or* mettre qn au défi de faire ▶ *vi*: **to ~ (to) do sth** oser faire qch; **I ~ say he'll turn up** il est probable qu'il viendra • **daring** *adj* hardi(e), audacieux(-euse) ▶ *n* audace *f*, hardiesse *f*

dark [dɑːk] *adj* (*night, room*) obscur(e), sombre; (*colour, complexion*) foncé(e), sombre ▶ *n*: **in the ~** dans le noir; **to be in the ~ about** (*fig*) ignorer tout de; **after ~** après la tombée de la nuit • **darken** *vt* obscurcir, assombrir ▶ *vi* s'obscurcir, s'assombrir • **darkness** *n* obscurité *f* • **darkroom** *n* chambre noire

darling ['dɑːlɪŋ] *adj*, *n* chéri(e)

dart [dɑːt] *n* fléchette *f*; (*in sew*…) pince *f* ▶ *vi*: **to ~ towards** se précipiter *or* s'élancer vers • **dartboard** *n* cible *f* (de jeu d… fléchettes) • **darts** *n* jeu *m* de fléchettes

dash [dæʃ] *n* (*sign*) tiret *m*; (*sm*… *quantity*) goutte *f*, larme *f* ▶ *vt* (*throw*) jeter *or* lancer violemm… (*hopes*) anéantir ▶ *vi*: **to ~ towards** se précipiter *or* se ruer vers

dashboard ['dæʃbɔːd] *n* (*Aut*) tableau *m* de bord

data ['deɪtə] *npl* données *fpl* • **database** *n* base *f* de donné… • **data processing** *n* traiteme… *m* des données

date [deɪt] *n* date *f*; (*with sb*) rendez-vous *m*; (*fruit*) datte *f* ▶ … dater; (*person*) sortir avec; **~ o…** **birth** date de naissance; **to ~** à ce jour; **out of ~** périmé(e); … **to ~** à la page, mis(e) à jour, moderne • **dated** *adj* démodé

daughter ['dɔːtəʳ] *n* fille *f* • **daughter-in-law** *n* belle-fill… bru *f*

daunting ['dɔːntɪŋ] *adj* décourageant(e), intimidant(…

dawn [dɔːn] *n* aube *f*, aurore *f* ▶ *vi* (*day*) se lever, poindre; **it ~… on him that …** il lui vint à l'esp… que …

day [deɪ] *n* jour *m*; (*as duration*) journée *f*; (*period of time, age*) époque *f*, temps *m*; **the ~ befo…** la veille, le jour précédent; **the ~ after, the following ~** le lendemain, le jour suivant;

e ~ before yesterday
ant-hier; **the ~ after**
morrow après-demain; **by ~**
jour • **day-care centre**
.eɪkɛə-] *n* (*for elderly etc*) centre
d'accueil de jour; (*for children*)
ırderie *f* • **daydream** *vi* rêver
out éveillé) • **daylight** *n*
ımière *f* du) jour *m* • **day return**
BRIT) billet *m* d'aller-retour
ılable pour la journée) • **daytime**
our *m*, journée *f* • **day-to-day**
j (*routine, expenses*)
urnalier(-ière) • **day trip** *n*
cursion *f* (d'une journée)
zed [deɪzd] *adj* abruti(e)
zzle ['dæzl] *vt* éblouir, aveugler
dazzling *adj* (*light*)
euglant(e), éblouissant(e); (*fig*)
louissant(e)
abbr (*Elec*) = **direct current**
ad [dɛd] *adj* mort(e); (*numb*)
ıgourdi(e), insensible; (*battery*) à
at ▸ *adv* (*completely*)
solument, complètement;
xactly) juste; **he was shot ~** il a
é tué d'un coup de revolver;
tired éreinté(e), complètement
urbu(e); **to stop ~** s'arrêter pile
net; **the line is ~** (*Tel*) la ligne
t coupée • **dead end** *n* impasse
deadline *n* date *f* or heure *f*
nite • **deadly** *adj* mortel(le);
eapon) meurtrier(-ière) • **Dead**
ea *n*: **the Dead Sea** la mer
orte
af [dɛf] *adj* sourd(e) • **deafen** *vt*
ndre sourd(e) • **deafening** *adj*
sourdissant(e)
al [di:l] *n* affaire *f*, marché *m*
vt (*pt, pp* **dealt**) (*blow*) porter;
ırds) donner, distribuer; **a great**
of beaucoup de • **deal with** *vt*
s (*handle*) s'occuper *or* se charger
; (*be about*) traiter de • **dealer** *n*
(*Comm*) marchand *m*; (*Cards*)
donneur *m* • **dealings** *npl* (*in goods, shares*) opérations *fpl*, transactions *fpl*; (*relations*) relations *fpl*, rapports *mpl*

dealbreaker ['di:lbreɪkə^r] *n*: **it was a ~** cela a fait capoter l'affaire

dealt [dɛlt] *pt, pp of* **deal**

dean [di:n] *n* (*Rel*, BRIT *Scol*) doyen *m*; (US *Scol*) conseiller principal (conseillère principale) d'éducation

dear [dɪə^r] *adj* cher (chère); (*expensive*) cher, coûteux(-euse) ▸ *n*: **my ~** mon cher (ma chère) ▸ *excl*: **~ me!** mon Dieu!; **D~ Sir/Madam** (*in letter*) Monsieur/Madame; **D~ Mr/Mrs X** Cher Monsieur/Chère Madame X • **dearly** *adv* (*love*) tendrement; (*pay*) cher

death [dɛθ] *n* mort *f*; (*Admin*) décès *m* • **death penalty** *n* peine *f* de mort • **death sentence** *n* condamnation *f* à mort

debate [dɪ'beɪt] *n* discussion *f*, débat *m* ▸ *vt* discuter, débattre

declutter [di:'klʌtər] *vt* désencombrer

debit ['dɛbɪt] *n* débit *m* ▸ *vt*: **to ~ a sum to sb** *or* **to sb's account** porter une somme au débit de qn, débiter qn d'une somme • **debit card** *n* carte *f* de paiement

debris ['dɛbri:] *n* débris *mpl*, décombres *mpl*

debt [dɛt] *n* dette *f*; **to be in ~** avoir des dettes, être endetté(e)

debug [di:'bʌg] *vt* (*Comput*) déboguer

debut ['deɪbju:] *n* début(s) *m*(*pl*)

Dec. *abbr* (= *December*) déc

decade ['dɛkeɪd] *n* décennie *f*, décade *f*

decaffeinated [dɪ'kæfɪneɪtɪd] *adj* décaféiné(e)
decay [dɪ'keɪ] *n* (*of food, wood etc*) décomposition *f*, pourriture *f*; (*of building*) délabrement *m*; (*also*: **tooth ~**) carie *f* (dentaire) ▶ *vi* (*rot*) se décomposer, pourrir; (*teeth*) se carier
deceased [dɪ'si:st] *n*: **the ~** le (la) défunt(e)
deceit [dɪ'si:t] *n* tromperie *f*, supercherie *f* • **deceive** [dɪ'si:v] *vt* tromper
December [dɪ'sɛmbəʳ] *n* décembre *m*
decency ['di:sənsɪ] *n* décence *f*
decent ['di:sənt] *adj* (*proper*) décent(e), convenable
deception [dɪ'sɛpʃən] *n* tromperie *f*
deceptive [dɪ'sɛptɪv] *adj* trompeur(-euse)
decide [dɪ'saɪd] *vt* (*subj*: *person*) décider; (*question, argument*) trancher, régler ▶ *vi* se décider, décider; **to ~ to do/that** décider de faire/que; **to ~ on** décider, se décider pour
decimal ['dɛsɪməl] *adj* décimal(e) ▶ *n* décimale *f*
decision [dɪ'sɪʒən] *n* décision *f*
decisive [dɪ'saɪsɪv] *adj* décisif(-ive); (*manner, person*) décidé(e), catégorique
deck [dɛk] *n* (*Naut*) pont *m*; (*of cards*) jeu *m*; (*record deck*) platine *f*; (*of bus*): **top ~** impériale *f* • **deckchair** *n* chaise longue
declaration [dɛklə'reɪʃən] *n* déclaration *f*
declare [dɪ'klɛəʳ] *vt* déclarer
decline [dɪ'klaɪn] *n* (*decay*) déclin *m*; (*lessening*) baisse *f* ▶ *vt* refuser, décliner ▶ *vi* décliner; (*business*) baisser
declutter [di:'klʌtər] *vt* désencombrer
decorate ['dɛkəreɪt] *vt* (*adorn, give a medal to*) décorer; (*paint a paper*) peindre et tapisser • **decoration** [dɛkə'reɪʃən] *n* (*medal etc, adornment*) décorati… • **decorator** *n* peintre *m* en bâtiment
decrease *n* ['di:kri:s] diminuti… *f* ▶ *vt, vi* [di:'kri:s] diminuer
decree [dɪ'kri:] *n* (*Pol, Rel*) décr… *m*; (*Law*) arrêt *m*, jugement *m*
dedicate ['dɛdɪkeɪt] *vt* consac… (*book etc*) dédier • **dedicated** *a…* (*person*) dévoué(e); (*Comput*) spécialisé(e), dédié(e); **dedica… word processor** station *f* de traitement de texte • **dedicati…** [dɛdɪ'keɪʃən] *n* (*devotion*) dévouement *m*; (*in book*) dédicace *f*
deduce [dɪ'dju:s] *vt* déduire, conclure
deduct [dɪ'dʌkt] *vt*: **to ~ sth (from)** déduire qch (de), retrancher qch (de) • **deductio…** [dɪ'dʌkʃən] *n* (*deducting, deduci…*) déduction *f*; (*from wage etc*) prélèvement *m*, retenue *f*
deed [di:d] *n* action *f*, acte *m*; (*Law*) acte notarié, contrat *m*
deem [di:m] *vt* (*formal*) juger, estimer
deep [di:p] *adj* profond(e); (*voi…*) grave ▶ *adv*: **spectators stoo… 20 ~** il y avait 20 rangs de spectateurs; **4 metres ~** de 4 mètres de profondeur; **how ~ … the water?** l'eau a quelle profondeur? • **deep-fry** *vt* fair… frire (dans une friteuse) • **deep…** *adv* profondément; (*regret, interested*) vivement

r [dɪəʳ] *n* (*pl inv*): **(red) ~** cerf **(fallow) ~** daim *m*; **(roe) ~** evreuil *m*
ault [dɪ'fɔ:lt] *n* (*Comput*: *also*: *value*) valeur *f* par défaut; **by ~** *w*) par défaut, par contumace; *ort*) par forfait
eat [dɪ'fi:t] *n* défaite *f* ▸ *vt* *am, opponents*) battre
ect *n* ['di:fɛkt] défaut *m* ▸ *vi* 'fɛkt]: **to ~ to the enemy/the est** passer à l'ennemi/l'Ouest
lefective [dɪ'fɛktɪv] *adj* fectueux(-euse)
ence, (*US*) **defense** [dɪ'fɛns] léfense *f*
end [dɪ'fɛnd] *vt* défendre
lefendant *n* fendeur(-deresse); (*in criminal se*) accusé(e), prévenu(e)
lefender *n* défenseur *m*
ense [dɪ'fɛns] *n* (*US*) = **defence**
ensive [dɪ'fɛnsɪv] *adj* fensif(-ive) ▸ *n*: **on the ~** sur la fensive
er [dɪ'fə:ʳ] *vt* (*postpone*) différer, ɔurner
iance [dɪ'faɪəns] *n* défi *m*; **in of** au mépris de • **defiant** 'faɪənt] *adj* provocant(e), de fi; (*person*) rebelle, intraitable
iciency [dɪ'fɪʃənsɪ] *n* (*lack*) suffisance *f*; (: *Med*) carence *f*; (*flaw*) blesse *f* • **deficient** [dɪ'fɪʃənt] *(inadequate)* insuffisant(e); **to deficient in** manquer de
icit ['dɛfɪsɪt] *n* déficit *m*
ine [dɪ'faɪn] *vt* définir
inite ['dɛfɪnɪt] *adj* (*fixed*) fini(e), (bien) déterminé(e); *ear, obvious*) net(te), manifeste; *rtain*) sûr(e); **he was ~ about it** été catégorique • **definitely** *v* sans aucun doute

definition [dɛfɪ'nɪʃən] *n* définition *f*; (*clearness*) netteté *f*
deflate [di:'fleɪt] *vt* dégonfler
deflect [dɪ'flɛkt] *vt* détourner, faire dévier
defraud [dɪ'frɔ:d] *vt*: **to ~ sb of sth** escroquer qch à qn
defriend [di:'frɛnd] *vt* (*Internet*) supprimer de sa liste d'amis
defrost [di:'frɔst] *vt* (*fridge*) dégivrer; (*frozen food*) décongeler
defuse [di:'fju:z] *vt* désamorcer
defy [dɪ'faɪ] *vt* défier; (*efforts etc*) résister à; **it defies description** cela défie toute description
degree [dɪ'gri:] *n* degré *m*; (*Scol*) diplôme *m* (universitaire); **a (first) ~ in maths** (*BRIT*) une licence en maths; **by ~s** (*gradually*) par degrés; **to some ~** jusqu'à un certain point, dans une certaine mesure
dehydrated [di:haɪ'dreɪtɪd] *adj* déshydraté(e); (*milk, eggs*) en poudre
de-icer ['di:'aɪsəʳ] *n* dégivreur *m*
delay [dɪ'leɪ] *vt* retarder; (*payment*) différer ▸ *vi* s'attarder ▸ *n* délai *m*, retard *m*; **to be ~ed** être en retard
delegate *n* ['dɛlɪgɪt] délégué(e) ▸ *vt* ['dɛlɪgeɪt] déléguer
delete [dɪ'li:t] *vt* rayer, supprimer; (*Comput*) effacer
deli ['dɛlɪ] *n* épicerie fine
deliberate *adj* [dɪ'lɪbərɪt] (*intentional*) délibéré(e); (*slow*) mesuré(e) ▸ *vi* [dɪ'lɪbəreɪt] délibérer, réfléchir • **deliberately** *adv* (*on purpose*) exprès, délibérément
delicacy ['dɛlɪkəsɪ] *n* délicatesse *f*; (*choice food*) mets fin *or* délicat, friandise *f*

d

delicate ['dɛlɪkɪt] *adj* délicat(e)
delicatessen [dɛlɪkə'tɛsn] *n* épicerie fine
delicious [dɪ'lɪʃəs] *adj* délicieux(-euse)
delight [dɪ'laɪt] *n* (grande) joie, grand plaisir ▸ *vt* enchanter; **she's a ~ to work with** c'est un plaisir de travailler avec elle; **to take ~ in** prendre grand plaisir à • **delighted** *adj*: **delighted (at** *or* **with sth)** ravi(e) (de qch); **to be delighted to do sth/that** être enchanté(e) *or* ravi(e) de faire qch/que • **delightful** *adj* (*person*) adorable; (*meal, evening*) merveilleux(-euse)
delinquent [dɪ'lɪŋkwənt] *adj, n* délinquant(e)
deliver [dɪ'lɪvə^r] *vt* (*mail*) distribuer; (*goods*) livrer; (*message*) remettre; (*speech*) prononcer; (*Med: baby*) mettre au monde • **delivery** *n* (*of mail*) distribution *f*; (*of goods*) livraison *f*; (*of speaker*) élocution *f*; (*Med*) accouchement *m*; **to take delivery of** prendre livraison de
delusion [dɪ'lu:ʒən] *n* illusion *f*
de luxe [də'lʌks] *adj* de luxe
delve [dɛlv] *vi*: **to ~ into** fouiller dans
demand [dɪ'mɑ:nd] *vt* réclamer, exiger ▸ *n* exigence *f*; (*claim*) revendication *f*; (*Econ*) demande *f*; **in ~** demandé(e), recherché(e); **on ~** sur demande • **demanding** *adj* (*person*) exigeant(e); (*work*) astreignant(e)

> ⚠ Be careful not to translate *to demand* by the French word *demander*.

demise [dɪ'maɪz] *n* décès *m*
demo ['dɛməu] *n abbr* (*inf*: = *demonstration*) (*protest*) mani[...] (*Comput*) démonstration *f*
democracy [dɪ'mɔkrəsɪ] *n* démocratie *f* • **democrat** ['dɛməkræt] *n* démocrate *m/f* • **democratic** [dɛmə'krætɪk] démocratique
demolish [dɪ'mɔlɪʃ] *vt* démoli[...]
demolition [dɛmə'lɪʃən] *n* démolition *f*
demon ['di:mən] *n* démon *m*
demonstrate ['dɛmənstreɪt[...] démontrer, prouver; (*show*) faire une démonstration de ▸ *vi*: **to ~ (for/against)** manifester (en faveur de/contre) • **demonstration** [dɛmən'streɪʃən] *n* démonstration *f*; (*Pol etc*) manifestation *f* • **demonstrat[...]** *n* (*Pol etc*) manifestant(e)
demote [dɪ'məut] *vt* rétrogra[...]
den [dɛn] *n* (*of lion*) tanière *f*; (*room*) repaire *m*
denial [dɪ'naɪəl] *n* (*of accusatio[...]*) démenti *m*; (*of rights, guilt, trut[...]*) dénégation *f*
denim ['dɛnɪm] *n* jean *m*; **den[...]** *npl* (blue-)jeans *mpl*
Denmark ['dɛnmɑ:k] *n* Danemark *m*
denomination [dɪnɔmɪ'neɪʃ[...] *n* (*money*) valeur *f*; (*Rel*) confession *f*
denounce [dɪ'nauns] *vt* dénoncer
dense [dɛns] *adj* dense; (*inf*: *stupid*) obtus(e)
density ['dɛnsɪtɪ] *n* densité *f*
dent [dɛnt] *n* bosse *f* ▸ *vt* (*also*: **make a ~ in**) cabosser
dental ['dɛntl] *adj* dentaire • **dental floss** [-flɔs] *n* fil *m*

ntaire • **dental surgery** *n*
binet *m* de dentiste
tist ['dɛntɪst] *n* dentiste *m/f*
tures ['dɛntʃəz] *npl* dentier *msg*
y [dɪ'naɪ] *vt* nier; (*refuse*)
user
dorant [di:'əudərənt] *n*
odorant *m*
art [dɪ'pɑ:t] *vi* partir; **to**
rom (*fig: differ from*) s'écarter de
artment [dɪ'pɑ:tmənt] *n*
mm) rayon *m*; (*Scol*) section *f*;
l) ministère *m*, département *m*
lepartment store *n* grand
agasin
arture [dɪ'pɑ:tʃə^r] *n* départ
a new ~ une nouvelle voie
leparture lounge *n* salle *f* de
part
end [dɪ'pɛnd] *vi*: **to ~ (up)on**
pendre de; (*rely on*) compter sur;
-s cela dépend; **~ing on the**
sult ... selon le résultat ...
lependant *n* personne *f* à
arge • **dependent** *adj*: **to be**
pendent (on) dépendre (de)
= **dependant**
ict [dɪ'pɪkt] *vt* (*in picture*)
résenter; (*in words*)
)peindre, décrire
ort [dɪ'pɔ:t] *vt* déporter,
ulser
osit [dɪ'pɔzɪt] *n* (*Chem, Comm,*
) dépôt *m*; (*of ore, oil*) gisement
(*part payment*) arrhes *fpl*,
ompte *m*; (*on bottle etc*)
nsigne *f*; (*for hired goods etc*)
utionnement *m*, garantie *f* ▸ *vt*
poser • **deposit account** *n*
mpte *m* sur livret
ot ['dɛpəu] *n* dépôt *m*; (*US Rail*)
re *f*
reciate [dɪ'pri:ʃɪeɪt] *vi* se
précier, se dévaloriser

depress [dɪ'prɛs] *vt* déprimer; (*press down*) appuyer sur, abaisser; (*wages etc*) faire baisser • **depressed** *adj* (*person*) déprimé(e); (*area*) en déclin, touché(e) par le sous-emploi • **depressing** *adj* déprimant(e) • **depression** [dɪ'prɛʃən] *n* dépression *f*

deprive [dɪ'praɪv] *vt*: **to ~ sb of** priver qn de • **deprived** *adj* déshérité(e)

dept. *abbr* (= *department*) dép, dépt

depth [dɛpθ] *n* profondeur *f*; **to be in the ~s of despair** être au plus profond du désespoir; **to be out of one's ~** (BRIT: *swimmer*) ne plus avoir pied; (*fig*) être dépassé(e), nager

deputy ['dɛpjutɪ] *n* (*second in command*) adjoint(e); (*Pol*) député *m*; (*US: also*: **~ sheriff**) shérif adjoint ▸ *adj*: **~ head** (*Scol*) directeur(-trice) adjoint(e), sous-directeur(-trice)

derail [dɪ'reɪl] *vt*: **to be ~ed** dérailler

derelict ['dɛrɪlɪkt] *adj* abandonné(e), à l'abandon

derive [dɪ'raɪv] *vt*: **to ~ sth from** tirer qch de; trouver qch dans ▸ *vi*: **to ~ from** provenir de, dériver de

descend [dɪ'sɛnd] *vt, vi* descendre; **to ~ from** descendre de, être issu(e) de; **to ~ to** s'abaisser à • **descendant** *n* descendant(e) • **descent** *n* descente *f*; (*origin*) origine *f*

describe [dɪs'kraɪb] *vt* décrire • **description** [dɪs'krɪpʃən] *n* description *f*; (*sort*) sorte *f*, espèce *f*

desert *n* ['dɛzət] désert *m* ▸ *vt* [dɪ'zə:t] déserter, abandonner

d

▶ *vi* (*Mil*) déserter • **deserted** [dɪ'zəːtɪd] *adj* désert(e)

deserve [dɪ'zəːv] *vt* mériter

design [dɪ'zaɪn] *n* (*sketch*) plan *m*, dessin *m*; (*layout, shape*) conception *f*, ligne *f*; (*pattern*) dessin, motif(s) *m*(*pl*); (*of dress, car*) modèle *m*; (*art*) design *m*, stylisme *m*; (*intention*) dessein *m* ▶ *vt* dessiner; (*plan*) concevoir • **design and technology** *n* (BRIT *Scol*) technologie *f*

designate *vt* ['dɛzɪgneɪt] désigner ▶ *adj* ['dɛzɪgnɪt] désigné(e)

designer [dɪ'zaɪnəʳ] *n* (*Archit, Art*) dessinateur(-trice); (*Industry*) concepteur *m*, designer *m*; (*Fashion*) styliste *m/f*

desirable [dɪ'zaɪərəbl] *adj* (*property, location, purchase*) attrayant(e)

desire [dɪ'zaɪəʳ] *n* désir *m* ▶ *vt* désirer, vouloir

desk [dɛsk] *n* (*in office*) bureau *m*; (*for pupil*) pupitre *m*; (BRIT: *in shop, restaurant*) caisse *f*; (*in hotel, at airport*) réception *f* • **desk-top publishing** ['dɛsktɔp-] *n* publication assistée par ordinateur, PAO *f*

despair [dɪs'pɛəʳ] *n* désespoir *m* ▶ *vi*: **to ~ of** désespérer de

despatch [dɪs'pætʃ] *n, vt* = **dispatch**

desperate ['dɛspərɪt] *adj* désespéré(e); (*fugitive*) prêt(e) à tout; **to be ~ for sth/to do sth** avoir désespérément besoin de qch/de faire qch • **desperately** *adv* désespérément; (*very*) terriblement, extrêmement • **desperation** [dɛspə'reɪʃən] *n* désespoir *m*; **in (sheer) desperation** en désespoir de cause

despise [dɪs'paɪz] *vt* mépriser

despite [dɪs'paɪt] *prep* malgré dépit de

dessert [dɪ'zəːt] *n* dessert *m* • **dessertspoon** *n* cuiller *f* à des

destination [dɛstɪ'neɪʃən] *n* destination *f*

destined ['dɛstɪnd] *adj*: **~ for London** à destination de Lond

destiny ['dɛstɪnɪ] *n* destinée *f* destin *m*

destroy [dɪs'trɔɪ] *vt* détruire; (*injured horse*) abattre; (*dog*) fai piquer

destruction [dɪs'trʌkʃən] *n* destruction *f*

destructive [dɪs'trʌktɪv] *adj* destructeur(-trice)

detach [dɪ'tætʃ] *vt* détacher • **detached** *adj* (*attitude*) détaché(e) • **detached house** pavillon *m* maison(nette) (individuelle)

detail ['diːteɪl] *n* détail *m* ▶ *vt* raconter en détail, énumérer; en détail • **detailed** *adj* détaill

detain [dɪ'teɪn] *vt* retenir; (*in captivity*) détenir

detect [dɪ'tɛkt] *vt* déceler, percevoir; (*Med, Police*) dépiste (*Mil, Radar, Tech*) détecter • **detection** [dɪ'tɛkʃən] *n* découverte *f* • **detective** *n* policier *m*; **private detective** détective privé • **detective st** *n* roman policier

detention [dɪ'tɛnʃən] *n* détention *f*; (*Scol*) retenue *f*, consigne *f*

deter [dɪ'təːʳ] *vt* dissuader

detergent [dɪ'təːdʒənt] *n* détersif *m*, détergent *m*

riorate [dɪ'tɪərɪəreɪt] *vi* se
ériorer, se dégrader
rmination [dɪtə:mɪ'neɪʃən]
étermination *f*
rmine [dɪ'tə:mɪn] *vt*
erminer; **to ~ to do** résoudre
aire, se déterminer à faire
etermined *adj* (*person*)
erminé(e), décidé(e);
ermined to do bien décidé
ire
rrent [dɪ'tɛrənt] *n* effet *m* de
suasion; force *f* de dissuasion
st [dɪ'tɛst] *vt* détester, avoir
reur de
ur ['di:tuə^r] *n* détour *m*;
Aut: diversion) déviation *f*
x ['di:tɔks] *n* détox *f*
act [dɪ'trækt] *vt*: **to ~ from**
ality, pleasure) diminuer;
utation) porter atteinte à
imental [dɛtrɪ'mɛntl] *adj*:
préjudiciable *or* nuisible à
astating ['dɛvəsteɪtɪŋ] *adj*
astateur(-trice); (*news*)
ablant(e)
elop [dɪ'vɛləp] *vt* (*gen*)
elopper; (*disease*) commencer
uffrir de; (*resources*) mettre en
eur, exploiter; (*land*) aménager
se développer; (*situation,*
ase: evolve) évoluer; (*facts,*
ptoms: appear) se manifester,
roduire; **can you ~ this film?**
vez-vous développer cette
icule? • **developing country** *n*
s *m* en voie de développement
evelopment *n* développement
of land) exploitation *f*; (*new*
, event) rebondissement *m*,
(s) nouveau(x)
ce [dɪ'vaɪs] *n* (*apparatus*)
areil *m*, dispositif *m*
l ['dɛvl] *n* diable *m*; démon *m*

devious ['di:vɪəs] *adj* (*person*)
sournois(e), dissimulé(e)
devise [dɪ'vaɪz] *vt* imaginer,
concevoir
devote [dɪ'vəut] *vt*: **to ~ sth to**
consacrer qch à • **devoted** *adj*
dévoué(e); **to be devoted to** être
dévoué(e) *or* très attaché(e) à;
(*book etc*) être consacré(e) à
• **devotion** *n* dévouement *m*,
attachement *m*; (*Rel*) dévotion *f*,
piété *f*
devour [dɪ'vauə^r] *vt* dévorer
devout [dɪ'vaut] *adj* pieux(-euse)
dew [dju:] *n* rosée *f*
diabetes [daɪə'bi:ti:z] *n* diabète *m*
diabetic [daɪə'bɛtɪk] *n* diabétique
m/f ▸ *adj* (*person*) diabétique
diagnose [daɪəg'nəuz] *vt*
diagnostiquer
diagnosis (*pl* **diagnoses**)
[daɪəg'nəusɪs, -si:z] *n*
diagnostic *m*
diagonal [daɪ'ægənl] *adj*
diagonal(e) ▸ *n* diagonale *f*
diagram ['daɪəgræm] *n*
diagramme *m*, schéma *m*
dial ['daɪəl] *n* cadran *m* ▸ *vt*
(*number*) faire, composer
dialect ['daɪəlɛkt] *n* dialecte *m*
dialling code ['daɪəlɪŋ-], (US)
dial code *n* indicatif *m*
(téléphonique); **what's the ~ for**
Paris? quel est l'indicatif de Paris?
dialling tone ['daɪəlɪŋ-], (US)
dial tone *n* tonalité *f*
dialogue, (US) **dialog** ['daɪəlɔg]
n dialogue *m*
diameter [daɪ'æmɪtə^r] *n*
diamètre *m*
diamond ['daɪəmənd] *n* diamant
m; (*shape*) losange *m*; **diamonds**
npl (*Cards*) carreau *m*
diaper ['daɪəpə^r] *n* (US) couche *f*

diarrhoea, (US) **diarrhea** [daɪə'riːə] *n* diarrhée *f*
diary ['daɪərɪ] *n* (*daily account*) journal *m*; (*book*) agenda *m*
dice [daɪs] *n* (*pl inv*) dé *m* ▶ *vt* (*Culin*) couper en dés *or* en cubes
dictate *vt* [dɪk'teɪt] dicter • **dictation** [dɪk'teɪʃən] *n* dictée *f*
dictator [dɪk'teɪtə^r] *n* dictateur *m*
dictionary ['dɪkʃənrɪ] *n* dictionnaire *m*
did [dɪd] *pt of* **do**
didn't [dɪdnt] = **did not**
die [daɪ] *vi* mourir; **to be dying for sth** avoir une envie folle de qch; **to be dying to do sth** mourir d'envie de faire qch • **die down** *vi* se calmer, s'apaiser • **die out** *vi* disparaître, s'éteindre
diesel ['diːzl] *n* (*vehicle*) diesel *m*; (*also*: **~ oil**) carburant *m* diesel, gas-oil *m*
diet ['daɪət] *n* alimentation *f*; (*restricted food*) régime *m* ▶ *vi* (*also*: **be on a ~**) suivre un régime
differ ['dɪfə^r] *vi*: **to ~ from sth** (*be different*) être différent(e) de qch, différer de qch; **to ~ from sb over sth** ne pas être d'accord avec qn au sujet de qch • **difference** *n* différence *f*; (*quarrel*) différend *m*, désaccord *m* • **different** *adj* différent(e) • **differentiate** [dɪfə'rɛnʃɪeɪt] *vi*: **to differentiate between** faire une différence entre • **differently** *adv* différemment
difficult ['dɪfɪkəlt] *adj* difficile • **difficulty** *n* difficulté *f*
dig [dɪg] *vt* (*pt, pp* **dug**) (*hole*) creuser; (*garden*) bêcher ▶ *n* (*prod*) coup *m* de coude; (*fig: remark*) coup de griffe *or* de patte; (*Archaeology*) fouille *f*; **to ~ one['s] nails into** enfoncer ses ongle[s] dans • **dig up** *vt* déterrer
digest *vt* [daɪ'dʒɛst] digérer ▶ ['daɪdʒɛst] sommaire *m*, résu[mé] *m* • **digestion** [dɪ'dʒɛstʃən] *n* digestion *f*
digit ['dɪdʒɪt] *n* (*number*) chiffr[e] (*de 0 à 9*); (*finger*) doigt *m* • **dig[ital]** *adj* (*system, recording, radio*) numérique (*watch*) à affichag[e] numérique • **digital camera** appareil *m* photo numérique • **digital TV** *n* télévision *f* numérique
dignified ['dɪgnɪfaɪd] *adj* dig[ne]
dignity ['dɪgnɪtɪ] *n* dignité *f*
digs [dɪgz] *npl* (BRIT *inf*) piaul[e], chambre meublée
dilemma [daɪ'lɛmə] *n* dilem[me]
dill [dɪl] *n* aneth *m*
dilute [daɪ'luːt] *vt* diluer
dim [dɪm] *adj* (*light, eyesight*) faible; (*memory, outline*) vague indécis(e); (*room*) sombre; (*inf stupid*) borné(e), obtus(e) ▶ *vt* (*light*) réduire, baisser; (US *Aut*) mettre en code, baisser
dime [daɪm] *n* (US) pièce *f* de 1[0] cents
dimension [daɪ'mɛnʃən] *n* dimension *f*
diminish [dɪ'mɪnɪʃ] *vt, vi* diminuer
din [dɪn] *n* vacarme *m*
dine [daɪn] *vi* dîner • **diner** *n* (*person*) dîneur(-euse); (US: *ea[ting] place*) petit restaurant
dinghy ['dɪŋgɪ] *n* youyou *m*; (*inflatable*) canot *m* pneumati[que]; (*also*: **sailing ~**) voilier *m*, dériveur *m*
dingy ['dɪndʒɪ] *adj* miteux(-e[use]), minable

ing car ['daınıŋ-] *n* (BRIT)
ɪiture-restaurant *f*,
ɜgon-restaurant *m*
ing room ['daınıŋ-] *n* salle *f* à
anger
ing table [daınıŋ-] *n* table *f*
(la) salle à manger
kum ['dıŋkʌm] *adj* (AUST, NZ
ʳ) vrai(e); **fair ~** vrai(e)
ner ['dınəʳ] *n* (*evening meal*)
ner *m*; (*lunch*) déjeuner *m*;
ıblic) banquet *m* • **dinner**
cket *n* smoking *m* • **dinner**
ırty *n* dîner *m* • **dinner time** *n*
vening) heure *f* du dîner; (*midday*)
ure du déjeuner
osaur ['daınəsɔːʳ] *n*
ɪosaure *m*
[dıp] *n* (*slope*) déclivité *f*; (*in sea*)
ıignade *f*, bain *m*; (*Culin*) ≈ sauce
▸ *vt* tremper, plonger; (BRIT *Aut*:
hts) mettre en code, baisser ▸ *vi*
ɔnger
loma [dı'pləumə] *n*
ɔlôme *m*
lomacy [dı'pləuməsı] *n*
ɔlomatie *f*
lomat ['dıpləmæt] *n*
ɔlomate *m* • **diplomatic**
ıplə'mætık] *adj* diplomatique
stick ['dıpstık] *n* (BRIT *Aut*)
ɹge *f* de niveau d'huile
e [daıəʳ] *adj* (*poverty*) extrême;
vful) affreux(-euse)
ect [daı'rɛkt] *adj* direct(e) ▸ *vt*
ll way) diriger, orienter; (*letter*,
nark) adresser; (*Cine*, *TV*) réaliser;
neat) mettre en scène; (*order*):
~ sb to do sth ordonner à qn
faire qch ▸ *adv* directement;
n you ~ me to ...? pouvez-vous
indiquer le chemin de ...?
irect debit *n* (BRIT *Banking*)
élèvement *m* automatique

direction [dı'rɛkʃən] *n* direction *f*; **directions** *npl* (*to a place*) indications *fpl*; **~s for use** mode *m* d'emploi; **sense of ~** sens *m* de l'orientation

directly [dı'rɛktlı] *adv* (*in straight line*) directement, tout droit; (*at once*) tout de suite, immédiatement

director [dı'rɛktəʳ] *n* directeur *m*; (*Theat*) metteur *m* en scène; (*Cine*, *TV*) réalisateur(-trice)

directory [dı'rɛktərı] *n* annuaire *m*; (*Comput*) répertoire *m* • **directory enquiries** • (US) **directory assistance** *n* (*Tel*: *service*) renseignements *mpl*

dirt [dəːt] *n* saleté *f*; (*mud*) boue *f* • **dirty** *adj* sale; (*joke*) cochon(ne) ▸ *vt* salir

disability [dısə'bılıtı] *n* invalidité *f*, infirmité *f*

disabled [dıs'eıbld] *adj* handicapé(e); (*maimed*) mutilé(e)

disadvantage [dısəd'vaːntıdʒ] *n* désavantage *m*, inconvénient *m*

disagree [dısə'griː] *vi* (*differ*) ne pas concorder; (*be against*, *think otherwise*): **to ~ (with)** ne pas être d'accord (avec) • **disagreeable** *adj* désagréable • **disagreement** *n* désaccord *m*, différend *m*

disappear [dısə'pıəʳ] *vi* disparaître • **disappearance** *n* disparition *f*

disappoint [dısə'pɔınt] *vt* décevoir • **disappointed** *adj* déçu(e) • **disappointing** *adj* décevant(e) • **disappointment** *n* déception *f*

disapproval [dısə'pruːvəl] *n* désapprobation *f*

disapprove [dısə'pruːv] *vi*: **to ~ of** désapprouver

d

disarm [dɪs'ɑːm] *vt* désarmer **• disarmament** [dɪs'ɑːməmənt] *n* désarmement *m*
disaster [dɪ'zɑːstəʳ] *n* catastrophe *f*, désastre *m* **• disastrous** *adj* désastreux(-euse)
disbelief ['dɪsbə'liːf] *n* incrédulité *f*
disc [dɪsk] *n* disque *m*; (*Comput*) = **disk**
discard [dɪs'kɑːd] *vt* (*old things*) se débarrasser de; (*fig*) écarter, renoncer à
discharge *vt* [dɪs'tʃɑːdʒ] (*duties*) s'acquitter de; (*waste etc*) déverser; décharger; (*patient*) renvoyer (chez lui); (*employee, soldier*) congédier, licencier ▸ *n* ['dɪstʃɑːdʒ] (*Elec, Med*) émission *f*; (*dismissal*) renvoi *m* licenciement *m*
discipline ['dɪsɪplɪn] *n* discipline *f* ▸ *vt* discipliner; (*punish*) punir
disc jockey *n* disque-jockey *m* (DJ)
disclose [dɪs'kləuz] *vt* révéler, divulguer
disco ['dɪskəu] *n abbr* discothèque *f*
discoloured, (US) **discolored** [dɪs'kʌləd] *adj* décoloré(e), jauni(e)
discomfort [dɪs'kʌmfət] *n* malaise *m*, gêne *f*; (*lack of comfort*) manque *m* de confort
disconnect [dɪskə'nɛkt] *vt* (*Elec, Radio*) débrancher; (*gas, water*) couper
discontent [dɪskən'tɛnt] *n* mécontentement *m*
discontinue [dɪskən'tɪnjuː] *vt* cesser, interrompre; **"~d"** (*Comm*) "fin de série"
discount *n* ['dɪskaunt] remise rabais *m* ▸ *vt* [dɪs'kaunt] (*repo* *etc*) ne pas tenir compte de
discourage [dɪs'kʌrɪdʒ] *vt* décourager
discover [dɪs'kʌvəʳ] *vt* découv **• discovery** *n* découverte *f*
discredit [dɪs'krɛdɪt] *vt* (*idea*) mettre en doute; (*person*) discréditer
discreet [dɪ'skriːt] *adj* discret(-ète)
discrepancy [dɪ'skrɛpənsɪ] *n* divergence *f*, contradiction *f*
discretion [dɪ'skrɛʃən] *n* discrétion *f*; **at the ~ of** à la discrétion de
discriminate [dɪ'skrɪmɪneɪt] **to ~ between** établir une distinction entre, faire la différence entre; **to ~ against** pratiquer une discrimination contre **• discrimination** [dɪskrɪmɪ'neɪʃən] *n* discrimination *f*; (*judgment*) discernement *m*
discuss [dɪ'skʌs] *vt* discuter de (*debate*) discuter **• discussion** [dɪ'skʌʃən] *n* discussion *f*
disease [dɪ'ziːz] *n* maladie *f*
disembark [dɪsɪm'bɑːk] *vt, vi* débarquer
disgrace [dɪs'greɪs] *n* honte *f*; (*disfavour*) disgrâce *f* ▸ *vt* déshonorer, couvrir de honte **• disgraceful** *adj* scandaleux(-euse), honteux(-e
disgruntled [dɪs'grʌntld] *adj* mécontent(e)
disguise [dɪs'gaɪz] *n* déguisement *m* ▸ *vt* déguiser; déguisé(e)
disgust [dɪs'gʌst] *n* dégoût *m*, aversion *f* ▸ *vt* dégoûter, écœu

gusted [dɪs'gʌstɪd] *adj* goûté(e), écœuré(e)
gusting [dɪs'gʌstɪŋ] *adj* goûtant(e)
h [dɪʃ] *n* plat *m*; **to do** *or* **wash e ~es** faire la vaisselle
ishcloth *n* (*for drying*) torchon (*for washing*) lavette *f*
honest [dɪs'ɔnɪst] *adj* alhonnête
htowel ['dɪʃtauəl] *n* (*US*) rchon *m* (à vaisselle)
hwasher ['dɪʃwɔʃəʳ] *n* e-vaisselle *m*
llusion [dɪsɪ'lu:ʒən] *vt* sabuser, désenchanter
nfectant [dɪsɪn'fɛktənt] *n* sinfectant *m*
ntegrate [dɪs'ɪntɪgreɪt] *vi* se sintégrer
k [dɪsk] *n* (*Comput*) disquette *f*; **gle-/double-sided ~** quette une face/double face
isk drive *n* lecteur *m* de quette • **diskette** *n* (*Comput*) quette *f*
ike [dɪs'laɪk] *n* aversion *f*, tipathie *f* ▶ *vt* ne pas aimer
ocate ['dɪsləkeɪt] *vt* loquer, déboîter
oyal [dɪs'lɔɪəl] *adj* déloyal(e)
nal ['dɪzml] *adj* (*gloomy*) ubre, maussade; (*very bad*) entable
nantle [dɪs'mæntl] *vt* monter
nay [dɪs'meɪ] *n* consternation *vt* consterner
niss [dɪs'mɪs] *vt* congédier, voyer; (*idea*) écarter; (*Law*) eter • **dismissal** *n* renvoi *m*
bedient [dɪsə'bi:dɪənt] *adj* obéissant(e), indiscipliné(e)
bey [dɪsə'beɪ] *vt* désobéir à

disorder [dɪs'ɔ:dəʳ] *n* désordre *m*; (*rioting*) désordres *mpl*; (*Med*) troubles *mpl*
disorganized [dɪs'ɔ:gənaɪzd] *adj* désorganisé(e)
disown [dɪs'əun] *vt* renier
dispatch [dɪs'pætʃ] *vt* expédier, envoyer ▶ *n* envoi *m*, expédition *f*; (*Mil, Press*) dépêche *f*
dispel [dɪs'pɛl] *vt* dissiper, chasser
dispense [dɪs'pɛns] *vt* (*medicine*) préparer (et vendre) • **dispense with** *vt fus* se passer de • **dispenser** *n* (*device*) distributeur *m*
disperse [dɪs'pə:s] *vt* disperser ▶ *vi* se disperser
display [dɪs'pleɪ] *n* (*of goods*) étalage *m*; affichage *m*; (*Comput: information*) visualisation *f*; (*: device*) visuel *m*; (*of feeling*) manifestation *f* ▶ *vt* montrer; (*goods*) mettre à l'étalage, exposer; (*results, departure times*) afficher; (*pej*) faire étalage de
displease [dɪs'pli:z] *vt* mécontenter, contrarier
disposable [dɪs'pəuzəbl] *adj* (*pack etc*) jetable; (*income*) disponible
disposal [dɪs'pəuzl] *n* (*of rubbish*) évacuation *f*, destruction *f*; (*of property etc: by selling*) vente *f*; (*: by giving away*) cession *f*; **at one's ~** à sa disposition
dispose [dɪs'pəuz] *vi*: **to ~ of** (*unwanted goods*) se débarrasser de, se défaire de; (*problem*) expédier • **disposition** [dɪspə'zɪʃən] *n* disposition *f*; (*temperament*) naturel *m*
disproportionate [dɪsprə'pɔ:ʃənət] *adj* disproportionné(e)

dispute [dɪs'pju:t] *n* discussion *f*; (*also*: **industrial ~**) conflit *m* ▶ *vt* (*question*) contester; (*matter*) discuter
disqualify [dɪs'kwɔlɪfaɪ] *vt* (*Sport*) disqualifier; **to ~ sb for sth/from doing** rendre qn inapte à qch/à faire
disregard [dɪsrɪ'gɑ:d] *vt* ne pas tenir compte de
disrupt [dɪs'rʌpt] *vt* (*plans, meeting, lesson*) perturber, déranger • **disruption** [dɪs'rʌpʃən] *n* perturbation *f*, dérangement *m*
dissatisfaction [dɪssætɪs'fækʃən] *n* mécontentement *m*, insatisfaction *f*
dissatisfied [dɪs'sætɪsfaɪd] *adj*: **~ (with)** insatisfait(e) (de)
dissect [dɪ'sɛkt] *vt* disséquer
dissent [dɪ'sɛnt] *n* dissentiment *m*, différence *f* d'opinion
dissertation [dɪsə'teɪʃən] *n* (*Scol*) mémoire *m*
dissolve [dɪ'zɔlv] *vt* dissoudre ▶ *vi* se dissoudre, fondre; **to ~ in(to) tears** fondre en larmes
distance ['dɪstns] *n* distance *f*; **in the ~** au loin
distant ['dɪstnt] *adj* lointain(e), éloigné(e); (*manner*) distant(e), froid(e)
distil, (*US*) **distill** [dɪs'tɪl] *vt* distiller • **distillery** *n* distillerie *f*
distinct [dɪs'tɪŋkt] *adj* distinct(e); (*clear*) marqué(e); **as ~ from** par opposition à • **distinction** [dɪs'tɪŋkʃən] *n* distinction *f*; (*in exam*) mention *f* très bien • **distinctive** *adj* distinctif(-ive)
distinguish [dɪs'tɪŋgwɪʃ] *vt* distinguer; **to ~ o.s.** se distinguer • **distinguished** *adj* (*eminent, refined*) distingué(e)
distort [dɪs'tɔ:t] *vt* déformer
distract [dɪs'trækt] *vt* distrai[re], déranger • **distracted** *adj* (*no[t] concentrating*) distrait(e); (*wor[ried]*) affolé(e) • **distraction** [dɪs'trækʃən] *n* distraction *f*
distraught [dɪs'trɔ:t] *adj* éperdu(e)
distress [dɪs'trɛs] *n* détresse *f* ▶ *vt* affliger • **distressing** *adj* douloureux(-euse), pénible
distribute [dɪs'trɪbju:t] *vt* distribuer • **distribution** [dɪstrɪ'bju:ʃən] *n* distribution • **distributor** *n* (*gen, Tech*) distributeur *m*; (*Comm*) concessionnaire *m/f*
district ['dɪstrɪkt] *n* (*of countr[y]*) région *f*; (*of town*) quartier *m*; (*Admin*) district *m* • **district attorney** *n* (*US*) ≈ procureur *m* [de] la République
distrust [dɪs'trʌst] *n* méfianc[e *f*], doute *m* ▶ *vt* se méfier de
disturb [dɪs'tə:b] *vt* troubler; (*inconvenience*) déranger • **disturbance** *n* dérangemen[t *m*]; (*political etc*) troubles *mpl* • **disturbed** *adj* (*worried, upset*) agité(e), troublé(e); **to be emotionally disturbed** avoir des problèmes affectifs • **disturbing** *adj* troublant(e), inquiétant(e)
ditch [dɪtʃ] *n* fossé *m*; (*for irrigation*) rigole *f* ▶ *vt* (*inf*) abandonner; (*person*) plaquer
ditto ['dɪtəu] *adv* idem
dive [daɪv] *n* plongeon *m*; (*of submarine*) plongée *f* ▶ *vi* plong[er]; **to ~ into** (*bag etc*) plonger la m[ain] dans; (*place*) se précipiter dan[s] • **diver** *n* plongeur *m*
diverse [daɪ'və:s] *adj* divers(e)

ersion [daɪ'vəːʃən] *n* (BRIT *Aut*) viation *f*; (*distraction*, *Mil*) 'ersion *f*
ersity [daɪ'vəːsɪtɪ] *n* diversité ariété *f*
ert [daɪ'vəːt] *vt* (BRIT: *traffic*) vier; (*plane*) dérouter; (*train*, er) détourner
ide [dɪ'vaɪd] *vt* diviser; parate) séparer ▶ *vi* se diviser
ivided highway (US) *n* route *f* uatre voies
ne [dɪ'vaɪn] *adj* divin(e)
ng ['daɪvɪŋ] *n* plongée us-marine) • **diving board** *n* ngeoir *m*
sion [dɪ'vɪʒən] *n* division *f*; paration) séparation *f*; (*Comm*) vice *m*
orce [dɪ'vɔːs] *n* divorce *m* ▶ *vt* orcer d'avec • **divorced** *adj* orcé(e) • **divorcee** [dɪvɔː'siː] *n* orcé(e)
adj, *n abbr* (BRIT) = **do-it-urself**
y ['dɪzɪ] *adj*: **I feel ~** la tête me urne, j'ai la tête qui tourne
abbr = **disc jockey**
A *n abbr* (= *deoxyribonucleic acid*) N *m*

do [duː]

(*inf*: *party etc*) soirée *f*, fête *f* ux vb (*pt* **did**, *pp* **done**) **1** (*in* ative constructions) non duit; **I don't understand** je comprends pas
to form questions) non traduit; **n't you know?** vous ne le iez pas?; **what do you nk?** qu'en pensez-vous?
or emphasis, in polite ressions): **people do make stakes sometimes** on peut toujours se tromper; **she does seem rather late** je trouve qu'elle est bien en retard; **do sit down/help yourself** asseyez-vous/servez-vous je vous en prie; **do take care!** faites bien attention à vous!
4 (*used to avoid repeating vb*): **she swims better than I do** elle nage mieux que moi; **do you agree? — yes, I do/no I don't** vous êtes d'accord? — oui/non; **she lives in Glasgow — so do I** elle habite Glasgow — moi aussi; **he didn't like it and neither did we** il n'a pas aimé ça, et nous non plus; **who broke it? — I did** qui l'a cassé? — c'est moi; **he asked me to help him and I did** il m'a demandé de l'aider, et c'est ce que j'ai fait
5 (*in question tags*): **you like him, don't you?** vous l'aimez bien, n'est-ce pas?; **I don't know him, do I?** je ne crois pas le connaître
▶ *vt* (*pt* **did**, *pp* **done**) **1** (*gen*: *carry out*, *perform etc*) faire; (*visit*: *city*, *museum*) faire, visiter; **what are you doing tonight?** qu'est-ce que vous faites ce soir?; **what do you do?** (*job*) que faites-vous dans la vie?; **what can I do for you?** que puis-je faire pour vous?; **to do the cooking/washing-up** faire la cuisine/la vaisselle; **to do one's teeth/hair/nails** se brosser les dents/se coiffer/se faire les ongles
2 (*Aut etc*: *distance*) faire; (: *speed*) faire du; **we've done 200 km already** nous avons déjà fait 200 km; **the car was doing 100** la voiture faisait du 100

d

(à l'heure); **he can do 100 in that car** il peut faire du 100 (à l'heure) dans cette voiture-là ▶ *vi* (*pt* **did**, *pp* **done**) **1** (*act, behave*) faire; **do as I do** faites comme moi
2 (*get on, fare*) marcher; **the firm is doing well** l'entreprise marche bien; **he's doing well/badly at school** ça marche bien/mal pour lui à l'école; **how do you do?** comment allez-vous?; (*on being introduced*) enchanté(e)!
3 (*suit*) aller; **will it do?** est-ce que ça ira?
4 (*be sufficient*) suffire, aller; **will £10 do?** est-ce que 10 livres suffiront?; **that'll do** ça suffit, ça ira; **that'll do!** (*in annoyance*) ça va *or* suffit comme ça!; **to make do (with)** se contenter (de)
• **do up** *vt* (*laces, dress*) attacher; (*buttons*) boutonner; (*zip*) fermer; (*renovate: room*) refaire; (: *house*) remettre à neuf
• **do with** *vt fus* (*need*): **I could do with a drink/some help** quelque chose à boire/un peu d'aide ne serait pas de refus; **it could do with a wash** ça ne lui ferait pas de mal d'être lavé; (*be connected with*): **that has nothing to do with you** cela ne vous concerne pas; **I won't have anything to do with it** je ne veux pas m'en mêler
• **do without** *vi* s'en passer; **if you're late for tea then you'll do without** si vous êtes en retard pour le dîner il faudra vous en passer ▶ *vt fus* se passer de; **I can do without a car** je peux me passer de voiture

dock [dɔk] *n* dock *m*; (*wharf*) q *m*; (*Law*) banc *m* des accusés ▶ se mettre à quai; (*Space*) s'arrir
docks *npl* (*Naut*) docks
doctor ['dɔktəʳ] *n* médecin *m*, docteur *m*; (*PhD etc*) docteur ▶ (*drink*) frelater; **call a ~!** appel un docteur *or* un médecin!
• **Doctor of Philosophy** *n* (*de* doctorat *m*; (*person*) titulaire *m* d'un doctorat
document ['dɔkjumənt] *n* document *m* • **documentary** [dɔkju'mɛntərɪ] *adj*, *n* documen (*m*) • **documentation** [dɔkjumən'teɪʃən] *n* documentation *f*
dodge [dɔdʒ] *n* truc *m*; combir ▶ *vt* esquiver, éviter
dodgy ['dɔdʒɪ] *adj* (BRIT *inf*: *uncertain*) douteux(-euse); (: *shady*) louche
does [dʌz] *vb see* **do**
doesn't ['dʌznt] = **does not**
dog [dɔg] *n* chien(ne) ▶ *vt* (*follo closely*) suivre de près; (*fig*: *mem etc*) poursuivre, harceler • **dog bag** ['dɔgɪ-] *n petit sac pour emporter les restes*
do-it-yourself ['du:ɪtjɔ:'sɛlf] bricolage *m*
dole [dəul] *n* (BRIT: *payment*) allocation *f* de chômage; **on t** au chômage
doll [dɔl] *n* poupée *f*
dollar ['dɔləʳ] *n* dollar *m*
dolphin ['dɔlfɪn] *n* dauphin *m*
dome [dəum] *n* dôme *m*
domestic [də'mɛstɪk] *adj* (*du happiness*) familial(e); (*policy, affairs, flight*) intérieur(e); (*anir* domestique
dominant ['dɔmɪnənt] *adj* dominant(e)

minate ['dɔmɪneɪt] *vt* 'ominer

mino ['dɔmɪnəu] (*pl* **dominoes**) domino *m* • **dominoes** *n* (*game*) ominos *mpl*

nate [də'neɪt] *vt* faire don de, onner • **donation** [də'neɪʃən] *n* onation *f*, don *m*

ne [dʌn] *pp of* **do**

ngle ['dɔŋgl] *n* (*Comput*) ongle *m*

nkey ['dɔŋkɪ] *n* âne *m*

nor ['dəunəʳ] *n* (*of blood etc*) onneur(-euse); (*to charity*) onateur(-trice) • **donor card** *n* arte *f* de don d'organes

n't [dəunt] = **do not**

nut ['dəunʌt] (US) *n* **doughnut**

odle ['du:dl] *vi* gribouiller

om [du:m] *n* (*fate*) destin *m* ▸*vt*: **to be ~ed to failure** être oué(e) à l'échec

or [dɔ:ʳ] *n* porte *f*; (*Rail, car*) ortière *f* • **doorbell** *n* sonnette *f* **door handle** *n* poignée *f* de orte; (*of car*) poignée de portière **doorknob** *n* poignée *f or* bouton de porte • **doorstep** *n* pas *m* de a) porte, seuil *m* • **doorway** *n* ɛmbrasure *f* de) porte *f*

pe [dəup] *n* (*inf: drug*) drogue *f*; *person*) andouille *f* ▸*vt* (*horse etc*) oper

rmitory ['dɔ:mɪtrɪ] *n* (BRIT) ɔrtoir *m*; (US: *hall of residence*) ɛsidence *f* universitaire

)S [dɔs] *n abbr* (= *disk operating ystem*) DOS *m*

sage ['dəusɪdʒ] *n* dose *f*; ɔsage *m*; (*on label*) posologie *f*

se [dəus] *n* dose *f*

t [dɔt] *n* point *m*; (*on material*) ɔis *m* ▸*vt*: **~ted with** parsemé(e) de; **on the ~** à l'heure tapante • **dotcom** *n* point com *m*, pointcom *m* • **dotted line** ['dɔtɪd-] *n* ligne pointillée; **to sign on the dotted line** signer à l'endroit indiqué *or* sur la ligne pointillée

double ['dʌbl] *adj* double ▸*adv* (*twice*): **to cost ~ (sth)** coûter le double (de qch) *or* deux fois plus (que qch) ▸*n* double *m*; (*Cine*) doublure *f* ▸*vt* doubler; (*fold*) plier en deux ▸*vi* doubler; **on the ~, at the ~** au pas de course • **double back** *vi* (*person*) revenir sur ses pas • **double bass** *n* contrebasse *f* • **double bed** *n* grand lit • **double-check** *vt, vi* revérifier • **double-click** *vi* (*Comput*) double-cliquer • **double-cross** *vt* doubler, trahir • **double-decker** *n* autobus *m* à impériale • **double glazing** *n* (BRIT) double vitrage *m* • **double room** *n* chambre *f* pour deux • **doubles** *n* (*Tennis*) double *m* • **double yellow lines** *npl* (BRIT *Aut*) *double bande jaune marquant l'interdiction de stationner*

doubt [daut] *n* doute *m* ▸*vt* douter de; **no ~** sans doute; **to ~ that** douter que + *sub* • **doubtful** *adj* douteux(-euse); (*person*) incertain(e) • **doubtless** *adv* sans doute, sûrement

dough [dəu] *n* pâte *f* • **doughnut** • (US) **donut** *n* beignet *m*

dove [dʌv] *n* colombe *f*

Dover ['dəuvəʳ] *n* Douvres

down [daun] *n* (*fluff*) duvet *m* ▸*adv* en bas, vers le bas; (*on the ground*) par terre ▸*prep* en bas de; (*along*) le long de ▸*vt* (*inf: drink*) siffler; **to walk ~ a hill** descendre une colline; **to run ~ the street** descendre la rue en courant;

~ with X! à bas X! • **down-and-out** *n* (*tramp*) clochard(e) • **downfall** *n* chute *f*; ruine *f* • **downhill** *adv*: **to go downhill** descendre; (*business*) péricliter

Downing Street ['daunɪŋ-] *n* (BRIT): **10 ~** *résidence du Premier ministre*

Downing Street est une rue de Westminster (à Londres) où se trouvent la résidence officielle du Premier ministre (au numéro 10) et celle du ministre des Finances (au numéro 11). L'expression *Downing Street* est souvent utilisée pour désigner le gouvernement britannique.

down: • **download** *vt* (*Comput*) télécharger • **downloadable** *adj* (*Comput*) téléchargeable • **downright** *adj* (*lie etc*) effronté(e); (*refusal*) catégorique

Down's syndrome [daunz-] *n* trisomie *f*

down: • **downstairs** *adv* (*on or to ground floor*) au rez-de-chaussée; (*on or to floor below*) à l'étage inférieur • **down-to-earth** *adj* terre à terre *inv* • **downtown** *adv* en ville • **down under** *adv* en Australie *or* Nouvelle Zélande • **downward** ['daunwəd] *adj*, *adv* vers le bas • **downwards** ['daunwədz] *adv* vers le bas

doz. *abbr* = **dozen**

doze [dəuz] *vi* sommeiller

dozen ['dʌzn] *n* douzaine *f*; **a ~ books** une douzaine de livres; **~s of** des centaines de

Dr. *abbr* (= *doctor*) Dr; (*in street names*); = **drive**

drab [dræb] *adj* terne, morne

draft [drɑːft] *n* (*of letter, school work*) brouillon *m*; (*of literary work*) ébauche *f*; (*Comm*) traite *f*; (*US Mil: call-up*) conscription *f* ▸ *vt* faire le brouillon de; (*Mil: send*) détacher; *see also* **draught**

drag [dræg] *vt* traîner; (*river*) draguer ▸ *vi* traîner ▸ *n* (*inf*) casse-pieds *m/f*; (*: women's clothing*): **in ~** (en) travesti; **to ~ and drop** (*Comput*) glisser-poser

dragonfly ['drægənflaɪ] *n* libellule *f*

drain [dreɪn] *n* égout *m*; (*on resources*) saignée *f* ▸ *vt* (*land, marshes*) assécher; (*vegetables*) égoutter; (*reservoir etc*) vider ▸ *vi* (*water*) s'écouler • **drainage** *n* (*system*) système *m* d'égouts; (*act*) drainage *m* • **drainpipe** *n* tuyau *m* d'écoulement

drama ['drɑːmə] *n* (*art*) théâtre *m*, art *m* dramatique; (*play*) pièce *f*; (*event*) drame *m* • **dramatic** [drə'mætɪk] *adj* (*Theat*) dramatique; (*impressive*) spectaculaire

drank [dræŋk] *pt of* **drink**

drape [dreɪp] *vt* draper; **drapes** *npl* (US) rideaux *mpl*

drastic ['dræstɪk] *adj* (*measures*) d'urgence, énergique; (*change*) radical(e)

draught, (US) **draft** [drɑːft] *n* courant *m* d'air; **on ~** (*beer*) à la pression • **draught beer** *n* bière *f* (à la) pression • **draughts** *n* (BRIT: *game*) (jeu *m* de) dames *fpl*

draw [drɔː] (*vb: pt* **drew**, *pp* **drawn**) *vt* tirer; (*picture*) dessiner; (*attract*) attirer; (*line, circle*) tracer; (*money*) retirer; (*wages*) toucher ▸ *vi* (*Sport*) faire match nul ▸ *n* match nul; (*lottery*) loterie *f*; (*picking of ticket*) tirage *m* au sort • **draw out** *vi* (*lengthen*) s'allonger ▸ *vt* (*money*) retirer • **draw up** *vi* (*stop*) s'arrêter

‹vt (document) établir, dresser; plan) formuler, dessiner; (chair) pprocher • **drawback** n nconvénient m, désavantage m
awer [drɔːʳ] n tiroir m
awing ['drɔːɪŋ] n dessin m
drawing pin n (BRIT) punaise f
drawing room n salon m
awn [drɔːn] pp of **draw**
ead [drɛd] n épouvante f, effroi n ▸ vt redouter, appréhender
dreadful adj épouvantable, ffreux(-euse)
eam [driːm] n rêve m ▸ vt, vi (pt **reamed**, pp **dreamt**) rêver
dreamer n rêveur(-euse)
eamt [drɛmt] pt, pp of **dream**
eary ['drɪərɪ] adj triste; nonotone
ench [drɛntʃ] vt tremper
ess [drɛs] n robe f; (clothing) abillement m, tenue f ▸ vt abiller; (wound) panser ▸ vi: **to et ~ed** s'habiller • **dress up** vi habiller; (in fancy dress) se éguiser • **dress circle** n (BRIT) remier balcon • **dresser** n urniture) vaisselier m; (: US) oiffeuse f, commode f • **dressing** (Med) pansement m; (Culin) auce f, assaisonnement m
dressing gown n (BRIT) robe f e chambre • **dressing room** n heat) loge f; (Sport) vestiaire m
dressing table n coiffeuse f
dressmaker n couturière f
ew [druː] pt of **draw**
ibble ['drɪbl] vi (baby) baver ▸ vt all) dribbler
ed [draɪd] adj (fruit, beans) sec èche); (eggs, milk) en poudre
er ['draɪəʳ] n = **dryer**
ft [drɪft] n (of current etc) force f; rection f; (of snow) rafale f; coulée f (on ground) congère f; (general meaning) sens général ▸ vi (boat) aller à la dérive, dériver; (sand, snow) s'amonceler, s'entasser
drill [drɪl] n perceuse f; (bit) foret m; (of dentist) roulette f, fraise f; (Mil) exercice m ▸ vt percer; (troops) entraîner ▸ vi (for oil) faire un or des forage(s)
drink [drɪŋk] n boisson f; (alcoholic) verre m ▸ vt, vi (pt **drank**, pp **drunk**) boire; **to have a ~** boire quelque chose, boire un verre; **a ~ of water** un verre d'eau; **would you like a ~?** tu veux boire quelque chose? • **drink-driving** n conduite f en état d'ivresse • **drinker** n buveur(-euse) • **drinking water** n eau f potable
drip [drɪp] n (drop) goutte f; (Med: device) goutte-à-goutte m inv; (: liquid) perfusion f ▸ vi tomber goutte à goutte; (tap) goutter
drive [draɪv] (pt **drove**, pp **driven**) n promenade f or trajet m en voiture; (also: **~way**) allée f; (energy) dynamisme m, énergie f; (push) effort (concerté) campagne f; (Comput: also: **disk ~**) lecteur m de disquette ▸ vt conduire; (nail) enfoncer; (push) chasser, pousser; (Tech: motor) actionner; entraîner ▸ vi (be at the wheel) conduire; (travel by car) aller en voiture; **left-/right-hand ~** (Aut) conduite f à gauche/droite; **to ~ sb mad** rendre qn fou (folle) • **drive out** vt (force out) chasser • **drive-in** adj, n (esp US) drive-in m
driven ['drɪvn] pp of **drive**
driver ['draɪvəʳ] n conducteur(-trice); (of taxi, bus) chauffeur m • **driver's license** n (US) permis m de conduire

driveway ['draɪvweɪ] *n* allée *f*
driving ['draɪvɪŋ] *n* conduite *f* • **driving instructor** *n* moniteur *m* d'auto-école • **driving lesson** *n* leçon *f* de conduite • **driving licence** *n* (BRIT) permis *m* de conduire • **driving test** *n* examen *m* du permis de conduire
drizzle ['drɪzl] *n* bruine *f*, crachin *m*
droop [dru:p] *vi* (*flower*) commencer à se faner; (*shoulders, head*) tomber
drop [drɔp] *n* (*of liquid*) goutte *f*; (*fall*) baisse *f*; (*also*: **parachute ~**) saut *m* ▶ *vt* laisser tomber; (*voice, eyes, price*) baisser; (*passenger*) déposer ▶ *vi* tomber • **drop in** *vi* (*inf*: *visit*): **to ~ in (on)** faire un saut (chez), passer (chez) • **drop off** *vi* (*sleep*) s'assoupir ▶ *vt* (*passenger*) déposer • **drop out** *vi* (*withdraw*) se retirer; (*student etc*) abandonner, décrocher
drought [draut] *n* sécheresse *f*
drove [drəuv] *pt of* **drive**
drown [draun] *vt* noyer ▶ *vi* se noyer
drowsy ['drauzɪ] *adj* somnolent(e)
drug [drʌg] *n* médicament *m*; (*narcotic*) drogue *f* ▶ *vt* droguer; **to be on ~s** se droguer • **drug addict** *n* toxicomane *m/f* • **drug dealer** *n* revendeur(-euse) de drogue • **druggist** *n* (US) pharmacien(ne)-droguiste • **drugstore** *n* (US) pharmacie-droguerie *f*, drugstore *m*
drum [drʌm] *n* tambour *m*; (*for oil, petrol*) bidon *m*; **drums** *npl* (*Mus*) batterie *f* • **drummer** *n* (joueur *m* de) tambour *m*
drunk [drʌŋk] *pp of* **drink** ▶ *adj* ivre, soûl(e) ▶ *n* (*also*: **~ard**) ivrogne *m/f*; **to get ~** se soûler • **drunken** *adj* ivre, soûl(e); (*rag stupor*) ivrogne, d'ivrogne
dry [draɪ] *adj* sec (sèche); (*day*) sans pluie ▶ *vt* sécher; (*clothes*) faire sécher ▶ *vi* sécher • **dry of** *vi, vt* sécher • **dry up** *vi* (*river, supplies*) se tarir • **dry-cleaner'** teinturerie *f* • **dry-cleaning** *n* (*process*) nettoyage *m* à sec • **dryer** *n* (*tumble-dryer*) sèche-linge *m inv*; (*for hair*) sèche-cheveux *m inv*
DSS *n abbr* (BRIT) = **Departmen Social Security**
DTP *n abbr* (= *desktop publishing*) PAO *f*
dual ['djuəl] *adj* double • **dual carriageway** *n* (BRIT) route *f* à quatre voies
dubious ['dju:bɪəs] *adj* hésitant(e), incertain(e); (*reputation, company*) douteux(-euse)
duck [dʌk] *n* canard *m* ▶ *vi* se baisser vivement, baisser subitement la tête
due [dju:] *adj* (*money, payment*) (due); (*expected*) attendu(e); (*fitting*) qui convient ▶ *adv*: **~ north** droit vers le nord; **~ to** (*because of*) en raison de; (*cause by*) dû à; **the train is ~ at 8 a.n** le train est attendu à 8 h; **she is ~ back tomorrow** elle doit ren demain; **he is ~ £10** on lui doit 10 livres; **to give sb his** *or* **her** être juste envers qn
duel ['djuəl] *n* duel *m*
duet [dju:'ɛt] *n* duo *m*
dug [dʌg] *pt, pp of* **dig**
duke [dju:k] *n* duc *m*
dull [dʌl] *adj* (*boring*) ennuyeux(-euse); (*not bright*) morne, terne; (*sound, pain*)

ourd(e); (*weather, day*) gris(e), maussade ▶ *vt* (*pain, grief*) atténuer; (*mind, senses*) engourdir

mb [dʌm] *adj* muet(te); (*stupid*) bête

mmy ['dʌmɪ] *n* (*tailor's model*) mannequin *m*; (*mock-up*) factice, maquette *f*; (BRIT: *for baby*) tine *f* ▶ *adj* faux (fausse), factice

mp [dʌmp] *n* (*also*: **rubbish ~**) décharge (publique); (*inf: place*) trou *m* ▶ *vt* (*put down*) déposer; déverser; (*get rid of*) se débarrasser de; (*Comput*) lister

mpling ['dʌmplɪŋ] *n* boulette *f* de pâte)

ne [dju:n] *n* dune *f*

ngarees [dʌŋgə'ri:z] *npl* eu(s) *m(pl)*; (*for child, woman*) salopette *f*

ngeon ['dʌndʒən] *n* cachot *m*

plex ['dju:plɛks] *n* (US: *also*: **apartment**) duplex *m*

plicate *n* ['dju:plɪkət] double ▶ *vt* ['dju:plɪkeɪt] faire un double de; (*on machine*) photocopier; **in ~** en deux exemplaires, en double

rable ['djuərəbl] *adj* durable; (*clothes, metal*) résistant(e), solide

ration [djuə'reɪʃən] *n* durée *f*

ring ['djuərɪŋ] *prep* pendant, au cours de

sk [dʌsk] *n* crépuscule *m*

st [dʌst] *n* poussière *f* ▶ *vt* (*furniture*) essuyer, épousseter; (*cake etc*): **to ~ with** saupoudrer de

dustbin *n* (BRIT) poubelle *f*

duster *n* chiffon *m* • **dustman** (*irreg*) *n* (BRIT) boueux *m*, éboueur • **dustpan** *n* pelle *f* à poussière

dusty *adj* poussiéreux(-euse)

tch [dʌtʃ] *adj* hollandais(e), néerlandais(e) ▶ *n* (*Ling*) hollandais *m*, néerlandais *m* ▶ *adv*: **to go ~** *or* **dutch** (*inf*) partager les frais; **the Dutch** *npl* les Hollandais, les Néerlandais • **Dutchman** (*irreg*) *n* Hollandais *m* • **Dutchwoman** (*irreg*) *n* Hollandaise *f*

duty ['dju:tɪ] *n* devoir *m*; (*tax*) droit *m*, taxe *f*; **on ~** de service; (*at night etc*) de garde; **off ~** libre, pas de service *or* de garde • **duty-free** *adj* exempté(e) de douane, hors-taxe

duvet ['du:veɪ] *n* (BRIT) couette *f*

DVD *n abbr* (= *digital versatile or video disc*) DVD *m* • **DVD burner** *n* graveur *m* de DVD • **DVD player** *n* lecteur *m* de DVD • **DVD writer** *n* graveur *m* de DVD

dwarf (*pl* **dwarves**) [dwɔ:f, dwɔ:vz] *n* (!) nain(e) ▶ *vt* écraser

dwell [dwɛl] (*pt, pp* **dwelt**) *vi* demeurer • **dwell on** *vt fus* s'étendre sur

dwelt [dwɛlt] *pt, pp of* **dwell**

dwindle ['dwɪndl] *vi* diminuer, décroître

dye [daɪ] *n* teinture *f* ▶ *vt* teindre

dying ['daɪɪŋ] *adj* mourant(e), agonisant(e)

dynamic [daɪ'næmɪk] *adj* dynamique

dynamite ['daɪnəmaɪt] *n* dynamite *f*

dyslexia [dɪs'lɛksɪə] *n* dyslexie *f*

dyslexic [dɪs'lɛksɪk] *adj, n* dyslexique *m/f*

dyspraxia [dɪs'præksɪə] *n* dyspraxie *f*

e

E [iː] *n* (*Mus*) mi *m*

each [iːtʃ] *adj* chaque ▶ *pron* chacun(e); **~ other** l'un l'autre; **they hate ~ other** ils se détestent (mutuellement); **they have 2 books ~** ils ont 2 livres chacun; **they cost £5 ~** ils coûtent 5 livres (la) pièce

eager [ˈiːgəʳ] *adj* (*person, buyer*) empressé(e); (*keen: pupil, worker*) enthousiaste; **to be ~ to do sth** (*impatient*) brûler de faire qch; (*keen*) désirer vivement faire qch; **to be ~ for** (*event*) désirer vivement; (*vengeance, affection, information*) être avide de

eagle [ˈiːgl] *n* aigle *m*

ear [ɪəʳ] *n* oreille *f*; (*of corn*) épi *m* • **earache** *n* mal *m* aux oreilles • **eardrum** *n* tympan *m*

earl [əːl] *n* comte *m*

earlier [ˈəːlɪəʳ] *adj* (*date etc*) plus rapproché(e); (*edition etc*) plus ancien(ne), antérieur(e) ▶ *adv* plus tôt

early [ˈəːlɪ] *adv* tôt, de bonne heure; (*ahead of time*) en avance; (*near the beginning*) au début ▶ *adj* précoce, qui se manifeste (*or* se fait) tôt *or* de bonne heure; (*Christia… settlers*) premier(-ière); (*reply*) rapide; (*death*) prématuré(e); (*work*) de jeunesse; **to have ar… ~ night/start** se coucher/part… tôt *or* de bonne heure; **in the ~ … ~ in the spring/19th century** début *or* commencement du printemps/XIXᵉ siècle • **early retirement** *n* retraite anticipé…

earmark [ˈɪəmɑːk] *vt*: **to ~ st… for** réserver *or* destiner qch à

earn [əːn] *vt* gagner; (*Comm*: *yi…*) rapporter; **to ~ one's living** gagner sa vie

earnest [ˈəːnɪst] *adj* sérieux(-euse) ▶ *n*: **in ~** *adv* sérieusement, pour de bon

earnings [ˈəːnɪŋz] *npl* salaire *…* gains *mpl*; (*of company etc*) prof… *mpl*, bénéfices *mpl*

ear: • **earphones** *npl* écouteur… *mpl* • **earplugs** *npl* boules *fpl* Quiès®; (*to keep out water*) protège-tympans *mpl* • **earrin…** boucle *f* d'oreille

earth [əːθ] *n* (*gen, also* BRIT *Elec*) terre *f* ▶ *vt* (BRIT *Elec*) relier à la terre • **earthquake** *n* tremblement *m* de terre, séism…

ease [iːz] *n* facilité *f*, aisance *f*; (*comfort*) bien-être *m* ▶ *vt* (*soot… mind*) tranquilliser; (*reduce*: *pai… problem*) atténuer; (: *tension*) réduire; (*loosen*) relâcher, détendre; (*help pass*): **to ~ sth … out** faire pénétrer/sortir qch délicatement *or* avec douceur, faciliter la pénétration/la sort… de qch; **at ~** à l'aise; (*Mil*) au re…

easily [ˈiːzɪlɪ] *adv* facilement; … *far*) de loin

east [iːst] *n* est *m* ▶ *adj* (*wind*) d'est; (*side*) est *inv* ▶ *adv* à l'est, vers l'est; **the E~** l'Orient *m*; (P…

es pays *mpl* de l'Est • **eastbound**
dj en direction de l'est;
carriageway) est *inv*
aster ['i:stəʳ] *n* Pâques *fpl*
• **Easter egg** *n* œuf *m* de Pâques
astern ['i:stən] *adj* de l'est, oriental(e)
aster Sunday *n* le dimanche de Pâques
asy ['i:zɪ] *adj* facile; (*manner*) aisé(e)
▸ *adv*: **to take it** *or* **things ~** (*rest*) ne pas se fatiguer; (*not worry*) ne pas (trop) s'en faire • **easy-going**
dj accommodant(e), facile à vivre
at (*pt* **ate**, *pp* **eaten**) [i:t, eɪt, 'i:tn]
t, *vi* manger; **can we have something to ~?** est-ce qu'on peut manger quelque chose?
eat out *vi* manger au restaurant
vesdrop ['i:vzdrɔp] *vi*: **to** • **(on)** écouter de façon indiscrète
bike ['i:baɪk] *n* VAE *m*
book ['i:buk] *n* livre *m* électronique
business ['i:bɪznɪs] *n*
company) entreprise *f* électronique; (*commerce*) commerce *m* électronique
centric [ɪk'sɛntrɪk] *adj*, *n*
xcentrique *m/f*
ho ['ɛkəu] (*pl* **echoes**) *n* écho *m*
▸ *vt* répéter ▸ *vi* résonner; faire écho
cigarette ['i:sɪgərɛt] *n*
igarette *f* électronique
lipse [ɪ'klɪps] *n* éclipse *f*
o-friendly [i:kəu'frɛndlɪ] *adj* non nuisible à l'environnement
ological [i:kə'lɔdʒɪkəl] *adj*
cologique
ology [ɪ'kɔlədʒɪ] *n* écologie *f*
commerce ['i:kɔmə:s] *n*
ommerce *m* électronique
onomic [i:kə'nɔmɪk] *adj*
conomique; (*profitable*) rentable

• **economical** *adj* économique; (*person*) économe • **economics** *n* (*Scol*) économie *f* politique ▸ *npl* (*of project etc*) côté *m* *or* aspect *m* économique
economist [ɪ'kɔnəmɪst] *n* économiste *m/f*
economize [ɪ'kɔnəmaɪz] *vi* économiser, faire des économies
economy [ɪ'kɔnəmɪ] *n* économie *f* • **economy class** *n* (*Aviat*) classe *f* touriste • **economy class syndrome** *n* syndrome *m* de la classe économique
ecstasy ['ɛkstəsɪ] *n* extase *f*; (*Drugs*) ecstasy *m* • **ecstatic** [ɛks'tætɪk] *adj* extatique, en extase
eczema ['ɛksɪmə] *n* eczéma *m*
edge [ɛdʒ] *n* bord *m*; (*of knife etc*) tranchant *m*, fil *m* ▸ *vt* border; **on ~** (*fig*) crispé(e), tendu(e)
edgy ['ɛdʒɪ] *adj* crispé(e), tendu(e)
edible ['ɛdɪbl] *adj* comestible; (*meal*) mangeable
Edinburgh ['ɛdɪnbərə] *n* Édimbourg; *voir article* **"Edinburgh Festival"**

Le Festival d'Édimbourg (**Edinburgh Festival**), qui se tient chaque année durant trois semaines au mois d'août, est l'un des grands festivals culturels européens. Il est réputé pour son programme officiel mais aussi pour son festival 'off' ('the Fringe') qui propose des spectacles aussi bien traditionnels que résolument d'avant-garde. Pendant la durée du Festival se tient par ailleurs, sur l'esplanade du château, un grand spectacle de musique militaire, le 'Military Tattoo'.

edit ['ɛdɪt] *vt* (*text, book*) éditer; (*report*) préparer; (*film*) monter; (*magazine*) diriger; (*newspaper*) être le rédacteur *or* la rédactrice en chef de • **edition** [ɪ'dɪʃən] *n* édition *f* • **editor** *n* (*of newspaper*) rédacteur(-trice), rédacteur(-trice) en chef; (*of sb's work*) éditeur(-trice); (*also*: **film editor**) monteur(-euse); **political/ foreign editor** rédacteur politique/au service étranger • **editorial** [ɛdɪ'tɔːrɪəl] *adj* de la rédaction ▸ *n* éditorial *m*

editable ['ɛdɪtəbəl] *adj* (*text*) modifiable

educate ['ɛdjukeɪt] *vt* (*teach*) instruire; (*bring up*) éduquer • **educated** ['ɛdjukeɪtɪd] *adj* (*person*) cultivé(e)

education [ɛdju'keɪʃən] *n* éducation *f*; (*studies*) études *fpl*; (*teaching*) enseignement *m*, instruction *f* • **educational** *adj* pédagogique; (*institution*) scolaire; (*game, toy*) éducatif(-ive)

eel [iːl] *n* anguille *f*

eerie ['ɪərɪ] *adj* inquiétant(e), spectral(e), surnaturel(le)

effect [ɪ'fɛkt] *n* effet *m* ▸ *vt* effectuer; **effects** *npl* (*property*) effets, affaires *fpl*; **to take ~** (*Law*) entrer en vigueur, prendre effet; (*drug*) agir, faire son effet; **in ~** en fait • **effective** *adj* efficace; (*actual*) véritable • **effectively** *adv* efficacement; (*in reality*) effectivement, en fait

efficiency [ɪ'fɪʃənsɪ] *n* efficacité *f*; (*of machine, car*) rendement *m*

efficient [ɪ'fɪʃənt] *adj* efficace; (*machine, car*) d'un bon rendement • **efficiently** *adv* efficacement

effort ['ɛfət] *n* effort *m* • **effortless** *adj* sans effort, aisé(e); (*achievement*) facile

e.g. *adv abbr* (= *exempli gratia*) pa exemple, p. ex.

egg [ɛg] *n* œuf *m*; **hard-boiled/ soft-boiled ~** œuf dur/à la coqu • **eggcup** *n* coquetier *m* • **egg plant** (*US*) *n* aubergine *f* • **eggshell** *n* coquille *f* d'œuf • **egg white** *n* blanc *m* d'œuf • **egg yolk** *n* jaune *m* d'œuf

ego ['iːgəu] *n* (*self-esteem*) amour-propre *m*; (*Psych*) moi *m*

Egypt ['iːdʒɪpt] *n* Égypte *f* • **Egyptian** [ɪ'dʒɪpʃən] *adj* égyptien(ne) ▸ *n* Égyptien(ne)

Eiffel Tower ['aɪfəl-] *n* tour *f* Ei

eight [eɪt] *num* huit • **eighteen** *num* dix-huit • **eighteenth** *num* dix-huitième • **eighth** *num* huitième • **eightieth** ['eɪtɪɪθ] *num* quatre-vingtième

eighty ['eɪtɪ] *num* quatre-vingt

Eire ['ɛərə] *n* République *f* d'Irlar

either ['aɪðə^r] *adj* l'un ou l'autre (*both, each*) chaque ▸ *pron*: **~ (o them)** l'un ou l'autre ▸ *adv* non pl ▸ *conj*: **~ good or bad** soit bon s mauvais; **on ~ side** de chaque côté; **I don't like ~** je n'aime ni l'un ni l'autre; **no, I don't ~** moi non plus; **which bike do you want? — ~ will do** quel vélo voulez-vous? — n'importe leque **answer with ~ yes or no** répondez par oui ou par non

eject [ɪ'dʒɛkt] *vt* (*tenant etc*) expulser; (*object*) éjecter

elaborate *adj* [ɪ'læbərɪt] compliqué(e), recherché(e), minutieux(-euse) ▸ *vt* [ɪ'læbəreɪt] élaborer ▸ *vi* entrer dans les détails

astic [ɪ'læstɪk] *adj, n* élastique
m) • **elastic band** *n* (BRIT)
lastique *m*
bow ['ɛlbəu] *n* coude *m*
der ['ɛldəʳ] *adj* aîné(e) ▶ *n* (*tree*)
ureau *m*; **one's ~s** ses aînés
elderly *adj* âgé(e) ▶ *npl*; **the**
lderly les personnes âgées
lest ['ɛldɪst] *adj, n*: **the**
(child) l'aîné(e) (des enfants)
ect [ɪ'lɛkt] *vt* élire; (*choose*):
o ~ to do choisir de faire ▶ *adj*:
he president ~ le président
ésigné • **election** *n* élection *f*
electoral *adj* électoral(e)
electorate *n* électorat *m*
ectric [ɪ'lɛktrɪk] *adj* électrique
electrical *adj* électrique
electric blanket *n* couverture
hauffante • **electric fire** *n* (BRIT)
adiateur *m* électrique
electrician [ɪlɛk'trɪʃən] *n*
lectricien *m* • **electricity**
lɛk'trɪsɪtɪ] *n* électricité *f*
electric shock *n* choc *m* or
écharge *f* électrique • **electrify**
lɛktrɪfaɪ] *vt* (*Rail*) électrifier;
udience) électriser
ectronic [ɪlɛk'trɔnɪk] *adj*
ectronique • **electronic mail** *n*
ourrier *m* électronique
electronics *n* électronique *f*
gance ['ɛlɪgəns] *n* élégance *f*
gant ['ɛlɪgənt] *adj* élégant(e)
ment ['ɛlɪmənt] *n* (*gen*)
ément *m*; (*of heater, kettle etc*)
sistance *f*
mentary [ɛlɪ'mɛntərɪ] *adj*
émentaire; (*school, education*)
imaire • **elementary school** *n*
s) école *f* primaire
phant ['ɛlɪfənt] *n*
éphant *m*
vate ['ɛlɪveɪt] *vt* élever

elevator ['ɛlɪveɪtəʳ] *n* (*in warehouse etc*) élévateur *m*, monte-charge *m inv*; (*US*: *lift*) ascenseur *m*
eleven [ɪ'lɛvn] *num* onze
• **eleventh** *num* onzième
eligible ['ɛlɪdʒəbl] *adj* éligible; (*for membership*) admissible; **an ~ young man** un beau parti; **to be ~ for sth** remplir les conditions requises pour qch
eliminate [ɪ'lɪmɪneɪt] *vt* éliminer
elm [ɛlm] *n* orme *m*
eloquent ['ɛləkwənt] *adj* éloquent(e)
else [ɛls] *adv*: **something ~** quelque chose d'autre, autre chose; **somewhere ~** ailleurs, autre part; **everywhere ~** partout ailleurs; **everyone ~** tous les autres; **nothing ~** rien d'autre; **where ~?** à quel autre endroit?; **little ~** pas grand-chose d'autre • **elsewhere** *adv* ailleurs, autre part
elusive [ɪ'lu:sɪv] *adj* insaisissable
email ['i:meɪl] *n abbr* (= *electronic mail*) (e-)mail *m*, courriel *m* ▶ *vt*: **to ~ sb** envoyer un (e-)mail *or* un courriel à qn • **email account** *n* compte *m* (e-)mail • **email address** *n* adresse *f* (e-)mail *or* électronique
embankment [ɪm'bæŋkmənt] *n* (*of road, railway*) remblai *m*, talus *m*; (*of river*) berge *f*, quai *m*; (*dyke*) digue *f*
embargo [ɪm'ba:gəu] (*pl* **embargoes**) *n* (*Comm, Naut*) embargo *m*; (*prohibition*) interdiction *f*
embark [ɪm'ba:k] *vi* embarquer ▶ *vt* embarquer; **to ~ on** (*journey etc*) commencer, entreprendre; (*fig*) se lancer *or* s'embarquer dans

embarrass [ɪm'bærəs] *vt* embarrasser, gêner • **embarrassed** *adj* gêné(e) • **embarrassing** *adj* gênant(e), embarrassant(e) • **embarrassment** *n* embarras *m*, gêne *f*; (*embarrassing thing, person*) source *f* d'embarras

embassy ['ɛmbəsɪ] *n* ambassade *f*

embrace [ɪm'breɪs] *vt* embrasser, étreindre; (*include*) embrasser ▸ *vi* s'embrasser, s'étreindre ▸ *n* étreinte *f*

embroider [ɪm'brɔɪdəʳ] *vt* broder • **embroidery** *n* broderie *f*

embryo ['ɛmbrɪəu] *n* (*also fig*) embryon *m*

emerald ['ɛmərəld] *n* émeraude *f*

emerge [ɪ'mə:dʒ] *vi* apparaître; (*from room, car*) surgir; (*from sleep, imprisonment*) sortir

emergency [ɪ'mə:dʒənsɪ] *n* (*crisis*) cas *m* d'urgence; (*Med*) urgence *f*; **in an ~** en cas d'urgence; **state of ~** état *m* d'urgence • **emergency brake** (*US*) *n* frein *m* à main • **emergency exit** *n* sortie *f* de secours • **emergency landing** *n* atterrissage forcé • **emergency room** *n* (*US Med*) urgences *fpl* • **emergency services** *npl*; **the emergency services** (*fire, police, ambulance*) les services *mpl* d'urgence

emigrate ['ɛmɪgreɪt] *vi* émigrer • **emigration** [ɛmɪ'greɪʃən] *n* émigration *f*

eminent ['ɛmɪnənt] *adj* éminent(e)

emissions [ɪ'mɪʃənz] *npl* émissions *fpl*

emit [ɪ'mɪt] *vt* émettre

emoji [ɪ'məudʒɪ] *n* emoji *m*

emoticon [ɪ'məutɪkən] *n* (*Comput*) émoticone *m*

emotion [ɪ'məuʃən] *n* sentime[nt] *m* • **emotional** *adj* (*person*) émotif(-ive), très sensible; (*need*) affectif(-ive); (*scene*) émouvant(e); (*tone, speech*) qui fait appel aux sentiments

emperor ['ɛmpərəʳ] *n* empere[ur]

emphasis (*pl* **emphases**) ['ɛmfəsɪs, -si:z] *n* accent *m*; **to lay** *or* **place ~ on sth** (*fig*) mett[re] l'accent sur, insister sur

emphasize ['ɛmfəsaɪz] *vt* (*syllable, word, point*) appuyer *or* insister sur; (*feature*) souligner, accentuer

empire ['ɛmpaɪəʳ] *n* empire *m*

employ [ɪm'plɔɪ] *vt* employer • **employee** [ɪmplɔɪ'i:] *n* employé(e) • **employer** *n* employeur(-euse) • **employm[ent]** *n* emploi *m* • **employment agency** *n* agence *f* or bureau *m* [de] placement

empower [ɪm'pauəʳ] *vt*: **to ~ [sb] to do** autoriser *or* habiliter qn à faire

empress ['ɛmprɪs] *n* impératr[ice]

emptiness ['ɛmptɪnɪs] *n* vide [*m*]; (*of area*) aspect *m* désertique

empty ['ɛmptɪ] *adj* vide; (*street, area*) désert(e); (*threat, promise*) [en] l'air, vain(e) ▸ *vt* vider ▸ *vi* se vid[er]; (*liquid*) s'écouler • **empty-han[ded]** *adj* les mains vides

EMU *n abbr* (= *European Moneta[ry] Union*) UME *f*

emulsion [ɪ'mʌlʃən] *n* émulsi[on] *f*; (*also*: **~ paint**) peinture mate

enable [ɪ'neɪbl] *vt*: **to ~ sb to [do]** permettre à qn de faire

enamel [ɪ'næməl] *n* émail *m*; (*also*: **~ paint**) (peinture *f*) laqu[e]

ıchanting [ɪn'tʃɑ:ntɪŋ] *adj*
ʀavissant(e), enchanteur(-eresse)
ıcl. *abbr (on letters etc: = enclosed)*
i-joint(e); (: = *enclosure*) PJ *f*
ıclose [ɪn'kləuz] *vt (land)*
łôturer; *(space, object)* entourer;
etter etc): **to ~ (with)** joindre (à);
lease find ~d veuillez trouver
i-joint
ıclosure [ɪn'kləuʒəʳ] *n* enceinte *f*
ıcore [ɔŋ'kɔ:ʳ] *excl, n* bis *(m)*
ıcounter [ɪn'kauntəʳ] *n*
encontre *f* ▶ *vt* rencontrer
ıcourage [ɪn'kʌrɪdʒ] *vt*
ncourager
ıcouraging [ɪn'kʌrɪdʒɪŋ] *adj*
ncourageant(e)
cyclop(a)edia
ɛnsaɪkləu'pi:dɪə] *n*
ncyclopédie *f*
d [ɛnd] *n* fin *f*; *(of table, street,*
)pe etc) bout *m*, extrémité *f* ▶ *vt*
ɘrminer; *(also*: **bring to an ~, put**
n ~ to) mettre fin à ▶ *vi* se
ɘrminer, finir; **in the ~**
nalement; **on ~** *(object)* debout,
ressé(e); **to stand on ~** *(hair)* se
resser sur la tête; **for hours on ~**
endant des heures (et des
eures) • **end up** *vi*: **to ~ up in**
ondition) finir *or* se terminer par;
)lace) finir *or* aboutir à
danger [ɪn'deɪndʒəʳ] *vt*
ıettre en danger; **an ~ed**
pecies une espèce en voie de
sparition
dearing [ɪn'dɪərɪŋ] *adj*
ttachant(e)
deavour, *(US)* **endeavor**
n'dɛvəʳ] *n* effort *m*; *(attempt)*
ɛntative *f* ▶ *vt*: **to ~ to do** tenter
' s'efforcer de faire
ding ['ɛndɪŋ] *n* dénouement *m*,
ɔnclusion *f*; *(Ling)* terminaison *f*

endless ['ɛndlɪs] *adj* sans fin, interminable
endorse [ɪn'dɔ:s] *vt (cheque)* endosser; *(approve)* appuyer, approuver, sanctionner
• **endorsement** *n (approval)* appui *m*, aval *m*; (BRIT: *on driving licence*) contravention *f (portée au permis de conduire)*
endurance [ɪn'djuərəns] *n* endurance *f*
endure [ɪn'djuəʳ] *vt (bear)* supporter, endurer ▶ *vi (last)* durer
enemy ['ɛnəmɪ] *adj, n* ennemi(e)
energetic [ɛnə'dʒɛtɪk] *adj* énergique; *(activity)* très actif(-ive), qui fait se dépenser (physiquement)
energy ['ɛnədʒɪ] *n* énergie *f*
enforce [ɪn'fɔ:s] *vt (law)* appliquer, faire respecter
engaged [ɪn'geɪdʒd] *adj* (BRIT: *busy, in use*) occupé(e); *(betrothed)* fiancé(e); **to get ~** se fiancer; **the line's ~** la ligne est occupée
• **engaged tone** *n* (BRIT *Tel*) tonalité *f* occupé *inv*
engagement [ɪn'geɪdʒmənt] *n* *(undertaking)* obligation *f*, engagement *m*; *(appointment)* rendez-vous *m inv*; *(to marry)* fiançailles *fpl* • **engagement ring** *n* bague *f* de fiançailles
engaging [ɪn'geɪdʒɪŋ] *adj* engageant(e), attirant(e)
engine ['ɛndʒɪn] *n (Aut)* moteur *m*; *(Rail)* locomotive *f*

> ⚠ Be careful not to translate *engine* by the French word *engin*.

engineer [ɛndʒɪ'nɪəʳ] *n* ingénieur *m*; (BRIT: *repairer*) dépanneur *m*; *(Navy, US Rail)* mécanicien *m*

• **engineering** *n* engineering *m*, ingénierie *f*; (*of bridges, ships*) génie *m*; (*of machine*) mécanique *f*
England ['ɪŋglənd] *n* Angleterre *f*
English ['ɪŋglɪʃ] *adj* anglais(e) ▶ *n* (*Ling*) anglais *m*; **the ~** *npl* les Anglais • **English Channel** *n*: **the English Channel** la Manche • **Englishman** (*irreg*) *n* Anglais *m* • **Englishwoman** (*irreg*) *n* Anglaise *f*
engrave [ɪn'greɪv] *vt* graver
engraving [ɪn'greɪvɪŋ] *n* gravure *f*
enhance [ɪn'hɑːns] *vt* rehausser, mettre en valeur
enjoy [ɪn'dʒɔɪ] *vt* aimer, prendre plaisir à; (*have benefit of*: *health, fortune*) jouir de; (: *success*) connaître; **to ~ o.s.** s'amuser • **enjoyable** *adj* agréable • **enjoyment** *n* plaisir *m*
enlarge [ɪn'lɑːdʒ] *vt* accroître; (*Phot*) agrandir ▶ *vi*: **to ~ on** (*subject*) s'étendre sur • **enlargement** *n* (*Phot*) agrandissement *m*
enlist [ɪn'lɪst] *vt* recruter; (*support*) s'assurer ▶ *vi* s'engager
enormous [ɪ'nɔːməs] *adj* énorme
enough [ɪ'nʌf] *adj*: **~ time/ books** assez *or* suffisamment de temps/livres ▶ *adv*: **big ~** assez *or* suffisamment grand ▶ *pron*: **have you got ~?** (en) avez-vous assez?; **~ to eat** assez à manger; **that's ~, thanks** cela suffit *or* c'est assez, merci; **I've had ~ of him** j'en ai assez de lui; **he has not worked ~** il n'a pas assez *or* suffisamment travaillé, il n'a pas travaillé assez *or* suffisamment; **... which, funnily** *or* **oddly** *or* **strangely ~ ...** qui, chose curieuse, ...

enquire [ɪn'kwaɪəʳ] *vt, vi* = **inqu**
enquiry [ɪn'kwaɪərɪ] *n* = **inqui**
enrage [ɪn'reɪdʒ] *vt* mettre en fureur *or* en rage, rendre furieux(-euse)
enrich [ɪn'rɪtʃ] *vt* enrichir
enrol, (*US*) **enroll** [ɪn'rəul] *vt* inscrire ▶ *vi* s'inscrire • **enrolment** • (*US*) **enrollmen** inscription *f*
en route [ɔn'ruːt] *adv* en route en chemin
en suite ['ɔnswiːt] *adj*: **with ~ bathroom** avec salle de bains e attenante
ensure [ɪn'ʃuəʳ] *vt* assurer, garantir
entail [ɪn'teɪl] *vt* entraîner, nécessiter
enter ['ɛntəʳ] *vt* (*room*) entrer dans, pénétrer dans; (*club, army* entrer à; (*competition*) s'inscrire *or* pour; (*sb for a competition*) (fa inscrire; (*write down*) inscrire, noter; (*Comput*) entrer, introdu ▶ *vi* entrer
enterprise ['ɛntəpraɪz] *n* (*company, undertaking*) entrepri *f*; (*initiative*) (esprit *m* d')initiativ **free ~** libre entreprise; **private** entreprise privée • **enterprisin** *adj* entreprenant(e), dynamiqu (*scheme*) audacieux(-euse)
entertain [ɛntə'teɪn] *vt* amus distraire; (*invite*) recevoir (à dîn (*idea, plan*) envisager • **entertainer** *n* artiste *m/f* de variétés • **entertaining** *adj* amusant(e), distrayant(e) • **entertainment** *n* (*amusemer* distraction *f*, divertissement *m* amusement *m*; (*show*) spectacl
enthusiasm [ɪn'θuːzɪæzəm] enthousiasme *m*

:husiast [ɪn'θuːzɪæst] *n*
ıthousiaste *m/f* • **enthusiastic**
ıθuːzɪ'æstɪk] *adj* enthousiaste;
• **be enthusiastic about** être
ıthousiasmé(e) par
:ire [ɪn'taɪəʳ] *adj* (tout)
ıtier(-ère) • **entirely** *adv*
ıtièrement
:itle [ɪn'taɪtl] *vt*: **to ~ sb to sth**
ınner droit à qch à qn • **entitled**
j (*book*) intitulé(e); **to be**
ıtitled to do avoir le droit de
re
:rance *n* ['ɛntrns] entrée *f* ▸ *vt*
ı'trɑːns] enchanter, ravir;
here's the ~? où est l'entrée?;
gain ~ to (*university etc*) être
mis à • **entrance examination**
ıxamen *m* d'entrée *or*
ıdmission • **entrance fee** *n* (*to*
ıseum etc) prix *m* d'entrée; (*to join*
ıb etc) droit *m* d'inscription
ıntrance ramp *n* (*US Aut*)
etelle *f* d'accès • **entrant** *n* (*in*
:e etc) participant(e),
ncurrent(e); (BRIT: *in exam*)
ndidat(e)
:repreneur ['ɔntrəprə'nəːʳ] *n*
trepreneur *m*
:rust [ɪn'trʌst] *vt*: **to ~ sth to**
nfier qch à
:ry ['ɛntrɪ] *n* entrée *f*; (*in register,*
ıry) inscription *f*; **"no ~"** "défense
ıntrer", "entrée interdite"; (*Aut*)
ıns interdit" • **entry phone** *n*
ıIT) interphone *m* (*à l'entrée d'un*
meuble)
:elope ['ɛnvələup] *n*
veloppe *f*
:ious ['ɛnvɪəs] *adj*
vieux(-euse)
:ironment [ɪn'vaɪərnmənt]
ıocial, moral) milieu *m*; (*natural*
rld): **the ~** l'environnement *m*
• **environmental**
[ɪnvaɪərn'mɛntl] *adj* (*of surroundings*) du milieu; (*issue, disaster*) écologique
• **environmentally**
[ɪnvaɪərn'mɛntlɪ] *adv*:
environmentally sound/friendly
qui ne nuit pas à l'environnement
envisage [ɪn'vɪzɪdʒ] *vt* (*foresee*)
prévoir
envoy ['ɛnvɔɪ] *n* envoyé(e);
(*diplomat*) ministre *m*
plénipotentiaire
envy ['ɛnvɪ] *n* envie *f* ▸ *vt* envier;
to ~ sb sth envier qch à qn
epic ['ɛpɪk] *n* épopée *f* ▸ *adj* épique
epidemic [ɛpɪ'dɛmɪk] *n*
épidémie *f*
epilepsy ['ɛpɪlɛpsɪ] *n* épilepsie *f*
• **epileptic** *adj, n* épileptique *m/f*
• **epileptic fit** *n* crise *f* d'épilepsie
episode ['ɛpɪsəud] *n* épisode *m*
equal ['iːkwl] *adj* égal(e) ▸ *vt* égaler;
~ to (*task*) à la hauteur de • **equality**
[iː'kwɔlɪtɪ] *n* égalité *f* • **equalize**
vt, vi (*Sport*) égaliser • **equally** *adv*
également; (*share*) en parts
égales; (*treat*) de la même façon;
(*pay*) autant; (*just as*) tout aussi
equation [ɪ'kweɪʃən] *n* (*Math*)
équation *f*
equator [ɪ'kweɪtəʳ] *n* équateur *m*
equip [ɪ'kwɪp] *vt* équiper; **to**
~ sb/sth with équiper *or* munir
qn/qch de • **equipment** *n*
équipement *m*; (*electrical etc*)
appareillage *m*, installation *f*
equivalent [ɪ'kwɪvəlnt] *adj*
équivalent(e) ▸ *n* équivalent *m*;
to be ~ to équivaloir à, être
équivalent(e) à
ER *abbr* (BRIT: = *Elizabeth Regina*) *la reine Élisabeth*; (*US Med*:
= *emergency room*) urgences *fpl*

era ['ɪərə] *n* ère *f*, époque *f*
erase [ɪ'reɪz] *vt* effacer • **eraser** *n* gomme *f*
e-reader ['i:ri:dəʳ] *n* liseuse *f*
erect [ɪ'rɛkt] *adj* droit(e) ▶ *vt* construire; (*monument*) ériger, élever; (*tent etc*) dresser
• **erection** [ɪ'rɛkʃən] *n* (*Physiol*) érection *f*; (*of building*) construction *f*
ERM *n abbr* (= *Exchange Rate Mechanism*) mécanisme *m* des taux de change
erode [ɪ'rəud] *vt* éroder; (*metal*) ronger
erosion [ɪ'rəuʒən] *n* érosion *f*
erotic [ɪ'rɔtɪk] *adj* érotique
errand ['ɛrnd] *n* course *f*, commission *f*
erratic [ɪ'rætɪk] *adj* irrégulier(-ière), inconstant(e)
error ['ɛrəʳ] *n* erreur *f*
erupt [ɪ'rʌpt] *vi* entrer en éruption; (*fig*) éclater • **eruption** [ɪ'rʌpʃən] *n* éruption *f*; (*of anger, violence*) explosion *f*
escalate ['ɛskəleɪt] *vi* s'intensifier; (*costs*) monter en flèche
escalator ['ɛskəleɪtəʳ] *n* escalier roulant
escape [ɪ'skeɪp] *n* évasion *f*, fuite *f*; (*of gas etc*) fuite ▶ *vi* s'échapper, fuir; (*from jail*) s'évader; (*fig*) s'en tirer; (*leak*) s'échapper ▶ *vt* échapper à; **to ~ from** (*person*) échapper à; (*place*) s'échapper de; (*fig*) fuir; **his name ~s me** son nom m'échappe
escort *vt* [ɪ'skɔ:t] escorter ▶ *n* ['ɛskɔ:t] (*Mil*) escorte *f*
especially [ɪ'spɛʃlɪ] *adv* (*particularly*) particulièrement; (*above all*) surtout
espionage ['ɛspɪənɑ:ʒ] *n* espionnage *m*
essay ['ɛseɪ] *n* (*Scol*) dissertati(on *f*); (*Literature*) essai *m*
essence ['ɛsns] *n* essence *f*; (*Culin*) extrait *m*
essential [ɪ'sɛnʃl] *adj* essentiel(le); (*basic*) fondamental(e); **essentials** *n*(*pl*) éléments essentiels • **essenti**(**ally**) *adv* essentiellement
establish [ɪ'stæblɪʃ] *vt* établir; (*business*) fonder, créer; (*one's power etc*) asseoir, affermir
• **establishment** *n* établissem(ent) *m*; (*founding*) création *f*; (*institution*) établissement; **th**(**e**) **Establishment** les pouvoirs établis; l'ordre établi
estate [ɪ'steɪt] *n* (*land*) domai(ne) *m*, propriété *f*; (*Law*) biens *mpl*, succession *f*; (BRIT: *also*: **housing ~**) lotissement *m*
• **estate agent** *n* (BRIT) agent immobilier • **estate car** *n* (BR(IT)) break *m*
estimate *n* ['ɛstɪmət] estima(tion) *f*; (*Comm*) devis *m* ▶ *vt* ['ɛstɪme(ɪt)] estimer
etc *abbr* (= *et cetera*) etc
eternal [ɪ'tə:nl] *adj* éternel(le)
eternity [ɪ'tə:nɪtɪ] *n* éternité *f*
ethical ['ɛθɪkl] *adj* moral(e)
• **ethics** ['ɛθɪks] *n* éthique *f* ▶ moralité *f*
Ethiopia [i:θɪ'əupɪə] *n* Éthiop(ie *f*)
ethnic ['ɛθnɪk] *adj* ethnique; (*clothes, food*) folklorique, exotique, *propre aux minorités ethniques non-occidentales*
• **ethnic minority** *n* minorité ethnique
e-ticket ['i:tɪkɪt] *n* billet *m* électronique

iquette ['ɛtɪkɛt] *n*
onvenances *fpl*, étiquette *f*
J *n abbr* (= *European Union*) UE *f*
ro ['juərəu] *n* (*currency*) euro *m*
rope ['juərəp] *n* Europe *f*
European [juərə'pi:ən] *adj*
uropéen(ne) ▶ *n* Européen(ne)
European Community *n*
ommunauté européenne
European Union *n* Union
uropéenne
rostar® ['juərəusta:ʳ] *n*
urostar® *m*
acuate [ɪ'vækjueɪt] *vt* évacuer
ade [ɪ'veɪd] *vt* échapper à;
juestion *etc*) éluder; (*duties*) se
érober à
aluate [ɪ'væljueɪt] *vt* évaluer
aporate [ɪ'væpəreɪt] *vi*
évaporer; (*fig: hopes, fear*)
envoler; (*anger*) se dissiper
e [i:v] *n*: **on the ~ of** à la veille
e
en ['i:vn] *adj* (*level, smooth*)
égulier(-ière); (*equal*) égal(e);
umber) pair(e) ▶ *adv* même; **~ if**
ıême si + *indic*; **~ though** alors
ıême que + *cond*; **~ more** encore
lus; **~ faster** encore plus vite;
so quand même; **not ~** pas
ıême; **~ he was there** même lui
tait là; **~ on Sundays** même le
imanche; **to get ~ with sb**
rendre sa revanche sur qn
ening ['i:vnɪŋ] *n* soir *m*; (*as*
uration, event*) soirée *f*; **in the ~** le
oir • **evening class** *n* cours *m* du
oir • **evening dress** *n* (*man's*)
enue *f* de soirée, smoking *m*;
voman's*) robe *f* de soirée
ent [ɪ'vɛnt] *n* événement *m*;
port*) épreuve *f*; **in the ~ of** en
as de • **eventful** *adj*
ouvementé(e)

eventual [ɪ'vɛntʃuəl] *adj* final(e)

> ⚠ Be careful not to translate *eventual* by the French word *éventuel*.

eventually [ɪ'vɛntʃuəlɪ] *adv*
finalement

> ⚠ Be careful not to translate *eventually* by the French word *éventuellement*.

ever ['ɛvəʳ] *adv* jamais; (*at all times*) toujours; **why ~ not?** mais enfin, pourquoi pas?; **the best ~** le meilleur qu'on ait jamais vu; **have you ~ seen it?** l'as-tu déjà vu?, as-tu eu l'occasion *or* t'est-il arrivé de le voir?; **~ since** (*as adv*) depuis; (*as conj*) depuis que; **~ so pretty** si joli • **evergreen** *n* arbre *m* à feuilles persistantes

every ['ɛvrɪ]

adj **1** (*each*) chaque; **every one of them** tous (sans exception); **every shop in town was closed** tous les magasins en ville étaient fermés
2 (*all possible*) tous (toutes) les; **I gave you every assistance** j'ai fait tout mon possible pour vous aider; **I have every confidence in him** j'ai entièrement *or* pleinement confiance en lui; **we wish you every success** nous vous souhaitons beaucoup de succès
3 (*showing recurrence*) tous les; **every day** tous les jours, chaque jour; **every other car** une voiture sur deux; **every other/third day** tous les deux/trois jours; **every now and then** de temps en temps
• **everybody** *pron* = **everyone**

• **everyday** *adj (expression)* courant(e), d'usage courant; *(use)* courant; *(clothes, life)* de tous les jours; *(occurrence, problem)* quotidien(ne) • **everyone** *pron* tout le monde, tous *pl* • **everything** *pron* tout • **everywhere** *adv* partout; **everywhere you go you meet ...** où qu'on aille on rencontre ...

evict [ɪ'vɪkt] *vt* expulser
evidence ['ɛvɪdns] *n (proof)* preuve(s) *f(pl)*; *(of witness)* témoignage *m*; *(sign)*: **to show ~ of** donner des signes de; **to give ~** témoigner, déposer
evident ['ɛvɪdnt] *adj* évident(e) • **evidently** *adv* de toute évidence; *(apparently)* apparemment
evil ['i:vl] *adj* mauvais(e) ▸ *n* mal *m*
evoke [ɪ'vəuk] *vt* évoquer
evolution [i:və'lu:ʃən] *n* évolution *f*
evolve [ɪ'vɔlv] *vt* élaborer ▸ *vi* évoluer, se transformer
ewe [ju:] *n* brebis *f*
ex [ɛks] *n (inf)*: **my ex** mon ex
ex- [ɛks] *prefix* ex-
exact [ɪg'zækt] *adj* exact(e) ▸ *vt*: **to ~ sth (from)** *(signature, confession)* extorquer qch (à); *(apology)* exiger qch (de) • **exactly** *adv* exactement
exaggerate [ɪg'zædʒəreɪt] *vt, vi* exagérer • **exaggeration** [ɪgzædʒə'reɪʃən] *n* exagération *f*
exam [ɪg'zæm] *n abbr (Scol)*; = **examination**
examination [ɪgzæmɪ'neɪʃən] *n (Scol, Med)* examen *m*; **to take** *or* **sit an ~** (BRIT) passer un examen
examine [ɪg'zæmɪn] *vt (gen)* examiner; *(Scol, Law: person)* interroger • **examiner** *n* examinateur(-trice)
example [ɪg'zɑ:mpl] *n* exempl[e] *m*; **for ~** par exemple
exasperated [ɪg'zɑ:spəreɪtɪd] *adj* exaspéré(e)
excavate ['ɛkskəveɪt] *vt (site)* fouiller, excaver; *(object)* mettre au jour
exceed [ɪk'si:d] *vt* dépasser; *(or powers)* outrepasser • **exceeding[ly]** *adv* extrêmement
excel [ɪk'sɛl] *vi* exceller ▸ *vt* surpasser; **to ~ o.s.** se surpasse[r]
excellence ['ɛksələns] *n* excellence *f*
excellent ['ɛksələnt] *adj* excellent(e)
except [ɪk'sɛpt] *prep (also: ~ fo[r], ~ing)* sauf, excepté, à l'exceptio[n] de ▸ *vt* excepter; **~ if/when** sa[uf] si/quand; **~ that** excepté que, s[i] ce n'est que • **exception** [ɪk'sɛpʃən] *n* exception *f*; **to ta[ke] exception to** s'offusquer de • **exceptional** [ɪk'sɛpʃənl] *adj* exceptionnel(le) • **exceptiona[lly]** [ɪk'sɛpʃənəlɪ] *adv* exceptionnellement
excerpt ['ɛksə:pt] *n* extrait *m*
excess [ɪk'sɛs] *n* excès *m* • **exce[ss] baggage** *n* excédent *m* de bagages • **excessive** *adj* excessif(-ive)
exchange [ɪks'tʃeɪndʒ] *n* échange *m*; *(also:* **telephone ~**) central *m* ▸ *vt*: **to ~ (for)** échan[ger] (contre); **could I ~ this, please** est-ce que je peux échanger cec[i] s'il vous plaît? • **exchange rate** taux *m* de change

cite [ɪk'saɪt] *vt* exciter • **excited** *dj* (tout) excité(e); **to get excited** exciter • **excitement** *n* xcitation *f* • **exciting** *adj* assionnant(e)
claim [ɪk'skleɪm] *vi* s'exclamer
exclamation [ɛksklə'meɪʃən] exclamation *f* • **exclamation** ıark • (*US*) **exclamation point** *n* oint *m* d'exclamation
clude [ɪk'sklu:d] *vt* exclure
cluding [ɪk'sklu:dɪŋ] *prep*: **VAT** la TVA non comprise
clusion [ɪk'sklu:ʒən] *n* xclusion *f*
clusive [ɪk'sklu:sɪv] *adj* xclusif(-ive); (*club, district*) élect(e); (*item of news*) en xclusivité; **~ of VAT** TVA non omprise • **exclusively** *adv* xclusivement
cruciating [ɪk'skru:ʃieɪtɪŋ] *dj* (*pain*) atroce, déchirant(e); *mbarrassing*) pénible
cursion [ɪk'skə:ʃən] *n* xcursion *f*
cuse *n* [ɪk'skju:s] excuse *f* ▶ *vt* k'skju:z] (*forgive*) excuser; **to sb from** (*activity*) dispenser qn e; **~ me!** excusez-moi!, pardon!; **ow if you will ~ me, ...** ıaintenant, si vous (le) ermettez ...
-directory ['ɛksdɪ'rɛktərɪ] *adj* *RIT*) sur la liste rouge
ecutable [ɛksɪ'kju:təbl] *adj* *Comput*) exécutable
ecute ['ɛksɪkju:t] *vt* exécuter
execution [ɛksɪ'kju:ʃən] *n* xécution *f*
ecutive [ɪg'zɛkjutɪv] *n* (*person*) adre *m*; (*managing group*) bureau *m*; *ol*) exécutif *m* ▶ *adj* exécutif(-ive); *osition, job*) de cadre

exempt [ɪg'zɛmpt] *adj*: **~ from** exempté(e) *or* dispensé(e) de ▶ *vt*: **to ~ sb from** exempter *or* dispenser qn de
exercise ['ɛksəsaɪz] *n* exercice *m* ▶ *vt* exercer; (*patience etc*) faire preuve de; (*dog*) promener ▶ *vi* (*also*: **to take ~**) prendre de l'exercice • **exercise book** *n* cahier *m*
exert [ɪg'zə:t] *vt* exercer, employer; **to ~ o.s.** se dépenser • **exertion** [ɪg'zə:ʃən] *n* effort *m*
exhale [ɛks'heɪl] *vt* exhaler ▶ *vi* expirer
exhaust [ɪg'zɔ:st] *n* (*also*: **~ fumes**) gaz *mpl* d'échappement; (*also*: **~ pipe**) tuyau *m* d'échappement ▶ *vt* épuiser • **exhausted** *adj* épuisé(e) • **exhaustion** [ɪg'zɔ:stʃən] *n* épuisement *m*; **nervous exhaustion** fatigue nerveuse
exhibit [ɪg'zɪbɪt] *n* (*Art*) objet exposé, pièce exposée; (*Law*) pièce à conviction ▶ *vt* (*Art*) exposer; (*courage, skill*) faire preuve de • **exhibition** [ɛksɪ'bɪʃən] *n* exposition *f*
exhilarating [ɪg'zɪləreɪtɪŋ] *adj* grisant(e), stimulant(e)
exile ['ɛksaɪl] *n* exil *m*; (*person*) exilé(e) ▶ *vt* exiler
exist [ɪg'zɪst] *vi* exister • **existence** *n* existence *f* • **existing** *adj* actuel(le)
exit ['ɛksɪt] *n* sortie *f* ▶ *vi* (*Comput, Theat*) sortir; **where's the ~?** où est la sortie? • **exit ramp** *n* (*US Aut*) bretelle *f* d'accès
exotic [ɪg'zɔtɪk] *adj* exotique
expand [ɪk'spænd] *vt* (*area*) agrandir; (*quantity*) accroître ▶ *vi* (*trade, etc*) se développer, s'accroître; (*gas, metal*) se dilater

e

expansion [ɪk'spænʃən] *n* (*territorial, economic*) expansion *f*; (*of trade, influence etc*) développement *m*; (*of production*) accroissement *m*; (*of population*) croissance *f*; (*of gas, metal*) expansion, dilatation *f*

expect [ɪk'spɛkt] *vt* (*anticipate*) s'attendre à, s'attendre à ce que + *sub*; (*count on*) compter sur, escompter; (*require*) demander, exiger; (*suppose*) supposer; (*await: also baby*) attendre ▸ *vi*: **to be ~ing** (*pregnant woman*) être enceinte • **expectation** [ɛkspɛk'teɪʃən] *n* (*hope*) attente *f*, espérance(s) *f(pl)*; (*belief*) attente

expedition [ɛkspə'dɪʃən] *n* expédition *f*

expel [ɪk'spɛl] *vt* chasser, expulser; (*Scol*) renvoyer, exclure

expenditure [ɪk'spɛndɪtʃə^r] *n* (*act of spending*) dépense *f*; (*money spent*) dépenses *fpl*

expense [ɪk'spɛns] *n* (*high cost*) coût *m*; (*spending*) dépense *f*, frais *mpl*; **expenses** *npl* frais *mpl*; dépenses; **at the ~ of** (*fig*) aux dépens de • **expense account** *n* (note *f* de) frais *mpl*

expensive [ɪk'spɛnsɪv] *adj* cher (chère), coûteux(-euse); **it's too ~** ça coûte trop cher

experience [ɪk'spɪərɪəns] *n* expérience *f* ▸ *vt* connaître; (*feeling*) éprouver • **experienced** *adj* expérimenté(e)

experiment [ɪk'spɛrɪmənt] *n* expérience *f* ▸ *vi* faire une expérience • **experimental** [ɪkspɛrɪ'mɛntl] *adj* expérimental(e)

expert ['ɛkspə:t] *adj* expert(e) ▸ *n* expert *m* • **expertise** [ɛkspə:'ti:z] *n* (grande) compétence

expire [ɪk'spaɪə^r] *vi* expirer • **expiry** *n* expiration *f* • **expiry date** *n* date *f* d'expiration; (*on label*) à utiliser avant ...

explain [ɪk'spleɪn] *vt* expliquer • **explanation** [ɛksplə'neɪʃən] *n* explication *f*

explicit [ɪk'splɪsɪt] *adj* explicite; (*definite*) formel(le)

explode [ɪk'spləud] *vi* exploser

exploit *n* ['ɛksplɔɪt] exploit *m* ▸ [ɪk'splɔɪt] exploiter • **exploitation** [ɛksplɔɪ'teɪʃən] *n* exploitation *f*

explore [ɪk'splɔ:^r] *vt* explorer; (*possibilities*) étudier, examiner • **explorer** *n* explorateur(-trice)

explosion [ɪk'spləuʒən] *n* explosion *f* • **explosive** [ɪk'spləusɪv] *adj* explosif(-ive) ▸ *n* explosif *m*

export *vt* [ɛk'spɔ:t] exporter ▸ *n* ['ɛkspɔ:t] exportation *f* ▸ *cpd* ['ɛkspɔ:t] d'exportation • **exporter** *n* exportateur *m*

expose [ɪk'spəuz] *vt* exposer; (*unmask*) démasquer, dévoiler • **exposed** *adj* (*land, house*) exposé(e) • **exposure** [ɪk'spəu... *n* exposition *f*; (*publicity*) couverture *f*; (*Phot: speed*) (tem... *m* de) pose *f*; (*: shot*) pose; **to di... of exposure** (*Med*) mourir de fr...

express [ɪk'sprɛs] *adj* (*definite*) formel(le), exprès(-esse); (BRIT: *letter etc*) exprès *inv* ▸ *n* (*train*) rapide *m* ▸ *vt* exprimer • **expression** [ɪk'sprɛʃən] *n* expression *f* • **expressway** *n* (... voie *f* express (à plusieurs files)

exquisite [ɛk'skwɪzɪt] *adj* exquis(e)

extend [ɪk'stɛnd] *vt* (*visit, stree...*) prolonger; remettre; (*building*) ıgrandir; (*offer*) présenter, offrir; *hand, arm*) tendre ▶ *vi* (*land*) 'étendre • **extension** *n* (*of visit, treet*) prolongation *f*; (*building*) ınnexe *f*; (*telephone*: *in offices*) ›oste *m*; (: *in private house*) éléphone *m* supplémentaire

› **extension cable** • **extension ead** *n* (*Elec*) rallonge *f*

› **extensive** *adj* étendu(e), vaste; *damage, alterations*) considérable; *nquiries*) approfondi(e)

:tent [ɪk'stɛnt] *n* étendue *f*; **o some ~** dans une certaine nesure; **to the ~ of ...** au point e ...; **to what ~?** dans quelle nesure?, jusqu'à quel point?; **o such an ~ that ...** à tel point ue ...

:terior [ɛk'stɪərɪə^r] *adj* xtérieur(e) ▶ *n* extérieur *m*

:ternal [ɛk'stə:nl] *adj* externe

:tinct [ɪk'stɪŋkt] *adj* (*volcano*) teint(e); (*species*) disparu(e)

extinction *n* extinction *f*

:tinguish [ɪk'stɪŋgwɪʃ] *vt* teindre

:tra ['ɛkstrə] *adj* upplémentaire, de plus ▶ *adv* *n addition*) en plus ▶ *n* upplément *m*; (*perk*) à-coté *m*; *Cine, Theat*) figurant(e)

tract *vt* [ɪk'strækt] extraire; *tooth*) arracher; (*money, promise*) outirer ▶ *n* ['ɛkstrækt] extrait *m*

tradite ['ɛkstrədaɪt] *vt* xtrader

traordinary [ɪk'strɔ:dnrɪ] *adj* xtraordinaire

travagance [ɪk'strævəgəns] (*excessive spending*) prodigalités ›l; (*thing bought*) folie *f*, dépense xcessive • **extravagant** *adj* xtravagant(e); (*in spending*: *person*) prodigue, dépensier(-ière); (: *tastes*) dispendieux(-euse)

extreme [ɪk'stri:m] *adj, n* extrême (*m*) • **extremely** *adv* extrêmement

extremist [ɪk'stri:mɪst] *adj, n* extrémiste *m/f*

extrovert ['ɛkstrəvə:t] *n* extraverti(e)

eye [aɪ] *n* œil *m*; (*of needle*) trou *m*, chas *m* ▶ *vt* examiner; **to keep an ~ on** surveiller • **eyeball** *n* globe *m* oculaire • **eyebrow** *n* sourcil *m* • **eye drops** *npl* gouttes *fpl* pour les yeux • **eyelash** *n* cil *m* • **eyelid** *n* paupière *f* • **eyeliner** *n* eye-liner *m* • **eye shadow** *n* ombre *f* à paupières • **eyesight** *n* vue *f* • **eye witness** *n* témoin *m* oculaire

e

f

F [ɛf] *n* (*Mus*) fa *m*
fabric ['fæbrɪk] *n* tissu *m*
fabulous ['fæbjuləs] *adj* fabuleux(-euse); (*inf*: *super*) formidable, sensationnel(le)
face [feɪs] *n* visage *m*, figure *f*; (*expression*) air *m*; (*of clock*) cadran *m*; (*of cliff*) paroi *f*; (*of mountain*) face *f*; (*of building*) façade *f* ▶ *vt* faire face à; (*facts etc*) accepter; **~ down** (*person*) à plat ventre; (*card*) face en dessous; **to lose/ save ~** perdre/sauver la face; **to pull a ~** faire une grimace; **in the ~ of** (*difficulties etc*) face à, devant; **on the ~ of it** à première vue; **~ to ~** face à face • **face up to** *vt fus* faire face à, affronter • **face cloth** *n* (BRIT) gant *m* de toilette • **face pack** *n* (BRIT) masque *m* (de beauté)
facial ['feɪʃl] *adj* facial(e) ▶ *n* soin complet du visage
facilitate [fə'sɪlɪteɪt] *vt* faciliter
facilities [fə'sɪlɪtɪz] *npl* installations *fpl*, équipement *m*; **credit ~** facilités de paiement
fact [fækt] *n* fait *m*; **in ~** en fait

faction ['fækʃən] *n* faction *f*
factor ['fæktə^r] *n* facteur *m*; (*of sun cream*) indice *m* (de protection); **I'd like a ~ 15 sunt lotion** je voudrais une crème solaire d'indice 15
factory ['fæktərɪ] *n* usine *f*, fabrique *f*
factual ['fæktjuəl] *adj* basé(e) s les faits
faculty ['fækəltɪ] *n* faculté *f*; (*u teaching staff*) corps enseignant
fad [fæd] *n* (*personal*) manie *f*; (*craze*) engouement *m*
fade [feɪd] *vi* se décolorer, passe (*light, sound*) s'affaiblir; (*flower*) s faner • **fade away** *vi* (*sound*) s'affaiblir
fag [fæg] *n* (BRIT *inf*: *cigarette*) clope *f*
Fahrenheit ['fɑːrənhaɪt] *n* Fahrenheit *m inv*
fail [feɪl] *vt* (*exam*) échouer à; (*candidate*) recaler; (*subj*: *courag memory*) faire défaut à ▶ *vi* échouer; (*eyesight, health, light*: *also*: **be ~ing**) baisser, s'affaiblir, (*brakes*) lâcher; **to ~ to do sth** (*neglect*) négliger de *or* ne pas fa qch; (*be unable*) ne pas arriver *or* parvenir à faire qch; **without ~** coup sûr; sans faute • **failing** *n* défaut *m* ▶ *prep* faute de; **failin that** à défaut, sinon • **failure** ['feɪljə^r] *n* échec *m*; (*person*) raté(e); (*mechanical etc*) défaillance *f*
faint [feɪnt] *adj* faible; (*recollecti vague*; (*mark*) à peine visible ▶ *n* évanouissement *m* ▶ *vi* s'évano **to feel ~** défaillir; **I haven't the ~est idea** je n'en ai pas la moind idée • **faintly** *adv* faiblement; (*vaguely*) vaguement

r [fɛəʳ] *adj* équitable, juste;
air) blond(e); (*skin, complexion*)
âle, blanc (blanche); (*weather*)
eau (belle); (*good enough*) assez
on(ne); (*sizeable*) considérable
adv: **to play ~** jouer franc jeu ▸ *n*
ire *f*; (BRIT: *funfair*) fête (foraine)
fairground *n* champ *m* de foire
fair-haired *adj* (*person*) aux
heveux clairs, blond(e) • **fairly**
dv (*justly*) équitablement; (*quite*)
ssez • **fair trade** *n* commerce *m*
quitable • **fairway** *n* (*Golf*)
irway *m*
ry ['fɛərɪ] *n* fée *f* • **fairy tale** *n*
onte *m* de fées
th [feɪθ] *n* foi *f*; (*trust*) confiance
(*sect*) culte *m*, religion *f*
faithful *adj* fidèle • **faithfully**
dv fidèlement; **yours faithfully**
RIT: *in letters*) veuillez agréer
xpression de mes salutations les
us distinguées
ke [feɪk] *n* (*painting etc*) faux *m*;
erson) imposteur *m* ▸ *adj* faux
ausse) ▸ *vt* (*emotions*) simuler;
ainting) faire un faux de
con ['fɔːlkən] *n* faucon *m*
l [fɔːl] *n* chute *f*; (*decrease*) baisse
(US: *autumn*) automne *m* ▸ *vi* (*pt*
ll, *pp* **fallen**) tomber; (*price,*
mperature, dollar) baisser; **falls**
pl (*waterfall*) chute *f* d'eau,
scade *f*; **to ~ flat** *vi* (*on one's face*)
mber de tout son long, s'étaler;
oke) tomber à plat; (*plan*)
houer • **fall apart** *vi* (*object*)
mber en morceaux • **fall down**
(*person*) tomber; (*building*)
ffondrer, s'écrouler • **fall for** *vt*
s (*trick*) se laisser prendre à;
erson) tomber amoureux(-euse)
• **fall off** *vi* tomber; (*diminish*)
isser, diminuer • **fall out** *vi*
iends etc) se brouiller; (*hair, teeth*)
tomber • **fall over** *vi* tomber
(par terre) • **fall through** *vi* (*plan,*
project) tomber à l'eau

fallen ['fɔːlən] *pp of* **fall**

fallout ['fɔːlaut] *n* retombées (radioactives)

false [fɔːls] *adj* faux (fausse); **under ~ pretences** sous un faux prétexte • **false alarm** *n* fausse alerte • **false teeth** *npl* (BRIT) fausses dents, dentier *m*

fame [feɪm] *n* renommée *f*, renom *m*

familiar [fə'mɪlɪəʳ] *adj* familier(-ière); **to be ~ with sth** connaître qch • **familiarize** [fə'mɪlɪəraɪz] *vt*: **to familiarize o.s. with** se familiariser avec

family ['fæmɪlɪ] *n* famille *f* • **family doctor** *n* médecin *m* de famille • **family planning** *n* planning familial

famine ['fæmɪn] *n* famine *f*

famous ['feɪməs] *adj* célèbre

fan [fæn] *n* (*folding*) éventail *m*; (*Elec*) ventilateur *m*; (*person*) fan *m*, admirateur(-trice); (*Sport*) supporter *m/f* ▸ *vt* éventer; (*fire, quarrel*) attiser

fanatic [fə'nætɪk] *n* fanatique *m/f*

fan belt *n* courroie *f* de ventilateur

fan club *n* fan-club *m*

fancy ['fænsɪ] *n* (*whim*) fantaisie *f*, envie *f*; (*imagination*) imagination *f* ▸ *adj* (*luxury*) de luxe; (*elaborate*: *jewellery, packaging*) fantaisie *inv* ▸ *vt* (*feel like, want*) avoir envie de; (*imagine*) imaginer; **to take a ~ to** se prendre d'affection pour; s'enticher de; **he fancies her** elle lui plaît • **fancy dress** *n* déguisement *m*, travesti *m*

fan heater *n* (BRIT) radiateur soufflant

fantasize ['fæntəsaɪz] *vi* fantasmer
fantastic [fæn'tæstɪk] *adj* fantastique
fantasy ['fæntəsɪ] *n* imagination *f*, fantaisie *f*; (*unreality*) fantasme *m*
fanzine ['fænzi:n] *n* fanzine *m*
FAQ *n abbr* (= *frequently asked question*) FAQ *f inv*, faq *f inv*
far [fɑ:ʳ] *adj* (*distant*) lointain(e), éloigné(e) ▸ *adv* loin; **the ~ side/ end** l'autre côté/bout; **it's not ~ (from here)** ce n'est pas loin (d'ici); **~ away, ~ off** au loin, dans le lointain; **~ better** beaucoup mieux; **~ from** loin de; **by ~** de loin, de beaucoup; **go as ~ as the bridge** allez jusqu'au pont; **as ~ as I know** pour autant que je sache; **how ~ is it to …?** combien y a-t-il jusqu'à …?; **how ~ have you got with your work?** où en êtes-vous dans votre travail?
farce [fɑ:s] *n* farce *f*
fare [fɛəʳ] *n* (*on trains, buses*) prix *m* du billet; (*in taxi*) prix de la course; (*food*) table *f*, chère *f*; **half ~** demi-tarif; **full ~** plein tarif
Far East *n*: **the ~** l'Extrême-Orient *m*
farewell [fɛə'wɛl] *excl, n* adieu *m*
farm [fɑ:m] *n* ferme *f* ▸ *vt* cultiver • **farmer** *n* fermier(-ière) • **farmhouse** *n* (maison *f* de) ferme *f* • **farming** *n* agriculture *f*; (*of animals*) élevage *m* • **farmyard** *n* cour *f* de ferme
far-reaching ['fɑ:'ri:tʃɪŋ] *adj* d'une grande portée
fart [fɑ:t] (*inf!*) *vi* péter
farther ['fɑ:ðəʳ] *adv* plus loin ▸ *adj* plus éloigné(e), plus lointain(e)
farthest ['fɑ:ðɪst] *superlative of* **far**
fascinate ['fæsɪneɪt] *vt* fascin[er], captiver
fascinating ['fæsɪneɪtɪŋ] *adj* fascinant(e)
fascination [fæsɪ'neɪʃən] *n* fascination *f*
fascist ['fæʃɪst] *adj, n* fasciste *m*[*f*]
fashion ['fæʃən] *n* mode *f*; (*manner*) façon *f*, manière *f* ▸ *vt* façonner; **in ~** à la mode; **out** [**of ~**] démodé(e) • **fashionable** *adj* [à la] mode • **fashion show** *n* défilé de mannequins *or* de mode
fast [fɑ:st] *adj* rapide; (*clock*): **t[o] be ~** avancer; (*dye, colour*) gran[d] bon teint *inv* ▸ *adv* vite, rapidement; (*stuck, held*) solidement ▸ *n* jeûne *m* ▸ *vi* jeûner; **~ asleep** profondémen[t] endormi
fasten ['fɑ:sn] *vt* attacher, fixe[r]; (*coat*) attacher, fermer ▸ *vi* se fermer, s'attacher
fast food *n* fast food *m*, restauration *f* rapide
fat [fæt] *adj* gros(se) ▸ *n* graiss[e] *f*; (*on meat*) gras *m*; (*for cooking*) matière grasse
fatal ['feɪtl] *adj* (*mistake*) fatal(e); (*injury*) mortel(le) • **fatality** [fə'tælɪtɪ] *n* (*road death etc*) victime *f*, décès *m* • **fatally** *adv* fatalement; (*injured*) mortellement
fate [feɪt] *n* destin *m*; (*of person*) sort *m*
father ['fɑ:ðəʳ] *n* père *m* • **Fath[er] Christmas** *n* le Père Noël • **father-in-law** *n* beau-père *m*
fatigue [fə'ti:g] *n* fatigue *f*
fattening ['fætnɪŋ] *adj* (*food*) fait grossir
fatty ['fætɪ] *adj* (*food*) gras(se); (*inf*) gros (grosse)

ucet ['fɔ:sɪt] *n* (*US*) robinet *m*
ult [fɔ:lt] *n* faute *f*; (*defect*) léfaut *m*; (*Geo*) faille *f* ▸ *vt* trouver les défauts à, prendre en défaut; **t's my ~** c'est de ma faute; **to ind ~ with** trouver à redire *or* à ritiquer à; **at ~** fautif(-ive), oupable • **faulty** *adj* éfectueux(-euse)
una ['fɔ:nə] *n* faune *f*
vour, (*US*) **favor** ['feɪvəʳ] *n* aveur *f*; (*help*) service *m* ▸ *vt* *proposition*) être en faveur de; *pupil etc*) favoriser; (*team, horse*) 'onner gagnant; **to do sb a ~** endre un service à qn; **in ~ of** en aveur de; **to find ~ with sb** rouver grâce aux yeux de qn
favourable • (*US*) **favorable** *adj* avorable • **favourite** • (*US*) **avorite** ['feɪvrɪt] *adj*, *n* favori(te)
wn [fɔ:n] *n* (*deer*) faon *m* ▸ *adj also*: **--coloured**) fauve ▸ *vi*: **to (up)on** flatter servilement
x [fæks] *n* (*document*) télécopie *f*; *machine*) télécopieur *m* ▸ *vt* nvoyer par télécopie
3I *n abbr* (*US*: = *Federal Bureau of nvestigation*) FBI *m*
ar [fɪəʳ] *n* crainte *f*, peur *f* ▸ *vt* raindre; **for ~ of** de peur que + *ub or* de + *infinitive* • **fearful** *adj* raintif(-ive); (*sight, noise*) ffreux(-euse), épouvantable
fearless *adj* intrépide
asible ['fi:zəbl] *adj* faisable, éalisable
ast [fi:st] *n* festin *m*, banquet *m*; *Rel*: *also*: **~ day**) fête *f* ▸ *vi* festoyer
at [fi:t] *n* exploit *m*, prouesse *f*
ather ['fɛðəʳ] *n* plume *f*
ature ['fi:tʃəʳ] *n* caractéristique (*article*) chronique *f*, rubrique *f* vt (*film*) avoir pour vedette(s) ▸ *vi* figurer (en bonne place); **features** *npl* (*of face*) traits *mpl*; **a (special) ~ on sth/sb** un reportage sur qch/qn • **feature film** *n* long métrage
Feb. *abbr* (= *February*) fév
February ['fɛbruərɪ] *n* février *m*
fed [fɛd] *pt, pp of* **feed**
federal ['fɛdərəl] *adj* fédéral(e)
federation [fɛdə'reɪʃən] *n* fédération *f*
fed up *adj*: **to be ~ (with)** en avoir marre *or* plein le dos (de)
fee [fi:] *n* rémunération *f*; (*of doctor, lawyer*) honoraires *mpl*; (*of school, college etc*) frais *mpl* de scolarité; (*for examination*) droits *mpl*
feeble ['fi:bl] *adj* faible; (*attempt, excuse*) pauvre; (*joke*) piteux(-euse)
feed [fi:d] *n* (*of animal*) nourriture *f*, pâture *f*; (*on printer*) mécanisme *m* d'alimentation ▸ *vt* (*pt, pp* **fed**) (*person*) nourrir; (BRIT: *baby*: *breastfeed*) allaiter; (: *with bottle*) donner le biberon à; (*horse etc*) donner à manger à; (*machine*) alimenter; (*data etc*): **to ~ sth into** enregistrer qch dans • **feedback** *n* (*Elec*) effet *m* Larsen; (*from person*) réactions *fpl*
feel [fi:l] *n* (*sensation*) sensation *f*; (*impression*) impression *f* ▸ *vt* (*pt, pp* **felt**) (*touch*) toucher; (*explore*) tâter, palper; (*cold, pain*) sentir; (*grief, anger*) ressentir, éprouver; (*think, believe*): **to ~ (that)** trouver que; **to ~ hungry/cold** avoir faim/froid; **to ~ lonely/better** se sentir seul/mieux; **I don't ~ well** je ne me sens pas bien; **it ~s soft** c'est doux au toucher; **to ~ like** (*want*) avoir envie de • **feeling** *n* (*physical*) sensation *f*; (*emotion*,

f

impression) sentiment *m*; **to hurt sb's feelings** froisser qn
feet [fi:t] *npl of* **foot**
fell [fɛl] *pt of* **fall** ▸ *vt* (*tree*) abattre
fellow ['fɛləu] *n* type *m*; (*comrade*) compagnon *m*; (*of learned society*) membre *m* ▸ *cpd*: **their ~ prisoners/students** leurs camarades prisonniers/étudiants • **fellow citizen** *n* concitoyen(ne) • **fellow countryman** (*irreg*) *n* compatriote *m* • **fellow men** *npl* semblables *mpl* • **fellowship** *n* (*society*) association *f*; (*comradeship*) amitié *f*, camaraderie *f*; (*Scol*) sorte de bourse universitaire
felony ['fɛlənɪ] *n* crime *m*, forfait *m*
felt [fɛlt] *pt, pp of* **feel** ▸ *n* feutre *m* • **felt-tip** *n* (*also*: **felt-tip pen**) stylo-feutre *m*
female ['fi:meɪl] *n* (*Zool*) femelle *f*; (*pej*: *woman*) bonne femme ▸ *adj* (*Biol*) femelle; (*sex, character*) féminin(e); (*vote etc*) des femmes
feminine ['fɛmɪnɪn] *adj* féminin(e)
feminist ['fɛmɪnɪst] *n* féministe *m/f*
fence [fɛns] *n* barrière *f* ▸ *vi* faire de l'escrime • **fencing** *n* (*sport*) escrime *m*
fend [fɛnd] *vi*: **to ~ for o.s.** se débrouiller (tout seul) • **fend off** *vt* (*attack etc*) parer; (*questions*) éluder
fender ['fɛndəʳ] *n* garde-feu *m inv*; (*on boat*) défense *f*; (US: *of car*) aile *f*
fennel ['fɛnl] *n* fenouil *m*
ferment *vi* [fə'mɛnt] fermenter ▸ *n* ['fə:mɛnt] (*fig*) agitation *f*, effervescence *f*
fern [fə:n] *n* fougère *f*
ferocious [fə'rəuʃəs] *adj* féroce

ferret ['fɛrɪt] *n* furet *m*
ferry ['fɛrɪ] *n* (*small*) bac *m*; (*larg also*: **~boat**) ferry(-boat *m*) *m* ▸ transporter
fertile ['fə:taɪl] *adj* fertile; (*Biol*) fécond(e) • **fertilize** ['fə:tɪlaɪz] fertiliser; (*Biol*) féconder • **fertilizer** *n* engrais *m*
festival ['fɛstɪvəl] *n* (*Rel*) fête *f*; (*Art, Mus*) festival *m*
festive ['fɛstɪv] *adj* de fête; **the ~ season** (BRIT: *Christmas*) la période des fêtes
fetch [fɛtʃ] *vt* aller chercher; (BR *sell for*) rapporter
fête [feɪt] *n* fête *f*, kermesse *f*
fetus ['fi:təs] *n* (US) = **foetus**
feud [fju:d] *n* querelle *f*, dispute
fever ['fi:vəʳ] *n* fièvre *f* • **feveris** *adj* fiévreux(-euse), fébrile
few [fju:] *adj* (*not many*) peu de ▸ *pron* peu; **a ~** (*as adj*) quelques (*as pron*) quelques-uns(-unes); **quite a ~ ...** *adj* un certain nom de ..., pas mal de ...; **in the past ~ days** ces derniers jours • **few** *adj* moins de • **fewest** *adj* le mo nombreux
fiancé [fɪ'ɑ̃:ŋseɪ] *n* fiancé *m* • **fiancée** *n* fiancée *f*
fiasco [fɪ'æskəu] *n* fiasco *m*
fib [fɪb] *n* bobard *m*
fibre, (US) **fiber** ['faɪbəʳ] *n* fibre • **fibreglass** • (US) **Fiberglass**® fibre *f* de verre
fickle ['fɪkl] *adj* inconstant(e), volage, capricieux(-euse)
fiction ['fɪkʃən] *n* romans *mpl*, littérature *f* romanesque; (*invention*) fiction *f* • **fictional** *a* fictif(-ive)
fiddle ['fɪdl] *n* (*Mus*) violon *m*; (*cheating*) combine *f*; escroquer ▸ *vt* (BRIT: *accounts*) falsifier,

aquiller • **fiddle with** *vt fus* ɔoter
elity [fɪ'dɛlɪtɪ] *n* fidélité *f*
get ['fɪdʒɪt] *vi* se trémousser, muer
d [fi:ld] *n* champ *m*; (*fig*) maine *m*, champ; (*Sport*: und) terrain *m* • **field marshal** maréchal *m*
ce [fɪəs] *adj* (*look, animal*) oce, sauvage; (*wind, attack, son*) (très) violent(e); (*fighting, emy*) acharné(e)
een [fɪf'ti:n] *num* quinze
ifteenth *num* quinzième
h [fɪfθ] *num* cinquième
eth ['fɪftɪɪθ] *num* quantième
y ['fɪftɪ] *num* cinquante
fty-fifty *adv* moitié-moitié dj: **to have a fifty-fifty ance (of success)** avoir une ance sur deux (de réussir)
['fɪg] *n* figue *f*
t [faɪt] (*pt, pp* **fought**) *n* tween persons) bagarre *f*; gument) dispute *f*; (*Mil*) combat (*against cancer etc*) lutte *f* ▸ *vt* se tre contre; (*cancer, alcoholism, otion*) combattre, lutter contre; ection) se présenter à ▸ *vi* se ttre; (*argue*) se disputer; (*fig*): **to for/against)** lutter (pour/ ntre) • **fight back** *vi* rendre les ups; (*after illness*) reprendre le ssus ▸ *vt* (*tears*) réprimer • **fight** *vt* repousser; (*disease, sleep, e*) lutter contre • **fighting** *n* mbats *mpl*; (*brawls*) bagarres *fpl*
re ['fɪgəʳ] *n* (*Drawing, Geom*) ure *f*; (*number*) chiffre *m*; (*body, line*) silhouette *f*; (*person's pe*) ligne *f*, formes *fpl*; (*person*) sonnage *m* ▸ *vt* (US: *think*) supposer ▸ *vi* (*appear*) figurer; (US: *make sense*) s'expliquer • **figure out** *vt* (*understand*) arriver à comprendre; (*plan*) calculer
file [faɪl] *n* (*tool*) lime *f*; (*dossier*) dossier *m*; (*folder*) dossier, chemise *f*; (: *binder*) classeur *m*; (*Comput*) fichier *m*; (*row*) file *f* ▸ *vt* (*nails, wood*) limer; (*papers*) classer; (*Law*: *claim*) faire enregistrer; déposer • **filing cabinet** *n* classeur *m* (*meuble*)
Filipino [fɪlɪ'pi:nəu] *adj* philippin(e) ▸ *n* (*person*) Philippin(e)
fill [fɪl] *vt* remplir; (*vacancy*) pourvoir à ▸ *n*: **to eat one's ~** manger à sa faim; **to ~ with** remplir de • **fill in** *vt* (*hole*) boucher; (*form*) remplir • **fill out** *vt* (*form, receipt*) remplir • **fill up** *vt* remplir ▸ *vi* (*Aut*) faire le plein
fillet ['fɪlɪt] *n* filet *m* • **fillet steak** *n* filet *m* de bœuf, tournedos *m*
filling ['fɪlɪŋ] *n* (*Culin*) garniture *f*, farce *f*; (*for tooth*) plombage *m* • **filling station** *n* station-service *f*, station *f* d'essence
film [fɪlm] *n* film *m*; (*Phot*) pellicule *f*, film; (*of powder, liquid*) couche *f*, pellicule ▸ *vt* (*scene*) filmer ▸ *vi* tourner; **I'd like a 36-exposure ~** je voudrais une pellicule de 36 poses • **film star** *n* vedette *f* de cinéma
filter ['fɪltəʳ] *n* filtre *m* ▸ *vt* filtrer • **filter lane** *n* (BRIT *Aut*: *at traffic lights*) voie *f* de dégagement; (: *on motorway*) voie *f* de sortie
filth [fɪlθ] *n* saleté *f* • **filthy** *adj* sale, dégoûtant(e); (*language*) ordurier(-ière), grossier(-ière)
fin [fɪn] *n* (*of fish*) nageoire *f*; (*of shark*) aileron *m*; (*of diver*) palme *f*

final ['faɪnl] *adj* final(e), dernier(-ière); (*decision, answer*) définitif(-ive) ▶ *n* (BRIT *Sport*) finale *f*; **finals** *npl* (US) (*Scol*) examens *mpl* de dernière année; (*Sport*) finale *f* • **finale** [fɪ'nɑːlɪ] *n* finale *m* • **finalist** *n* (*Sport*) finaliste *m/f* • **finalize** *vt* mettre au point • **finally** *adv* (*eventually*) enfin, finalement; (*lastly*) en dernier lieu

finance [faɪ'næns] *n* finance *f* ▶ *vt* financer; **finances** *npl* finances *fpl* • **financial** [faɪ'nænʃəl] *adj* financier(-ière) • **financial year** *n* année *f* budgétaire

find [faɪnd] *vt* (*pt, pp* **found**) trouver; (*lost object*) retrouver ▶ *n* trouvaille *f*, découverte *f*; **to ~ sb guilty** (*Law*) déclarer qn coupable • **find out** *vt* se renseigner sur; (*truth, secret*) découvrir; (*person*) démasquer ▶ *vi*: **to ~ out about** (*make enquiries*) se renseigner sur; (*by chance*) apprendre • **findings** *npl* (*Law*) conclusions *fpl*, verdict *m*; (*of report*) constatations *fpl*

fine [faɪn] *adj* (*weather*) beau (belle); (*excellent*) excellent(e); (*thin, subtle, not coarse*) fin(e); (*acceptable*) bien *inv* ▶ *adv* (*well*) très bien; (*small*) fin, finement ▶ *n* (*Law*) amende *f*; contravention *f* ▶ *vt* (*Law*) condamner à une amende; donner une contravention à; **he's ~** il va bien; **the weather is ~** il fait beau • **fine arts** *npl* beaux-arts *mpl*

finger ['fɪŋgəʳ] *n* doigt *m* ▶ *vt* palper, toucher; **index ~** index *m* • **fingernail** *n* ongle *m* (de la main) • **fingerprint** *n* empreinte digitale • **fingertip** *n* bout *m* du doigt

finish ['fɪnɪʃ] *n* fin *f*; (*Sport*) arr *f*; (*polish etc*) finition *f* ▶ *vt* finir terminer ▶ *vi* finir, se terminer **~ doing sth** finir de faire qch; **~ third** arriver *or* terminer troisi **when does the show ~?** qua est-ce que le spectacle se tern • **finish off** *vt* finir, terminer; achever • **finish up** *vi, vt* finir

Finland ['fɪnlənd] *n* Finlande • **Finn** *n* Finnois(e), Finlandai • **Finnish** *adj* finnois(e), finlandais(e) ▶ *n* (*Ling*) finnois

fir [fəːʳ] *n* sapin *m*

fire ['faɪəʳ] *n* feu *m*; (*accidental*) incendie *m*; (*heater*) radiateur ▶ *vt* (*discharge*): **to ~ a gun** tire coup de feu; (*fig: interest*) enflammer, animer; (*inf: dism* mettre à la porte, renvoyer ▶ (*shoot*) tirer, faire feu; **~!** au fe **on ~** en feu; **to set ~ to sth, s sth on ~** mettre le feu à qch • **alarm** *n* avertisseur *m* d'incer • **firearm** *n* arme *f* à feu • **fire brigade** *n* (régiment *m* de sapeurs-)pompiers *mpl* • **fire engine** *n* (BRIT) pompe *f* à incendie • **fire escape** *n* esca *m* de secours • **fire exit** *n* issu sortie *f* de secours • **fire extinguisher** *n* extincteur *m* • **fireman** (*irreg*) *n* pompier *m* • **fireplace** *n* cheminée *f* • **fir station** *n* caserne *f* de pompi • **fire truck** *n* (US) = **fire engi** • **firewall** *n* (*Internet*) pare-fe • **firewood** *n* bois *m* de chauf • **fireworks** *npl* (*display*) feu(x *m(pl)* d'artifice

firm [fəːm] *adj* ferme ▶ *n* compagnie *f*, firme *f* • **firmly** fermement

first [fəːst] *adj* premier(-ière) (*before other people*) le premier

'emière; (*before other things*) en
'emier, d'abord; (*when listing*
asons etc) en premier lieu,
'emièrement; (*in the beginning*)
ı début ▶ *n* (*person: in race*)
'emier(-ière); (BRIT *Scol*) mention
rès bien; (*Aut*) première *f*; **the**
of January le premier janvier;
: ~ au commencement, au
ébut; **~ of all** tout d'abord, pour
ommencer • **first aid** *n* premiers
cours *or* soins • **first-aid kit** *n*
ousse *f* à pharmacie • **first-class**
dj (*ticket etc*) de première classe;
xcellent) excellent(e),
ceptionnel(le); (*post*) en tarif
ioritaire • **first-hand** *adj* de
emière main • **first lady** *n* (US)
mme *f* du président • **firstly** *adv*
emièrement, en premier lieu
first name *n* prénom *m*
first-rate *adj* excellent(e)
cal ['fɪskl] *adj* fiscal(e) • **fiscal**
ear *n* exercice financier
ı [fɪʃ] *n* (*pl inv*) poisson *m* ▶ *vt, vi*
cher; **~ and chips** poisson frit
frites • **fisherman** (*irreg*) *n*
cheur *m* • **fish fingers** *npl*
RIT) bâtonnets *mpl* de poisson
ongelés) • **fishing** *n* pêche *f*; **to**
fishing aller à la pêche
fishing boat *n* barque *f* de
che • **fishing line** *n* ligne *f* (de
che) • **fishmonger** *n* (BRIT)
archand *m* de poisson
fishmonger's (shop) *n* (BRIT)
issonnerie *f* • **fish sticks** *npl*
s) = **fish fingers** • **fishy** *adj* (*inf*)
spect(e), louche
: [fɪst] *n* poing *m*
[fɪt] *adj* (*Med, Sport*) en (bonne)
rme; (*proper*) convenable;
proprié(e) ▶ *vt* (*subj: clothes*)
er à; (*put in, attach*) installer,
ser; (*equip*) équiper, garnir,
munir; (*suit*) convenir à ▶ *vi*
(*clothes*) aller; (*parts*) s'adapter; (*in space, gap*) entrer, s'adapter ▶ *n* (*Med*) accès *m*, crise *f*; (*of anger*) accès; (*of hysterics, jealousy*) crise; **~ to** (*ready to*) en état de; **~ for** (*worthy*) digne de; (*capable*) apte à; **to keep ~** se maintenir en forme; **this dress is a tight/good ~** cette robe est un peu juste/(me) va très bien; **a ~ of coughing** une quinte de toux; **by ~s and starts** par à-coups • **fit in** *vi* (*add up*) cadrer; (*integrate*) s'intégrer; (*to new situation*) s'adapter • **fitness** *n* (*Med*) forme *f* physique • **fitted** *adj* (*jacket, shirt*) ajusté(e) • **fitted carpet** *n* moquette *f* • **fitted kitchen** *n* (BRIT) cuisine équipée • **fitted sheet** *n* drap-housse *m* • **fitting** *adj* approprié(e) ▶ *n* (*of dress*) essayage *m*; (*of piece of equipment*) pose *f*, installation *f* • **fitting room** *n* (*in shop*) cabine *f* d'essayage • **fittings** *npl* installations *fpl*

five [faɪv] *num* cinq • **fiver** *n* (*inf*: US) billet de cinq dollars; (: BRIT) billet *m* de cinq livres

fix [fɪks] *vt* (*date, amount etc*) fixer; (*sort out*) arranger; (*mend*) réparer; (*make ready: meal, drink*) préparer ▶ *n*: **to be in a ~** être dans le pétrin • **fix up** *vt* (*meeting*) arranger; **to ~ sb up with sth** faire avoir qch à qn • **fixed** *adj* (*prices etc*) fixe • **fixture** *n* installation *f* (fixe); (*Sport*) rencontre *f* (au programme)

fizzy ['fɪzɪ] *adj* pétillant(e), gazeux(-euse)

flag [flæg] *n* drapeau *m*; (*also*: **~stone**) dalle *f* ▶ *vi* faiblir; fléchir • **flag down** *vt* héler, faire signe (de s'arrêter) à • **flagpole** *n* mât *m*

flair [flɛəʳ] *n* flair *m*
flak [flæk] *n* (*Mil*) tir antiaérien; (*inf*: *criticism*) critiques *fpl*
flake [fleɪk] *n* (*of rust, paint*) écaille *f*; (*of snow, soap powder*) flocon *m* ▶ *vi* (*also*: **~ off**) s'écailler
flamboyant [flæm'bɔɪənt] *adj* flamboyant(e), éclatant(e); (*person*) haut(e) en couleur
flame [fleɪm] *n* flamme *f*
flamingo [flə'mɪŋgəu] *n* flamant *m* (rose)
flammable ['flæməbl] *adj* inflammable
flan [flæn] *n* (BRIT) tarte *f*
flank [flæŋk] *n* flanc *m* ▶ *vt* flanquer
flannel ['flænl] *n* (BRIT: *also*: **face ~**) gant *m* de toilette; (*fabric*) flanelle *f*
flap [flæp] *n* (*of pocket, envelope*) rabat *m* ▶ *vt* (*wings*) battre (de) ▶ *vi* (*sail, flag*) claquer
flare [flɛəʳ] *n* (*signal*) signal lumineux; (*Mil*) fusée éclairante; (*in skirt etc*) évasement *m*; **flares** *npl* (*trousers*) pantalon *m* à pattes d'éléphant • **flare up** *vi* s'embraser; (*fig*: *person*) se mettre en colère, s'emporter; (: *revolt*) éclater
flash [flæʃ] *n* éclair *m*; (*also*: **news ~**) flash *m* (d'information); (*Phot*) flash ▶ *vt* (*switch on*) allumer (brièvement); (*direct*): **to ~ sth at** braquer qch sur; (*send*: *message*) câbler; (*smile*) lancer ▶ *vi* briller; jeter des éclairs; (*light on ambulance etc*) clignoter; **a ~ of lightning** un éclair; **in a ~** en un clin d'œil; **to ~ one's headlights** faire un appel de phares; **he ~ed by** *or* **past** il passa (devant nous) comme un éclair • **flashback** *n* flashback *m*, retour *m* en arrièr
• **flashbulb** *n* ampoule *f* de fla
• **flashlight** *n* lampe *f* de poch
flask [flɑːsk] *n* flacon *m*, boute *f*; (*also*: **vacuum ~**) bouteille *f* thermos®
flat [flæt] *adj* plat(e); (*tyre*) dégonflé(e), à plat; (*beer*) éventé(e); (*battery*) à plat; (*den* catégorique; (*Mus*) bémol *inv*; (: *voice*) faux (fausse) ▶ *n* (BRIT: *apartment*) appartement *m*; (*A* crevaison *f*, pneu crevé; (*Mus*) bémol *m*; **~ out** (*work*) sans relâche; (*race*) à fond • **flatten** (*also*: **flatten out**) aplatir; (*cro* coucher; (*house, city*) raser
flatter ['flætəʳ] *vt* flatter
• **flattering** *adj* flatteur(-euse (*clothes etc*) seyant(e)
flaunt [flɔːnt] *vt* faire étalage
flavour, (US) **flavor** ['fleɪvəʳ] goût *m*, saveur *f*; (*of ice cream et* parfum *m* ▶ *vt* parfumer, aromatiser; **vanilla-~ed** à l'arôme de vanille, vanillé(e); **what ~s do you have?** quels parfums avez-vous? • **flavour** • (US) **flavoring** *n* arôme *m* (synthétique)
flaw [flɔː] *n* défaut *m* • **flawles** *adj* sans défaut
flea [fliː] *n* puce *f* • **flea marke** marché *m* aux puces
fled [flɛd] *pt, pp of* **flee**
flee [fliː] (*pt, pp* **fled**) *vt* fuir, s'enfuir de ▶ *vi* fuir, s'enfuir
fleece [fliːs] *n* (*of sheep*) toison (*top*) (laine *f*) polaire *f* ▶ *vt* (*inf* voler, filouter
fleet [fliːt] *n* flotte *f*; (*of lorries, etc*) parc *m*; convoi *m*
fleeting ['fliːtɪŋ] *adj* fugace, fugitif(-ive); (*visit*) très bref (br

nish ['flɛmɪʃ] *adj* flamand(e)
(*Ling*) flamand *m*; **the ~** *npl* les
mands
h [flɛʃ] *n* chair *f*
v [flu:] *pt of* **fly**
: [flɛks] *n* fil *m or* câble *m*
ctrique (souple) ▸ *vt* (*knee*)
chir; (*muscles*) bander
exibility *n* flexibilité *f*
exible *adj* flexible; (*person,*
edule) souple • **flexitime** • (US)
xtime *n* horaire *m* variable *or* à
arte
itarian [flɛksɪ'tɛərɪən] *adj, n*
xitarien(ne)
([flɪk] *n* petit coup; (*with finger*)
quenaude *f* ▸ *vt* donner un
it coup à; (*switch*) appuyer sur
ick through *vt fus* feuilleter
ker ['flɪkə^r] *vi* (*light, flame*)
iller
s [flaɪz] *npl of* **fly**
ht [flaɪt] *n* vol *m*; (*escape*) fuite
also: **~ of steps**) escalier *m*
ight attendant *n* steward *m*,
tesse *f* de l'air
sy ['flɪmzɪ] *adj* peu solide;
thes) trop léger(-ère); (*excuse*)
uvre, mince
ch [flɪntʃ] *vi* tressaillir; **to**
rom se dérober à, reculer
ant
g [flɪŋ] *vt* (*pt, pp* **flung**) jeter,
cer
: [flɪnt] *n* silex *m*; (*in lighter*)
rre *f* (à briquet)
[flɪp] *vt* (*throw*) donner une
quenaude à; (*switch*) appuyer
; (*US: pancake*) faire sauter; **to**
th over retourner qch
flops ['flɪpflɔps] *npl* (*esp*
T) tongs *fpl*
per ['flɪpə^r] *n* (*of animal*)
geoire *f*; (*for swimmer*) palme *f*

flirt [flə:t] *vi* flirter ▸ *n*
flirteur(-euse)
float [fləut] *n* flotteur *m*; (*in*
procession) char *m*; (*sum of money*)
réserve *f* ▸ *vi* flotter
flock [flɔk] *n* (*of sheep*) troupeau
m; (*of birds*) vol *m*; (*of people*) foule *f*
flood [flʌd] *n* inondation *f*; (*of*
letters, refugees etc) flot *m* ▸ *vt*
inonder ▸ *vi* (*place*) être inondé;
(*people*): **to ~ into** envahir
• **flooding** *n* inondation *f*
• **floodlight** *n* projecteur *m*
floor [flɔ:^r] *n* sol *m*; (*storey*) étage
m; (*of sea, valley*) fond *m* ▸ *vt* (*knock*
down) terrasser; (*baffle*) désorienter;
ground ~, (US) **first ~**
rez-de-chaussée *m*; **first ~**, (US)
second ~ premier étage; **what**
~ is it on? c'est à quel étage?
• **floorboard** *n* planche *f* (*du*
plancher) • **flooring** *n* sol *m*;
(*wooden*) plancher *m*; (*covering*)
revêtement *m* de sol • **floor show**
n spectacle *m* de variétés
flop [flɔp] *n* fiasco *m* ▸ *vi* (*fail*) faire
fiasco; (*fall*) s'affaler, s'effondrer
• **floppy** *adj* lâche, flottant(e) ▸ *n*
(*Comput*: *also*: **floppy disk**)
disquette *f*
flora ['flɔ:rə] *n* flore *f*
floral ['flɔ:rl] *adj* floral(e); (*dress*) à
fleurs
florist ['flɔrɪst] *n* fleuriste *m/f*
• **florist's (shop)** *n* magasin *m or*
boutique *f* de fleuriste
flotation [fləu'teɪʃən] *n* (*of*
shares) émission *f*; (*of company*)
lancement *m* (en Bourse)
flour ['flauə^r] *n* farine *f*
flourish ['flʌrɪʃ] *vi* prospérer ▸ *n*
(*gesture*) moulinet *m*
flow [fləu] *n* (*of water, traffic etc*)
écoulement *m*; (*tide, influx*) flux *m*;

f

(*of blood, Elec*) circulation *f*; (*of river*) courant *m* ▶ *vi* couler; (*traffic*) s'écouler; (*robes, hair*) flotter
flower ['flauəʳ] *n* fleur *f* ▶ *vi* fleurir
• **flower bed** *n* plate-bande *f*
• **flowerpot** *n* pot *m* (à fleurs)
flown [fləun] *pp of* **fly**
fl. oz. *abbr* = **fluid ounce**
flu [flu:] *n* grippe *f*
fluctuate ['flʌktjueɪt] *vi* varier, fluctuer
fluent ['flu:ənt] *adj* (*speech, style*) coulant(e), aisé(e); **he speaks ~ French, he's ~ in French** il parle le français couramment
fluff [flʌf] *n* duvet *m*; (*on jacket, carpet*) peluche *f* • **fluffy** *adj* duveteux(-euse); (*toy*) en peluche
fluid ['flu:ɪd] *n* fluide *m*; (*in diet*) liquide *m* ▶ *adj* fluide • **fluid ounce** *n* (BRIT) = 0.028 l; 0.05 pints
fluke [flu:k] *n* coup *m* de veine
flung [flʌŋ] *pt, pp of* **fling**
fluorescent [fluə'rɛsnt] *adj* fluorescent(e)
fluoride ['fluəraɪd] *n* fluor *m*
flurry ['flʌrɪ] *n* (*of snow*) rafale *f*, bourrasque *f*; **a ~ of activity** un affairement soudain
flush [flʌʃ] *n* (*on face*) rougeur *f*; (*fig: of youth etc*) éclat *m* ▶ *vt* nettoyer à grande eau ▶ *vi* rougir ▶ *adj* (*level*): **~ with** au ras de, de niveau avec; **to ~ the toilet** tirer la chasse (d'eau)
flute [flu:t] *n* flûte *f*
flutter ['flʌtəʳ] *n* (*of panic, excitement*) agitation *f*; (*of wings*) battement *m* ▶ *vi* (*bird*) battre des ailes, voleter
fly [flaɪ] (*pt* **flew**, *pp* **flown**) *n* (*insect*) mouche *f*; (*on trousers: also:* **flies**) braguette *f* ▶ *vt* (*plane*) piloter; (*passengers, cargo*) transporter (par avion); (*dista* parcourir ▶ *vi* voler; (*passenge* aller en avion; (*escape*) s'enfuir fuir; (*flag*) se déployer • **fly aw** • **fly off** *vi* s'envoler • **fly-driv** formule *f* avion plus voiture
• **flying** *n* (*activity*) aviation *f*; (*action*) vol *m* ▶ *adj*: **flying vis** visite *f* éclair *inv*; **with flying colours** haut la main • **flying saucer** *n* soucoupe volante
• **flyover** *n* (BRIT: *overpass*) po routier
FM *abbr* (*Radio*: = *frequency modulation*) FM
foal [fəul] *n* poulain *m*
foam [fəum] *n* écume *f*; (*on be* mousse *f*; (*also*: **~ rubber**) caoutchouc *m* mousse ▶ *vi* (*lic* écumer; (*soapy water*) mousse
focus ['fəukəs] *n* (*pl* **focuses**) foyer *m*; (*of interest*) centre *m* (*field glasses etc*) mettre au poi ▶ *vi*: **to ~ (on)** (*with camera*) ré la mise au point (sur); (*with ey* fixer son regard (sur); (*fig: concentrate*) se concentrer (su **out of/in ~** (*picture*) flou(e)/ net(te); (*camera*) pas au point, au point
foetus, (US) **fetus** ['fi:təs] *n* fœtus *m*
fog [fɔg] *n* brouillard *m* • **fogg** *adj*: **it's foggy** il y a du brouill
• **fog lamp** • (US) **fog light** *n* phare *m* anti-brouillard
foil [fɔɪl] *vt* déjouer, contrecar ▶ *n* feuille *f* de métal; (*kitchen f* papier *m* d'alu(minium); **to a a ~ to** (*fig*) servir de repoussoi
fold [fəuld] *n* (*bend, crease*) pli (*Agr*) parc *m* à moutons; (*fig*) bercail *m* ▶ *vt* plier; **to ~ one's arms** croiser les bras • **fold u** (*map etc*) se plier, se replier;

usiness) fermer boutique ▶ *vt*
ap etc) plier, replier • **folder** *n*
r papers) chemise *f*; (: *binder*)
sseur *m*; (*Comput*) dossier *m*
olding *adj* (*chair, bed*) pliant(e)
age ['fəulɪdʒ] *n* feuillage *m*
k [fəuk] *npl* gens *mpl* ▶ *cpd*
klorique; **folks** *npl* (*inf*: *parents*)
nille *f*, parents *mpl* • **folklore**
əuklɔːʳ] *n* folklore *m* • **folk**
usic *n* musique *f* folklorique;
ntemporary) musique folk, folk
• **folk song** *n* chanson *f*
klorique; (*contemporary*)
anson folk *inv*
ow ['fɔləu] *vt* suivre; (*on*
itter) s'abonner aux tweets de
i suivre; (*result*) s'ensuivre; **to**
uit (*fig*) faire de même • **follow**
• *vt* (*letter, offer*) donner suite à;
se) suivre • **follower** *n* disciple
f, partisan(e) • **following** *adj*
vant(e) ▶ *n* partisans *mpl*,
ciples *mpl* • **follow-up** *n* suite *f*;
file, case) suivi *m*
d [fɔnd] *adj* (*memory, look*)
ndre, affectueux(-euse); (*hopes,*
ams) un peu fou (folle); **to be**
of aimer beaucoup
d [fuːd] *n* nourriture *f* • **food**
ixer *n* mixeur *m* • **food**
isoning *n* intoxication *f*
mentaire • **food processor** *n*
bot *m* de cuisine • **food stamp**
us) bon *m* de nourriture (*pour*
igents)
l [fuːl] *n* idiot(e); (*Culin*)
ousse *f* de fruits ▶ *vt* berner,
per • **fool about** • **fool around**
pej: *waste time*) traînailler,
ndouiller; (: *behave foolishly*)
re l'idiot *or* l'imbécile • **foolish**
idiot(e), stupide; (*rash*)
prudent(e) • **foolproof** *adj*
an etc) infaillible

foot (*pl* **feet**) [fut, fiːt] *n* pied *m*; (*of animal*) patte *f*; (*measure*) pied (= 30.48 *cm*; 12 *inches*) ▶ *vt* (*bill*) payer; **on ~** à pied • **footage** *n* (*Cine*: *length*) ≈ métrage *m*; (: *material*) séquences *fpl* • **foot-and-mouth (disease)** [futənd'mauθ-] *n* fièvre aphteuse • **football** *n* (*ball*) ballon *m* (de football); (*sport*: BRIT) football *m*; (: US) football américain • **footballer** *n* (BRIT) = **football player** • **football match** *n* (BRIT) match *m* de foot(ball) • **football player** *n* footballeur(-euse), joueur(-euse) de football; (US) joueur(-euse) de football américain • **footbridge** *n* passerelle *f* • **foothills** *npl* contreforts *mpl* • **foothold** *n* prise *f* (de pied) • **footing** *n* (*fig*) position *f*; **to lose one's footing** perdre pied • **footnote** *n* note *f* (en bas de page) • **footpath** *n* sentier *m* • **footprint** *n* trace *f* (de pied) • **footstep** *n* pas *m* • **footwear** *n* chaussures *fpl*

for [fɔːʳ]

▶ *prep* **1** (*indicating destination, intention, purpose*) pour; **the train for London** le train pour (*or* à destination de) Londres; **he left for Rome** il est parti pour Rome; **he went for the paper** il est allé chercher le journal; **is this for me?** c'est pour moi?; **it's time for lunch** c'est l'heure du déjeuner; **what's it for?** ça sert à quoi?; **what for?** (*why?*) pourquoi?; (*to what end?*) pour quoi faire?, à quoi bon?; **for sale** à vendre; **to pray for peace** prier pour la paix
2 (*on behalf of, representing*) pour;

the MP for Hove le député de Hove; **to work for sb/sth** travailler pour qn/qch; **I'll ask him for you** je vais lui demander pour toi; **G for George** G comme Georges
3 (*because of*) pour; **for this reason** pour cette raison; **for fear of being criticized** de peur d'être critiqué
4 (*with regard to*) pour; **it's cold for July** il fait froid pour juillet; **a gift for languages** un don pour les langues
5 (*in exchange for*): **I sold it for £5** je l'ai vendu 5 livres; **to pay 50 pence for a ticket** payer un billet 50 pence
6 (*in favour of*) pour; **are you for or against us?** êtes-vous pour ou contre nous?; **I'm all for it** je suis tout à fait pour; **vote for X** votez pour X
7 (*referring to distance*) pendant, sur; **there are roadworks for 5 km** il y a des travaux sur *or* pendant 5 km; **we walked for miles** nous avons marché pendant des kilomètres
8 (*referring to time*) pendant; depuis; pour; **he was away for 2 years** il a été absent pendant 2 ans; **she will be away for a month** elle sera absente (pendant) un mois; **it hasn't rained for 3 weeks** ça fait 3 semaines qu'il ne pleut pas, il ne pleut pas depuis 3 semaines; **I have known her for years** je la connais depuis des années; **can you do it for tomorrow?** est-ce que tu peux le faire pour demain?
9 (*with infinitive clauses*): **it is not for me to decide** ce n'est pas à moi de décider; **it would be best for you to leave** le mieu serait que vous partiez; **there still time for you to do it** vou avez encore le temps de le faire **for this to be possible ...** pou que cela soit possible ..
10 (*in spite of*): **for all that** malgré cela, néanmoins; **for a his work/efforts** malgré tout son travail/tous ses efforts; **fc all his complaints, he's very fond of her** il a beau se plaind il l'aime beaucoup
▶ *conj* (*since, as*: *formal*) car

forbid (*pt* **forbad** *or* **forbade**, *p* **forbidden**) [fəˈbɪd, -ˈbæd, -ˈb *vt* défendre, interdire; **to ~ sb do** défendre *or* interdire à qn d faire • **forbidden** *adj* défendu
force [fɔːs] *n* force *f* ▶ *vt* forcer (*push*) pousser (de force); **to ~ to do** se forcer à faire; **in ~** (*rul law, prices*) en vigueur; (*in large numbers*) en force • **forced** *adj* forcé(e) • **forceful** *adj* énergiq
ford [fɔːd] *n* gué *m*
fore [fɔːʳ] *n*: **to the ~** en évide
• **forearm** *n* avant-bras *m inv*
• **forecast** *n* prévision *f*; (*also*: **weather forecast**) prévisions météorologiques, météo *f* ▶ *v* (*irreg*: *like* **cast**) prévoir
• **forecourt** *n* (*of garage*) deva
• **forefinger** *n* index *m*
• **forefront** *n*: **in the forefro of** au premier rang *or* plan de
• **foreground** *n* premier plan
• **forehead** [ˈfɔrɪd] *n* front *m*
foreign [ˈfɔrɪn] *adj* étranger(- (*trade*) extérieur(e); (*travel*) à l'étranger • **foreign currency** devises étrangères • **foreigne** étranger(-ère) • **foreign**

change *n* (*system*) change *m*; (*money*) devises *fpl* • **Foreign**
Office *n* (BRIT) ministère *m* des affaires étrangères • **Foreign**
Secretary *n* (BRIT) ministre *m* des affaires étrangères
: • **foreman** (*irreg*) *n* (*in construction*) contremaître *m*
foremost *adj* le (la) plus en vue, premier(-ière) ▶ *adv*: **first and foremost** avant tout, tout d'abord • **forename** *n* prénom *m*
forensic [fəˈrɛnsɪk] *adj*: ~ **medicine** médecine légale
foresee (*pt* **foresaw**, *pp* **foreseen**) [-ˈsiː, -ˈsɔː, -ˈsiːn] *vt* prévoir
foreseeable *adj* prévisible
foreseen [fɔːˈsiːn] *pp of* **foresee**
forest [ˈfɔrɪst] *n* forêt *f* • **forestry** sylviculture *f*
forever [fəˈrɛvəʳ] *adv* pour toujours; (*fig*: *endlessly*) continuellement
foreword [ˈfɔːwəːd] *n* avant-propos *m inv*
forfeit [ˈfɔːfɪt] *vt* perdre
forgave [fəˈgeɪv] *pt of* **forgive**
forge [fɔːdʒ] *n* forge *f* ▶ *vt* (*signature*) contrefaire; (*wrought iron*) forger; **to ~ money** (BRIT) fabriquer de la fausse monnaie
forger *n* faussaire *m* • **forgery** *n* faux *m*, contrefaçon *f*
forget (*pt* **forgot**, *pp* **forgotten**) [-ˈgɛt, -ˈgɔt, -ˈgɔtn] *vt*, *vi* oublier; **I've forgotten my key/passport** j'ai oublié ma clé/mon passeport
forgetful *adj* distrait(e), étourdi(e)
forgive (*pt* **forgave**, *pp* **forgiven**) [-ˈgɪv, -ˈgeɪv, -ˈgɪvn] *vt* pardonner; **to ~ sb for sth/for doing sth** pardonner qch à qn/à qn de faire qch

forgot [fəˈgɔt] *pt of* **forget**
forgotten [fəˈgɔtn] *pp of* **forget**
fork [fɔːk] *n* (*for eating*) fourchette *f*; (*for gardening*) fourche *f*; (*of roads*) bifurcation *f* ▶ *vi* (*road*) bifurquer
forlorn [fəˈlɔːn] *adj* (*deserted*) abandonné(e); (*hope, attempt*) désespéré(e)
form [fɔːm] *n* forme *f*; (*Scol*) classe *f*; (*questionnaire*) formulaire *m* ▶ *vt* former; (*habit*) contracter; **to ~ part of sth** faire partie de qch; **on top ~** en pleine forme
formal [ˈfɔːməl] *adj* (*offer, receipt*) en bonne et due forme; (*person*) cérémonieux(-euse); (*occasion, dinner*) officiel(le); (*garden*) à la française; (*clothes*) de soirée • **formality** [fɔːˈmælɪtɪ] *n* formalité *f*
format [ˈfɔːmæt] *n* format *m* ▶ *vt* (*Comput*) formater • **formatting** *n* (*Comput*) formatage *m*
formation [fɔːˈmeɪʃən] *n* formation *f*
former [ˈfɔːməʳ] *adj* ancien(ne); (*before n*) précédent(e); **the ~ ... the latter** le premier ... le second, celui-là ... celui-ci • **formerly** *adv* autrefois
formidable [ˈfɔːmɪdəbl] *adj* redoutable
formula [ˈfɔːmjulə] *n* formule *f*
fort [fɔːt] *n* fort *m*
forthcoming [fɔːθˈkʌmɪŋ] *adj* qui va paraître *or* avoir lieu prochainement; (*character*) ouvert(e), communicatif(-ive); (*available*) disponible
fortieth [ˈfɔːtɪɪθ] *num* quarantième
fortify [ˈfɔːtɪfaɪ] *vt* (*city*) fortifier; (*person*) remonter

fortnight ['fɔːtnaɪt] *n* (BRIT) quinzaine *f*, quinze jours *mpl* • **fortnightly** *adj* bimensuel(le) ▸ *adv* tous les quinze jours
fortress ['fɔːtrɪs] *n* forteresse *f*
fortunate ['fɔːtʃənɪt] *adj* heureux(-euse); (*person*) chanceux(-euse); **it is ~ that** c'est une chance que, il est heureux que • **fortunately** *adv* heureusement, par bonheur
fortune ['fɔːtʃən] *n* chance *f*; (*wealth*) fortune *f* • **fortune-teller** *n* diseuse *f* de bonne aventure
forty ['fɔːtɪ] *num* quarante
forum ['fɔːrəm] *n* forum *m*, tribune *f*
forward ['fɔːwəd] *adj* (*movement, position*) en avant, vers l'avant; (*not shy*) effronté(e); (*in time*) en avance ▸ *adv* (*also*: **~s**) en avant ▸ *n* (*Sport*) avant *m* ▸ *vt* (*letter*) faire suivre; (*parcel, goods*) expédier; (*fig*) promouvoir, favoriser; **to move ~** avancer • **forwarding address** *n* adresse *f* de réexpédition • **forward slash** *n* barre *f* oblique
fossick ['fɔsɪk] *vi* (AUST, NZ *inf*) chercher; **to ~ around for** fouiner (*inf*) pour trouver
fossil ['fɔsl] *adj*, *n* fossile *m*
foster ['fɔstə^r] *vt* (*encourage*) encourager, favoriser; (*child*) élever (*sans adopter*) • **foster child** *n* *enfant élevé dans une famille d'accueil*
fought [fɔːt] *pt*, *pp of* **fight**
foul [faul] *adj* (*weather, smell, food*) infect(e); (*language*) ordurier(-ière) ▸ *n* (*Football*) faute *f* ▸ *vt* (*dirty*) salir, encrasser; **he's got a ~ temper** il a un caractère de chien • **foul play** *n* (*Law*) acte criminel

found [faund] *pt*, *pp of* **find** ▸ (*establish*) fonder • **foundatic** [faun'deɪʃən] *n* (*act*) fondatio (*base*) fondement *m*; (*also*: **foundation cream**) fond *m* d teint; **foundations** *npl* (*of buil* fondations *fpl*
founder ['faundə^r] *n* fondate ▸ *vi* couler, sombrer
fountain ['fauntɪn] *n* fontair • **fountain pen** *n* stylo *m* (à e
four [fɔː^r] *num* quatre; **on all** quatre pattes • **four-letter wo** obscénité *f*, gros mot • **four-po** *n* (*also*: **four-poster bed**) lit *m* baldaquin • **fourteen** *num* quatorze • **fourteenth** *num* quatorzième • **fourth** *num* quatrième ▸ *n* (*Aut*: *also*: **four gear**) quatrième *f* • **four-wh drive** *n* (*Aut*: *car*) voiture *f* à qu roues motrices
fowl [faul] *n* volaille *f*
fox [fɔks] *n* renard *m* ▸ *vt* mys
foyer ['fɔɪeɪ] *n* (*in hotel*) vestib *m*; (*Theat*) foyer *m*
fracking ['frækɪŋ] *n* fractura *f* hydraulique
fraction ['frækʃən] *n* fractior
fracture ['fræktʃə^r] *n* fractur ▸ *vt* fracturer
fragile ['frædʒaɪl] *adj* fragile
fragment ['frægmənt] *n* fragment *m*
fragrance ['freɪgrəns] *n* parfum *m*
frail [freɪl] *adj* fragile, délicat((*person*) frêle
frame [freɪm] *n* (*of building*) charpente *f*; (*of human, anima* charpente, ossature *f*; (*of pict* cadre *m*; (*of door, window*) encadrement *m*, chambranle (*of spectacles*: *also*: **~s**) montu

vt (*picture*) encadrer; **~ of mind**
isposition *f* d'esprit • **framework**
structure *f*
ance [frɑːns] *n* la France
anchise ['fræntʃaɪz] *n* (*Pol*)
roit *m* de vote; (*Comm*) franchise *f*
ank [fræŋk] *adj* franc (franche)
vt (*letter*) affranchir • **frankly**
dv franchement
antic ['fræntɪk] *adj* (*hectic*)
énétique; (*distraught*) hors de soi
aud [frɔːd] *n* supercherie *f*,
aude *f*, tromperie *f*; (*person*)
nposteur *m*
aught [frɔːt] *adj* (*tense*: *person*)
ès tendu(e); (: *situation*) pénible;
with (*difficulties etc*) chargé(e)
e, plein(e) de
ay [freɪ] *vt* effilocher ▸ *vi*
effilocher
eak [friːk] *n* (*eccentric person*)
hénomène *m*; (*unusual event*)
asard *m* extraordinaire; (*pej*:
natic): **health food ~** fana *m*/*f* or
bsédé(e) de l'alimentation saine
adj (*storm*) exceptionnel(le);
ccident) bizarre
eckle ['frɛkl] *n* tache *f* de
usseur
e [friː] *adj* libre; (*gratis*)
ratuit(e) ▸ *vt* (*prisoner etc*) libérer;
ammed object or person) dégager;
this seat ~? la place est libre?;
(of charge) gratuitement
• **freedom** *n* liberté *f*
• **Freefone**® *n* numéro vert
• **free gift** *n* prime *f* • **free kick** *n*
port) coup franc • **freelance** *adj*
ournalist etc) indépendant(e),
ee-lance *inv* ▸ *adv* en free-lance
• **freely** *adv* librement; (*liberally*)
éralement • **Freepost**® *n*
RIT) port payé • **free-range** *adj*
gg) de ferme; (*chicken*) fermier
• **Freeview**® ['friːvjuː] *n* (BRIT)
télévision *f* numérique terrestre,
≈ TNT *f* • **freeway** *n* (US)
autoroute *f* • **free will** *n* libre
arbitre *m*; **of one's own free will**
de son plein gré
freeze [friːz] (*pt* **froze**, *pp* **frozen**)
vi geler ▸ *vt* geler; (*food*) congeler;
(*prices, salaries*) bloquer, geler ▸ *n*
gel *m*; (*of prices, salaries*) blocage *m*
• **freezer** *n* congélateur *m*
• **freezing** *adj*: **freezing (cold)**
(*room etc*) glacial(e); (*person, hands*)
gelé(e), glacé(e) ▸ *n*: **3 degrees
below freezing** 3 degrés
au-dessous de zéro; **it's freezing**
il fait un froid glacial • **freezing
point** *n* point *m* de congélation
freight [freɪt] *n* (*goods*) fret *m*,
cargaison *f*; (*money charged*) fret,
prix *m* du transport • **freight
train** *n* (US) train *m* de
marchandises
French [frɛntʃ] *adj* français(e)
▸ *n* (*Ling*) français *m*; **the ~** *npl* les
Français; **what's the ~ (word)
for ...?** comment dit-on ... en
français? • **French bean** *n* (BRIT)
haricot vert • **French bread** *n*
pain *m* français • **French
dressing** *n* (*Culin*) vinaigrette *f*
• **French fried potatoes**,
• **French fries** (US) *npl* (pommes
de terre *fpl*) frites *fpl* • **Frenchman**
(*irreg*) *n* Français *m* • **French stick**
n ≈ baguette *f* • **French window**
n porte-fenêtre *f* • **Frenchwoman**
(*irreg*) *n* Française *f*
frenzy ['frɛnzɪ] *n* frénésie *f*
frequency ['friːkwənsɪ] *n*
fréquence *f*
frequent *adj* ['friːkwənt]
fréquent(e) ▸ *vt* [frɪ'kwɛnt]
fréquenter • **frequently**
['friːkwəntlɪ] *adv* fréquemment

fresh [frɛʃ] *adj* frais (fraîche); (*new*) nouveau (nouvelle); (*cheeky*) familier(-ière), culotté(e) • **freshen** *vi* (*wind, air*) fraîchir • **freshen up** *vi* faire un brin de toilette • **fresher** *n* (BRIT *University: inf*) bizuth *m*, étudiant(e) de première année • **freshly** *adv* nouvellement, récemment • **freshman** (*irreg*) *n* (US) = **fresher** • **freshwater** *adj* (*fish*) d'eau douce

fret [frɛt] *vi* s'agiter, se tracasser

friction ['frɪkʃən] *n* friction *f*, frottement *m*

Friday ['fraɪdɪ] *n* vendredi *m*

fridge [frɪdʒ] *n* (BRIT) frigo *m*, frigidaire® *m*

fried [fraɪd] *adj* frit(e); **~ egg** œuf *m* sur le plat

friend [frɛnd] *n* ami(e) ▸ *vt* (*Internet*) ajouter comme ami(e) • **friendly** *adj* amical(e); (*kind*) sympathique, gentil(le); (*place*) accueillant(e); (*Pol: country*) ami(e) ▸ *n* (*also*: **friendly match**) match amical • **friendship** *n* amitié *f*

fries [fraɪz] (*esp* US) *npl* = **chips**

frigate ['frɪgɪt] *n* frégate *f*

fright [fraɪt] *n* peur *f*, effroi *m*; **to give sb a ~** faire peur à qn; **to take ~** prendre peur, s'effrayer • **frighten** *vt* effrayer, faire peur à • **frightened** *adj*: **to be frightened (of)** avoir peur (de) • **frightening** *adj* effrayant(e) • **frightful** *adj* affreux(-euse)

frill [frɪl] *n* (*of dress*) volant *m*; (*of shirt*) jabot *m*

fringe [frɪndʒ] *n* (BRIT: *of hair*) frange *f*; (*edge*: *of forest etc*) bordure *f*

Frisbee® ['frɪzbɪ] *n* Frisbee® *m*

fritter ['frɪtəʳ] *n* beignet *m*

frivolous ['frɪvələs] *adj* frivole

fro [frəu] *adv* see **to**

frock [frɔk] *n* robe *f*

frog [frɔg] *n* grenouille *f* • **frogman** (*irreg*) *n* homme-grenouille *m*

from [frɔm]

prep **1** (*indicating starting place, origin etc*) de; **where do you come from?, where are you from?** d'où venez-vous?; **where has he come from?** d'où arrive-t-il?; **from London to Paris** de Londres à Paris; **to escape from sb/sth** échapper à qn/qch; **a letter/telephone call from my sister** une lettre, un appel de ma sœur; **to drink from the bottle** boire à (même) la bouteille; **tell him from me that …** dites-lui de ma part que …

2 (*indicating time*) (à partir) de; **from one o'clock to** *or* **until** *or* **till two** d'une heure à deux heures; **from January (on)** à partir de janvier

3 (*indicating distance*) de; **the hotel is one kilometre from the beach** l'hôtel est à un kilomètre de la plage

4 (*indicating price, number etc*) de; **prices range from £10 to £50** les prix varient entre 10 livres et 50 livres; **the interest rate was increased from 9% to 10%** le taux d'intérêt est passé de 9% à 10%

5 (*indicating difference*) de; **he can't tell red from green** il ne peut pas distinguer le rouge

vert; **to be different from**
/sth être différent de qn/qch
because of, on the basis of):
m what he says d'après ce
'il dit; **weak from hunger**
aibli par la faim

t [frʌnt] *n* (*of house, dress*)
vant *m*; (*of coach, train*) avant *m*;
omenade: *also*: **sea ~**) bord *m* de
er; (*Mil, Pol, Meteorology*) front
(*fig: appearances*) contenance *f*,
ade *f* ▶ *adj* de devant; (*seat,*
eel) avant *inv* ▶ *vi*: **in ~ (of)**
vant • **front door** *n* porte *f*
ntrée; (*of car*) portière *f* avant
rontier ['frʌntɪə'] *n* frontière *f*
ront page *n* première page
ront-wheel drive *n* traction *f*
ant
st [frɔst] *n* gel *m*, gelée *f*;
so: **hoar~**) givre *m* • **frostbite** *n*
ures *fpl* • **frosting** *n* (*esp US*:
cake) glaçage *m* • **frosty** *adj*
ndow) couvert(e) de givre;
eather, welcome) glacial(e)
h [frɔθ] *n* mousse *f*; écume *f*
wn [fraun] *n* froncement *m* de
urcils ▶ *vi* froncer les sourcils
ze [frəuz] *pt of* **freeze**
zen ['frəuzn] *pp of* **freeze**
dj (*food*) congelé(e); (*person,*
o assets) gelé(e)
t [fru:t] *n* (*pl inv*) fruit *m* • **fruit**
ce *n* jus *m* de fruit • **fruit**
achine *n* (BRIT) machine *f* à
us • **fruit salad** *n* salade *f* de
its
strate [frʌs'treɪt] *vt* frustrer
rustrated *adj* frustré(e)
[fraɪ] (*pt, pp* **fried**) *vt* (faire) frire
: **small ~** le menu fretin
ying pan *n* poêle *f* (à frire)
bbr = **foot; feet**

fudge [fʌdʒ] *n* (*Culin*) *sorte de confiserie à base de sucre, de beurre et de lait*
fuel [fjuəl] *n* (*for heating*) combustible *m*; (*for engine*) carburant *m* • **fuel tank** *n* (*in vehicle*) réservoir *m* de *or* à carburant
fulfil, (US) **fulfill** [ful'fɪl] *vt* (*function, condition*) remplir; (*order*) exécuter; (*wish, desire*) satisfaire, réaliser
full [ful] *adj* plein(e); (*details, hotel, bus*) complet(-ète); (*busy: day*) chargé(e); (*skirt*) ample, large ▶ *adv*: **to know ~ well that** savoir fort bien que; **I'm ~ (up)** j'ai bien mangé; **~ employment/fare** plein emploi/tarif; **a ~ two hours** deux bonnes heures; **at ~ speed** à toute vitesse; **in ~** (*reproduce, quote, pay*) intégralement; (*write name etc*) en toutes lettres • **full-length** *adj* (*portrait*) en pied; (*coat*) long(ue); **full-length film** long métrage • **full moon** *n* pleine lune • **full-scale** *adj* (*model*) grandeur nature *inv*; (*search, retreat*) complet(-ète), total(e) • **full stop** *n* point *m* • **full-time** *adj, adv* (*work*) à plein temps • **fully** *adv* entièrement, complètement
fumble ['fʌmbl] *vi* fouiller, tâtonner • **fumble with** *vt fus* tripoter
fume [fju:m] *vi* (*rage*) rager • **fumes** [fju:mz] *npl* vapeurs *fpl*, émanations *fpl*, gaz *mpl*
fun [fʌn] *n* amusement *m*, divertissement *m*; **to have ~** s'amuser; **for ~** pour rire; **to make ~ of** se moquer de
function ['fʌŋkʃən] *n* fonction *f*; (*reception, dinner*) cérémonie *f*, soirée officielle ▶ *vi* fonctionner

fund [fʌnd] *n* caisse *f*, fonds *m*; (*source, store*) source *f*, mine *f*; **funds** *npl* (*money*) fonds *mpl*

fundamental [fʌndə'mɛntl] *adj* fondamental(e)

funeral ['fju:nərəl] *n* enterrement *m*, obsèques *fpl* (*more formal occasion*) • **funeral director** *n* entrepreneur *m* des pompes funèbres • **funeral parlour** *n* (BRIT) dépôt *m* mortuaire

funfair ['fʌnfɛəʳ] *n* (BRIT) fête (foraine)

fungus (*pl* **fungi**) ['fʌŋgəs, -gaɪ] *n* champignon *m*; (*mould*) moisissure *f*

funnel ['fʌnl] *n* entonnoir *m*; (*of ship*) cheminée *f*

funny ['fʌnɪ] *adj* amusant(e), drôle; (*strange*) curieux(-euse), bizarre

fur [fə:ʳ] *n* fourrure *f*; (BRIT: *in kettle etc*) (dépôt *m* de) tartre *m* • **fur coat** *n* manteau *m* de fourrure

furious ['fjuərɪəs] *adj* furieux(-euse); (*effort*) acharné(e)

furnish ['fə:nɪʃ] *vt* meubler; (*supply*) fournir • **furnishings** *npl* mobilier *m*, articles *mpl* d'ameublement

furniture ['fə:nɪtʃəʳ] *n* meubles *mpl*, mobilier *m*; **piece of ~** meuble *m*

furry ['fə:rɪ] *adj* (*animal*) à fourrure; (*toy*) en peluche

further ['fə:ðəʳ] *adj* supplémentaire, autre; nouveau (nouvelle) ▸ *adv* plus loin; (*more*) davantage; (*moreover*) de plus ▸ *vt* faire avancer *or* progresser, promouvoir • **further education** *n* enseignement *m* postscolaire (*recyclage, formation professionnelle*) • **furthermore** *adv* de plus, e outre

furthest ['fə:ðɪst] *superlative* **far**

fury ['fjuərɪ] *n* fureur *f*

fuse, (US) **fuze** [fju:z] *n* fusibl (*for bomb etc*) amorce *f*, détonateur *m* ▸ *vt, vi* (*metal*) fondre; (BRIT *Elec*): **to ~ the li** faire sauter les fusibles *or* les plombs • **fuse box** *n* boîte *f* à fusibles

fusion ['fju:ʒən] *n* fusion *f*

fuss [fʌs] *n* (*anxiety, excitement* chichis *mpl*, façons *fpl*; (*commotion*) tapage *m*; (*complaining, trouble*) histoire(*f*(*pl*); **to make a ~** faire des fa (*or* des histoires); **to make a sb** dorloter qn • **fussy** *adj* (*pe* tatillon(ne), difficile, chichiteux(-euse); (*dress, style* tarabiscoté(e)

future ['fju:tʃəʳ] *adj* futur(e) ▸ avenir *m*; (*Ling*) futur *m*; **futur** *npl* (*Comm*) opérations *fpl* à te **in (the) ~** à l'avenir

fuze [fju:z] *n, vt, vi* (US) = **fuse**

fuzzy ['fʌzɪ] *adj* (*Phot*) flou(e); (*hair*) crépu(e)

FYI *abbr* = **for your informati**

g

ʒiː] *n* (*Mus*) sol *m*
bbr (= *gram*) g
lget ['gædʒɪt] *n* gadget *m*
elic ['geɪlɪk] *adj, n* (*Ling*)
élique (*m*)
[gæg] *n* (*on mouth*) bâillon *m*;
ke) gag *m* ▸ *vt* (*prisoner etc*)
illonner
n [geɪn] *n* (*improvement*) gain *m*;
ofit) gain, profit *m* ▸ *vt* gagner
i (*watch*) avancer; **to ~ from/**
gagner de/à; **to ~ on sb** (*catch*
) rattraper qn; **to ~ 3lbs (in**
eight) prendre 3 livres; **to**
round gagner du terrain
abbr = **gallon**
a ['gɑːlə] *n* gala *m*
axy ['gæləksɪ] *n* galaxie *f*
e [geɪl] *n* coup *m* de vent
bladder ['gɔːl-] *n* vésicule *f*
aire
lery ['gælərɪ] *n* (*also*: **art ~**)
usée *m*; (*private*) galerie; (*in*
atre) dernier balcon
lon ['gæln] *n* gallon *m*
it = 4.543 *l*; *US* = 3.785 *l*)
op ['gæləp] *n* galop *m*
i galoper

gallstone ['gɔːlstəun] *n* calcul *m* (biliaire)

gamble ['gæmbl] *n* pari *m*, risque calculé ▸ *vt, vi* jouer; **to ~ on** (*fig*) miser sur • **gambler** *n* joueur *m* • **gambling** *n* jeu *m*

game [geɪm] *n* jeu *m*; (*event*) match *m*; (*of tennis, chess, cards*) partie *f*; (*Hunting*) gibier *m* ▸ *adj* (*willing*): **to be ~ (for)** être prêt(e) (à *or* pour); **games** *npl* (*Scol*) sport *m*; (*sport event*) jeux; **big ~** gros gibier • **games console** ['geɪmz-] *n* console *f* de jeux vidéo • **game show** *n* jeu télévisé

gammon ['gæmən] *n* (*bacon*) quartier *m* de lard fumé; (*ham*) jambon fumé *or* salé

gang [gæŋ] *n* bande *f*; (*of workmen*) équipe *f*

gangster ['gæŋstə^r] *n* gangster *m*

gap [gæp] *n* trou *m*; (*in time*) intervalle *m*; (*difference*): **~ (between)** écart *m* (entre)

gape [geɪp] *vi* (*person*) être *or* rester bouche bée; (*hole, shirt*) être ouvert(e)

gap year *n année que certains étudiants prennent pour voyager ou pour travailler avant d'entrer à l'université*

garage ['gærɑːʒ] *n* garage *m* • **garage sale** *n* vide-grenier *m*

garbage ['gɑːbɪdʒ] *n* (*US*: *rubbish*) ordures *fpl*, détritus *mpl*; (*inf*: *nonsense*) âneries *fpl* • **garbage can** *n* (*US*) poubelle *f*, boîte *f* à ordures • **garbage collector** *n* (*US*) éboueur *m*

garden ['gɑːdn] *n* jardin *m*; **gardens** *npl* (*public*) jardin public; (*private*) parc *m* • **garden centre** (*BRIT*) *n* pépinière *f*, jardinerie *f* • **gardener** *n* jardinier *m* • **gardening** *n* jardinage *m*

garlic ['gɑ:lɪk] *n* ail *m*
garment ['gɑ:mənt] *n* vêtement *m*
garnish ['gɑ:nɪʃ] (*Culin*) *vt* garnir ▸ *n* décoration *f*
gas [gæs] *n* gaz *m*; (*US*: *gasoline*) essence *f* ▸ *vt* asphyxier; **I can smell ~** ça sent le gaz • **gas cooker** *n* (BRIT) cuisinière *f* à gaz • **gas cylinder** *n* bouteille *f* de gaz • **gas fire** *n* (BRIT) radiateur *m* à gaz
gasket ['gæskɪt] *n* (*Aut*) joint *m* de culasse
gasoline ['gæsəli:n] *n* (US) essence *f*
gasp [gɑ:sp] *n* halètement *m*; (*of shock etc*): **she gave a small ~ of pain** la douleur lui coupa le souffle ▸ *vi* haleter; (*fig*) avoir le souffle coupé
gas: • **gas pedal** *n* (US) accélérateur *m* • **gas station** *n* (US) station-service *f* • **gas tank** *n* (US *Aut*) réservoir *m* d'essence
gastric band ['gæstrɪk-] *n* anneau *m* gastrique
gate [geɪt] *n* (*of garden*) portail *m*; (*of field, at level crossing*) barrière *f*; (*of building, town, at airport*) porte *f*
gateau (*pl* **gateaux**) ['gætəu, -z] *n* gros gâteau à la crème
gatecrash ['geɪtkræʃ] *vt* s'introduire sans invitation dans
gateway ['geɪtweɪ] *n* porte *f*
gather ['gæðə^r] *vt* (*flowers, fruit*) cueillir; (*pick up*) ramasser; (*assemble*: *objects*) rassembler; (: *people*) réunir; (: *information*) recueillir; (*understand*) comprendre; (*Sewing*) froncer ▸ *vi* (*assemble*) se rassembler; **to ~ speed** prendre de la vitesse • **gathering** *n* rassemblement *m*
gauge [geɪdʒ] *n* (*instrument*) jauge *f* ▸ *vt* jauger; (*fig*) juger de
gave [geɪv] *pt of* **give**
gay [geɪ] *adj* (*homosexual*) homosexuel(le); (*colour*) gai, vi(vive)
gaze [geɪz] *n* regard *m* fixe ▸ *vi* **~ at** fixer du regard
GB *abbr* = **Great Britain**
GCSE *n abbr* (BRIT: = *General Certi*[...] *of Secondary Education*) *examen passé à l'âge de 16 ans sanctionna*[...] *les connaissances de l'élève*
gear [gɪə^r] *n* matériel *m*, équipement *m*; (*Tech*) engrena[...] *m*; (*Aut*) vitesse *f* ▸ *vt* (*fig*: *adap*[...]) adapter; **top** *or* (US) **high/low** quatrième (*or* cinquième)/ première vitesse; **in ~** en prise • **gear up** *vi*: **to ~ up (to do)** s[...] préparer (à faire) • **gear box** *n* boîte *f* de vitesse • **gear lever** levier *m* de vitesse • **gear shift** (US) • **gear stick** (BRIT) *n* = **ge**[...] **lever**
geese [gi:s] *npl of* **goose**
gel [dʒɛl] *n* gelée *f*
gem [dʒɛm] *n* pierre précieuse
Gemini ['dʒɛmɪnaɪ] *n* les Gémeaux *mpl*
gender ['dʒɛndə^r] *n* genre *m*; (*person's sex*) sexe *m*
gene [dʒi:n] *n* (*Biol*) gène *m*
general ['dʒɛnərl] *n* général *m* ▸ *adj* général(e); **in ~** en génér[...] • **general anaesthetic** • (US) **general anesthetic** *n* anesth[...] générale • **general election** [...] élection(s) législative(s) • **generalize** *vi* généraliser • **generally** *adv* généralemen[...] • **general practitioner** *n* généraliste *m/f* • **general sto**[...] épicerie *f*
generate ['dʒɛnəreɪt] *vt* engendrer; (*electricity*) produi[...]

eration [dʒɛnə'reɪʃən] *n*
ıération *f*; (*of electricity etc*)
duction *f*
erator ['dʒɛnəreɪtəʳ] *n*
ıérateur *m*
erosity [dʒɛnə'rɔsɪtɪ] *n*
ıérosité *f*
erous ['dʒɛnərəs] *adj*
ıéreux(-euse); (*copious*)
ıieux(-euse)
etic [dʒɪ'nɛtɪk] *adj* génétique;
ngineering ingénierie *m*
ıétique; **~ fingerprinting**
tème *m* d'empreinte génétique
enetically modified *adj* (*food*
génétiquement modifié(e)
enetics *n* génétique *f*
eva [dʒɪ'niːvə] *n* Genève
itals ['dʒɛnɪtlz] *npl* organes
ıitaux
ius ['dʒiːnɪəs] *n* génie *m*
ome ['dʒiːnəum] *n*
ıome *m*
t [dʒɛnt] *n abbr* (BRIT *inf*)
entleman
tle ['dʒɛntl] *adj* doux (douce);
eze, touch) léger(-ère)
tleman ['dʒɛntlmən] (*irreg*)
ionsieur *m*; (*well-bred man*)
ıtleman *m*
tly ['dʒɛntlɪ] *adv* doucement
ts [dʒɛnts] *n* W.-C. *mpl* (*pour*
nmes)
uine ['dʒɛnjuɪn] *adj*
table, authentique; (*person*,
otion) sincère • **genuinely** *adv*
:èrement, vraiment
graphic(al) [dʒɪə'græfɪk(l)-]
géographique
graphy [dʒɪ'ɔgrəfɪ] *n*
graphie *f*
logy [dʒɪ'ɔlədʒɪ] *n* géologie *f*
metry [dʒɪ'ɔmətrɪ] *n*
ımétrie *f*

geranium [dʒɪ'reɪnɪəm] *n*
géranium *m*
geriatric [dʒɛrɪ'ætrɪk] *adj*
gériatrique ▸ *n* patient(e)
gériatrique
germ [dʒəːm] *n* (*Med*) microbe *m*
German ['dʒəːmən] *adj*
allemand(e) ▸ *n* Allemand(e);
(*Ling*) allemand *m* • **German measles** *n* rubéole *f*
Germany ['dʒəːmənɪ] *n*
Allemagne *f*
gesture ['dʒɛstjəʳ] *n* geste *m*

get [gɛt]

(*pt*, *pp* **got**, (*US*) *pp* **gotten**)
▸ *vi* **1** (*become, be*) devenir; **to get old/tired** devenir vieux/fatigué, vieillir/se fatiguer; **to get drunk** s'enivrer; **to get dirty** se salir; **to get married** se marier; **when do I get paid?** quand est-ce que je serai payé?; **it's getting late** il se fait tard
2 (*go*): **to get to/from** aller à/de; **to get home** rentrer chez soi; **how did you get here?** comment es-tu arrivé ici?
3 (*begin*) commencer *or* se mettre à; **to get to know sb** apprendre à connaître qn; **I'm getting to like him** je commence à l'apprécier; **let's get going** *or* **started** allons-y
4 (*modal aux vb*): **you've got to do it** il faut que vous le fassiez; **I've got to tell the police** je dois le dire à la police
▸ *vt* **1**: **to get sth done** (*do*) faire qch; (*have done*) faire faire qch; **to get sth/sb ready** préparer qch/qn; **to get one's hair cut** se faire couper les cheveux; **to get the car going** *or* **to go**

(faire) démarrer la voiture; **to get sb to do sth** faire faire qch à qn
2 (*obtain*: *money, permission, results*) obtenir, avoir; (*buy*) acheter; (*find*: *job, flat*) trouver; (*fetch*: *person, doctor, object*) aller chercher; **to get sth for sb** procurer qch à qn; **get me Mr Jones, please** (*on phone*) passez-moi Mr Jones, s'il vous plaît; **can I get you a drink?** est-ce que je peux vous servir à boire?
3 (*receive*: *present, letter*) recevoir, avoir; (*acquire*: *reputation*) avoir; (*: prize*) obtenir; **what did you get for your birthday?** qu'est-ce que tu as eu pour ton anniversaire?; **how much did you get for the painting?** combien avez-vous vendu le tableau?
4 (*catch*) prendre, saisir, attraper; (*hit*: *target etc*) atteindre; **to get sb by the arm/throat** prendre *or* saisir *or* attraper qn par le bras/à la gorge; **get him!** arrête-le!; **the bullet got him in the leg** il a pris la balle dans la jambe
5 (*take, move*): **to get sth to sb** faire parvenir qch à qn; **do you think we'll get it through the door?** on arrivera à le faire passer par la porte?
6 (*catch, take*: *plane, bus etc*) prendre; **where do I get the train for Birmingham?** où prend-on le train pour Birmingham?
7 (*understand*) comprendre, saisir; (*hear*) entendre; **I've got it!** j'ai compris!; **I don't get your meaning** je ne vois *or* comprends pas ce que vous voulez dire; **I didn't get your name** je n'ai pas entendu votre nom
8 (*have, possess*): **to have got** avoir; **how many have you got?** vous en avez combien?
9 (*illness*) avoir; **I've got a co**
j'ai le rhume; **she got pneumonia and died** elle a f
une pneumonie et elle en est morte
• **get away** *vi* partir, s'en alle
(*escape*) s'échapper
• **get away with** *vt fus* (*punishment*) en être quitte pc
(*crime etc*) se faire pardonner
• **get back** *vi* (*return*) rentrer
récupérer, recouvrer; **when c**
we get back? quand serons-nous de retour?
• **get in** *vi* entrer; (*arrive home*
rentrer; (*train*) arriver
• **get into** *vt fus* entrer dans; (*car, train etc*) monter dans; (*clothes*) mettre, enfiler, endosser; **to get into bed/a**
rage se mettre au lit/en colèr
• **get off** *vi* (*from train etc*) descendre; (*depart*: *person, car*
s'en aller ▸ *vt* (*remove*: *clothes, stain*) enlever ▸ *vt fus* (*train, bu*
descendre de; **where do I ge**
off? où est-ce que je dois descendre?
• **get on** *vi* (*at exam etc*) se débrouiller; (*agree*): **to get on**
(with) s'entendre (avec); **hov**
are you getting on? comme
ça va? ▸ *vt fus* monter dans; (*horse*) monter sur
• **get out** *vi* sortir; (*of vehicle*) descendre ▸ *vt* sortir
• **get out of** *vt fus* sortir de; (*duty etc*) échapper à, se soustraire à
• **get over** *vt fus* (*illness*) se remettre de
• **get through** *vi* (*Tel*) avoir la

mmunication; **to get**
rough to sb atteindre qn
get up *vi* (*rise*) se lever ▸ *vt fus*
onter

:away ['gɛtəweɪ] *n* fuite *f*
ana ['gɑːnə] *n* Ghana *m*
astly ['gɑːstlɪ] *adj* atroce,
orrible
etto ['gɛtəu] *n* ghetto *m*
ost [gəust] *n* fantôme *m*,
venant *m*
nt ['dʒaɪənt] *n* géant(e) ▸ *adj*
ant(e), énorme
: [gɪft] *n* cadeau *m*; (*donation*,
ent) don *m* • **gifted** *adj* doué(e)
gift shop • (*US*) **gift store** *n*
utique *f* de cadeaux • **gift token**
gift voucher *n* chèque-cadeau *m*
[gɪg] *n* (*inf*: *concert*) concert *m*
abyte ['dʒɪgəbaɪt] *n* gigaoctet *m*
antic [dʒaɪ'gæntɪk] *adj*
gantesque
gle ['gɪgl] *vi* pouffer, ricaner
ttement
s [gɪlz] *npl* (*of fish*) ouïes *fpl*,
anchies *fpl*
: [gɪlt] *n* dorure *f* ▸ *adj* doré(e)
nmick ['gɪmɪk] *n* truc *m*
[dʒɪn] *n* gin *m*
ger ['dʒɪndʒəʳ] *n* gingembre *m*
sy ['dʒɪpsɪ] *n* = **gypsy**
affe [dʒɪ'rɑːf] *n* girafe *f*
[gəːl] *n* fille *f*, fillette *f*; (*young*
married woman) jeune fille;
aughter) fille; **an English ~** une
une Anglaise • **girl band** *n* girls
nd *m* • **girlfriend** *n* (*of girl*) amie
(*of boy*) petite amie • **Girl Guide**
BRIT) éclaireuse *f*; (*Roman*
tholic) guide *f* • **Girl Scout** *n*
s) = **Girl Guide**
: [dʒɪst] *n* essentiel *m*

give [gɪv] (*pt* **gave**, *pp* **given**) *vt* donner ▸ *vi* (*break*) céder; (*stretch*: *fabric*) se prêter; **to ~ sb sth, ~ sth to sb** donner qch à qn; (*gift*) offrir qch à qn; (*message*) transmettre qch à qn; **to ~ sb a call/kiss** appeler/embrasser qn; **to ~ a cry/sigh** pousser un cri/un soupir • **give away** *vt* donner; (*give free*) faire cadeau de; (*betray*) donner, trahir; (*disclose*) révéler • **give back** *vt* rendre • **give in** *vi* céder ▸ *vt* donner • **give out** *vt* (*food etc*) distribuer • **give up** *vi* renoncer ▸ *vt* renoncer à; **to ~ up smoking** arrêter de fumer; **to ~ o.s. up** se rendre
given ['gɪvn] *pp of* **give** ▸ *adj* (*fixed*: *time, amount*) donné(e), déterminé(e) ▸ *conj*: **~ the circumstances ...** étant donné les circonstances ..., vu les circonstances ...; **~ that ...** étant donné que ...
glacier ['glæsɪəʳ] *n* glacier *m*
glad [glæd] *adj* content(e) • **gladly** ['glædlɪ] *adv* volontiers
glamorous ['glæmərəs] *adj* (*person*) séduisant(e); (*job*) prestigieux(-euse)
glamour, (*US*) **glamor** ['glæməʳ] *n* éclat *m*, prestige *m*
glance [glɑːns] *n* coup *m* d'œil ▸ *vi*: **to ~ at** jeter un coup d'œil à
gland [glænd] *n* glande *f*
glare [glɛəʳ] *n* (*of anger*) regard furieux; (*of light*) lumière éblouissante; (*of publicity*) feux *mpl* ▸ *vi* briller d'un éclat aveuglant; **to ~ at** lancer un regard *or* des regards furieux à • **glaring** *adj* (*mistake*) criant(e), qui saute aux yeux
glass [glɑːs] *n* verre *m*; **glasses** *npl* (*spectacles*) lunettes *fpl*

glaze [gleɪz] *vt* (*door*) vitrer; (*pottery*) vernir ▶ *n* vernis *m*
gleam [gli:m] *vi* luire, briller
glen [glɛn] *n* vallée *f*
glide [glaɪd] *vi* glisser; (*Aviat, bird*) planer • **glider** *n* (*Aviat*) planeur *m*
glimmer ['glɪmə^r] *n* lueur *f*
glimpse [glɪmps] *n* vision passagère, aperçu *m* ▶ *vt* entrevoir, apercevoir
glint [glɪnt] *vi* étinceler
glisten ['glɪsn] *vi* briller, luire
glitter ['glɪtə^r] *vi* scintiller, briller
global ['gləubl] *adj* (*world-wide*) mondial(e); (*overall*) global(e) • **globalization** *n* mondialisation *f* • **global warming** *n* réchauffement *m* de la planète
globe [gləub] *n* globe *m*
gloom [glu:m] *n* obscurité *f*; (*sadness*) tristesse *f*, mélancolie *f* • **gloomy** *adj* (*person*) morose; (*place, outlook*) sombre
glorious ['glɔ:rɪəs] *adj* glorieux(-euse); (*beautiful*) splendide
glory ['glɔ:rɪ] *n* gloire *f*; splendeur *f*
gloss [glɔs] *n* (*shine*) brillant *m*, vernis *m*; (*also*: **~ paint**) peinture brillante
glossary ['glɔsərɪ] *n* glossaire *m*, lexique *m*
glossy ['glɔsɪ] *adj* brillant(e), luisant(e) ▶ *n* (*also*: **~ magazine**) revue *f* de luxe
glove [glʌv] *n* gant *m* • **glove compartment** *n* (*Aut*) boîte *f* à gants, vide-poches *m inv*
glow [gləu] *vi* rougeoyer; (*face*) rayonner; (*eyes*) briller
glucose ['glu:kəus] *n* glucose *m*
glue [glu:] *n* colle *f* ▶ *vt* coller
glute [glu:t] *n* (*inf*) fessier *m*

GM *abbr* (= *genetically modified*) génétiquement modifié(e)
gm *abbr* (= *gram*) g
GM crop *n* culture *f* OGM
GMO *n abbr* (= *genetically modifi*[ed] *organism*) OGM *m*
GMT *abbr* (= *Greenwich Mean Tim*[e]) GMT
gnaw [nɔ:] *vt* ronger
go [gəu] (*pt* **went**, *pp* **gone**) *vi* a[ller]; (*depart*) partir, s'en aller; (*work*) marcher; (*break*) céder; (*time*) passer; (*be sold*): **to go for £10** s[e] vendre 10 livres; (*become*): **to g**[o] **pale/mouldy** pâlir/moisir ▶ *n* [...] **goes**): **to have a go (at)** essay[er] (de faire); **to be on the go** être [en] mouvement; **whose go is it?** à [qui] est-ce de jouer?; **he's going to** [do] **it** il va le faire, il est sur le point d[e le] faire; **to go for a walk** aller se promener; **to go dancing/shopping** aller danser/faire les courses; **to go and see sb, go** [to] **see sb** aller voir qn; **how did it** [go?] comment est-ce que ça s'est passé?; **to go round the back/**[front of] **the shop** passer par derrière/devant le magasin; **... to go** (*U*[S: *of*] *food*) ... à emporter • **go ahead** (*take place*) avoir lieu; (*get going*) aller • **go away** *vi* partir, s'en al[ler] • **go back** *vi* rentrer; revenir; (*g*[o] *again*) retourner • **go by** *vi* (*yea*[rs,] *time*) passer, s'écouler ▶ *vt fus* s'[en] tenir à; (*believe*) en croire • **go down** *vi* descendre; (*number, pr*[ice,] *amount*) baisser; (*ship*) couler; ([sun]) se coucher ▶ *vt fus* descendre • [go] **for** *vt fus* (*fetch*) aller chercher; ([like]) aimer; (*attack*) s'en prendre à; attaquer • **go in** *vi* entrer • **go i**[nto] *vt fus* entrer dans; (*investigate*) étudier, examiner; (*embark on*) s[e] lancer dans • **go off** *vi* partir, s'[en aller]

:r; (*food*) se gâter; (*milk*) tourner;
mb) sauter; (*alarm clock*) sonner;
arm) se déclencher; (*lights etc*)
:eindre; (*event*) se dérouler ▶ *vt*
ne plus aimer; **the gun went**
le coup est parti • **go on** *vi*
ntinuer; (*happen*) se passer;
hts) s'allumer ▶ *vt fus*: **to go on**
ing continuer à faire • **go out** *vi*
tir; (*fire, light*) s'éteindre; (*tide*)
scendre; **to go out with sb**
tir avec qn • **go over** *vi, vt fus*
eck) revoir, vérifier • **go past** *vt*
: **to go past sth** passer devant
n • **go round** *vi* (*circulate: news,*
nour) circuler; (*revolve*) tourner;
ffice) suffire (pour tout le
nde); (*visit*): **to go round to**
s passer chez qn; aller chez qn;
ake a detour): **to go round (by)**
e un détour (par) • **go through**
us (*town etc*) traverser; (*search*
ough) fouiller; (*suffer*) subir
o up *vi* monter; (*price*)
gmenter ▶ *vt fus* gravir • **go**
ch *vt fus* aller avec • **go**
thout *vt fus* se passer de
ahead ['gəuəhɛd] *adj*
namique, entreprenant(e) ▶ *n*
vert
l [gəul] *n* but *m* • **goalkeeper**
ardien *m* de but • **goal-post** *n*
teau *m* de but
t [gəut] *n* chèvre *f*
ble ['gɔbl] *vt* (*also*: ~ **down,**
p) engloutir
[gɔd] *n* dieu *m*; **God** Dieu
odchild *n* filleul(e)
oddaughter *n* filleule *f*
oddess *n* déesse *f* • **godfather**
arrain *m* • **godmother** *n*
rraine *f* • **godson** *n* filleul *m*
gles ['gɔglz] *npl* (*for skiing etc*)
ettes (protectrices); (*for*
mming) lunettes de piscine

going ['gəuɪŋ] *n* (*conditions*) état *m* du terrain ▶ *adj*: **the ~ rate** le tarif (en vigueur)

gold [gəuld] *n or m* ▶ *adj* en or; (*reserves*) d'or • **golden** *adj* (*made of gold*) en or; (*gold in colour*) doré(e) • **goldfish** *n* poisson *m* rouge • **goldmine** *n* mine *f* d'or • **gold-plated** *adj* plaqué(e) or *inv*

golf [gɔlf] *n* golf *m* • **golf ball** *n* balle *f* de golf; (*on typewriter*) boule *f* • **golf club** *n* club *m* de golf; (*stick*) club *m*, crosse *f* de golf • **golf course** *n* terrain *m* de golf • **golfer** *n* joueur(-euse) de golf

gone [gɔn] *pp of* **go**

gong [gɔŋ] *n* gong *m*

good [gud] *adj* bon(ne); (*kind*) gentil(le); (*child*) sage; (*weather*) beau (belle) ▶ *n* bien *m*; **goods** *npl* marchandise *f*, articles *mpl*; **~!** bon!, très bien!; **to be ~ at** être bon en; **to be ~ for** être bon pour; **it's no ~ complaining** cela ne sert à rien de se plaindre; **to make ~** (*deficit*) combler; (*losses*) compenser; **for ~** (*for ever*) pour de bon, une fois pour toutes; **would you be ~ enough to ...?** auriez-vous la bonté *or* l'amabilité de ...?; **is this any ~?** (*will it do?*) est-ce que ceci fera l'affaire?, est-ce que cela peut vous rendre service?; (*what's it like?*) qu'est-ce que ça vaut?; **a ~ deal (of)** beaucoup (de); **a ~ many** beaucoup (de); **~ morning/afternoon!** bonjour!; **~ evening!** bonsoir!; **~ night!** bonsoir!; (*on going to bed*) bonne nuit! • **goodbye** *excl* au revoir!; **to say goodbye to sb** dire au revoir à qn • **Good Friday** *n* Vendredi saint • **good-looking** *adj* beau (belle), bien *inv* • **good-natured** *adj* (*person*) qui a un bon naturel

• **goodness** *n* (*of person*) bonté *f*; **for goodness sake!** je vous en prie!; **goodness gracious!** mon Dieu! • **goods train** *n* (BRIT) train *m* de marchandises • **goodwill** *n* bonne volonté
google ['gugl] *vi* faire une recherche Google® ▸ *vt* googler
goose (*pl* **geese**) [gu:s, gi:s] *n* oie *f*
gooseberry ['guzbərɪ] *n* groseille *f* à maquereau; **to play ~** (BRIT) tenir la chandelle
goose bumps, goose pimples *npl* chair *f* de poule
gorge [gɔ:dʒ] *n* gorge *f* ▸ *vt*: **to ~ o.s. (on)** se gorger (de)
gorgeous ['gɔ:dʒəs] *adj* splendide, superbe
gorilla [gə'rɪlə] *n* gorille *m*
gosh [gɔʃ] (*inf*) *excl* mince alors!
gospel ['gɔspl] *n* évangile *m*
gossip ['gɔsɪp] *n* (*chat*) bavardages *mpl*; (*malicious*) commérage *m*, cancans *mpl*; (*person*) commère *f* ▸ *vi* bavarder; cancaner, faire des commérages • **gossip column** *n* (*Press*) échos *mpl*
got [gɔt] *pt, pp of* **get**
gotten ['gɔtn] (US) *pp of* **get**
gourmet ['guəmeɪ] *n* gourmet *m*, gastronome *m/f*
govern ['gʌvən] *vt* gouverner; (*influence*) déterminer
• **government** *n* gouvernement *m*; (BRIT: *ministers*) ministère *m*
• **governor** *n* (*of colony, state, bank*) gouverneur *m*; (*of school, hospital etc*) administrateur(-trice); (BRIT: *of prison*) directeur(-trice)
gown [gaun] *n* robe *f*; (*of teacher*, BRIT: *of judge*) toge *f*
GP *n abbr* (*Med*) = **general practitioner**
GPS *n abbr* (= *global positioning system*) GPS *m*
grab [græb] *vt* saisir, empoigr
▸ *vi*: **to ~ at** essayer de saisir
grace [greɪs] *n* grâce *f* ▸ *vt* (*honour*) honorer; (*adorn*) orne
days' ~ un répit de 5 jours
• **graceful** *adj* gracieux(-euse
élégant(e) • **gracious** ['greɪʃ
adj bienveillant(e)
grade [greɪd] *n* (*Comm*: *qualit*
qualité *f*; (: *size*) calibre *m*; (: *ty*
catégorie *f*; (*in hierarchy*) grad
échelon *m*; (*Scol*) note *f*; (US: *s*
class) classe *f*; (: *gradient*) pent
▸ *vt* classer; (*by size*) calibrer
• **grade crossing** *n* (US) pass
m à niveau • **grade school** *n*
école *f* primaire
gradient ['greɪdɪənt] *n* inclinaison *f*, pente *f*
gradual ['grædjuəl] *adj* graduel(le), progressif(-ive)
• **gradually** *adv* peu à peu, graduellement
graduate *n* ['grædjuɪt] diplômé(e) d'université; (US: *c*
high school) diplômé(e) de fin
d'études ▸ *vi* ['grædjueɪt] obt
un diplôme d'université (*or* de
d'études) • **graduation** [grædju'eɪʃən] *n* cérémonie *f*
remise des diplômes
graffiti [grə'fi:tɪ] *npl* graffiti *r*
graft [grɑ:ft] *n* (*Agr, Med*) gref
(*bribery*) corruption *f* ▸ *vt* gref
hard ~ (BRIT *inf*) boulot acha
grain [greɪn] *n* (*single piece*) g
m; (*no pl*: *cereals*) céréales *fpl*;
corn) blé *m*
gram [græm] *n* gramme *m*
grammar ['græmə^r] *n* grammaire *f* • **grammar sch**
(BRIT) ≈ lycée *m*

mme [græm] *n* = **gram**
n [græn] (*inf*) *n* (BRIT) mamie *f*
'), mémé *f* (*inf*)
nd [grænd] *adj* magnifique,
endide; (*gesture etc*) noble
randad *n* (*inf*) = **granddad**
randchild (*pl* **grandchildren**)
etit-fils *m*, petite-fille *f*;
andchildren *npl* petits-enfants
randdad *n* (*inf*) papy *m* (*inf*),
oi *m* (*inf*), pépé *m* (*inf*)
randdaughter *n* petite-fille *f*
randfather *n* grand-père *m*
randma *n* (*inf*) = **gran**
randmother *n* grand-mère *f*
randpa *n* (*inf*) = **granddad**
randparents *npl*
ands-parents *mpl* • **grand**
ano *n* piano *m* à queue • **Grand**
x ['grɑ̃:'pri:] *n* (*Aut*) grand prix
tomobile • **grandson** *n*
tit-fils *m*
nite ['grænɪt] *n* granit *m*
nny ['grænɪ] *n* (*inf*) = **gran**
nt [grɑ:nt] *vt* accorder; (*a*
uest) accéder à; (*admit*)
ncéder ▸ *n* (*Scol*) bourse *f*;
dmin) subside *m*, subvention *f*;
take sth for ~ed considérer
n comme acquis; **to take sb**
~ed considérer qn comme
sant partie du décor
nule ['grænju:l] *n* granule *m*
ranular *adj* granulaire;
tailed) détaillé(e)
pe [greɪp] *n* raisin *m*
pefruit ['greɪpfru:t] *n*
mplemousse *m*
ph [grɑ:f] *n* graphique *m*,
urbe *f* • **graphic** ['græfɪk] *adj*
phique; (*vivid*) vivant(e)
raphics *n* (*art*) arts *mpl*
phiques; (*process*) graphisme *m*
pl (*drawings*) illustrations *fpl*

grasp [grɑ:sp] *vt* saisir ▸ *n* (*grip*) prise *f*; (*fig*) compréhension *f*, connaissance *f*
grass [grɑ:s] *n* herbe *f*; (*lawn*) gazon *m* • **grasshopper** *n* sauterelle *f*
grate [greɪt] *n* grille *f* de cheminée ▸ *vi* grincer ▸ *vt* (*Culin*) râper
grateful ['greɪtful] *adj* reconnaissant(e)
grater ['greɪtəʳ] *n* râpe *f*
gratitude ['grætɪtju:d] *n* gratitude *f*
grave [greɪv] *n* tombe *f* ▸ *adj* grave, sérieux(-euse)
gravel ['grævl] *n* gravier *m*
gravestone ['greɪvstəun] *n* pierre tombale
graveyard ['greɪvjɑ:d] *n* cimetière *m*
gravity ['grævɪtɪ] *n* (*Physics*) gravité *f*; pesanteur *f*; (*seriousness*) gravité
gravy ['greɪvɪ] *n* jus *m* (de viande), sauce *f* (au jus de viande)
gray [greɪ] *adj* (US) = **grey**
graze [greɪz] *vi* paître, brouter ▸ *vt* (*touch lightly*) frôler, effleurer; (*scrape*) écorcher ▸ *n* écorchure *f*
grease [gri:s] *n* (*fat*) graisse *f*; (*lubricant*) lubrifiant *m* ▸ *vt* graisser; lubrifier • **greasy** *adj* gras(se), graisseux(-euse); (*hands, clothes*) graisseux
great [greɪt] *adj* grand(e); (*heat, pain etc*) très fort(e), intense; (*inf*) formidable • **Great Britain** *n* Grande-Bretagne *f* • **great-grandfather** *n* arrière-grand-père *m* • **great-grandmother** *n* arrière-grand-mère *f* • **greatly** *adv* très, grandement; (*with verbs*) beaucoup
Greece [gri:s] *n* Grèce *f*

greed [gri:d] *n* (*also*: **~iness**) avidité *f*; (*for food*) gourmandise *f* • **greedy** *adj* avide; (*for food*) gourmand(e)

Greek [gri:k] *adj* grec (grecque) ▶ *n* Grec (Grecque); (*Ling*) grec *m*

green [gri:n] *adj* vert(e); (*inexperienced*) (bien) jeune, naïf(-ïve); (*ecological*: *product etc*) écologique ▶ *n* (*colour*) vert *m*; (*on golf course*) green *m*; (*stretch of grass*) pelouse *f*; **greens** *npl* (*vegetables*) légumes verts • **green card** *n* (*Aut*) carte verte; (*US*: *work permit*) permis *m* de travail • **greengage** *n* reine-claude *f* • **greengrocer** *n* (BRIT) marchand *m* de fruits et légumes • **greengrocer's (shop)** *n* magasin *m* de fruits et légumes • **greenhouse** *n* serre *f*; **the greenhouse effect** l'effet *m* de serre

Greenland ['gri:nlənd] *n* Groenland *m*

green salad *n* salade verte

green tax *n* écotaxe *f*

greet [gri:t] *vt* accueillir • **greeting** *n* salutation *f*; **Christmas/birthday greetings** souhaits *mpl* de Noël/de bon anniversaire • **greeting(s) card** *n* carte *f* de vœux

grew [gru:] *pt of* **grow**

grey, (*US*) **gray** [greɪ] *adj* gris(e); (*dismal*) sombre • **grey-haired** • (*US*) **gray-haired** *adj* aux cheveux gris • **greyhound** *n* lévrier *m*

grid [grɪd] *n* grille *f*; (*Elec*) réseau *m* • **gridlock** *n* (*traffic jam*) embouteillage *m*

grief [gri:f] *n* chagrin *m*, douleur *f*

grievance ['gri:vəns] *n* doléance *f*, grief *m*; (*cause for complaint*) grief

grieve [gri:v] *vi* avoir du chag se désoler ▶ *vt* faire de la pein affliger; **to ~ for sb** pleurer qr

grill [grɪl] *n* (*on cooker*) gril *m*; (**mixed ~**) grillade(s) *f(pl)* ▶ *vt* (*Culin*) griller; (*inf*: *question*) cuisiner

grille [grɪl] *n* grillage *m*; (*Aut*) calandre *f*

grim [grɪm] *adj* sinistre, lugut (*serious, stern*) sévère

grime [graɪm] *n* crasse *f*

grin [grɪn] *n* large sourire *m* ▶ sourire

grind [graɪnd] (*pt, pp* **ground**, écraser; (*coffee, pepper etc*) moudre; (*US*: *meat*) hacher ▶ r (*work*) corvée *f*

grip [grɪp] *n* (*handclasp*) poign (*control*) prise *f*; (*handle*) poign (*holdall*) sac *m* de voyage ▶ *vt* saisir, empoigner; (*viewer, reac* captiver; **to come to ~s with** colleter avec, en venir aux pris avec; **to ~ the road** (*Aut*) adh à la route • **gripping** *adj* prenant(e), palpitant(e)

grit [grɪt] *n* gravillon *m*; (*coura* cran *m* ▶ *vt* (*road*) sabler; **to ~ one's teeth** serrer les dents

grits [grɪts] *npl* (*US*) gruau *m* c maïs

groan [grəun] *n* (*of pain*) gémissement *m* ▶ *vi* gémir

grocer ['grəusə^r] *n* épicier *m* • **groceries** *npl* provisions *fpl* • **grocer's (shop)** • **grocery** épicerie *f*

groin [grɔɪn] *n* aine *f*

groom [gru:m] *n* (*for horses*) palefrenier *m*; (*also*: **bride~**) m *m* ▶ *vt* (*horse*) panser; (*fig*): **to ~ for** former qn pour

groove [gru:v] *n* sillon *m*, rair

·pe [grəup] *vi* tâtonner; **to**
'or chercher à tâtons
·ss [grəus] *adj* grossier(-ière);
omm) brut(e) • **grossly** *adv*
eatly) très, grandement
tesque [grə'tɛsk] *adj* grotesque
·und [graund] *pt, pp of* **grind**
ı sol *m*, terre *f*; (*land*) terrain *m*,
rres *fpl*; (*Sport*) terrain; (*reason*:
ı *pl*) raison *f*; (*US*: *also*: **~ wire**)
rre *f* ▸ *vt* (*plane*) empêcher de
coller, retenir au sol; (*US Elec*)
uiper d'une prise de terre;
ounds *npl* (*gardens etc*) parc *m*,
ımaine *m*; (*of coffee*) marc *m*; **on**
e ~, to the ~ par terre; **to gain/**
se ~ gagner/perdre du terrain
ground floor *n* (BRIT)
z-de-chaussée *m*
groundsheet *n* (BRIT) tapis *m* de
l • **groundwork** *n* préparation *f*
·up [gru:p] *n* groupe *m* ▸ *vt*
so: **~ together**) grouper ▸ *vi*
so: **~ together**) se grouper
·use [graus] *n* (*pl inv*: *bird*)
ouse *f* (*sorte de coq de bruyère*)
vi (*complain*) rouspéter, râler
·vel ['grɔvl] *vi* (*fig*): **to**
(before) ramper (devant)
w (*pt* **grew**, *pp* **grown**) [grəu,
u:, grəun] *vi* (*plant*) pousser,
oître; (*person*) grandir; (*increase*)
gmenter, se développer;
come) devenir; **to ~ rich/weak**
nrichir/s'affaiblir ▸ *vt* cultiver,
re pousser; (*hair, beard*) laisser
usser • **grow on** *vt fus*: **that**
inting is ~ing on me je finirai
r aimer ce tableau • **grow up** *vi*
andir
wl [graul] *vi* grogner
wn [grəun] *pp of* **grow**
grown-up *n* adulte *m/f*,
ande personne

growth [grəuθ] *n* croissance *f*, développement *m*; (*what has grown*) pousse *f*; poussée *f*; (*Med*) grosseur *f*, tumeur *f*
grub [grʌb] *n* larve *f*; (*inf*: *food*) bouffe *f*
grubby ['grʌbɪ] *adj* crasseux(-euse)
grudge [grʌdʒ] *n* rancune *f* ▸ *vt*: **to ~ sb sth** (*in giving*) donner qch à qn à contre-cœur; (*resent*) reprocher qch à qn; **to bear sb a ~ (for)** garder rancune *or* en vouloir à qn (de)
gruelling, (US) **grueling** ['gruəlɪŋ] *adj* exténuant(e)
gruesome ['gru:səm] *adj* horrible
grumble ['grʌmbl] *vi* rouspéter, ronchonner
grumpy ['grʌmpɪ] *adj* grincheux(-euse)
grunt [grʌnt] *vi* grogner
guarantee [gærən'ti:] *n* garantie *f* ▸ *vt* garantir
guard [gɑ:d] *n* garde *f*; (*one man*) garde *m*; (BRIT *Rail*) chef *m* de train; (*safety device*: *on machine*) dispositif *m* de sûreté; (*also*: **fire~**) garde-feu *m inv* ▸ *vt* garder, surveiller; (*protect*): **to ~ sb/sth (against** *or* **from)** protéger qn/qch (contre); **to be on one's ~** (*fig*) être sur ses gardes • **guardian** *n* gardien(ne); (*of minor*) tuteur(-trice)
guerrilla [gə'rɪlə] *n* guérillero *m*
guess [gɛs] *vi* deviner ▸ *vt* deviner; (*estimate*) évaluer; (US) croire, penser ▸ *n* supposition *f*, hypothèse *f*; **to take** *or* **have a ~** essayer de deviner
guest [gɛst] *n* invité(e); (*in hotel*) client(e) • **guest house** *n* pension *f* • **guest room** *n* chambre *f* d'amis

guidance ['gaɪdəns] *n* (*advice*) conseils *mpl*

guide [gaɪd] *n* (*person*) guide *m/f*; (*book*) guide *m*; (*also*: **Girl G~**) éclaireuse *f*; (*Roman Catholic*) guide *f* ▶ *vt* guider; **is there an English-speaking ~?** est-ce que l'un des guides parle anglais? • **guidebook** *n* guide *m* • **guide dog** *n* chien *m* d'aveugle • **guided tour** *n* visite guidée; **what time does the guided tour start?** la visite guidée commence à quelle heure? • **guidelines** *npl* (*advice*) instructions générales, conseils *mpl*

guild [gɪld] *n* (*Hist*) corporation *f*; (*sharing interests*) cercle *m*, association *f*

guilt [gɪlt] *n* culpabilité *f* • **guilty** *adj* coupable

guinea pig ['gɪnɪ-] *n* cobaye *m*

guitar [gɪ'tɑːʳ] *n* guitare *f* • **guitarist** *n* guitariste *m/f*

gulf [gʌlf] *n* golfe *m*; (*abyss*) gouffre *m*

gull [gʌl] *n* mouette *f*

gulp [gʌlp] *vi* avaler sa salive; (*from emotion*) avoir la gorge serrée, s'étrangler ▶ *vt* (*also*: **~ down**) avaler

gum [gʌm] *n* (*Anat*) gencive *f*; (*glue*) colle *f*; (*also*: **chewing-~**) chewing-gum *m* ▶ *vt* coller

gun [gʌn] *n* (*small*) revolver *m*, pistolet *m*; (*rifle*) fusil *m*, carabine *f*; (*cannon*) canon *m* • **gunfire** *n* fusillade *f* • **gunman** (*irreg*) *n* bandit armé • **gunpoint** *n*: **at gunpoint** sous la menace du pistolet (*or* fusil) • **gunpowder** *n* poudre *f* à canon • **gunshot** *n* coup *m* de feu

gush [gʌʃ] *vi* jaillir; (*fig*) se répandre en effusions

gust [gʌst] *n* (*of wind*) rafale *f*

gut [gʌt] *n* intestin *m*, boyau *m* **guts** *npl* (*inf*: *Anat*) boyaux *mpl*; (*: courage*) cran *m*

gutter ['gʌtəʳ] *n* (*of roof*) gouttière *f*; (*in street*) caniveau

guy [gaɪ] *n* (*inf*: *man*) type *m*; (*a* **~rope**) corde *f*; (*figure*) *effigie de* *Fawkes*

Guy Fawkes' Night [gaɪ'fɔːk *n voir article* **"Guy Fawkes' Nig**

Guy Fawkes' Night, que l'on appelle également 'bonfire night', commémore l'échec du complot (le 'Gunpowder Plot') contre James Ier et son parlemer le 5 novembre 1605. L'un des conspirateurs, Guy Fawkes, avait été surpris dans les caves du parlement alors qu'il s'apprêtait à y mettre le feu. Chaque année pour le 5 novembre, beaucoup de Britanniques font un feu de joie et un feu d'artifice dans leur jardin. La plupart des municipalités font de même, mais dans un parc et de façon plus officielle.

gym [dʒɪm] *n* (*also*: **~nasium**) gymnase *m*; (*also*: **~nastics**) gy • **gymnasium** *n* gymnase *m* • **gymnast** *n* gymnaste *m/f* • **gymnastics** *n*, *npl* gymnasti *f* • **gym shoes** *npl* chaussures de gym(nastique)

gynaecologist, (*US*) **gynecologist** [gaɪnɪ'kɔlədʒ *n* gynécologue *m/f*

gypsy ['dʒɪpsɪ] *n* gitan(e), bohémien(ne)

h

berdashery [hæbə'dæʃərɪ] *n*
RIT) mercerie *f*
bit ['hæbɪt] *n* habitude *f*;
ostume: *Rel*) habit *m*
bitat ['hæbɪtæt] *n* habitat *m*
ck [hæk] *vt* hacher, tailler ▶ *n*
ej: *writer*) nègre *m* • **hacker** *n*
omput) pirate *m* (informatique)
d [hæd] *pt, pp of* **have**
ddock ['hædək] (*pl* **haddock** *or*
addocks) *n* églefin *m*; **smoked ~**
addock *m*
dn't ['hædnt] = **had not**
emorrhage, (*US*)
emorrhage ['hɛmərɪdʒ] *n*
emorragie *f*
emorrhoids, (*US*)
emorrhoids ['hɛmərɔɪdz] *npl*
emorroïdes *fpl*
ggle ['hægl] *vi* marchander
gue [heɪg] *n*: **The ~** La Haye
l [heɪl] *n* grêle *f* ▶ *vt* (*call*) héler;
reet) acclamer ▶ *vi* grêler
hailstone *n* grêlon *m*
r [hɛəʳ] *n* cheveux *mpl*; (*on body*)
ils *mpl*; (*of animal*) pelage *m*;
ngle hair: *on head*) cheveu *m*;
on body, of animal) poil *m*; **to do**
one's ~ se coiffer • **hairband** *n* (*elasticated*) bandeau *m*; (*plastic*) serre-tête *m* • **hairbrush** *n* brosse *f* à cheveux • **haircut** *n* coupe *f* (de cheveux) • **hairdo** *n* coiffure *f* • **hairdresser** *n* coiffeur(-euse) • **hairdresser's** *n* salon *m* de coiffure, coiffeur *m* • **hair dryer** *n* sèche-cheveux *m*, séchoir *m* • **hair gel** *n* gel *m* pour cheveux • **hair spray** *n* laque *f* (pour les cheveux) • **hairstyle** *n* coiffure *f* • **hairy** *adj* poilu(e), chevelu(e); (*inf*: *frightening*) effrayant(e)

haka ['hɑːkə] *n* (*NZ*) haka *m*

hake [heɪk] (*pl* **hake** *or* **hakes**) *n* colin *m*, merlu *m*

half [hɑːf] *n* (*pl* **halves**) moitié *f*; (*of beer*: *also*: **~ pint**) ≈ demi *m*; (*Rail, bus*: *also*: **~ fare**) demi-tarif *m*; (*Sport*: *of match*) mi-temps *f* ▶ *adj* demi(e) ▶ *adv* (à) moitié, à demi; **~ an hour** une demi-heure; **~ a dozen** une demi-douzaine; **~ a pound** une demi-livre, ≈ 250 g; **two and a ~** deux et demi; **to cut sth in ~** couper qch en deux • **half board** *n* (*BRIT*: *in hotel*) demi-pension *f* • **half-brother** *n* demi-frère *m* • **half day** *n* demi-journée *f* • **half fare** *n* demi-tarif *m* • **half-hearted** *adj* tiède, sans enthousiasme • **half-hour** *n* demi-heure *f* • **half-price** *adj* à moitié prix ▶ *adv* (*also*: **at half-price**) à moitié prix • **half term** *n* (*BRIT Scol*) vacances *fpl* (*de demi-trimestre*) • **half-time** *n* mi-temps *f* • **halfway** *adv* à mi-chemin; **halfway through sth** au milieu de qch

hall [hɔːl] *n* salle *f*; (*entrance way*: *big*) hall *m*; (: *small*) entrée *f*; (*US*: *corridor*) couloir *m*; (*mansion*) château *m*, manoir *m*

hallmark ['hɔ:lmɑ:k] *n* poinçon *m*; (*fig*) marque *f*
hallo [hə'ləu] *excl* = **hello**
hall of residence *n* (BRIT) pavillon *m or* résidence *f* universitaire
Hallowe'en, Halloween ['hæləu'i:n] *n* veille *f* de la Toussaint

> Fête d'origine païenne, **Hallowe'en** est célébré au Royaume-Uni et aux États-Unis le 31 octobre, veille de la Toussaint. De nombreuses coutumes américaines ont été adoptées par les Britanniques. Ainsi, il est courant de confectionner des lanternes à partir d'une citrouille évidée dans laquelle on a découpé un visage menaçant. Les enfants se déguisent en sorcières, fantômes, etc., et vont de porte en porte quémander des sucreries en menaçant les réfractaires de leur jouer un mauvais tour.

hallucination [həlu:sɪ'neɪʃən] *n* hallucination *f*
hallway ['hɔ:lweɪ] *n* (*entrance*) vestibule *m*; (*corridor*) couloir *m*
halo ['heɪləu] *n* (*of saint etc*) auréole *f*
halt [hɔ:lt] *n* halte *f*, arrêt *m* ▶ *vt* faire arrêter; (*progress etc*) interrompre ▶ *vi* faire halte, s'arrêter
halve [hɑ:v] *vt* (*apple etc*) partager *or* diviser en deux; (*reduce by half*) réduire de moitié
halves [hɑ:vz] *npl of* **half**
ham [hæm] *n* jambon *m*
hamburger ['hæmbə:gəʳ] *n* hamburger *m*
hamlet ['hæmlɪt] *n* hameau *m*
hammer ['hæməʳ] *n* marteau ▶ *vt* (*nail*) enfoncer; (*fig*) éreinte démolir ▶ *vi* (*at door*) frapper à coups redoublés; **to ~ a point home to sb** faire rentrer qch d la tête de qn
hammock ['hæmək] *n* hama
hamper ['hæmpəʳ] *vt* gêner ▶ panier *m* (d'osier)
hamster ['hæmstəʳ] *n* hamst
hamstring ['hæmstrɪŋ] *n* (*Ar* tendon *m* du jarret
hand [hænd] *n* main *f*; (*of clock* aiguille *f*; (*handwriting*) écriture (*at cards*) jeu *m*; (*worker*) ouvrier(-ière) ▶ *vt* passer, donr **to give sb a ~** donner un coup main à qn; **at ~** à portée de la main; **in ~** (*situation*) en main; (*work*) en cours; **to be on ~** (*person*) être disponible; (*emergency services*) se tenir prê (à intervenir); **to ~** (*informatior etc*) sous la main, à portée de la main; **on the one ~ ..., on the other ~** d'une part ..., d'autre p
• **hand down** *vt* passer; (*tradit heirloom*) transmettre; (*US: sentence, verdict*) prononcer
• **hand in** *vt* remettre • **hand** *vt* distribuer • **hand over** *vt* remettre; (*powers etc*) transme
• **handbag** *n* sac *m* à main • **h baggage** *n* = **hand luggage**
• **handbook** *n* manuel *m*
• **handbrake** *n* frein *m* à main
• **handcuffs** *npl* menottes *fpl*
• **handful** *n* poignée *f* • **handh** *adj* (*device*) portatif(ive)
handicap ['hændɪkæp] *n* handicap *m* ▶ *vt* handicaper
handkerchief ['hæŋkətʃɪf] *n* mouchoir *m*

dle ['hændl] *n (of door etc)* gnée *f*; *(of cup etc)* anse *f*; *(of* fe *etc)* manche *m*; *(of saucepan)* eue *f*; *(for winding)* manivelle *f* t toucher, manier; *(deal with)* ccuper de; *(treat: people)* ndre; **"~ with care"** "fragile"; **fly off the ~** s'énerver
andlebar(s) *n(pl)* guidon *m*
d: • hand luggage *n* bagages *l* à main **• handmade** *adj* t(e) à la main **• handout** *n* oney) aide *f*, don *m*; *(leaflet)* spectus *m*; *(at lecture)* polycopié **• hands-free** *adj* mains libres ▶ *n (also:* **hands-free kit**) kit *m* ins libres *inv*
dsome ['hænsəm] *adj* beau lle); *(profit)* considérable
dwriting ['hændraɪtɪŋ] *n* iture *f*
dy ['hændɪ] *adj (person)* roit(e); *(close at hand)* sous la in; *(convenient)* pratique
g [hæŋ] *(pt, pp* **hung**) *vt* crocher; *(criminal)* pendre ▶ *vi* ndre; *(hair, drapery)* tomber ▶ *n*: **get the ~ of (doing) sth** *(inf)* raper le coup pour faire qch
ang about • hang around *vi* îner **• hang down** *vi* pendre
ang on *vi (wait)* attendre
ang out *vt (washing)* étendre hors) ▶ *vi (inf: live)* habiter, cher; (: *spend time)* traîner
ang round *vi* = **hang about**
ang up *vi (Tel)* raccrocher ▶ *vt* at, *painting etc)* accrocher, spendre
ger ['hæŋəʳ] *n* cintre *m*, temanteau *m*
g-gliding ['hæŋglaɪdɪŋ] *n* m libre *or* sur aile delta
gover ['hæŋəuvəʳ] *n (after* nking) gueule *f* de bois

hankie, hanky ['hæŋkɪ] *n abbr* = **handkerchief**
happen ['hæpən] *vi* arriver, se passer, se produire; **what's ~ing?** que se passe-t-il?; **she ~ed to be free** il s'est trouvé *(or* se trouvait) qu'elle était libre; **as it ~s** justement
happily ['hæpɪlɪ] *adv* heureusement; *(cheerfully)* joyeusement
happiness ['hæpɪnɪs] *n* bonheur *m*
happy ['hæpɪ] *adj* heureux(-euse); **~ with** *(arrangements etc)* satisfait(e) de; **to be ~ to do** faire volontiers; **~ birthday!** bon anniversaire!
harass ['hærəs] *vt* accabler, tourmenter **• harassment** *n* tracasseries *fpl*
harbour, *(US)* **harbor** ['hɑ:bəʳ] *n* port *m* ▶ *vt* héberger, abriter; *(hopes, suspicions)* entretenir
hard [hɑ:d] *adj* dur(e); *(question, problem)* difficile; *(facts, evidence)* concret(-ète) ▶ *adv (work)* dur; *(think, try)* sérieusement; **to look ~ at** regarder fixement; *(thing)* regarder de près; **no ~ feelings!** sans rancune!; **to be ~ of hearing** être dur(e) d'oreille; **to be ~ done by** être traité(e) injustement
• hardback *n* livre relié
• hardboard *n* Isorel® *m* **• hard disk** *n (Comput)* disque dur
• harden *vt* durcir; *(fig)* endurcir ▶ *vi (substance)* durcir
hardly ['hɑ:dlɪ] *adv (scarcely)* à peine; *(harshly)* durement; **~ anywhere/ever** presque nulle part/jamais
hard: • hardship *n (difficulties)* épreuves *fpl*; *(deprivation)*

privations *fpl* • **hard shoulder** *n* (BRIT *Aut*) accotement stabilisé • **hard-up** *adj* (*inf*) fauché(e) • **hardware** *n* quincaillerie *f*; (*Comput, Mil*) matériel *m* • **hardware shop** • (US) **hardware store** *n* quincaillerie *f* • **hard-working** *adj* travailleur(-euse)

hardy ['hɑːdɪ] *adj* robuste; (*plant*) résistant(e) au gel

hare [hɛəʳ] *n* lièvre *m*

harm [hɑːm] *n* mal *m*; (*wrong*) tort *m* ▶ *vt* (*person*) faire du mal *or* du tort à; (*thing*) endommager; **out of ~'s way** à l'abri du danger, en lieu sûr • **harmful** *adj* nuisible • **harmless** *adj* inoffensif(-ive)

harmony ['hɑːmənɪ] *n* harmonie *f*

harness ['hɑːnɪs] *n* harnais *m* ▶ *vt* (*horse*) harnacher; (*resources*) exploiter

harp [hɑːp] *n* harpe *f* ▶ *vi*: **to ~ on about** revenir toujours sur

harsh [hɑːʃ] *adj* (*hard*) dur(e); (*severe*) sévère; (*unpleasant*: *sound*) discordant(e); (: *light*) cru(e)

harvest ['hɑːvɪst] *n* (*of corn*) moisson *f*; (*of fruit*) récolte *f*; (*of grapes*) vendange *f* ▶ *vt* moissonner; récolter; vendanger

has [hæz] *vb see* **have**

hashtag ['hæʃtæg] *n* (*on Twitter*) mot-dièse *m*, hashtag *m*

hasn't ['hæznt] = **has not**

hassle ['hæsl] *n* (*inf*: *fuss*) histoire(s) *f(pl)*

haste [heɪst] *n* hâte *f*, précipitation *f* • **hasten** ['heɪsn] *vt* hâter, accélérer ▶ *vi* se hâter, s'empresser • **hastily** *adv* à la hâte; (*leave*) précipitamment • **hasty** *adj* (*decision, action*) hâtif(-ive); (*departure, escape*) précipité(e)

hat [hæt] *n* chapeau *m*

hatch [hætʃ] *n* (*Naut*: *also*: **~w** écoutille *f*; (BRIT: *also*: **service** passe-plats *m inv* ▶ *vi* éclore

hatchback ['hætʃbæk] *n* (*Au* modèle *m* avec hayon arrière

hate [heɪt] *vt* haïr, détester ▶ haine *f* • **hatred** ['heɪtrɪd] *n* haine *f*

haul [hɔːl] *vt* traîner, tirer ▶ *n* *fish*) prise *f*; (*of stolen goods etc*) butin *m*

haunt [hɔːnt] *vt* (*subj*: *ghost, f* hanter; (: *person*) fréquenter ▶ repaire *m* • **haunted** *adj* (*cast* *etc*) hanté(e); (*look*) égaré(e), hagard(e)

have [hæv]

(*pt, pp* **had**)

▶ *aux vb* **1** (*gen*) avoir; être; **to have eaten/slept** avoir mangé/dormi; **to have arrived/gone** être arrivé(e)/allé(e); **having finished** *or* **when he had finished, he le** quand il a eu fini, il est parti; **we'd already eaten** nous avions déjà mangé

2 (*in tag questions*): **you've do it, haven't you?** vous l'avez fa n'est-ce pas?

3 (*in short answers and question* **no I haven't!/yes we have!** mais non!/mais si!; **so I have** ah oui!, oui c'est vrai!; **I've be there before, have you?** j'y s déjà allé, et vous?

▶ *modal aux vb* (*be obliged*): **to have (got) to do sth** devoir faire qch, être obligé(e) de fair qch; **she has (got) to do it** e

ɪit le faire, il faut qu'elle le
sse; **you haven't to tell her**
ɪus n'êtes pas obligé de le lui
re; (*must not*) ne le lui dites
rtout pas; **do you have to**
ɪok? il faut réserver?
rt 1 (*possess*) avoir; **he has**
ot) blue eyes/dark hair il a
s yeux bleus/les cheveux bruns
(*referring to meals etc*): **to have**
eakfast prendre le petit
éjeuner; **to have dinner/**
nch dîner/déjeuner; **to have**
drink prendre un verre; **to**
ɪve a cigarette fumer une
garette
(*receive*) avoir, recevoir; (*obtain*)
oir; **may I have your**
ldress? puis-je avoir votre
lresse?; **you can have it for**
; vous pouvez l'avoir pour 5
res; **I must have it for**
morrow il me le faut pour
emain; **to have a baby** avoir
ɪ bébé
(*maintain, allow*): **I won't have**
ça ne se passera pas comme
!; **we can't have that** nous
tolérerons pas ça
(*by sb else*): **to have sth done**
re faire qch; **to have one's**
air cut se faire couper les
eveux; **to have sb do sth**
re faire qch à qn
(*experience, suffer*) avoir;
have a cold/flu avoir un
ume/la grippe; **to have an**
eration se faire opérer; **she**
ɪd her bag stolen elle s'est fait
ler son sac
(*+noun*): **to have a swim/**
alk nager/se promener; **to**
ɪve a bath/shower prendre
ɪ bain/une douche; **let's have**
ook regardons; **to have a**
meeting se réunir; **to have a**
party organiser une fête; **let**
me have a try laissez-moi
essayer

haven ['heɪvn] *n* port *m*; (*fig*) havre *m*

haven't ['hævnt] = **have not**

havoc ['hævək] *n* ravages *mpl*

Hawaii [hə'waɪ:] *n* (îles *fpl*) Hawaï *m*

hawk [hɔ:k] *n* faucon *m*

hawthorn ['hɔ:θɔ:n] *n* aubépine *f*

hay [heɪ] *n* foin *m* • **hay fever** *n* rhume *m* des foins • **haystack** *n* meule *f* de foin

hazard ['hæzəd] *n* (*risk*) danger *m*, risque *m* ▶ *vt* risquer, hasarder • **hazardous** *adj* hasardeux(-euse), risqué(e) • **hazard warning lights** *npl* (*Aut*) feux *mpl* de détresse

haze [heɪz] *n* brume *f*

hazel [heɪzl] *n* (*tree*) noisetier *m* ▶ *adj* (*eyes*) noisette *inv* • **hazelnut** *n* noisette *f*

hazy ['heɪzɪ] *adj* brumeux(-euse); (*idea*) vague

he [hi:] *pron* il; **it is he who ...** c'est lui qui ...; **here he is** le voici

head [hɛd] *n* tête *f*; (*leader*) chef *m*; (*of school*) directeur(-trice); (*of secondary school*) proviseur *m* ▶ *vt* (*list*) être en tête de; (*group, company*) être à la tête de; **~s or tails** pile ou face; **~ first** la tête la première; **~ over heels in love** follement *or* éperdument amoureux(-euse); **to ~ the ball** faire une tête • **head for** *vt fus* se diriger vers; (*disaster*) aller à • **head off** *vt* (*threat, danger*) détourner • **headache** *n* mal *m* de tête; **to have a headache** avoir mal à la tête • **heading** *n* titre *m*;

(*subject title*) rubrique *f* • **headlamp** (BRIT) *n* = **headlight** • **headlight** *n* phare *m* • **headline** *n* titre *m* • **head office** *n* siège *m*, bureau *m* central • **headphones** *npl* casque *m* (à écouteurs) • **headquarters** *npl* (*of business*) bureau *or* siège central; (*Mil*) quartier général • **headroom** *n* (*in car*) hauteur *f* de plafond; (*under bridge*) hauteur limite • **headscarf** *n* foulard *m* • **headset** *n* = **headphones** • **headteacher** *n* directeur(-trice); (*of secondary school*) proviseur *m* • **head waiter** *n* maître *m* d'hôtel

heal [hi:l] *vt, vi* guérir

health [hɛlθ] *n* santé *f* • **health care** *n* services médicaux • **health centre** *n* (BRIT) centre *m* de santé • **health food** *n* aliment(s) naturel(s) • **Health Service** *n*: **the Health Service** (BRIT) ≈ la Sécurité Sociale • **healthy** *adj* (*person*) en bonne santé; (*climate, food, attitude etc*) sain(e)

heap [hi:p] *n* tas *m* ▸ *vt* (*also*: **~ up**) entasser, amonceler; **she ~ed her plate with cakes** elle a chargé son assiette de gâteaux; **~s (of)** (*inf*: *lots*) des tas (de)

hear [hɪəʳ] (*pt, pp* **heard**) *vt* entendre; (*news*) apprendre ▸ *vi* entendre; **to ~ about** entendre parler de; (*have news of*) avoir des nouvelles de; **to ~ from sb** recevoir des nouvelles de qn

heard [hə:d] *pt, pp of* **hear**

hearing ['hɪərɪŋ] *n* (*sense*) ouïe *f*; (*of witnesses*) audition *f*; (*of a case*) audience *f* • **hearing aid** *n* appareil *m* acoustique

hearse [hə:s] *n* corbillard *m*

heart [hɑ:t] *n* cœur *m*; **hearts** *npl* (*Cards*) cœur; **at ~** au fond; **by ~** (*learn, know*) par cœur; **to lose**/**take ~** perdre/prendre courag[e] • **heart attack** *n* crise *f* cardia[que] • **heartbeat** *n* battement *m* d[e] cœur • **heartbroken** *adj*: **to b[e] heartbroken** avoir beaucoup [de] chagrin • **heartburn** *n* brûlure[s] *fpl* d'estomac • **heart disease** maladie *f* cardiaque

hearth [hɑ:θ] *n* foyer *m*, cheminée *f*

heartless ['hɑ:tlɪs] *adj* (*person*) sans cœur, insensible; (*treatme[nt]*) cruel(le)

hearty ['hɑ:tɪ] *adj* chaleureux(-euse); (*appetite*) solide; (*dislike*) cordial(e); (*mea[l]*) copieux(-euse)

heat [hi:t] *n* chaleur *f*; (*Sport*: *a* **qualifying ~**) éliminatoire *f* ▸ *v[t]* chauffer • **heat up** *vi* (*liquid*) chauffer; (*room*) se réchauffer ▸ réchauffer • **heated** *adj* chauffé(e); (*fig*) passionné(e), échauffé(e), excité(e) • **heate[r]** appareil *m* de chauffage; radia[teur] *m*; (*in car*) chauffage *m*; (*water heater*) chauffe-eau *m*

heather ['hɛðəʳ] *n* bruyère *f*

heating ['hi:tɪŋ] *n* chauffage ▸

heatwave ['hi:tweɪv] *n* vagu[e] de chaleur

heaven ['hɛvn] *n* ciel *m*, parad[is] *m*; (*fig*) paradis • **heavenly** *adj* céleste, divin(e)

heavily ['hɛvɪlɪ] *adv* lourdeme[nt]; (*drink, smoke*) beaucoup; (*sleep, sigh*) profondément

heavy ['hɛvɪ] *adj* lourd(e); (*wo[rk], rain, user, eater*) gros(se); (*drinke[r], smoker*) grand(e); (*schedule, we[ek]*) chargé(e)

Hebrew ['hi:bru:] *adj* hébraïq[ue] ▸ *n* (*Ling*) hébreu *m*

brides ['hɛbrɪdiːz] *npl*; **the ~**
s Hébrides *fpl*
:tare ['hɛktɑːʳ] *n* (BRIT)
ectare *m*
:tic ['hɛktɪk] *adj* (*schedule*) très
argé(e); (*day*) mouvementé(e);
festyle) trépidant(e)
d [hiːd] = **he would; he had**
dge [hɛdʒ] *n* haie *f* ▶ *vi* se
érober ▶ *vt*: **to ~ one's bets** (*fig*)
couvrir
dgehog ['hɛdʒhɔg] *n*
érisson *m*
ed [hiːd] *vt* (*also*: **take ~ of**)
nir compte de, prendre garde à
el [hiːl] *n* talon *m* ▶ *vt*
talonner
fty ['hɛftɪ] *adj* (*person*)
staud(e); (*parcel*) lourd(e);
iece, price) gros(se)
ght [haɪt] *n* (*of person*) taille *f*,
andeur *f*; (*of object*) hauteur *f*; (*of*
ane, mountain) altitude *f*; (*high*
ound) hauteur, éminence *f*; (*fig*:
glory, fame, power) sommet *m*;
of luxury, stupidity) comble *m*; **at**
e ~ of summer au cœur de l'été
heighten *vt* hausser, surélever;
g) augmenter
r [ɛəʳ] *n* héritier *m* • **heiress** *n*
éritière *f*
d [hɛld] *pt, pp of* **hold**
icopter ['hɛlɪkɔptəʳ] *n*
élicoptère *m*
l [hɛl] *n* enfer *m*; **oh ~!** (*inf*)
erde!
ll [hiːl] = **he will; he shall**
lo [hə'ləu] *excl* bonjour!; (*to*
tract attention) hé!; (*surprise*) tiens!
met ['hɛlmɪt] *n* casque *m*
p [hɛlp] *n* aide *f*; (*cleaner etc*)
mme *f* de ménage ▶ *vt, vi* aider;
au secours!; **~ yourself**
rvez-vous; **can you ~ me?**
pouvez-vous m'aider?; **can I**
~ you? (*in shop*) vous désirez?; **he**
can't ~ it il n'y peut rien • **help**
out *vi* aider ▶ *vt*: **to ~ sb out** aider
qn • **helper** *n* aide *m/f*,
assistant(e) • **helpful** *adj*
serviable, obligeant(e); (*useful*)
utile • **helping** *n* portion *f*
• **helpless** *adj* impuissant(e);
(*baby*) sans défense • **helpline** *n*
service *m* d'assistance
téléphonique; (*free*) ≈ numéro vert

hem [hɛm] *n* ourlet *m* ▶ *vt* ourler

hemisphere ['hɛmɪsfɪəʳ] *n*
hémisphère *m*

hemorrhage ['hɛmərɪdʒ] *n* (US)
= **haemorrhage**

hemorrhoids ['hɛmərɔɪdz] *npl*
(US) = **haemorrhoids**

hen [hɛn] *n* poule *f*; (*female bird*)
femelle *f*

hence [hɛns] *adv* (*therefore*) d'où,
de là; **2 years ~** d'ici 2 ans

hen night, hen party *n* soirée *f*
entre filles (*avant le mariage de l'une*
d'elles)

hepatitis [hɛpə'taɪtɪs] *n*
hépatite *f*

her [həːʳ] *pron* (*direct*) la, l' + *vowel*
or h mute; (*indirect*) lui; (*stressed*,
after prep) elle ▶ *adj* son (sa), ses *pl*;
see also **me, my**

herb [həːb] *n* herbe *f* • **herbal** *adj*
à base de plantes • **herbal tea** *n*
tisane *f*

herd [həːd] *n* troupeau *m*

here [hɪəʳ] *adv* ici; (*time*) alors
▶ *excl* tiens!, tenez!; **~!** (*present*)
présent!; **~ is, ~ are** voici; **~ he/**
she is le (la) voici

hereditary [hɪ'rɛdɪtrɪ] *adj*
héréditaire

heritage ['hɛrɪtɪdʒ] *n* héritage *m*,
patrimoine *m*

hernia ['hə:nɪə] *n* hernie *f*
hero ['hɪərəu] (*pl* **heroes**) *n* héros *m* • **heroic** [hɪ'rəuɪk] *adj* héroïque
heroin ['hɛrəuɪn] *n* héroïne *f* (*drogue*)
heroine ['hɛrəuɪn] *n* héroïne *f* (*femme*)
heron ['hɛrən] *n* héron *m*
herring ['hɛrɪŋ] *n* hareng *m*
hers [hə:z] *pron* le sien(ne), les siens (siennes); *see also* **mine**[1]
herself [hə:'sɛlf] *pron* (*reflexive*) se; (*emphatic*) elle-même; (*after prep*) elle; *see also* **oneself**
he's [hi:z] = **he is; he has**
hesitant ['hɛzɪtənt] *adj* hésitant(e), indécis(e)
hesitate ['hɛzɪteɪt] *vi*: **to ~ (about/to do)** hésiter (sur/à faire) • **hesitation** [hɛzɪ'teɪʃən] *n* hésitation *f*
heterosexual ['hɛtərəu'sɛksjuəl] *adj, n* hétérosexuel(le)
hexagon ['hɛksəgən] *n* hexagone *m*
hey [heɪ] *excl* hé!
heyday ['heɪdeɪ] *n*: **the ~ of** l'âge *m* d'or de, les beaux jours de
HGV *n abbr* = **heavy goods vehicle**
hi [haɪ] *excl* salut!; (*to attract attention*) hé!
hibernate ['haɪbəneɪt] *vi* hiberner
hiccough, hiccup ['hɪkʌp] *vi* hoqueter ▸ *n*: **to have (the) ~s** avoir le hoquet
hid [hɪd] *pt of* **hide**
hidden ['hɪdn] *pp of* **hide** ▸ *adj*: **~ agenda** intentions non déclarées
hide [haɪd] (*pt* **hid**, *pp* **hidden**) (*skin*) peau *f* ▸ *vt* cacher ▸ *vi*: **to ~ (from sb)** se cacher (de qn)
hideous ['hɪdɪəs] *adj* hideux(-euse), atroce
hiding ['haɪdɪŋ] *n* (*beating*) correction *f*, volée *f* de coups; **to be in ~** (*concealed*) se tenir caché(e)
hi-fi ['haɪfaɪ] *adj, n abbr* (= *high fidelity*) hi-fi *f inv*
high [haɪ] *adj* haut(e); (*speed, respect, number*) grand(e); (*price*) élevé(e); (*wind*) fort(e), violent(e); (*voice*) aigu(ë) ▸ *adv* haut, en ha **20 m ~** haut(e) de 20 m; **~ in th air** haut dans le ciel • **highchai** (*child's*) chaise haute • **high-cl** *adj* (*neighbourhood, hotel*) chic in de grand standing • **higher education** *n* études supérieur • **high heels** *npl* talons hauts, hauts talons • **high jump** *n* (*Sport*) saut *m* en hauteur • **highlands** ['haɪləndz] *npl* région montagneuse; **the Highlands** (*in Scotland*) les Highlands *mpl* • **highlight** *n* (*fi of event*) point culminant ▸ *vt* (*emphasize*) faire ressortir, souligner; **highlights** *npl* (*in ha* reflets *mpl* • **highlighter** *n* (*pe* surligneur (lumineux) • **highly** *adv* extrêmement, très; (*unlikel* fort; (*recommended, skilled, qualified*) hautement; **to speak highly of** dire beaucoup de bie de • **highness** *n*: **His/Her Highness** son Altesse *f* • **high-rise** *n* (*also*: **high-rise block, high-rise building**) tou (d'habitation) • **high school** *n* lycée *m*; (US) établissement *m* d'enseignement supérieur • **hi season** *n* (BRIT) haute saison

high street n (BRIT) grand-rue f
high-tech (inf) adj de pointe
highway n (BRIT) route f; (US) ute nationale • Highway Code 'BRIT) code m de la route
ack ['haɪdʒæk] vt détourner ar la force) • hijacker n auteur m un détournement d'avion, pirate de l'air
e [haɪk] vi faire des excursions pied ▶ n excursion f à pied, ndonnée f • hiker n omeneur(-euse), excursionniste /f • hiking n excursions fpl à ed, randonnée f
arious [hɪ'lɛərɪəs] adj ehaviour, event) désopilant(e)
[hɪl] n colline f; (fairly high) ontagne f; (on road) côte f
hillside n (flanc m de) coteau m
hill walking n randonnée f de asse montagne • hilly adj allonné(e), montagneux(-euse)
n [hɪm] pron (direct) le, l' + vowel h mute; (stressed, indirect, after ep) lui; see also me • himself on (reflexive) se; (emphatic) i-même; (after prep) lui; see also neself
d [haɪnd] adj de derrière
der ['hɪndəʳ] vt gêner; (delay) tarder
dsight ['haɪndsaɪt] n: with he benefit of) ~ avec du recul, trospectivement
du ['hɪndu:] n Hindou(e)
Hinduism n (Rel) hindouisme m
ge [hɪndʒ] n charnière f ▶ vi g): to ~ on dépendre de
t [hɪnt] n allusion f; (advice) nseil m; (clue) indication f ▶ vt: ~ that insinuer que ▶ vi: to at faire une allusion à
[hɪp] n hanche f

hippie, hippy ['hɪpɪ] n hippie m/f
hippo ['hɪpəu] (pl hippos) n hippopotame m
hippopotamus (pl hippopotamuses or hippopotami) [hɪpə'pɔtəməs, hɪpə'pɔtəmaɪ] n hippopotame m
hippy ['hɪpɪ] n = hippie
hipster ['hɪpstəʳ] n (inf: fashionable person) hipster m
hire ['haɪəʳ] vt (BRIT: car, equipment) louer; (worker) embaucher, engager ▶ n location f; for ~ à louer; (taxi) libre; I'd like to ~ a car je voudrais louer une voiture • hire(d) car n (BRIT) voiture f de location • hire purchase n (BRIT) achat m (or vente f) à tempérament or crédit
his [hɪz] pron le sien(ne), les siens (siennes) ▶ adj son (sa), ses pl; mine¹; my
Hispanic [hɪs'pænɪk] adj (in US) hispano-américain(e) ▶ n Hispano-Américain(e)
hiss [hɪs] vi siffler
historian [hɪ'stɔ:rɪən] n historien(ne)
historic(al) [hɪ'stɔrɪk(l)] adj historique
history ['hɪstərɪ] n histoire f
hit [hɪt] vt (pt, pp hit) frapper; (reach: target) atteindre, toucher; (collide with: car) entrer en collision avec, heurter; (fig: affect) toucher ▶ n coup m; (success) succès m; (song) tube m; (to website) visite f; (on search engine) résultat m de recherche; to ~ it off with sb bien s'entendre avec qn • hit back vi: to ~ back at sb prendre sa revanche sur qn
hitch [hɪtʃ] vt (fasten) accrocher, attacher; (also: ~ up) remonter

d'une saccade ▶ *vi* faire de l'autostop ▶ *n* (*difficulty*) anicroche *f*, contretemps *m*; **to ~ a lift** faire du stop • **hitch-hike** *vi* faire de l'auto-stop • **hitch-hiker** *n* auto-stoppeur(-euse) • **hitch-hiking** *n* auto-stop *m*, stop *m* (*inf*)

hi-tech ['haɪ'tɛk] *adj* de pointe

hitman ['hɪtmæn] (*irreg*) *n* (*inf*) tueur *m* à gages

HIV *n abbr* (= *human immunodeficiency virus*) HIV *m*, VIH *m*; **~-negative** séronégatif(-ive); **~-positive** séropositif(-ive)

hive [haɪv] *n* ruche *f*

hoard [hɔːd] *n* (*of food*) provisions *fpl*, réserves *fpl*; (*of money*) trésor *m* ▶ *vt* amasser

hoarse [hɔːs] *adj* enroué(e)

hoax [həuks] *n* canular *m*

hob [hɔb] *n* plaque chauffante

hobble ['hɔbl] *vi* boitiller

hobby ['hɔbɪ] *n* passe-temps favori

hobo ['həubəu] *n* (*US*) vagabond *m*

hockey ['hɔkɪ] *n* hockey *m* • **hockey stick** *n* crosse *f* de hockey

hog [hɔg] *n* porc (châtré) ▶ *vt* (*fig*) accaparer; **to go the whole ~** aller jusqu'au bout

Hogmanay [hɔgmə'neɪ] *n* réveillon *m* du jour de l'An, Saint-Sylvestre *f*

La Saint-Sylvestre ou 'New Year's Eve' se nomme **Hogmanay** en Écosse, où traditionnellement elle faisait l'objet de célébrations plus importantes que Noël. À cette occasion, la famille et les amis se réunissent pour entendre sonner les douze coups de minuit et fêter le 'first-footing', une coutume qu[i] veut qu'on se rende chez ses amis et voisins en apportant quelque chose à boire (du whisk[y] en général) et un morceau de charbon en gage de prospérité pour la nouvelle année.

hoist [hɔɪst] *n* palan *m* ▶ *vt* his[ser]

hold [həuld] (*pt, pp* **held**) *vt* te[nir]; (*contain*) contenir; (*meeting*) te[nir]; (*keep back*) retenir; (*believe*) considérer; (*possess*) avoir ▶ *vi* (*withstand pressure*) tenir (bon); (*be valid*) valoir; (*on telephone*) attendre ▶ *n* prise *f*; (*find*) influence *f*; (*Naut*) cale *f*; **to ca[tch]** *or* **get (a) ~ of** saisir; **to get ~ o[f]** (*find*) trouver; **~ the line!** (*Tel*) [ne] quittez pas!; **to ~ one's own** (*f[ig]*) (bien) se défendre • **hold back** retenir; (*secret*) cacher • **hold o[n]** *vi* tenir bon; (*wait*) attendre; **~** (*Tel*) ne quittez pas!; **to ~ on to sth** (*grasp*) se cramponner à qc[h]; (*keep*) conserver *or* garder qch • **hold out** *vt* offrir ▶ *vi* (*resist*): **~ out (against)** résister (deva[nt]), tenir bon (devant) • **hold up** *v[t]* (*raise*) lever; (*support*) soutenir; (*delay*) retarder; (: *traffic*) ralent[ir]; (*rob*) braquer • **holdall** *n* (BRIT) fourre-tout *m inv* • **holder** *n* (*container*) support *m*; (*of ticket, record*) détenteur(-trice); (*of off[ice], title, passport etc*) titulaire *m/f*

hole [həul] *n* trou *m*

holiday ['hɔlədɪ] *n* (BRIT: *vacat[ion]*) vacances *fpl*; (*day off*) jour *m* de congé; (*public*) jour férié; **to be o[n ~]** être en vacances; **I'm here on [~]** je suis ici en vacances • **holida[y] camp** *n* (*also*: **holiday centre**) camp *m* de vacances • **holiday job** *n* (BRIT) boulot *m* (*inf*) de

:ances • **holiday-maker** *n*
ɪɪᴛ) vacancier(-ière) • **holiday**
sort *n* centre *m* de villégiature
de vacances
land ['hɔlənd] *n* Hollande *f*
ow ['hɔləu] *adj* creux(-euse);
) faux (fausse) ▶ *n* creux *m*; (*in*
d) dépression *f* (de terrain),
vette *f* ▶ *vt*: **to ~ out** creuser,
der
y ['hɔlɪ] *n* houx *m*
ocaust ['hɔləkɔ:st] *n*
locauste *m*
y ['həulɪ] *adj* saint(e); (*bread*,
ter) bénit(e); (*ground*) sacré(e)
ne [həum] *n* foyer *m*, maison *f*;
untry) pays natal, patrie *f*;
stitution) maison ▶ *adj* de
nille; (*Econ*, *Pol*) national(e),
érieur(e); (*Sport*: *team*) qui
oit; (: *match*, *win*) sur leur (*or*
tre) terrain ▶ *adv* chez soi, à la
ison; au pays natal; (*right in*:
l etc) à fond; **at ~** chez soi, à la
ison; **to go** (*or* **come**) **~** rentrer
ez soi), rentrer à la maison (*or*
pays); **make yourself at ~**
tes comme chez vous • **home**
dress *n* domicile permanent
omeland *n* patrie *f*
omeless *adj* sans foyer, sans
ri • **homely** *adj* (*plain*) simple,
ns prétention; (*welcoming*)
cueillant(e) • **home-made** *adj*
t(e) à la maison • **home match**
natch *m* à domicile • **Home**
fice *n* (ʙʀɪᴛ) ministère *m* de
térieur • **home owner** *n*
opriétaire occupant • **home**
ge *n* (*Comput*) page *f* d'accueil
Home Secretary *n* (ʙʀɪᴛ)
nistre *m* de l'Intérieur
omesick *adj*: **to be homesick**
oir le mal du pays; (*missing one's*
nily) s'ennuyer de sa famille

• **home town** *n* ville natale
• **homework** *n* devoirs *mpl*
homicide ['hɔmɪsaɪd] *n* (ᴜs)
homicide *m*
homoeopathic, (ᴜs) **homeopathic**
[həumɪəu'pæθɪk] *adj* (*medicine*)
homéopathique; (*doctor*)
homéopathe
homoeopathy, (ᴜs) **homeopathy** [həumɪ'ɔpəθɪ] *n*
homéopathie *f*
homosexual [hɔməu'sɛksjuəl]
adj, *n* homosexuel(le)
honest ['ɔnɪst] *adj* honnête;
(*sincere*) franc (franche)
• **honestly** *adv* honnêtement;
franchement • **honesty** *n*
honnêteté *f*
honey ['hʌnɪ] *n* miel *m*
• **honeymoon** *n* lune *f* de miel,
voyage *m* de noces; **we're on honeymoon** nous sommes en
voyage de noces • **honeysuckle** *n*
chèvrefeuille *m*
Hong Kong ['hɔŋ'kɔŋ] *n* Hong
Kong
honorary ['ɔnərərɪ] *adj*
honoraire; (*duty*, *title*) honorifique;
~ degree diplôme *m* honoris
causa
honour, (ᴜs) **honor** ['ɔnə^r] *vt*
honorer ▶ *n* honneur *m*; **to graduate with ~s** obtenir sa
licence avec mention
• **honourable** • (ᴜs) **honorable**
adj honorable • **honours degree**
n (*Scol*) ≈ licence *f* avec mention
hood [hud] *n* capuchon *m*; (*of cooker*) hotte *f*; (ʙʀɪᴛ *Aut*) capote *f*;
(ᴜs *Aut*) capot *m* • **hoodie** ['hudɪ]
n (*top*) sweat *m* à capuche
hoof (*pl* **hoofs** *or* **hooves**) [hu:f,
hu:vz] *n* sabot *m*

hook [huk] *n* crochet *m*; (*on dress*) agrafe *f*; (*for fishing*) hameçon *m* ▶ *vt* accrocher; **off the ~** (*Tel*) décroché

hooligan ['hu:lɪgən] *n* voyou *m*

hoop [hu:p] *n* cerceau *m*

hoot [hu:t] *vi* (BRIT *Aut*) klaxonner; (*siren*) mugir; (*owl*) hululer

Hoover® ['hu:vəʳ] (BRIT) *n* aspirateur *m* ▶ *vt*: **to hoover** (*room*) passer l'aspirateur dans; (*carpet*) passer l'aspirateur sur

hooves [hu:vz] *npl of* **hoof**

hop [hɔp] *vi* sauter; (*on one foot*) sauter à cloche-pied; (*bird*) sautiller

hope [həup] *vt*, *vi* espérer ▶ *n* espoir *m*; **I ~ so** je l'espère; **I ~ not** j'espère que non • **hopeful** *adj* (*person*) plein(e) d'espoir; (*situation*) prometteur(-euse), encourageant(e) • **hopefully** *adv* (*expectantly*) avec espoir, avec optimisme; (*one hopes*) avec un peu de chance • **hopeless** *adj* désespéré(e); (*useless*) nul(le)

hops [hɔps] *npl* houblon *m*

horizon [hə'raɪzn] *n* horizon *m* • **horizontal** [hɔrɪ'zɔntl] *adj* horizontal(e)

hormone ['hɔ:məun] *n* hormone *f*

horn [hɔ:n] *n* corne *f*; (*Mus*) cor *m*; (*Aut*) klaxon *m*

horoscope ['hɔrəskəup] *n* horoscope *m*

horrendous [hə'rɛndəs] *adj* horrible, affreux(-euse)

horrible ['hɔrɪbl] *adj* horrible, affreux(-euse)

horrid ['hɔrɪd] *adj* (*person*) détestable; (*weather, place, smell*) épouvantable

horrific [hɔ'rɪfɪk] *adj* horrible

horrifying ['hɔrɪfaɪɪŋ] *adj* horrifiant(e)

horror ['hɔrəʳ] *n* horreur *f* • **horror film** *n* film *m* d'épouvante

hors d'œuvre [ɔ:'də:vrə] *n* h d'œuvre *m*

horse [hɔ:s] *n* cheval *m* • **horseback**: **on horseback** *adv* à cheval • **horse chestnu** (*nut*) marron *m* (d'Inde); (*tree*) marronnier *m* (d'Inde) • **horsepower** *n* puissance *f* (chevaux); (*unit*) cheval-vapeu (CV) • **horse-racing** *n* course de chevaux • **horseradish** *n* raifort *m* • **horse riding** *n* (BR équitation *f*

hose [həuz] *n* tuyau *m*; (*also*: **garden ~**) tuyau d'arrosage • **hosepipe** *n* tuyau *m*; (*in garc* tuyau d'arrosage

hospital ['hɔspɪtl] *n* hôpital *n*; **in ~** à l'hôpital; **where's the nearest ~?** où est l'hôpital le p proche?

hospitality [hɔspɪ'tælɪtɪ] *n* hospitalité *f*

host [həust] *n* hôte *m*; (*TV, Ra* présentateur(-trice); (*large number*): **a ~ of** une foule de; (*F* hostie *f*

hostage ['hɔstɪdʒ] *n* otage *m*

hostel ['hɔstl] *n* foyer *m*; (*also* **youth ~**) auberge *f* de jeuness

hostess ['həustɪs] *n* hôtesse (BRIT: *also*: **air ~**) hôtesse de l'a (*TV, Radio*) présentatrice *f*

hostile ['hɔstaɪl] *adj* hostile

hostility [hɔ'stɪlɪtɪ] *n* hostilit

hot [hɔt] *adj* chaud(e); (*as oppe to only warm*) très chaud; (*spic* fort(e); (*fig*: *contest*) acharné(e

ɔpic) brûlant(e); (*temper*) ɔlent(e), passionné(e); **to be ~** *erson*) avoir chaud; (*thing*) être ʼès) chaud; **it's ~** (*weather*) il fait ıaud • **hot dog** *n* hot-dog *m*
ːel [həu'tɛl] *n* hôtel *m*
ːspot ['hɔtspɔt] *n* (*Comput*: *ɔo*: **wireless ~**) borne *f* wifi, ɔtspot *m*
ː-water bottle [hɔt'wɔːtə-] *n* ɔuillotte *f*
und [haund] *vt* poursuivre ʼec acharnement ▶ *n* chien ɪurant
ur ['auəʳ] *n* heure *f* • **hourly** *adj* ıutes les heures; (*rate*) horaire
use *n* [haus] maison *f*; (*Pol*) ːambre *f*; (*Theat*) salle *f*; auditoire ▶ *vt* [hauz] (*person*) loger, ːberger; **on the ~** (*fig*) aux frais ː la maison • **household** *n* *dmin etc*) ménage *m*; (*people*) ɪmille *f*, maisonnée *f*
householder *n* propriétaire ʼf; (*head of house*) chef *m* de ɪmille • **housekeeper** *n* ɔuvernante *f* • **housekeeping** *n* *ork*) ménage *m* • **housewife** *reg*) *n* ménagère *f*; femme *f* au ɣer • **house wine** *n* cuvée *f* aison *or* du patron
housework *n* (travaux *mpl* du) énage *m*
using ['hauzɪŋ] *n* logement *m*
housing development
housing estate (BRIT) *n* (*blocks flats*) cité *f*; (*houses*) tissement *m*
ver ['hɔvəʳ] *vi* planer
hovercraft *n* aéroglisseur *m*, ɔvercraft *m*
w [hau] *adv* comment; **~ are ɪu?** comment allez-vous?; **~ do ɪu do?** bonjour; (*on being troduced*) enchanté(e); **~ long have you been here?** depuis combien de temps êtes-vous là?; **~ lovely/awful!** que *or* comme c'est joli/affreux!; **~ much time/ many people?** combien de temps/gens?; **~ much does it cost?** ça coûte combien?; **~ old are you?** quel âge avez-vous?; **~ tall is he?** combien mesure-t-il?; **~ is school?** ça va à l'école?; **~ was the film?** comment était le film?
however [hau'ɛvəʳ] *conj* pourtant, cependant ▶ *adv*: **~ I do it** de quelque manière que je m'y prenne; **~ cold it is** même s'il fait très froid; **~ did you do it?** comment y êtes-vous donc arrivé?
howl [haul] *n* hurlement *m* ▶ *vi* hurler; (*wind*) mugir
H.P. *n abbr* (BRIT) = **hire purchase**
h.p. *abbr* (*Aut*) = **horsepower**
HQ *n abbr* (= *headquarters*) QG *m*
hr *abbr* (= *hour*) h
hrs *abbr* (= *hours*) h
HTML *n abbr* (= *hypertext markup language*) HTML *m*
hubcap [hʌbkæp] *n* (*Aut*) enjoliveur *m*
huddle ['hʌdl] *vi*: **to ~ together** se blottir les uns contre les autres
huff [hʌf] *n*: **in a ~** fâché(e)
hug [hʌg] *vt* serrer dans ses bras; (*shore, kerb*) serrer ▶ *n*: **to give sb a ~** serrer qn dans ses bras
huge [hjuːdʒ] *adj* énorme, immense
hull [hʌl] *n* (*of ship*) coque *f*
hum [hʌm] *vt* (*tune*) fredonner ▶ *vi* fredonner; (*insect*) bourdonner; (*plane, tool*) vrombir
human ['hjuːmən] *adj* humain(e) ▶ *n* (*also*: **~ being**) être humain
humane [hjuː'meɪn] *adj* humain(e), humanitaire

humanitarian [hju:mænɪ'tɛərɪən] *adj* humanitaire
humanity [hju:'mænɪtɪ] *n* humanité *f*
human rights *npl* droits *mpl* de l'homme
humble ['hʌmbl] *adj* humble, modeste
humid ['hju:mɪd] *adj* humide • **humidity** [hju:'mɪdɪtɪ] *n* humidité *f*
humiliate [hju:'mɪlɪeɪt] *vt* humilier
humiliating [hju:'mɪlɪeɪtɪŋ] *adj* humiliant(e)
humiliation [hju:mɪlɪ'eɪʃən] *n* humiliation *f*
hummus ['huməs] *n* houmous *m*, hoummous *m*
humorous ['hju:mərəs] *adj* humoristique
humour, (*US*) **humor** ['hju:mə[r]] *n* humour *m*; (*mood*) humeur *f* ▸ *vt* (*person*) faire plaisir à; se prêter aux caprices de
hump [hʌmp] *n* bosse *f*
hunch [hʌntʃ] *n* (*premonition*) intuition *f*
hundred ['hʌndrəd] *num* cent; **~s of** des centaines de • **hundredth** ['hʌndrədɪdθ] *num* centième
hung [hʌŋ] *pt, pp of* **hang**
Hungarian [hʌŋ'gɛərɪən] *adj* hongrois(e) ▸ *n* Hongrois(e); (*Ling*) hongrois *m*
Hungary ['hʌŋgərɪ] *n* Hongrie *f*
hunger ['hʌŋgə[r]] *n* faim *f* ▸ *vi*: **to ~ for** avoir faim de, désirer ardemment
hungry ['hʌŋgrɪ] *adj* affamé(e); **to be ~** avoir faim; **~ for** (*fig*) avide de
hunt [hʌnt] *vt* (*seek*) chercher; (*Sport*) chasser ▸ *vi* (*search*): **to ~ for** chercher (partout); (*Sport*) chasser ▸ *n* (*Sport*) chasse *f* • **hunter** *n* chasseur *m* • **hunt**[ing] *n* chasse *f*
hurdle ['hə:dl] *n* (*Sport*) haie *f*; obstacle *m*
hurl [hə:l] *vt* lancer (avec violence); (*abuse, insults*) lance[r]
hurrah, hurray [hu'rɑ:, hu'r[eɪ]] *excl* hourra!
hurricane ['hʌrɪkən] *n* ouragan *m*
hurry ['hʌrɪ] *n* hâte *f*, précipitation *f* ▸ *vi* se presser, s[e] dépêcher ▸ *vt* (*person*) faire presser, faire se dépêcher; (*wor*[*k*]) presser; **to be in a ~** être pressé(e); **to do sth in a ~** faire qch en vitesse • **hurry up** *vi* se dépêcher
hurt [hə:t] (*pt, pp* **hurt**) *vt* (*caus*[*e*] *pain to*) faire mal à; (*injure, fig*) blesser ▸ *vi* faire mal ▸ *adj* blessé(e); **my arm ~s** j'ai mal a[u] bras; **to ~ o.s.** se faire mal
husband ['hʌzbənd] *n* mari *m*
hush [hʌʃ] *n* calme *m*, silence *m* ▸ *vt* faire taire; **~!** chut!
husky ['hʌskɪ] *adj* (*voice*) rauqu[e] ▸ *n* chien *m* esquimau *or* de traîneau
hut [hʌt] *n* hutte *f*; (*shed*) cabar[e]
hyacinth ['haɪəsɪnθ] *n* jacinth[e]
hydrofoil ['haɪdrəfɔɪl] *n* hydrofoil *m*
hydrogen ['haɪdrədʒən] *n* hydrogène *m*
hygiene ['haɪdʒi:n] *n* hygiène • **hygienic** [haɪ'dʒi:nɪk] *adj* hygiénique
hymn [hɪm] *n* hymne *m*; cantique *m*
hype [haɪp] *n* (*inf*) matraquag[e] publicitaire *or* médiatique

perconnectivity [ˌhaɪpəkɒnek'tɪvəti] *n* hyperconnectivité *f*
perlink ['haɪpəlɪŋk] *n* hyperlien *m*
permarket ['haɪpəmɑ:kɪt] (BRIT) *n* hypermarché *m*
perventilation [ˌhaɪpəventɪ'leɪʃən] *n* hyperventilation *f*
phen ['haɪfn] *n* trait *m* d'union
pnotize ['hɪpnətaɪz] *vt* hypnotiser
pocrite ['hɪpəkrɪt] *n* hypocrite *m/f*
pocritical [hɪpə'krɪtɪkl] *adj* hypocrite
pothesis (*pl* **hypotheses**) [haɪ'pɔθɪsɪs, -si:z] *n* hypothèse *f*
sterical [hɪ'sterɪkl] *adj* hystérique; (*funny*) hilarant(e)
sterics [hɪ'sterɪks] *npl*; **to be /have ~** (*anger, panic*) avoir une crise de nerfs; (*laughter*) attraper un fou rire

I

I [aɪ] *pron* je; (*before vowel*) j'; (*stressed*) moi
ice [aɪs] *n* glace *f*; (*on road*) verglas *m* ▶ *vt* (*cake*) glacer ▶ *vi* (*also*: **~ over**) geler; (*also*: **~ up**) se givrer
• **iceberg** *n* iceberg *m* • **ice cream** *n* glace *f* • **ice cube** *n* glaçon *m*
• **ice hockey** *n* hockey *m* sur glace
Iceland ['aɪslənd] *n* Islande *f*
• **Icelander** *n* Islandais(e)
• **Icelandic** [aɪs'lændɪk] *adj* islandais(e) ▶ *n* (*Ling*) islandais *m*
ice: • **ice lolly** *n* (BRIT) esquimau *m*
• **ice rink** *n* patinoire *f* • **ice skating** *n* patinage *m* (sur glace)
icing ['aɪsɪŋ] *n* (*Culin*) glaçage *m*
• **icing sugar** *n* (BRIT) sucre *m* glace
icon ['aɪkɔn] *n* icône *f*
ICT *n abbr* (BRIT *Scol*: = *information and communications technology*) TIC *fpl*
icy ['aɪsɪ] *adj* glacé(e); (*road*) verglacé(e); (*weather, temperature*) glacial(e)
I'd [aɪd] = **I would; I had**
ID card *n* carte *f* d'identité
idea [aɪ'dɪə] *n* idée *f*

ideal [aɪ'dɪəl] *n* idéal *m* ▸ *adj* idéal(e) • **ideally** [aɪ'dɪəlɪ] *adv* (*preferably*) dans l'idéal; (*perfectly*): **he is ideally suited to the job** il est parfait pour ce poste
identical [aɪ'dɛntɪkl] *adj* identique
identification [aɪdɛntɪfɪ'keɪʃən] *n* identification *f*; **means of ~** pièce *f* d'identité
identify [aɪ'dɛntɪfaɪ] *vt* identifier
identity [aɪ'dɛntɪtɪ] *n* identité *f* • **identity card** *n* carte *f* d'identité • **identity theft** *n* usurpation *f* d'identité
ideology [aɪdɪ'ɔlədʒɪ] *n* idéologie *f*
idiom ['ɪdɪəm] *n* (*phrase*) expression *f* idiomatique; (*style*) style *m*
idiot ['ɪdɪət] *n* idiot(e), imbécile *m/f*
idle ['aɪdl] *adj* (*doing nothing*) sans occupation, désœuvré(e); (*lazy*) oisif(-ive), paresseux(-euse); (*unemployed*) au chômage; (*machinery*) au repos; (*question, pleasures*) vain(e), futile ▸ *vi* (*engine*) tourner au ralenti
idol ['aɪdl] *n* idole *f*
idyllic [ɪ'dɪlɪk] *adj* idyllique
i.e. *abbr* (= *id est: that is*) c. à d., c'est-à-dire
if [ɪf] *conj* si; **if necessary** si nécessaire, le cas échéant; **if so** si c'est le cas; **if not** sinon; **if only I could!** si seulement je pouvais!; *see also* **as; even**
ignite [ɪg'naɪt] *vt* mettre le feu à, enflammer ▸ *vi* s'enflammer
ignition [ɪg'nɪʃən] *n* (*Aut*) allumage *m*; **to switch on/off the ~** mettre/couper le contact
ignorance ['ɪgnərəns] *n* ignorance *f*
ignorant ['ɪgnərənt] *adj* ignorant(e); **to be ~ of** (*subject*) rien connaître en; (*events*) ne pa[s] être au courant de
ignore [ɪg'nɔːʳ] *vt* ne tenir aucu[n] compte de; (*mistake*) ne pas relever; (*person: pretend to not se*[e]) faire semblant de ne pas reconnaître; (*: pay no attention t*[o]) ignorer
ill [ɪl] *adj* (*sick*) malade; (*bad*) mauvais(e) ▸ *n* mal *m* ▸ *adv*: **to speak/think ~ of sb** dire/pens[er] du mal de qn; **to be taken ~** tomber malade
I'll [aɪl] = **I will; I shall**
illegal [ɪ'liːgl] *adj* illégal(e)
illegible [ɪ'lɛdʒɪbl] *adj* illisible
illegitimate [ɪlɪ'dʒɪtɪmət] *adj* illégitime
ill health *n* mauvaise santé
illiterate [ɪ'lɪtərət] *adj* illettré(
illness ['ɪlnɪs] *n* maladie *f*
illuminate [ɪ'luːmɪneɪt] *vt* (*ro*[om], *street*) éclairer; (*for special effect*) illuminer
illusion [ɪ'luːʒən] *n* illusion *f*
illustrate ['ɪləstreɪt] *vt* illustre[r]
illustration [ɪlə'streɪʃən] *n* illustration *f*
I'm [aɪm] = **I am**
image ['ɪmɪdʒ] *n* image *f*; (*publ*[ic] *face*) image de marque
imaginary [ɪ'mædʒɪnərɪ] *adj* imaginaire
imagination [ɪmædʒɪ'neɪʃən] imagination *f*
imaginative [ɪ'mædʒɪnətɪv] imaginatif(-ive); (*person*) plein(d'imagination
imagine [ɪ'mædʒɪn] *vt* s'imagi[ner]; (*suppose*) imaginer, supposer
imam [ɪ'mɑːm] *n* imam *m*

balance [ɪm'bæləns] *n* éséquilibre *m*

itate ['ɪmɪteɪt] *vt* imiter

imitation [ɪmɪ'teɪʃən] *n* nitation *f*

maculate [ɪ'mækjulət] *adj* npeccable; (*Rel*) immaculé(e)

mature [ɪmə'tjuəʳ] *adj* (*fruit*) ui n'est pas mûr(e); (*person*) qui anque de maturité

mediate [ɪ'mi:dɪət] *adj* nmédiat(e) • **immediately** *adv* *t once*) immédiatement; **nmediately next to** juste à ôté de

mense [ɪ'mɛns] *adj* immense, norme

merse [ɪ'mə:s] *vt* immerger, onger; **to be ~d in** (*fig*) être ongé dans

migrant ['ɪmɪgrənt] *n* nmigrant(e); (*already established*) nmigré(e) • **immigration** mɪ'greɪʃən] *n* immigration *f*

minent ['ɪmɪnənt] *adj* nminent(e)

moral [ɪ'mɔrl] *adj* immoral(e)

mortal [ɪ'mɔ:tl] *adj*, *n* nmortel(le)

mune [ɪ'mju:n] *adj*: **~ (to)** nmunisé(e) (contre) • **immune** **ystem** *n* système *m* immunitaire

munize ['ɪmjunaɪz] *vt* nmuniser

pact ['ɪmpækt] *n* choc *m*, npact *m*; (*fig*) impact

pair [ɪm'pɛəʳ] *vt* détériorer, minuer

partial [ɪm'pɑ:ʃl] *adj* impartial(e)

patience [ɪm'peɪʃəns] *n* npatience *f*

patient [ɪm'peɪʃənt] *adj* npatient(e); **to get** *or* **grow ~** mpatienter

impeccable [ɪm'pɛkəbl] *adj* impeccable, parfait(e)

impending [ɪm'pɛndɪŋ] *adj* imminent(e)

imperative [ɪm'pɛrətɪv] *adj* (*need*) urgent(e), pressant(e); (*tone*) impérieux(-euse) ▸ *n* (*Ling*) impératif *m*

imperfect [ɪm'pə:fɪkt] *adj* imparfait(e); (*goods etc*) défectueux(-euse) ▸ *n* (*Ling*: *also*: **~ tense**) imparfait *m*

imperial [ɪm'pɪərɪəl] *adj* impérial(e); (BRIT: *measure*) légal(e)

impersonal [ɪm'pə:sənl] *adj* impersonnel(le)

impersonate [ɪm'pə:səneɪt] *vt* se faire passer pour; (*Theat*) imiter

impetus ['ɪmpətəs] *n* impulsion *f*; (*of runner*) élan *m*

implant [ɪm'plɑ:nt] *vt* (*Med*) implanter; (*fig*: *idea, principle*) inculquer

implement *n* ['ɪmplɪmənt] outil *m*, instrument *m*; (*for cooking*) ustensile *m* ▸ *vt* ['ɪmplɪmɛnt] exécuter

implicate ['ɪmplɪkeɪt] *vt* impliquer, compromettre

implication [ɪmplɪ'keɪʃən] *n* implication *f*; **by ~** indirectement

implicit [ɪm'plɪsɪt] *adj* implicite; (*complete*) absolu(e), sans réserve

imply [ɪm'plaɪ] *vt* (*hint*) suggérer, laisser entendre; (*mean*) indiquer, supposer

impolite [ɪmpə'laɪt] *adj* impoli(e)

import *vt* [ɪm'pɔ:t] importer ▸ *n* ['ɪmpɔ:t] (*Comm*) importation *f*; (*meaning*) portée *f*, signification *f*

importance [ɪm'pɔ:tns] *n* importance *f*

important [ɪm'pɔːtnt] *adj* important(e); **it's not ~** c'est sans importance, ce n'est pas important

importer [ɪm'pɔːtəʳ] *n* importateur(-trice)

impose [ɪm'pəuz] *vt* imposer ▶ *vi*: **to ~ on sb** abuser de la gentillesse de qn • **imposing** *adj* imposant(e), impressionnant(e)

impossible [ɪm'pɔsɪbl] *adj* impossible

impotent ['ɪmpətnt] *adj* impuissant(e)

impoverished [ɪm'pɔvərɪʃt] *adj* pauvre, appauvri(e)

impractical [ɪm'præktɪkl] *adj* pas pratique; (*person*) qui manque d'esprit pratique

impress [ɪm'prɛs] *vt* impressionner, faire impression sur; (*mark*) imprimer, marquer; **to ~ sth on sb** faire bien comprendre qch à qn

impression [ɪm'prɛʃən] *n* impression *f*; (*of stamp, seal*) empreinte *f*; (*imitation*) imitation *f*; **to be under the ~ that** avoir l'impression que

impressive [ɪm'prɛsɪv] *adj* impressionnant(e)

imprison [ɪm'prɪzn] *vt* emprisonner, mettre en prison • **imprisonment** *n* emprisonnement *m*; (*period*): **to sentence sb to 10 years' imprisonment** condamner qn à 10 ans de prison

improbable [ɪm'prɔbəbl] *adj* improbable; (*excuse*) peu plausible

improper [ɪm'prɔpəʳ] *adj* (*unsuitable*) déplacé(e), de mauvais goût; (*indecent*) indécent(e); (*dishonest*) malhonnête

improve [ɪm'pruːv] *vt* amélio[rer] ▶ *vi* s'améliorer; (*pupil etc*) faire [des] progrès • **improvement** *n* amélioration *f*; (*of pupil etc*) progrès *m*

improvise ['ɪmprəvaɪz] *vt, vi* improviser

impulse ['ɪmpʌls] *n* impulsion [*f*]; **on ~** impulsivement, sur un cou[p] de tête • **impulsive** [ɪm'pʌlsɪv] *adj* impulsif(-ive)

in [ɪn]

▶ *prep* **1** (*indicating place, positio[n]*) dans; **in the house/the fridg[e]** dans la maison/le frigo; **in the garden** dans le *or* au jardin; **in town** en ville; **in the country** à la campagne; **in school** à l'école; **in here/there** ici/là

2 (*with place names, of town, region, country*): **in London** à Londres; **in England** en Angleterre; **in Japan** au Japon; **in the United States** aux États-Unis

3 (*indicating time: during*): **in spring** au printemps; **in summer** en été; **in May/2005** en mai/2005; **in the afternoo[n]** (dans) l'après-midi; **at 4 o'cloc[k] in the afternoon** à 4 heures de l'après-midi

4 (*indicating time: in the space of*) en; (*: future*) dans; **I did it in 3 hours/days** je l'ai fait en 3 heures/jours; **I'll see you in 2 weeks** *or* **in 2 weeks' time** je te verrai dans 2 semaines

5 (*indicating manner etc*) à; **in a loud/soft voice** à voix haute/basse; **in pencil** au crayon; **in writing** par écrit; **in French** en français; **the boy in the blue**

ɪrt le garçon à *or* avec la
emise bleue
(indicating circumstances): **in**
e sun au soleil; **in the shade**
ombre; **in the rain** sous la
uie; **a change in policy** un
angement de politique
(indicating mood, state): **in**
ars en larmes; **in anger** sous
coup de la colère; **in despair**
désespoir; **in good**
ndition en bon état; **to live**
luxury vivre dans le luxe
(with ratios, numbers): **1 in 10**
useholds, 1 household in 10
nénage sur 10; **20 pence in**
e pound 20 pence par livre
erling; **they lined up in twos**
se mirent en rangs (deux) par
ux; **in hundreds** par
ntaines
(referring to people, works) chez;
e disease is common in
ildren c'est une maladie
urante chez les enfants; **in**
he works of) Dickens chez
ckens, dans (l'œuvre de)
ckens
(indicating profession etc)
ns; **to be in teaching** être
ns l'enseignement
(after superlative) de; **the best**
pil in the class le meilleur
ève de la classe
(with present participle): **in**
ying this en disant ceci
adv: **to be in** *(person: at home,*
rk) être là; *(train, ship, plane)*
re arrivé(e); *(in fashion)* être à la
ode; **to ask sb in** inviter qn à
trer; **to run/limp** *etc* **in**
trer en courant/boitant *etc*
: **the ins and outs (of)** *(of*
oposal, situation etc) les tenants
aboutissants (de)

inability [ɪnəˈbɪlɪtɪ] *n* incapacité *f*; **~ to pay** incapacité de payer

inaccurate [ɪnˈækjurət] *adj* inexact(e); *(person)* qui manque de précision

inadequate [ɪnˈædɪkwət] *adj* insuffisant(e), inadéquat(e)

inadvertently [ɪnədˈvəːtntlɪ] *adv* par mégarde

inappropriate [ɪnəˈprəuprɪət] *adj* inopportun(e), mal à propos; *(word, expression)* impropre

inaugurate [ɪˈnɔːgjureɪt] *vt* inaugurer; *(president, official)* investir de ses fonctions

inauthentic [ɪnɔːˈθentɪk] *adj* *(document)* non authentique; *(person, feeling)* artificiel(le)

Inc. *abbr* = **incorporated**

incapable [ɪnˈkeɪpəbl] *adj*: **~ (of)** incapable (de)

incense *n* [ˈɪnsɛns] encens *m* ▶ *vt* [ɪnˈsɛns] *(anger)* mettre en colère

incentive [ɪnˈsɛntɪv] *n* encouragement *m*, raison *f* de se donner de la peine

inch [ɪntʃ] *n* pouce *m* (= *25 mm; 12 in a foot*); **within an ~ of** à deux doigts de; **he wouldn't give an ~** *(fig)* il n'a pas voulu céder d'un pouce

incidence [ˈɪnsɪdns] *n* *(of crime, disease)* fréquence *f*

incident [ˈɪnsɪdnt] *n* incident *m*

incidentally [ɪnsɪˈdɛntəlɪ] *adv* *(by the way)* à propos

inclination [ɪnklɪˈneɪʃən] *n* inclination *f*; *(desire)* envie *f*

incline *n* [ˈɪnklaɪn] pente *f*, plan incliné ▶ *vt* [ɪnˈklaɪn] incliner ▶ *vi* *(surface)* s'incliner; **to be ~d to do** *(have a tendency to do)* avoir tendance à faire

include [ɪnˈkluːd] *vt* inclure, comprendre; **service is/is not ~d**

i

le service est compris/n'est pas compris • **including** *prep* y compris • **inclusion** *n* inclusion *f* • **inclusive** *adj* inclus(e), compris(e); **inclusive of tax** taxes comprises

income ['ɪnkʌm] *n* revenu *m*; (*from property etc*) rentes *fpl* • **income support** *n* (BRIT) ≈ revenu *m* minimum d'insertion, RMI *m* • **income tax** *n* impôt *m* sur le revenu

incoming ['ɪnkʌmɪŋ] *adj* (*passengers, mail*) à l'arrivée; (*government, tenant*) nouveau (nouvelle)

incompatible [ɪnkəm'pætɪbl] *adj* incompatible

incompetence [ɪn'kɔmpɪtns] *n* incompétence *f*, incapacité *f*

incompetent [ɪn'kɔmpɪtnt] *adj* incompétent(e), incapable

incomplete [ɪnkəm'pli:t] *adj* incomplet(-ète)

inconsistent [ɪnkən'sɪstnt] *adj* qui manque de constance; (*work*) irrégulier(-ière); (*statement*) peu cohérent(e); **~ with** en contradiction avec

inconvenience [ɪnkən'vi:njəns] *n* inconvénient *m*; (*trouble*) dérangement *m* ▶ *vt* déranger

inconvenient [ɪnkən'vi:njənt] *adj* malcommode; (*time, place*) mal choisi(e), qui ne convient pas; (*visitor*) importun(e)

incorporate [ɪn'kɔ:pəreɪt] *vt* incorporer; (*contain*) contenir

incorporated [ɪn'kɔ:pəreɪtɪd] *adj*: **~ company** (US) ≈ société *f* anonyme

incorrect [ɪnkə'rɛkt] *adj* incorrect(e); (*opinion, statement*) inexact(e)

increase *n* ['ɪnkri:s] augmentation *f* ▶ *vi, vt* [ɪn'kri augmenter • **increasingly** *ad* plus en plus

incredible [ɪn'krɛdɪbl] *adj* incroyable • **incredibly** *adv* incroyablement

incur [ɪn'kə:ʳ] *vt* (*expenses*) encourir; (*anger, risk*) s'exposer (*debt*) contracter; (*loss*) subir

indecent [ɪn'di:snt] *adj* indécent(e), inconvenant(e)

indeed [ɪn'di:d] *adv* (*confirmin agreeing*) en effet, effectiveme (*for emphasis*) vraiment; (*furthermore*) d'ailleurs; **yes ~!** certainement!

indefinitely [ɪn'dɛfɪnɪtlɪ] *ad* (*wait*) indéfiniment

independence [ɪndɪ'pɛndns indépendance *f* • **Independer Day** *n* (US) *fête de l'Indépendanc américaine*

L'**Independence Day** est la fête nationale aux États-Unis, le 4 juillet. Il commémore l'adoption de la déclaration d'Indépendance, en 1776, écrite par Thomas Jefferson et proclamant la séparation des 13 colonies américaines de la Grande-Bretagne.

independent [ɪndɪ'pɛndnt] indépendant(e); (*radio*) libre • **independent school** *n* (BRIT école privée

index ['ɪndɛks] *n* (*pl* **indexes**) book) index *m*; (*in library etc*) catalogue *m*; (*pl* **indices**) (*ratio sign*) indice *m*

India ['ɪndɪə] *n* Inde *f* • **Indian** indien(ne) ▶ *n* Indien(ne); **(American) Indian** Indien(ne (d'Amérique)

licate ['ɪndɪkeɪt] *vt* indiquer
vi (BRIT *Aut*): **to ~ left/right**
ıettre son clignotant à gauche/à
roite • **indication** [ɪndɪ'keɪʃən]
indication *f*, signe *m*
indicative [ɪn'dɪkətɪv] *adj*: **to**
e indicative of sth être
ymptomatique de qch ▸ *n* (*Ling*)
ıdicatif *m* • **indicator** *n* (*sign*)
ıdicateur *m*; (*Aut*) clignotant *m*
lices ['ɪndɪsi:z] *npl of* **index**
lict [ɪn'daɪt] *vt* accuser
indictment *n* accusation *f*
lifference [ɪn'dɪfrəns] *n*
ıdifférence *f*
lifferent [ɪn'dɪfrənt] *adj*
ıdifférent(e); (*poor*) médiocre,
uelconque
ligenous [ɪn'dɪdʒɪnəs] *adj*
ıdigène
ligestion [ɪndɪ'dʒɛstʃən] *n*
ıdigestion *f*, mauvaise digestion
lignant [ɪn'dɪgnənt] *adj*: **~ (at**
th/with sb) indigné (e) (de qch/
ontre qn)
lirect [ɪndɪ'rɛkt] *adj* indirect(e)
lispensable [ɪndɪ'spɛnsəbl]
dj indispensable
lividual [ɪndɪ'vɪdjuəl] *n* individu
▸ *adj* individuel(le); (*characteristic*)
articulier(-ière), original(e)
individually *adv* individuellement
lonesia [ɪndə'ni:zɪə] *n*
ıdonésie *f*
loor ['ɪndɔ:ʳ] *adj* d'intérieur;
ɔlant) d'appartement; (*swimming*
ɔol) couvert(e); (*sport, games*)
ratiqué(e) en salle • **indoors**
n'dɔ:z] *adv* à l'intérieur
luce [ɪn'dju:s] *vt* (*persuade*)
ersuader; (*bring about*)
rovoquer; (*labour*) déclencher
lulge [ɪn'dʌldʒ] *vt* (*whim*)
éder à, satisfaire; (*child*) gâter

▸ *vi*: **to ~ in sth** (*luxury*) s'offrir qch, se permettre qch; (*fantasies etc*) se livrer à qch • **indulgent** *adj* indulgent(e)
industrial [ɪn'dʌstrɪəl] *adj* industriel(le); (*injury*) du travail; (*dispute*) ouvrier(-ière) • **industrial estate** *n* (BRIT) zone industrielle • **industrialist** *n* industriel *m* • **industrial park** *n* (US) zone industrielle
industry ['ɪndəstrɪ] *n* industrie *f*; (*diligence*) zèle *m*, application *f*
inefficient [ɪnɪ'fɪʃənt] *adj* inefficace
inequality [ɪnɪ'kwɔlɪtɪ] *n* inégalité *f*
inevitable [ɪn'ɛvɪtəbl] *adj* inévitable • **inevitably** *adv* inévitablement, fatalement
inexpensive [ɪnɪk'spɛnsɪv] *adj* bon marché *inv*
inexperienced [ɪnɪk'spɪərɪənst] *adj* inexpérimenté(e)
inexplicable [ɪnɪk'splɪkəbl] *adj* inexplicable
infamous ['ɪnfəməs] *adj* infâme, abominable
infant ['ɪnfənt] *n* (*baby*) nourrisson *m*; (*young child*) petit(e) enfant
infantry ['ɪnfəntrɪ] *n* infanterie *f*
infant school *n* (BRIT) classes *fpl* préparatoires (*entre 5 et 7 ans*)
infect [ɪn'fɛkt] *vt* (*wound*) infecter; (*person, blood*) contaminer • **infection** [ɪn'fɛkʃən] *n* infection *f*; (*contagion*) contagion *f* • **infectious** [ɪn'fɛkʃəs] *adj* infectieux(-euse); (*also fig*) contagieux(-euse)
infer [ɪn'fə:ʳ] *vt*: **to ~ (from)** conclure (de), déduire (de)

i

inferior [ɪn'fɪərɪə^r] *adj* inférieur(e); (*goods*) de qualité inférieure ▸ *n* inférieur(e); (*in rank*) subalterne *m/f*
infertile [ɪn'fə:taɪl] *adj* stérile
infertility [ɪnfə:'tɪlɪtɪ] *n* infertilité *f*, stérilité *f*
infested [ɪn'fɛstɪd] *adj*: **~ (with)** infesté(e) (de)
infinite ['ɪnfɪnɪt] *adj* infini(e); (*time, money*) illimité(e) • **infinitely** *adv* infiniment
infirmary [ɪn'fə:mərɪ] *n* hôpital *m*; (*in school, factory*) infirmerie *f*
inflamed [ɪn'fleɪmd] *adj* enflammé(e)
inflammation [ɪnflə'meɪʃən] *n* inflammation *f*
inflatable [ɪn'fleɪtəbl] *adj* gonflable
inflate [ɪn'fleɪt] *vt* (*tyre, balloon*) gonfler; (*fig: exaggerate*) grossir; (*: increase*) gonfler • **inflation** [ɪn'fleɪʃən] *n* (*Econ*) inflation *f*
inflexible [ɪn'flɛksɪbl] *adj* inflexible, rigide
inflict [ɪn'flɪkt] *vt*: **to ~ on** infliger à
influence ['ɪnfluəns] *n* influence *f* ▸ *vt* influencer; **under the ~ of alcohol** en état d'ébriété • **influential** [ɪnflu'ɛnʃl] *adj* influent(e)
influenza [ɪnflu'ɛnzə] *n* grippe *f*
influx ['ɪnflʌks] *n* afflux *m*
info ['ɪnfəu] (*inf*) *n* (*= information*) renseignements *mpl*
inform [ɪn'fɔ:m] *vt*: **to ~ sb (of)** informer *or* avertir qn (de) ▸ *vi*: **to ~ on sb** dénoncer qn, informer contre qn
informal [ɪn'fɔ:ml] *adj* (*person, manner, party*) simple; (*visit, discussion*) dénué(e) de formalités; (*announcement, invitation*) non officiel(le); (*colloquial*) familier(-ère)
information [ɪnfə'meɪʃən] *n* information(s) *f(pl)*; renseignements *mpl*; (*knowledg*… connaissances *fpl*; **a piece of ~** renseignement • **information office** *n* bureau *m* de renseignements • **informatio… technology** *n* informatique *f*
informative [ɪn'fɔ:mətɪv] *adj* instructif(-ive)
infra-red [ɪnfrə'rɛd] *adj* infrarouge
infrastructure ['ɪnfrəstrʌktʃ… *n* infrastructure *f*
infrequent [ɪn'fri:kwənt] *adj* peu fréquent(e), rare
infuriate [ɪn'fjuərɪeɪt] *vt* mett… en fureur
infuriating [ɪn'fjuərɪeɪtɪŋ] *ad…* exaspérant(e)
ingenious [ɪn'dʒi:njəs] *adj* ingénieux(-euse)
ingredient [ɪn'gri:dɪənt] *n* ingrédient *m*; (*fig*) élément *m*
inhabit [ɪn'hæbɪt] *vt* habiter • **inhabitant** *n* habitant(e)
inhale [ɪn'heɪl] *vt* inhaler; (*perfume*) respirer; (*smoke*) avale… ▸ *vi* (*breathe in*) aspirer; (*in smoki…* avaler la fumée • **inhaler** *n* inhalateur *m*
inherent [ɪn'hɪərənt] *adj*: **~ (i… to)** inhérent(e) (à)
inherit [ɪn'hɛrɪt] *vt* hériter (de) • **inheritance** *n* héritage *m*
inhibit [ɪn'hɪbɪt] *vt* (*Psych*) inhiber; (*growth*) freiner • **inhibition** [ɪnhɪ'bɪʃən] *n* inhibition *f*
initial [ɪ'nɪʃl] *adj* initial(e) ▸ *n* initiale *f* ▸ *vt* parafer; **initials** *n…*

ials fpl; (as signature) parafe m
itially adv initialement, au
ut
ate [ɪ'nɪʃɪeɪt] vt (start)
reprendre; amorcer;
erprise) lancer; (person) initier;
proceedings against sb
v) intenter une action à qn,
ager des poursuites contre qn
ative [ɪ'nɪʃətɪv] n initiative f
ct [ɪn'dʒɛkt] vt injecter;
son): to ~ sb with sth faire une
ûre de qch à qn • injection
dʒɛkʃən] n injection f, piqûre f
re ['ɪndʒə^r] vt blesser;
nage: reputation etc)
npromettre; to ~ o.s. se
sser • injured adj (person, leg
blessé(e) • injury n blessure f;
ong) tort m
stice [ɪn'dʒʌstɪs] n injustice f
ɪŋk] n encre f • ink-jet printer
kdʒɛt-] n imprimante f à jet
ncre
nd adj ['ɪnlənd] intérieur(e)
dv [ɪn'lænd] à l'intérieur, dans
terres • Inland Revenue n
IT) fisc m
aws ['ɪnlɔːz] npl
ux-parents mpl; belle famille
ate ['ɪnmeɪt] n (in prison)
enu(e); (in asylum) interné(e)
[ɪn] n auberge f
er ['ɪnə^r] adj intérieur(e)
ner-city adj (schools, problems)
quartiers déshérités
ng ['ɪnɪŋ] n (US Baseball) tour
e batte; innings npl (Cricket)
r de batte
ocence ['ɪnəsns] n
ocence f
ocent ['ɪnəsnt] adj innocent(e)
ovation [ɪnəu'veɪʃən] n
ovation f

innovative ['ɪnəu'veɪtɪv] adj novateur(-trice); (product) innovant(e)

in-patient ['ɪnpeɪʃənt] n malade hospitalisé(e)

input ['ɪnput] n (contribution) contribution f; (resources) ressources fpl; (Comput) entrée f (de données); (: data) données fpl ▸ vt (Comput) introduire, entrer

inquest ['ɪnkwɛst] n enquête (criminelle); (coroner's) enquête judiciaire

inquire [ɪn'kwaɪə^r] vi demander ▸ vt demander; **to ~ about** s'informer de, se renseigner sur; **to ~ when/where/whether** demander quand/où/si • **inquiry** n demande f de renseignements; (Law) enquête f, investigation f; **"inquiries"** "renseignements"

ins. abbr = **inches**

insane [ɪn'seɪn] adj fou (folle); (Med) aliéné(e)

insanity [ɪn'sænɪtɪ] n folie f; (Med) aliénation (mentale)

insect ['ɪnsɛkt] n insecte m • **insect repellent** n crème f anti-insectes

insecure [ɪnsɪ'kjuə^r] adj (person) anxieux(-euse); (job) précaire; (building etc) peu sûr(e)

insecurity [ɪnsɪ'kjuərɪtɪ] n insécurité f

insensitive [ɪn'sɛnsɪtɪv] adj insensible

insert vt [ɪn'səːt] insérer ▸ n ['ɪnsəːt] insertion f

inside ['ɪn'saɪd] n intérieur m ▸ adj intérieur(e) ▸ adv à l'intérieur, dedans ▸ prep à l'intérieur de; (of time): **~ 10 minutes** en moins de 10 minutes; **to go ~** rentrer • **inside lane** n (Aut: in Britain) voie *f* de gauche; (: *in US, Europe*) voie *f* de droite • **inside out** *adv* à l'envers; (*know*) à fond; **to turn sth inside out** retourner qch

insight ['ɪnsaɪt] *n* perspicacité *f*; (*glimpse, idea*) aperçu *m*

insignificant [ɪnsɪg'nɪfɪknt] *adj* insignifiant(e)

insincere [ɪnsɪn'sɪəʳ] *adj* hypocrite

insist [ɪn'sɪst] *vi* insister; **to ~ on doing** insister pour faire; **to ~ on sth** exiger qch; **to ~ that** insister pour que + *sub*; (*claim*) maintenir *or* soutenir que • **insistent** *adj* insistant(e), pressant(e); (*noise, action*) ininterrompu(e)

insomnia [ɪn'sɔmnɪə] *n* insomnie *f*

inspect [ɪn'spɛkt] *vt* inspecter; (BRIT: *ticket*) contrôler • **inspection** [ɪn'spɛkʃən] *n* inspection *f*; (BRIT: *of tickets*) contrôle *m* • **inspector** *n* inspecteur(-trice); (BRIT: *on buses, trains*) contrôleur(-euse)

inspiration [ɪnspə'reɪʃən] *n* inspiration *f* • **inspire** [ɪn'spaɪəʳ] *vt* inspirer • **inspiring** *adj* inspirant(e)

instability [ɪnstə'bɪlɪtɪ] *n* instabilité *f*

install, (US) **instal** [ɪn'stɔːl] *vt* installer • **installation** [ɪnstə'leɪʃən] *n* installation *f*

instalment, (US) **installment** [ɪn'stɔːlmənt] *n* (*payment*) acompte *m*, versement partiel; (*of TV serial etc*) épisode *m*; **in ~s** (*pay*) à tempérament; (*receive*) en plusieurs fois

instance ['ɪnstəns] *n* exemple *m*; **for ~** par exemple; **in the first ~** tout d'abord, en premier lieu

instant ['ɪnstənt] *n* instant *m* ▸ *adj* immédiat(e), urgent(e); (*coffee, food*) instantané(e), en poudre • **instantly** *adv* immédiatement, tout de suite • **instant messaging** *n* messagerie *f* instantanée

instead [ɪn'stɛd] *adv* au lieu de cela; **~ of** au lieu de; **~ of sb** à la place de qn

instinct ['ɪnstɪŋkt] *n* instinct *m* • **instinctive** *adj* instinctif(-ive)

institute ['ɪnstɪtjuːt] *n* institut *m* ▸ *vt* instituer, établir; (*inquiry*) ouvrir; (*proceedings*) entamer

institution [ɪnstɪ'tjuːʃən] *n* institution *f*; (*school*) établissement *m* (scolaire); (*for care*) établissement (psychiatrique *etc*)

instruct [ɪn'strʌkt] *vt*: **to ~ sb in sth** enseigner qch à qn; **to ~ sb to do** charger qn *or* ordonner à qn de faire • **instruction** [ɪn'strʌkʃən] *n* instruction *f*; **instructions** *npl* (*orders*) directives *fpl*; **instructions for use** mode *m* d'emploi • **instructor** *n* professeur *m*; (*for skiing, driving*) moniteur *m*

instrument ['ɪnstrumənt] *n* instrument *m* • **instrumental** [ɪnstru'mɛntl] *adj* (*Mus*) instrumental(e); **to be instrumental in sth/in doing sth** contribuer à qch/à faire qch

insufficient [ɪnsə'fɪʃənt] *adj* insuffisant(e)

insulate ['ɪnsjuleɪt] *vt* isoler; (*against sound*) insonoriser • **insulation** [ɪnsju'leɪʃən] *n* isolation *f*; (*against sound*) insonorisation *f*

insulin ['ɪnsjulɪn] *n* insuline *f*

ult *n* ['ɪnsʌlt] insulte *f*, affront ▸ *vt* [ɪn'sʌlt] insulter, faire un 'ront à • **insulting** *adj* sultant(e), injurieux(-euse)
urance [ɪn'ʃuərəns] *n* surance *f*; **fire/life ~** surance-incendie/-vie
nsurance company *n* mpagnie *f* or société *f* ssurances • **insurance policy** olice *f* d'assurance
ure [ɪn'ʃuə^r] *vt* assurer; **to** **o.s.) against** (*fig*) parer à
act [ɪn'tækt] *adj* intact(e)
ake ['ɪnteɪk] *n* (*Tech*) admission *consumption*) consommation *f*; RIT *Scol*): **an ~ of 200 a year** 200 missions par an
egral ['ɪntɪgrəl] *adj* (*whole*) :égral(e); (*part*) intégrant(e)
egrate ['ɪntɪgreɪt] *vt* intégrer *vi* s'intégrer
egrity [ɪn'tɛgrɪtɪ] *n* intégrité *f*
ellect ['ɪntəlɛkt] *n* intelligence **intellectual** [ɪntə'lɛktjuəl] *j*, *n* intellectuel(le)
elligence [ɪn'tɛlɪdʒəns] *n* :elligence *f*; (*Mil*) informations , renseignements *mpl*
elligent [ɪn'tɛlɪdʒənt] *adj* :elligent(e)
end [ɪn'tɛnd] *vt* (*gift etc*): **to** **th for** destiner qch à; **to ~ to** avoir l'intention de faire
ense [ɪn'tɛns] *adj* intense; *erson*) véhément(e)
ensify [ɪn'tɛnsɪfaɪ] *vt* :ensifier
ensity [ɪn'tɛnsɪtɪ] *n* intensité *f*
ensive [ɪn'tɛnsɪv] *adj* :ensif(-ive) • **intensive care** *n*: **be in intensive care** être en animation • **intensive care** **it** *n* service *m* de réanimation

intent [ɪn'tɛnt] *n* intention *f* ▸ *adj* attentif(-ive), absorbé(e); **to all ~s and purposes** en fait, pratiquement; **to be ~ on doing sth** être (bien) décidé à faire qch
intention [ɪn'tɛnʃən] *n* intention *f* • **intentional** *adj* intentionnel(le), délibéré(e)
interact [ɪntər'ækt] *vi* avoir une action réciproque; (*people*) communiquer • **interaction** [ɪntər'ækʃən] *n* interaction *f* • **interactive** *adj* (*Comput*) interactif, conversationnel(le)
intercept [ɪntə'sɛpt] *vt* intercepter; (*person*) arrêter au passage
interchange *n* ['ɪntətʃeɪndʒ] (*exchange*) échange *m*; (*on motorway*) échangeur *m*
intercourse ['ɪntəkɔːs] *n*: **sexual ~** rapports sexuels
interest ['ɪntrɪst] *n* intérêt *m*; (*Comm: stake, share*) participation *f*, intérêts *mpl* ▸ *vt* intéresser • **interested** *adj* intéressé(e); **to be interested in sth** s'intéresser à qch; **I'm interested in going** ça m'intéresse d'y aller • **interesting** *adj* intéressant(e) • **interest rate** *n* taux *m* d'intérêt
interface ['ɪntəfeɪs] *n* (*Comput*) interface *f*
interfere [ɪntə'fɪə^r] *vi*: **to ~ in** (*quarrel*) s'immiscer dans; (*other people's business*) se mêler de; **to ~ with** (*object*) tripoter, toucher à; (*plans*) contrecarrer; (*duty*) être en conflit avec • **interference** *n* (*gen*) ingérence *f*; (*Radio, TV*) parasites *mpl*
interim ['ɪntərɪm] *adj* provisoire; (*post*) intérimaire ▸ *n*: **in the ~** dans l'intérim

i

interior [ɪn'tɪərɪə^{r}] *n* intérieur *m* ▸ *adj* intérieur(e); (*minister, department*) de l'intérieur • **interior design** *n* architecture *f* d'intérieur

intermediate [ɪntə'mi:dɪət] *adj* intermédiaire; (*Scol: course, level*) moyen(ne)

intermission [ɪntə'mɪʃən] *n* pause *f*; (*Theat, Cine*) entracte *m*

intern *vt* [ɪn'tə:n] interner ▸ *n* ['ɪntə:n] (US) interne *m/f*

internal [ɪn'tə:nl] *adj* interne; (*dispute, reform etc*) intérieur(e) • **Internal Revenue Service** *n* (US) fisc *m*

international [ɪntə'næʃənl] *adj* international(e) ▸ *n* (BRIT *Sport*) international *m*

Internet [ɪntə'nɛt] *n*: **the ~** l'Internet *m* • **Internet café** *n* cybercafé *m* • **Internet Service Provider** *n* fournisseur *m* d'accès à Internet • **Internet user** *n* internaute *m/f*

interpret [ɪn'tə:prɪt] *vt* interpréter ▸ *vi* servir d'interprète • **interpretation** [ɪntə:prɪ'teɪʃən] *n* interprétation *f* • **interpreter** *n* interprète *m/f*; **could you act as an interpreter for us?** pourriez-vous nous servir d'interprète?

interrogate [ɪn'tɛrəugeɪt] *vt* interroger; (*suspect etc*) soumettre à un interrogatoire • **interrogation** [ɪntɛrəu'geɪʃən] *n* interrogation *f*; (*by police*) interrogatoire *m*

interrogative [ɪntə'rɔgətɪv] *adj* interrogateur(-trice) ▸ *n* (*Ling*) interrogatif *m*

interrupt [ɪntə'rʌpt] *vt, vi* interrompre • **interruption** [ɪntə'rʌpʃən] *n* interruption *f*

intersection [ɪntə'sɛkʃən] *n* (*of roads*) croisement *m*

interstate ['ɪntərsteɪt] (US) *n* autoroute *f* (qui relie plusieurs États)

interval ['ɪntəvl] *n* intervalle (BRIT: *Theat*) entracte *m*; (: *Spo* mi-temps *f*; **at ~s** par intervall

intervene [ɪntə'vi:n] *vi* (*time* s'écouler (entre-temps); (*even* survenir; (*person*) intervenir

interview ['ɪntəvju:] *n* (*Radio TV*) interview *f*; (*for job*) entrev ▸ *vt* interviewer, avoir une entrevue avec • **interviewer** (*Radio, TV*) interviewer *m*

intimate *adj* ['ɪntɪmət] intim (*friendship*) profond(e); (*knowle* approfondi(e) ▸ *vt* ['ɪntɪmeɪt] suggérer, laisser entendre; (*announce*) faire savoir

intimidate [ɪn'tɪmɪdeɪt] *vt* intimider

intimidating [ɪn'tɪmɪdeɪtɪŋ] intimidant(e)

into ['ɪntu] *prep* dans; **~ piece French** en morceaux/françai

intolerant [ɪn'tɔlərnt] *adj*: ~ intolérant(e) (de)

intranet [ɪn'trənɛt] *n* intrane

intransitive [ɪn'trænsɪtɪv] *a* intransitif(-ive)

intricate ['ɪntrɪkət] *adj* complexe, compliqué(e)

intrigue [ɪn'tri:g] *n* intrigue *f* ▸ *vt* intriguer • **intriguing** *adj* fascinant(e)

introduce [ɪntrə'dju:s] *vt* introduire; (*TV show etc*) présenter; **to ~ sb (to sb)** présenter qn (à qn); **to ~ sb to** (*pastime, technique*) initier qn à • **introduction** [ɪntrə'dʌkʃən] introduction *f*; (*of person*)

sentation *f*; (*to new experience*)
iation *f* • **introductory**
trə'dʌktərɪ] *adj* préliminaire,
roductif(-ive)
ude [ɪn'tru:d] *vi* (*person*) être
ɔortun(e); **to ~ on** *or* **into**
nversation *etc*) s'immiscer dans
truder *n* intrus(e)
ition [ɪntju:'ɪʃən] *n* intuition *f*
ndate ['ɪnʌndeɪt] *vt*: **to**
vith inonder de
de [ɪn'veɪd] *vt* envahir
lid *n* ['ɪnvəlɪd] malade *m/f*;
th disability) invalide *m/f* ▸ *adj*
'vælɪd] (*not valid*) invalide, non
ide
luable [ɪn'væljuəbl] *adj*
stimable, inappréciable
ariably [ɪn'vɛərɪəblɪ] *adv*
ariablement; **she is ~ late** elle
toujours en retard
sion [ɪn'veɪʒən] *n* invasion *f*
nt [ɪn'vɛnt] *vt* inventer
vention [ɪn'vɛnʃən] *n*
ention *f* • **inventor** *n*
enteur(-trice)
ntory ['ɪnvəntrɪ] *n*
entaire *m*
rted commas [ɪn'və:tɪd-]
(BRIT) guillemets *mpl*
st [ɪn'vɛst] *vt* investir ▸ *vi*: **to**
placer de l'argent *or* investir
ns; (*fig*: *acquire*) s'offrir, faire
quisition de
stigate [ɪn'vɛstɪgeɪt] *vt*
dier, examiner; (*crime*) faire
e enquête sur • **investigation**
vɛstɪ'geɪʃən] *n* (*of crime*)
quête *f*, investigation *f*
stigator [ɪn'vɛstɪgeɪtə^r] *n*
estigateur(-trice); **private ~**
tective privé
stment [ɪn'vɛstmənt] *n*
estissement *m*, placement *m*

investor [ɪn'vɛstə^r] *n* épargnant(e); (*shareholder*) actionnaire *m/f*

invisible [ɪn'vɪzɪbl] *adj* invisible

invitation [ɪnvɪ'teɪʃən] *n* invitation *f*

invite [ɪn'vaɪt] *vt* inviter; (*opinions etc*) demander • **invitee** [ɪnvaɪ'ti:] *n* invité(e) • **inviting** *adj* engageant(e), attrayant(e)

invoice ['ɪnvɔɪs] *n* facture *f* ▸ *vt* facturer

involve [ɪn'vɔlv] *vt* (*entail*) impliquer; (*concern*) concerner; (*require*) nécessiter; **to ~ sb in** (*theft etc*) impliquer qn dans; (*activity, meeting*) faire participer qn à • **involved** *adj* (*complicated*) complexe; **to be involved in** (*take part*) participer à • **involvement** *n* (*personal role*) rôle *m*; (*participation*) participation *f*; (*enthusiasm*) enthousiasme *m*

inward ['ɪnwəd] *adj* (*movement*) vers l'intérieur; (*thought, feeling*) profond(e), intime ▸ *adv* = **inwards** • **inwards** *adv* vers l'intérieur

iPlayer® ['aɪpleɪə^r] *n service de radiotélévision de rattrapage de la BBC*

iPod® ['aɪpɔd] *n* iPod® *m*

IQ *n abbr* (= *intelligence quotient*) Q.I. *m*

IRA *n abbr* (= *Irish Republican Army*) IRA *f*

Iran [ɪ'rɑ:n] *n* Iran *m* • **Iranian** [ɪ'reɪnɪən] *adj* iranien(ne) ▸ *n* Iranien(ne)

Iraq [ɪ'rɑ:k] *n* Irak *m* • **Iraqi** *adj* irakien(ne) ▸ *n* Irakien(ne)

Ireland ['aɪələnd] *n* Irlande *f*

iris, irises ['aɪrɪs, -ɪz] *n* iris *m*

Irish ['aɪrɪʃ] *adj* irlandais(e) ▸ *npl*: **the ~** les Irlandais • **Irishman** (*irreg*) *n* Irlandais *m* • **Irishwoman** (*irreg*) *n* Irlandaise *f*

iron ['aɪən] *n* fer *m*; (*for clothes*) fer *m* à repasser ▶ *adj* de *or* en fer ▶ *vt* (*clothes*) repasser

ironic(al) [aɪ'rɔnɪk(l)] *adj* ironique • **ironically** *adv* ironiquement

ironing ['aɪənɪŋ] *n* (*activity*) repassage *m*; (*clothes: ironed*) linge repassé; (*: to be ironed*) linge à repasser • **ironing board** *n* planche *f* à repasser

irony ['aɪrənɪ] *n* ironie *f*

irrational [ɪ'ræʃənl] *adj* irrationnel(le); (*person*) qui n'est pas rationnel

irregular [ɪ'rɛgjulə^r] *adj* irrégulier(-ière); (*surface*) inégal(e); (*action, event*) peu orthodoxe

irrelevant [ɪ'rɛləvənt] *adj* sans rapport, hors de propos

irresistible [ɪrɪ'zɪstɪbl] *adj* irrésistible

irresponsible [ɪrɪ'spɔnsɪbl] *adj* (*act*) irréfléchi(e); (*person*) qui n'a pas le sens des responsabilités

irrigation [ɪrɪ'geɪʃən] *n* irrigation *f*

irritable ['ɪrɪtəbl] *adj* irritable

irritate ['ɪrɪteɪt] *vt* irriter • **irritating** *adj* irritant(e) • **irritation** [ɪrɪ'teɪʃən] *n* irritation *f*

IRS *n abbr* (*US*) = **Internal Revenue Service**

is [ɪz] *vb see* **be**

ISDN *n abbr* (= *Integrated Services Digital Network*) RNIS *m*

Islam ['ɪzlɑːm] *n* Islam *m* • **Islamic** [ɪz'lɑːmɪk] *adj* islamique

island ['aɪlənd] *n* île *f*; (*also: **traffic ~***) refuge *m* (pour piétons) • **islander** *n* habitant(e) d'une île, insulaire *m/f*

isle [aɪl] *n* île *f*

isn't ['ɪznt] = **is not**

isolated ['aɪsəleɪtɪd] *adj* isolé

isolation [aɪsə'leɪʃən] *n* isolement *m*

ISP *n abbr* = **Internet Service Provider**

Israel ['ɪzreɪl] *n* Israël *m* • **Isra** [ɪz'reɪlɪ] *adj* israélien(ne) ▶ *n* Israélien(ne)

issue ['ɪʃuː] *n* question *f*, prob *m*; (*of banknotes*) émission *f*; (*o newspaper*) numéro *m*; (*of book* publication *f*, parution *f* ▶ *vt* (*rations, equipment*) distribuer (*orders*) donner; (*statement*) pu faire; (*certificate, passport*) déli (*banknotes, cheques, stamps*) émettre, mettre en circulatio **at ~** en jeu, en cause; **to take ~ with sb (over sth)** exprime désaccord avec qn (sur qch)

IT *n abbr* = **information technology**

it [ɪt]

pron **1** (*specific: subject*) il (elle) (*: direct object*) le (la, l'); (*: indire object*) lui; **it's on the table** c'est *or* il (*or* elle) est sur la tabl **I can't find it** je n'arrive pas à trouver; **give it to me** donne-le-moi

2 (*after prep*): **about/from/o** en; **I spoke to him about it** j lui en ai parlé; **what did you learn from it?** qu'est-ce que vous en avez retiré?; **I'm prou of it** j'en suis fier; **in/to it** y; **p the book in it** mettez-y le livr **he agreed to it** il y a consenti **did you go to it?** (*party, conce etc*) est-ce que vous y êtes allé(s)?

mpersonal) il; ce, cela, ça; **it's day tomorrow** demain, c'est ıdredi *or* nous sommes ıdredi; **it's 6 o'clock** il est eures; **how far is it? — it's miles** c'est loin? — c'est à niles; **who is it? — it's me** est-ce? — c'est moi; **it's ning** il pleut

ian [ɪ'tæljən] *adj* italien(ne) Italien(ne); (*Ling*) italien *m*

ics [ɪ'tælɪks] *npl* italique *m*

y ['ɪtəlɪ] *n* Italie *f*

[ɪtʃ] *n* démangeaison *f* ▸ *vi* *rson*) éprouver des nangeaisons; (*part of body*) nanger; **I'm ~ing to do** l'envie démange de faire • **itchy** *adj*: **back is itchy** j'ai le dos qui me nange

['ɪtd] = **it would; it had**

n ['aɪtəm] *n* (*gen*) article *m*; *agenda*) question *f*, point *m*; *o*: **news ~**) nouvelle *f*

erary [aɪ'tɪnərərɪ] *n* ιéraire *m*

['ɪtl] = **it will; it shall**

ɪts] *adj* son (sa), ses *pl*

[ɪts] = **it is; it has**

lf [ɪt'sɛlf] *pron* (*reflexive*) se; *ıphatic*) lui-même (elle-même)

n abbr (BRIT: = *Independent evision*) *chaîne de télévision nmerciale*

[aɪv] = **I have**

'y ['aɪvərɪ] *n* ivoire *m*

['aɪvɪ] *n* lierre *m*

J

jab [dʒæb] *vt*: **to ~ sth into** enfoncer *or* planter qch dans ▸ *n* (*Med*: *inf*) piqûre *f*

jack [dʒæk] *n* (*Aut*) cric *m*; (*Cards*) valet *m*

jacket ['dʒækɪt] *n* veste *f*, veston *m*; (*of book*) couverture *f*, jaquette *f* • **jacket potato** *n* pomme *f* de terre en robe des champs

jackpot ['dʒækpɔt] *n* gros lot

Jacuzzi® [dʒə'ku:zɪ] *n* jacuzzi® *m*

jagged ['dʒægɪd] *adj* dentelé(e)

jail [dʒeɪl] *n* prison *f* ▸ *vt* emprisonner, mettre en prison • **jail sentence** *n* peine *f* de prison

jam [dʒæm] *n* confiture *f*; (*also*: **traffic ~**) embouteillage *m* ▸ *vt* (*passage etc*) encombrer, obstruer; (*mechanism, drawer etc*) bloquer, coincer; (*Radio*) brouiller ▸ *vi* (*mechanism, sliding part*) se coincer, se bloquer; (*gun*) s'enrayer; **to be in a ~** (*inf*) être dans le pétrin; **to ~ sth into** (*stuff*) entasser *or* comprimer qch dans; (*thrust*) enfoncer qch dans

Jamaica [dʒə'meɪkə] *n* Jamaïque *f*

jammed [dʒæmd] *adj* (*window etc*) coincé(e)
janitor ['dʒænɪtəʳ] *n* (*caretaker*) concierge *m*
January ['dʒænjuərɪ] *n* janvier *m*
Japan [dʒə'pæn] *n* Japon *m* • **Japanese** [dʒæpə'ni:z] *adj* japonais(e) ▸ *n* (*pl inv*) Japonais(e); (*Ling*) japonais *m*
jar [dʒɑ:ʳ] *n* (*stone, earthenware*) pot *m*; (*glass*) bocal *m* ▸ *vi* (*sound*) produire un son grinçant *or* discordant; (*colours etc*) détonner, jurer
jargon ['dʒɑ:gən] *n* jargon *m*
javelin ['dʒævlɪn] *n* javelot *m*
jaw [dʒɔ:] *n* mâchoire *f*
jazz [dʒæz] *n* jazz *m*
jealous ['dʒɛləs] *adj* jaloux(-ouse) • **jealousy** *n* jalousie *f*
jeans [dʒi:nz] *npl* jean *m*
jeggings ['dʒɛgɪŋz] *npl* jeggins *m*
Jello® ['dʒɛləu] (US) *n* gelée *f*
jelly ['dʒɛlɪ] *n* (*dessert*) gelée *f*; (US: *jam*) confiture *f* • **jellyfish** *n* méduse *f*
jeopardize ['dʒɛpədaɪz] *vt* mettre en danger *or* péril
jerk [dʒə:k] *n* secousse *f*, saccade *f*; (*of muscle*) spasme *m*; (*inf*) pauvre type *m* ▸ *vt* (*shake*) donner une secousse à; (*pull*) tirer brusquement ▸ *vi* (*vehicles*) cahoter
jersey ['dʒə:zɪ] *n* tricot *m*; (*fabric*) jersey *m*
Jesus ['dʒi:zəs] *n* Jésus
jet [dʒɛt] *n* (*of gas, liquid*) jet *m*; (*Aviat*) avion *m* à réaction, jet *m* • **jet lag** *n* décalage *m* horaire • **jet-ski** *vi* faire du jet-ski *or* scooter des mers
jetty ['dʒɛtɪ] *n* jetée *f*, digue *f*
Jew [dʒu:] *n* Juif *m*
jewel ['dʒu:əl] *n* bijou *m*, joya (*in watch*) rubis *m* • **jeweller** • (US) **jeweler** *n* bijoutier(-ièr joaillier *m* • **jeweller's (shop)** (BRIT) bijouterie *f*, joaillerie *f* • **jewellery** • (US) **jewelry** *n* bijoux *mpl*
Jewish ['dʒu:ɪʃ] *adj* juif (juive)
jigsaw ['dʒɪgsɔ:] *n* (*also*: **~ pu** puzzle *m*
jilbab ['dʒɪlbæb] *n* jilbab *m*
job [dʒɔb] *n* (*chore, task*) travai tâche *f*; (*employment*) emploi *n* poste *m*, place *f*; **it's a good ~ that ...** c'est heureux *or* c'es chance que ... + *sub*; **just the** (c'est) juste *or* exactement ce faut! • **job centre** (BRIT) *n* ≈ A *f*, ≈ Agence nationale pour l'en • **jobless** *adj* sans travail, au chômage
jockey ['dʒɔkɪ] *n* jockey *m* ▸ *v* **to ~ for position** manœuvrer pour être bien placé
jog [dʒɔg] *vt* secouer ▸ *vi* (*Spor* faire du jogging; **to ~ sb's memory** rafraîchir la mémoir de qn • **jogging** *n* jogging *m*
join [dʒɔɪn] *vt* (*put together*) ur assembler; (*become member of* s'inscrire à; (*meet*) rejoindre, retrouver; (*queue*) se joindre à ▸ *vi* (*roads, rivers*) se rejoindre, rencontrer ▸ *n* raccord *m* • **joi** *vi* se mettre de la partie ▸ *vt* fu mêler à • **join up** *vi* (*meet*) se rejoindre; (*Mil*) s'engager
joiner ['dʒɔɪnəʳ] (BRIT) *n* menuisier *m*
joint [dʒɔɪnt] *n* (*Tech*) jointure joint *m*; (*Anat*) articulation *f*, jointure; (BRIT *Culin*) rôti *m*; (*ir place*) boîte *f*; (*of cannabis*) join

lj commun(e); (*committee*)
te, paritaire; (*winner*) ex aequo
int account *n* compte joint
intly *adv* ensemble, en
nmun
[dʒəuk] *n* plaisanterie *f*; (*also*:
ctical ~) farce *f* ▶ *vi* plaisanter;
play a ~ on jouer un tour à,
e une farce à • **joker** *n* (*Cards*)
er *m*
['dʒɔlɪ] *adj* gai(e), enjoué(e);
oyable) amusant(e), plaisant(e)
dv (BRIT *inf*) rudement,
ement
[dʒəult] *n* cahot *m*, secousse *f*;
ock) choc *m* ▶ *vt* cahoter,
ouer
an [dʒɔ:dən] *n* (*country*)
danie *f*
nal ['dʒə:nl] *n* journal *m*
urnalism *n* journalisme *m*
urnalist *n* journaliste *m/f*
ney ['dʒə:nɪ] *n* voyage *m*;
tance covered) trajet *m*; **the**
kes two hours le trajet dure
x heures; **how was your ~?**
re voyage s'est bien passé?
[dʒɔɪ] *n* joie *f* • **joyrider** *n*
eur(-euse) de voiture (*qui fait*
virée dans le véhicule volé) • **joy**
k *n* (*Aviat*) manche *m* à balai;
mput) manche à balai, manette
e jeu)
br = **junior**
ge [dʒʌdʒ] *n* juge *m* ▶ *vt* juger;
imate: weight, size etc)
récier; (*consider*) estimer
['dʒu:dəu] *n* judo *m*
[dʒʌg] *n* pot *m*, cruche *f*
le ['dʒʌgl] *vi* jongler • **juggler**
ngleur *m*
e [dʒu:s] *n* jus *m* • **juicy** *adj*
eux(-euse)
[dʒu:'laɪ] *n* juillet *m*

jumble ['dʒʌmbl] *n* fouillis *m* ▶ *vt* (*also*: **~ up, ~ together**) mélanger, brouiller • **jumble sale** *n* (BRIT) vente *f* de charité

> Les **jumble sales** ont lieu dans les églises, salles des fêtes ou halls d'écoles, et l'on y vend des articles de toutes sortes, en général bon marché et surtout d'occasion, pour collecter des fonds pour une œuvre de charité, une école (par exemple, pour acheter des ordinateurs), ou encore une église (pour en réparer le toit par exemple).

jumbo ['dʒʌmbəu] *adj* (*also*: **~ jet**) (avion) gros porteur (à réaction)

jump [dʒʌmp] *vi* sauter, bondir; (*with fear etc*) sursauter; (*increase*) monter en flèche ▶ *vt* sauter, franchir ▶ *n* saut *m*, bond *m*; (*with fear etc*) sursaut *m*; (*fence*) obstacle *m*; **to ~ the queue** (BRIT) passer avant son tour

jumper ['dʒʌmpə^r] *n* (BRIT: *pullover*) pull-over *m*; (US: *pinafore dress*) robe-chasuble *f*

jump leads, (US) **jumper cables** *npl* câbles *mpl* de démarrage

Jun. *abbr* = **June; junior**

junction ['dʒʌŋkʃən] *n* (BRIT: *of roads*) carrefour *m*; (*of rails*) embranchement *m*

June [dʒu:n] *n* juin *m*

jungle ['dʒʌŋgl] *n* jungle *f*

junior ['dʒu:nɪə^r] *adj*, *n*: **he's ~ to me (by two years), he's my ~ (by two years)** il est mon cadet (de deux ans), il est plus jeune que moi (de deux ans); **he's ~ to me** (*seniority*) il est en dessous de moi (dans la hiérarchie), j'ai plus

J

d'ancienneté que lui • **junior high school** *n* (*US*) ≈ collège *m* d'enseignement secondaire; *see also* **high school** • **junior school** *n* (BRIT) école *f* primaire

junk [dʒʌŋk] *n* (*rubbish*) camelote *f*; (*cheap goods*) bric-à-brac *m inv* • **junk food** *n* snacks vite prêts (*sans valeur nutritive*)

junkie ['dʒʌŋkɪ] *n* (*inf*) junkie *m*, drogué(e)

junk mail *n* prospectus *mpl*; (*Comput*) messages *mpl* publicitaires

Jupiter ['dʒu:pɪtəʳ] *n* (*planet*) Jupiter *f*

jurisdiction [dʒuərɪs'dɪkʃən] *n* juridiction *f*; **it falls** *or* **comes within/outside our ~** cela est/n'est pas de notre compétence *or* ressort

jury ['dʒuərɪ] *n* jury *m*

just [dʒʌst] *adj* juste ▸ *adv*: **he's ~ done it/left** il vient de le faire/partir; **~ right/two o'clock** exactement *or* juste ce qu'il faut/deux heures; **we were ~ going** nous partions; **I was ~ about to phone** j'allais téléphoner; **~ as he was leaving** au moment *or* à l'instant précis où il partait; **~ before/enough/here** juste avant/assez/là; **it's ~ me/a mistake** ce n'est que moi/(rien) qu'une erreur; **~ missed/caught** manqué/attrapé de justesse; **~ listen to this!** écoutez un peu ça!; **she's ~ as clever as you** elle est tout aussi intelligente que vous; **it's ~ as well that you ...** heureusement que vous ...; **~ a minute!, ~ one moment!** un instant (s'il vous plaît)!

justice ['dʒʌstɪs] *n* justice *f*; (*US*: *judge*) juge *m* de la Cour suprême

justification [dʒʌstɪfɪ'keɪʃə… *n* justification *f*

justify ['dʒʌstɪfaɪ] *vt* justifier

jut [dʒʌt] *vi* (*also*: **~ out**) dépas… faire saillie

juvenile ['dʒu:vənaɪl] *adj* juvénile; (*court, books*) pour enfants ▸ *n* adolescent(e)

K

; [keɪ] *abbr* (= *one thousand*) K
garoo [kæŋgəˈruː] *n*
ngourou *m*
aoke [kɑːrəˈəukɪ] *n* karaoké *m*
ate [kəˈrɑːtɪ] *n* karaté *m*
ab [kəˈbæb] *n* kebab *m*
l [kiːl] *n* quille *f*; **on an even ~**
) à flot
n [kiːn] *adj* (*eager*) plein(e)
nthousiasme; (*interest, desire,*
mpetition) vif (vive); (*eye,*
elligence) pénétrant(e); (*edge*)
ilé(e); **to be ~ to do** *or* **on doing**
désirer vivement faire qch, tenir
aucoup à faire qch; **to be ~ on**
h/sb aimer beaucoup qch/qn
p [kiːp] (*pt, pp* **kept**) *vt* (*retain,*
serve) garder; (*hold back*) retenir;
op, accounts, promise, diary) tenir;
pport) entretenir; (*chickens,*
es, pigs etc) élever ▶ *vi* (*food*) se
nserver; (*remain: in a certain state*
place) rester ▶ *n* (*of castle*) donjon
(*food etc*): **enough for his ~** assez
ur (assurer) sa subsistance; **to**
doing sth (*continue*) continuer à
re qch; (*repeatedly*) ne pas arrêter
faire qch; **to ~ sb from doing/**
from happening empêcher qn de faire *or* que qn (ne) fasse/que qch (n')arrive; **to ~ sb happy/a place tidy** faire que qn soit content/qu'un endroit reste propre; **to ~ sth to o.s.** garder qch pour soi, tenir qch secret; **to ~ sth from sb** cacher qch à qn; **to ~ time** (*clock*) être à l'heure, ne pas retarder; **for ~s** (*inf*) pour de bon, pour toujours • **keep away** *vt*: **to ~ sth/sb away from sb** tenir qch/qn éloigné de qn ▶ *vi*: **to ~ away (from)** ne pas s'approcher (de) • **keep back** *vt* (*crowds, tears, money*) retenir; (*conceal: information*): **to ~ sth back from sb** cacher qch à qn ▶ *vi* rester en arrière • **keep off** *vt* (*dog, person*) éloigner ▶ *vi*: **if the rain ~s off** s'il ne pleut pas; **~ your hands off!** pas touche! (*inf*); **"~ off the grass"** "pelouse interdite" • **keep on** *vi* continuer; **to ~ on doing** continuer à faire; **don't ~ on about it!** arrête (d'en parler)! • **keep out** *vt* empêcher d'entrer ▶ *vi* (*stay out*) rester en dehors; **"~ out"** "défense d'entrer" • **keep up** *vi* (*fig: in comprehension*) suivre ▶ *vt* continuer, maintenir; **to ~ up with sb** (*in work etc*) se maintenir au même niveau que qn; (*in race etc*) aller aussi vite que qn • **keeper** *n* gardien(ne) • **keep-fit** *n* gymnastique *f* (d'entretien) • **keeping** *n* (*care*) garde *f*; **in keeping with** en harmonie avec
kennel [ˈkɛnl] *n* niche *f*; **kennels** *npl* (*for boarding*) chenil *m*
Kenya [ˈkɛnjə] *n* Kenya *m*
kept [kɛpt] *pt, pp of* **keep**
kerb [kəːb] *n* (BRIT) bordure *f* du trottoir • **kerbside** *n* bord *m* du trottoir
kerosene [ˈkɛrəsiːn] *n* kérosène *m*
ketchup [ˈkɛtʃəp] *n* ketchup *m*
kettle [ˈkɛtl] *n* bouilloire *f*

key [ki:] *n (gen, Mus)* clé *f*; *(of piano, typewriter)* touche *f*; *(on map)* légende *f* ▶ *adj (factor, role, area)* clé *inv* ▶ *vt (also:* **~ in***) (text)* saisir; **can I have my ~?** je peux avoir ma clé?; **a ~ issue** un problème fondamental • **keyboard** *n* clavier *m* • **keyhole** *n* trou *m* de la serrure • **keyring** *n* porte-clés *m*

kg *abbr (= kilogram)* K

khaki ['ka:kɪ] *adj, n* kaki *m*

kick [kɪk] *vt* donner un coup de pied à ▶ *vi (horse)* ruer ▶ *n* coup *m* de pied; *(inf: thrill)*: **he does it for ~s** il le fait parce que ça l'excite, il le fait pour le plaisir; **to ~ the habit** *(inf)* arrêter • **kick off** *vi (Sport)* donner le coup d'envoi • **kick-off** *n (Sport)* coup *m* d'envoi

kid [kɪd] *n (inf: child)* gamin(e), gosse *m/f*; *(animal, leather)* chevreau *m* ▶ *vi (inf)* plaisanter, blaguer

kidnap ['kɪdnæp] *vt* enlever, kidnapper • **kidnapping** *n* enlèvement *m*

kidney ['kɪdnɪ] *n (Anat)* rein *m*; *(Culin)* rognon *m* • **kidney bean** *n* haricot *m* rouge

kill [kɪl] *vt* tuer ▶ *n* mise *f* à mort; **to ~ time** tuer le temps • **killer** *n* tueur(-euse); *(murderer)* meurtrier(-ière) • **killing** *n* meurtre *m*; *(of group of people)* tuerie *f*, massacre *m*; *(inf)*: **to make a killing** se remplir les poches, réussir un beau coup

kiln [kɪln] *n* four *m*

kilo ['ki:ləu] *n* kilo *m* • **kilobyte** *n (Comput)* kilo-octet *m* • **kilogram(me)** *n* kilogramme *m* • **kilometre** • *(US)* **kilometer** ['kɪləmi:tə^r] *n* kilomètre *m* • **kilowatt** *n* kilowatt *m*

kilt [kɪlt] *n* kilt *m*

kin [kɪn] *n see* **next-of-kin**

kind [kaɪnd] *adj* gentil(le), aimable ▶ *n* sorte *f*, espèce *f*; *(species)* genre *m*; **to be two o** se ressembler; **in ~** *(Comm)* en nature; **~ of** *(inf: rather)* plutôt **~ of** une sorte de; **what ~ of ..** quelle sorte de ...?

kindergarten ['kɪndəga:tn] jardin *m* d'enfants

kindly ['kaɪndlɪ] *adj* bienveillan plein(e) de gentillesse ▶ *adv* av bonté; **will you ~ ...** auriez-vc la bonté *or* l'obligeance de ...

kindness ['kaɪndnɪs] *n (quali* bonté *f*, gentillesse *f*

king [kɪŋ] *n* roi *m* • **kingdom** *r* royaume *m* • **kingfisher** *n* martin-pêcheur *m* • **king-size bed** *n* grand lit *(de 1,95 m de larg*

kiosk ['ki:ɔsk] *n* kiosque *m*; *(BR also:* **telephone ~***)* cabine *f* (téléphonique)

kipper ['kɪpə^r] *n* hareng fumé salé

kiss [kɪs] *n* baiser *m* ▶ *vt* embrasser; **to ~ (each other)** s'embrasser • **kiss of life** *n (BR* bouche à bouche *m*

kit [kɪt] *n* équipement *m*, maté *m*; *(set of tools etc)* trousse *f*; *(fo assembly)* kit *m*

kitchen ['kɪtʃɪn] *n* cuisine *f*

kite [kaɪt] *n (toy)* cerf-volant *m*

kitten ['kɪtn] *n* petit chat, chaton *m*

kitty ['kɪtɪ] *n (money)* cagnotte

kiwi ['ki:wi:] *n (also:* **~ fruit***)* ki

km *abbr (= kilometre)* km

km/h *abbr (= kilometres per hou* km/h

knack [næk] *n*: **to have the ~ doing)** avoir le coup (pour fair

e [ni:] *n* genou *m* • **kneecap** *n*
ule *f*
el [ni:l] (*pt, pp* **knelt**) *vi* (*also*:
own) s'agenouiller
t [nɛlt] *pt, pp of* **kneel**
w [nju:] *pt of* **know**
kers ['nɪkəz] *npl* (BRIT)
otte *f* (de femme)
e (*pl* **knives**) [naɪf, naɪvz] *n*
teau *m* ▸ *vt* poignarder,
per d'un coup de couteau
ht [naɪt] *n* chevalier *m*;
ess) cavalier *m*
[nɪt] *vt* tricoter ▸ *vi* tricoter;
ken bones) se ressouder; **to**
ne's brows froncer les sourcils
nitting *n* tricot *m* • **knitting**
edle *n* aiguille *f* à tricoter
nitwear *n* tricots *mpl*,
ages *mpl*
es [naɪvz] *npl of* **knife**
b [nɔb] *n* bouton *m*; (BRIT):
of butter une noix de beurre
ck [nɔk] *vt* frapper; (*bump*
) heurter; (*inf*: *fig*) dénigrer
(*at door etc*): **to ~ at/on**
per à/sur ▸ *n* coup *m* • **knock**
wn *vt* renverser; (*price*) réduire
nock off *vi* (*inf*: *finish*) s'arrêter
travailler) ▸ *vt* (*vase, object*)
e tomber; (*inf*: *steal*) piquer;
from price etc): **to ~ off £10**
e une remise de 10 livres
nock out *vt* assommer;
xing) mettre k.-o.; (*in*
npetition) éliminer • **knock**
er *vt* (*object*) faire tomber;
lestrian) renverser • **knockout**
oxing) knock-out *m*, K.-O. *m*;
ockout competition (BRIT)
npétition *f* avec épreuves
ninatoires
t [nɔt] *n* (*gen*) nœud *m*
nouer

know [nəu] (*pt* **knew**, *pp* **known**)
vt savoir; (*person, place*) connaître;
to ~ that savoir que; **to ~ how to do** savoir faire; **to ~ how to swim** savoir nager; **to ~ about/of sth** (*event*) être au courant de qch; (*subject*) connaître qch; **I don't ~** je ne sais pas; **do you ~ where I can ...?** savez-vous où je peux ...?
• **know-all** *n* (BRIT *pej*) je-sais-tout *m/f* • **know-how** *n* savoir-faire *m*, technique *f*, compétence *f* • **knowing** *adj* (*look etc*) entendu(e) • **knowingly** *adv* (*on purpose*) sciemment; (*smile, look*) d'un air entendu
• **know-it-all** *n* (US) = **know-all**
knowledge ['nɔlɪdʒ] *n* connaissance *f*; (*learning*) connaissances, savoir *m*; **without my ~** à mon insu
• **knowledgeable** *adj* bien informé(e)
known [nəun] *pp of* **know** ▸ *adj* (*thief, facts*) notoire; (*expert*) célèbre
knuckle ['nʌkl] *n* articulation *f* (des phalanges), jointure *f*
koala [kəu'ɑ:lə] *n* (*also*: **~ bear**) koala *m*
Koran [kɔ'rɑ:n] *n* Coran *m*
Korea [kə'rɪə] *n* Corée *f* • **Korean** *adj* coréen(ne) ▸ *n* Coréen(ne)
kosher ['kəuʃəʳ] *adj* kascher *inv*
Kosovar, Kosovan ['kɔsəvɑ:ʳ, 'kɔsəvən] *adj* kosovar(e)
Kosovo ['kɔsɔvəu] *n* Kosovo *m*
Kuwait [ku'weɪt] *n* Koweït *m*

L

L *abbr* (BRIT *Aut*: = *learner*) *signale un conducteur débutant*
l. *abbr* (= *litre*) l
lab [læb] *n abbr* (= *laboratory*) labo *m*
label ['leɪbl] *n* étiquette *f*; (*brand*: *of record*) marque *f* ▸ *vt* étiqueter
labor *etc* ['leɪbəʳ] (US) *n* = **labour**
laboratory [lə'bɔrətərɪ] *n* laboratoire *m*
Labor Day *n* (US, CANADA) fête *f* du travail (*le premier lundi de septembre*)

Labor Day aux États-Unis et au Canada est fixé au premier lundi de septembre. Institué par le Congrès en 1894 après avoir été réclamé par les mouvements ouvriers pendant douze ans, il a perdu une grande partie de son caractère politique pour devenir un jour férié assez ordinaire et l'occasion de partir en long week-end avant la rentrée des classes.

labor union *n* (US) syndicat *m*
Labour ['leɪbəʳ] *n* (BRIT *Pol*: *also*: **the ~ Party**) le parti travailliste, les travaillistes *mpl*
labour, (US) **labor** ['leɪbəʳ] *n* (*work*) travail *m*; (*workforce*) main-d'œuvre *f* ▸ *vi*: **to ~ (at)** travailler dur (à), peiner (sur) **to ~ a point** insister sur un pc
in ~ (*Med*) en travail • **labour**
• (US) **laborer** *n* manœuvre *m* **farm labourer** ouvrier *m* agri
lace [leɪs] *n* dentelle *f*; (*of shoe* lacet *m* ▸ *vt* (*shoe*: *also*: **~ up**) l
lack [læk] *n* manque *m* ▸ *vt* manquer de; **through** *or* **for** faute de, par manque de; **to** **~ing** manquer, faire défaut; **~ing in** manquer de
lacquer ['lækəʳ] *n* laque *f*
lacy ['leɪsɪ] *adj* (*made of lace*) e dentelle; (*like lace*) comme de dentelle
lad [læd] *n* garçon *m*, gars *m*
ladder ['lædəʳ] *n* échelle *f*; (BR *in tights*) maille filée ▸ *vt*, *vi* (B *tights*) filer
ladle ['leɪdl] *n* louche *f*
lady ['leɪdɪ] *n* dame *f*; **"ladies gentlemen ..."** "Mesdames (Messieurs ..."; **young ~** jeune *f*; (*married*) jeune femme *f*; **th ladies' (room)** les toilettes *fp* dames • **ladybird** • (US) **lady** *n* coccinelle *f*
lag [læg] *n* retard *m* ▸ *vi* (*also*: **~ behind**) rester en arrière, traîner; (*fig*) rester à la traîne (*pipes*) calorifuger
lager ['lɑːgəʳ] *n* bière blonde
lagoon [lə'guːn] *n* lagune *f*
laid [leɪd] *pt*, *pp of* **lay** • **laid b** *adj* (*inf*) relaxe, décontracté(
lain [leɪn] *pp of* **lie**
lake [leɪk] *n* lac *m*
lamb [læm] *n* agneau *m*
lame [leɪm] *adj* (*also fig*) boiteux(-euse)

ent [lə'mɛnt] *n* lamentation *f*
: pleurer, se lamenter sur
inator ['læmɪneɪtə^r] *n*
stifieuse *f*
p [læmp] *n* lampe *f*
mppost *n* (BRIT) réverbère *m*
mpshade *n* abat-jour *m inv*
d [lænd] *n* (*as opposed to sea*)
re *f* (ferme); (*country*) pays *m*;
l) terre; (*piece of land*) terrain *m*;
ate) terre(s), domaine(s) *m(pl)*
(*from ship*) débarquer; (*Aviat*)
errir; (*fig: fall*) (re)tomber ▸ *vt*
ssengers, goods) débarquer;
tain) décrocher; **to ~ sb with**
(*inf*) coller qch à qn • **landing**
rom ship) débarquement *m*;
iat) atterrissage *m*; (*of staircase*)
ier *m* • **landing card** *n* carte *f*
débarquement • **landlady** *n*
priétaire *f*, logeuse *f*; (*of pub*)
ronne *f* • **landline** *n* ligne *f* fixe
ndlord *n* propriétaire *m*,
eur *m*; (*of pub etc*) patron *m*
ndmark *n* (point *m* de) repère
to be a landmark (*fig*) faire
:e *or* époque • **landowner** *n*
priétaire foncier *or* terrien
ndscape *n* paysage *m*
ndslide *n* (*Geo*) glissement *m*
terrain); (*fig: Pol*) raz-de-marée
ectoral)
e [leɪn] *n* (*in country*) chemin *m*;
t: of road) voie *f*; (*: line of traffic*)
f; (*in race*) couloir *m*
guage ['læŋgwɪdʒ] *n* langue
vay one speaks) langage *m*;
at ~s do you speak? quelles
gues parlez-vous?; **bad ~**
ssièretés *fpl*, langage grossier
nguage laboratory *n*
oratoire *m* de langues
nguage school *n* école *f* de
gue
ern ['læntn] *n* lanterne *f*

lap [læp] *n* (*of track*) tour *m* (de piste); (*of body*): **in** *or* **on one's ~** sur les genoux ▸ *vt* (*also*: **~ up**) laper ▸ *vi* (*waves*) clapoter
lapel [lə'pɛl] *n* revers *m*
lapse [læps] *n* défaillance *f*; (*in behaviour*) écart *m* (de conduite) ▸ *vi* (*Law*) cesser d'être en vigueur; (*contract*) expirer; **to ~ into bad habits** prendre de mauvaises habitudes; **~ of time** laps *m* de temps, intervalle *m*
laptop (computer) ['læptɔp-] *n* (ordinateur *m*) portable *m*
lard [lɑːd] *n* saindoux *m*
larder ['lɑːdə^r] *n* garde-manger *m inv*
large [lɑːdʒ] *adj* grand(e); (*person, animal*) gros (grosse); **at ~** (*free*) en liberté; (*generally*) en général; pour la plupart; *see also* **by** • **largely** *adv* en grande partie; (*principally*) surtout • **large-scale** *adj* (*map, drawing etc*) à grande échelle; (*fig*) important(e)
lark [lɑːk] *n* (*bird*) alouette *f*; (*joke*) blague *f*, farce *f*
larrikin ['lærɪkɪn] *n* (AUST, NZ *inf*) fripon *m* (*inf*)
laryngitis [lærɪn'dʒaɪtɪs] *n* laryngite *f*
lasagne [lə'zænjə] *n* lasagne *f*
laser ['leɪzə^r] *n* laser *m* • **laser printer** *n* imprimante *f* laser
lash [læʃ] *n* coup *m* de fouet; (*also*: **eye~**) cil *m* ▸ *vt* fouetter; (*tie*) attacher • **lash out** *vi*: **to ~ out (at** *or* **against sb/sth)** attaquer violemment (qn/qch)
lass [læs] (BRIT) *n* (jeune) fille *f*
last [lɑːst] *adj* dernier(-ière) ▸ *adv* en dernier; (*most recently*) la dernière fois; (*finally*) finalement ▸ *vi* durer; **~ week** la semaine

dernière; **~ night** (*evening*) hier soir; (*night*) la nuit dernière; **at ~** enfin; **~ but one** avant-dernier(-ière) • **lastly** *adv* en dernier lieu, pour finir • **last-minute** *adj* de dernière minute

latch [lætʃ] *n* loquet *m* • **latch onto** *vt fus* (*cling to*: *person, group*) s'accrocher à; (: *idea*) se mettre en tête

late [leɪt] *adj* (*not on time*) en retard; (*far on in day etc*) tardif(-ive); (: *edition, delivery*) dernier(-ière); (*dead*) défunt(e) ▶ *adv* tard; (*behind time, schedule*) en retard; **to be 10 minutes ~** avoir 10 minutes de retard; **sorry I'm ~** désolé d'être en retard; **it's too ~** il est trop tard; **of ~** dernièrement; **in ~ May** vers la fin (du mois) de mai, fin mai; **the ~ Mr X** feu M. X • **latecomer** *n* retardataire *m/f* • **lately** *adv* récemment • **later** *adj* (*date etc*) ultérieur(e); (*version etc*) plus récent(e) ▶ *adv* plus tard • **latest** ['leɪtɪst] *adj* tout(e) dernier(-ière); **at the latest** au plus tard

lather ['lɑːðəʳ] *n* mousse *f* (de savon) ▶ *vt* savonner

Latin ['lætɪn] *n* latin *m* ▶ *adj* latin(e) • **Latin America** *n* Amérique latine • **Latin American** *adj* latino-américain(e), d'Amérique latine ▶ *n* Latino-Américain(e)

latitude ['lætɪtjuːd] *n* (*also fig*) latitude *f*

latter ['lætəʳ] *adj* deuxième, dernier(-ière) ▶ *n*: **the ~** ce dernier, celui-ci

laugh [lɑːf] *n* rire *m* ▶ *vi* rire; **(to do sth) for a ~** (faire qch) pour rire • **laugh at** *vt fus* se moquer de; (*joke*) rire de • **laughter** *n* rire (*of several people*) rires *mpl*

launch [lɔːntʃ] *n* lancement *r* (*also*: **motor ~**) vedette *f* ▶ *vt* *rocket, plan*) lancer • **launch i** *vt fus* se lancer dans

launder ['lɔːndəʳ] *vt* laver; (*fi money*) blanchir

Launderette® [lɔːn'drɛt], (**Laundromat®** ['lɔːndrəm *n* laverie *f* (automatique)

laundry ['lɔːndrɪ] *n* (*clothes*) *m*; (*business*) blanchisserie *f*; (buanderie *f*; **to do the ~** faire lessive

lava ['lɑːvə] *n* lave *f*

lavatory ['lævətərɪ] *n* toilettes *fpl*

lavender ['lævəndəʳ] *n* lavan

lavish ['lævɪʃ] *adj* (*amount*) copieux(-euse); (*person*: *giving freely*): **~ with** prodigue de ▶ v **to ~ sth on sb** prodiguer qch (*money*) dépenser qch sans compter pour qn

law [lɔː] *n* loi *f*; (*science*) droit *n* • **lawful** *adj* légal(e), permis(• **lawless** *adj* (*action*) illégal(e (*place*) sans loi

lawn [lɔːn] *n* pelouse *f* • **lawnmower** *n* tondeuse *f* à gazon

lawsuit ['lɔːsuːt] *n* procès *m*

lawyer ['lɔːjəʳ] *n* (*consultant, company*) juriste *m*; (*for sales, v etc*) ≈ notaire *m*; (*partner, in co* ≈ avocat *m*

lax [læks] *adj* relâché(e)

laxative ['læksətɪv] *n* laxatif

lay [leɪ] *pt of* **lie** ▶ *adj* laïque; (*expert*) profane ▶ *vt* (*pt, pp* **lai** poser, mettre; (*eggs*) pondre; tendre; (*plans*) élaborer; **to ~ table** mettre la table • **lay do**

ɔser; (*rules etc*) établir; **to**
ɔwn the law (*fig*) faire la loi
y off *vt* (*workers*) licencier
y on *vt* (*provide: meal etc*)
·nir • **lay out** *vt* (*design*)
siner, concevoir; (*display*)
ɔoser; (*spend*) dépenser
y-by *n* (BRIT) aire *f* de
:ionnement (sur le bas-côté)
r ['leɪəʳ] *n* couche *f*
ıan ['leɪmən] (*irreg*) *n* (*Rel*)
ue *m*; (*non-expert*) profane *m*
ut ['leɪaut] *n* disposition *f*,
ı *m*, agencement *m*; (*Press*)
e *f* en page
['leɪzɪ] *adj* paresseux(-euse)
ɔbr (*weight*) = **pound**
¹ [li:d] (*pt, pp* **led**) *n* (*front*
tion) tête *f*; (*distance, time*
ad) avance *f*; (*clue*) piste *f*; (*Elec*)
:; (*for dog*) laisse *f*; (*Theat*) rôle
cipal ▸ *vt* (*guide*) mener,
duire; (*be leader of*) être à la
de ▸ *vi* (*Sport*) mener, être en
:; **to ~ to** (*road, pipe*) mener à,
duire à; (*result in*) conduire à;
utir à; **to be in the ~** (*Sport*)
ace) mener, être en tête; (*in*
ch) mener (à la marque); **to**
to do sth amener qn à faire
; **to ~ the way** montrer le
min • **lead up to** *vt* conduire
ı *conversation*) en venir à
² [lɛd] *n* (*metal*) plomb *m*; (*in*
:il) mine *f*
er ['li:dəʳ] *n* (*of team*) chef *m*;
arty etc) dirigeant(e), leader *m*;
rt: *in league*) leader; (: *in race*)
reur *m* de tête • **leadership** *n*
ition) direction *f*; **under the**
lership of ... sous la direction
.; **qualities of leadership**
lités *fpl* de chef *or* de meneur
-free ['lɛdfri:] *adj* sans plomb

leading ['li:dɪŋ] *adj* de premier plan; (*main*) principal(e); (*in race*) de tête
lead singer [li:d-] *n* (*in pop group*) (chanteur *m*) vedette *f*
leaf (*pl* **leaves**) [li:f, li:vz] *n* feuille *f*; (*of table*) rallonge *f*; **to turn over a new ~** (*fig*) changer de conduite *or* d'existence • **leaf through** *vt* (*book*) feuilleter
leaflet ['li:flɪt] *n* prospectus *m*, brochure *f*; (*Pol, Rel*) tract *m* • **leafleting** *n* (*for company*) distribution *f* de prospectus; (*for political party*) tractage *m*
league [li:g] *n* ligue *f*; (*Football*) championnat *m*; **to be in ~ with** avoir partie liée avec, être de mèche avec
leak [li:k] *n* (*lit, fig*) fuite *f* ▸ *vi* (*pipe, liquid etc*) fuir; (*shoes*) prendre l'eau; (*ship*) faire eau ▸ *vt* (*liquid*) répandre; (*information*) divulguer
lean [li:n] (*pt, pp* **leaned** *or* **leant**) *adj* maigre ▸ *vt*: **to ~ sth on** appuyer qch sur ▸ *vi* (*slope*) pencher; (*rest*): **to ~ against** s'appuyer contre; être appuyé(e) contre; **to ~ on** s'appuyer sur • **lean forward** *vi* se pencher en avant • **lean over** *vi* se pencher • **leaning** *n*: **leaning (towards)** penchant *m* (pour)
leant [lɛnt] *pt, pp of* **lean**
leap [li:p] (*pt, pp* **leaped** *or* **leapt**) *n* bond *m*, saut *m* ▸ *vi* bondir, sauter
leapt [lɛpt] *pt, pp of* **leap**
leap year *n* année *f* bissextile
learn [lə:n] (*pt, pp* **learned** *or* **learnt**) *vt, vi* apprendre; **to ~ (how) to do sth** apprendre à faire qch; **to ~ about sth** (*Scol*) étudier qch; (*hear, read*) apprendre

qch • **learner** *n* débutant(e); (BRIT: *also*: **learner driver**) (conducteur(-trice)) débutant(e) • **learning** *n* savoir *m*

learnt [lə:nt] *pp of* **learn**

lease [li:s] *n* bail *m* ▶ *vt* louer à bail

leash [li:ʃ] *n* laisse *f*

least [li:st] *adj*: **the ~** (+ *noun*) le (la) plus petit(e), le (la) moindre; (*smallest amount of*) le moins de ▶ *pron*: **(the) ~** le moins ▶ *adv* (+ *verb*) le moins; (+ *adj*): **the ~** le (la) moins; **the ~ money** le moins d'argent; **the ~ expensive** le (la) moins cher (chère) **the ~ possible effort** le moins d'effort possible; **at ~** au moins; (*or rather*) du moins; **you could at ~ have written** tu aurais au moins pu écrire; **not in the ~** pas le moins du monde

leather ['lɛðəʳ] *n* cuir *m*

leave [li:v] (*pt, pp* **left**) *vt* laisser; (*go away from*) quitter; (*forget*) oublier ▶ *vi* partir, s'en aller ▶ *n* (*time off*) congé *m*; (*Mil, also consent*) permission *f*; **what time does the train/bus ~?** le train/le bus part à quelle heure?; **to ~ sth to sb** (*money etc*) laisser qch à qn; **to be left** rester; **there's some milk left over** il reste du lait; **~ it to me!** laissez-moi faire!, je m'en occupe!; **on ~** en permission • **leave behind** *vt* (*also fig*) laisser; (*forget*) laisser, oublier • **leave out** *vt* oublier, omettre • **leaver** *n* (BRIT: *from EU*) *partisan de la sortie de l'Union européenne*

leaves [li:vz] *npl of* **leaf**

Lebanon ['lɛbənən] *n* Liban *m*

lecture ['lɛktʃəʳ] *n* conférence *f*; (*Scol*) cours (magistral) ▶ *vi* donner des cours; enseigner ▶ *vt* (*scold*) sermonner, réprimand[er] **to give a ~ (on)** faire une conférence (sur), faire un cou[rs] (sur) • **lecture hall** *n* amphithéâtre *m* • **lecturer** *n* (*speaker*) conférencier(-ière); [(*BRIT*:] *at university*) professeur *m/f* (d'université), prof *m/f* de fac • **lecture theatre** *n* = **lectur[e hall]**

> ⚠ Be careful not to transla[te] *lecture* by the French word *lecture*.

led [lɛd] *pt, pp of* **lead¹**

ledge [lɛdʒ] *n* (*of window, on w*[*all*]) rebord *m*; (*of mountain*) saillie[*f*], corniche *f*

leek [li:k] *n* poireau *m*

left [lɛft] *pt, pp of* **leave** ▶ *adj* gauche ▶ *adv* à gauche ▶ *n* ga[uche] *f*; **there are two ~** il en reste [deux]; **on the ~, to the ~** à gauche; **L~** (*Pol*) la gauche • **left-han[d]** [*adj*]: **the left-hand side** la gauch[e], côté gauche • **left-hand dri[ve]** [*n*] (*vehicle*) véhicule *m* avec la conduite à gauche • **left-han[ded]** *adj* gaucher(-ère); (*scissors etc*) pour gauchers • **left-luggag[e] locker** *n* (BRIT) (casier *m* à) consigne *f* automatique • **left-luggage (office)** *n* (BR[IT]) consigne *f* • **left-overs** *npl* re[stes] *mpl* • **left-wing** *adj* (*Pol*) de ga[uche]

leg [lɛg] *n* jambe *f*; (*of animal*) [patte] *f*; (*of furniture*) pied *m*; (*Culin*: *o*[*f*] *chicken*) cuisse *f*; (*of journey*) é[tape] *f*; **1st/2nd ~** (*Sport*) match *m* [aller/] retour; **~ of lamb** (*Culin*) gig[ot *m*] d'agneau

legacy ['lɛgəsɪ] *n* (*also fig*) héritage *m*, legs *m*

legal ['li:gl] *adj* (*permitted by l*[*aw*]) légal(e); (*relating to law*) jurid[ique] • **legal holiday** (US) *n* jour fé[rié]

ɛgalize *vt* légaliser • **legally** *ɪ* légalement
ɛnd ['lɛdʒənd] *n* légende *f*
ɛgendary ['lɛdʒəndərɪ] *adj* endaire
ɡings ['lɛgɪŋz] *npl* caleçon *m*
ble ['lɛdʒəbl] *adj* lisible
slation [lɛdʒɪs'leɪʃən] *n* islation *f*
slative ['lɛdʒɪslətɪv] *adj* islatif(-ive)
timate [lɪ'dʒɪtɪmət] *adj* itime
ure ['lɛʒə^r] *n* (*free time*) temps 'e, loisirs *mpl*; **at ~** (tout) à ;ir; **at your ~** (*later*) à tête ɔosée • **leisure centre** *n* (BRIT) ıtre *m* de loisirs • **leisurely** *adj* nquille, fait(e) sans se presser
on ['lɛmən] *n* citron *m*
ɛmonade *n* (*fizzy*) limonade *f*
ɛmon tea *n* thé *m* au citron
l [lɛnd] (*pt, pp* **lent**) *vt*: **to th (to sb)** prêter qch (à qn); **uld you ~ me some money?** ırriez-vous me prêter de l'argent?
ɡth [lɛŋθ] *n* longueur *f*; :tion: *of road, pipe etc*) morceau bout *m*; **~ of time** durée *f*; **it is ıetres in ~** cela fait 2 mètres de ıg; **at ~** (*at last*) enfin, à la fin; ıgthily) longuement
ɛngthen *vt* allonger, prolonger ɪ s'allonger • **lengthways** *adv* ıs le sens de la longueur, en ıg • **lengthy** *adj* (très) long ıgue)
; [lɛnz] *n* lentille *f*; (*of ctacles*) verre *m*; (*of camera*) ectif *m*
t [lɛnt] *n* carême *m*
: [lɛnt] *pt, pp of* **lend**
:il ['lɛntl] *n* lentille *f*
['li:əu] *n* le Lion

leopard ['lɛpəd] *n* léopard *m*
leotard ['li:ətɑ:d] *n* justaucorps *m*
leprosy ['lɛprəsɪ] *n* lèpre *f*
lesbian ['lɛzbɪən] *n* lesbienne *f* ▶ *adj* lesbien(ne)
less [lɛs] *adj* moins de ▶ *pron, adv* moins ▶ *prep*: **~ tax/10% discount** avant impôt/moins 10% de remise; **~ than that/you** moins que cela/vous; **~ than half** moins de la moitié; **~ than ever** moins que jamais; **~ and ~** de moins en moins; **the ~ he works ...** moins il travaille ... • **lessen** *vi* diminuer, s'amoindrir, s'atténuer ▶ *vt* diminuer, réduire, atténuer • **lesser** ['lɛsə^r] *adj* moindre; **to a lesser extent** *or* **degree** à un degré moindre
lesson ['lɛsn] *n* leçon *f*; **to teach sb a ~** (*fig*) donner une bonne leçon à qn
let [lɛt] (*pt, pp* **let**) *vt* laisser; (BRIT: *lease*) louer; **to ~ sb do sth** laisser qn faire qch; **to ~ sb know sth** faire savoir qch à qn, prévenir qn de qch; **to ~ go** lâcher prise; **to ~ go of sth, to ~ sth go** lâcher qch; **~'s go** allons-y; **~ him come** qu'il vienne; **"to ~"** (BRIT) "à louer" • **let down** *vt* (*lower*) baisser; (BRIT: *tyre*) dégonfler; (*disappoint*) décevoir • **let in** *vt* laisser entrer; (*visitor etc*) faire entrer • **let off** *vt* (*allow to leave*) laisser partir; (*not punish*) ne pas punir; (*firework etc*) faire partir; (*bomb*) faire exploser • **let out** *vt* laisser sortir; (*scream*) laisser échapper; (BRIT: *rent out*) louer
lethal ['li:θl] *adj* mortel(le), fatal(e); (*weapon*) meurtrier(-ère)
letter ['lɛtə^r] *n* lettre *f* • **letterbox** *n* (BRIT) boîte *f* aux *or* à lettres

lettuce ['lɛtɪs] *n* laitue *f*, salade *f*
leukaemia, (*US*) **leukemia** [lu:'ki:mɪə] *n* leucémie *f*
level ['lɛvl] *adj* (*flat*) plat(e), plan(e), uni(e); (*horizontal*) horizontal(e) ▸ *n* niveau *m* ▸ *vt* niveler, aplanir; **A ~s** *npl* (*BRIT*) ≈ baccalauréat *m*; **to be ~ with** être au même niveau que; **to draw ~ with** (*runner, car*) arriver à la hauteur de, rattraper; **on the ~** (*fig: honest*) régulier(-ière) • **level crossing** *n* (*BRIT*) passage *m* à niveau
lever ['li:vəʳ] *n* levier *m* • **leverage** *n* (*influence*): **leverage (on** *or* **with)** prise *f* (sur)
levy ['lɛvɪ] *n* taxe *f*, impôt *m* ▸ *vt* (*tax*) lever; (*fine*) infliger
liability [laɪə'bɪlətɪ] *n* responsabilité *f*; (*handicap*) handicap *m*
liable ['laɪəbl] *adj* (*subject*): **~ to** sujet(te) à, passible de; (*responsible*): **~ (for)** responsable (de); (*likely*): **~ to do** susceptible de faire
liaise [li:'eɪz] *vi*: **to ~ with** assurer la liaison avec
liar ['laɪəʳ] *n* menteur(-euse)
libel ['laɪbl] *n* diffamation *f*; (*document*) écrit *m* diffamatoire ▸ *vt* diffamer
liberal ['lɪbərl] *adj* libéral(e); (*generous*): **~ with** prodigue de, généreux(-euse) avec ▸ *n*: **L~** (*Pol*) libéral(e) • **Liberal Democrat** *n* (*BRIT*) libéral(e)-démocrate *m/f*
liberate ['lɪbəreɪt] *vt* libérer
liberation [lɪbə'reɪʃən] *n* libération *f*
liberty ['lɪbətɪ] *n* liberté *f*; **to be at ~** (*criminal*) être en liberté; **at ~ to do** libre de faire; **to take the ~ of** prendre la liberté de, se permettre de
Libra ['li:brə] *n* la Balance
librarian [laɪ'brɛərɪən] *n* bibliothécaire *m/f*
library ['laɪbrərɪ] *n* bibliothèc

⚠ Be careful not to transla
library by the French word
librairie.

Libya ['lɪbɪə] *n* Libye *f*
lice [laɪs] *npl of* **louse**
licence, (*US*) **license** ['laɪsns
autorisation *f*, permis *m*; (*Com*
licence *f*; (*Radio, TV*) redevanc
driving ~, (*US*) **driver's licen**
permis *m* (de conduire)
license ['laɪsns] *n* (*US*) = **licen**
• **licensed** *adj* (*for alcohol*) patenté(e) pour la vente des spiritueux, qui a une patente
débit de boissons; (*car*) muni(
la vignette • **license plate** *n* (
Aut) plaque *f* minéralogique
• **licensing hours** (*BRIT*) *npl*
heures *fpl* d'ouvertures (*des pu*
lick [lɪk] *vt* lécher; (*inf: defeat*)
écraser, flanquer une piquett
raclée à; **to ~ one's lips** (*fig*) s
frotter les mains
lid [lɪd] *n* couvercle *m*; (*eyelid*) paupière *f*
lie [laɪ] *n* mensonge *m* ▸ *vi* (*pt*,
lied) (*tell lies*) mentir; (*pt*, **lay**,
lain) (*rest*) être étendu(e) *or*
allongé(e) *or* couché(e); (*objec*
situated) se trouver, être; **to ~**
(*fig*) se cacher, rester caché(e)
to tell ~s mentir • **lie about** •
around *vi* (*things*) traîner; (*BR*
person) traînasser, flemmarde
• **lie down** *vi* se coucher, s'éte
Liechtenstein ['lɪktənstaɪn
Liechtenstein *m*

n ['laɪɪn] *n* (BRIT): **to have a ~**
e la grasse matinée
:enant [lɛf'tɛnənt, *US*
tɛnənt] *n* lieutenant *m*
pl **lives**) [laɪf, laɪvz] *n* vie *f*; **to**
ne to ~ (*fig*) s'animer • **life**
urance *n* (BRIT) = **life**
urance • **lifeboat** *n* canot *m* or
loupe *f* de sauvetage
'eguard *n* surveillant *m* de
gnade • **life insurance** *n*
urance-vie *f* • **life jacket** *n*
t *m* or ceinture *f* de sauvetage
elike *adj* qui semble vrai(e) *or*
nt(e), ressemblant(e);
nting) réaliste • **life preserver**
s) gilet *m* or ceinture *f* de
vetage • **life sentence** *n*
damnation *f* à vie *or* à
pétuité • **lifestyle** *n* style *m* de
• **lifetime** *n*: **in his lifetime** de
vivant
ɪft] *vt* soulever, lever; (*end*)
primer, lever ▶ *vi* (*fog*) se lever
(BRIT: *elevator*) ascenseur *m*; **to**
e sb a ~ (BRIT) emmener *or*
ndre qn en voiture; **can you**
e me a ~ to the station?
vez-vous m'emmener à la
e? • **lift up** *vt* soulever
t-off *n* décollage *m*
: [laɪt] *n* lumière *f*; (*lamp*)
pe *f*; (*Aut*: *rear light*) feu *m*;
adlamp) phare *m*; (*for cigarette*
have you got a ~? avez-vous
eu? ▶ *vt* (*pt, pp* **lit**) (*candle,*
rette, fire) allumer; (*room*)
irer ▶ *adj* (*room, colour*) clair(e);
heavy, also fig) léger(-ère); (*not*
nuous) peu fatigant(e); **lights**
(*traffic lights*) feux *mpl*; **to**
ne to ~ être dévoilé(e) *or*
ouvert(e); **in the ~ of** à la
ière de; étant donné • **light**
vi s'allumer; (*face*) s'éclairer;
(*smoke*) allumer une cigarette *or*
une pipe *etc* ▶ *vt* (*illuminate*)
éclairer, illuminer • **light bulb** *n*
ampoule *f* • **lighten** *vt* (*light up*)
éclairer; (*make lighter*) éclaircir;
(*make less heavy*) alléger • **lighter**
n (*also*: **cigarette lighter**) briquet
m • **light-hearted** *adj* gai(e),
joyeux(-euse), enjoué(e)
• **lighthouse** *n* phare *m*
• **lighting** *n* éclairage *m*; (*in*
theatre) éclairages • **lightly** *adv*
légèrement; **to get off lightly**
s'en tirer à bon compte

lightning ['laɪtnɪŋ] *n* foudre *f*;
(*flash*) éclair *m*

lightweight ['laɪtweɪt] *adj* (*suit*)
léger(-ère) ▶ *n* (*Boxing*) poids
léger

like [laɪk] *vt* aimer (bien) ▶ *prep*
comme ▶ *adj* semblable, pareil(le)
▶ *n*: **the ~** (*pej*) (d')autres du même
genre *or* acabit; **his ~s and**
dislikes ses goûts *mpl* or
préférences *fpl*; **I would ~, I'd ~** je
voudrais, j'aimerais; **would you**
~ a coffee? voulez-vous du café?;
to be/look ~ sb/sth ressembler à
qn/qch; **what's he ~?** comment
est-il?; **what does it look ~?** de
quoi est-ce que ça a l'air?; **what**
does it taste ~? quel goût est-ce
que ça a?; **that's just ~ him** c'est
bien de lui, ça lui ressemble; **do it**
~ this fais-le comme ceci; **it's**
nothing ~ ... ce n'est pas du tout
comme ... • **likeable** *adj*
sympathique, agréable

likelihood ['laɪklɪhud] *n*
probabilité *f*

likely ['laɪklɪ] *adj* (*result, outcome*)
probable; (*excuse*) plausible; **he's**
~ to leave il va sûrement partir, il
risque fort de partir; **not ~!** (*inf*)
pas de danger!

likewise ['laɪkwaɪz] *adv* de même, pareillement
liking ['laɪkɪŋ] *n* (*for person*) affection *f*; (*for thing*) penchant *m*, goût *m*; **to be to sb's ~** être au goût de qn, plaire à qn
lilac ['laɪlək] *n* lilas *m*
Lilo® ['laɪləu] *n* matelas *m* pneumatique
lily ['lɪlɪ] *n* lis *m*; **~ of the valley** muguet *m*
limb [lɪm] *n* membre *m*
limbo ['lɪmbəu] *n*: **to be in ~** (*fig*) être tombé(e) dans l'oubli
lime [laɪm] *n* (*tree*) tilleul *m*; (*fruit*) citron vert, lime *f*; (*Geo*) chaux *f*
limelight ['laɪmlaɪt] *n*: **in the ~** (*fig*) en vedette, au premier plan
limestone ['laɪmstəun] *n* pierre *f* à chaux; (*Geo*) calcaire *m*
limit ['lɪmɪt] *n* limite *f* ▸ *vt* limiter • **limited** *adj* limité(e), restreint(e); **to be limited to** se limiter à, ne concerner que
limousine ['lɪməzi:n] *n* limousine *f*
limp [lɪmp] *n*: **to have a ~** boiter ▸ *vi* boiter ▸ *adj* mou (molle)
line [laɪn] *n* (*gen*) ligne *f*; (*stroke*) trait *m*; (*wrinkle*) ride *f*; (*rope*) corde *f*; (*wire*) fil *m*; (*of poem*) vers *m*; (*row, series*) rangée *f*; (*of people*) file *f*, queue *f*; (*railway track*) voie *f*; (*Comm*: *series of goods*) article(s) *m(pl)*, ligne de produits; (*work*) métier *m* ▸ *vt* (*subj*: *trees, crowd*) border; **to ~ (with)** (*clothes*) doubler (de); (*box*) garnir *or* tapisser (de); **to stand in ~** (*US*) faire la queue; **in his ~ of business** dans sa partie, dans son rayon; **to be in ~ for sth** (*fig*) être en lice pour qch; **in ~ with** en accord avec, en conformité avec; **in a ~** aligné(e) • **line u**[p] s'aligner, se mettre en rang(s)[;] (*in queue*) faire la queue ▸ *vt* aligner; (*event*) prévoir; (*find*) trouver; **to have sb/sth ~d** [up] avoir qn/qch en vue *or* de prévu(e)
linear ['lɪnɪəʳ] *adj* linéaire
linen ['lɪnɪn] *n* linge *m* (de co[rps ou] de maison); (*cloth*) lin *m*
liner ['laɪnəʳ] *n* (*ship*) paqueb[ot] de ligne; (*for bin*) sac-poubell[e]
line-up ['laɪnʌp] *n* (*US*: *queue*[)] *f*; (*also*: **police ~**) parade *f* d'identification; (*Sport*) (composition *f* de l')équipe *f*
linger ['lɪŋgəʳ] *vi* s'attarder; traîner; (*smell, tradition*) persi[ster]
lingerie ['lænʒəri:] *n* lingerie
linguist ['lɪŋgwɪst] *n* linguis[te] *m/f*; **to be a good ~** être dou[é(e)] pour les langues • **linguistic** linguistique
lining ['laɪnɪŋ] *n* doublure *f*; ([of] *brakes*) garniture *f*
link [lɪŋk] *n* (*connection*) lien *m*, rapport *m*; (*Internet*) lien; (*of a chain*) maillon *m* ▸ *vt* relier, lie[r], unir; **links** *npl* (*Golf*) (terrain [de]) golf *m* • **link up** *vt* relier ▸ *vi* (*people*) se rejoindre; (*compan*[*ies*] *etc*) s'associer
lion ['laɪən] *n* lion *m* • **lioness** lionne *f*
lip [lɪp] *n* lèvre *f*; (*of cup etc*) re[bord] *m* • **lip-read** *vi* (*irreg*: *like* **rea**[**d**]) [lire] sur les lèvres • **lip salve** [-sæ[lv]] pommade *f* pour les lèvres, pommade rosat • **lipstick** *n* [rouge] *m* à lèvres
liqueur [lɪ'kjuəʳ] *n* liqueur *f*
liquid ['lɪkwɪd] *n* liquide *m* ▸ [*adj*] liquide • **liquidizer** ['lɪkwɪda[ɪzəʳ]] *n* (*BRIT Culin*) mixer *m*

or [ˈlɪkəʳ] *n* spiritueux *m*,
ɔol *m* • **liquor store** (US) *n*
gasin *m* de vins et spiritueux
on [ˈlɪzbən] *n* Lisbonne
[lɪsp] *n* zézaiement *m* ▸ *vi*
ayer
[lɪst] *n* liste *f* ▸ *vt* (*write down*)
crire; (*make list of*) faire la liste
(*enumerate*) énumérer
n [ˈlɪsn] *vi* écouter; **to ~ to**
uter • **listener** *n*
iteur(-trice)
t] *pt, pp of* **light**
[ˈliːtəʳ] *n* (US) = **litre**
acy [ˈlɪtərəsɪ] *n* degré *m*
phabétisation, fait *m* de savoir
et écrire; (BRIT *Scol*)
eignement *m* de la lecture et
écriture
al [ˈlɪtərl] *adj* littéral(e)
terally *adv* littéralement;
lly) réellement
ary [ˈlɪtərərɪ] *adj* littéraire
ate [ˈlɪtərət] *adj* qui sait lire et
ire; (*educated*) instruit(e)
ature [ˈlɪtrɪtʃəʳ] *n* littérature
rochures etc) copie *f*
licitaire, prospectus *mpl*
, (US) **liter** [ˈliːtəʳ] *n* litre *m*
r [ˈlɪtəʳ] *n* (*rubbish*) détritus
; (*dirtier*) ordures *fpl*; (*young*
mals) portée *f* • **litter bin** *n*
T) poubelle *f*
e [ˈlɪtl] *adj* (*small*) petit(e); (*not*
ch): **~ milk** peu de lait ▸ *adv*
; **a ~** un peu (de); **a ~ milk** un
de lait; **a ~ bit** un peu; **as ~ as**
sible le moins possible; **~ by ~**
it à petit, peu à peu • **little**
ger *n* auriculaire *m*, petit doigt
[laɪv] *adj* (*animal*) vivant(e),
vie; (*wire*) sous tension;
adcast) (transmis(e)) en direct;
xploded) non explosé(e)

live[2] [lɪv] *vi* vivre; (*reside*) vivre, habiter; **to ~ in London** habiter (à) Londres; **where do you ~?** où habitez-vous? • **live together** *vi* vivre ensemble, cohabiter • **live up to** *vt fus* se montrer à la hauteur de
liveblog [ˈlaɪvblɔg] *n* blog *m* en direct ▸ *vt, vi* bloguer en direct
livelihood [ˈlaɪvlɪhud] *n* moyens *mpl* d'existence
lively [ˈlaɪvlɪ] *adj* vif (vive), plein(e) d'entrain; (*place, book*) vivant(e)
liven up [ˈlaɪvn-] *vt* (*room etc*) égayer; (*discussion, evening*) animer ▸ *vi* s'animer
liver [ˈlɪvəʳ] *n* foie *m*
lives [laɪvz] *npl of* **life**
livestock [ˈlaɪvstɔk] *n* cheptel *m*, bétail *m*
livestream [ˈlaɪvstriːm] *n* diffusion *f* en direct sur Internet ▸ *vt* diffuser en direct sur Internet
living [ˈlɪvɪŋ] *adj* vivant(e), en vie ▸ *n*: **to earn** *or* **make a ~** gagner sa vie • **living room** *n* salle *f* de séjour
lizard [ˈlɪzəd] *n* lézard *m*
load [ləud] *n* (*weight*) poids *m*; (*thing carried*) chargement *m*, charge *f*; (*Elec, Tech*) charge ▸ *vt* charger; (*also*: **~ up**): **to ~ (with)** (*lorry, ship*) charger (de); (*gun, camera*) charger (avec); **a ~ of, ~s of** (*fig*) un *or* des tas de, des masses de; **to talk a ~ of rubbish** (*inf*) dire des bêtises • **loaded** *adj* (*dice*) pipé(e); (*question*) insidieux(-euse); (*inf: rich*) bourré(e) de fric
loaf (*pl* **loaves**) [ləuf, ləuvz] *n* pain *m*, miche *f* ▸ *vi* (*also*: **~ about, ~ around**) fainéanter, traîner

l

loan [ləun] *n* prêt *m* ▸ *vt* prêter; **on ~** prêté(e), en prêt
loathe [ləuð] *vt* détester, avoir en horreur
loaves [ləuvz] *npl of* **loaf**
lobby ['lɔbɪ] *n* hall *m*, entrée *f*; (*Pol*) groupe *m* de pression, lobby *m* ▸ *vt* faire pression sur
lobster ['lɔbstə^r] *n* homard *m*
local ['ləukl] *adj* local(e) ▸ *n* (BRIT: *pub*) pub *m or* café *m* du coin; **the locals** *npl* les gens *mpl* du pays *or* du coin • **local anaesthetic** • (US) **local anesthetic** *n* anesthésie locale • **local authority** *n* collectivité locale, municipalité *f* • **local government** *n* administration locale *or* municipale • **locally** ['ləukəlɪ] *adv* localement; dans les environs *or* la région
locate [ləu'keɪt] *vt* (*find*) trouver, repérer; (*situate*) situer; **to be ~d in** être situé à *or* en
location [ləu'keɪʃən] *n* emplacement *m*; **on ~** (*Cine*) en extérieur

> ⚠ Be careful not to translate *location* by the French word *location*.

loch [lɔx] *n* lac *m*, loch *m*
lock [lɔk] *n* (*of door, box*) serrure *f*; (*of canal*) écluse *f*; (*of hair*) mèche *f*, boucle *f* ▸ *vt* (*with key*) fermer à clé ▸ *vi* (*door etc*) fermer à clé; (*wheels*) se bloquer • **lock in** *vt* enfermer • **lock out** *vt* enfermer dehors; (*on purpose*) mettre à la porte • **lock up** *vt* (*person*) enfermer; (*house*) fermer à clé ▸ *vi* tout fermer (à clé)
locker ['lɔkə^r] *n* casier *m*; (*in station*) consigne *f* automatique • **locker-room** ['lɔkə^ru:m] (*Sport*) vestiaire *m*
locksmith ['lɔksmɪθ] *n* serrurier *m*
locomotive [ləukə'məutɪv] *n* locomotive *f*
locum ['ləukəm] *n* (*Med*) suppléant(e) de médecin *etc*
lodge [lɔdʒ] *n* pavillon *m* (de gardien); (*also*: **hunting ~**) pavillon de chasse ▸ *vi* (*persor* **to ~ with** être logé(e) chez, êt en pension chez; (*bullet*) se lo ▸ *vt* (*appeal etc*) présenter; dép **to ~ a complaint** porter plai • **lodger** *n* locataire *m/f*; (*wit room and meals*) pensionnaire
lodging ['lɔdʒɪŋ] *n* logement
loft [lɔft] *n* grenier *m*; (*apartm* grenier aménagé (en appartement) (*gén dans ancie entrepôt ou fabrique*)
log [lɔg] *n* (*of wood*) bûche *f*; (*N* livre *m or* journal *m* de bord; (*c* ≈ carte grise ▸ *vt* enregistrer • **in** • **log on** *vi* (*Comput*) ouvrir session, entrer dans le systèm • **log off** • **log out** *vi* (*Comput*) une session, sortir du systèm
logic ['lɔdʒɪk] *n* logique *f* • **log** *adj* logique
login ['lɔgɪn] *n* (*Comput*) identifiant *m*
Loire [lwa:] *n*: **the (River) ~** Loire
lollipop ['lɔlɪpɔp] *n* sucette *f* • **lollipop man/lady** (*irreg*) (*n contractuel(le) qui fait travers rue aux enfants*
lolly ['lɔlɪ] *n* (*inf*: *ice*) esquima (: *lollipop*) sucette *f*
London ['lʌndən] *n* Londres • **Londoner** *n* Londonien(ne
lone [ləun] *adj* solitaire

eliness ['ləunlınıs] *n* solitude
solement *m*
ely ['ləunlı] *adj* seul(e);
hildhood etc) solitaire; (*place*)
litaire, isolé(e)
g [lɔŋ] *adj* long (longue) ▸ *adv*
ngtemps ▸ *vi*: **to ~ for sth/to**
sth avoir très envie de qch/de
ire qch, attendre qch avec
ıpatience/attendre avec
patience de faire qch; **how ~ is**
is river/course? quelle est la
ngueur de ce fleuve/la durée de
cours?; **6 metres ~** (long) de
nètres; **6 months ~** qui dure
nois, de 6 mois; **all night ~**
ute la nuit; **he no ~er comes** il
vient plus; **I can't stand it any**
r je ne peux plus le supporter;
before longtemps avant;
fore ~ (+ *future*) avant peu, dans
u de temps; (+ *past*) peu de
mps après; **don't be ~!** fais
e!, dépêche-toi!; **I shan't be ~**
n'en ai pas pour longtemps; **at**
ast enfin; **so** *or* **as ~ as** à
ndition que + *sub* • **long-**
stance *adj* (*race*) de fond; (*call*)
erurbain(e) • **long-haul** *adj*
ght) long-courrier • **longing** *n*
sir *m*, envie *f*; (*nostalgia*)
stalgie *f* ▸ *adj* plein(e) d'envie *or*
nostalgie
gitude ['lɔŋgıtju:d] *n*
ngitude *f*
g: • **long jump** *n* saut *m* en
ngueur • **long-life** *adj* (*batteries*
) longue durée *inv*; (*milk*) longue
nservation • **long-sighted** *adj*
RIT) presbyte; (*fig*) prévoyant(e)
ong-standing *adj* de longue
te • **long-term** *adj* à long
me
[lu:] *n* (BRIT *inf*) w.-c. *mpl*,
tit coin

look [luk] *vi* regarder; (*seem*) sembler, paraître, avoir l'air; (*building etc*): **to ~ south/on to the sea** donner au sud/sur la mer ▸ *n* regard *m*; (*appearance*) air *m*, allure *f*, aspect *m*; **looks** *npl* (*good looks*) physique *m*, beauté *f*; **to ~ like** ressembler à; **to have a ~** regarder; **to have a ~ at sth** jeter un coup d'œil à qch; **~ (here)!** (*annoyance*) écoutez! • **look after** *vt fus* s'occuper de; (*luggage etc*: *watch over*) garder, surveiller • **look around** *vi* regarder autour de soi • **look at** *vt fus* regarder; (*problem etc*) examiner • **look back** *vi*: **to ~ back at sth/sb** se retourner pour regarder qch/qn; **to ~ back on** (*event, period*) évoquer, repenser à • **look down on** *vt fus* (*fig*) regarder de haut, dédaigner • **look for** *vt fus* chercher; **we're ~ing for a hotel/restaurant** nous cherchons un hôtel/restaurant • **look forward to** *vt fus* attendre avec impatience; **~ing forward to hearing from you** (*in letter*) dans l'attente de vous lire • **look into** *vt fus* (*matter, possibility*) examiner, étudier • **look out** *vi* (*beware*): **to ~ out (for)** prendre garde (à), faire attention (à); **~ out!** attention! • **look out for** *vt fus* (*seek*) être à la recherche de; (*try to spot*) guetter • **look round** *vt fus* (*house, shop*) faire le tour de ▸ *vi* (*turn*) regarder derrière soi, se retourner • **look through** *vt fus* (*papers, book*) examiner; (: *briefly*) parcourir • **look up** *vi* lever les yeux; (*improve*) s'améliorer ▸ *vt* (*word*) chercher • **look up to** *vt fus* avoir du respect pour • **lookout** *n* (*tower etc*) poste *m* de guet;

(*person*) guetteur *m*; **to be on the lookout (for)** guetter

loom [lu:m] *vi* (*also*: **~ up**) surgir; (*event*) paraître imminent(e); (*threaten*) menacer

loony ['lu:nɪ] *adj, n* (*inf*) timbré(e), cinglé(e) *m/f*

loop [lu:p] *n* boucle *f* ▶ *vt*: **to ~ sth round sth** passer qch autour de qch • **loophole** *n* (*fig*) porte *f* de sortie; échappatoire *f*

loose [lu:s] *adj* (*knot, screw*) desserré(e); (*clothes*) vague, ample, lâche; (*hair*) dénoué(e), épars(e); (*not firmly fixed*) pas solide; (*morals, discipline*) relâché(e); (*translation*) approximatif(-ive) ▶ *n*: **to be on the ~** être en liberté; **~ connection** (*Elec*) mauvais contact; **to be at a ~ end** *or* (*US*) **at ~ ends** (*fig*) ne pas trop savoir quoi faire • **loosely** *adv* sans serrer; (*imprecisely*) approximativement • **loosen** *vt* desserrer, relâcher, défaire

loot [lu:t] *n* butin *m* ▶ *vt* piller

lop-sided ['lɔp'saɪdɪd] *adj* de travers, asymétrique

lord [lɔ:d] *n* seigneur *m*; **L~ Smith** lord Smith; **the L~** (*Rel*) le Seigneur; **my L~** (*to noble*) Monsieur le comte/le baron; (*to judge*) Monsieur le juge; (*to bishop*) Monseigneur; **good L~!** mon Dieu! • **Lords** *npl* (BRIT *Pol*): **the (House of) Lords** la Chambre des Lords

lorry ['lɔrɪ] *n* (BRIT) camion *m* • **lorry driver** *n* (BRIT) camionneur *m*, routier *m*

lose [lu:z] (*pt, pp* **lost**) *vt* perdre ▶ *vi* perdre; **I've lost my wallet/passport** j'ai perdu mon portefeuille/passeport; **to ~ (time)** (*clock*) retarder • **lose out** *vi* être perdant(e) • **loser** *n* perdant(e)

loss [lɔs] *n* perte *f*; **to make a ~** enregistrer une perte; **to be at a ~** être perplexe *or* embarrassé(e)

lost [lɔst] *pt, pp of* **lose** ▶ *adj* perdu(e); **to get ~** *vi* se perdre; **I'm ~** je me suis perdu; **~ and found property** *n* (*US*) objets trouvés; **~ and found** *n* (*US*) (bureau *m* des) objets trouvés • **lost property** *n* (BRIT) objets trouvés; **lost property office department** (bureau *m* des) objets trouvés

lot [lɔt] *n* (*at auctions, set*) lot *m*; (*destiny*) sort *m*, destinée *f*; **the ~** (*everything*) le tout; (*everyone*) tous *mpl*, toutes *fpl*; **a ~** beaucoup; **a ~ of** beaucoup de; **~s of** des tas de; **to draw ~s (for sth)** tirer (qch) au sort

lotion ['ləuʃən] *n* lotion *f*

lottery ['lɔtərɪ] *n* loterie *f*

loud [laud] *adj* bruyant(e), sonore; (*voice*) fort(e); (*condemnation etc*) vigoureux(-euse); (*gaudy*) voyant(e), tapageur(-euse) ▶ *adv* (*speak etc*) fort; **out ~** tout haut • **loudly** *adv* fort, bruyamment • **loudspeaker** *n* haut-parleur *m*

lounge [laundʒ] *n* salon *m*; (*of airport*) salle *f*; (BRIT: *also*: **~ bar**) (salle de) café *m or* bar *m* ▶ *vi* (*also*: **~ about, ~ around**) se prélasser, paresser

louse (*pl* **lice**) [laus, laɪs] *n* pou *m*

lousy ['lauzɪ] (*inf*) *adj* (*bad quality*) infect(e), moche; **I feel ~** je suis mal fichu(e)

love [lʌv] *n* amour *m* ▶ *vt* aimer; (*caringly, kindly*) aimer beaucoup

· **chocolate** j'adore le chocolat; **· ~ to do** aimer beaucoup *or* dorer faire; **"15 ~"** (*Tennis*) "15 à ... *or* zéro"; **to be/fall in ~ with** ...re/tomber amoureux(-euse) de; **make ~** faire l'amour; **~ from** ...nne, ~, Anne** affectueusement, ...ne; **I ~ you** je t'aime • **love** ...**fair** *n* liaison (amoureuse)
love life *n* vie sentimentale
...**ely** ['lʌvlɪ] *adj* (*pretty*) ...vissant(e); (*friend, wife*) ...armant(e); (*holiday, surprise*) ...ès agréable, merveilleux(-euse)
...**er** ['lʌvəʳ] *n* amant *m*; (*person in* ...*e*) amoureux(-euse); (*amateur*): **~ of** un(e) ami(e) de, un(e) ...noureux(-euse) de
...**ing** ['lʌvɪŋ] *adj* affectueux(-euse), ...ndre, aimant(e)
...**v** [ləu] *adj* bas (basse); (*quality*) ...auvais(e), inférieur(e) ▸ *adv* bas ...n (*Meteorology*) dépression *f*; **to** ...**el ~** se sentir déprimé(e); **he's** ...**ry ~** (*ill*) il est bien bas *or* très ...faibli; **to turn (down) ~** *vt* ...isser; **to be ~ on** (*supplies etc*) ...re à court de; **to reach a new** *or* ...**all-time ~** tomber au niveau le ...us bas • **low-alcohol** *adj* à faible ...neur en alcool, peu alcoolisé(e)
...**ow-calorie** *adj* hypocalorique
...**ver** ['ləuəʳ] *adj* inférieur(e) ▸ *vt* ...isser; (*resistance*) diminuer; **to** ...**o.s. to** s'abaisser à
...**-fat** ['ləu'fæt] *adj* maigre
...**al** ['lɔɪəl] *adj* loyal(e), fidèle
...**oyalty** *n* loyauté *f*, fidélité *f*
...**oyalty card** *n* carte *f* de fidélité
...**lates** ['ɛlpleɪts] *npl* (BRIT) ...aques *fpl* (obligatoires) ...pprenti conducteur
...*bbr* (= *lieutenant*) Lt.
... *abbr* (*Comm*: = *limited*) ≈ SA

luck [lʌk] *n* chance *f*; **bad ~** malchance *f*, malheur *m*; **good ~!** bonne chance!; **bad** *or* **hard** *or* **tough ~!** pas de chance! • **luckily** *adv* heureusement, par bonheur • **lucky** *adj* (*person*) qui a de la chance; (*coincidence*) heureux(-euse); (*number etc*) qui porte bonheur
lucrative ['lu:krətɪv] *adj* lucratif(-ive), rentable, qui rapporte
ludicrous ['lu:dɪkrəs] *adj* ridicule, absurde
luggage ['lʌgɪdʒ] *n* bagages *mpl*; **our ~ hasn't arrived** nos bagages ne sont pas arrivés; **could you send someone to collect our ~?** pourriez-vous envoyer quelqu'un chercher nos bagages? • **luggage rack** *n* (*in train*) porte-bagages *m inv*; (*on car*) galerie *f*
lukewarm ['lu:kwɔ:m] *adj* tiède
lull [lʌl] *n* accalmie *f*; (*in conversation*) pause *f* ▸ *vt*: **to ~ sb to sleep** bercer qn pour qu'il s'endorme; **to be ~ed into a false sense of security** s'endormir dans une fausse sécurité
lullaby ['lʌləbaɪ] *n* berceuse *f*
lumber ['lʌmbəʳ] *n* (*wood*) bois *m* de charpente; (*junk*) bric-à-brac *m inv* ▸ *vt* (BRIT *inf*): **to ~ sb with sth/sb** coller *or* refiler qch/qn à qn
luminous ['lu:mɪnəs] *adj* lumineux(-euse)
lump [lʌmp] *n* morceau *m*; (*in sauce*) grumeau *m*; (*swelling*) grosseur *f* ▸ *vt* (*also*: **~ together**) réunir, mettre en tas • **lump sum** *n* somme globale *or* forfaitaire • **lumpy** *adj* (*sauce*) qui a des grumeaux; (*bed*) défoncé(e), peu confortable

l

lunatic ['lu:nətɪk] *n* (!) fou (folle), dément(e) ▶ *adj* fou (folle), dément(e)
lunch [lʌntʃ] *n* déjeuner *m* ▶ *vi* déjeuner • **lunch break** • **lunch hour** *n* pause *f* de midi, heure *f* du déjeuner • **lunchtime** *n*: **it's lunchtime** c'est l'heure du déjeuner
lung [lʌŋ] *n* poumon *m*
lure [luə^r] *n* (*attraction*) attrait *m*, charme *m*; (*in hunting*) appât *m*, leurre *m* ▶ *vt* attirer *or* persuader par la ruse
lurk [lə:k] *vi* se tapir, se cacher
lush [lʌʃ] *adj* luxuriant(e)
lust [lʌst] *n* (*sexual*) désir (sexuel); (*Rel*) luxure *f*; (*fig*): **~ for** soif *f* de
Luxembourg ['lʌksəmbə:g] *n* Luxembourg *m*
luxurious [lʌg'zjuərɪəs] *adj* luxueux(-euse)
luxury ['lʌkʃərɪ] *n* luxe *m* ▶ *cpd* de luxe
Lycra® ['laɪkrə] *n* Lycra® *m*
lying ['laɪɪŋ] *n* mensonge(s) *m(pl)* ▶ *adj* (*statement, story*) mensonger(-ère), faux (fausse); (*person*) menteur(-euse)
Lyons ['ljɔ̃] *n* Lyon
lyrics ['lɪrɪks] *npl* (*of song*) paroles *fpl*

m

m. *abbr* (= *metre*) m; (= *million*) M; (= *mile*) mi
ma [mɑ:] (*inf*) *n* maman *f*
M.A. *n abbr* (*Scol*) = **Master of Arts**
mac [mæk] *n* (BRIT) imper(méable *m*) *m*
macaroni [mækə'rəunɪ] *n* macaronis *mpl*
Macedonia [mæsɪ'dəunɪə] *n* Macédoine *f* • **Macedonian** [mæsɪ'dəunɪən] *adj* macédonien(ne) ▶ *n* Macédonien(ne); (*Ling*) macédonien *m*
machine [mə'ʃi:n] *n* machine *f* ▶ *vt* (*dress etc*) coudre à la machine; (*Tech*) usiner • **machine gun** *n* mitrailleuse *f* • **machinery** *n* machinerie *f*, machines *fpl*; (*fig*) mécanisme(s) *m(pl)* • **machine washable** *adj* (*garment*) lavable en machine
macho ['mætʃəu] *adj* macho *inv*
mackerel ['mækrl] *n* (*pl inv*) maquereau *m*
mackintosh ['mækɪntɔʃ] *n* (BRIT) imperméable *m*

d [mæd] *adj* fou (folle); (*foolish*)
ensé(e); (*angry*) furieux(-euse);
be ~ (keen) about *or* **on sth**
) être follement passionné de
, être fou de qch
dagascar [mædə'gæskəʳ] *n*
dagascar *m*
dam ['mædəm] *n* madame *f*
d cow disease *n* maladie *f*
s vaches folles
de [meɪd] *pt, pp of* **make**
nade-to-measure *adj* (BRIT)
(e) sur mesure • **made-up**
eɪdʌp] *adj* (*story*) inventé(e),
riqué(e)
dly ['mædlɪ] *adv* follement;
n love éperdument
oureux(-euse)
dman ['mædmən] (*irreg*) *n*
m, aliéné *m*
dness ['mædnɪs] *n* folie *f*
drid [mə'drɪd] *n* Madrid
fia ['mæfɪə] *n* maf(f)ia *f*
g [mæg] *n abbr* (BRIT *inf*:
agazine) magazine *m*
gazine [mægə'zi:n] *n* (*Press*)
gazine *m*, revue *f*; (*Radio, TV*)
gazine
ggot ['mægət] *n* ver *m*,
icot *m*
gic ['mædʒɪk] *n* magie *f* ▶ *adj*
gique • **magical** *adj* magique;
perience, evening)
rveilleux(-euse) • **magician**
ə'dʒɪʃən] *n* magicien(ne)
gistrate ['mædʒɪstreɪt] *n*
gistrat *m*; juge *m*
gnet ['mægnɪt] *n* aimant *m*
nagnetic [mæg'nɛtɪk] *adj*
gnétique
gnificent [mæg'nɪfɪsnt] *adj*
erbe, magnifique; (*splendid*:
e, building) somptueux(-euse),
gnifique

magnify ['mægnɪfaɪ] *vt* grossir; (*sound*) amplifier • **magnifying glass** *n* loupe *f*
magpie ['mægpaɪ] *n* pie *f*
mahogany [mə'hɔgənɪ] *n* acajou *m*
maid [meɪd] *n* bonne *f*; (*in hotel*) femme *f* de chambre; **old ~** (*pej*) vieille fille
maiden name *n* nom *m* de jeune fille
mail [meɪl] *n* poste *f*; (*letters*) courrier *m* ▶ *vt* envoyer (par la poste); **by ~** par la poste • **mailbox** *n* (US, *also Comput*) boîte *f* aux lettres • **mailing list** *n* liste *f* d'adresses • **mailman** (*irreg*) *n* (US) facteur *m* • **mail-order** *n* vente *f* or achat *m* par correspondance
main [meɪn] *adj* principal(e) ▶ *n* (*pipe*) conduite principale, canalisation *f*; **the ~s** (*Elec*) le secteur; **the ~ thing** l'essentiel *m*; **in the ~** dans l'ensemble • **main course** *n* (*Culin*) plat *m* de résistance • **mainland** *n* continent *m* • **mainly** *adv* principalement, surtout • **main road** *n* grand axe, route nationale • **mainstream** *n* (*fig*) courant principal • **main street** *n* rue *f* principale
maintain [meɪn'teɪn] *vt* entretenir; (*continue*) maintenir, préserver; (*affirm*) soutenir • **maintenance** ['meɪntənəns] *n* entretien *m*; (*Law: alimony*) pension *f* alimentaire
maisonette [meɪzə'nɛt] *n* (BRIT) appartement *m* en duplex
maize [meɪz] *n* (BRIT) maïs *m*
majesty ['mædʒɪstɪ] *n* majesté *f*; (*title*): **Your M~** Votre Majesté

major ['meɪdʒəʳ] *n (Mil)* commandant *m* ▸ *adj (important)* important(e); *(most important)* principal(e); *(Mus)* majeur(e) ▸ *vi (US Scol)*: **to ~ (in)** se spécialiser (en)

Majorca [mə'jɔ:kə] *n* Majorque *f*

majority [mə'dʒɔrɪtɪ] *n* majorité *f*

make [meɪk] *vt (pt, pp* **made***)* faire; *(manufacture)* faire, fabriquer; *(earn)* gagner; *(decision)* prendre; *(friend)* se faire; *(speech)* faire, prononcer; *(cause to be)*: **to ~ sb sad** *etc* rendre qn triste *etc*; *(force)*: **to ~ sb do sth** obliger qn à faire qch, faire faire qch à qn; *(equal)*: **2 and 2 ~ 4** 2 et 2 font 4 ▸ *n (manufacture)* fabrication *f*; *(brand)* marque *f*; **to ~ the bed** faire le lit; **to ~ a fool of sb** *(ridicule)* ridiculiser qn; *(trick)* avoir *or* duper qn; **to ~ a profit** faire un *or* des bénéfice(s); **to ~ a loss** essuyer une perte; **to ~ it** *(in time etc)* y arriver; *(succeed)* réussir; **what time do you ~ it?** quelle heure avez-vous?; **I ~ it £249** d'après mes calculs ça fait 249 livres; **to be made of** être en; **to ~ do with** se contenter de; se débrouiller avec
• **make off** *vi* filer • **make out** *vt (write out: cheque)* faire; *(decipher)* déchiffrer; *(understand)* comprendre; *(see)* distinguer; *(claim, imply)* prétendre, vouloir faire croire • **make up** *vt (invent)* inventer, imaginer; *(constitute)* constituer; *(parcel, bed)* faire ▸ *vi* se réconcilier; *(with cosmetics)* se maquiller, se farder; **to be made up of** se composer de • **make up for** *vt fus* compenser; *(lost time)* rattraper • **makeover** ['meɪkəuvəʳ] *n (by beautician)* soins *mpl* de maquillage; *(change of image)* changement *m* d'image
• **maker** *n* fabricant *m*; *(of film, programme)* réalisateur(-trice) • **makeshift** *adj* provisoire, improvisé(e) • **make-up** *n* maquillage *m*

making ['meɪkɪŋ] *n (fig)*: **in the** en formation *or* gestation; **to have the ~s of** *(actor, athlete)* avoir l'étoffe de

malaria [mə'lɛərɪə] *n* malaria paludisme *m*

Malaysia [mə'leɪzɪə] *n* Malai

male [meɪl] *n (Biol, Elec)* mâle ▸ *adj (sex, attitude)* masculin(e); *(animal)* mâle; *(child etc)* du sexe masculin

malicious [mə'lɪʃəs] *adj* méchant(e), malveillant(e)

> ⚠ Be careful not to transla *malicious* by the French word *malicieux*.

malignant [mə'lɪgnənt] *adj (Med)* malin(-igne)

mall [mɔ:l] *n (also*: **shopping** centre commercial

mallet ['mælɪt] *n* maillet *m*

malnutrition [mælnju:'trɪʃə *n* malnutrition *f*

malpractice [mæl'præktɪs] faute professionnelle; néglige

malt [mɔ:lt] *n* malt *m* ▸ *cpd (whisky)* pur malt

Malta ['mɔ:ltə] *n* Malte *f*
• **Maltese** [mɔ:l'ti:z] *adj* maltais(e) ▸ *n (pl inv)* Maltais(

mammal ['mæml] *n* mammifère *m*

mammoth ['mæməθ] *n* mammouth *m* ▸ *adj* géant(e), monstre

man *(pl* **men***)* [mæn, mɛn] *n* homme *m*; *(Sport)* joueur *m*; *(Chess)* pièce *f* ▸ *vt (Naut: ship)*

rnir d'hommes; (*machine*) surer le fonctionnement de; *il: gun*) servir; (: *post*) être de vice à; **an old ~** un vieillard; **nd wife** mari et femme
nage ['mænɪdʒ] *vi* se brouiller; (*succeed*) y arriver, ussir ▸ *vt* (*business*) gérer; (*team, eration*) diriger; (*control: ship*) anier, manœuvrer; (: *person*) voir s'y prendre avec; **to ~ to do** débrouiller pour faire; (*succeed*) ussir à faire • **manageable** *adj* aniable; (*task etc*) faisable; *mber*) raisonnable
nanagement *n* (*running*) ministration *f*, direction *f*; *ople in charge: of business, firm*) igeants *mpl*, cadres *mpl*; (: *of tel, shop, theatre*) direction
nanager *n* (*of business*) ecteur *m*; (*of institution etc*) ministrateur *m*; (*of department, t*) responsable *m/f*, chef *m*; (*of tel etc*) gérant *m*; (*Sport*) anager *m*; (*of artist*) impresario • **manageress** *n* directrice *f*; (*of tel etc*) gérante *f* • **managerial** æni'dʒɪərɪəl] *adj* directorial(e); *ills*) de cadre, de gestion
nanaging director *n* directeur néral
ndarin ['mændərɪn] *n* (*also:* **range**) mandarine *f*
ndate ['mændeɪt] *n* andat *m*
ndatory ['mændətərɪ] *adj* ligatoire
ne [meɪn] *n* crinière *f*
neuver [mə'nu:vər] (*US*) *n* **nanoeuvre**
ngetout ['mɔnʒ'tu:] *n* inge-tout *m inv*
ngo ['mæŋgəu] (*pl* **mangoes**) nangue *f*

man: • **manhole** *n* trou *m* d'homme • **manhood** *n* (*age*) âge *m* d'homme; (*manliness*) virilité *f*
mania ['meɪnɪə] *n* manie *f* • **maniac** ['meɪnɪæk] *n* maniaque *m/f*; (*fig*) fou (folle)
manic ['mænɪk] *adj* maniaque
manicure ['mænɪkjuər] *n* manucure *f*
manifest ['mænɪfɛst] *vt* manifester ▸ *adj* manifeste, évident(e)
manifesto [mænɪ'fɛstəu] *n* (*Pol*) manifeste *m*
manipulate [mə'nɪpjuleɪt] *vt* manipuler; (*system, situation*) exploiter
man: • **mankind** [mæn'kaɪnd] *n* humanité *f*, genre humain • **manly** *adj* viril(e) • **man-made** *adj* artificiel(le); (*fibre*) synthétique
manner ['mænər] *n* manière *f*, façon *f*; (*behaviour*) attitude *f*, comportement *m*; **manners** *npl*: **(good) ~s** (bonnes) manières; **bad ~s** mauvaises manières; **all ~ of** toutes sortes de
manoeuvre, (*US*) **maneuver** [mə'nu:vər] *vt* (*move*) manœuvrer; (*manipulate: person*) manipuler; (: *situation*) exploiter ▸ *n* manœuvre *f*
manpower ['mænpauər] *n* main-d'œuvre *f*
mansion ['mænʃən] *n* château *m*, manoir *m*
manslaughter ['mænslɔ:tər] *n* homicide *m* involontaire
mantelpiece ['mæntlpi:s] *n* cheminée *f*
manual ['mænjuəl] *adj* manuel(le) ▸ *n* manuel *m*

manufacture [mænju'fæktʃəʳ] *vt* fabriquer ▶ *n* fabrication *f* • **manufacturer** *n* fabricant *m*
manure [mə'njuəʳ] *n* fumier *m*; (*artificial*) engrais *m*
manuscript ['mænjuskrɪpt] *n* manuscrit *m*
many ['mɛnɪ] *adj* beaucoup de, de nombreux(-euses) ▶ *pron* beaucoup, un grand nombre; **a great ~** un grand nombre (de); **~ a ...** bien des ..., plus d'un(e) ...
map [mæp] *n* carte *f*; (*of town*) plan *m*; **can you show it to me on the ~?** pouvez-vous me l'indiquer sur la carte? • **map out** *vt* tracer; (*fig*: *task*) planifier
maple ['meɪpl] *n* érable *m*
mar [mɑːʳ] *vt* gâcher, gâter
marathon ['mærəθən] *n* marathon *m*
marble ['mɑːbl] *n* marbre *m*; (*toy*) bille *f*
March [mɑːtʃ] *n* mars *m*
march [mɑːtʃ] *vi* marcher au pas; (*demonstrators*) défiler ▶ *n* marche *f*; (*demonstration*) manifestation *f*
mare [mɛəʳ] *n* jument *f*
margarine [mɑːdʒə'riːn] *n* margarine *f*
margin ['mɑːdʒɪn] *n* marge *f* • **marginal** *adj* marginal(e); **marginal seat** (*Pol*) siège disputé • **marginally** *adv* très légèrement, sensiblement
marigold ['mærɪgəuld] *n* souci *m*
marijuana [mærɪ'wɑːnə] *n* marijuana *f*
marina [mə'riːnə] *n* marina *f*
marinade *n* [mærɪ'neɪd] marinade *f*
marinate ['mærɪneɪt] *vt* (faire) mariner
marine [mə'riːn] *adj* marin(e) fusilier marin; (*US*) marine *m*
marital ['mærɪtl] *adj* matrimonial(e) • **marital sta**t *n* situation *f* de famille
maritime ['mærɪtaɪm] *adj* maritime
marjoram ['mɑːdʒərəm] *n* marjolaine *f*
mark [mɑːk] *n* marque *f*; (*of sk etc*) trace *f*; (BRIT *Scol*) note *f*; (*o temperature*): **(gas) ~ 4** thermo *m* 4 ▶ *vt* (*also Sport*: *player*) marquer; (*stain*) tacher; (BRIT S corriger, noter; **to ~ time** marquer le pas • **marked** *adj* (*obvious*) marqué(e), net(te) • **marker** *n* (*sign*) jalon *m*; (*bookmark*) signet *m*
market ['mɑːkɪt] *n* marché *m* (*Comm*) commercialiser • **marketing** *n* marketing *m* • **marketplace** *n* place *f* du marché; (*Comm*) marché *m* • **market research** *n* étude *f* c marché
marmalade ['mɑːməleɪd] *n* confiture *f* d'oranges
maroon [mə'ruːn] *vt*: **to be ~** être abandonné(e); (*fig*) être bloqué(e) ▶ *adj* (*colour*) bordea *inv*
marquee [mɑː'kiː] *n* chapite
marriage ['mærɪdʒ] *n* mariag • **marriage certificate** *n* extr *m* d'acte de mariage
married ['mærɪd] *adj* marié(e (*life, love*) conjugal(e)
marrow ['mærəu] *n* (*of bone*) moelle *f*; (*vegetable*) courge *f*
marry ['mærɪ] *vt* épouser, se marier avec; (*subj*: *father, priest* marier ▶ *vi* (*also*: **get married** se marier

rs [mɑːz] *n (planet)* Mars *f*
rseilles [mɑː'seɪ] *n* Marseille
rsh [mɑːʃ] *n* marais *m*,
arécage *m*
rshal ['mɑːʃl] *n* maréchal *m*;
s: *fire, police)* ≈ capitaine *m*; *(for*
monstration, meeting) membre *m*
service d'ordre ▶ *vt* rassembler
rtyr ['mɑːtəʳ] *n* martyr(e)
rvel ['mɑːvl] *n* merveille *f* ▶ *vi*:
~ (at) s'émerveiller (de)
narvellous • (US) **marvelous**
j merveilleux(-euse)
rxism ['mɑːksɪzəm] *n*
arxisme *m*
rxist ['mɑːksɪst] *adj, n*
arxiste (*m/f*)
rzipan ['mɑːzɪpæn] *n* pâte *f*
amandes
scara [mæs'kɑːrə] *n* mascara *m*
scot ['mæskət] *n* mascotte *f*
sculine ['mæskjulɪn] *adj*
asculin(e) ▶ *n* masculin *m*
sh [mæʃ] *vt (Culin)* faire une
rée de • **mashed potato(es)**
ol) purée *f* de pommes de terre
sk [mɑːsk] *n* masque *m* ▶ *vt*
asquer
son ['meɪsn] *n (also:* **stone~**)
açon *m*; *(also:* **free~**) franc-maçon
• **masonry** *n* maçonnerie *f*
ss [mæs] *n* multitude *f*, masse
Physics) masse; *(Rel)* messe *f*
:pd (communication) de masse;
nemployment) massif(-ive) ▶ *vi* se
asser; **masses** *npl*: **the ~es** les
asses; **~es of** *(inf)* des tas de
ssacre ['mæsəkəʳ] *n*
assacre *m*
ssage ['mæsɑːʒ] *n* massage *m*
t masser
ssive ['mæsɪv] *adj* énorme,
assif(-ive)
ss media *npl* mass-media *mpl*

mass-produce ['mæsprə'djuːs]
vt fabriquer en série
mast [mɑːst] *n* mât *m*; *(Radio, TV)*
pylône *m*
master ['mɑːstəʳ] *n* maître *m*; *(in secondary school)* professeur *m*; *(in primary school)* instituteur *m*; *(title for boys)*: **M~ X** Monsieur X ▶ *vt* maîtriser; *(learn)* apprendre à fond; **M~ of Arts/Science (MA/MSc)** *n* ≈ titulaire *m/f* d'une licence (en lettres/science); **M~ of Arts/Science degree (MA/MSc)** *n* ≈ licence *f* • **mastermind** *n* esprit supérieur ▶ *vt* diriger, être le cerveau de • **masterpiece** *n* chef-d'œuvre *m*
masturbate ['mæstəbeɪt] *vi* se masturber
mat [mæt] *n* petit tapis; *(also:* **door~**) paillasson *m*; *(also:* **table~**) set *m* de table ▶ *adj* = **matt**
match [mætʃ] *n* allumette *f*; *(game)* match *m*, partie *f*; *(fig)* égal(e) ▶ *vt (also:* **~ up**) assortir; *(go well with)* aller bien avec, s'assortir à; *(equal)* égaler, valoir ▶ *vi* être assorti(e); **to be a good ~** être bien assorti(e) • **matchbox** *n* boîte *f* d'allumettes • **matching** *adj* assorti(e)
mate [meɪt] *n (inf)* copain (copine); *(animal)* partenaire *m/f*, mâle (femelle); *(in merchant navy)* second *m* ▶ *vi* s'accoupler
material [mə'tɪərɪəl] *n (substance)* matière *f*, matériau *m*; *(cloth)* tissu *m*, étoffe *f*; *(information, data)* données *fpl* ▶ *adj* matériel(le); *(relevant: evidence)* pertinent(e); **materials** *npl (equipment)* matériaux *mpl*
materialize [mə'tɪərɪəlaɪz] *vi* se matérialiser, se réaliser
maternal [mə'təːnl] *adj* maternel(le)

maternity [mə'tə:nɪtɪ] *n* maternité *f* • **maternity hospital** *n* maternité *f* • **maternity leave** *n* congé *m* de maternité
math [mæθ] *n* (US: = *mathematics*) maths *fpl*
mathematical [mæθə'mætɪkl] *adj* mathématique
mathematician [mæθəmə'tɪʃən] *n* mathématicien(ne)
mathematics [mæθə'mætɪks] *n* mathématiques *fpl*
maths [mæθs] *n abbr* (BRIT: = *mathematics*) maths *fpl*
matinée ['mætɪneɪ] *n* matinée *f*
matron ['meɪtrən] *n* (*in hospital*) infirmière-chef *f*; (*in school*) infirmière *f*
matt [mæt] *adj* mat(e)
matter ['mætə^r] *n* question *f*; (*Physics*) matière *f*, substance *f*; (*Med: pus*) pus *m* ▶ *vi* importer; **matters** *npl* (*affairs, situation*) la situation; **it doesn't ~** cela n'a pas d'importance; (*I don't mind*) cela ne fait rien; **what's the ~?** qu'est-ce qu'il y a?, qu'est-ce qui ne va pas?; **no ~ what** quoi qu'il arrive; **as a ~ of course** tout naturellement; **as a ~ of fact** en fait; **reading ~** (BRIT) de quoi lire, de la lecture
mattress ['mætrɪs] *n* matelas *m*
mature [mə'tjuə^r] *adj* mûr(e); (*cheese*) fait(e); (*wine*) arrivé(e) à maturité ▶ *vi* mûrir; (*cheese, wine*) se faire • **mature student** *n* étudiant(e) plus âgé(e) que la moyenne • **maturity** *n* maturité *f*
maul [mɔ:l] *vt* lacérer
mauve [məuv] *adj* mauve
max *abbr* = **maximum**
maximize ['mæksɪmaɪz] *vt* (*profits etc, chances*) maximiser
maximum (*pl* **maxima**) ['mæksɪməm, -mə] *adj* maximum ▶ *n* maximum *m*
May [meɪ] *n* mai *m*
may [meɪ] (*conditional* **might**) (*indicating possibility*): **he ~ com**... se peut qu'il vienne; (*be allowed to*): **~ I smoke?** puis-je fumer?; (*wishes*): **~ God bless you!** (que) Dieu vous bénisse!; **you ~ as w**... **go** vous feriez aussi bien d'y all...
maybe ['meɪbi:] *adv* peut-être **~ he'll ...** peut-être qu'il ...
May Day *n* le Premier mai
mayhem ['meɪhɛm] *n* grabu...
mayonnaise [meɪə'neɪz] *n* mayonnaise *f*
mayor [mɛə^r] *n* maire *m* • **mayoress** *n* (*female mayor*) maire *m*; (*wife of mayor*) épouse du maire
maze [meɪz] *n* labyrinthe *m*, dédale *m*
MD *n abbr* (*Comm*) = **managing director**
me [mi:] *pron* me, m' + *vowel or* ... *mute*; (*stressed, after prep*) moi; **me** c'est moi; **he heard me** il ... entendu; **give me a book** donnez-moi un livre; **it's for m**... c'est pour moi
meadow ['mɛdəu] *n* prairie *f*, p...
meagre, (US) **meager** ['mi:g... *adj* maigre
meal [mi:l] *n* repas *m*; (*flour*) farine *f* • **mealtime** *n* heure *f* d... repas
mean [mi:n] *adj* (*with money*) av... radin(e); (*unkind*) mesquin(e), méchant(e); (*shabby*) misérab... (*average*) moyen(ne) ▶ *vt* (*pt, p*... **meant**) (*signify*) signifier, voul... dire; (*refer to*) faire allusion à, parler de; (*intend*): **to ~ to do** a...

:tention de faire ▶ *n* moyenne *f*;
eans *npl* (*way, money*) moyens
›l; **to be ~t for** être destiné(e) à;
you ~ it? vous êtes sérieux?;
hat do you ~? que voulez-vous
'e?; **by ~s of** (*instrument*) au
oyen de; **by all ~s** je vous en prie
aning ['mi:nɪŋ] *n* signification *f*,
ns *m* • **meaningful** *adj*
ɲificatif(-ive); (*relationship*)
lable • **meaningless** *adj*
nué(e) de sens
ant [mɛnt] *pt, pp of* **mean**
antime ['mi:ntaɪm] *adv* (*also*:
the ~) pendant ce temps
anwhile ['mi:nwaɪl] *adv*
neantime
asles ['mi:zlz] *n* rougeole *f*
asure ['mɛʒəʳ] *vt, vi* mesurer
ı mesure *f*; (*ruler*) règle
raduée)
asurements ['mɛʒəməntz]
l mesures *fpl*; **chest/hip ~** tour
de poitrine/hanches
at [mi:t] *n* viande *f*; **I don't**
t ~ je ne mange pas de viande;
ld ~s (BRIT) viandes froides
neatball *n* boulette *f* de viande
cca ['mɛkə] *n* la Mecque
chanic [mɪ'kænɪk] *n*
écanicien *m*; **can you send a ~?**
›uvez-vous nous envoyer un
écanicien? • **mechanical** *adj*
écanique
chanism ['mɛkənɪzəm] *n*
écanisme *m*
dal ['mɛdl] *n* médaille *f*
nedallist • (US) **medalist** *n*
›ort) médaillé(e)
ddle ['mɛdl] *vi*: **to ~ in** se
êler de, s'occuper de; **to ~ with**
ucher à
dia ['mi:dɪə] *npl* media *mpl*
pl of **medium**

mediaeval [mɛdɪ'i:vl] *adj*
= **medieval**
mediate ['mi:dɪeɪt] *vi* servir
d'intermédiaire
medical ['mɛdɪkl] *adj* médical(e)
▶ *n* (*also*: **~ examination**) visite
médicale; (*private*) examen
médical • **medical certificate** *n*
certificat médical
medicalize ['mɛdɪkəlaɪz] *vt*
médicaliser
medicated ['mɛdɪkeɪtɪd] *adj*
traitant(e), médicamenteux(-euse)
medication [mɛdɪ'keɪʃən] *n*
(*drugs etc*) médication *f*
medicine ['mɛdsɪn] *n* médecine
f; (*drug*) médicament *m*
medieval [mɛdɪ'i:vl] *adj*
médiéval(e)
mediocre [mi:dɪ'əukəʳ] *adj*
médiocre
meditate ['mɛdɪteɪt] *vi*:
to ~ (on) méditer (sur)
meditation [mɛdɪ'teɪʃən] *n*
méditation *f*
Mediterranean
[mɛdɪtə'reɪnɪən] *adj*
méditerranéen(ne); **the ~ (Sea)**
la (mer) Méditerranée
medium ['mi:dɪəm] *adj*
moyen(ne) ▶ *n* (*pl* **media**) (*means*)
moyen *m*; (*person*) médium *m*;
the happy ~ le juste milieu
• **medium-sized** *adj* de taille
moyenne • **medium wave** *n*
(*Radio*) ondes moyennes, petites
ondes
meek [mi:k] *adj* doux (douce),
humble
meet [mi:t] (*pt, pp* **met**) *vt*
rencontrer; (*by arrangement*)
retrouver, rejoindre; (*for the first
time*) faire la connaissance de;
(*go and fetch*): **I'll ~ you at the**

station j'irai te chercher à la gare; (*opponent, danger, problem*) faire face à; (*requirements*) satisfaire à, répondre à ▶ *vi* (*friends*) se rencontrer; se retrouver; (*in session*) se réunir; (*join: lines, roads*) se joindre; **nice ~ing you** ravi d'avoir fait votre connaissance • **meet up** *vi*: **to ~ up with sb** rencontrer qn • **meet with** *vt fus* (*difficulty*) rencontrer; **to ~ with success** être couronné(e) de succès • **meeting** *n* (*of group of people*) réunion *f*; (*between individuals*) rendez-vous *m*; **she's at** *or* **in a meeting** (*Comm*) elle est en réunion • **meeting place** *n* lieu *m* de (la) réunion; (*for appointment*) lieu de rendez-vous

megabyte ['mɛgəbaɪt] *n* (*Comput*) méga-octet *m*

megaphone ['mɛgəfəun] *n* porte-voix *m inv*

megapixel ['mɛgəpɪksl] *n* mégapixel *m*

megastore ['mɛgəstɔːʳ] *n* mégastore *m*

melancholy ['mɛlənkəlɪ] *n* mélancolie *f* ▶ *adj* mélancolique

melody ['mɛlədɪ] *n* mélodie *f*

melon ['mɛlən] *n* melon *m*

melt [mɛlt] *vi* fondre ▶ *vt* faire fondre

member ['mɛmbəʳ] *n* membre *m*; **M~ of the European Parliament** eurodéputé *m*; **M~ of Parliament** (BRIT) député *m* • **membership** *n* (*becoming a member*) adhésion *f*; admission *f*; (*members*) membres *mpl*, adhérents *mpl* • **membership card** *n* carte *f* de membre

meme [miːm] *n* (*Internet*) mème *m*

memento [mə'mɛntəu] *n* souvenir *m*

memo ['mɛməu] *n* note *f* (de service)

memorable ['mɛmərəbl] *adj* mémorable

memorandum (*pl* **memoran**... [mɛmə'rændəm, -də] *n* note *f* ... service)

memorial [mɪ'mɔːrɪəl] *n* mémorial *m* ▶ *adj* commémoratif(-ive)

memorize ['mɛməraɪz] *vt* apprendre *or* retenir par cœur

memory ['mɛmərɪ] *n* (*also Comput*) mémoire *f*; (*recollectio*... souvenir *m*; **in ~ of** à la mémoi... de • **memory card** *n* (*for digita*... *camera*) carte *f* mémoire • **memory stick** *n* (*Comput: fla*... *pen*) clé *f* USB; (: *card*) carte *f* mémoire

men [mɛn] *npl of* **man**

menace ['mɛnɪs] *n* menace *f*; (*inf: nuisance*) peste *f*, plaie *f* ▶ *v*... menacer

mend [mɛnd] *vt* réparer; (*darn*... raccommoder, repriser ▶ *n*: **on the ~** en voie de guérison; **to ~ one's ways** s'amender

meningitis [mɛnɪn'dʒaɪtɪs] *n* méningite *f*

menopause ['mɛnəupɔːz] *n* ménopause *f*

men's room (US) *n*: **the ~** les toilettes *fpl* pour hommes

menstruation [mɛnstru'eɪʃ... *n* menstruation *f*

menswear ['mɛnzwɛəʳ] *n* vêtements *mpl* d'hommes

mental ['mɛntl] *adj* mental(e) • **mental hospital** *n* hôpital *m* psychiatrique • **mentality** [mɛn'tælɪtɪ] *n* mentalité *f* • **mentally** *adv*: **to be menta**... **handicapped** être handicapé(...

ntal(e); **the mentally ill** les
lades mentaux
nthol ['mɛnθɔl] *n* menthol *m*
ntion ['mɛnʃən] *n* mention *f*
t mentionner, faire mention de;
n't ~ it! je vous en prie, il n'y a
s de quoi!
nu ['mɛnju:] *n* (*set menu, nput*) menu *m*; (*list of dishes*)
te *f*
P *n abbr* = **Member of the ropean Parliament**
rcenary ['mə:sɪnərɪ] *adj*
rson) intéressé(e), mercenaire
mercenaire *m*
rchandise ['mə:tʃəndaɪz] *n*
rchandises *fpl*
rchant ['mə:tʃənt] *n*
gociant *m*, marchand *m*
nerchant bank *n* (BRIT)
nque *f* d'affaires • **merchant**
vy • (US) **merchant marine** *n*
rine marchande
rciless ['mə:sɪlɪs] *adj*
pitoyable, sans pitié
rcury ['mə:kjurɪ] *n* mercure *m*
rcy ['mə:sɪ] *n* pitié *f*, merci *f*;
l) miséricorde *f*; **at the ~ of** à la
rci de
e [mɪəʳ] *adj* simple; (*chance*)
(e); **a ~ two hours** seulement
ux heures • **merely** *adv*
plement, purement
ge [mə:dʒ] *vt* unir; (*Comput*)
ionner, interclasser ▶ *vi*
ours, shapes, sounds) se mêler;
ds) se joindre; (*Comm*)
onner • **merger** *n* (*Comm*)
ion *f*
ingue [mə'ræŋ] *n*
ringue *f*
it ['mɛrɪt] *n* mérite *m*, valeur *f*
mériter
maid ['mə:meɪd] *n* sirène *f*

merry ['mɛrɪ] *adj* gai(e);
M~ Christmas! joyeux Noël!
• **merry-go-round** *n* manège *m*
mesh [mɛʃ] *n* mailles *fpl*
mess [mɛs] *n* désordre *m*, fouillis *m*, pagaille *f*; (*muddle: of life*) gâchis *m*; (*: of economy*) pagaille *f*; (*dirt*) saleté *f*; (*Mil*) mess *m*, cantine *f*; **to be (in) a ~** être en désordre; **to be/get o.s. in a ~** (*fig*) être/se mettre dans le pétrin • **mess about** • **mess around** (*inf*) *vi* perdre son temps • **mess up** *vt* (*inf: dirty*) salir; (*: spoil*) gâcher • **mess with** (*inf*) *vt fus* (*challenge, confront*) se frotter à; (*interfere with*) toucher à
message ['mɛsɪdʒ] *n* message *m*; **can I leave a ~?** est-ce que je peux laisser un message?; **are there any ~s for me?** est-ce que j'ai des messages?
messenger ['mɛsɪndʒəʳ] *n* messager *m*
Messrs, Messrs. ['mɛsəz] *abbr* (*on letters: = messieurs*) MM
messy ['mɛsɪ] *adj* (*dirty*) sale; (*untidy*) en désordre
met [mɛt] *pt, pp of* **meet**
metabolism [mɛ'tæbəlɪzəm] *n* métabolisme *m*
metal ['mɛtl] *n* métal *m* ▶ *cpd* en métal • **metallic** [mɛ'tælɪk] *adj* métallique
metaphor ['mɛtəfəʳ] *n* métaphore *f*
meteor ['mi:tɪəʳ] *n* météore *m*
• **meteorite** ['mi:tɪəraɪt] *n* météorite *m/f*
meteorology [mi:tɪə'rɔlədʒɪ] *n* météorologie *f*
meter ['mi:təʳ] *n* (*instrument*) compteur *m*; (*also*: **parking ~**) parc(o)mètre *m*; (*US: unit*)

= **metre** ▶ *vt* (*US Post*) affranchir à la machine
method ['mɛθəd] *n* méthode *f* • **methodical** [mɪ'θɔdɪkl] *adj* méthodique
methylated spirit ['mɛθɪleɪtɪd-] *n* (*BRIT*) alcool *m* à brûler
meticulous [mɛ'tɪkjuləs] *adj* méticuleux(-euse)
metre, (*US*) **meter** ['mi:tə^{r}] *n* mètre *m*
metric ['mɛtrɪk] *adj* métrique
metro ['metrəu] *n* métro *m*
metropolitan [mɛtrə'pɔlɪtən] *adj* métropolitain(e); **the M~ Police** (*BRIT*) la police londonienne
Mexican ['mɛksɪkən] *adj* mexicain(e) ▶ *n* Mexicain(e)
Mexico ['mɛksɪkəu] *n* Mexique *m*
mg *abbr* (= *milligram*) mg
mice [maɪs] *npl of* **mouse**
micro... [maɪkrəu] *prefix* micro... • **microchip** *n* (*Elec*) puce *f* • **microphone** *n* microphone *m* • **microscope** *n* microscope *m*
mid [mɪd] *adj*: **~ May** la mi-mai; **~ afternoon** le milieu de l'après-midi; **in ~ air** en plein ciel; **he's in his ~ thirties** il a dans les trente-cinq ans • **midday** *n* midi *m*
middle ['mɪdl] *n* milieu *m*; (*waist*) ceinture *f*, taille *f* ▶ *adj* du milieu; (*average*) moyen(ne); **in the ~ of the night** au milieu de la nuit • **middle-aged** *adj* d'un certain âge, ni vieux ni jeune • **Middle Ages** *npl*: **the Middle Ages** le moyen âge • **middle class(es)** *n*(*pl*): **the middle class(es)** ≈ les classes moyennes • **middle-class** *adj* bourgeois(e) • **Middle Eas**[t] **the Middle East** le Proche-Or[ient,] le Moyen-Orient • **middle na**[me] *n* second prénom • **middle sc**[hool] *n* (*US*) *école pour les enfants de 12* [*à 14*] *ans*, ≈ collège *m*; (*BRIT*) *école po*[*ur*] *les enfants de 8 à 14 ans*
midge [mɪdʒ] *n* moucheron *m*
midget ['mɪdʒɪt] *n* (*!*) nain(e)
midnight ['mɪdnaɪt] *n* minui[t]
midst [mɪdst] *n*: **in the ~ of** a[u] milieu de
midsummer [mɪd'sʌmə^{r}] *n* milieu *m* de l'été
midway [mɪd'weɪ] *adj*, *adv*: **~ (between)** à mi-chemin (en[tre]) **~ through ...** au milieu de ..., [en] plein(e) ...
midweek [mɪd'wi:k] *adv* au milieu de la semaine, en plein[e] semaine
midwife (*pl* **midwives**) ['mɪdwaɪf, -vz] *n* sage-femm[e]
midwinter [mɪd'wɪntə^{r}] *n* m[ilieu] *m* de l'hiver
might [maɪt] *vb see* **may** ▶ *n* puissance *f*, force *f* • **mighty** *a*[*dj*] puissant(e)
migraine ['mi:greɪn] *n* migra[ine]
migrant ['maɪgrənt] *n* (*bird*, *animal*) migrateur *m*; (*person*) migrant(e) ▶ *adj* migrateur(-trice); migrant(e); (*worker*) saisonnier(-ière)
migrate [maɪ'greɪt] *vi* migre[r]
migration [maɪ'greɪʃən] *n* migration *f*
mike [maɪk] *n abbr* (= *microph*[*one*]) micro *m*
mild [maɪld] *adj* doux (douce); (*reproach*, *infection*) léger(-ère); (*illness*) bénin(-igne); (*interest*) modéré(e); (*taste*) peu relevé(e) • **mildly** ['maɪldlɪ] *adv* doucem[ent]

ièrement; **to put it mildly** (*inf*)
st le moins qu'on puisse dire
e [maɪl] *n* mil(l)e *m* (= 1609 *m*)
nileage *n* distance *f* en milles,
ilométrage *m* • **mileometer**
aɪ'lɔmɪtə^r] *n* compteur *m*
ɔmétrique • **milestone** *n*
rne *f*; (*fig*) jalon *m*
itary ['mɪlɪtərɪ] *adj* militaire
itia [mɪ'lɪʃə] *n* milice *f*
k [mɪlk] *n* lait *m* ▸ *vt* (*cow*)
ire; (*fig: person*) dépouiller,
mer; (*: situation*) exploiter à
ıd • **milk chocolate** *n* chocolat
u lait • **milkman** (*irreg*) *n*
tier *m* • **milky** *adj* (*drink*) au lait;
lour) laiteux(-euse)
[mɪl] *n* moulin *m*; (*factory*)
ne *f*, fabrique *f*; (*spinning mill*)
ture *f*; (*flour mill*) minoterie *f*
t moudre, broyer ▸ *vi* (*also:*
bout) grouiller
ennium (*pl* **millenniums** *or*
llennia) [mɪ'lɛnɪəm, -'lɛnɪə] *n*
lénaire *m*
i... ['mɪlɪ] *prefix* milli...
nilligram(me) *n* milligramme
• **millilitre** • (*US*) **milliliter** *n*
llilitre *m* • **millimetre** • (*US*)
llimeter *n* millimètre *m*
ion ['mɪljən] *n* million *m*;
pounds un million de livres
rling • **millionaire** [mɪljə'nɛə^r]
nillionnaire *m* • **millionth** *num*
llionième
ɔmeter [maɪ'lɔmɪtə^r] *n*
nileometer
ne [maɪm] *n* mime *m* ▸ *vt, vi*
mer
nic ['mɪmɪk] *n*
tateur(-trice) ▸ *vt, vi* imiter,
ntrefaire
. *abbr* (= *minute(s)*) mn.;
ninimum) min.

mince [mɪns] *vt* hacher ▸ *n* (BRIT *Culin*) viande hachée, hachis *m* • **mincemeat** *n* hachis de fruits secs utilisés en pâtisserie; (*US*) viande hachée, hachis *m* • **mince pie** *n* sorte de tarte aux fruits secs

mind [maɪnd] *n* esprit *m* ▸ *vt* (*attend to, look after*) s'occuper de; (*be careful*) faire attention à; (*object to*): **I don't ~ the noise** je ne crains pas le bruit, le bruit ne me dérange pas; **it is on my ~** cela me préoccupe; **to change one's ~** changer d'avis; **to my ~** à mon avis, selon moi; **to bear sth in ~** tenir compte de qch; **to have sb/sth in ~** avoir qn/qch en tête; **to make up one's ~** se décider; **do you ~ if ...?** est-ce que cela vous gêne si ...?; **I don't ~** cela ne me dérange pas; (*don't care*) ça m'est égal; **~ you, ...** remarquez, ...; **never ~** peu importe, ça ne fait rien; (*don't worry*) ne vous en faites pas; **"~ the step"** "attention à la marche" • **mindfulness** *n* pleine conscience *f* • **mindless** *adj* irréfléchi(e); (*violence, crime*) insensé(e); (*boring: job*) idiot(e)

mine¹ [maɪn] *pron* le (la) mien(ne), les miens (miennes); **a friend of ~** un de mes amis, un ami à moi; **this book is ~** ce livre est à moi

mine² [maɪn] *n* mine *f* ▸ *vt* (*coal*) extraire; (*ship, beach*) miner • **minefield** *n* champ *m* de mines • **miner** *n* mineur *m*

mineral ['mɪnərəl] *adj* minéral(e) ▸ *n* minéral *m* • **mineral water** *n* eau minérale

mingle ['mɪŋgl] *vi*: **to ~ with** se mêler à

m

miniature ['mɪnətʃəʳ] *adj* (en) miniature ▶ *n* miniature *f*
minibar ['mɪnɪbɑːʳ] *n* minibar *m*
minibus ['mɪnɪbʌs] *n* minibus *m*
minicab ['mɪnɪkæb] *n* (BRIT) taxi *m* indépendant
minimal ['mɪnɪml] *adj* minimal(e) • **minimalistic** [mɪnɪmə'lɪstɪk] *adj* minimaliste
minimize ['mɪnɪmaɪz] *vt* (*reduce*) réduire au minimum; (*play down*) minimiser
minimum ['mɪnɪməm] *n* (*pl* **minima**) minimum *m* ▶ *adj* minimum
mining ['maɪnɪŋ] *n* exploitation minière
miniskirt ['mɪnɪskəːt] *n* mini-jupe *f*
minister ['mɪnɪstəʳ] *n* (BRIT *Pol*) ministre *m*; (*Rel*) pasteur *m*
ministry ['mɪnɪstrɪ] *n* (BRIT *Pol*) ministère *m*; (*Rel*): **to go into the ~** devenir pasteur
minor ['maɪnəʳ] *adj* petit(e), de peu d'importance; (*Mus, poet, problem*) mineur(e) ▶ *n* (*Law*) mineur(e)
minority [maɪ'nɔrɪtɪ] *n* minorité *f*
mint [mɪnt] *n* (*plant*) menthe *f*; (*sweet*) bonbon *m* à la menthe ▶ *vt* (*coins*) battre; **the (Royal) M~, the (US) M~** ≈ l'hôtel *m* de la Monnaie; **in ~ condition** à l'état de neuf
minus ['maɪnəs] *n* (*also*: **~ sign**) signe *m* moins ▶ *prep* moins; **12 ~ 6 equals 6** 12 moins 6 égal 6; **~ 24°C** moins 24°C
minute[1] ['mɪnɪt] *n* minute *f*; **minutes** *npl* (*of meeting*) procès-verbal *m*, compte rendu; **wait a ~!** (attendez) un instant!; **at the last ~** à la dernière minute
minute[2] [maɪ'njuːt] *adj* minusc (*detailed*) minutieux(-euse); **in ~ detail** par le menu
miracle ['mɪrəkl] *n* miracle *m*
miraculous [mɪ'rækjuləs] *ac* miraculeux(-euse)
mirage ['mɪrɑːʒ] *n* mirage *m*
mirror ['mɪrəʳ] *n* miroir *m*, glac (*in car*) rétroviseur *m*
misbehave [mɪsbɪ'heɪv] *vi* m se conduire
misc. *abbr* = **miscellaneous**
miscarriage ['mɪskærɪdʒ] *n* (*Med*) fausse couche; **~ of just** erreur *f* judiciaire
miscellaneous [mɪsɪ'leɪnɪəs *adj* (*items, expenses*) divers(es); (*selection*) varié(e)
mischief ['mɪstʃɪf] *n* (*naughti* sottises *fpl*; (*playfulness*) espièglerie *f*; (*harm*) mal *m*, dommage *m*; (*maliciousness*) méchanceté *f* • **mischievous** ['mɪstʃɪvəs] *adj* (*playful, naugh* coquin(e), espiègle
miscommunication [mɪskəmjuːnɪ'keɪʃən] *n* mauvaise communication *f*
misconception ['mɪskən'sɛpʃən] *n* idée fauss
misconduct [mɪs'kɔndʌkt] inconduite *f*; **professional ~** faute professionnelle
miser ['maɪzəʳ] *n* avare *m/f*
miserable ['mɪzərəbl] *adj* (*pe expression*) malheureux(-euse) (*conditions*) misérable; (*weathe* maussade; (*offer, donation*) minable; (*failure*) pitoyable
misery ['mɪzərɪ] *n* (*unhappine* tristesse *f*; (*pain*) souffrances *f* (*wretchedness*) misère *f*
misfortune [mɪs'fɔːtʃən] *n* malchance *f*, malheur *m*

sgiving [mɪs'gɪvɪŋ] *n*
pprehension) craintes *fpl*; **to**
ave ~s about sth avoir des
utes quant à qch
sguided [mɪs'gaɪdɪd] *adj*
alavisé(e)
shap ['mɪshæp] *n*
ésaventure *f*
sinterpret [mɪsɪn'tə:prɪt] *vt*
al interpréter
sjudge [mɪs'dʒʌdʒ] *vt* méjuger,
méprendre sur le compte de
slay [mɪs'leɪ] *vt* (*irreg*: *like* **lay**)
arer
slead [mɪs'li:d] *vt* (*irreg*: *like*
ad') induire en erreur
misleading *adj*
ompeur(-euse)
splace [mɪs'pleɪs] *vt* égarer;
be ~d (*trust etc*) être mal
acé(e)
sprint ['mɪsprɪnt] *n* faute *f*
mpression
srepresent [mɪsrɛprɪ'zɛnt] *vt*
ésenter sous un faux jour
ss [mɪs] *n* Mademoiselle
ss [mɪs] *vt* (*fail to get, attend, see*)
anquer, rater; (*regret the absence*
): **I ~ him/it** il/cela me manque
i manquer ▸ *n* (*shot*) coup
anqué; **we ~ed our train** nous
ons raté notre train; **you can't**
t vous ne pouvez pas vous
omper • **miss out** *vt* (BRIT)
ublier • **miss out on** *vt fus* (*fun,*
rty) rater, manquer; (*chance,*
rgain) laisser passer
ssile ['mɪsaɪl] *n* (*Aviat*) missile
(*object thrown*) projectile *m*
ssing ['mɪsɪŋ] *adj* manquant(e);
ter escape, disaster: *person*)
sparu(e); **to go ~** disparaître;
n action (*Mil*) porté(e)
sparu(e)

mission ['mɪʃən] *n* mission *f*; **on**
a ~ to sb en mission auprès de qn
• **missionary** *n* missionnaire *m/f*
misspell ['mɪs'spɛl] *vt* (*irreg*: *like*
spell) mal orthographier
mist [mɪst] *n* brume *f* ▸ *vi* (*also*:
~ over, ~ up) devenir
brumeux(-euse); (BRIT: *windows*)
s'embuer
mistake [mɪs'teɪk] *n* erreur *f*,
faute *f* ▸ *vt* (*irreg*: *like* **take**)
(*meaning*) mal comprendre;
(*intentions*) se méprendre sur;
to ~ for prendre pour; **by ~** par
erreur, par inadvertance; **to**
make a ~ (*in writing*) faire une
faute; (*in calculating etc*) faire une
erreur; **there must be some ~** il
doit y avoir une erreur, se tromper
• **mistaken** *pp of* **mistake** ▸ *adj*
(*idea etc*) erroné(e); **to be**
mistaken faire erreur, se tromper
mister ['mɪstə^r] *n* (*inf*) Monsieur
m; *see* **Mr**
mistletoe ['mɪsltəu] *n* gui *m*
mistook [mɪs'tuk] *pt of* **mistake**
mistress ['mɪstrɪs] *n* maîtresse *f*;
(BRIT: *in primary school*) institutrice
f; (: *in secondary school*)
professeur *m*
mistrust [mɪs'trʌst] *vt* se méfier
de
misty ['mɪstɪ] *adj* brumeux(-euse);
(*glasses, window*) embué(e)
misunderstand
[mɪsʌndə'stænd] *vt, vi* (*irreg*: *like*
understand) mal comprendre
• **misunderstanding** *n* méprise *f*,
malentendu *m*; **there's been a**
misunderstanding il y a eu un
malentendu
misunderstood [mɪsʌndə'stud]
pt, pp of **misunderstand** ▸ *adj*
(*person*) incompris(e)

misuse *n* [mɪs'ju:s] mauvais emploi; (*of power*) abus *m* ▶ *vt* [mɪs'ju:z] mal employer; abuser de
mitt(en) ['mɪt(n)] *n* moufle *f*; (*fingerless*) mitaine *f*
mix [mɪks] *vt* mélanger; (*sauce, drink etc*) préparer ▶ *vi* se mélanger; (*socialize*): **he doesn't ~ well** il est peu sociable ▶ *n* mélange *m*; **to ~ sth with sth** mélanger qch à qch; **cake ~** préparation *f* pour gâteau • **mix up** *vt* mélanger; (*confuse*) confondre; **to be ~ed up in sth** être mêlé(e) à qch *or* impliqué(e) dans qch • **mixed** *adj* (*feelings, reactions*) contradictoire; (*school, marriage*) mixte • **mixed grill** *n* (BRIT) assortiment *m* de grillades • **mixed salad** *n* salade *f* de crudités • **mixed-up** *adj* (*person*) désorienté(e), embrouillé(e) • **mixer** *n* (*for food*) batteur *m*, mixeur *m*; (*drink*) boisson gazeuse (*servant à couper un alcool*); (*person*): **he is a good mixer** il est très sociable • **mixture** *n* assortiment *m*, mélange *m*; (*Med*) préparation *f* • **mix-up** *n*: **there was a mix-up** il y a eu confusion
ml *abbr* (= *millilitre(s)*) ml
mm *abbr* (= *millimetre*) mm
moan [məun] *n* gémissement *m* ▶ *vi* gémir; (*inf: complain*): **to ~ (about)** se plaindre (de)
moat [məut] *n* fossé *m*, douves *fpl*
mob [mɔb] *n* foule *f*; (*disorderly*) cohue *f* ▶ *vt* assaillir • **mobbing** *n* harcèlement *m* collectif, mobbing *m*
mobile ['məubaɪl] *adj* mobile ▶ *n* (*Art*) mobile *m*; (BRIT *inf: phone*) (téléphone *m*) portable *m*, mobile *m* • **mobile home** *n* caravane *f* • **mobile phone** *n* (téléphone *m*) portable *m*, mobile *m*
mobility [məu'bɪlɪtɪ] *n* mobili
mobilize ['məubɪlaɪz] *vt, vi* mobiliser
mock [mɔk] *vt* ridiculiser; (*laug at*) se moquer de ▶ *adj* faux (fausse); **mocks** *npl* (BRIT *Scol*) examens blancs • **mockery** *n* moquerie *f*, raillerie *f*
mod cons ['mɔd'kɔnz] *npl abb* (BRIT) = **modern convenience** *see* **convenience**
mode [məud] *n* mode *m*; (*of transport*) moyen *m*
model ['mɔdl] *n* modèle *m*; (*person: for fashion*) mannequin (*: for artist*) modèle ▶ *vt* (*with cl etc*) modeler ▶ *vi* travailler com mannequin ▶ *adj* (*railway: toy*) modèle réduit *inv*; (*child, factory*) modèle; **to ~ clothes** présente des vêtements; **to ~ o.s. on** im
modem ['məudɛm] *n* modem
moderate *adj* ['mɔdərət] modéré(e); (*amount, change*) peu important(e) ▶ *vi* ['mɔdər se modérer, se calmer ▶ *vt* ['mɔdəreɪt] modérer
moderation [mɔdə'reɪʃən] *n* modération *f*, mesure *f*; **in ~** à dose raisonnable, pris(e) *or* pratiqué(e) modérément
modern ['mɔdən] *adj* modern • **modernize** *vt* moderniser • **modern languages** *npl* lang vivantes
modest ['mɔdɪst] *adj* modeste • **modesty** *n* modestie *f*
modification [mɔdɪfɪ'keɪʃən modification *f*
modify ['mɔdɪfaɪ] *vt* modifier
module ['mɔdju:l] *n* module *m*
mohair ['məuhɛə[r]] *n* mohair *m*
Mohammed [mə'hæmɛd] *n* Mahomet *m*

ist [mɔɪst] *adj* humide, moite
moisture ['mɔɪstʃəʳ] *n*
ımidité *f*; (*on glass*) buée *f*
moisturizer ['mɔɪstʃəraɪzəʳ] *n*
ème hydratante
jo ['məudʒəu] *n* (*us inf*) mojo
. charisme *m*
ld *etc* [məuld] (*US*) *n* = **mould**
le [məul] *n* (*animal, spy*) taupe
(*spot*) grain *m* de beauté
lecule ['mɔlɪkju:l] *n*
olécule *f*
lest [məu'lɛst] *vt* (*assault*
xually) attenter à la pudeur de
lten ['məultən] *adj* fondu(e);
ɔck) en fusion
m [mɔm] *n* (*US*) = **mum**
ment ['məumənt] *n* moment
, instant *m*; **at the ~** en ce
oment • **momentarily** *adv*
omentanément; (*US: soon*)
entôt • **momentary** *adj*
omentané(e), passager(-ère)
momentous [məu'mɛntəs] *adj*
ıportant(e), capital(e)
omentum [məu'mɛntəm] *n*
an *m*, vitesse acquise; (*fig*)
ynamique *f*; **to gather ~** prendre
la vitesse; (*fig*) gagner du
rrain
mmy ['mɔmɪ] *n* (*US: mother*)
aman *f*
naco ['mɔnəkəu] *n* Monaco *f*
narch ['mɔnək] *n* monarque
• **monarchy** *n* monarchie *f*
nastery ['mɔnəstərɪ] *n*
onastère *m*
nday ['mʌndɪ] *n* lundi *m*
netary ['mʌnɪtərɪ] *adj*
onétaire
ney ['mʌnɪ] *n* argent *m*; **to**
ake ~ (*person*) gagner de
rgent; (*business*) rapporter
money belt *n* ceinture-
portefeuille *f* • **money order** *n*
mandat *m*
mongrel ['mʌŋgrəl] *n* (*dog*)
bâtard *m*
monitor ['mɔnɪtəʳ] *n* (*TV, Comput*)
écran *m*, moniteur *m* ▶ *vt* contrôler;
(*foreign station*) être à l'écoute de;
(*progress*) suivre de près
monk [mʌŋk] *n* moine *m*
monkey ['mʌŋkɪ] *n* singe *m*
monologue ['mɔnəlɔg] *n*
monologue *m*
monopoly [mə'nɔpəlɪ] *n*
monopole *m*
monosodium glutamate
[mɔnə'səudɪəm 'glu:təmeɪt] *n*
glutamate *m* de sodium
monotonous [mə'nɔtənəs] *adj*
monotone
monsoon [mɔn'su:n] *n*
mousson *f*
monster ['mɔnstəʳ] *n* monstre *m*
month [mʌnθ] *n* mois *m*
• **monthly** *adj* mensuel(le) ▶ *adv*
mensuellement
Montreal [mɔntrɪ'ɔ:l] *n*
Montréal
monument ['mɔnjumənt] *n*
monument *m*
mood [mu:d] *n* humeur *f*,
disposition *f*; **to be in a good/**
bad ~ être de bonne/mauvaise
humeur • **moody** *adj* (*variable*)
d'humeur changeante, lunatique;
(*sullen*) morose, maussade
moon [mu:n] *n* lune *f*
• **moonlight** *n* clair *m* de lune
moor [muəʳ] *n* lande *f* ▶ *vt* (*ship*)
amarrer ▶ *vi* mouiller
moose [mu:s] *n* (*pl inv*) élan *m*
mop [mɔp] *n* balai *m* à laver; (*for*
dishes) lavette *f* à vaisselle ▶ *vt*
éponger, essuyer; **~ of hair**
tignasse *f* • **mop up** *vt* éponger

mope [məup] *vi* avoir le cafard, se morfondre
moped ['məupɛd] *n* cyclomoteur *m*
moral ['mɔrl] *adj* moral(e) ▶ *n* morale *f*; **morals** *npl* moralité *f*
morale [mɔ'rɑ:l] *n* moral *m*
morality [mə'rælɪtɪ] *n* moralité *f*
morbid ['mɔ:bɪd] *adj* morbide

more [mɔ:ʳ]

▶ *adj* **1** (*greater in number etc*) plus (de), davantage (de); **more people/work (than)** plus de gens/de travail (que)
2 (*additional*) encore (de); **do you want (some) more tea?** voulez-vous encore du thé?; **is there any more wine?** reste-t-il du vin?; **I have no** *or* **I don't have any more money** je n'ai plus d'argent; **it'll take a few more weeks** ça prendra encore quelques semaines
▶ *pron* plus, davantage; **more than 10** plus de 10; **it cost more than we expected** cela a coûté plus que prévu; **I want more** j'en veux plus *or* davantage; **is there any more?** est-ce qu'il en reste?; **there's no more** il n'y en a plus; **a little more** un peu plus; **many/much more** beaucoup plus, bien davantage
▶ *adv* plus; **more dangerous/easily (than)** plus dangereux/facilement (que); **more and more expensive** de plus en plus cher; **more or less** plus ou moins; **more than ever** plus que jamais; **once more** encore une fois, une fois de plus

moreover [mɔ:'rəuvəʳ] *adv* de plus
morgue [mɔ:g] *n* morgue *f*
morning ['mɔ:nɪŋ] *n* matin *m*; (*as duration*) matinée *f* ▶ *cpd* matinal(e); (*paper*) du matin; **in the ~** le matin; **7 o'clock in the** 7 heures du matin • **morning sickness** *n* nausées matinales
Moroccan [mə'rɔkən] *adj* marocain(e) ▶ *n* Marocain(e)
Morocco [mə'rɔkəu] *n* Maroc
moron ['mɔ:rɔn] *n* (*!*) idiot(e), minus *m/f*
morphine ['mɔ:fi:n] *n* morphine *f*
morris dancing ['mɔrɪs-] *n* (BRIT) *danses folkloriques anglais*

Le **morris dancing** est une danse folklorique anglaise traditionnellement réservée aux hommes. Habillés tout en blanc et portant des clochettes ils exécutent différentes figure avec des mouchoirs et de longs bâtons. Cette danse est très populaire dans les fêtes de village.

Morse [mɔ:s] *n* (*also*: **~ code**) morse *m*
mortal ['mɔ:tl] *adj*, *n* mortel(le
mortar ['mɔ:təʳ] *n* mortier *m*
mortgage ['mɔ:gɪdʒ] *n* hypothèque *f*; (*loan*) prêt *m* (*or* crédit *m*) hypothécaire ▶ *vt* hypothéquer
mortician [mɔ:'tɪʃən] *n* (US) entrepreneur *m* de pompes funèbres
mortified ['mɔ:tɪfaɪd] *adj* mort(e) de honte
mortuary ['mɔ:tjuərɪ] *n* morgue *f*
mosaic [məu'zeɪɪk] *n* mosaïqu
Moscow ['mɔskəu] *n* Moscou

slem ['mɔzləm] *adj, n* = **Muslim**
sque [mɔsk] *n* mosquée *f*
squito [mɔs'ki:təu] (*pl* **osquitoes**) *n* moustique *m*
ss [mɔs] *n* mousse *f*
st [məust] *adj* (*majority of*) la ıpart de; (*greatest amount of*) le ıs de ▸ *pron* la plupart ▸ *adv* le ıs; (*very*) très, extrêmement; **e ~** le plus; **~ fish** la plupart des issons; **the ~ beautiful** **ɔman in the world** la plus belle nme du monde; **~ of** (*with* ıral) la plupart de; (*with singular*) plus grande partie de; **~ of** **em** la plupart d'entre eux; **~ of** **e time** la plupart du temps; **aw ~** (*a lot but not all*) j'en ai vu la ıpart; (*more than anyone else*) st moi qui en ai vu le plus; **at** **e (very) ~** au plus; **to make** **e ~ of** profiter au maximum de
nostly *adv* (*chiefly*) surtout, incipalement; (*usually*) néralement
T *n abbr* (BRIT: = *Ministry of* ınsport): **the ~ (test)** *visite* :hnique (annuelle) obligatoire des ıicules à moteur
tel [məu'tɛl] *n* motel *m*
th [mɔθ] *n* papillon *m* de nuit; *clothes*) mite *f*
ther ['mʌðəʳ] *n* mère *f* ▸ *vt* ımper, protect) dorloter
notherhood *n* maternité *f*
nother-in-law *n* belle-mère *f*
nother-of-pearl *n* nacre *f*
Mother's Day *n* fête *f* des Mères
nother-to-be *n* future maman
nother tongue *n* langue aternelle
tif [məu'ti:f] *n* motif *m*
tion ['məuʃən] *n* mouvement (*gesture*) geste *m*; (*at meeting*) motion *f* ▸ *vt, vi*: **to ~ (to) sb to do** faire signe à qn de faire
• **motionless** *adj* immobile, sans mouvement • **motion picture** *n* film *m*
motivate ['məutɪveɪt] *vt* motiver
motivation [məutɪ'veɪʃən] *n* motivation *f*
motive ['məutɪv] *n* motif *m*, mobile *m*
motor ['məutəʳ] *n* moteur *m*; (BRIT *inf: vehicle*) auto *f*
• **motorbike** *n* moto *f*
• **motorboat** *n* bateau *m* à moteur • **motorcar** *n* (BRIT) automobile *f* • **motorcycle** *n* moto *f* • **motorcyclist** *n* motocycliste *m/f* • **motoring** (BRIT) *n* tourisme *m* automobile
• **motorist** *n* automobiliste *m/f*
• **motor racing** *n* (BRIT) course *f* automobile • **motorway** *n* (BRIT) autoroute *f*
motto ['mɔtəu] (*pl* **mottoes**) *n* devise *f*
mould, (US) **mold** [məuld] *n* moule *m*; (*mildew*) moisissure *f* ▸ *vt* mouler, modeler; (*fig*) façonner • **mouldy** • (US) **moldy** *adj* moisi(e); (*smell*) de moisi
mound [maund] *n* monticule *m*, tertre *m*
mount [maunt] *n* (*hill*) mont *m*, montagne *f*; (*horse*) monture *f*; (*for picture*) carton *m* de montage ▸ *vt* monter; (*horse*) monter à; (*bike*) monter sur; (*picture*) monter sur carton ▸ *vi* (*inflation, tension*) augmenter • **mount up** *vi* s'élever, monter; (*bills, problems, savings*) s'accumuler
mountain ['mauntɪn] *n* montagne *f* ▸ *cpd* de (la) montagne • **mountain bike** *n* VTT *m*, vélo *m* tout terrain

• mountaineer *n* alpiniste *m/f* **• mountaineering** *n* alpinisme *m* **• mountainous** *adj* montagneux(-euse) **• mountain range** *n* chaîne *f* de montagnes

mourn [mɔ:n] *vt* pleurer ▶ *vi*: **to ~ for sb** pleurer qn; **to ~ for sth** se lamenter sur qch **• mourner** *n* parent(e) *or* ami(e) du défunt; personne *f* en deuil *or* venue rendre hommage au défunt **• mourning** *n* deuil *m*; **in mourning** en deuil

mouse (*pl* **mice**) [maus, maɪs] *n* (*also Comput*) souris *f* **• mouse mat** *n* (*Comput*) tapis *m* de souris

moussaka [mu'sɑ:kə] *n* moussaka *f*

mousse [mu:s] *n* mousse *f*

moustache, (US) **mustache** [məs'tɑ:ʃ] *n* moustache(s) *f(pl)*

mouth (*pl* **mouths**) [mauθ, mauðz] *n* bouche *f*; (*of dog, cat*) gueule *f*; (*of river*) embouchure *f*; (*of hole, cave*) ouverture *f* **• mouthful** *n* bouchée *f* **• mouth organ** *n* harmonica *m* **• mouthpiece** *n* (*of musical instrument*) bec *m*, embouchure *f*; (*spokesperson*) porte-parole *m inv* **• mouthwash** *n* eau *f* dentifrice

move [mu:v] *n* (*movement*) mouvement *m*; (*in game*) coup *m*; (*: turn to play*) tour *m*; (*change of house*) déménagement *m*; (*change of job*) changement *m* d'emploi ▶ *vt* déplacer, bouger; (*emotionally*) émouvoir; (*Pol: resolution etc*) proposer ▶ *vi* (*gen*) bouger, remuer; (*traffic*) circuler; (*also:* **~ house**) déménager; (*in game*) jouer; **can you ~ your car, please?** pouvez-vous déplacer votre voiture, s'il vous plaît?; **to ~ sb to do sth** pousser *or* inciter qn à faire qch; **to get a ~ on** se dépêcher, se remuer **• move b**[…] *vi* revenir, retourner **• move in** (*to a house*) emménager; (*police soldiers*) intervenir **• move off** s'éloigner, s'en aller **• move o**[…] se remettre en route **• move o**[…] *vi* (*of house*) déménager **• mov**[…] **over** *vi* se pousser, se déplacer **• move up** *vi* avancer; (*employ*[…]) avoir de l'avancement; (*pupil*) passer dans la classe supérieu[…] **• movement** *n* mouvement *m*

movie ['mu:vɪ] *n* film *m*; **movi**[…] *npl*: **the ~s** le cinéma **• movie theater** (US) *n* cinéma *m*

moving ['mu:vɪŋ] *adj* en mouvement; (*touching*) émouvant(e)

mow (*pt* **mowed**, *pp* **mowed** *o*[…] **mown**) [məu, -d, -n] *vt* fauch[…] (*lawn*) tondre **• mower** *n* (*also* **lawnmower**) tondeuse *f* à gaz[…]

mown [məun] *pp of* **mow**

Mozambique [məuzəm'bi:k] Mozambique *m*

MP *n abbr* (BRIT) = **Member of Parliament**

MP3 *n* mp3 *m* **• MP3 player** *n* baladeur *m* numérique, lecteu[…] mp3

mpg *n abbr* = **miles per gallon** (30 mpg = 9,4 l. aux 100 km)

m.p.h. *abbr* = **miles per hour** (60 mph = 96 km/h)

Mr, (US) **Mr.** ['mɪstəʳ] *n*: **~ X** Monsieur X, M. X

Mrs, (US) **Mrs.** ['mɪsɪz] *n*: **~ X** Madame X, Mme X

Ms, (US) **Ms.** [mɪz] *n* (*Miss or M*[…]) **~ X** Madame X, Mme X

MSP *n abbr* (= *Member of the Sco*[…] *Parliament*) député *m* au Parlement écossais

abbr (Geo: = mount) Mt
ch [mʌtʃ] adj beaucoup de
ɪdv, n, pron beaucoup; **we don't**
ɪve ~ time nous n'avons pas
aucoup de temps; **how ~ is it?**
mbien est-ce que ça coûte?; **it's**
ɪt ~ ce n'est pas beaucoup; **too**
rop (de); **so ~** tant (de); **I like it**
ry/so ~ j'aime beaucoup/
lement ça; **as ~ as** autant de;
at's ~ better c'est beaucoup
eux
ck [mʌk] n (mud) boue f; (dirt)
dures fpl • **muck up** vt (inf: ruin)
cher, esquinter; (: dirty) salir;
xam, interview) se planter à
nucky adj (dirty)
ueux(-euse), sale
cus ['mju:kəs] n mucus m
d [mʌd] n boue f
ddle ['mʌdl] n (mess) pagaille
ouillis m; (mix-up) confusion f
t (also: **~ up**) brouiller,
nbrouiller; **to get in a ~** (while
plaining etc) s'embrouiller
ddy ['mʌdɪ] adj boueux(-euse)
dguard ['mʌdgɑ:d] n
rde-boue m inv
esli ['mju:zlɪ] n muesli m
ffin ['mʌfɪn] n (roll) petit pain
nd et plat; (cake) petit gâteau au
ocolat ou aux fruits
ffled ['mʌfld] adj étouffé(e),
ilé(e)
ffler ['mʌflər] n (scarf)
che-nez m inv; (US Aut)
encieux m
g [mʌg] n (cup) tasse f (sans
ucoupe); (: for beer) chope f; (inf:
e) bouille f; (: fool) poire f ▸ vt
ssault) agresser • **mugger**
nʌgər] n agresseur m
nugging n agression f
ggy ['mʌgɪ] adj lourd(e), moite

mule [mju:l] n mule f
multicoloured, (US) **multicolored** ['mʌltɪkʌləd] adj multicolore
multigrain ['mʌltɪgreɪn] adj multicéréales
multimedia ['mʌltɪ'mi:dɪə] adj multimédia inv
multinational [mʌltɪ'næʃənl] n multinationale f ▸ adj multinational(e)
multiple ['mʌltɪpl] adj multiple ▸ n multiple m • **multiple choice (test)** n QCM m, questionnaire m à choix multiple • **multiple sclerosis** [-sklɪ'rəusɪs] n sclérose f en plaques
multiplex (cinema) ['mʌltɪplɛks-] n (cinéma m) multisalles m
multiplication [mʌltɪplɪ'keɪʃən] n multiplication f
multiply ['mʌltɪplaɪ] vt multiplier ▸ vi se multiplier
multistorey ['mʌltɪ'stɔ:rɪ] adj (BRIT: building) à étages; (: car park) à étages or niveaux multiples
mum [mʌm] n (BRIT) maman f ▸ adj: **to keep ~** ne pas souffler mot
mumble ['mʌmbl] vt, vi marmotter, marmonner
mummy ['mʌmɪ] n (BRIT: mother) maman f; (embalmed) momie f
mumps [mʌmps] n oreillons mpl
munch [mʌntʃ] vt, vi mâcher
municipal [mju:'nɪsɪpl] adj municipal(e)
mural ['mjuərl] n peinture murale
murder ['mə:dər] n meurtre m, assassinat m ▸ vt assassiner • **murderer** n meurtrier m, assassin m

murky ['mə:kɪ] *adj* sombre, ténébreux(-euse); (*water*) trouble
murmur ['mə:məʳ] *n* murmure *m* ▸ *vt, vi* murmurer
muscle ['mʌsl] *n* muscle *m*; (*fig*) force *f* • **muscular** ['mʌskjuləʳ] *adj* musculaire; (*person, arm*) musclé(e)
museum [mju:'zɪəm] *n* musée *m*
mushroom ['mʌʃrum] *n* champignon *m* ▸ *vi* (*fig*) pousser comme un (*or* des) champignon(s)
music ['mju:zɪk] *n* musique *f* • **musical** *adj* musical(e); (*person*) musicien(ne) ▸ *n* (*show*) comédie musicale • **musical instrument** *n* instrument *m* de musique • **musician** [mju:'zɪʃən] *n* musicien(ne)
Muslim ['mʌzlɪm] *adj, n* musulman(e)
muslin ['mʌzlɪn] *n* mousseline *f*
mussel ['mʌsl] *n* moule *f*
must [mʌst] *aux vb* (*obligation*): **I ~ do it** je dois le faire, il faut que je le fasse; (*probability*): **he ~ be there by now** il doit y être maintenant, il y est probablement maintenant; (*suggestion, invitation*): **you ~ come and see me** il faut que vous veniez me voir ▸ *n* nécessité *f*, impératif *m*; **it's a ~** c'est indispensable; **I ~ have made a mistake** j'ai dû me tromper
mustache ['mʌstæʃ] *n* (*US*) = **moustache**
mustard ['mʌstəd] *n* moutarde *f*
mustn't ['mʌsnt] = **must not**
mute [mju:t] *adj, n* muet(te)
mutilate ['mju:tɪleɪt] *vt* mutiler
mutiny ['mju:tɪnɪ] *n* mutinerie *f* ▸ *vi* se mutiner
mutter ['mʌtəʳ] *vt, vi* marmonner, marmotter
mutton ['mʌtn] *n* mouton *m*
mutual ['mju:tʃuəl] *adj* mutuel(le), réciproque; (*benefi[t], interest*) commun(e)
muzzle ['mʌzl] *n* museau *m*; (*protective device*) muselière *f*; (*[of] gun*) gueule *f* ▸ *vt* museler
my [maɪ] *adj* mon (ma), mes *pl* **my house/car/gloves** ma maison/ma voiture/mes gant[s] **I've washed my hair/cut my finger** je me suis lavé les cheve[ux]/coupé le doigt; **is this my pen[or] yours?** c'est mon stylo ou c'est [le] vôtre?
myself [maɪ'sɛlf] *pron* (*reflexiv[e]*) me; (*emphatic*) moi-même; (*aft[er] prep*) moi; *see also* **oneself**
mysterious [mɪs'tɪərɪəs] *adj* mystérieux(-euse)
mystery ['mɪstərɪ] *n* mystère
mystical ['mɪstɪkl] *adj* mystiq[ue]
mystify ['mɪstɪfaɪ] *vt* (*deliberately*) mystifier; (*puzzle*) ébahir
myth [mɪθ] *n* mythe *m* • **mythology** [mɪ'θɔlədʒɪ] *n* mythologie *f*

n

abbr (= *not applicable*) n.a.
[næg] *vt* (*scold*) être toujours
ès, reprendre sans arrêt
[neɪl] *n* (*human*) ongle *m*;
tal) clou *m* ▸ *vt* clouer; **to ~ sth**
th clouer qch à qch; **to ~ sb**
vn to a date/price
traindre qn à accepter *or*
ner une date/un prix
ailbrush *n* brosse *f* à ongles
ailfile *n* lime *f* à ongles • **nail**
sh *n* vernis *m* à ongles • **nail**
sh remover *n* dissolvant *m*
ail scissors *npl* ciseaux *mpl* à
les • **nail varnish** *n* (BRIT)
ail polish
e [naɪ'iːv] *adj* naïf(-ïve)
ed ['neɪkɪd] *adj* nu(e)
e [neɪm] *n* nom *m*;
utation) réputation *f* ▸ *vt*
mer; (*identify: accomplice etc*)
r; (*price, date*) fixer, donner; **by**
r son nom; de nom; **in the**
au nom de; **what's your ~?**
ment vous appelez-vous?,
est votre nom? • **namely** *adv*
voir
ny ['nænɪ] *n* bonne *f* d'enfants
[næp] *n* (*sleep*) (petit) somme

napkin ['næpkɪn] *n* serviette *f* (de table)
nappy ['næpɪ] *n* (BRIT) couche *f*
narcotics [nɑː'kɔtɪkz] *npl* (*illegal drugs*) stupéfiants *mpl*
narrative ['nærətɪv] *n* récit *m* ▸ *adj* narratif(-ive)
narrator [nə'reɪtə^r] *n* narrateur(-trice)
narrow ['nærəu] *adj* étroit(e); (*fig*) restreint(e), limité(e) ▸ *vi* (*road*) devenir plus étroit, se rétrécir; (*gap, difference*) se réduire; **to have a ~ escape** l'échapper belle • **narrow down** *vt* restreindre • **narrowly** *adv*: **he narrowly missed injury/the tree** il a failli se blesser/rentrer dans l'arbre; **he only narrowly missed the target** il a manqué la cible de peu *or* de justesse • **narrow-minded** *adj* à l'esprit étroit, borné(e); (*attitude*) borné(e)
nasal ['neɪzl] *adj* nasal(e)
nasty ['nɑːstɪ] *adj* (*person: malicious*) méchant(e); (: *rude*) très désagréable; (*smell*) dégoûtant(e); (*wound, situation*) mauvais(e), vilain(e)
nation ['neɪʃən] *n* nation *f*
national ['næʃənl] *adj* national(e) ▸ *n* (*abroad*) ressortissant(e); (*when home*) national(e) • **national anthem** *n* hymne national • **national dress** *n* costume national • **National Health Service** *n* (BRIT) *service national de santé*, ≈ Sécurité Sociale • **National Insurance** *n* (BRIT) ≈ Sécurité Sociale • **nationalist** *adj, n* nationaliste *m/f* • **nationality** [næʃə'nælɪtɪ] *n* nationalité *f* • **nationalize** *vt* nationaliser • **national park** *n*

parc national • **National Trust** *n* (BRIT) ≈ Caisse *f* nationale des monuments historiques et des sites

Le **National Trust** est un organisme indépendant, à but non lucratif, dont la mission est de protéger et de mettre en valeur les monuments et les sites britanniques en raison de leur intérêt historique ou de leur beauté naturelle.

nationwide ['neɪʃənwaɪd] *adj* s'étendant à l'ensemble du pays; (*problem*) à l'échelle du pays entier

native ['neɪtɪv] *n* habitant(e) du pays, autochtone *m/f* ▸ *adj* du pays, indigène; (*country*) natal(e); (*language*) maternel(le); (*ability*) inné(e) • **Native American** *n* Indien(ne) d'Amérique ▸ *adj* amérindien(ne) • **native speaker** *n* locuteur natif

NATO ['neɪtəu] *n abbr* (= *North Atlantic Treaty Organization*) OTAN *f*

natural ['nætʃrəl] *adj* naturel(le) • **natural gas** *n* gaz naturel • **natural history** *n* histoire naturelle • **naturally** *adv* naturellement • **natural resources** *npl* ressources naturelles

nature ['neɪtʃə^r] *n* nature *f*; **by ~** par tempérament, de nature • **nature reserve** *n* (BRIT) réserve naturelle

naughty ['nɔːtɪ] *adj* (*child*) vilain(e), pas sage

nausea ['nɔːsɪə] *n* nausée *f*

naval ['neɪvl] *adj* naval(e)

navel ['neɪvl] *n* nombril *m*

navigate ['nævɪgeɪt] *vt* (*steer*) diriger, piloter ▸ *vi* naviguer; (*Aut*) indiquer la route à suivre • **navigation** [nævɪ'geɪʃən] navigation *f*

navy ['neɪvɪ] *n* marine *f*

navy-blue ['neɪvɪ'bluː] *adj* b marine *inv*

Nazi ['nɑːtsɪ] *n* Nazi(e)

NB *abbr* (= *nota bene*) NB

near [nɪə^r] *adj* proche ▸ *adv* p ▸ *prep* (*also*: **~ to**) près de ▸ *vt* approcher de; **in the ~ futur** dans un proche avenir • **near** [nɪə'baɪ] *adj* proche ▸ *adv* tou près, à proximité • **nearly** *ad* presque; **I nearly fell** j'ai faill tomber; **it's not nearly big enough** ce n'est vraiment pa assez grand, c'est loin d'être a grand • **near-sighted** *adj* my

neat [niːt] *adj* (*person, work*) soigné(e); (*room etc*) bien ten *or* rangé(e); (*solution, plan*) ha (*spirits*) pur(e) • **neatly** *adv* a soin *or* ordre; (*skilfully*) habile

necessarily ['nɛsɪsərɪlɪ] *adv* nécessairement; **not ~** pas nécessairement *or* forcémen

necessary ['nɛsɪsrɪ] *adj* nécessaire; **if ~** si besoin est, échéant

necessity [nɪ'sɛsɪtɪ] *n* néces *f*; chose nécessaire *or* essenti

neck [nɛk] *n* cou *m*; (*of horse, garment*) encolure *f*; (*of bottle*) goulot *m*; **~ and ~** à égalité • **necklace** ['nɛklɪs] *n* collier • **necktie** ['nɛktaɪ] *n* (*esp US*) cravate *f*

nectarine ['nɛktərɪn] *n* bru m, nectarine *f*

need [niːd] *n* besoin *m* ▸ *vt* av besoin de; **to ~ to do** devoir f avoir besoin de faire; **you do ~ to go** vous n'avez pas besoi

s n'êtes pas obligé de partir; **a**
nature is ~ed il faut une
ıature; **there's no ~ to do ....**
y a pas lieu de faire ..., il n'est
nécessaire de faire ...
dle ['ni:dl] *n* aiguille *f* ▶ *vt* (*inf*)
coter, tourmenter
dless ['ni:dlıs] *adj* inutile;
say, ... inutile de dire que ...
dlework ['ni:dlwə:k] *n*
ivity) travaux *mpl* d'aiguille;
ect) ouvrage *m*
dn't ['ni:dnt] = **need not**
dy ['ni:dı] *adj*
essiteux(-euse)
ative ['nɛgətıv] *n* (*Phot*, *Elec*)
atif *m*; (*Ling*) terme *m* de
ation ▶ *adj* négatif(-ive)
lect [nı'glɛkt] *vt* négliger;
den) ne pas entretenir; (*duty*)
nquer à ▶ *n* (*of person, duty,*
den) le fait de négliger; **(state**
~ abandon *m*; **to ~ to do sth**
liger *or* omettre de faire qch;
one's appearance se négliger
otiate [nı'gəuʃıeıt] *vi*
ocier ▶ *vt* négocier; (*obstacle*)
ıchir, négocier; **to ~ with sb**
sth négocier avec qn en vue
ıtenir qch
otiation [nıgəuʃı'eıʃən] *n*
ociation *f*, pourparlers *mpl*
otiator [nı'gəuʃıeıtə^r] *n*
ociateur(-trice)
hbour, (*US*) **neighbor**
ıbə^r] *n* voisin(e)
eighbourhood • (*US*)
ghborhood *n* (*place*) quartier
people) voisinage *m*
eighbouring • (*US*)
ghboring *adj* voisin(e),
isinant(e)
her ['naıðə^r] *adj*, *pron*
un(e) (des deux), ni l'un(e) ni
l'autre ▶ *conj*: **~ do I** moi non plus
▶ *adv*: **~ good nor bad** ni bon ni
mauvais; **~ of them** ni l'un ni
l'autre
neon ['ni:ɔn] *n* néon *m*
Nepal [nı'pɔ:l] *n* Népal *m*
nephew ['nɛvju:] *n* neveu *m*
nerve [nə:v] *n* nerf *m*; (*bravery*)
sang-froid *m*, courage *m*; (*cheek*)
aplomb *m*, toupet *m*; **nerves** *npl*
(*nervousness*) nervosité *f*; **he gets**
on my ~s il m'énerve
nervous ['nə:vəs] *adj*
nerveux(-euse); (*anxious*)
inquiet(-ète), plein(e)
d'appréhension; (*timid*) intimidé(e)
• **nervous breakdown** *n*
dépression nerveuse
nest [nɛst] *n* nid *m* ▶ *vi* (se) nicher,
faire son nid
Net [nɛt] *n* (*Comput*): **the ~**
(*Internet*) le Net
net [nɛt] *n* filet *m*; (*fabric*) tulle *f*
▶ *adj* net(te) ▶ *vt* (*fish etc*) prendre
au filet • **netball** *n* netball *m*
Netherlands ['nɛðələndz] *npl*:
the ~ les Pays-Bas *mpl*
nett [nɛt] *adj* = **net**
nettle ['nɛtl] *n* ortie *f*
network ['nɛtwə:k] *n* réseau *m*;
there's no ~ coverage here (*Tel*)
il n'y a pas de réseau ici
neurotic [njuə'rɔtık] *adj*
névrosé(e)
neuter ['nju:tə^r] *adj* neutre ▶ *vt*
(*cat etc*) châtrer, couper
neutral ['nju:trəl] *adj* neutre ▶ *n*
(*Aut*) point mort
never ['nɛvə^r] *adv* (ne ...) jamais;
I ~ went je n'y suis pas allé; **I've**
~ been to Spain je ne suis jamais
allé en Espagne; **~ again** plus
jamais; **~ in my life** jamais de ma
vie; *see also* **mind** • **never-ending**

adj interminable • **nevertheless** [nɛvəðə'lɛs] *adv* néanmoins, malgré tout
new [nju:] *adj* nouveau (nouvelle); (*brand new*) neuf (neuve) • **New Age** *n* New Age *m* • **newborn** *adj* nouveau-né(e) • **newcomer** ['nju:kʌmə^r] *n* nouveau venu (nouvelle venue) • **newly** *adv* nouvellement, récemment
news [nju:z] *n* nouvelle(s) *f(pl)*; (*Radio, TV*) informations *fpl*, actualités *fpl*; **a piece of ~** une nouvelle • **news agency** *n* agence *f* de presse • **newsagent** *n* (BRIT) marchand *m* de journaux • **newscaster** *n* (*Radio, TV*) présentateur(-trice) • **newsletter** *n* bulletin *m* • **newspaper** *n* journal *m* • **newsreader** *n* = **newscaster**
newt [nju:t] *n* triton *m*
New Year *n* Nouvel An; **Happy ~!** Bonne Année! • **New Year's Day** *n* le jour de l'An • **New Year's Eve** *n* la Saint-Sylvestre
New York [-'jɔ:k] *n* New York
New Zealand [-'zi:lənd] *n* Nouvelle-Zélande *f* • **New Zealander** *n* Néo-Zélandais(e)
next [nɛkst] *adj* (*in time*) prochain(e); (*seat, room*) voisin(e), d'à côté; (*meeting, bus stop*) suivant(e) ▸ *adv* la fois suivante; la prochaine fois; (*afterwards*) ensuite; **~ to** *prep* à côté de; **~ to nothing** presque rien; **~ time** *adv* la prochaine fois; **the ~ day** le lendemain, le jour suivant *or* d'après; **~ year** l'année prochaine; **~ please!** (*at doctor's etc*) au suivant!; **the week after ~** dans deux semaines • **next door** *adv* à côté ▸ *adj* (*neighbour*) d'à côté • **next-of-kin** *n* parent *m* le p[...] proche
NHS *n abbr* (BRIT) = **National Health Service**
nibble ['nɪbl] *vt* grignoter
nice [naɪs] *adj* (*holiday, trip, ta*[...]) agréable; (*flat, picture*) joli(e); (*person*) gentil(le); (*distinction*[...] *point*) subtil(e) • **nicely** *adv* agréablement; joliment; gentiment; subtilement
niche [ni:ʃ] *n* (*Archit*) niche *f*
nick [nɪk] *n* (*indentation*) enco[...] *f*; (*wound*) entaille *f*; (BRIT *inf*) **in good ~** en bon état ▸ *vt* (*cu*[...]) **to ~ o.s.** se couper; (BRIT *inf*: [...]) faucher, piquer; **in the ~ of ti**[...] juste à temps
nickel ['nɪkl] *n* nickel *m*; (*US*) [...] *f* de 5 cents
nickname ['nɪkneɪm] *n* surn[...] ▸ *vt* surnommer
nicotine ['nɪkəti:n] *n* nicoti[...]
niece [ni:s] *n* nièce *f*
Nigeria [naɪ'dʒɪərɪə] *n* Nigér[...] *m/f*
night [naɪt] *n* nuit *f*; (*evening*) s[...] **at ~** la nuit; **by ~** de nuit; **last**[...] (*evening*) hier soir; (*night-time*[...]) nuit dernière • **night club** *n* [...] *f* de nuit • **nightdress** *n* chem[...] de nuit • **nightie** ['naɪtɪ] *n* chemise *f* de nuit • **nightlife** *f* nocturne • **nightly** *adj* (*new*[...]) soir; (*by night*) nocturne ▸ *adv* (*every evening*) tous les soirs; ([...] *night*) toutes les nuits • **nightmare** *n* cauchemar *m* • **night school** *n* cours *mpl* d[...] • **night shift** *n* équipe *f* de nu[...] • **night-time** *n* nuit *f*
nil [nɪl] *n* (BRIT *Sport*) zéro *m*
nine [naɪn] *num* neuf • **ninet**[...] *num* dix-neuf • **nineteenth**

n'ti:nθ] *num* dix-neuvième
netieth ['naɪntɪɪθ] *num*
tre-vingt-dixième • **ninety**
quatre-vingt-dix
h [naɪnθ] *num* neuvième
nɪp] *vt* pincer ▶ *vi* (BRIT *inf*): **to**
t/down/up sortir/
cendre/monter en vitesse
le ['nɪpl] *n* (*Anat*) mamelon
out *m* du sein
gen ['naɪtrədʒən] *n* azote *m*

no [nəu]

v (*opposite of "yes"*) non; **are**
coming? — no (I'm not)
ce que vous venez? — non;
ıld you like some more?
o thank you vous en voulez
ore? — non merci
(*not any*) (ne ...) pas de, (ne ...)
ın(e); **I have no money/**
ks je n'ai pas d'argent/de
s; **no student would have**
e it aucun étudiant ne
ait fait; **"no smoking"**
ense de fumer"; **"no dogs"**
chiens ne sont pas admis"
pl **noes**) non *m*

lity [nəu'bɪlɪtɪ] *n* noblesse *f*
e ['nəubl] *adj* noble
dy ['nəubədɪ] *pron* (ne ...)
onne
[nɔd] *vi* faire un signe de (la)
(*affirmatif ou amical*); (*sleep*)
noler ▶ *vt*: **to ~ one's head**
un signe de (la) tête; (*in*
ement) faire signe que oui ▶ *n*
e *m* de (la) tête • **nod off** *vi*
oupir
e [nɔɪz] *n* bruit *m*; **I can't**
p for the ~ je n'arrive pas à
nir à cause du bruit • **noisy**
ruyant(e)

nominal ['nɔmɪnl] *adj* (*rent, fee*) symbolique; (*value*) nominal(e)
nominate ['nɔmɪneɪt] *vt* (*propose*) proposer; (*appoint*) nommer • **nomination** [nɔmɪ'neɪʃən] *n* nomination *f* • **nominee** [nɔmɪ'ni:] *n* candidat agréé; personne nommée
none [nʌn] *pron* aucun(e); **~ of you** aucun d'entre vous, personne parmi vous; **I have ~ left** je n'en ai plus; **he's ~ the worse for it** il ne s'en porte pas plus mal
nonetheless ['nʌnðə'lɛs] *adv* néanmoins
non-fiction [nɔn'fɪkʃən] *n* littérature *f* non romanesque
nonsense ['nɔnsəns] *n* absurdités *fpl*, idioties *fpl*; **~!** ne dites pas d'idioties!
non: • **non-smoker** *n* non-fumeur *m* • **non-smoking** *adj* non-fumeur • **non-stick** *adj* qui n'attache pas
noodles ['nu:dlz] *npl* nouilles *fpl*
noon [nu:n] *n* midi *m*
no-one ['nəuwʌn] *pron* = **nobody**
nor [nɔ:ʳ] *conj* = **neither** ▶ *adv see* **neither**
norm [nɔ:m] *n* norme *f*
normal ['nɔ:ml] *adj* normal(e) • **normally** *adv* normalement
Normandy ['nɔ:məndɪ] *n* Normandie *f*
north [nɔ:θ] *n* nord *m* ▶ *adj* nord *inv*; (*wind*) du nord ▶ *adv* au *or* vers le nord • **North Africa** *n* Afrique *f* du Nord • **North African** *adj* nord-africain(e), d'Afrique du Nord ▶ *n* Nord-Africain(e) • **North America** *n* Amérique *f* du Nord • **North American** *n* Nord-Américain(e) ▶ *adj* nord-américain(e), d'Amérique du

Nord • **northbound** ['nɔ:θbaund] *adj* (*traffic*) en direction du nord; (*carriageway*) nord *inv* • **north-east** *n* nord-est *m* • **northern** ['nɔ:ðən] *adj* du nord, septentrional(e) • **Northern Ireland** *n* Irlande *f* du Nord • **North Korea** *n* Corée *f* du Nord • **North Pole** *n*: **the North Pole** le pôle Nord • **North Sea** *n*: **the North Sea** la mer du Nord • **north-west** *n* nord-ouest *m*

Norway ['nɔ:weɪ] *n* Norvège *f* • **Norwegian** [nɔ:'wi:dʒən] *adj* norvégien(ne) ▶ *n* Norvégien(ne); (*Ling*) norvégien *m*

nose [nəuz] *n* nez *m*; (*of dog, cat*) museau *m*; (*fig*) flair *m* • **nose about** • **nose around** *vi* fouiner *or* fureter (partout) • **nosebleed** *n* saignement *m* de nez • **nosey** *adj* (*inf*) curieux(-euse)

nostalgia [nɔs'tældʒɪə] *n* nostalgie *f*

nostalgic [nɔs'tældʒɪk] *adj* nostalgique

nostril ['nɔstrɪl] *n* narine *f*; (*of horse*) naseau *m*

nosy ['nəuzɪ] (*inf*) *adj* = **nosey**

not [nɔt] *adv* (ne ...) pas; **he is ~** *or* **isn't here** il n'est pas ici; **you must ~** *or* **mustn't do that** tu ne dois pas faire ça; **I hope ~** j'espère que non; **~ at all** pas du tout; (*after thanks*) de rien; **it's too late, isn't it?** c'est trop tard, n'est-ce pas?; **~ yet/now** pas encore/maintenant; *see also* **only**

notable ['nəutəbl] *adj* notable • **notably** *adv* (*particularly*) en particulier; (*markedly*) spécialement

notch [nɔtʃ] *n* encoche *f*

note [nəut] *n* note *f*; (*letter*) mot *m*; (*banknote*) billet *m* ▶ *vt* (*also*: **~ down**) noter; (*notice*) constater • **notebook** *n* carnet *m*; (*for shorthand etc*) bloc-notes *m* • **noted** ['nəutɪd] *adj* réputé • **notepad** *n* bloc-notes *m* • **notepaper** *n* papier *m* à let

nothing ['nʌθɪŋ] *n* rien *m*; **h does ~** il ne fait rien; **~ new** r de nouveau; **for ~** (*free*) pour gratuitement; (*in vain*) pour r **~ at all** rien du tout; **~ much** grand-chose

notice ['nəutɪs] *n* (*announcer warning*) avis *m* ▶ *vt* remarqu s'apercevoir de; **advance ~** préavis *m*; **at short ~** dans u délai très court; **until furthe** jusqu'à nouvel ordre; **to give hand in one's ~** (*employee*) d sa démission, démissionner; **take ~ of** prêter attention à; **bring sth to sb's ~** porter qc connaissance de qn • **notice** *adj* visible

notice board *n* (BRIT) panne d'affichage

notify ['nəutɪfaɪ] *vt*: **to ~ sb sth** avertir qn de qch

notion ['nəuʃən] *n* idée *f*; (*co* notion *f*; **notions** *npl* (US: *haberdashery*) mercerie *f*

notorious [nəu'tɔ:rɪəs] *adj* notoire (*souvent en mal*)

notwithstanding [nɔtwɪθ'stændɪŋ] *adv* néanı ▶ *prep* en dépit de

nought [nɔ:t] *n* zéro *m*

noun [naun] *n* nom *m*

nourish ['nʌrɪʃ] *vt* nourrir • **nourishment** *n* nourriture

Nov. *abbr* (= *November*) nov

novel ['nɔvl] *n* roman *m* ▶ *ad* nouveau (nouvelle), original • **novelist** *n* romancier *m* • **novelty** *n* nouveauté *f*

ember [nəu'vɛmbəʳ] *n*
embre *m*
ce ['nɔvɪs] *n* novice *m/f*
[nau] *adv* maintenant ▸ *conj*:
hat) maintenant (que); **right**
ut de suite; **by ~** à l'heure qu'il
that's the fashion just ~
: la mode en ce moment *or*
ntenant; **~ and then, ~ and**
in de temps en temps; **from**
dorénavant • **nowadays**
uədeɪz] *adv* de nos jours
here ['nəuwɛəʳ] *adv* (ne ...)
e part
:le ['nɔzl] *n* (*of hose*) jet *m*,
e *f*; (*of vacuum cleaner*) suceur *m*
br (BRIT) = **near**
ear ['nju:klɪəʳ] *adj* nucléaire
eus (*pl* **nuclei**) ['nju:klɪəs,
:klɪaɪ] *n* noyau *m*
e [nju:d] *adj* nu(e) ▸ *n* (*Art*) nu
n the ~ (tout(e)) nu(e)
ge [nʌdʒ] *vt* donner un (petit)
o de coude à
st ['nju:dɪst] *n* nudiste *m/f*
ty ['nju:dɪtɪ] *n* nudité *f*
ance ['nju:sns] *n*: **it's a ~**
: (très) ennuyeux *or* gênant;
a ~ il est assommant *or*
e-pieds; **what a ~!** quelle
e!
b [nʌm] *adj* engourdi(e);
h fear) paralysé(e)
ber ['nʌmbəʳ] *n* nombre *m*;
neral) chiffre *m*; (*of house, car,*
hone, newspaper) numéro *m*
numéroter; (*amount to*)
pter; **a ~ of** un certain
nbre de; **they were seven in ~**
taient (au nombre de) sept;
e ~ed among compter parmi
mber plate *n* (BRIT *Aut*)
ue *f* minéralogique *or*
matriculation • **Number Ten**
n (BRIT: *10 Downing Street*) *résidence du Premier ministre*

numerical [nju:'mɛrɪkl] *adj* numérique

numerous ['nju:mərəs] *adj* nombreux(-euse)

nun [nʌn] *n* religieuse *f*, sœur *f*

nurse [nə:s] *n* infirmière *f*; (*also*: **~maid**) bonne *f* d'enfants ▸ *vt* (*patient, cold*) soigner

nursery ['nə:sərɪ] *n* (*room*) nursery *f*; (*institution*) crèche *f*, garderie *f*; (*for plants*) pépinière *f* • **nursery rhyme** *n* comptine *f*, chansonnette *f* pour enfants • **nursery school** *n* école maternelle • **nursery slope** *n* (BRIT *Ski*) piste *f* pour débutants

nursing ['nə:sɪŋ] *n* (*profession*) profession *f* d'infirmière; (*care*) soins *mpl* • **nursing home** *n* clinique *f*; (*for convalescence*) maison *f* de convalescence *or* de repos; (*for old people*) maison de retraite

nurture ['nə:tʃəʳ] *vt* élever

nut [nʌt] *n* (*of metal*) écrou *m*; (*fruit*: *walnut*) noix *f*; (: *hazelnut*) noisette *f*; (: *peanut*) cacahuète *f* (*terme générique en anglais*)

nutmeg ['nʌtmɛg] *n* (noix *f*) muscade *f*

nutrient ['nju:trɪənt] *n* substance nutritive

nutrition [nju:'trɪʃən] *n* nutrition *f*, alimentation *f*

nutritious [nju:'trɪʃəs] *adj* nutritif(-ive), nourrissant(e)

nuts [nʌts] (*inf*) *adj* dingue

NVQ *n abbr* (BRIT) = **National Vocational Qualification**

nylon ['naɪlɔn] *n* nylon *m* ▸ *adj* de *or* en nylon

O

oak [əuk] *n* chêne *m* ▸ *cpd* de *or* en (bois de) chêne
O.A.P. *n abbr* (BRIT) = **old age pensioner**
oar [ɔːʳ] *n* aviron *m*, rame *f*
oasis (*pl* **oases**) [əu'eɪsɪs, əu'eɪsiːz] *n* oasis *f*
oath [əuθ] *n* serment *m*; (*swear word*) juron *m*; **on** (BRIT) *or* **under ~** sous serment; assermenté(e)
oatmeal ['əutmiːl] *n* flocons *mpl* d'avoine
oats [əuts] *n* avoine *f*
obedience [ə'biːdɪəns] *n* obéissance *f*
obedient [ə'biːdɪənt] *adj* obéissant(e)
obese [əu'biːs] *adj* obèse
obesity [əu'biːsɪtɪ] *n* obésité *f*
obey [ə'beɪ] *vt* obéir à; (*instructions, regulations*) se conformer à ▸ *vi* obéir
obituary [ə'bɪtjuərɪ] *n* nécrologie *f*
object *n* ['ɔbdʒɪkt] objet *m*; (*purpose*) but *m*, objet; (*Ling*) complément *m* d'objet ▸ *vi* [əb'dʒɛkt]: **to ~ to** (*attitude*) désapprouver; (*proposal*) prot contre, élever une objection contre; **I ~!** je proteste!; **he ~ that …** il a fait valoir *or* a obje que …; **money is no ~** l'arge n'est pas un problème • **obje** [əb'dʒɛkʃən] *n* objection *f*; **if have no objection** si vous n voyez pas d'inconvénient • **objective** *n* objectif *m* ▸ *ad* objectif(-ive)
obligation [ɔblɪ'geɪʃən] *n* obligation *f*, devoir *m*; (*debt*) c *f* (de reconnaissance)
obligatory [ə'blɪgətərɪ] *adj* obligatoire
oblige [ə'blaɪdʒ] *vt* (*force*): **to to do** obliger *or* forcer qn à fa (*do a favour*) rendre service à, obliger; **to be ~d to sb for st** être obligé(e) à qn de qch
oblique [ə'bliːk] *adj* oblique; (*allusion*) indirect(e)
obliterate [ə'blɪtəreɪt] *vt* ef
oblivious [ə'blɪvɪəs] *adj*: **~ o** oublieux(-euse) de
oblong ['ɔblɔŋ] *adj* oblong(u ▸ *n* rectangle *m*
obnoxious [əb'nɔkʃəs] *adj* odieux(-euse); (*smell*) nauséabond(e)
oboe ['əubəu] *n* hautbois *m*
obscene [əb'siːn] *adj* obscèr
obscure [əb'skjuəʳ] *adj* obsc ▸ *vt* obscurcir; (*hide*: *sun*) cach
observant [əb'zəːvnt] *adj* observateur(-trice)
observation [ɔbzə'veɪʃən] observation *f*; (*by police etc*) surveillance *f*
observatory [əb'zəːvətrɪ] *r* observatoire *m*
observe [əb'zəːv] *vt* observe (*remark*) faire observer *or*

arquer • **observer** *n*
ervateur(-trice)
ss [əb'sɛs] *vt* obséder
session [əb'sɛʃən] *n*
ession *f* • **obsessive** *adj*
édant(e)
lete ['ɔbsəli:t] *adj*
assé(e), périmé(e)
acle ['ɔbstəkl] *n* obstacle *m*
inate ['ɔbstɪnɪt] *adj*
tiné(e); (*pain, cold*)
sistant(e)
ruct [əb'strʌkt] *vt* (*block*)
cher, obstruer; (*hinder*)
aver • **obstruction**
strʌkʃən] *n* obstruction *f*; (*to*
progress) obstacle *m*
in [əb'teɪn] *vt* obtenir
ous ['ɔbvɪəs] *adj* évident(e),
nifeste • **obviously** *adv*
nifestement; **obviously!** bien
obviously not! évidemment
, bien sûr que non!
sion [ə'keɪʒən] *n* occasion *f*;
nt) événement *m* • **occasional**
oris(e) (*or* fait(e) *etc*) de temps
emps; (*worker, spending*)
asionnel(le) • **occasionally**
de temps en temps,
quefois
lt [ɔ'kʌlt] *adj* occulte ▸ *n*:
~ le surnaturel
pant ['ɔkjupənt] *n*
upant *m*
pation [ɔkju'peɪʃən] *n*
upation *f*; (*job*) métier *m*,
ession *f*
py ['ɔkjupaɪ] *vt* occuper;
o.s. with *or* **by doing**
cuper à faire
r [ə'kə:ʳ] *vi* se produire;
culty, opportunity) se
enter; (*phenomenon, error*) se
contrer; **to ~ to sb** venir à
l'esprit de qn • **occurrence**
[ə'kʌrəns] *n* (*existence*) présence *f*,
existence *f*; (*event*) cas *m*, fait *m*
OCD [əusi:'di:] *n abbr* (= *obsessive compulsive disorder*) TOC *m*
ocean ['əuʃən] *n* océan *m*
o'clock [ə'klɔk] *adv*: **it is 5 ~** il est 5 heures
Oct. *abbr* (= *October*) oct
October [ɔk'təubəʳ] *n* octobre *m*
octopus ['ɔktəpəs] *n* pieuvre *f*
odd [ɔd] *adj* (*strange*) bizarre, curieux(-euse); (*number*) impair(e); (*not of a set*) dépareillé(e); **60-~** 60 et quelques; **at ~ times** de temps en temps; **the ~ one out** l'exception *f* • **oddly** *adv* bizarrement, curieusement • **odds** *npl* (*in betting*) cote *f*; **it makes no odds** cela n'a pas d'importance; **odds and ends** de petites choses; **at odds** en désaccord
odometer [ɔ'dɔmɪtəʳ] *n* (US) odomètre *m*
odour, (US) **odor** ['əudəʳ] *n* odeur *f*

O

of [ɔv, əv]

prep **1** (*gen*) de; **a friend of ours** un de nos amis; **a boy of 10** un garçon de 10 ans; **that was kind of you** c'était gentil de votre part
2 (*expressing quantity, amount, dates etc*) de; **a kilo of flour** un kilo de farine; **how much of this do you need?** combien vous en faut-il?; **there were three of them** (*people*) ils étaient 3; (*objects*) il y en avait 3; **three of us went** 3 d'entre nous y sont allé(e)s; **the 5th of July** le 5 juillet; **a quarter of 4** (US)

4 heures moins le quart
3 *(from, out of)* en, de; **a statue of marble** une statue de *or* en marbre; **made of wood** (fait) en bois

off [ɔf] *adj, adv (engine)* coupé(e); *(light, TV)* éteint(e); *(tap)* fermé(e); (BRIT: *food*) mauvais(e), avancé(e); (: *milk*) tourné(e); *(absent)* absent(e); *(cancelled)* annulé(e); *(removed)*: **the lid was ~** le couvercle était retiré *or* n'était pas mis; *(away)*: **to run/drive ~** partir en courant/en voiture ▸ *prep* de; **to be ~** *(to leave)* partir, s'en aller; **to be ~ sick** être absent pour cause de maladie; **a day ~** un jour de congé; **to have an ~ day** n'être pas en forme; **he had his coat ~** il avait enlevé son manteau; **10% ~** *(Comm)* 10% de rabais; **5 km ~ (the road)** à 5 km (de la route); **~ the coast** au large de la côte; **it's a long way ~** c'est loin (d'ici); **I'm ~ meat** je ne mange plus de viande; je n'aime plus la viande; **on the ~ chance** à tout hasard; **~ and on, on and ~** de temps à autre

offence, (US) **offense** [ə'fɛns] *n (crime)* délit *m*, infraction *f*; **to take ~ at** se vexer de, s'offenser de

offend [ə'fɛnd] *vt (person)* offenser, blesser • **offender** *n* délinquant(e); *(against regulations)* contrevenant(e)

offense [ə'fɛns] *n* (US) = **offence**

offensive [ə'fɛnsɪv] *adj* offensant(e), choquant(e); *(smell etc)* très déplaisant(e); *(weapon)* offensif(-ive) ▸ *n (Mil)* offensive *f*

offer ['ɔfəʳ] *n* offre *f*, proposition *f* ▸ *vt* offrir, proposer; **"on ~"** *(Comm)* "en promotion"

offhand [ɔf'hænd] *adj* désin
▸ *adv* spontanément

office ['ɔfɪs] *n (place)* bureau
(position) charge *f*, fonction *f*;
doctor's ~ (US) cabinet (méd
to take ~ entrer en fonctions
• **office block** • (US) **office building** *n* immeuble *m* de bureaux • **office hours** *npl* h
fpl de bureau; (US *Med*) heure
consultation

officer ['ɔfɪsəʳ] *n (Mil etc)* offi
m; *(also*: **police ~**) agent *m* (d
police); *(of organization)* mem
m du bureau directeur

office worker *n* employé(e)
bureau

official [ə'fɪʃl] *adj (authorized*
officiel(le) ▸ *n* officiel *m*; *(civil*
servant) fonctionnaire *m/f*; *(o*
railways, post office, town hall)
employé(e)

off: • **off-licence** *n* (BRIT: *shop*
débit *m* de vins et de spiritueu
• **off-line** *adj (Comput)* (en m
autonome; (: *switched off*) nc
connecté(e) • **off-peak** *adj* a
heures creuses; *(electricity, tic*
au tarif heures creuses
• **off-putting** *adj* (BRIT) *(rem*
rébarbatif(-ive); *(person)*
rebutant(e), peu engageant(
• **off-season** *adj, adv* hors-sa
inv

offset ['ɔfsɛt] *vt (irreg: like* **se**
(counteract) contrebalancer,
compenser

offshore [ɔf'ʃɔːʳ] *adj (breeze)*
terre; *(island)* proche du littor
(fishing) côtier(-ière)

offside ['ɔf'saɪd] *adj (Sport)* h
jeu; *(Aut: in Britain)* de droite;
US, Europe) de gauche

offspring ['ɔfsprɪŋ] *n*

géniture f
n ['ɔfn] *adv* souvent; **how**
you go? vous y allez tous les
ıbien?; **every so ~** de temps
emps, de temps à autre
ɔu] *excl* ô!, oh!, ah!
ɪl] *n* huile *f*; (*petroleum*) pétrole
for central heating) mazout *m*
(*machine*) graisser • **oil filter** *n*
:) filtre *m* à huile • **oil painting**
inture *f* à l'huile • **oil refinery**
ffinerie *f* de pétrole • **oil rig** *n*
ick *m*; (*at sea*) plate-forme
olière • **oil slick** *n* nappe *f* de
zout • **oil tanker** *n* (*ship*)
olier *m*; (*truck*) camion-citerne
oil well *n* puits *m* de pétrole
ly *adj* huileux(-euse); (*food*)
s(se)
ment ['ɔɪntmənt] *n*
uent *m*
, okay ['əu'keɪ] (*inf*) *excl*
cord! ▸ *vt* approuver, donner
accord à ▸ *adj* (*not bad*) pas
; **is it ~?, are you ~?** ça va?
əuld] *adj* vieux (vieille);
son) vieux, âgé(e); (*former*)
ien(ne), vieux; **how ~ are**
? quel âge avez-vous?; **he's 10**
rs ~ il a 10 ans, il est âgé de 10
; **~er brother/sister** frère/
ır aîné(e) • **old age** *n* vieillesse
ld-age pensioner *n* (BRIT)
aité(e) • **old-fashioned** *adj*
ıodé(e); (*person*) vieux jeu *inv*
d people's home *n* (*esp* BRIT)
son *f* de retraite
arch ['ɔlɪgɑ:k] *n* oligarque *m/f*
e ['ɔlɪv] *n* (*fruit*) olive *f*; (*tree*)
ier *m* ▸ *adj* (*also*: **~-green**)
t) olive *inv* • **olive oil** *n* huile *f*
ve
npic [əu'lɪmpɪk] *adj*
npique; **the ~ Games, the ~s**
eux *mpl* olympiques

omelet(te) ['ɔmlɪt] *n* omelette *f*
omen ['əumən] *n* présage *m*
ominous ['ɔmɪnəs] *adj* menaçant(e), inquiétant(e); (*event*) de mauvais augure
omit [əu'mɪt] *vt* omettre

on [ɔn]

▸ *prep* **1** (*indicating position*) sur; **on the table** sur la table; **on the wall** sur le *or* au mur; **on the left** à gauche
2 (*indicating means, method, condition etc*): **on foot** à pied; **on the train/plane** (*be*) dans le train/l'avion; (*go*) en train/avion; **on the telephone/radio/television** au téléphone/à la radio/à la télévision; **to be on drugs** se droguer; **on holiday**, (US) **on vacation** en vacances
3 (*referring to time*): **on Friday** vendredi; **on Fridays** le vendredi; **on June 20th** le 20 juin; **a week on Friday** vendredi en huit; **on arrival** à l'arrivée; **on seeing this** en voyant cela
4 (*about, concerning*) sur, de; **a book on Balzac/physics** un livre sur Balzac/de physique
▸ *adv* **1** (*referring to dress*): **to have one's coat on** avoir (mis) son manteau; **to put one's coat on** mettre son manteau; **what's she got on?** qu'est-ce qu'elle porte?
2 (*referring to covering*): **screw the lid on tightly** vissez bien le couvercle
3 (*further, continuously*): **to walk** *etc* **on** continuer à marcher *etc*; **from that day on** depuis ce jour
▸ *adj* **1** (*in operation*: *machine*) en

marche; (: *radio, TV, light*) allumé(e); (: *tap, gas*) ouvert(e); (: *brakes*) mis(e); **is the meeting still on?** (*not cancelled*) est-ce que la réunion a bien lieu?; **when is this film on?** quand passe ce film?
2 (*inf*): **that's not on!** (*not acceptable*) cela ne se fait pas!; (*not possible*) pas question!

once [wʌns] *adv* une fois; (*formerly*) autrefois ▶ *conj* une fois que + *sub*; **~ he had left/it was done** une fois qu'il fut parti/ que ce fut terminé; **at ~** tout de suite, immédiatement; (*simultaneously*) à la fois; **all at ~** *adv* tout d'un coup; **~ a week** une fois par semaine; **~ more** encore une fois; **~ and for all** une fois pour toutes; **~ upon a time there was ...** il y avait une fois ..., il était une fois ...

oncoming ['ɔnkʌmɪŋ] *adj* (*traffic*) venant en sens inverse

one [wʌn]

▶ *num* un(e); **one hundred and fifty** cent cinquante; **one by one** un(e) à *or* par un(e); **one day** un jour
▶ *adj* **1** (*sole*) seul(e), unique; **the one book which** l'unique *or* le seul livre qui; **the one man who** le seul (homme) qui
2 (*same*) même; **they came in the one car** ils sont venus dans la même voiture
▶ *pron* **1**: **this one** celui-ci (celle-ci); **that one** celui-là (celle-là); **I've already got one/a red one** j'en ai déjà un(e)/un(e) rouge; **which one do you want?** lequel voulez-vous?
2: **one another** l'un(e) l'autre; **to look at one another** se regarder
3 (*impersonal*) on; **one never knows** on ne sait jamais; **to cut one's finger** se coupe le doigt; **one needs to eat** il faut manger

one-off [wʌn'ɔf] *n* (BRIT *inf*) exemplaire *m* unique

oneself [wʌn'sɛlf] *pron* se; (*a prep, also emphatic*) soi-même **hurt ~** se faire mal; **to keep s for ~** garder qch pour soi; **to to ~** se parler à soi-même; **by** tout seul

one: • **one-shot** [wʌn'ʃɔt] (*US* = **one-off** • **one-sided** *adj* (*argument, decision*) unilatéra • **onesie** ['wʌnzɪ] *n* grenouillère *f* • **one-to-one** *a* (*relationship*) univoque • **one-** *adj* (*street, traffic*) à sens uniqu

ongoing ['ɔngəuɪŋ] *adj* en co (*relationship*) suivi(e)

onion ['ʌnjən] *n* oignon *m*

online, on-line ['ɔnlaɪn] *ad* (*Comput*) en ligne; (: *switched* connecté(e) ▶ *adv*: **to go ~** se connecter à Internet

onlooker ['ɔnlukəʳ] *n* spectateur(-trice)

only ['əunlɪ] *adv* seulement ▶ seul(e), unique ▶ *conj* seulem mais; **an ~ child** un enfant unique; **not ~ ... but also** no seulement ... mais aussi; **I ~ t one** j'en ai seulement pris un, n'en ai pris qu'un

on-screen [ɔn'skriːn] *adj* à l'écran

onset ['ɔnsɛt] *n* début *m*; (*of winter, old age*) approche *f*

· ['ɔntu] *prep* sur
ard(s) ['ɔnwəd(z)] *adv*
·e) en avant; **from that time ~**
·rtir de ce moment
· [ups] *excl* houp!
[u:z] *vi* suinter
ue [əu'peɪk] *adj* opaque
· ['əupn] *adj* ouvert(e); (*car*)
·uvert(e); (*road, view*)
agé(e); (*meeting*) public(-ique);
·iration) manifeste ▸ *vt* ouvrir
(*flower, eyes, door, debate*)
vrir; (*shop, bank, museum*)
·ir; (*book etc: commence*)
·mencer, débuter; **is it ~ to**
public? est-ce ouvert au
ic?; **what time do you ~?**
elle heure ouvrez-vous?; **in**
~ (air) en plein air • **open up**
uvrir; (*blocked road*) dégager
s'ouvrir • **open-air** *adj* en plein
opening *n* ouverture *f*;
ortunity) occasion *f*; (*work*)
ouché *m*; (*job*) poste vacant
ening hours *npl* heures *fpl*
verture • **open learning** *n*
ignement universitaire à la carte,
mment par correspondance;
ance learning) télé-
·ignement *m* • **openly** *adv*
ertement • **open-minded** *adj*
sprit ouvert • **open-necked**
col ouvert • **open-plan** *adj*
cloisons • **Open University**
RIT) *cours universitaires par*
espondance

en University, fondée
969, est un organisme
seignement universitaire à
ance. Cet enseignement
prend des cours en ligne,
devoirs envoyés par
diant à son directeur
udes, et un séjour obligatoire
en université d'été. Il faut préparer un certain nombre d'unités de valeur dans un délai donné et obtenir la moyenne à un certain nombre d'entre elles pour recevoir le diplôme visé. Avec plus de 250 000 inscrits, dont 50 000 étudiants étrangers, l'*Open University* est le plus grand organisme éducatif du Royaume-Uni et l'un des plus grands du monde. Il obtient régulièrement d'excellents résultats, tant en ce qui concerne la qualité des enseignements dispensés que le niveau de satisfaction des étudiants.

opera ['ɔpərə] *n* opéra *m* • **opera house** *n* opéra *m* • **opera singer** *n* chanteur(-euse) d'opéra
operate ['ɔpəreɪt] *vt* (*machine*) faire marcher, faire fonctionner ▸ *vi* fonctionner; **to ~ on sb (for)** (*Med*) opérer qn (de)
operating room *n* (*US Med*) salle *f* d'opération
operating theatre *n* (BRIT *Med*) salle *f* d'opération
operation [ɔpə'reɪʃən] *n* opération *f*; (*of machine*) fonctionnement *m*; **to have an ~ (for)** se faire opérer (de); **to be in ~** (*machine*) être en service; (*system*) être en vigueur • **operational** *adj* opérationnel(le); (*ready for use*) en état de marche
operative ['ɔpərətɪv] *adj* (*measure*) en vigueur ▸ *n* (*in factory*) ouvrier(-ière)
operator ['ɔpəreɪtə^r] *n* (*of machine*) opérateur(-trice); (*Tel*) téléphoniste *m/f*

opinion [ə'pɪnjən] *n* opinion *f*, avis *m*; **in my ~** à mon avis • **opinion poll** *n* sondage *m* d'opinion
opponent [ə'pəunənt] *n* adversaire *m/f*
opportunity [ɔpə'tju:nɪtɪ] *n* occasion *f*; **to take the ~ to do** *or* **of doing** profiter de l'occasion pour faire
oppose [ə'pəuz] *vt* s'opposer à; **to be ~d to sth** être opposé(e) à qch; **as ~d to** par opposition à
opposite ['ɔpəzɪt] *adj* opposé(e); (*house etc*) d'en face ▶ *adv* en face ▶ *prep* en face de ▶ *n* opposé *m*, contraire *m*; (*of word*) contraire
opposition [ɔpə'zɪʃən] *n* opposition *f*
oppress [ə'prɛs] *vt* opprimer
opt [ɔpt] *vi*: **to ~ for** opter pour; **to ~ to do** choisir de faire • **opt out** *vi*: **to ~ out of** choisir de ne pas participer à *or* de ne pas faire
optician [ɔp'tɪʃən] *n* opticien(ne)
optimism ['ɔptɪmɪzəm] *n* optimisme *m*
optimist ['ɔptɪmɪst] *n* optimiste *m/f* • **optimistic** [ɔptɪ'mɪstɪk] *adj* optimiste
optimum ['ɔptɪməm] *adj* optimum
option ['ɔpʃən] *n* choix *m*, option *f*; (*Scol*) matière *f* à option • **optional** *adj* facultatif(-ive)
or [ɔ:ʳ] *conj* ou; (*with negative*): **he hasn't seen or heard anything** il n'a rien vu ni entendu; **or else** sinon; ou bien
oral ['ɔ:rəl] *adj* oral(e) ▶ *n* oral *m*
orange ['ɔrɪndʒ] *n* (*fruit*) orange *f* ▶ *adj* orange *inv* • **orange juice** *n* jus *m* d'orange
orbit ['ɔ:bɪt] *n* orbite *f* ▶ *vt* graviter autour de
orchard ['ɔ:tʃəd] *n* verger *m*
orchestra ['ɔ:kɪstrə] *n* orch… *m*; (*US: seating*) (fauteils *mpl* d')orchestre
orchid ['ɔ:kɪd] *n* orchidée *f*
ordeal [ɔ:'di:l] *n* épreuve *f*
order ['ɔ:dəʳ] *n* ordre *m*; (*Com…*) commande *f* ▶ *vt* ordonner; (*Comm*) commander; **in ~** en ordre; (*document*) en règle; **o… of ~** (*not in correct order*) en désordre; (*machine*) hors serv… (*telephone*) en dérangement; **machine in working ~** une machine en état de marche; **~ to do/that** pour faire/que **could I ~ now, please?** je pe… commander, s'il vous plaît?; **on ~** être en commande; **to ~ to do** ordonner à qn de faire • **order form** *n* bon *m* de commande • **orderly** *n* (*Mil*) ordonnance *f*; (*Med*) garçon *r…* salle ▶ *adj* (*room*) en ordre; (*m…*) méthodique; (*person*) qui a d… l'ordre
ordinary ['ɔ:dnrɪ] *adj* ordina… normal(e); (*pej*) ordinaire, quelconque; **out of the ~** exceptionnel(le)
ore [ɔ:ʳ] *n* minerai *m*
oregano [ɔrɪ'gɑ:nəu] *n* orig…
organ ['ɔ:gən] *n* organe *m*; (*…*) orgue *m*, orgues *fpl*
organic [ɔ:'gænɪk] *adj* orgar… (*crops etc*) biologique, nature…
organism ['ɔ:gənɪzəm] *n* organisme *m*
organization [ɔ:gənaɪ'zeɪʃ…] organisation *f*
organize ['ɔ:gənaɪz] *vt* orga… • **organized** ['ɔ:gənaizd] *ad…* (*planned*) organisé(e); (*efficie…*) bien organisé • **organizer** *n* organisateur(-trice)

sm ['ɔ:gæzəm] *n* orgasme *m*
['ɔ:dʒɪ] *n* orgie *f*
ıtal [ɔ:rɪ'ɛntl] *adj* oriental(e)
ıtation [ɔ:rɪen'teɪʃən] *n*
tudes) tendance *f*; (*in job*)
ntation *f*; (*of building*)
ntation, exposition *f*
n ['ɔrɪdʒɪn] *n* origine *f*
nal [ə'rɪdʒɪnl] *adj* original(e);
iest) originel(le) ▶ *n* original *m*
iginally *adv* (*at first*) à l'origine
nate [ə'rɪdʒɪneɪt] *vi*: **to**
›m être originaire de;
gestion) provenir de; **to ~ in**
tom) prendre naissance dans,
r son origine dans
ıey ['ɔ:knɪ] *n* (*also*: **the ~s,**
~ Islands) les Orcades *fpl*
ment ['ɔ:nəmənt] *n*
ement *m*; (*trinket*) bibelot *m*
namental [ɔ:nə'mɛntl] *adj*
›ratif(-ive); (*garden*)
rément
te [ɔ:'neɪt] *adj* très orné(e)
an ['ɔ:fn] *n* orphelin(e)
odox ['ɔ:θədɔks] *adj*
odoxe
opaedic, (US) **orthopedic**
ə'pi:dɪk] *adj* orthopédique
opath ['ɔstɪəpæθ] *n*
opathe *m/f*
ch ['ɔstrɪtʃ] *n* autruche *f*
r ['ʌðə^r] *adj* autre ▶ *pron*: **the**
ne) l'autre; **~s** (*other people*)
tres ▶ *adv*: **~ than** autrement
à part; **the ~ day** l'autre jour
herwise *adv*, *conj* autrement
wa ['ɔtəwə] *n* Ottawa
r ['ɔtə^r] *n* loutre *f*
ı [autʃ] *excl* aïe!
ıt [ɔ:t] *aux vb*: **I ~ to do it** je
ais le faire, il faudrait que je le
e; **this ~ to have been**
ected cela aurait dû être
corrigé; **he ~ to win** (*probability*)
il devrait gagner
ounce [auns] *n* once *f* (*28.35g; 16 in a pound*)
our ['auə^r] *adj* notre, nos *pl*; *see also* **my** • **ours** *pron* le (la) nôtre, les nôtres; *see also* **mine¹** • **ourselves** *pl pron* (*reflexive, after preposition*) nous; (*emphatic*) nous-mêmes; *see also* **oneself**
oust [aust] *vt* évincer
out [aut] *adv* dehors; (*published, not at home etc*) sorti(e); (*light, fire*) éteint(e); **~ there** là-bas; **he's ~** (*absent*) il est sorti; **to be ~ in one's calculations** s'être trompé dans ses calculs; **to run/back** *etc* **~** sortir en courant/en reculant *etc*; **~ loud** *adv* à haute voix; **~ of** *prep* (*outside*) en dehors de; (*because of: anger etc*) par; (*from among*): **10 ~ of 10** 10 sur 10; (*without*): **~ of petrol** sans essence, à court d'essence; **~ of order** (*machine*) en panne; (*Tel: line*) en dérangement • **outback** *n* (*in Australia*) intérieur *m* • **outbound** *adj*: **outbound (from/for)** en partance (de/pour) • **outbreak** *n* (*of violence*) éruption *f*, explosion *f*; (*of disease*) de nombreux cas; **the outbreak of war south of the border** la guerre qui s'est déclarée au sud de la frontière • **outburst** *n* explosion *f*, accès *m* • **outcast** *n* exilé(e); (*socially*) paria *m* • **outcome** *n* issue *f*, résultat *m* • **outcry** *n* tollé (général) • **outdated** *adj* démodé(e) • **outdoor** *adj* de *or* en plein air • **outdoors** *adv* dehors; au grand air
outer ['autə^r] *adj* extérieur(e) • **outer space** *n* espace *m* cosmique

outfit ['autfɪt] *n* (*clothes*) tenue *f*
out: • **outgoing** *adj* (*president, tenant*) sortant(e); (*character*) ouvert(e), extraverti(e) • **outgoings** *npl* (BRIT: *expenses*) dépenses *fpl* • **outhouse** *n* appentis *m*, remise *f*
outing ['autɪŋ] *n* sortie *f*; excursion *f*
out: • **outlaw** *n* hors-la-loi *m inv* ▸ *vt* (*person*) mettre hors la loi; (*practice*) proscrire • **outlay** *n* dépenses *fpl*; (*investment*) mise *f* de fonds • **outlet** *n* (*for liquid etc*) issue *f*, sortie *f*; (*for emotion*) exutoire *m*; (*also*: **retail outlet**) point *m* de vente; (*US Elec*) prise *f* de courant • **outline** *n* (*shape*) contour *m*; (*summary*) esquisse *f*, grandes lignes ▸ *vt* (*fig*: *theory, plan*) exposer à grands traits • **outlook** *n* perspective *f*; (*point of view*) attitude *f* • **outnumber** *vt* surpasser en nombre • **out-of-date** *adj* (*passport, ticket*) périmé(e); (*theory, idea*) dépassé(e); (*custom*) désuet(-ète); (*clothes*) démodé(e) • **out-of-doors** *adv* = **outdoors** • **out-of-the-way** *adj* loin de tout • **out-of-town** *adj* (*shopping centre etc*) en périphérie • **outpatient** *n* malade *m/f* en consultation externe • **outpost** *n* avant-poste *m* • **output** *n* rendement *m*, production *f*; (*Comput*) sortie *f* ▸ *vt* (*Comput*) sortir
outrage ['autreɪdʒ] *n* (*anger*) indignation *f*; (*violent act*) atrocité *f*, acte *m* de violence; (*scandal*) scandale *m* ▸ *vt* outrager • **outrageous** [aut'reɪdʒəs] *adj* atroce; (*scandalous*) scandaleux(-euse)

outright *adv* [aut'raɪt] complètement; (*deny, refuse*) catégoriquement; (*ask*) carrér (*kill*) sur le coup ▸ *adj* ['autra complet(-ète); catégorique
outset ['autsɛt] *n* début *m*
outside [aut'saɪd] *n* extérieu ▸ *adj* extérieur(e) ▸ *adv* (au) d à l'extérieur ▸ *prep* hors de, à l'extérieur de; (*in front of*) dev **at the ~** (*fig*) au plus *or* maxir • **outside lane** *n* (*Aut*: *in Brit* voie *f* de droite; (: *in US, Europ* voie de gauche • **outside lin** (*Tel*) ligne extérieure • **outsi** (*stranger*) étranger(-ère)
out: • **outsize** *adj* énorme; (*clothes*) grande taille *inv* • **outskirts** *npl* faubourgs *m* • **outspoken** *adj* très franc (franche) • **outstanding** *adj* remarquable, exceptionnel(l (*unfinished*: *work, business*) en suspens, en souffrance; (*debt* impayé(e); (*problem*) non rég
outward ['autwəd] *adj* (*sign appearances*) extérieur(e); (*jo* (d')aller ▸ *adv* vers l'extérieur • **outwards** *adv* (*esp* BRIT) = **outward**
outweigh [aut'weɪ] *vt* l'emp sur
oval ['əuvl] *adj*, *n* ovale *m*
ovary ['əuvərɪ] *n* ovaire *m*
oven ['ʌvn] *n* four *m* • **oven g** *n* gant *m* de cuisine • **ovenpr** *adj* allant au four • **oven-rea** *adj* prêt(e) à cuire
over ['əuvəʳ] *adv* (par-)dessu ▸ *adj* (*finished*) fini(e), termin (*too much*) en plus ▸ *prep* sur; par-dessus; (*above*) au-dessu (*on the other side of*) de l'autre de; (*more than*) plus de; (*durin*

dant; (*about, concerning*): **they**
out ~ money/her ils se sont
ıillés pour des questions
gent/à cause d'elle; **~ here** ici;
ere là-bas; **all ~** (*everywhere*)
:out; **~ and ~ (again)** à
ieurs reprises; **~ and above**
lus de; **to ask sb ~** inviter qn
asser); **to fall ~** tomber; **to**
ı **sth ~** retourner qch
all ['əuvərɔ:l] *adj* (*length*)
ıl(e); (*study, impression*)
semble ▸ *n* (BRIT) blouse *f*
/ [əuvər'ɔ:l] dans l'ensemble,
énéral; **overalls** *npl* (*boiler*
bleus *mpl* (de travail)
board ['əuvəbɔ:d] *adv* (*Naut*)
dessus bord
came [əuvə'keɪm] *pt of*
rcome
cast ['əuvəkɑ:st] *adj*
vert(e)
charge [əuvə'tʃɑ:dʒ] *vt*: **to**
for sth faire payer qch trop
à qn
coat ['əuvəkəut] *n*
lessus *m*
come [əuvə'kʌm] *vt* (*irreg*:
come) (*defeat*) triompher de;
culty) surmonter ▸ *adj*
tionally) bouleversé(e);
th grief accablé(e) de douleur
: • overcrowded *adj*
dé(e); (*city, country*)
euplé(e) • **overdo** *vt* (*irreg*:
do) exagérer; (*overcook*) trop
e; **to overdo it, to overdo**
gs (*work too hard*) en faire
, se surmener • **overdone**
ə'dʌn] *adj* (*vegetables, steak*)
cuit(e) • **overdose** *n* dose
ssive • **overdraft** *n*
ouvert *m* • **overdrawn** *adj*
unt) à découvert • **overdue**
n retard; (*bill*) impayé(e);
(*change*) qui tarde • **overestimate**
vt surestimer
overflow *vi* [əuvə'fləu] déborder
▸ *n* ['əuvəfləu] (*also*: **~ pipe**)
tuyau *m* d'écoulement,
trop-plein *m*
overgrown [əuvə'grəun] *adj*
(*garden*) envahi(e) par la
végétation
overhaul *vt* [əuvə'hɔ:l] réviser
▸ *n* ['əuvəhɔ:l] révision *f*
overhead *adv* [əuvə'hɛd]
au-dessus ▸ *adj* ['əuvəhɛd]
aérien(ne); (*lighting*) vertical(e)
▸ *n* ['əuvəhɛd] (US) = **overheads**
• **overhead projector** *n*
rétroprojecteur *m* • **overheads**
npl (BRIT) frais généraux
over: • overhear *vt* (*irreg*: *like*
hear) entendre (par hasard)
• **overheat** *vi* (*engine*) chauffer
• **overland** *adj, adv* par voie de
terre • **overlap** *vi* se chevaucher
• **overleaf** *adv* au verso
• **overload** *vt* surcharger
• **overlook** *vt* (*have view of*)
donner sur; (*miss*) oublier,
négliger; (*forgive*) fermer les yeux
sur
overnight *adv* [əuvə'naɪt]
(*happen*) durant la nuit; (*fig*)
soudain ▸ *adj* ['əuvənaɪt] d'une
(*or* de) nuit; soudain(e); **to stay**
~ (with sb) passer la nuit (chez
qn) • **overnight bag** *n* nécessaire
m de voyage
overpass ['əuvəpɑ:s] *n* (US: *for*
cars) pont autoroutier; (*for*
pedestrians) passerelle *f*, pont *m*
overpower [əuvə'pauə^r] *vt*
vaincre; (*fig*) accabler
• **overpowering** *adj* irrésistible;
(*heat, stench*) suffocant(e)
over: • overreact [əuvəri:'ækt] *vi*
réagir de façon excessive

• **overrule** *vt* (*decision*) annuler; (*claim*) rejeter; (*person*) rejeter l'avis de • **overrun** *vt* (*irreg*: *like* **run**) (*Mil*: *country etc*) occuper; (*time limit etc*) dépasser ▶ *vi* dépasser le temps imparti

overseas [əuvə'siːz] *adv* outre-mer; (*abroad*) à l'étranger ▶ *adj* (*trade*) extérieur(e); (*visitor*) étranger(-ère)

oversee [əuvə'siː] *vt* (*irreg*: *like* **see**) surveiller

overshadow [əuvə'ʃædəu] *vt* (*fig*) éclipser

oversight ['əuvəsaɪt] *n* omission *f*, oubli *m*

oversleep [əuvə'sliːp] *vi* (*irreg*: *like* **sleep**) se réveiller (trop) tard

overspend [əuvə'spɛnd] *vi* (*irreg*: *like* **spend**) dépenser de trop

overt [əu'vəːt] *adj* non dissimulé(e)

overtake [əuvə'teɪk] *vt* (*irreg*: *like* **take**) dépasser; (BRIT *Aut*) dépasser, doubler

over: • **overthrow** *vt* (*irreg*: *like* **throw**) (*government*) renverser • **overtime** *n* heures *fpl* supplémentaires • **overturn** *vt* renverser; (*decision*, *plan*) annuler ▶ *vi* se retourner • **overweight** *adj* (*person*) trop gros(se) • **overwhelm** *vt* (*subj*: *emotion*) accabler, submerger; (*enemy*, *opponent*) écraser • **overwhelming** *adj* (*victory*, *defeat*) écrasant(e); (*desire*) irrésistible

owe [əu] *vt* devoir; **to ~ sb sth, to ~ sth to sb** devoir qch à qn; **how much do I ~ you?** combien est-ce que je vous dois? • **owing to** *prep* à cause de, en raison de

owl [aul] *n* hibou *m*

own [əun] *vt* posséder ▶ *adj* propre; **a room of my ~** une chambre à moi, ma propre chambre; **to get one's ~ ba**[...] prendre sa revanche; **on one**[...] tout(e) seul(e) • **own up** *vi* a[...] • **owner** *n* propriétaire *m/f* • **ownership** *n* possession *f*

ox (*pl* **oxen**) [ɔks, 'ɔksn] *n* bœ[...]

Oxbridge ['ɔksbrɪdʒ] *n* (BRIT[...] *universités d'Oxford et de Camb*[...]

oxen ['ɔksən] *npl of* **ox**

oxygen ['ɔksɪdʒən] *n* oxygè[...]

oyster ['ɔɪstə^r] *n* huître *f*

oz. *abbr* = **ounce; ounces**

ozone ['əuzəun] *n* ozone *m* • **ozone friendly** *adj* qui n'attaque pas *or* qui préserve[...] couche d'ozone • **ozone lay**[...] couche *f* d'ozone

p

r (BRIT) = **penny; pence**
n abbr = **personal assistant;**
lic address system
abbr = **per annum**
[peɪs] *n* pas *m*; (*speed*) allure
esse *f* ▶ *vi*: **to ~ up and down**
e les cent pas; **to keep ~ with**
à la même vitesse que;
nts) se tenir au courant de
acemaker *n* (*Med*) stimulateur
rdiaque; (*Sport*: *also*:
esetter) meneur(-euse) de
n
fic [pə'sɪfɪk] *n*: **the**
cean) le Pacifique, l'océan *m*
fique
fier ['pæsɪfaɪəʳ] *n* (US:
my) tétine *f*
[pæk] *n* paquet *m*; (*of hounds*)
ite *f*; (*of thieves, wolves etc*)
de *f*; (*of cards*) jeu *m*; (US: *of*
rettes) paquet; (*back pack*) sac
dos ▶ *vt* (*goods*) empaqueter,
aller; (*in suitcase etc*) emballer;
) remplir; (*cram*) entasser ▶ *vi*:
(one's bags) faire ses
ages • **pack in** (BRIT *inf*) *vi*
chine) tomber en panne ▶ *vt*
friend) plaquer; **~ it in!** laisse
tomber! • **pack off** *vt*: **to ~ sb off**
to expédier qn à • **pack up** *vi* (BRIT
inf: *machine*) tomber en panne;
(*person*) se tirer ▶ *vt* (*belongings*)
ranger; (*goods, presents*)
empaqueter, emballer

package ['pækɪdʒ] *n* paquet *m*; (*also*: **~ deal**) (*agreement*) marché global; (*purchase*) forfait *m*; (*Comput*) progiciel *m* ▶ *vt* (*goods*) conditionner • **package holiday** *n* (BRIT) vacances organisées • **package tour** *n* voyage organisé

packaging ['pækɪdʒɪŋ] *n* (*wrapping materials*) emballage *m*

packed [pækt] *adj* (*crowded*) bondé(e) • **packed lunch** (BRIT) *n* repas froid

packet ['pækɪt] *n* paquet *m*

packing ['pækɪŋ] *n* emballage *m*

pact [pækt] *n* pacte *m*, traité *m*

pad [pæd] *n* bloc(-notes *m*) *m*; (*to prevent friction*) tampon *m* ▶ *vt* rembourrer • **padded** *adj* (*jacket*) matelassé(e); (*bra*) rembourré(e)

paddle ['pædl] *n* (*oar*) pagaie *f*; (US: *for table tennis*) raquette *f* de ping-pong ▶ *vi* (*with feet*) barboter, faire trempette ▶ *vt*: **to ~ a canoe** *etc* pagayer • **paddling pool** *n* petit bassin

paddock ['pædək] *n* enclos *m*; (*Racing*) paddock *m*

padlock ['pædlɔk] *n* cadenas *m*

paedophile, (US) **pedophile** ['pi:dəufaɪl] *n* pédophile *m*

page [peɪdʒ] *n* (*of book*) page *f*; (*also*: **~ boy**) groom *m*, chasseur *m*; (*at wedding*) garçon *m* d'honneur ▶ *vt* (*in hotel etc*) (faire) appeler

pager ['peɪdʒəʳ] *n* bip *m* (*inf*), Alphapage® *m*

paid [peɪd] *pt, pp of* **pay** ▸ *adj* (*work, official*) rémunéré(e); (*holiday*) payé(e); **to put ~ to** (BRIT) mettre fin à, mettre par terre

pain [peɪn] *n* douleur *f*; (*inf: nuisance*) plaie *f*; **to be in ~** souffrir, avoir mal; **to take ~s to do** se donner du mal pour faire • **painful** *adj* douloureux(-euse); (*difficult*) difficile, pénible • **painkiller** *n* calmant *m*, analgésique *m* • **painstaking** ['peɪnzteɪkɪŋ] *adj* (*person*) soigneux(-euse); (*work*) soigné(e)

paint [peɪnt] *n* peinture *f* ▸ *vt* peindre; **to ~ the door blue** peindre la porte en bleu • **paintbrush** *n* pinceau *m* • **painter** *n* peintre *m* • **painting** *n* peinture *f*; (*picture*) tableau *m*

pair [pɛəʳ] *n* (*of shoes, gloves etc*) paire *f*; (*of people*) couple *m*; **~ of scissors** (paire de) ciseaux *mpl*; **~ of trousers** pantalon *m*

pajamas [pə'dʒɑːməz] *npl* (US) pyjama *m*

Pakistan [pɑːkɪ'stɑːn] *n* Pakistan *m* • **Pakistani** *adj* pakistanais(e) ▸ *n* Pakistanais(e)

pal [pæl] *n* (*inf*) copain (copine)

palace ['pæləs] *n* palais *m*

pale [peɪl] *adj* pâle; **~ blue** *adj* bleu pâle *inv*

Palestine ['pælɪstaɪn] *n* Palestine *f* • **Palestinian** [pælɪs'tɪnɪən] *adj* palestinien(ne) ▸ *n* Palestinien(ne)

palm [pɑːm] *n* (*Anat*) paume *f*; (*also*: **~ tree**) palmier *m* ▸ *vt*: **to ~ sth off on sb** (*inf*) refiler qch à qn

pamper ['pæmpəʳ] *vt* gâter, dorloter

pamphlet ['pæmflət] *n* brochure *f*

pan [pæn] *n* (*also*: **sauce~**) casserole *f*; (*also*: **frying ~**) poêle *f*

pancake ['pænkeɪk] *n* crêpe

panda ['pændə] *n* panda *m*

pandemic [pæn'dɛmɪk] *n* pandémie *f*

pane [peɪn] *n* carreau *m* (de fenêtre), vitre *f*

panel ['pænl] *n* (*of wood, clot*… panneau *m*; (*Radio, TV*) panel invités *mpl*; (*for interview, exam*… jury *m*

panhandler ['pænhændləʳ… (US *inf*) mendiant(e)

panic ['pænɪk] *n* panique *f*, affolement *m* ▸ *vi* s'affoler, paniquer

panini [pæ'niːnɪ] *n* panini *m*

panorama [pænə'rɑːmə] *n* panorama *m*

pansy ['pænzɪ] *n* (*Bot*) pensé…

pant [pænt] *vi* haleter

panther ['pænθəʳ] *n* panthè…

panties ['pæntɪz] *npl* slip *m*, culotte *f*

pantomime ['pæntəmaɪm… (BRIT) spectacle *m* de Noël

Une **pantomime** (à ne pas confondre avec le mot tel qu'… l'utilise en français), que l'on appelle également de façon familière 'panto', est un genr… farce où le personnage princi… est souvent un jeune garçon où il y a toujours une 'dame', c'est-à-dire une vieille femm… jouée par un homme, et un méchant. La plupart du tem… l'histoire est basée sur un co… de fées comme Cendrillon ou… Chat botté, et le public est encouragé à participer en

enant le héros d'un danger
inent. Ce genre de
tacle, qui s'adresse surtout
enfants, vise également un
ic d'adultes au travers des
breuses plaisanteries
nt allusion à des faits
ualité.

s [pænts] *npl* (BRIT: *woman's*) tte *f*, slip *m*; (: *man's*) slip, con *m*; (US: *trousers*) alon *m*

yhose ['pæntɪhəuz] *npl* (US) nt *m*

r ['peɪpəʳ] *n* papier *m*; (*also*: **~**) papier peint; (*also*: **news~**) nal *m*; (*academic essay*) article xam) épreuve écrite ▸ *adj* en *or* apier ▸ *vt* tapisser (de papier t); **papers** *npl* (*also*: **identity ~s**) ers *mpl* (d'identité)

perback *n* livre broché *or* non ; (*small*) livre *m* de poche

per bag *n* sac *m* en papier

per clip *n* trombone *m*

per shop *n* (BRIT) marchand journaux • **paperwork** *n* ers *mpl*; (*pej*) paperasserie *f*

ika ['pæprɪkə] *n* paprika *m*

ɑːʳ] *n* pair *m*; (*Golf*) normale *f* arcours; **on a ~ with** à égalité , au même niveau que

cetamol [pærə'siːtəmɔl] *n*) paracétamol *m*

chute ['pærəʃuːt] *n* chute *m*

de [pə'reɪd] *n* défilé *m* ▸ *vt* aire étalage de ▸ *vi* défiler

dise ['pærədaɪs] *n* dis *m*

dox ['pærədɔks] *n* doxe *m*

ffin ['pærəfɪn] *n* (BRIT): **l)** pétrole (lampant)

paragraph ['pærəgrɑːf] *n* paragraphe *m*

parallel ['pærəlɛl] *adj*: **~ (with** *or* **to)** parallèle (à); (*fig*) analogue (à) ▸ *n* (*line*) parallèle *f*; (*fig*, *Geo*) parallèle *m*

paralysed ['pærəlaɪzd] *adj* paralysé(e)

paralysis (*pl* **paralyses**) [pə'rælɪsɪs, -siːz] *n* paralysie *f*

paramedic [pærə'mɛdɪk] *n* auxiliaire *m/f* médical(e)

paranoid ['pærənɔɪd] *adj* (*Psych*) paranoïaque; (*neurotic*) paranoïde

parasite ['pærəsaɪt] *n* parasite *m*

parcel ['pɑːsl] *n* paquet *m*, colis *m* ▸ *vt* (*also*: **~ up**) empaqueter

pardon ['pɑːdn] *n* pardon *m*; (*Law*) grâce *f* ▸ *vt* pardonner à; (*Law*) gracier; **~!** pardon!; **~ me!** (*after burping etc*) excusez-moi!; **I beg your ~!** (*I'm sorry*) pardon!, je suis désolé!; **(I beg your) ~?**, (US) **~ me?** (*what did you say?*) pardon?

parent ['pɛərənt] *n* (*father*) père *m*; (*mother*) mère *f*; **parents** *npl* parents *mpl* • **parental** [pə'rɛntl] *adj* parental(e), des parents

Paris ['pærɪs] *n* Paris

parish ['pærɪʃ] *n* paroisse *f*; (BRIT: *civil*) ≈ commune *f*

Parisian [pə'rɪzɪən] *adj* parisien(ne), de Paris ▸ *n* Parisien(ne)

park [pɑːk] *n* parc *m*, jardin public ▸ *vt* garer ▸ *vi* se garer; **can I ~ here?** est-ce que je peux me garer ici?

parking ['pɑːkɪŋ] *n* stationnement *m*; **"no ~"** "stationnement interdit" • **parking lot** *n* (US) parking *m*, parc *m* de stationnement • **parking meter** *n* parc(o)mètre *m* • **parking ticket** *n* P.-V. *m*

> ⚠ Be careful not to translate *parking* by the French word *parking*.

parkour [pɑː'kuəʳ] *n* parkour *m*
parkway ['pɑːkweɪ] *n* (*US*) route *f* express (*en site vert ou aménagé*)
parliament ['pɑːləmənt] *n* parlement *m* • **parliamentary** [pɑːlə'mɛntərɪ] *adj* parlementaire
Parmesan [pɑːmɪ'zæn] *n* (*also*: **~ cheese**) Parmesan *m*
parole [pə'rəul] *n*: **on ~** en liberté conditionnelle
parrot ['pærət] *n* perroquet *m*
parsley ['pɑːslɪ] *n* persil *m*
parsnip ['pɑːsnɪp] *n* panais *m*
parson ['pɑːsn] *n* ecclésiastique *m*; (*Church of England*) pasteur *m*
part [pɑːt] *n* partie *f*; (*of machine*) pièce *f*; (*Theat*) rôle *m*; (*of serial*) épisode *m*; (*US*: *in hair*) raie *f* ▸ *adv* = **partly** ▸ *vt* séparer ▸ *vi* (*people*) se séparer; (*crowd*) s'ouvrir; **to take ~ in** participer à, prendre part à; **to take sb's ~** prendre le parti de qn, prendre parti pour qn; **for my ~** en ce qui me concerne; **for the most ~** en grande partie; dans la plupart des cas; **in ~** en partie; **to take sth in good/bad ~** prendre qch du bon/mauvais côté • **part with** *vt fus* (*person*) se séparer de; (*possessions*) se défaire de
partial ['pɑːʃl] *adj* (*incomplete*) partiel(le); **to be ~ to** aimer, avoir un faible pour
participant [pɑː'tɪsɪpənt] *n* (*in competition, campaign*) participant(e)
participate [pɑː'tɪsɪpeɪt] *v*[...] **~ (in)** participer (à), prendre [...] (à)
particle ['pɑːtɪkl] *n* particul[...] (*of dust*) grain *m*
particular [pə'tɪkjuləʳ] *adj* (*specific*) particulier(-ière); (*special*) particulier, spécial(e[...]); (*fussy*) difficile, exigeant(e); (*careful*) méticuleux(-euse); [...] en particulier, surtout • **particularly** *adv* particulièrement; (*in particu*[...]) particulier • **particulars** *np*[...] détails *mpl*; (*information*) renseignements *mpl*
parting ['pɑːtɪŋ] *n* séparati[...] (*BRIT*: *in hair*) raie *f*
partition [pɑː'tɪʃən] *n* (*Pol*) partition *f*, division *f*; (*wall*) cloison *f*
partly ['pɑːtlɪ] *adv* en partie partiellement
partner ['pɑːtnəʳ] *n* (*Comm*) associé(e); (*Sport*) partenair[...] (*spouse*) conjoint(e); (*lover*) a[...] (*at dance*) cavalier(-ière) • **partnership** *n* associatio[...]
partridge ['pɑːtrɪdʒ] *n* perd[...]
part-time ['pɑːt'taɪm] *adj*, [...] mi-temps, à temps partiel
party ['pɑːtɪ] *n* (*Pol*) parti *m*; (*celebration*) fête *f*; (: *formal*) réception *f*; (: *in evening*) soir[...] (*group*) groupe *m*; (*Law*) part[...]
pass [pɑːs] *vt* (*time, object*) p[...] (*place*) passer devant; (*friend*[...]) croiser; (*exam*) être reçu(e) à[...] réussir; (*overtake*) dépasser; (*approve*) approuver, accept[...] ▸ *vi* passer; (*Scol*) être reçu(e[...]) admis(e), réussir ▸ *n* (*permit*[...]) laissez-passer *m inv*; (*membe*[...] *card*) carte *f* d'accès or

onnement; (*in mountains*)
ι; (*Sport*) passe *f*; (*Scol*: *also*:
ark); **to get a ~** être reçu(e)
s mention); **to ~ sb sth**
er qch à qn; **could you**
e salt/oil, please?
vez-vous me passer le
'huile, s'il vous plaît?; **to**
e a ~ at sb (*inf*) faire des
nces à qn • **pass away** *vi*
rir • **pass by** *vi* passer ▶ *vt*
ore) négliger • **pass on** *vt*
d *on*): **to ~ on (to)**
smettre (à) • **pass out** *vi*
anouir • **pass over** *vt* (*ignore*)
er sous silence • **pass up** *vt*
ortunity) laisser passer
ssable *adj* (*road*) praticable;
k) acceptable

Be careful not to translate
pass an exam by the French
pression *passer un examen*.

age ['pæsɪdʒ] *n* (*also* **~way**)
oir *m*; (*gen, in book*) passage *m*;
oat) traversée *f*
enger ['pæsɪndʒəʳ] *n*
ager(-ère)
er-by [pɑːsə'baɪ] *n*
ant(e)
ing place *n* (*Aut*) aire *f* de
sement
ion ['pæʃən] *n* passion *f*
ssionate *adj* passionné(e)
ssion fruit *n* fruit *m* de la
ion
ive ['pæsɪv] *adj* (*also Ling*)
if(-ive)
port ['pɑːspɔːt] *n* passeport
passport control *n* contrôle
s passeports • **passport**
ce *n* bureau *m* de délivrance
passeports
word ['pɑːswəːd] *n* mot *m*
asse

past [pɑːst] *prep* (*in front of*) devant; (*further than*) au delà de, plus loin que; après; (*later than*) après ▶ *adv*: **to run ~** passer en courant ▶ *adj* passé(e); (*president etc*) ancien(ne) ▶ *n* passé *m*; **he's ~ forty** il a dépassé la quarantaine, il a plus de *or* passé quarante ans; **ten/quarter ~ eight** (BRIT) huit heures dix/un *or* et quart; **for the ~ few/3 days** depuis quelques/3 jours; ces derniers/3 derniers jours
pasta ['pæstə] *n* pâtes *fpl*
paste [peɪst] *n* pâte *f*; (*Culin*: *meat*) pâté *m* (à tartiner); (: *tomato*) purée *f*, concentré *m*; (*glue*) colle *f* (de pâte) ▶ *vt* coller
pastel ['pæstl] *adj* pastel *inv* ▶ *n* (*Art*: *pencil*) (crayon *m*) pastel *m*; (: *drawing*) (dessin *m* au) pastel; (*colour*) ton *m* pastel *inv*
pasteurized ['pæstəraɪzd] *adj* pasteurisé(e)
pastime ['pɑːstaɪm] *n* passe-temps *m inv*, distraction *f*
pastor ['pɑːstəʳ] *n* pasteur *m*
pastry ['peɪstrɪ] *n* pâte *f*; (*cake*) pâtisserie *f*
pasture ['pɑːstʃəʳ] *n* pâturage *m*
pasty[1] *n* ['pæstɪ] petit pâté (en croûte)
pasty[2] ['peɪstɪ] *adj* (*complexion*) terreux(-euse)
pat [pæt] *vt* donner une petite tape à; (*dog*) caresser
patch [pætʃ] *n* (*of material*) pièce *f*; (*eye patch*) cache *m*; (*spot*) tache *f*; (*of land*) parcelle *f*; (*on tyre*) rustine *f* ▶ *vt* (*clothes*) rapiécer; **a bad ~** (BRIT) une période difficile • **patchy** *adj* inégal(e); (*incomplete*) fragmentaire
pâté ['pæteɪ] *n* pâté *m*, terrine *f*

patent ['peɪtnt, US 'pætnt] *n* brevet *m* (d'invention) ▸ *vt* faire breveter ▸ *adj* patent(e), manifeste
paternal [pə'tə:nl] *adj* paternel(le)
paternity leave [pə'tə:nɪtɪ-] *n* congé *m* de paternité
path [pɑ:θ] *n* chemin *m*, sentier *m*; (*in garden*) allée *f*; (*of missile*) trajectoire *f*
pathetic [pə'θɛtɪk] *adj* (*pitiful*) pitoyable; (*very bad*) lamentable, minable
pathway ['pɑ:θweɪ] *n* chemin *m*, sentier *m*; (*in garden*) allée *f*
patience ['peɪʃns] *n* patience *f*; (BRIT *Cards*) réussite *f*
patient ['peɪʃnt] *n* malade *m/f*; (*of dentist etc*) patient(e) ▸ *adj* patient(e)
patio ['pætɪəu] *n* patio *m*
patriotic [pætrɪ'ɔtɪk] *adj* patriotique; (*person*) patriote
patrol [pə'trəul] *n* patrouille *f* ▸ *vt* patrouiller dans • **patrol car** *n* voiture *f* de police
patron ['peɪtrən] *n* (*in shop*) client(e); (*of charity*) patron(ne); **~ of the arts** mécène *m*
patronizing ['pætrənaɪzɪŋ] *adj* condescendant(e)
pattern ['pætən] *n* (*Sewing*) patron *m*; (*design*) motif *m* • **patterned** *adj* à motifs
pause [pɔ:z] *n* pause *f*, arrêt *m* ▸ *vi* faire une pause, s'arrêter
pave [peɪv] *vt* paver, daller; **to ~ the way for** ouvrir la voie à
pavement ['peɪvmənt] *n* (BRIT) trottoir *m*; (US) chaussée *f*
pavilion [pə'vɪlɪən] *n* pavillon *m*; (*Sport*) stand *m*
paving ['peɪvɪŋ] *n* (*material*) pavé *m*
paw [pɔ:] *n* patte *f*
pawn [pɔ:n] *n* (*Chess, also fig*) ... *m* ▸ *vt* mettre en gage • **pawnbroker** *n* prêteur *m* s... gages
pay [peɪ] (*pt, pp* **paid**) *n* salai... (*of manual worker*) paie *f* ▸ *vt* ... ▸ *vi* payer; (*be profitable*) être rentable; **can I ~ by credit c...** est-ce que je peux payer par ... de crédit?; **to ~ attention (t...** prêter attention (à); **to ~ sb visit** rendre visite à qn; **to ~ ... respects to sb** présenter se... respects à qn • **pay back** *vt* rembourser • **pay for** *vt* fus ... • **pay in** *vt* verser • **pay off** *v...* (*debts*) régler, acquitter; (*pers...*) rembourser ▸ *vi* (*scheme, dec...*) se révéler payant(e) • **pay ou...** (*money*) payer, sortir de sa po... • **pay up** *vt* (*amount*) payer • **payable** *adj* payable; **to m... a cheque payable to sb** éta... un chèque à l'ordre de qn • **pay-as-you-go** *adj* (*mobile phone*) à carte prépayée • **pa...** *n* jour *m* de paie • **pay envel...** (US) paie *f* • **payment** *n* paie... *m*; (*of bill*) règlement *m*; (*of de... cheque*) versement *m*; **mont... payment** mensualité *f* • **pay...** *n* (*from insurance*) dédommage... *m*; (*in competition*) prix *m* • **pa... packet** *n* (BRIT) paie *f* • **pay phone** *n* cabine *f* téléphoniq... téléphone public • **pay raise** (US) = **pay rise** • **pay rise** *n* (... augmentation *f* (de salaire) • **payroll** *n* registre *m* du personnel • **pay slip** *n* (BRIT) bulletin *m* de paie, feuille *f* de... • **pay television** *n* chaînes *f* payantes • **paywall** *n* (*Comp...*) mur *m* (payant)

abbr = **personal computer**;
T) = **police constable** ▸ *adj*
r = **politically correct**
abbr = **per cent**
n abbr (= *per calendar month*)
mois
n abbr (= *personal digital*
stant) agenda *m* électronique
abbr (= *physical education*) EPS *f*
[pi:] *n* (petit) pois
:e [pi:s] *n* paix *f*; (*calm*) calme
ranquillité *f* • **peaceful** *adj*
sible, calme
:h [pi:tʃ] *n* pêche *f*
:ock ['pi:kɔk] *n* paon *m*
< [pi:k] *n* (*mountain*) pic *m*,
e *f*; (*of cap*) visière *f*; (*fig: highest*
l) maximum *m*; (*: of career*,
e) apogée *m* • **peak hours** *npl*
res *fpl* d'affluence *or* de pointe
ıut ['pi:nʌt] *n* arachide *f*,
ahuète *f* • **peanut butter** *n*
ırre *m* de cacahuète
˙ [pɛəʳ] *n* poire *f*
·l [pə:l] *n* perle *f*
sant ['pɛznt] *n* paysan(ne)
: [pi:t] *n* tourbe *f*
ole ['pɛbl] *n* galet *m*, caillou *m*
< [pɛk] *vt* (*also*: **~ at**) donner un
p de bec à; (*food*) picorer ▸ *n*
p *m* de bec; (*kiss*) bécot *m*
eckish *adj* (BRIT *inf*): **I feel**
:kish je mangerais bien
lque chose, j'ai la dent
ıliar [pɪ'kju:lɪəʳ] *adj* (*odd*)
ange, bizarre, curieux(-euse);
ticular) particulier(-ière); **~ to**
ticulier à
al ['pɛdl] *n* pédale *f* ▸ *vi*
aler
estal ['pɛdəstl] *n* piédestal *m*
estrian [pɪ'dɛstrɪən] *n*
:on *m* • **pedestrian crossing**
n (BRIT) passage clouté
• **pedestrianized** *adj*: **a pedestrianized street** une rue piétonne • **pedestrian precinct** • (US) **pedestrian zone** *n* zone piétonne

pedigree ['pɛdɪgri:] *n* ascendance *f*; (*of animal*) pedigree *m* ▸ *cpd* (*animal*) de race

pedophile ['pi:dəufaɪl] (US) *n* = **paedophile**

pee [pi:] *vi* (*inf*) faire pipi, pisser

peek [pi:k] *vi* jeter un coup d'œil (furtif)

peel [pi:l] *n* pelure *f*, épluchure *f*; (*of orange, lemon*) écorce *f* ▸ *vt* peler, éplucher ▸ *vi* (*paint etc*) s'écailler; (*wallpaper*) se décoller; (*skin*) peler

peep [pi:p] *n* (*look*) coup d'œil furtif; (*sound*) pépiement *m* ▸ *vi* jeter un coup d'œil (furtif)

peeps [pi:ps] *npl* (*inf*) copains *mpl*; **hey ~, what's up?** salut la compagnie, ça boume?

peer [pɪəʳ] *vi*: **to ~ at** regarder attentivement, scruter ▸ *n* (*noble*) pair *m*; (*equal*) pair, égal(e)

peg [pɛg] *n* (*for coat etc*) patère *f*; (BRIT: *also*: **clothes ~**) pince *f* à linge

pelican ['pɛlɪkən] *n* pélican *m* • **pelican crossing** *n* (BRIT *Aut*) feu *m* à commande manuelle

pelt [pɛlt] *vt*: **to ~ sb (with)** bombarder qn (de) ▸ *vi* (*rain*) tomber à seaux; (*inf: run*) courir à toutes jambes ▸ *n* peau *f*

pelvis ['pɛlvɪs] *n* bassin *m*

pen [pɛn] *n* (*for writing*) stylo *m*; (*for sheep*) parc *m*

penalty ['pɛnltɪ] *n* pénalité *f*; sanction *f*; (*fine*) amende *f*; (*Sport*) pénalisation *f*; (*Football*) penalty *m*; (*Rugby*) pénalité *f*

pence [pɛns] *npl of* **penny**
pencil ['pɛnsl] *n* crayon *m* • **pencil in** *vt* noter provisoirement • **pencil case** *n* trousse *f* (d'écolier) • **pencil sharpener** *n* taille-crayon(s) *m inv*
pendant ['pɛndnt] *n* pendentif *m*
pending ['pɛndɪŋ] *prep* en attendant ▸ *adj* en suspens
penetrate ['pɛnɪtreɪt] *vt* pénétrer dans; (*enemy territory*) entrer en
pen friend *n* (BRIT) correspondant(e)
penguin ['pɛŋgwɪn] *n* pingouin *m*
penicillin [pɛnɪ'sɪlɪn] *n* pénicilline *f*
peninsula [pə'nɪnsjulə] *n* péninsule *f*
penis ['pi:nɪs] *n* pénis *m*, verge *f*
penitentiary [pɛnɪ'tɛnʃərɪ] *n* (US) prison *f*
penknife ['pɛnnaɪf] *n* canif *m*
penniless ['pɛnɪlɪs] *adj* sans le sou
penny (*pl* **pennies** *or* **pence**) ['pɛnɪ, 'pɛnɪz, pɛns] *n* (BRIT) penny *m*; (US) cent *m*
pen pal *n* correspondant(e)
pension ['pɛnʃən] *n* (*from company*) retraite *f* • **pensioner** *n* (BRIT) retraité(e)
pentagon ['pɛntəgən] *n*: **the P~** (*US Pol*) le Pentagone
penthouse ['pɛnthaus] *n* appartement *m* (de luxe) en attique
penultimate [pɪ'nʌltɪmət] *adj* pénultième, avant-dernier(-ière)
people ['pi:pl] *npl* gens *mpl*; personnes *fpl*; (*inhabitants*) population *f*; (*Pol*) peuple *m* ▸ *n* (*nation, race*) peuple *m*; **several ~ came** plusieurs personnes sont venues; **~ say that ...** on dit c gens disent que ...
pepper ['pɛpəʳ] *n* poivre *m*; (*vegetable*) poivron *m* ▸ *vt* (*Cul* poivrer • **peppermint** *n* (*swe* pastille *f* de menthe
per [pə:ʳ] *prep* par; **~ hour** (*mi etc*) à l'heure; (*fee*) (de) l'heure **~ kilo** *etc* le kilo *etc*; **~ day/pe** par jour/personne; **~ annum** an
perceive [pə'si:v] *vt* percevo (*notice*) remarquer, s'apercevo
per cent *adv* pour cent
percentage [pə'sɛntɪdʒ] *n* pourcentage *m*
perception [pə'sɛpʃən] *n* perception *f*; (*insight*) sensibil
perch [pə:tʃ] *n* (*fish*) perche *f*; *bird*) perchoir *m* ▸ *vi* (se) perch
percussion [pə'kʌʃən] *n* percussion *f*
perennial [pə'rɛnɪəl] *n* (*Bot*) (plante *f*) vivace *f*, plante pluriannuelle
perfect ['pə:fɪkt] *adj* parfait(▸ *n* (*also*: **~ tense**) parfait *m* ▸ [pə'fɛkt] (*technique, skill, work art*) parfaire; (*method, plan*) m au point • **perfection** [pə'fɛk *n* perfection *f* • **perfectly** ['pə:fɪktlɪ] *adv* parfaitement
perform [pə'fɔ:m] *vt* (*carry ou* exécuter; (*concert etc*) jouer, donner ▸ *vi* (*actor, musician*) jo • **performance** *n* représenta *f*, spectacle *m*; (*of an artist*) interprétation *f*; (*Sport: of car, engine*) performance *f*; (*of com economy*) résultats *mpl* • **performer** *n* artiste *m/f*
perfume ['pə:fju:m] *n* parfu
perhaps [pə'hæps] *adv* peut-être

imeter [pəˈrɪmɪtəʳ] *n*
ˈimètre *m*
iod [ˈpɪərɪəd] *n* période *f*; (*Hist*)
ɔque *f*; (*Scol*) cours *m*; (*full stop*)
nt *m*; (*Med*) règles *fpl* ▸ *adj*
stume, furniture) d'époque
eriodical [pɪərɪˈɔdɪkl] *n*
iodique *m* • **periodically** *adv*
ˈiodiquement
ish [ˈpɛrɪʃ] *vi* périr, mourir;
cay) se détériorer
jury [ˈpəːdʒərɪ] *n* (*Law: in*
rt) faux témoignage; (*breach of*
h) parjure *m*
k [pəːk] *n* (*inf*) avantage *m*,
ôté *m*
m [pəːm] *n* (*for hair*)
ˈmanente *f*
manent [ˈpəːmənənt] *adj*
ˈmanent(e) • **permanently**
ˈde façon permanente; (*move*
oad) définitivement; (*open*,
sed) en permanence; (*tired*,
ıappy) constamment
mission [pəˈmɪʃən] *n*
ˈmission *f*, autorisation *f*
mit *n* [ˈpəːmɪt] permis *m*
plex [pəˈplɛks] *vt* (*person*)
ıdre perplexe
secute [ˈpəːsɪkjuːt] *vt*
ˈsécuter
secution [pəːsɪˈkjuːʃən] *n*
ˈsécution *f*
severe [pəːsɪˈvɪəʳ] *vi*
ˈsévérer
sian [ˈpəːʃən] *adj* persan(e);
e ~ Gulf le golfe Persique
sist [pəˈsɪst] *vi*: **to ~ (in**
ing) persister (à faire),
ɔstiner (à faire) • **persistent**
persistant(e), tenace
son [ˈpəːsn] *n* personne *f*; **in ~**
personne • **personal** *adj*
ˈsonnel(le) • **personal**
assistant *n* secrétaire
personnel(le) • **personal**
computer *n* ordinateur
individuel, PC *m* • **personality**
[pəːsəˈnælɪtɪ] *n* personnalité *f*
• **personally** *adv*
personnellement; **to take sth**
personally se sentir visé(e) par
qch • **personal organizer** *n*
agenda (personnel); (*electronic*)
agenda électronique • **personal**
stereo *n* Walkman® *m*,
baladeur *m*

personnel [pəːsəˈnɛl] *n*
personnel *m*

perspective [pəˈspɛktɪv] *n*
perspective *f*

perspiration [pəːspɪˈreɪʃən] *n*
transpiration *f*

persuade [pəˈsweɪd] *vt*: **to ~ sb**
to do sth persuader qn de faire
qch, amener *or* décider qn à faire
qch

persuasion [pəˈsweɪʒən] *n*
persuasion *f*; (*creed*) conviction *f*

persuasive [pəˈsweɪsɪv] *adj*
persuasif(-ive)

perverse [pəˈvəːs] *adj* pervers(e);
(*contrary*) entêté(e),
contrariant(e)

pervert *n* [ˈpəːvəːt] perverti(e)
▸ *vt* [pəˈvəːt] pervertir; (*words*)
déformer

pessimism [ˈpɛsɪmɪzəm] *n*
pessimisme *m*

pessimist [ˈpɛsɪmɪst] *n*
pessimiste *m/f* • **pessimistic**
[pɛsɪˈmɪstɪk] *adj* pessimiste

pest [pɛst] *n* animal *m* (*or* insecte *m*)
nuisible; (*fig*) fléau *m*

pester [ˈpɛstəʳ] *vt* importuner,
harceler

pesticide [ˈpɛstɪsaɪd] *n*
pesticide *m*

pet ['pɛt] *n* animal familier ▸ *cpd* (*favourite*) favori(e) ▸ *vt* (*stroke*) caresser, câliner; **teacher's ~** chouchou *m* du professeur; **~ hate** bête noire

petal ['pɛtl] *n* pétale *m*

petite [pə'ti:t] *adj* menu(e)

petition [pə'tɪʃən] *n* pétition *f*

petrified ['pɛtrɪfaɪd] *adj* (*fig*) mort(e) de peur

petrol ['pɛtrəl] *n* (BRIT) essence *f*; **I've run out of ~** je suis en panne d'essence

> ⚠ Be careful not to translate *petrol* by the French word *pétrole*.

petroleum [pə'trəulɪəm] *n* pétrole *m*

petrol: • **petrolhead** *n* (*inf*) accro *m/f* de la bagnole • **petrol pump** *n* (BRIT: *in car, at garage*) pompe *f* à essence • **petrol station** *n* (BRIT) station-service *f* • **petrol tank** *n* (BRIT) réservoir *m* d'essence

petticoat ['pɛtɪkəut] *n* jupon *m*

petty ['pɛtɪ] *adj* (*mean*) mesquin(e); (*unimportant*) insignifiant(e), sans importance

pew [pju:] *n* banc *m* (d'église)

pewter ['pju:tə^r] *n* étain *m*

phantom ['fæntəm] *n* fantôme *m*

pharmacist ['fɑ:məsɪst] *n* pharmacien(ne)

pharmacy ['fɑ:məsɪ] *n* pharmacie *f*

phase [feɪz] *n* phase *f*, période *f* • **phase in** *vt* introduire progressivement • **phase out** *vt* supprimer progressivement

Ph.D. *abbr* = **Doctor of Philosophy**

pheasant ['fɛznt] *n* faisan *m*

phenomena [fə'nɔmɪnə] *np* **phenomenon**

phenomenal [fɪ'nɔmɪnl] *ad* phénoménal(e)

phenomenon (*pl* **phenome**[fə'nɔmɪnən, -nə] *n* phénomène *m*

Philippines ['fɪlɪpi:nz] *npl* (*a* **Philippine Islands**): **the ~** le Philippines *fpl*

philosopher [fɪ'lɔsəfə^r] *n* philosophe *m*

philosophical [fɪlə'sɔfɪkl] *a* philosophique

philosophy [fɪ'lɔsəfɪ] *n* philosophie *f*

phlegm [flɛm] *n* flegme *m*

phobia ['fəubjə] *n* phobie *f*

phone [fəun] *n* téléphone *m* ▸ *vt* téléphoner à ▸ *vi* télépho **to be on the ~** avoir le téléph (*be calling*) être au téléphone • **phone back** *vt, vi* rappeler • **phone up** *vt* téléphoner à ▸ *vi* téléphoner • **phone book** annuaire *m* • **phone box** • (*us* **phone booth** *n* cabine *f* téléphonique • **phone call** *n* coup *m* de fil *or* de téléphone • **phonecard** *n* télécarte *f* • **phone number** *n* numéro *n* de téléphone

phonetics [fə'nɛtɪks] *n* phonétique *f*

phoney ['fəunɪ] *adj* faux (fau factice; (*person*) pas franc (franche)

photo ['fəutəu] *n* photo *f* • **ph album** *n* album *m* de photos • **photobomb** *vt* (*inf*) s'inscr sur la photo de • **photocopie** copieur *m* • **photocopy** *n* photocopie *f* ▸ *vt* photocopie

:ograph ['fəutəgræf] *n*
tographie *f* ▶ *vt*
tographier • **photographer**
:ɔgrəfəʳ] *n* photographe *m/f*
ıotography [fə'tɔgrəfı] *n*
tographie *f*
ıse [freız] *n* expression *f*;
g) locution *f* ▶ *vt* exprimer
ırase book *n* recueil *m*
pressions (pour touristes)
ical ['fızıkl] *adj* physique
ıysical education *n*
cation *f* physique • **physically**
physiquement
ician [fı'zıʃən] *n* médecin *m*
icist ['fızısıst] *n*
sicien(ne)
ics ['fızıks] *n* physique *f*
iotherapist
əu'θɛrəpıst] *n*
sithérapeute *m/f*
iotherapy [fızıəu'θɛrəpı] *n*
sithérapie *f*
ique [fı'zi:k] *n* (*appearance*)
sique *m*; (*health etc*)
stitution *f*
ist ['pi:ənıst] *n* pianiste *m/f*
o [pı'ænəu] *n* piano *m*
[pık] *n* (*tool*: *also*: **~-axe**) pic
ioche *f* ▶ *vt* choisir; (*gather*)
illir; (*remove*) prendre; (*lock*)
er; **take your ~** faites votre
ix; **the ~ of** le meilleur(e) de;
one's nose se mettre les
jts dans le nez; **to ~ one's**
th se curer les dents; **to ~ a**
ırrel with sb chercher noise à
pick on *vt fus* (*person*)
celer • **pick out** *vt* choisir;
inguish) distinguer • **pick up**
nprove) remonter, s'améliorer
ramasser; (*collect*) passer
ndre; (*Aut*: *give lift to*) prendre;
n) apprendre; (*Radio*) capter;
to ~ up speed prendre de la
vitesse; **to ~ o.s. up** se relever

pickle ['pıkl] *n* (*also*: **~s**) (*as condiment*) pickles *mpl* ▶ *vt* conserver dans du vinaigre *or* dans de la saumure; **in a ~** (*fig*) dans le pétrin

pickpocket ['pıkpɔkıt] *n* pickpocket *m*

pick-up ['pıkʌp] *n* (*also*: **~ truck**) pick-up *m inv*

picnic ['pıknık] *n* pique-nique *m* ▶ *vi* pique-niquer • **picnic area** *n* aire *f* de pique-nique

picture ['pıktʃəʳ] *n* (*also TV*) image *f*; (*painting*) peinture *f*, tableau *m*; (*photograph*) photo(graphie) *f*; (*drawing*) dessin *m*; (*film*) film *m*; (*fig*: *description*) description *f* ▶ *vt* (*imagine*) se représenter; **pictures** *npl*: **the ~s** (BRIT) le cinéma; **to take a ~ of sb/sth** prendre qn/qch en photo; **would you take a ~ of us, please?** pourriez-vous nous prendre en photo, s'il vous plaît? • **picture frame** *n* cadre *m* • **picture messaging** *n* picture messaging *m*, messagerie *f* d'images

picturesque [pıktʃə'rɛsk] *adj* pittoresque

pie [paı] *n* tourte *f*; (*of fruit*) tarte *f*; (*of meat*) pâté *m* en croûte

piece [pi:s] *n* morceau *m*; (*item*): **a ~ of furniture/advice** un meuble/conseil ▶ *vt*: **to ~ together** rassembler; **to take to ~s** démonter

pie chart *n* graphique *m* à secteurs, camembert *m*

pier [pıəʳ] *n* jetée *f*

pierce [pıəs] *vt* percer, transpercer • **pierced** *adj* (*ears*) percé(e)

pig ['pɪg] *n* cochon *m*, porc *m*; (*pej*: *unkind person*) mufle *m*; (: *greedy person*) goinfre *m*
pigeon ['pɪdʒən] *n* pigeon *m*
piggy bank ['pɪgɪ-] *n* tirelire *f*
pigsty ['pɪgstaɪ] *n* porcherie *f*
pigtail ['pɪgteɪl] *n* natte *f*, tresse *f*
pike [paɪk] *n* (*fish*) brochet *m*
pilchard ['pɪltʃəd] *n* pilchard *m* (*sorte de sardine*)
pile [paɪl] *n* (*pillar*, *of books*) pile *f*; (*heap*) tas *m*; (*of carpet*) épaisseur *f*; **piles** *npl* hémorroïdes *fpl* • **pile up** *vi* (*accumulate*) s'entasser, s'accumuler ▶ *vt* (*put in heap*) empiler, entasser; (*accumulate*) accumuler • **pile-up** *n* (*Aut*) télescopage *m*, collision *f* en série
pilgrim ['pɪlgrɪm] *n* pèlerin *m*; *voir article* **"Pilgrim Fathers"**

> Les **Pilgrim Fathers** ('Pères pèlerins') sont un groupe de puritains qui quittèrent l'Angleterre en 1620 pour fuir les persécutions religieuses. Ayant traversé l'Atlantique à bord du 'Mayflower', ils fondèrent New Plymouth en Nouvelle-Angleterre, dans ce qui est aujourd'hui le Massachusetts. Ces Pères pèlerins sont considérés comme les fondateurs des États-Unis, et l'on commémore chaque année, le jour de 'Thanksgiving', la réussite de leur première récolte.

pilgrimage ['pɪlgrɪmɪdʒ] *n* pèlerinage *m*
pill [pɪl] *n* pilule *f*; **the ~** la pilule
pillar ['pɪlə^r] *n* pilier *m*
pillow ['pɪləu] *n* oreiller *m* • **pillowcase** • **pillowslip** *n* taie *f* d'oreiller
pilot ['paɪlət] *n* pilote *m* ▶ *cpc* (*scheme etc*) pilote, expérimental(e) ▶ *vt* piloter • **pilot light** *n* veilleuse *f*
pimple ['pɪmpl] *n* bouton *m*
PIN *n abbr* (= *personal identifica number*) code *m* confidentiel
pin [pɪn] *n* épingle *f*; (*Tech*) ch *f* ▶ *vt* épingler; **~s and needl** fourmis *fpl*; **to ~ sb down** (*fig* coincer qn; **to ~ sth on sb** (*fi* mettre qch sur le dos de qn
pinafore ['pɪnəfɔː^r] *n* tablier
pinch [pɪntʃ] *n* pincement *m*; *salt etc*) pincée *f* ▶ *vt* pincer; (*i steal*) piquer, chiper ▶ *vi* (*shoe* serrer; **at a ~** à la rigueur
pine [paɪn] *n* (*also*: **~ tree**) pir ▶ *vi*: **to ~ for** aspirer à, désire ardemment
pineapple ['paɪnæpl] *n* ananas *m*
ping [pɪŋ] *n* (*noise*) tintement • **ping-pong®** *n* ping-pong®
pink [pɪŋk] *adj* rose ▶ *n* (*colou* rose *m*
pinpoint ['pɪnpɔɪnt] *vt* indic (avec précision)
pint [paɪnt] *n* pinte *f* (*Brit* = 0, *US* = 0,47 *l*); (BRIT *inf*) ≈ demi r ≈ pot *m*
pioneer [paɪə'nɪə^r] *n* pionnie
pious ['paɪəs] *adj* pieux(-euse
pip [pɪp] *n* (*seed*) pépin *m*; **pip the ~s** (BRIT: *time signal on rac* le top
pipe [paɪp] *n* tuyau *m*, condu (*for smoking*) pipe *f* ▶ *vt* amen tuyau • **pipeline** *n* (*for gas*) gazoduc *m*, pipeline *m*; (*for oi* oléoduc *m*, pipeline • **piper** *n* (*flautist*) joueur(-euse) de pip (*of bagpipes*) joueur(-euse) de cornemuse

te ['paɪərət] *n* pirate *m* ▸ *vt*
, video, book) pirater
es ['paɪsi:z] *n* les Poissons *mpl*
[pɪs] *vi* (*inf!*) pisser (*!*) • **pissed**
(inf!: BRIT: *drunk*) bourré(e);
s: angry) furieux(-euse)
ol ['pɪstl] *n* pistolet *m*
on ['pɪstən] *n* piston *m*
pɪt] *n* trou *m*, fosse *f*; (*also*:
ıl ~) puits *m* de mine; (*also*:
:hestra ~) fosse d'orchestre;
: *fruit stone*) noyau *m* ▸ *vt*: **to**
.s. *or* **one's wits against** se
surer à
h [pɪtʃ] *n* (BRIT *Sport*) terrain *m*;
ıs) ton *m*; (*fig*: *degree*) degré *m*;
) poix *f* ▸ *vt* (*throw*) lancer;
ıt) dresser ▸ *vi* (*fall*): **to ~ into/**
tomber dans/de • **pitch-black**
noir(e) comme poix
all ['pɪtfɔ:l] *n* piège *m*
[pɪθ] *n* (*of orange etc*) intérieur
e l'écorce
ful ['pɪtɪful] *adj* (*touching*)
ɔyable; (*contemptible*) lamentable
['pɪtɪ] *n* pitié *f* ▸ *vt* plaindre;
ıat a ~! quel dommage!
:a ['pi:tsə] *n* pizza *f*
:ard ['plækɑ:d] *n* affiche *f*; (*in*
rch) pancarte *f*
:e [pleɪs] *n* endroit *m*, lieu *m*;
ɔper position, job, rank, seat)
ce *f*; (*home*): **at/to his ~** chez lui
: (*position*) placer, mettre;
ntify) situer; reconnaître; **to**
:e ~ avoir lieu; **to change ~s**
:h sb changer de place avec qn;
t of ~ (*not suitable*) déplacé(e),
pportun(e); **in the first ~**
ɔord, en premier • **place mat** *n*
m de table; (*in linen etc*)
ɔperon *m* • **placement** *n*
ring studies) stage *m*
:id ['plæsɪd] *adj* placide

plague [pleɪg] *n* (*Med*) peste *f* ▸ *vt* (*fig*) tourmenter
plaice [pleɪs] *n* (*pl inv*) carrelet *m*
plain [pleɪn] *adj* (*in one colour*) uni(e); (*clear*) clair(e), évident(e); (*simple*) simple; (*not handsome*) quelconque, ordinaire ▸ *adv* franchement, carrément ▸ *n* plaine *f* • **plain chocolate** *n* chocolat *m* à croquer • **plainly** *adv* clairement; (*frankly*) carrément, sans détours
plaintiff ['pleɪntɪf] *n* plaignant(e)
plait [plæt] *n* tresse *f*, natte *f*
plan [plæn] *n* plan *m*; (*scheme*) projet *m* ▸ *vt* (*think in advance*) projeter; (*prepare*) organiser ▸ *vi* faire des projets; **to ~ to do** projeter de faire
plane [pleɪn] *n* (*Aviat*) avion *m*; (*also*: **~ tree**) platane *m*; (*tool*) rabot *m*; (*Art, Math etc*) plan *m*; (*fig*) niveau *m*, plan ▸ *vt* (*with tool*) raboter
planet ['plænɪt] *n* planète *f*
plank [plæŋk] *n* planche *f*
planning ['plænɪŋ] *n* planification *f*; **family ~** planning familial
plant [plɑ:nt] *n* plante *f*; (*machinery*) matériel *m*; (*factory*) usine *f* ▸ *vt* planter; (*bomb*) déposer, poser; (*microphone, evidence*) cacher
plantation [plæn'teɪʃən] *n* plantation *f*
plaque [plæk] *n* plaque *f*
plaster ['plɑ:stə^r] *n* plâtre *m*; (*also*: **~ of Paris**) plâtre à mouler; (BRIT: *also*: **sticking ~**) pansement adhésif ▸ *vt* plâtrer; (*cover*): **to ~ with** couvrir de • **plaster cast** *n* (*Med*) plâtre *m*; (*model, statue*) moule *m*

plastic ['plæstɪk] *n* plastique *m* ▶ *adj* (*made of plastic*) en plastique • **plastic bag** *n* sac *m* en plastique • **plastic surgery** *n* chirurgie *f* esthétique

plate [pleɪt] *n* (*dish*) assiette *f*; (*sheet of metal, on door, Phot*) plaque *f*; (*in book*) gravure *f*; (*dental*) dentier *m*

plateau (*pl* **plateaus** *or* **plateaux**) ['plætəu, -z] *n* plateau *m*

platform ['plætfɔ:m] *n* (*at meeting*) tribune *f*; (*stage*) estrade *f*; (*Rail*) quai *m*; (*Pol*) plateforme *f*

platinum ['plætɪnəm] *n* platine *m*

platoon [plə'tu:n] *n* peloton *m*

platter ['plætəʳ] *n* plat *m*

plausible ['plɔ:zɪbl] *adj* plausible; (*person*) convaincant(e)

play [pleɪ] *n* jeu *m*; (*Theat*) pièce *f* (de théâtre) ▶ *vt* (*game*) jouer à; (*team, opponent*) jouer contre; (*instrument*) jouer de; (*part, piece of music, note*) jouer; (*CD etc*) passer ▶ *vi* jouer; **to ~ safe** ne prendre aucun risque • **play back** *vt* repasser, réécouter • **play up** *vi* (*cause trouble*) faire des siennes • **player** *n* joueur(-euse); (*Mus*) musicien(ne) • **playful** *adj* enjoué(e) • **playground** *n* cour *f* de récréation; (*in park*) aire *f* de jeux • **playgroup** *n* garderie *f* • **playing card** *n* carte *f* à jouer • **playing field** *n* terrain *m* de sport • **playschool** *n* = **playgroup** • **playtime** *n* (*Scol*) récréation *f* • **playwright** *n* dramaturge *m*

plc *abbr* (BRIT: = *public limited company*) ≈ SARL *f*

plea [pli:] *n* (*request*) appel *m*; (*Law*) défense *f*

plead [pli:d] *vt* plaider; (*give a excuse*) invoquer ▶ *vi* (*Law*) pla (*beg*): **to ~ with sb (for sth)** implorer qn (d'accorder qch); **to ~ guilty/not guilty** plaide coupable/non coupable

pleasant ['plɛznt] *adj* agréal

please [pli:z] *excl* s'il te (*or* vo plaît ▶ *vt* plaire à ▶ *vi* (*think fit* **do as you ~** faites comme il v plaira; **~ yourself!** (*inf*) (faite comme vous voulez! • **please** *adj*: **pleased (with)** content((de); **pleased to meet you** enchanté (de faire votre connaissance)

pleasure ['plɛʒəʳ] *n* plaisir *m*; **"it's a ~"** "je vous en prie"

pleat [pli:t] *n* pli *m*

pledge [plɛdʒ] *n* (*promise*) promesse *f* ▶ *vt* promettre

plentiful ['plɛntɪful] *adj* abondant(e), copieux(-euse)

plenty ['plɛntɪ] *n*: **~ of** beauc de; (*sufficient*) (bien) assez de

pliers ['plaɪəz] *npl* pinces *fpl*

plight [plaɪt] *n* situation *f* critique

plod [plɔd] *vi* avancer péniblement; (*fig*) peiner

plonk [plɔŋk] (*inf*) *n* (BRIT: *wi* pinard *m*, piquette *f* ▶ *vt*: **to ~ down** poser brusquement qc

plot [plɔt] *n* complot *m*, conspiration *f*; (*of story, play*) intrigue *f*; (*of land*) lot *m* de ter lopin *m* ▶ *vt* (*mark out*) tracer p par point; (*Naut*) pointer; (*ma graph of*) faire le graphique de (*conspire*) comploter ▶ *vi* comploter

plough, (US) **plow** [plau] *n* charrue *f* ▶ *vt* (*earth*) labourer **to ~ money into** investir dan

' [plɔɪ] *n* stratagème *m*
ɪbbr (= *please*) SVP *m*
:k [plʌk] *vt* (*fruit*) cueillir;
ɪsical instrument) pincer; (*bird*)
mer; **to ~ one's eyebrows**
ɔiler les sourcils; **to ~ up**
ɪrage prendre son courage à
ɪx mains
ɡ [plʌg] *n* (*stopper*) bouchon *m*,
ɪde *f*; (*Elec*) prise *f* de courant;
t: *also*: **spark(ing) ~**) bougie *f*
t (*hole*) boucher; (*inf*: *advertise*)
'e du battage pour, matraquer
lug in *vt* (*Elec*) brancher
lughole *n* (BRIT) trou *m*
ɛcoulement)
n [plʌm] *n* (*fruit*) prune *f*
nber ['plʌmə^r] *n* plombier *m*
nbing ['plʌmɪŋ] *n* (*trade*)
ɪmberie *f*; (*piping*) tuyauterie *f*
nmet ['plʌmɪt] *vi* (*person*,
ect) plonger; (*sales, prices*)
ɡringoler
np [plʌmp] *adj* rondelet(te),
du(e), bien en chair • **plump**
' *vt fus* (*inf*: *choose*) se décider
ur
ɪge [plʌndʒ] *n* plongeon *m*;
) chute *f* ▶ *vt* plonger ▶ *vi* (*fall*)
nber, dégringoler; (*dive*) plonger;
take the ~ se jeter à l'eau
ɔerfect [plu:'pə:fɪkt] *n* (*Ling*)
ɪs-que-parfait *m*
'al ['pluərl] *adj* pluriel(le) ▶ *n*
'riel *m*
; [plʌs] *n* (*also*: **~ sign**) signe *m*
ɪs; (*advantage*) atout *m* ▶ *prep*
s; **ten/twenty ~** plus de dix/
gt
[plaɪ] *n* (*of wool*) fil *m* ▶ *vt* (*a*
de) exercer ▶ *vi* (*ship*) faire la
/ette; **to ~ sb with drink**
nner continuellement à boire à
• **plywood** *n* contreplaqué *m*

P.M. *n abbr* (BRIT) = **prime minister**

p.m. *adv abbr* (= *post meridiem*) de l'après-midi

PMS *n abbr* (= *premenstrual syndrome*) syndrome prémenstruel

PMT *n abbr* (= *premenstrual tension*) syndrome prémenstruel

pneumatic drill [nju:'mætɪk-] *n* marteau-piqueur *m*

pneumonia [nju:'məunɪə] *n* pneumonie *f*

poach [pəutʃ] *vt* (*cook*) pocher; (*steal*) pêcher (*or* chasser) sans permis ▶ *vi* braconner • **poached** *adj* (*egg*) poché(e)

P.O. Box *n abbr* = **post office box**

pocket ['pɔkɪt] *n* poche *f* ▶ *vt* empocher; **to be (£5) out of ~** (BRIT) en être de sa poche (pour 5 livres) • **pocketbook** *n* (US: *wallet*) portefeuille *m* • **pocket money** *n* argent *m* de poche

pod [pɔd] *n* cosse *f*

podcast ['pɔdka:st] *n* podcast *m* ▶ *vi* podcaster

podiatrist [pɔ'di:ətrɪst] *n* (US) pédicure *m/f*

poem ['pəuɪm] *n* poème *m*

poet ['pəuɪt] *n* poète *m* • **poetic** [pəu'ɛtɪk] *adj* poétique • **poetry** *n* poésie *f*

poignant ['pɔɪnjənt] *adj* poignant(e)

point [pɔɪnt] *n* point *m*; (*tip*) pointe *f*; (*in time*) moment *m*; (*in space*) endroit *m*; (*subject, idea*) point, sujet *m*; (*purpose*) but *m*; (*also*: **decimal ~**): **2 ~ 3 (2.3)** 2 virgule 3 (2,3); (BRIT *Elec*: *also*: **power ~**) prise *f* (de courant) ▶ *vt* (*show*) indiquer; (*gun etc*): **to ~ sth at** braquer *or* diriger qch sur ▶ *vi*: **to ~ at** montrer du doigt; **points** *npl*

(*Rail*) aiguillage *m*; **to make a ~ of doing sth** ne pas manquer de faire qch; **to get/miss the ~** comprendre/ne pas comprendre; **to come to the ~** en venir au fait; **there's no ~ (in doing)** cela ne sert à rien (de faire); **to be on the ~ of doing sth** être sur le point de faire qch • **point out** *vt* (*mention*) faire remarquer, souligner • **point-blank** *adv* (*fig*) catégoriquement; (*also*: **at point-blank range**) à bout portant • **pointed** *adj* (*shape*) pointu(e); (*remark*) plein(e) de sous-entendus • **pointer** *n* (*needle*) aiguille *f*; (*clue*) indication *f*; (*advice*) tuyau *m* • **pointless** *adj* inutile, vain(e) • **point of view** *n* point *m* de vue

poison ['pɔɪzn] *n* poison *m* ▶ *vt* empoisonner • **poisonous** *adj* (*snake*) venimeux(-euse); (*substance, plant*) vénéneux(-euse); (*fumes*) toxique

poke [pəuk] *vt* (*jab with finger, stick etc*) piquer; pousser du doigt; (*put*): **to ~ sth in(to)** fourrer *or* enfoncer qch dans • **poke about** *vi* fureter • **poke out** *vi* (*stick out*) sortir

poker ['pəukə^r] *n* tisonnier *m*; (*Cards*) poker *m*

Poland ['pəulənd] *n* Pologne *f*

polar ['pəulə^r] *adj* polaire • **polar bear** *n* ours blanc

Pole [pəul] *n* Polonais(e)

pole [pəul] *n* (*of wood*) mât *m*, perche *f*; (*Elec*) poteau *m*; (*Geo*) pôle *m* • **pole bean** *n* (*US*) haricot *m* (à rames) • **pole vault** *n* saut *m* à la perche

police [pə'li:s] *npl* police *f* ▶ *vt* maintenir l'ordre dans • **police car** *n* voiture *f* de police • **police constable** *n* (BRIT) agent *m* d[e] police • **police force** *n* police forces *fpl* de l'ordre • **policem[an]** (*irreg*) *n* agent *m* de police, po[licier] *m* • **police officer** *n* agent *m* [de] police • **police station** *n* commissariat *m* de police • **policewoman** (*irreg*) *n* femme-agent *f*

policy ['pɔlɪsɪ] *n* politique *f*; (*a[lso]*: **insurance ~**) police *f* (d'assura[nce])

polio ['pəulɪəu] *n* polio *f*

Polish ['pəulɪʃ] *adj* polonais(e) ▶ *n* (*Ling*) polonais *m*

polish ['pɔlɪʃ] *n* (*for shoes*) cira[ge] *m*; (*for floor*) cire *f*, encaustiqu[e]; (*for nails*) vernis *m*; (*shine*) écla[t] poli *m*; (*fig: refinement*) raffine[ment] *m* ▶ *vt* (*put polish on: shoes, wo[od]*) cirer; (*make shiny*) astiquer, fai[re] briller • **polish off** *vt* (*food*) liquider • **polished** *adj* (*fig*) raffiné(e)

polite [pə'laɪt] *adj* poli(e) • **politeness** *n* politesse *f*

political [pə'lɪtɪkl] *adj* politiq[ue] • **politically** *adv* politiqueme[nt] **politically correct** politiquem[ent] correct(e)

politician [pɔlɪ'tɪʃən] *n* hom[me] femme politique, politicien(n[e])

politics ['pɔlɪtɪks] *n* politique

poll [pəul] *n* scrutin *m*, vote *m*, (*also*: **opinion ~**) sondage *m* (d'opinion) ▶ *vt* (*votes*) obtenir

pollen ['pɔlən] *n* pollen *m*

polling station *n* (BRIT) bure[au] *m* de vote

pollute [pə'lu:t] *vt* polluer

pollution [pə'lu:ʃən] *n* pollut[ion]

polo ['pəuləu] *n* polo *m* • **polo-neck** *adj* à col roulé ▶ [*n*] (*sweater*) pull *m* à col roulé • **p[olo] shirt** *n* polo *m*

yester [pɔlɪ'ɛstəʳ] *n* ·yester *m*
ystyrene [pɔlɪ'staɪri:n] *n* ·ystyrène *m*
ythene ['pɔlɪθi:n] *n* (BRIT) ·yéthylène *m* • **polythene bag** ·ac *m* en plastique
negranate ['pɔmɪgrænɪt] *n* ·enade *f*
npous ['pɔmpəs] *adj* ·mpeux(-euse)
d [pɔnd] *n* étang *m*; (*stagnant*) ·re *f*
der ['pɔndəʳ] *vt* considérer, ·ser
y ['pəunɪ] *n* poney *m*
onytail *n* queue *f* de cheval
ony trekking *n* (BRIT) ·ndonnée *f* équestre *or* à cheval
dle ['pu:dl] *n* caniche *m*
l [pu:l] *n* (*of rain*) flaque *f*; ·nd) mare *f*; (*artificial*) bassin *m*; ·so: **swimming ~**) piscine *f*; (*sth* ·red) fonds commun; (*billiards*) ·ule *f* ▸ *vt* mettre en commun;
ols *npl* (*football*) ≈ loto sportif
r [puəʳ] *adj* pauvre; (*mediocre*) ·édiocre, faible, mauvais(e) ·pl: **the ~** les pauvres *mpl*
oorly *adv* (*badly*) mal, ·édiocrement ▸ *adj* souffrant(e), ·lade
[pɔp] *n* (*noise*) bruit sec; ·us) musique *f* pop; (*inf: drink*) ·da *m*; (*US inf: father*) papa *m* ·t (*put*) fourrer, mettre ·pidement) ▸ *vi* éclater; (*cork*) ·uter • **pop in** *vi* entrer en ·ssant • **pop out** *vi* sortir
opcorn *n* pop-corn *m*
e [pəup] *n* pape *m*
lar ['pɔpləʳ] *n* peuplier *m*
per ['pɔpəʳ] *n* (BRIT) ·uton-pression *m*

poppy ['pɔpɪ] *n* (*wild*) coquelicot *m*; (*cultivated*) pavot *m*
Popsicle® ['pɔpsɪkl] *n* (US) esquimau *m* (*glace*)
pop star *n* pop star *f*
popular ['pɔpjuləʳ] *adj* populaire; (*fashionable*) à la mode • **popularity** [pɔpju'lærɪtɪ] *n* popularité *f*
population [pɔpju'leɪʃən] *n* population *f*
pop-up *adj* (*Comput: menu, window*) pop up *inv* ▸ *n* pop up *m inv*, fenêtre *f* pop up
porcelain ['pɔ:slɪn] *n* porcelaine *f*
porch [pɔ:tʃ] *n* porche *m*; (US) véranda *f*
pore [pɔ:ʳ] *n* pore *m* ▸ *vi*: **to ~ over** s'absorber dans, être plongé(e) dans
pork [pɔ:k] *n* porc *m* • **pork chop** *n* côte *f* de porc • **pork pie** *n* pâté *m* de porc en croûte
porn [pɔ:n] *adj* (*inf*) porno ▸ *n* (*inf*) porno *m* • **pornographic** [pɔ:nə'græfɪk] *adj* pornographique • **pornography** [pɔ:'nɔgrəfɪ] *n* pornographie *f*
porridge ['pɔrɪdʒ] *n* porridge *m*
port [pɔ:t] *n* (*harbour*) port *m*; (*Naut: left side*) bâbord *m*; (*wine*) porto *m*; (*Comput*) port *m*, accès *m*; **~ of call** (port d')escale *f*
portable ['pɔ:təbl] *adj* portatif(-ive)
porter ['pɔ:təʳ] *n* (*for luggage*) porteur *m*; (*doorkeeper*) gardien(ne); portier *m*
portfolio [pɔ:t'fəulɪəu] *n* portefeuille *m*; (*of artist*) portfolio *m*
portion ['pɔ:ʃən] *n* portion *f*, part *f*
portrait ['pɔ:treɪt] *n* portrait *m*

portray [pɔːˈtreɪ] *vt* faire le portrait de; (*in writing*) dépeindre, représenter; (*subj*: *actor*) jouer
Portugal [ˈpɔːtjugl] *n* Portugal *m*
Portuguese [pɔːtjuˈgiːz] *adj* portugais(e) ▶ *n* (*pl inv*) Portugais(e); (*Ling*) portugais *m*
pose [pəuz] *n* pose *f* ▶ *vi* poser; (*pretend*): **to ~ as** se faire passer pour ▶ *vt* poser; (*problem*) créer
posh [pɔʃ] *adj* (*inf*) chic *inv*
position [pəˈzɪʃən] *n* position *f*; (*job, situation*) situation *f* ▶ *vt* mettre en place *or* en position
positive [ˈpɔzɪtɪv] *adj* positif(-ive); (*certain*) sûr(e), certain(e); (*definite*) formel(le), catégorique • **positively** *adv* (*affirmatively, enthusiastically*) de façon positive; (*inf*: *really*) carrément
possess [pəˈzɛs] *vt* posséder • **possession** [pəˈzɛʃən] *n* possession *f*; **possessions** *npl* (*belongings*) affaires *fpl* • **possessive** *adj* possessif(-ive)
possibility [pɔsɪˈbɪlɪtɪ] *n* possibilité *f*; (*event*) éventualité *f*
possible [ˈpɔsɪbl] *adj* possible; **as big as ~** aussi gros que possible • **possibly** *adv* (*perhaps*) peut-être; **I cannot possibly come** il m'est impossible de venir
post [pəust] *n* (BRIT: *mail*) poste *f*; (: *letters, delivery*) courrier *m*; (*job, situation*) poste *m*; (*pole*) poteau *m*; (*Internet*) post ▶ *vt* (*Internet*) poster; (BRIT: *send by post*) poster; (*appoint*): **to ~ to** affecter à; **where can I ~ these cards?** où est-ce que je peux poster ces cartes postales? • **postage** *n* tarifs *mpl* d'affranchissement • **postal** *adj* postal(e) • **posta[l] order** *n* mandat(-poste *m*) *m* • **postbox** *n* (BRIT) boîte *f* aux lettres (*publique*) • **postcard** carte postale • **postcode** *n* (B[RIT]) code postal
poster [ˈpəustəʳ] *n* affiche *f*
postgraduate [ˈpəustˈgrædjuət] *n* ≈ étudian[t(e)] de troisième cycle
postman [ˈpəustmən] (*irreg*) (BRIT) *n* facteur *m*
postmark [ˈpəustmɑːk] *n* ca[chet] *m* (de la poste)
post-mortem [pəustˈmɔːtə[m]] autopsie *f*
post office *n* (*building*) poste *f*; (*organization*): **the Post Office** postes *fpl*
postpone [pəsˈpəun] *vt* reme[ttre] (à plus tard), reculer
posture [ˈpɔstʃəʳ] *n* posture *f*; attitude *f*
postwoman [pəustˈwumən] (*irreg*) (BRIT) *n* factrice *f*
pot [pɔt] *n* (*for cooking*) marmi[te *f*]; casserole *f*; (*teapot*) théière *f*; (*f[or] coffee*) cafetière *f*; (*for plants, ja[m]*) pot *m*; (*inf*: *marijuana*) herbe *f* ▶ (*plant*) mettre en pot; **to go t[o pot]** (*inf*) aller à vau-l'eau
potato [pəˈteɪtəu] (*pl* **potato[es]**) *n* pomme *f* de terre • **potato peeler** *n* épluche-légumes *m*
potent [ˈpəutnt] *adj* puissant[(e)]; (*drink*) fort(e), très alcoolisé(e); (*man*) viril
potential [pəˈtɛnʃl] *adj* potentiel(le) ▶ *n* potentiel *m*
pothole [ˈpɔthəul] *n* (*in road*) [nid] *m* de poule; (BRIT: *underground*) gouffre *m*, caverne *f*
pot plant *n* plante *f* d'appartement

er ['pɔtəʳ] n potier m ▶ vi
T): to ~ around or about
oler • pottery n poterie f
y ['pɔtɪ] n (child's) pot m
ch [pautʃ] n (Zool) poche f; (for
acco) blague f; (for money)
rse f
try ['pəultrɪ] n volaille f
nce [pauns] vi: to ~ (on)
dir (sur), fondre (sur)
nd [paund] n livre f (weight =
g, 16 ounces; money = 100 pence);
dogs, cars) fourrière f ▶ vt (beat)
rrer de coups, marteler;
sh) piler, pulvériser ▶ vi (heart)
tre violemment, taper
ound sterling n livre f sterling
r [pɔːʳ] vt verser ▶ vi couler à
s; (rain) pleuvoir à verse; to
a drink verser or servir à boire
n • pour in vi (people) affluer, se
cipiter; (news, letters) arriver en
sse • pour out vi (people) sortir
nasse ▶ vt vider; (fig) déverser;
ve: a drink) verser • pouring
pouring rain pluie
entielle
t [paut] vi faire la moue
erty ['pɔvətɪ] n pauvreté f,
ère f
der ['paudəʳ] n poudre f ▶ vt
drer • powdered milk n lait m
oudre
er ['pauəʳ] n (strength, nation)
ssance f, force f; (ability, Pol: of
ty, leader) pouvoir m; (of speech,
ght) faculté f; (Elec) courant m;
e in ~ être au pouvoir
ower cut n (BRIT) coupure f
courant • power failure n
ne f de courant • powerful adj
ssant(e); (performance etc)
fort(e) • powerless adj
uissant(e) • power point n
(BRIT) prise f de courant
• power station n centrale f
électrique

p.p. abbr (= per procurationem: by proxy) p.p.

PR n abbr = **public relations**

practical ['præktɪkl] adj pratique
• **practical joke** n farce f
• **practically** adv (almost) pratiquement

practice ['præktɪs] n pratique f; (of profession) exercice m; (at football etc) entraînement m; (business) cabinet m ▶ vt, vi (US) = **practise**; **in ~** (in reality) en pratique; **out of ~** rouillé(e)

practise, (US) **practice** ['præktɪs] vt (work at: piano, backhand etc) s'exercer à, travailler; (train for: sport) s'entraîner à; (a sport, religion, method) pratiquer; (profession) exercer ▶ vi s'exercer, travailler; (train) s'entraîner; (lawyer, doctor) exercer • **practising** • (US) **practicing** adj (Christian etc) pratiquant(e); (lawyer) en exercice

practitioner [præk'tɪʃənəʳ] n praticien(ne)

pragmatic [præg'mætɪk] adj pragmatique

prairie ['prɛərɪ] n savane f

praise [preɪz] n éloge(s) m(pl), louange(s) f(pl) ▶ vt louer, faire l'éloge de

pram [præm] n (BRIT) landau m, voiture f d'enfant

prank [præŋk] n farce f

prawn [prɔːn] n crevette f (rose)
• **prawn cocktail** n cocktail m de crevettes

pray [preɪ] vi prier • **prayer** [prɛəʳ] n prière f

preach [priːtʃ] *vi* prêcher • **preacher** *n* prédicateur *m*; (*US*: *clergyman*) pasteur *m*
precarious [prɪˈkɛərɪəs] *adj* précaire
precaution [prɪˈkɔːʃən] *n* précaution *f*
precede [prɪˈsiːd] *vt*, *vi* précéder • **precedent** [ˈprɛsɪdənt] *n* précédent *m* • **preceding** [prɪˈsiːdɪŋ] *adj* qui précède (*or* précédait)
precinct [ˈpriːsɪŋkt] *n* (*US*: *district*) circonscription *f*, arrondissement *m*; **pedestrian ~** (BRIT) zone piétonnière; **shopping ~** (BRIT) centre commercial
precious [ˈprɛʃəs] *adj* précieux(-euse)
precise [prɪˈsaɪs] *adj* précis(e) • **precisely** *adv* précisément
precision [prɪˈsɪʒən] *n* précision *f*
predator [ˈprɛdətəʳ] *n* prédateur *m*, rapace *m*
predecessor [ˈpriːdɪsɛsəʳ] *n* prédécesseur *m*
predicament [prɪˈdɪkəmənt] *n* situation *f* difficile
predict [prɪˈdɪkt] *vt* prédire • **predictable** *adj* prévisible • **prediction** [prɪˈdɪkʃən] *n* prédiction *f*
predominantly [prɪˈdɔmɪnəntlɪ] *adv* en majeure partie; (*especially*) surtout
preface [ˈprɛfəs] *n* préface *f*
prefect [ˈpriːfɛkt] *n* (BRIT: *in school*) *élève chargé de certaines fonctions de discipline*
prefer [prɪˈfəːʳ] *vt* préférer • **preferable** [ˈprɛfrəbl] *adj* préférable • **preferably** [ˈprɛfrəblɪ] *adv* de préférence • **preference** [ˈprɛfrəns] *n* préférence *f*
prefix [ˈpriːfɪks] *n* préfixe *m*
pregnancy [ˈprɛgnənsɪ] *n* grossesse *f*
pregnant [ˈprɛgnənt] *adj* enceinte; (*animal*) pleine
prehistoric [ˈpriːhɪsˈtɔrɪk] *a* préhistorique
prejudice [ˈprɛdʒudɪs] *n* pré *m* • **prejudiced** *adj* (*person*) plein(e) de préjugés; (*in a mat* partial(e)
preliminary [prɪˈlɪmɪnərɪ] préliminaire
prelude [ˈprɛljuːd] *n* prélude
premature [ˈprɛmətʃuəʳ] *ac* prématuré(e)
premier [ˈprɛmɪəʳ] *adj* premier(-ière), principal(e) ▶ (*Pol*: *Prime Minister*) premier ministre; (*Pol*: *President*) chef l'État
premiere [ˈprɛmɪɛəʳ] *n* prem
Premier League *n* premièr division
premises [ˈprɛmɪsɪz] *npl* loc *mpl*; **on the ~** sur les lieux; su place
premium [ˈpriːmɪəm] *n* prin **to be at a ~** (*fig*: *housing etc*) ê très demandé(e), être rarissir
premonition [prɛməˈnɪʃən] prémonition *f*
preoccupied [priːˈɔkjupaɪd préoccupé(e)
prepaid [priːˈpeɪd] *adj* payé(d'avance
preparation [prɛpəˈreɪʃən] préparation *f*; **preparations** (*for trip, war*) préparatifs *mpl*
preparatory school *n* (BRI école primaire privée; (*US*) lyc privé
prepare [prɪˈpɛəʳ] *vt* prépare ▶ *vi*: **to ~ for** se préparer à

ɔared [prɪ'pɛəd] *adj*: **~ for** ɛparé(e) à; **~ to** prêt(e) à
ɔosition [prɛpə'zɪʃən] *n* position *f*
ɔ school *n* = **preparatory ɔool**
'equisite [pri:'rɛkwɪzɪt] *n* ɔdition *f* préalable
ɛchool ['pri:'sku:l] *adj* scolaire; (*child*) d'âge scolaire
ɛcribe [prɪ'skraɪb] *vt* ɛscrire
ɛcription [prɪ'skrɪpʃən] *n* ɛd) ordonnance *f*; (: *medicine*) dicament *m* (obtenu sur ɔonnance); **could you write ɛ a ~?** pouvez-vous me faire une ɔonnance?
ɛence ['prɛzns] *n* présence *f*; **ɔb's ~** en présence de qn; **~ of ɔd** présence d'esprit
ɛent ['prɛznt] *adj* présent(e); ɾrent) présent, actuel(le) ▶ *n* ɛeau *m*; (*actuality*) présent *m* ɛ [prɪ'zɛnt] présenter; (*prize, ɔal*) remettre; (*give*): **to ~ sb ɔh sth** offrir qch à qn; **at ~** en ce ɔment; **to give sb a ~** offrir un ɛeau à qn • **presentable** ɪ'zɛntəbl] *adj* présentable
resentation [prɛzn'teɪʃən] *n* ɛsentation *f*; (*ceremony*) remise *f* cadeau (*or* de la médaille *etc*)
resent-day *adj* ɔtemporain(e), actuel(le)
resenter [prɪ'zɛntə^r] *n* (BRIT ɔio, TV) présentateur(-trice)
resently *adv* (*soon*) tout à ɾure, bientôt; (*with verb in past*) ɔ après; (*at present*) en ce ɔment
servation [prɛzə'veɪʃən] *n* ɛservation *f*, conservation *f*

preservative [prɪ'zə:vətɪv] *n* agent *m* de conservation
preserve [prɪ'zə:v] *vt* (*keep safe*) préserver, protéger; (*maintain*) conserver, garder; (*food*) mettre en conserve ▶ *n* (*for game, fish*) réserve *f*; (*often pl*: *jam*) confiture *f*
preside [prɪ'zaɪd] *vi* présider
president ['prɛzɪdənt] *n* président(e) • **presidential** [prɛzɪ'dɛnʃl] *adj* présidentiel(le)
press [prɛs] *n* (*tool, machine, newspapers*) presse *f*; (*for wine*) pressoir *m* ▶ *vt* (*push*) appuyer sur; (*squeeze*) presser, serrer; (*clothes*: *iron*) repasser; (*insist*): **to ~ sth on sb** presser qn d'accepter qch; (*urge, entreat*): **to ~ sb to do** *or* **into doing sth** pousser qn à faire qch ▶ *vi* appuyer; **we are ~ed for time** le temps nous manque; **to ~ for sth** faire pression pour obtenir qch • **press conference** *n* conférence *f* de presse • **pressing** *adj* urgent(e), pressant(e) • **press stud** *n* (BRIT) bouton-pression *m* • **press-up** *n* (BRIT) traction *f*
pressure ['prɛʃə^r] *n* pression *f*; (*stress*) tension *f*; **to put ~ on sb (to do sth)** faire pression sur qn (pour qu'il fasse qch) • **pressure cooker** *n* cocotte-minute® *f* • **pressure group** *n* groupe *m* de pression
prestige [prɛs'ti:ʒ] *n* prestige *m*
prestigious [prɛs'tɪdʒəs] *adj* prestigieux(-euse)
presumably [prɪ'zju:məblɪ] *adv* vraisemblablement
presume [prɪ'zju:m] *vt* présumer, supposer

P

pretence, (US) **pretense** [prɪˈtɛns] *n* (*claim*) prétention *f*; **under false ~s** sous des prétextes fallacieux
pretend [prɪˈtɛnd] *vt* (*feign*) feindre, simuler ▸ *vi* (*feign*) faire semblant
pretense [prɪˈtɛns] *n* (US) = **pretence**
pretentious [prɪˈtɛnʃəs] *adj* prétentieux(-euse)
pretext [ˈpriːtɛkst] *n* prétexte *m*
pretty [ˈprɪtɪ] *adj* joli(e) ▸ *adv* assez
prevail [prɪˈveɪl] *vi* (*win*) l'emporter, prévaloir; (*be usual*) avoir cours • **prevailing** *adj* (*widespread*) courant(e), répandu(e); (*wind*) dominant(e)
prevalent [ˈprɛvələnt] *adj* répandu(e), courant(e)
prevent [prɪˈvɛnt] *vt*: **to ~ (from doing)** empêcher (de faire) • **prevention** [prɪˈvɛnʃən] *n* prévention *f* • **preventive** *adj* préventif(-ive)
preview [ˈpriːvjuː] *n* (*of film*) avant-première *f*
previous [ˈpriːvɪəs] *adj* (*last*) précédent(e); (*earlier*) antérieur(e) • **previously** *adv* précédemment, auparavant
prey [preɪ] *n* proie *f* ▸ *vi*: **to ~ on** s'attaquer à; **it was ~ing on his mind** ça le rongeait *or* minait
price [praɪs] *n* prix *m* ▸ *vt* (*goods*) fixer le prix de • **priceless** *adj* sans prix, inestimable • **price list** *n* tarif *m*
prick [prɪk] *n* (*sting*) piqûre *f* ▸ *vt* piquer; **to ~ up one's ears** dresser *or* tendre l'oreille
prickly [ˈprɪklɪ] *adj* piquant(e), épineux(-euse); (*fig: person*) irritable
pride [praɪd] *n* fierté *f*; (*pej*) or[gueil] *m* ▸ *vt*: **to ~ o.s. on** se flatter [de]; s'enorgueillir de
priest [priːst] *n* prêtre *m*
primarily [ˈpraɪmərɪlɪ] *adv* principalement, essentiellem[ent]
primary [ˈpraɪmərɪ] *adj* prim[aire]; (*first in importance*) premier(-i[ère]), primordial(e) ▸ *n* (US: *election*) (élection *f*) primaire *f* • **prima[ry] school** *n* (BRIT) école *f* primai[re]
prime [praɪm] *adj* primordial[(e)], fondamental(e); (*excellent*) excellent(e) ▸ *vt* (*fig*) mettre a[u] courant ▸ *n*: **in the ~ of life** d[ans] la fleur de l'âge • **Prime Minis[ter]** *n* Premier ministre
primitive [ˈprɪmɪtɪv] *adj* primitif(-ive)
primrose [ˈprɪmrəuz] *n* primevère *f*
prince [prɪns] *n* prince *m*
princess [prɪnˈsɛs] *n* princes[se]
principal [ˈprɪnsɪpl] *adj* principal(e) ▸ *n* (*head teacher*) directeur *m*, principal *m* • **principally** *adv* principalem[ent]
principle [ˈprɪnsɪpl] *n* princip[e]; **in ~** en principe; **on ~** par prin[cipe]
print [prɪnt] *n* (*mark*) emprei[nte]; (*letters*) caractères *mpl*; (*fabric*) imprimé *m*; (*Art*) gravure *f*, estampe *f*; (*Phot*) épreuve *f* ▸ [*vt*] imprimer; (*publish*) publier; (*w[rite] in capitals*) écrire en majuscule[s]; **out of ~** épuisé(e) • **print out** (*Comput*) imprimer • **printer** (*machine*) imprimante *f*; (*perso[n]*) imprimeur *m* • **printout** *n* (*Comput*) sortie *f* imprimante
prior [ˈpraɪəʳ] *adj* antérieur(e), précédent(e); (*more important*) prioritaire ▸ *adv*: **~ to doing** avant de faire

rity [praɪ'ɔrɪtɪ] *n* priorité *f*; **to** *ve or* **take ~ over sth/sb** avoir riorité sur qch/qn
on ['prɪzn] *n* prison *f* ▸ *cpd* itentiaire • **prisoner** *n* sonnier(-ière) • **prisoner of** *r n* prisonnier(-ière) de guerre
tine ['prɪsti:n] *adj* virginal(e)
'acy ['prɪvəsɪ] *n* intimité *f*, itude *f*
'ate ['praɪvɪt] *adj* (*not public*) vé(e); (*personal*) personnel(le); *use, car, lesson*) ticulier(-ière); (*quiet: place*) nquille ▸ *n* soldat *m* de ıxième classe; **"~"** (*on envelope*) rsonnelle"; (*on door*) "privé"; **in ~** privé • **privately** *adv* en privé; *thin oneself*) intérieurement **rivate property** *n* propriété vée • **private school** *n* école vée
'atize ['praɪvɪtaɪz] *vt* vatiser
'ilege ['prɪvɪlɪdʒ] *n* privilège *m*
:e [praɪz] *n* prix *m* ▸ *adj* *ample, idiot*) parfait(e); (*bull, vel*) primé(e) ▸ *vt* priser, faire ınd cas de • **prize-giving** *n* tribution *f* des prix
rizewinner *n* gagnant(e)
[prəu] *n* (*inf: Sport*) ɔfessionnel(le) ▸ *prep* pro; **pros** : **the ~s and cons** le pour et le ntre
bability [prɔbə'bɪlɪtɪ] *n* ɔbabilité *f*; **in all ~** très ɔbablement
bable ['prɔbəbl] *adj* probable
bably ['prɔbəblɪ] *adv* ɔbablement
bation [prə'beɪʃən] *n*: **on ~** *nployee*) à l'essai; (*Law*) en erté surveillée

probe [prəub] *n* (*Med, Space*) sonde *f*; (*enquiry*) enquête *f*, investigation *f* ▸ *vt* sonder, explorer
problem ['prɔbləm] *n* problème *m*
procedure [prə'si:dʒə^r] *n* (*Admin, Law*) procédure *f*; (*method*) marche *f* à suivre, façon *f* de procéder
proceed [prə'si:d] *vi* (*go forward*) avancer; (*act*) procéder; (*continue*): **to ~ (with)** continuer, poursuivre; **to ~ to do** se mettre à faire • **proceedings** *npl* (*measures*) mesures *fpl*; (*Law: against sb*) poursuites *fpl*; (*meeting*) réunion *f*, séance *f*; (*records*) compte rendu; actes *mpl* • **proceeds** ['prəusi:dz] *npl* produit *m*, recette *f*
process ['prəusɛs] *n* processus *m*; (*method*) procédé *m* ▸ *vt* traiter
procession [prə'sɛʃən] *n* défilé *m*, cortège *m*; **funeral ~** (*on foot*) cortège funèbre; (*in cars*) convoi *m* mortuaire
proclaim [prə'kleɪm] *vt* déclarer, proclamer
prod [prɔd] *vt* pousser
produce *n* ['prɔdju:s] (*Agr*) produits *mpl* ▸ *vt* [prə'dju:s] produire; (*show*) présenter; (*cause*) provoquer, causer; (*Theat*) monter, mettre en scène; (*TV: programme*) réaliser; (*: play, film*) mettre en scène; (*Radio: programme*) réaliser; (*: play*) mettre en ondes • **producer** *n* (*Theat*) metteur *m* en scène; (*Agr, Comm, Cine*) producteur *m*; (*TV: of programme*) réalisateur *m*; (*: of play, film*) metteur en scène; (*Radio: of programme*) réalisateur; (*: of play*) metteur en ondes

product [ˈprɔdʌkt] *n* produit *m* • **production** [prəˈdʌkʃən] *n* production *f*; (*Theat*) mise *f* en scène • **productive** [prəˈdʌktɪv] *adj* productif(-ive) • **productivity** [prɔdʌkˈtɪvɪtɪ] *n* productivité *f*

Prof. [prɔf] *abbr* (= *professor*) Prof

profession [prəˈfɛʃən] *n* profession *f* • **professional** *n* professionnel(le) ▸ *adj* professionnel(le); (*work*) de professionnel

professor [prəˈfɛsəʳ] *n* professeur *m* (*titulaire d'une chaire*); (*US*: *teacher*) professeur *m*

profile [ˈprəufaɪl] *n* profil *m*

profit [ˈprɔfɪt] *n* (*from trading*) bénéfice *m*; (*advantage*) profit *m* ▸ *vi*: **to ~ (by** *or* **from)** profiter (de) • **profitable** *adj* lucratif(-ive), rentable

profound [prəˈfaund] *adj* profond(e)

programme, (*US*) **program** [ˈprəugræm] *n* (*Comput*) programme *m*; (*Radio, TV*) émission *f* ▸ *vt* programmer • **programmer** • (*US*) **programer** *n* programmeur(-euse) • **programming** • (*US*) **programing** *n* programmation *f*

progress *n* [ˈprəugrɛs] progrès *m(pl)* ▸ *vi* [prəˈgrɛs] progresser, avancer; **in ~** en cours • **progressive** [prəˈgrɛsɪv] *adj* progressif(-ive); (*person*) progressiste

prohibit [prəˈhɪbɪt] *vt* interdire, défendre

project *n* [ˈprɔdʒɛkt] (*plan*) projet *m*, plan *m*; (*venture*) opération *f*, entreprise *f*; (*Scol*: *research*) étude *f*, dossier *m* ▸ *vt* [prəˈdʒɛkt] projeter ▸ *vi* [prəˈdʒɛkt] (*stick out*) faire saillie, s'avancer • **projection** [prəˈdʒɛkʃən] *n* projection *f*; (*overhang*) saillie *f* • **projector** [prəˈdʒɛktəʳ] *n* projecteur *m*

prolific [prəˈlɪfɪk] *adj* prolifiqu

prolong [prəˈlɔŋ] *vt* prolonge

prom [prɔm] *n abbr* = **promenade**; (*ball*) bal *m* d'étudiants; **the P~s** *série de concerts de musique classique*

> Le **prom** (abréviation de *promenade*) est un bal organisé
> l'intention des élèves pour fête
> la fin de leurs années de lycée.
> Cet événement d'origine
> américaine occupe une place
> très importante dans la cultur
> du pays et dans la vie des
> lycéens, avec les traditions et l
> conventions que cela implique
> Depuis le début du XXIe siècle,
> les *proms* connaissent
> également un grand succès au
> Royaume-Uni, même s'ils ne
> revêtent pas encore
> l'importance culturelle de leur
> équivalent américain.

promenade [prɔməˈnɑːd] *n* (
sea) esplanade *f*, promenade *f*

prominent [ˈprɔmɪnənt] *adj* (*standing out*) proéminent(e); (*important*) important(e)

promiscuous [prəˈmɪskjuəs] (*sexually*) de mœurs légères

promise [ˈprɔmɪs] *n* promess ▸ *vt, vi* promettre • **promising** prometteur(-euse)

promote [prəˈməut] *vt* promouvoir; (*new product*) lanc • **promotion** [prəˈməuʃən] *n* promotion *f*

prompt [prɔmpt] *adj* rapide ▸ (*Comput*) message *m* (de guida ▸ *vt* (*cause*) entraîner, provoqu

eat) souffler (son rôle *or* ses
pliques) à; **at 8 o'clock ~** à 8
ures précises; **to ~ sb to do**
iter *or* pousser qn à faire
romptly *adv* (*quickly*)
pidement, sans délai; (*on time*)
nctuellement
ne [prəun] *adj* (*lying*)
uché(e) (face contre terre);
ble): **~ to** enclin(e) à
ng [prɔŋ] *n* (*of fork*) dent *f*
noun ['prəunaun] *n*
onom *m*
nounce [prə'nauns] *vt*
ononcer; **how do you ~ it?**
mment est-ce que ça se
ononce?
nunciation [prənʌnsɪ'eɪʃən]
prononciation *f*
of [pru:f] *n* preuve *f* ▶ *adj*:
against à l'épreuve de
p [prɔp] *n* support *m*, étai *m*;
g) soutien *m* ▶ *vt* (*also*: **~ up**)
ayer, soutenir; **props** *npl*
cessoires *mpl*
paganda [prɔpə'gændə] *n*
opagande *f*
peller [prə'pɛlər] *n* hélice *f*
per ['prɔpər] *adj* (*suited, right*)
proprié(e), bon (bonne); (*seemly*)
rrect(e), convenable; (*authentic*)
ai(e), véritable; (*referring to*
ce): **the village ~** le village
oprement dit • **properly** *adv*
rrectement, convenablement
proper noun *n* nom *m* propre
perty ['prɔpətɪ] *n*
ossessions) biens *mpl*; (*house etc*)
opriété *f*; (*land*) terres *fpl*,
maine *m*
phecy ['prɔfɪsɪ] *n* prophétie *f*
phet ['prɔfɪt] *n* prophète *m*
portion [prə'pɔ:ʃən] *n*
oportion *f*; (*share*) part *f*; partie *f*;

proportions *npl* (*size*) dimensions *fpl* • **proportional** • **proportionate** *adj* proportionnel(le)

proposal [prə'pəuzl] *n* proposition *f*, offre *f*; (*plan*) projet *m*; (*of marriage*) demande *f* en mariage

propose [prə'pəuz] *vt* proposer, suggérer ▶ *vi* faire sa demande en mariage; **to ~ to do** avoir l'intention de faire

proposition [prɔpə'zɪʃən] *n* proposition *f*

proprietor [prə'praɪətər] *n* propriétaire *m/f*

prose [prəuz] *n* prose *f*; (*Scol: translation*) thème *m*

prosecute ['prɔsɪkju:t] *vt* poursuivre • **prosecution** [prɔsɪ'kju:ʃən] *n* poursuites *fpl* judiciaires; (*accusing side: in criminal case*) accusation *f*; (*: in civil case*) la partie plaignante • **prosecutor** *n* (*lawyer*) procureur *m*; (*also*: **public prosecutor**) ministère public; (*US*: *plaintiff*) plaignant(e)

prospect *n* ['prɔspɛkt] perspective *f*; (*hope*) espoir *m*, chances *fpl* ▶ *vt, vi* [prə'spɛkt] prospecter; **prospects** *npl* (*for work etc*) possibilités *fpl* d'avenir, débouchés *mpl* • **prospective** [prə'spɛktɪv] *adj* (*possible*) éventuel(le); (*future*) futur(e)

prospectus [prə'spɛktəs] *n* prospectus *m*

prosper ['prɔspər] *vi* prospérer • **prosperity** [prɔ'spɛrɪtɪ] *n* prospérité *f* • **prosperous** *adj* prospère

prostitute ['prɔstɪtju:t] *n* prostituée *f*; **male ~** prostitué *m*

protect [prəˈtɛkt] *vt* protéger • **protection** [prəˈtɛkʃən] *n* protection *f* • **protective** *adj* protecteur(-trice); (*clothing*) de protection

protein [ˈprəutiːn] *n* protéine *f*

protest *n* [ˈprəutɛst] protestation *f* ▸ *vi* [prəˈtɛst]: **to ~ against/ about** protester contre/à propos de; **to ~ (that)** protester que

Protestant [ˈprɔtɪstənt] *adj, n* protestant(e)

protester, protestor [prəˈtɛstəʳ] *n* (*in demonstration*) manifestant(e)

protractor [prəˈtræktəʳ] *n* (*Geom*) rapporteur *m*

proud [praud] *adj* fier(-ère); (*pej*) orgueilleux(-euse)

prove [pruːv] *vt* prouver, démontrer ▸ *vi*: **to ~ correct** *etc* s'avérer juste *etc*; **to ~ o.s.** montrer ce dont on est capable

proverb [ˈprɔvəːb] *n* proverbe *m*

provide [prəˈvaɪd] *vt* fournir; **to ~ sb with sth** fournir qch à qn • **provide for** *vt fus* (*person*) subvenir aux besoins de; (*future event*) prévoir • **provided** *conj*: **provided (that)** à condition que + *sub* • **providing** [prəˈvaɪdɪŋ] *conj* à condition que + *sub*

province [ˈprɔvɪns] *n* province *f*; (*fig*) domaine *m* • **provincial** [prəˈvɪnʃəl] *adj* provincial(e)

provision [prəˈvɪʒən] *n* (*supplying*) fourniture *f*; approvisionnement *m*; (*stipulation*) disposition *f*; **provisions** *npl* (*food*) provisions *fpl* • **provisional** *adj* provisoire

provocative [prəˈvɔkətɪv] *adj* provocateur(-trice), provocant(e)

provoke [prəˈvəuk] *vt* provoquer

prowl [praul] *vi* (*also*: **~ about, ~ around**) rôder

proximity [prɔkˈsɪmɪtɪ] *n* proximité *f*

proxy [ˈprɔksɪ] *n*: **by ~** par procuration

prudent [ˈpruːdnt] *adj* pruden

prune [pruːn] *n* pruneau *m* ▸ *v* élaguer

pry [praɪ] *vi*: **to ~ into** fourrer nez dans

PS *n abbr* (= *postscript*) PS *m*

pseudonym [ˈsjuːdənɪm] *n* pseudonyme *m*

PSHE *n abbr* (BRIT *Scol*: = *person social and health education*) *cour d'éducation personnelle, sanitaire sociale préparant à la vie adulte*

psychiatric [saɪkɪˈætrɪk] *adj* psychiatrique

psychiatrist [saɪˈkaɪətrɪst] *n* psychiatre *m/f*

psychic [ˈsaɪkɪk] *adj* (*also*: **~al**) (méta)psychique; (*person*) dou de télépathie *or* d'un sixième s

psychoanalysis (*pl* **psychoanalyses**) [saɪkəuəˈnælɪsɪs, -siːz] *n* psychanalyse *f*

psychological [saɪkəˈlɔdʒɪk] *adj* psychologique

psychologist [saɪˈkɔlədʒɪst] psychologue *m/f*

psychology [saɪˈkɔlədʒɪ] *n* psychologie *f*

psychotherapy [saɪkəuˈθɛr *n* psychothérapie *f*

pt *abbr* = **pint; pints; point; points**

PTO *abbr* (= *please turn over*) TSV

PTV *abbr* (US) = **pay television**

pub [pʌb] *n abbr* (= *public house*) pub *m*

erty ['pju:bətɪ] *n* puberté *f*
lic ['pʌblɪk] *adj* public(-ique)
public *m*; **in ~** en public; **to**
ke ~ rendre public
lication [pʌblɪ'keɪʃən] *n*
lication *f*
lic: • public company *n*
iété *f* anonyme **• public**
venience *n* (BRIT) toilettes *fpl*
ublic holiday *n* (BRIT) jour férié
ublic house *n* (BRIT) pub *m*
licity [pʌb'lɪsɪtɪ] *n* publicité *f*
licize ['pʌblɪsaɪz] *vt* (*make*
wn) faire connaître, rendre
lic; (*advertise*) faire de la
licité pour
lic: • public limited
npany *n* ≈ société *f* anonyme
) (*cotée en Bourse*) **• publicly**
publiquement, en public
ublic opinion *n* opinion
lique **• public relations** *n or*
relations publiques (RP)
ublic school *n* (BRIT) école
vée; (US) école publique
ublic transport • (US) public
nsportation *n* transports *mpl*
commun
lish ['pʌblɪʃ] *vt* publier
ublisher *n* éditeur *m*
ublishing *n* (*industry*) édition *f*
lunch *n* repas *m* de bistrot
ding ['pudɪŋ] *n* (BRIT: *dessert*)
sert *m*, entremets *m*; (*sweet*
) pudding *m*, gâteau *m*
dle ['pʌdl] *n* flaque *f* d'eau
[pʌf] *n* bouffée *f* ▶ *vt* (*also*:
ut: *sails, cheeks*) gonfler ▶ *vi*
nt) haleter **• puff pastry •** (US)
ff paste *n* pâte feuilletée
[pul] *n* (*tug*): **to give sth a ~**
er sur qch ▶ *vt* tirer; (*trigger*)
sser; (*strain*: *muscle, tendon*) se
quer ▶ *vi* tirer; **to ~ to pieces**
mettre en morceaux; **to ~ one's punches** (*also fig*) ménager son adversaire; **to ~ one's weight** y mettre du sien; **to ~ o.s. together** se ressaisir; **to ~ sb's leg** (*fig*) faire marcher qn **• pull apart** *vt* (*break*) mettre en pièces, démantibuler **• pull away** *vi* (*vehicle*: *move off*) partir; (*draw back*) s'éloigner **• pull back** *vt* (*lever etc*) tirer sur; (*curtains*) ouvrir ▶ *vi* (*refrain*) s'abstenir; (*Mil*: *withdraw*) se retirer **• pull down** *vt* baisser, abaisser; (*house*) démolir **• pull in** *vi* (*Aut*) se ranger; (*Rail*) entrer en gare **• pull off** *vt* enlever, ôter; (*deal etc*) conclure **• pull out** *vi* démarrer, partir; (*Aut*: *come out of line*) déboîter ▶ *vt* (*from bag, pocket*) sortir; (*remove*) arracher **• pull over** *vi* (*Aut*) se ranger **• pull up** *vi* (*stop*) s'arrêter ▶ *vt* remonter; (*uproot*) déraciner, arracher
pulley ['pulɪ] *n* poulie *f*
pullover ['puləuvəʳ] *n* pull-over *m*, tricot *m*
pulp [pʌlp] *n* (*of fruit*) pulpe *f*; (*for paper*) pâte *f* à papier
pulpit ['pulpɪt] *n* chaire *f*
pulse [pʌls] *n* (*of blood*) pouls *m*; (*of heart*) battement *m*; **pulses** *npl* (*Culin*) légumineuses *fpl*
puma ['pju:mə] *n* puma *m*
pump [pʌmp] *n* pompe *f*; (*shoe*) escarpin *m* ▶ *vt* pomper **• pump up** *vt* gonfler
pumpkin ['pʌmpkɪn] *n* potiron *m*, citrouille *f*
pun [pʌn] *n* jeu *m* de mots, calembour *m*
punch [pʌntʃ] *n* (*blow*) coup *m* de poing; (*tool*) poinçon *m*; (*drink*) punch *m* ▶ *vt* (*make a hole in*)

poinçonner, perforer; (*hit*): **to ~ sb/sth** donner un coup de poing à qn/sur qch • **punch-up** *n* (BRIT *inf*) bagarre *f*
punctual ['pʌŋktjuəl] *adj* ponctuel(le)
punctuation [pʌŋktju'eɪʃən] *n* ponctuation *f*
puncture ['pʌŋktʃəʳ] *n* (BRIT) crevaison *f* ▶ *vt* crever
punish ['pʌnɪʃ] *vt* punir
• **punishment** *n* punition *f*, châtiment *m*
punk [pʌŋk] *n* (*person*: *also*: **~ rocker**) punk *m/f*; (*music*: *also*: **~ rock**) le punk; (*US inf*: *hoodlum*) voyou *m*
pup [pʌp] *n* chiot *m*
pupil ['pju:pl] *n* élève *m/f*; (*of eye*) pupille *f*
puppet ['pʌpɪt] *n* marionnette *f*, pantin *m*
puppy ['pʌpɪ] *n* chiot *m*, petit chien
purchase ['pə:tʃɪs] *n* achat *m* ▶ *vt* acheter
pure [pjuəʳ] *adj* pur(e) • **purely** *adv* purement
purify ['pjuərɪfaɪ] *vt* purifier, épurer
purity ['pjuərɪtɪ] *n* pureté *f*
purple ['pə:pl] *adj* violet(te); (*face*) cramoisi(e)
purpose ['pə:pəs] *n* intention *f*, but *m*; **on ~** exprès
purr [pə:ʳ] *vi* ronronner
purse [pə:s] *n* (BRIT: *for money*) porte-monnaie *m inv*; (US: *handbag*) sac *m* (à main) ▶ *vt* serrer, pincer
pursue [pə'sju:] *vt* poursuivre
pursuit [pə'sju:t] *n* poursuite *f*; (*occupation*) occupation *f*, activité *f*
pus [pʌs] *n* pus *m*

push [puʃ] *n* poussée *f* ▶ *vt* pousser; (*button*) appuyer sur (*product*) mettre en avant, fair[e] la publicité pour ▶ *vi* pousser; **~ for** (*better pay, conditions*) réclamer • **push in** *vi* s'introd[uire] de force • **push off** *vi* (*inf*) file[r], ficher le camp • **push on** *vi* (*continue*) continuer • **push o**[ver] *vt* renverser • **push through** [(*in*] *crowd*) se frayer un chemin
• **pushchair** *n* (BRIT) pousset[te]
• **pusher** *n* (*also*: **drug pushe**[r]) revendeur(-euse) (de drogue) ravitailleur(-euse) (en drogue)
• **push-up** *n* (US) traction *f*
pussy(-cat) ['pusɪ-] *n* (*inf*) minet *m*
put [put] (*pt*, *pp* **put**) *vt* mettre (*place*) poser, placer; (*say*) dire exprimer; (*a question*) poser; (*view*) exposer, présenter; (*estimate*) estimer • **put aside** mettre de côté • **put away** *vt* (*store*) ranger • **put back** *vt* (*replace*) remettre, replacer; (*postpone*) remettre • **put by** *v* (*money*) mettre de côté, économiser • **put down** *vt* (*p*... *etc*) poser, déposer; (*in writing*) mettre par écrit, inscrire; (*suppress*: *revolt etc*) réprimer, écraser; (*attribute*) attribuer; (*animal*) abattre; (*cat, dog*) fair[e] piquer • **put forward** *vt* (*idea*[s]) avancer, proposer • **put in** *vt* (*complaint*) soumettre; (*time*, *effort*) consacrer • **put off** *vt* (*postpone*) remettre à plus tar[d], ajourner; (*discourage*) dissuad[er]
• **put on** *vt* (*clothes, lipstick, CD*...) mettre; (*light etc*) allumer; (*pla*[y] *etc*) monter; (*weight*) prendre; (*assume*: *accent, manner*) pren[dre]
• **put out** *vt* (*take outside*) met[tre]

ıors; (*one's hand*) tendre; (*light*
) éteindre; (*person*:
ɔnvenience) déranger, gêner
ut through *vt* (*Tel*: *caller*)
ttre en communication; (: *call*)
sser; (*plan*) faire accepter • **put**
gether *vt* mettre ensemble;
semble: *furniture*) monter,
embler; (: *meal*) préparer • **put**
vt (*raise*) lever, relever,
nonter; (*hang*) accrocher;
ild) construire, ériger; (*increase*)
gmenter; (*accommodate*) loger
ut up with *vt fus* supporter
t [pʌt] *n* putt *m* • **putting**
een *n* green *m*
zle ['pʌzl] *n* énigme *f*, mystère
(*game*) jeu *m*, casse-tête *m*;
saw) puzzle *m*; (*also*:
ossword ~) mots croisés ▸ *vt*
riguer, rendre perplexe ▸ *vi*: **to**
ver chercher à comprendre
uzzled *adj* perplexe • **puzzling**
déconcertant(e), inexplicable
amas [pɪ'dʒɑːməz] *npl* (BRIT)
ama *m*
on ['paɪlən] *n* pylône *m*
amid ['pɪrəmɪd] *n* pyramide *f*
enees [pɪrə'niːz] *npl*
énées *fpl*

q

quack [kwæk] *n* (*of duck*) coin-coin *m inv*; (*pej*: *doctor*) charlatan *m*

quadruple [kwɔ'druːpl] *vt*, *vi* quadrupler

quail [kweɪl] *n* (*Zool*) caille *f* ▸ *vi*: **to ~ at** *or* **before** reculer devant

quaint [kweɪnt] *adj* bizarre; (*old-fashioned*) désuet(-ète); (*picturesque*) au charme vieillot, pittoresque

quake [kweɪk] *vi* trembler ▸ *n abbr* = **earthquake**

qualification [kwɔlɪfɪ'keɪʃən] *n* (*often pl*: *degree etc*) diplôme *m*; (*training*) qualification(s) *f(pl)*; (*ability*) compétence(s) *f(pl)*; (*limitation*) réserve *f*, restriction *f*

qualified ['kwɔlɪfaɪd] *adj* (*trained*) qualifié(e); (*professionally*) diplômé(e); (*fit*, *competent*) compétent(e), qualifié(e); (*limited*) conditionnel(le)

qualify ['kwɔlɪfaɪ] *vt* qualifier; (*modify*) atténuer, nuancer ▸ *vi*: **to ~ (as)** obtenir son diplôme (de); **to ~ (for)** remplir les conditions requises (pour); (*Sport*) se qualifier (pour)

quality ['kwɔlɪtɪ] *n* qualité *f*
qualm [kwɑ:m] *n* doute *m*; scrupule *m*
quantify ['kwɔntɪfaɪ] *vt* quantifier
quantity ['kwɔntɪtɪ] *n* quantité *f*
quarantine ['kwɔrnti:n] *n* quarantaine *f*
quarrel ['kwɔrl] *n* querelle *f*, dispute *f* ▸ *vi* se disputer, se quereller
quarry ['kwɔrɪ] *n* (*for stone*) carrière *f*; (*animal*) proie *f*, gibier *m*
quart [kwɔ:t] *n* ≈ litre *m*
quarter ['kwɔ:təʳ] *n* quart *m*; (*of year*) trimestre *m*; (*district*) quartier *m*; (US, CANADA: *25 cents*) (pièce *f* de) vingt-cinq cents *mpl* ▸ *vt* partager en quartiers *or* en quatre; (*Mil*) caserner, cantonner; **quarters** *npl* logement *m*; (*Mil*) quartiers *mpl*, cantonnement *m*; **a ~ of an hour** un quart d'heure • **quarter final** *n* quart *m* de finale • **quarterly** *adj* trimestriel(le) ▸ *adv* tous les trois mois
quartet(te) [kwɔ:'tɛt] *n* quatuor *m*; (*jazz players*) quartette *m*
quartz [kwɔ:ts] *n* quartz *m*
quay [ki:] *n* (*also*: **~side**) quai *m*
queasy ['kwi:zɪ] *adj*: **to feel ~** avoir mal au cœur
Quebec [kwɪ'bɛk] *n* (*city*) Québec; (*province*) Québec *m*
queen [kwi:n] *n* (*gen*) reine *f*; (*Cards etc*) dame *f*
queer [kwɪəʳ] *adj* étrange, curieux(-euse); (*suspicious*) louche ▸ *n* (*!*) homosexuel *m*
quench [kwɛntʃ] *vt*: **to ~ one's thirst** se désaltérer
query ['kwɪərɪ] *n* question *f* ▸ *vt* (*disagree with, dispute*) mettre en doute, questionner

quest [kwɛst] *n* recherche *f*, quête *f*
question ['kwɛstʃən] *n* quest ▸ *vt* (*person*) interroger; (*plan,* mettre en question *or* en dout **beyond ~** sans aucun doute; **of the ~** hors de question • **questionable** *adj* discutabl • **question mark** *n* point *m* d'interrogation • **questionna** [kwɛstʃə'nɛəʳ] *n* questionnair
queue [kju:] (BRIT) *n* queue *f*, ▸ *vi* (*also*: **~ up**) faire la queue
quiche [ki:ʃ] *n* quiche *f*
quick [kwɪk] *adj* rapide; (*mind* (vive); (*agile*) agile, vif (vive) ▸ **cut to the ~** (*fig*) touché(e) au **be ~!** dépêche-toi! • **quickly** *a* (*fast*) vite, rapidement; (*immediately*) tout de suite
quid [kwɪd] *n* (*pl inv*: BRIT *inf*) li
quiet ['kwaɪət] *adj* tranquille, calme; (*voice*) bas(se); (*ceremo* *colour*) discret(-ète) ▸ *n* tranquillité *f*, calme *m*; (*silence* silence *m* • **quietly** *adv* tranquillement; (*silently*) silencieusement; (*discreetly*) discrètement
quilt [kwɪlt] *n* édredon *m*; (*continental quilt*) couette *f*
quirky ['kw3:kɪ] *adj* singulier(-ère)
quit [kwɪt] (*pt, pp* **quit** *or* **quitt** *vt* quitter ▸ *vi* (*give up*) abandonner, renoncer; (*resign* démissionner
quite [kwaɪt] *adv* (*rather*) asse plutôt; (*entirely*) complètemer tout à fait; **~ a few of them** ur assez grand nombre d'entre eu **that's not ~ right** ce n'est pas tout à fait juste; **~ (so)!** exactement!

[kwɪts] *adj*: • **(with)** quitte
ers); **let's call it ~** restons-en là
er ['kwɪvəʳ] *vi* trembler,
ir
[kwɪz] *n* (*on TV*) jeu-concours
lévisé); (*in magazine etc*) test
connaissances ▶ *vt*
roger
a ['kwəutə] *n* quota *m*
ation [kwəu'teɪʃən] *n*
ion *f*; (*estimate*) devis *m*
otation marks *npl*
emets *mpl*
e [kwəut] *n* citation *f*;
nate) devis *m* ▶ *vt* (*sentence,*
or) citer; (*price*) donner,
nettre ▶ *vi*: **to ~ from** citer;
tes *npl* (*inverted commas*)
emets *mpl*

r

rabbi ['ræbaɪ] *n* rabbin *m*
rabbit ['ræbɪt] *n* lapin *m*
rabies ['reɪbi:z] *n* rage *f*
RAC *n abbr* (BRIT: = *Royal Automobile Club*) ≈ ACF *m*
rac(c)oon [rə'ku:n] *n* raton *m* laveur
race [reɪs] *n* (*species*) race *f*; (*competition, rush*) course *f* ▶ *vt* (*person*) faire la course avec ▶ *vi* (*compete*) faire la course, courir; (*pulse*) battre très vite • **race car** *n* (US) = **racing car** • **racecourse** *n* champ *m* de courses • **racehorse** *n* cheval *m* de course • **racetrack** *n* piste *f*
racial ['reɪʃl] *adj* racial(e)
racing ['reɪsɪŋ] *n* courses *fpl* • **racing car** *n* (BRIT) voiture *f* de course • **racing driver** *n* (BRIT) pilote *m* de course
racism ['reɪsɪzəm] *n* racisme *m* • **racist** ['reɪsɪst] *adj*, *n* raciste *m/f*
rack [ræk] *n* (*for guns, tools*) râtelier *m*; (*for clothes*) portant *m*; (*for bottles*) casier *m*; (*also*: **luggage ~**) filet *m* à bagages; (*also*: **roof ~**) galerie *f*; (*also*: **dish ~**)

égouttoir *m* ▸ *vt* tourmenter; **to ~ one's brains** se creuser la cervelle

racket ['rækɪt] *n* (*for tennis*) raquette *f*; (*noise*) tapage *m*, vacarme *m*; (*swindle*) escroquerie *f*

racquet ['rækɪt] *n* raquette *f*

radar ['reɪdɑː^{r}] *n* radar *m*

radiation [reɪdɪ'eɪʃən] *n* rayonnement *m*; (*radioactive*) radiation *f*

radiator ['reɪdɪeɪtə^{r}] *n* radiateur *m*

radical ['rædɪkl] *adj* radical(e)

radio ['reɪdɪəu] *n* radio *f* ▸ *vt* (*person*) appeler par radio; **on the ~** à la radio • **radioactive** *adj* radioactif(-ive) • **radio station** *n* station *f* de radio

radish ['rædɪʃ] *n* radis *m*

RAF *n abbr* (BRIT) = **Royal Air Force**

raffle ['ræfl] *n* tombola *f*

raft [rɑːft] *n* (*craft*: *also*: **life ~**) radeau *m*; (*logs*) train *m* de flottage

rag [ræg] *n* chiffon *m*; (*pej*: *newspaper*) feuille *f*, torchon *m*; (*for charity*) *attractions organisées par les étudiants au profit d'œuvres de charité*; **rags** *npl* haillons *mpl*

rage [reɪdʒ] *n* (*fury*) rage *f*, fureur *f* ▸ *vi* (*person*) être fou (folle) de rage; (*storm*) faire rage, être déchaîné(e); **it's all the ~** cela fait fureur

ragged ['rægɪd] *adj* (*edge*) inégal(e), qui accroche; (*clothes*) en loques; (*appearance*) déguenillé(e)

raid [reɪd] *n* (*Mil*) raid *m*; (*criminal*) hold-up *m inv*; (*by police*) descente *f*, rafle *f* ▸ *vt* faire un raid sur *or* un hold-up dans *or* une descente dans

rail [reɪl] *n* (*on stair*) rampe *f*; (*bridge, balcony*) balustrade *f*; (*ship*) bastingage *m*; (*for train*) • **railcard** *n* (BRIT) carte *f* de chemin de fer • **railing(s)** *n* grille *f* • **railway** • (US) **railro** chemin *m* de fer; (*track*) voie ferrée • **railway line** *n* (BRIT *f* de chemin de fer; (*track*) voi ferrée • **railway station** *n* (gare *f*

rain [reɪn] *n* pluie *f* ▸ *vi* pleuv **in the ~** sous la pluie; **it's ~i** pleut • **rainbow** *n* arc-en-ci • **raincoat** *n* imperméable *n* • **raindrop** *n* goutte *f* de plu • **rainfall** *n* chute *f* de pluie; (*measurement*) hauteur *f* des précipitations • **rainforest** forêt tropicale • **rainy** *adj* pluvieux(-euse)

raise [reɪz] *n* augmentation ▸ *vt* (*lift*) lever; hausser; (*incre* augmenter; (*morale*) remont (*standards*) améliorer; (*a prot doubt*) provoquer, causer; (*a question*) soulever; (*cattle, far* élever; (*crop*) faire pousser; (*army, funds*) rassembler; (*loa* obtenir; **to ~ one's voice** éle la voix

raisin ['reɪzn] *n* raisin sec

rake [reɪk] *n* (*tool*) râteau *m*; (*person*) débauché *m* ▸ *vt* (*ga* ratisser

rally ['rælɪ] *n* (*Pol etc*) meetin rassemblement *m*; (*Aut*) rally (*Tennis*) échange *m* ▸ *vt* rassembler, rallier; (*support*) gagner ▸ *vi* (*sick person*) aller mieux; (*Stock Exchange*) reprendre

RAM [ræm] *n abbr* (*Comput*: = *random access memory*) mémoire vive

[ræm] *n* bélier *m* ▶ *vt* (*push*)
ɔncer; (*crash into*: *vehicle*)
ɒoutir; (: *lamppost etc*) percuter
adan [ræmə'dæn] *n*
ıadan *m*
ble ['ræmbl] *n* randonnée *f*
(*walk*) se promener, faire une
donnée; (*pej*: *also*: **~ on**)
ourir, pérorer • **rambler** *n*
meneur(-euse),
donneur(-euse) • **rambling**
speech) décousu(e); (*house*)
n(e) de coins et de recoins;
grimpant(e)
p [ræmp] *n* (*incline*) rampe *f*;
) dénivellation *f*; (*in garage*)
t *m*; **on/off ~** (*US Aut*) bretelle
ccès
page ['ræmpeɪdʒ] *n*: **to be**
the ~ se déchaîner
ræn] *pt of* **run**
h [rɑːntʃ] *n* ranch *m*
lom ['rændəm] *adj* fait(e) *or*
ɔli(e) au hasard; (*Comput*,
h) aléatoire ▶ *n*: **at ~** au
ard
[ræŋ] *pt of* **ring**
je [reɪndʒ] *n* (*of mountains*)
îne *f*; (*of missile, voice*) portée *f*;
roducts) choix *m*, gamme *f*;
): **shooting ~**) champ *m* de tir;
): **kitchen ~**) fourneau *m* (de
ine) ▶ *vt* (*place*) mettre en
g, placer ▶ *vi*: **to ~ over**
vrir; **to ~ from ... to** aller de

jer ['reɪndʒəʳ] *n* garde *m*
stier
[ræŋk] *n* rang *m*; (*Mil*) grade
BRIT: *also*: **taxi ~**) station *f* de
s ▶ *vi*: **to ~ among** compter *or*
asser parmi ▶ *adj* (*smell*)
séabond(e); **the ~ and file**
la masse, la base

ransom ['rænsəm] *n* rançon *f*; **to hold sb to ~** (*fig*) exercer un chantage sur qn • **ransomware** *n* (*Comput*) logiciel *m* de rançon, rançongiciel *m*

rant [rænt] *vi* fulminer

rap [ræp] *n* (*music*) rap *m* ▶ *vt* (*door*) frapper sur *or* à; (*table etc*) taper sur

rape [reɪp] *n* viol *m*; (*Bot*) colza *m* ▶ *vt* violer

rapid ['ræpɪd] *adj* rapide • **rapidly** *adv* rapidement • **rapids** *npl* (*Geo*) rapides *mpl*

rapist ['reɪpɪst] *n* auteur *m* d'un viol

rapport [ræ'pɔːʳ] *n* entente *f*

rare [rɛəʳ] *adj* rare; (*Culin*: *steak*) saignant(e) • **rarely** *adv* rarement

rash [ræʃ] *adj* imprudent(e), irréfléchi(e) ▶ *n* (*Med*) rougeur *f*, éruption *f*; (*of events*) série *f* (noire)

rasher ['ræʃəʳ] *n* fine tranche (de lard)

raspberry ['rɑːzbərɪ] *n* framboise *f*

rat [ræt] *n* rat *m*

rate [reɪt] *n* (*ratio*) taux *m*, pourcentage *m*; (*speed*) vitesse *f*, rythme *m*; (*price*) tarif *m* ▶ *vt* (*price*) évaluer, estimer; (*people*) classer; **rates** *npl* (BRIT: *property tax*) impôts locaux; **to ~ sb/sth as** considérer qn/qch comme

rather ['rɑːðəʳ] *adv* (*somewhat*) assez, plutôt; (*to some extent*) un peu; **it's ~ expensive** c'est assez cher; (*too much*) c'est un peu cher; **there's ~ a lot** il y en a beaucoup; **I would** *or* **I'd ~ go** j'aimerais mieux *or* je préférerais partir; **or ~** (*more accurately*) ou plutôt

rating ['reɪtɪŋ] *n (assessment)* évaluation *f*; *(score)* classement *m*; *(Finance)* cote *f*; **ratings** *npl (Radio)* indice(s) *m(pl)* d'écoute; *(TV)* Audimat® *m*

ratio ['reɪʃɪəu] *n* proportion *f*; **in the ~ of 100 to 1** dans la proportion de 100 contre 1

ration ['ræʃən] *n* ration *f* ▶ *vt* rationner; **rations** *npl (food)* vivres *mpl*

rational ['ræʃənl] *adj* raisonnable, sensé(e); *(solution, reasoning)* logique; *(Med: person)* lucide

rat race *n* foire *f* d'empoigne

rattle ['rætl] *n (of door, window)* battement *m*; *(of coins, chain)* cliquetis *m*; *(of train, engine)* bruit *m* de ferraille; *(for baby)* hochet *m* ▶ *vi* cliqueter; *(car, bus)*: **to ~ along** rouler en faisant un bruit de ferraille ▶ *vt* agiter (bruyamment); *(inf: disconcert)* décontenancer

rave [reɪv] *vi (in anger)* s'emporter; *(with enthusiasm)* s'extasier; *(Med)* délirer ▶ *n (inf: party)* rave *f*, soirée *f* techno

raven ['reɪvən] *n* grand corbeau

ravine [rə'vi:n] *n* ravin *m*

raw [rɔ:] *adj (uncooked)* cru(e); *(not processed)* brut(e); *(sore)* à vif, irrité(e); *(inexperienced)* inexpérimenté(e); **~ materials** matières premières

ray [reɪ] *n* rayon *m*; **~ of hope** lueur *f* d'espoir

razor ['reɪzə^r] *n* rasoir *m* • **razor blade** *n* lame *f* de rasoir

Rd *abbr* = **road**

RE *n abbr* (BRIT: = *religious education*) instruction religieuse

re [ri:] *prep* concernant

reach [ri:tʃ] *n* portée *f*, attein[te *f*]; *(of river etc)* étendue *f* ▶ *vt* atteindre, arriver à; *(conclusi[on,] decision)* parvenir à ▶ *vi* s'éten[dre]; **out of/within ~** *(object)* hors [de] portée • **reach out** *vt* tendre ▶ *vi*: **to ~ out (for)** allonger le bras (pour prendre)

react [ri:'ækt] *vi* réagir • **rea[ction]** [ri:'ækʃən] *n* réaction *f* • **rea[ctor]** [ri:'æktə^r] *n* réacteur *m*

read [ri:d] *(pt, pp* **read** [rɛd]) ▶ *vt* lire; *(understand)* compre[ndre], interpréter; *(study)* étudier; *(r[eading])* relever; *(subj: instrument etc)* indiquer, marquer • **read out** lire à haute voix • **reader** *n* lecteur(-trice)

readily ['rɛdɪlɪ] *adv* volontier[s], avec empressement; *(easily)* facilement

reading ['ri:dɪŋ] *n* lecture *f*; *(understanding)* interprétatio[n]; *(on instrument)* indications *fpl*

ready ['rɛdɪ] *adj* prêt(e); *(willi[ng])* prêt, disposé(e); *(available)* disponible ▶ *n*: **at the ~** *(Mil)* à faire feu; **when will my ph[otos] be ~?** quand est-ce que mes photos seront prêtes?; **to ge[t ready]** *(as vi)* se préparer; *(as vt)* prép[arer] • **ready-cooked** *adj* précuit(e) • **ready-made** *adj* tout(e) fa[it(e)]

real [rɪəl] *adj (world, life)* réel(le); *(genuine)* véritable; *(proper)* vr[ai(e)] ▶ *adv (US inf: very)* vraiment • **re[al] ale** *n* bière traditionnelle • **re[al] estate** *n* biens fonciers *or* immobiliers • **realistic** [rɪə'l[ɪstɪk]] *adj* réaliste • **reality** [ri:'ælɪt[ɪ]] réalité *f* • **reality TV** *n* téléré[alité *f*]

realization [rɪəlaɪ'zeɪʃən] *n* *(awareness)* prise *f* de conscie[nce]; *(fulfilment, also of asset)* réalisation *f*

:e ['rɪəlaɪz] *vt* (*understand*) se re compte de, prendre cience de; (*a project*, *Comm*:) réaliser
/ ['rɪəlɪ] *adv* vraiment; **~?** nent?, c'est vrai?
1 [rɛlm] *n* royaume *m*; (*fig*) aine *m*
or ['rɪəltɔːʳ] *n* (*US*) agent obilier
pear [riːə'pɪəʳ] *vi* paraître, reparaître
'rɪəʳ] *adj* de derrière, arrière Aut: *wheel etc*) arrière ▸ *n* re *m* ▸ *vt* (*cattle*, *family*) élever *also*: **~ up**: *animal*) se cabrer
ange [riːə'reɪndʒ] *vt* 'anger
• **rear-view mirror** *n* (*Aut*) viseur *m* • **rear-wheel drive** t) traction *f* arrière
on ['riːzn] *n* raison *f* ▸ *vi*: **to th sb** raisonner qn, faire ndre raison à qn; **it stands to at** il va sans dire que
isonable *adj* raisonnable; *bad*) acceptable • **reasonably** *behave*) raisonnablement; *y*) assez • **reasoning** *n* nnement *m*
urance [riːə'ʃuərəns] *n* *ual*) assurance *f*, garantie *f*; *tional*) réconfort *m*
ure [riːə'ʃuəʳ] *vt* rassurer
:e ['riːbeɪt] *n* (*on tax etc*) èvement *m*
n ['rɛbl] rebelle *m/f* ▸ *vi* ɛl] se rebeller, se révolter
ellion [rɪ'bɛljən] *n* rébellion 'olte *f* • **rebellious** [rɪ'bɛljəs] ebelle
ld [riː'bɪld] *vt* (*irreg*: *like* **d**) reconstruire

recall *vt* [rɪ'kɔːl] rappeler; (*remember*) se rappeler, se souvenir de ▸ *n* ['riːkɔl] rappel *m*; (*ability to remember*) mémoire *f*
receipt [rɪ'siːt] *n* (*document*) reçu *m*; (*for parcel etc*) accusé *m* de réception; (*act of receiving*) réception *f*; **receipts** *npl* (*Comm*) recettes *fpl*; **can I have a ~, please?** je peux avoir un reçu, s'il vous plaît?
receive [rɪ'siːv] *vt* recevoir; (*guest*) recevoir, accueillir • **receiver** *n* (*Tel*) récepteur *m*, combiné *m*; (*Radio*) récepteur; (*of stolen goods*) receleur *m*; (*for bankruptcies*) administrateur *m* judiciaire
recent ['riːsnt] *adj* récent(e) • **recently** *adv* récemment
reception [rɪ'sɛpʃən] *n* réception *f*; (*welcome*) accueil *m*, réception • **reception desk** *n* réception *f* • **receptionist** *n* réceptionniste *m/f*
recession [rɪ'sɛʃən] *n* (*Econ*) récession *f*
recharge [riː'tʃɑːdʒ] *vt* (*battery*) recharger
recipe ['rɛsɪpɪ] *n* recette *f*
recipient [rɪ'sɪpɪənt] *n* (*of payment*) bénéficiaire *m/f*; (*of letter*) destinataire *m/f*
recital [rɪ'saɪtl] *n* récital *m*
recite [rɪ'saɪt] *vt* (*poem*) réciter
reckless ['rɛkləs] *adj* (*driver etc*) imprudent(e); (*spender etc*) insouciant(e)
reckon ['rɛkən] *vt* (*count*) calculer, compter; (*consider*) considérer, estimer; (*think*): **I ~ (that) ...** je pense (que) ..., j'estime (que) ...
reclaim [rɪ'kleɪm] *vt* (*land*: *from sea*) assécher; (*demand back*) réclamer (le remboursement *or*

la restitution de); (*waste materials*) récupérer
recline [rɪ'klaɪn] *vi* être allongé(e) *or* étendu(e)
recognition [rɛkəg'nɪʃən] *n* reconnaissance *f*; **transformed beyond ~** méconnaissable
recognize ['rɛkəgnaɪz] *vt*: **to ~ (by/as)** reconnaître (à/comme étant)
recollection [rɛkə'lɛkʃən] *n* souvenir *m*
recommend [rɛkə'mɛnd] *vt* recommander; **can you ~ a good restaurant?** pouvez-vous me conseiller un bon restaurant? • **recommendation** [rɛkəmɛn'deɪʃən] *n* recommandation *f*
reconcile ['rɛkənsaɪl] *vt* (*two people*) réconcilier; (*two facts*) concilier, accorder; **to ~ o.s. to** se résigner à
reconfigure [ri:kən'fɪgə^r] *vt* reconfigurer
reconsider [ri:kən'sɪdə^r] *vt* reconsidérer
reconstruct [ri:kən'strʌkt] *vt* (*building*) reconstruire; (*crime, system*) reconstituer
record *n* ['rɛkɔ:d] rapport *m*, récit *m*; (*of meeting etc*) procès-verbal *m*; (*register*) registre *m*; (*file*) dossier *m*; (*Comput*) article *m*; (*also*: **police ~**) casier *m* judiciaire; (*Mus: disc*) disque *m*; (*Sport*) record *m* ▸ *adj* ['rɛkɔ:d] record *inv* ▸ *vt* [rɪ'kɔ:d] (*set down*) noter; (*Mus: song etc*) enregistrer; **public ~s** archives *fpl*; **in ~ time** dans un temps record • **recorded delivery** *n* (BRIT *Post*): **to send sth recorded delivery** ≈ envoyer qch en recommandé • **recorder** *n* (*Mus*) flûte *f* à bec • **recordin** (*Mus*) enregistrement *m* • **re player** *n* tourne-disque *m*
recount [rɪ'kaunt] *vt* racon
recover [rɪ'kʌvə^r] *vt* récupé ▸ *vi* (*from illness*) se rétablir; (*shock*) se remettre • **recove** récupération *f*; rétablisseme (*Econ*) redressement *m*
recreate [ri:krɪ'eɪt] *vt* recré
recreation [rɛkrɪ'eɪʃən] *n* (récréation *f*, détente *f* • **recreational drug** *n* drog récréative • **recreational v** *n* (US) camping-car *m*
recruit [rɪ'kru:t] *n* recrue *f* ▸ recruter • **recruitment** *n* recrutement *m*
rectangle ['rɛktæŋgl] *n* rectangle *m* • **rectangular** [rɛk'tæŋgjulə^r] *adj* rectang
rectify ['rɛktɪfaɪ] *vt* (*error*) rectifier, corriger
rector ['rɛktə^r] *n* (*Rel*) paste
recur [rɪ'kə:^r] *vi* se reproduir (*idea, opportunity*) se retrouv (*symptoms*) réapparaître • **recurring** *adj* (*problem*) périodique, fréquent(e); (*Ma* périodique
recyclable [ri:'saɪkləbl] *adj* recyclable
recycle [ri:'saɪkl] *vt, vi* recyc
recycling [ri:'saɪklɪŋ] *n* recyclage *m*
red [rɛd] *n* rouge *m*; (*Pol*: *pej*) *m/f* ▸ *adj* rouge; (*hair*) roux (rousse); **in the ~** (*account*) à découvert; (*business*) en défi • **Red Cross** *n* Croix-Rouge • **redcurrant** *n* groseille *f* (ro
redeem [rɪ'di:m] *vt* (*debt*) rembourser; (*sth in pawn*) dégager; (*fig, also Rel*) rachet

· **red-haired** *adj* roux (rousse)
dhead *n* roux (rousse)
d-hot *adj* chauffé(e) au rouge,
ant(e) • **red light** *n*: **to go**
ugh a red light (*Aut*) brûler
u rouge • **red-light district**
artier mal famé
neat *n* viande *f* rouge
ce [rɪ'dju:s] *vt* réduire;
er) abaisser; **"~ speed now"**
"ralentir"; **to ~ sb to tears**
pleurer qn • **reduced** *adj*
it(e); **"greatly reduced**
es" "gros rabais"; **at a**
uced price (*goods*) au rabais;
et etc) à prix réduit
duction [rɪ'dʌkʃən] *n*
ction *f*; (*of price*) baisse *f*;
ount) rabais *m*; réduction; **is**
e a reduction for children/
lents? y a-t-il une réduction
les enfants/les étudiants?
ndancy [rɪ'dʌndənsɪ] *n*
) licenciement *m*, mise *f* au
nage
ndant [rɪ'dʌndnt] *adj* (BRIT:
er) licencié(e), mis(e) au
nage; (*detail, object*)
erflu(e); **to be made ~**
ker) être licencié, être mis au
nage
[ri:d] *n* (*Bot*) roseau *m*
[ri:f] *n* (*at sea*) récif *m*, écueil *m*
ri:l] *n* bobine *f*; (*Fishing*)
linet *m*; (*Cine*) bande *f*; (*dance*)
drille écossais ▸ *vi* (*sway*)
nceler
ɛf] *n abbr* (*inf*: = *referee*)
re *m*
tory [rɪ'fɛktərɪ] *n*
ctoire *m*
[rɪ'fə:ʳ] *vt*: **to ~ sb to**
irer, patient) adresser qn à;
der: to text) renvoyer qn à ▸ *vi*:

to ~ to (*allude to*) parler de, faire allusion à; (*consult*) se reporter à; (*apply to*) s'appliquer à

referee [rɛfə'ri:] *n* arbitre *m*; (BRIT: *for job application*) répondant(e) ▸ *vt* arbitrer

reference ['rɛfrəns] *n* référence *f*, renvoi *m*; (*mention*) allusion *f*, mention *f*; (*for job application*: *letter*) références; lettre *f* de recommandation; **with ~ to** en ce qui concerne; (*Comm*: *in letter*) me référant à • **reference number** *n* (*Comm*) numéro *m* de référence

refill *vt* [ri:'fɪl] remplir à nouveau; (*pen, lighter etc*) recharger ▸ *n* ['ri:fɪl] (*for pen etc*) recharge *f*

refine [rɪ'faɪn] *vt* (*sugar, oil*) raffiner; (*taste*) affiner; (*idea, theory*) peaufiner • **refined** *adj* (*person, taste*) raffiné(e) • **refinery** *n* raffinerie *f*

reflect [rɪ'flɛkt] *vt* (*light, image*) réfléchir, refléter ▸ *vi* (*think*) réfléchir, méditer; **it ~s badly on him** cela le discrédite; **it ~s well on him** c'est tout à son honneur • **reflection** [rɪ'flɛkʃən] *n* réflexion *f*; (*image*) reflet *m*; **on reflection** réflexion faite

reflex ['ri:flɛks] *adj*, *n* réflexe (*m*)

reform [rɪ'fɔ:m] *n* réforme *f* ▸ *vt* réformer

refrain [rɪ'freɪn] *vi*: **to ~ from doing** s'abstenir de faire ▸ *n* refrain *m*

refresh [rɪ'frɛʃ] *vt* rafraîchir; (*subj*: *food, sleep etc*) redonner des forces à • **refreshing** *adj* (*drink*) rafraîchissant(e); (*sleep*) réparateur(-trice) • **refreshments** *npl* rafraîchissements *mpl*

refrigerator [rɪ'frɪdʒəreɪtəʳ] *n* réfrigérateur *m*, frigidaire *m*

refuel [ri:'fjuəl] *vi* se ravitailler en carburant
refuge ['rɛfju:dʒ] *n* refuge *m*; **to take ~ in** se réfugier dans • **refugee** [rɛfju'dʒi:] *n* réfugié(e)
refund *n* ['ri:fʌnd] remboursement *m* ▸ *vt* [rɪ'fʌnd] rembourser
refurbish [ri:'fə:bɪʃ] *vt* remettre à neuf
refusal [rɪ'fju:zəl] *n* refus *m*; **to have first ~ on sth** avoir droit de préemption sur qch
refuse¹ ['rɛfju:s] *n* ordures *fpl*, détritus *mpl*
refuse² [rɪ'fju:z] *vt*, *vi* refuser; **to ~ to do sth** refuser de faire qch
regain [rɪ'geɪn] *vt* (*lost ground*) regagner; (*strength*) retrouver
regard [rɪ'gɑ:d] *n* respect *m*, estime *f*, considération *f* ▸ *vt* considérer; **to give one's ~s to** faire ses amitiés à; **"with kindest ~s"** "bien amicalement"; **as ~s, with ~ to** en ce qui concerne • **regarding** *prep* en ce qui concerne • **regardless** *adv* quand même; **regardless of** sans se soucier de
regenerate [rɪ'dʒɛnəreɪt] *vt* régénérer ▸ *vi* se régénérer
reggae ['rɛgeɪ] *n* reggae *m*
regiment ['rɛdʒɪmənt] *n* régiment *m*
region ['ri:dʒən] *n* région *f*; **in the ~ of** (*fig*) aux alentours de • **regional** *adj* régional(e)
register ['rɛdʒɪstə^r] *n* registre *m*; (*also*: **electoral ~**) liste électorale ▸ *vt* enregistrer, inscrire; (*birth*) déclarer; (*vehicle*) immatriculer; (*letter*) envoyer en recommandé; (*subj*: *instrument*) marquer ▸ *vi* s'inscrire; (*at hotel*) signer le registre; (*make impression*) êt(re) (bien) compris(e) • **registere(d)** (BRIT: *letter*) recommandé(e) • **registered trademark** *n* marque déposée
registrar ['rɛdʒɪstrɑ:^r] *n* off(icier) *m* de l'état civil
registration [rɛdʒɪs'treɪʃər...] (*act*) enregistrement *m*; (*of student*) inscription *f*; (BRIT A... *also*: **~ number**) numéro *m* d'immatriculation
registry office ['rɛdʒɪstrɪ-] (BRIT) bureau *m* de l'état civil; **get married in a ~** ≈ se mari(er à la) mairie
regret [rɪ'grɛt] *n* regret *m* ▸ ... regretter • **regrettable** *adj* regrettable, fâcheux(-euse)
regular ['rɛgjulə^r] *adj* régulier(-ière); (*usual*) habitu(el(le)); normal(e); (*soldier*) de métier; (*Comm*: *size*) ordinaire ▸ *n* (*cli(ent)* *etc*) habitué(e) • **regularly** *a(dv)* régulièrement
regulate ['rɛgjuleɪt] *vt* régle(r) • **regulation** [rɛgju'leɪʃən] (*rule*) règlement *m*; (*adjustme(nt)*) réglage *m*
rehabilitation ['ri:əbɪlɪ'teɪ...] (*of offender*) réhabilitation *f*; (*of addict*) réadaptation *f*
rehearsal [rɪ'hə:səl] *n* répétition *f*
rehearse [rɪ'hə:s] *vt* répéter
reign [reɪn] *n* règne *m* ▸ *vi* ré(gner)
reimburse [ri:ɪm'bə:s] *vt* rembourser
rein [reɪn] *n* (*for horse*) rêne *f*
reincarnation [ri:ɪnkɑ:'ne...] *n* réincarnation *f*
reindeer ['reɪndɪə^r] *n* (*pl inv*) renne *m*

orce [riːɪn'fɔːs] *vt* renforcer
nforcements *npl (Mil)*
ort(s) *m(pl)*
tate [riːɪn'steɪt] *vt* rétablir,
:égrer
t *n* ['riːdʒɛkt] *(Comm)* article
: rebut ▶ *vt* [rɪ'dʒɛkt] refuser;
) rejeter • **rejection**
ʒɛkʃən] *n* rejet *m*, refus *m*
ce [rɪ'dʒɔɪs] *vi*: **to ~ (at** *or*
r) se réjouir (de)
e [rɪ'leɪt] *vt (tell)* raconter;
nect) établir un rapport entre
to ~ to *(connect)* se rapporter
~ to sb *(interact)* entretenir
rapports avec qn • **related** *adj*
arenté(e); **related to** *(subject)*
) à • **relating to** *prep*
:ernant
ion [rɪ'leɪʃən] *n (person)*
ent(e); *(link)* rapport *m*, lien *m*;
tions *npl (relatives)* famille *f*
ationship *n* rapport *m*, lien
personal ties) relations *fpl*,
oorts; *(also:* **family**
tionship) lien de parenté;
ir) liaison *f*
ive ['rɛlətɪv] *n* parent(e)
j relatif(-ive); *(respective)*
ectif(-ive) • **relatively** *adv*
tivement
[rɪ'læks] *vi (muscle)* se
cher; *(person: unwind)* se
endre ▶ *vt* relâcher; *(mind,*
on) détendre • **relaxation**
æk'seɪʃən] *n* relâchement *m*;
nind) détente *f*; *(recreation)*
ente, délassement *m*
axed *adj* relâché(e);
endu(e) • **relaxing** *adj*
ssant(e)
['riːleɪ] *n (Sport)* course *f* de
s ▶ *vt (message)*
ansmettre, relayer

release [rɪ'liːs] *n (from prison, obligation)* libération *f*; *(of gas etc)* émission *f*; *(of film etc)* sortie *f*; *(new recording)* disque *m* ▶ *vt (prisoner)* libérer; *(book, film)* sortir; *(report, news)* rendre public, publier; *(gas etc)* émettre, dégager; *(free: from wreckage etc)* dégager; *(Tech: catch, spring etc)* déclencher; *(let go: person, animal)* relâcher; *(: hand, object)* lâcher; *(: grip, brake)* desserrer
relegate ['rɛləgeɪt] *vt* reléguer; *(BRIT Sport)*: **to be ~d** descendre dans une division inférieure
relent [rɪ'lɛnt] *vi* se laisser fléchir • **relentless** *adj* implacable; *(non-stop)* continuel(le)
relevant ['rɛləvənt] *adj (question)* pertinent(e); *(corresponding)* approprié(e); *(fact)* significatif(-ive); *(information)* utile
reliable [rɪ'laɪəbl] *adj (person, firm)* sérieux(-euse), fiable; *(method, machine)* fiable; *(news, information)* sûr(e)
relic ['rɛlɪk] *n (Rel)* relique *f*; *(of the past)* vestige *m*
relief [rɪ'liːf] *n (from pain, anxiety)* soulagement *m*; *(help, supplies)* secours *m(pl)*; *(Art, Geo)* relief *m*
relieve [rɪ'liːv] *vt (pain, patient)* soulager; *(fear, worry)* dissiper; *(bring help)* secourir; *(take over from: gen)* relayer; *(: guard)* relever; **to ~ sb of sth** débarrasser qn de qch; **to ~ o.s.** *(euphemism)* se soulager, faire ses besoins • **relieved** *adj* soulagé(e)
religion [rɪ'lɪdʒən] *n* religion *f*
religious [rɪ'lɪdʒəs] *adj* religieux(-euse); *(book)* de piété • **religious education** *n* instruction religieuse

relish [ˈrɛlɪʃ] *n* (*Culin*) condiment *m*; (*enjoyment*) délectation *f* ▸ *vt* (*food etc*) savourer; **to ~ doing** se délecter à faire
relocate [riːləuˈkeɪt] *vt* (*business*) transférer ▸ *vi* se transférer, s'installer *or* s'établir ailleurs
reluctance [rɪˈlʌktəns] *n* répugnance *f*
reluctant [rɪˈlʌktənt] *adj* peu disposé(e), qui hésite
• **reluctantly** *adv* à contrecœur, sans enthousiasme
rely on [rɪˈlaɪ-] *vt fus* (*be dependent on*) dépendre de; (*trust*) compter sur
remain [rɪˈmeɪn] *vi* rester
• **remainder** *n* reste *m*; (*Comm*) fin *f* de série • **remainer** *n* (BRIT: *in EU*) *partisan du maintien dans l'Union européenne* • **remaining** *adj* qui reste • **remains** *npl* restes *mpl*
remand [rɪˈmɑːnd] *n*: **on ~** en détention préventive ▸ *vt*: **to be ~ed in custody** être placé(e) en détention préventive
remark [rɪˈmɑːk] *n* remarque *f*, observation *f* ▸ *vt* (faire) remarquer, dire • **remarkable** *adj* remarquable
remarry [riːˈmærɪ] *vi* se remarier
remedy [ˈrɛmədɪ] *n*: **~ (for)** remède *m* (contre *or* à) ▸ *vt* remédier à
remember [rɪˈmɛmbəʳ] *vt* se rappeler, se souvenir de; (*send greetings*): **~ me to him** saluez-le de ma part • **Remembrance Day** [rɪˈmɛmbrəns-] *n* (BRIT) ≈ (le jour de) l'Armistice *m*, ≈ le 11 novembre

Remembrance Day ou **Remembrance Sunday** est le dimanche le plus proche du 11 novembre, date à laquelle la Première Guerre mondiale a officiellement pris fin. Il est l'occasion de rendre homma aux victimes des deux guerre mondiales. À 11h, heure de la signature de l'armistice avec l'Allemagne, en 1918, on obse deux minutes de silence. Certains membres de la fam royale et du gouvernement déposent des gerbes de coquelicots au cénotaphe de Whitehall, et des couronnes sont placées sur les monume aux morts dans toute la Grande-Bretagne. Par ailleu beaucoup de Britanniques portent des coquelicots artificiels fabriqués par des anciens combattants blessé au combat, et vendus au pro des blessés de guerre et de le famille.

remind [rɪˈmaɪnd] *vt*: **to ~ s sth** rappeler qch à qn; **to ~ s do** faire penser à qn à faire, rappeler à qn qu'il doit faire
• **reminder** *n* (*Comm*: *letter*) r *m*; (*note etc*) pense-bête *m*; (*souvenir*) souvenir *m*
reminiscent [rɛmɪˈnɪsnt] *a* **~ of** qui rappelle, qui fait pen
remnant [ˈrɛmnənt] *n* reste restant *m*; (*of cloth*) coupon *n*
remorse [rɪˈmɔːs] *n* remords
remortgage [riːˈmɔːgɪdʒ] **~ one's house/home** reneg son prêt immobilier
remote [rɪˈməut] *adj* éloign lointain(e); (*person*) distant(e (*possibility*) vague • **remote control** *n* télécommande *f*
• **remotely** *adv* au loin; (*sligh* très vaguement
removal [rɪˈmuːvəl] *n* (*takin away*) enlèvement *m*; suppre

RIT: *from house*) ménagement *m*; (*from office*: issal) renvoi *m*; (*of stain*) :oyage *m*; (*Med*) ablation *f*
moval man (*irreg*) *n* (BRIT) ménageur *m* • **removal van** *n* T) camion *m* de ménagement
ove [rɪ'mu:v] *vt* enlever, rer; (*employee*) renvoyer; (*stain*) e partir; (*abuse*) supprimer; *ibt*) chasser
aissance [rɪ'neɪsɑ̃ns] *n*: ~ la Renaissance
ame [ri:'neɪm] *vt* rebaptiser
der ['rɛndəʳ] *vt* rendre
dezvous ['rɔndɪvu:] *n* dez-vous *m inv*
ew [rɪ'nju:] *vt* renouveler; *gotiations*) reprendre; *uaintance*) renouer • **renewable** *'energy*) renouvelable
ovate ['rɛnəveɪt] *vt* rénover; *rk of art*) restaurer
owned [rɪ'naund] *adj* ommé(e)
[rɛnt] *n* loyer *m* ▶ *vt* louer
ntal *n* (*for television, car*) (prix e) location *f*
fend [ri:ə'fɛnd] *vi* récidiver
ganize [ri:'ɔ:gənaɪz] *vt* rganiser
[rɛp] *n abbr* (*Comm*)
epresentative
air [rɪ'pɛəʳ] *n* réparation *f* ▶ *vt* arer; **in good/bad ~** en bon/ uvais état; **where can I get s ~ed?** où est-ce que je peux e réparer ceci? • **repair kit** *n* usse *f* de réparations
ay [ri:'peɪ] *vt* (*irreg*: *like* **pay**) *ney, creditor*) rembourser; (*sb's rts*) récompenser • **repayment** mboursement *m*

repeat [rɪ'pi:t] *n* (*Radio, TV*) reprise *f* ▶ *vt* répéter; (*promise, attack, also Comm*: *order*) renouveler; (*Scol*: *a class*) redoubler ▶ *vi* répéter; **can you ~ that, please?** pouvez-vous répéter, s'il vous plaît? • **repeatedly** *adv* souvent, à plusieurs reprises • **repeat prescription** *n* (BRIT): **I'd like a repeat prescription** je voudrais renouveler mon ordonnance
repellent [rɪ'pɛlənt] *adj* repoussant(e) ▶ *n*: **insect ~** insectifuge *m*
repercussions [ri:pə'kʌʃənz] *npl* répercussions *fpl*
repetition [rɛpɪ'tɪʃən] *n* répétition *f*
repetitive [rɪ'pɛtɪtɪv] *adj* (*movement, work*) répétitif(-ive); (*speech*) plein(e) de redites
replace [rɪ'pleɪs] *vt* (*put back*) remettre, replacer; (*take the place of*) remplacer • **replacement** *n* (*substitution*) remplacement *m*; (*person*) remplaçant(e)
replay ['ri:pleɪ] *n* (*of match*) match rejoué; (*of tape, film*) répétition *f*
replica ['rɛplɪkə] *n* réplique *f*, copie exacte
reply [rɪ'plaɪ] *n* réponse *f* ▶ *vi* répondre
report [rɪ'pɔ:t] *n* rapport *m*; (*Press etc*) reportage *m*; (BRIT: *also*: **school ~**) bulletin *m* (scolaire); (*of gun*) détonation *f* ▶ *vt* rapporter, faire un compte rendu de; (*Press etc*) faire un reportage sur; (*notify*: *accident*) signaler; (: *culprit*) dénoncer ▶ *vi* (*make a report*) faire un rapport; **I'd like to ~ a theft** je voudrais signaler un vol; **to ~ (to sb)** (*present o.s.*) se présenter

(chez qn) • **report card** *n* (US, SCOTTISH) bulletin *m* (scolaire) • **reportedly** *adv*: **she is reportedly living in Spain** elle habiterait en Espagne; **he reportedly told them to ...** il leur aurait dit de ... • **reporter** *n* reporter *m*

represent [rɛprɪ'zɛnt] *vt* représenter; (*view, belief*) présenter, expliquer; (*describe*): **to ~ sth as** présenter *or* décrire qch comme • **representation** [rɛprɪzɛn'teɪʃən] *n* représentation *f* • **representative** *n* représentant(e); (*US Pol*) député *m* ▸ *adj* représentatif(-ive), caractéristique

repress [rɪ'prɛs] *vt* réprimer • **repression** [rɪ'prɛʃən] *n* répression *f*

reprimand ['rɛprɪma:nd] *n* réprimande *f* ▸ *vt* réprimander

reproduce [ri:prə'dju:s] *vt* reproduire ▸ *vi* se reproduire • **reproduction** [ri:prə'dʌkʃən] *n* reproduction *f*

reptile ['rɛptaɪl] *n* reptile *m*

republic [rɪ'pʌblɪk] *n* république *f* • **republican** *adj, n* républicain(e)

reputable ['rɛpjutəbl] *adj* de bonne réputation; (*occupation*) honorable

reputation [rɛpju'teɪʃən] *n* réputation *f*

request [rɪ'kwɛst] *n* demande *f*; (*formal*) requête *f* ▸ *vt*: **to ~ (of** *or* **from sb)** demander (à qn) • **request stop** *n* (BRIT: *for bus*) arrêt facultatif

require [rɪ'kwaɪə^r] *vt* (*need*: *subj*: *person*) avoir besoin de; (: *thing, situation*) nécessiter, demander; (*want*) exiger; (*order*): **to ~ sb to do sth/sth of sb** exiger que qn f qch/qch de qn • **requiremen** (*need*) exigence *f*; besoin *m*; (*condition*) condition *f* (requis

resat [ri:'sæt] *pt, pp of* **resit**

rescue ['rɛskju:] *n* (*from accic* sauvetage *m*; (*help*) secours *m* ▸ *vt* sauver

research [rɪ'sə:tʃ] *n* recherch *f(pl)* ▸ *vt* faire des recherches

resemblance [rɪ'zɛmbləns] ressemblance *f*

resemble [rɪ'zɛmbl] *vt* ressembler à

resent [rɪ'zɛnt] *vt* être contrarié(e) par • **resentful** irrité(e), plein(e) de ressentim • **resentment** *n* ressentimer

reservation [rɛzə'veɪʃən] *n* (*booking*) réservation *f*; **to ma ~ (in a hotel/a restaurant/ plane)** réserver *or* retenir une chambre/une table/une plac • **reservation desk** *n* (US: *in* réception *f*

reserve [rɪ'zə:v] *n* réserve *f*; (*Sport*) remplaçant(e) ▸ *vt* (*se etc*) réserver, retenir • **reserv** *adj* réservé(e)

reservoir ['rɛzəvwa:^r] *n* réservoir *m*

reshuffle ['ri:ʃʌfl] *n*: **Cabine** (*Pol*) remaniement ministérie

residence ['rɛzɪdəns] *n* résic *f* • **residence permit** *n* (BRIT) permis *m* de séjour

resident ['rɛzɪdənt] *n* (*of cou* résident(e); (*of area, house*) habitant(e); (*in hotel*) pensionnaire ▸ *adj* résidant(e • **residential** [rɛzɪ'dɛnʃəl] *a* résidence; (*area*) résidentiel(l (*course*) avec hébergement sur place

ue ['rɛzɪdjuː] *n* reste *m*;
m, Physics) résidu *m*
n [rɪ'zaɪn] *vt* (*one's post*) se
ettre de ▸ *vi* démissionner;
o.s. to (*endure*) se résigner à
ignation [rɛzɪg'neɪʃən] *n*
ı post) démission *f*; (*state of*
) résignation *f*
['rɛzɪn] *n* résine *f*
t [rɪ'zɪst] *vt* résister à
istance *n* résistance *f*
vt [riː'sɪt] (*irreg: like* **sit**) (BRIT:
) repasser ▸ *n* ['riːsɪt]
ième session *f* (*d'un examen*)
ution [rɛzə'luːʃən] *n*
lution *f*
ve [rɪ'zɔlv] *n* résolution *f* ▸ *vt*
ɔlem) résoudre; (*decide*): **to**
do résoudre *or* décider de

t [rɪ'zɔːt] *n* (*seaside town*)
on *f* balnéaire; (*for skiing*)
on de ski; (*recourse*) recours *m*
to ~ to avoir recours à; **in the**
~ en dernier ressort
ırce [rɪ'sɔːs] *n* ressource *f*
sourceful *adj*
nieux(-euse), débrouillard(e)
ect [rɪs'pɛkt] *n* respect *m* ▸ *vt*
ecter • **respectable** *adj*
ectable; (*quite good: result etc*)
orable • **respectful** *adj*
ectueux(-euse) • **respective**
espectif(-ive) • **respectively**
espectivement
te ['rɛspaɪt] *n* répit *m*
ond [rɪs'pɔnd] *vi* répondre;
t) réagir • **response**
ɔons] *n* réponse *f*; (*reaction*)
tion *f*
onsibility [rɪspɔnsɪ'bɪlɪtɪ] *n*
onsabilité *f*
onsible [rɪs'pɔnsɪbl] *adj*
le): **~ (for)** responsable (de);
(*person*) digne de confiance; (*job*)
qui comporte des responsabilités
• **responsibly** *adv* avec sérieux
responsive [rɪs'pɔnsɪv] *adj*
(*student, audience*) réceptif(-ive);
(*brakes, steering*) sensible
rest [rɛst] *n* repos *m*; (*stop*) arrêt
m, pause *f*; (*Mus*) silence *m*;
(*support*) support *m*, appui *m*;
(*remainder*) reste *m*, restant *m* ▸ *vi*
se reposer; (*be supported*): **to ~ on**
appuyer *or* reposer sur ▸ *vt* (*lean*):
to ~ sth on/against appuyer qch
sur/contre; **the ~ of them** les
autres
restaurant ['rɛstərɔŋ] *n*
restaurant *m* • **restaurant car** *n*
(BRIT *Rail*) wagon-restaurant *m*
restless ['rɛstlɪs] *adj* agité(e)
restoration [rɛstə'reɪʃən] *n* (*of*
building) restauration *f*; (*of stolen*
goods) restitution *f*
restore [rɪ'stɔːʳ] *vt* (*building*)
restaurer; (*sth stolen*) restituer;
(*peace, health*) rétablir; **to ~ to**
(*former state*) ramener à
restrain [rɪs'treɪn] *vt* (*feeling*)
contenir; (*person*): **to ~ (from**
doing) retenir (de faire)
• **restraint** *n* (*restriction*)
contrainte *f*; (*moderation*) retenue
f; (*of style*) sobriété *f*
restrict [rɪs'trɪkt] *vt* restreindre,
limiter • **restriction** [rɪs'trɪkʃən]
n restriction *f*, limitation *f*
rest room *n* (US) toilettes *fpl*
restructure [riː'strʌktʃəʳ] *vt*
restructurer
result [rɪ'zʌlt] *n* résultat *m* ▸ *vi*:
to ~ in aboutir à, se terminer par;
as a ~ of à la suite de
resume [rɪ'zjuːm] *vt* (*work,*
journey) reprendre ▸ *vi* (*work etc*)
reprendre

résumé ['reɪzju:meɪ] *n* (*summary*) résumé *m*; (*US*: *curriculum vitae*) curriculum vitae *m inv*

resuscitate [rɪ'sʌsɪteɪt] *vt* (*Med*) réanimer

retail ['ri:teɪl] *adj* de *or* au détail ▸ *adv* au détail • **retailer** *n* détaillant(e)

retain [rɪ'teɪn] *vt* (*keep*) garder, conserver

retaliation [rɪtælɪ'eɪʃən] *n* représailles *fpl*, vengeance *f*

retire [rɪ'taɪəʳ] *vi* (*give up work*) prendre sa retraite; (*withdraw*) se retirer, partir; (*go to bed*) (aller) se coucher • **retired** *adj* (*person*) retraité(e) • **retirement** *n* retraite *f*

retort [rɪ'tɔ:t] *vi* riposter

retreat [rɪ'tri:t] *n* retraite *f* ▸ *vi* battre en retraite

retrieve [rɪ'tri:v] *vt* (*sth lost*) récupérer; (*situation, honour*) sauver; (*error, loss*) réparer; (*Comput*) rechercher

retrospect ['rɛtrəspɛkt] *n*: **in ~** rétrospectivement, après coup • **retrospective** [rɛtrə'spɛktɪv] *adj* rétrospectif(-ive); (*law*) rétroactif(-ive) ▸ *n* (*Art*) rétrospective *f*

return [rɪ'tə:n] *n* (*going or coming back*) retour *m*; (*of sth stolen etc*) restitution *f*; (*Finance*: *from land, shares*) rapport *m* ▸ *cpd* (*journey*) de retour; (BRIT: *ticket*) aller et retour; (*match*) retour ▸ *vi* (*person etc*: *come back*) revenir; (: *go back*) retourner ▸ *vt* rendre; (*bring back*) rapporter; (*send back*) renvoyer; (*put back*) remettre; (*Pol*: *candidate*) élire; **returns** *npl* (*Comm*) recettes *fpl*; (*Finance*) bénéfices *mpl*; **many happy ~s (of the day)!** bon anniversaire!; **by ~ (of post)** retour (du courrier); **in ~ (fo** échange (de); **a ~ (ticket) fo** un billet aller et retour pour • **return ticket** *n* (*esp* BRIT) *m* aller-retour

retweet [ri:'twi:t] *vt* (*on Tw* retweeter

reunion [ri:'ju:nɪən] *n* réun

reunite [ri:ju:'naɪt] *vt* réuni

revamp [ri:'væmp] *vt* (*hous* retaper; (*firm*) réorganiser

reveal [rɪ'vi:l] *vt* (*make know* révéler; (*display*) laisser voir • **revealing** *adj* révélateur(- (*dress*) au décolleté généreu suggestif

revel ['rɛvl] *vi*: **to ~ in sth/i doing** se délecter de qch/à f

revelation [rɛvə'leɪʃən] *n* révélation *f*

revenge [rɪ'vɛndʒ] *n* venge (*in game etc*) revanche *f* ▸ *vt* venger; **to take ~ (on)** se ve (sur)

revenue ['rɛvənju:] *n* reven

Reverend ['rɛvərənd] *adj*: **t ~ John Smith** (*Anglican*) le révérend John Smith; (*Cathol* l'abbé (John) Smith; (*Protest* pasteur (John) Smith

reversal [rɪ'və:sl] *n* (*of opini* revirement *m*; (*of order*) renversement *m*; (*of direction* changement *m*

reverse [rɪ'və:s] *n* contraire opposé *m*; (*back*) dos *m*, enve (*of paper*) verso *m*; (*of coin*) rev *m*; (*Aut*: *also*: **~ gear**) marche arrière ▸ *adj* (*order, direction*) opposé(e), inverse ▸ *vt* (*orde position*) changer, inverser; (*direction, policy*) changer complètement de; (*decision*)

uler; (*roles*) renverser ▶ *vi* (BRIT faire marche arrière
versing lights *npl* (BRIT Aut) *mpl* de marche arrière *or* de
l
rt [rɪ'vəːt] *vi*: **to ~ to** revenir tourner à
ew [rɪ'vjuː] *n* revue *f*; (*of book*, critique *f*; (*of situation, policy*) nen *m*, bilan *m*; (US: nination) examen ▶ *vt* passer evue; faire la critique de; niner
se [rɪ'vaɪz] *vt* réviser, lifier; (*manuscript*) revoir, iger ▶ *vi* (*study*) réviser
vision [rɪ'vɪʒən] *n* révision *f*
val [rɪ'vaɪvəl] *n* reprise *f*; very) rétablissement *m*; (*of*) renouveau *m*
ve [rɪ'vaɪv] *vt* (*person*) mer; (*custom*) rétablir; nomy) relancer; (*hope, courage*) ver, faire renaître; (*play*, ion) reprendre ▶ *vi* (*person*) endre connaissance; (: *from ill* th) se rétablir; (*hope etc*) ître; (*activity*) reprendre
lt [rɪ'vəult] *n* révolte *f* ▶ *vi* se lter, se rebeller ▶ *vt* révolter, oûter • **revolting** *adj* oûtant(e)
lution [rɛvə'luːʃən] *n* lution *f*; (*of wheel etc*) tour *m*, lution • **revolutionary** *adj*, *n* lutionnaire (*m/f*)
lve [rɪ'vɔlv] *vi* tourner
lver [rɪ'vɔlvəʳ] *n* revolver *m*
ard [rɪ'wɔːd] *n* récompense *f* **to ~ (for)** récompenser (de)
warding *adj* (*fig*) qui (en) vaut eine, gratifiant(e)
nd [riː'waɪnd] *vt* (*irreg*: *like* **d²**) (*tape*) réembobiner

rewritable [riː'raɪtəbl] *adj* (*CD, DVD*) réinscriptible
rewrite [riː'raɪt] (*irreg*: *like* **write**) *vt* récrire
rheumatism ['ruːmətɪzəm] *n* rhumatisme *m*
Rhine [raɪn] *n*: **the (River) ~** le Rhin
rhinoceros [raɪ'nɔsərəs] *n* rhinocéros *m*
rhubarb ['ruːbɑːb] *n* rhubarbe *f*
rhyme [raɪm] *n* rime *f*; (*verse*) vers *mpl*
rhythm ['rɪðm] *n* rythme *m*
rib [rɪb] *n* (*Anat*) côte *f*
ribbon ['rɪbən] *n* ruban *m*; **in ~s** (*torn*) en lambeaux
rice [raɪs] *n* riz *m* • **rice pudding** *n* riz *m* au lait
rich [rɪtʃ] *adj* riche; (*gift, clothes*) somptueux(-euse); **to be ~ in sth** être riche en qch
rid [rɪd] (*pt, pp* **rid**) *vt*: **to ~ sb of** débarrasser qn de; **to get ~ of** se débarrasser de
ridden ['rɪdn] *pp of* **ride**
riddle ['rɪdl] *n* (*puzzle*) énigme *f* ▶ *vt*: **to be ~d with** être criblé(e) de; (*fig*) être en proie à
ride [raɪd] (*pt* **rode**, *pp* **ridden**) *n* promenade *f*, tour *m*; (*distance covered*) trajet *m* ▶ *vi* (*as sport*) monter (à cheval), faire du cheval; (*go somewhere: on horse, bicycle*) aller (à cheval *or* bicyclette *etc*); (*travel: on bicycle, motor cycle, bus*) rouler ▶ *vt* (*a horse*) monter; (*distance*) parcourir, faire; **to ~ a horse/bicycle** monter à cheval/à bicyclette; **to take sb for a ~** (*fig*) faire marcher qn; (*cheat*) rouler qn • **rider** *n* cavalier(-ière); (*in race*) jockey *m*; (*on bicycle*) cycliste *m/f*; (*on motorcycle*) motocycliste *m/f*

ridge [rɪdʒ] *n* (*of hill*) faîte *m*; (*of roof, mountain*) arête *f*; (*on object*) strie *f*
ridicule ['rɪdɪkju:l] *n* ridicule *m*; dérision *f* ▸ *vt* ridiculiser, tourner en dérision • **ridiculous** [rɪ'dɪkjuləs] *adj* ridicule
riding ['raɪdɪŋ] *n* équitation *f* • **riding school** *n* manège *m*, école *f* d'équitation
rife [raɪf] *adj* répandu(e); **~ with** abondant(e) en
rifle ['raɪfl] *n* fusil *m* (à canon rayé) ▸ *vt* vider, dévaliser
rift [rɪft] *n* fente *f*, fissure *f*; (*fig: disagreement*) désaccord *m*
rig [rɪg] *n* (*also*: **oil ~**: *on land*) derrick *m*; (: *at sea*) plate-forme pétrolière ▸ *vt* (*election etc*) truquer
right [raɪt] *adj* (*true*) juste, exact(e); (*correct*) bon (bonne); (*suitable*) approprié(e), convenable; (*just*) juste, équitable; (*morally good*) bien *inv*; (*not left*) droit(e) ▸ *n* (*moral good*) bien *m*; (*title, claim*) droit *m*; (*not left*) droite *f* ▸ *adv* (*answer*) correctement; (*treat*) bien, comme il faut; (*not on the left*) à droite ▸ *vt* redresser ▸ *excl* bon!; **do you have the ~ time?** avez-vous l'heure juste *or* exacte?; **to be ~** (*person*) avoir raison; (*answer*) être juste *or* correct(e); **by ~s** en toute justice; **on the ~** à droite; **to be in the ~** avoir raison; **~ in the middle** en plein milieu; **~ away** immédiatement • **right angle** *n* (*Math*) angle droit • **rightful** *adj* (*heir*) légitime • **right-hand** *adj*: **the right-hand side** la droite • **right-hand drive** *n* conduite *f* à droite; (*vehicle*) véhicule *m* avec la conduite à droite • **right-ha**
adj (*person*) droitier(-ière) • **ri**
adv bien, correctement; (*wit*
reason) à juste titre • **right o**
n (*on path etc*) droit *m* de pass
(*Aut*) priorité *f* • **right-wing**
(*Pol*) de droite
rigid ['rɪdʒɪd] *adj* rigide; (*prin*
control) strict(e)
rigorous ['rɪgərəs] *adj* rigoureux(-euse)
rim [rɪm] *n* bord *m*; (*of specta*
monture *f*; (*of wheel*) jante *f*
rind [raɪnd] *n* (*of bacon*) coue
(*of lemon etc*) écorce *f*, zeste *m*
cheese) croûte *f*
ring [rɪŋ] *n* anneau *m*; (*on fing*
bague *f*; (*also*: **wedding ~**) al
f; (*of people, objects*) cercle *m*;
spies) réseau *m*; (*of smoke etc*)
m; (*arena*) piste *f*, arène *f*; (*for
boxing*) ring *m*; (*sound of bell*)
sonnerie *f* ▸ *vi* (*pt* **rang**, *pp* **ru**
(*telephone, bell*) sonner; (*pers*
telephone) téléphoner; (*ears*)
bourdonner; (*also*: **~ out**: *voi*
words) retentir ▸ *vt* (*also*: **~ u**
téléphoner à, appeler; **to ~ t**
bell sonner; **to give sb a ~** (
passer un coup de téléphone
fil à qn • **ring back** *vt*, *vi* (BRI
rappeler • **ring off** *vi* (BRIT *Te*
raccrocher • **ring up** *vt* (BRIT
téléphoner à, appeler • **ringi**
tone *n* (BRIT *Tel*) tonalité *f* d'a
• **ringleader** *n* (*of gang*) chef
meneur *m* • **ring road** *n* (BRI
rocade *f*; (*motorway*) périphé
m • **ringtone** *n* (*on mobile*)
sonnerie *f* (*de téléphone portab*
rink [rɪŋk] *n* (*also*: **ice ~**) patir
rinse [rɪns] *n* rinçage *m* ▸ *vt* r
riot ['raɪət] *n* émeute *f*, bagar
fpl ▸ *vi* (*demonstrators*) manif
avec violence; (*population*) se

ever, se révolter; **to run ~** se
aîner
p] *n* déchirure *f* ▶ *vt* déchirer
e déchirer • **rip off** *vt* (*inf*:
) arnaquer • **rip up** *vt*
irer
raɪp] *adj* (*fruit*) mûr(e);
se) fait(e)
ff ['rɪpɔf] *n* (*inf*): **it's a ~!**
du vol manifeste!, c'est de
aque!
e ['rɪpl] *n* ride *f*, ondulation *f*;
pplause, laughter) cascade *f* ▶ *vi*
ler, onduler
raɪz] *n* (*slope*) côte *f*, pente *f*;
élévation *f*; (*increase*: *in wages*:
) augmentation *f*; (: *in prices*,
erature) hausse *f*,
nentation; (*fig*: *to power etc*)
nsion *f* ▶ *vi* (*pt* **rose**, *pp* **risen**)
ver, monter; (*prices*, *numbers*)
nenter, monter; (*waters*, *river*)
ter; (*sun*, *wind*, *person*: *from*
; *bed*) se lever; (*also*: **~ up**:
r, *building*) s'élever; (: *rebel*) se
lter; se rebeller; (*in rank*)
ver; **to give ~ to** donner lieu
• **~ to the occasion** se
trer à la hauteur • **risen**
n] *pp of* **rise** • **rising** *adj*
easing: *number*, *prices*) en
sse; (*tide*) montant(e); (*sun*,
) levant(e)
rɪsk] *n* risque *m* ▶ *vt* risquer;
ake *or* **run the ~ of doing**
ir le risque de faire; **at ~** en
ger; **at one's own ~** à ses
ues et périls • **risky** *adj*
ié(e)
raɪt] *n* rite *m*; **the last ~s** les
iers sacrements
l ['rɪtjuəl] *adj* rituel(le) ▶ *n*
el *m*
['raɪvl] *n* rival(e); (*in business*)
current(e) ▶ *adj* rival(e); qui
fait concurrence ▶ *vt* (*match*)
égaler • **rivalry** *n* rivalité *f*; (*in business*) concurrence *f*

river ['rɪvəʳ] *n* rivière *f*; (*major*: *also fig*) fleuve *m* ▶ *cpd* (*port*, *traffic*) fluvial(e); **up/down ~** en amont/aval • **riverbank** *n* rive *f*, berge *f*

rivet ['rɪvɪt] *n* rivet *m* ▶ *vt* (*fig*) river, fixer

Riviera [rɪvɪ'ɛərə] *n*: **the (French) ~** la Côte d'Azur

road [rəud] *n* route *f*; (*in town*) rue *f*; (*fig*) chemin, voie *f* ▶ *cpd* (*accident*) de la route; **major/minor ~** route principale *or* à priorité/voie secondaire; **which ~ do I take for ...?** quelle route dois-je prendre pour aller à ...? • **roadblock** *n* barrage routier • **road map** *n* carte routière • **road rage** *n* *comportement très agressif de certains usagers de la route* • **road safety** *n* sécurité routière • **roadside** *n* bord *m* de la route, bas-côté *m* • **road sign** *n* panneau *m* de signalisation • **road tax** *n* (BRIT *Aut*) taxe *f* sur les automobiles • **roadworks** *npl* travaux *mpl* (de réfection des routes)

roam [rəum] *vi* errer, vagabonder

roar [rɔːʳ] *n* rugissement *m*; (*of crowd*) hurlements *mpl*; (*of vehicle*, *thunder*, *storm*) grondement *m* ▶ *vi* rugir; hurler; gronder; **to ~ with laughter** rire à gorge déployée

roast [rəust] *n* rôti *m* ▶ *vt* (*meat*) (faire) rôtir; (*coffee*) griller, torréfier • **roast beef** *n* rôti *m* de bœuf, rosbif *m*

rob [rɔb] *vt* (*person*) voler; (*bank*) dévaliser; **to ~ sb of sth** voler *or* dérober qch à qn; (*fig*: *deprive*) priver qn de qch • **robber** *n* bandit *m*, voleur *m* • **robbery** *n* vol *m*

robe [rəub] *n* (*for ceremony etc*) robe *f*; (*also*: **bath~**) peignoir *m*; (*US*: *rug*) couverture *f* ▶ *vt* revêtir (d'une robe)

robin ['rɔbɪn] *n* rouge-gorge *m*

robot ['rəubɔt] *n* robot *m*

robust [rəu'bʌst] *adj* robuste; (*material, appetite*) solide

rock [rɔk] *n* (*substance*) roche *f*, roc *m*; (*boulder*) rocher *m*, roche; (*US*: *small stone*) caillou *m*; (*BRIT*: *sweet*) ≈ sucre *m* d'orge ▶ *vt* (*swing gently*: *cradle*) balancer; (: *child*) bercer; (*shake*) ébranler, secouer ▶ *vi* se balancer, être ébranlé(e) *or* secoué(e); **on the ~s** (*drink*) avec des glaçons; (*marriage etc*) en train de craquer • **rock and roll** *n* rock (and roll) *m*, rock'n'roll *m* • **rock climbing** *n* varappe *f*

rocket ['rɔkɪt] *n* fusée *f*; (*Mil*) fusée, roquette *f*; (*Culin*) roquette

rocking chair ['rɔkɪŋ-] *n* fauteuil *m* à bascule

rocky ['rɔkɪ] *adj* (*hill*) rocheux(-euse); (*path*) rocailleux(-euse)

rod [rɔd] *n* (*metallic*) tringle *f*; (*Tech*) tige *f*; (*wooden*) baguette *f*; (*also*: **fishing ~**) canne *f* à pêche

rode [rəud] *pt of* **ride**

rodent ['rəudnt] *n* rongeur *m*

rogue [rəug] *n* coquin(e)

role [rəul] *n* rôle *m* • **role-model** *n* modèle *m* à émuler

roll [rəul] *n* rouleau *m*; (*of banknotes*) liasse *f*; (*also*: **bread ~**) petit pain; (*register*) liste *f*; (*sound*: *of drums etc*) roulement *m* ▶ *vt* rouler; (*also*: **~ up**) (*string*) enrouler; (*also*: **~ out**: *pastry*) étendre au rouleau, abaisser ▶ *vi* rouler • **roll over** *vi* se retourner • **roll up** *vi* (*inf*: *arrive*) arriver, s'amener ▶ *vt* (*carpet, cloth, m*[...] rouler; (*sleeves*) retrousser • [...] *n* rouleau *m*; (*wheel*) roulette [...] *road*) rouleau compresseur; ([...] *hair*) bigoudi *m* • **roller coas**[...] montagnes *fpl* russes • **rolle**[...] **skates** *npl* patins *mpl* à roul[...] • **roller-skating** *n* patin *m* à roulettes; **to go roller-skat**[...] faire du patin à roulettes • **r**[...] **pin** *n* rouleau *m* à pâtisserie

ROM [rɔm] *n abbr* (*Comput*: = *read-only memory*) mémoire morte, ROM *f*

Roman ['rəumən] *adj* roma[...] ▶ *n* Romain(e) • **Roman Ca**[...] *adj, n* catholique (*m/f*)

romance [rə'mæns] *n* (*love*[...] idylle *f*; (*charm*) poésie *f*; (*nov*[...] roman *m* à l'eau de rose

Romania [rəu'meɪnɪə] *n* = **Rumania**

Roman numeral *n* chiffre romain

romantic [rə'mæntɪk] *adj* romantique; (*novel, attachme*[...] sentimental(e)

Rome [rəum] *n* Rome

roof [ru:f] *n* toit *m*; (*of tunnel*[...] plafond *m* ▶ *vt* couvrir (d'un t[...] **the ~ of the mouth** la voûte [...] palais • **roof rack** *n* (*Aut*) galerie *f*

rook [ruk] *n* (*bird*) freux *m*; (*C*[...] tour *f*

room [ru:m] *n* (*in house*) pièc[...] (*also*: **bed~**) chambre *f* (à coucher); (*in school etc*) salle [...] (*space*) place *f* • **roommate** [...] camarade *m/f* de chambre • **room service** *n* service *m* [...] chambres (*dans un hôtel*) • **roomy** *adj* spacieux(-euse); (*garment*) ample

ter ['ru:stəʳ] *n* coq *m*
[ru:t] *n* (*Bot, Math*) racine *f*; *of problem*) origine *f*, fond *m* (*plant*) s'enraciner
[rəup] *n* corde *f*; (*Naut*) dage *m* ▶ *vt* (*tie up or together*) acher; (*climbers: also:* **gether**) encorder; (*area: also:* **f**) interdire l'accès de; (*: divide*) séparer; **to know the ~s** (*fig*) au courant, connaître les les
[rɔ:t] *n* (AUST, NZ *inf*) arnaque f) ▶ *vt* escroquer
[rəuz] *pt of* **rise** ▶ *n* rose *f*; ɔ: **~bush**) rosier *m*
['rəuzeɪ] *n* rosé *m*
mary ['rəuzmərɪ] *n* arin *m*
['rəuzɪ] *adj* rose; **a ~ future** ɔel avenir
rɔt] *n* (*decay*) pourriture *f*; *pej: nonsense*) idioties *fpl*, vernes *fpl* ▶ *vt, vi* pourrir
['rəutə] *n* liste *f*, tableau *m* de vice
te [rəu'teɪt] *vt* (*revolve*) faire rner; (*change round: crops*) rner; (*: jobs*) faire à tour de rôle (*revolve*) tourner
en ['rɔtn] *adj* (*decayed*) rri(e); (*dishonest*) corrompu(e); *bad*) mauvais(e), moche; **to ~** (*ill*) être mal fichu(e)
gh [rʌf] *adj* (*cloth, skin*) rêche, ɹeux(-euse); (*terrain*) denté(e); (*path*) ailleux(-euse); (*voice*) rauque, e; (*person, manner: coarse*) rude, te; (*: violent*) brutal(e); (*district, ther*) mauvais(e); (*sea*) leux(-euse); (*plan*) ébauché(e); ess) approximatif(-ive) ▶ *n* f) rough *m* ▶ *vt*: **to ~ it** vivre à la dure; **to sleep ~** (BRIT) coucher à la dure • **roughly** *adv* (*handle*) rudement, brutalement; (*speak*) avec brusquerie; (*make*) grossièrement; (*approximately*) à peu près, en gros

roulette [ru:'lɛt] *n* roulette *f*

round [raund] *adj* rond(e) ▶ *n* rond *m*, cercle *m*; (BRIT: *of toast*) tranche *f*; (*duty: of policeman, milkman etc*) tournée *f*; (*: of doctor*) visites *fpl*; (*game: of cards, in competition*) partie *f*; (*Boxing*) round *m*; (*of talks*) série *f* ▶ *vt* (*corner*) tourner ▶ *prep* autour de ▶ *adv*: **right ~, all ~** tout autour; **~ of ammunition** cartouche *f*; **~ of applause** applaudissements *mpl*; **~ of drinks** tournée *f*; **the long way ~** (par) le chemin le plus long; **all (the) year ~** toute l'année; **it's just ~ the corner** (*fig*) c'est tout près; **to go ~ to sb's (house)** aller chez qn; **go ~ the back** passez par derrière; **enough to go ~** assez pour tout le monde; **she arrived ~ (about) noon** (BRIT) elle est arrivée vers midi; **~ the clock** 24 heures sur 24 • **round off** *vt* (*speech etc*) terminer • **round up** *vt* rassembler; (*criminals*) effectuer une rafle de; (*prices*) arrondir (au chiffre supérieur) • **roundabout** *n* (BRIT: *Aut*) rond-point *m* (à sens giratoire); (*: at fair*) manège *m* (de chevaux de bois) ▶ *adj* (*route, means*) détourné(e) • **round trip** *n* (voyage *m*) aller et retour *m* • **roundup** *n* rassemblement *m*; (*of criminals*) rafle *f*

rouse [rauz] *vt* (*wake up*) réveiller; (*stir up*) susciter, provoquer; (*interest*) éveiller; (*suspicions*) susciter, éveiller

r

route [ru:t] *n* itinéraire *m*; (*of bus*) parcours *m*; (*of trade, shipping*) route *f*
router ['ru:təʳ] *n* (*Comput*) routeur *m*
routine [ru:'ti:n] *adj* (*work*) ordinaire, courant(e); (*procedure*) d'usage ▶ *n* (*habits*) habitudes *fpl*; (*pej*) train-train *m*; (*Theat*) numéro *m*
row¹ [rəu] *n* (*line*) rangée *f*; (*of people, seats, Knitting*) rang *m*; (*behind one another: of cars, people*) file *f* ▶ *vi* (*in boat*) ramer; (*as sport*) faire de l'aviron ▶ *vt* (*boat*) faire aller à la rame *or* à l'aviron; **in a ~** (*fig*) d'affilée
row² [rau] *n* (*noise*) vacarme *m*; (*dispute*) dispute *f*, querelle *f*; (*scolding*) réprimande *f*, savon *m* ▶ *vi* (*also*: **to have a ~**) se disputer, se quereller
rowboat ['rəubəut] *n* (US) canot *m* (à rames)
rowing ['rəuɪŋ] *n* canotage *m*; (*as sport*) aviron *m* • **rowing boat** *n* (BRIT) canot *m* (à rames)
royal ['rɔɪəl] *adj* royal(e) • **royalty** *n* (*royal persons*) (membres *mpl* de la) famille royale; (*payment: to author*) droits *mpl* d'auteur; (: *to inventor*) royalties *fpl*
rpm *abbr* (= *revolutions per minute*) t/mn (= *tours/minute*)
R.S.V.P. *abbr* (= *répondez s'il vous plaît*) RSVP
Rt. Hon. *abbr* (BRIT: = Right *Honourable*) *titre donné aux députés de la Chambre des communes*
rub [rʌb] *n*: **to give sth a ~** donner un coup de chiffon *or* de torchon à qch ▶ *vt* frotter; (*person*) frictionner; (*hands*) se frotter; **to ~ sb up** (BRIT) *or* **to ~ sb** (US) **the wrong way** prendre qn à rebrousse-poil • **rub in** *vt* (*ointment*) faire pénétrer • **ru**[...] *vi* partir • **rub out** *vt* effacer
rubber ['rʌbəʳ] *n* caoutchouc (BRIT: *eraser*) gomme *f* (à effac[...] • **rubber band** *n* élastique *m* • **rubber gloves** *npl* gants *m*[...] caoutchouc
rubbish ['rʌbɪʃ] *n* (*from house*[...]) ordures *fpl*; (*fig*: *pej*) choses *fp*[...] valeur; camelote *f*; (*nonsense*) bêtises *fpl*, idioties *fpl* • **rubbi**[...] **bin** *n* (BRIT) boîte *f* à ordures, poubelle *f* • **rubbish dump** *n* (BRIT: *in town*) décharge publi[...] dépotoir *m*
rubble ['rʌbl] *n* décombres *m*[...]; (*smaller*) gravats *mpl*; (*Constr*) blocage *m*
ruby ['ru:bɪ] *n* rubis *m*
rucksack ['rʌksæk] *n* sac *m* à[...]
rudder ['rʌdəʳ] *n* gouvernail [...]
rude [ru:d] *adj* (*impolite: perso*[...]) impoli(e); (: *word, manners*) grossier(-ière); (*shocking*) indécent(e), inconvenant(e)
ruffle ['rʌfl] *vt* (*hair*) ébouriffe[...]; (*clothes*) chiffonner; (*fig: perso*[...]) **to get ~d** s'énerver
rug [rʌg] *n* petit tapis; (BRIT: *blanket*) couverture *f*
rugby ['rʌgbɪ] *n* (*also*: **~ foot**[...]) rugby *m*
rugged ['rʌgɪd] *adj* (*landscap*[...]) accidenté(e); (*features, charac*[...]) rude
ruin ['ru:ɪn] *n* ruine *f* ▶ *vt* ruin[...] (*spoil: clothes*) abîmer; (: *event*[...]) gâcher; **ruins** *npl* (*of building*) ruine(s)
rule [ru:l] *n* règle *f*; (*regulation*[...]) règlement *m*; (*government*) autorité *f*, gouvernement *m* ▶ [...] (*country*) gouverner; (*person*)

iner; (*decide*) décider ▶ *vi*
mander; **as a ~** normalement,
ègle générale • **rule out** *vt*
ure • **ruler** *n* (*sovereign*)
verain(e); (*leader*) chef *m*
at); (*for measuring*) règle *f*
ing *adj* (*party*) au pouvoir;
s) dirigeant(e) ▶ *n* (*Law*)
sion *f*
[rʌm] *n* rhum *m*
ania [ru:'meɪnɪə] *n*
manie *f* • **Rumanian** *adj*
nain(e) ▶ *n* Roumain(e); (*Ling*)
nain *m*
ble ['rʌmbl] *n* grondement
f stomach, pipe)
gouillement *m* ▶ *vi* gronder;
nach, pipe) gargouiller
our, (US) **rumor** ['ru:mər] *n*
eur *f*, bruit *m* (qui court) ▶ *vt*:
~ed that le bruit court que
p steak *n* romsteck *m*
rʌn] (*pt* **ran**, *pp* **run**) *n* (*race*)
se *f*; (*outing*) tour *m or*
nenade *f* (en voiture); (*distance*
elled) parcours *m*, trajet *m*;
es) suite *f*, série *f*; (*Theat*) série
eprésentations; (*Ski*) piste *f*;
ket, Baseball) point *m*; (*in*
s, stockings) maille filée,
elle *f* ▶ *vt* (*business*) diriger;
petition, course) organiser;
el, house) tenir; (*race*)
iciper à; (*Comput*: *program*)
uter; (*pass*: *hand, finger*):
sth over promener *or* passer
sur; (*water, bath*) faire couler;
s: *feature*) publier ▶ *vi* courir;
s: *road etc*) passer; (*work*:
hine, factory) marcher; (*bus,*
) circuler; (*continue*: *play*) se
r, être à l'affiche; (: *contract*)
valide *or* en vigueur; (*flow*:
bath, nose) couler; (*colours,*
hing) déteindre; (*in election*)
être candidat, se présenter; **at a ~**
au pas de course; **to go for a ~**
aller courir *or* faire un peu de
course à pied; (*in car*) faire un tour
or une promenade (en voiture);
there was a ~ on (*meat, tickets*)
les gens se sont rués sur; **in the
long ~** à la longue; **on the ~** en
fuite; **I'll ~ you to the station** je
vais vous emmener *or* conduire à
la gare; **to ~ a risk** courir un
risque • **run after** *vt fus* (*to catch
up*) courir après; (*chase*) poursuivre
• **run away** *vi* s'enfuir • **run
down** *vt* (*Aut*: *knock over*)
renverser; (BRIT: *reduce*: *production*)
réduire progressivement;
(: *factory/shop*) réduire
progressivement la production/
l'activité de; (*criticize*) critiquer,
dénigrer; **to be ~ down** (*tired*) être
fatigué(e) *or* à plat • **run into** *vt
fus* (*meet*: *person*) rencontrer par
hasard; (: *trouble*) se heurter à;
(*collide with*) heurter • **run off** *vi*
s'enfuir ▶ *vt* (*water*) laisser
s'écouler; (*copies*) tirer • **run out** *vi*
(*person*) sortir en courant; (*liquid*)
couler; (*lease*) expirer; (*money*) être
épuisé(e) • **run out of** *vt fus* se
trouver à court de • **run over** *vt*
(*Aut*) écraser ▶ *vt fus* (*revise*) revoir,
reprendre • **run through** *vt fus*
(*recap*) reprendre, revoir; (*play*)
répéter • **run up** *vi*: **to ~ up
against** (*difficulties*) se heurter à
• **runaway** *adj* (*horse*) emballé(e);
(*truck*) fou (folle); (*person*)
fugitif(-ive); (*child*) fugueur(-euse)

rung [rʌŋ] *pp of* **ring** ▶ *n* (*of ladder*)
barreau *m*

runner ['rʌnər] *n* (*in race*: *person*)
coureur(-euse); (: *horse*) partant *m*;
(*on sledge*) patin *m*; (*for drawer etc*)
coulisseau *m* • **runner bean** *n* (BRIT)

haricot *m* (à rames) • **runner-up** *n* second(e)

running ['rʌnɪŋ] *n* (*in race etc*) course *f*; (*of business, organization*) direction *f*, gestion *f* ▶ *adj* (*water*) courant(e); (*commentary*) suivi(e); **6 days ~** 6 jours de suite; **to be in/out of the ~ for sth** être/ne pas être sur les rangs pour qch

runny ['rʌnɪ] *adj* qui coule

run-up ['rʌnʌp] *n* (BRIT): **~ to sth** période *f* précédant qch

runway ['rʌnweɪ] *n* (*Aviat*) piste *f* (d'envol *or* d'atterrissage)

rupture ['rʌptʃə^r] *n* (*Med*) hernie *f*

rural ['ruərl] *adj* rural(e)

rush [rʌʃ] *n* (*of crowd, Comm: sudden demand*) ruée *f*; (*hurry*) hâte *f*; (*of anger, joy*) accès *m*; (*current*) flot *m*; (*Bot*) jonc *m* ▶ *vt* (*hurry*) transporter *or* envoyer d'urgence ▶ *vi* se précipiter; **to ~ sth off** (*do quickly*) faire qch à la hâte • **rush hour** *n* heures *fpl* de pointe *or* d'affluence

Russia ['rʌʃə] *n* Russie *f* • **Russian** *adj* russe ▶ *n* Russe *m/f*; (*Ling*) russe *m*

rust [rʌst] *n* rouille *f* ▶ *vi* rouiller

rusty ['rʌstɪ] *adj* rouillé(e)

ruthless ['ru:θlɪs] *adj* sans pitié, impitoyable

RV *n abbr* (US) = **recreational vehicle**

rye [raɪ] *n* seigle *m*

S

Sabbath ['sæbəθ] *n* (*Jewish*) sabbat *m*; (*Christian*) dimanc

sabotage ['sæbətɑ:ʒ] *n* sab *m* ▶ *vt* saboter

saccharin(e) ['sækərɪn] *n* saccharine *f*

sachet ['sæʃeɪ] *n* sachet *m*

sack [sæk] *n* (*bag*) sac *m* ▶ *vt* (*dismiss*) renvoyer, mettre à l porte; (*plunder*) piller, mettre sac; **to get the ~** être renvoy *or* mis(e) à la porte

sacred ['seɪkrɪd] *adj* sacré(e

sacrifice ['sækrɪfaɪs] *n* sacr ▶ *vt* sacrifier

sad [sæd] *adj* (*unhappy*) triste (*deplorable*) triste, fâcheux(-e (*inf: pathetic: thing*) triste, lamentable; (*: person*) minab

saddle ['sædl] *n* selle *f* ▶ *vt* (seller; **to be ~d with sth** (*in* avoir qch sur les bras

sadistic [sə'dɪstɪk] *adj* sadic

sadly ['sædlɪ] *adv* tristemen (*unfortunately*) malheureuse (*seriously*) fort

sadness ['sædnɪs] *n* tristess

:. *n abbr* (BRIT: = *stamped*
essed envelope) *enveloppe*
nchie pour la réponse
ri [sə'fɑːrɪ] *n* safari *m*
[seɪf] *adj* (*out of danger*) hors
anger, en sécurité; (*not*
erous) sans danger; (*cautious*)
dent(e); (*sure*: *bet*) assuré(e)
coffre-fort *m*; **~ and sound**
(e) et sauf; **(just) to be on**
~ side pour plus de sûreté, par
aution • **safely** *adv* (*assume*,
sans risque d'erreur; (*drive*,
e) sans accident • **safe sex** *n*
orts sexuels protégés
ty ['seɪftɪ] *n* sécurité *f*
fety belt *n* ceinture *f* de
irité • **safety pin** *n* épingle *f*
ûreté *or* de nourrice
'on ['sæfrən] *n* safran *m*
sæg] *vi* s'affaisser, fléchir;
ı, breasts) pendre
[seɪdʒ] *n* (*herb*) sauge *f*;
son) sage *m*
ttarius [sædʒɪ'tɛərɪəs] *n* le
ittaire
ıra [sə'hɑːrə] *n*: **the ~ (Desert)**
ésert du) Sahara *m*
[sɛd] *pt, pp of* **say**
seɪl] *n* (*on boat*) voile *f*; (*trip*):
o for a ~ faire un tour en
eau ▶ *vt* (*boat*) manœuvrer,
ter ▶ *vi* (*travel*: *ship*) avancer,
guer; (*set off*) partir, prendre
er; (*Sport*) faire de la voile;
y ~ed into Le Havre ils sont
és dans le port du Havre
ilboat *n* (US) bateau *m* à
es, voilier *m* • **sailing** *n* (*Sport*)
e *f*; **to go sailing** faire de la
e • **sailing boat** *n* bateau *m* à
es, voilier *m* • **sailor** *n* marin
natelot *m*
t [seɪnt] *n* saint(e)

sake [seɪk] *n*: **for the ~ of** (*out of concern for*) pour (l'amour de), dans l'intérêt de; (*out of consideration for*) par égard pour
salad ['sæləd] *n* salade *f* • **salad cream** *n* (BRIT) (sorte *f* de) mayonnaise *f* • **salad dressing** *n* vinaigrette *f*
salami [sə'lɑːmɪ] *n* salami *m*
salary ['sælərɪ] *n* salaire *m*, traitement *m*
sale [seɪl] *n* vente *f*; (*at reduced prices*) soldes *mpl*; **sales** *npl* (*total amount sold*) chiffre *m* de ventes; **"for ~"** "à vendre"; **on ~** en vente • **sales assistant** • (US) **sales clerk** *n* vendeur(-euse) • **salesman** (*irreg*) *n* (*in shop*) vendeur *m* • **salesperson** (*irreg*) *n* (*in shop*) vendeur(-euse) • **sales rep** *n* (*Comm*) représentant(e) *m/f* • **saleswoman** (*irreg*) *n* (*in shop*) vendeuse *f*
saline ['seɪlaɪn] *adj* salin(e)
saliva [sə'laɪvə] *n* salive *f*
salmon ['sæmən] *n* (*pl inv*) saumon *m*
salon ['sælɔn] *n* salon *m*
saloon [sə'luːn] *n* (US) bar *m*; (BRIT *Aut*) berline *f*; (*ship's lounge*) salon *m*
salt [sɔːlt] *n* sel *m* ▶ *vt* saler • **saltwater** *adj* (*fish etc*) (d'eau) de mer • **salty** *adj* salé(e)
salute [sə'luːt] *n* salut *m*; (*of guns*) salve *f* ▶ *vt* saluer
salvage ['sælvɪdʒ] *n* (*saving*) sauvetage *m*; (*things saved*) biens sauvés *or* récupérés ▶ *vt* sauver, récupérer
Salvation Army [sæl'veɪʃən-] *n* Armée *f* du Salut
same [seɪm] *adj* même ▶ *pron*: **the ~** le (la) même, les mêmes;

the ~ book as le même livre que; **at the ~ time** en même temps; (*yet*) néanmoins; **all** *or* **just the ~** tout de même, quand même; **to do the ~** faire de même, en faire autant; **to do the ~ as sb** faire comme qn; **and the ~ to you!** et à vous de même!; (*after insult*) toi-même!

sample ['sɑ:mpl] *n* échantillon *m*; (*Med*) prélèvement *m* ▶ *vt* (*food, wine*) goûter

sanction ['sæŋkʃən] *n* approbation *f*, sanction *f* ▶ *vt* cautionner, sanctionner; **sanctions** *npl* (*Pol*) sanctions

sanctuary ['sæŋktjuərɪ] *n* (*holy place*) sanctuaire *m*; (*refuge*) asile *m*; (*for wildlife*) réserve *f*

sand [sænd] *n* sable *m*; **sands** *npl* (*beach*) plage *f* (de sable) ▶ *vt* (*also*: **~ down**: *wood etc*) poncer

sandal ['sændl] *n* sandale *f*

sand: • **sandbox** *n* (US: *for children*) tas *m* de sable • **sand castle** *n* château *m* de sable • **sand dune** *n* dune *f* de sable • **sandpaper** *n* papier *m* de verre • **sandpit** *n* (BRIT: *for children*) tas *m* de sable • **sandstone** *n* grès *m*

sandwich ['sændwɪtʃ] *n* sandwich *m* ▶ *vt* (*also*: **~ in**) intercaler; **~ed between** pris en sandwich entre; **cheese/ham ~** sandwich au fromage/jambon

sandy ['sændɪ] *adj* sablonneux(-euse); (*colour*) sable *inv*, blond roux *inv*

sane [seɪn] *adj* (*person*) sain(e) d'esprit; (*outlook*) sensé(e), sain(e)

sang [sæŋ] *pt of* **sing**

sanitary towel, (US) **sanitary napkin** ['sænɪtərɪ-] *n* serviette *f* hygiénique

sanity ['sænɪtɪ] *n* santé men (*common sense*) bon sens

sank [sæŋk] *pt of* **sink**

Santa Claus [sæntə'klɔ:z] Père Noël

sap [sæp] *n* (*of plants*) sève *f* ▶ (*strength*) saper, miner

sapphire ['sæfaɪə^r] *n* saphir

sarcasm ['sɑ:kæzm] *n* sarca *m*, raillerie *f*

sarcastic [sɑ:'kæstɪk] *adj* sarcastique

sardine [sɑ:'di:n] *n* sardine *f*

SASE *n abbr* (US: = *self-address stamped envelope*) *enveloppe affranchie pour la réponse*

sat [sæt] *pt, pp of* **sit**

Sat. *abbr* (= *Saturday*) sa

satchel ['sætʃl] *n* cartable *m*

satellite ['sætəlaɪt] *n* satelli • **satellite dish** *n* antenne *f* parabolique • **satellite navigation system** *n* systè de navigation par satellite • **satellite television** *n* télé *f* par satellite

satin ['sætɪn] *n* satin *m* ▶ *adj* de satin, satiné(e)

satire ['sætaɪə^r] *n* satire *f*

satisfaction [sætɪs'fækʃən satisfaction *f*

satisfactory [sætɪs'fæktər satisfaisant(e)

satisfied ['sætɪsfaɪd] *adj* satisfait(e); **to be ~ with sth** satisfait de qch

satisfy ['sætɪsfaɪ] *vt* satisfai contenter; (*convince*) convain persuader

Saturday ['sætədɪ] *n* samed

sauce [sɔ:s] *n* sauce *f* • **sauce** *n* casserole *f*

saucer ['sɔ:sə^r] *n* soucoupe *f*

di Arabia ['saudɪ-] *n* Arabie *f*
udite
a ['sɔːnə] *n* sauna *m*
age ['sɔsɪdʒ] *n* saucisse *f*;
mi etc) saucisson *m*
usage roll *n* friand *m*
éed ['səuteɪd] *adj* sauté(e)
ge ['sævɪdʒ] *adj* (*cruel, fierce*)
:al(e), féroce; (*primitive*)
nitif(-ive), sauvage ▸ *n*
vage *m/f* ▸ *vt* attaquer
cement
[seɪv] *vt* (*person, belongings*)
ver; (*money*) mettre de côté,
nomiser; (*time*) (faire) gagner;
ɔ) garder; (*Comput*)
vegarder; (*Sport: stop*) arrêter;
id: trouble) éviter ▸ *vi* (*also*:
ɔ) mettre de l'argent de côté
Sport) arrêt *m* (du ballon)
ep sauf, à l'exception de
ng ['seɪvɪŋ] *n* économie *f*;
ings *npl* économies *fpl*
ngs account *n* compte *m*
argne
ngs and loan association
n ≈ société *f* de crédit
nobilier
ury, (*US*) **savory** ['seɪvərɪ]
savoureux(-euse); (*dish: not*
et) salé(e)
[sɔː] *pt of* **see** ▸ *n* (*tool*) scie *f*
(*pt* **sawed**, *pp* **sawed** *or* **sawn**)
r • sawdust *n* sciure *f*
n [sɔːn] *pp of* **saw**
phone ['sæksəfəun] *n*
ophone *m*
seɪ] *vt* (*pt, pp* **said**) dire ▸ *n*:
ave one's ~ dire ce qu'on a à
; **to have a ~** avoir voix au
pitre; **could you ~ that**
in? pourriez-vous répéter ce
vous venez de dire?; **to ~ yes/**
dire oui/non; **my watch ~s**
3 o'clock ma montre indique
3 heures, il est 3 heures à ma
montre; **that is to ~** c'est-à-dire;
that goes without ~ing cela va
sans dire, cela va de soi **• saying** *n*
dicton *m*, proverbe *m*
scab [skæb] *n* croûte *f*; (*pej*) jaune *m*
scaffolding ['skæfəldɪŋ] *n*
échafaudage *m*
scald [skɔːld] *n* brûlure *f* ▸ *vt*
ébouillanter
scale [skeɪl] *n* (*of fish*) écaille *f*; (*Mus*)
gamme *f*; (*of ruler, thermometer etc*)
graduation *f*, échelle (graduée);
(*of salaries, fees etc*) barème *m*; (*of*
map, also size, extent) échelle ▸ *vt*
(*mountain*) escalader; **scales** *npl*
balance *f*; (*larger*) bascule *f*; (*also*:
bathroom ~s) pèse-personne *m*
inv; **~ of charges** tableau *m* des
tarifs; **on a large ~** sur une
grande échelle, en grand
scallion ['skæljən] *n* (*US: salad*
onion) ciboule *f*
scallop ['skɔləp] *n* coquille *f*
Saint-Jacques; (*Sewing*) feston *m*
scalp [skælp] *n* cuir chevelu ▸ *vt*
scalper
scalpel ['skælpl] *n* scalpel *m*
scam [skæm] *n* (*inf*) arnaque *f*
scampi ['skæmpɪ] *npl*
langoustines (frites), scampi *mpl*
scan [skæn] *vt* (*examine*) scruter,
examiner; (*glance at quickly*)
parcourir; (*TV, Radar*) balayer ▸ *n*
(*Med*) scanographie *f*
scandal ['skændl] *n* scandale *m*;
(*gossip*) ragots *mpl*
Scandinavia [skændɪ'neɪvɪə] *n*
Scandinavie *f* **• Scandinavian** *adj*
scandinave ▸ *n* Scandinave *m/f*
scanner ['skænə^r] *n* (*Radar, Med*)
scanner *m*, scanographe *m*;
(*Comput*) scanner

scapegoat ['skeɪpgəut] *n* bouc *m* émissaire

scar [skɑːʳ] *n* cicatrice *f* ▶ *vt* laisser une cicatrice *or* une marque à

scarce [skɛəs] *adj* rare, peu abondant(e); **to make o.s. ~** (*inf*) se sauver • **scarcely** *adv* à peine, presque pas

scare [skɛəʳ] *n* peur *f*, panique *f* ▶ *vt* effrayer, faire peur à; **to ~ sb stiff** faire une peur bleue à qn; **bomb ~** alerte *f* à la bombe • **scarecrow** *n* épouvantail *m* • **scared** *adj*: **to be scared** avoir peur

scarf (*pl* **scarves**) [skɑːf, skɑːvz] *n* (*long*) écharpe *f*; (*square*) foulard *m*

scarlet ['skɑːlɪt] *adj* écarlate

scarves [skɑːvz] *npl of* **scarf**

scary ['skɛərɪ] *adj* (*inf*) effrayant(e); (*film*) qui fait peur

scatter ['skætəʳ] *vt* éparpiller, répandre; (*crowd*) disperser ▶ *vi* se disperser

scenario [sɪ'nɑːrɪəu] *n* scénario *m*

scene [siːn] *n* (*Theat, fig etc*) scène *f*; (*of crime, accident*) lieu(x) *m*(*pl*), endroit *m*; (*sight, view*) spectacle *m*, vue *f* • **scenery** *n* (*Theat*) décor(s) *m*(*pl*); (*landscape*) paysage *m* • **scenic** *adj* offrant de beaux paysages *or* panoramas

scent [sɛnt] *n* parfum *m*, odeur *f*; (*fig: track*) piste *f*

sceptical, (US) **skeptical** ['skɛptɪkl] *adj* sceptique

schedule ['ʃɛdjuːl, US 'skɛdjuːl] *n* programme *m*, plan *m*; (*of trains*) horaire *m*; (*of prices etc*) barème *m*, tarif *m* ▶ *vt* prévoir; **on ~** à l'heure (prévue); à la date prévue; **to be ahead of/behind ~** avoir de l'avance/du retard • **schedu flight** *n* vol régulier

scheme [skiːm] *n* plan *m*, pr *m*; (*plot*) complot *m*, combine (*arrangement*) arrangement *m* classification *f*; (*pension schen etc*) régime *m* ▶ *vt*, *vi* complot manigancer

schizophrenic [skɪtsə'frɛn *adj* schizophrène

scholar ['skɔləʳ] *n* érudit(e); (*pupil*) boursier(-ère) • **scholarship** *n* érudition *f*; (*grant*) bourse *f* (d'études)

school [skuːl] *n* (*gen*) école *f*; (*secondary school*) collège *m*; l *m*; (*in university*) faculté *f*; (*US*: *university*) université *f* ▶ *cpd* scolaire • **schoolbook** *n* livre scolaire *or* de classe • **schoo** *n* écolier *m*; (*at secondary scho* collégien *m*; lycéen *m* • **schoolchildren** *npl* écolier (*at secondary school*) collégien *mpl*; lycéens *mpl* • **schoolgir** écolière *f*; (*at secondary school* collégienne *f*; lycéenne *f* • **schooling** *n* instruction *f*, études *fpl* • **schoolteacher** *n* (*primary*) instituteur(-trice); (*secondary*) professeur *m*

science ['saɪəns] *n* science *f* • **science fiction** *n* science-fiction *f* • **scientific** [saɪən'tɪ *adj* scientifique • **scientist** *n* scientifique *m*/*f*; (*eminent*) savant *m*

sci-fi ['saɪfaɪ] *n abbr* (*inf*: = *scie fiction*) SF *f*

scissors ['sɪzəz] *npl* ciseaux *m* **a pair of ~** une paire de cisea

scold [skəuld] *vt* gronder

scone [skɔn] *n sorte de petit p rond au lait*

p [sku:p] *n* pelle *f* (à main);
ce cream) boule *f* à glace;
ss) reportage exclusif *or* à
ation
ter ['sku:tə^r] *n* (*motor cycle*)
oter *m*; (*toy*) trottinette *f*
e [skəup] *n* (*capacity*: *of plan,*
ertaking) portée *f*, envergure *f*;
person) compétence *f*,
acités *fpl*; (*opportunity*)
sibilités *fpl*
ching ['skɔ:tʃɪŋ] *adj* torride,
ant(e)
e [skɔ:^r] *n* score *m*, décompte
es points; (*Mus*) partition *f* ▶ *vt*
l, point) marquer; (*success*)
porter; (*cut*: *leather, wood, card*)
iller, inciser ▶ *vi* marquer des
ts; (*Football*) marquer un but;
o score) compter les points; **on**
t ~ sur ce chapitre, à cet égard;
of (*twenty*) vingt; **~s of** (*fig*) des
le; **to ~ 6 out of 10** obtenir 6
0 • **score out** *vt* rayer, barrer,
r • **scoreboard** *n* tableau *m*
orer *n* (*Football*) auteur *m* du
buteur *m*; (*keeping score*)
queur *m*
n [skɔ:n] *n* mépris *m*,
ain *m*
pio ['skɔ:pɪəu] *n* le Scorpion
pion ['skɔ:pɪən] *n* scorpion *m*
[skɔt] *n* Écossais(e)
ch [skɔtʃ] *n* whisky *m*,
ch *m*
ch tape® (*US*) *n* scotch® *m*,
n adhésif
land ['skɔtlənd] *n* Écosse *f*
s [skɔts] *adj* écossais(e)
otsman (*irreg*) *n* Écossais *m*
otswoman (*irreg*) *n*
ssaise *f* • **Scottish** ['skɔtɪʃ] *adj*
ssais(e); **the Scottish**
iament le Parlement écossais

scout [skaut] *n* (*Mil*) éclaireur *m*; (*also*: **boy ~**) scout *m*; **girl ~** (*US*) guide *f*

scowl [skaul] *vi* se renfrogner; **to ~ at** regarder de travers

scramble ['skræmbl] *n* (*rush*) bousculade *f*, ruée *f* ▶ *vi* grimper/descendre tant bien que mal; **to ~ for** se bousculer *or* se disputer pour (avoir); **to go scrambling** (*Sport*) faire du trial • **scrambled eggs** *npl* œufs brouillés

scrap [skræp] *n* bout *m*, morceau *m*; (*fight*) bagarre *f*; (*also*: **~ iron**) ferraille *f* ▶ *vt* jeter, mettre au rebut; (*fig*) abandonner, laisser tomber ▶ *vi* se bagarrer; **scraps** *npl* (*waste*) déchets *mpl* • **scrapbook** *n* album *m*

scrape [skreɪp] *vt*, *vi* gratter, racler ▶ *n*: **to get into a ~** s'attirer des ennuis • **scrape through** *vi* (*exam etc*) réussir de justesse

scrap paper *n* papier *m* brouillon

scratch [skrætʃ] *n* égratignure *f*, rayure *f*; (*on paint*) éraflure *f*; (*from claw*) coup *m* de griffe ▶ *vt* (*rub*) (se) gratter; (*paint etc*) érafler; (*with claw, nail*) griffer ▶ *vi* (se) gratter; **to start from ~** partir de zéro; **to be up to ~** être à la hauteur • **scratch card** *n* carte *f* à gratter

scream [skri:m] *n* cri perçant, hurlement *m* ▶ *vi* crier, hurler

screen [skri:n] *n* écran *m*; (*in room*) paravent *m*; (*fig*) écran, rideau *m* ▶ *vt* masquer, cacher; (*from the wind etc*) abriter, protéger; (*film*) projeter; (*candidates etc*) filtrer • **screening** *n* (*of film*) projection *f*; (*Med*) test *m* (*or* tests) de dépistage • **screenplay** *n* scénario *m* • **screen saver** *n* (*Comput*) économiseur *m* d'écran

• **screenshot** *n* (*Comput*) capture *f* d'écran
screw [skru:] *n* vis *f* ▶ *vt* (*also*: ~ **in**) visser • **screw up** *vt* (*paper etc*) froisser; **to ~ up one's eyes** se plisser les yeux • **screwdriver** *n* tournevis *m*
scribble ['skrɪbl] *n* gribouillage *m* ▶ *vt* gribouiller, griffonner
script [skrɪpt] *n* (*Cine etc*) scénario *m*, texte *m*; (*writing*) (écriture *f*) script *m*
scroll [skrəul] *n* rouleau *m* ▶ *vt* (*Comput*) faire défiler (sur l'écran)
scrub [skrʌb] *n* (*land*) broussailles *fpl* ▶ *vt* (*floor*) nettoyer à la brosse; (*pan*) récurer; (*washing*) frotter
scruffy ['skrʌfɪ] *adj* débraillé(e)
scrum(mage) ['skrʌm(ɪdʒ)] *n* mêlée *f*
scrutiny ['skru:tɪnɪ] *n* examen minutieux
scuba diving ['sku:bə-] *n* plongée sous-marine
sculptor ['skʌlptəʳ] *n* sculpteur *m*
sculpture ['skʌlptʃəʳ] *n* sculpture *f*
scum [skʌm] *n* écume *f*, mousse *f*; (*pej*: *people*) rebut *m*, lie *f*
scurry ['skʌrɪ] *vi* filer à toute allure; **to ~ off** détaler, se sauver
sea [si:] *n* mer *f* ▶ *cpd* marin(e), de (la) mer, maritime; **by** *or* **beside the ~** (*holiday, town*) au bord de la mer; **by ~** par mer, en bateau; **out to ~** au large; **(out) at ~** en mer; **to be all at ~** (*fig*) nager complètement • **seafood** *n* fruits *mpl* de mer • **sea front** *n* bord *m* de mer • **seagull** *n* mouette *f*
seal [si:l] *n* (*animal*) phoque *m*; (*stamp*) sceau *m*, cachet *m* ▶ *vt* sceller; (*envelope*) coller; (: *with seal*) cacheter • **seal off** *vt* (*forbid entry to*) interdire l'accès de
sea level *n* niveau *m* de la me
seam [si:m] *n* couture *f*; (*of c* veine *f*, filon *m*
search [sə:tʃ] *n* (*for person, th Comput*) recherche(s) *f(pl)*; (*o drawer, pockets*) fouille *f*; (*Law sb's home*) perquisition *f* ▶ *vt* fouiller; (*examine*) examiner minutieusement; scruter ▶ *v* **~ for** chercher; **in ~ of** à la recherche de • **search engir** (*Comput*) moteur *m* de recher • **search party** *n* expédition secours
sea: • **seashore** *n* rivage *m*, p bord *m* de (la) mer • **seasick** **to be seasick** avoir le mal de • **seaside** *n* bord *m* de mer • **seaside resort** *n* station *f* balnéaire
season ['si:zn] *n* saison *f* ▶ *v* assaisonner, relever; **to be ir of ~** être/ne pas être de saisc • **seasonal** *adj* saisonnier(-iè • **seasoning** *n* assaisonnem • **season ticket** *n* carte *f* d'abonnement
seat [si:t] *n* siège *m*; (*in bus, t place*) place *f*; (*buttocks*) posté *m*; (*of trousers*) fond *m* ▶ *vt* fai asseoir, placer; (*have room for* avoir des places assises pour, pouvoir accueillir; **to be ~ed** assis • **seat belt** *n* ceinture *f* sécurité • **seating** *n* sièges *f* places assises
sea: • **sea water** *n* eau *f* de m • **seaweed** *n* algues *fpl*
sec. *abbr* (= *second*) sec
secluded [sɪ'klu:dɪd] *adj* retiré(e), à l'écart
second ['sɛkənd] *num* deuxi second(e) ▶ *adv* (*in race etc*) e seconde position ▶ *n* (*unit of*

nde *f*; (*Aut*: *also*: **~ gear**)
nde; (*Comm*: *imperfect*) article
second choix; (BRIT *Scol*)
ence *f* avec mention ▶ *vt*
ion) appuyer; **seconds** *npl*
food) rab *m* (*inf*) • **secondary**
econdaire • **secondary**
ool *n* (*age 11 to 15*) collège *m*;
15 to 18) lycée *m* • **second-**
s *adj* de deuxième classe;
) de seconde (classe); (*Post*) au
réduit; (*pej*) de qualité
rieure ▶ *adv* (*Rail*) en seconde;
t) au tarif réduit
condhand *adj* d'occasion;
rmation) de seconde main
condly *adv* deuxièmement
cond-rate *adj* de deuxième
e, de qualité inférieure
cond thoughts *npl*: **to have**
ond thoughts changer d'avis;
econd thoughts *or* (*US*)
ught à la réflexion
ecy ['si:krəsɪ] *n* secret *m*
et ['si:krɪt] *adj* secret(-ète)
ecret *m*; **in ~** *adv* en secret,
ètement, en cachette
etary ['sɛkrətrɪ] *n* secrétaire
S~ of State (for) (*Pol*)
istre *m* (de)
etive ['si:krətɪv] *adj*
rvé(e); (*pej*) cachottier(-ière),
mulé(e)
et service *n* services secrets
[sɛkt] *n* secte *f*
on ['sɛkʃən] *n* section *f*;
m) rayon *m*; (*of document*)
ion, article *m*, paragraphe *m*;
coupe *f*
or ['sɛktəʳ] *n* secteur *m*
lar ['sɛkjuləʳ] *adj* laïque
re [sɪ'kjuəʳ] *adj* (*free from*
ety) sans inquiétude,
urisé(e); (*firmly fixed*) solide,
bien attaché(e) (*or* fermé(e) *etc*);
(*in safe place*) en lieu sûr, en sûreté
▶ *vt* (*fix*) fixer, attacher; (*get*)
obtenir, se procurer

security [sɪ'kjuərɪtɪ] *n* sécurité *f*, mesures *fpl* de sécurité; (*for loan*) caution *f*, garantie *f*; **securities** *npl* (*Stock Exchange*) valeurs *fpl*, titres *mpl* • **security guard** *n* garde chargé de la sécurité; (*transporting money*) convoyeur *m* de fonds

sedan [sə'dæn] *n* (*US Aut*) berline *f*

sedate [sɪ'deɪt] *adj* calme; posé(e) ▶ *vt* donner des sédatifs à

sedative ['sɛdɪtɪv] *n* calmant *m*, sédatif *m*

seduce [sɪ'dju:s] *vt* séduire • **seductive** [sɪ'dʌktɪv] *adj* séduisant(e); (*smile*) séducteur(-trice); (*fig*: *offer*) alléchant(e)

see [si:] (*pt* **saw**, *pp* **seen**) *vt* (*gen*) voir; (*accompany*): **to ~ sb to the door** reconduire *or* raccompagner qn jusqu'à la porte ▶ *vi* voir; **to ~ that** (*ensure*) veiller à ce que + *sub*, faire en sorte que + *sub*, s'assurer que; **~ you soon/later/tomorrow!** à bientôt/plus tard/demain! • **see off** *vt* accompagner (à l'aéroport *etc*) • **see out** *vt* (*take to door*) raccompagner à la porte • **see through** *vt* mener à bonne fin ▶ *vt fus* voir clair dans • **see to** *vt fus* s'occuper de, se charger de

seed [si:d] *n* graine *f*; (*fig*) germe *m*; (*Tennis etc*) tête *f* de série; **to go to ~** (*plant*) monter en graine; (*fig*) se laisser aller

seeing ['si:ɪŋ] *conj*: **~ (that)** vu que, étant donné que

seek [si:k] (*pt*, *pp* **sought**) *vt* chercher, rechercher

seem [siːm] *vi* sembler, paraître; **there ~s to be ...** il semble qu'il y a ..., on dirait qu'il y a ... • **seemingly** *adv* apparemment
seen [siːn] *pp of* **see**
seesaw ['siːsɔː] *n* (jeu *m* de) bascule *f*
segment ['sɛgmənt] *n* segment *m*; (*of orange*) quartier *m*
segregate ['sɛgrɪgeɪt] *vt* séparer, isoler
Seine [seɪn] *n*: **the (River) ~** la Seine
seize [siːz] *vt* (*grasp*) saisir, attraper; (*take possession of*) s'emparer de; (*opportunity*) saisir
seizure ['siːʒə^r] *n* (*Med*) crise *f*, attaque *f*; (*of power*) prise *f*
seldom ['sɛldəm] *adv* rarement
select [sɪ'lɛkt] *adj* choisi(e), d'élite; (*hotel, restaurant, club*) chic *inv*, sélect *inv* ▶ *vt* sélectionner, choisir • **selection** *n* sélection *f*, choix *m* • **selective** *adj* sélectif(-ive); (*school*) à recrutement sélectif
self (*pl* **selves**) [sɛlf, sɛlvz] *n*: **the ~** le moi *inv* ▶ *prefix* auto- • **self-assured** *adj* sûr(e) de soi, plein(e) d'assurance • **self-catering** *adj* (BRIT: *flat*) avec cuisine, où l'on peut faire sa cuisine; (: *holiday*) en appartement (*or* chalet *etc*) loué • **self-centred** • (US) **self-centered** *adj* égocentrique • **self-confidence** *n* confiance *f* en soi • **self-confident** *adj* sûr(e) de soi, plein(e) d'assurance • **self-conscious** *adj* timide, qui manque d'assurance • **self-contained** *adj* (BRIT: *flat*) avec entrée particulière, indépendant(e) • **self-control** *n* maîtrise *f* de soi • **self-defen**[ce] • (US) **self-defense** *n* autodé[fense] *f*; (*Law*) légitime défense *f* • **self-drive** *adj* (BRIT): **self-d**[rive] **car** voiture *f* de location • **self-employed** *adj* qui trav[aille] à son compte • **self-esteem** amour-propre *m* • **self-harm** s'automutiler • **self-indulge**[nt] *adj* qui ne se refuse rien • **self-interest** *n* intérêt personnel • **selfish** *adj* égoïs[te] • **self-pity** *n* apitoiement *m* soi-même • **self-raising** [sɛlf'reɪzɪŋ] • (US) **self-risin**[g] [sɛlf'raɪzɪŋ] *adj*: **self-raising flour** farine *f* pour gâteaux (*c*[...] *levure incorporée*) • **self-resp**[ect] respect *m* de soi, amour-prop[re] • **self-service** *adj*, *n* libre-se[rvice] (*m*), self-service (*m*)
sell [sɛl] (*pt*, *pp* **sold**) *vt* vendr[e] ▶ *vi* se vendre; **to ~ at** *or* **for 10 euros** se vendre 10 eu[ros] • **sell off** *vt* liquider • **sell ou**[t] *vi*: **to ~ out (of sth)** (*use up st*[ock]) vendre tout son stock (de qc[h]) • **sell-by date** *n* date *f* limite [de] vente • **seller** *n* vendeur(-eu[se]) marchand(e)
Sellotape® ['sɛləuteɪp] *n* (*B*[RIT]) scotch® *m*
selves [sɛlvz] *npl of* **self**
semester [sɪ'mɛstə^r] *n* (*esp* [US]) semestre *m*
semi... ['sɛmɪ] *prefix* semi-, d[emi-;] à demi, à moitié • **semicircl**[e] demi-cercle *m* • **semidetach**[ed] **(house)** *n* (BRIT) maison jum[elle] *or* jumelle • **semi-final** *n* demi-finale *f*
seminar ['sɛmɪnɑː^r] *n* séminaire *m*
semi-skimmed ['sɛmɪ'skɪ[md]] *adj* demi-écrémé(e)

te ['sɛnɪt] *n* sénat *m*; (US): **S~** le Sénat • **senator** *n* ıteur *m*
[sɛnd] (*pt, pp* **sent**) *vt* ɔyer • **send back** *vt* renvoyer **nd for** *vt fus* (*by post*) se faire ɔyer, commander par espondance • **send in** *vt* ɪrt, *application, resignation*) ettre • **send off** *vt* (*goods*) ɔyer, expédier; (BRIT *Sport*: ɛr) expulser *or* renvoyer du ain • **send on** *vt* (BRIT: *letter*) suivre; (*luggage etc*: *in* nce) (faire) expédier à l'avance **nd out** *vt* (*invitation*) envoyer la poste); (*emit*: *light, heat*, al) émettre • **send up** *vt* :on, *price*) faire monter; (BRIT: dy) mettre en boîte, parodier **nder** *n* expéditeur(-trice) **nd-off** *n*: **a good send-off** adieux chaleureux
e ['si:naɪl] *adj* sénile
or ['si:nɪəʳ] *adj* (*high-ranking*) aut niveau; (*of higher rank*): **to to sb** être le supérieur de qn **nior citizen** *n* personne *f* du ɪième âge • **senior high** **ool** *n* (US) ≈ lycée *m*
ation [sɛn'seɪʃən] *n* ation *f* • **sensational** *adj* qui sensation; (*marvellous*) ationnel(le)
e [sɛns] *n* sens *m*; (*feeling*) iment *m*; (*meaning*) sens, ification *f*; (*wisdom*) bon sens sentir, pressentir; **it makes ~** logique • **senseless** *adj* nsé(e), stupide; (*unconscious*) connaissance • **sense of** **nour** • (US) **sense of humor** *n* m de l'humour
ible ['sɛnsɪbl] *adj* sensé(e), onnable; (*shoes etc*) pratique

> ⚠ Be careful not to translate *sensible* by the French word *sensible*.

sensitive ['sɛnsɪtɪv] *adj*: **~ (to)** sensible (à)
sensual ['sɛnsjuəl] *adj* sensuel(le)
sensuous ['sɛnsjuəs] *adj* voluptueux(-euse), sensuel(le)
sent [sɛnt] *pt, pp of* **send**
sentence ['sɛntns] *n* (*Ling*) phrase *f*; (*Law*: *judgment*) condamnation *f*, sentence *f*; (: *punishment*) peine *f* ▸ *vt*: **to ~ sb to death/to 5 years** condamner qn à mort/à 5 ans
sentiment ['sɛntɪmənt] *n* sentiment *m*; (*opinion*) opinion *f*, avis *m* • **sentimental** [sɛntɪ'mɛntl] *adj* sentimental(e)
separate *adj* ['sɛprɪt] séparé(e); (*organization*) indépendant(e); (*day, occasion, issue*) différent(e) ▸ *vt* ['sɛpəreɪt] séparer; (*distinguish*) distinguer ▸ *vi* ['sɛpəreɪt] se séparer • **separately** *adv* séparément • **separates** *npl* (*clothes*) coordonnés *mpl* • **separation** [sɛpə'reɪʃən] *n* séparation *f*
September [sɛp'tɛmbəʳ] *n* septembre *m*
septic ['sɛptɪk] *adj* (*wound*) infecté(e) • **septic tank** *n* fosse *f* septique
sequel ['si:kwl] *n* conséquence *f*; séquelles *fpl*; (*of story*) suite *f*
sequence ['si:kwəns] *n* ordre *m*, suite *f*; (*in film*) séquence *f*; (*dance*) numéro *m*
sequin ['si:kwɪn] *n* paillette *f*
Serb [sə:b] *adj, n* = **Serbian**
Serbia ['sə:bɪə] *n* Serbie *f*

Serbian ['sə:bɪən] *adj* serbe ▸ *n* Serbe *m/f*; (*Ling*) serbe *m*
sergeant ['sɑ:dʒənt] *n* sergent *m*; (*Police*) brigadier *m*
serial ['sɪərɪəl] *n* feuilleton *m* • **serial killer** *n* meurtrier *m* tuant en série • **serial number** *n* numéro *m* de série
series ['sɪəri:z] *n* série *f*; (*Publishing*) collection *f*
serious ['sɪərɪəs] *adj* sérieux(-euse); (*accident etc*) grave • **seriously** *adv* sérieusement; (*hurt*) gravement
sermon ['sə:mən] *n* sermon *m*
servant ['sə:vənt] *n* domestique *m/f*; (*fig*) serviteur (servante)
serve [sə:v] *vt* (*employer etc*) servir, être au service de; (*purpose*) servir à; (*customer, food, meal*) servir; (*subj*: *train*) desservir; (*apprenticeship*) faire, accomplir; (*prison term*) faire; purger ▸ *vi* (*Tennis*) servir; (*be useful*): **to ~ as/for/to do** servir de/à/à faire ▸ *n* (*Tennis*) service *m*; **it ~s him right** c'est bien fait pour lui • **server** *n* (*Comput*) serveur *m*
service ['sə:vɪs] *n* (*gen*) service *m*; (*Aut*) révision *f*; (*Rel*) office *m* ▸ *vt* (*car etc*) réviser; **services** *npl* (*Econ*: *tertiary sector*) (secteur *m*) tertiaire *m*, secteur des services; (BRIT: *on motorway*) station-service *f*; (*Mil*): **the S~s** *npl* les forces armées; **to be of ~ to sb, to do sb a ~** rendre service à qn; **~ included/not included** service compris/non compris • **service area** *n* (*on motorway*) aire *f* de services • **service charge** *n* (BRIT) service *m* • **serviceman** (*irreg*) *n* militaire *m* • **service station** *n* station-service *f*
serviette [sə:vɪ'ɛt] *n* (BRIT) serviette *f* (de table)
session ['sɛʃən] *n* (*sitting*) sé[ance] *f*; **to be in ~** siéger, être en se[ssion] *or* en séance
set [sɛt] (*pt, pp* **set**) *n* série *f*, assortiment *m*; (*of tools etc*) j[eu] (*Radio, TV*) poste *m*; (*Tennis*) s[et] (*group of people*) cercle *m*, mili[eu] (*Cine*) plateau *m*; (*Theat*: *stag*[e]) scène *f*; (: *scenery*) décor *m*; (*M*[ath]) ensemble *m*; (*Hairdressing*) m[ise] en plis ▸ *adj* (*fixed*) fixe, déterminé(e); (*ready*) prêt(e) [▸ *vt*] (*place*) mettre, poser, placer; [(*: *] *establish*) fixer; (: *record*) étab[lir]; (*assign*: *task, homework*) donn[er]; (*exam*) composer; (*adjust*) rég[ler]; (*decide*: *rules etc*) fixer, choisir [▸ *vi*] (*sun*) se coucher; (*jam, jelly, co*[*ncrete*]) prendre; (*bone*) se ressouder; [**to**] **be ~ on doing** être résolu(e) [à] faire; **to ~ to music** mettre e[n] musique; **to ~ on fire** mettr[e le] feu à; **to ~ free** libérer; **to ~ s**[**th**] **going** déclencher qch; **to ~ s**[**ail**] partir, prendre la mer • **set a**[**side**] *vt* mettre de côté; (*time*) gard[er] • **set down** *vt* (*subj*: *bus, trai*[*n*]) déposer • **set in** *vi* (*infection,* [*bad*] *weather*) s'installer; (*complica*[*tions*]) survenir, surgir • **set off** *vi* se mettre en route, partir ▸ *vt* ([*bomb*]) faire exploser; (*cause to start*) déclencher; (*show up well*) m[ettre] en valeur, faire valoir • **set ou**[**t**] [*vi*:] **to ~ out (from)** partir (de) ▸ [*vt*] (*arrange*) disposer; (*state*) présenter, exposer; **to ~ out** [**to**] **do** entreprendre de faire; av[oir] pour but *or* intention de faire • **set up** *vt* (*organization*) fon[der,] créer • **setback** *n* (*hitch*) revers *m*, contretemps *m* • **set menu** *n* menu *m*

ee [sɛ'tiː] *n* canapé *m*
ing ['sɛtɪŋ] *n* cadre *m*; (*of*
l) monture *f*; (*position*: *of*
rols) réglage *m*
e ['sɛtl] *vt* (*argument*, *matter*,
unt) régler; (*problem*)
udre; (*Med*: *calm*) calmer ▸ *vi*
l, *dust etc*) se poser; **to ~ for**
accepter qch, se contenter de
; **to ~ on sth** opter *or* se
ider pour qch • **settle down** *vi*
comfortable) s'installer;
ome calmer) se calmer; se
ger • **settle in** *vi* s'installer
ttle up *vi*: **to ~ up with sb**
er (ce que l'on doit à) qn
ttlement *n* (*payment*)
ement *m*; (*agreement*) accord
village etc) village *m*,
eau *m*
p ['sɛtʌp] *n* (*arrangement*)
nière *f* dont les choses sont
anisées; (*situation*) situation *f*,
re *f* des choses
n ['sɛvn] *num* sept
venteen *num* dix-sept
venteenth [sevn'tiːnθ] *num*
septième • **seventh** *num*
tième • **seventieth**
ntɪɪθ] *num* soixante-dixième
venty *num* soixante-dix
r ['sɛvə^r] *vt* couper, trancher;
tions) rompre
ral ['sɛvərl] *adj*, *pron*
ieurs *pl*; **~ of us** plusieurs
tre nous
re [sɪ'vɪə^r] *adj* (*stern*) sévère,
t(e); (*serious*) grave,
eux(-euse); (*plain*) sévère,
ère
(*pt* **sewed**, *pp* **sewn**) [səu,
d, səun] *vt*, *vi* coudre
age ['suːɪdʒ] *n* vidange(s) *f*(*pl*)
er ['suːə^r] *n* égout *m*

sewing ['səuɪŋ] *n* couture *f*; (*item(s)*) ouvrage *m* • **sewing machine** *n* machine *f* à coudre
sewn [səun] *pp of* **sew**
sex [sɛks] *n* sexe *m*; **to have ~ with** avoir des rapports (sexuels) avec • **sexism** ['sɛksɪzəm] *n* sexisme *m* • **sexist** *adj* sexiste • **sexual** ['sɛksjuəl] *adj* sexuel(le) • **sexual intercourse** *n* rapports sexuels • **sexuality** [sɛksju'ælɪtɪ] *n* sexualité *f* • **sexy** *adj* sexy *inv*
shabby ['ʃæbɪ] *adj* miteux(-euse); (*behaviour*) mesquin(e), méprisable
shack [ʃæk] *n* cabane *f*, hutte *f*
shade [ʃeɪd] *n* ombre *f*; (*for lamp*) abat-jour *m inv*; (*of colour*) nuance *f*, ton *m*; (*US*: *window shade*) store *m*; (*small quantity*): **a ~ of** un soupçon de ▸ *vt* abriter du soleil, ombrager; **shades** *npl* (*US*: *sunglasses*) lunettes *fpl* de soleil; **in the ~** à l'ombre; **a ~ smaller** un tout petit peu plus petit
shadow ['ʃædəu] *n* ombre *f* ▸ *vt* (*follow*) filer • **shadow cabinet** *n* (BRIT *Pol*) *cabinet parallèle formé par le parti qui n'est pas au pouvoir*
shady ['ʃeɪdɪ] *adj* ombragé(e); (*fig*: *dishonest*) louche, véreux(-euse)
shaft [ʃɑːft] *n* (*of arrow*, *spear*) hampe *f*; (*Aut*, *Tech*) arbre *m*; (*of mine*) puits *m*; (*of lift*) cage *f*; (*of light*) rayon *m*, trait *m*
shake [ʃeɪk] (*pt* **shook**, *pp* **shaken**) *vt* secouer; (*bottle*, *cocktail*) agiter; (*house*, *confidence*) ébranler ▸ *vi* trembler; **to ~ one's head** (*in refusal etc*) dire *or* faire non de la tête; (*in dismay*) secouer la tête; **to ~ hands with sb** serrer la main à qn • **shake off** *vt*

secouer; (*pursuer*) se débarrasser de • **shake up** *vt* secouer • **shaky** *adj* (*hand, voice*) tremblant(e); (*building*) branlant(e), peu solide

shall [ʃæl] *aux vb*: **I ~ go** j'irai; **~ I open the door?** j'ouvre la porte?; **I'll get the coffee, ~ I?** je vais chercher le café, d'accord?

shallow ['ʃæləu] *adj* peu profond(e); (*fig*) superficiel(le), qui manque de profondeur

sham [ʃæm] *n* frime *f*

shambles ['ʃæmblz] *n* confusion *f*, pagaïe *f*, fouillis *m*

shame [ʃeɪm] *n* honte *f* ▸ *vt* faire honte à; **it is a ~ (that/to do)** c'est dommage (que + *sub*/de faire); **what a ~!** quel dommage! • **shameful** *adj* honteux(-euse), scandaleux(-euse) • **shameless** *adj* éhonté(e), effronté(e)

shampoo [ʃæm'pu:] *n* shampooing *m* ▸ *vt* faire un shampooing à

shandy ['ʃændɪ] *n* bière panachée

shan't [ʃɑ:nt] = **shall not**

shape [ʃeɪp] *n* forme *f* ▸ *vt* façonner, modeler; (*sb's ideas, character*) former; (*sb's life*) déterminer ▸ *vi* (*also*: **~ up**: *events*) prendre tournure; (: *person*) faire des progrès, s'en sortir; **to take ~** prendre forme *or* tournure

share [ʃɛəʳ] *n* part *f*; (*Comm*) action *f* ▸ *vt* partager; (*have in common*) avoir en commun; **to ~ out (among** *or* **between)** partager (entre) • **shareholder** *n* (BRIT) actionnaire *m/f*

shark [ʃɑ:k] *n* requin *m*

sharp [ʃɑ:p] *adj* (*razor, knife*) tranchant(e), bien aiguisé(e); (*point, voice*) aigu(ë); (*nose, chin*) pointu(e); (*outline, increase*) net(te); (*cold, pain*) vif (vive); (piquant(e), âcre; (*Mus*) dièse; (*person*: *quick-witted*) vif (vive) éveillé(e); (: *unscrupulous*) malhonnête ▸ *n* (*Mus*) dièse *m* ▸ *adv*: **at 2 o'clock ~** à 2 heur pile *or* tapantes • **sharpen** *vt* aiguiser; (*pencil*) tailler; (*fig*) a • **sharpener** *n* (*also*: **pencil sharpener**) taille-crayon(s) *m* • **sharply** *adv* (*turn, stop*) brusquement; (*stand out*) nettement; (*criticize, retort*) sèchement, vertement

shatter ['ʃætəʳ] *vt* briser; (*fig*: *upset*) bouleverser; (: *ruin*) bri ruiner ▸ *vi* voler en éclats, se • **shattered** *adj* (*overwhelmed, grief-stricken*) bouleversé(e); (*exhausted*) éreinté(e)

shave [ʃeɪv] *vt* raser ▸ *vi* se ra ▸ *n*: **to have a ~** se raser • **sh** *n* (*also*: **electric shaver**) raso électrique

shaving cream *n* crème *f* à

shaving foam *n* mousse *f* à

shavings ['ʃeɪvɪŋz] *npl* (*of wo etc*) copeaux *mpl*

shawl [ʃɔ:l] *n* châle *m*

she [ʃi:] *pron* elle

sheath [ʃi:θ] *n* gaine *f*, fourre étui *m*; (*contraceptive*) préservatif *m*

shed [ʃɛd] *n* remise *f*, resserre (*pt, pp* **shed**) (*leaves, fur etc*) p (*tears*) verser, répandre; (*work* congédier

she'd [ʃi:d] = **she had; she w**

sheep [ʃi:p] *n* (*pl inv*) mouton • **sheepdog** *n* chien *m* de ber • **sheepskin** *n* peau *f* de mou

sheer [ʃɪəʳ] *adj* (*utter*) pur(e), simple; (*steep*) à pic, abrupt(e

ıost transparent) extrêmement
e) ▶ adv à pic, abruptement
:t [ʃi:t] n (on bed) drap m; (of
ɛr) feuille f; (of glass, metal etc)
ılle, plaque f
k(h) [ʃeɪk] n cheik m
f (pl **shelves**) [ʃɛlf, ʃɛlvz] n
ɡère f, rayon m
l [ʃɛl] n (on beach) coquillage
of egg, nut etc) coquille f;
losive) obus m; (of building)
asse f ▶ vt (peas) écosser; (Mil)
ıbarder (d'obus)
ll [ʃi:l] = **she will; she shall**
fish [ˈʃɛlfɪʃ] n (pl inv: crab etc)
stacé m; (: scallop etc)
uillage m ▶ npl (as food) fruits
de mer
ter [ˈʃɛltəʳ] n abri m, refuge m
abriter, protéger; (give lodging
donner asile à ▶ vi s'abriter, se
:tre à l'abri • **sheltered** adj
) retiré(e), à l'abri des soucis;
t) abrité(e)
ves [ʃɛlvz] npl of **shelf**
ving [ˈʃɛlvɪŋ] n (shelves)
ɔnnage(s) m(pl)
herd [ˈʃɛpəd] n berger m ▶ vt
de) guider, escorter
epherd's pie n ≈ hachis m
nentier
iff [ˈʃɛrɪf] (US) n shérif m
ry [ˈʃɛrɪ] n xérès m, sherry m
s [ʃi:z] = **she is; she has**
:land [ˈʃɛtlənd] n (also: **the**
the ~ Isles or **Islands**) les îles
hetland
ld [ʃi:ld] n bouclier m;
tection) écran m de protection
: **to ~ (from)** protéger (de or
tre)
: [ʃɪft] n (change) changement
work period) période f de travail;
vorkers) équipe f, poste m ▶ vt
déplacer, changer de place;
(remove) enlever ▶ vi changer de
place, bouger
shin [ʃɪn] n tibia m
shine [ʃaɪn] n éclat m, brillant m
▶ vi (pt, pp **shone**) briller ▶ vt (pt,
pp **shined**) (polish) faire briller or
reluire; **to ~ sth on sth** (torch)
braquer qch sur qch
shingles [ˈʃɪŋɡlz] n (Med) zona m
shiny [ˈʃaɪnɪ] adj brillant(e)
ship [ʃɪp] n bateau m; (large) navire
m ▶ vt transporter (par mer);
(send) expédier (par mer)
• **shipment** n cargaison f
• **shipping** n (ships) navires mpl;
(traffic) navigation f; (the industry)
industrie navale; (transport)
transport m • **shipwreck** n épave
f; (event) naufrage m ▶ vt: **to be
shipwrecked** faire naufrage
• **shipyard** n chantier naval
shirt [ʃə:t] n chemise f; (woman's)
chemisier m; **in ~ sleeves** en bras
de chemise
shit [ʃɪt] excl (inf!) merde (!)
shiver [ˈʃɪvəʳ] n frisson m ▶ vi
frissonner
shock [ʃɔk] n choc m; (Elec)
secousse f, décharge f; (Med)
commotion f, choc ▶ vt
(scandalize) choquer, scandaliser;
(upset) bouleverser • **shocking**
adj (outrageous) choquant(e),
scandaleux(-euse); (awful)
épouvantable
shoe [ʃu:] n chaussure f, soulier m;
(also: **horse~**) fer m à cheval ▶ vt
(pt, pp **shod**) (horse) ferrer
• **shoelace** n lacet m (de soulier)
• **shoe polish** n cirage m
• **shoeshop** n magasin m de
chaussures
shone [ʃɔn] pt, pp of **shine**

shonky ['ʃɔŋkɪ] *adj* (AUST, NZ *inf*: *untrustworthy*) louche
shook [ʃuk] *pt of* **shake**
shoot [ʃuːt] (*pt, pp* **shot**) *n* (*on branch, seedling*) pousse *f* ▶ *vt* (*game: hunt*) chasser; (*: aim at*) tirer; (*: kill*) abattre; (*person*) blesser/tuer d'un coup de fusil (*or* de revolver); (*execute*) fusiller; (*arrow*) tirer; (*gun*) tirer un coup de; (*Cine*) tourner ▶ *vi* (*with gun, bow*): **to ~ (at)** tirer (sur); (*Football*) shooter, tirer • **shoot down** *vt* (*plane*) abattre • **shoot up** *vi* (*fig: prices etc*) monter en flèche • **shooting** *n* (*shots*) coups *mpl* de feu; (*attack*) fusillade *f*; (*murder*) homicide *m* (*à l'aide d'une arme à feu*); (*Hunting*) chasse *f*
shop [ʃɔp] *n* magasin *m*; (*workshop*) atelier *m* ▶ *vi* (*also*: **go ~ping**) faire ses courses *or* ses achats • **shop assistant** *n* (BRIT) vendeur(-euse) • **shopkeeper** *n* marchand(e), commerçant(e) • **shoplifting** *n* vol *m* à l'étalage • **shopping** *n* (*goods*) achats *mpl*, provisions *fpl* • **shopping bag** *n* sac *m* (à provisions) • **shopping centre** • (US) **shopping center** *n* centre commercial • **shopping mall** *n* centre commercial • **shopping trolley** *n* (BRIT) Caddie® *m* • **shop window** *n* vitrine *f*
shore [ʃɔːʳ] *n* (*of sea, lake*) rivage *m*, rive *f* ▶ *vt*: **to ~ (up)** étayer; **on ~** à terre
short [ʃɔːt] *adj* (*not long*) court(e); (*soon finished*) court, bref (brève); (*person, step*) petit(e); (*curt*) brusque, sec (sèche); (*insufficient*) insuffisant(e) ▶ *n* (*also*: **~ film**) court métrage; (*Elec*) court-circuit *m*; **to be ~ of sth** être à court de *or* manquer de qch; **in ~** bref; e[n] bref; **~ of doing** à moins de fa[ire]; **everything ~ of** tout sauf; **i[t is] ~ for** c'est l'abréviation *or* le diminutif de; **to cut ~** (*speech, visit*) abréger, écourter; **to fa[ll] ~ of** ne pas être à la hauteur c[de]; **[to] run ~ of** arriver à court de, ve[nir à] manquer de; **to stop ~** s'arrê[ter] net; **to stop ~ of** ne pas aller jusqu'à • **shortage** *n* manqu[e] pénurie *f* • **shortbread** *n* ≈ s[ablé] *m* • **shortcoming** *n* défaut *m* • **shortcrust pastry** • (US) **s[hort] pastry** *n* pâte brisée • **short[cut]** raccourci *m* • **shorten** *vt* raccourcir; (*text, visit*) abrége[r] • **shortfall** *n* déficit *m* • **shorthand** *n* (BRIT) sténo(graphie) *f* • **shortlist** [*n*] (BRIT: *for job*) liste *f* des candic[ats] sélectionnés • **short-lived** *a[dj]* [de] courte durée • **shortly** *adv* bientôt, sous peu • **shorts** *n*[pl] **(a pair of) shorts** un short • **short-sighted** *adj* (BRIT) myope; (*fig*) qui manque de clairvoyance • **short-sleeve[d]** à manches courtes • **short s[tory]** *n* nouvelle *f* • **short-tempere[d]** *adj* qui s'emporte facilement • **short-term** *adj* (*effect*) à co[urt] terme
shot [ʃɔt] *pt, pp of* **shoot** ▶ *n* c[oup] *m* (de feu); (*try*) coup, essai *m* (*injection*) piqûre *f*; (*Phot*) pho[to] **to be a good/poor ~** (*person*) tirer bien/mal; **like a ~** comr[me] une flèche; (*very readily*) sans hésiter • **shotgun** *n* fusil *m* d[e] chasse
should [ʃud] *aux vb*: **I ~ go n[ow]** je devrais partir maintenant; **he ~ be there now** il devrait [être] arrivé maintenant; **I ~ go if I**

si j'étais vous j'irais; **I ~ like to** ntiers, j'aimerais bien
lder ['ʃəuldəʳ] *n* épaule *f* ▸ *vt* endosser, se charger de
oulder blade *n* omoplate *f*
ldn't ['ʃudnt] = **should not**
t [ʃaut] *n* cri *m* ▸ *vt* crier ▸ *vi* , pousser des cris
e [ʃʌv] *vt* pousser; (*inf: put*): **sth in** fourrer *or* ficher qch ▸ *n* poussée *f*
el ['ʃʌvl] *n* pelle *f* ▸ *vt* pelleter, ver (*or* enfourner) à la pelle
[ʃəu] (*pt* **showed**, *pp* **wn**) *n* (*of emotion*) ifestation *f*, démonstration *f*; *blance*) semblant *m*, arence *f*; (*exhibition*) osition *f*, salon *m*; (*Theat*, *TV*) tacle *m*; (*Cine*) séance *f* ▸ *vt* trer; (*film*) passer; (*courage* aire preuve de, manifester; *bit*) exposer ▸ *vi* se voir, être le; **can you ~ me where** **please?** pouvez-vous me trer où c'est?; **to be on ~** exposé(e); **it's just for ~** juste pour l'effet • **show in** *vt* entrer • **show off** *vi* (*pej*) er ▸ *vt* (*display*) faire valoir; faire étalage de • **show out** conduire à la porte • **show up** *and out*) ressortir; (*inf: turn up*) ontrer ▸ *vt* (*unmask*) asquer, dénoncer; (*flaw*) faire ortir • **show business** *n* le de du spectacle
ver ['ʃauəʳ] *n* (*for washing*) he *f*; (*rain*) averse *f*; (*of stones* pluie *f*, grêle *f*; (*US: party*) *ion organisée pour la remise de aux* ▸ *vi* prendre une douche, oucher ▸ *vt*: **to ~ sb with** *s etc*) combler qn de; **to have ke a ~** prendre une douche, se doucher • **shower cap** *n* bonnet *m* de douche • **shower gel** *n* gel *m* douche
showing ['ʃəuɪŋ] *n* (*of film*) projection *f*
show jumping [-dʒʌmpɪŋ] *n* concours *m* hippique
shown [ʃəun] *pp of* **show**
show: • **show-off** *n* (*inf: person*) crâneur(-euse), m'as-tu-vu(e) • **showroom** *n* magasin *m or* salle *f* d'exposition
shrank [ʃræŋk] *pt of* **shrink**
shred [ʃrɛd] *n* (*gen pl*) lambeau *m*, petit morceau; (*fig: of truth, evidence*) parcelle *f* ▸ *vt* mettre en lambeaux, déchirer; (*documents*) détruire; (*Culin: grate*) râper; (*: lettuce etc*) couper en lanières
shrewd [ʃru:d] *adj* astucieux(-euse), perspicace; (*business person*) habile
shriek [ʃri:k] *n* cri perçant *or* aigu, hurlement *m* ▸ *vt*, *vi* hurler, crier
shrimp [ʃrɪmp] *n* crevette grise
shrine [ʃraɪn] *n* (*place*) lieu *m* de pèlerinage
shrink (*pt* **shrank**, *pp* **shrunk**) [ʃrɪŋk, ʃræŋk, ʃrʌŋk] *vi* rétrécir; (*fig*) diminuer; (*also*: **~ away**) reculer ▸ *vt* (*wool*) (faire) rétrécir ▸ *n* (*inf, pej*) psychanalyste *m/f*; **to ~ from (doing) sth** reculer devant (la pensée de faire) qch
shrivel ['ʃrɪvl], **shrivel up** *vt* ratatiner, flétrir ▸ *vi* se ratatiner, se flétrir
shroud [ʃraud] *n* linceul *m* ▸ *vt*: **~ed in mystery** enveloppé(e) de mystère
Shrove Tuesday ['ʃrəuv-] *n* (le) Mardi gras
shrub [ʃrʌb] *n* arbuste *m*

shrug [ʃrʌg] *n* haussement *m* d'épaules ▸ *vt, vi*: **to ~ (one's shoulders)** hausser les épaules • **shrug off** *vt* faire fi de
shrunk [ʃrʌŋk] *pp of* **shrink**
shudder ['ʃʌdəʳ] *n* frisson *m*, frémissement *m* ▸ *vi* frissonner, frémir
shuffle ['ʃʌfl] *vt* (*cards*) battre; **to ~ (one's feet)** traîner les pieds
shun [ʃʌn] *vt* éviter, fuir
shut [ʃʌt] (*pt, pp* **shut**) *vt* fermer ▸ *vi* (se) fermer • **shut down** *vt* fermer définitivement ▸ *vi* fermer définitivement • **shut up** *vi* (*inf: keep quiet*) se taire ▸ *vt* (*close*) fermer; (*silence*) faire taire • **shutter** *n* volet *m*; (*Phot*) obturateur *m*
shuttle ['ʃʌtl] *n* navette *f*; (*also*: **~ service**) (service *m* de) navette *f* • **shuttlecock** *n* volant *m* (*de badminton*)
shy [ʃaɪ] *adj* timide
siblings ['sɪblɪŋz] *npl* (*formal*) frères et sœurs *mpl* (*de mêmes parents*)
Sicily ['sɪsɪlɪ] *n* Sicile *f*
sick [sɪk] *adj* (*ill*) malade; (BRIT: *humour*) noir(e), macabre; (*vomiting*): **to be ~** vomir; **to feel ~** avoir envie de vomir, avoir mal au cœur; **to be ~ of** (*fig*) en avoir assez de • **sickening** *adj* (*fig*) écœurant(e), révoltant(e), répugnant(e) • **sick leave** *n* congé *m* de maladie • **sickly** *adj* maladif(-ive), souffreteux(-euse); (*causing nausea*) écœurant(e) • **sickness** *n* maladie *f*; (*vomiting*) vomissement(s) *m(pl)*
side [saɪd] *n* côté *m*; (*of lake, road*) bord *m*; (*of mountain*) versant *m*; (*fig: aspect*) côté, aspect *m*; (*team: Sport*) équipe *f*; (*TV: channel*) chaîne *f* ▸ *adj* (*door, entrance*) latéral(e) ▸ *vi*: **to ~ with sb** prendre le parti de qn, se ran[ger] du côté de qn; **by the ~ of** au[près] de; **~ by ~** côte à côte; **to ro[ck] from ~ to ~** se balancer; **to t[ake] ~s (with)** prendre parti (pou[r]) • **sidebar** *n* (*on web page*) bar[re] latérale • **sideboard** *n* buffe[t] • **sideboards** • (*US*) **sidebur[ns]** *npl* (*whiskers*) pattes *fpl* • **sid[e] effect** *n* effet *m* secondaire • **sidelight** *n* (*Aut*) veilleuse *f* • **sideline** *n* (*Sport*) (ligne *f* de) touche *f*; (*fig*) activité *f* secon[daire] • **side order** *n* garniture *f* • **s[ide] road** *n* petite route, route transversale • **side street** *n* [rue] transversale • **sidetrack** *vt* faire dévier de son sujet • **sidewalk** *n* (*US*) trottoir *m* • **sideways** *adv* de côté
siege [si:dʒ] *n* siège *m*
sieve [sɪv] *n* tamis *m*, passoi[re] ▸ *vt* tamiser, passer (au tamis)
sift [sɪft] *vt* passer au tamis *o[u au]* crible; (*fig*) passer au crible
sigh [saɪ] *n* soupir *m* ▸ *vi* sou[pirer,] pousser un soupir
sight [saɪt] *n* (*faculty*) vue *f*; (*spectacle*) spectacle *m* ▸ *vt* apercevoir; **in ~** visible; (*fig*) e[n] vue; **out of ~** hors de vue • **sightseeing** *n* tourisme *m*; **go sightseeing** faire du tou[risme]
sign [saɪn] *n* (*gen*) signe *m*; (*w[ith] hand etc*) signe, geste *m*; (*not[ice]*) panneau *m*, écriteau *m*; (*also* **~**) panneau de signalisation [▸ *vt*] signer; **where do I ~?** où doi[s-je] signer? • **sign for** *vt fus* (*item*) signer le reçu pour • **sign in** [*vi*] signer le registre (en arrivant) • **sign on** *vi* (BRIT: *as unemplo[yed]*

crire au chômage; (*enrol*)
crire ▶ *vt* (*employee*)
aucher • **sign over** *vt*: **to**
h over to sb céder qch par
à qn • **sign up** *vi* (*Mil*)
gager; (*for course*) s'inscrire
al ['sɪgnl] *n* signal *m* ▶ *vi* (*Aut*)
tre son clignotant ▶ *vt*
son) faire signe à; (*message*)
muniquer par signaux
ature ['sɪgnətʃəʳ] *n*
ature *f*
ificance [sɪg'nɪfɪkəns] *n*
ification *f*; importance *f*
ificant [sɪg'nɪfɪkənt] *adj*
ificatif(-ive); (*important*)
ortant(e), considérable
ify ['sɪgnɪfaɪ] *vt* signifier
language *n* langage *m* par
es
post ['saɪnpəust] *n* poteau
cateur
[si:k] *adj*, *n* Sikh *m/f*
ce ['saɪlns] *n* silence *m* ▶ *vt*
taire, réduire au silence
t ['saɪlnt] *adj*
cieux(-euse); (*film*) muet(te);
eep *or* **remain ~** garder le
ice, ne rien dire
uette [sɪlu:'ɛt] *n* silhouette *f*
on chip ['sɪlɪkən-] *n* puce *f*
tronique
sɪlk] *n* soie *f* ▶ *cpd* de *or* en soie
['sɪlɪ] *adj* stupide, sot(te),

r ['sɪlvəʳ] *n* argent *m*; (*money*)
nnaie *f* (en pièces d'argent);
: **~ware**) argenterie *f* ▶ *adj*
de of silver) d'argent, en argent;
olour) argenté(e)
ver-plated *adj* plaqué(e)
ent
card ['sɪm-] *abbr* (*Tel*)
e *f* SIM

similar ['sɪmɪləʳ] *adj*: **~ (to)** semblable (à) • **similarity** [sɪmɪ'lærɪtɪ] *n* ressemblance *f*, similarité *f* • **similarly** *adv* de la même façon, de même
simmer ['sɪməʳ] *vi* cuire à feu doux, mijoter
simple ['sɪmpl] *adj* simple • **simplicity** [sɪm'plɪsɪtɪ] *n* simplicité *f* • **simplify** ['sɪmplɪfaɪ] *vt* simplifier • **simply** *adv* simplement; (*without fuss*) avec simplicité; (*absolutely*) absolument
simulate ['sɪmjuleɪt] *vt* simuler, feindre
simultaneous [sɪməl'teɪnɪəs] *adj* simultané(e) • **simultaneously** *adv* simultanément
sin [sɪn] *n* péché *m* ▶ *vi* pécher
since [sɪns] *adv*, *prep* depuis ▶ *conj* (*time*) depuis que; (*because*) puisque, étant donné que, comme; **~ then, ever ~** depuis ce moment-là
sincere [sɪn'sɪəʳ] *adj* sincère • **sincerely** *adv* sincèrement; **yours sincerely** (*at end of letter*) veuillez agréer, Monsieur (*or* Madame) l'expression de mes sentiments distingués *or* les meilleurs
sing (*pt* **sang**, *pp* **sung**) [sɪŋ, sæŋ, sʌŋ] *vt*, *vi* chanter
Singapore [sɪŋgə'pɔ:ʳ] *n* Singapour *m*
singer ['sɪŋəʳ] *n* chanteur(-euse)
singing ['sɪŋɪŋ] *n* (*of person, bird*) chant *m*
single ['sɪŋgl] *adj* seul(e), unique; (*unmarried*) célibataire; (*not double*) simple ▶ *n* (BRIT: *also*: **~ ticket**) aller *m* (simple); (*record*) 45 tours *m*;

singles *npl* (*Tennis*) simple *m*; **every ~ day** chaque jour sans exception • **single out** *vt* choisir; (*distinguish*) distinguer • **single bed** *n* lit *m* d'une personne *or* à une place • **single file** *n*: **in single file** en file indienne • **single-handed** *adv* tout(e) seul(e), sans (aucune) aide • **single-minded** *adj* résolu(e), tenace • **single parent** *n* parent unique (*or* célibataire); **single-parent family** famille monoparentale • **single room** *n* chambre *f* à un lit *or* pour une personne

singular ['sɪŋgjulə^r] *adj* singulier(-ière); (*odd*) singulier, étrange; (*outstanding*) remarquable; (*Ling*) (au) singulier, du singulier ▸ *n* (*Ling*) singulier *m*

sinister ['sɪnɪstə^r] *adj* sinistre

sink [sɪŋk] (*pt* **sank**, *pp* **sunk**) *n* évier *m*; (*washbasin*) lavabo *m* ▸ *vt* (*ship*) (faire) couler, faire sombrer; (*foundations*) creuser ▸ *vi* couler, sombrer; (*ground etc*) s'affaisser; **to ~ into sth** (*chair*) s'enfoncer dans qch • **sink in** *vi* (*explanation*) rentrer (*inf*), être compris

sinus ['saɪnəs] *n* (*Anat*) sinus *m inv*

sip [sɪp] *n* petite gorgée ▸ *vt* boire à petites gorgées

sir [sə^r] *n* monsieur *m*; **S~ John Smith** sir John Smith; **yes ~** oui Monsieur

siren ['saɪərn] *n* sirène *f*

sirloin ['sə:lɔɪn] *n* (*also*: **~ steak**) aloyau *m*

sister ['sɪstə^r] *n* sœur *f*; (*nun*) religieuse *f*, (bonne) sœur; (BRIT: *nurse*) infirmière *f* en chef • **sister-in-law** *n* belle-sœur *f*

sit [sɪt] (*pt, pp* **sat**) *vi* s'asseoir; (*be sitting*) être assis(e); (*assembly*) être en séance, siéger; (*for pa* poser ▸ *vt* (*exam*) passer, se présenter à • **sit back** *vi* (*in s* bien s'installer, se carrer • **sit down** *vi* s'asseoir • **sit on** *vt* (*jury, committee*) faire partie c • **sit up** *vi* s'asseoir; (*straight* redresser; (*not go to bed*) reste debout, ne pas se coucher

sitcom ['sɪtkɔm] *n abbr* (*TV*: = *situation comedy*) sitcom *f*, comédie *f* de situation

site [saɪt] *n* emplacement *m*, *m*; (*also*: **building ~**) chantie (*Internet*) site *m* web ▸ *vt* plac

sitting ['sɪtɪŋ] *n* (*of assembly* séance *f*; (*in canteen*) service r • **sitting room** *n* salon *m*

situated ['sɪtjueɪtɪd] *adj* sit

situation [sɪtju'eɪʃən] *n* situ *f*; **"~s vacant/wanted"** (BRI "offres/demandes d'emploi"

six [sɪks] *num* six • **sixteen** *n* seize • **sixteenth** [sɪks'ti:nθ *num* seizième • **sixth** ['sɪksθ sixième • **sixth form** *n* (BRIT) ≈ classes *fpl* de première et de terminale • **sixth-form coll** *lycée n'ayant que des classes de première et de terminale* • **sixti** ['sɪkstɪɪθ] *num* soixantième • **sixty** *num* soixante

size [saɪz] *n* dimensions *fpl*; (*person*) taille *f*; (*of clothing*) tai (*of shoes*) pointure *f*; (*of proble* ampleur *f*; (*glue*) colle *f* • **size** *adj* assez grand(e); (*amount, problem, majority*) assez important(e)

sizzle ['sɪzl] *vi* grésiller

skate [skeɪt] *n* patin *m*; (*fish*: raie *f* ▸ *vi* patiner • **skateboa** skateboard *m*, planche *f* à rou • **skateboarding** *n* skatebo • **skatepark** *n* skate parc *m*

‹ater *n* patineur(-euse)
‹ating *n* patinage *m* • **skating**
‹ *n* patinoire *f*
eton ['skɛlɪtn] *n* squelette *m*;
‹line) schéma *m*
‹tical ['skɛptɪkl] (*US*) *adj*
‹eptical
‹ch [skɛtʃ] *n* (*drawing*) croquis
‹squisse *f*; (*outline plan*) aperçu
‹Theat) sketch *m*, saynète *f*
‹ esquisser, faire un croquis
‹ne esquisse de; (*plan etc*)
‹uisser
‹wer ['skju:əʳ] *n* brochette *f*
‹ski:] *n* ski *m* ▸ *vi* skier, faire du
• **ski boot** *n* chaussure *f* de ski
‹ [skɪd] *n* dérapage *m* ▸ *vi*
‹aper
• **skier** *n* skieur(-euse)
‹iing *n* ski *m*; **to go skiing**
‹er) faire du ski
‹ul, (*US*) **skillful** ['skɪlful] *adj*
‹ile, adroit(e)
‹ift *n* remonte-pente *m inv*
‹ [skɪl] *n* (*ability*) habileté *f*,
‹esse *f*, talent *m*; (*requiring*
‹ning) compétences *fpl*
‹killed *adj* habile, adroit(e);
‹rker) qualifié(e)
‹n [skɪm] *vt* (*soup*) écumer;
‹de over) raser, effleurer ▸ *vi*:
~ through (*fig*) parcourir
‹kimmed milk • (*US*) **skim milk**
‹it écrémé
‹ [skɪn] *n* peau *f* ▸ *vt* (*fruit etc*)
‹ucher; (*animal*) écorcher
‹inhead *n* skinhead *m*
‹inny *adj* maigre,
‹igrichon(ne)
‹ [skɪp] *n* petit bond *or*
‹t; (BRIT: *container*) benne *f*
‹ gambader, sautiller;
‹th rope) sauter à la corde
‹ (*pass over*) sauter

ski: • **ski pass** *n* forfait-skieur(s) *m*
• **ski pole** *n* bâton *m* de ski
skipper ['skɪpəʳ] *n* (*Naut, Sport*) capitaine *m*; (*in race*) skipper *m*
skipping rope ['skɪpɪŋ-], (*US*) **skip rope** *n* corde *f* à sauter
skirt [skə:t] *n* jupe *f* ▸ *vt* longer, contourner
skirting board ['skə:tɪŋ-] *n* (BRIT) plinthe *f*
ski slope *n* piste *f* de ski
ski suit *n* combinaison *f* de ski
skull [skʌl] *n* crâne *m*
skunk [skʌŋk] *n* mouffette *f*
sky [skaɪ] *n* ciel *m* • **skyscraper** *n* gratte-ciel *m inv*
slab [slæb] *n* (*of stone*) dalle *f*; (*of meat, cheese*) tranche épaisse
slack [slæk] *adj* (*loose*) lâche, desserré(e); (*slow*) stagnant(e); (*careless*) négligent(e), peu sérieux(-euse) *or* consciencieux(-euse) • **slacks** *npl* pantalon *m*
slain [sleɪn] *pp of* **slay**
slam [slæm] *vt* (*door*) (faire) claquer; (*throw*) jeter violemment, flanquer; (*inf: criticize*) éreinter, démolir ▸ *vi* claquer
slander ['slɑ:ndəʳ] *n* calomnie *f*; (*Law*) diffamation *f*
slang [slæŋ] *n* argot *m*
slant [slɑ:nt] *n* inclinaison *f*; (*fig*) angle *m*, point *m* de vue
slap [slæp] *n* claque *f*, gifle *f*; (*on the back*) tape *f* ▸ *vt* donner une claque *or* une gifle (*or* une tape) à ▸ *adv* (*directly*) tout droit, en plein; **to ~ on** (*paint*) appliquer rapidement
slash [slæʃ] *vt* entailler, taillader; (*fig: prices*) casser
slate [sleɪt] *n* ardoise *f* ▸ *vt* (*fig: criticize*) éreinter, démolir

slaughter ['slɔːtəʳ] *n* carnage *m*, massacre *m*; (*of animals*) abattage *m* ▶ *vt* (*animal*) abattre; (*people*) massacrer • **slaughterhouse** *n* abattoir *m*

Slav [slɑːv] *adj* slave

slave [sleɪv] *n* esclave *m/f* ▶ *vi* (*also*: **~ away**) trimer, travailler comme un forçat • **slavery** *n* esclavage *m*

slay (*pt* **slew**, *pp* **slain**) [sleɪ, sluː, sleɪn] *vt* (*literary*) tuer

sleazy ['sliːzɪ] *adj* miteux(-euse), minable

sled [slɛd] (US) *n* = **sledge**

sledge [slɛdʒ] *n* luge *f*

sleek [sliːk] *adj* (*hair, fur*) brillant(e), luisant(e); (*car, boat*) aux lignes pures *or* élégantes

sleep [sliːp] *n* sommeil *m* ▶ *vi* (*pt, pp* **slept**) dormir; **to go to ~** s'endormir • **sleep in** *vi* (*oversleep*) se réveiller trop tard; (*on purpose*) faire la grasse matinée • **sleep together** *vi* (*have sex*) coucher ensemble • **sleeper** *n* (*person*) dormeur(-euse); (BRIT *Rail*: *on track*) traverse *f*; (: *train*) train-couchettes *m*; (: *berth*) couchette *f* • **sleeping bag** ['sliːpɪŋ-] *n* sac *m* de couchage • **sleeping car** *n* wagon-lits *m*, voiture-lits *f* • **sleeping pill** *n* somnifère *m* • **sleepover** *n* nuit *f* chez un copain *or* une copine; **we're having a sleepover at Jo's** nous allons passer la nuit chez Jo • **sleepwalk** *vi* marcher en dormant • **sleepy** *adj* (*fig*) endormi(e)

sleet [sliːt] *n* neige fondue

sleeve [sliːv] *n* manche *f*; (*of record*) pochette *f* • **sleeveless** *adj* (*garment*) sans manches

sleigh [sleɪ] *n* traîneau *m*

slender ['slɛndəʳ] *adj* svelte, mince; (*fig*) faible, ténu(e)

slept [slɛpt] *pt, pp of* **sleep**

slew [sluː] *pt of* **slay**

slice [slaɪs] *n* tranche *f*; (*round* rondelle *f*; (*utensil*) spatule *f*; (
fish ~) pelle *f* à poisson ▶ *vt* cc
en tranches (*or* en rondelles)

slick [slɪk] *adj* (*skilful*) bien ficelé(e); (*salesperson*) qui a du bagout ▶ *n* (*also*: **oil ~**) nappe pétrole, marée noire

slid [slɪd] *pt, pp of* **slide**

slide [slaɪd] (*pt, pp* **slid**) *n* (*in playground*) toboggan *m*; (P
diapositive *f*; (BRIT: *also*: **hair** ·
barrette *f*; (*in prices*) chute *f*, ba
f ▶ *vt* (faire) glisser ▶ *vi* glisser
• **sliding** *adj* (*door*) coulissant

slight [slaɪt] *adj* (*slim*) mince, menu(e); (*frail*) frêle; (*trivial*) faible, insignifiant(e); (*small*) petit(e), léger(-ère) *before n* ▶
offense *f*, affront *m* ▶ *vt* (*offenc*
blesser, offenser; **not in the** ·
pas le moins du monde, pas du
• **slightly** *adv* légèrement, ur

slim [slɪm] *adj* mince ▶ *vi* maigrir; (*diet*) suivre un régim amaigrissant • **slimming** *n* amaigrissement *m* ▶ *adj* (*diet*, amaigrissant(e), pour maigri

slimy ['slaɪmɪ] *adj* visqueux(-euse), gluant(e)

sling [slɪŋ] *n* (*Med*) écharpe *f*;
baby) porte-bébé *m*; (*weapon*)
fronde *f*, lance-pierre *m* ▶ *vt* (*p*
slung) lancer, jeter

slip [slɪp] *n* faux pas; (*mistake*) erreur *f*, bévue *f*; (*underskirt*) combinaison *f*; (*of paper*) petit feuille, fiche *f* ▶ *vt* (*slide*) glisse
▶ *vi* (*slide*) glisser; (*decline*) bais

ve smoothly): **to ~ into/out of**
glisser *or* se faufiler dans/hors
to ~ sth on/off enfiler/
ever qch; **to give sb the ~**
sser compagnie à qn; **a ~ of**
tongue un lapsus • **slip up** *vi*
e une erreur, gaffer
ped disc [slɪpt-] *n*
lacement *m* de vertèbre
per ['slɪpəʳ] *n* pantoufle *f*
pery ['slɪpərɪ] *adj* glissant(e)
road *n* (BRIT: *to motorway*)
telle *f* d'accès
[slɪt] *n* fente *f*; (*cut*) incision *f*
: (*pt, pp* **slit**) fendre; couper,
iser
g [slɔg] *n* (BRIT: *effort*) gros
ort; (*work*) tâche fastidieuse
travailler très dur
an ['sləugən] *n* slogan *m*
e [sləup] *n* pente *f*, côte *f*; (*side*
mountain) versant *m*; (*slant*)
inaison *f* ▶ *vi*: **to ~ down** être
escendre en pente; **to ~ up**
nter • **sloping** *adj* en pente,
iné(e); (*handwriting*) penché(e)
ppy ['slɔpɪ] *adj* (*work*) peu
gné(e), bâclé(e); (*appearance*)
gligé(e), débraillé(e)
[slɔt] *n* fente *f* ▶ *vt*: **to ~ sth**
o encastrer *or* insérer qch dans
ot machine *n* (BRIT: *vending*
chine) distributeur *m*
tomatique), machine *f* à sous;
gambling) appareil *m or*
chine à sous
ak ['sləuvæk] *adj* slovaque
Slovaque *m/f*; (*Ling*) slovaque *m*
akia [sləu'vækɪə] *n*
vaquie *f* • **Slovakian**
əu'vækɪən] *adj, n* = **Slovak**
ene [sləu'vi:n] *adj* slovène
Slovène *m/f*; (*Ling*) slovène *m*
enia [sləu'vi:nɪə] *n* Slovénie *f*
• **Slovenian** *adj, n* = **Slovene**

slow [sləu] *adj* lent(e); (*watch*): **to be ~** retarder ▶ *adv* lentement ▶ *vt, vi* ralentir; **"~"** (*road sign*) "ralentir" • **slow down** *vi* ralentir • **slowly** *adv* lentement • **slow motion** *n*: **in slow motion** au ralenti

slug [slʌg] *n* limace *f*; (*bullet*) balle *f* • **sluggish** *adj* (*person*) mou (molle), lent(e); (*stream, engine, trading*) lent(e)

slum [slʌm] *n* (*house*) taudis *m*; **slums** *npl* (*area*) quartiers *mpl* pauvres

slump [slʌmp] *n* baisse soudaine, effondrement *m*; (*Econ*) crise *f* ▶ *vi* s'effondrer, s'affaisser

slung [slʌŋ] *pt, pp of* **sling**

slur [slə:ʳ] *n* (*smear*): **~ (on)** atteinte *f* (à); insinuation *f* (contre) ▶ *vt* mal articuler

slush [slʌʃ] *n* neige fondue

sly [slaɪ] *adj* (*person*) rusé(e); (*smile, expression, remark*) sournois(e)

smack [smæk] *n* (*slap*) tape *f*; (*on face*) gifle *f* ▶ *vt* donner une tape à; (*on face*) gifler; (*on bottom*) donner la fessée à ▶ *vi*: **to ~ of** avoir des relents de, sentir

small [smɔ:l] *adj* petit(e) • **small ads** *npl* (BRIT) petites annonces • **small change** *n* petite *or* menue monnaie

smart [smɑ:t] *adj* élégant(e), chic *inv*; (*clever*) intelligent(e); (*quick*) vif (vive), prompt(e) ▶ *vi* faire mal, brûler • **smart card** *n* carte *f* à puce • **smart phone** *n* smartphone *m*

smash [smæʃ] *n* (*also*: **~-up**) collision *f*, accident *m*; (*Mus*) succès foudroyant ▶ *vt* casser, briser, fracasser; (*opponent*) écraser; (*Sport*: *record*) pulvériser ▶ *vi* se briser, se fracasser; s'écraser • **smashing** *adj* (*inf*) formidable

smear [smɪəʳ] *n* (*stain*) tache *f*; (*mark*) trace *f*; (*Med*) frottis *m* ▶ *vt* enduire; (*make dirty*) salir • **smear test** *n* (BRIT *Med*) frottis *m*

smell [smɛl] (*pt, pp* **smelt** *or* **smelled**) *n* odeur *f*; (*sense*) odorat *m* ▶ *vt* sentir ▶ *vi* (*pej*) sentir mauvais • **smelly** *adj* qui sent mauvais, malodorant(e)

smelt [smɛlt] *pt, pp of* **smell**

smile [smaɪl] *n* sourire *m* ▶ *vi* sourire

smirk [smə:k] *n* petit sourire suffisant *or* affecté

smog [smɔg] *n* brouillard mêlé de fumée

smoke [sməuk] *n* fumée *f* ▶ *vt, vi* fumer; **do you mind if I ~?** ça ne vous dérange pas que je fume? • **smoke alarm** *n* détecteur *m* de fumée • **smoked** *adj* (*bacon, glass*) fumé(e) • **smoker** *n* (*person*) fumeur(-euse); (*Rail*) wagon *m* fumeurs • **smoking** *n*: **"no smoking"** (*sign*) "défense de fumer" • **smoky** *adj* enfumé(e); (*taste*) fumé(e)

smooth [smu:ð] *adj* lisse; (*sauce*) onctueux(-euse); (*flavour, whisky*) moelleux(-euse); (*movement*) régulier(-ière), sans à-coups *or* heurts; (*flight*) sans secousses; (*pej*: *person*) doucereux(-euse), mielleux(-euse) ▶ *vt* (*also*: **~ out**) lisser, défroisser; (*creases, difficulties*) faire disparaître

smother ['smʌðəʳ] *vt* étouffer

SMS *n abbr* (= *short message service*) SMS *m* • **SMS message** *n* (message *m*) SMS *m*

smudge [smʌdʒ] *n* tache *f*, bavure *f* ▶ *vt* salir, maculer

smug [smʌg] *adj* suffisant(e), content(e) de soi

smuggle ['smʌgl] *vt* passer e[n] contrebande *or* en fraude • **smuggling** *n* contrebande [*f*]

snack [snæk] *n* casse-croûte • **snack bar** *n* snack(-bar) *m*

snag [snæg] *n* inconvénient *m*, difficulté *f*

snail [sneɪl] *n* escargot *m*

snake [sneɪk] *n* serpent *m*

snap [snæp] *n* (*sound*) claquer[ment] *m*, bruit sec; (*photograph*) pho[to] instantané *m* ▶ *adj* subit(e), fa[it] sans réfléchir ▶ *vt* (*fingers*) fair[e] claquer; (*break*) casser net ▶ *v*[*i*] casser net *or* avec un bruit sec; (*sharply*) parler d'un ton brusqu[e] **~ open/shut** s'ouvrir/se refer[mer] brusquement • **snap at** *vt fus* [...] *dog*) essayer de mordre • **snap** [...] *vt* sauter sur, saisir • **snapsho**[**t**] photo *f*, instantané *m*

snarl [snɑ:l] *vi* gronder

snatch [snætʃ] *vt* saisir (*d'un* [...] *vif*); (*steal*) voler; **to ~ some s**[...] arriver à dormir un peu

sneak [sni:k] (US: *pt, pp* **snuck**) *vi*: **to ~ in/out** entrer/sortir furtivement *or* à la dérobée ▶ (*inf*: *pej*: *informer*) faux jeton; **t**[**o**] **~ up on sb** s'approcher de qn [sans] faire de bruit • **sneakers** *npl* tennis *mpl*, baskets *fpl*

sneer [snɪəʳ] *vi* ricaner; **to ~ a**[**t**] **sb/sth** se moquer de qn/qch [avec] mépris

sneeze [sni:z] *vi* éternuer

sniff [snɪf] *vi* renifler ▶ *vt* reni[fler], flairer; (*glue, drug*) sniffer, resp[irer]

snigger ['snɪgəʳ] *vi* ricaner

snip [snɪp] *n* (*cut*) entaille *f*; (B[RIT] *inf*: *bargain*) (bonne) occasion

ire ▸ *vt* couper
er ['snaɪpəʳ] *n* tireur embusqué
**** [snɔb] *n* snob *m/f*
oker ['snu:kəʳ] *n sorte de jeu de* *ard*
op [snu:p] *vi*: **to ~ about** ter
oze [snu:z] *n* petit somme faire un petit somme
e [snɔ:ʳ] *vi* ronfler ▸ *n* flement *m*
kel ['snɔ:kl] *n* (*of swimmer*) a *m*
t [snɔ:t] *n* grognement *m* ▸ *vi* gner; (*horse*) renâcler
w [snəu] *n* neige *f* ▸ *vi* neiger
owball *n* boule *f* de neige
owdrift *n* congère *f*
owman (*irreg*) *n* bonhomme e neige • **snowplough** • (*US*)
wplow *n* chasse-neige *m inv*
owstorm *n* tempête *f* de ge
b [snʌb] *vt* repousser, snober rebuffade *f*
ck [snsʌk] (*US*) *pt, pp of* **sneak**
g [snʌg] *adj* douillet(te), fortable; (*person*) bien au ud

so [səu]

dv **1** (*thus, likewise*) ainsi, de te façon; **if so** si oui; **so do** *or* **e I** moi aussi; **it's 5 o'clock o it is!** il est 5 heures — en t! *or* c'est vrai!; **I hope/think** e l'espère/le crois; **so far** qu'ici, jusqu'à maintenant; *past*) jusque-là
n comparisons etc: to such a ree) si, tellement; **so big at)** si *or* tellement grand e); **she's not so clever as brother** elle n'est pas aussi intelligente que son frère
3: **so much** *adj, adv* tant (de); **I've got so much work** j'ai tant de travail; **I love you so much** je vous aime tant; **so many** tant (de)
4 (*phrases*): **10 or so** à peu près *or* environ 10; **so long!** (*inf: goodbye*) au revoir!, à un de ces jours!; **so (what)?** (*inf*) (bon) et alors?, et après?
▸ *conj* **1** (*expressing purpose*): **so as to do** pour faire, afin de faire; **so (that)** pour que *or* afin que + *sub*
2 (*expressing result*) donc, par conséquent; **so that** si bien que; **so that's the reason!** c'est donc (pour) ça!; **so you see, I could have gone** alors tu vois, j'aurais pu y aller

soak [səuk] *vt* faire *or* laisser tremper; (*drench*) tremper ▸ *vi* tremper • **soak up** *vt* absorber • **soaking** *adj* (*also*: **soaking wet**) trempé(e)
so-and-so ['səuənsəu] *n* (*somebody*) un(e) tel(le)
soap [səup] *n* savon *m* • **soap opera** *n* feuilleton télévisé (*quotidienneté réaliste ou embellie*) • **soap powder** *n* lessive *f*, détergent *m*
soar [sɔ:ʳ] *vi* monter (en flèche), s'élancer; (*building*) s'élancer
sob [sɔb] *n* sanglot *m* ▸ *vi* sangloter
sober ['səubəʳ] *adj* qui n'est pas (*or* plus) ivre; (*serious*) sérieux(-euse), sensé(e); (*colour, style*) sobre, discret(-ète) • **sober up** *vi* se dégriser
so-called ['səu'kɔ:ld] *adj* soi-disant *inv*

soccer ['sɔkəʳ] *n* football *m*
sociable ['səuʃəbl] *adj* sociable
social ['səuʃl] *adj* social(e); (*sociable*) sociable ▶ *n* (petite) fête • **socialism** *n* socialisme *m* • **socialist** *adj*, *n* socialiste (*m/f*) • **socialize** *vi*: **to socialize with** (*meet often*) fréquenter; (*get to know*) lier connaissance *or* parler avec • **social life** *n* vie sociale • **socially** *adv* socialement, en société • **social media** *npl* médias *mpl* sociaux • **social networking** *n* réseaux *mpl* sociaux • **social networking site** *n* site *m* de réseautage • **social security** *n* aide sociale • **social services** *npl* services sociaux • **social work** *n* assistance sociale • **social worker** *n* assistant(e) sociale(e)
society [sə'saɪətɪ] *n* société *f*; (*club*) société, association *f*; (*also*: **high ~**) (haute) société, grand monde
sociology [səusɪ'ɔlədʒɪ] *n* sociologie *f*
sock [sɔk] *n* chaussette *f*
socket ['sɔkɪt] *n* cavité *f*; (*Elec*: *also*: **wall ~**) prise *f* de courant
soda ['səudə] *n* (*Chem*) soude *f*; (*also*: **~ water**) eau *f* de Seltz; (US: *also*: **~ pop**) soda *m*
sodium ['səudɪəm] *n* sodium *m*
sofa ['səufə] *n* sofa *m*, canapé *m* • **sofa bed** *n* canapé-lit *m*
soft [sɔft] *adj* (*not rough*) doux (douce); (*not hard*) doux, mou (molle); (*not loud*) doux, léger(-ère); (*kind*) doux, gentil(le) • **soft drink** *n* boisson non alcoolisée • **soft drugs** *npl* drogues douces • **soften** ['sɔfn] *vt* (r)amollir; (*fig*) adoucir ▶ *vi* se ramollir; (*fig*) s'adoucir • **softly** *adv* doucement; (*touch*) légèrement; (*kiss*) tendremer • **software** *n* (*Comput*) logici software *m*
soggy ['sɔgɪ] *adj* (*clothes*) trempé(e); (*ground*) détremp
soil [sɔɪl] *n* (*earth*) sol *m*, terre salir; (*fig*) souiller
solar ['səuləʳ] *adj* solaire • **so power** *n* énergie *f* solaire • **sc system** *n* système *m* solaire
sold [səuld] *pt*, *pp of* **sell**
soldier ['səuldʒəʳ] *n* soldat *m* militaire *m*
sold out *adj* (*Comm*) épuisé(e
sole [səul] *n* (*of foot*) plante *f*; shoe) semelle *f*; (*fish*: *pl inv*) so ▶ *adj* seul(e), unique • **solely** seulement, uniquement
solemn ['sɔləm] *adj* solenne (*person*) sérieux(-euse), grave
solicitor [sə'lɪsɪtəʳ] *n* (BRIT: f *wills etc*) ≈ notaire *m*; (: *in cour* ≈ avocat *m*
solid ['sɔlɪd] *adj* (*not liquid*) so (*not hollow*: *mass*) compact(e) (: *metal*, *rock*, *wood*) massif(-iv ▶ *n* solide *m*
solitary ['sɔlɪtərɪ] *adj* solitair
solitude ['sɔlɪtju:d] *n* solituc
solo ['səuləu] *n* solo *m* ▶ *adv* (en solitaire • **soloist** *n* soliste
soluble ['sɔljubl] *adj* soluble
solution [sə'lu:ʃən] *n* solutio
solve [sɔlv] *vt* résoudre
solvent ['sɔlvənt] *adj* (*Comm* solvable ▶ *n* (*Chem*) (dis)solva
sombre, (US) **somber** ['sɔm *adj* sombre, morne

some [sʌm]

▶ *adj* **1** (*a certain amount or number of*): **some tea/water,**

:cream du thé/de l'eau/de la
:e; **some children/apples**
enfants/pommes; **I've got**
ne money but not much j'ai
argent mais pas beaucoup
ertain: in contrasts): **some**
ple say that ... il y a des
s qui disent que ...; **some**
ıs were excellent, but
st were mediocre certains
s étaient excellents, mais la
part étaient médiocres
nspecified): **some woman**
s asking for you il y avait
dame qui vous demandait;
was asking for some book
other) il demandait un livre
lconque; **some day** un de
jours; **some day next week**
our la semaine prochaine
on **1** (*a certain number*)
lques-un(e)s, certain(e)s;
got some (*books etc*) j'en ai
elques-uns); **some (of**
m) have been sold certains
été vendus
certain amount) un peu; **I've**
some (*money, milk*) j'en ai
peu); **would you like**
ne? est-ce que vous en
lez?, en voulez-vous?; **could**
ve some of that cheese?
rrais-je avoir un peu de ce
mage?; **I've read some of**
book j'ai lu une partie du
e
dv: **some 10 people** quelque
ersonnes, 10 personnes
iron
omebody ['sʌmbədɪ] *pron*
omeone • somehow *adv*
ne façon ou d'une autre;
some reason) pour une raison
une autre • **someone** *pron*
lqu'un • **someplace** *adv* (*US*)
= **somewhere • something** *pron* quelque chose *m*; **something interesting** quelque chose d'intéressant; **something to do** quelque chose à faire • **sometime** *adv* (*in future*) un de ces jours, un jour ou l'autre; (*in past*): **sometime last month** au cours du mois dernier • **sometimes** *adv* quelquefois, parfois • **somewhat** *adv* quelque peu, un peu • **somewhere** *adv* quelque part; **somewhere else** ailleurs, autre part

son [sʌn] *n* fils *m*

song [sɔŋ] *n* chanson *f*; (*of bird*) chant *m*

son-in-law ['sʌnɪnlɔː] *n* gendre *m*, beau-fils *m*

soon [suːn] *adv* bientôt; (*early*) tôt; **~ afterwards** peu après; *see also* **as • sooner** *adv* (*time*) plus tôt; (*preference*): **I would sooner do that** j'aimerais autant *or* je préférerais faire ça; **sooner or later** tôt ou tard

soothe [suːð] *vt* calmer, apaiser

sophisticated [sə'fɪstɪkeɪtɪd] *adj* raffiné(e), sophistiqué(e); (*machinery*) hautement perfectionné(e), très complexe

sophomore ['sɔfəmɔːʳ] *n* (*US*) étudiant(e) de seconde année

soprano [sə'prɑːnəu] *n* (*singer*) soprano *m/f*

sorbet ['sɔːbeɪ] *n* sorbet *m*

sordid ['sɔːdɪd] *adj* sordide

sore [sɔːʳ] *adj* (*painful*) douloureux(-euse), sensible ▶ *n* plaie *f*

sorrow ['sɔrəu] *n* peine *f*, chagrin *m*

sorry ['sɔrɪ] *adj* désolé(e); (*condition, excuse, tale*) triste, déplorable; **~!** pardon!, excusez-moi!; **~?** pardon?; **to feel ~ for sb** plaindre qn
sort [sɔːt] *n* genre *m*, espèce *f*, sorte *f*; (*make: of coffee, car etc*) marque *f* ▶ *vt* (*also*: **~ out**: *select which to keep*) trier; (*classify*) classer; (*tidy*) ranger • **sort out** *vt* (*problem*) résoudre, régler
SOS *n* SOS *m*
so-so ['səusəu] *adv* comme ci comme ça
sought [sɔːt] *pt, pp of* **seek**
soul [səul] *n* âme *f*
sound [saund] *adj* (*healthy*) en bonne santé, sain(e); (*safe, not damaged*) solide, en bon état; (*reliable, not superficial*) sérieux(-euse), solide; (*sensible*) sensé(e) ▶ *adv*: **~ asleep** profondément endormi(e) ▶ *n* (*noise, volume*) son *m*; (*louder*) bruit *m*; (*Geo*) détroit *m*, bras *m* de mer ▶ *vt* (*alarm*) sonner ▶ *vi* sonner, retentir; (*fig: seem*) sembler (être); **to ~ like** ressembler à • **sound bite** *n* phrase toute faite (*pour être citée dans les médias*) • **soundtrack** *n* (*of film*) bande *f* sonore
soup [suːp] *n* soupe *f*, potage *m*
sour ['sauəʳ] *adj* aigre; **it's ~ grapes** c'est du dépit
source [sɔːs] *n* source *f*
south [sauθ] *n* sud *m* ▶ *adj* sud *inv*; (*wind*) du sud ▶ *adv* au sud, vers le sud • **South Africa** *n* Afrique *f* du Sud • **South African** *adj* sud-africain(e) ▶ *n* Sud-Africain(e) • **South America** *n* Amérique *f* du Sud • **South American** *adj* sud-américain(e) ▶ *n* Sud-Américain(e) • **southbound** *adj* en direction du sud; (*carriageway*) sud *inv* • **south-**[…] *n* sud-est *m* • **southern** ['sʌð[…] *adj* (du) sud; méridional(e) • **South Korea** *n* Corée *f* du S[…] • **South of France** *n*: **the So[…] of France** le Sud de la France, […] Midi • **South Pole** *n*: **the So[…] Pole** le Pôle Sud • **southwar[…]** *adv* vers le sud • **south-west** […] sud-ouest *m*
souvenir [suːvə'nɪəʳ] *n* souv[…] *m* (*objet*)
sovereign ['sɔvrɪn] *adj, n* souverain(e)
sow¹ [səu] (*pt* **sowed**, *pp* **sow**[…]) semer
sow² *n* [sau] truie *f*
soya ['sɔɪə], (*US*) **soy** [sɔɪ] *n*: **~ bean** graine *f* de soja; **~ sau[…]** sauce *f* au soja
spa [spɑː] *n* (*town*) station thermale; (*US: also*: **health ~**) établissement *m* de cure de rajeunissement
space [speɪs] *n* (*gen*) espace *m*[…] (*room*) place *f*; espace; (*length time*) laps *m* de temps ▶ *cpd* spatial(e) ▶ *vt* (*also*: **~ out**) es[…] • **spacecraft** *n* engin *or* vaiss[…] spatial • **spaceship** *n* = **spacecraft**
spacious ['speɪʃəs] *adj* spacieux(-euse), grand(e)
spade [speɪd] *n* (*tool*) bêche *f*, pelle *f*; (*child's*) pelle; **spades** *n*[…] (*Cards*) pique *m*
spaghetti [spə'gɛtɪ] *n* spagh[…] *mpl*
Spain [speɪn] *n* Espagne *f*
spam [spæm] *n* (*Comput*) pourriel *m* • **spamming** *n* (*Comput*) spamming *m*, envoi de pourriels

[spæn] *n* (*of bird, plane*) ergure *f*; (*of arch*) portée *f*; (*in*) espace *m* de temps, durée *f* enjamber, franchir; (*fig*) vrir, embrasser
iard ['spænjəd] *n* Espagnol(e)
ish ['spænɪʃ] *adj* espagnol(e), pagne ▸ *n* (*Ling*) espagnol *m*; **Spanish** *npl* les Espagnols
k [spæŋk] *vt* donner une ée à
ner ['spænəʳ] *n* (BRIT) clé *f* mécanicien)
e [spɛəʳ] *adj* de réserve, de ange; (*surplus*) de *or* en trop, este ▸ *n* (*part*) pièce *f* de ange, pièce détachée ▸ *vt* (*do out*) se passer de; (*afford to*) donner, accorder, passer; hurt) épargner; **to ~** (*surplus*) urplus, de trop • **spare part** *n* e *f* de rechange, pièce achée • **spare room** *n* mbre *f* d'ami • **spare time** *n* ments *mpl* de loisir • **spare** e • (US) **spare tire** *n* (*Aut*) pneu e rechange • **spare wheel** *n*) roue *f* de secours
k [spɑːk] *n* étincelle *f*
kle ['spɑːkl] *n* scintillement tincellement *m*, éclat *m* ▸ *vi* celer, scintiller
kling ['spɑːklɪŋ] *adj* (*wine*) usseux(-euse), pétillant(e); ter) pétillant(e), gazeux(-euse)
k plug *n* bougie *f*
row ['spærəu] *n* moineau *m*
se [spɑːs] *adj* clairsemé(e)
sm ['spæzəm] *n* (*Med*) sme *m*
[spæt] *pt, pp of* **spit**
te [speɪt] *n* (*fig*): **~ of** lanche *f or* torrent *m* de
tula ['spætjulə] *n* spatule *f*

speak (*pt* **spoke**, *pp* **spoken**) [spiːk, spəuk, 'spəukn] *vt* (*language*) parler; (*truth*) dire ▸ *vi* parler; (*make a speech*) prendre la parole; **to ~ to sb/of** *or* **about sth** parler à qn/de qch; **I don't ~ French** je ne parle pas français; **do you ~ English?** parlez-vous anglais?; **can I ~ to ...?** est-ce que je peux parler à ...? • **speaker** *n* (*in public*) orateur *m*; (*also*: **loudspeaker**) haut-parleur *m*; (*for stereo etc*) baffle *m*, enceinte *f*; (*Pol*): **the Speaker** (BRIT) *le président de la Chambre des communes or des représentants*; (US) *le président de la Chambre*
spear [spɪəʳ] *n* lance *f* ▸ *vt* transpercer
special ['spɛʃl] *adj* spécial(e) • **special delivery** *n* (*Post*): **by special delivery** en express • **special effects** *npl* (*Cine*) effets spéciaux • **specialist** *n* spécialiste *m/f* • **speciality** [spɛʃɪ'ælɪtɪ] *n* (BRIT) spécialité *f* • **specialize** *vi*: **to specialize (in)** se spécialiser (dans) • **specially** *adv* spécialement, particulièrement • **special needs** *npl* (BRIT) difficultés *fpl* d'apprentissage scolaire • **special offer** *n* (*Comm*) réclame *f* • **special school** *n* (BRIT) établissement *m* d'enseignement spécialisé • **specialty** *n* (US) = **speciality**
species ['spiːʃiːz] *n* (*pl inv*) espèce *f*
specific [spə'sɪfɪk] *adj* (*not vague*) précis(e), explicite; (*particular*) particulier(-ière) • **specifically** *adv* explicitement, précisément; (*intend, ask, design*) expressément, spécialement
specify ['spɛsɪfaɪ] *vt* spécifier, préciser

specimen ['spɛsɪmən] *n* spécimen *m*, échantillon *m*; (*Med*: *of blood*) prélèvement *m*; (: *of urine*) échantillon *m*
speck [spɛk] *n* petite tache, petit point; (*particle*) grain *m*
spectacle ['spɛktəkl] *n* spectacle *m*; **spectacles** *npl* (BRIT) lunettes *fpl* • **spectacular** [spɛk'tækjuləʳ] *adj* spectaculaire
spectator [spɛk'teɪtəʳ] *n* spectateur(-trice)
spectrum (*pl* **spectra**) ['spɛktrəm, -rə] *n* spectre *m*; (*fig*) gamme *f*
speculate ['spɛkjuleɪt] *vi* spéculer; (*ponder*): **to ~ about** s'interroger sur
sped [spɛd] *pt, pp of* **speed**
speech [spi:tʃ] *n* (*faculty*) parole *f*; (*talk*) discours *m*, allocution *f*; (*manner of speaking*) façon *f* de parler, langage *m*; (*enunciation*) élocution *f* • **speechless** *adj* muet(te)
speed [spi:d] *n* vitesse *f*; (*promptness*) rapidité *f* ▶ *vi* (*pt, pp* **sped**) (*Aut*: *exceed speed limit*) faire un excès de vitesse; **at full** *or* **top ~** à toute vitesse *or* allure • **speed up** (*pt, pp* **speeded up**) *vi* aller plus vite, accélérer ▶ *vt* accélérer • **speedboat** *n* vedette *f*, hors-bord *m inv* • **speed camera** *n* (*Aut*) radar *m* (automatique) • **speeding** *n* (*Aut*) excès *m* de vitesse • **speed limit** *n* limitation *f* de vitesse, vitesse maximale permise • **speedometer** [spɪ'dɔmɪtəʳ] *n* compteur *m* (de vitesse) • **speedy** *adj* rapide, prompt(e)
spell [spɛl] *n* (*also*: **magic ~**) sortilège *m*, charme *m*; (*period of time*) (courte) période ▶ *vt* (*p* **spelled** *or* **spelt**) (*in writing*) orthographier; (*aloud*) épele signifier; **to cast a ~ on sb** je un sort à qn; **he can't ~** il fai fautes d'orthographe • **spell** *vt* (*explain*): **to ~ sth out for s** expliquer qch clairement à q • **spellchecker** ['speltʃekəʳ] (*Comput*) correcteur *m or* vérificateur *m* orthographiq • **spelling** *n* orthographe *f*
spelt [spɛlt] *pt, pp of* **spell**
spend [spɛnd] (*pt, pp* **spent**) (*money*) dépenser; (*time, life*) passer; (*devote*) consacrer • **spending** *n*: **government spending** les dépenses publiques
spent [spɛnt] *pt, pp of* **spend** ▶ *adj* (*cartridge, bullets*) vide
sperm [spə:m] *n* spermatoz *m*; (*semen*) sperme *m*
sphere [sfɪəʳ] *n* sphère *f*; (*fig*) sphère, domaine *m*
spice [spaɪs] *n* épice *f* ▶ *vt* épi
spicy ['spaɪsɪ] *adj* épicé(e), relevé(e); (*fig*) piquant(e)
spider ['spaɪdəʳ] *n* araignée *f*
spike [spaɪk] *n* pointe *f*; (*Bot*)
spill [spɪl] (*pt, pp* **spilt** *or* **spill** *vt* renverser; répandre ▶ *vi* se répandre • **spill over** *vi* débo
spilt [spɪlt] *pt, pp of* **spill**
spin [spɪn] (*pt, pp* **spun**) *n* (*revolution of wheel*) tour *m*; (*A* (*chute f en*) vrille *f*; (*trip in car*) tour, balade *f*; (*on ball*) effet *m* (*wool etc*) filer; (*wheel*) faire to ▶ *vi* (*turn*) tourner, tournoyer
spinach ['spɪnɪtʃ] *n* épinards
spinal ['spaɪnl] *adj* vertébral(spinal(e) • **spinal cord** *n* moelle épinière

-doctor n (inf) personne
'oyée pour présenter un parti
ique sous un jour favorable
-dryer [spɪn'draɪəʳ] n (BRIT)
reuse f
e [spaɪn] n colonne
ébrale; (thorn) épine f,
iant m
al ['spaɪərl] n spirale f ▸ vi (fig:
es etc) monter en flèche
e ['spaɪəʳ] n flèche f, aiguille f
t ['spɪrɪt] n (soul) esprit m,
e f; (ghost) esprit, revenant m;
od) esprit, état m d'esprit;
rage) courage m, énergie f;
its npl (drink) spiritueux mpl,
ol m; **in good ~s** de bonne
neur
tual ['spɪrɪtjuəl] adj
ituel(le); (religious)
gieux(-euse)
[spɪt] n (for roasting) broche f;
ttle) crachat m; (saliva) salive f
(pt, pp **spat**) cracher; (sound)
piter; (rain) crachiner
e [spaɪt] n rancune f, dépit m
contrarier, vexer; **in ~ of** en
it de, malgré • **spiteful** adj
veillant(e), rancunier(-ière)
sh [splæʃ] n (sound) plouf m;
olour) tache f ▸ vt éclabousser
(also: **~ about**) barboter,
auger • **splash out** vi (BRIT)
e une folie
ndid ['splɛndɪd] adj
endide, superbe, magnifique
nter ['splɪntəʳ] n (wood)
arde f; (metal) éclat m ▸ vi
od) se fendre; (glass) se briser
: [splɪt] (pt, pp **split**) n fente f,
hirure f; (fig: Pol) scission f ▸ vt
dre, déchirer; (party) diviser;
rk, profits) partager, répartir
(break) se fendre, se briser;
(divide) se diviser • **split up** vi
(couple) se séparer, rompre;
(meeting) se disperser

spoil [spɔɪl] (pt, pp **spoiled** or **spoilt**) vt (damage) abîmer; (mar) gâcher; (child) gâter

spoilt [spɔɪlt] pt, pp of **spoil** ▸ adj (child) gâté(e); (ballot paper) nul(le)

spoke [spəuk] pt of **speak** ▸ n rayon m

spoken ['spəukn] pp of **speak**

spokesman ['spəuksmən] (irreg) n porte-parole m inv

spokesperson ['spəukspə:sn] (irreg) n porte-parole m inv

spokeswoman ['spəukswumən] (irreg) n porte-parole m inv

sponge [spʌndʒ] n éponge f; (Culin: also: **~ cake**) ≈ biscuit m de Savoie ▸ vt éponger ▸ vi: **to ~ off** or **on** vivre aux crochets de • **sponge bag** n (BRIT) trousse f de toilette

sponsor ['spɔnsəʳ] n (Radio, TV, Sport) sponsor m; (for application) parrain m, marraine f; (BRIT: for fund-raising event) donateur(-trice) ▸ vt sponsoriser; parrainer; faire un don à • **sponsorship** n sponsoring m; parrainage m; dons mpl

spontaneous [spɔn'teɪnɪəs] adj spontané(e)

spooky ['spu:kɪ] adj (inf) qui donne la chair de poule

spoon [spu:n] n cuiller f • **spoonful** n cuillerée f

sport [spɔ:t] n sport m; (person) chic type m/chic fille f ▸ vt (wear) arborer • **sport jacket** n (US) = **sports jacket** • **sports car** n voiture f de sport • **sports centre** (BRIT) n centre sportif • **sports**

jacket *n* (BRIT) veste *f* de sport • **sportsman** (*irreg*) *n* sportif *m* • **sports utility vehicle** *n* véhicule *m* de loisirs (*de type SUV*) • **sportswear** *n* vêtements *mpl* de sport • **sportswoman** (*irreg*) *n* sportive *f* • **sporty** *adj* sportif(-ive)

spot [spɔt] *n* tache *f*; (*dot: on pattern*) pois *m*; (*pimple*) bouton *m*; (*place*) endroit *m*, coin *m* ▸ *vt* (*notice*) apercevoir, repérer; **on the ~** sur place, sur les lieux; (*immediately*) sur le champ • **spotless** *adj* immaculé(e) • **spotlight** *n* projecteur *m*; (*Aut*) phare *m* auxiliaire

spouse [spauz] *n* époux (épouse)

sprain [spreɪn] *n* entorse *f*, foulure *f* ▸ *vt*: **to ~ one's ankle** se fouler *or* se tordre la cheville

sprang [spræŋ] *pt of* **spring**

sprawl [sprɔːl] *vi* s'étaler

spray [spreɪ] *n* jet *m* (en fines gouttelettes); (*from sea*) embruns *mpl*; (*aerosol*) vaporisateur *m*, bombe *f*; (*for garden*) pulvérisateur *m*; (*of flowers*) petit bouquet ▸ *vt* vaporiser, pulvériser; (*crops*) traiter

spread [sprɛd] (*pt*, *pp* **spread**) *n* (*distribution*) répartition *f*; (*Culin*) pâte *f* à tartiner; (*inf: meal*) festin *m* ▸ *vt* (*paste, contents*) étendre, étaler; (*rumour, disease*) répandre, propager; (*wealth*) répartir ▸ *vi* s'étendre; se répandre; se propager; (*stain*) s'étaler • **spread out** *vi* (*people*) se disperser • **spreadsheet** *n* (*Comput*) tableur *m*

spree [spriː] *n*: **to go on a ~** faire la fête

spring [sprɪŋ] (*pt* **sprang**, *pp* **sprung**) *n* (*season*) printemps *m*; (*leap*) bond *m*, saut *m*; (*coiled* ressort *m*; (*of water*) source *f* bondir, sauter • **spring up** *v* (*problem*) se présenter, surgir (*plant, buildings*) surgir de ter • **spring onion** *n* (BRIT) cibo cive *f*

sprinkle ['sprɪŋkl] *vt*: **to ~ w** *etc* **on, ~ with water** *etc* asp d'eau *etc*; **to ~ sugar** *etc* **on, ~ with sugar** *etc* saupoudre sucre *etc*

sprint [sprɪnt] *n* sprint *m* ▸ *v* courir à toute vitesse; (*Sport*) sprinter

sprung [sprʌŋ] *pp of* **spring**

spun [spʌn] *pt*, *pp of* **spin**

spur [spəːʳ] *n* éperon *m*; (*fig*) aiguillon *m* ▸ *vt* (*also*: **~ on**) éperonner aiguillonner; **on t ~ of the moment** sous l'impulsion du moment

spurt [spəːt] *n* jet *m*; (*of blood* jaillissement *m*; (*of energy*) regain *m*, sursaut *m* ▸ *vi* jaillir gicler

spy [spaɪ] *n* espion(ne) ▸ *vi*: **t ~ on** espionner, épier ▸ *vt* (*see* apercevoir • **spycam** *n* camé de surveillance

Sq. *abbr* (*in address*) = **square**

sq. *abbr* (*Math etc*) = **square**

squabble ['skwɔbl] *vi* se chamailler

squad [skwɔd] *n* (*Mil, Police*) escouade *f*, groupe *m*; (*Footba* contingent *m*

squadron ['skwɔdrn] *n* (*Mil*) escadron *m*; (*Aviat, Naut*) escadrille *f*

squander ['skwɔndəʳ] *vt* gaspiller, dilapider

square [skwɛəʳ] *n* carré *m*; (*in town*) place *f* ▸ *adj* carré(e)

(arrange) régler; arranger;
:h) élever au carré; (reconcile)
:ilier; **all ~** quitte; à égalité;
neal un repas convenable;
etres ~ (de) 2 mètres sur 2;
netre 1 mètre carré • **square**
n racine carrée
sh [skwɔʃ] *n* (BRIT *Sport*)
ash *m*; (US: *vegetable*) courge *f*;
k): **lemon/orange ~**
onnade *f*/orangeade *f* ▶ *vt*
ser
t [skwɔt] *adj* petit(e) et
s(se), ramassé(e) ▶ *vi* (*also*:
wn) s'accroupir • **squatter** *n*
atter *m*
ak [skwi:k] *vi* (*hinge, wheel*)
cer; (*mouse*) pousser un petit

al [skwi:l] *vi* pousser un *or*
cri(s) aigu(s) *or* perçant(s);
kes) grincer
eze [skwi:z] *n* pression *f* ▶ *vt*
sser; (*hand, arm*) serrer
d [skwɪd] *n* calmar *m*
nt [skwɪnt] *vi* loucher
rm [skwə:m] *vi* se tortiller
rel ['skwɪrəl] *n* écureuil *m*
rt [skwə:t] *vi* jaillir, gicler ▶ *vt*
e gicler
br = **senior**
anka [srɪ'læŋkə] *n* Sri
ka *m*
br = **saint; street**
[stæb] *n* (*with knife etc*) coup
e couteau *etc*); (*of pain*) lancée
f: *try*): **to have a ~ at (doing)**
s'essayer à (faire) qch ▶ *vt*
gnarder
ility [stə'bɪlɪtɪ] *n* stabilité *f*
le ['steɪbl] *n* écurie *f* ▶ *adj*
ble
k [stæk] *n* tas *m*, pile *f*
empiler, entasser

stadium ['steɪdɪəm] *n* stade *m*
staff [stɑ:f] *n* (*work force*) personnel *m*; (BRIT *Scol*: *also*: **teaching ~**) professeurs *mpl*, enseignants *mpl*, personnel enseignant ▶ *vt* pourvoir en personnel
stag [stæg] *n* cerf *m*
stage [steɪdʒ] *n* scène *f*; (*platform*) estrade *f*; (*point*) étape *f*, stade *m*; (*profession*): **the ~** le théâtre ▶ *vt* (*play*) monter, mettre en scène; (*demonstration*) organiser; **in ~s** par étapes, par degrés

⚠ Be careful not to translate *stage* by the French word *stage*.

stagger ['stægə^r] *vi* chanceler, tituber ▶ *vt* (*person*: *amaze*) stupéfier; (*hours, holidays*) étaler, échelonner • **staggering** *adj* (*amazing*) stupéfiant(e), renversant(e)
stagnant ['stægnənt] *adj* stagnant(e)
stag night, stag party *n* enterrement *m* de vie de garçon
stain [steɪn] *n* tache *f*; (*colouring*) colorant *m* ▶ *vt* tacher; (*wood*) teindre • **stained glass** *n* (*decorative*) verre coloré; (*in church*) vitraux *mpl* • **stainless steel** *n* inox *m*, acier *m* inoxydable
staircase ['stɛəkeɪs] *n* = **stairway**
stairs [stɛəz] *npl* escalier *m*
stairway ['stɛəweɪ] *n* escalier *m*
stake [steɪk] *n* pieu *m*, poteau *m*; (*Comm*: *interest*) intérêts *mpl*; (*Betting*) enjeu *m* ▶ *vt* risquer, jouer; (*also*: **~ out**: *area*) marquer, délimiter; **to be at ~** être en jeu
stale [steɪl] *adj* (*bread*) rassis(e); (*food*) pas frais (fraîche); (*beer*)

éventé(e); (*smell*) de renfermé; (*air*) confiné(e)

stalk [stɔːk] *n* tige *f* ▸ *vt* traquer

stall [stɔːl] *n* (*in street, market etc*) éventaire *m*, étal *m*; (*in stable*) stalle *f* ▸ *vt* (*Aut*) caler; (*fig: delay*) retarder ▸ *vi* (*Aut*) caler; (*fig*) essayer de gagner du temps; **stalls** *npl* (BRIT: *in cinema, theatre*) orchestre *m*

stamina ['stæmɪnə] *n* vigueur *f*, endurance *f*

stammer ['stæməʳ] *n* bégaiement *m* ▸ *vi* bégayer

stamp [stæmp] *n* timbre *m*; (*also*: **rubber ~**) tampon *m*; (*mark: also fig*) empreinte *f*; (*on document*) cachet *m* ▸ *vi* (*also*: **~ one's foot**) taper du pied ▸ *vt* (*letter*) timbrer; (*with rubber stamp*) tamponner • **stamp out** *vt* (*fire*) piétiner; (*crime*) éradiquer; (*opposition*) éliminer • **stamped addressed envelope** *n* (BRIT) enveloppe affranchie pour la réponse

stampede [stæm'piːd] *n* ruée *f*; (*of cattle*) débandade *f*

stance [stæns] *n* position *f*

stand [stænd] (*pt, pp* **stood**) *n* (*position*) position *f*; (*for taxis*) station *f* (de taxis); (*Comm*) étalage *m*, stand *m*; (*Sport: also*: **~s**) tribune *f*; (*also*: **music ~**) pupitre *m* ▸ *vi* être *or* se tenir (debout); (*rise*) se lever, se mettre debout; (*be placed*) se trouver; (*remain: offer etc*) rester valable ▸ *vt* (*place*) mettre, poser; (*tolerate, withstand*) supporter; (*treat, invite*) offrir, payer; **to make a ~** prendre position; **to ~ for parliament** (BRIT) se présenter aux élections (*comme candidat à la députation*); **I can't ~ him** je ne peux pas le voir • **stand back** *vi* (*move back*) reculer, s'écarter • **stand by** *vi* (*be ready*) se tenir prêt(e) ▸ *vt fus* (*opinion*) s'en tenir à; (*person*) ne pas abandonner, soutenir • **stand down** *vi* (*withdraw*) se retirer • **stand for** *vt fus* (*signify*) représenter, signifier; (*tolerate*) supporter, tolérer • **stand in** for *vt fus* remplacer • **stand out** *vi* (*be prominent*) ressortir • **stand up** *vi* (*rise*) se lever, se mettre debout • **stand up for** *vt fus* défendre • **stand up to** *vt fus* tenir tête à, résister à

standard ['stændəd] *n* (*norm*) norme *f*, étalon *m*; (*level*) niveau *m* (voulu); (*criterion*) critère *m*; (*flag*) étendard *m* ▸ *adj* (*size etc*) ordinaire, normal(e); (*model, feature*) standard *inv*; (*practice*) courant(e); (*text*) de base; **standards** *npl* (*morals*) morale *f*, principes *mpl* • **standard of living** *n* niveau *m* de vie

stand-by ticket *n* (*Aviat*) billet *m* stand-by

standing ['stændɪŋ] *adj* debout *inv*; (*permanent*) permanent(e) ▸ *n* réputation *f*, rang *m*, standing *m*; **of many years' ~** qui dure *or* existe depuis longtemps • **standing order** *n* (BRIT: *at bank*) virement *m* automatique, prélèvement *m* bancaire

stand: • **standpoint** *n* point *m* de vue • **standstill** *n*: **at a standstill** à l'arrêt; (*fig*) au point mort; **to come to a standstill** s'immobiliser, s'arrêter

stank [stæŋk] *pt of* **stink**

staple ['steɪpl] *n* (*for papers*) agrafe *f* ▸ *adj* (*food, crop, industry etc*) de base principal(e) ▸ *vt* agrafer

star [stɑːʳ] *n* étoile *f*; (*celebrity*) vedette *f* ▸ *vt* (*Cine*) avoir pour

tte; **stars** *npl*: **the ~s**
ology) l'horoscope *m*
oard ['stɑ:bəd] *n* tribord *m*
h [stɑ:tʃ] *n* amidon *m*; (*in*
fécule *f*
lom ['stɑ:dəm] *n* célébrité *f*
[stɛəʳ] *n* regard *m* fixe ▶ *vi*:
at regarder fixement
[stɑ:k] *adj* (*bleak*) désolé(e),
ne ▶ *adv*: **~ naked**
plètement nu(e)
[stɑ:t] *n* commencement *m*,
ut *m*; (*of race*) départ *m*;
den movement) sursaut *m*;
antage) avance *f*, avantage *m*
commencer; (*cause*: *fight*)
encher; (*rumour*) donner
sance à; (*fashion*) lancer;
nd: *business, newspaper*) lancer,
r; (*engine*) mettre en marche
(*begin*) commencer; (*begin*
ney) partir, se mettre en route;
p) sursauter; **when does the**
~? à quelle heure est-ce que le
commence?; **to ~ doing** *or* **to**
th se mettre à faire qch
art off *vi* commencer; (*leave*)
ir • **start out** *vi* (*begin*)
mencer; (*set out*) partir
art up *vi* commencer; (*car*)
arrer ▶ *vt* (*fight*) déclencher;
iness) créer; (*car*) mettre en
che • **starter** *n* (*Aut*)
arreur *m*; (*Sport*: *official*)
ter *m*; (BRIT *Culin*) entrée *f*
arting point *n* point *m* de
art
tle ['stɑ:tl] *vt* faire sursauter;
ner un choc à • **startling** *adj*
renant(e), saisissant(e)
vation [stɑ:'veɪʃən] *n* faim *f*,
ine *f*
ve [stɑ:v] *vi* mourir de faim
laisser mourir de faim

state [steɪt] *n* état *m*; (*Pol*) État ▶ *vt* (*declare*) déclarer, affirmer; (*specify*) indiquer, spécifier; **States** *npl*: **the S~s** les États-Unis; **to be in a ~** être dans tous ses états
• **stately home** ['steɪtlɪ-] *n* manoir *m or* château *m* (*ouvert au public*) • **statement** *n* déclaration *f*; (*Law*) déposition *f* • **state school** *n* école publique
• **statesman** (*irreg*) *n* homme *m* d'État

static ['stætɪk] *n* (*Radio*) parasites *mpl*; (*also*: **~ electricity**) électricité *f* statique ▶ *adj* statique

station ['steɪʃən] *n* gare *f*; (*also*: **police ~**) poste *m or* commissariat *m* (de police) ▶ *vt* placer, poster

stationary ['steɪʃnərɪ] *adj* à l'arrêt, immobile

stationer's (shop) *n* (BRIT) papeterie *f*

stationery ['steɪʃnərɪ] *n* papier *m* à lettres, petit matériel de bureau

station wagon *n* (US) break *m*

statistic [stə'tɪstɪk] *n* statistique *f* • **statistics** *n* (*science*) statistique *f*

statue ['stætju:] *n* statue *f*

stature ['stætʃəʳ] *n* stature *f*; (*fig*) envergure *f*

status ['steɪtəs] *n* position *f*, situation *f*; (*prestige*) prestige *m*; (*Admin, official position*) statut *m*
• **status quo** [-'kwəu] *n*: **the status quo** le statu quo

statutory ['stætjutrɪ] *adj* statutaire, prévu(e) par un article de loi

staunch [stɔ:ntʃ] *adj* sûr(e), loyal(e)

stay [steɪ] *n* (*period of time*) séjour *m* ▶ *vi* rester; (*reside*) loger; (*spend some time*) séjourner; **to ~ put** ne pas bouger; **to ~ the night** passer la nuit • **stay away** *vi* (*from person, building*) ne pas s'approcher; (*from event*) ne pas venir • **stay behind** *vi* rester en arrière • **stay in** *vi* (*at home*) rester à la maison • **stay on** *vi* rester • **stay out** *vi* (*of house*) ne pas rentrer; (*strikers*) rester en grève • **stay up** *vi* (*at night*) ne pas se coucher

steadily ['stɛdɪlɪ] *adv* (*regularly*) progressivement; (*firmly*) fermement; (*walk*) d'un pas ferme; (*fixedly: look*) sans détourner les yeux

steady ['stɛdɪ] *adj* stable, solide, ferme; (*regular*) constant(e), régulier(-ière); (*person*) calme, pondéré(e) ▸ *vt* assurer, stabiliser; (*nerves*) calmer; **a ~ boyfriend** un petit ami

steak [steɪk] *n* (*meat*) bifteck *m*, steak *m*; (*fish, pork*) tranche *f*

steal (*pt* **stole**, *pp* **stolen**) [sti:l, stəul, 'stəuln] *vt*, *vi* voler; (*move*) se faufiler, se déplacer furtivement; **my wallet has been stolen** on m'a volé mon portefeuille

steam [sti:m] *n* vapeur *f* ▸ *vt* (*Culin*) cuire à la vapeur ▸ *vi* fumer • **steam up** *vi* (*window*) se couvrir de buée; **to get ~ed up about sth** (*fig: inf*) s'exciter à propos de qch • **steamy** *adj* humide; (*window*) embué(e); (*sexy*) torride

steel [sti:l] *n* acier *m* ▸ *cpd* d'acier

steep [sti:p] *adj* raide, escarpé(e); (*price*) très élevé(e), excessif(-ive) ▸ *vt* (faire) tremper

steeple ['sti:pl] *n* clocher *m*

steer [stɪəʳ] *vt* diriger; (*boat*) gouverner; (*lead: person*) guider, conduire ▸ *vi* tenir le gouvernail • **steering** *n* (*Aut*) conduite • **steering wheel** *n* volant

stem [stɛm] *n* (*of plant*) tige; *glass*) pied *m* ▸ *vt* contenir, endiguer; (*attack, spread of d* juguler

step [stɛp] *n* pas *m*; (*stair*) m *f*; (*action*) mesure *f*, dispositi ▸ *vi*: **to ~ forward/back** fair pas en avant/arrière, avance reculer; **steps** *npl* (BRIT) = **stepladder**; **to be in/out ~ (with)** (*fig*) aller dans le ser (de)/être déphasé(e) (par ra à) • **step down** *vi* (*fig*) se reti désister • **step in** *vi* (*fig*) inte • **step up** *vt* (*production, sale* augmenter; (*campaign, effort* intensifier • **stepbrother** *n* demi-frère *m* • **stepchild** (*pl* **stepchildren**) *n* beau-fils *m*, belle-fille *f* • **stepdad** *n* beau- • **stepdaughter** *n* belle-fille • **stepfather** *n* beau-père *m* • **stepladder** *n* (BRIT) escab • **stepmother** *n* belle-mère • **stepmum** *n* belle-mère *f* • **stepsister** *n* demi-sœur *f* • **stepson** *n* beau-fils *m*

stereo ['stɛrɪəu] *n* (*sound*) st *f*; (*hi-fi*) chaîne *f* stéréo ▸ *adj* (**~phonic**) stéréo(phonique)

stereotype ['stɪərɪətaɪp] *n* stéréotype *m* ▸ *vt* stéréotype

sterile ['stɛraɪl] *adj* stérile • **sterilize** ['stɛrɪlaɪz] *vt* stér

sterling ['stə:lɪŋ] *adj* (*silver*) bon aloi, fin(e) ▸ *n* (*currency*) sterling *inv*

stern [stə:n] *adj* sévère ▸ *n* (arrière *m*, poupe *f*

steroid ['stɪərɔɪd] *n* stéroïde

stew [stju:] *n* ragoût *m* ▸ *vt*, cuire à la casserole

ard ['stju:əd] *n* (*Aviat, Naut,*
steward *m* • **stewardess** *n*
sse *f*
[stɪk] (*pt, pp* **stuck**) *n* bâton
›r *walking*) canne *f*; (*of chalk*
norceau *m* ▶ *vt* (*glue*) coller;
ıst): **to ~ sth into** piquer *or*
ter *or* enfoncer qch dans; (*inf*:
mettre, fourrer; (: *tolerate*)
›orter ▶ *vi* (*adhere*) tenir,
er; (*remain*) rester; (*get jammed*:
, *lift*) se bloquer • **stick out** *vi*
asser, sortir • **stick up** *vi*
asser, sortir • **stick up for** *vt*
léfendre • **sticker** *n*
›-collant *m* • **sticking plaster**
aradrap *m*, pansement
ésif • **stick insect** *n* phasme
stick shift *n* (*US Aut*) levier *m*
itesses
:y ['stɪkɪ] *adj* poisseux(-euse);
el) adhésif(-ive); (*fig*: *situation*)
cat(e)
[stɪf] *adj* (*gen*) raide, rigide;
r, *brush*) dur(e); (*difficult*)
cile, ardu(e); (*cold*) froid(e),
ant(e); (*strong, high*) fort(e),
é(e) ▶ *adv*: **to be bored/**
red/frozen ~ s'ennuyer à
ırir/être mort(e) de peur/froid
ing ['staɪflɪŋ] *adj* (*heat*)
ocant(e)
na ['stɪgmə] *n* stigmate *m*
tto [stɪ'lɛtəu] *n* (*BRIT*: *also*:
eel) talon *m* aiguille
[stɪl] *adj* immobile ▶ *adv* (*up to*
time) encore, toujours; (*even*)
ore; (*nonetheless*) quand
ne, tout de même
ulate ['stɪmjuleɪt] *vt*
nuler
ulus (*pl* **stimuli**) ['stɪmjuləs,
mjulaɪ] *n* stimulant *m*; (*Biol,*
:*h*) stimulus *m*

sting [stɪŋ] *n* piqûre *f*; (*organ*) dard *m* ▶ *vt, vi* (*pt, pp* **stung**) piquer

stink [stɪŋk] *n* puanteur *f* ▶ *vi* (*pt* **stank**, *pp* **stunk**) puer, empester

stir [stəːʳ] *n* agitation *f*, sensation *f* ▶ *vt* remuer ▶ *vi* remuer, bouger • **stir up** *vt* (*trouble*) fomenter, provoquer • **stir-fry** *vt* faire sauter ▶ *n*: **vegetable stir-fry** légumes sautés à la poêle

stitch [stɪtʃ] *n* (*Sewing*) point *m*; (*Knitting*) maille *f*; (*Med*) point de suture; (*pain*) point de côté ▶ *vt* coudre, piquer; (*Med*) suturer

stock [stɔk] *n* réserve *f*, provision *f*; (*Comm*) stock *m*; (*Agr*) cheptel *m*, bétail *m*; (*Culin*) bouillon *m*; (*Finance*) valeurs *fpl*, titres *mpl*; (*descent, origin*) souche *f* ▶ *adj* (*fig*: *reply etc*) classique ▶ *vt* (*have in stock*) avoir, vendre; **in ~** en stock, en magasin; **out of ~** épuisé(e); **to take ~** (*fig*) faire le point; **~s and shares** valeurs (mobilières), titres • **stockbroker** ['stɔkbrəukəʳ] *n* agent *m* de change • **stock cube** *n* (*BRIT Culin*) bouillon-cube *m* • **stock exchange** *n* Bourse *f* (des valeurs) • **stockholder** ['stɔkhəuldəʳ] *n* (*US*) actionnaire *m/f*

stocking ['stɔkɪŋ] *n* bas *m*

stock market *n* Bourse *f*, marché financier

stole [stəul] *pt of* **steal** ▶ *n* étole *f*

stolen ['stəuln] *pp of* **steal**

stomach ['stʌmək] *n* estomac *m*; (*abdomen*) ventre *m* ▶ *vt* supporter, digérer • **stomachache** *n* mal *m* à l'estomac *or* au ventre

stone [stəun] *n* pierre *f*; (*pebble*) caillou *m*, galet *m*; (*in fruit*) noyau *m*; (*Med*) calcul *m*; (*BRIT*: *weight*) = 6.348 kg; 14 pounds ▶ *cpd* de *or* en pierre ▶ *vt* (*person*) lancer des pierres sur, lapider; (*fruit*) dénoyauter

stonking ['stɔŋkɪŋ] (BRIT *inf*) *adj*, *adv* super; **a ~ good idea** une super bonne idée

stood [stud] *pt*, *pp of* **stand**

stool [stu:l] *n* tabouret *m*

stoop [stu:p] *vi* (*also*: **have a ~**) être voûté(e); (*also*: **~ down**: *bend*) se baisser, se courber

stop [stɔp] *n* arrêt *m*; (*in punctuation*) point *m* ▶ *vt* arrêter; (*break off*) interrompre; (*also*: **put a ~ to**) mettre fin à; (*prevent*) empêcher ▶ *vi* s'arrêter; (*rain*, *noise etc*) cesser, s'arrêter; **to ~ doing sth** cesser *or* arrêter de faire qch; **to ~ sb (from) doing sth** empêcher qn de faire qch; **~ it!** arrête! • **stop by** *vi* s'arrêter (au passage) • **stop off** *vi* faire une courte halte • **stopover** *n* halte *f*; (*Aviat*) escale *f* • **stoppage** *n* (*strike*) arrêt *m* de travail; (*obstruction*) obstruction *f*

storage ['stɔ:rɪdʒ] *n* emmagasinage *m*

store [stɔ:ʳ] *n* (*stock*) provision *f*, réserve *f*; (*depot*) entrepôt *m*; (BRIT: *large shop*) grand magasin; (US: *shop*) magasin *m* ▶ *vt* emmagasiner; (*information*) enregistrer; **stores** *npl* (*food*) provisions; **who knows what is in ~ for us?** qui sait ce que l'avenir nous réserve *or* ce qui nous attend? • **storekeeper** *n* (US) commerçant(e)

storey, (US) **story** ['stɔ:rɪ] *n* étage *m*

storm [stɔ:m] *n* tempête *f*; (*thunderstorm*) orage *m* ▶ *vi* (*fig*) fulminer ▶ *vt* prendre d'assaut • **stormy** *adj* orageux(-euse)

story ['stɔ:rɪ] *n* histoire *f*; (*Pr*
article) article *m*; (US) = **store**

stout [staut] *adj* (*strong*) soli
(*fat*) gros(se), corpulent(e) ▶
bière brune

stove [stəuv] *n* (*for cooking*)
fourneau *m*; (: *small*) réchauc
(*for heating*) poêle *m*

straight [streɪt] *adj* droit(e);
raide; (*frank*) honnête, franc
(franche); (*simple*) simple ▶ *a*
(tout) droit; (*drink*) sec, sans
to put *or* **get ~** mettre en orc
mettre de l'ordre dans; (*fig*) n
au clair; **~ away**, **~ off** (*at onc*
tout de suite • **straighten** *v*
ajuster; (*bed*) arranger
• **straighten out** *vt* (*fig*)
débrouiller • **straighten up**
(*stand up*) se redresser
• **straightforward** *adj* simp
(*frank*) honnête, direct(e)

strain [streɪn] *n* (*Tech*) tensic
pression *f*; (*physical*) effort *m*;
(*mental*) tension (nerveuse);
entorse *f*; (*breed*: *of plants*) va
f; (: *of animals*) race *f* ▶ *vt* (*fig*:
resources etc) mettre à rude
épreuve, grever; (*hurt*: *back et*
faire mal à; (*vegetables*) égout
strains *npl* (*Mus*) accords *mp*
accents *mpl* • **strained** *adj*
(*muscle*) froissé(e); (*laugh etc*)
forcé(e), contraint(e); (*relatio*
tendu(e) • **strainer** *n* passoi

strait [streɪt] *n* (*Geo*) détroit
straits *npl*: **to be in dire ~s** (
avoir de sérieux ennuis

strand [strænd] *n* (*of thread*)
brin *m*; (*of rope*) toron *m*; (*of ha*
mèche *f* ▶ *vt* (*boat*) échouer
• **stranded** *adj* en rade, en pl

strange [streɪndʒ] *adj* (*not k*
inconnu(e); (*odd*) étrange, biz
• **strangely** *adv* étrangemer

rrement; *see also* **enough**
ranger *n* (*unknown*)
nnu(e); (*from somewhere else*)
nger(-ère)
ngle ['stræŋgl] *vt* étrangler
p [stræp] *n* lanière *f*, courroie
ngle *f*; (*of slip, dress*) bretelle *f*
tegic [strə'ti:dʒɪk] *adj*
tégique
tegy ['strætɪdʒɪ] *n* stratégie *f*
w [strɔ:] *n* paille *f*; **that's the**
~! ça c'est le comble!
wberry ['strɔ:bərɪ] *n* fraise *f*
y [streɪ] *adj* (*animal*) perdu(e),
nt(e); (*scattered*) isolé(e) ▸ *vi*
arer; **~ bullet** balle perdue
ak [stri:k] *n* bande *f*, filet *m*;
air) raie *f* ▸ *vt* zébrer, strier
am [stri:m] *n* (*brook*) ruisseau
current) courant *m*, flot *m*; (*of*
ple) défilé ininterrompu, flot
(*Scol*) répartir par niveau ▸ *vi*
seler; **to ~ in/out** entrer/
ir à flots
et [stri:t] *n* rue *f* • **streetcar** *n*
tramway *m* • **street light** *n*
erbère *m* • **street map**
reet plan *n* plan *m* des rues
ngth [strɛŋθ] *n* force *f*; (*of girder*,
etc) solidité *f* • **strengthen** *vt*
orcer; (*muscle*) fortifier;
lding, Econ) consolider
nuous ['strɛnjuəs] *adj*
oureux(-euse), énergique;
ng) ardu(e), fatigant(e)
ss [strɛs] *n* (*force, pressure*)
ssion *f*; (*mental strain*) tension
veuse), stress *m*; (*accent*)
ent *m*; (*emphasis*) insistance *f*
insister sur, souligner;
able) accentuer • **stressed**
(*tense*) stressé(e); (*syllable*)
entué(e) • **stressful** *adj*
) stressant(e)

stretch [strɛtʃ] *n* (*of sand etc*) étendue *f* ▸ *vi* s'étirer; (*extend*): **to ~ to** *or* **as far as** s'étendre jusqu'à ▸ *vt* tendre, étirer; (*fig*) pousser (au maximum); **at a ~** d'affilée • **stretch out** *vi* s'étendre ▸ *vt* (*arm etc*) allonger, tendre; (*to spread*) étendre

stretcher ['strɛtʃə^r] *n* brancard *m*, civière *f*

strict [strɪkt] *adj* strict(e) • **strictly** *adv* strictement

stridden ['strɪdn] *pp of* **stride**

stride [straɪd] *n* grand pas, enjambée *f* ▸ *vi* (*pt* **strode**, *pp* **stridden**) marcher à grands pas

strike [straɪk] (*pt, pp* **struck**) *n* grève *f*; (*of oil etc*) découverte *f*; (*attack*) raid *m* ▸ *vt* frapper; (*oil etc*) trouver, découvrir; (*make: agreement, deal*) conclure ▸ *vi* faire grève; (*attack*) attaquer; (*clock*) sonner; **to go on** *or* **come out on ~** se mettre en grève, faire grève; **to ~ a match** frotter une allumette • **striker** *n* gréviste *m/f*; (*Sport*) buteur *m* • **striking** *adj* frappant(e), saisissant(e); (*attractive*) éblouissant(e)

string [strɪŋ] *n* ficelle *f*, fil *m*; (*row: of beads*) rang *m*; (*Mus*) corde *f* ▸ *vt* (*pt, pp* **strung**): **to ~ out** échelonner; **to ~ together** enchaîner; **the strings** *npl* (*Mus*) les instruments *mpl* à cordes; **to pull ~s** (*fig*) faire jouer le piston

strip [strɪp] *n* bande *f*; (*Sport*) tenue *f* ▸ *vt* (*undress*) déshabiller; (*paint*) décaper; (*fig*) dégarnir, dépouiller; (*also*: **~ down**) (*machine*) démonter ▸ *vi* se déshabiller • **strip off** *vt* (*paint etc*) décaper ▸ *vi* (*person*) se déshabiller

stripe [straɪp] *n* raie *f*, rayure *f*; (*Mil*) galon *m* • **striped** *adj* rayé(e), à rayures

S

stripper ['strɪpəʳ] *n* strip-teaseuse *f*
strip-search ['strɪpsə:tʃ] *vt*: **to ~ sb** fouiller qn (*en le faisant se déshabiller*)
strive (*pt* **strove**, *pp* **striven**) [straɪv, strəuv, 'strɪvn] *vi*: **to ~ to do/for sth** s'efforcer de faire/d'obtenir qch
strode [strəud] *pt of* **stride**
stroke [strəuk] *n* coup *m*; (*Med*) attaque *f*; (*Swimming*: *style*) (sorte *f* de) nage *f* ▸ *vt* caresser; **at a ~** d'un (seul) coup
stroll [strəul] *n* petite promenade ▸ *vi* flâner, se promener nonchalamment • **stroller** *n* (US: *for child*) poussette *f*
strong [strɔŋ] *adj* (*gen*) fort(e); (*healthy*) vigoureux(-euse); (*heart, nerves*) solide; **they are 50 ~** ils sont au nombre de 50 • **stronghold** *n* forteresse *f*, fort *m*; (*fig*) bastion *m* • **strongly** *adv* fortement, avec force; vigoureusement; solidement
strove [strəuv] *pt of* **strive**
struck [strʌk] *pt, pp of* **strike**
structure ['strʌktʃəʳ] *n* structure *f*; (*building*) construction *f*
struggle ['strʌgl] *n* lutte *f* ▸ *vi* lutter, se battre
strung [strʌŋ] *pt, pp of* **string**
stub [stʌb] *n* (*of cigarette*) bout *m*, mégot *m*; (*of ticket etc*) talon *m* ▸ *vt*: **to ~ one's toe (on sth)** se heurter le doigt de pied (contre qch) • **stub out** *vt* écraser
stubble ['stʌbl] *n* chaume *m*; (*on chin*) barbe *f* de plusieurs jours
stubborn ['stʌbən] *adj* têtu(e), obstiné(e), opiniâtre
stuck [stʌk] *pt, pp of* **stick** ▸ *adj* (*jammed*) bloqué(e), coincé(e)
stud [stʌd] *n* (*on boots etc*) clc (*collar stud*) bouton *m* de col; (*earring*) petite boucle d'oreil (*of horses*: *also*: **~ farm**) écurie haras *m*; (*also*: **~ horse**) étalc ▸ *vt* (*fig*): **~ded with** parsemé criblé(e) de
student ['stju:dənt] *n* étudiant(e) ▸ *adj* (*life*) estudiantin(e), étudiant(e), d'étudiant; (*residence, restaur* universitaire; (*loan, movemen* étudiant • **student driver** *n* (conducteur(-trice)) débutar • **students' union** *n* (BRIT: *association*) ≈ union *f* des étudiants; (: *building*) ≈ foyer étudiants
studio ['stju:dɪəu] *n* studio *n* atelier *m*; (*TV etc*) studio • **stu flat** • (US) **studio apartmen** studio *m*
study ['stʌdɪ] *n* étude *f*; (*roon* bureau *m* ▸ *vt* étudier; (*exami* examiner ▸ *vi* étudier, faire se études
stuff [stʌf] *n* (*gen*) chose(s) *f*(truc *m*; (*belongings*) affaires *f* trucs; (*substance*) substance *f* ▸ *vt* rembourrer; (*Culin*) farcir (*inf*: *push*) fourrer • **stuffing** bourre *f*, rembourrage *m*; (*Cu* farce *f* • **stuffy** *adj* (*room*) ma ventilé(e) *or* aéré(e); (*ideas*) vi jeu *inv*
stumble ['stʌmbl] *vi* trébuch **to ~ across** *or* **on** (*fig*) tombe
stump [stʌmp] *n* souche *f*; (*o limb*) moignon *m* ▸ *vt*: **to be ~** sécher, ne pas savoir que répondre
stun [stʌn] *vt* (*blow*) étourdir; (*news*) abasourdir, stupéfier
stung [stʌŋ] *pt, pp of* **sting**

k [stʌŋk] *pp of* **stink**
ned [stʌnd] *adj* assommé(e); sidéré(e)
ning ['stʌnɪŋ] *adj* (*beautiful*) rdissant(e); (*news etc*) éfiant(e)
t [stʌnt] *n* (*in film*) cascade *f*, batie *f*; (*publicity*) truc *m* icitaire ▶ *vt* retarder, arrêter
id ['stju:pɪd] *adj* stupide, • **stupidity** [stju:'pɪdɪtɪ] *n* idité *f*, bêtise *f*
ly ['stə:dɪ] *adj* (*person, plant*) iste, vigoureux(-euse); (*object*) le
er ['stʌtəʳ] *n* bégaiement *m* bégayer
[staɪl] *n* style *m*; (*distinction*) e *f*, cachet *m*, style; (*design*) lèle *m* • **stylish** *adj* élégant(e), *inv* • **stylist** *n* (*hair stylist*) eur(-euse)
.. [sʌb] *prefix* sub..., s- • **subconscious** *adj* conscient(e)
ued [səb'dju:d] *adj* (*light*) isé(e); (*person*) qui a perdu de entrain
ect *n* ['sʌbdʒɪkt] sujet *m*;) matière *f* ▶ *vt* [səb'dʒɛkt]: **to** soumettre à; **to be ~ to**) être soumis(e) à
bjective [səb'dʒɛktɪv] *adj* ectif(-ive) • **subject matter** *n* *tent*) contenu *m*
unctive [səb'dʒʌŋktɪv] *n* onctif *m*
marine [sʌbmə'ri:n] *n* s-marin *m*
mission [səb'mɪʃən] *n* mission *f*
mit [səb'mɪt] *vt* soumettre se soumettre

subordinate [sə'bɔ:dɪnət] *adj* (*junior*) subalterne; (*Grammar*) subordonné(e) ▶ *n* subordonné(e)
subscribe [səb'skraɪb] *vi* cotiser; **to ~ to** (*opinion, fund*) souscrire à; (*newspaper*) s'abonner à; être abonné(e) à
subscription [səb'skrɪpʃən] *n* (*to magazine etc*) abonnement *m*
subsequent ['sʌbsɪkwənt] *adj* ultérieur(e), suivant(e) • **subsequently** *adv* par la suite
subside [səb'saɪd] *vi* (*land*) s'affaisser; (*flood*) baisser; (*wind, feelings*) tomber
subsidiary [səb'sɪdɪərɪ] *adj* subsidiaire; accessoire; (BRIT *Scol*: *subject*) complémentaire ▶ *n* filiale *f*
subsidize ['sʌbsɪdaɪz] *vt* subventionner
subsidy ['sʌbsɪdɪ] *n* subvention *f*
substance ['sʌbstəns] *n* substance *f*
substantial [səb'stænʃl] *adj* substantiel(le); (*fig*) important(e)
substitute ['sʌbstɪtju:t] *n* (*person*) remplaçant(e); (*thing*) succédané *m* ▶ *vt*: **to ~ sth/sb for** substituer qch/qn à, remplacer par qch/qn • **substitution** *n* substitution *f*
subtitles ['sʌbtaɪtlz] *npl* (*Cine*) sous-titres *mpl*
subtle ['sʌtl] *adj* subtil(e)
subtract [səb'trækt] *vt* soustraire, retrancher
suburb ['sʌbə:b] *n* faubourg *m*; **the ~s** la banlieue • **suburban** [sə'bə:bən] *adj* de banlieue, suburbain(e)
subway ['sʌbweɪ] *n* (BRIT: *underpass*) passage souterrain; (US: *railway*) métro *m*

succeed [sək'siːd] *vi* réussir ▶ *vt* succéder à; **to ~ in doing** réussir à faire
success [sək'sɛs] *n* succès *m*; réussite *f* • **successful** *adj* (*business*) prospère, qui réussit; (*attempt*) couronné(e) de succès; **to be successful (in doing)** réussir (à faire) • **successfully** *adv* avec succès
succession [sək'sɛʃən] *n* succession *f*
successive [sək'sɛsɪv] *adj* successif(-ive)
successor [sək'sɛsəʳ] *n* successeur *m*
succumb [sə'kʌm] *vi* succomber
such [sʌtʃ] *adj* tel (telle); (*of that kind*): **~ a book** un livre de ce genre *or* pareil, un tel livre; (*so much*): **~ courage** un tel courage ▶ *adv* si; **~ a long trip** un si long voyage; **~ a lot of** tellement *or* tant de; **~ as** (*like*) tel (telle) que, comme; **as ~** *adv* en tant que tel (telle), à proprement parler • **such-and-such** *adj* tel ou tel (telle ou telle)
suck [sʌk] *vt* sucer; (*breast, bottle*) téter
Sudan [su'dɑːn] *n* Soudan *m*
sudden ['sʌdn] *adj* soudain(e), subit(e); **all of a ~** soudain, tout à coup • **suddenly** *adv* brusquement, tout à coup, soudain
sudoku [su'dəukuː] *n* sudoku *m*
sue [suː] *vt* poursuivre en justice, intenter un procès à
suede [sweɪd] *n* daim *m*, cuir suédé
suffer ['sʌfəʳ] *vt* souffrir, subir; (*bear*) tolérer, supporter, subir ▶ *vi* souffrir; **to ~ from** (*illness*) souffrir de, avoir • **suffering** *n* souffrance(s) *f(pl)*
suffice [sə'faɪs] *vi* suffire
sufficient [sə'fɪʃənt] *adj* suffisant(e)
suffocate ['sʌfəkeɪt] *vi* suffoquer; étouffer
sugar ['ʃugəʳ] *n* sucre *m* ▶ *vt* sucrer
suggest [sə'dʒɛst] *vt* suggé[rer], proposer; (*indicate*) sembler indiquer • **suggestion** *n* suggestion *f*
suicide ['suɪsaɪd] *n* suicide *m*; **~ bombing** attentat *m* suici[de]; *see also* **commit** • **suicide bomber** *n* kamikaze *m/f*
suit [suːt] *n* (*man's*) costume complet *m*; (*woman's*) tailleu[r], ensemble *m*; (*Cards*) couleur; (*lawsuit*) procès *m* ▶ *vt* (*subj: clothes, hairstyle*) aller à; (*be convenient for*) convenir à; (*ad*[*apt*]); **to ~ sth to** adapter *or* appro[prier] qch à; **well ~ed** (*couple*) faits pour l'autre, très bien assorti • **suitable** *adj* qui convient; approprié(e), adéquat(e) • **suitcase** *n* valise *f*
suite [swiːt] *n* (*of rooms, also* ...) suite *f*; (*furniture*): **bedroom/dining room ~** (ensemble *m*) chambre *f* à coucher/salle *f* à manger; **a three-piece ~** un salon (canapé et deux fauteu[ils])
sulfur ['sʌlfəʳ] (*US*) *n* = **sulph**[**ur**]
sulk [sʌlk] *vi* bouder
sulphur, (*US*) **sulfur** ['sʌlfəʳ] *n* soufre *m*
sultana [sʌl'tɑːnə] *n* (*fruit*) r[aisin] (sec) de Smyrne
sum [sʌm] *n* somme *f*; (*Scol* et[c]) calcul *m* • **sum up** *vt* résume[r] résumer
summarize ['sʌməraɪz] *vt* résumer

nary ['sʌmərɪ] *n* résumé *m*
ner ['sʌməʳ] *n* été *m* ▶ *cpd*
, estival(e); **in (the) ~** en été,
lant l'été • **summer holidays**
randes vacances
mmertime *n* (*season*) été *m*
nit ['sʌmɪt] *n* sommet *m*;
: **~ conference**) (conférence *f*
ommet *m*
non ['sʌmən] *vt* appeler,
voquer; **to ~ a witness** citer
signer un témoin
sʌn] *n* soleil *m*
abbr (= *Sunday*) dim
• **sunbathe** *vi* prendre un
de soleil • **sunbed** *n* lit pliant;
ı *sun lamp*) lit à ultra-violets
nblock *n* écran *m* total
nburn *n* coup *m* de soleil
nburned • **sunburnt** *adj*
ızé(e), hâlé(e); (*painfully*)
é(e) par le soleil
lay ['sʌndɪ] *n* dimanche *m*
lower ['sʌnflauəʳ] *n*
'nesol *m*
[sʌŋ] *pp of* **sing**
lasses ['sʌnglɑ:sɪz] *npl*
ttes *fpl* de soleil
[sʌŋk] *pp of* **sink**
• **sunlight** *n* (lumière *f* du)
il *m* • **sun lounger** *n* chaise
ue • **sunny** *adj* ensoleillé(e);
sunny il fait (du) soleil, il y a
oleil • **sunrise** *n* lever *m* du
il • **sun roof** *n* (*Aut*) toit
rant • **sunscreen** *n* crème *f*
ire • **sunset** *n* coucher *m* du
il • **sunshade** *n* (*over table*)
ısol *m* • **sunshine** *n* (lumière *f*
soleil *m* • **sunstroke** *n*
lation *f*, coup *m* de soleil
ntan *n* bronzage *m* • **suntan**
on *n* lotion *f* or lait *m* solaire
ntan oil *n* huile *f* solaire

super ['su:pəʳ] *adj* (*inf*) formidable
superb [su:'pə:b] *adj* superbe, magnifique
superficial [su:pə'fɪʃəl] *adj* superficiel(le)
superfood ['su:pəfu:d] *n* superaliment *m*
superintendent [su:pərɪn'tɛndənt] *n* directeur(-trice); (*Police*) ≈ commissaire *m*
superior [su'pɪərɪəʳ] *adj* supérieur(e); (*smug*) condescendant(e), méprisant(e) ▶ *n* supérieur(e)
superlative [su'pə:lətɪv] *n* (*Ling*) superlatif *m*
supermarket ['su:pəmɑ:kɪt] *n* supermarché *m*
supernatural [su:pə'nætʃərəl] *adj* surnaturel(le) ▶ *n*: **the ~** le surnaturel
superpower ['su:pəpauəʳ] *n* (*Pol*) superpuissance *f*
superstition [su:pə'stɪʃən] *n* superstition *f*
superstitious [su:pə'stɪʃəs] *adj* superstitieux(-euse)
superstore ['su:pəstɔ:ʳ] *n* (BRIT) hypermarché *m*, grande surface
supervise ['su:pəvaɪz] *vt* (*children etc*) surveiller; (*organization, work*) diriger • **supervision** [su:pə'vɪʒən] *n* surveillance *f*; (*monitoring*) contrôle *m*; (*management*) direction *f* • **supervisor** *n* surveillant(e); (*in shop*) chef *m* de rayon
supper ['sʌpəʳ] *n* dîner *m*; (*late*) souper *m*
supple ['sʌpl] *adj* souple
supplement *n* ['sʌplɪmənt] supplément *m* ▶ *vt* [sʌplɪ'mɛnt] ajouter à, compléter

supplier [sə'plaɪəʳ] *n* fournisseur *m*
supply [sə'plaɪ] *vt* (*provide*) fournir; (*equip*): **to ~ (with)** approvisionner *or* ravitailler (en); fournir (en) ▸ *n* provision *f*, réserve *f*; (*supplying*) approvisionnement *m*; **supplies** *npl* (*food*) vivres *mpl*; (*Mil*) subsistances *fpl*
support [sə'pɔ:t] *n* (*moral, financial etc*) soutien *m*, appui *m*; (*Tech*) support *m*, soutien ▸ *vt* soutenir, supporter; (*financially*) subvenir aux besoins de; (*uphold*) être pour, être partisan de, appuyer; (*Sport*: *team*) être pour • **supporter** *n* (*Pol etc*) partisan(e); (*Sport*) supporter *m*
suppose [sə'pəuz] *vt, vi* supposer; imaginer; **to be ~d to do/be** être censé(e) faire/être • **supposedly** [sə'pəuzɪdlɪ] *adv* soi-disant • **supposing** *conj* si, à supposer que + *sub*
suppress [sə'prɛs] *vt* (*revolt, feeling*) réprimer; (*information*) faire disparaître; (*scandal, yawn*) étouffer
supreme [su'pri:m] *adj* suprême
surcharge ['sə:tʃɑ:dʒ] *n* surcharge *f*
sure [ʃuəʳ] *adj* (*gen*) sûr(e); (*definite, convinced*) sûr, certain(e); **~!** (*of course*) bien sûr!; **~ enough** effectivement; **to make ~ of sth/that** s'assurer de qch/que, vérifier qch/que • **surely** *adv* sûrement; certainement
surf [sə:f] *n* (*waves*) ressac *m* ▸ *vt*: **to ~ the Net** surfer sur Internet, surfer sur le Net
surface ['sə:fɪs] *n* surface *f* ▸ *vt* (*road*) poser un revêtement sur ▸ *vi* remonter à la surface; (*fig*) faire surface; **by ~ mail** par voie de terre; (*by sea*) par voie ma[...]
surfboard ['sə:fbɔ:d] *n* plan[che] de surf
surfer ['sə:fəʳ] *n* (*in sea*) surfeur(-euse); **web** *or* **Net ~** internaute *m/f*
surfing ['sə:fɪŋ] *n* (*in sea*) su[rf]
surge [sə:dʒ] *n* (*of emotion*) v[...] ▸ *vi* déferler
surgeon ['sə:dʒən] *n* chirur[gien]
surgery ['sə:dʒərɪ] *n* chirurg[ie]; (BRIT: *room*) cabinet *m* (de consultation); (*also*: **~ hours**) heures *fpl* de consultation
surname ['sə:neɪm] *n* nom [de] famille
surpass [sə:'pɑ:s] *vt* surpass[er], dépasser
surplus ['sə:pləs] *n* surplus *m*, excédent *m* ▸ *adj* en surplus, [de] trop; (*Comm*) excédentaire
surprise [sə'praɪz] *n* (*gen*) surprise *f*; (*astonishment*) étonnement *m* ▸ *vt* surpren[dre], étonner • **surprised** *adj* (*look, smile*) surpris(e), étonné(e); **[...] surprised** être surpris • **surprising** *adj* surprenant[(e)], étonnant(e) • **surprisingly** [...] (*easy, helpful*) étonnamment, étrangement; **(somewhat) surprisingly, he agreed** curieusement, il a accepté
surrender [sə'rɛndəʳ] *n* red[dition] *f*, capitulation *f* ▸ *vi* se rendre, capituler
surround [sə'raund] *vt* ento[urer]; (*Mil etc*) encercler • **surround[ing]** *adj* environnant(e) • **surroundings** *npl* environs [*mpl*], alentours *mpl*
surveillance [sə:'veɪləns] *n* surveillance *f*

ey *n* ['səːveɪ] enquête *f*, étude
house buying etc) inspection *f*,
ɔort *m* d')expertise *f*; *(of land)*
m ▸ *vt* [səː'veɪ] *(situation)*
er en revue; *(examine carefully)*
ecter; *(building)* expertiser;
d) faire le levé de; *(look at)*
rasser du regard • **surveyor**
building) expert *m*; *(of land)*
enteur *m*) géomètre *m*
ival [sə'vaɪvl] *n* survie *f*
ive [sə'vaɪv] *vi* survivre;
om etc) subsister ▸ *vt* *(accident*
survivre à, réchapper de;
on) survivre à • **survivor** *n*
vivant(e)
ect *adj*, *n* ['sʌspɛkt]
ect(e) ▸ *vt* [səs'pɛkt]
ɔçonner, suspecter
end [səs'pɛnd] *vt* suspendre
spended sentence *n* *(Law)*
damnation *f* avec sursis
spenders *npl* (BRIT)
etelles *fpl*; (US) bretelles *fpl*
ense [səs'pɛns] *n* attente *f*,
rtitude *f*; *(in film etc)* suspense
o keep sb in ~ tenir qn en
ɔens, laisser qn dans
ertitude
ension [səs'pɛnʃən] *n*
, Aut) suspension *f*; *(of driving*
ce) retrait *m* provisoire
spension bridge *n* pont
ɔendu
icion [səs'pɪʃən] *n*
ɔçon(s) *m(pl)* • **suspicious** *adj*
pecting) soupçonneux(-euse),
iant(e); *(causing suspicion)*
ɔect(e)
ain [səs'teɪn] *vt* soutenir;
j: food) nourrir, donner des
es à; *(damage)* subir; *(injury)*
evoir
n abbr (esp US: = sports utility
vehicle) SUV *m*, véhicule *m* de loisirs

swallow ['swɔləu] *n (bird)* hirondelle *f* ▸ *vt* avaler; *(fig: story)* gober

swam [swæm] *pt of* **swim**

swamp [swɔmp] *n* marais *m*, marécage *m* ▸ *vt* submerger

swan [swɔn] *n* cygne *m*

swap [swɔp] *n* échange *m*, troc *m* ▸ *vt*: **to ~ (for)** échanger (contre), troquer (contre)

swarm [swɔːm] *n* essaim *m* ▸ *vi* *(bees)* essaimer; *(people)* grouiller; **to be ~ing with** grouiller de

sway [sweɪ] *vi* se balancer, osciller ▸ *vt (influence)* influencer

swear [swɛəʳ] *(pt* **swore**, *pp* **sworn**) *vt*, *vi* jurer • **swear in** *vt* assermenter • **swearword** *n* gros mot, juron *m*

sweat [swɛt] *n* sueur *f*, transpiration *f* ▸ *vi* suer

sweater ['swɛtəʳ] *n* tricot *m*, pull *m*

sweatshirt ['swɛtʃəːt] *n* sweat-shirt *m*

sweaty ['swɛtɪ] *adj* en sueur, moite *or* mouillé(e) de sueur

Swede [swiːd] *n* Suédois(e)

swede [swiːd] *n* (BRIT) rutabaga *m*

Sweden ['swiːdn] *n* Suède *f* • **Swedish** ['swiːdɪʃ] *adj* suédois(e) ▸ *n (Ling)* suédois *m*

sweep [swiːp] *(pt, pp* **swept**) *n* *(curve)* grande courbe; *(also:* **chimney ~**) ramoneur *m* ▸ *vt* balayer; *(subj: current)* emporter

sweet [swiːt] *n* (BRIT: *pudding)* dessert *m*; *(candy)* bonbon *m* ▸ *adj* doux (douce); *(not savoury)* sucré(e); *(kind)* gentil(le); *(baby)* mignon(ne) • **sweetcorn** *n* maïs doux • **sweetener** ['swiːtnəʳ] *n* *(Culin)* édulcorant *m*

S

• **sweetheart** *n* amoureux(-euse) • **sweetshop** *n* (BRIT) confiserie *f*
swell [swɛl] (*pt* **swelled**, *pp* **swollen** *or* **swelled**) *n* (*of sea*) houle *f* ▶ *adj* (*US inf*: *excellent*) chouette ▶ *vt* (*increase*) grossir, augmenter ▶ *vi* (*increase*) grossir, augmenter; (*sound*) s'enfler; (*Med*: *also*: **~ up**) enfler • **swelling** *n* (*Med*) enflure *f*; (: *lump*) grosseur *f*
swept [swɛpt] *pt*, *pp of* **sweep**
swerve [swəːv] *vi* (*to avoid obstacle*) faire une embardée *or* un écart; (*off the road*) dévier
swift [swɪft] *n* (*bird*) martinet *m* ▶ *adj* rapide, prompt(e)
swim [swɪm] (*pt* **swam**, *pp* **swum**) *n*: **to go for a ~** aller nager *or* se baigner ▶ *vi* nager; (*Sport*) faire de la natation; (*fig*: *head*, *room*) tourner ▶ *vt* traverser (à la nage); **to ~ a length** nager une longueur • **swimmer** *n* nageur(-euse) • **swimming** *n* nage *f*, natation *f* • **swimming costume** *n* (BRIT) maillot *m* (de bain) • **swimming pool** *n* piscine *f* • **swimming trunks** *npl* maillot *m* de bain • **swimsuit** *n* maillot *m* (de bain)
swine flu ['swaɪn-] *n* grippe *f* A
swing [swɪŋ] (*pt*, *pp* **swung**) *n* (*in playground*) balançoire *f*; (*movement*) balancement *m*, oscillations *fpl*; (*change in opinion etc*) revirement *m* ▶ *vt* balancer, faire osciller; (*also*: **~ round**) tourner, faire virer ▶ *vi* se balancer, osciller; (*also*: **~ round**) virer, tourner; **to be in full ~** battre son plein
swipe card ['swaɪp-] *n* carte *f* magnétique

swirl [swəːl] *vi* tourbillonner tournoyer
Swiss [swɪs] *adj* suisse ▶ *n* (*p* Suisse(-esse)
switch [swɪtʃ] *n* (*for light*, *rac* bouton *m*; (*change*) changem *m*, revirement *m* ▶ *vt* (*change* changer • **switch off** *vt* étei (*engine*, *machine*) arrêter; **co you ~ off the light?** pouvez éteindre la lumière? • **switch** *vt* allumer; (*engine*, *machine*) mettre en marche • **switchb** *n* (*Tel*) standard *m*
Switzerland ['swɪtsələnd] Suisse *f*
swivel ['swɪvl] *vi* (*also*: **~ rou** pivoter, tourner
swollen ['swəulən] *pp of* **sw**
swoop [swuːp] *n* (*by police et* rafle *f*, descente *f* ▶ *vi* (*bird*: *al* **~ down**) descendre en piqué piquer
swop [swɔp] *n*, *vt* = **swap**
sword [sɔːd] *n* épée *f* • **swor** *n* espadon *m*
swore [swɔː[r]] *pt of* **swear**
sworn [swɔːn] *pp of* **swear** ▶ (*statement*, *evidence*) donné(e sous serment; (*enemy*) juré(e
swum [swʌm] *pp of* **swim**
swung [swʌŋ] *pt*, *pp of* **swin**
syllable ['sɪləbl] *n* syllabe *f*
syllabus ['sɪləbəs] *n* programme *m*
symbol ['sɪmbl] *n* symbole *m* • **symbolic(al)** [sɪm'bɔlɪk(l) symbolique
symmetrical [sɪ'mɛtrɪkl] *a* symétrique
symmetry ['sɪmɪtrɪ] *n* symé
sympathetic [sɪmpə'θɛtɪk] (*showing pity*) compatissant((*understanding*) bienveillant(

préhensif(-ive); **~ towards** disposé(e) envers

Be careful not to translate *npathetic* by the French word *npathique*.

pathize ['sɪmpəθaɪz] *vi*: **with sb** plaindre qn; (*in grief*) ;ocier à la douleur de qn; **with sth** comprendre qch

pathy ['sɪmpəθɪ] *n* (*pity*) passion *f*

phony ['sɪmfənɪ] *n* phonie *f*

ptom ['sɪmptəm] *n* ptôme *m*; indice *m*

gogue ['sɪnəgɔg] *n* agogue *f*

licate ['sɪndɪkɪt] *n* syndicat oopérative *f*; (*Press*) agence *f* resse

rome ['sɪndrəum] *n* drome *m*

nym ['sɪnənɪm] *n* onyme *m*

hetic [sɪn'θɛtɪk] *adj* hétique

a ['sɪrɪə] *n* Syrie *f*

ge [sɪ'rɪndʒ] *n* seringue *f*

p ['sɪrəp] *n* sirop *m*; (BRIT: **golden ~**) mélasse raffinée

em ['sɪstəm] *n* système *m*; t) organisme *m* • **systematic** tə'mætɪk] *adj* systématique; hodique • **systems analyst** alyste-programmeur *m/f*

t

ta [tɑ:] *excl* (BRIT *inf*) merci!

tab [tæb] *n* (*label*) étiquette *f*; (*on drinks can etc*) languette *f*; **to keep ~s on** (*fig*) surveiller

table ['teɪbl] *n* table *f* ▶ *vt* (BRIT: *motion etc*) présenter; **to lay** *or* **set the ~** mettre le couvert *or* la table • **tablecloth** *n* nappe *f* • **table d'hôte** [tɑ:bl'dəut] *adj* (*meal*) à prix fixe • **table lamp** *n* lampe décorative *or* de table • **tablemat** *n* (*for plate*) napperon *m*, set *m*; (*for hot dish*) dessous-de-plat *m inv* • **tablespoon** *n* cuiller *f* de service; (*also*: **tablespoonful**: *as measurement*) cuillerée *f* à soupe

tablet ['tæblɪt] *n* (*Med*) comprimé *m*; (*Comput*) tablette *f* (tactile); (*of stone*) plaque *f*

table tennis *n* ping-pong *m*

tabloid ['tæblɔɪd] *n* (*newspaper*) quotidien *m* populaire

taboo [tə'bu:] *adj*, *n* tabou (*m*)

tack [tæk] *n* (*nail*) petit clou; (*fig*) direction *f* ▶ *vt* (*nail*) clouer; (*sew*) bâtir ▶ *vi* (*Naut*) tirer un *or* des bord(s); **to ~ sth on to (the end of) sth** (*of letter, book*) rajouter qch à la fin de qch

tackle ['tækl] *n* matériel *m*, équipement *m*; (*for lifting*) appareil *m* de levage; (*Football, Rugby*) plaquage *m* ▸ *vt* (*difficulty, animal, burglar*) s'attaquer à; (*person: challenge*) s'expliquer avec; (*Football, Rugby*) plaquer
tacky ['tækɪ] *adj* collant(e); (*paint*) pas sec (sèche); (*pej: poor-quality*) minable; (*: showing bad taste*) ringard(e)
tact [tækt] *n* tact *m* • **tactful** *adj* plein(e) de tact
tactics ['tæktɪks] *npl* tactique *f*
tactless ['tæktlɪs] *adj* qui manque de tact
tadpole ['tædpəul] *n* têtard *m*
taffy ['tæfɪ] *n* (*US*) (bonbon *m* au) caramel *m*
tag [tæg] *n* étiquette *f*
tail [teɪl] *n* queue *f*; (*of shirt*) pan *m* ▸ *vt* (*follow*) suivre, filer; **tails** *npl* (*suit*) habit *m*; *see also* **head**
tailor ['teɪlə^r] *n* tailleur *m* (*artisan*)
Taiwan ['taɪ'wɑ:n] *n* Taïwan (*no article*) • **Taiwanese** [taɪwə'ni:z] *adj* taïwanais(e) ▸ *n inv* Taïwanais(e)
take [teɪk] (*pt* **took**, *pp* **taken**) *vt* prendre; (*gain: prize*) remporter; (*require: effort, courage*) demander; (*tolerate*) accepter, supporter; (*hold: passengers etc*) contenir; (*accompany*) emmener, accompagner; (*bring, carry*) apporter, emporter; (*exam*) passer, se présenter à; **to ~ sth from** (*drawer etc*) prendre qch dans; (*person*) prendre qch à; **I ~ it that** je suppose que; **to be ~n ill** tomber malade; **it won't ~ long** ça ne prendra pas longtemps; **I was quite ~n with her/it** elle/cela m'a beaucoup plu • **take after** *vt fus* ressembler à • **take apart** *vt* démonter • **take aw**[ay] *vt* (*carry off*) emporter; (*remov*[e]) enlever; (*subtract*) soustraire • [take] **back** *vt* (*return*) rendre, rappo[rter]; (*one's words*) retirer • **take dow**[n] (*building*) démolir; (*letter etc*) prendre, écrire • **take in** *vt* (*de*[ceive]) tromper, rouler; (*understand*) comprendre, saisir; (*include*) couvrir, inclure; (*lodger*) pren[dre]; (*dress, waistband*) reprendre • [take] **off** *vi* (*Aviat*) décoller ▸ *vt* (*rem*[ove]) enlever • **take on** *vt* (*work*) accepter, se charger de; (*emp*[loyee]) prendre, embaucher; (*oppon*[ent]) accepter de se battre contre • [take] **out** *vt* sortir; (*remove*) enleve[r]; (*invite*) sortir avec; **to ~ sth ou**[t] (*out of drawer etc*) prendre qch [dans]; **to ~ sb out to a restaurant** emmener qn au restaurant • [take] **over** *vt* (*business*) reprendre [▸] **to ~ over from sb** prendre la relève de qn • **take up** *vt* (*one*['s] *story*) reprendre; (*dress*) racco[urcir]; (*occupy: time, space*) prendre, occuper; (*engage in: hobby etc*) mettre à; (*accept: offer, challen*[ge]) accepter • **takeaway** (BRIT) (*food*) à emporter ▸ *n* (*shop, restaurant*) ≈ magasin *m* qui v[end] des plats à emporter • **taken** [pp of] **take** • **takeoff** *n* (*Aviat*) déco[llage] *m* • **takeout** *adj*, *n* (*US*) = **takeaway** • **takeover** *n* (*C*[omm]) rachat *m* • **takings** *npl* (*Comm*) recette *f*
talc [tælk] *n* (*also*: **~um powd**[er]) talc *m*
tale [teɪl] *n* (*story*) conte *m*, histoire *f*; (*account*) récit *m*; **t**[o tell] **~s** (*fig*) rapporter
talent ['tælnt] *n* talent *m*, do[n *m*] • **talented** *adj* doué(e), plein[(e)] de talent

[tɔːk] *n* (*a speech*) causerie *f*, ɔsé *m*; (*conversation*) ussion *f*; (*interview*) entretien ɟossip) racontars *mpl* (*pej*) ▶ *vi* er; (*chatter*) bavarder; **talks** Pol etc) entretiens *mpl*; **to** out parler de; **to ~ sb out of/ doing** persuader qn de ne faire/de faire; **to ~ shop** er métier *or* affaires • **talk** r *vt* discuter (de) • **talk show** /, *Radio*) émission-débat *f*

tɔːl] *adj* (*person*) grand(e); *ding, tree*) haut(e); **to be 6 ~** ≈ mesurer 1 mètre 80

bourine [tæmbəˈriːn] *n* bourin *m*

e [teɪm] *adj* apprivoisé(e); *story, style*) insipide

per [ˈtæmpəʳ] *vi*: **to ~ with** cher à (*en cachette ou sans nission*)

pon [ˈtæmpən] *n* tampon *m* énique *or* périodique

tæn] *n* (*also*: **sun~**) bronzage *vt, vi* bronzer, brunir ▶ *adj* our) marron clair *inv*

lem [ˈtændəm] *n* tandem *m*

erine [tændʒəˈriːn] *n* ndarine *f*

le [ˈtæŋgl] *n* hevêtrement *m*; **to get in(to)** s'emmêler

[tæŋk] *n* réservoir *m*; (*for fish*) arium *m*; (*Mil*) char *m* d'assaut, k *m*

ker [ˈtæŋkəʳ] *n* (*ship*) pétrolier anker *m*; (*truck*) camion-rne *m*

ed [tænd] *adj* bronzé(e)

rum [ˈtæntrəm] *n* accès *m* de ère

zania [tænzəˈnɪə] *n* zanie *f*

tap [tæp] *n* (*on sink etc*) robinet *m*; (*gentle blow*) petite tape ▶ *vt* frapper *or* taper légèrement; (*resources*) exploiter, utiliser; (*telephone*) mettre sur écoute; **on ~** (*fig*: *resources*) disponible • **tap dancing** *n* claquettes *fpl*

tape [teɪp] *n* (*for tying*) ruban *m*; (*also*: **magnetic ~**) bande *f* (magnétique); (*cassette*) cassette *f*; (*sticky*) Scotch® *m* ▶ *vt* (*record*) enregistrer (au magnétoscope *or* sur cassette); (*stick*) coller avec du Scotch® • **tape measure** *n* mètre *m* à ruban • **tape recorder** *n* magnétophone *m*

tapestry [ˈtæpɪstrɪ] *n* tapisserie *f*

tar [tɑː] *n* goudron *m*

target [ˈtɑːgɪt] *n* cible *f*; (*fig*: *objective*) objectif *m*

tariff [ˈtærɪf] *n* (*Comm*) tarif *m*; (*taxes*) tarif douanier

tarmac [ˈtɑːmæk] *n* (BRIT: *on road*) macadam *m*; (*Aviat*) aire *f* d'envol

tarpaulin [tɑːˈpɔːlɪn] *n* bâche goudronnée

tarragon [ˈtærəgən] *n* estragon *m*

tart [tɑːt] *n* (*Culin*) tarte *f*; (BRIT *inf*: *pej*: *prostitute*) poule *f* ▶ *adj* (*flavour*) âpre, aigrelet(te)

tartan [ˈtɑːtn] *n* tartan *m* ▶ *adj* écossais(e)

tartar(e) sauce [ˈtɑːtə-] *n* sauce *f* tartare

task [tɑːsk] *n* tâche *f*; **to take to ~** prendre à partie

taste [teɪst] *n* goût *m*; (*fig*: *glimpse, idea*) idée *f*, aperçu *m* ▶ *vt* goûter ▶ *vi*: **to ~ of** (*fish etc*) avoir le *or* un goût de; **you can ~ the garlic (in it)** on sent bien l'ail; **to have a ~ of sth** goûter (à) qch; **can I**

have a ~? je peux goûter?; **to be in good/bad** *or* **poor ~** être de bon/mauvais goût • **tasteful** *adj* de bon goût • **tasteless** *adj* (*food*) insipide; (*remark*) de mauvais goût • **tasty** *adj* savoureux(-euse), délicieux(-euse)

tatters ['tætəz] *npl*: **in ~** (*also*: **tattered**) en lambeaux

tattoo [tə'tu:] *n* tatouage *m*; (*spectacle*) parade *f* militaire ▶ *vt* tatouer

taught [tɔ:t] *pt, pp of* **teach**

taunt [tɔ:nt] *n* raillerie *f* ▶ *vt* railler

Taurus ['tɔ:rəs] *n* le Taureau

taut [tɔ:t] *adj* tendu(e)

tax [tæks] *n* (*on goods etc*) taxe *f*; (*on income*) impôts *mpl*, contributions *fpl* ▶ *vt* taxer; imposer; (*fig: patience etc*) mettre à l'épreuve • **tax disc** *n* (BRIT *Aut*) vignette *f* (automobile) • **tax-free** *adj* exempt(e) d'impôts

taxi ['tæksɪ] *n* taxi *m* ▶ *vi* (*Aviat*) rouler (lentement) au sol • **taxi driver** *n* chauffeur *m* de taxi • **taxi rank** • (US) **taxi stand** *n* station *f* de taxis

tax payer [-peɪər] *n* contribuable *m/f*

tax return *n* déclaration *f* d'impôts *or* de revenus

TB *n abbr* = **tuberculosis**

tbc *abbr* = **to be confirmed**

tea [ti:] *n* thé *m*; (BRIT: *snack: for children*) goûter *m*; **high ~** (BRIT) *collation combinant goûter et dîner* • **tea bag** *n* sachet *m* de thé • **tea break** *n* (BRIT) pause-thé *f*

teach [ti:tʃ] (*pt, pp* **taught**) *vt*: **to ~ sb sth, to ~ sth to sb** apprendre qch à qn; (*in school etc*) enseigner qch à qn ▶ *vi* enseigner • **teacher** *n* (*in secondary school*) professeur *m*; (*in primary scho* instituteur(-trice) • **teachin** enseignement *m* • **teaching assistant** *n* aide-éducateur(-trice)

tea: • **teacup** *n* tasse *f* à thé • **leaves** *npl* feuilles *fpl* de thé

team [ti:m] *n* équipe *f*; (*of an* attelage *m* • **team up** *vi*: **to (with)** faire équipe (avec)

teapot ['ti:pɔt] *n* théière *f*

tear¹ ['tɪər] *n* larme *f*; **in ~s** en larmes

tear² [tɛər] (*pt* **tore**, *pp* **torn**) déchirure *f* ▶ *vt* déchirer ▶ *vi* déchirer • **tear apart** *vt* (*also* déchirer • **tear down** *vt* (*buil statue*) démolir; (*poster, flag*) arracher • **tear off** *vt* (*sheet o paper etc*) arracher; (*one's clot* enlever à toute vitesse • **tea** *vt* (*sheet of paper etc*) déchirer, mettre en morceaux *or* pièce

tearful ['tɪəful] *adj* larmoyar

tear gas ['tɪə-] *n* gaz *m* lacrymogène

tearoom ['ti:ru:m] *n* salon *n* thé

tease [ti:z] *vt* taquiner; (*unki* tourmenter

tea: • **teaspoon** *n* petite cuill (*also*: **teaspoonful**: *as measurement*) ≈ cuillerée *f* à ca • **teatime** *n* l'heure *f* du thé • **tea towel** *n* (BRIT) torchon (à vaisselle)

technical ['tɛknɪkl] *adj* technique

technician [tɛk'nɪʃən] *n* technicien(ne)

technique [tɛk'ni:k] *n* technique *f*

technology [tɛk'nɔlədʒɪ] *n* technologie *f*

y (bear) ['tɛdɪ-] *n* ours *m* (en
che)
ous ['ti:dɪəs] *adj*
dieux(-euse)
:i:] *n* (*Golf*) tee *m*
[ti:n] *adj* = **teenage** ▸ *n* (*US*)
enager
age ['ti:neɪdʒ] *adj* (*fashions etc*)
jeunes, pour adolescents;
d) qui est adolescent(e)
enager *n* adolescent(e)
s [ti:nz] *npl*: **to be in one's ~**
adolescent(e)
h [ti:θ] *npl of* **tooth**
otal ['ti:'təutl] *adj* (*person*)
ne boit jamais d'alcool
:ommunications
ɪkəmju:nɪ'keɪʃənz] *n*
communications *fpl*
gram ['tɛlɪgræm] *n*
gramme *m*
graph pole ['tɛlɪgrɑ:f-] *n*
eau *m* télégraphique
phone ['tɛlɪfəun] *n*
phone *m* ▸ *vt* (*person*)
phoner à; (*message*)
phoner; **to be on the ~** (*be*
king) être au téléphone
lephone book *n* = **telephone**
ctory • **telephone box** • (*US*)
phone booth *n* cabine *f*
phonique • **telephone call** *n*
el *m* téléphonique
lephone directory *n*
uaire *m* (du téléphone)
lephone number *n* numéro
e téléphone
sales ['tɛlɪseɪlz] *npl*
vente *f*
scope ['tɛlɪskəup] *n*
scope *m*
vise ['tɛlɪvaɪz] *vt* téléviser
vision ['tɛlɪvɪʒən] *n*
vision *f*; **on ~** à la télévision

• **television programme** *n* (BRIT)
émission *f* de télévision
tell [tɛl] (*pt, pp* **told**) *vt* dire; (*relate*:
story) raconter; (*distinguish*): **to**
~ sth from distinguer qch de ▸ *vi*
(*talk*): **to ~ of** parler de; (*have*
effect) se faire sentir, se voir; **to**
~ sb to do dire à qn de faire; **to ~ the**
time (*know how to*) savoir lire l'heure
• **tell off** *vt* réprimander, gronder
• **teller** *n* (*in bank*) caissier(-ière)
telly ['tɛlɪ] *n abbr* (BRIT *inf*:
= *television*) télé *f*
temp [tɛmp] *n* (BRIT: = *temporary*
worker) intérimaire *m/f* ▸ *vi*
travailler comme intérimaire
temper ['tɛmpəʳ] *n* (*nature*)
caractère *m*; (*mood*) humeur *f*; (*fit*
of anger) colère *f* ▸ *vt* (*moderate*)
tempérer, adoucir; **to be in a ~**
être en colère; **to lose one's ~** se
mettre en colère
temperament ['tɛmprəmənt] *n*
(*nature*) tempérament *m*
• **temperamental**
[tɛmprə'mɛntl] *adj*
capricieux(-euse)
temperature ['tɛmprətʃəʳ] *n*
température *f*; **to have** *or* **run a ~**
avoir de la fièvre
temple ['tɛmpl] *n* (*building*)
temple *m*; (*Anat*) tempe *f*
temporary ['tɛmpərərɪ] *adj*
temporaire, provisoire; (*job*,
worker) temporaire
tempt [tɛmpt] *vt* tenter; **to ~ sb**
into doing induire qn à faire
• **temptation** *n* tentation *f*
• **tempting** *adj* tentant(e); (*food*)
appétissant(e)
ten [tɛn] *num* dix
tenant ['tɛnənt] *n* locataire *m/f*
tend [tɛnd] *vt* s'occuper de ▸ *vi*:
to ~ to do avoir tendance à faire

• **tendency** ['tɛndənsɪ] *n* tendance *f*
tender ['tɛndəʳ] *adj* tendre; (*delicate*) délicat(e); (*sore*) sensible ▶ *n* (*Comm: offer*) soumission *f*; (*money*): **legal ~** cours légal ▶ *vt* offrir
tendinitis [tɛndə'naɪtɪs] *n* tendinite *f*
tendon ['tɛndən] *n* tendon *m*
tendonitis [ˌtɛndə'naɪtɪs] *n* = **tendinitis**
tenner ['tɛnəʳ] *n* (BRIT *inf*) billet *m* de dix livres
tennis ['tɛnɪs] *n* tennis *m* • **tennis ball** *n* balle *f* de tennis • **tennis court** *n* (court *m* de) tennis *m* • **tennis match** *n* match *m* de tennis • **tennis player** *n* joueur(-euse) de tennis • **tennis racket** *n* raquette *f* de tennis
tenor ['tɛnəʳ] *n* (*Mus*) ténor *m*
tenpin bowling ['tɛnpɪn-] *n* (BRIT) bowling *m* (*à 10 quilles*)
tense [tɛns] *adj* tendu(e) ▶ *n* (*Ling*) temps *m*
tension ['tɛnʃən] *n* tension *f*
tent [tɛnt] *n* tente *f*
tentative ['tɛntətɪv] *adj* timide, hésitant(e); (*conclusion*) provisoire
tenth [tɛnθ] *num* dixième
tent: • **tent peg** *n* piquet *m* de tente • **tent pole** *n* montant *m* de tente
tepid ['tɛpɪd] *adj* tiède
term [tə:m] *n* terme *m*; (*Scol*) trimestre *m* ▶ *vt* appeler; **terms** *npl* (*conditions*) conditions *fpl*; (*Comm*) tarif *m*; **in the short/long ~** à court/long terme; **to come to ~s with** (*problem*) faire face à; **to be on good ~s with** bien s'entendre avec, être en bons termes avec
terminal ['tə:mɪnl] *adj* (*dise*… dans sa phase terminale; (*pa*… incurable ▶ *n* (*Elec*) borne *f*; (… *ore etc: also Comput*) termina… (*also*: **air ~**) aérogare *f*; (BRIT: **coach ~**) gare routière
terminate ['tə:mɪneɪt] *vt* m… fin à; (*pregnancy*) interrompr…
termini ['tə:mɪnaɪ] *npl of* **terminus**
terminology [tə:mɪ'nɔlədʒ… terminologie *f*
terminus (*pl* **termini**) ['tə:m… 'tə:mɪnaɪ] *n* terminus *m inv*
terrace ['tɛrəs] *n* terrasse *f*; … *row of houses*) rangée *f* de ma… (*attenantes les unes aux autres*)… **~s** (BRIT *Sport*) les gradins *mp*… • **terraced** *adj* (*garden*) en terrasses; (*in a row: house*) attenant(e) aux maisons voi…
terrain [tɛ'reɪn] *n* terrain *m* (…
terrestrial [tɪ'restrɪəl] *adj* terrestre
terrible ['tɛrɪbl] *adj* terrible, atroce; (*weather, work*) affreux(-euse), épouvantabl… • **terribly** *adv* terriblement; … *badly*) affreusement mal
terrier ['tɛrɪəʳ] *n* terrier *m* (*ch*…
terrific [tə'rɪfɪk] *adj* (*very gre*… fantastique, incroyable, terri… (*wonderful*) formidable, sensationnel(le)
terrified ['tɛrɪfaɪd] *adj* terrif… **to be ~ of sth** avoir très peur … qch
terrify ['tɛrɪfaɪ] *vt* terrifier • **terrifying** *adj* terrifiant(e)
territorial [tɛrɪ'tɔ:rɪəl] *adj* territorial(e)
territory ['tɛrɪtərɪ] *n* territo…
terror ['tɛrəʳ] *n* terreur *f* • **terrorism** *n* terrorisme *m*

rrorist *n* terroriste *m/f*
rrorist attack *n* attentat *m*
oriste
[tɛst] *n* (*trial, check*) essai *m*; *ourage etc*) épreuve *f*; (*Med*) men *m*; (*Chem*) analyse *f*; (*Scol*) rrogation *f* de contrôle; (*also*: **ing ~**) (examen du) permis *m* onduire ▶ *vt* essayer; mettre à euve; examiner; analyser; e subir une interrogation à
cle ['tɛstɪkl] *n* testicule *m*
fy ['tɛstɪfaɪ] *vi* (*Law*) oigner, déposer; **to ~ to sth**) attester qch
mony ['tɛstɪmənɪ] *n* (*Law*) oignage *m*, déposition *f*
• **test match** *n* (*Cricket*, *by*) match international • **test**
e *n* éprouvette *f*
nus ['tɛtənəs] *n* tétanos *m*
[tɛkst] *n* texte *m*; (*on mobile ne*) SMS *m inv*, texto® *m* ▶ *vt* envoyer un SMS *or* texto® à
xtbook *n* manuel *m*
le ['tɛkstaɪl] *n* textile *m*
message *n* SMS *m inv*, o® *m*
messaging [-'mɛsɪdʒɪŋ] *n* sagerie textuelle
ure ['tɛkstʃəʳ] *n* texture *f*; (*of paper etc*) grain *m*
[taɪ] *adj* thaïlandais(e) ▶ *n* landais(e)
land ['taɪlænd] *n* Thaïlande *f*
nes [tɛmz] *n*: **the (River) ~** mise
[ðæn, ðən] *conj* que; (*with erals*): **more ~ 10/once** plus)/d'une fois; **I have more/ ~ you** j'en ai plus/moins que **she has more apples ~ pears** a plus de pommes que de es; **it is better to phone ~ to write** il vaut mieux téléphoner (plutôt) qu'écrire; **she is older ~ you think** elle est plus âgée que tu le crois

thank [θæŋk] *vt* remercier, dire merci à; **thanks** *npl* remerciements *mpl*; **~s!** merci!; **~ you (very much)** merci (beaucoup); **~ God** Dieu merci; **~s to** *prep* grâce à • **thankfully** *adv* (*fortunately*) heureusement • **Thanksgiving (Day)** *n* jour *m* d'action de grâce

Thanksgiving (Day) est un jour de congé aux États-Unis, le quatrième jeudi du mois de novembre, commémorant la bonne récolte que les Pèlerins venus de Grande-Bretagne ont eue en 1621. Traditionnellement, c'était un jour où l'on remerciait Dieu et où l'on organisait un grand festin. Aujourd'hui, *Thanksgiving* est l'occasion d'un grand repas de famille. Des matchs ont lieu pour l'occasion entre les grandes équipes de football américain du pays, et de nombreuses villes organisent un défilé. Une fête semblable, mais qui n'a aucun rapport avec les Pères Pèlerins, a lieu au Canada le deuxième lundi d'octobre.

that [ðæt]

▶ *adj* (*demonstrative*) ce, cet + *vowel or h mute*, cette *f*; **that man/woman/book** cet homme/cette femme/ce livre; (*not this*) cet homme-là/cette femme-là/ce livre-là; **that one** celui-là (celle-là)
▶ *pron* **1** (*demonstrative*) ce; (: *not*

this one) cela, ça; (: *that one*) celui (celle); **who's that?** qui est-ce?; **what's that?** qu'est-ce que c'est?; **is that you?** c'est toi?; **I prefer this to that** je préfère ceci à cela *or* ça; **that's what he said** c'est *or* voilà ce qu'il a dit; **will you eat all that?** tu vas manger tout ça?; **that is (to say)** c'est-à-dire, à savoir
2 (*relative: subject*) qui; (: *object*) que; (: *after prep*) lequel (laquelle), lesquels (lesquelles) *pl*; **the book that I read** le livre que j'ai lu; **the books that are in the library** les livres qui sont dans la bibliothèque; **all that I have** tout ce que j'ai; **the box that I put it in** la boîte dans laquelle je l'ai mis; **the people that I spoke to** les gens auxquels *or* à qui j'ai parlé
3 (*relative, of time*) où; **the day that he came** le jour où il est venu
▶ *conj* que; **he thought that I was ill** il pensait que j'étais malade
▶ *adv* (*demonstrative*): **I don't like it that much** ça ne me plaît pas tant que ça; **I didn't know it was that bad** je ne savais pas que c'était si *or* aussi mauvais; **it's about that high** c'est à peu près de cette hauteur

thatched [θætʃt] *adj* (*roof*) de chaume; **~ cottage** chaumière *f*

thaw [θɔː] *n* dégel *m* ▶ *vi* (*ice*) fondre; (*food*) dégeler ▶ *vt* (*food*) (faire) dégeler

the [ðiː, ðə]

def art 1 (*gen*) le, la *f*, l' + *vowel or h mute*, les *pl* (NB: *à* + *le(s)* = **au(x)**; *de* + *le* = **du**; *de* + *les* = **des**); **the boy/girl/ink** le garçon/la fille/l'encre; **the children** les enfants; **the history of the world** l'histoire du monde; **give it to the postman** donne-le au facteur; **to play the piano/flute** jouer du piano/de la flûte
2 (+ *adj to form n*) le, la *f*, l' + *vowel or h mute*, les *pl*; **the rich and the poor** les riches et les pauvres; **to attempt the impossible** tenter l'impossible
3 (*in titles*): **Elizabeth the First** Elisabeth première; **Peter the Great** Pierre le Grand
4 (*in comparisons*): **the more he works, the more he earns** plus il travaille, plus il gagne de l'argent

theatre, (US) **theater** ['θɪət...] *n* théâtre *m*; (*Med*: *also*: **operating ~**) salle *f* d'opération

theft [θɛft] *n* vol *m* (*larcin*)

their [ðɛəʳ] *adj* leur, leurs *pl*; *see also* **my** • **theirs** *pron* le (la) leur, les leurs; *see also* **mine¹**

them [ðɛm, ðəm] *pron* (*direct*) les; (*indirect*) leur; (*stressed, after prep*) eux (elles); **give me a few of ~** donnez m'en quelques uns (*ou* quelques unes); *see also* **me**

theme [θiːm] *n* thème *m* • **theme park** *n* parc *m* à thème

themselves [ðəm'sɛlvz] *pl pron* (*reflexive*) se; (*emphatic, after prep*) eux-mêmes (elles-mêmes); **between ~** entre eux (elles); *see also* **oneself**

then [ðɛn] *adv* (*at that time*) alors, à ce moment-là; (*next*) puis, ensuite; (*and also*) et puis ▶ *conj* (*therefore*) alors, dans ce cas ▶ *adj*: **the ~ president** le président d'alors

ɔrs *or* de l'époque; **by ~** (*past*) à
ıoment-là; (*future*) d'ici là;
n ~ on dès lors; **until ~** jusqu'à
ıoment-là, jusque-là
ılogy [θɪ'ɔlədʒɪ] *n* théologie *f*
ıry ['θɪərɪ] *n* théorie *f*
apist ['θɛrəpɪst] *n*
rapeute *m/f*
apy ['θɛrəpɪ] *n* thérapie *f*

there [ðɛəʳ]

ı: **there is, there are** il y a;
re are 3 of them (*people,*
gs) il y en a 3; **there is**
one here/no bread left il
ı personne/il n'y a plus de
ı; **there has been an**
ident il y a eu un accident
ferring to place) là, là-bas;
there c'est là(-bas); **in/on/**
down there là-dedans/
essus/là-haut/en bas; **he**
ıt there on Friday il y est
vendredi; **I want that book**
re je veux ce livre-là; **there**
s! le voilà!
ıere, there! (*esp to child*)
ns, allons!

e: • thereabouts *adv* (*place*)
à, près de là; (*amount*)
ron, à peu près **• thereafter**
ɔar la suite **• thereby** *adv*
i **• therefore** *adv* donc, par
séquent
e's ['ðɛəz] = **there is; there**

mal ['θə:ml] *adj* thermique;
ıderwear sous-vêtements
en Thermolactyl®
mometer [θə'mɔmɪtəʳ] *n*
momètre *m*
mostat ['θə:məustæt] *n*
mostat *m*

these [ði:z] *pl pron* ceux-ci (celles-ci) ▶ *pl adj* ces; (*not those*): **~ books** ces livres-ci
thesis (*pl* **theses**) ['θi:sɪs, 'θi:si:z] *n* thèse *f*
they [ðeɪ] *pl pron* ils (elles); (*stressed*) eux (elles); **~ say that ...** (*it is said that*) on dit que ... **• they'd** = **they had; they would** **• they'll** = **they shall; they will** **• they're** = **they are** **• they've** = **they have**
thick [θɪk] *adj* épais(se); (*stupid*) bête, borné(e) ▶ *n*: **in the ~ of** au beau milieu de, en plein cœur de; **it's 20 cm ~** ça a 20 cm d'épaisseur **• thicken** *vi* s'épaissir ▶ *vt* (*sauce etc*) épaissir **• thickness** *n* épaisseur *f*
thief (*pl* **thieves**) [θi:f, θi:vz] *n* voleur(-euse)
thigh [θaɪ] *n* cuisse *f*
thin [θɪn] *adj* mince; (*skinny*) maigre; (*soup*) peu épais(se); (*hair, crowd*) clairsemé(e) ▶ *vt* (*also*: **~ down**: *sauce, paint*) délayer
thing [θɪŋ] *n* chose *f*; (*object*) objet *m*; (*contraption*) truc *m*; **things** *npl* (*belongings*) affaires *fpl*; **the ~ is ...** c'est que ...; **the best ~ would be to** le mieux serait de; **how are ~s?** comment ça va?; **to have a ~ about** (*be obsessed by*) être obsédé(e) par; (*hate*) détester; **poor ~!** le (*or* la) pauvre!
think [θɪŋk] (*pt, pp* **thought**) *vi* penser, réfléchir ▶ *vt* penser, croire; (*imagine*) s'imaginer; **what did you ~ of them?** qu'avez-vous pensé d'eux?; **to ~ about sth/sb** penser à qch/qn; **I'll ~ about it** je vais y réfléchir; **to ~ of doing** avoir l'idée de faire; **I ~ so/not** je crois *or* pense que oui/non; **to ~ well of** avoir une haute opinion de

• **think over** *vt* bien réfléchir à
• **think up** *vt* inventer, trouver
third [θə:d] *num* troisième ▶ *n* (*fraction*) tiers *m*; (*Aut*) troisième (vitesse) *f*; (BRIT *Scol*: *degree*) ≈ licence *f* avec mention passable
• **thirdly** *adv* troisièmement
• **third party insurance** *n* (BRIT) assurance *f* au tiers • **Third World** *n*: **the Third World** le Tiers-Monde
thirst [θə:st] *n* soif *f* • **thirsty** *adj* qui a soif, assoiffé(e); (*work*) qui donne soif; **to be thirsty** avoir soif
thirteen [θə:'ti:n] *num* treize
• **thirteenth** [θə:'ti:nθ] *num* treizième
thirtieth ['θə:tɪɪθ] *num* trentième
thirty ['θə:tɪ] *num* trente

this [ðɪs]

▶ *adj* (*demonstrative*) ce, cet + *vowel or h mute*, cette *f*; **this man/woman/book** cet homme/cette femme/ce livre; (*not that*) cet homme-ci/cette femme-ci/ce livre-ci; **this one** celui-ci (celle-ci)
▶ *pron* (*demonstrative*) ce; (: *not that one*) celui-ci (celle-ci), ceci; **who's this?** qui est-ce?; **what's this?** qu'est-ce que c'est?; **I prefer this to that** je préfère ceci à cela; **this is where I live** c'est ici que j'habite; **this is what he said** voici ce qu'il a dit; **this is Mr Brown** (*in introductions*) je vous présente Mr Brown; (*in photo*) c'est Mr Brown; (*on telephone*) ici Mr Brown
▶ *adv* (*demonstrative*): **it was about this big** c'était à peu près de cette grandeur *or* grand comme ça; **I didn't know it was this bad** je ne savais pas que c'était si *or* aussi mauvais

thistle ['θɪsl] *n* chardon *m*
thorn [θɔ:n] *n* épine *f*
thorough ['θʌrə] *adj* (*search*) minutieux(-euse); (*knowledge, research*) approfondi(e); (*work, person*) consciencieux(-euse); (*cleaning*) à fond • **thorough**[ly] *adv* (*search*) minutieusement; (*study*) en profondeur; (*clean*) à fond; (*very*) tout à fait
those [ðəuz] *pl pron* ceux-là (celles-là) ▶ *pl adj* ces; (*not the*[se]) **~ books** ces livres-là
though [ðəu] *conj* bien que + *sub*, quoique + *sub* ▶ *adv* pourtant
thought [θɔ:t] *pt, pp of* **thin**[k] ▶ *n* pensée *f*; (*idea*) idée *f*; (*opinio*[n]) *m* • **thoughtful** *adj* (*deep in thought*) pensif(-ive); (*serious*) réfléchi(e); (*considerate*) prévenant(e) • **thoughtless** [*adj*] qui manque de considératio[n]
thousand ['θauzənd] *num* n[um]; **one ~** mille; **two ~** deux mill[e]; [**~s**] **of** des milliers de • **thousan**[dth] *num* millième
thrash [θræʃ] *vt* rouer de cou[ps]; (*inf*: *defeat*) donner une raclé[e] (*inf*)
thread [θrɛd] *n* fil *m*; (*of screw*) [pas] *m*, filetage *m* ▶ *vt* (*needle*) enf[iler]
threat [θrɛt] *n* menace *f*
• **threaten** *vi* (*storm*) menac[er] ▶ *vt*: **to threaten sb with st**[h/to] **do** menacer qn de qch/de fa[ire]
• **threatening** *adj* menaçan[t]
three [θri:] *num* trois
• **three-dimensional** *adj* à t[rois] dimensions • **three-piece s**[uit]

on *m* (canapé et deux
euils) • **three-quarters** *npl*
-quarts *mpl*; **three-quarters**
aux trois-quarts plein
shold ['θrɛʃhəuld] *n* seuil *m*
w [θru:] *pt of* **throw**
[θrɪl] *n* (*excitement*) émotion
nsation forte; (*shudder*) frisson
vt (*audience*) électriser
rilled *adj*: **thrilled (with)**
e) de • **thriller** *n* film *m* (*or*
an *m or* pièce *f*) à suspense
rilling *adj* (*book, play etc*)
ssant(e); (*news, discovery*)
ant(e)
ing ['θraɪvɪŋ] *adj* (*business,*
munity) prospère
at [θrəut] *n* gorge *f*; **to have**
re ~ avoir mal à la gorge
b [θrɔb] *vi* (*heart*) palpiter;
ne) vibrer; **my head is ~bing**
es élancements dans la tête
ne [θrəun] *n* trône *m*
gh [θru:] *prep* à travers;
) pendant, durant; (*by means*
ar, par l'intermédiaire de;
ng to) à cause de ▶ *adj* (*ticket,*
passage) direct(e) ▶ *adv* à
ers; **(from) Monday ~ Friday**
de lundi à vendredi; **to put sb**
sb (*Tel*) passer qn à qn; **to be**
IT Tel) avoir la
munication; (*esp US: have*
ed) avoir fini; **"no ~ traffic"**
'passage interdit"; **"no**
ad" (BRIT) "impasse"
oughout *prep* (*place*) partout
; (*time*) durant tout(e) le ▶ *adv*
out
v [θrəu] *n* jet *m*; (*Sport*)
er *m* ▶ *vt* (*pt* **threw**, *pp*
wn) lancer, jeter; (*Sport*)
er; (*rider*) désarçonner; (*fig*)
ntenancer; **to ~ a party**
er une réception • **throw**
away *vt* jeter; (*money*) gaspiller
• **throw in** *vt* (*Sport: ball*) remettre
en jeu; (*include*) ajouter • **throw**
off *vt* se débarrasser de • **throw**
out *vt* jeter; (*reject*) rejeter;
(*person*) mettre à la porte • **throw**
up *vi* vomir
thrown [θrəun] *pp of* **throw**
thru [θru:] (*US*) *prep* = **through**
thrush [θrʌʃ] *n* (*Zool*) grive *f*
thrust [θrʌst] *vt* (*pt, pp* **thrust**)
pousser brusquement; (*push in*)
enfoncer
thud [θʌd] *n* bruit sourd
thug [θʌg] *n* voyou *m*
thumb [θʌm] *n* (*Anat*) pouce *m*
▶ *vt*: **to ~ a lift** faire de
l'auto-stop, arrêter une voiture
• **thumbtack** *n* (*US*) punaise *f*
(*clou*)
thump [θʌmp] *n* grand coup;
(*sound*) bruit sourd ▶ *vt* cogner sur
▶ *vi* cogner, frapper
thunder ['θʌndə[r]] *n* tonnerre *m*
▶ *vi* tonner; (*train etc*): **to ~ past**
passer dans un grondement *or* un
bruit de tonnerre
• **thunderstorm** *n* orage *m*
Thursday ['θə:zdɪ] *n* jeudi *m*
thus [ðʌs] *adv* ainsi
thwart [θwɔ:t] *vt* contrecarrer
thyme [taɪm] *n* thym *m*
Tibet [tɪ'bɛt] *n* Tibet *m*
tick [tɪk] *n* (*sound: of clock*) tic-tac
m; (*mark*) coche *f*; (*Zool*) tique *f* ▶ *vi*
faire tic-tac ▶ *vt* (*item on list*)
cocher; **in a ~** (BRIT *inf*) dans un
instant • **tick off** *vt* (*item on list*)
cocher; (*person*) réprimander,
attraper
ticket ['tɪkɪt] *n* billet *m*; (*for bus,*
tube) ticket *m*; (*in shop, on goods*)
étiquette *f*; (*for library*) carte *f*;
(*also*: **parking ~**) contravention *f*,

p.-v. *m* • **ticket barrier** *n* (BRIT *Rail*) portillon *m* automatique • **ticket collector** *n* contrôleur(-euse) • **ticket inspector** *n* contrôleur(-euse) • **ticket machine** *n* billetterie *f* automatique • **ticket office** *n* guichet *m*, bureau *m* de vente des billets

tickle ['tɪkl] *vi* chatouiller ▶ *vt* chatouiller • **ticklish** *adj* (*person*) chatouilleux(-euse); (*problem*) épineux(-euse)

tide [taɪd] *n* marée *f*; (*fig: of events*) cours *m*

tidy ['taɪdɪ] *adj* (*room*) bien rangé(e); (*dress, work*) net (nette), soigné(e); (*person*) ordonné(e), qui a de l'ordre ▶ *vt* (*also*: **~ up**) ranger

tie [taɪ] *n* (*string etc*) cordon *m*; (BRIT: *also*: **neck~**) cravate *f*; (*fig: link*) lien *m*; (*Sport: draw*) égalité *f* de points match nul ▶ *vt* (*parcel*) attacher; (*ribbon*) nouer ▶ *vi* (*Sport*) faire match nul; finir à égalité de points; **to ~ sth in a bow** faire un nœud à *or* avec qch; **to ~ a knot in sth** faire un nœud à qch • **tie down** *vt*: **to ~ sb down to** (*fig*) contraindre qn à accepter; **to feel ~d down** (*by relationship*) se sentir coincé(e) • **tie up** *vt* (*parcel*) ficeler; (*dog, boat*) attacher; (*prisoner*) ligoter; (*arrangements*) conclure; **to be ~d up** (*busy*) être pris(e) *or* occupé(e)

tier [tɪəʳ] *n* gradin *m*; (*of cake*) étage *m*

tiger ['taɪgəʳ] *n* tigre *m*

tight [taɪt] *adj* (*rope*) tendu(e), raide; (*clothes*) étroit(e), très juste; (*budget, programme, bend*) serré(e); (*control*) strict(e), sévère; (*inf: drunk*) ivre, rond(e) ▶ *adv* (*squeeze*) très fort; (*shut*) à bloc, hermétiquement; **hold ~!** accrochez-vous bien! • **tigh**[…] (*rope*) tendre; (*screw*) resserr[…] (*control*) renforcer ▶ *vi* se ten[…] se resserrer • **tightly** *adv* (*gr*[…] bien, très fort • **tights** *npl* (B[…] collant *m*

tile [taɪl] *n* (*on roof*) tuile *f*; (*on*[…] *or floor*) carreau *m*

till [tɪl] *n* caisse (enregistreus[…] ▶ *prep, conj* = **until**

tilt [tɪlt] *vt* pencher, incliner […] pencher, être incliné(e)

timber ['tɪmbəʳ] *n* (*material*)[…] *m* de construction

time [taɪm] *n* temps *m*; (*epo*[…] *often pl*) époque *f*, temps; (*by*[…] heure *f*; (*moment*) moment *m*[…] (*occasion, also Math*) fois *f*; (*M*[…] mesure *f* ▶ *vt* (*race*) chronom[…] (*programme*) minuter; (*visit*)[…] (*remark etc*) choisir le momer[…] **a long ~** un long moment, longtemps; **four at a ~** quat[…] fois; **for the ~ being** pour le moment; **from ~ to ~** de ter[…] en temps; **at ~s** parfois; **in ~** […] *enough*) à temps; (*after some*[…] avec le temps, à la longue; (*M*[…] en mesure; **in a week's ~** da[…] une semaine; **in no ~** en un […] de temps; **any ~** n'importe quand; **on ~** à l'heure; **5 ~s 5** 5 fois 5; **what ~ is it?** quelle […] est-il?; **what ~ is the muse**[…] **shop open?** à quelle heure […] le musée/magasin?; **to hav**[…] **good ~** bien s'amuser • **tim**[…] *n* limite *f* de temps, délai *m* • **timely** *adj* opportun(e) • […] *n* (*in kitchen*) compte-minut[…] *inv*; (*Tech*) minuteur *m* • **time-share** *n* maison *f*/ appartement *m* en multipro[…] • **timetable** *n* (*Rail*) (indica[…]

ıire *m*; (*Scol*) emploi *m* du
ps • **time zone** *n* fuseau *m*
ıire
d ['tɪmɪd] *adj* timide; (*easily*
ed) peureux(-euse)
ng ['taɪmɪŋ] *n* (*Sport*)
ınométrage *m*; **the ~ of his**
gnation le moment choisi
r sa démission
ɪn] *n* étain *m*; (*also*: **~ plate**)
ılanc *m*; (BRIT: *can*) boîte *f* (de
serve); (*for baking*) moule *m* (à
ıau); (*for storage*) boîte *f*
foil *n* papier *m* d'étain *or*
ıminium
e ['tɪŋgl] *vi* picoter; (*person*)
r des picotements
er ['tɪŋkə^r]: • **tinker with** *vt*
ıricoler, rafistoler
ed [tɪnd] *adj* (BRIT: *food*) en
e, en conserve
pener [-'əupnə^r] *n* (BRIT)
re-boîte(s) *m*
el ['tɪnsl] *n* guirlandes *fpl* de
(*argentées*)
'tɪnt] *n* teinte *f*; (*for hair*)
npooing colorant • **tinted** *adj*
) teint(e); (*spectacles, glass*)
té(e)
['taɪnɪ] *adj* minuscule
ɪp] *n* (*end*) bout *m*; (*gratuity*)
boire *m*; (BRIT: *for rubbish*)
ıarge *f*; (*advice*) tuyau *m* ▶ *vt*
ter) donner un pourboire à;
incliner; (*overturn*: *also*:
er) renverser; (*empty*: *also*:
t) déverser; **how much**
uld I ~? combien de pourboire
ce qu'il faut laisser? • **tip off** *vt*
enir, avertir
e ['tɪptəu] *n*: **on ~** sur la
te des pieds
taɪə^r] *n* (US) = **tyre** ▶ *vt*
uer ▶ *vi* se fatiguer • **tired** *adj*
fatigué(e); **to be tired of** en avoir assez de, être las (lasse) de • **tire pressure** (US) *n* = **tyre pressure** • **tiring** *adj* fatigant(e)

tissue ['tɪʃu:] *n* tissu *m*; (*paper handkerchief*) mouchoir *m* en papier, kleenex® *m* • **tissue paper** *n* papier *m* de soie

tit [tɪt] *n* (*bird*) mésange *f*; **to give ~ for tat** rendre coup pour coup

title ['taɪtl] *n* titre *m*

T-junction ['ti:'dʒʌŋkʃən] *n* croisement *m* en T

TM *n abbr* = **trademark**

to [tu:, tə]

▶ *prep* (*with noun/pronoun*)
1 (*direction*) à; (: *towards*) vers; envers; **to go to France/ Portugal/London/school** aller en France/au Portugal/à Londres/à l'école; **to go to Claude's/the doctor's** aller chez Claude/le docteur; **the road to Edinburgh** la route d'Édimbourg
2 (*as far as*) (jusqu')à; **to count to 10** compter jusqu'à 10; **from 40 to 50 people** de 40 à 50 personnes
3 (*with expressions of time*): **a quarter to 5** 5 heures moins le quart; **it's twenty to 3** il est 3 heures moins vingt
4 (*for, of*) de; **the key to the front door** la clé de la porte d'entrée; **a letter to his wife** une lettre (adressée) à sa femme
5 (*expressing indirect object*) à; **to give sth to sb** donner qch à qn; **to talk to sb** parler à qn; **to be a danger to sb** être dangereux(-euse) pour qn
6 (*in relation to*) à; **3 goals to 2** 3 (buts) à 2; **30 miles to the**

gallon ≈ 9,4 litres aux cent (km)
7 (*purpose, result*): **to come to sb's aid** venir au secours de qn, porter secours à qn; **to sentence sb to death** condamner qn à mort; **to my surprise** à ma grande surprise
▶ *prep* (*with vb*) **1** (*simple infinitive*): **to go/eat** aller/manger
2 (*following another vb*): **to want/try/start to do** vouloir/essayer de/commencer à faire
3 (*with vb omitted*): **I don't want to** je ne veux pas
4 (*purpose, result*) pour; **I did it to help you** je l'ai fait pour vous aider
5 (*equivalent to relative clause*): **I have things to do** j'ai des choses à faire; **the main thing is to try** l'important est d'essayer
6 (*after adjective etc*): **ready to go** prêt(e) à partir; **too old/young to ...** trop vieux/jeune pour ...
▶ *adv*: **push/pull the door to** tirez/poussez la porte

toad [təud] *n* crapaud *m* • **toadstool** *n* champignon (vénéneux)

toast [təust] *n* (*Culin*) pain grillé, toast *m*; (*drink, speech*) toast ▶ *vt* (*Culin*) faire griller; (*drink to*) porter un toast à • **toaster** *n* grille-pain *m inv*

tobacco [tə'bækəu] *n* tabac *m*

toboggan [tə'bɔgən] *n* toboggan *m*; (*child's*) luge *f*

today [tə'deɪ] *adv, n* (*also fig*) aujourd'hui (*m*)

toddler ['tɔdləʳ] *n* enfant *m/f* qui commence à marcher, bambin *m*

toe [təu] *n* doigt *m* de pied, or[teil] *m*; (*of shoe*) bout *m* ▶ *vt*: **to ~ t[he] line** (*fig*) obéir, se conformer • **toenail** *n* ongle *m* de l'ortei[l]

toffee ['tɔfɪ] *n* caramel *m*

together [tə'gɛðəʳ] *adv* ensemble; (*at same time*) en m[ême] temps; **~ with** *prep* avec

toilet ['tɔɪlət] *n* (BRIT: *lavator*[y]) toilettes *fpl*, cabinets *mpl*; **to [go to] the ~** aller aux toilettes; **whe[re's] the ~?** où sont les toilettes? • **toilet bag** *n* (BRIT) nécessa[ire *m*] de toilette • **toilet paper** *n* p[apier] *m* hygiénique • **toiletries** *np[l]* articles *mpl* de toilette • **toile[t roll]** *n* rouleau *m* de papier hygién[ique]

token ['təukən] *n* (*sign*) mar[que *f*], témoignage *m*; (*metal disc*) je[ton *m*] ▶ *adj* (*fee, strike*) symbolique; **book/record ~** (BRIT) chèque-livre/-disque *m*

Tokyo ['təukjəu] *n* Tokyo

told [təuld] *pt, pp of* **tell**

tolerant ['tɔlərnt] *adj*: **~ (of)** tolérant(e) (à l'égard de)

tolerate ['tɔləreɪt] *vt* suppo[rter]

toll [təul] *n* (*tax, charge*) péag[e *m*] ▶ *vi* (*bell*) sonner; **the accide[nt] ~ on the roads** le nombre de[s] victimes de la route • **toll ca[ll]** (*US Tel*) appel *m* (à) longue distance • **toll-free** *adj* (*US*) gratuit(e) ▶ *adv* gratuitemen[t]

tomato [tə'mɑːtəu] (*pl* **tomatoes**) *n* tomate *f* • **tom[ato] sauce** *n* sauce *f* tomate

tomb [tuːm] *n* tombe *f* • **tombstone** *n* pierre tomb[ale]

tomorrow [tə'mɔrəu] *adv,* [*n*] (*also fig*) demain (*m*); **the da[y] after ~** après-demain; **a we[ek tomorrow]** demain en huit; **~ morning** demain matin

[tʌn] *n* tonne *f* (*Brit:* = 1016 *kg;* = 907 *kg; metric* = 1000 *kg*); **~s of** des tas de
[təun] *n* ton *m*; (*of radio,* BRIT tonalité *f* ▶ *vi* (*also:* **~ in**) rmoniser • **tone down** *vt* our, criticism) adoucir
js [tɔŋz] *npl* pinces *fpl*; (*for*) pincettes *fpl*; (*for hair*) fer *m* à er
jue [tʌŋ] *n* langue *f*; **~ in** **ek** *adv* ironiquement
c ['tɔnɪk] *n* (*Med*) tonique *m*; ɔ: **~ water**) Schweppes® *m*
ght [tə'naɪt] *adv, n* cette nuit; *s evening*) ce soir
ıe [tʌn] *n* (BRIT: *metric ton*) ne *f*
il ['tɔnsl] *n* amygdale *f*
nsillitis [tɔnsɪ'laɪtɪs] *n*: **to** **e tonsillitis** avoir une angine ne amygdalite
[tu:] *adv* (*excessively*) trop; ɔ) aussi; **~ much** (*as adv*) trop; *dj*) trop de; **~ many** *adj* trop de
[tuk] *pt of* **take**
[tu:l] *n* outil *m* • **tool box** *n* e *f* à outils • **tool kit** *n* trousse utils
h (*pl* **teeth**) [tu:θ, ti:θ] *n* *t, Tech*) dent *f*; **to brush one's** **th** se laver les dents
othache *n* mal *m* de dents; **ave toothache** avoir mal aux ts • **toothbrush** *n* brosse *f* à ts • **toothpaste** *n* (pâte *f*) tifrice *m* • **toothpick** *n* -dent *m*
tɔp] *n* (*of mountain, head*) met *m*; (*of page, ladder*) haut *of box, cupboard, table*) dessus *id: of box, jar*) couvercle *m*; (*: of le*) bouchon *m*; (*toy*) toupie *f*; *ss: blouse etc*) haut; (*: of pyjamas*) veste *f* ▶ *adj* du haut; (*in rank*) premier(-ière); (*best*) meilleur(e) ▶ *vt* (*exceed*) dépasser; (*be first in*) être en tête de; **from ~ to bottom** de fond en comble; **on ~ of** sur; (*in addition to*) en plus de; **over the ~** (*inf*) (*behaviour etc*) qui dépasse les limites • **top up** • (US) **top off** *vt* (*bottle*) remplir; (*salary*) compléter; **to ~ up one's mobile (phone)** recharger son compte • **top floor** *n* dernier étage • **top hat** *n* haut-de-forme *m*

topic ['tɔpɪk] *n* sujet *m*, thème *m* • **topical** *adj* d'actualité

topless ['tɔplɪs] *adj* (*bather etc*) aux seins nus

topping ['tɔpɪŋ] *n* (*Culin*) *couche de crème, fromage etc qui recouvre un plat*

topple ['tɔpl] *vt* renverser, faire tomber ▶ *vi* basculer; tomber

top-up ['tɔpʌp] *n* (*for mobile phone*) recharge *f*, minutes *fpl* • **top-up card** *n* (*for mobile phone*) recharge *f*

torch [tɔ:tʃ] *n* torche *f*; (BRIT: *electric*) lampe *f* de poche

tore [tɔ:ʳ] *pt of* **tear²**

torment *n* ['tɔ:mɛnt] tourment *m* ▶ *vt* [tɔ:'mɛnt] tourmenter; (*fig: annoy*) agacer

torn [tɔ:n] *pp of* **tear²**

tornado [tɔ:'neɪdəu] (*pl* **tornadoes**) *n* tornade *f*

torpedo [tɔ:'pi:dəu] (*pl* **torpedoes**) *n* torpille *f*

torrent ['tɔrnt] *n* torrent *m* • **torrential** [tɔ'rɛnʃl] *adj* torrentiel(le)

tortoise ['tɔ:təs] *n* tortue *f*

torture ['tɔ:tʃəʳ] *n* torture *f* ▶ *vt* torturer

t

Tory ['tɔ:rɪ] *adj, n* (BRIT *Pol*) tory *m/f*, conservateur(-trice)
toss [tɔs] *vt* lancer, jeter; (BRIT: *pancake*) faire sauter; (*head*) rejeter en arrière ▸*vi*: **to ~ up for sth** (BRIT) jouer qch à pile ou face; **to ~ a coin** jouer à pile ou face; **to ~ and turn** (*in bed*) se tourner et se retourner
total ['təutl] *adj* total(e) ▸*n* total *m* ▸*vt* (*add up*) faire le total de, additionner; (*amount to*) s'élever à
totalitarian [təutælɪ'tɛərɪən] *adj* totalitaire
totally ['təutəlɪ] *adv* totalement
touch [tʌtʃ] *n* contact *m*, toucher *m*; (*sense, skill*: *of pianist etc*) toucher ▸*vt* (*gen*) toucher; (*tamper with*) toucher à; **a ~ of** (*fig*) un petit peu de; une touche de; **to get in ~ with** prendre contact avec; **to lose ~** (*friends*) se perdre de vue • **touch down** *vi* (*Aviat*) atterrir; (*on sea*) amerrir • **touchdown** *n* (*Aviat*) atterrissage *m*; (*on sea*) amerrissage *m*; (US *Football*) essai *m* • **touched** *adj* (*moved*) touché(e) • **touching** *adj* touchant(e), attendrissant(e) • **touchline** *n* (*Sport*) (ligne *f* de) touche *f* • **touch-sensitive** *adj* (*keypad*) à effleurement; (*screen*) tactile
tough [tʌf] *adj* dur(e); (*resistant*) résistant(e), solide; (*meat*) dur, coriace; (*firm*) inflexible; (*task, problem, situation*) difficile
tour ['tuəʳ] *n* voyage *m*; (*also*: **package ~**) voyage organisé; (*of town, museum*) tour *m*, visite *f*; (*by band*) tournée *f* ▸*vt* visiter • **tour guide** *n* (*person*) guide *m/f*
tourism ['tuərɪzm] *n* tourisme *m*
tourist ['tuərɪst] *n* touriste *m* ▸*cpd* touristique • **tourist of**… *n* syndicat *m* d'initiative
tournament ['tuənəmənt] *n* tournoi *m*
tour operator *n* (BRIT) organisateur *m* de voyages, tour-opérateur *m*
tow [təu] *vt* remorquer; (*cara*… *trailer*) tracter; **"on ~"**, (US) "… (*Aut*) "véhicule en remorque" • **tow away** *vt* (*subj*: *police*) emmener à la fourrière; (: *breakdown service*) remorqu…
toward(s) [tə'wɔ:d(z)] *prep* … (*of attitude*) envers, à l'égard d… *purpose*) pour
towel ['tauəl] *n* serviette *f* (de toilette) • **towelling** *n* (*fabric*…) tissu-éponge *m*
tower ['tauəʳ] *n* tour *f* • **tow… block** *n* (BRIT) tour *f* (d'habita…
town [taun] *n* ville *f*; **to go to**… aller en ville; (*fig*) y mettre le paquet • **town centre** *n* (BRI…) centre *m* de la ville, centre-vil… • **town hall** *n* ≈ mairie *f*
tow truck *n* (US) dépanneus…
toxic ['tɔksɪk] *adj* toxique
toy [tɔɪ] *n* jouet *m* • **toy with**… *fus* jouer avec; (*idea*) caresser • **toyshop** *n* magasin *m* de jo…
trace [treɪs] *n* trace *f* ▸*vt* (*dra*…) tracer, dessiner; (*follow*) suivr… trace de; (*locate*) retrouver
tracing paper ['treɪsɪŋ-] *n* papier-calque *m*
track [træk] *n* (*mark*) trace *f*; … *gen*) chemin *m*, piste *f*; (: *of bu*… *etc*) trajectoire *f*; (: *of suspect, animal*) piste; (*Rail*) voie ferré… rails *mpl*; (*Comput, Sport*) pist… (*on CD*) piste; (*on record*) plag… ▸*vt* suivre la trace *or* la piste …

keep ~ of suivre • **track down** (prey) trouver et capturer; (sth) finir par retrouver • **tracksuit** n survêtement m
tractor ['træktəʳ] n tracteur m
trade [treɪd] n commerce m; (skill, job) métier m ▶ vi faire du commerce ▶ vt (exchange): **to ~ sth (for sth)** échanger qch (contre qch); **to ~ with/in** faire du commerce avec/le commerce de
• **trade in** vt (old car etc) faire reprendre • **trademark** n marque f de fabrique • **trader** n commerçant(e), négociant(e)
• **tradesman** (irreg) n (shopkeeper) commerçant m • **trade union** n syndicat m
trading ['treɪdɪŋ] n affaires fpl, commerce m
tradition [trə'dɪʃən] n tradition f
• **traditional** adj traditionnel(le)
traffic ['træfɪk] n trafic m; (cars) circulation f ▶ vi: **to ~ in** (pej: liquor, drugs) faire le trafic de
• **traffic circle** n (US) rond-point m • **traffic island** n refuge m (pour piétons) • **traffic jam** n embouteillage m • **traffic lights** npl feux mpl (de signalisation)
• **traffic warden** n contractuel(le)
tragedy ['trædʒədɪ] n tragédie f
tragic ['trædʒɪk] adj tragique
trail [treɪl] n (tracks) trace f, piste f; (path) chemin m, piste; (of smoke etc) traînée f ▶ vt (drag) traîner, tirer; (follow) suivre ▶ vi traîner; (in game, contest) être en retard
• **trailer** n (Aut) remorque f; (US: caravan) caravane f; (Cine) bande-annonce f
train [treɪn] n train m; (in underground) rame f; (of dress) traîne f; (BRIT: series): **~ of events** série f d'événements ▶ vt (apprentice, doctor etc) former; (Sport) entraîner; (dog) dresser; (memory) exercer; (point: gun etc): **to ~ sth on** braquer qch sur ▶ vi recevoir sa formation; (Sport) s'entraîner; **one's ~ of thought** le fil de sa pensée; **what time does the ~ from Paris get in?** à quelle heure arrive le train de Paris?; **is this the ~ for ...?** c'est bien le train pour ...? • **trainee** [treɪ'niː] n stagiaire m/f; (in trade) apprenti(e) • **trainer** n (Sport) entraîneur(-euse); (of dogs etc) dresseur(-euse); **trainers** npl (shoes) chaussures fpl de sport
• **training** n formation f; (Sport) entraînement m; (of dog etc) dressage m; **in training** (Sport) à l'entraînement; (fit) en forme
• **training course** n cours m de formation professionnelle
• **training shoes** npl chaussures fpl de sport
trait [treɪt] n trait m (de caractère)
traitor ['treɪtəʳ] n traître m
tram [træm] n (BRIT: also: **~car**) tram(way) m
tramp [træmp] n (person) vagabond(e), clochard(e); (inf, pej: woman): **to be a ~** être coureuse
trample ['træmpl] vt: **to ~ (underfoot)** piétiner
trampoline ['træmpəliːn] n trampoline m
tranquil ['træŋkwɪl] adj tranquille • **tranquillizer** • (US) **tranquilizer** n (Med) tranquillisant m
transaction [træn'zækʃən] n transaction f
transatlantic ['trænzət'læntɪk] adj transatlantique

t

transcript ['trænskrɪpt] *n* transcription *f* (*texte*)
transfer *n* ['trænsfəʳ] (*gen, also Sport*) transfert *m*; (*Pol: of power*) passation *f*; (*of money*) virement *m*; (*picture, design*) décalcomanie *f*; (*: stick-on*) autocollant *m* ▸ *vt* [træns'fəːʳ] transférer; passer; virer; **to ~ the charges** (BRIT *Tel*) téléphoner en P.C.V.
transform [træns'fɔːm] *vt* transformer • **transformation** *n* transformation *f*
transfusion [træns'fjuːʒən] *n* transfusion *f*
transit ['trænzɪt] *n*: **in ~** en transit
transition [træn'zɪʃən] *n* transition *f*
transitive ['trænzɪtɪv] *adj* (*Ling*) transitif(-ive)
translate [trænz'leɪt] *vt*: **to ~ (from/into)** traduire (du/en); **can you ~ this for me?** pouvez-vous me traduire ceci? • **translation** [trænz'leɪʃən] *n* traduction *f*; (*Scol: as opposed to prose*) version *f* • **translator** *n* traducteur(-trice)
transmission [trænz'mɪʃən] *n* transmission *f*
transmit [trænz'mɪt] *vt* transmettre; (*Radio, TV*) émettre • **transmitter** *n* émetteur *m*
transparent [træns'pærnt] *adj* transparent(e)
transplant ['trænsplɑːnt] *n* (*Med*) transplantation *f*
transport *n* ['trænspɔːt] transport *m* ▸ *vt* [træns'pɔːt] transporter • **transportation** [trænspɔː'teɪʃən] *n* (moyen *m* de) transport *m*
transvestite [trænz'vɛstaɪt] *n* travesti(e)
trap [træp] *n* (*snare, trick*) piè[g]... (*carriage*) cabriolet *m* ▸ *vt* pre[ndre] au piège; (*confine*) coincer
trash [træʃ] *n* (*inf: pej: goods*) camelote *f*; (*: nonsense*) sottis[es] *fpl*; (*US: rubbish*) ordures *fpl* • [trash] **can** *n* (*US*) poubelle *f*
trauma ['trɔːmə] *n* traumati[sme] *m* • **traumatic** [trɔː'mætɪk] traumatisant(e)
travel ['trævl] *n* voyage(s) *m*[(pl)] ▸ *vi* voyager; (*news, sound*) se propager ▸ *vt* (*distance*) parc[ourir] • **travel agency** *n* agence *f* d[e] voyages • **travel agent** *n* ag[ent *m*] de voyages • **travel insuran[ce]** assurance-voyage *f* • **travell[er]** • (*US*) **traveler** *n* voyageur(-e[use]) • **traveller's cheque** • (*US*) **traveler's check** *n* chèque *m* [de] voyage • **travelling** • (*US*) **traveling** *n* voyage(s) *m(pl)* • **travel-sick** *adj*: **to get travel-sick** avoir le mal de la (*or* de mer *or* de l'air) • **travel sickness** *n* mal *m* de la route mer *or* de l'air)
tray [treɪ] *n* (*for carrying*) plat[eau] *m*; (*on desk*) corbeille *f*
treacherous ['trɛtʃərəs] *adj* traître(sse); (*ground, tide*) don[t il] faut se méfier
treacle ['triːkl] *n* mélasse *f*
tread [trɛd] *n* (*step*) pas *m*; (*so[und]*) bruit *m* de pas; (*of tyre*) chape[e *f*,] bande *f* de roulement ▸ *vi* (*pt* ... *pp* **trodden**) marcher • **tread** [on] *vt fus* marcher sur
treasure ['trɛʒəʳ] *n* trésor *m* ... (*value*) tenir beaucoup à • **treasurer** *n* trésorier(-ière)
treasury ['trɛʒərɪ] *n*: **the T~** (*US*) **the T~ Department** ≈ le ministère des Finances

: [triːt] *n* petit cadeau, petite
rise ▶ *vt* traiter; **to ~ sb to**
offrir qch à qn • **treatment** *n*
ement *m*
y ['triːtɪ] *n* traité *m*
e ['trɛbl] *adj* triple ▶ *vt, vi*
er
[triː] *n* arbre *m*
[trɛk] *n* (*long walk*) randonnée
ing walk) longue marche,
e *f*
ble ['trɛmbl] *vi* trembler
endous [trɪ'mɛndəs] *adj*
mous) énorme; (*excellent*)
idable, fantastique
ch [trɛntʃ] *n* tranchée *f*
d [trɛnd] *n* (*tendency*)
ance *f*; (*of events*) cours *m*;
ion) mode *f*; **on ~** tendance
to set a ~ lancer une mode
ndy *adj* (*idea, person*) dans le
(*clothes*) dernier cri *inv*
ass ['trɛspəs] *vi*: **to ~ on**
oduire sans permission dans;
~ing" "propriété privée",
nse d'entrer"
['traɪəl] *n* (*Law*) procès *m*,
ment *m*; (*test*: *of machine etc*)
m; **trials** *npl* (*unpleasant*
iences) épreuves *fpl* • **trial**
od *n* période *f* d'essai
gle ['traɪæŋgl] *n* (*Math, Mus*)
gle *m*
gular [traɪ'æŋgjuləʳ] *adj*
gulaire
[traɪb] *n* tribu *f*
nal [traɪ'bjuːnl] *n* tribunal *m*
te ['trɪbjuːt] *n* tribut *m*,
mage *m*; **to pay ~ to** rendre
mage à
[trɪk] *n* (*magic*) tour *m*; (*joke,*
) tour, farce *f*; (*skill, knack*)
e *f*; (*Cards*) levée *f* ▶ *vt*
per, rouler; **to play a ~ on sb**
jouer un tour à qn; **that should do the ~** (*inf*) ça devrait faire l'affaire
trickle ['trɪkl] *n* (*of water etc*) filet *m* ▶ *vi* couler en un filet *or* goutte à goutte
tricky ['trɪkɪ] *adj* difficile, délicat(e)
tricycle ['traɪsɪkl] *n* tricycle *m*
trifle ['traɪfl] *n* bagatelle *f*; (*Culin*) ≈ diplomate *m* ▶ *adv*: **a ~ long** un peu long
trigger ['trɪgəʳ] *n* (*of gun*) gâchette *f*
trim [trɪm] *adj* (*house, garden*) bien tenu(e); (*figure*) svelte ▶ *n* (*haircut etc*) légère coupe; (*on car*) garnitures *fpl* ▶ *vt* (*cut*) couper légèrement; (*Naut*: *a sail*) gréer; (*decorate*): **to ~ (with)** décorer (de)
trio ['triːəu] *n* trio *m*
trip [trɪp] *n* voyage *m*; (*excursion*) excursion *f*; (*stumble*) faux pas ▶ *vi* faire un faux pas, trébucher • **trip up** *vi* trébucher ▶ *vt* faire un croc-en-jambe à
triple ['trɪpl] *adj* triple
triplets ['trɪplɪts] *npl* triplés(-ées)
tripod ['traɪpɔd] *n* trépied *m*
triumph ['traɪʌmf] *n* triomphe *m* ▶ *vi*: **to ~ (over)** triompher (de) • **triumphant** [traɪ'ʌmfənt] *adj* triomphant(e)
trivial ['trɪvɪəl] *adj* insignifiant(e); (*commonplace*) banal(e)
trod [trɔd] *pt of* **tread**
trodden [trɔdn] *pp of* **tread**
troll [trɔl] *n* (*Internet*) troll *m*, trolleur(-euse) *m/f*
trolley ['trɔlɪ] *n* chariot *m*
trolling ['trɔlɪŋ] *n* (*Internet*) trolling *m*
trombone [trɔm'bəun] *n* trombone *m*

troop [tru:p] *n* bande *f*, groupe *m*; **troops** *npl* (*Mil*) troupes *fpl*; (: *men*) hommes *mpl*, soldats *mpl*
trophy ['trəufɪ] *n* trophée *m*
tropical ['trɔpɪkl] *adj* tropical(e)
trot [trɔt] *n* trot *m* ▶ *vi* trotter; **on the ~** (BRIT *fig*) d'affilée
trouble ['trʌbl] *n* difficulté(s) *f(pl)*, problème(s) *m(pl)*; (*worry*) ennuis *mpl*, soucis *mpl*; (*bother, effort*) peine *f*; (*Pol*) conflit(s) *m(pl)*, troubles *mpl*; (*Med*): **stomach** *etc* **~** troubles gastriques *etc* ▶ *vt* (*disturb*) déranger, gêner; (*worry*) inquiéter ▶ *vi*: **to ~ to do** prendre la peine de faire; **troubles** *npl* (*Pol etc*) troubles; (*personal*) ennuis, soucis; **to be in ~** avoir des ennuis; (*ship, climber etc*) être en difficulté; **to have ~ doing sth** avoir du mal à faire qch; **it's no ~!** je vous en prie!; **the ~ is ...** le problème, c'est que ...; **what's the ~?** qu'est-ce qui ne va pas? • **troubled** *adj* (*person*) inquiet(-ète); (*times, life*) agité(e) • **troublemaker** *n* élément perturbateur, fauteur *m* de troubles • **troublesome** *adj* (*child*) fatigant(e), difficile; (*cough*) gênant(e)
trough [trɔf] *n* (*also*: **drinking ~**) abreuvoir *m*; (*also*: **feeding ~**) auge *f*; (*depression*) creux *m*
trousers ['trauzəz] *npl* pantalon *m*; **short ~** (BRIT) culottes courtes
trout [traut] *n* (*pl inv*) truite *f*
truant ['truənt] *n*: **to play ~** (BRIT) faire l'école buissonnière
truce [tru:s] *n* trêve *f*
truck [trʌk] *n* camion *m*; (*Rail*) wagon *m* à plate-forme • **truck driver** *n* camionneur *m*
true [tru:] *adj* vrai(e); (*accura* exact(e); (*genuine*) vrai, vérit (*faithful*) fidèle; **to come ~** se réaliser
truly ['tru:lɪ] *adv* vraiment, réellement; (*truthfully*) sans mentir; **yours ~** (*in letter*) je v prie d'agréer, Monsieur (*or* Madame *etc*), l'expression de sentiments respectueux
trumpet ['trʌmpɪt] *n* tromp
trunk [trʌŋk] *n* (*of tree, perso* tronc *m*; (*of elephant*) trompe (*case*) malle *f*; (*US Aut*) coffre **trunks** *npl* (*also*: **swimming** maillot *m or* slip *m* de bain
trust [trʌst] *n* confiance *f*; (*responsibility*): **to place sth sb's ~** confier la responsabili qch à qn; (*Law*) fidéicommis (*rely on*) avoir confiance en; (*entrust*): **to ~ sth to sb** conf qch à qn; (*hope*): **to ~ (that)** espérer (que); **to take sth o** accepter qch les yeux fermés • **trusted** *adj* en qui l'on a confiance • **trustworthy** *a* digne de confiance
truth [tru:θ, tru:ðz] *n* vérité • **truthful** *adj* (*person*) qui di vérité; (*answer*) sincère
try [traɪ] *n* essai *m*, tentative (*Rugby*) essai ▶ *vt* (*attempt*) essayer, tenter; (*test*: *sth new* **~ out**) essayer, tester; (*Law*: *person*) juger; (*strain*) éprouv essayer; **to ~ to do** essayer faire; (*seek*) chercher à faire **on** *vt* (*clothes*) essayer • **tryi** pénible
T-shirt ['ti:ʃə:t] *n* tee-shirt *m*
tub [tʌb] *n* cuve *f*; (*for washin clothes*) baquet *m*; (*bath*) baignoire *f*

[tube] [tju:b] *n* tube *m*; (BRIT: *underground*) métro *m*; (*for tyre*) chambre *f* à air
[tuberculosis] [tjubə:kju'ləusɪs] *n* tuberculose *f*
[tube] station *n* (BRIT) station *f* de métro
[tuck] [tʌk] *vt* (*put*) mettre • **tuck [away]** *vt* cacher, ranger; (*money*) mettre de côté; (*building*): **to be [tucked] away** être caché(e) • **tuck in** *vt* rentrer; (*child*) border ▸ *vi* (*eat*) manger de bon appétit; attaquer le repas
[tuck]er ['tʌkə^r] *n* (AUST, NZ *inf*) bouffe *f* (*inf*)
[tuck] shop *n* (BRIT *Scol*) boutique *f* à provisions
[Tue]sday ['tju:zdɪ] *n* mardi *m*
[tug] [tʌg] *n* (*ship*) remorqueur *m* ▸ *vt* tirer (sur)
[tuiti]on [tju:'ɪʃən] *n* (BRIT: *lessons*) leçons *fpl*; (: *private*) cours particuliers; (US: *fees*) frais *mpl* de scolarité
[tulip] ['tju:lɪp] *n* tulipe *f*
[tum]ble ['tʌmbl] *n* (*fall*) chute *f*, culbute *f* ▸ *vi* tomber, dégringoler; **to ~ to sth** (*inf*) réaliser qch
[tu]mble dryer *n* (BRIT) séchoir *m* (à linge) à air chaud
[tum]bler ['tʌmblə^r] *n* verre (droit), gobelet *m*
[tum]my ['tʌmɪ] *n* (*inf*) ventre *m*
[tum]our, (US) **tumor** ['tju:mə^r] *n* tumeur *f*
[tun]a ['tju:nə] *n* (*pl inv*: *also*: **~ fish**) thon *m*
[tune] [tju:n] *n* (*melody*) air *m* ▸ *vt* (*music*) accorder; (*Radio, TV, Aut*) régler, mettre au point; **to be in/ out of ~** (*instrument*) être accordé/ désaccordé; (*singer*) chanter juste/faux • **tune in** *vi* (*Radio, TV*): **to ~ in (to)** se mettre à l'écoute (de) • **tune up** *vi* (*musician*) accorder son instrument
tunic ['tju:nɪk] *n* tunique *f*
Tunis ['tju:nɪs] *n* Tunis
Tunisia [tju:'nɪzɪə] *n* Tunisie *f*
Tunisian [tju:'nɪzɪən] *adj* tunisien(ne) ▸ *n* Tunisien(ne)
tunnel ['tʌnl] *n* tunnel *m*; (*in mine*) galerie *f* ▸ *vi* creuser un tunnel (*or* une galerie)
turbulence ['tə:bjuləns] *n* (*Aviat*) turbulence *f*
turf [tə:f] *n* gazon *m*; (*clod*) motte *f* (de gazon) ▸ *vt* gazonner
Turk [tə:k] *n* Turc (Turque)
Turkey ['tə:kɪ] *n* Turquie *f*
turkey ['tə:kɪ] *n* dindon *m*, dinde *f*
Turkish ['tə:kɪʃ] *adj* turc (turque) ▸ *n* (*Ling*) turc *m*
turmoil ['tə:mɔɪl] *n* trouble *m*, bouleversement *m*
turn [tə:n] *n* tour *m*; (*in road*) tournant *m*; (*tendency*: *of mind, events*) tournure *f*; (*performance*) numéro *m*; (*Med*) crise *f*, attaque *f* ▸ *vt* tourner; (*collar, steak*) retourner; (*age*) atteindre; (*change*): **to ~ sth into** changer qch en ▸ *vi* (*object, wind, milk*) tourner; (*person*: *look back*) se (re)tourner; (*reverse direction*) faire demi-tour; (*become*) devenir; **to ~ into** se changer en, se transformer en; **a good ~** un service; **it gave me quite a ~** ça m'a fait un coup; **"no left ~"** (*Aut*) "défense de tourner à gauche"; **~ left/right at the next junction** tournez à gauche/ droite au prochain carrefour; **it's your ~** c'est (à) votre tour; **in ~** à son tour; à tour de rôle; **to take ~s**

t

se relayer • **turn around** *vi* (*person*) se retourner ▸ *vt* (*object*) tourner • **turn away** *vi* se détourner, tourner la tête ▸ *vt* (*reject: person*) renvoyer; (*: business*) refuser • **turn back** *vi* revenir, faire demi-tour • **turn down** *vt* (*refuse*) rejeter, refuser; (*reduce*) baisser; (*fold*) rabattre • **turn in** *vi* (*inf: go to bed*) aller se coucher ▸ *vt* (*fold*) rentrer • **turn off** *vi* (*from road*) tourner ▸ *vt* (*light, radio etc*) éteindre; (*tap*) fermer; (*engine*) arrêter; **I can't ~ the heating off** je n'arrive pas à éteindre le chauffage • **turn on** *vt* (*light, radio etc*) allumer; (*tap*) ouvrir; (*engine*) mettre en marche; **I can't ~ the heating on** je n'arrive pas à allumer le chauffage • **turn out** *vt* (*light, gas*) éteindre; (*produce*) produire ▸ *vi* (*voters, troops*) se présenter; **to ~ out to be ...** s'avérer ..., se révéler ... • **turn over** *vi* (*person*) se retourner ▸ *vt* (*object*) retourner; (*page*) tourner • **turn round** *vi* faire demi-tour; (*rotate*) tourner • **turn to** *vt fus*: **to ~ to sb** s'adresser à qn • **turn up** *vi* (*person*) arriver, se pointer (*inf*); (*lost object*) être retrouvé(e) ▸ *vt* (*collar*) remonter; (*radio, heater*) mettre plus fort • **turning** *n* (*in road*) tournant *m* • **turning point** *n* (*fig*) tournant *m*, moment décisif

turnip ['tə:nɪp] *n* navet *m*

turn: • **turnout** *n* (*of voters*) taux *m* de participation • **turnover** *n* (*Comm: amount of money*) chiffre *m* d'affaires; (*: of goods*) roulement *m*; (*of staff*) renouvellement *m*, changement *m* • **turnstile** *n* tourniquet *m* (*d'entrée*) • **turn-up** *n* (BRIT: *on trousers*) revers *m*

turquoise ['tə:kwɔɪz] *n* (*stor* turquoise *f* ▸ *adj* turquoise *in*

turtle ['tə:tl] *n* tortue marine • **turtleneck (sweater)** *n* pullover *m* à col montant

tusk [tʌsk] *n* défense *f* (*d'éléph*

tutor ['tju:tə^r] *n* (BRIT *Scol: in college*) directeur(-trice) d'étu (*private teacher*) précepteur(-t • **tutorial** [tju:'tɔ:rɪəl] *n* (*Sc* (séance *f* de) travaux *mpl* pratiques

tuxedo [tʌk'si:dəu] *n* (US) smoking *m*

TV [ti:'vi:] *n abbr* (= *television*) TV *f*

tweed [twi:d] *n* tweed *m*

tweet [twi:t] (*on Twitter*) *n* tw *m* ▸ *vt, vi* tweeter

tweezers ['twi:zəz] *npl* pinc épiler

twelfth [twɛlfθ] *num* douziè

twelve [twɛlv] *num* douze; **a ~ (o'clock)** à midi; (*midnight*) minuit

twentieth ['twɛntɪɪθ] *num* vingtième

twenty ['twɛntɪ] *num* vingt; **~ fourteen** en deux mille quatorze

twerking ['twə:kɪŋ] *n* twerk

twice [twaɪs] *adv* deux fois; **much** deux fois plus

twig [twɪg] *n* brindille *f* ▸ *vt*, piger

twilight ['twaɪlaɪt] *n* crépuscule *m*

twin [twɪn] *adj*, *n* jumeau(-el ▸ *vt* jumeler • **twin-bedded** *n* = **twin room** • **twin beds** lits *mpl* jumeaux

twinkle ['twɪŋkl] *vi* scintille (*eyes*) pétiller

twin room *n* chambre *f* à de

t [twɪst] *n* torsion *f*, tour *m*; *wire, flex*) tortillon *m*; (*bend: in* *d*) tournant *m*; (*in story*) coup *m* théâtre ▶ *vt* tordre; (*weave*) ortiller; (*roll around*) enrouler; déformer ▶ *vi* (*road, river*) penter; **to ~ one's ankle/** **st** (*Med*) se tordre la cheville/le gnet
[twɪt] *n* (*inf*) crétin(e)
ch [twɪtʃ] *n* (*pull*) coup sec, cade *f*; (*nervous*) tic *m* ▶ *vi* se vulser; avoir un tic
ter® ['twɪtəʳ] *n* Twitter® ▶ *vi* tter • **Twittersphere** *n* (*inf*): ~ la twittosphère
[tuː] *num* deux; **to put ~ and** **ogether** (*fig*) faire le prochement
[taɪp] *n* (*category*) genre *m*, èce *f*; (*model*) modèle *m*; *mple*) type *m*; (*Typ*) type, actère *m* ▶ *vt* (*letter etc*) taper machine) • **typewriter** *n* chine *f* à écrire
oid ['taɪfɔɪd] *n* typhoïde *f*
oon [taɪ'fuːn] *n* typhon *m*
cal ['tɪpɪkl] *adj* typique, actéristique • **typically** ɪklɪ] *adv* (*as usual*) comme abitude; (*characteristically*) quement
ng ['taɪpɪŋ] *n* tylo(graphie) *f*
st ['taɪpɪst] *n* dactylo *m/f*
(*US*) **tire** ['taɪəʳ] *n* pneu *m*
re pressure *n* (*BRIT*) pression *f* gonflage)

U

UFO ['juːfəu] *n abbr* (= *unidentified flying object*) ovni *m*
Uganda [juː'gændə] *n* Ouganda *m*
ugly ['ʌglɪ] *adj* laid(e), vilain(e); (*fig*) répugnant(e)
UHT *adj abbr* (= *ultra-heat treated*): **~ milk** lait *m* UHT *or* longue conservation
UK *n abbr* = **United Kingdom**
ulcer ['ʌlsəʳ] *n* ulcère *m*; **mouth ~** aphte *f*
ultimate ['ʌltɪmət] *adj* ultime, final(e); (*authority*) suprême • **ultimately** *adv* (*at last*) en fin de compte; (*fundamentally*) finalement; (*eventually*) par la suite
ultimatum (*pl* **ultimatums** *or* **ultimata**) [ʌltɪ'meɪtəm, -tə] *n* ultimatum *m*
ultrasound ['ʌltrəsaund] *n* (*Med*) ultrason *m*
ultraviolet ['ʌltrə'vaɪəlɪt] *adj* ultraviolet(te)
umbrella [ʌm'brɛlə] *n* parapluie *m*; (*for sun*) parasol *m*
umpire ['ʌmpaɪəʳ] *n* arbitre *m*; (*Tennis*) juge *m* de chaise

UN *n abbr* = **United Nations**
unable [ʌn'eɪbl] *adj*: **to be ~ to** ne (pas) pouvoir, être dans l'impossibilité de; (*not capable*) être incapable de
unacceptable [ʌnək'sɛptəbl] *adj* (*behaviour*) inadmissible; (*price, proposal*) inacceptable
unanimous [ju:'nænɪməs] *adj* unanime
unarmed [ʌn'ɑ:md] *adj* (*person*) non armé(e); (*combat*) sans armes
unattended [ʌnə'tɛndɪd] *adj* (*car, child, luggage*) sans surveillance
unattractive [ʌnə'træktɪv] *adj* peu attrayant(e); (*character*) peu sympathique
unavailable [ʌnə'veɪləbl] *adj* (*article, room, book*) (qui n'est) pas disponible; (*person*) (qui n'est) pas libre
unavoidable [ʌnə'vɔɪdəbl] *adj* inévitable
unaware [ʌnə'wɛə^r] *adj*: **to be ~ of** ignorer, ne pas savoir, être inconscient(e) de • **unawares** *adv* à l'improviste, au dépourvu
unbearable [ʌn'bɛərəbl] *adj* insupportable
unbeatable [ʌn'bi:təbl] *adj* imbattable
unbelievable [ʌnbɪ'li:vəbl] *adj* incroyable
unborn [ʌn'bɔ:n] *adj* à naître
unbutton [ʌn'bʌtn] *vt* déboutonner
uncalled-for [ʌn'kɔ:ldfɔ:^{r}] *adj* déplacé(e), injustifié(e)
uncanny [ʌn'kænɪ] *adj* étrange, troublant(e)
uncertain [ʌn'sə:tn] *adj* incertain(e); (*hesitant*) hésitant(e) • **uncertainty** *n* incertitude *f*, doutes *mpl*

unchanged [ʌn'tʃeɪndʒd] *ac* inchangé(e)
uncle ['ʌŋkl] *n* oncle *m*
unclear [ʌn'klɪə^r] *adj* (qui n'e pas clair(e) *or* évident(e); **I'm ~ about what I'm supposed do** je ne sais pas encore exactement ce que je dois fair
uncomfortable [ʌn'kʌmfə *adj* inconfortable, peu confortable; (*uneasy*) mal à l'a gêné(e); (*situation*) désagréab
uncommon [ʌn'kɔmən] *adj* singulier(-ière), peu commun
unconditional [ʌnkən'dɪʃə *adj* sans conditions
unconscious [ʌn'kɔnʃəs] *ad* sans connaissance, évanoui((*unaware*): **~ (of)** inconscient((de) ▶ *n*: **the ~** l'inconscient *m*
uncontrollable [ʌnkən'trəuləbl] *adj* (*child, dc* indiscipliné(e); (*temper, laught* irrépressible
unconventional [ʌnkən'vɛnʃənl] *adj* peu conventionnel(le)
uncover [ʌn'kʌvə^r] *vt* décou
undecided [ʌndɪ'saɪdɪd] *adj* indécis(e), irrésolu(e)
undeniable [ʌndɪ'naɪəbl] *a* indéniable, incontestable
under ['ʌndə^r] *prep* sous; (*less than*) (de) moins de; au-desso de; (*according to*) selon, en ver ▶ *adv* au-dessous; en dessous **~ there** là-dessous; **~ the circumstances** étant donné circonstances; **~ repair** en (c de) réparation • **undercover** secret(-ète), clandestin(e) • **underdone** *adj* (*Culin*) saignant(e); (*: pej*) pas assez cuit(e) • **underestimate** *vt*

ɪs-estimer, mésestimer
ndergo *vt* (*irreg*: *like* **go**) subir;
atment) suivre
ndergraduate *n* étudiant(e)
i prépare la licence)
nderground *adj* souterrain(e);
) clandestin(e) ▶ *n* (BRIT:
way) métro *m*; (*Pol*)
ndestinité *f* • **undergrowth** *n*
ussailles *fpl*, sous-bois *m*
nderline *vt* souligner
ndermine *vt* saper, miner
nderneath [ʌndəˈniːθ] *adv*
) dessous ▶ *prep* sous,
dessous de • **underpants** *npl*
eçon *m*, slip *m* • **underpass** *n*
IT: *for pedestrians*) passage
terrain; (: *for cars*) passage
érieur • **underprivileged** *adj*
avorisé(e) • **underscore** *vt*
ligner • **undershirt** *n* (US)
ot *m* de corps • **underskirt** *n*
IT) jupon *m*
erstand [ʌndəˈstænd] *vt*, *vi*
eg: *like* **stand**) comprendre;
n't ~ je ne comprends pas
nderstandable *adj*
npréhensible • **understanding**
compréhensif(-ive) ▶ *n*
npréhension *f*; (*agreement*)
ord *m*
erstatement
dəsteɪtmənt] *n*: **that's an ~**
t (bien) peu dire, le terme est
le
erstood [ʌndəˈstud] *pt*, *pp of*
derstand ▶ *adj* entendu(e);
plied) sous-entendu(e)
ertake [ʌndəˈteɪk] *vt* (*irreg*:
take) (*job, task*) entreprendre;
y) se charger de; **to ~ to do**
s'engager à faire qch
ertaker [ˈʌndəteɪkəʳ] *n*
T) entrepreneur *m* des pompes
èbres, croque-mort *m*

undertaking [ˈʌndəteɪkɪŋ] *n* entreprise *f*; (*promise*) promesse *f*
under: • underwater *adv* sous l'eau ▶ *adj* sous-marin(e)
• **underway** *adj*: **to be underway** (*meeting, investigation*) être en cours • **underwear** *n* sous-vêtements *mpl*; (*women's only*) dessous *mpl* • **underwent** *pt of* **undergo** • **underworld** *n* (*of crime*) milieu *m*, pègre *f*
undesirable [ʌndɪˈzaɪərəbl] *adj* peu souhaitable; (*person, effect*) indésirable
undisputed [ˈʌndɪsˈpjuːtɪd] *adj* incontesté(e)
undo [ʌnˈduː] *vt* (*irreg*: *like* **do**) défaire
undone [ʌnˈdʌn] *pp of* **undo** ▶ *adj*: **to come ~** se défaire
undoubtedly [ʌnˈdautɪdlɪ] *adv* sans aucun doute
undress [ʌnˈdrɛs] *vi* se déshabiller
unearth [ʌnˈəːθ] *vt* déterrer; (*fig*) dénicher
uneasy [ʌnˈiːzɪ] *adj* mal à l'aise, gêné(e); (*worried*) inquiet(-ète); (*feeling*) désagréable; (*peace, truce*) fragile
unemployed [ʌnɪmˈplɔɪd] *adj* sans travail, au chômage ▶ *n*: **the ~** les chômeurs *mpl*
unemployment [ʌnɪmˈplɔɪmənt] *n* chômage *m*
• **unemployment benefit** • (US) **unemployment compensation** *n* allocation *f* de chômage
unequal [ʌnˈiːkwəl] *adj* inégal(e)
uneven [ʌnˈiːvn] *adj* inégal(e); (*quality, work*) irrégulier(-ière)
unexpected [ʌnɪkˈspɛktɪd] *adj* inattendu(e), imprévu(e)

• **unexpectedly** *adv* (*succeed*) contre toute attente; (*arrive*) à l'improviste
unfair [ʌn'fɛəʳ] *adj*: **~ (to)** injuste (envers)
unfaithful [ʌn'feɪθful] *adj* infidèle
unfamiliar [ʌnfə'mɪlɪəʳ] *adj* étrange, inconnu(e); **to be ~ with sth** mal connaître qch
unfashionable [ʌn'fæʃnəbl] *adj* (*clothes*) démodé(e); (*place*) peu chic *inv*
unfasten [ʌn'fɑːsn] *vt* défaire; (*belt, necklace*) détacher; (*open*) ouvrir
unfavourable, (*US*) **unfavorable** [ʌn'feɪvrəbl] *adj* défavorable
unfinished [ʌn'fɪnɪʃt] *adj* inachevé(e)
unfit [ʌn'fɪt] *adj* (*physically: ill*) en mauvaise santé; (*: out of condition*) pas en forme; (*incompetent*): **~ (for)** impropre (à); (*work, service*) inapte (à)
unfold [ʌn'fəuld] *vt* déplier ▶ *vi* se dérouler
unforgettable [ʌnfə'gɛtəbl] *adj* inoubliable
unfortunate [ʌn'fɔːtʃnət] *adj* malheureux(-euse); (*event, remark*) malencontreux(-euse)
• **unfortunately** *adv* malheureusement
unfriend [ʌn'frɛnd] *vt* (*Internet*) supprimer de sa liste d'amis
unfriendly [ʌn'frɛndlɪ] *adj* peu aimable, froid(e)
unfurnished [ʌn'fəːnɪʃt] *adj* non meublé(e)
unhappiness [ʌn'hæpɪnɪs] *n* tristesse *f*, peine *f*
unhappy [ʌn'hæpɪ] *adj* triste, malheureux(-euse); (*unfortunate*: *remark etc*) malheureux(-euse) (*not pleased*): **~ with** méconte... de, peu satisfait(e) de
unhealthy [ʌn'hɛlθɪ] *adj* (*ge*... malsain(e); (*person*) maladif(-...
unheard-of [ʌn'həːdɔv] *adj* inouï(e), sans précédent
unhelpful [ʌn'hɛlpful] *adj* (*pe*... peu serviable; (*advice*) peu uti...
unhurt [ʌn'həːt] *adj* indemne sain(e) et sauf
unidentified [ʌnaɪ'dɛntɪfaɪ... *adj* non identifié(e); *see also* **U**...
uniform ['juːnɪfɔːm] *n* unifo... *m* ▶ *adj* uniforme
unify ['juːnɪfaɪ] *vt* unifier
unimportant [ʌnɪm'pɔːtən... *adj* sans importance
uninhabited [ʌnɪn'hæbɪtɪd... inhabité(e)
unintentional [ʌnɪn'tɛnʃən... *adj* involontaire
union ['juːnjən] *n* union *f*; (*als*... **trade ~**) syndicat *m* ▶ *cpd* du syndicat, syndical(e) • **Union**... *n drapeau du Royaume-Uni*
unique [juː'niːk] *adj* unique
unisex ['juːnɪsɛks] *adj* unisex...
unit ['juːnɪt] *n* unité *f*; (*section*... *furniture etc*) élément *m*, bloc *r*... (*team, squad*) groupe *m*, servic... **kitchen ~** élément de cuisine
unite [juː'naɪt] *vt* unir ▶ *vi* s'u...
• **united** *adj* uni(e); (*country, p*... unifié(e); (*efforts*) conjugué(e)...
• **United Kingdom** *n* Royaume-Uni *m* • **United Nations (Organization)** *n* (Organisation *f* des) Nations ...
• **United States (of America**... États-Unis *mpl*
unity ['juːnɪtɪ] *n* unité *f*
universal [juːnɪ'vəːsl] *adj* universel(le)

erse ['ju:nɪvə:s] *n* univers *m*
ersity [ju:nɪ'və:sɪtɪ] *n*
ersité *f* ▸ *cpd* (*student*,
essor) d'université; (*education*,
degree) universitaire
st [ʌn'dʒʌst] *adj* injuste
nd [ʌn'kaɪnd] *adj* peu
til(le), méchant(e)
own [ʌn'nəun] *adj*
nnu(e)
wful [ʌn'lɔ:ful] *adj* illégal(e)
aded [ʌn'lɛdɪd] *n* (*also*:
trol) essence *f* sans plomb
ash [ʌn'li:ʃ] *vt* (*fig*) déchaîner,
encher
ss [ʌn'lɛs] *conj*: **~ he leaves** à
ns qu'il (ne) parte;
herwise stated sauf
cation contraire
e [ʌn'laɪk] *adj* dissemblable,
rent(e) ▸ *prep* à la différence
contrairement à
ely [ʌn'laɪklɪ] *adj* (*result*,
t) improbable; (*explanation*)
aisemblable
nited [ʌn'lɪmɪtɪd] *adj*
ité(e)
ted ['ʌn'lɪstɪd] *adj* (*US Tel*)
a liste rouge
ad [ʌn'ləud] *vt* décharger
ck [ʌn'lɔk] *vt* ouvrir
cky [ʌn'lʌkɪ] *adj* (*person*)
chanceux(-euse); (*object*,
ber) qui porte malheur; **to be ~**
son) ne pas avoir de chance
arried [ʌn'mærɪd] *adj*
ataire
istak(e)able
mɪs'teɪkəbl] *adj* indubitable;
n ne peut pas ne pas
nnaître
tural [ʌn'nætʃrəl] *adj*
naturel(le); (*perversion*)
re nature

unnecessary [ʌn'nɛsəsərɪ] *adj* inutile, superflu(e)
UNO ['ju:nəu] *n abbr* = **United Nations Organization**
unofficial [ʌnə'fɪʃl] *adj* (*news*) officieux(-euse), non officiel(le); (*strike*) ≈ sauvage
unpack [ʌn'pæk] *vi* défaire sa valise ▸ *vt* (*suitcase*) défaire; (*belongings*) déballer
unpaid [ʌn'peɪd] *adj* (*bill*) impayé(e); (*holiday*) non-payé(e), sans salaire; (*work*) non rétribué(e)
unpleasant [ʌn'plɛznt] *adj* déplaisant(e), désagréable
unplug [ʌn'plʌg] *vt* débrancher
unpopular [ʌn'pɔpjulə^r] *adj* impopulaire
unprecedented [ʌn'prɛsɪdɛntɪd] *adj* sans précédent
unpredictable [ʌnprɪ'dɪktəbl] *adj* imprévisible
unprotected ['ʌnprə'tɛktɪd] *adj* (*sex*) non protégé(e)
unqualified [ʌn'kwɔlɪfaɪd] *adj* (*teacher*) non diplômé(e), sans titres; (*success*) sans réserve, total(e); (*disaster*) total(e)
unravel [ʌn'rævl] *vt* démêler
unreal [ʌn'rɪəl] *adj* irréel(le); (*extraordinary*) incroyable
unrealistic ['ʌnrɪə'lɪstɪk] *adj* (*idea*) irréaliste; (*estimate*) peu réaliste
unreasonable [ʌn'ri:znəbl] *adj* qui n'est pas raisonnable
unrelated [ʌnrɪ'leɪtɪd] *adj* sans rapport; (*people*) sans lien de parenté
unreliable [ʌnrɪ'laɪəbl] *adj* sur qui (*or* quoi) on ne peut pas compter, peu fiable

unrest [ʌn'rɛst] *n* agitation *f*, troubles *mpl*
unroll [ʌn'rəul] *vt* dérouler
unruly [ʌn'ru:lɪ] *adj* indiscipliné(e)
unsafe [ʌn'seɪf] *adj* (*in danger*) en danger; (*journey, car*) dangereux(-euse)
unsatisfactory ['ʌnsætɪs'fæktərɪ] *adj* peu satisfaisant(e)
unscrew [ʌn'skru:] *vt* dévisser
unsettled [ʌn'sɛtld] *adj* (*restless*) perturbé(e); (*unpredictable*) instable; incertain(e); (*not finalized*) non résolu(e)
unsettling [ʌn'sɛtlɪŋ] *adj* qui a un effet perturbateur
unsightly [ʌn'saɪtlɪ] *adj* disgracieux(-euse), laid(e)
unskilled [ʌn'skɪld] *adj*: **~ worker** manœuvre *m*
unspoiled ['ʌn'spɔɪld], **unspoilt** ['ʌn'spɔɪlt] *adj* (*place*) non dégradé(e)
unstable [ʌn'steɪbl] *adj* instable
unsteady [ʌn'stɛdɪ] *adj* mal assuré(e), chancelant(e), instable
unsuccessful [ʌnsək'sɛsful] *adj* (*attempt*) infructueux(-euse); (*writer, proposal*) qui n'a pas de succès; **to be ~** (*in attempting sth*) ne pas réussir; ne pas avoir de succès; (*application*) ne pas être retenu(e)
unsuitable [ʌn'su:təbl] *adj* qui ne convient pas, peu approprié(e); (*time*) inopportun(e)
unsure [ʌn'ʃuə^r] *adj* pas sûr(e); **to be ~ of o.s.** ne pas être sûr de soi, manquer de confiance en soi
untidy [ʌn'taɪdɪ] *adj* (*room*) en désordre; (*appearance, person*) débraillé(e); (*person: in character*) sans ordre, désordonné; (*wor*
peu soigné(e)
untie [ʌn'taɪ] *vt* (*knot, parcel*) défaire; (*prisoner, dog*) détach
until [ən'tɪl] *prep* jusqu'à; (*af negative*) avant ▶ *conj* jusqu'à que + *sub*; (*in past, after negati* avant que + *sub*; **~ he comes** jusqu'à ce qu'il vienne, jusqu' arrivée; **~ now** jusqu'à prése jusqu'ici; **~ then** jusque-là
untrue [ʌn'tru:] *adj* (*stateme* faux (fausse)
unused¹ [ʌn'ju:zd] *adj* (*new*) (neuve)
unused² [ʌn'ju:st] *adj*: **to b sth/to doing sth** ne pas avo l'habitude de qch/de faire qc
unusual [ʌn'ju:ʒuəl] *adj* ins exceptionnel(le), rare
• **unusually** *adv* exceptionnellement, particulièrement
unveil [ʌn'veɪl] *vt* dévoiler
unwanted [ʌn'wɔntɪd] *adj* *pregnancy*) non désiré(e); (*clo etc*) à donner
unwell [ʌn'wɛl] *adj* souffran **to feel ~** ne pas se sentir bier
unwilling [ʌn'wɪlɪŋ] *adj*: **to ~ to do** ne pas vouloir faire
unwind [ʌn'waɪnd] *vt* (*irreg*: **wind²**) dérouler ▶ *vi* (*relax*) se détendre
unwise [ʌn'waɪz] *adj* imprudent(e), peu judicieux(-euse)
unwittingly [ʌn'wɪtɪŋlɪ] *a* involontairement
unwrap [ʌn'ræp] *vt* défaire; ouvrir
unzip [ʌn'zɪp] *vt* ouvrir (la fermeture éclair de); (*Comput*) dézipper

up [ʌp]

rep: **he went up the stairs/ hill** il a monté l'escalier/la ine; **the cat was up a tree** nat était dans un arbre; **they further up the street** ils itent plus haut dans la rue; **up that road and turn left** iontez la rue et tournez à iche
dv **1** en haut; en l'air; *wards, higher*): **up in the sky/ mountains** (là-haut) dans iel/les montagnes; **put it a higher up** mettez-le un peu s haut; **to stand up** (*get up*) ever, se mettre debout; (*be nding*) être debout; **up there** iaut; **up above** au-dessus :**o be up** (*out of bed*) être é(e); (*prices*) avoir augmenté ionté; (*finished*): **when the ar was up** à la fin de l'année **ip to** (*as far as*) jusqu'à; **up to w** jusqu'à présent :**o be up to** (*depending on*): **up to you** c'est à vous de ider; (*equal to*): **he's not up t** (*job, task etc*) il n'en est pas able; (*inf*: *be doing*): **what is up to?** qu'est-ce qu'il peut i faire?
ups and downs hauts et *mpl*

and-coming [ʌpənd'kʌmɪŋ] plein(e) d'avenir *or* de messes
ringing ['ʌpbrɪŋɪŋ] *n* ication *f*
ycle ['ʌpsaɪkl] *vt* surcycler
ate [ʌp'deɪt] *vt* mettre à jour
ont [ʌp'frʌnt] *adj* (*open*) ic (franche) ▸ *adv* (*pay*) d'avance; **to be ~ about sth** ne rien cacher de qch
upgrade [ʌp'greɪd] *vt* (*person*) promouvoir; (*job*) revaloriser; (*property, equipment*) moderniser
upheaval [ʌp'hi:vl] *n* bouleversement *m*; (*in room*) branle-bas *m*; (*event*) crise *f*
uphill [ʌp'hɪl] *adj* qui monte; (*fig*: *task*) difficile, pénible ▸ *adv* (*face, look*) en amont, vers l'amont; **to go ~** monter
upholstery [ʌp'həulstərɪ] *n* rembourrage *m*; (*cover*) tissu *m* d'ameublement; (*of car*) garniture *f*
upload ['ʌpləud] *vt* (*Comput*) télécharger
upmarket [ʌp'mɑ:kɪt] *adj* (*product*) haut de gamme *inv*; (*area*) chic *inv*
upon [ə'pɔn] *prep* sur
upper ['ʌpə^r] *adj* supérieur(e); du dessus ▸ *n* (*of shoe*) empeigne *f*
• **upper-class** *adj* de la haute société, aristocratique; (*district*) élégant(e), huppé(e); (*accent, attitude*) caractéristique des classes supérieures
upright ['ʌpraɪt] *adj* droit(e); (*fig*) droit, honnête
uprising ['ʌpraɪzɪŋ] *n* soulèvement *m*, insurrection *f*
uproar ['ʌprɔ:^r] *n* tumulte *m*, vacarme *m*; (*protests*) protestations *fpl*
upset *n* ['ʌpsɛt] dérangement *m* ▸ *vt* [ʌp'sɛt] (*irreg*: *like* **set**) (*glass etc*) renverser; (*plan*) déranger; (*person*: *offend*) contrarier; (: *grieve*) faire de la peine à; bouleverser ▸ *adj* [ʌp'sɛt] contrarié(e); peiné(e); **to have a stomach ~** (BRIT) avoir une indigestion

upside down ['ʌpsaɪd-] *adv* à l'envers; **to turn sth ~** (*fig: place*) mettre sens dessus dessous
upstairs [ʌp'stɛəz] *adv* en haut ▸ *adj* (*room*) du dessus, d'en haut ▸ *n*: **the ~** l'étage *m*
up-to-date ['ʌptə'deɪt] *adj* moderne; (*information*) très récent(e)
upward ['ʌpwəd] *adj* ascendant(e); vers le haut ▸ *adv* = **upwards**
upwards *adv* vers le haut; (*more than*): **~ of** plus de
uranium [juə'reɪnɪəm] *n* uranium *m*
Uranus [juə'reɪnəs] *n* Uranus *f*
urban ['ə:bən] *adj* urbain(e)
urge [ə:dʒ] *n* besoin (impératif), envie (pressante) ▸ *vt* (*person*): **to ~ sb to do** exhorter qn à faire, pousser qn à faire, recommander vivement à qn de faire
urgency ['ə:dʒənsɪ] *n* urgence *f*; (*of tone*) insistance *f*
urgent ['ə:dʒənt] *adj* urgent(e); (*plea, tone*) pressant(e)
urinal ['juərɪnl] *n* (BRIT: *place*) urinoir *m*
urinate ['juərɪneɪt] *vi* uriner
urine ['juərɪn] *n* urine *f*
URL *abbr* (= *uniform resource locator*) URL *f*
US *n abbr* = **United States**
us [ʌs] *pron* nous; *see also* **me**
USA *n abbr* = **United States of America**
USB stick *n* clé *f* USB
use *n* [ju:s] emploi *m*, utilisation *f*; (*usefulness*) utilité *f* ▸ *vt* [ju:z] se servir de, utiliser, employer; **in ~** en usage; **out of ~** hors d'usage; **to be of ~** servir, être utile; **it's no ~** ça ne sert à rien; **to have the ~ of** avoir l'usage de; **she ~d t** **it** elle le faisait (autrefois), elle avait coutume de le faire; **to** **~d to** avoir l'habitude de, être habitué(e) à • **use up** *vt* finir, épuiser; (*food*) consommer • [ju:zd] *adj* (*car*) d'occasion • **useful** *adj* utile • **useless** *a* inutile; (*inf: person*) nul(le) • **u** *n* utilisateur(-trice), usager *m* • **user-friendly** *adj* convivial(facile d'emploi • **username** *n* (*Comput*) nom *m* d'utilisateur
usual ['ju:ʒuəl] *adj* habituel(l **as ~** comme d'habitude • **usu** *adv* d'habitude, d'ordinaire
ute [ju:t] *n* (AUST, NZ) pick-up
utensil [ju:'tɛnsl] *n* ustensile **kitchen ~s** batterie *f* de cuisir
utility [ju:'tɪlɪtɪ] *n* utilité *f*; (*a* **public ~**) service public
utilize ['ju:tɪlaɪz] *vt* utiliser; (*good use of*) exploiter
utmost ['ʌtməust] *adj* extrêr le plus grand(e) ▸ *n*: **to do on** faire tout son possible
utter ['ʌtə^r] *adj* total(e), complet(-ète) ▸ *vt* prononcer proférer; (*sounds*) émettre • **utterly** *adv* complètement totalement
U-turn ['ju:'tə:n] *n* demi-tou (*fig*) volte-face *f inv*

V

ɒr = **verse**; (= *vide*) v.; (= *versus*)
= *volt*) V
ncy ['veɪkənsɪ] *n* (*job*) poste
.nt; (*room*) chambre *f* disponible;
vacancies" "complet"
nt ['veɪkənt] *adj* (*post*)
ɪnt(e); (*seat etc*) libre,
onible; (*expression*) distrait(e)
te [və'keɪt] *vt* quitter
tion [və'keɪʃən] *n* (*esp* US)
ɪnces *fpl*; **on ~** en vacances
cationer • vacationist (US)
cancier(-ière)
ination [væksɪ'neɪʃən] *n*
:ination *f*
ine ['væksi:n] *n* vaccin *m*
ɪum ['vækjum] *n* vide *m*
cuum cleaner *n* aspirateur *m*
na [və'dʒaɪnə] *n* vagin *m*
ɪe [veɪg] *adj* vague,
récis(e); (*blurred: photo,*
ɪory) flou(e)
[veɪn] *adj* (*useless*) vain(e);
ceited) vaniteux(-euse);
en vain

Valentine's Day ['væləntaɪnz-] *n* Saint-Valentin *f*
valid ['vælɪd] *adj* (*document*) valide, valable; (*excuse*) valable
valley ['vælɪ] *n* vallée *f*
valuable ['væljuəbl] *adj* (*jewel*) de grande valeur; (*time, help*) précieux(-euse) • **valuables** *npl* objets *mpl* de valeur
value ['vælju:] *n* valeur *f* ▶ *vt* (*fix price*) évaluer, expertiser; (*appreciate*) apprécier; **values** *npl* (*principles*) valeurs *fpl*
valve [vælv] *n* (*in machine*) soupape *f*; (*on tyre*) valve *f*; (*Med*) valve, valvule *f*
vampire ['væmpaɪə^r] *n* vampire *m*
van [væn] *n* (*Aut*) camionnette *f*
vandal ['vændl] *n* vandale *m/f* • **vandalism** *n* vandalisme *m* • **vandalize** *vt* saccager
vanilla [və'nɪlə] *n* vanille *f*
vanish ['vænɪʃ] *vi* disparaître
vanity ['vænɪtɪ] *n* vanité *f*
vaping ['veɪpɪŋ] *n* vapotage *m*, vape *f*
vapour, (US) **vapor** ['veɪpə^r] *n* vapeur *f*; (*on window*) buée *f*
variable ['vɛərɪəbl] *adj* variable; (*mood*) changeant(e)
variant ['vɛərɪənt] *n* variante *f*
variation [vɛərɪ'eɪʃən] *n* variation *f*; (*in opinion*) changement *m*
varied ['vɛərɪd] *adj* varié(e), divers(e)
variety [və'raɪətɪ] *n* variété *f*; (*quantity*) nombre *m*, quantité *f*
various ['vɛərɪəs] *adj* divers(e), différent(e); (*several*) divers, plusieurs
varnish ['vɑ:nɪʃ] *n* vernis *m* ▶ *vt* vernir

vary ['vɛərɪ] *vt, vi* varier, changer
vase [vɑːz] *n* vase *m*
Vaseline® ['væsɪliːn] *n* vaseline *f*
vast [vɑːst] *adj* vaste, immense; (*amount, success*) énorme
VAT [væt] *n abbr* (BRIT: = *value added tax*) TVA *f*
vault [vɔːlt] *n* (*of roof*) voûte *f*; (*tomb*) caveau *m*; (*in bank*) salle *f* des coffres; chambre forte ▸ *vt* (*also*: **~ over**) sauter (d'un bond)
VCR *n abbr* = **video cassette recorder**
VDU *n abbr* = **visual display unit**
veal [viːl] *n* veau *m*
veer [vɪəʳ] *vi* tourner; (*car, ship*) virer
vegan ['viːgən] *n* végétalien(ne)
vegetable ['vɛdʒtəbl] *n* légume *m* ▸ *adj* végétal(e)
vegetarian [vɛdʒɪ'tɛərɪən] *adj, n* végétarien(ne); **do you have any ~ dishes?** avez-vous des plats végétariens?
vegetation [vɛdʒɪ'teɪʃən] *n* végétation *f*
vehicle ['viːɪkl] *n* véhicule *m*
veil [veɪl] *n* voile *m*
vein [veɪn] *n* veine *f*; (*on leaf*) nervure *f*
Velcro® ['vɛlkrəu] *n* velcro® *m*
velvet ['vɛlvɪt] *n* velours *m*
vending machine ['vɛndɪŋ-] *n* distributeur *m* automatique
vendor ['vɛndəʳ] *n* vendeur(-euse); **street ~** marchand ambulant
Venetian blind [vɪ'niːʃən-] *n* store vénitien
vengeance ['vɛndʒəns] *n* vengeance *f*; **with a ~** (*fig*) vraiment, pour de bon
venison ['vɛnɪsn] *n* venaison *f*
venom ['vɛnəm] *n* venin *m*
vent [vɛnt] *n* conduit *m* d'aération; (*in dress, jacket*) fe ▸ *vt* (*fig: one's feelings*) donne cours à
ventilation [vɛntɪ'leɪʃən] *n* ventilation *f*, aération *f*
venture ['vɛntʃəʳ] *n* entrepr ▸ *vt* risquer, hasarder ▸ *vi* s'aventurer, se risquer; **a business ~** une entreprise commerciale
venue ['vɛnjuː] *n* lieu *m*
Venus ['viːnəs] *n* (*planet*) Vér
verb [vəːb] *n* verbe *m* • **verba** verbal(e)
verdict ['vəːdɪkt] *n* verdict *m*
verge [vəːdʒ] *n* bord *m*; **"sof** (BRIT) "accotements non stabilisés"; **on the ~ of doin** le point de faire
verify ['vɛrɪfaɪ] *vt* vérifier
versatile ['vəːsətaɪl] *adj* polyvalent(e)
verse [vəːs] *n* vers *mpl*; (*stanz* strophe *f*; (*in Bible*) verset *m*
version ['vəːʃən] *n* version *f*
versus ['vəːsəs] *prep* contre
vertical ['vəːtɪkl] *adj* vertica
very ['vɛrɪ] *adv* très ▸ *adj*: **th ~ book which** le livre même **the ~ last** le tout dernier; **at ~ least** au moins; **~ much** beaucoup
vessel ['vɛsl] *n* (*Anat, Naut*) vaisseau *m*; (*container*) récipi *m*; *see also* **blood vessel**
vest [vɛst] *n* (BRIT: *underwear* tricot *m* de corps; (US: *waistco* gilet *m*
vet [vɛt] *n abbr* (BRIT: = *veterin surgeon*) vétérinaire *m/f*; (US: = *veteran*) ancien(ne) combatta ▸ *vt* examiner minutieuseme

ran ['vɛtərn] *n* vétéran *m*; ɔ: **war ~**) ancien combattant
rinary surgeon ['vɛtrɪnərɪ-] ɪ) *n* vétérinaire *m/f*
· ['vi:təu] *n* (*pl* **vetoes**) veto *m* opposer son veto à
'vaɪə] *prep* par, via
le ['vaɪəbl] *adj* viable
ate [vaɪ'breɪt] *vi*: **to ~ (with)** er (de)
ation [vaɪ'breɪʃən] *n* ation *f*
r ['vɪkə^r] *n* pasteur *m* (*de ise anglicane*)
[vaɪs] *n* (*evil*) vice *m*; (*Tech*) ɪ *m* **• vice-chairman** (*irreg*) *n* ɜ-président(e)
versa ['vaɪsɪ'və:sə] *adv* vice ɜa
nity [vɪ'sɪnɪtɪ] *n* environs *mpl*, ntours *mpl*
ous ['vɪʃəs] *adj* (*remark*) el(le), méchant(e); (*blow*) tal(e); (*dog*) méchant(e), ngereux(-euse); **a ~ circle** un cle vicieux
im ['vɪktɪm] *n* victime *f*
or ['vɪktə^r] *n* vainqueur *m*
orian [vɪk'tɔ:rɪən] *adj* :orien(ne)
orious [vɪk'tɔ:rɪəs] *adj* :orieux(-euse)
ory ['vɪktərɪ] *n* victoire *f*
o ['vɪdɪəu] *n* (*video film*) vidéo *lso*: **~ cassette**) vidéocassette *lso*: **~ cassette recorder**) gnétoscope *m* ▸ *vt* (*with rrder*) enregistrer; (*with camera*) ner **• videocam** *n* caméra *f* éo *inv* **• video camera** *n* néra *f* vidéo *inv* **• video game** u *m* vidéo *inv* **• video recorder** agnétoscope *m* **• video shop** déoclub *m* **• video tape** *n* bande *f* vidéo *inv*; (*cassette*) vidéocassette *f*
vie [vaɪ] *vi*: **to ~ with** lutter avec, rivaliser avec
Vienna [vɪ'ɛnə] *n* Vienne
Vietnam, Viet Nam ['vjɛt'næm] *n* Viêt-nam *or* Vietnam *m* **• Vietnamese** [vjɛtnə'mi:z] *adj* vietnamien(ne) ▸ *n* (*pl inv*) Vietnamien(ne)
view [vju:] *n* vue *f*; (*opinion*) avis *m*, vue ▸ *vt* voir, regarder; (*situation*) considérer; (*house*) visiter; **on ~** (*in museum etc*) exposé(e); **in full ~ of sb** sous les yeux de qn; **in my ~** à mon avis; **in ~ of the fact that** étant donné que **• viewer** *n* (*TV*) téléspectateur(-trice) **• viewpoint** *n* point *m* de vue
vigilant ['vɪdʒɪlənt] *adj* vigilant(e)
vigorous ['vɪgərəs] *adj* vigoureux(-euse)
vile [vaɪl] *adj* (*action*) vil(e); (*smell, food*) abominable; (*temper*) massacrant(e)
villa ['vɪlə] *n* villa *f*
village ['vɪlɪdʒ] *n* village *m* **• villager** *n* villageois(e)
villain ['vɪlən] *n* (*scoundrel*) scélérat *m*; (BRIT: *criminal*) bandit *m*; (*in novel etc*) traître *m*
vinaigrette [vɪneɪ'grɛt] *n* vinaigrette *f*
vine [vaɪn] *n* vigne *f*
vinegar ['vɪnɪgə^r] *n* vinaigre *m*
vineyard ['vɪnjɑ:d] *n* vignoble *m*
vintage ['vɪntɪdʒ] *n* (*year*) année *f*, millésime *m* ▸ *cpd* (*car*) d'époque; (*wine*) de grand cru
vinyl ['vaɪnl] *n* vinyle *m*
viola [vɪ'əulə] *n* alto *m*
violate ['vaɪəleɪt] *vt* violer
violation [vaɪə'leɪʃən] *n* violation *f*;

in ~ of (*rule, law*) en infraction à, en violation de
violence ['vaɪələns] *n* violence *f*
violent ['vaɪələnt] *adj* violent(e)
violet ['vaɪələt] *adj* (*colour*) violet(te) ▶ *n* (*plant*) violette *f*
violin [vaɪə'lɪn] *n* violon *m*
VIP *n abbr* (= *very important person*) VIP *m*
viral ['vaɪərəl] *adj* (*also Comput*) viral(e)
virgin ['və:dʒɪn] *n* vierge *f*
Virgo ['və:gəu] *n* la Vierge
virtual ['və:tjuəl] *adj* (*Comput, Physics*) virtuel(le); (*in effect*): **it's a ~ impossibility** c'est quasiment impossible • **virtually** *adv* (*almost*) pratiquement • **virtual reality** *n* (*Comput*) réalité virtuelle
virtue ['və:tju:] *n* vertu *f*; (*advantage*) mérite *m*, avantage *m*; **by ~ of** en vertu *or* raison de
virus ['vaɪərəs] *n* virus *m*
visa ['vɪ:zə] *n* visa *m*
vise [vaɪs] *n* (*US Tech*) = **vice**
visibility [vɪzɪ'bɪlɪtɪ] *n* visibilité *f*
visible ['vɪzəbl] *adj* visible
vision ['vɪʒən] *n* (*sight*) vue *f*, vision *f*; (*foresight, in dream*) vision
visit ['vɪzɪt] *n* visite *f*; (*stay*) séjour *m* ▶ *vt* (*person: US: also:* **~ with**) rendre visite à; (*place*) visiter • **visiting hours** *npl* heures *fpl* de visite • **visitor** *n* visiteur(-euse); (*to one's house*) invité(e) • **visitor centre** • (*US*) **visitor center** *n* hall *m or* centre *m* d'accueil
visual ['vɪzjuəl] *adj* visuel(le) • **visualize** *vt* se représenter
vital ['vaɪtl] *adj* vital(e); **of ~ importance (to sb/sth)** d'une importance capitale (pour qn/qch)
vitality [vaɪ'tælɪtɪ] *n* vitalité *f*
vitamin ['vɪtəmɪn] *n* vitamir
vivid ['vɪvɪd] *adj* (*account*) frappant(e), vivant(e); (*light, imagination*) vif (vive)
vlog [vlɔg] *n* blog *m* vidéo • **vlogger** *n* vidéo-blogueur(-
V-neck ['vi:nɛk] *n* décolleté *m*
vocabulary [vəu'kæbjulərɪ vocabulaire *m*
vocal ['vəukl] *adj* vocal(e); (*articulate*) qui n'hésite pas à s'exprimer, qui sait faire enter ses opinions
vocational [vəu'keɪʃənl] *adj* professionnel(le)
vodka ['vɔdkə] *n* vodka *f*
vogue [vəug] *n*: **to be in ~** êt vogue *or* à la mode
voice [vɔɪs] *n* voix *f* ▶ *vt* (*opini* exprimer, formuler • **voice m** (*system*) messagerie *f* vocale, *f* vocale; (*device*) répondeur *m*
void [vɔɪd] *n* vide *m* ▶ *adj* (*inva* nul(le); (*empty*): **~ of** vide de, dépourvu(e) de
volatile ['vɔlətaɪl] *adj* volatil (*fig: person*) versatile; (*: situati* explosif(-ive)
volcano [vɔl'keɪnəu] (*pl* **volcanoes**) *n* volcan *m*
volleyball ['vɔlɪbɔ:l] *n* volley(-ball) *m*
volt [vəult] *n* volt *m* • **voltage** tension *f*, voltage *m*
volume ['vɔlju:m] *n* volume (*of tank*) capacité *f*
voluntarily ['vɔləntrɪlɪ] *adv* volontairement
voluntary ['vɔləntərɪ] *adj* volontaire; (*unpaid*) bénévole
volunteer [vɔlən'tɪə^r] *n* volontaire *m/f* ▶ *vt* (*informatio* donner spontanément ▶ *vi* (*M* s'engager comme volontaire;

to do se proposer pour faire
t ['vɔmɪt] *n* vomissure *f* ▶ *vt*,
mir
[vəut] *n* vote *m*, suffrage *m*;
's cast) voix *f*, vote; (*franchise*)
m de vote ▶ *vt* (*chairman*)
; (*propose*): **to ~ that** proposer
+ sub ▶ *vi* voter; **~ of thanks**
ours *m* de remerciement;
ter *n* électeur(-trice)
ting *n* scrutin *m*, vote *m*
her ['vautʃəʳ] *n* (*for meal*,
ol, gift) bon *m*
[vau] *n* vœu *m*, serment *m*
urer
el ['vauəl] *n* voyelle *f*
ge ['vɔɪɪdʒ] *n* voyage *m* par
, traversée *f*
ar ['vʌlgəʳ] *adj* vulgaire
erable ['vʌlnərəbl] *adj*
érable
ure ['vʌltʃəʳ] *n* vautour *m*

W

waddle ['wɔdl] *vi* se dandiner
wade [weɪd] *vi*: **to ~ through** marcher dans, patauger dans; (*fig*: *book*) venir à bout de
wafer ['weɪfəʳ] *n* (*Culin*) gaufrette *f*
waffle ['wɔfl] *n* (*Culin*) gaufre *f* ▶ *vi* parler pour ne rien dire; faire du remplissage
wag [wæg] *vt* agiter, remuer ▶ *vi* remuer
wage [weɪdʒ] *n* (*also*: **~s**) salaire *m*, paye *f* ▶ *vt*: **to ~ war** faire la guerre
wag(g)on ['wægən] *n* (*horse-drawn*) chariot *m*; (BRIT *Rail*) wagon *m* (de marchandises)
wail [weɪl] *n* gémissement *m*; (*of siren*) hurlement *m* ▶ *vi* gémir; (*siren*) hurler
waist [weɪst] *n* taille *f*, ceinture *f* • **waistcoat** *n* (BRIT) gilet *m*
wait [weɪt] *n* attente *f* ▶ *vi* attendre; **to ~ for sb/sth** attendre qn/qch; **to keep sb ~ing** faire attendre qn; **~ for me, please** attendez-moi, s'il vous plaît; **I can't ~ to ...** (*fig*) je meurs

d'envie de ...; **to lie in ~ for** guetter • **wait on** *vt fus* servir • **waiter** *n* garçon *m* (de café), serveur *m* • **waiting list** *n* liste *f* d'attente • **waiting room** *n* salle *f* d'attente • **waitress** ['weɪtrɪs] *n* serveuse *f*

waive [weɪv] *vt* renoncer à, abandonner

wake [weɪk] (*pt* **woke** *or* **waked**, *pp* **woken** *or* **waked**) *vt* (*also*: **~ up**) réveiller ▶ *vi* (*also*: **~ up**) se réveiller ▶ *n* (*for dead person*) veillée *f* mortuaire; (*Naut*) sillage *m* • **wakeboard** *n* wakeboard *m* ▶ *vi* faire du wakeboard

Wales [weɪlz] *n* pays *m* de Galles; **the Prince of ~** le prince de Galles

walk [wɔ:k] *n* promenade *f*; (*short*) petit tour; (*gait*) démarche *f*; (*path*) chemin *m*; (*in park etc*) allée *f* ▶ *vi* marcher; (*for pleasure, exercise*) se promener ▶ *vt* (*distance*) faire à pied; (*dog*) promener; **10 minutes' ~ from** à 10 minutes de marche de; **to go for a ~** se promener; faire un tour; **from all ~s of life** de toutes conditions sociales • **walk out** *vi* (*go out*) sortir; (*as protest*) partir (en signe de protestation); (*strike*) se mettre en grève; **to ~ out on sb** quitter qn • **walker** *n* (*person*) marcheur(-euse) • **walkie-talkie** ['wɔ:kɪ'tɔ:kɪ] *n* talkie-walkie *m* • **walking** *n* marche *f* à pied • **walking shoes** *npl* chaussures *fpl* de marche • **walking stick** *n* canne *f* • **Walkman®** *n* Walkman® *m* • **walkway** *n* promenade *f*, cheminement piéton

wall [wɔ:l] *n* mur *m*; (*of tunnel, cave*) paroi *f*

wallet ['wɔlɪt] *n* portefeuille *m*; **I can't find my ~** je ne retrou plus mon portefeuille

wallpaper ['wɔ:lpeɪpə^r] *n* p peint ▶ *vt* tapisser

walnut ['wɔ:lnʌt] *n* noix *f*; (*t wood*) noyer *m*

walrus ['wɔ:lrəs] (*pl* **walrus walruses**) *n* morse *m*

waltz [wɔ:lts] *n* valse *f* ▶ *vi* v

wand [wɔnd] *n* (*also*: **magic** baguette *f* (magique)

wander ['wɔndə^r] *vi* (*person* errer, aller sans but; (*thought* vagabonder ▶ *vt* errer dans

want [wɔnt] *vt* vouloir; (*need* avoir besoin de ▶ *n*: **for ~ of** manque de, faute de; **to ~ to** vouloir faire; **to ~ sb to do** vo que qn fasse; • **wanted** *adj* (*criminal*) recherché(e) par la police

war [wɔ:^r] *n* guerre *f*; **to mak ~ (on)** faire la guerre (à)

ward [wɔ:d] *n* (*in hospital*) sa (*Pol*) section électorale; (*Law child*: *also*: **~ of court**) pupille

warden ['wɔ:dn] *n* (BRIT: *of institution*) directeur(-trice); *park, game reserve*) gardien(ne (BRIT: *also*: **traffic ~**) contractuel(le)

wardrobe ['wɔ:drəub] *n* (*cupboard*) armoire *f*; (*clothes*) garde-robe *f*

warehouse ['wɛəhaus] *n* entrepôt *m*

warfare ['wɔ:fɛə^r] *n* guerre *f*

warhead ['wɔ:hɛd] *n* (*Mil*) o

warm [wɔ:m] *adj* chaud(e); (*person, thanks, welcome, appl* chaleureux(-euse); **it's ~** il fa chaud; **I'm ~** j'ai chaud • **war up** *vi* (*person, room*) se réchau (*athlete, discussion*) s'échauffe

(food) (faire) réchauffer;
:er) (faire) chauffer; (engine)
ε chauffer • **warmly** adv
;s) chaudement; (thank,
ome) chaleureusement
armth n chaleur f
ı [wɔ:n] vt avertir, prévenir;
sb (not) to do conseiller à qn
ıe pas) faire • **warning** n
·tissement m; (notice) avis m
arning light n avertisseur
ineux
rant ['wɔrnt] n (guarantee)
ıntie f; (Law: to arrest) mandat
arrêt; (: to search) mandat de
ɿuisition ▶ vt (justify, merit)
ifier
ranty ['wɔrəntı] n garantie f
rior ['wɔrıəʳ] n guerrier(-ière)
saw ['wɔ:sɔ:] n Varsovie
ship ['wɔ:ʃıp] n navire m de
rre
t [wɔ:t] n verrue f
time ['wɔ:taım] n: **in ~** en
ıps de guerre
y ['wɛərı] adj prudent(e)
[wɔz] pt of **be**
h [wɔʃ] vt laver ▶ vi se laver;
): **to ~ over/against sth**
ıder/baigner qch ▶ n (clothes)
ive f; (washing programme)
ıge m; (of ship) sillage m; **to
/e a ~** se laver, faire sa toilette
ash up vi (BRIT) faire la
;selle; (US: have a wash) se
arbouiller • **washbasin** n
ıbo m • **washer** n (Tech)
delle f, joint m • **washing** n
ᴛ: linen etc: dirty) linge m;
ean) lessive f • **washing line** n
ᴛ) corde f à linge • **washing
chine** n machine f à laver
ashing powder n (BRIT)
ive f (en poudre)

Washington ['wɔʃıŋtən] n Washington m
wash: • **washing-up** n (BRIT) vaisselle f • **washing-up liquid** n (BRIT) produit m pour la vaisselle • **washroom** n (US) toilettes fpl
wasn't ['wɔznt] = **was not**
wasp [wɔsp] n guêpe f
waste [weıst] n gaspillage m; (of time) perte f; (rubbish) déchets mpl; (also: **household ~**) ordures fpl ▶ adj (land, ground: in city) à l'abandon; (leftover): **~ material** déchets ▶ vt gaspiller; (time, opportunity) perdre • **waste ground** n (BRIT) terrain m vague • **wastepaper basket** n corbeille f à papier
watch [wɔtʃ] n montre f; (act of watching) surveillance f; (guard: Mil) sentinelle f; (: Naut) homme m de quart; (Naut: spell of duty) quart m ▶ vt (look at) observer; (: match, programme) regarder; (spy on, guard) surveiller; (be careful of) faire attention à ▶ vi regarder; (keep guard) monter la garde; **to keep ~** faire le guet • **watch out** vi faire attention • **watchdog** n chien m de garde; (fig) gardien(ne) • **watch strap** n bracelet m de montre
water ['wɔ:təʳ] n eau f ▶ vt (plant, garden) arroser ▶ vi (eyes) larmoyer; **in British ~s** dans les eaux territoriales Britanniques; **to make sb's mouth ~** mettre l'eau à la bouche de qn • **water down** vt (milk etc) couper avec de l'eau; (fig: story) édulcorer • **waterboarding** n torture par simulacre de noyade • **watercolour** • (US) **watercolor** n aquarelle f • **watercress** n cresson m (de fontaine) • **waterfall** n chute f

d'eau • **watering can** *n* arrosoir *m* • **watermelon** *n* pastèque *f* • **waterproof** *adj* imperméable • **water-skiing** *n* ski *m* nautique

watt [wɔt] *n* watt *m*

wave [weɪv] *n* vague *f*; (*of hand*) geste *m*, signe *m*; (*Radio*) onde *f*; (*in hair*) ondulation *f*; (*fig*) vague ▸ *vi* faire signe de la main; (*flag*) flotter au vent; (*grass*) ondoyer ▸ *vt* (*handkerchief*) agiter; (*stick*) brandir • **wavelength** *n* longueur *f* d'ondes

waver ['weɪvəʳ] *vi* vaciller; (*voice*) trembler; (*person*) hésiter

wavy ['weɪvɪ] *adj* (*hair, surface*) ondulé(e); (*line*) onduleux(-euse)

wax [wæks] *n* cire *f*; (*for skis*) fart *m* ▸ *vt* cirer; (*car*) lustrer; (*skis*) farter ▸ *vi* (*moon*) croître

way [weɪ] *n* chemin *m*, voie *f*; (*distance*) distance *f*; (*direction*) chemin, direction *f*; (*manner*) façon *f*, manière *f*; (*habit*) habitude *f*, façon; **which ~? — this ~/that ~** par où *or* de quel côté? — par ici/par là; **to lose one's ~** perdre son chemin; **on the ~ (to)** en route (pour); **to be on one's ~** être en route; **to be in the ~** bloquer le passage; (*fig*) gêner; **it's a long ~ away** c'est loin d'ici; **to go out of one's ~ to do** (*fig*) se donner beaucoup de mal pour faire; **to be under ~** (*work, project*) être en cours; **in a ~** dans un sens; **by the ~** à propos; **"~ in"** (BRIT) "entrée"; **"~ out"** (BRIT) "sortie"; **the ~ back** le chemin du retour; **"give ~"** (BRIT *Aut*) "cédez la priorité"; **no ~!** (*inf*) pas question!

W.C. *n abbr* (BRIT: = *water closet*) w.-c. *mpl*, waters *mpl*

we [wi:] *pl pron* nous

weak [wi:k] *adj* faible; (*healt*… fragile; (*beam etc*) peu solide; … *coffee*) léger(-ère) • **weaken** … faiblir ▸ *vt* affaiblir • **weakne**… faiblesse *f*; (*fault*) point *m* faib…

wealth [wɛlθ] *n* (*money, reso*… richesse(s) *f(pl)*; (*of details*) profusion *f* • **wealthy** *adj* ric…

weapon ['wɛpən] *n* arme *f*; … **mass destruction** armes *fpl* … destruction massive

wear [wɛəʳ] (*pt* **wore**, *pp* **wo**… (*use*) usage *m*; (*deterioration through use*) usure *f* ▸ *vt* (*cloth*… porter; (*put on*) mettre; (*dam*… *through use*) user ▸ *vi* (*last*) fai… l'usage; (*rub etc through*) s'use… **sports/baby~** vêtements *m*… sport/pour bébés; **evening** … tenue *f* de soirée • **wear off** *v*… disparaître • **wear out** *vt* use… (*person, strength*) épuiser

weary ['wɪərɪ] *adj* (*tired*) épuisé(e); (*dispirited*) las (lass… abattu(e) ▸ *vi*: **to ~ of** se lass…

weasel ['wi:zl] *n* (*Zool*) belett…

weather ['wɛðəʳ] *n* temps *m* … (*storm*: *lit, fig*) essuyer; (*crisis*) survivre à; **under the ~** (*fig*: i… mal fichu(e) • **weather forec**… *n* prévisions *fpl* météorologiq… météo *f*

weave (*pt* **wove**, *pp* **woven**) [wi:v, wəuv, 'wəuvn] *vt* (*clot*… tisser; (*basket*) tresser

web [wɛb] *n* (*of spider*) toile *f*; … *duck's foot*) palmure *f*; (*fig*) tiss… (*Comput*): **the (World-Wide)** … le Web • **web address** *n* adre… Web • **webcam** *n* webcam *f* • **webinar** ['wɛbɪnɑ:ʳ] *n* (*Com*… séminaire *m* en ligne • **web p**… *n* (*Comput*) page *f* Web • **webs**… *n* (*Comput*) site *m* Web

[wɛd] (*pt, pp* **wedded**) *vt*
ıser ▸ *vi* se marier
[wi:d] = **we had; we would**
ding ['wɛdɪŋ] *n* mariage *m*
dding anniversary *n*
versaire *m* de mariage;
er/golden wedding
iversary noces *fpl*
ɡent/d'or • **wedding day** *n*
m du mariage • **wedding**
ss *n* robe *f* de mariée
dding ring *n* alliance *f*
ge [wɛdʒ] *n* (*of wood etc*) coin
ınder door etc) cale *f*; (*of cake*)
f ▸ *vt* (*fix*) caler; (*push*)
ncer, coincer
nesday ['wɛdnzdɪ] *n*
credi *m*
[wi:] *adj* (SCOTTISH) petit(e);
(e) petit(e)
d [wi:d] *n* mauvaise herbe
désherber • **weedkiller** *n*
ıerbant *m*
k [wi:k] *n* semaine *f*; **a ~ today/**
Tuesday aujourd'hui/mardi en
• **weekday** *n* jour *m* de
aine; (*Comm*) jour ouvrable
eekend *n* week-end *m*
eekly *adv* une fois par
aine, chaque semaine ▸ *adj, n*
domadaire (*m*)
p [wi:p] (*pt, pp* **wept**) *vi*
son) pleurer
gh [weɪ] *vt, vi* peser; **to**
anchor lever l'ancre • **weigh up**
kaminer
ght [weɪt] *n* poids *m*; **to put**
lose ~ grossir/maigrir
eightlifting *n* haltérophilie *f*
[wɪəʳ] *n* barrage *m*
d [wɪəd] *adj* bizarre; (*eerie*)
ıaturel(le)
come ['wɛlkəm] *adj*
ıvenu(e) ▸ *n* accueil *m* ▸ *vt*
accueillir; (*also*: **bid ~**) souhaiter la bienvenue à; (*be glad of*) se réjouir de; **you're ~!** (*after thanks*) de rien, il n'y a pas de quoi
weld [wɛld] *vt* souder
welfare ['wɛlfɛəʳ] *n* (*wellbeing*) bien-être *m*; (*social aid*) assistance sociale • **welfare state** *n* État-providence *m*
well [wɛl] *n* puits *m* ▸ *adv* bien ▸ *adj*: **to be ~** aller bien ▸ *excl* eh bien!; (*relief also*) bon!; (*resignation*) enfin!; **~ done!** bravo!; **get ~ soon!** remets-toi vite!; **to do ~** bien réussir; (*business*) prospérer; **as ~** (*in addition*) aussi, également; **as ~ as** aussi bien que *or* de; en plus de
we'll [wi:l] = **we will; we shall**
well: • **well-behaved** *adj* sage, obéissant(e) • **well-built** *adj* (*person*) bien bâti(e) • **well-dressed** *adj* bien habillé(e), bien vêtu(e) • **well-groomed** [-'gru:md] *adj* très soigné(e)
wellies ['welɪz] *npl* (BRIT *inf*) = **wellingtons**
wellingtons ['wɛlɪŋtənz] *npl* (*also*: **wellington boots**) bottes *fpl* en caoutchouc
well: • **well-known** *adj* (*person*) bien connu(e) • **well-off** *adj* aisé(e), assez riche • **well-paid** [wel'peɪd] *adj* bien payé(e)
Welsh [wɛlʃ] *adj* gallois(e) ▸ *n* (*Ling*) gallois *m*; **the Welsh** *npl* (*people*) les Gallois • **Welshman** (*irreg*) *n* Gallois *m* • **Welshwoman** (*irreg*) *n* Galloise *f*
went [wɛnt] *pt of* **go**
wept [wɛpt] *pt, pp of* **weep**
were [wə:ʳ] *pt of* **be**
we're [wɪəʳ] = **we are**
weren't [wə:nt] = **were not**

west [wɛst] *n* ouest *m* ▶ *adj* (*wind*) d'ouest; (*side*) ouest *inv* ▶ *adv* à *or* vers l'ouest; **the W~** l'Occident *m*, l'Ouest • **westbound** ['wɛstbaund] *adj* en direction de l'ouest; (*carriageway*) ouest *inv* • **western** *adj* occidental(e), de *or* à l'ouest ▶ *n* (*Cine*) western *m* • **West Indian** *adj* antillais(e) ▶ *n* Antillais(e) • **West Indies** [-'ɪndɪz] *npl* Antilles *fpl*

wet [wɛt] *adj* mouillé(e); (*damp*) humide; (*soaked*: *also*: **~ through**) trempé(e); (*rainy*) pluvieux(-euse); **to get ~** se mouiller; **"~ paint"** "attention peinture fraîche" • **wetsuit** *n* combinaison *f* de plongée

we've [wi:v] = **we have**

whack [wæk] *vt* donner un grand coup à

whale [weɪl] *n* (*Zool*) baleine *f*

wharf (*pl* **wharves**) [wɔ:f, wɔ:vz] *n* quai *m*

what [wɔt]

▶ *adj* **1** (*in questions*) quel(le); **what size is he?** quelle taille fait-il?; **what colour is it?** de quelle couleur est-ce?; **what books do you need?** quels livres vous faut-il?
2 (*in exclamations*): **what a mess!** quel désordre!; **what a fool I am!** que je suis bête!
▶ *pron* **1** (*interrogative*) que; de/à/en *etc* quoi; **what are you doing?** que faites-vous?, qu'est-ce que vous faites?; **what is happening?** qu'est-ce qui se passe?, que se passe-t-il?; **what are you talking about?** de quoi parlez-vous?; **what are you thinking about?** à quoi pensez-vous?; **what is it called?** comment est-ce que s'appelle?; **what about me?** moi?; **what about doing ...** si on faisait ...?
2 (*relative*: *subject*) ce qui; (: *d* *object*) ce que; (: *indirect objec* à quoi, ce dont; **I saw what did/was on the table** j'ai vu que vous avez fait/ce qui éta sur la table; **tell me what y remember** dites-moi ce dor vous vous souvenez; **what I want is a cup of tea** ce que j veux, c'est une tasse de thé
▶ *excl* (*disbelieving*) quoi!, comment!

whatever [wɔt'ɛvəʳ] *adj*: **ta ~ book you prefer** prenez le que vous préférez, peu impo lequel; **~ book you take** que soit le livre que vous preniez ▶ *pron*: **do ~ is necessary** fai (tout) ce qui est nécessaire; **~ happens** quoi qu'il arrive; ▶ **reason ~** *or* **whatsoever** pas moindre raison; **nothing ~** *o* **whatsoever** rien du tout

whatsoever [wɔtsəu'ɛvəʳ] *see* **whatever**

wheat [wi:t] *n* blé *m*, fromen

wheel [wi:l] *n* roue *f*; (*Aut*: *als* **steering ~**) volant *m*; (*Naut*) gouvernail *m* ▶ *vt* (*pram etc*) pousser, rouler ▶ *vi* (*birds*) tournoyer; (*also*: **~ round**: *pe* se retourner, faire volte-face • **wheelbarrow** *n* brouette *f* • **wheelchair** *n* fauteuil roul • **wheel clamp** *n* (*Aut*) sabot (de Denver)

wheeze [wi:z] *vi* respirer bruyamment

when [wɛn]

'v quand; **when did he go?**
nd est-ce qu'il est parti?
nj 1 (*at, during, after the time*
:) quand, lorsque; **she was**
ding when I came in elle
t quand *or* lorsque je suis
ré
n, at which): **on the day**
en I met him le jour où je l'ai
contré
vhereas) alors que; **I thought**
as wrong when in fact I
s right j'ai cru que j'avais tort
rs qu'en fait j'avais raison

enever [wɛn'ɛvəʳ] *adv* quand
c ▸ *conj* quand; (*every time*
:) chaque fois que
ere [wɛəʳ] *adv, conj* où; **this is ~**
:t là que • **whereabouts** *adv*
donc ▸ *n*: **nobody knows his**
ereabouts personne ne sait
l se trouve • **whereas** *conj*
rs que • **whereby** *adv* (*formal*)
lequel (*or* laquelle *etc*)
herever *adv* où donc ▸ *conj*
que + *sub*; **sit wherever you**
e asseyez-vous (là) où vous
lez
ether ['wɛðəʳ] *conj* si; **I don't**
ow ~ to accept or not je ne
s pas si je dois accepter ou non;
doubtful ~ il est peu probable
e + *sub*; **~ you go or not** que
is y alliez ou non

which [wɪtʃ]

dj 1 (*interrogative, direct,*
irect) quel(le); **which picture**
you want? quel tableau
ılez-vous?; **which one?**
uel (laquelle)?
2: **in which case** auquel cas;
we got there at 8pm, by
which time the cinema was
full quand nous sommes arrivés
à 20h, le cinéma était complet
▸ *pron* 1 (*interrogative*) lequel
(laquelle), lesquels (lesquelles)
pl; **I don't mind which** peu
importe lequel; **which (of**
these) are yours? lesquels sont
à vous?; **tell me which you**
want dites-moi lesquels *or* ceux
que vous voulez
2 (*relative: subject*) qui; (*: object*)
que; sur/vers *etc* lequel (laquelle)
(*NB: à + lequel =* **auquel**; *de +*
lequel = **duquel**); **the apple**
which you ate/which is on
the table la pomme que vous
avez mangée/qui est sur la
table; **the chair on which you**
are sitting la chaise sur laquelle
vous êtes assis; **the book of**
which you spoke le livre dont
vous avez parlé; **he said he**
knew, which is true/I was
afraid of il a dit qu'il le savait, ce
qui est vrai/ce que je craignais;
after which après quoi

whichever [wɪtʃ'ɛvəʳ] *adj*: **take**
~ book you prefer prenez le livre
que vous préférez, peu importe
lequel; **~ book you take** quel que
soit le livre que vous preniez
while [waɪl] *n* moment *m* ▸ *conj*
pendant que; (*as long as*) tant que;
(*as, whereas*) alors que; (*though*)
bien que + *sub*, quoique + *sub*; **for**
a ~ pendant quelque temps; **in a ~**
dans un moment
whilst [waɪlst] *conj* = **while**
whim [wɪm] *n* caprice *m*
whine [waɪn] *n* gémissement *m*;
(*of engine, siren*) plainte stridente

▶ *vi* gémir, geindre, pleurnicher; (*dog, engine, siren*) gémir
whip [wɪp] *n* fouet *m*; (*for riding*) cravache *f*; (*Pol*: *person*) chef *m* de file (*assurant la discipline dans son groupe parlementaire*) ▶ *vt* fouetter; (*snatch*) enlever (*or* sortir) brusquement • **whipped cream** *n* crème fouettée
whirl [wəːl] *vi* tourbillonner; (*dancers*) tournoyer ▶ *vt* faire tourbillonner; faire tournoyer
whisk [wɪsk] *n* (*Culin*) fouet *m* ▶ *vt* (*eggs*) fouetter, battre; **to ~ sb away** *or* **off** emmener qn rapidement
whiskers ['wɪskəz] *npl* (*of animal*) moustaches *fpl*; (*of man*) favoris *mpl*
whisky, (IRISH, US) **whiskey** ['wɪskɪ] *n* whisky *m*
whisper ['wɪspəʳ] *n* chuchotement *m* ▶ *vt, vi* chuchoter
whistle ['wɪsl] *n* (*sound*) sifflement *m*; (*object*) sifflet *m* ▶ *vi* siffler ▶ *vt* siffler, siffloter • **whistleblower** *n* lanceur(-euse) d'alerte
white [waɪt] *adj* blanc (blanche); (*with fear*) blême ▶ *n* blanc *m*; (*person*) blanc (blanche) • **White House** *n* (US): **the White House** la Maison-Blanche • **whitewash** *n* (*paint*) lait *m* de chaux ▶ *vt* blanchir à la chaux; (*fig*) blanchir
whiting ['waɪtɪŋ] *n* (*pl inv*: *fish*) merlan *m*
Whitsun ['wɪtsn] *n* la Pentecôte
whittle ['wɪtl] *vt*: **to ~ away, to ~ down** (*costs*) réduire, rogner
whizz [wɪz] *vi* aller (*or* passer) à toute vitesse
who [huː] *pron* qui

whoever [huː'ɛvəʳ] *pron*: **~ f**
it celui (celle) qui le trouve (, c
que ce soit), quiconque le tro
ask ~ you like demandez à q
vous voulez; **~ he marries** qu
ce soit *or* quelle que soit la
personne qu'il épouse; **~ told**
that? qui a bien pu vous dire
qui donc vous a dit ça?
whole [həul] *adj* (*complete*) entier(-ière), tout(e); (*not brok*
intact(e), complet(-ète) ▶ *n* (*e*
unit) tout *m*; (*all*): **the ~ of** la
totalité de, tout(e) le; **the ~ o**
the town la ville tout entière
the ~, as a ~ dans l'ensemble
• **wholefood(s)** *n*(*pl*) aliment
complets • **wholeheartedly**
[həul'hɑːtɪdlɪ] *adv* sans réser
to agree wholeheartedly êt
entièrement d'accord
• **wholemeal** *adj* (BRIT: *flour, bread*) complet(-ète) • **whole**
n (vente *f* en) gros *m* ▶ *adj* (*pric*
gros; (*destruction*) systématiq
• **wholewheat** *adj* = **wholem**
• **wholly** *adv* entièrement, to
fait

whom [huːm]

pron **1** (*interrogative*) qui; **who**
did you see? qui avez-vous vu
to whom did you give it? à q
l'avez-vous donné?
2 (*relative*) que; à/de *etc* qui; **t**
man whom I saw/to whom
spoke l'homme que j'ai vu/à c
j'ai parlé

whore [hɔːʳ] *n* (!) putain *f* (!)

whose [huːz]

▶ *adj* **1** (*possessive, interrogative*
whose book is this?, whose

book? à qui est ce livre?; **[wh]ose pencil have you taken?** [c']est le crayon que vous avez[, c']est le crayon de qui que [vous] avez pris?; **whose [dau]ghter are you?** de qui [êtes]-vous la fille? [(p]ossessive, relative): **the man [wh]ose son you rescued** [l'ho]mme dont *or* de qui vous [avez] sauvé le fils; **the girl [wh]ose sister you were [spe]aking to** la fille à la sœur de [qui *o]r* de laquelle vous parliez; **[the] woman whose car was [stol]en** la femme dont la voiture [a ét]é volée [... *pr]on* à qui; **whose is this?** à [qui e]st ceci?; **I know whose it is** [je sa]is à qui c'est

why [waɪ]

[*ad]v* pourquoi; **why not?** [pou]rquoi pas? [*co]nj*: **I wonder why he said [tha]t** je me demande pourquoi il [a dit] ça; **that's not why I'm [her]e** ce n'est pas pour ça que je [suis] là; **the reason why** la [rais]on pour laquelle [*ex]cl* eh bien!, tiens!; **why, it's [you]!** tiens, c'est vous!; **why, [tha]t's impossible!** voyons, c'est [imp]ossible!

[wick]ed ['wɪkɪd] *adj* méchant(e); [(*mis*]*chievous*: *grin, look*) espiègle, [mal]icieux(-euse); (*crime*) [pe]rvers(e); (*inf*: *very good*) génial(e)

[wick]et ['wɪkɪt] *n* (*Cricket*: *stumps*) [guic]het *m*; (: *grass area*) espace [com]pris entre les deux guichets

wide [waɪd] *adj* large; (*area, knowledge*) vaste, très étendu(e); (*choice*) grand(e) ▶ *adv*: **to open ~** ouvrir tout grand; **to shoot ~** tirer à côté; **it is 3 metres ~** cela fait 3 mètres de large • **widely** *adv* (*different*) radicalement; (*spaced*) sur une grande étendue; (*believed*) généralement; (*travel*) beaucoup • **widen** *vt* élargir ▶ *vi* s'élargir • **wide open** *adj* grand(e) ouvert(e) • **widespread** *adj* (*belief etc*) très répandu(e)

widow ['wɪdəu] *n* veuve *f* • **widower** *n* veuf *m*

width [wɪdθ] *n* largeur *f*

wield [wi:ld] *vt* (*sword*) manier; (*power*) exercer

wife (*pl* **wives**) [waɪf, waɪvz] *n* femme *f*, épouse *f*

Wi-Fi ['waɪfaɪ] *n* wifi *m*

wig [wɪg] *n* perruque *f*

wild [waɪld] *adj* sauvage; (*sea*) déchaîné(e); (*idea, life*) fou (folle); (*behaviour*) déchaîné(e), extravagant(e); (*inf*: *angry*) hors de soi, furieux(-euse) ▶ *n*: **the ~** la nature • **wilderness** ['wɪldənɪs] *n* désert *m*, région *f* sauvage • **wildlife** *n* faune *f* (et flore *f*) • **wildly** *adv* (*behave*) de manière déchaînée; (*applaud*) frénétiquement; (*hit, guess*) au hasard; (*happy*) follement

will [wɪl]

▶ *aux vb* **1** (*forming future tense*): **I will finish it tomorrow** je le finirai demain; **I will have finished it by tomorrow** je l'aurai fini d'ici demain; **will you do it? — yes I will/no I won't** le ferez-vous? — oui/non

2 (*in conjectures, predictions*): **he**

W

will *or* **he'll be there by now** il doit être arrivé à l'heure qu'il est; **that will be the postman** ça doit être le facteur
3 (*in commands, requests, offers*): **will you be quiet!** voulez-vous bien vous taire!; **will you help me?** est-ce que vous pouvez m'aider?; **will you have a cup of tea?** voulez-vous une tasse de thé?; **I won't put up with it!** je ne le tolérerai pas!
▸ *vt* (*pt, pp* **willed**): **to will sb to do** souhaiter ardemment que qn fasse; **he willed himself to go on** par un suprême effort de volonté, il continua
▸ *n* **1** volonté *f*; **against one's will** à contre-cœur
2 (*document*) testament *m*

willing ['wɪlɪŋ] *adj* de bonne volonté, serviable; **he's ~ to do it** il est disposé à le faire, il veut bien le faire • **willingly** *adv* volontiers
willow ['wɪləu] *n* saule *m*
willpower ['wɪl'pauəʳ] *n* volonté *f*
wilt [wɪlt] *vi* dépérir
win [wɪn] (*pt, pp* **won**) *n* (*in sports etc*) victoire *f* ▸ *vt* (*battle, money*) gagner; (*prize, contract*) remporter; (*popularity*) acquérir ▸ *vi* gagner • **win over** *vt* convaincre
wince [wɪns] *vi* tressaillir
wind¹ [wɪnd] *n* (*also Med*) vent *m*; (*breath*) souffle *m* ▸ *vt* (*take breath away*) couper le souffle à; **the ~(s)** (*Mus*) les instruments *mpl* à vent
wind² [waɪnd] (*pt, pp* **wound**) *vt* enrouler; (*wrap*) envelopper; (*clock, toy*) remonter ▸ *vi* (*road, river*) serpenter • **wind down** *vt* (*car window*) baisser; (*fig: production, business*) réduire progressivement • **wind up** (*clock*) remonter; (*debate*) terminer, clôturer
windfall ['wɪndfɔ:l] *n* coup chance
wind farm *n* ferme *f* éolienn
winding ['waɪndɪŋ] *adj* (*roa* sinueux(-euse); (*staircase*) tournant(e)
windmill ['wɪndmɪl] *n* mou à vent
window ['wɪndəu] *n* fenêtre (*in car, train; also:* **~ pane**) vit (*in shop etc*) vitrine *f* • **windo box** *n* jardinière *f* • **window cleaner** *n* (*person*) laveur(-eu de vitres • **window pane** *n* v carreau *m* • **window seat** *n* (*plane*) place *f* côté hublot • **windowsill** *n* (*inside*) appui de la fenêtre; (*outside*) rebord de la fenêtre
windscreen ['wɪndskri:n] pare-brise *m inv* • **windscree wiper** *n* essuie-glace *m inv*
windshield ['wɪndʃi:ld] (US) = **windscreen**
windsurfing ['wɪndsə:fɪŋ] planche *f* à voile
wind turbine [-tə:baɪn] *n* éolienne *f*
windy ['wɪndɪ] *adj* (*day*) de ve venteux(-euse); (*place, weath* venteux; **it's ~** il y a du vent
wine [waɪn] *n* vin *m* • **wine b** bar *m* à vin • **wine glass** *n* ve à vin • **wine list** *n* carte *f* des • **wine tasting** *n* dégustatio (de vins)
wing [wɪŋ] *n* aile *f*; **wings** *npl* (*Theat*) coulisses *fpl* • **wing m** *n* (BRIT) rétroviseur latéral
wink [wɪŋk] *n* clin *m* d'œil ▸ *vi* un clin d'œil; (*blink*) cligner des

ıer ['wɪnəʳ] *n* gagnant(e)
ıing ['wɪnɪŋ] *adj* (*team*)
ıant(e); (*goal*) décisif(-ive);
ming) charmeur(-euse)
er ['wɪntəʳ] *n* hiver *m* ▶ *vi*
rner; **in ~** en hiver • **winter**
rts *npl* sports *mpl* d'hiver
ıntertime *n* hiver *m*
[waɪp] *n*: **to give sth a ~**
ıer un coup de torchon/de
on/d'éponge à qch ▶ *vt*
ıyer; (*erase*: *tape*) effacer;
one's nose se moucher
ipe out *vt* (*debt*) éteindre,
ırtir; (*memory*) effacer;
troy) anéantir • **wipe up** *vt*
ıyer
['waɪəʳ] *n* fil *m* (de fer); (*Elec*)
ectrique; (*Tel*) télégramme *m*
(*house*) faire l'installation
trique de; (*also*: **~ up**)
ıcher; (*person*: *send telegram to*)
graphier à
less ['waɪəlɪs] *adj* sans fil
ireless technology *n*
ınologie *f* sans fil
ng ['waɪərɪŋ] *n* (*Elec*)
allation *f* électrique
lom ['wɪzdəm] *n* sagesse *f*;
ction) prudence *f* • **wisdom**
th *n* dent *f* de sagesse
[waɪz] *adj* sage, prudent(e);
ıark) judicieux(-euse)
ı [wɪʃ] *n* (*desire*) désir *m*;
cific desire) souhait *m*, vœu *m*
souhaiter, désirer, vouloir;
t ~es (*on birthday etc*) meilleurs
ıx; **with best ~es** (*in letter*)
ı amicalement; **to ~ sb**
ıdbye dire au revoir à qn; **he**
me well il m'a souhaité
ne chance; **to ~ to do/sb to**
désirer *or* vouloir faire/que qn
e; **to ~ for** souhaiter

wistful ['wɪstful] *adj* mélancolique
wit [wɪt] *n* (*also*: **~s**: *intelligence*) intelligence *f*, esprit *m*; (*presence of mind*) présence *f* d'esprit; (*wittiness*) esprit; (*person*) homme/femme d'esprit
witch [wɪtʃ] *n* sorcière *f*

with [wɪð, wɪθ]

prep 1 (*in the company of*) avec; (*at the home of*) chez; **we stayed with friends** nous avons logé chez des amis; **I'll be with you in a minute** je suis à vous dans un instant
2 (*descriptive*): **a room with a view** une chambre avec vue; **the man with the grey hat/blue eyes** l'homme au chapeau gris/aux yeux bleus
3 (*indicating manner, means, cause*): **with tears in her eyes** les larmes aux yeux; **to walk with a stick** marcher avec une canne; **red with anger** rouge de colère; **to shake with fear** trembler de peur; **to fill sth with water** remplir qch d'eau
4 (*in phrases*): **I'm with you** (*I understand*) je vous suis; **to be with it** (*inf*: *up-to-date*) être dans le vent

withdraw [wɪθ'drɔː] *vt* (*irreg*: *like* **draw**) retirer ▶ *vi* se retirer • **withdrawal** *n* retrait *m*; (*Med*) état *m* de manque • **withdrawn** *pp of* **withdraw** ▶ *adj* (*person*) renfermé(e)
withdrew [wɪθ'druː] *pt of* **withdraw**
wither ['wɪðəʳ] *vi* se faner
withhold [wɪθ'həuld] *vt* (*irreg*: *like* **hold**) (*money*) retenir; (*decision*)

remettre; **to ~ (from)** (*permission*) refuser (à); (*information*) cacher (à)
within [wɪð'ɪn] *prep* à l'intérieur de ▸ *adv* à l'intérieur; **~ his reach** à sa portée; **~ sight of** en vue de; **~ a mile of** à moins d'un mille de; **~ the week** avant la fin de la semaine
without [wɪð'aut] *prep* sans; **~ a coat** sans manteau; **~ speaking** sans parler; **to go** *or* **do ~ sth** se passer de qch
withstand [wɪθ'stænd] *vt* (*irreg: like* **stand**) résister à
witness ['wɪtnɪs] *n* (*person*) témoin *m* ▸ *vt* (*event*) être témoin de; (*document*) attester l'authenticité de; **to bear ~ to sth** témoigner de qch
witty ['wɪtɪ] *adj* spirituel(le), plein(e) d'esprit
wives [waɪvz] *npl of* **wife**
wizard ['wɪzəd] *n* magicien *m*
wk *abbr* = **week**
wobble ['wɔbl] *vi* trembler; (*chair*) branler
woe [wəu] *n* malheur *m*
woke [wəuk] *pt of* **wake**
woken ['wəukn] *pp of* **wake**
wolf (*pl* **wolves**) [wulf, wulvz] *n* loup *m*
woman (*pl* **women**) ['wumən, 'wɪmɪn] *n* femme *f* ▸ *cpd*: **~ doctor** femme *f* médecin; **~ teacher** professeur *m* femme
womb [wu:m] *n* (*Anat*) utérus *m*
women ['wɪmɪn] *npl of* **woman**
won [wʌn] *pt, pp of* **win**
wonder ['wʌndə^r] *n* merveille *f*, miracle *m*; (*feeling*) émerveillement *m* ▸ *vi*: **to ~ whether/why** se demander si/pourquoi; **to ~ at** (*surprise*) s'étonner de; (*admiration*) s'émerveiller de; **to ~ about** songer à; **it's no ~ that** il n'e[st pas] étonnant que + *sub* • **wonde[rful]** *adj* merveilleux(-euse)
won't [wəunt] = **will not**
wood [wud] *n* (*timber, forest*) [bois] *m* • **wooden** *adj* en bois; (*fig: actor*) raide; (*: performance*) q[ui] manque de naturel • **woodw[ind]** *n*: **the woodwind** les bois *m*[pl] • **woodwork** *n* menuiserie *f*
wool [wul] *n* laine *f*; **to pull [the wool] ~ over sb's eyes** (*fig*) en faire accroire à qn • **woollen** • (US) **woolen** *adj* de *or* en laine • **woolly** • (US) **wooly** *adj* laineux(-euse); (*fig: ideas*) confus(e)
word [wə:d] *n* mot *m*; (*spoken*) mot, parole *f*; (*promise*) parole; (*news*) nouvelles *fpl* ▸ *vt* rédig[er], formuler; **in other ~s** en d'au[tres] termes; **to have a ~ with sb** toucher un mot à qn; **to brea[k]/keep one's ~** manquer à sa parole/tenir (sa) parole • **wording** *n* termes *mpl*, lan[gage] *m*; (*of document*) libellé *m* • **w[ord] processing** *n* traitement *m* d[e] texte • **word processor** *n* machine *f* de traitement de te[xte]
wore [wɔ:^r] *pt of* **wear**
work [wə:k] *n* travail *m*; (*Art, Literature*) œuvre *f* ▸ *vi* travail[ler]; (*mechanism*) marcher, fonctionner; (*plan etc*) march[er]; (*medicine*) agir ▸ *vt* (*clay, wood*) travailler; (*mine etc*) exploiter; (*machine*) faire marcher *or* fonctionner; (*miracles etc*) fair[e]; **works** *n* (BRIT: *factory*) usine *f*; **how does this ~?** comment est-ce que ça marche?; **the T[V] isn't ~ing** la télévision est en panne *or* ne marche pas; **to b**

of ~ être au chômage *or* sans
loi; **to ~ loose** se défaire, se
errer • **work out** *vi* (*plans etc*)
cher; (*Sport*) s'entraîner ▶ *vt*
olem) résoudre; (*plan*)
orer; **it ~s out at £100** ça fait
livres • **worker** *n*
ailleur(-euse), ouvrier(-ière)
ork experience *n* stage *m*
orkforce *n* main-d'œuvre *f*
orking class *n* classe ouvrière
: **working-class**
rier(-ière), de la classe ouvrière
orking week *n* semaine *f* de
ail • **workman** (*irreg*) *n*
rier *m* • **work of art** *n* œuvre *f*
t • **workout** *n* (*Sport*) séance *f*
traînement • **work permit** *n*
nis *m* de travail • **workplace** *n*
m de travail • **worksheet** *n*
) feuille *f* d'exercices
orkshop *n* atelier *m* • **work**
tion *n* poste *m* de travail
ork surface *n* plan *m* de
ail • **worktop** *n* plan *m* de
ail • **workwear** *n* vêtements
professionnels *or* de travail
d [wə:ld] *n* monde *m* ▶ *cpd*
mpion) du monde; (*power, war*)
ndial(e); **to think the ~ of sb**
ne jurer que par qn • **World**
• *n*: **the World Cup** (*Football*)
oupe du monde • **world-wide**
universel(le) • **World-Wide**
b *n*: **the World-Wide Web**
Veb
m [wə:m] *n* (*also*: **earth~**)
n
n [wɔ:n] *pp of* **wear** ▶ *adj*
(e) • **worn-out** *adj* (*object*)
nplètement usé(e); (*person*)
isé(e)
ried ['wʌrɪd] *adj*
uiet(-ète); **to be ~ about sth**
inquiet au sujet de qch

worry ['wʌrɪ] *n* souci *m* ▶ *vt* inquiéter ▶ *vi* s'inquiéter, se faire du souci • **worrying** *adj* inquiétant(e)

worse [wə:s] *adj* pire, plus mauvais(e) ▶ *adv* plus mal ▶ *n* pire *m*; **to get ~** (*condition, situation*) empirer, se dégrader; **a change for the ~** une détérioration • **worsen** *vt, vi* empirer • **worse off** *adj* moins à l'aise financièrement; (*fig*): **you'll be worse off this way** ça ira moins bien de cette façon

worship ['wə:ʃɪp] *n* culte *m* ▶ *vt* (*God*) rendre un culte à; (*person*) adorer

worst [wə:st] *adj* le (la) pire, le (la) plus mauvais(e) ▶ *adv* le plus mal ▶ *n* pire *m*; **at ~** au pis aller

worth [wə:θ] *n* valeur *f* ▶ *adj*: **to be ~** valoir; **it's ~ it** cela en vaut la peine, ça vaut la peine; **it is ~ one's while (to do)** ça vaut le coup (*inf*) (de faire) • **worthless** *adj* qui ne vaut rien • **worthwhile** *adj* (*activity*) qui en vaut la peine; (*cause*) louable

worthy ['wə:ðɪ] *adj* (*person*) digne; (*motive*) louable; **~ of** digne de

would [wud]

aux vb **1** (*conditional tense*): **if you asked him he would do it** si vous le lui demandiez, il le ferait; **if you had asked him he would have done it** si vous le lui aviez demandé, il l'aurait fait

2 (*in offers, invitations, requests*): **would you like a biscuit?** voulez-vous un biscuit?; **would you close the door please?** voulez-vous fermer la porte, s'il vous plaît?

3 (*in indirect speech*): **I said I would do it** j'ai dit que je le ferais
4 (*emphatic*): **it WOULD have to snow today!** naturellement il neige aujourd'hui!, il fallait qu'il neige aujourd'hui!
5 (*insistence*): **she wouldn't do it** elle n'a pas voulu *or* elle a refusé de le faire
6 (*conjecture*): **it would have been midnight** il devait être minuit; **it would seem so** on dirait bien
7 (*indicating habit*): **he would go there on Mondays** il y allait le lundi

wouldn't ['wudnt] = **would not**
wound¹ [wu:nd] *n* blessure *f* ▶ *vt* blesser
wound² [waund] *pt, pp of* **wind²**
wove [wəuv] *pt of* **weave**
woven ['wəuvn] *pp of* **weave**
wrap [ræp] *vt* (*also*: **~ up**) envelopper; (*parcel*) emballer; (*wind*) enrouler • **wrapper** *n* (*on chocolate etc*) papier *m*; (BRIT: *of book*) couverture *f* • **wrapping** *n* (*of sweet, chocolate*) papier *m*; (*of parcel*) emballage *m* • **wrapping paper** *n* papier *m* d'emballage; (*for gift*) papier cadeau
wreath [ri:θ] *n* couronne *f*
wreck [rɛk] *n* (*sea disaster*) naufrage *m*; (*ship*) épave *f*; (*vehicle*) véhicule accidentée; (*pej*: *person*) loque (humaine) ▶ *vt* démolir; (*fig*) briser, ruiner • **wreckage** *n* débris *mpl*; (*of building*) décombres *mpl*; (*of ship*) naufrage *m*
wren [rɛn] *n* (*Zool*) troglodyte *m*
wrench [rɛntʃ] *n* (*Tech*) clé *f* (à écrous); (*tug*) violent mouvement de torsion; (*fig*) déchirement *m*
▶ *vt* tirer violemment sur, tor
to ~ sth from arracher qch (violemment) à *or* de
wrestle ['rɛsl] *vi*: **to ~ (with** lutter (avec qn) • **wrestler** *n* lutteur(-euse) • **wrestling** *n* *f*; (BRIT: *also*: **all-in wrestling** catch *m*
wretched ['rɛtʃɪd] *adj* misér
wriggle ['rɪgl] *vi* (*also*: **~ abo** tortiller
wring [rɪŋ] (*pt, pp* **wrung**) *vt* tordre; (*wet clothes*) essorer;
to ~ sth out of arracher qch
wrinkle ['rɪŋkl] *n* (*on skin*) ric (*on paper etc*) pli *m* ▶ *vt* rider, p ▶ *vi* se plisser
wrist [rɪst] *n* poignet *m*
write (*pt* **wrote**, *pp* **written**) rəut, 'rɪtn] *vt, vi* écrire; (*prescription*) rédiger • **write down** *vt* noter; (*put in writing* mettre par écrit • **write off** v (*debt*) passer aux profits et pe (*project*) mettre une croix sur; (*smash up*: *car etc*) démolir complètement • **write out** v écrire; (*copy*) recopier • **write** *n* perte totale; **the car is a write-off** la voiture est bonn pour la casse • **writer** *n* aute écrivain *m*
writing ['raɪtɪŋ] *n* écriture *f*; *author*) œuvres *fpl*; **in ~** par éc • **writing paper** *n* papier *m* à lettres
written ['rɪtn] *pp of* **write**
wrong [rɔŋ] *adj* (*incorrect*) fau (fausse); (*incorrectly chosen*: *number, road etc*) mauvais(e); *suitable*) qui ne convient pas; (*wicked*) mal; (*unfair*) injuste mal ▶ *n* tort *m* ▶ *vt* faire du to léser; **you are ~ to do it** tu as

faire; **you are ~ about that, 've got it ~** tu te trompes; **at's ~?** qu'est-ce qui ne va pas?; **at's ~ with the car?** qu'est-ce lle a, la voiture?; **to go ~** son) se tromper; (*plan*) mal rner; (*machine*) se détraquer; **ok a ~ turning** je me suis mpé de route • **wrongly** *adv* à ; (*answer, do, count*) mal, rrectement • **wrong number** el): **you have the wrong nber** vous vous êtes trompé uméro

te [rəut] *pt of* **write**

ng [rʌŋ] *pt, pp of* **wring**

W *n abbr* = **World-Wide Web**

X

XL *abbr* (= *extra large*) XL

Xmas ['ɛksməs] *n abbr* = **Christmas**

X-ray ['ɛksreɪ] *n* (*ray*) rayon *m* X; (*photograph*) radio(graphie) *f* ▶ *vt* radiographier

xylophone ['zaɪləfəun] *n* xylophone *m*

Y

yacht [jɔt] *n* voilier *m*; (*motor, luxury yacht*) yacht *m* • **yachting** *n* yachting *m*, navigation *f* de plaisance

yard [jɑːd] *n* (*of house etc*) cour *f*; (*US: garden*) jardin *m*; (*measure*) yard *m* (= 914 mm; 3 feet) • **yard sale** *n* (*US*) brocante *f* (dans son propre jardin)

yarn [jɑːn] *n* fil *m*; (*tale*) longue histoire

yawn [jɔːn] *n* bâillement *m* ▶ *vi* bâiller

yd. *abbr* = **yard; yards**

yeah [jɛə] *adv* (*inf*) ouais

year [jɪəʳ] *n* an *m*, année *f*; (*Scol etc*) année; **to be 8 ~s old** avoir 8 ans; **an eight-~-old child** un enfant de huit ans • **yearly** *adj* annuel(le) ▶ *adv* annuellement; **twice yearly** deux fois par an

yearn [jəːn] *vi*: **to ~ for sth/to do** aspirer à qch/à faire

yeast [jiːst] *n* levure *f*

yell [jɛl] *n* hurlement *m*, cri *m* ▶ *vi* hurler

yellow ['jɛləu] *adj, n* jaune (*m*) • **Yellow Pages®** *npl* (*Tel*) pages *fpl* jaunes

yes [jɛs] *adv* oui; (*answering negative question*) si ▶ *n* oui *m*; **say ~ (to)** dire oui (à)

yesterday ['jɛstədɪ] *adv, n* h (*m*); **~ morning/evening** hi matin/soir; **all day ~** toute la journée d'hier

yet [jɛt] *adv* encore; (*in questi* déjà ▶ *conj* pourtant, néanm **it is not finished ~** ce n'est p encore fini *or* toujours pas fin **have you eaten ~?** vous ave mangé?; **the best ~** le meille jusqu'ici *or* jusque-là; **as ~** jusqu'ici, encore

yew [juː] *n* if *m*

Yiddish ['jɪdɪʃ] *n* yiddish *m*

yield [jiːld] *n* production *f*, rendement *m*; (*Finance*) rappo ▶ *vt* produire, rendre, rapport (*surrender*) céder ▶ *vi* céder; (*U Aut*) céder la priorité

yikes ['jaiks] EXCL (*inf: esp hu* vache!

yob(bo) ['jɔb(əu)] *n* (BRIT *inf*) loubar(d) *m*

yoga ['jəugə] *n* yoga *m*

yog(h)urt ['jɔgət] *n* yaourt *m*

yolk [jəuk] *n* jaune *m* (d'œuf)

you [juː]

pron **1** (*subject*) tu; (: *polite form*) vous; (: *plural*) vous; **you are very kind** vous êtes très gent **you French enjoy your food** vous autres Français, vous aimez bien manger; **you and will go** toi et moi *or* vous et m nous irons; **there you are!** vo voilà!

2 (*object: direct, indirect*) te, t' + *vowel*; vous; **I know you** je te vous connais; **I gave it to yo** te l'ai donné, je vous l'ai donn

ressed) toi; vous; **I told you**
o it c'est à toi *or* vous que j'ai
e le faire
ter prep, in comparisons) toi;
; **it's for you** c'est pour toi
us; **she's younger than**
elle est plus jeune que toi *or*
s
npersonal: one*) on; **fresh air**
s you good l'air frais fait du
; **you never know** on ne
jamais; **you can't do that!**
e se fait pas!

d [ju:d] = **you had; you**
uld
ll [ju:l] = **you will; you shall**
ng [jʌŋ] *adj* jeune ▶ *npl (of*
nal) petits *mpl*; **the ~** *(people)*
eunes, la jeunesse; **my ~er**
ther mon frère cadet
oungster *n* jeune *m/f*; *(child)*
ant *m/f*
[jɔ:ʳ] *adj* ton (ta), tes *pl*; *(polite*
, pl) votre, vos *pl*; *see also* **my**
re [juəʳ] = **you are**
s [jɔ:z] *pron* le (la) tien(ne), les
s (tiennes); *(polite form, pl)* le
vôtre, les vôtres; **is it ~?** c'est à
or à vous)?; **a friend of ~** un(e)
es (*or* de vos) ami(e)s; *see also*
hfully; mine¹; sincerely
self [jɔ:'sɛlf] *pron (reflexive)*
polite form) vous; *(after prep)*
vous; *(emphatic)* toi-même;
s-même; *see also* **oneself**
ourselves *pl pron* vous;
phatic) vous-mêmes; *see also*
self
h [ju:θ] *n* jeunesse *f*; *(young*
) jeune homme *m* • **youth**
n centre *m* de jeunes
outhful *adj* jeune; *(enthusiasm*
juvénile • **youth hostel** *n*
erge *f* de jeunesse

you've [ju:v] = **you have**
Yugoslav ['ju:gəusla:v] *adj (Hist)*
yougoslave ▶ *n* Yougoslave *m/f*
Yugoslavia [ju:gəu'sla:vɪə] *n*
(Hist) Yougoslavie *f*

Z

zeal [ziːl] *n (revolutionary etc)* ferveur *f*; *(keenness)* ardeur *f*, zèle *m*
zebra [ˈziːbrə] *n* zèbre *m* • **zebra crossing** *n* (BRIT) passage clouté *or* pour piétons
zero [ˈzɪərəu] *n* zéro *m*
zest [zɛst] *n* entrain *m*, élan *m*; *(of lemon etc)* zeste *m*
zigzag [ˈzɪgzæg] *n* zigzag *m* ▸ *vi* zigzaguer, faire des zigzags
Zimbabwe [zɪmˈbɑːbwɪ] *n* Zimbabwe *m*
zinc [zɪŋk] *n* zinc *m*
zip [zɪp] *n (also:* **~ fastener**) fermeture *f* éclair® *or* à glissière ▸ *vt (file)* zipper; *(also:* **~ up**) fermer (avec une fermeture éclair®) • **zip code** *n* (US) code postal • **zip file** *n (Comput)* fichier *m* zip *inv* • **zipper** *n* (US) = **zip**
zit [zɪt] *(inf) n* bouton *m*
zodiac [ˈzəudɪæk] *n* zodiaque *m*
zone [zəun] *n* zone *f*
zoo [zuː] *n* zoo *m*
zoology [zuːˈɔlədʒɪ] *n* zoologie *f*
zoom [zuːm] *vi*: **to ~ past** passer en trombe • **zoom lens** *n* zoom *m*
zucchini [zuːˈkiːnɪ] *n* (US) courgette *f*
Zumba® [ˈzumbə] *n* zumba

INFINITIF	PRÉTÉRIT	PARTICIPE PASS
know	knew	known
lead	led	led
lean	leaned *or* leant	leaned *or* leant
learn	learned *or* learnt	learned *or* learnt
leave	left	left
lend	lent	lent
let	let	let
lie	lay	lain
light	lit	lit
lose	lost	lost
make	made	made
may	might	–
mean	meant	meant
meet	met	met
pay	paid	paid
put	put	put
read *[ri:d]*	read *[red]*	read *[red]*
ride	rode	ridden
ring	rang	rung
rise	rose	risen
run	ran	run
say	said	said
see	saw	seen
seek	sought	sought
sell	sold	sold
send	sent	sent